Estudos de Casos em Finanças

Gestão para criação de valor corporativo

Estudos de Casos em Finanças

Gestão para criação de valor corporativo

5ª edição

Robert F. Bruner

Tradução
Caos e Efeito Comunicação
José Carlos Barbosa

Revisão técnica
João Carlos Douat
Doutor em Administração de Empresas pela FGV
Mestre em Finanças e Negócios Internacionais pela New York University – EUA
Professor da EAESP/FGV

José Roberto Ferreira Savoia
Doutor em Administração pela USP
Pós-doutorado pela Columbia University – EUA
Professor de Finanças da FEA – USP

McGraw-Hill Irwin

Boston Burr Ridge, IL Dubuque, IA Madison, WI New York San Francisco St. Louis
Bangkok Bogotá Caracas Kuala Lumpur Lisbon London Madrid Mexico City
Milan Montreal New Delhi Santiago Seoul Singapore Sydney Taipei Toronto

The McGraw-Hill Companies

Estudos de casos em finanças – gestão para criação de valor corporativo
5ª. edição
ISBN 978-85-7726-066-9

Av. Brigadeiro Faria Lima, 201 – 17º. andar
São Paulo – SP – CEP 05426-100

Prol. Paseo de la Reforma 1015 Torre A Piso 17, Col. Desarrollo Santa Fe, Delegación Álvaro Obregón
México 01376, D. F., México

Tradução da 5ª edição em inglês de *Case studies in finance: managing for corporate value creation*

ISBN da obra original: 978-0-07-299475-9

Coordenadora editorial: *Guacira Simonelli*
Editora de desenvolvimento: *Alessandra Borges*
Preparação de texto: *Cássia Pires, Gisele Quirino e Marta de Sá*
Supervisora de pré-impressão: *Natália Toshiyuki*
Diagramação: *Casa de Idéias*
Design de capa: *Jillian Lindner*

Dados Internacionais de Catalogação na Publicação (CIP)
(Câmara Brasileira do Livro, SP, Brasil)

Bruner, Robert F., 1949-
Estudos de casos em finanças : gestão para criação de valor corporativo / Robert F. Bruner; tradução Caos e Efeito Comunicação, José Carlos Barbosa; revisão técnica João Carlos Douat, José Roberto Ferreira Savoia -- São Paulo : McGraw-Hill, 2009.

Título original: Case studies in finance
5. ed. americana.
ISBN 978-85-7726-066-9

1. Corporações - Finanças - Estudo de casos 2. Empresas multinacionais - Finanças - Estudo de casos I. Douat, João Carlos. II. Savoia, José Roberto Ferreira. III. Título.

09-01169 CDD-658.15

Índices para catálogo sistemático
1. Finanças : Estudo de casos : Administração 658.15

Dedicatória

Dedicado a Henry Pfeiffer Bruner e Marjorie Williamson Bruner

Olha-se para trás com apreço aos brilhantes mestres, mas com especial gratidão àqueles que tocaram nossos sentimentos. O estudo é um material bruto por demais necessário, mas a ternura é o elemento vital para a planta que cresce e para a alma da criança.
— Carl Jung

Sobre o autor

Robert F. Bruner é reitor da Darden Graduate School of Business Administration e professor emérito de administração de empresas; Charles C. Abbott é professor de administração de empresas da University of Virginia. Ele ensina e escreve sobre diversas áreas, incluindo finanças empresariais, fusões e aquisições, investimento em mercados emergentes e inovação e transferência de tecnologia. Além de *Estudos de Casos em Finanças*, ele elaborou outros produtos, como um software com tutorial multimídia em finanças intitulado *Finance Interactive* (Irwin/McGraw-Hill 1997), *The Portable MBA* (Wiley 2003), *Applied Mergers and Acquisitions* (Wiley, 2004) e *Deals from Hell: M&A Lessons that Rise Above the Ashes* (Wiley, 2005). É uma pessoa de renome nos Estados Unidos e na Europa por seus ensinamentos e autoria de casos. A revista *BusinessWeek* citou-o como um dos "mestres no ensino de MBA". É autor e co-autor de mais de 400 estudos de casos e notas. Suas pesquisas foram publicadas em diários como o *Financial Management, Journal of Accounting and Economics, Journal of Applied Corporate Finance, Journal of Financial Economics, Journal of Financial and Quantitative Analysis* e o *Journal of Money, Credit, and Banking*. Corporações industriais, instituições financeiras e órgãos governamentais mantêm-no para aconselhamento e treinamento de pessoal. Ele integra o quadro docente da Darden School desde 1982 e é professor convidado de várias escolas, inclusive da Columbia Business School, INSEAD e o IESE. Anteriormente, ele era diretor de empréstimos e analista de investimentos da First Chicago Corporation. Ele detém o grau de B.A. (Bachelor of Arts) da Yale University e os graus de M.B.A. (Master Business Administration) e D.B.A. (Doctor of Business Administration) da Harvard University. Cópias de seus *papers* e ensaios podem ser obtidas em seu site: http://faculty.darden.edu/brunerb/. Pode-se entrar em contato com ele pelo e-mail brunerr@virginia.edu.

Sumário

[1]**Burn rate:** taxa de "queima" do capital, (economia) velocidade do consumo da capital de uma empresa (geralmente de uma empresa nova) antes de começar a obter lucros.

4 Orçamento e alocação de recursos

5 Gerenciamento do capital próprio da empresa: dividendos, recompra, oferta pública inicial de ações

6 Gestão da estrutura de capital corporativa

---

[2] **Trade-off (ou tradeoff):** acordo, acerto; concessão; meio-termo; compensação.

7 Análise de táticas financeiras, leases, opções e moeda estrangeira

8 Avaliando a empresa: aquisições e aquisição de controle

Introdução

De R. Glenn Hubbard,
vice-reitor, e
Russell L. Carson,
professor de Estudos Financeiros e Economia da Columbia Business School

No setor de negócios, o futuro é um alvo móvel. O mesmo ocorre com a "melhor prática". Práticas, processos e modelos empresariais que eram o pensamento convencional há não muito tempo já não são a melhor prática. Para começar, alguns deles eram más idéias, enquanto outros simplesmente foram suplantados por aquilo que Joseph Schumpeter chamou de "a perene tormenta de destruição criativa" nos negócios que desafia constantemente e desarraiga antigas maneiras de se fazer negócios. O setor financeiro testemunhou algumas das mudanças mais drásticas, incluindo o advento dos modelos de valorização de ativos (*asset-pricing*) e valorização de opções (*option-pricing*); o crescimento de novos mercados para obrigações, derivados, títulos e ações de alto rendimento; o drástico crescimento no setor das instituições financeiras; e a invenção de classes de instituições completamente novas como, por exemplo, os fundos de salvaguarda (*hedge funds*) e a crescente globalização dos mercados. Em um ambiente assim, o melhor profissional pensa criticamente a respeito do mundo mutável, presta atenção a novas evidências e adapta-se de maneira lógica. As escolas de administração desempenham um papel crucial no processo de mudança: a teoria sugere novas abordagens, a pesquisa empírica testa-as e o ensino em sala de aula promove a transferência de conhecimento. O desenvolvimento de novos materiais didáticos é fundamental na tarefa de transmitir a "melhor prática" de uma maneira nova e instigante.

O estudo de casos para o ensino de finanças se desenvolveu notavelmente nos últimos 40 anos. De um lado, essa guinada reflete as revolucionárias mudanças ocorridas nos mercados e a organização que se observa no mundo dos negócios. De outro lado, reflete os muitos avanços importantes na teoria financeira e na pesquisa empírica. Uma vez que o estudo de caso é um importante canal por meio do qual pesquisadores, estudantes e profissionais se comunicam, é fundamental que esse conjunto de casos se desenvolva juntamente com a prática e com os conhecimentos teóricos e amplamente empíricos em finanças.

Tenho o prazer de apresentar ao leitor os *Estudos de Casos em Finanças*, de Robert Bruner. Ele é o exemplo de pesquisador voltado à prática, que possui um entendimento das bases econômicas do mundo financeiro e das extensas variedades de sua prática. Além disso, traduz os fenômenos empresariais em um material que é acessível tanto ao profissional dedicado quanto ao novato em finanças.

Bob Bruner contribuiu significativamente para o crescimento e para a mudança dos casos financeiros. Primeiro, seus casos vinculam as decisões gerenciais aos mercados de capital e às expectativas dos investidores. No âmago de quase todos os seus casos há uma tarefa de avaliação que exige que o estudante olhe para os mercados financeiros em busca de orientação para solucionar o problema do caso. Em segundo lugar, ele introduziu no estudo de casos uma ampla variedade de problemas contemporâneos que interessam a estudiosos e profissionais, incluindo casos que envolvem opções reais e financeiras, conflito de agência, inovação financeira, investimento em mercados emergentes e controle empresarial. Considerando que o conjunto de casos continua a amadurecer, devemos procurar mais desse tipo de apresentação de pesquisa econômico-financeira. Simultaneamente, ele apresentou expressões claras de problemas clássicos em finanças, incluindo política de dividendos, a composição de despesas e patrimônio líquido, financiamento, estimativa das necessidades financeiras futuras e a escolha entre investimentos mutuamente exclusivos.

Em terceiro lugar, seus casos convidam o estudante a aplicar modernas tecnologias de informação (na forma de computadores e Internet) à análise das decisões gerenciais. Os professores de finanças precisam ser capazes de apresentar problemas de casos que motivem os estudantes a recorrer à tecnologia que usarão no ambiente de trabalho e que possam ajudá-los a compreender efetivamente os *insights*[1] fundamentais.

Esta coleção de casos ajudará os estudantes, pesquisadores e profissionais a aguçar suas capacidades para tomar decisões. E promoverá um avanço adicional no conjunto de casos de finanças.

Novembro de 2005
Nova York

[1]**Insight:** *insight*, percepção. (Psicol.) poder de discernimento e compreensão das coisas.

Prefácio

O inexplicável está em torno de nós. Também o incompreensível. E também o ininteligível. Ao entrevistar Babe Ruth[1] *em 1928, fiz esta colocação a ele: "As pessoas chegam e lhe perguntam qual é o seu segredo para bater* home runs, *não é?" "Sim", disse Babe, "e tudo o que eu posso dizer-lhes é que pego um bom e arremesso-o. Volto para o abrigo e eles me perguntam: "que tal foi o arremesso?" E eu lhes digo que não sei, exceto que pareceu bom!"*

– Carl Sandburg[2]

Gerentes não se confrontam com problemas que são independentes entre si, mas com situações dinâmicas que consistem em sistemas complexos para modificar problemas que interagem entre si. Chamo a essas situações de bagunça... Gerentes não resolvem problemas: gerenciam bagunças.

– Russell Ackoff[3]

Orientação do livro

Os profissionais nos dizem que grande parte das finanças é inexplicável, incompreensível e ininteligível. Igual a Babe Ruth, suas explicações para suas ações freqüentemente se resume a "Eu pego um bom e arremesso-o." Felizmente, para uma geração crescente de profissionais, ferramentas e conceitos de finanças modernas proporcionam uma linguagem e uma abordagem para um desempenho excelente. A meta desse livro é ilustrar e exercitar a aplicação dessas ferramentas e os conceitos em um mundo bagunçado.

Foco no valor

O subtítulo desse livro é *Gestão para criação de valor corporativo.* A Economia nos ensina que a criação de valor deve ser um foco de preocupação permanente, porque ele é a base da sobrevivência e a prosperidade de uma empresa. O foco no valor também ajuda os gerentes a entenderem o impacto da empresa no mundo ao seu redor. Esses casos tiram proveito e exercitam essa visão econômica da empresa. É o domínio especial das finanças realçando o valor como uma preocupação legítima dos gerentes. Os casos desse livro exercitam a análise da valoração com respeito a uma ampla variedade de ativos, débitos, patrimônios líquidos, opções e, também, uma ampla variedade de perspectivas como, por exemplo, o investidor, o credor e o gerente.

Ligação com os mercados de capital

Uma premissa importante destes casos é que os gerentes devem seguir pistas dadas pelos mercados de capital. Os casos desse livro ajudam o estudante a aprender a observar os mercados de capital de quatro maneiras. Primeiro, eles ilustram participantes importantes nos mercados de capital como, por exemplo, os casos individuais da Warren Buffett e da Bill Miller e de instituições como bancos de investimento, bancos comerciais, agências de classificação de risco, fundos *hedge*, administradores de fusões, empresas de *private equity*, arren-

[1]NT: George Herman "Babe" Ruth (1895–1948) foi um dos mais famosos jogadores da história do beisebol norte-americano, sendo o líder da Liga em termos de *home runs* em dez campeonatos seguidos, estabelecendo um recorde de 60 *home runs* em um campeonato e batendo 714 *home runs* em sua carreira. Ruth também era conhecido como "Sultan of the Swat" (algo como "O Rei das Tacadas").

[2]Carl Sandburg, "Notes for Preface", in *Harvest Poems*. Nova York: Harcourt Brace Jovanovich, 1960, p.11.

[3]Russell Ackoff, "The Future of Operational Research is Past", *Journal of Operational Research Society*, 30, 1. Pergamon Press, Ltd., 1979: 93–104.

dadores de equipamentos industriais e assim por diante. Em segundo lugar, eles exercitam a capacidade dos estudantes de interpretar as condições do mercado de capitais ao longo do ciclo econômico. Em terceiro lugar, eles exploram o esquema dos títulos financeiros e indicam o uso de ferramentas para dar sustentação à política empresarial. Finalmente, ajudam os estudantes a entender as implicações da transparência que a empresa deve ter para com os investidores e o impacto das notícias sobre a companhia em um mercado eficiente.

Respeito ao ponto de vista administrativo

O mundo real é confuso. A informação é incompleta, chega tardiamente ou é relatada com erro. As motivações das contrapartes são ambíguas. Freqüentemente, faltam recursos. Estes casos ilustram a imensa praticabilidade da teoria financeira para classificar as questões com as quais se defrontam os gerentes, para avaliar alternativas e esclarecer os efeitos de qualquer escolha em particular. Uma série de casos desse livro apresenta dilemas éticos ou riscos morais práticos enfrentados pelos gerentes – de fato, essa edição apresenta em primeira mão um texto: "Ética nas Finanças", logo no início do livro, onde a ética deve estar. A maioria dos casos (e planos didáticos indicados no manual do instrutor) requer *planos de ação* em vez de meras análises ou descrições de um problema.

Contemporaneidade

Mais de três quartos dos casos desse livro são estabelecidos no ano 2000 ou depois. Trinta e seis por cento deles e das notas técnicas são novos ou significativamente atualizados. O conjunto dos casos reflete o ambiente empresarial global: 46% dos casos são estabelecidos fora dos Estados Unidos ou possuem fortes elementos de outras culturas. Finalmente, a mescla de casos continua a refletir o crescente papel das mulheres nos postos administrativos: 40% dos casos apresentam as mulheres como protagonistas-chave e tomadoras de decisão. Geralmente, esses casos refletem os participantes de um mundo dos negócios cada vez mais diverso.

Plano do livro

Os casos podem ser ministrados em muitas combinações diferentes. A seqüência indicada pelo sumário corresponde aos planos de cursos usados na Darden School. Cada agrupamento de casos do Sumário sugere um módulo conceitual, com uma orientação em particular.

1. **Escolhendo alguns temas.** Estes casos introduzem conceitos básicos da criação de valor, avaliação do desempenho em relação a um referencial do mercado de capitais e eficiência do mercado de capitais que ressurgem no decorrer de um caso. A análise numérica exigida do estudante é relativamente leve. A síntese dos fatos do caso em um importante *framework* ou perspectiva é o desafio principal. O caso "Warren E. Buffett, 2005" estabelece o tema quase universal deste volume: a necessidade de pensar como um investidor. O caso "Bill Miller e o *Value Trust*" explora uma questão básica sobre medição do desempenho: qual é o referencial certo para avaliar o sucesso? O caso "Ben & Jerry's Homemade" convida-nos a uma consideração do "valor" e das maneiras de medi-lo. Os casos sobre a FedEx contra o United Parcel Service e a Coca-Cola contra a PepsiCo (na terceira parte) usam o "lucro econômico" (ou EVA®) para explorar as origens da criação e destruição de valor e suas implicações competitivas para o futuro.

2. **Análise financeira e projeção.** Nesta seção são apresentadas aos estudantes as habilidades cruciais de análise dos demonstrativos financeiros, análise do ponto de equilíbrio (*break-even analysis*), análise de quocientes e previsão dos demonstrativos financeiros. O caso "The Body Shop International PLC, 2001: Uma introdução à modelagem financeira" conduz o estudante passo a passo ao longo da preparação de previsões, tanto manualmente tanto com o auxílio de um conjunto de planilhas. Outros casos tratam de questões referentes à análise da gestão do capital de trabalho e análise de crédito. Um novo caso, "Krispy Kreme Doughnuts, Inc.", compara questões relativas à qualidade dos resultados financeiros relatados.
3. **Estimando o custo do capital.** Este módulo inicia com uma discussão das "melhores práticas" entre as empresas que ocupam posição de liderança. Os casos exercitam as habilidades para estimar o custo do capital para as empresas e seus segmentos comerciais. Os casos têm como meta exercitar e solidificar o domínio que os estudantes devem ter do modelo de fixação de preços de ativos fixos, do modelo de dividendos crescentes e do custo médio ponderado da fórmula de capital. O caso "Nike, Inc.: custo de capital" apresenta um exercício introdutório sobre a estimação do custo médio ponderado do capital. O caso "Teletech Corporation, 2005" explora as implicações da análise da média e variância aos segmentos comerciais dentro de uma empresa e constitui uma base útil para discutir a aditividade de valor. Um outro caso, "The Boeing 7E7", apresenta um dramático exercício sobre a estimativa de uma taxa de descontos para um grande projeto empresarial.
4. **Orçamento e alocação de recursos.** O foco destes casos é a avaliação das oportunidades de investimento e dos orçamentos de capital inteiros. Os desafios analíticos variam de problemas simples sobre o valor do dinheiro no tempo à fixação do orçamento de capital inteiro para uma empresa com recursos restritos. As questões-chave deste módulo incluem a estimativa de fluxos de caixa livres, a comparação de vários critérios de investimento (Valor Presente Líquido – VPL, Taxa Interna de Rendimento – TIR, reembolso e anuidades equivalentes), o tratamento das questões em investimentos mutuamente exclusivos e o orçamento de capital sob racionalização. O caso "Genzyme/GelTex *Joint Venture* farmacêutica" explora a economia dos investimentos por etapas *versus* investimentos em uma quantia bruta. Um novo caso, "Compass Records", considera o dilema de uma pequena empresa gravadora em relação aos melhores termos para contratar um artista.
5. **Gerenciamento do capital próprio da empresa, dividendos, recompra, oferta pública inicial de ações.** Esta parte procura desenvolver princípios práticos sobre as questões de política de distribuição de dividendos e ações, recorrendo a conceitos sobre a irrelevância de dividendos, sinalização, clientela do investidor, *bonding* e custos de agenciamento. O caso "Gainesboro Machine Tools Corporation" explora as decisões a respeito de dividendos e recompra de ações sob a óptica de uma série de conceitos teóricos, incluindo sinalização, efeitos da clientela e políticas residuais. O novo caso, "JetBlue Airways avaliação do IPO," considera numerosas questões sobre ofertas públicas iniciais, incluindo as vendas abaixo do preço, escolha de produtos semelhantes e risco para o financiador. Outro caso novo, "Purinex, Inc.", explora a decisão de uma empresa jovem de emitir novas ações ordinárias a *angel investors*[4] e capitalistas de risco.
6. **Gestão da estrutura de capital corporativa.** O problema da fixação dos alvos da estrutura de capital é apresentado nesta parte. Entre as questões de destaque estão o uso e a

---

[4]**Angel investor:** investidores individuais ou grupos de investidores experientes que provêem financiamento para negócios iniciais.

criação de benefícios fiscais gerados pela dívida, o papel da economia industrial e da tecnologia, a influência da estratégia competitiva da empresa, as compensações (*tradeoffs*) da política de endividamento, a política de distribuição de dividendos e as metas de investimento e o impedimento dos custos da insolvência. Outro caso, "The Wm. Wrigley Jr. Company: estrutura de capital, avaliação e custo de capital", versa sobre o clássico dilema envolvido na otimização do uso dos benefícios fiscais da dívida e na obtenção de flexibilidade financeira – esse tema é ampliado em outro caso, "Deluxe Corporation", o qual questiona sobre quanta flexibilidade uma empresa necessita. Um terceiro caso desta seção é "Deutsche Bank Securities: Financiando a aquisição da Consolidated Supply S.A.", o qual assume a visão de um credor em uma grande aquisição alavancada para explorar a relação entre o valor da empresa e a capacidade de endividamento.

7. **Análise das táticas de financiamento: arrendamentos, opções e moeda estrangeira.** Enquanto a **Parte 6** preocupa-se em estabelecer os alvos da dívida, esta parte trata de uma série de táticas que uma empresa poderia usar para buscar atingir esses alvos, proteger-se dos riscos e explorar oportunidades no mercado. Incluem-se as ofertas de endividamento domésticas e internacionais, arrendamentos, proteção cambial, derivativos climáticos, certificados de depósito (*warrants*) e conversíveis. Com estes casos, os estudantes exercitarão técnicas de valorização de títulos, incluindo o uso da teoria da precificação de opções. O caso "Carrefour S.A." apresenta um problema sobre a gestão de riscos monetários.
8. **Avaliando a empresa: aquisições e aquisição de controle**. Esta parte exercita as habilidades do estudante em valorizar a empresa. O foco inclui a valoração usando-se o método de fluxos de caixa descontados (FCD) e múltiplos, técnicas de valoração de empresas altamente alavancadas, redistribuição de valor em insolvências financeiras e distribuição de valor conjunto na negociação de fusões. Esta parte apresenta dois exercícios de negociação de fusões e uma nota técnica sobre tomadas de controle (*takeovers*) hostis. Um novo caso, "A proposta de aquisição da Honeywell pela General Electric", convida os estudantes a assumirem a perspectiva de uma empresa de arbitragem de fusões ao avaliarem um negócio proposto. Os casos desta parte são excelentes veículos para as aulas de encerramento do curso, *term papers*[5] dos estudantes e/ou apresentações realizadas por equipes de estudantes.

Essa edição apresenta uma série de casos que proporcionam *insights* sobre as decisões de investimento ou financiamento em mercados emergentes. Entre esses casos incluem-se: "Deutsche Brauerei", "Kota Fibres, Ltd.", "Rosario Acero S.A.", "Star River Electronics Ltd." e "Estruturação da Aquisição da YPF S.A. pela Repsol."

Resumo das alterações desta edição

A quinta edição representa uma substancial modificação em relação à quarta edição. Esta apresenta 18 casos novos e significativamente atualizados, ou 36% do total. Todos são fixados em 1996 ou depois, e a grande maioria é fixada em 2000 ou depois. O tempo passa! No interesse de apresentarmos uma coleção nova e contemporânea, os casos mais antigos foram atualizados e/ou substituídos por novas situações. Diversos dos casos "clássicos" mais preferidos desde as primeiras quatro edições estão disponíveis *online* no site da Irwin/McGraw-Hill, em que os professores que adotam esta edição podem usá-los em sala de aula. Todos

[5]**Term paper:** Um extenso trabalho por escrito em um curso colegial ou universitário, representativo da realização do estudante durante o período.

os casos e as notas didáticas foram editados para avivar as oportunidades de análise por parte dos estudantes.

O livro continua a ter um forte apelo internacional (23 dos casos, ou seja, 43%, são estabelecidos fora dos Estados Unidos ou apresentam questões significativas de outros países). Além disso, a coleção de casos continua a apresentar as mulheres, de forma proeminente, como tomadoras de decisão e protagonistas (20%, ou 40% dos casos).

Suplementos

Os estudos de casos desse livro contam com o apoio de recursos que ajudam a transformar o envolvimento dos estudantes em algo bem-sucedido:

- O centro de aprendizagem *online* no endereço www.mhhe.com/bruner5e oferece recursos para o estudante e para o professor. São recursos disponíveis em inglês.
  - Para o estudante, estão disponíveis casos complementares.
  - Para o professor, estão disponíveis o Manual do Instrutor, *templates* e diversos casos complementares.
- Um guia para quem é iniciante na preparação de casos, "Nota para o estudante: como estudar e discutir casos", é apresentado nesse livro.
- Cinco casos apresentados no manual do instrutor proporcionam papéis que as contrapartes desempenham para realizar dois exercícios de negociação ou apresentam discussões detalhadas dos resultados do caso (ou seja, o caso "B" em relação aos casos que aparecem nesse livro). Estes casos complementares podem melhorar significativamente o aprendizado do aluno e ampliar as oportunidades de discussão em sala de aula.
- Um manual do instrutor que contém *teaching notes* (notas didáticas) referentes a cada caso. Cada nota didática inclui questões para as tarefas sugeridas, um plano de ensino e uma análise de caso prototípica.
- Endereços de sites em muitas das notas didáticas. Eles constituem um canal para atualizações sobre o desempenho de empresas que aparecem no livro.
- Notas no manual do instrutor a respeito de como planejar um curso sobre o método de casos, sobre o uso de computadores para os casos e sobre como preparar-se para ensinar um caso.
- Diversos casos "clássicos" e suas notas didáticas correspondentes estão entre os casos mais populares e duradouros nas primeiras quatro edições de *Estudos de casos em finanças*.

Agradecimentos

A realização desse livro não seria possível sem a colaboração de muitas pessoas. Colegas da Darden School que ensinaram, foram co-autores, contribuíram ou comentaram estes casos são: Brandt Allen, Yiorgos Allayannis, Sam Bodily, Karl-Adam Bonnier, Susan Chaplinsky, John Colley, Bob Conroy, Ken Eades, Mark Eaker, Bob Fair, Paul Farris, Jim Freeland, Sherwood Frey, Bob Harris, Mark Haskins, Michael Ho, Charles Meiburg, Jud Reis, Michael Schill, William Sihler e Robert Spekman. Sou grato pelo coleguismo deles e pelo apoio que me prestaram em meus esforços para escrever casos na Darden School

Foundation, no Batten Institute, no Citicorp Global Scholars Program, na Columbia Business School e no INSEAD.

Lee Remmers, do INSEAD, colaborou com um dos casos de grande importância. Colegas de outras escolas proporcionaram valiosos *insights* e encorajamento rumo ao desenvolvimento das cinco edições de *Estudos de casos em finanças*. Sou grato às seguintes pessoas (listadas juntamente às escolas com as quais estavam associadas na época da minha correspondência ou do meu trabalho com elas):

Michael Adler, *Columbia*
Raj Aggarwal, *John Carroll*
Turki Alshimmiri, *Kuwait Univ.*
Ed Altman, *NYU*
James Ang, *Florida State*
Paul Asquith, *M.I.T.*
Geert Bekaert, *Stanford*
Michael Berry, *James Madison*
Randy Billingsley, *VPI&SU*
Gary Blemaster, *Georgetown*
Rick Boebel, *University Otago, New Zealand*
Oyvind Bohren, *BI, Norway*
John Boquist, *Indiana*
Michael Brennan, *UCLA*
Duke Bristow, *UCLA*
Ed Burmeister, *Duke*
Kirt Butler, *Michigan State*
Don Chance, *VPI&SU*
Andrew Chen, *Southern Methodist*
Barbara J. Childs, *University of Texas at Austin*
C. Roland Christensen, *Harvard*
Thomas E. Copeland, *McKinsey*
Jean Dermine, *INSEAD*
Michael Dooley, *UVA Law*
Barry Doyle, *University of San Francisco*
Bernard Dumas, *INSEAD*
Peter Eisemann, *Georgia State*
Javier Estrada, *IESE*
Ben Esty, *Harvard*
Thomas H. Eyssell, *Missouri*
Pablo Fernandez, *IESE*
Kenneth Ferris, *Thunderbird*
John Finnerty, *Fordham*
Joseph Finnerty, *Illinois*
Steve Foerster, *Western Ontario*
Günther Franke, *Konstanz*
Bill Fulmer, *George Mason*
Louis Gagnon, *Queens*
Dan Galai, *Jerusalem*
Jim Gentry, *Illinois*
Stuart Gilson, *Harvard*
Robert Glauber, *Harvard*
Mustafa Gultekin, *North Carolina*
Benton Gup, *Alabama*
Jim Haltiner, *William & Mary*
Rob Hansen, *VPI&SU*
Philippe Haspeslagh, *INSEAD*
Pekka Hietala, *INSEAD*
Rocky Higgins, *Washington*
Pierre Hillion, *INSEAD*
Laurie Simon Hodrick, *Columbia*
John Hund, *Texas*
Arthur Houston, *San Diego State University*
Daniel Indro, *Kent State*
Thomas Jackson, *UVA Law*
Pradeep Jalan, *Regina*
Michael Jensen, *Harvard*

Randy D. Jorgensen, *Creighton University*
Sreeni Kamma, *Indiana*
Steven Kaplan, *Chicago*
Andrew Karolyi, *Western Ontario*
James Kehr, *Miami University Ohio*
Kathryn Kelm, *Emporia State*
Carl Kester, *Harvard*
Herwig Langohr, *INSEAD*
Dan Laughhunn, *Duke*
Ken Lehn, *Pittsburgh*
Saul Levmore, *UVA Law*
Wilbur Lewellen, *Purdue*
Scott Linn, *Oklahoma*
Dennis Logue, *Dartmouth*
Robert A. Lutz, *University of Utah*
Paul Mahoney, *UVA Law*
Paul Malatesta, *Washington*
Wesley Marple, *Northeastern*
Felicia Marston, *UVA (McIntire)*
John Martin, *Texas*
Ronald Masulis, *Vanderbilt*
John McConnell, *Purdue*
Wm R. McDaniel, *Florida Atlantic Univ.*
Catherine McDonough, *Babson*
Richard McEnally, *North Carolina*
Wayne Mikkelson, *Oregon*
Michael Moffett, *Thunderbird*
Nancy Mohan, *Dayton*
Ed Moses, *Rollins*
Charles Moyer, *Wake Forest*
David W. Mullins, Jr., *Harvard*
James T. Murphy, *Tulane*
Chris Muscarella, *Penn State*
Robert Nachtmann, *Pittsburgh*
Tom C. Nelson, *University of Colorado*
Ben Nunnally, *UNC-Charlotte*
Richard E. Ottoo, *Pace University*
Robert Parrino, *Texas (Austin)*
Luis Pereiro, *Universidad Torcuato di Tella*
Pamela Peterson, *Florida State*
Larry Pettit, *Virginia (McIntire)*
Tom Piper, *Harvard*
Gordon Philips, *Maryland*
John Pringle, *North Carolina*
Ahmad Rahnema, *IESE*
Al Rappaport, *Northwestern*
Allen Rappaport, *Northern Iowa*
Raghu Rau, *Purdue*
David Ravenscraft, *North Carolina*
Henry B. Reiling, *Harvard*
Lee Remmers, *INSEAD*
Jay Ritter, *Michigan*
Richard Ruback, *Harvard*
Art Selander, *Southern Methodist*
Israel Shaked, *Boston*
Dennis Sheehan, *Penn State*
J.B. Silvers, *Case Western*
Betty Simkins, *Oklahoma State*
Luke Sparvero, *Texas*
Richard Stapleton, *Lancaster*
Laura Starks, *Texas*
Jerry Stevens, *Richmond*
John Strong, *William & Mary*
Marti Subrahmanyam, *NYU*
Anant Sundaram, *Thunderbird*
Rick Swasey, *Northeastern*
Bob Taggart, *Boston College*
Udin Tanuddin, *University Surabaya, Indonesia*
Anjan Thakor, *Indiana*
Thomas Thibodeau, *Southern Methodist*

Clifford Thies, *Shenandoah University*
James G. Tompkins, *Kenesaw State*
Walter Torous, *UCLA*
Max Torres, *IESE*
Nick Travlos, *Boston College*
Lenos Trigeorgis, *Cyprus*
George Tsetsekos, *Drexel*
Peter Tufano, *Harvard*
James Van Horne, *Stanford*
Nick Varaiya, *San Diego State*
Theo Vermaelen, *INSEAD*
Michael Vetsuypens, *Southern Methodist*
Claude Viallet, *INSEAD*
Ingo Walter, *NYU*
J.F. Weston, *UCLA*
Peter Williamson, *Dartmouth*
Brent Wilson, *Brigham Young*
Kent Womack, *Dartmouth*
Karen Wruck, *Ohio State*
Fred Yeager, *St. Louis*
Betty Yobaccio, *Framingham State*
Ken Yook, *Johns Hopkins University*
Marc Zenner, *North Carolina*

Também sou grato aos seguintes profissionais (aqui listados juntamente às empresas correspondentes à época do meu trabalho com eles):

Norm Bartczak, *Center for Financial Strategy*
Bo Brookby, *First Wachovia*
Alison Brown, *Compass Records*
W.L. Lyons Brown, *Brown-Forman*
Bliss Williams Browne, *First Chicago*
George Bruns, *BankBoston*
Ian Buckley, *Henderson Investors*
Ned Case, *General Motors*
Daniel Cohrs, *Marriott*
David Crosby, *Johnson & Johnson*
Jinx Dennett, *BankBoston*
Barbara Dering, *Bank of New York*
Ty Eggemeyer, *McKinsey*
Geoffrey Elliott, *Morgan Stanley*
Louis Elson, *Palamon Capital Partners*
Christine Eosco, *BankBoston*
Catherine Friedman, *Morgan Stanley*
Carl Frischkorn, *Threshold Sports*
Charles Griffith, *AlliedSignal*
Ian Harvey, *BankBoston*
David Herter, *Fleet Boston*
Christopher Howe, *Kleinwort Benson*
Paul Hunn, *Manufacturers Hanover*
Kristen Huntley, *Morgan Stanley*
James Gelly, *General Motors*
Ed Giera, *General Motors*
Betsy Hatfield, *Bank Boston*
Denis Hamboyan, *Bank Boston*
Thomas Jasper, *Salomon Brothers*
Andrew Kalotay, *Salomon Brothers*
Lisa Levine, *Equipment Leasing*
Mary Lou Kelley, *McKinsey*
Francesco Kestenholz, *UBS*
Eric Linnes, *Kleinwort Benson*
Peter Lynch, *Fidelity Investments*
Mary McDaniel, *SNL Securities*
Jean McTighe, *BankBoston*
Frank McTigue, *McTigue Associates*
David Meyer, *J.P. Morgan*
Michael Melloy, *Planet*
Jeanne Mockard, *Putnam Investments*
Pascal Montiero de Barros, *Planet*

Lin Morison, *BankBoston*
John Muleta, *PSINet*
Dennis Neumann, *Bank of New York*
John Newcomb, *BankBoston*
Ralph Norwood, *Polaroid*
Marni Gislason Obernauer, *J.P. Morgan*
Michael Pearson, *McKinsey*
Nancy Preis, *Kleinwort Benson*
Joe Prendergast, *First Wachovia*
Luis Quartin-Bastos, *Planet*
Jack Rader, *FMA*
Christopher Reilly, *S.G. Warburg*
Emilio Rottoli, *Glaxo*
Gerry Rooney, *NationsBank*
Craig Ruff, *AIMR*
Barry Sabloff, *First Chicago*
Linda Scheuplein, *J.P. Morgan*
Keith Shaughnessy, *Bank Boston*
Jack Sheehan, *Johnstown*
Katrina Sherrerd, *AIMR*
John Smetanka, *Security Pacific*
John Smith, *General Motors*
Raj Srinath, *AMTRAK*
Rick Spangler, *First Wachovia*
Kirsten Spector, *BankBoston*
Martin Steinmeyer, *MediMedia*
Bill Stilley, *Adenosine Therapeutics*
Stephanie Summers, *Lehman Brothers*
Sven-Ivan Sundqvist, *Dagens Nyheter*
Patrick Sweeney, *ServerVault*
Peter Thorpe, *Citicorp.*
Katherine Updike, *Excelsior*
Tom Verdoorn, *Land O'Lakes*
Frank Ward, Corp. *Performance Systems*
David Wake Walker, *Kleinwort Benson*
Garry West, *Compass Records*
Ulrich Wiechmann, *UWINC*
Scott Williams, *McKinsey*
Harry You, *Salomon Brothers*

Assistentes de pesquisa que trabalham sob minha direção ajudaram-me a coletar dados e a preparar os rascunhos. Meu principal assistente nessa quinta edição foi Sean Carr. Sua notável colaboração teve múltiplas facetas: ele foi assistente de pesquisa, autor preliminar de alguns casos sob minha direção, editor e revisor do material e, de maneira geral, gerente desse projeto muito complexo. Foi um prazer trabalhar com um hábil analista e escritor profissional, líder dos demais, apaixonado artista do método de estudo de casos, dedicado ao desafio de aprendizagem dos estudantes e às oportunidades de discussão em sala de aula. Os assistentes de pesquisa que contribuíram em diversos casos dessa e das edições anteriores incluem Darren Berry, Anna Buchanan, Anne Campbell, Jessica Chan, David Eichler, Dennis Hall, Jerry Halpin, Peter Hennessy, Casey Opitz, Katarina Paddack, Chad Rynbrandt, Michael Schill, John Sherwood, Jane Sommers-Kelly, Thien Pham, Carla Stiassni, Sanjay Vakharia, Larry Weatherford e Steve Wilus. Supervisionei outras pessoas no desenvolvimento de casos individuais – esses valiosos colaboradores recebem o crédito por seu trabalho nas notas de rodapé de cada caso.

Um professor atarefado aprende logo a sabedoria do ditado: "Duas mãos trabalham melhor do que uma". Sou grato ao *staff* da Darden School pelo apoio que me foi dado nesse projeto. A excelente assistência editorial na Darden nos foi proporcionada por Stephen Smith e Catherine Wiese (editores "nonpareil"[6] da Darden School) e seus colegas da Darden Business Publishing e da Darden Case Collection: Sherry Alston, Kathie Amato, Amy Lemley, Jamie Miller, Heidi White e Beth Woods. Betty Sprouse e Ginny Fisher nos deram um grande apoio de secretaria. Uma valiosa ajuda nas pesquisas de biblioteca foi dada por Karen Marsh King, Nancy Newins e Susan Norrisey. A paciência, o cuidado e a dedicação dessas pessoas merecem o nosso mais caloroso apreço.

Na McGraw-Hill/Irwin, Michele Janicek serviu como editora executiva para esse livro. Mike Junior, agora vice-presidente de desenvolvimento de e-books, recrutou-me para esse projeto há anos; o legado de nossa antiga definição de visão prossegue nessa edição. James Labeots foi o gerente de projetos e Barbara Hari serviu como editora de desenvolvimento e coordenadora editorial dessa edição.

De todos os nossos colaboradores, minha esposa, Barbara McTigue Bruner, e nossos dois filhos, Jonathan e Alexander, suportaram grandes sacrifícios para que esse livro se tornasse uma realidade. Como disse Milton, "Também colaboram aqueles que simplesmente se levantam e esperam". O desenvolvimento dessa quinta edição não teria sido possível sem a carinhosa paciência deles.

Não obstante todos esses agradecimentos, a responsabilidade por esses materiais é minha. Serão bem-vindas as sugestões para o seu aperfeiçoamento. Por favor, comuniquem-me suas experiências com esses casos, seja por intermédio da McGraw-Hill ou das coordenadas apresentadas abaixo.

Robert F. Bruner – Reitor
Charles C. Abbott – professor de administração de empresas e
professor emérito de administração de empresas da
Darden Graduate School of Business
University of Virginia
brunerr@virginia.edu*

Cópias individuais de todos os casos da Darden, dessa e das edições anteriores, podem ser compradas prontamente por meio da *Primis Online* (www.mhhe.com/primis/) da McGraw-Hill/Irwin ou da Darden Business Publishing (e-mail: sales@dardenpublishing.com). A renda proveniente desta venda sustenta nossos esforços de escrita de casos. Por favor, respeite os direitos autorais desses materiais.

[6]**Nonpareil:** [Fr] *adj.* Incomparável, inigualável; *subst.* Marca registrada de um editor de textos.

*Os estudantes devem estar cientes de que não poderei apresentar nenhum comentário que os ajude na preparação destes casos sem a antecipada solicitação expressa de seus professores, com o meu consentimento.

Nota para o estudante: como estudar e discutir casos

Pegue uma boa idéia e se fixe nela. Siga-a como um cão e trabalhe nela até que esteja feita, e bem feita.
— Walt Disney

Você se matricula em um curso do "método de casos", pega o livro de estudos de casos ou a pilha de casos de folhas soltas e prepara-se para o primeiro encontro em sala de aula. Se for essa a sua primeira experiência em discussões de casos, provavelmente você estará desorientado e um pouco ansioso a respeito de como preparar-se para o curso. Isso é razoavelmente normal, mas trata-se de algo que você deve tentar vencer rapidamente a fim de obter o máximo de benefício de seus estudos. Rápidos avanços vêm de uma combinação de uma boa atitude, boa infra-estrutura e boa execução – essa nota apresenta algumas dicas.

Boa atitude

Os estudantes aprendem melhor aquilo que ensinam a si mesmos. A aprendizagem passiva e mecânica é efêmera. A aprendizagem ativa, diligente, simplesmente se fixa na memória. O método de estudo de casos torna a aprendizagem arraigada ao colocá-lo em situações que exigem a invenção de ferramentas e conceitos *de acordo com os seus próprios termos*. Os estudantes do método de casos mais bem-sucedidos compartilham uma série de características que impulsionam o autodidatismo:

1. **Iniciativa pessoal, autoconfiança.** O estudo de casos raramente sugere como se deve proceder. Os professores mais se assemelham a guias turísticos: eles não o carregam nos braços, mas podem mostrar-lhe o caminho. Você deve chegar ao destino com sua própria iniciativa. Você deve calcular o caso por conta própria. Ensinar a si mesmo significa que você precisa organizar a idéia de uma maneira que faça sentido para você. Ensinar a si mesmo é dar a si próprio dois presentes: a idéia que você está tentando aprender e maior autoconfiança em sua própria capacidade de conquistar o mundo.

Esta nota foi preparada por Robert F. Bruner. Rev. 11/05

2. **Curiosidade, o prazer da exploração como um fim em si mesmo.** Perguntaram certa vez a Richard P. Feynman, ganhador do Prêmio Nobel em Física em 1965, se sua descoberta vital valia a pena. Ele respondeu: "(O Prêmio Nobel) é uma dor no... Não gosto de honrarias... O prêmio é o prazer de descobrir a coisa em si, a satisfação da descoberta, a constatação de que outras pessoas o usam (meu trabalho) – essas são as coisas que importam; as honrarias são coisas irreais para mim."[1]
3. **Disposição para enfrentar riscos.** Enfrentar riscos é algo que está no âmago de todo aprendizado. Habitualmente, aprende-se mais com os erros do que com os sucessos. O banqueiro Walter Wriston disse, certa vez: "O bom julgamento vem da experiência. E a experiência provém de um mau julgamento."
4. **Paciência e persistência.** O estudo de casos é bagunçado; uma reflexão realista do fato de que os gerentes não gerenciam problemas, gerenciam bagunças. Inicialmente, alcançar uma solução parecerá o maior desafio. Mas, tão logo você alcance *uma* solução, pode descobrir outras soluções possíveis e então escolher entre as melhores alternativas.
5. **Orientação para a comunidade e para o debate.** Grande parte do poder do método de estudo de casos deriva da boa vontade para *conversar* com outros a respeito de suas idéias e dos pontos que acha confusos. Esse é um dos paradoxos do método de estudo de casos: você precisa ensinar a si mesmo, mas não em um vácuo. O poeta T. S. Eliot disse: "Não há vida que não seja vivida em comunidade." Conversar parece ser um método por demais ineficiente para esmiuçar o caso, mas, se a pesquisa for um fim em si mesmo, então, conversar é a única maneira. Além disso, conversar é um meio excelente de testar o seu próprio domínio das idéias, de esclarecer pontos confusos e, de maneira geral, preparar a si mesmo para a vida profissional.
6. **Confiança no processo.** O que se aprende em um curso do método de casos é impressionante. O aprendizado ocorre cumulativamente ao longo do tempo. Em muitos casos, a aprendizagem prossegue muito além do término do curso. Ocasionalmente, esse aprendizado o atinge com a força de um tsunami. Mas, geralmente, o aprendizado se infiltra de maneira silenciosa, porém, poderosamente, igual à maré. Depois do curso você olhará para trás e verá que o seu pensamento, seu domínio e sua capacidade de apreciação se modificaram drasticamente. A questão fundamental é que você não deve medir o sucesso do seu progresso com base em uma única discussão de caso. Tenha a confiança de que, ao trabalhar cumulativamente em muitos casos, você conquistará a maestria que procura.

Boa infra-estrutura

A "infra-estrutura" consiste de todos os recursos a que o estudante pelo método de casos pode recorrer. Parte disso simplesmente lhe é fornecido pelo professor: estudo de casos, questões como tarefa de casa, referências a livros ou artigos que lhe servem de apoio e dados ou modelos computadorizados. Mas você pode ir além para ajudar a si mesmo. Considere estes passos:

1. **Encontre um lugar calmo para estudar. Passe pelo menos 90 minutos lá dedicando-se a cada estudo de caso.** Cada caso tem sutilezas que você não perceberá, a menos

[1]Richard P. Feynman, *The Pleasure of Finding Things Out*. Cambridge. Mass.: Perseus Publishing, 1999, 12.

que possa concentrar-se. Depois de duas ou três estadas em seu ambiente calmo, isso assumirá os atributos de um hábito: você encontrará uma postura de trabalho mais facilmente. Certifique-se de gastar tempo suficiente no ambiente calmo para dar a si mesmo a oportunidade de realmente envolver-se no caso.

2. **Adquira um dicionário de economia.** Se você é iniciante em economia e finanças, alguns dos termos lhe parecerão estranhos. Adquira o hábito de pesquisar termos que não conhece. O benefício disso se torna cumulativo.
3. **Dê uma olhada em um jornal de negócios diariamente; leia uma revista de economia, siga o mercado.** Ler um jornal ou revista ajuda-o a construir um *contexto* para o estudo de caso que você está tentando resolver no momento e ajuda-o a estabelecer conexões entre o estudo e os eventos atuais. A terminologia de economia e finanças que você vê nas publicações ajuda-o a reforçar o uso do dicionário e acelera o domínio dos termos que encontrará nos casos. Seu aprendizado por meio da leitura de periódicos de economia é cumulativo. Alguns estudantes optam por seguir um bom site de notícias de economia na Internet. Esses sites têm a virtude de serem gratuitos ou baratos e eficientes, mas tendem a peneirar demasiadamente. Ter uma publicação impressa em mãos e folheá-la auxilia-o no processo de *descoberta*, que é o ponto integral do exercício.
4. **Aprenda os fundamentos de como modelar uma planilha em um computador.** Muitos estudos de caso têm agora dados de apoio disponíveis para análise em arquivos de planilha como, por exemplo, o Microsoft Excel. Fazer a análise dos dados em um computador em vez de manualmente, tanto agiliza o seu trabalho quanto amplia o seu alcance.
5. **Forme um grupo de estudo.** As idéias contidas em muitos casos são profundas; a análise pode tornar-se complexa. *Você aprenderá mais e obterá um desempenho melhor em sua participação em sala de aula ao discutir os casos em um grupo de estudo.* Sua equipe deve dedicar em média uma hora a cada caso. As equipes de alto desempenho apresentam uma série de atributos comuns:

   a. Os membros se comprometem com o sucesso do grupo.
   b. O grupo planeja antecipadamente, deixando espaço para contingências.
   c. O grupo se reúne regularmente.
   d. Os membros do grupo comparecem às reuniões e estão *preparados* para colaborar.
   e. Há ou pode haver um líder formal, mas as atribuições são claras. Os membros do grupo cumprem as obrigações que lhes são designadas.

6. **Conheça o seu professor.** No método de casos, os estudantes inevitavelmente aprendem mais uns com os outros do que com o professor. Mas o professor também faz parte da infra-estrutura de aprendizagem: é um recurso a ser usado criteriosamente. Jamais tente pescar respostas antecipadamente na discussão de um caso. Faça o seu trabalho de casa; recorra aos colegas de classe e aos grupos de estudo para esclarecer a maioria de suas dúvidas a fim de poder concentrar-se nas questões mais substanciais com o professor. Seja muito organizado e focalizado a respeito daquilo que gostaria de discutir. Lembre-se de que os professores gostam de aprender também: se você revelar um novo *insight* a respeito de um caso ou trouxer um *clipping* sobre uma questão relacionada aos eventos atuais, tanto o professor quanto o aluno poderão ganhar com o tempo que passarão juntos. Por fim, a melhor recompensa para o professor é o "aha!" nos olhos do estudante, quando ele domina uma idéia.

Boa execução

Boa atitude e infra-estrutura devem ser empregados adequadamente – é necessário boa execução. A extensão do aprendizado do estudante depende de como o estudo de caso é abordado. O que se pode fazer para aproveitar o máximo do estudo desses casos?

1. **Ler o caso.** Ao ler pela primeira vez um caso qualquer, veja a floresta, não as árvores. Isso requer que a sua primeira leitura seja rápida. Não comece a fazer anotações logo de cara; em vez disso, leia o caso como um artigo de revista. Os primeiros parágrafos de um caso bem construído geralmente dizem algo sobre o problema — leia-os cuidadosamente. Depois, leia rapidamente o resto do caso, procurando principalmente captar o sentido do escopo dos problemas e qual informação o caso contém, para ajudar a resolvê-los. Folheie os quadros procurando qualquer informação que eles contenham, em vez de procurar *insights* analíticos. Ao terminar o primeiro passo, leia qualquer artigo de apoio ou notas que seu professor talvez tenha recomendado.
2. **Entre na situação do caso. Desenvolva seu "conhecimento".** Tendo em mente uma perspectiva mais ampla, a segunda leitura, mais detalhada, será mais produtiva. A razão é que, como agora você encontra detalhes, sua mente será capaz de organizá-los de alguma maneira útil em vez de inventariá-los aleatoriamente. Estabelecer vínculos entre os detalhes do caso é algo necessário para resolvê-los. Nesse ponto, você pode fazer as anotações que configurarão sua análise. Os estudantes mais bem-sucedidos projetam-se na posição do tomador de decisões, porque essa perspectiva os ajuda a vincular os detalhes do caso bem como a desenvolver uma plataforma para o problema do caso. As questões do trabalho de casa podem ajudá-lo nisso, mas é uma boa idéia adquirir o hábito de fazê-lo você mesmo. Aqui estão os tipos de questão que você poderia tentar resolver ao preparar cada caso:

- Quem são os protagonistas do caso? Quem deve tomar providências sobre o problema? O que eles têm em jogo? Quais pressões eles sofrem?
- Em qual negócio está a sua empresa? Qual é a natureza do seu produto? Qual é a natureza da demanda por esse produto? Qual é a competência distintiva da empresa? Com quem ela faz concorrência?[2] Qual é a estrutura da indústria? A empresa é comparativamente forte ou fraca? Sob quais aspectos?
- Quais são as metas da empresa? Qual é a estratégia da empresa em busca dessas metas? (As metas e a estratégia podem ser explicitamente declaradas, ou podem ser implícitas na maneira de a empresa fazer negócios.) Quais são as políticas funcionais patentes da empresa em marketing (por exemplo, estratégia *push versus pull*), produção (por exemplo, relações trabalhistas, uso de novas tecnologias, produção distribuída *versus* centralizada e finanças (por ex., o uso de financiamento com capital de terceiros, pagamento de dividendos)? As estratégias financeiras e comerciais podem ser inferidas de uma análise dos coeficientes financeiros e de um demonstrativo das fontes e usos dos fundos? Até que

[2]Pense amplamente a respeito dos competidores. Em *Um Ianque na Corte do Rei Arthur*, Mark Twain escreveu: "O melhor espadachim do mundo não precisa temer o segundo melhor espadachim do mundo; não, a pessoa de quem ele deve ter medo é do antagonista ignorante que jamais pegou uma espada. Este não faz a coisa como deveria fazer e, assim, o especialista não está preparado para ele; ele faz o que não deveria fazer e freqüentemente pega o especialista de surpresa e acaba com ele ali mesmo."

ponto o desempenho da empresa na busca de suas metas é eficaz? (A resposta a esta questão requer uma análise simples, usando-se coeficientes financeiros como, por exemplo, o sistema Dupont, taxas de crescimento compostas e medidas da criação de valor).

- O ponto de maior amplitude dessa fase de sua preparação do caso é ampliar seu conhecimento das questões. Warren Buffett, talvez o mais bem-sucedido investidor da história, disse: "Qualquer participante que não tenha conhecimento de quem comete tolices no mercado provavelmente *é* o tolo do mercado." Conhecimento é um atributo importante dos gerentes bem-sucedidos.

3. **Definindo o problema.** Uma armadilha comum para muitos executivos é pressupor que a questão que têm diante de si seja o problema real mais valioso para gastarem seu tempo, não o sintoma de algum problema mais amplo, que *realmente* mereça sua atenção. Por exemplo, freqüentemente se pede a um credor para adiantar fundos para ajudar uma empresa em um *deficit* de caixa. Um estudo meticuloso pode revelar que o problema fundamental não é um *deficit* de caixa, mas uma obsolescência do produto, uma competição inesperada ou um gerenciamento descuidado dos custos. Mesmo nos casos em que a decisão é definida de uma maneira razoavelmente estrita (por exemplo, escolha dos dispêndios de capital), geralmente o "problema" vem a ser a credibilidade de certas pressuposições fundamentais. Os estudantes que são novatos no método de estudo de casos tendem a concentrar-se estritamente em definir os problemas e muitas vezes desconsideram a influência que o ambiente mais amplo tem sobre o problema. Ao agir assim, o estudante desenvolve estreitos hábitos especialistas, sem jamais obter a perspectiva de gerente-geral. É útil e importante que você defina o problema para si mesmo e, no processo, valide o problema de acordo com a sugestão do protagonista do caso.
4. **Análise: calcule os valores e vá ao cerne da questão**. Virtualmente, todos os casos financeiros exigem análise numérica. Isso é bom porque o trabalho de cálculo imprime rigor e estrutura ao seu pensamento. Mas alguns casos, refletindo a realidade, convidam-no a explorar becos sem saída. Se você é novato em finanças, até mesmo essas explorações irão ajudá-lo a aprender.[3] Os melhores estudantes do método de casos desenvolvem o instinto de procurar para onde devem orientar suas análises. Economia de esforço é algo desejável. Se você tiver investido sabiamente na definição do problema, a análise econômica tende a fluir. Por exemplo, um estudante pode supor que um caso em particular se destina a exercitar suas habilidades de previsão financeira e gastar duas ou mais horas preparando uma previsão detalhada, em vez de preparar uma previsão mais simples em uma hora e realizar uma análise de sensibilidade com base em pressupostos fundamentais na hora seguinte. Um executivo raramente pensa em uma situação como algo que tenha a ver com métodos de previsão ou de descontos ou outra técnica qualquer, mas, ao contrário, pensa-a como um problema de julgamento, decidindo a respeito de quais pessoas ou conceitos ou condições ambientais deve apostar. As melhores análises de caso se resumem às *apostas fundamentais* nas quais o executivo põe em jogo a prosperidade da empresa ou da sua carreira. Chegue às questões econômicas rapidamente e evite remexer cálculos relativamente sem importância.

---

[3] A análise de casos freqüentemente é iterativa: uma compreensão das grandes questões convida à análise dos detalhes – então os detalhes podem reestruturar as grandes questões e convidar à análise de outros detalhes. Em alguns casos, chegar ao cerne da questão significará apenas essa iteração.

5. **Prepare-se para participar: tome uma posição.** Desenvolver *insights* analíticos sem apresentar recomendações é inútil para os executivos e exaure parte do poder de aprendizagem oferecido pela experiência de estudar o caso. Tomar uma posição significa ter um ponto de vista a respeito do problema, uma recomendação e uma análise para sustentar ambos. As lições que mais valem a pena aprender vêm, todas, de se tomar uma posição. Dessa verdade flui a força educativa do método de casos. No caso típico, o estudante se projeta ao cargo de um executivo que precisa fazer algo em resposta a um problema. É dessa escolha de o que fazer que constitui a posição do executivo. No decorrer de uma carreira, aquele que toma posições adquire sabedoria. Se a posição proporcionar uma resolução eficaz para o problema, será muito melhor para todos os envolvidos. Entretanto, se isso não ocorrer, o executivo sábio analisará as razões do fracasso e talvez aprenda mais ainda do que se tivesse obtido sucesso. Conforme escreveu Theodore Roosevelt:

   > O crédito pertence ao homem[4] que está de fato na luta — cujo rosto está desfigurado pela poeira, suor e sangue... que conhece os grandes entusiasmos, as grandes devoções — e se dedica a uma causa valiosa — aquele que, na melhor das hipóteses, vencer, saberá qual é a emoção de se obter uma alta realização — e, se fracassar, pelo menos fracassará ousando grandemente a fim de que seu lugar jamais esteja entre aquelas almas frias e tímidas que não sabem o que é vitória nem derrota.

6. **Em classe: participe ativamente para sustentar suas conclusões, mas permaneça aberto a novas percepções.** Evidentemente se pode tomar uma posição e ninguém ficar sabendo. Tomar uma posição na discussão de casos significa participar ativamente dela e defender sua posição até que surjam novos fatos ou análises para assegurar uma mudança.[5] Aprender pelo método de casos não é um esporte de competição. Um erro clássico que muitos estudantes cometem é introduzir nas aulas do método de casos os hábitos da sala de conferências (ou seja, absorver passivamente o que outras pessoas dizem). Esses hábitos fracassam estrondosamente porque somente garantem que serão absorvidas as verdades e as falácias propagadas por outros. O propósito do estudo de casos é desenvolver e exercitar habilidades e julgamentos da *própria* pessoa. Isso exige prática e participação, exatamente como em um esporte. Eis duas boas sugestões gerais: (1) adie a tomada de anotações significativas até o fim da aula e (2) esforce-se para colaborar em cada discussão de caso.
7. **Imediatamente depois da aula: registre as anotações, correções e questões.** Não invista muito tempo fazendo anotações durante a aula – isso canibaliza o "tempo de transmissão" no qual você poderia estar aprendendo por meio da discussão do caso. Mas, imediatamente depois da aula, colete seu aprendizado e suas questões em anotações que captem o seu pensamento. Evidentemente, faça perguntas a um colega de classe ou ao seu professor para ajudá-lo a esclarecer questões que ainda lhe são confusas.
8. **Uma vez por semana, folheie as anotações. Faça uma lista de suas questões e procure respostas.** Dedique uma hora em cada fim de semana para revisar suas anotações das discussões em sala de aula durante a semana que passou. Isso o ajudará a compreender o fluxo do curso. Estudar uma matéria pelo método de casos é como construir um grande

---

[4]Hoje, uma declaração desse tipo certamente reconheceria as mulheres também.

[5]Há diferença entre tomar uma posição e ser cabeça dura. De nada serve agarrar-se à sua posição até as últimas conseqüências diante das evidências de uma melhor análise ou do bom senso. Bons gerentes reconhecem novos fatos e bons argumentos quando eles surgem e se adaptam.

quadro com pequenas peças de cerâmica. É de bom proveito dar um passo para trás para ver o quadro amplo. Mas o objetivo principal deve ser fazer um inventário de todas as coisas que não lhe sejam claras: termos, conceitos e cálculos. Trabalhe esse inventário com seus colegas de classe, equipes de aprendizagem e, por fim, com o professor. Esse tipo de revisão e acompanhamento constrói sua autoconfiança e o prepara para participar mais eficazmente das futuras discussões em sala de aula.

Conclusão: seguir-se-ão foco no processo e nos resultados

Veja a experiência de estudo pelo método de casos como uma série de oportunidades para testar seu domínio das técnicas e seu julgamento dos negócios. Se você está à procura de uma lista de axiomas para serem talhados em pedra, provavelmente se desapontará. Como ocorre na vida real, virtualmente não existe nenhuma resposta "certa" para os casos, para que um problema científico ou de engenharia tenha uma solução exata. Jeff Milman disse: "As respostas que valem a pena jamais são encontradas no fim do livro." O que importa é obter uma maneira de pensar a respeito das situações econômicas que você possa levar de um emprego (ou uma carreira) para o próximo. No método de casos é amplamente verdadeiro que *a maneira de aprender é aquilo que você aprende.*[6]

[6]Ao descrever o trabalho dos professores de casos, John H. McArthur disse: "A maneira de ensinarmos é aquilo que ensinamos."

Ética nas finanças

A primeira coisa é o caráter, antes do dinheiro ou de qualquer outra coisa.
— J. P. Morgan (testemunhando diante do Congresso norte-americano)

O profissional preocupa-se em fazer a coisa certa em vez de ganhar dinheiro, sabendo que o lucro cuida de si mesmo se as outras coisas forem cuidadas.
— Edwin LeFevre, ***Reminiscences of a Stock Operator***

Integridade é algo primordial para a carreira bem-sucedida em finanças e negócios, conforme nos lembram os profissionais. Integridade aprende-se; ela não é herdada. E as lições estão em toda parte, mesmo nos estudos de caso em finanças. Para algumas pessoas, o mundo financeiro é puramente mecânico, desprovido de considerações éticas. A realidade é que as questões éticas permeiam as finanças. O **Quadro 1** apresenta uma lista de escândalos financeiros proeminentes próximo da virada para o século XXI. Causa espanto a ampla variedade de ambientes industriais e, especialmente, as questões recorrentes enraizadas no mundo financeiro e contábil. Além disso, a descrença de que a ética importa na área das finanças pode assumir muitas formas.

"Não é meu trabalho", diz uma pessoa, achando que a preocupação com a ética pertence a um CEO, *ombudsman* ou advogado. Mas se você deixa passivamente alguém seguir o seu pensamento, você se expõe à cumplicidade nas decisões éticas tomadas por outros. Pior ainda é a possibilidade de que, se todos presumirem que alguém se encarrega da tarefa de praticar a ética, talvez *ninguém* a pratique e, no entanto, a empresa não possui absolutamente nenhuma bússola moral.

Outra pessoa diz: "Quando estiver em Roma, aja como os romanos. É um mundo de competição implacável. Precisamos jogar do jeito deles se quisermos fazer negócios lá." Sob esse ponto de vista, o pressuposto é que todos agem eticamente em relação ao seu ambiente local, de forma que é impróprio contestar os comportamentos antiéticos. Isso é relativismo moral.

O problema com esse ponto de vista é que ele pressupõe que você não tem nenhuma identidade e que, à semelhança de um camaleão, é definido pelo ambiente que o cerca. O relativismo é inimigo da identidade pessoal e do caráter. Você *precisa* ter um ponto de vista se estiver enraizado em qualquer sistema cultural. Prepare-se para tomar uma posição.

Uma terceira pessoa diz: "É muito complicado. A civilização discute ética há 3 mil anos. Você espera que eu a domine no decorrer da minha vida?" A resposta deve ser que nós usa-

---

Esta nota técnica foi preparada por Robert F. Bruner e recorre a segmentos de dois de seus livros: *Applied Mergers and Acquisitions* (John Wiley & Sons, copyright © 2004 de Robert F. Bruner) e *Deals from Hell: Lessons That Rise Above the Ashes* (John Wiley & Sons, copyright © 2005 de Robert F. Bruner). Estes segmentos foram usados com sua permissão.

mos sistemas complicados dezenas de vezes por dia sem termos um domínio completo de seus detalhes. Talvez a alternativa seria vivermos em cavernas, que é uma vida mais simples, mas muito menos compensadora. Além disso, conforme dizem os tribunais ao mundo dos negócios há séculos: ignorância da lei não é válida como defesa. Se quiser ser bem-sucedido no setor das finanças, você precisa compreender as normas do comportamento ético. Não se pode fugir do fato de que o raciocínio ético é vital para a prática dos negócios e das finanças. As ferramentas e os conceitos do raciocínio ético estão contidos no kit de ferramentas financeiras juntamente com outros instrumentos valiosos da prática financeira.

Antigamente, ética e economia se entrelaçavam fortemente. O patriarca da economia, Adam Smith, era, na realidade, doutor em filosofia moral. Não obstante as duas áreas poderem ter se divergido no século passado, elas permanecem como fortes complementos.[1] A moralidade preocupa-se com normas e ensinamentos. A ética preocupa-se com o processo de se tomar decisões moralmente *boas* ou, conforme escreveu Andrew Wicks: "Ética tem a ver com buscar – e atingir – fins louváveis."[2] O *Oxford English Dictionary* define moral da seguinte maneira: "Do conhecimento, opiniões, julgamentos, etc.; relativo à natureza e aplicação da distinção entre o certo e o errado."[3] Ética, entretanto, é definida como a "ciência das morais".[4] Para verificar como os processos de tomada de decisões na área de finanças têm implicações éticas, considere o estudo de caso a seguir.

Minicaso: WorldCom Inc.[5]

A maior fraude da história envolveu a falsificação de US$ 11 bilhões em lucros operacionais na WorldCom Inc. A WorldCom era uma das três maiores operadoras de telecomunicações de longa distância nos Estados Unidos, pela criação de uma estratégia de aquisição *rollup*[*] levada a efeito por seu CEO, Bernard Ebbers. A maior aquisição da WorldCom, a MCI Communications, em 1998, coroou a história de crescimento por impulso (*momentum-growth*). Isso, em conjunto com o flutuante mercado de ações do final da década de 1990, aumentou drasticamente o preço das ações da empresa.

No início de 2001, despontou para os analistas e investidores que os Estados Unidos estavam com uma enorme capacidade excedente de telecomunicações de longa distância. Grande parte dessa capacidade se desenvolvera com expectativas irrealistas de aumento do uso da Internet. Com o colapso da bolha da Internet, o futuro das operadoras de telecomunicações repentinamente foi posto em dúvida.

A WorldCom arrendara uma parte significativa de sua capacidade tanto a provedores (ISP) de Internet quanto a provedores de serviços de telecomunicações. Muitos desses arrendatários desvalorizaram-se e, no início de 2000, entraram em falência. Em meados de 2000, o diretor-financeiro (*chief financial officer* – CFO) da Ebbers e WorldCom, Scott Sullivan, avisou Wall Street que os lucros cairiam abaixo das expectativas. Os custos da WorldCom eram fixados

---

N.T.: **Rollup** (também "Roll-up" ou "Roll up") é uma técnica usada por investidores (comumente capitalistas de risco e de *hedge funds*) em que múltiplas empresas pequenas do mesmo mercado são adquiridas e incorporadas.

[1] Sen (1987) e Werhane (1999) argumentaram que a obra-prima de Smith, *A Riqueza das Nações*, é incorretamente interpretada como uma justificativa para o interesse próprio e que ela fala mais amplamente sobre virtudes como prudência, justiça e cooperação.

[2] Wicks (2003), 5.

[3] *Oxford English Dictionary* (1989), vol. IX, 1068.

[4] *Oxford English Dictionary* (1989), vol. V, 421.

[5] Este caso se baseia em fatos extraídos de Pulliam (2003), Blumenstein e Pulliam (2003), Blumenstein e Solomon (2003) e Solomon (2003).

amplamente – a empresa tinha uma elevada alavancagem operacional. Com quedas relativamente baixas em suas receitas, os lucros cairiam abruptamente. No terceiro trimestre de 2000, a WorldCom foi atingida com US$ 685 milhões em depreciações (*write-offs*) à medida que seus clientes se tornavam inadimplentes em relação aos seus compromissos de arrendamento de capacidade. Em outubro de 2000, Sullivan pressionou três gerentes contábeis de nível médio da WorldCom para que recorressem a contas de reserva guardadas para outros propósitos, para cobrir as despesas operacionais, o que reduziria as despesas operacionais relatadas e aumentaria os lucros. A transferência violava as normas relativas à independência e ao propósito das contas de reserva. Os três aquiesceram, mas depois lamentaram a ação. Pensaram em pedir demissão, mas foram convencidos a permanecer na empresa durante sua crise nos lucros. Eles esperavam ou acreditavam que uma reviravolta nos negócios da empresa tornaria essa ação uma exceção.

A situação piorou no primeiro trimestre de 2001. A receita caiu ainda mais, produzindo uma defasagem de US$ 771 milhões nos lucros. Novamente, Sullivan persuadiu os três gerentes de contabilidade para desviar os custos operacionais – dessa vez, mexendo nas contas de dispêndio com ativos fixos. Novamente os gerentes concordaram. Assim, eles antedataram lançamentos no processo. No segundo, terceiro e quarto trimestres de 2001, eles transferiram US$ 560 milhões, US$ 743 milhões e US$ 941 milhões, respectivamente. No primeiro trimestre de 2002, eles transferiram US$ 818 milhões.

Os três gerentes de contabilidade sofreram um profundo desgaste emocional em função das ações que praticaram. Em abril de 2002, quando descobriram que o plano financeiro da WorldCom para 2002 definia que as transferências prosseguiriam até o fim do ano, os três gerentes juraram que não mais efetuariam transferências e procurariam novos empregos. Porém, investigações efetuadas pela Comissão de Títulos e Valores dos Estados Unidos (*U.S. Securities and Exchange Commission* — SEC), quanto ao desempenho financeiro suspeitosamente positivo da empresa, motivaram uma investigação pelo diretor de auditoria interna da empresa.

Prevendo as conseqüências da investigação, os três gerentes reuniram-se com representantes da SEC, do U.S. Federal Bureau of Investigation (FBI) e do procurador-geral dos Estados Unidos no dia 24 de junho de 2002. No dia seguinte, o auditor interno da WorldCom revelou à SEC a descoberta de uma contabilidade fraudulenta de US$ 3,8 bilhões. No dia 26 de junho, a SEC acusou a WorldCom de fraude.

Mas o escopo da fraude aumentou. Além da realocação de despesas operacionais de US$ 3,8 bilhões para reservas e dispêndios com ativo fixo, a WorldCom desviara outros US$ 7,2 bilhões para sua subsidiária, MCI, o que afetava as ações ordinárias diferenciadas (*tracking stock*) dessa entidade.

Quando a notícia do tamanho da fraude se espalhou, o preço das ações da WorldCom despencaram. De seu pico no final de 2000 até seu pedido de falência em julho de 2002, cerca de US$ 180 bilhões do valor de mercado para os acionistas da WorldCom se evaporaram. Em março de 2003, a WorldCom anunciou que faria uma baixa contábil de US$ 79,8 bilhões em ativos depois de uma análise de danos (*impairment analysis*): US$ 45 bilhões da amortização vieram das falhas de sua capacidade de gerar lucros.

Os três gerentes de contabilidade esperavam ser considerados simplesmente testemunhas. No dia 1º de agosto eles foram citados pelo procurador-geral dos Estados Unidos como co-conspiradores não-indiciados na fraude. A WorldCom demitiu-os imediatamente. Incapazes de enfrentar a perspectiva de grandes custos jurídicos para sua defesa, eles admitiram a culpa na fraude de títulos e conspiração para cometer fraude. As acusações acarretavam um máximo de 15 anos de prisão.

Bernard Ebbers e Scott Sullivan foram acusados de fraude. Um estudo realizado pelo perito em falências concluiu que Ebbers atuara para inflacionar as receitas da empresa. Um exemplo citado no relatório foi o anúncio que a empresa fez da aquisição da Intermedia

Communications Inc. em fevereiro de 2001. Mesmo antes de a diretoria da WorldCom ter aprovado o negócio, os advogados da empresa fizeram parecer que a diretoria havia aprovado o negócio ao criarem atas falsas.

A WorldCom emergiu da falência em 2004 com um novo nome: MCI Communications. No dia 2 de março de 2004, Sullivan admitiu sua culpa na fraude. Ebbers continuou a jurar inocência, argumentando que a fraude fora arquitetada por Sullivan sem o seu conhecimento. Um júri considerou Ebbers culpado no dia 15 de março de 2005. No verão de 2005, a MCI concordou em ser adquirida pela Verizon, uma grande empresa telefônica regional dos Estados Unidos.

Esse caso ilustra como o comportamento antiético sobe às alturas ao longo do tempo. Esse tipo de comportamento é custoso para as empresas, para os investidores e para os empregados. Prejudica a segurança e a confiança do investidor – e, invariavelmente, é descoberto. Fraude e gerenciamento dos ganhos compartilham de uma base comum: a cultura do crescimento agressivo. Não obstante o crescimento ser uma das metas primordiais dos negócios, a mentalidade do crescimento a qualquer preço pode distorcer o pensamento de pessoas que, de outra forma, seriam honradas. Os escudos contra a fraude são uma cultura de integridade, forte governo e forte monitoramento financeiro. Contudo, em algumas circunstâncias, esses escudos falham para evitar o comportamento antiético. Michael Jensen (2005) explorou uma importante circunstância associada às ações administrativas: quando o preço das ações de uma empresa se inflaciona além de seu valor intrínseco (ou verdadeiro). Jensen apontou os escândalos que vieram à tona durante e depois do período de supervalorização dos preços das ações entre 1998 e 2001. Ele argumentou que "a sociedade parece sobrevalorizar aquilo que é novo". Quando o patrimônio líquido de uma empresa se torna supervalorizado, isso motiva um comportamento que mal atende aos interesses daqueles investidores em cujo nome a empresa é gerenciada. Gerentes cuja remuneração está ligada ao aumento do preço das ações são motivados a "fazer jogo de apostas com o sistema" ao estabelecerem padrões e gerirem os lucros de uma maneira que rendam bonificações maiores. Esse comportamento é um subconjunto de problemas que se originam dos sistemas de orçamento empresarial com base em um alvo.

Jensen argumenta que o mercado de controle empresarial soluciona o problema do patrimônio líquido subvalorizado (ou seja, empresas que operam com baixas taxas de eficiência) com os instrumentos de aquisições hostis, brigas outorgadas (*proxy fights*), compras alavancadas (*leveraged buyouts*) etc. Mas ele destaca que não há muitas saídas para o caso oposto, o patrimônio líquido supervalorizado. A remuneração com base no patrimônio líquido – na forma de *stock options*,* ações, direitos sobre a valorização de ações etc. – simplesmente joga combustível no fogo.

Paradoxalmente, um preço elevado das ações pareceria algo desejável. Mas ocasionalmente os preços das ações tornam-se desvinculados da base fundamental para sua valorização – ou seja, quando o preço excede o valor intrínseco das ações. Jensen define a supervalorização das ações como algo que ocorre quando o desempenho necessário para produzir esse preço não pode ser alcançado a não ser por boa sorte. O problema é que os gerentes deixam de encarar os fatos e explicam aos investidores a supervalorização das ações. Ao contrário, põem em prática ações que prolongam ou até mesmo pioram a supervalorização. Esse tipo de atitude destrói valor em longo prazo, embora possa ter a aparência de que cria ou preserva valor em curto prazo – como ocorreu com a WorldCom. Um pouco desse comportamento começa a estimular mais; logo se perde o senso de proporção e, por fim, a organização volta-se para a fraude. A

N.T.: **Stock Option:** Método – distribuição de ações – pelo qual uma S/A garante a funcionários importantes a oportunidade de participarem nos resultados da empresa.

esperança é postergar a inevitável correção dos preços até que o executivo tenha se transferido para outra empresa ou se aposentado. Dizer a verdade para os investidores sobre a supervalorização é algo extremamente penoso. O preço das ações da empresa cai, as bonificações dos executivos definham e os diretores precisam ouvir investidores indignados.

O que as tragédias da WorldCom e das outras empresas citadas no **Quadro 1** têm em comum é que, igual a Peter Pan, essas empresas se recusaram a crescer. Recusaram-se a admitir francamente aos seus acionistas e a si mesmas que seus índices de crescimento muito elevados eram insustentáveis.

Por que deve-se ter cuidado com a ética nas finanças

Gerenciar de maneira ética não se trata meramente de evitar maus resultados. Há, no mínimo, cinco argumentos positivos para se aplicar a ética nas tomadas de decisões financeiras.

Sustentabilidade. Práticas antiéticas não são a base para um empreendimento duradouro e sustentável. Essa primeira consideração concentra-se no *legado* que se cria por intermédio das transações financeiras realizadas. Qual legado você quer deixar? Incorporar ética em nossa mentalidade financeira é pensar a respeito do mundo em que gostaríamos de viver e que nossos filhos herdarão. Poder-se-ia objetar que, em um mundo completamente anárquico, o comportamento antiético talvez seja o único caminho na vida. Mas essa visão somente foge da questão: não vivemos em tal mundo. Ao contrário, nosso mundo de normas e leis assegura um processo corretivo contra o comportamento antiético.

O comportamento ético constrói confiança. A confiança compensa. A construção de uma marca (*branding*) para os produtos procura criar um elo entre o produtor e o consumidor: um sinal de pureza, desempenho ou outros atributos de qualidade. Esse elo é construído por intermédio de um comportamento digno de confiança. Conforme revelam os mercados, produtos que têm uma construção de marca bem-sucedida obtêm preços vantajosos. Laços de confiança tendem a valer a pena. Se o setor de finanças fosse puramente um mundo de transações isoladas, ele pareceria propício a comportamentos oportunistas. Mas, no caso do repetido ingresso, por exemplo, de compradores ativos, intermediários e consultores nos mercados e nas transações financeiras, a reputação pode contribuir em grande parte para a modelagem das expectativas das contrapartes. Esse laço implícito, a confiança ou a reputação podem traduzir-se em transações e políticas financeiras mais eficazes e economicamente atraentes.

Certamente, o comportamento ético deve ser um fim em si mesmo. Se você se comporta eticamente somente para ficar rico, dificilmente se comprometerá com esse comportamento. Mas é um encorajamento útil saber que o comportamento ético não precisa envolver puro sacrifício. Há quem poderia até mesmo ver o comportamento ético como um meio imperfeito por meio do qual a justiça se expressa.

O comportamento ético cria equipes e liderança, os quais alicerçam a excelência do processo. Os padrões globais de melhor prática enfatizam que os bons processos empresariais impulsionam os bons resultados. Equipes e líderes mais fortes resultam em respostas mais ágeis e criativas aos problemas. O comportamento ético contribui para a força e liderança das equipes ao organizar os empregados em torno de valores compartilhados e gerar confiança e lealdade.

Uma objeção a esse argumento é que, em alguns ambientes, promover o comportamento ético não é nenhuma garantia de formação de equipes. De fato, as equipes poderiam se explodir em função de discordâncias a respeito de o que é ético ou qual ação a ser posta em prática é considerada apropriada. Mas, teoricamente, isso não é uma falha da ética, mas dos processos da equipe para manipular as discordâncias.

A ética estabelece um padrão mais elevado do que as leis e os regulamentos. Em ampla extensão, a lei é um instrumento frio. Ela tende a rastrear, em vez de antecipar, o comportamento. A justiça pode não ser nem imediata nem proporcional ao crime; conforme disse Andrew Wicks, "ela o coloca em uma postura adversária com respeito aos outros, o que pode ser contraproducente para outros objetivos quando se enfrenta uma crise".[6] Usar somente a lei como base para o pensamento ético é conformar-se com o menor denominador comum das normas sociais. Conforme Richard Breeden, ex-presidente da SEC, disse: "Não é um padrão ético adequado querer levar as coisas até as últimas conseqüências sem ser indiciado."[7]

Há quem possa fazer objeções a essa linha de pensamento ao afirmar que, em uma sociedade pluralista, o direito é a única base de normas a respeito das quais a sociedade pode concordar. Portanto, não é a lei um guia "suficientemente bom" para o comportamento ético? Lynn Paine argumentou que essa visão leva a uma mentalidade de "contemporização" e que a ética vai mais além. Ela escreveu: "A atenção à lei, como uma fonte importante de direitos e responsabilidades dos gerentes, é fundamental, mas não um substituto para o ponto de vista ético – um ponto de vista que está atento aos direitos, às responsabilidades e oportunidades para melhorar e aumentar o bem-estar humano e a excelência da virtude e da moral."[8]

Reputação e consciência. Motivar o comportamento ético somente trombeteando seus benefícios financeiros, sem discutir seus custos, é inadequado. De acordo com certas estimativas, a renda média anual de uma vida de crimes (mesmo contando os anos passados na prisão) – faz parecer que o crime *compensa*. Se renda fosse tudo o que interessa, a maioria de nós mudaria para esse lucrativo setor. O mundo dos negócios ostenta um número suficiente de pilantras e patifes que representa a existência de uma quantidade enorme de oportunidades para qualquer profissional quebrar suas promessas – ou, pior ainda – por dinheiro. Profissionais éticos abrem mão dessas oportunidades por razões que têm a ver com o tipo de pessoas que eles querem ser. Amar Bhide e Howard Stevenson escreveram:

> As pessoas de negócios que entrevistamos se saíram muito bem em nome de suas famílias, de seus amigos e da comunidade como um todo. Valorizaram suas reputações, não em favor de um ganho financeiro nebuloso, mas porque tinham orgulho de ter um bom nome. Mais importante ainda é que, uma vez que alguém de fora não pode julgar facilmente a confiabilidade, as pessoas de negócios parecem ser orientadas por sua voz interior, por sua consciência... Nós cumprimos o que prometemos porque isso é o certo, não porque seja um bom negócio.[9]

Em nome de quais interesses você trabalha?

De maneira geral, o executivo financeiro ou projetista de negócios (*deal designer*) é um agente que atua em nome de outros. De quem você é agente? Vêm à tona duas escolas clássicas de pensamento.

- *Acionistas.* Algumas estruturas jurídicas nacionais exigem que os diretores e os gerentes operem uma empresa no interesse de seus acionistas. Esse foco no acionista propicia um objetivo claro: fazer aquilo que gera riqueza para ele. Essa abordagem[6] parece limitar as doações caritativas, os programas de salário mínimo, a redução voluntária da

[6]Wicks (2003), 11.

[7]K. V. Salwen, "SEC Chief's Criticism of Ex-Managers of Salomon Suggests Civil Action is Likely", *Wall Street Journal,* 20 de Novembro de 1991, A10.

[8]Paine (1999), 194–195.

[9]Bhide e Stevenson (1990), 127–128.

poluição e a ampliação dos benefícios de pensão para os aposentados, todos os quais podem ser livremente agrupados sob a égide do movimento de responsabilidade social nos negócios. Milton Friedman (1962), talvez o expoente de maior destaque da escola de pensamento com foco nos acionistas, argumentou que o objetivo dos negócios é retornar valor para seus proprietários e que afastar-se dos objetivos para outros fins é expropriar valor dos acionistas e ameaçar a sobrevivência da empresa. Além disso, a visão que tem como foco os acionistas argumentaria que, se todas as empresas se desviassem desse objetivo, o sistema de preços deixaria de funcionar bem como transmissor de informação sobre a alocação de recursos na economia. A visão com foco no acionista talvez seja predominante nos Estados Unidos, na Grã-Bretanha e em outros países da esfera anglo-saxônica.

- *Stakeholders.** A visão alternativa admite que os acionistas formam um círculo importante para a empresa, mas que outros grupos como, por exemplo, os de funcionários, clientes, fornecedores e a comunidade também têm interesse nas atividades e no sucesso da empresa. Edward Freeman (1984) argumentou que a empresa deve ser gerenciada no interesse de um espectro mais amplo de elementos. O gerente necessariamente seria obrigado a cuidar do interesse e das preocupações dos vários grupos interessados ao tomar decisões nos negócios. A meta seria satisfazer a todos ou, no mínimo, às partes diretamente interessadas, em cada questão. A complexidade desse tipo de tomada de decisão pode ser desestimulante e desacelerar o processo. Além disso, nem sempre é claro quais interesses são relevantes para o *stakeholder* quando se tomam determinadas decisões. Esse tipo de decisão parece depender amplamente do contexto específico, o qual pode desafiar a capacidade de se obter um tratamento equitativo para os diferentes grupos de *stakeholders* ao longo do tempo. Mas a contribuição importante dessa visão é sugerir uma visão relacional da empresa e estimular o gerente a considerar a diversidade dessas relações.

Algo que adiciona complexidade à questão relativa a quais interesses leva alguém a trabalhar é o fato de que freqüentemente se pode ser leal a muitos – não somente à empresa ou ao cliente, mas também à comunidade, à família etc. As obrigações para com um funcionário ou um profissional são somente um subconjunto das obrigações globais de alguém.

O que é "bom"? Conseqüências, deveres e virtudes

Uma pessoa confronta questões éticas quando precisa escolher entre o que é certo e o que é errado. As escolhas éticas podem ser nítidas quando uma alternativa é verdadeiramente certa e a outra é verdadeiramente errada. Mas, na vida profissional, as alternativas tipicamente diferem-se de maneira mais sutil, como quando se escolhe qual alternativa é *mais* certa ou *menos* errada. Ernest Hemingway disse que moral é aquilo que faz com que a pessoa se sinta bem depois, e o que é imoral é aquilo que faz a pessoa sentir-se mal. Uma vez que os sentimentos a respeito de uma ação podem variar enormemente de pessoa para pessoa, esse teste simplista parece admitir o relativismo moral como o único caminho a ser seguido; uma abordagem ética do tipo "Se eu estou bem, você está bem!". Felizmente, 3 mil anos de raciocínio moral fornecem estruturas para uma melhor definição daquilo que está certo e daquilo que está errado.

N.T.: **Stakeholder:** pessoa que detém aplicações financeiras; parte interessada ou interveniente em um processo.

Certo e errado são definidos por conseqüências. Um ponto de partida fácil é concentrar-se nos resultados. Uma ação poderia ser ponderada em termos de sua utilidade[10] para a sociedade. Quem é prejudicado ou auxiliado precisa ser levado em consideração. A utilidade pode ser avaliada em termos de prazer ou dor para as pessoas. As pessoas optam por maximizar a utilidade. Portanto, a ação certa é a que produz o maior bem para o maior número de pessoas.

O utilitarismo tem se demonstrado um ideal controverso. Alguns críticos argumentam que essa abordagem poderia endossar enormes violações das normas que a sociedade preza muito, incluindo o direito à privacidade, à inviolabilidade dos contratos e aos direitos de propriedade, quando ponderados em relação às conseqüências para todos. E o cálculo da utilidade poderia estar sujeito a circunstâncias especiais ou aberto a interpretações, tornando a avaliação bem mais específica a situações do que alguns filósofos poderiam aceitar.

O utilitarismo foi a base para a economia neoclássica moderna. A utilidade tem se demonstrado rigorosamente difícil de medir, e continua a ser uma idéia amplamente teórica. Contudo, as teorias baseadas na utilidade são o cerne da economia do bem-estar social e corroboram as análises de fenômenos tão amplamente variáveis quanto as políticas governamentais, as preferências de consumo e o comportamento do investidor.

O certo e o errado são definidos por dever ou por intenções. Em última análise, as ações imorais são autodestrutivas. O ato de preencher cheques sem fundo, por exemplo, se fosse praticado universalmente, resultaria em um mundo no qual não se preencheriam cheques e, provavelmente, haveria muito pouco crédito, também. Portanto, você deve agir de acordo com as regras que exigiria que fossem aplicadas universalmente.[11] Você deve tratar as pessoas como um fim, não como um meio. É vital perguntar se uma ação demonstraria respeito para com os outros e se essa ação seria algo racional para a pessoa fazer: "Se todos se comportassem dessa maneira, qual tipo de mundo teríamos?"

Os críticos dessa perspectiva argumentam que sua visão universal é demasiadamente exigente; na verdade, até mesmo impossível de ser posta em prática pelas pessoas de negócios. Por exemplo, a motivação aos lucros focaliza as obrigações do gerente com apenas uma empresa. Mas Norman Bowie responde: "Talvez concentrar-se em outras questões que não sejam os lucros... aumente realmente os resultados finais... Talvez devamos ver os lucros como uma conseqüência das boas práticas empresariais em vez de uma meta dos negócios."[12]

O certo e o errado definidos pelas virtudes. Finalmente, uma terceira filosofia tradicional[13] argumenta que o debate a respeito de valores está mal-colocado. Em vez disso, o foco deve ser colocado nas *virtudes* e nas qualidades do profissional. Prestar atenção nas conseqüências ou no dever é fundamentalmente uma focalização na *conformidade*. Ao contrário, deve-se considerar se a ação tem coerência com o fato de a pessoa ser virtuosa. Essa visão argumenta que a felicidade da pessoa advém do fato de ela ser virtuosa e não meramente do conforto (utilidade) ou da observância das normas (dever).

---

[10]Os filósofos utilitaristas Jeremy Bentham (1748–1832), James Mill (1773–1836) e John Stuart Mill (1806–1873) argumentaram que a utilidade (ou inutilidade) das idéias, ações e instituições pode ser medida em termos de suas conseqüências.

[11]O filósofo Immanuel Kant (1724–1804) procurou uma base para a ética na pureza de motivos de uma pessoa.

[12]Bowie (1999), 13.

[13]Essa visão se originou na filosofia da Grécia Antiga, iniciando-se com Sócrates, Platão e Aristóteles.

Ela reconhece que os vícios corrompem. E concentra-se no orgulho pessoal: "Se eu agir dessa maneira, sentirei orgulho ao olhar-me no espelho?" Se isso for noticiado amanhã nos jornais, ficarei orgulhoso de mim mesmo?" Warren Buffett, diretor executivo (CEO) da Berkshire Hathaway e um dos investidores mais bem-sucedidos da história moderna, emitia anualmente uma carta a cada um dos seus gerentes operacionais enfatizando a importância da integridade pessoal. Ele dizia que a Berkshire poderia se dar ao luxo de sofrer prejuízos financeiros, mas não de perder sua reputação. Ele também escrevia: "Certifique-se de que tudo o que você fizer possa ser noticiado na primeira página de um jornal local, escrito por um jornalista inamistoso, mas inteligente.[14]

Os críticos da ética baseada nas virtudes suscitam duas objeções. Primeira, o que é virtude para uma pessoa pode ser um vício para outra. Solomon (1999) destaca que Confúcio e Friedrich Nietzsche, dois outros defensores da ética pelas virtudes tinham pontos de vista radicalmente diferentes a respeito da virtude. Confúcio exaltava virtudes como, por exemplo, respeito e compaixão, ao passo que Nietzsche exaltava a coragem para correr riscos, a guerra e a engenhosidade. Desse modo, a ética pela virtude pode ser específica ao contexto. A segunda é que as virtudes podem modificar-se no decorrer do tempo. Aquilo que podia ser considerado o comportamento cavalheiresco no século XIX poderia ser visto pelas feministas do final do século XX como algo insincero e manipulador.

Uma definição distinta de certo e errado continua a ser o tema de contínuos discursos. Mas o profissional pode abstrair-se dessas e de outras perspectivas que são diretrizes úteis com respeito à conduta ética:

- Como a minha ação afetará outras pessoas? Quais serão as conseqüências?
- Quais são minhas motivações? Qual é o meu dever aqui? Como essa decisão pode afetá-las?
- Essa ação trabalha em favor do melhor que eu posso ser?

O que *você* pode fazer para promover o comportamento ético em sua empresa?

Algo que contribui de maneira importante para práticas empresariais antiéticas é a existência de um ambiente de trabalho que venha a promover esse tipo de comportamento. Os dirigentes das empresas precisam ser proativos para modelar uma cultura de alto desempenho que estabeleça expectativas éticas elevadas. O líder pode promover uma série de passos para modelar uma cultura ética.

Adote um código de ética. Uma dimensão do comportamento ético é reconhecer certo código de acordo com o qual se pretende viver. Também as corporações podem adotar códigos de conduta que modelem as expectativas éticas. A empresa reconhece o "problema dos comuns" inerente ao comportamento antiético de um ou alguns de seus funcionários. Em 1909, o Supremo Tribunal Federal dos Estados Unidos concluiu que uma corporação pode ser responsabilizada pelas ações de seus funcionários[15]. A partir de então, as empresas têm procurado definir as expectativas empresariais para o comportamento deles, incluindo códigos de ética.[16] O **Quadro 2** apresenta um exemplo desse tipo de código, da General Electric Company. Essas normas estão em uma página de um documento de 35 páginas que esboça o código a quem se aplica

[14]Russ Banham, "The Warren Buffett School", *Chief Executive* (Dezembro de 2002): http://www.robertpmiles.com/BuffettSchool.htm (acessado no dia 19 de maio de 2003).

[15]Vide *New York Central v. United States*, 212 U.S. 481.

[16]Murphy (1997) compilou 80 declarações éticas exemplares.

as responsabilidades especiais dos funcionários e dos dirigentes, códigos de conduta específicos com respeito aos clientes e fornecedores, aos negócios com o governo, aos concorrentes, à saúde, à segurança e ao emprego e à proteção dos ativos da GE. Os códigos empresariais são vistos por alguns críticos como esforços cínicos que parecem simplesmente reagir às exigências de responsabilidade civil dos executivos, as quais poderiam surgir em decorrência de crimes de "colarinho branco" e outros crimes econômicos. As empresas e seus executivos podem ser responsabilizados legalmente pelo comportamento de um de seus funcionários, mesmo que esse funcionário tenha agido contrariamente às instruções da empresa. A simples observância de diretrizes a fim de reduzir a responsabilidade civil é uma abordagem legalista ao comportamento ético. Ao contrário, Lynn Paine (1994) insistiu para que as empresas adotassem uma "estratégia de integridade" que usasse a ética como força propulsora dentro de uma empresa. Valores profundamente mantidos se transformariam nos alicerces para a tomada de decisões em toda a empresa e produziriam um quadro de referência que integraria funções e negócios. Sob essa visão, é a ética que define aquilo que é buscado pela empresa.

Além disso, uma indústria ou um grupo de profissionais pode adotar um código de ética. Um exemplo relevante para os profissionais da área de finanças é o Código de Ética do Instituto CFA (*Code of Ethics of the CFA Institute*), o órgão que confere a designação Chartered Financial Analyst (CFA), para analistas de valores mobiliários e gerentes de carteira de títulos profissionais. Excertos do Código de Ética do Instituto CFA e de seus Padrões de Conduta Profissional são apresentados no **Quadro 3**.

Converse sobre ética dentro de sua equipe e da empresa. Muitas empresas procuram reforçar uma cultura de integridade por meio de um programa de seminários e educação em raciocínio ético. Um líder pode estimular a reflexão por meio de discussões informais de eventos éticos (por ex., denúncias, condenações e processos civis) na indústria ou profissão ou de questões éticas que a empresa talvez esteja enfrentando. Esse tipo de discussão (sem sermões) assinala o que se passa na mente do líder e é um foco legítimo de discussão. Um executivo levanta regularmente questões como essas, de maneira informal, durante o almoço ou o café da manhã. Os líderes acreditam que os assuntos éticos são importantes o bastante para serem o foco de discussões da equipe.

Reflita sobre os seus dilemas. O desafio para muitos profissionais de finanças é que os dilemas éticos não se prestam prontamente à análise estruturada que se aplicaria à valorização ou ao balanço de uma empresa. Contudo, há a possibilidade de se aproveitar as questões suscitadas no campo da ética a fim de garantirem rigorosidade às reflexões. Laura Nash (1981) organizou uma lista de 12 perguntas a respeito das quais um profissional atencioso poderia refletir ao engalfinhar-se com um dilema ético:

1. Defini o problema correta e acuradamente?
2. Se eu estivesse do outro lado do problema, como o definiria?
3. Quais são as origens desse dilema?
4. A quem ou a quê sou leal como pessoa e como membro da empresa?
5. Qual é a minha intenção ao tomar essa decisão?
6. Como os resultados se comparam com a minha intenção?
7. A minha decisão pode prejudicar alguém? Como?
8. Posso envolver as partes afetadas por minha decisão antes de decidir ou pôr em prática alguma ação?

9. Tenho confiança de que a minha decisão será tão válida durante um longo período tanto quanto poderia parecer nesse momento?
10. Se o meu chefe, o diretor-executivo, os diretores, minha família ou a comunidade souber dessa decisão, eu teria alguma apreensão a respeito das minhas ações?
11. Quais sinais (ou símbolos) a minha decisão poderia transmitir se ela fosse entendida corretamente? E se fosse mal-entendida?
12. Há exceções à minha posição, talvez circunstâncias especiais sobre as quais eu poderia tomar uma decisão diferente?

Expresse em ações as suas reflexões. Essa pode ser a etapa mais difícil. O campo da ética pode garantir uma estrutura ao pensamento de alguém, mas tem menos influência sobre a ação a ser praticada. Ao deparar-se com um problema de ética dentro de uma equipe ou organização, a pessoa pode considerar uma hierarquia de respostas, que variam de questionar e instruir a soar o alarme (para uma ouvidoria interna ou, se necessário, para uma entidade externa) e, possivelmente, sair da organização.

Conclusão

Uma análise das questões éticas nas finanças é vital. Os casos da WorldCom e de outros grandes escândalos financeiros demonstram que as questões éticas permeiam o ambiente financeiro. A ética é um dos pilares sobre os quais se apóia o sucesso nas finanças – ela cria uma empresa com sustentabilidade, confiança, força organizacional e satisfação pessoal. Portanto, o tomador de decisões em finanças precisa aprender a identificar, analisar e expressar em ações as questões éticas que possam surgir. As conseqüências, os deveres e as virtudes destacam-se como três valores de referência importantes para a análise ética. Contudo, os resultados dessas análises raramente são nítidos. Mas os dirigentes de negócios reais reservarão tempo para separar as ambigüidades e "fazerem a coisa certa", nas palavras de Edwin LeFevre. Esse e outros temas éticos aparecerão ao longo do estudo de casos em finanças e na carreira de uma pessoa.

Referências e leituras recomendadas

Achampong, F., Zemedkun, W. "An Empirical and Ethical Analysis of Factors Motivating Managers' Merger Decisions." *Journal of Business Ethics* 14 (1995): 855–865.

Bhide, A., Stevenson, H. H. "Why be Honest if Honesty Doesn't Pay."*Harvard Business Review* (September–October 1990): 121–129.

Bloomenthal, Harold S. *Sarbanes-Oxley Act in Perspective*. St. Paul, MN: West Group, 2002.

Blumenstein, R., Pulliam, S. "WorldCom Report Finds Ebbers Played Role inInflating Revenue." *Wall Street Journal*. 6 June 2003, baixado de http://online.wsj.com/article_print/0,,SB105485251027721500,00.html.

Blumenstein, R., Solomon, D. "MCI is Expected to Pay Massive Fine in SEC Deal." *Wall Street Journal*. 19 May 2003, baixado de http://online.wsj.com/article_print/0,,SB105329362774148600,00.html.

Boatright, J. R. *Ethics in Finance*. Oxford: Blackwell Publishers, 1999.

Bowie, N. E. "A Kantian Approach to Business Ethics." in *A Companion to Business Ethics*. R. E. Frederick, ed. Malden, MA: Blackwell, 1999, 3–16.

Carroll, A. B. "Ethics in Management." in *A Companion to Business Ethics*. R. E. Frederick, ed. Malden, MA: Blackwell, 1999, 141–152.

Frederick, R. E. *A Companion to Business Ethics*. Oxford: Blackwell Publishers.

Freeman, R. E. *Strategic Management: A Stakeholder Approach*. Boston, MA: Pittman, 1984.

Friedman, M. *Capitalism and Freedom*. Chicago, IL: University of Chicago Press, 1962.

General Electric Company. "Integrity: The Spirit and Letter of our Commitment." http://www.ge.com/files/usa/en/commitment/social/integrity/downloads/english.pdf. Fevereiro de 2004.

Jensen, M. "The Agency Costs of Overvalued Equity." *Financial Management*. Primavera de 2005: 5–19.

Kidder, R. "Ethics and the Bottom Line: Ten Reasons for Businesses to do Right." *Insights on Global Ethics*. 1997: 7–9.

Murphy, P. E. "80 Exemplary Ethics Statements." in Newton, L. H. "A Passport for the Corporate Code: From Borg Warner to the Caux Principles." in R. E. Frederick, ed. *A Companion to Business Ethics*. Malden, MA: Blackwell, 1999, 374–385.

Nash, L. L. "Ethics without the Sermon," *Harvard Business Review,* novembro–dezembro de 1981: 79–90.

Paine, L. S. "Managing for Organizational Integrity." *Harvard Business Review,* março–abril de 1994: 106–117.

———. "Law, Ethics, and Managerial Judgment," in R. E. Frederick, ed. *A Companion to Business Ethics*. Malden, MA: Blackwell, 1999, 194–206.

Paine, L. S. *Value Shift: Why Companies Must Merger Social and Financial Imperatives to Achieve Superior Performance*. New York: McGraw-Hill, 2003.

Pulliam, S. "A Staffer Ordered to Commit Fraud Balked, and then Caved." *Wall Street Journal*. 23 de junho de 2003, A1.

Sen, A. *On Ethics and Economics*. Oxford: Blackwell Publishers, 1987.

Shafer, W. "Effects of Materiality, Risk, and Ethical Perceptions on Fraudulent Reporting by Financial Executives." *Journal of Business Ethics* 38, 3 (2002): 243–263.

Solomon, R. "Business Ethics and Virtue." in R. E. Frederick, ed. *A Companion to Business Ethics*. Malden, MA: Blackwell, 1999, 30–37.

Solomon, D. "WorldCom Moved Expenses to the Balance Sheet of MCI." *Wall Street Journal*. 31 Março de 2003, http://online.wsj.com/article_print/0,,SB104907054486790100,00.html.

Werhane, P. "Two Ethical Issues in Mergers and Acquisitions." *Journal of Business Ethics* 7 (1988): 41–45.

———. "Mergers, Acquisitions, and the Market for Corporate Control." *Public Affairs Quarterly* 4, 1 (1990): 81–96.

———. "A Note on Moral Imagination." Charlottesville, VA: University of Virginia Darden School of Business Case Collection (UVA-E-0114), 1997.

———. "Business Ethics and the Origins of Contemporary Capitalism: Economics and Ethics in the Work of Adam Smith and Herbert Spencer." in R. E. Frederick, ed. *A Companion to Business Ethics*. Malden, MA: Blackwell) 1999, 325–341.

Wicks, A. "A Note on Ethical Decision Making." Charlottesville, VA: University of Virginia Darden School of Business Case Collection. UVA-E-0242, 2003.

QUADRO 1 | Escândalos empresariais proeminentes revelados entre 1998 e 2002

As empresas e suas supostas ou admitidas questões contáveis são as seguintes:

- Adelphia (empréstimos e pilhagem)
- Bristol-Myers (inflação imprópria das receitas por meio do uso de incentivos às vendas)
- CMS Energy (aumentou artificialmente o faturamento por intermédio de negócios que vendiam energia elétrica e depois a recompravam pelo mesmo preço)
- Computer Associates (inflação das receitas)
- Dynegy (aumento artificial do fluxo de caixa)
- Elan (uso de entidades não incluídas como passivo no balanço da empresa)
- Enron (inflação dos lucros e uso de entidades não incluídas como passivo no balanço da empresa)
- Global Crossing (inflação artificial das receitas)
- Halliburton (identificação inadequada da receita)
- Kmart (contabilidade de descontos oferecidos por fornecedores)
- Lucent Technologies (contabilidade dos lucros e financiamento de revendedores)
- Merck (identificação dos lucros)
- MicroStrategy (data retroativa de contratos de venda)
- Network Associates (identificação dos lucros e das despesas)
- PNC Financial Services (contabilidade das transferências de empréstimos)
- Qwest (inflação da receita)
- Reliance Resources (inflação da receita por meio de negócios de compra e recompra de energia elétrica pelo mesmo preço)
- Rite Aid (inflação dos lucros)
- Tyco International (uso impróprio das reservas de contingência e contabilidade das aquisições)
- Vivendi Universal (sonegação de informações sobre problemas de liquidez)
- WorldCom (identificação de receitas e despesas)
- Xerox (inflação da receita e dos lucros)

Esses casos e seus pontos de controvérsia estão resumidos nos Apêndices E-1 e E-2 de Bloomenthal (2002).

QUADRO 2 | Código de conduta da General Electric (GE)

- Obedeça às leis e os regulamentos aplicáveis que regem nossa conduta empresarial no mundo inteiro.
- Seja honesto, justo e digno de confiança em todas as suas atividades e em seus relacionamentos em nome da GE.
- Evite todos os conflitos de interesse entre o trabalho e os assuntos pessoais.
- Fomente um ambiente no qual as práticas de justo emprego se estendam a todos os membros da diversa comunidade GE.
- Lute para criar um local de trabalho seguro e proteja o meio ambiente.
- Por meio da liderança em todos os níveis, sustente uma cultura na qual a conduta ética seja reconhecida, valorizada e exemplificada por todos os funcionários.

Fonte: General Electric Company, "Integrity: The Spirit and Letter of Our Commitment", 5 de fevereiro de 2004. Uma versão mais extensa desse documento também está disponível no site da empresa: http://www.ge.com/files/usa/en/commitment/social/integrity/downloads/english.pdf.

QUADRO 3 | Excertos do código de ética e dos padrões de conduta profissional do Instituto CFA (*CFA Institute's Code of Ethics and Standards of Professional Conduct*): 1º de janeiro de 2006.

Código de ética do Instituto CFA

- Aja com integridade, competência, diligência, respeito e de maneira ética para com o público, os clientes, prováveis clientes, empregadores, funcionários, colegas da profissão de investimentos e outros participantes dos mercados financeiros globais.
- Coloque a integridade da profissão de investimentos e os interesses dos clientes acima de seus próprios interesses.
- Tenha uma atenção racional e exerça um julgamento profissional independente ao realizar análises de investimento, ao fazer recomendações de investimentos, ao pôr em prática iniciativas de investimento e ao envolver-se em outras atividades profissionais.
- Pratique e estimule os outros a exercerem suas atividades de uma maneira ética e profissional, que reflita credibilidade em si mesmos e na profissão.
- Promova a integridade e sustente as regras que regem os mercados financeiros.
- Mantenha e aperfeiçoe suas competências profissionais e esforce-se para manter e melhorar a competência de outros profissionais de investimentos.

Padrões de conduta profissional do Instituto CFA *(excertos que sugerem o escopo e detalhes dos padrões completos)*

Os membros e os candidatos devem:

- Entender e cumprir todas as leis, normas e os regulamentos aplicáveis...
- Ter cuidado e julgamento razoáveis a fim de obter e manter a independência e objetividade de suas atividades profissionais. Os membros e os candidatos não devem oferecer, solicitar ou aceitar qualquer presente, benefício, compensação ou outras considerações que, razoavelmente, se poderia esperar que venha a comprometer a independência e objetividade própria ou de outras pessoas.
- Não cometer voluntariamente nenhuma deturpação com respeito à análise de investimentos, recomendações, ações ou outras atividades profissionais.
- Não se empenhar em nenhuma conduta profissional que envolva desonestidade, fraude, nem cometer qualquer ato que reflita adversamente sobre sua reputação profissional, integridade ou competência.
- Não se guiar nem fazer com que outros se guiem por informações materiais, não-públicas.
- Não se envolver em práticas que distorçam preços ou inflacionem artificialmente o volume de negócios com o interesse de ludibriar os participantes do mercado.
- Ter o dever de lealdade com seus clientes e agir com atenção razoável e exercer um julgamento prudente. Os membros e candidatos devem agir em benefício de seus clientes e colocar os interesses dos seus clientes antes dos interesses de seu empregador ou de si próprios...
- Negociar de maneira justa e objetiva com todos os clientes...
- Manter confidenciais as informações sobre clientes atuais, ex-clientes e prováveis clientes...
- Agir em benefício de seu empregador e não desprovê-lo da vantagem de contar com suas habilidades e capacidades; não divulgar informações confidenciais ou, de outra forma, causará dano ao seu empregador.
- Não aceitar presentes, benefícios, compensação ou outras considerações que compitam ou que, razoavelmente, se poderia esperar, e que criem um conflito de interesses com os interesses do empregador...
- Fazer esforços razoáveis para detectar e impedir violações das leis, normas, dos regulamentos e do código e dos padrões aplicáveis levados a efeito por qualquer pessoa sujeita a sua supervisão ou autoridade.
- Revelar aos clientes e possíveis clientes o formato básico e os princípios gerais dos processos de investimento utilizados... Usar um julgamento lógico para identificar quais fatores são importantes para suas análises de investimento, recomendações ou iniciativas e incluir esses fatores nas comunicações com os clientes e prováveis clientes... Estabelecer a distinção entre fato e a opinião na apresentação da análise de investimento e recomendações...

Fonte: CFA Institute, Code of Ethics and Standards of Professional Conduct (Charlottesville, VA: CFA Institute), 2006, http://www.cfainstitute.org/cfacentre/pdf/English2006CodeandStandards.pdf.

PARTE 1

Escolhendo alguns temas

CASO 1

Warren E. Buffett, 2005

Em 24 de maio de 2005, Warren E. Buffett, presidente e CEO da Berkshire Hathaway Inc., anunciou que a MidAmerican Energy Holdings Company, uma subsidiária da Berkshire Hathaway, compraria a concessionária de energia elétrica PacifiCorp. Na maior transação de Buffett desde 1998, e a segunda maior em sua carreira, a MidAmerican compraria a PacifiCorp da sua controladora, a Scottish Power plc, pela quantia de US$ 5,1 bilhões em dinheiro e US$ 4,3 bilhões em assunção de passivos e troca de ações preferenciais. "O setor de energia elétrica sempre nos interessou, e agora é a hora", Buffett disse. Quando o anúncio da compra foi feito, as ações Classe A da Berkshire Hathaway fecharam com alta de 2,4% e um aumento no valor de mercado de US$ 2,17 bilhões.[1] O preço das ações da Scottish Power também subiu 6,28% quando o anúncio foi feito;[2] e o S&P 500 Composite Index fechou com alta de 0,02%. O **Quadro 1** mostra o desempenho recente do preço das ações da Berkshire Hathaway, Scottish Power, além do S&P 500 Index.

A aquisição do PacifiCorp renovou o interesse do público pelo seu patrono, Warren Buffett. Ele era peculiar, em muitos sentidos. Além de ser um dos homens mais ricos do mundo (com um patrimônio estimado em cerca de US$ 44 bilhões), também era respeitado e até mesmo querido. Embora tivesse acumulado talvez o melhor histórico de investimentos já registrado (com um crescimento anual composto de 24% para a Berkshire Hathaway entre 1965 e 2004),[3] a Berkshire pagava-lhe somente US$ 100.000 por ano como presidente. Enquanto Buffett e outros executivos da companhia controlavam 41,8% da Berkshire Hathaway, ele a administrava atento aos interesses dos acionistas. "Nós não aceitaremos compensação em dinheiro, em ações de classes restritas, nem planos de ações que possam tornar nossos resultados maiores (que os dos investidores da Berkshire)", Buffett disse. "Vou manter quase 100% do meu patrimônio líquido na Berkshire. Minha esposa e eu nunca vendemos uma ação, nem pensamos nisso."[4]

[1]A mudança do preço por ação das ações Classe A da Berkshire Hathaway na data do anúncio foi de US$ 2.010. A companhia tinha 1.267.197 de ações Classe A em circulação.

[2]A mudança do preço por ação das ações Classe A da Scottish Power na data do anúncio foi de £ 27,75. A companhia tinha 466.112 milhões de ações Classe A em circulação.

[3]Em comparação, o retorno médio anual total de todas as ações, de 1965 até o final de 2004, era de 10,5%. *Stocks, Bonds, Bills and Inflation 2005 Yearbook*. Chicago: Ibbotson Associates, 2005, p. 217.

[4]Warren Buffett. *Annual Letter to Shareholders*, 2001.

Buffett foi assunto de um sem-número de artigos meritórios e ao menos oito biografias, e mesmo assim ele continuou um indivíduo muito discreto. Embora aclamado por muitos como um gênio intelectual, ele evitava a companhia de intelectuais e preferia agir como um humilde agricultor do Nebraska (ele morava em Omaha) e agressivo investidor. Ao contrário das outras "estrelas" do mundo dos investimentos, Buffett reconhecia seus fracassos rápida e publicamente. Embora ele tivesse um MBA da Columbia University e dado crédito ao seu mentor, o professor Benjamin Graham, pela criação da filosofia do investimento baseado no valor, que o guiou ao sucesso, ele criticava as faculdades de administração por causa da irrelevância das teorias financeiras e de investimentos que ensinavam.

Inúmeros escritores tentaram destilar a essência do sucesso de Buffett. Quais seriam os fundamentos que o guiavam? Esses fundamentos poderiam ser vastamente aplicados no século XXI ou seriam exclusivos de Buffett e de sua equipe? Entendendo esses fundamentos, analistas esperavam esclarecer o que subjazia à aquisição da PacifiCorp. Quais seriam os motivos mais prováveis que o levaram a comprá-la? O que a oferta de Buffet dizia sobre sua avaliação da PacifiCorp, e como se compararia a avaliações de outras empresas de serviços públicos? O negócio da Berkshire se mostraria um sucesso? Como Buffett definiria sucesso?

Berkshire Hathaway Inc.

A Berkshire Hathaway foi fundada em 1889 sob a razão social Berkshire Cotton Manufacturing; a empresa cresceu e se tornou uma das maiores empresas da Nova Inglaterra no setor têxtil, responsável por 25% da produção de tecidos de algodão nos Estados Unidos. Em 1955, a Berkshire e a Hathaway Manufacturing passaram por um processo de fusão, seguido de declínio devido à inflação, às transformações tecnológicas e ao aumento da competitividade da concorrência internacional. Em 1965, Buffett e alguns sócios adquiriram o controle da Berkshire Hathaway acreditando que podiam reverter seu agravo financeiro.

Ações Classe A da Berkshire Hathaway *versus* S&P 500 Composite Index

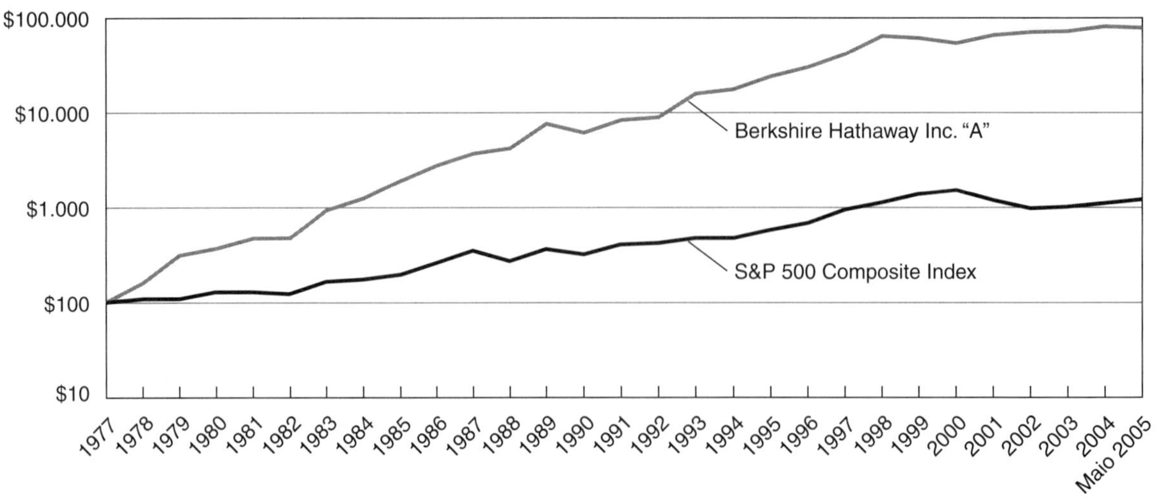

Nos 20 anos que se seguiram, ficou evidente a necessidade de vultosos investimentos para garantir a competitividade e que qualquer retorno financeiro seria insignificante. Felizmente, o grupo têxtil gerou caixa suficiente nos primeiros anos, permitindo que a empresa comprasse duas seguradoras localizadas em Omaha: a National Indemnity Company e a National Fire & Marine Insurance Company. Entre as décadas de 1970 e 1980, a Berkshire Hathaway realizou a compra de outras empresas, deixando o setor têxtil em 1985.

O desempenho de investimento das ações da Berkshire Hathaway tem impressionado muitos especialistas. Em 1977, o preço das ações da companhia foi cotado a US$ 102; em 24 de maio de 2005, o preço de fechamento das suas ações Classe A atingiu US$ 85.500. No mesmo período, o Standard & Poor's 500 Index cresceu de US$ 96 a US$ 1.194. Alguns especialistas chegaram a pedir que Buffett desdobrasse[5] as ações da companhia para deixá-las mais acessíveis aos investidores pessoas físicas. Ele se recusava categoricamente.[6]

Em 2004, o relatório anual da Berkshire Hathaway descreveu a empresa como uma "*holding* com subsidiárias atuando nos mais diversos segmentos da indústria".[7] A carteira de negócios da Berkshire incluía:

- **Seguros:** O maior item da carteira da Berkshire, focado em bens e seguro contra acidentes, tanto em seguros quanto em resseguros (como Geico, General Re).
- **Vestuário:** Produção e distribuição de uma gama de calçados e itens de vestuário, incluindo roupa íntima, esportiva, infantil e uniformes (como Fruit of the Loom, Garan, Fechheimer Brothers, H. H. Brown Shoe, Justin Brands).
- **Material de construção:** Produção e distribuição de materiais de construção e produtos e serviços correlatos (por exemplo, Acme Building Brands, Benjamin Moore, Johns Manville, MiTek).
- **Finanças e produtos financeiros:** Investimentos próprios, moradias pré-fabricadas e respectivo financiamento ao consumidor, aluguel de móveis e de equipamentos de transporte, renda vitalícia e produtos de administração de riscos (como BH Finance, Clayton Homes, XTRA, Cort, Berkshire Hathaway Life e General Re Securities).
- **Serviços de navegação:** Treinamento de operadores de aeronaves e embarcações e programas de propriedade compartilhada para aeronaves na aviação geral (por exemplo, FlightSafety, NetJets).
- **Varejo:** Venda no varejo de móveis residenciais, eletrodomésticos, eletroeletrônicos, jóias e presentes (como Nebraska Furniture Mart, R. C. Willey Home Furnishings, Star Furniture Company, Jordan's Furniture, Borsheim's, Helzberg Diamond Shops, Ben Bridge Jeweler).

---

[5]Desdobramento é o aumento do número de ações em circulação de uma companhia, sem alteração do patrimônio líquido. Um desdobramento do tipo 2:1 implicaria uma redução de 50% no preço das ações quando do desdobramento. Os diretores da companhia autorizaram desdobramentos de ações para torná-las mais acessíveis a uma gama maior de investidores.

[6]Em 1996, a Berkshire Hathaway emitiu ações Classe B, as quais tinham participação econômica de 1/30 e direito a voto equivalente a 1/200 dos votos das ações Classe A da companhia.

[7]Berkshire Hathaway Inc. *Relatório Anual* 2004, p. 1.

- **Distribuição de gêneros alimentícios:** Distribuição no atacado de gêneros alimentícios e não-alimentícios (McLane Company, por exemplo).
- **Carpetes e assoalhos:** Fabricação e distribuição de carpetes e assoalhos sob diversas marcas (como a Shaw Industries).

A Berkshire também possuía diversos outros negócios menores,[8] que lhe rendiam receitas de cerca de US$ 3 bilhões. O **Quadro 2** apresenta o resumo das receitas, o lucro operacional, os investimentos, a depreciação e os ativos dos diversos segmentos de negócios da Berkshire. A carteira de investimentos da empresa também inclui participações acionárias em diversas companhias abertas, as quais são apresentadas no **Quadro 3**. Além disso, a companhia possuía US$ 21,4 bilhões em contratos de câmbio no final do exercício, em 12 moedas. Até março de 2002, nunca Buffett nem a Berkshire tinham negociado moedas, mas Buffett estava preocupado com o déficit das contas correntes americanas e esperava que suas apostas em moedas compensassem a crescente pressão sobre o dólar.

A filosofia de investimentos de Buffett

O primeiro contato de Warren Buffett com teorias de investimento foi na Columbia University, onde estudou sob a orientação do professor Benjamin Graham, co-autor do clássico *Security Analysis*. Graham desenvolveu uma metodologia de identificação de ações subvalorizadas (a saber, ações cujos preços estão abaixo do seu valor intrínseco). O método se tornou a pedra fundamental da análise dos investimentos em ações. A abordagem de Graham era focalizar o valor de ativos como caixa, capital de giro líquido e ativos físicos. Com o tempo, Buffett modificou tal abordagem e deu mais ênfase às franquias de valor, ainda não reconhecidas pelo mercado.

Ano a ano, Buffet explicara sua filosofia de investimentos na sua carta do presidente aos acionistas, no relatório anual da Berkshire Hathaway. Por volta de 2005, essas longas cartas tinham acumulado um sem-número de admiradores devido à sua sabedoria e ao tom leve e irônico em relação às suas próprias limitações. As cartas enfatizavam os seguintes elementos:

1. *Realidade econômica, e não realidade contábil.* As demonstrações financeiras elaboradas pelos contadores, segundo essas regras, podem não representar a *realidade econômica* do negócio de modo adequado. Buffett escreveu:

   > Por causa das limitações da contabilidade convencional, as demonstrações consolidadas de resultados podem trazer relativamente poucas informações sobre o desempenho econômico real. Charlie (Munger, sócio de Buffett) e eu, ambos sendo donos e gerentes, basicamente ignoramos esses números consolidados... As conseqüências contábeis não influenciam nosso processo operacional nem de distribuição de capital.[9]

---

[8]Incluíam a Scott Fetzer, fabricante e distribuidora de produtos industriais e comerciais diversos; o Buffalo News, um jornal do oeste de Nova York; a International Dairy Queen, que licenciou e atendia a um sistema de 6 mil lojas da Dairy Queen; See's Candies, um fabricante e distribuidor de bombons e outros produtos para confeitaria; a Larson-Juhl, que criava, produzia e distribuía produtos para molduras fotográficas customizadas; a CTB International, uma fabricante de equipamentos e sistemas para o setor de produção de grãos, ovos, suínos e aves; e o Pampered Chef, distribuidor direto de utensílios de cozinha.

[9]Berkshire Hathaway Inc. *Relatório Anual* 2004, p. 2.

A realidade contábil era conservadora, retrógrada e regulada pelas práticas contábeis geralmente aceitas (GAAP). As decisões sobre investimentos, por outro lado, deveriam se basear na realidade econômica do negócio. Na realidade econômica, os ativos intangíveis tais como patentes, marcas, habilidades gerenciais especiais e reputação podem ser muito valiosos, embora sob o regime de GAAP tivessem pouco ou nenhum valor. GAAP mede resultados em termos de lucro líquido; na realidade econômica, os resultados do negócio eram seus *fluxos de caixa.*

Uma característica-chave da abordagem de Buffett definia a realidade econômica a partir do negócio em si, não do mercado, da economia, nem dos títulos mobiliários – ele era um *analista fundamentalista* do negócio. Sua análise buscava julgar a simplicidade do negócio, a consistência de seu histórico operacional e a atratividade de suas propostas no longo prazo, a qualidade da gerência e a capacidade de a empresa gerar valor.

2. *O custo da oportunidade perdida.* Buffett comparava uma oportunidade de investimento à segunda alternativa, a "oportunidade perdida". Em suas decisões comerciais, ele mostrava uma tendência de enquadrá-las em escolhas do tipo "ou/ou" em vez de "sim/não". Dessa forma, um padrão importante de comparação para testar a atratividade de uma compra era a taxa potencial de retorno dos investimentos em ações ordinárias de outras companhias. Buffett acreditava não haver diferença fundamental entre comprar um negócio inteiro e comprar algumas ações daquele negócio no mercado financeiro. Então, para ele, comparar um investimento com outros retornos disponíveis no mercado era um referencial importante de desempenho.
3. *Criação de valor: tempo é dinheiro.* Buffett estimava o valor intrínseco pelo valor presente do desempenho futuro esperado:

> (Todos os outros métodos não conseguem determinar se) um investidor está realmente comprando algo que vale a pena e, portanto, realmente operando no princípio de obter valor com seus investimentos (...) Independentemente de um negócio estar crescendo ou não, apresentar volatilidade ou uniformidade de lucro ou ter um preço alto ou baixo quando comparado aos seus lucros atuais e ao valor contábil, o investimento mostrado pelo cálculo dos fluxos de caixa descontados como sendo o mais barato é aquele que o investidor deve contemplar.[10]

Aprofundando sua discussão do valor intrínseco, Buffett utilizou-se de um exemplo didático:

> Definimos o valor intrínseco como sendo o valor descontado do fluxo de caixa que pode ser gerado pelo negócio durante sua vida. Qualquer um que calcule o valor intrínseco necessariamente chega a um número altamente subjetivo, que mudará conforme as estimativas de fluxos de caixa futuro forem revisadas e as taxas de juros mudarem. Apesar da sua imprecisão, contudo, o valor intrínseco é muito importante, e é o único modo lógico de se avaliar a atratividade relativa dos investimentos e dos negócios.
>
> Para ilustrar como a entrada histórica (valor contábil) e a saída futura (valor intrínseco) podem divergir, vejamos outro tipo de investimento: ensino superior. Pense no custo dos estudos como

[10]Berkshire Hathaway Inc. *Relatório Anual* 1992, p. 14.

sendo seu "valor contábil". Para ser mais exato, o custo deve incluir os lucros não ganhos pelo estudante, porque ele escolheu ir para a universidade em vez de trabalhar. Neste exercício, vamos ignorar os importantes benefícios não econômicos da educação e nos ater somente em seu valor econômico. Primeiro devemos estimar os ganhos que o graduado receberá ao longo de sua vida e subtrair desse número o montante estimado de quanto ele teria ganhado se não tivesse ido para a universidade. O resultado será o valor dos lucros supranormais, que é então descontado, a uma taxa de juros apropriada, até o dia da graduação. O resultado em dólares equivale ao valor econômico dos estudos. Alguns graduados perceberão que o valor contábil de sua educação excede seu valor intrínseco, ou seja, quem pagou pelos estudos não obteve o que vale o seu dinheiro. Em outros casos, o valor intrínseco dos estudos excederá de longe seu valor contábil, um resultado que prova que o capital foi sabiamente empregado. De todo modo, o que é claro é o fato de o valor contábil ser insignificante como indicador do valor intrínseco.[11]

Para evidenciar a mecânica desse exemplo, imagine o caso hipotético apresentado no **Quadro 4**. Suponha que uma pessoa tenha a oportunidade de investir US$ 50 milhões em um negócio – sendo este seu custo ou valor contábil. Esse negócio irá gerar caixa a uma taxa de 20% ao ano do valor dos investimentos realizados. Imagine que em vez de receber dividendos, o proprietário decida reinvestir todo o fluxo de caixa no negócio – a essa taxa, o valor contábil do negócio crescerá 20% ao ano. Imagine que o investidor planeje vender o negócio pelo valor contábil no final do quinto ano. Esse investimento gerou valor para o indivíduo? Determina-se isso descontando-se os fluxos de caixa futuros a valor presente, a um custo do capital próprio de 15%. Imagine que esse é o custo da oportunidade do investidor, o retorno mínimo que poderia ter sido auferido em qualquer outro lugar e com risco comparável. Dividindo-se o valor presente dos fluxos de caixa futuro (ou seja, o valor intrínseco, para Buffett) pelo custo do investimento (ou seja, o valor contábil, para Buffett), temos que cada dólar investido produz um retorno de US$ 1,23. Cria-se valor.

Considere o caso contrário, resumido no **Quadro 5**. Trata-se de exemplo semelhante em todos os aspectos, exceto um: a taxa de retorno anual do investimento é de 10%. O resultado é que a cada dólar investido obtém-se um retorno no valor de US$ 0,80. Destrói-se o valor.

Comparando-se ambos os casos apresentados nos **Quadros 4** e **5**, a diferença entre a criação e destruição de valor é absolutamente determinada pela relação entre os retornos esperados e a taxa de desconto: no primeiro caso, o *spread* é positivo; no segundo, negativo. Somente no caso em que os retornos esperados equiparam-se à taxa de desconto é que o valor contábil será o mesmo que o valor intrínseco. Resumindo, o valor contábil ou o desembolso de investimentos pode não refletir a realidade econômica. É necessário nos concentrar nas taxas de retorno futuras e como elas se comparam à taxa de retorno mínimo.

4. *Medir o desempenho pelo ganho em valor intrínseco, não lucro contábil.* Buffett escreveu:

[11] Berkshire Hathaway Inc. *Relatório Anual 1994*, p. 7.

> Nosso objetivo econômico no longo prazo(...) é maximizar a taxa média anual de ganhos da Berkshire em valor intrínseco do negócio por ação. Não medimos a importância econômica nem o desempenho da Berkshire por seu tamanho, mas pela evolução por ação. Estamos certos de que a taxa de evolução por ação diminuirá no futuro – e uma base de capital bastante aumentada vai assegurar isso. Contudo, ficaremos desapontados se nossa taxa não exceder a das empresas médias americanas.[12]

O ganho em valor intrínseco pode ser modelado como o valor agregado por um negócio muito além do custo pelo uso do capital no negócio. O ganho em valor intrínseco é análogo às medidas de lucro econômico e valor agregado de mercado usados pelos analistas nas principais corporações para se determinar o desempenho financeiro. Essas medidas concentram-se na capacidade de obtenção de retornos maiores do que o custo de capital.

5. *Taxas de risco e de desconto.* O senso comum acadêmico e profissional dizia que quanto maior o risco empreendido, maior deveria ser o pagamento. Assim, as taxas de desconto usadas para se estabelecer os valores intrínsecos deveriam ser determinadas pelo risco dos fluxos de caixa avaliados. O modelo tradicional para se estimar as taxas de desconto era o *Capital Asset Pricing Model* (CAPM), que acrescentava um prêmio à taxa de retorno sem risco no longo prazo, geralmente a taxa de rendimento dos títulos do Tesouro Americano.

   Buffett deixou o senso comum usando a taxa de retorno no longo prazo (por exemplo, 30 anos) do título do Tesouro Americano para descontar os fluxos de caixa.[13] Em prol de sua prática, ele argumentava que estava evitando o risco, e então deveria usar uma taxa de desconto "sem risco". Sua empresa praticamente não utilizava financiamento de dívida. Ele se concentrava em companhias com lucros previsíveis e estáveis. Ele ou seu vice-presidente, Charlie Munger, participavam das diretorias, de onde obtinham uma visão clara e direta da empresa e poderiam interferir nas decisões gerenciais, se necessário. Buffett uma vez disse: "Eu dou muito valor à certeza. E, se você faz isso, a idéia toda de fator de risco não faz sentido para mim. O risco provém de não saber o que se faz".[14] Ele também escreveu:

> Definimos risco, com base no dicionário, como a "possibilidade de perda ou dano". Os acadêmicos, contudo, definem "risco" de outro modo, afirmando que se trata da volatilidade relativa de uma ação ou carteira de ações – ou seja, a volatilidade comparada à de um vasto universo de ações. Por meio de bancos de dados e de habilidades estatísticas, esses acadêmicos calculam com precisão o "beta" das ações – sua volatilidade relativa no passado – e então constroem teorias esotéricas de investimentos e destinação de capital com base nesses cálculos. Em sua ânsia por uma estatística única para medir o risco, contudo, esquecem-se de um princípio fundamental: é melhor estar imprecisamente certo do que precisamente errado.[15]

[12]Idem, p. 74.

[13]Em 24 de maio de 2005, a taxa de retorno do título do Tesouro Americano com prazo de 30 anos era de 5,76%. O beta da Berkshire Hathaway era de 0,75%.

[14]Citado em Jim Rasmussen. "Buffett Talks Strategy with Students". *Omaha World-Herald*, 2 de janeiro de 1994, p. 26.

[15]Berkshire Hathaway Inc. *Relatório Anual 1993*. Republicado em Andrew Kilpatrick. *Of Permanent Value*: The Story of Warren Buffett. Birmingham: AKPE, 1994, p. 574.

6. *Diversificação.* Buffett discordava do senso comum de que os investidores deveriam possuir uma carteira diversificada de ações para evitar riscos inerentes a empresas. Segundo ele, os investidores em geral compravam muitas ações em vez de esperar por uma companhia excepcional. Buffett dizia:

> Entenda os negócios que você conhece e concentre-se neles. Diversificação é proteção contra a ignorância, mas se você não se acha ignorante, a necessidade de fazer isso diminui drasticamente.[16]

7. *O comportamento do investidor deve se basear em informação, análise e autocontrole, não por emoções nem "intuição".* Buffett enfatizava amiúde que o conhecimento e a informação são os fundamentos dos investimentos. Ele dizia que "quem não sabe quem é o palhaço no mercado, é porque provavelmente deve sê-lo".[17] Buffett gostava de repetir uma parábola que Benjamin Graham lhe disserra:

> Havia um pequeno negócio privado, e um dos donos era um homem de nome Mercado. Todos os dias, Sr. Mercado tinha uma nova opinião sobre quanto o seu negócio valia, e por aquele preço estava pronto para comprar suas participações ou vender as dele. Por mais entusiasmado e obstinado que fosse, Sr. Mercado representava uma distração contínua aos seus sócios. "Que é que ele sabe?", perguntavam-se, quando ele lhes ofertava um preço ora extremamente alto, ora deprimentemente baixo. Na verdade, o cavalheiro sabia muito pouco, ou mesmo nada. Pode-se ficar muito feliz em vender para ele quando este determina um preço ridiculamente alto, e igualmente feliz de comprar dele quando seu preço é baixo. Mas, no restante do tempo, você será mais sábio ao formar suas próprias idéias sobre o valor das suas ações, com base nos relatórios completos da companhia sobre suas operações e sua posição financeira.[18]

Buffett usava essa alegoria para ilustrar a irracionalidade dos preços das ações quando comparados ao verdadeiro valor intrínseco. Graham acreditava que o pior inimigo do investidor não é o mercado de capitais, mas ele próprio. Nem mesmo um curso superior pode compensar a falta da disposição essencial para os investimentos. No longo prazo, os preços das ações deveriam ter uma forte relação com o progresso econômico do negócio. Mas as cotações diárias do mercado foram fortemente influenciadas pela ganância ou pelo medo momentâneos, e se tornaram uma medida não confiável do valor intrínseco. Buffett disse:

> Para mim, o mercado de capitais não existe. Está aí somente como uma referência para ver se alguém está disposto a fazer qualquer coisa estúpida. Quando investimos em ações, investimos em negócios. Você só tem de se comportar de acordo com o que é racional em vez de com o que está na moda.[19]

Desse modo, Buffett não tentava se antecipar ao mercado (ou seja, negociar ações com base nas expectativas de mudanças no ciclo do mercado) – ele tinha uma estratégia de investimentos paciente, de longo prazo. Como se, em contrapartida ao Sr. Mercado,

---

[16]Citado em *Forbes*, 19 de outubro de 1993. Republicado em Andrew Kilpatrick. *Of Permanent Value*, p. 574.

[17]Citado em Lewis, Michael. *Liar's Poker*. Nova York: Norton, 1989, p. 35.

[18]Originalmente publicado em Berkshire Hathaway Inc. *Relatório Anual* 1987. Esta citação foi parafraseada de Grant, James. *Minding Mr. Market*. Nova York: Times Books, 1993, p. xxi.

[19]Lynch, Peter. *One Up on Wall Street*. Nova York: Penguin Books, 1990, p. 78.

Buffett fosse mais contra as metas: "Nós simplesmente devemos ser medrosos quando os outros são gananciosos, e sermos gananciosos somente quando os outros estão com medo".[20] Buffett também dizia que "a letargia beirando a indolência continua sendo a pedra fundamental do nosso estilo de investimentos",[21] e que "o mercado, como Deus, ajuda aqueles que ajudam a si mesmos. Mas, diferente d'Ele, o mercado não perdoa aqueles que não sabem o que fazem".[22]

Buffett desdenhava a teoria acadêmica da eficiência do mercado financeiro. A Hipótese da Eficiência dos Mercados (EMH, em inglês) afirma que as informações publicamente conhecidas são rapidamente adicionadas aos preços das ações, e que, conseqüentemente, os preços das ações eram bastante fiéis ao refletir o que se sabe da companhia. Na EMH, não se consegue bons negócios, e tentar superar o desempenho do mercado é inútil. "Ter dezenas de milhares de demitidos oriundos das faculdades de administração me ensinou que não faz muito bem pensar", Buffett disse.[23]

> Acho fascinante como a ortodoxia dominante pode fazer tanta gente pensar que a Terra é chata. Investir num mercado em que as pessoas acreditam em eficiência é como jogar truco com alguém a quem falaram que não se deve olhar as cartas.[24]

8. *Cooperação entre representantes e proprietários.* Ao explicar sua participação acionária substancial na Berkshire Hathaway, Buffett dizia: "Eu sou um homem de negócios melhor porque sou um investidor. E um investidor melhor porque sou um homem de negócios".[25]

Para ilustrar esse sentimento, ele disse:

> Uma "lista de desejos" da administração não será preenchida à custa do acionista. Não vamos diversificar comprando negócios inteiros a preços de controle que ignorem as conseqüências econômicas de longo prazo para nossos acionistas. Somente faremos com o seu dinheiro o que faríamos com o nosso, pesando inteiramente os valores que se pode obter com a diversificação de nossas próprias carteiras por meio de compras diretas no mercado de ações.[26]

Metade do patrimônio líquido das famílias de quatro dos seis diretores da Berkshire era representada por ações da empresa. Os gerentes seniores das controladas da Berkshire Hathaway detinham ações da empresa ou receberam compensação em planos de incentivo atrelados aos retornos potenciais da participação acionária em suas unidades de negócios, ou ambos.[27]

---

[20]Berkshire Hathaway Inc. *Relatório Anual 1956*, p. 16.

[21]Berkshire Hathaway Inc. *Relatório Anual 1990*, p. 15.

[22]Berkshire Hathaway Inc. *Letters to Shareholders*, 1977-83, p. 53.

[23]Citado em Kilpatrick, Andrew. *Of Permanent Value*, p. 353.

[24]Citado em Davis, L. J. "Buffett Takes Steak". *New York Times*, 1º de abril de 1990, p. 16.

[25]Citado em *Forbes*, 19 de outubro de 1993. Republicado em Kilpatrick, Andrew, *Of Permanent Value*, p. 574.

[26]"Owner-Related Business Principles", em Berkshire Hathaway, *Relatório Anual 2004*, p. 75.

[27]Em abril de 2005, a SEC (CVM americana) entrevistou Warren Buffett sobre investigações acerca da gigante AIG e de suas conexões com a unidade de seguros da Berkshire Hathaway, General Re. Buffett respondeu que havia questionado o presidente da General Re acerca das transações com a AIG, mas que nunca entendera os detalhes.

MidAmerican Energy Holdings Company

A MidAmerican Energy Holdings Company, uma controlada da Berkshire Hathaway Inc., era líder na geração de energia de fontes diversas, incluindo geotérmica, gás natural, hidrelétrica, energia nuclear e carvão. Localizada em Des Moines, Iowa, a empresa era a principal fornecedora e distribuidora de energia para mais de 5 milhões de consumidores nos Estados Unidos e na Grã-Bretanha. Por meio da sua divisão HomeServices of America, a MidAmerican também possuía a segunda maior imobiliária independente, com serviços completos, nos Estados Unidos. O **Quadro 6** apresenta as demonstrações financeiras consolidadas e condensadas da MidAmerican entre 2000 e 2004.

A Berkshire Hathaway comprou uma grande participação na MidAmerican em 14 de março de 2000, em um investimento de US$ 1,24 bilhão em ações ordinárias e ações preferenciais conversíveis sem direito a dividendos.[28] Esse investimento deu à Berkshire uma participação com direito a voto de cerca de 9,7% e participação econômica de 76% na MidAmerican. "Embora existam muitas restrições regulatórias no setor de serviços públicos, é possível que nos comprometamos mais ainda nessa área", Buffett disse à época. "Caso positivo, os montantes podem ser bem maiores."[29] Mais tarde, em março de 2002, a Berkshire comprou mais 6,7 milhões de ações preferenciais conversíveis da MidAmerican por US$ 402 milhões, conferindo à Berkshire uma participação com direito a voto de 9,9% e econômica de 83,7% no patrimônio da MidAmerican (80,5% em base diluída).

Na época do investimento inicial da Berkshire na MidAmerican, Buffett explicou que as aquisições no setor de serviços públicos eram complicadas por diversas regulamentações, incluindo o Public Utility Holding Company Act of 1935 (PUHCA), que tinha o objetivo de evitar que conglomerados comprassem as empresas de serviços públicos e impedir a formação de grandes empresas que os reguladores não conseguiam controlar. Essa regulamentação levou a Berkshire a estruturar seus investimentos na MidAmerican de modo a não constituir controle acionário. Buffett dizia ansiar pela revogação do PUHCA e, se fosse anulado, investiria entre US$ 10 e US$ 15 bilhões no setor de energia elétrica.[30]

PacifiCorp

Por muitos anos a Berkshire Hathaway fora malsucedida em identificar oportunidades de compra atraentes. Em 2001, Buffett abordou a questão sem rodeios na sua carta anual aos acionistas:

> Anos atrás, uma boa idéia de US$ 10 milhões faria maravilhas por nós (veja nosso investimento no Washington Post em 1973, ou na Geico em 1976). Hoje, a combinação de *dez* idéias iguais com três vezes o valor de *cada* uma delas aumentaria o patrimônio líquido da Berkshire em apenas 0,25%. Precisamos de "elefantes" para obter lucros significativos agora – e eles são escassos.[31]

---

[28] A Berkshire comprou 900.942 ações ordinárias e 34.563.395 ações preferenciais conversíveis da MidAmerican. As ações preferenciais conversíveis davam o direito de troca pelo investidor por ações ordinárias. O direito de troca, ou conversão, era como uma opção de compra de ações ordinárias do emissor. Os termos das ações preferenciais conversíveis determinavam o preço de aquisição das ações ordinárias em troca do valor principal das ações preferenciais conversíveis.

[29] Berkshire Hathaway Inc., *Relatório Anual 1999*, p. 11.

[30] Smith, Rebecca; Richardson, Karen. *Wall Street Journal*, 25 de maio de 2005, p. A1.

[31] Berkshire Hathaway Inc. *Relatório Anual 2001*, p. 17.

Em 2004, a infrutífera busca da Berkshire pelos "elefantes" começava a mostrar sinais de fraqueza. Em sua carta daquele ano, Buffett lamentava seu fracasso em fazer aquisições multibilionárias, e expressava pesar quanto ao volumoso saldo de caixa que a Berkshire acumulava desde 2002. "Não temos prazer em nos sentar sobre US$ 43 bilhões em equivalente de caixa que estão dando pouco retorno", Buffett disse. "O que Charlie (Munger) e eu queremos é um pouco de ação agora."[32]

O anúncio de que a subsidiária integral da Berkshire, a MidAmerican Energy Holdings Company, seria comprada pela PacifiCorp parecia indicar que Buffett havia encontrado o seu "elefante". A PacifiCorp era a líder na geração e distribuição de energia a baixo custo, com 1,6 milhão de consumidores em seis estados do oeste dos EUA. Localizada em Portland, Oregon, a empresa gerava energia eólica, a gás, geotérmica, hidrotérmica e por meio das plantas próprias de carvão. A companhia havia passado por um processo de fusão com a Scottish Power em 1999. O **Quadro 7** apresenta sua última demonstração financeira.

O anúncio da PacifiCorp renovou o interesse geral pela abordagem de aquisições de Buffett. O **Quadro 8** apresenta a demonstração formal dos critérios de aquisição contidos no Relatório Anual de 2004 da Berkshire Hathaway. Em linhas gerais, sua política continha uma estratégia disciplinada que se recusava a recompensar outrem pelas iniciativas as quais a Berkshire Hathaway poderia fazer por si só. Os analistas vasculharam o negócio com a PacifiCorp buscando indicadores de como ele se encaixava nos critérios da Berkshire. Muitos notaram que o momento que a Berkshire Hathaway escolheu para fechar o negócio seguia com atenção a oferta da Duke Energy pela Cinergy no valor de US$ 9 bilhões. Esperava-se que o negócio com a PacifiCorp fosse fechado após as revisões regulatórias federais e estaduais, algo em torno de 12 a 18 meses.

O **Quadro 9** apresenta descrições das companhias e as principais informações financeiras de empresas semelhantes no segmento de energia elétrica regulamentada. O **Quadro 10** traz uma gama de *enterprise values* (EV, valor da empresa) e valores do mercado de capitais da PacifiCorp decorrentes dos múltiplos de companhias similares.

Conclusão

O senso comum diz que seria difícil para Warren Buffett manter seu crescimento anual recorde de 24% em lucros para os acionistas. Buffett sabia que "uma carteira gorda é inimiga de resultados mais altos nos investimentos".[33] Ele dizia que era o objetivo de sua empresa satisfazer uma taxa de crescimento anual de 15% no valor intrínseco. A compra da PacifiCorp serviria aos objetivos de longo prazo da Berkshire Hathaway? O valor da oferta era adequado? Por ser a PacifiCorp controlada pela Scottish Power, como a oferta da Berkshire competiria contra a valoração da companhia decorrente dos múltiplos de empresas similares? O que seria responsável pelo aumento do preço das ações da Berkshire Hathaway no momento do anúncio?

[32] Idem, p. 17.

[33] Citado em Alexander, Garth. "Buffett Spends US$ 2bn on Return to His Roots". *Times*, Londres, 17 de agosto de 1995.

QUADRO 1 | Desempenho comparado dos preços das ações Classe A da Berkshire Hathaway, Scottish Power plc *versus* S&P 500 Index (de 3 de janeiro a 24 de maio de 2005).

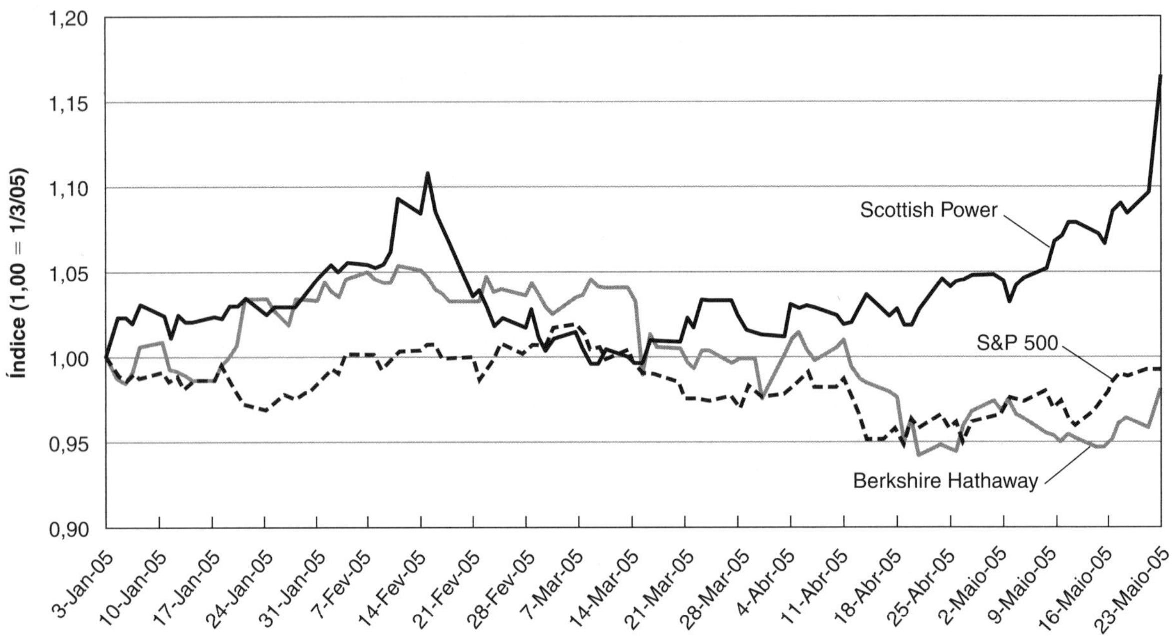

Fonte: Datastream.

QUADRO 2 | Informações dos segmentos de negócios da Berkshire Hathaway Inc. (em milhões de dólares).

Segmento	Receitas		Lucros (prejuízos) antes dos impostos		Investimentos em ativos		Depreciação[1]		Ativos reais	
	2004	2003	2004	2003	2004	2003	2004	2003	2004	2003
Seguro	$ 23.927	$ 24.731	$ 4.375	$ 4.941	$ 52	$ 55	$ 52	$ 63	$ 114.759	$ 109.004
Vestuário	2.200	2.075	325	289	51	71	52	51	1.582	1.523
Material de construção	4.337	3.846	643	559	219	170	172	174	2.803	2.593
Produtos financeiros	3.774	3.045	584	619	296	232	183	161	30.086	28.338
Serviços de navegação	3.244	2.431	191	72	155	150	146	136	2.823	2.875
Distribuição de gêneros alimentícios	23.373	13.743	228	150	136	51	107	59	2.349	2.243
Varejo	2.601	2.311	163	165	126	106	56	51	1.669	1.495
Carpetes e assoalhos	5.174	4.660	466	436	125	120	99	91	2.153	1.999
Outros negócios	3.213	3.040	465	486	41	47	44	43	1.875	1.813
Total	$ 71.843	$ 59.882	$ 7.440	$ 7.717	$ 1.201	$ 1.002	$ 911	$ 829	$ 160.099	$ 151.883

[1]Exclui investimentos em aquisições de negócios.

Fonte: Berkshire Hathaway Inc. *Relatório Anual 2004.*

QUADRO 3 | Maiores investimentos da Berkshire Hathaway (em milhões de dólares).

Empresa	Ações	% de participação na empresa	Custo[1]	Valor de mercado
American Express[2]	151.610.700	12,1	$ 1.470	$ 8.546
The Coca-Cola Company[2]	200.000.000	8,3	1.299	8.328
Gillette[2]	96.000.000	9,7	600	4.299
H&R Block	14.350.600	8,1	223	703
M&T Bank	6.708.760	5,8	103	723
Moody's	24.000.000	16,2	499	2.084
PetroChina (ações "H")	2.338.961.000	1,3	488	1.249
The Washington Post	1.727.765	18,1	11	1.698
Wells Fargo & Company[2]	56.448.380	3,3	463	3.508
White Mountain Insurance	1.724.200	16,0	369	1.114
Outras			3.531	5.465
Total de ações ordinárias			$ 9.056	$ 37.717

[1]Esse foi o preço real de aquisição e a base de tributação; o "custo" em GAAP difere em alguns casos devido ao aumento ou à baixa do valor contábil necessário.

[2]Buffet referiu-se a esse grupo de empresas como as "Quatro Grandes" da Berkshire Hathaway. A Berkshire investiu US$ 3,83 bilhões nas quatro por meio de múltiplas transações, entre maio de 1988 e outubro de 2003; em bases compostas, a data de compra ponderada em dólar da Berkshire foi julho de 1992. Em fins de 2004, a Berkshire detinha essa participação, em base ponderada, por cerca de 12 anos e meio.

Fonte: Berkshire Hathaway Inc; *Relatório Anual 2004*, p. 16.

QUADRO 4 | Exemplo hipotético de criação de valor.

Imagine:

- um panorama de investimento de cinco anos, em que você liquidou seu valor contábil ou acumulou valor de investimento
- investimento inicial de US$ 50 milhões
- nenhum dividendo é pago; todos os fluxos de caixa são reinvestidos
- retorno sobre patrimônio: 20%
- custo do patrimônio: 15%

Ano	0	1	2	3	4	5
Investimento ou **Valor Contábil**	50	60	72	86	104	124

Valor de Mercado (ou Valor Intrínseco) = Valor presente @ 15% de 124 = $ 61,65

Valor de Mercado/ Valor Contábil = $61,65/50,00 = $ 1,23

Valor criado: US$ 1,00 investido torna-se US$ 1,23 em valor de mercado.

Fonte: Análise do autor do caso.

QUADRO 5 | Exemplo hipotético de destruição de valor.

Imagine:

- um panorama de investimento de cinco anos, em que você liquidou a seu valor contábil ou acumulou valor de investimento
- investimento inicial de US$ 50 milhões
- nenhum dividendo é pago, todos os fluxos de caixa são reinvestidos
- retorno sobre patrimônio: 10%
- custo do patrimônio: 15%

Ano	**0**	**1**	**2**	**3**	**4**	**5**
Investimento no **capital social**	50	55	60	67	73	81

Valor de Mercado
(ou Valor Intrínseco) = Valor presente @ 15% de $81 = $61,65

Valor de Mercado/ Valor Contábil = $40,30/50,00 = $0,80

Valor destruído: US$ 1,00 investido torna-se US$ 0,80 em valor de mercado.

Fonte: Análise do autor do caso.

QUADRO 6 | *Holdings* de energia da região central dos Estados Unidos: demonstrações financeiras consolidadas sintéticas (em milhões de dólares)

	2000	2001	2002	2003	2004
Balanços patrimoniais					
Ativos:					
Ativo imobilizado, líquido	$ 5.349	$ 6.537	$ 10.285	$ 11.181	$ 11.607
Ágio	3.673	3.639	4.258	4.306	4.307
Outros ativos	2.659	2.450	3.892	3.658	3.990
	$ 11.681	$ 12.626	$ 18.435	$ 19.145	$ 19.904
Passivo e patrimônio líquido:					
Débitos – exceto valores devidos à Berkshire	$ 5.919	$ 7.163	$ 10.286	$ 10.296	$ 10.528
Débitos com a Berkshire	1.032	455	1.728	1.578	1.478
Outros passivos e participação minoritária	3.154	3.300	4.127	4.500	4.927
	10.105	10.918	16.141	16.374	16.933
Patrimônio líquido	1.576	1.708	2.294	2.771	2.971
	$ 11.681	$ 12.626	$ 18.435	$ 19.145	$ 19.904
Demonstrativos de resultado					
Lucros operacionais e outras receitas	$ 4.013	$ 4.973	$ 4.903	$ 6.143	$ 6.727
Custos e despesas:					
Custo de vendas e despesas operacionais	3.100	3.522	3.092	3.913	4.390
Depreciação e amortização	383	539	530	603	638
Despesa financeira – dívidas da Berkshire	40	50	118	184	170
Outras despesas financeiras	336	443	640	716	713
	3.859	4.554	4.380	5.416	5.911
Lucro antes dos impostos	154	419	523	727	816
Imposto de renda e participação minoritária	73	276	126	284	278
Ganhos com operações em andamento	81	143	397	443	538
Perdas com operações descontinuadas	—	—	(17)	(27)	(368)
Lucro líquido	$ 81	$ 143	$ 380	$ 416	$ 170

Fonte: Berkshire Hathaway.

QUADRO 7 | Demonstrações financeiras consolidadas da PacifiCorp (em milhões de dólares).

	Fechamento em 31 de merço	
	2004	**2005**
Balanços patrimoniais		
Ativos:		
Ativos fixos	$ 756,4	$ 1.214,3
Ativo imobilizado, líquido	9.036,5	9.490,6
Outros ativos	1.884,2	1.816,0
	$ 11.677,1	$ 12.520,9
Passivos e patrimônio líquido:		
Passivo circulante	$ 1.074,3	$ 1.597,7
Crédito diferido	$ 3.706,3	$ 3.868,3
Dívida de longo prazo e obrigações de arrendamento de bens do imobilizado	3.520,2	3.629,0
Ações preferenciais sujeitas a resgate obrigatório	56,3	48,8
	8.357,1	9.143,8
Patrimônio líquido	3.320,0	3.377,1
	$ 11.677,1	$ 12.520,9
Demonstrativos do resultado		
Lucros operacionais e outras receitas	$ 3.194,5	$ 3.048,8
Custos e despesas:		
Despesas operacionais	2.147,8	1.955,5
Depreciação e amortização	428,8	436,9
Lucro operacional	617,9	656,4
Despesas financeiras	224,4	236,2
Resultado operacional antes do imposto de renda	393,5	420,2
Efeito cumulativo da mudança de princípio contábil	(0,9)	—
Despesa de imposto de renda	144,5	168,5
Lucro líquido	$ 248,1	$ 251,7

Fonte: Formulário 10-K da PacifiCorp.

QUADRO 8 | Critério de aquisição da Berkshire Hathaway.

Estamos ansiosos para ouvir dos dirigentes ou seus representantes sobre negócios que satisfaçam a todos os seguintes critérios:

1. Sejam grandes aquisições (mínimo de US$ 75 milhões de lucro real, a menos que o negócio se ajuste a alguma de nossas unidades já existentes).
2. Demonstrem rentabilidade consistente (projeções futuras não nos interessam, nem situações de "recuperação").
3. Obtenham bons retornos sobre o patrimônio e contraiam pouca ou nenhuma dívida.
4. Tenham gerência local (não podemos fornecer).
5. Sejam simples (se há muita tecnologia, não vamos entender).
6. Apresentem proposta de preço (não queremos desperdiçar nosso tempo, nem o da parte vendedora, com conversas, ainda que preliminares, sobre uma transação, quando o preço for desconhecido).

Quanto maior for a companhia, maior será nosso interesse. Gostaríamos de fazer uma aquisição na casa dos US$ 5 bilhões a US$ 20 bilhões. *No entanto, não estamos interessados em receber sugestões sobre aquisições que poderíamos fazer em um mercado comum de ações.*

Não nos envolveremos em aquisições de controle (*takeover*) não amistosos. Garantimos total confidencialidade e resposta rápida – normalmente em até cinco minutos – sobre nosso interesse ou não. Preferimos realizar pagamento em caixa, mas consideramos emitir ações se recebermos tanto em valor intrínseco do negócio quanto dermos. *Não participamos de leilões.*

Perguntam a mim e a Charlie freqüentemente sobre aquisições que sequer chegam perto de satisfazer a nossos testes: percebemos que se você fizer publicidade sobre seu interesse em comprar cães da raça *collie*, muitas pessoas vão entrar em contato na esperança de vender-lhe seus cães, mesmo sendo de outras raças. O verso de uma canção *country* expressa nosso sentimento sobre novos investimentos de risco, recuperações ou vendas do tipo leilão: "Quando o telefone não toca, você sabe que sou eu".

Fonte: Berkshire Hathaway Inc., *Relatório Anual 2004*, p. 28.

QUADRO 9 | Empresas de energia regulamentadas similares

			Preço por ação				Em milhões de dólares									
	Beta	Ações em circulação (milhões)	Baixa	Alta	Dividendos por ação	Rating da S&P	Ativo total	Passivo total	Disponibilidades	Dívida de curto prazo	Dívida de longo prazo	Dívida líquida	Receita	EBITDA	EBIT	Lucro líquido
Alliant Energy Corp,	0,85	115,74	$ 23,50	$ 28,80	$ 1,01	na	$ 8,275	$ 5,470	$ 276	$ 243	$ 2,300	$ 2,267	$ 2,959	$ 752	$ 420	$ 164
Cinergy Corp.	0,85	187,53	$ 34,90	$ 42,60	$ 1,88	BBB1	$ 14,982	$ 10,804	$ 165	$ 1,179	$ 4,228	$ 5,242	$ 4,688	$ 1,198	$ 738	$ 404
NSTAR	0,70	106,55	$ 22,70	$ 27,20	$ 1,13	A	$ 7,117	$ 5,633	$ 23	$ 311	$ 2,101	$ 2,389	$ 2,954	$ 702	$ 455	$ 190
SCANA Corp.	0,75	113,00	$ 32,80	$ 39,70	$ 1,46	na	$ 8,996	$ 6,430	$ 120	$ 415	$ 3,186	$ 3,481	$ 3,885	$ 861	$ 596	$ 264
Wisconsin Energy Corp.	0,70	116,99	$ 29,50	$ 34,60	$ 0,83	BBB1	$ 9,565	$ 7,043	$ 36	$ 439	$ 3,240	$ 3,643	$ 3,431	$ 857	$ 530	$ 306
PacifiCorp	na	312,18	na	na	na	na	$ 12,521	$ 9,144	$ 199	$ 270	$ 3,629	$ 3,700	$ 3,049	$ 1,093	$ 656	$ 252

ALLIANT: A companhia de serviços públicos da Alliant Energy, Interstate Power and Light (IPL), e Wisconsin Power and Light (WPL) forneceram eletricidade para mais de 970 mil consumidores e gás natural para cerca de 412 mil em quatro estados americanos.

CINERGY: Suas tradicionais unidades operacionais geraram, transmitiram e distribuíram eletricidade para mais de 1,5 milhão de consumidores, e gás natural para 500 mil, em Ohio, Indiana e Kentucky. A Cinergy acordou sua aquisição pela gigante de serviços públicos, Duke Energy, numa operação de *swap* de US$ 9 bilhões.

NSTAR: A holding de serviços públicos transmitiu e distribuiu eletricidade a 1,4 milhão de lares e empresas em Massachusetts; também forneceu gás natural a 300 mil consumidores. A empresa comercializou eletricidade no atacado, atuou no processamento de gás natural liquefeito e nas instalações de armazenamento, forneceu serviços de calefação e refrigeração aos bairros e serviços de telecomunicação via fibra óptica.

SCANA: A holding forneceu eletricidade a mais de 585 mil consumidores e gás a 690 mil, nas Carolinas do Sul e do Norte e aos estados vizinhos, pelos serviços prestados pelas companhias de serviços públicos South Carolina Electric & Gas and Public Service Company of North Carolina.

WISCONSIN ENERGY: Os serviços da empresa forneceram eletricidade a aproximadamente 1,1 milhão de consumidores e gás natural a 1 milhão de lares, nas regiões leste e norte de Wisconsin e na península superior do Michigan.

Fontes: Value Line Investment Survey; Standard & Poor's (análise do autor do caso).

QUADRO 10 | Múltiplos de avaliação para empresas de energia regulamentadas similares

	(Em milhões de dólares)				Valor da empresa como múltiplo de:				Valor de mercado das ações como múltiplo de:	
	Valor de mercado	**Valor da empresa**	**Valor contábil**	**Lucro por ação**	**Receita**	**EBIT**	**EBITDA**	**Lucro líquido**	**Lucro por ação**	**Valor contábil**
Alliant Energy Corp.	$ 3.333	$ 5.600	$ 2.805	$ 1,42	1,89x	13,33x	7,45x	34,15x	20,33x	1,19x
Cinergy Corp.	$ 7.989	$ 13.231	$ 4.178	$ 2,15	2,82x	17,93x	na	32,75x	19,77x	1,91x
NSTAR	$ 2.898	$ 5.287	$ 1.484	$ 1,78	1,79x	11,62x	7,53x	27,83x	15,25x	1,95x
SCANA Corp.	$ 4.486	$ 7.967	$ 2.566	$ 2,34	2,05x	13,37x	9,25x	30,18x	16,99x	1,75x
Wisconsin Energy Corp.	$ 4.048	$ 7.691	$ 2.522	$ 2,62	2,24x	14,51x	8,97x	25,13x	13,23x	1,61x
Mediana	$ 4.048	$ 7.691	$ 2.566	$ 2,15	2,05x	13,37x	8,25x	30,18x	16,99x	1,75x
Média	$ 4.551	$ 7.955	$ 2.711	$ 2,06	2,16x	14,15x	8,30x	30,01x	17,11x	1,68x
Valor implícito da PacifiCorp[1]			$ 3.377	$ 0,81	$ 6.252 $ 6.584	$ 8.775 $ 9.289	$ 9.023 $ 9.076	$ 7.596 $ 7.553	$ 4.277 $ 4.308	$ 5.904 $ 5.678

[1]Valores implícitos para o valor de empresa da PacifiCorp e valor de mercado do patrimônio são derivados utilizando os múltiplos da mediana (acima) e da média (abaixo) das empresas similares.

Fontes: Value Line Investment Survey; Standard & Poor's (análise do autor do caso).

CASO 2

Bill Miller e o Value Trust

O sucesso de Bill Miller vai tão além dos gráficos que você deve se perguntar se ele é sobre-humano. Simplificando, não se supõe que haja gerentes financeiros tão bons. Trata-se de um gênio mortal ou de sorte celestial?[1]

Até meados de 2005, o Value Trust, um fundo mútuo[2] de US$ 11,2 bilhões gerenciado por William H. (Bill) Miller III, superou seu índice de referência, o Standard & Poor's 500 Index (S&P 500), por um extraordinário período de 14 anos seguidos. Esse recorde marcou o mais longo período de sucesso de um gestor no setor dos fundos mútuos – o segundo mais longo de desempenho alcançado durou apenas a metade disso. Para muitos gestores de fundos, superar o S&P 500 em um *único* ano já teria sido uma realização e tanto; não obstante, Miller alcançou resultados ainda melhores tanto durante a alta do mercado em fins dos anos 1990 quanto nas baixas no início dos anos 2000.

Nos 15 anos anteriores, os investidores do Value Trust, pertencente a uma família de fundos gerenciada pela Legg Mason, Inc., de Baltimore, Maryland, podiam relembrar os retornos extraordinários do fundo: um retorno anual médio de 14,6%, que ultrapassava o S&P 500 em 3,67% ao ano. Um investimento de 10 mil dólares na abertura do Value Trust, em abril de 1982, teria rendido mais de US$ 330 mil até março de 2005. Diferentemente do referencial do fundo, que era um índice de capitalização ponderada composto das 500 ações ordinárias mais representativas, o Value Trust tinha apenas 36 *holdings*, dez das quais representavam aproximadamente 50% dos ativos do fundo. O **Quadro 1** apresenta um resumo da situação da Legg Mason Value Trust, Inc. em agosto de 2005.

Enquanto Miller raramente tinha o melhor desempenho global entre os gestores de fundos em qualquer ano, e alguns haviam superado seus resultados em curtos períodos de tempo, ninguém nunca havia chegado perto do seu recorde consistente de superação do índice. Os resultados de Miller pareciam contradizer as teorias convencionais, que sugeriam que, em mercados caracterizados pela alta competitividade, facilidade de entrar e eficiência informa-

---

[1]Glassman, James K. "More Than Pure Luck". *Washington Post*, 14 de janeiro de 2004, p. F-01.

[2]Fundo mútuo é um meio de investimento que une os fundos de investidores pessoa física para comprar uma carteira de títulos, ações, obrigações e instrumentos financeiros; os investidores possuem uma parcela *pro rata* da totalidade da carteira de investimento.

Este caso foi preparado por Sean D. Carr (MBA 2003), sob a supervisão de Robert F. Bruner, mais especificamente como material didático para ser discutido em sala de aula do que para ilustrar situações de gerenciamento efetivo.

cional, seria extremamente difícil superar o mercado por muito tempo. Especialistas se perguntavam o que poderia explicar o desempenho de Miller.

O mercado de fundos de investimento dos Estados Unidos[3]

O mercado de fundos mútuos americano é o maior do mundo, responsável por metade dos 16,2 trilhões de dólares em ativos de fundos de investimento registrados mundialmente. Os valores totais, de algum modo, ocultam o crescimento contínuo dos fundos mútuos como um meio de investimento. Entre 1995 e 2005, os ativos de fundo mútuo cresceram de 2,8 trilhões de dólares para 8,1 trilhões de dólares. Noventa e dois milhões de pessoas, ou cerca de metade de todas as residências, possuíam fundos mútuos em 2004, comparado a menos de 6% em 1980. Em 2004, os investidores pessoa física controlavam cerca de 90% de todos os ativos de fundos mútuos.

Os fundos mútuos desempenharam diversas funções econômicas para os investidores. Primeiro, eles propiciaram ao investidor pessoa física a oportunidade de diversificar sua carteira de investimentos de modo eficiente (possuindo muitas ações diferentes) sem ter de investir grande montante de capital, normalmente necessário para alcançar eficiência. A eficiência também se refletia na habilidade de os fundos mútuos explorarem economias de escala em custos de negócios e transações, economias inacessíveis ao investidor pessoa física típico. Segundo, em teoria, fundos mútuos proporcionaram ao investidor pessoa física o conhecimento profissional necessário para receber retornos incomuns por meio de análises de títulos bem-sucedidas. Um terceiro aspecto era que o setor de fundos mútuos oferecia, de acordo com um especialista, "uma camada isolante entre o investidor pessoa física e as penosas vicissitudes do mercado":

> Este serviço, no final das contas, permite às pessoas físicas seguirem com sua rotina diária sem gastar muito tempo com a incômoda preocupação sobre o que e quando comprar e vender; e também as poupa de aborrecimentos maiores como arrancar os cabelos por tomar a decisão errada... Assim, a indústria de gerenciamento de recursos está realmente vendendo "mais paz de espírito" e "menos angústia", embora raramente se preocupe em afirmar isso.[4]

Entre 1970 e 2005, a soma de todos os fundos mútuos cresceu de 361 para 8.044. Esse total incluía tipos diferentes de fundos; cada um tinha um foco específico de investimento e era categorizado em diversos segmentos reconhecidos do setor: crescimento agressivo (voltado para valorização de capital), de receita patrimonial, de crescimento, de crescimento e renda, internacionais, de opções, especiais, de pequenas empresas, de equilíbrio, e uma variedade de apólices ou fundos de renda fixa.[5] Fundos cujo foco principal de investimento eram ações ordinárias incluíam a maior parcela da indústria.

---

[3] *Investment Company Fact Book*, 45ª ed. Investment Company Institute, 2005.

[4] Ao contrário, "Good news and bad news", *Personal Investing*, 26 de agosto de 1987, p. 128.

[5] Fundos com crescimento agressivo buscavam maximizar os ganhos financeiros, de modo que a receita corrente tinha pouca importância. Os fundos de crescimento investiam em companhias mais bem conhecidas com registros de desempenho mais estáveis. Fundos de crescimento e renda investiam em companhias com registros de desempenho com expectativa de aumento de valor e de oferecimento de um fluxo financeiro estável. Fundos internacionais investiam em empresas estrangeiras. Fundos de opções almejavam maximizar os retornos correntes investindo em ações com direito a dividendos para as quais se realizavam opções de compra. Fundos híbridos procuravam conservar o principal enquanto recebiam tanto receita corrente quanto ganhos financeiros.

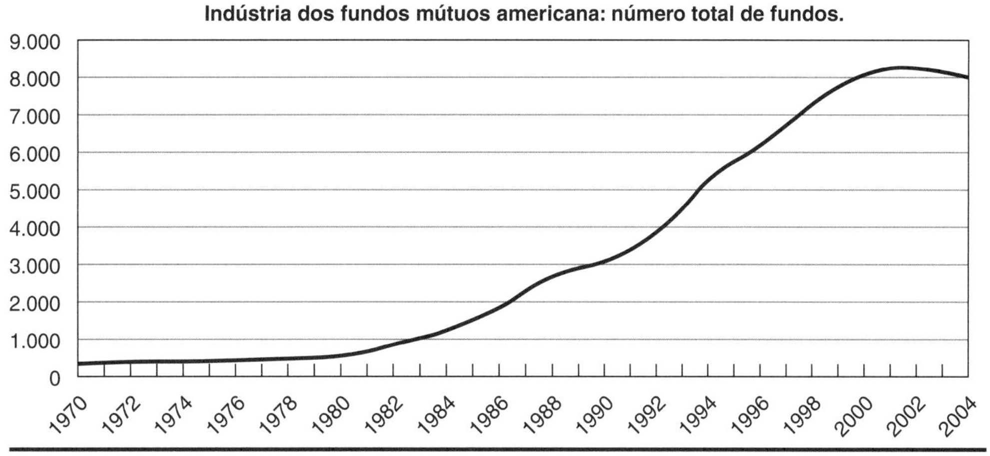

Fonte: *Investment Company Institute Fact Book*, 2005.

Até certo ponto, o crescimento do número e dos tipos de fundos mútuos refletiu o aumento da liquidez no mercado e da demanda dos investidores por participação acionária. Mais importante, refletiu o esforço das organizações de fundos mútuos em segmentar o mercado (ou seja, identificar as necessidades especiais e em transformação dos investidores e criar produtos para atender a tais necessidades). Um resultado relevante foi o aumento da base de clientes do setor de fundos mútuos, bem como maior penetração do mercado total por serviços financeiros.

Outro resultado importante desse desenvolvimento foi o fato de ele adicionar um grau de complexidade ao mercado que alterou o comportamento dos investimentos de alguns investidores do mercado de capitais. Em particular, a amplitude das alternativas de fundos mútuos tendia a encorajar a mudança de fundo, especialmente de um para outro em uma mesma família de fundos. Isso refletiu em uma gama maior de fundos para se escolher, no crescimento da volatilidade do mercado e em uma tendência mais voltada para estratégias de investimento orientadas para o momento. Em suma, conforme o setor de fundos mútuos crescia, o dinheiro do fundo mútuo se aquecia (apresentava *turnover* mais rápido).

Investidores institucionais que gerenciavam fundos mútuos, fundos de aposentadoria e fundos de *hedge*[6] em nome de investidores pessoa física dominaram o mercado de ações ordinárias nos Estados Unidos em meados dos anos 2000. De fato, no fim de 2004, os fundos mútuos sozinhos detinham mais de 20% das ações em circulação das empresas americanas. A nítida predominância desses gestores financeiros aparecia não apenas no montante de ativos controlado, mas também em seu poder de negociação – sua habilidade de movimentar imensas somas de dinheiro comprando e vendendo ações em curto prazo. A crescente predomi-

[6]Fundos de *hedge*, como os fundos mútuos, uniam o dinheiro dos investidores e aplicavam aqueles fundos em instrumentos financeiros para gerar um retorno positivo. Administradores de *hedge* normalmente cobravam taxas de 1% a 2% do valor dos ativos do fundo mais uma taxa de desempenho de 20% dos lucros. A participação em um fundo normalmente era limitada a um número pequeno de pessoas com alto patrimônio líquido, das quais se exigia que "travassem" seu capital investido por um ano ou mais. O *boom* mundial dos fundos de *hedge* aconteceu recentemente, passando de aproximadamente 600 fundos com US$ 38 bilhões em ativos em 1990 para mais de 8 mil fundos com US$ 1 trilhão em ativos em 2004. Muitos fundos de *hedge* tomaram posições de negociação especulativas guiadas pelo valor, que se acreditava aumentar a volatilidade do mercado e a liquidez. Tradicionalmente, fundos de *hedge* eram pouco conhecidos e não regulamentados, mas seu recente crescimento como um meio de investimento gerou o aumento do escrutínio regulatório nos Estados Unidos.

nância de investidores institucionais resultou no crescimento do volume de negociações, no tamanho médio das transações e, especialmente, em *block trading* (transações individuais de mais de 10 mil ações), que aumentaram de cerca de 15% de todo o volume de negociação, 30 anos atrás, para cerca de um terço em 2004. Assim, os administradores de carteira eram os principais determinadores de preço (*lead steers*) no mercado de capitais.

Princípios do fundo mútuo

Quando as pessoas investem em um fundo mútuo, sua participação é proporcional ao número de ações adquiridas. O valor de cada ação é chamado *valor do ativo líquido* (*net asset value,* NAV). O NAV é computado como os ativos totais do fundo menos o passivo, dividido pelo número das ações em circulação do fundo mútuo, ou:

$$\text{Valor do ativo líquido (NAV)} = \frac{\text{Valor de mercado dos ativos do fundo} - \text{Passivo}}{\text{Ações do fundo em circulação}}$$

Assim, o desempenho de um fundo mútuo pode ser medido como o aumento ou a diminuição do valor do ativo líquido mais as distribuições de resultado do fundo (ou seja, dividendos e ganhos financeiros), expressos como uma porcentagem do NAV do fundo no início do período de investimento, ou:

$$\begin{array}{c}\text{Retorno}\\ \text{anual total}\end{array} = \frac{\text{Mudança no valor do ativo líquido} + \text{Dividendos} + \text{Distribuições de resultado}}{\text{NAV (no início do exercício)}}$$

Consultores ou administradores de fundos mútuos eram compensados pelos investidores por meio de taxas únicas de transação e de pagamentos anuais. Taxas de entrada ou encargos de transação de fundo cobriam despesas com corretagem e raramente eram superiores a 6% do investimento de uma pessoa no fundo. Taxas de administração anuais eram calculadas como uma porcentagem dos ativos totais do fundo (chamado de *expense ratio,* ou despesa do fundo), e eram cobrados proporcionalmente de todos os acionistas. A taxa de administração cobria os honorários da administração do fundo, os custos administrativos e as despesas com propaganda e promoção. As taxas de administração iam de um ínfimo 0,2% até elevados 2%. A taxa de despesa média girava em torno de 1,3% a 1,5%. Como a taxa de administração era regularmente deduzida da carteira, isso reduzia o NAV do fundo, baixando, desse modo, os retornos brutos do fundo. Dependendo da magnitude da taxa de administração, o resultado líquido de encargos e taxas de despesa nos retornos do acionista podiam ser dramáticos.[7]

Outro obstáculo sobre os retornos dos acionistas era a tendência de o fundo manter cerca de 8% dos seus ativos em caixa para pagar resgates ou investir em oportunidades não previstas. Um especialista do setor, o economista Henry Kaufman, advertiu que um choque súbito na economia global devido a taxas de juros ou preços de *commodities* poderia causar uma onda de resgates dos investidores dos fundos mútuos, de modo que eles mesmos liquidariam os investimentos e derrubariam os preços dos títulos. Diferentemente do setor bancário, que aproveitava a liquidez de que o Banco Central americano, o U.S. Federal Reserve, dispunha para reagir aos efeitos do pânico dos depositantes, o setor de fundo mútuo não tinha uma reserva como a assegurada pelo governo.

---

[7]Por exemplo, suponha que você investiu US$ 10 mil em um fundo que apreciaria em 10% ao ano, que você então liquidou após três anos. Ainda, imagine que a empresa de consultoria cobrava uma taxa de administração de 2% e uma comissão adiantada de 4%. As taxas cortariam seu lucro inicial em 35% – de US$ 3.310 para US$ 2.162.

Desempenho do setor de fundos mútuos

Os dois sistemas de medida de desempenho mais comuns eram (1) a porcentagem da taxa de crescimento anual do NAV assumindo-se reinvestimento (o retorno total do investimento) e (2) o valor absoluto do dólar hoje de um investimento feito em algum momento no passado. Aquelas medições eram então comparadas ao desempenho de uma carteira de referência, tal como o Russell 2000 Index ou o S&P 500 Composite Index. O **Quadro 2** mostra dados do desempenho em uma gama de categorias de fundo mútuo e índices comparativos. Os índices Russell, S&P 500, Dow Jones e Value Line foram usados como referência para o desempenho de investimento das carteiras de ações hipotéticas.[8]

Acadêmicos criticavam aquelas medições do desempenho porque elas não se ajustavam ao risco relativo do fundo mútuo. Durante longos períodos, como mostra o **Quadro 3**, diversos tipos de títulos rendiam níveis diversos de retorno total. O **Quadro 4** mostra que cada um daqueles tipos estava associado a diferentes graus de risco (medidos como o desvio-padrão dos retornos). Assim, a relação entre risco e retorno era confiável tanto na média quanto no decorrer do tempo. Por exemplo, poder-se-ia esperar que um fundo mútuo administrado de modo conservador traria um retorno mais baixo – precisamente porque assumia menos riscos.

Após adaptações quanto ao risco do fundo, os estudos acadêmicos relataram que fundos mútuos poderiam ter um desempenho acima do mercado com base no retorno bruto; contudo, quando as despesas eram incluídas, eles apresentavam desempenho abaixo do mercado. Por exemplo, Michael Jensen, em um trabalho publicado em 1968, mostrou que o retorno bruto ajustado pelo risco era de -0,4% e que o retorno líquido ajustado pelo risco (ou seja, despesas líquidas) era de -1,1%. Em 1977, Main atualizou o estudo e concluiu que, em uma amostra de 70 fundos mútuos, retornos líquidos ajustados pelo risco eram essencialmente zero. Alguns analistas atribuíram esse resultado geral à média da taxa de administração de 1,3% dos fundos mútuos e ao seu desejo de manter recursos em caixa.

A maioria dos administradores de fundos mútuos confiava em alguma variação das duas escolas clássicas de análise:

Análise técnica: Envolvia a identificação de oportunidades lucrativas de investimento com base em tendências de cotação de ações, volume, opinião de mercado, seqüência de Fibonacci[9] etc.

Análise fundamental: Esta abordagem confiava em *insights* oferecidos por uma análise dos fundamentos da economia de uma companhia e da indústria: custos de suprimento e demanda, panorama de crescimento etc.

[8]Os índices Dow Jones de indústrias, companhias de transportes e de serviços públicos refletiam as ações de um pequeno número (por exemplo, 30) de grandes empresas *blue-chip*, todas com papéis negociados na Bolsa de Nova York (NYSE – New York Stock Exchange) e na Nasdaq. O S&P 500 era um índice de ações das 500 maiores empresas negociadas na NYSE e na American Stock Exchange. O Value Line Index era um índice de ações de mesmo peso contendo 1.700 empresas da NYSE, American Stock Exchange e do mercado de balcão; era conhecido também como a Value Line Investment Survey (pesquisa de investimento Value Line). O índice Russell 2000 media o desempenho das 2 mil menores empresas do índice Russell 3000 contendo as ações mais representativas dos Estados Unidos. Quando uma amostra de índice se tornava maior, ela refletia um peso maior das pequenas empresas de alto crescimento.

[9]Essa seqüência, nomeada por Leonard Fibonacci (1175-1240), consistia nos números 1, 1, 2, 3, 5, 8, 13 e assim por diante. Cada número após os dois primeiros representa a soma dos dois números anteriores a ele. Nenhum pesquisador acadêmico associa o emprego dessa seqüência no mercado como capaz de gerar retornos exorbitantes.

Enquanto variações nessas abordagens com freqüência produziram retornos acima do normal em determinados anos, não havia garantia de que elas produziriam tais retornos de maneira consistente ao longo do tempo.

Burton Malkiel, um pesquisador acadêmico, concluiu que uma estratégia passiva de comprar e manter (*buy-and-hold*) uma carteira grande e diversificada seria tão bom para o investidor quanto o fundo mútuo médio:

> Até mesmo um chimpanzé atirando dardos pode selecionar uma carteira que apresente um desempenho tão bom quanto uma selecionada cuidadosamente por especialistas. Isso, em essência, é a aplicação prática da teoria dos mercados eficientes... A teoria sustenta que o mercado parece se ajustar tão rapidamente à informação sobre ações individuais e à economia como um todo, que nenhuma técnica de selecionar uma carteira – nem análise técnica, nem fundamental – pode superar consistentemente o desempenho de uma estratégia de simplesmente comprar e manter um grupo diversificado de títulos, tais como aqueles que compõem as médias dos mercados populares...
> É impressionante o volume substancial de evidências que surgerem que os valores das ações têm um excelente grau de eficiência... Se existe algum grau de avaliação incorreta de preço, ele não dura muito tempo. "O verdadeiro valor sempre sobressairá" no mercado de capitais.[10]

Muitos estudiosos aceitaram essa visão. Eles argumentavam que o mercado de ações seguia um "caminho aleatório", em que os movimentos de cotação de amanhã não estavam essencialmente relacionados aos movimentos de cotação de hoje. Em essência, negava-se a possibilidade de que poderia haver um impulso nos movimentos de cotações de ações ordinárias. De acordo com essa visão, a análise técnica era o equivalente moderno da alquimia. Também a análise fundamental tinha seus detratores acadêmicos. Eles argumentavam que as informações do mercado de capitais eram eficientes e que os *insights* disponíveis para qualquer analista fundamental estavam destinados a ser acrescentados ao preço das ações rapidamente.

A noção de que os mercados de capitais incorporaram todas as informações relevantes aos valores de títulos existentes era conhecida como a *hipótese do mercado eficiente* (*Efficient Market Hypothesis* – EMH), e largamente – embora não universalmente – aceita pelos economistas financeiros. Se a EMH estivesse correta e todos os preços correntes refletissem o valor real dos títulos subjacentes, então podia-se argumentar que seria impossível superar o mercado com habilidade ou intelecto superior.

Os economistas definiram três níveis de eficiência de mercado que eram distinguidos pelo grau de informação que se acreditava estar refletido nas cotações correntes dos títulos. A forma *fraca* de eficiência afirmava que todas as cotações passadas de uma ação estavam encerradas na cotação atual; os valores hoje simplesmente seguiam um caminho aleatório sem nenhuma correlação com padrões passados. A eficiência *semiforte* afirmava que as cotações de hoje refletiam não apenas todas as cotações passadas, mas também toda a informação disponível publicamente. Finalmente, a forma *forte* de eficiência de mercado considerava que a cotação da ação hoje refletia *todas* as informações que pudessem ser obtidas por meio de uma análise acurada da empresa e da economia. "Nesse mercado", como um economista disse, "nós teríamos investidores de sorte e sem sorte, mas não encontraríamos nenhum administrador de investimento que pudesse superar o mercado continuamente."[11]

---

[10]Malkiel, Burton F. *A Random Walk Down Wall Street*. Nova York: Norton, 1990, p. 186 e 211.

[11]Brealey, Richard A.; Myers, Stewart C.; Allen, Franklin. *Principles of Corporate Finance*, 8ª ed. Nova York: McGraw-Hill Irwin, 2006, p. 337.

Conseqüentemente, proponentes daquelas teorias acadêmicas eram altamente críticos dos serviços oferecidos pelos administradores de fundo mútuo ativos. Paul Samuelson, ganhador do Prêmio Nobel de Economia, disse:

> [O]s preços das ações existentes já têm neles descontado um valor pelos seus panoramas futuros. Por essa razão [...] uma ação é uma compra tão boa ou tão ruim quanto outra. Para o investidor passivo, a sorte sozinha seria um método de seleção tão bom quanto qualquer outro.[12]

Vários testes populares desse pensamento parecem ter corroborado aquela visão. Por exemplo, em 1967, a revista *Forbes* escolheu 28 ações lançando dardos e investiu mil dólares em cada. Até 1984, o investimento de 28 mil dólares havia rendido US$ 131.697,61, com uma taxa de retorno composta de 9,5%. Isso superava a média geral do mercado e quase todos os fundos mútuos. A *Forbes* concluiu: "Parece que uma combinação de sorte e preguiça vence o cérebro".[13]

Permanecia, contudo, o irritante problema de que ainda havia algumas "estrelas" da administração financeira – como Bill Miller – que, após longos períodos, se sobressaíam de maneira formidável no mercado. Em resposta, Malkiel sugeriu que superar o mercado era como participar de uma disputa de cara-ou-coroa em que aqueles que tiram "cara" continuamente são os vencedores.[14] Em uma disputa de cara-ou-coroa com mil participantes, metade será eliminada no primeiro lançamento. No segundo lançamento, metade daqueles que sobreviveram será eliminada e assim por diante, até que, na décima-primeira rodada, restem apenas oito participantes. Mas para o observador ingênuo, a habilidade de tirar "cara" continuamente parece ser extraordinária. Por analogia, Malkiel sugeriu que o sucesso de algumas das "estrelas" da administração de carteiras poderia ser explicado como sorte.

Como seria de esperar, a comunidade de administradores financeiros recebeu essas teorias acadêmicas com grande hostilidade. Até nos postos acadêmicos a discordância apareceu na forma do recém-chegado campo das "finanças comportamentais", que sugeria que a ganância, o medo e o pânico eram fatores muito mais significativos na determinação dos preços das ações do que a teoria predominante permitiria. Por exemplo, para muitos especialistas, a Internet, quando apareceu nos anos 1990, parecia ser totalmente inconsistente com a visão de mercado fundamentalmente racional e eficiente. O professor Robert Shiller, da Yale University, disse:

> A evidência das finanças comportamentais ajuda-nos a entender [...] que o recente *boom* do mercado de capitais, e então a quebra após 2000, teve sua origem em fraquezas humanas e relações arbitrárias de *feedback*, e deve ter gerado uma má alocação de recursos real e substancial. O desafio dos economistas é fazer dessa realidade um componente melhor de seus modelos.[15]

Analogamente, a quebra no mercado em outubro de 1987 também pareceu solapar a força da EMH. O professor Lawrence Summers, de Harvard, argumentou que a quebra de 1987 foi

[12]Malkiel, *Random Walk*, p. 182.

[13]Idem, p. 164.

[14]Idem, p. 175-176.

[15]Shiller, Robert J. "From Efficient Markets Theory to Behavioral Finance". *Journal of Economic Perspectives*, 2003, p. 102.

uma "lacuna evidente da teoria. Se alguém realmente acreditava que os movimentos de preços são determinados por mudanças nas informações acerca dos fundamentos econômicos, eles devem estar desiludidos com a queda de 500 pontos".[16] Shiller disse: "A hipótese do mercado eficiente é o erro mais notável na história da teoria econômica. Ela é justamente outro prego no seu caixão".[17]

A pesquisa acadêmica expôs outras inconsistências da EMH, entre elas, padrões aparentemente previsíveis de preço das ações indicando retornos confiáveis, anormalmente positivos no início de janeiro de cada ano (o "efeito janeiro"), e um efeito *blue monday* ("segunda-feira triste"), quando a média de retorno das ações é negativa desde o fechamento do mercado na sexta-feira até o fechamento na segunda. Outra evidência sugeria que as ações com baixos múltiplos de preço–lucro – P/L (*price-to-earnings* – P/E) – tendiam a superar o desempenho daquelas com altos múltiplos de P/L. Finalmente, alguma evidência emergia para a autocorrelação positiva (isto é, alta) nos retornos de ações semana a semana ou mês a mês. Aqueles resultados foram inconsistentes com a abordagem da movimentação aleatória dos preços e retornos. Ainda, apesar da existência daqueles desvios, a EMH permaneceu o paradigma dominante na comunidade acadêmica.

Bill Miller e o Value Trust

O **Quadro 5** apresenta um resumo de dez anos dos retornos anuais do Value Trust e oito outros fundos de investimentos da Legg Mason. Morningstar, o conhecido prestador de serviços de análise de fundos para a comunidade investidora, deu cinco estrelas, sua maior nota para desempenho de investimento, ao Value Trust. Alguns especialistas atribuíram esse sucesso à estratégia consciente do administrador financeiro de manter investimentos plenos o tempo todo, em vez de tentar se antecipar ao mercado. Outra explicação popular para o desempenho do fundo foi a habilidade incomum de Bill Miller, o administrador da carteira do fundo.

Miller começou a investir quando tinha cerca de 9 anos de idade; mais tarde comprou sua primeira ação, RCA, aos 16. Durante a Guerra do Vietnã, Miller serviu na inteligência militar e, mais tarde, recebeu o título de doutor em Filosofia pala Johns Hopkins University. Ele finalmente se juntou à Legg Mason, Inc. em 1981. Miller era um simpatizante da análise fundamental, uma abordagem de investimento financeiro que ele tinha vislumbrado em inúmeras fontes.

> Li um monte de coisas sobre investimento desde que comecei a me interessar pelo assunto: *Supermoney*, sobre Ben Graham e Warren Buffett; *Intelligent Investor*, de Graham; *Security Analysis*; *Psychology in the Stock Market*, de David Dreman. Combine esses livros e essas abordagens e o que você tem é basicamente uma metodologia divergente (*contrarian*), com base em valor que, psicologicamente, era muito compatível com o modo que eu costumava pensar sobre as coisas. Eu tendo a achar que as ações são mais atraentes a preços mais baixos do que altos.[18]

A abordagem de Miller compreendia pesquisa intensiva e altamente concentrada. Apro-

---

[16]Donnelly, B. "Efficient-Market Theorists Are Puzzled by Recent Gyrations in Stock Market". *Wall Street Journal*, 23 de outubro de 1987, p. 7.

[17]Idem.

[18]Jack Otter, "Meet Mr. Market", www.smartmoney.com, acessado em 15 de setembro de 2005.

ximadamente 50% dos ativos do Value Trust foram investidos em apenas dez empresas de alta capitalização. Enquanto a maioria de seus investimentos era de ações de valor, ele não se opunha a ocupar posições expressivas nas ações de empresas emergentes.[19] De modo geral, seu estilo era eclético e difícil de entender. "Ele tem quase prazer em que as pessoas pensem que ele é louco", disse um veterano do setor. "Isso significa que ele está indo bem."[20] Até o início dos anos 2000, contudo, diversos elementos-chave da estratégia divergente (*contrarian*) de Miller começavam a emergir:

- *Compre ações a preço baixo e com valor intrínseco:* "Nós queremos saber como os valores das ações divergem do valor intrínseco e por quê. Isso pode estar invertido como vimos com a Internet, quando a maioria das companhias não valia o que o mercado achava que elas valiam. O que queremos é o contrário – pessimismo, pessoas acreditando que um negócio está quebrado, escândalo, algo de que todo mundo está fugindo".[21]
- *Confie em mercados pessimistas:* "Pechincha não acontece quando o consenso está muito alegre, as notícias são boas e os investidores estão otimistas. Nossos esforços de pesquisa são normalmente dirigidos exatamente para a área do mercado que a mídia diz ter perspectiva menos promissora, e estamos vendendo justamente aquelas ações que você está lendo que oferecem maiores oportunidades de ganho de curto prazo".[22]
- *Lembre-se de que o custo médio mais baixo ganha:* "Para a maioria dos investidores, se uma ação começa a se comportar de um modo diferente do que pensam que ela deveria – por exemplo, ela cai 15% – eles provavelmente irão vendê-la. Em nosso caso, quando uma ação cai e acreditamos nos fundamentos, a possibilidade de retornos futuros sobe. Pense nisso assim: Se o negócio subjacente vale US$ 40 e a ação está a US$ 20, minha taxa de retorno é de 100%. Quanto mais baixas as ações, mais alta a taxa futura de retorno e mais dinheiro você deve investir nelas".[23]
- *Cuidado com ilusões de avaliação:* "Darei a você dois exemplos de ilusão de avaliação históricos: o das lojas Wal-Mart e da Microsoft. No dia em que elas abriram capital pareciam caras. No entanto, se você comprasse ações do Wal-Mart quando eles abriram capital com perspectivas de valorização de 20 vezes ou mais, teria os retornos de muitos milhares por cento sobre o valor delas. O mesmo se aplica à Microsoft. Até alguns anos atrás, a Microsoft crescia uma média de 1% por semana após a abertura de capital, apesar de parecer cara. Se soubéssemos o crescimento que estava por vir, saberíamos que na verdade era uma pechincha".[24]
- *Prefira uma visão de longo prazo:* "O *turnover* de carteira é acima de 100% para o fundo

[19]A ação de uma corporação que tenha exibido ganhos mais rápidos que a média durante períodos recentes era tipicamente considerada uma *growth stock*. As *growth stocks* geralmente apresentavam mais risco do que a média das ações, e elas normalmente tinham índice de P/L mais alto e pagavam pouco ou nenhum dividendo. Uma ação de valor tendia a ser negociada a um preço baixo em relação ao seu lucro, e normalmente trazia alta taxa de dividendos e baixo preço sobre valor patrimonial (P/BV) ou de P/E.

[20]Christopher Davis, co-gestor da Davis Funds, citado por Matthew Heimer, "Bill Miller", www.smartmoney.com, 1º de julho de 2005.

[21]"Miller's Tale: Legg Mason's Revered Fund Steward Talks about Value, Metrics and His Optimism", *Barron's,* 3 de fevereiro de 2003.

[22]McDonald, Ian. "Miller Finds Value in Dreary Places", *Wall Street Journal*, 16 de maio de 2002.

[23]"Bill Miller: How to Profit from Falling Prices". *Fortune,* 3 de setembro de 2003.

[24]"Miller's Tale", op. cit.

mútuo médio, implicando um prazo de manutenção do investimento de 10 ou 11 meses, mesmo que o curto prazo esteja bem refletido no preço das ações. A melhor oportunidade aos investidores é realmente pensar em longo prazo. As pessoas precisam pensar em longo prazo. Elas tendem a reagir e não a antecipar. E aquilo a que elas reagem é o que elas gostariam de ter feito um ou dois anos antes".[25-26]

- *Procure ações com preços subavaliados:* "Muitos investidores que preferem empresas de maior valor em seus portfólios costumam comprar ações que estejam subavaliadas no curto prazo. Investidores que buscam empresas com potencial de rápido crescimento detêm ações que estejam subavaliadas em uma perspectiva de longo prazo e que podem crescer por longos períodos de tempo. Nossas carteiras, historicamente, tendiam a ser, embora eu não diria que ainda sejam, mais bem diversificadas ao longo de linhas de curto e de longo prazo. E nossa carteira tenta olhar para *underpricing* ou avaliação incorreta de preço em ambas dimensões, para que não sejamos pegos de surpresa nem por uma nem por outra".[27]
- *Compre ações com baixa expectativa:* "Acredito em comprar ações com baixo grau de expectativa, comprar ações que rendam dividendos mais altos, ficar longe daquelas com alta taxa de despesa e, o mais importante, o aspecto-chave seria, como diz Warren Buffett: você precisa ter medo quando os outros são gananciosos e ser ganancioso quando os outros têm medo. Assim, quando o mercado estiver em baixa por um tempo e parecer ruim, você deve ser mais agressivo; e quando estiver em alta, deve ser menos."[28]
- *Assuma riscos:* "Como Earl Weaver[29] costumava dizer, você vence mais jogos com três *homers* do que com *sacrifice bunts*. Isso é algo que as pessoas no mercado não entendem como deveriam. Muitas pessoas querem fazer *singles* e *sacrifice bunts* e recebem baixo retorno.[30] Mas estatisticamente você vai bem melhor com ganhos enormes, porque cometerá erros, e se estiver jogando pouco e cometer alguns erros, não conseguirá se recuperar".[31]

O Value Trust obteve um retorno acumulado de mais de 830% nos últimos 14 anos, mais do que o dobro do índice das ações e, também, daquele de seu concorrente médio, de acordo com a Morningstar. Mesmo assim, Miller continuou modesto sobre seu recorde: "A evidência leva a crer que o mercado é bastante eficiente e vencerá a maioria das pessoas na maior parte do tempo."[32] Ele reconheceu que seu alarde sensacionalista pode ter sido apenas um erro de

[25-26]McDonald, "Bill Miller Dishes on His Streak and His Strategy," *Wall Street Journal,* 6 de janeiro de 2005.

[27]Otler, "Meet Mr. Market", op. cit.

[28]Idem.

[29]Earl Sidney Weaver foi por muito tempo treinador dos Baltimore Orioles, um time americano de beisebol. Durante sua gestão, os Orioles ganharam seis títulos de série, quatro campeonatos de liga e o campeonato mundial *World Series*. Bill Miller é conhecido por todos como um fã ardoroso dos Orioles.

[30]No beisebol americano, *homer* (*home run*) é uma rebatida que permite ao batedor correr todas as bases e marcar um *run*. Um *bunt* ocorre quando o batedor rebate a bola posicionando o taco na frente de seu corpo (sem o balançar); *sacrifice bunt* é uma tacada que resulta em um avanço do corredor da base colocando o batedor para fora. *Single* é uma tacada na bola que permite ao batedor alcançar apenas a primeira base.

[31]"Bill Miller: How to Profit", op. cit.

calendário. "Se o ano terminasse em meses diferentes, isso não aconteceria, e, em algum momento, esses cálculos nos impactariam", disse Miller. "Nós temos dado sorte. Bem, talvez não seja 100% sorte. Talvez seja 95% de sorte."[33] Segundo o Mornigstar, o fundo de Miller ficou para trás do S&P 500 por 32 períodos de 12 meses, em um total de 152 períodos de 12 meses, desde o início dessa tendência até julho de 2004.

Conclusão

Sob quase qualquer ponto de vista, o sucesso dos investimentos de Miller é notável. Seu desempenho em superar o mercado no longo prazo desafia as teorias acadêmicas tradicionais. Investidores, estudiosos e especialistas do mercado se questionavam sobre as razões do desempenho superior de Miller e sua sustentabilidade. Em meados de 2005, era racional um investidor comprar ações do Value Trust?

Aos 55 anos, Bill Miller dificilmente poderia ser considerado velho. Warren Buffet, aos 74, continuava um investidor ativo em sua companhia, a Berkshire Hathaway, Inc. Mas os investidores e outros especialistas começaram a se perguntar por quanto tempo Miller continuaria no comando do Value Trust e se o seu sucessor conseguiria manter seu recorde exemplar.

Além de administrar o Value Trust, um fundo de 11,2 bilhões de dólares, Miller também gerenciava o Legg Mason Opportunity Trust e o Legg Mason Special Investment Trust, de 3,2 bilhões de dólares cada um. Miller também atuou como presidente do Legg Mason Capital Management, que tinha cerca de 40 bilhões de dólares em ativos sob sua gestão.

[32]McDonald, "Bill Miller Dishes", op. cit.

[33]Idem.

QUADRO 1 | Relatório da Morningstar sobre o Legg Mason Value Trust, Inc.

Legg Mason Value Prim

Governance and Management

Stewardship Grade B

Portfolio Manager(s)

Longtime manager Bill Miller has vastly outperformed his average peer and the index during his tenure. Assistant manager Nancy Dennin, who focused mostly on administrative tasks, recently stepped down. Some of her duties are being taken on by David Nelson, manager of American Leading Companies. The firm has hired a new research director. Ire Malis, and a chief strategist, Michael Mauboussin along with a handful of new analysis.

Strategy

Bill Miller looks for companies that are trading cheaply relative to his estimated of what they're worth. This often leads him to beaten-down turnaround plays. Unlike many value managers, however. Miller is willing make fairly optimistic assumptions about growth, and he doesn't shy away from owning companies in traditional growth sectors. In this portfolio, pricey Internet stocks rub elbows with bargain-priced financials and turnaround plays. Miller will also let favored names run, allowing top positions to soak up a large percentage of assets.

Ticker	Load	NAV	Yield	Total Assets	Mstar Category
LMVTX	12b-1 only	$66.32	0.0%	$18,208 mil	Large Blend

Historical Profile
Return High
Risk High
Rating ★★★★★ Highest

Investment Style
Equity
Stock%

89%	93%	99%	99%	99%	100%	98%	100%	100%

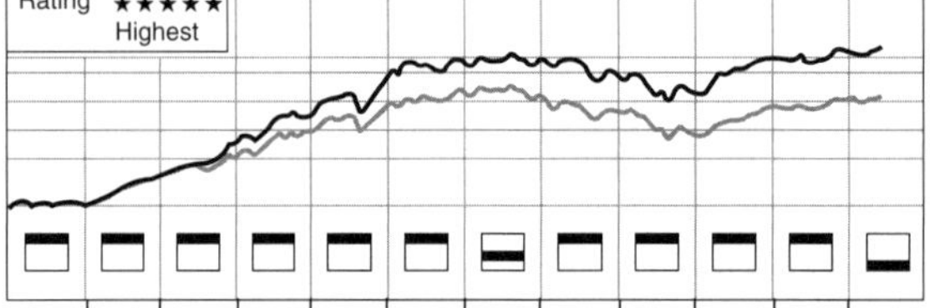

▼ Manager Change
▽ Partial Manager Change

Growth of $10,000
— Investment Values of Fund
— Investment Values of S&P 500

Performance Quartile (within Category)

1994	1995	1996	1997	1998	1999	2000	2001	2002	2003	2004	07-05	History
19.04	25.19	32.99	42.74	61.58	75.27	55.44	50.06	40.59	58.26	65.23	66.32	NAV
1.39	40.76	38.43	37.05	48.04	26.71	−7.14	−9.29	−18.92	43.53	11.96	1.67	Total Return %
0.07	3.23	15.48	3.70	19.46	5.67	1.96	2.59	3.17	14.86	1.09	−1.21	+/−S&P 500
1.00	2.99	15.98	4.20	21.02	5.80	0.65	3.16	2.73	13.64	0.56	−2.33	+/−Russ 1000
0.27	0.93	0.66	0.11	0.00	0.00	0.00	0.00	0.00	0.00	0.00	0.00	Income Return %
1.12	39.83	37.77	36.94	48.04	26.71	−7.14	−9.29	−18.92	43.53	11.96	1.67	Capital Return %
21	3	2	4	1	20	52	25	23	2	24	82	Total Rtn % Rank Cat
0.05	0.17	0.16	0.04	0.00	0.00	0.00	0.00	0.00	0.00	0.00	0.00	Income $
0.04	1.24	1.53	2.32	1.41	2.46	14.47	0.26	0.00	0.00	0.00	0.00	Capital Gains $
1.82	1.81	1.82	1.77	1.73	1.69	1.68	1.69	1.68	1.72	1.70	1.68	Expense Ratio %
0.50	0.50	0.80	0.40	−0.10	−0.40	−0.60	−0.50	−0.50	−0.40	−0.60	0.77	Income Ratio %
26	20	20	10	13	19	20	27	24	25	4	9	Turnover Rate %
933	1,340	1,976	3,683	8,079	12,540	10,597	9,788	7,218	10,738	11,947	11,723	Net Assets $mil

Performance 02.31.05

	1st Qtr	2nd Qtr	3rd Qtr	4th Qtr	Total
2001	−3.08	7.33	−20.01	9.02	−9.29
2002	−3.66	−13.73	−13.96	13.38	−18.92
2003	−2.91	25.48	3.54	13.79	43.53
2004	−1.22	4.59	−5.80	15.04	11.96
2005	−5.95	3.52	—	—	—

Trailing	Total Return %	+/− S&P 500	+/− Russ 1000	% Rank Cat	Growth of $10,000
3 Mo	11.31	4.14	3.30	5	11,131
6 Mo	5.45	0.00	−1.24	45	10,545
1 Yr	19.54	5.50	3.34	10	11,954
3 Yr Avg	19.87	7.26	6.41	1	17,224
5 Yr Avg	2.93	4.28	3.73	12	11,553
10 Yr Avg	15.96	5.98	5.79	1	43,962
15 Yr Avg	14.88	3.94	3.62	2	80,106

Tax Analysis	Tax-Adj Rtn %	% Rank Cat	Tax-Cost Rat	% Rank Cat
3 Yr (estimated)	19.87	1	0.00	1
5 Yr (estimated)	2.39	11	0.52	29
10 Yr (estimated)	14.88	1	0.93	28

Potential Capital Gain Exposure: 31% of assets

Rating and Risk

Time Period	Load-Adj Return %	Morningstar Rtn vs Cat	Morningstar Risk vs Cat	Morningstar Risk-Adj Rating
1 Yr	19.54			
3 Yr	19.87	High	High	★★★★★
5 Yr	2.93	+Avg	High	★★★★
10 Yr	15.96	High	High	★★★★★
Incept	16.64			

Other Measures	Standard Index S&P 500	Best Fit Index Russ 1000
Alpha	3.6	2.4
Beta	1.31	1.33
R-Squared	88	89
Standard Deviation	18.25	
Mean	19.87	
Sharpe Ratio	1.00	

Portfolio Analysis 03-31-05

Share change since 12-04 Total Stocks:36	Sector	PE	Tot Ret %	% Assets
Nextel Communications	Telecom	13.3	15.96	7.57
⊕ UnitedHealth Group	Health	24.8	18.86	7.22
Tyco International	Ind Mtrls	26.0	−14.20	6.96
AES	Utilities	24.7	17.41	5.16
⊕ Amazon.com	Consumer	36.1	1.94	4.88
⊕ IAC/InterActiveCorp	Consumer	NMF	−3.33	4.58
⊕ J.P. Morgan Chase & Co.	Financial	27.9	−7.32	3.98
Eastman Kodak	Goods	—	−16.31	3.35
⊕ Aetna	Financial	18.3	24.09	3.18
McKesson	Health	—	43.48	2.97
⊖ MGIC Investment	Financial	11.0	−0.11	2.80
⊕ eBay	Consumer	68.5	−28.18	2.71
⊖ Waste Management	Business	17.5	−4.80	2.69
⊖ Washington Mutual	Financial	13.8	3.92	2.56
Electronic Arts	Software	36.2	−6.61	2.54
⊖ Qwest Communications Int	Telecom	—	−13.96	2.49
Citigroup	Financial	13.2	−7.12	2.45
⊖ The Directv Group	Media	—	−8.00	2.44
WPP Grp	Business	—	—	2.34
Home Depot	Consumer	18.6	2.31	2.31

Morningstar's Take by Christopher Traulsen 08-01-05

Size isn't yet a big problem for this fund, but we're keeping an eye on the matter.

If you count all the money that manager Bill Miller and his team are running in this style, it totals $38 billion. That's a sizable sum, particularly when one considers that other large offerings spread their assets over many more names than Miller does here. Indeed, the typical actively managed domestic stock mutual fund with at least $35 billion in assets holds 265 stocks and stashed 22% of assets in its top 10 holdings. As of March 31, 2005, the fund held just 36 stocks and squeezed 50% of its assets into its top 10 holdings.

The worry is that as the fund grows, Miller will be forced to deviate from those ideas he thinks have the highest probability of success because he already owns too much of them. Miller discounts this as a real negative, noting that he can just buy highly correlated names if need be. However, doing so still runs the risk that those names wont be as strong as the best opportunities identified by his research. It's worth noting, though, that other aspects of Miller's style make him well-suited to running such a large portfolio. First, he usually isn't competing for liquidity with the hordes of traders that a less contrarian manager might be. Miller also just doesn't trade much: The fund's turnover rate hasn't cracked 30% since 1992.

It's obvious that Miller is a brilliant portfolio manager—to glean that much, one just needs to look at his record and speak to him about how he thinks about investment opportunities. And we do not think the fund's current size is cause for concern. However, Legg Mason's recent deal with Citigroup means that a lot more brokers may suddenly be selling this fund (though it could also mean the share classes with cheaper ongoing expenses may become available). Add to that the fact that as CEO of the fund advisor, Miller has little incentive to close this offering and slow the growth of his group's business, and we think the issue bears close watching.

Current Investment Style

Value Blnd Growth

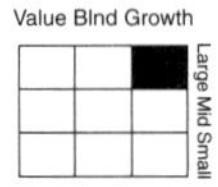

Market cap	%
Giant	34.8
Large	54.2
Mid	11.0
Small	0.0
Micro	0.0
Avg $mil: 26,231	

Value Measures		Rel Category
Price/Earnings	16.91	1.06
Price/Book	2.10	0.88
Price/Sales	1.01	0.72
Price/Cash Flow	9.92	1.27
Dividend Yield %	2.37	1.37

Growth Measures	%	Rel Category
Long-Term Erngs	13.08	1.16
Book Value	9.87	1.06
Sales	6.87	0.92
Cash Flow	27.70	2.89
Historical Erngs	0.46	0.03

Profitability	%	Rel Category
Return on Equity	12.99	0.72
Return on Assets	7.48	0.80
Net Margin	9.99	0.81

Sector Weightings	% of Stocks	Rel S&P 500	3 Year High	3 Year Low
Info	24.08	1.17		
Software	4.12	1.02	5	0
Hardware	3.70	0.37	4	2
Media	6.17	1.81	7	5
Telecom	10.09	3.36	12	10
Service	60.41	1.32		
Health	13.38	1.03	16	12
Consumer	18.93	1.99	23	19
Business	7.35	1.98	7	6
Financial	20.75	1.05	24	21
Mfg	15.51	0.46		
Goods	3.36	0.37	6	3
Ind Mtrls	6.98	0.58	7	5
Energy	0.00	0.00	0	0
Utilities	5.17	1.53	5	2

Composition

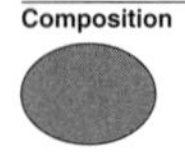

Cash	0.3
Stocks	99.7
Bonds	0.0
Others	0.0
Foreign (% of stock)	2.3

Address:	100 Light St. Baltimore MD 21203 800-577-8589	Minimum Purchase:	$1000	Add: $100	IRA: $1000
		Min Auto Inv Plan:	$1000	Add: $50	
		Sales Fees:	0.70%B, 0.25%S		
Web Address:	www.leggmason.com	Management Fee:	0.65%		
Inception:	04-16-82	Actual Fees:	Mgt:0.66%	Dist:0.95%	
Advisor:	Legg Mason Funds Management Inc.	Expense Projections:	3Yr:$536	5Yr:$923	10Yr:$2009
Subadvisor:	None	Income Distrib:	Annually		

NTF Plans: DATALynx NTF, TD Waterhouse Ins NT

Source: Morningstar, Inc.

QUADRO 2 | Comparativo de desempenho da Morningstar nas categorias de fundos mútuos e de índices gerais de mercado (detalhes do desempenho)

Referencial de desempenho

Nº de fundos	Total de ativos – bilhões de dólares	Categoria	Retorno total (%) acumulado 14/10/2005	Retorno total até 30/09/2005 (%) 1 mês	3 meses	6 meses	Anualizado 1 ano	3 anos	5 anos	10 anos	Retorno anual 1998	1999	2000	2001	2002	2003	2004
7502	**2320**	**Ações domésticas**	**0,05**	**0,98**	**4,68**	**7,14**	**15,85**	**18,19**	**0,03**	**8,80**	**16,19**	**29,22**	**−0,03**	**−9,21**	**−22,05**	**33,39**	**12,40**
1190	0,0	Large Value	0,08	0,90	3,55	4,77	13,67	17,75	4,45	9,27	11,31	5,72	9,74	−3,08	−18,36	28,57	12,99
1683	860,9	Large Blend	−0,17	1,01	4,06	5,57	13,17	15,72	−1,17	8,23	21,33	20,43	−4,06	−11,42	−21,81	27,53	10,08
1482	654,0	Large Growth	−0,66	1,08	4,78	7,52	13,39	14,62	−7,28	6,94	33,00	38,92	−12,90	−21,12	−27,10	28,99	7,78
325	113,4	Mid-Cap Value	1,37	0,50	4,20	6,86	18,77	22,14	10,85	11,87	2,44	8,42	21,02	6,60	−12,80	36,29	18,55
423	121,8	Mid-Cap Blend	1,74	0,90	5,08	7,93	19,33	21,57	6,52	11,22	9,82	21,47	10,14	1,26	−16,30	36,77	16,23
850	191,7	Mid-Cap Growth	1,30	1,48	6,27	9,75	20,29	19,58	−4,36	8,17	17,95	59,61	−2,88	−18,62	−26,61	36,28	13,19
308	79,7	Small Value	0,19	0,27	4,46	7,49	18,61	24,23	14,59	13,04	−5,85	6,90	17,86	16,29	−10,05	43,95	20,81
505	160,9	Small Blend	0,26	0,63	5,25	8,69	19,24	23,25	10,07	11,77	−4,96	14,05	13,84	8,37	−15,68	42,81	18,72
736	137,7	Small Growth	−1,27	1,05	5,61	9,47	18,53	21,17	−1,45	8,13	6,19	62,84	−4,62	−8,45	−27,94	45,44	12,20
		S&P 500 Index	**−0,77**	**0,81**	**3,60**	**5,02**	**12,25**	**16,71**	**−1,49**	**9,48**	**28,58**	**21,04**	**−9,10**	**−11,88**	**−22,09**	**28,67**	**10,87**
		S&P MidCap 400	**3,56**	**0,77**	**4,88**	**9,35**	**22,14**	**22,09**	**7,04**	**14,13**	**19,11**	**14,72**	**17,49**	**−0,60**	**−14,53**	**35,59**	**16,47**
		Russell 2000	**—**	**0,31**	**4,69**	**9,21**	**17,95**	**24,12**	**6,45**	**9,37**	**−2,55**	**21,26**	**−3,02**	**2,49**	**−20,48**	**47,25**	**18,33**
1903	**771**	**Ações internacionais**	**8,06**	**4,16**	**11,24**	**11,68**	**27,60**	**24,99**	**3,95**	**7,18**	**6,78**	**50,82**	**−15,34**	**−16,69**	**−14,55**	**39,91**	**18,57**
99	26,8	Ações européias	7,64	1,89	9,82	9,25	27,79	26,94	6,45	10,09	15,25	33,81	−5,10	−16,46	−11,41	39,64	21,73
16	2,9	Ações latino-americanas	33,90	15,45	29,43	42,55	77,07	56,46	17,63	13,41	−37,07	60,18	−15,58	−5,91	−19,95	61,74	38,26
190	63,2	Divisão de mercados de	16,31	8,58	17,33	21,77	44,04	36,80	14,08	6,70	−26,37	70,37	−29,86	−3,04	−5,72	55,51	23,80
21	2,2	economias emergentes															
87	9,3	Divisão Pacífico-Ásia	11,71	7,78	14,73	14,81	29,60	23,03	3,63	4,47	−1,59	87,73	−30,50	−17,84	−10,74	41,05	17,39
42	10,9	Pacífico/Ásia ex-Japão	9,73	4,85	9,65	12,99	28,48	26,57	9,31	4,34	−7,61	72,75	−23,59	−2,08	−9,32	52,82	13,22
161	115,3	Ações japonesas	12,39	8,10	18,20	15,73	26,39	18,04	−3,45	1,15	6,29	111,88	−34,01	−30,52	−12,86	38,40	14,18
549	209,0	Foreign Large Value	6,77	3,65	10,04	8,99	24,65	25,34	7,76	9,24	10,77	25,71	−2,15	−13,52	−11,35	39,36	21,90
204	83,7	Foreign Large Blend	6,71	3,85	11,08	10,21	25,15	22,03	1,15	6,25	13,24	39,79	−15,86	−21,73	−16,86	33,38	17,31
54	33,9	Foreign Large Growth	6,21	3,86	11,27	10,86	24,73	21,46	−0,95	5,36	14,48	55,97	−19,86	−23,45	−18,91	34,86	15,90
99	21,4	Foreign Sm/Mid Val	9,61	2,92	9,86	9,45	28,59	29,43	12,74	10,86	5,07	33,86	−5,39	−8,30	−3,02	50,19	24,22
381	192,6	Foreign Sm Mid Grth	12,84	4,12	13,52	13,59	35,66	32,02	3,56	13,91	19,75	89,46	−15,83	−24,65	−14,73	54,13	23,73
		Ações globais	3,93	2,44	7,89	9,03	21,21	21,04	0,51	7,91	14,57	42,38	−8,24	−16,15	−19,12	34,98	15,24
		MSCI EAFE	**—**	**4,45**	**10,38**	**9,26**	**25,79**	**24,61**	**3,13**	**5,83**	**19,93**	**27,03**	**−14,19**	**−21,42**	**−15,94**	**38,59**	**20,25**
		MSCI Mercados Emergentes	**—**	**9,09**	**17,01**	**20,53**	**42,48**	**35,45**	**11,37**	**3,56**	**−27,67**	**64,09**	**−31,90**	**−4,68**	**−7,97**	**51,59**	**22,45**
1161	**221**	**Ações especiais**	**4,76**	**2,47**	**8,15**	**14,62**	**22,82**	**23,97**	**1,63**	**10,56**	**8,40**	**32,02**	**12,80**	**−13,71**	**−17,84**	**40,80**	**15,67**
37	3,2	Comunicações	1,31	2,21	7,86	14,33	25,69	32,49	−11,13	7,18	42,58	58,01	−29,54	−28,73	−39,66	44,63	21,80
121	11,0	Financeiro	−3,13	0,61	1,48	5,21	9,40	16,65	7,40	12,85	6,35	−2,24	27,62	−2,70	−9,74	32,74	13,81
188	50,5	Saúde	4,42	0,50	7,02	14,35	15,93	16,43	−0,82	11,62	21,01	19,24	56,86	−11,24	−26,74	31,32	9,57
125	45,9	Recursos naturais	28,86	5,72	21,88	24,59	48,39	37,78	17,33	15,07	−24,90	30,95	29,63	−10,79	−3,50	32,64	27,28
51	8,7	Metais preciosos	7,96	16,62	20,65	19,54	13,78	23,41	27,49	4,01	−10,49	6,11	−16,71	18,84	62,93	58,49	−8,30
254	50,8	Bens imóveis	3,22	0,42	3,30	16,65	26,23	25,93	18,54	15,05	−15,86	−2,80	26,87	9,80	4,21	37,06	32,12
286	34,1	Tecnologia	−3,07	2,12	7,70	11,30	17,85	24,67	−17,51	5,08	51,58	126,37	−31,73	−35,41	−42,22	57,04	4,32
99	16,8	Serviços públicos	10,83	3,42	8,29	16,02	33,54	25,76	1,23	10,04	20,95	18,45	10,89	−20,66	−24,09	23,32	23,82

QUADRO 2 | Comparativo de desempenho da Morningstar nas categorias de fundos mútuos e de índices gerais de mercado (detalhes do desempenho) (continuação)

Referencial de desempenho

				Retorno total até 30/09/2005 (%)							Retorno anual						
							Anualizado										
Nº de fundos	Total de ativos – bilhões de dólares	Categoria	Retorno total (%) acumulado 14/10/2005	1 mês	3 meses	6 meses	1 ano	3 anos	5 anos	10 anos	1998	1999	2000	2001	2002	2003	2004
1752	**713**	**Híbrido**	**0,70**	**0,49**	**2,73**	**4,50**	**9,57**	**11,56**	**2,69**	**7,59**	**12,16**	**11,25**	**2,68**	**−3,65**	**−9,02**	**18,86**	**8,11**
516	103,3	Alocações conservadora	0,32	−0,04	1,37	3,13	5,95	7,90	3,44	6,56	10,59	5,63	4,37	0,02	−3,50	12,42	5,39
79	15,1	Conversível	−0,70	1,39	4,88	6,10	9,55	14,47	2,43	8,63	5,04	28,84	1,26	−6,36	−8,00	26,56	8,72
1084	499,3	Alocação moderada	0,85	0,61	3,10	5,00	10,81	12,40	2,21	7,65	13,89	11,09	2,35	−4,58	−11,38	20,20	8,80
73	94,9	Alocação global	2,62	1,34	4,31	5,47	14,83	16,63	7,64	9,33	9,14	15,34	1,65	−3,08	−1,90	25,00	14,46
875	**240**	**Alocações especiais**	**0,38**	**−0,48**	**1,14**	**2,92**	**6,37**	**12,36**	**7,03**	**6,57**	**1,12**	**4,84**	**−1,67**	**3,22**	**3,79**	**20,78**	**9,32**
67	29,0	Empréstimo bancário	3,44	0,39	1,65	2,23	4,81	6,73	4,70	5,10	6,28	5,91	5,33	1,63	0,75	10,32	5,09
464	125,1	Títulos de alta rentabilidade	0,34	−0,75	1,30	3,21	6,13	13,93	5,81	5,64	0,00	4,74	−6,96	2,40	−1,34	24,54	9,95
144	43,2	Títulos multivariados	0,41	−0,43	0,74	2,92	6,06	10,60	7,49	6,72	0,80	3,26	1,06	3,67	6,89	17,05	8,28
149	31,9	Títulos globais	−2,99	−1,10	−0,20	−0,28	4,56	8,20	7,71	6,37	9,62	−2,52	3,37	2,06	13,83	13,57	8,91
51	10,5	Títulos de mercados emergentes	6,50	2,08	4,13	11,48	16,96	22,35	15,58	14,57	−21,03	27,82	12,06	13,06	12,75	30,79	12,49
		CSFB High Yield	**—**	**−0,97**	**0,91**	**2,82**	**6,31**	**15,55**	**8,56**	**7,37**	**0,58**	**3,28**	**−5,21**	**5,78**	**3,11**	**27,93**	**11,96**
1522	**499**	**Títulos gerais**	**0,84**	**−0,71**	**−0,34**	**1,81**	**2,26**	**3,61**	**5,48**	**5,50**	**6,88**	**−0,31**	**9,14**	**7,51**	**7,26**	**4,50**	**3,31**
80	13,0	Títulos de longo prazo	0,73	−1,20	−0,91	2,33	4,04	7,27	7,61	6,77	5,85	−3,38	9,48	8,42	8,57	9,89	6,44
968	372,0	Títulos de médio prazo	0,74	−0,97	−0,59	1,99	2,43	4,01	5,98	5,78	7,37	−1,32	9,77	7,71	8,17	5,06	3,92
366	82,5	Títulos de curto prazo	0,85	−0,29	0,06	1,31	1,31	2,13	4,14	4,80	6,16	2,20	7,76	7,23	5,52	2,67	1,64
108	31,3	Títulos de curtíssimo prazo	1,79	0,16	0,67	1,45	2,25	1,78	3,05	4,42	5,06	4,48	6,74	5,77	2,74	1,56	1,25
		Lehman Bros Aggregate	**—**	**−1,03**	**−0,67**	**2,31**	**2,80**	**3,96**	**6,62**	**6,55**	**8,69**	**−0,82**	**11,63**	**8,44**	**10,25**	**4,10**	**4,34**
616	**158**	**Títulos governamentais**	**0,90**	**−0,70**	**−0,49**	**1,82**	**2,35**	**2,37**	**5,15**	**5,23**	**7,43**	**−0,93**	**10,75**	**6,79**	**9,09**	**2,09**	**3,15**
85	24,5	Títulos governamentais de longo prazo	1,68	−1,31	−1,25	3,20	5,45	5,11	8,35	7,04	10,55	−7,75	20,29	3,54	16,42	4,25	7,24
358	106,5	Títulos governamentais de médio prazo	0,85	−0,77	−0,53	1,81	2,28	2,47	5,34	5,41	7,51	−1,39	10,99	6,93	9,40	2,14	3,37
173	27,6	Títulos governamentais de curto prazo	0,63	−0,37	−0,13	1,21	1,09	1,45	4,10	4,68	6,49	1,22	8,33	7,20	6,82	1,39	1,33
		Lehman Bros Govt	**—**	**−1,18**	**−0,94**	**2,39**	**2,47**	**2,85**	**6,28**	**6,34**	**9,85**	**−2,23**	**13,24**	**7,23**	**11,50**	**2,36**	**3,48**
1187	**221**	**Títulos municipais**	**1,52**	**−0,62**	**−0,17**	**2,31**	**3,10**	**3,20**	**5,24**	**4,99**	**5,41**	**−3,70**	**10,23**	**4,20**	**8,01**	**4,41**	**3,32**
89	37,3	High Yield Muni	4,53	−0,65	0,57	3,77	7,60	6,10	6,31	5,36	5,36	−4,65	5,63	4,98	6,09	6,91	6,48
263	70,9	Muni National Long	1,79	−0,74	−0,21	2,55	3,56	3,49	5,52	5,17	5,30	−4,76	11,27	3,86	8,45	4,84	3,72
211	53,0	Muni National Interm	0,82	−0,56	−0,31	2,05	2,01	2,74	5,02	4,85	5,53	−2,35	9,34	4,35	8,58	4,14	2,80
249	15,8	Muni Single ST Long	1,69	−0,67	−0,20	2,35	3,38	3,36	5,44	5,11	5,35	−4,76	11,19	4,24	8,14	4,65	3,65
260	16,4	Muni Single ST Intr	0,99	−0,63	−0,34	2,05	2,27	2,83	5,07	4,92	5,46	−3,05	9,86	4,29	8,44	4,13	2,89
115	28,0	Muni Short	0,70	0,04	0,24	1,16	1,06	1,59	3,30	3,62	4,55	0,69	5,73	4,80	5,03	2,37	1,16
		Lehman Bros Muni	**—**	**−0,67**	**−0,12**	**2,80**	**4,05**	**4,18**	**6,34**	**6,06**	**6,48**	**−2,06**	**11,68**	**5,13**	**9,60**	**5,31**	**4,48**
16518	**5143**	**Média total do fundo**	**1,60**	**0,91**	**4,05**	**6,39**	**13,18**	**14,53**	**2,69**	**6,95**	**10,08**	**18,84**	**2,10**	**−5,07**	**−10,37**	**25,00**	**10,39**

Fonte: Morningstar, Inc.

QUADRO 3 | Retornos cumulativos de longo prazo para as principais categorias de ativos

Investimentos no mercado de capitais americano	Exercício findo em 2004
Exercício findo em 1925 = $ 1,00	
Ações de pequenas empresas	$ 12.968,48
Ações de grandes corporações	$ 2.533,20
Ações governamentais de longo prazo	$ 65,72
Letras do Tesouro	$ 17,87
Inflação	$ 10,62

Fonte: *Stocks, Bonds, Bills, and Inflation 2005 Yearbook.* Chicago: Ibbotson Associates, 2005, p. 28.

QUADRO 4 | Retornos médios e desvio-padrão dos retornos para as principais categorias de ativos

Séries (de 1926 a 2004)	Média geométrica	Média aritmética	Desvio-padrão
Ações de grandes corporações	10,4%	12,4%	20,3%
Ações de pequenas empresas	12,7%	17,5%	33,1%
Títulos privados de longo prazo	5,9%	6,2%	8,6%
Títulos do governo de longo prazo	5,4%	5,8%	9,3%
Títulos do governo de prazo intermediário	5,4%	5,5%	5,7%
Letras do Tesouro Americano	3,7%	3,8%	3,1%
Inflação	3,0%	3,1%	4,3%

Fonte: *Stocks, Bonds, Bills, and Inflation 2005 Yearbook.* Chicago: Ibbotson Associates, 2005, p. 33.

QUADRO 5 | Desempenho anual médio dos Legg Mason Equity Funds

	Média anual dos retornos totais em 30 de setembro de 2005 (%)					
Nome do fundo	**Um ano**	**Três anos**	**Cinco anos**	**Sete anos**	**Dez anos**	**Desde a criação**
American Leading Companies Trust	17,87	19,75	4,22	6,93	9,83	9,37
Classic Valuation Fund	18,69	18,59	3,78	—	—	5,21
Value Trust, Inc,*	**14,25**	**21,86**	**2,07**	**9,41**	**15,04**	**16,39**
Growth Trust	12,81	27,39	4,51	8,93	11,44	11,74
Special Investment Trust*	18,95	27,31	9,24	16,06	14,62	13,75
U,S, Small-Capitalization Value Trust	15,02	22,23	16,24	12,11	—	8,01
Balanced Trust	9,31	10,15	1,94	2,97	—	4,34
Financial Services Fund	12,19	17,28	10,67	—	—	8,99
Opportunity Trust*	24,36	34,02	9,31	—	—	9,81

*Administrado por Bill Miller.

Fonte: Relatórios da empresa.

CASO 3

Ben & Jerry's Homemade

JERRY: O interessante sobre mim e o meu papel na empresa é que eu sou apenas um cara na rua. Uma pessoa razoavelmente convencional, objetiva, que aceita a vida como ela é.

BEN: Sal da terra. Um homem do povo.

JERRY: Mas, de outro lado, tem esse meu amigo, Ben, que desafia tudo. É contrário à sua natureza fazer qualquer coisa do mesmo modo que alguém já tenha feito. E eu sempre reajo a isso da mesma forma: "Eu acho que isso não vai dar certo".

BEN: Ao que eu sempre reajo: "Como é que vamos saber, se não tentarmos?".

JERRY: Então, acabo entrando junto ao Ben nesses experimentos altamente arriscados – mesmo sendo apenas uma pessoa comum.

BEN: O dueto perfeito. Sorvete e pedaços de chocolate. Negócios e mudanças sociais. Ben e Jerry.

A listagem parcial da Ben & Jerry's

Enquanto o avião de Henry Morgan sobrevoava as colinas cobertas de neve do Vermont, terra dos laticínios, pela sua cabeça passavam os acontecimentos dos últimos tempos. Janeiro de 2000 estava chegando ao fim. Morgan, reitor aposentado da Faculdade de Administração da Boston University, conhecia muito bem o caminho para Burlington. Como parte do quadro de diretores da Ben & Jerry's Homemade há 13 anos, Morgan viu a empresa crescer – tanto financeiramente quanto socialmente. A companhia não era apenas a líder no mercado de sorvetes *superpremium*, mas também tinha uma posição de liderança em uma série de causas sociais que envolviam desde as fazendas de laticínios de Vermont até florestas tropicais da América do Sul.

O aumento da pressão competitiva e o declínio do desempenho financeiro da Ben & Jerry impulsionaram diversas propostas de compra por essa que era uma empresa tão resolutamente independente. Naquele dia, o quadro atual de diretores estava reunido para considerar as propostas pendentes.

Este caso foi preparado pelo professor Michael J. Schill com os assistentes de pesquisa Daniel Bruke, Vern Hines, Sangyeon Hwang, Wonsang Kim, Vicente Ladinez e Tyrone Taylor. O caso foi escrito para ser utilizado em discussões de aula, mais do que para ilustrar situações de eficácia ou ineficácia de administração.

Morgan esperava um debate acalorado. Os co-fundadores Ben Cohen e Jerry Greenfield sabiam que a orientação social da companhia exigia independência corporativa. Em absoluto contraste, o CEO Perry Odak achava que, pelo interesse dos acionistas, o melhor a fazer era vender pela melhor oferta.

Ben & Jerry's Homemade

Ben & Jerry's Homemade, uma distribuidora líder no segmento de sorvetes *superpremium frozen yogurts* e *sorbets*, foi fundada em 1978, em um antigo posto de gasolina, em Burlington, Vermont. Cohen e Greenfield recontaram o começo de sua empresa:

> Um dia de 1977, nós (Cohen e Greenfield) estávamos sentados nos degraus da escada da frente da casa dos pais de Jerry em Merrick, Long Island, conversando a respeito do tipo de negócios em que iríamos nos meter. Já que comer era a nossa maior paixão, parecia lógico começar com um restaurante... Queríamos escolher um produto que estivesse se tornando popular nas grandes cidades e levar para uma pequena cidade universitária, porque era naquele tipo de ambiente que queríamos viver. Nossa intenção era interagir com os nossos clientes, além de nos divertir. E, é claro, queríamos produzir coisas que gostássemos de comer. Então encontramos um anúncio sobre um curso de fabricação de sorvetes por correspondência que custava US$ 5 e era oferecido pela Penn State. Por sermos muito pobres, decidimos dividir o valor do curso entre nós dois. Mandamos os US$ 5, lemos o material que nos enviaram e passamos a praticar. Pronto: estávamos no ramo dos sorvetes.
>
> Uma vez que havíamos decidido abrir uma sorveteria, o próximo passo era decidir onde seria. Nós sabíamos que universitários tomavam muito sorvete; sabíamos, também, que eles tomavam ainda mais nos tempos de calor. Determinados a tomar uma decisão informada (porém, com carências tecnológicas e financeiras), desenvolvemos nossa própria "análise manual de correlação-cruzada" de baixo custo. Ben sentou-se à mesa da cozinha folheando um almanaque dos Estados Unidos para pesquisar sobre quais as cidades que tinham as maiores médias de temperatura. Jerry se sentou no chão, lendo um guia de escolas americanas, procurando pelas cidades rurais que tinham muitos jovens na faculdade. Então, cruzamos nossos dados. Quando investigamos as cidades que havíamos listado, descobrimos que alguém já havia feito esse trabalho antes de nós. Todas as cidades quentes que tinham um número interessante de estudantes já tinham várias sorveterias. Então, excluímos o critério temperatura e nos estabelecemos em Burlington, Vermont. Burlington tinha uma população jovem, com um número significante de estudantes e, virtualmente, nenhum concorrente. É bastante frio em Burlington durante grande parte do ano, e a estação de verão é muito curta, e isso era, obviamente, (exceto para nós) um indicativo de que nenhuma sorveteria teria êxito lá. Pelo menos era o que parecia.[1]

Em janeiro de 2000, a operação sorvete de Cohen e Greenfield em Burlington, Ben & Jerry's Homemade, tornou-se um dos maiores produtores de sorvetes *premium*, com mais de 170 sorveterias espalhadas por todo o país e no exterior, bem como desenvolveu uma presença importante nas prateleiras dos supermercados. As vendas anuais atingiram US$ 237 milhões, e as ações foram avaliadas em US$ 160 milhões (**Quadros 1** e **2**). A companhia era conhecida

---

[1]Cohen, Ben; Greenfield, Jerry. *Ben & Jerry Double-Dip*. Nova York: Simon & Schuster, 1997, p. 15-17.

por seus sabores com nomes engraçados como o Chubby Hubby (Marido Gordinho), o Chunky Monkey (Macaco Pesado) e o Bovinity Divinity (Divindade Bovina). O **Quadro 3** apresenta uma lista com os sabores de suas lojas *scoop-shops*.

A consciência social da Ben & Jerry

A Ben & Jerry também era conhecida por sua ênfase em causas sociais progressistas e por seu forte comprometimento com a comunidade. Porém, logo perceberam que esse posicionamento pró-comunidade não era exclusividade da Ben & Jerry. Empresas como Patagonia (roupas), Odwalla (sucos), The Body Shop (produtos de bem-estar) e Tom's of Maine (produtos de cuidados pessoais) tinham visões similares do que eles chamavam de "capitalismo sensível".

O objetivo social da Ben & Jerry's permeava todos os aspectos do negócio. Uma dimensão era sua tradição em grandes doações de seus recursos corporativos. Desde 1985, Ben & Jerry's doou cerca de 7,5% de seus lucros brutos para várias fundações sociais e grupos de ações comunitárias. A empresa apoiava causas como a da Greenpeace Internacional e da Vietnam Veterans of America Foundation, assinando petições e recrutando voluntários de sua própria equipe e da população em geral. A empresa demonstrava sua consideração pelos clientes fazendo o dia anual da casquinha gratuita em todas as sorveterias. Durante o evento, os clientes eram convidados a tomar sorvetes de casquinha de graça, durante o dia todo.

Embora a generosidade da comunidade fosse verdadeiramente excepcional, o que realmente tornou a Ben & Jerry's uma empresa singular era o seu comprometimento com objetivos sociais nas suas ações de marketing, operações e políticas financeiras. Cohen e Greenfield enfatizaram que as suas estratégias eram fundamentalmente diferentes do apoio a causas sociais motivado por autopromoção praticado por muitas corporações.

> De um lado, ações de marketing apoiadas em causas sociais são muito úteis, pois usam dinheiro destinado ao marketing para ajudar a levantar fundos para programas sociais e divulgar questões sociais importantes. De outro lado, essa estratégia pode ser simplesmente o uso de filantropia para convencer os clientes de que a companhia está alinhada com boas causas, garantindo uma imagem positiva independente da real atuação dessa mesma empresa. Algumas empresas percebem que, se vestirem essa roupa, se absorverem essa imagem, isso também se transformará em um produto. Porém, não seria melhor se a empresa se importasse de verdade com seus clientes e a comunidade em vez de apenas absorver essa imagem?[2]

Um exemplo das ações de marketing de valor social da Ben & Jerry's inclui a criação de sabores de sorvete que geram demanda para produtos obtidos por atividade extrativista em florestas tropicais. A idéia está explicada no rótulo do próprio produto:

> Este sabor combina o nosso sorvete de baunilha supercremoso com pedaços crocantes de floresta tropical – uma pasta de castanha-de-caju e castanha-do-Pará produzida pelos nossos amigos da Community Products, em Montpelier, Vermont. As castanhas-de-caju e as castanhas-do-Pará desse sorvete são colhidas da floresta tropical de forma sustentável e representam uma alternativa econômica viável e de longo prazo à extração da madeira. Saboreie!
>
> *Ben & Jerry*

[2]Idem, p. 33.

Decisões financeiras também estiveram sujeitas à atenção da comunidade. Em maio de 1984, a Ben & Jerry's iniciou o seu processo para abertura de capital. Em vez de fazer uma grande oferta pública de ações, a empresa disponibilizou 75 mil ações, cada ação a US$ 10,50, exclusivamente para os residentes de Vermont. Ao restringir a oferta aos moradores de Vermont, Cohen esperava oferecer as ações àqueles que sempre apoiaram a empresa, dando-lhes a oportunidade de lucrar com o sucesso da companhia. Para promover mais liquidez e capital, uma oferta pública tradicional foi feita e as ações então passaram a ser negociadas na Nasdaq. Embora a Ben & Jerry's tenha se tornado uma empresa de capital aberto, Cohen e Greenfield nem sempre seguiram as práticas tradicionais de relacionamento com os investidores. "Chico" Lager, o gerente-geral da época, lembra a entrevista transcrita de Ben Cohen, que ele recebeu antes de sua publicação em *The Wall Street Transcript*:

TWST: Você acredita que pode ter um rendimento de cerca de 15% durante os próximos cinco anos?

COHEN: Não tenho a menor idéia.

TWST: Huumm. Como serão as suas despesas de capital a cada ano nos próximos cinco anos?

COHEN: Eu também não faço idéia.

TWST: Entendo. Como você reage ao modo como o mercado de capitais tem tratado você de maneira geral e em comparação com empresas do seu ramo?

COHEN: Acho que o mercado de capitais tem altos e baixos independentemente do desempenho das empresas. Nunca esperei que fosse diferente. Antecipei que isso continuaria a acontecer, as ações iriam subir ou cair com base somente em rumores e em qualquer outra forma de manipulação que aquelas pessoas que gostam de manipular o mercado utilizam.

TWST: Quais são os seus passatempos?

COHEN: Passatempos? Deixe-me pensar. Comer, principalmente. Pingue-pongue.

TWST: Quê?

COHEN: Pingue-pongue.[3]

As decisões operacionais também eram ditadas pelo interesse da Ben & Jerry's no bem-estar da comunidade. O tratamento de resíduos líquidos da fábrica é um exemplo.

> Em 1985, quando mudamos para a nossa nova fábrica em Waterbury, havia um limite sobre a quantidade de água que poderíamos despejar na usina de tratamento municipal. Conforme as vendas aumentaram, também aumentou a quantidade de resíduos líquidos, sendo a maior parte desses resíduos água misturada com leite. Fizemos um acordo com Earl, um criador de porcos da região, para que ele alimentasse sua criação com a nossa mistura de água e leite. (Eles adoravam cada sabor, exceto o de menta com bolachas Oreo, mas Cherry Garcia era o sabor predileto deles.) A criação de Earl não dava conta do nosso volume de resíduos, e então emprestamos cerca de US$ 10 mil para que ele comprasse 200 porcos. Do nosso ponto de vista, essa foi uma solução administrativa com a qual todos saíram ganhando, para uma questão ambiental capciosa. Os porcos estavam felizes. Earl estava feliz. Nós estávamos felizes. A comunidade estava feliz.[4]

---

[3] Lager, Fred "Chico". *Ben & Jerry's: The Inside Scoop*. Nova York: Crown Publishers, 1994, p. 124-125.

[4] *Ben & Jerry's Double-Dip*, op. cit., p. 154.

A orientação social da Ben & Jerry's era equilibrada entre objetivos econômicos e produtivos. A missão da empresa incluía três dimensões e enfatizava a necessidade da busca por novas e criativas maneiras de cumprir os objetivos relacionados a cada uma delas sem atrapalhar as outras:

Produto: fazer, distribuir e vender os mais finos sorvetes naturais e produtos afins, com ampla variedade de sabores inovadores feitos com laticínios de Vermont.

Econômico: operacionalizar a companhia sobre uma base de crescimento rentável, agregando valores para nossos acionistas e criando oportunidades de carreira e recompensas financeiras para nossos funcionários.

Social: operacionalizar a companhia de modo que ela reconheça seu papel central de negócios na estrutura da sociedade, introduzindo modos inovadores para melhorar a qualidade da vida da comunidade, entendida em amplo sentido – regional, nacional e internacional.

A gestão descobriu cedo que os três objetivos da empresa não estavam sempre em harmonia. Cohen e Greenfield mencionam um exemplo:

> Um dia estávamos conversando (sobre nossa inabilidade de ter lucro) com o pai de Ben, que era um contador. Ele disse: "Já que vocês fazem um produto com uma qualidade tão elevada, por que não aumentam os preços?": Na época, estávamos cobrando cerca de US$ 0,52 a casquinha. A princípio, nossa razão para entrar nos negócios era produzir "sorvete para o povo". Queríamos produtos de alta qualidade para todos – não apenas para a elite. Até que um dia tivemos que dizer: ou aumentamos nossos preços ou corremos o risco de sair do mercado. E então, onde estará o sorvete do povo? Eles teriam de comprar os sorvetes em outro lugar. Assim, nós aumentamos os preços. E continuamos no negócio.[5]

Em outras ocasiões, os gestores optaram por sacrificar lucros no curto prazo por ganhos sociais. Greenfield conta um incidente com um fornecedor:

> Ben foi a uma reunião da Social Ventures Network e conheceu Bernie Glassman, um monge judeu-budista e ex-físico nuclear. Bernie tinha uma padaria chamada Greyston em Yonkers, Nova York. Ela pertencia a uma instituição religiosa sem fins lucrativos, cuja proposta era treinar e empregar pessoas economicamente desfavorecidas e financiar habitações para população de baixa renda, bem como promover outras atividades de serviço comunitário. Ben disse: "Estamos procurando alguém que possa fazer *brownies* pequenos, maciços, cremosos. Se você se interessar, poderíamos fazer negócio, você faria os *brownies* de que precisamos e isso seria bom para todos nós" (...). O primeiro pedido que fizemos à Greyston foi de algumas toneladas. Para nós, aquele era um pedido pequeno. Para Greyston, aquilo era um pedido gigantesco, que causou uma pane no sistema. Os *brownies* estavam saindo da linha de produção tão rápido que acabavam sendo embalados ainda quentes. Então eles precisavam ser resfriados. Em pouco tempo, os congeladores da padaria estavam entupidos de caixas de 110 kg de *brownies* fumegantes. Quando estavam congelados, (eles) se transformavam em blocos de 110 kg de *brownies*. E foi isso que a Greyston levou pra nós. Então, ligamos para Bernie e dissemos: "Essas duas toneladas que você nos trouxe estavam todas grudadas, vamos

[5]Ibidem.

mandá-las de volta". Bernie disse: "Eu não posso bancar isso. Preciso preparar a folha de pagamento para amanhã. Vocês mesmos não podem separá-los?". E nós dissemos, "Bernie, isso realmente vai atrapalhar o trabalho aqui". Continuamos discutindo isso com a Greyston, tentando acertar a questão dos *brownies*. No fim, criamos um novo sabor, Chocolate Fudge *Brownie* (*brownie* com pedaços de chocolate), para poder usar os blocos de *brownies*.[6]

Controle de ativos

A busca por uma política não orientada ao lucro exigia restrições severas no controle corporativo. Para a Ben & Jerry's, o controle de ativos estava limitado por elementos do estatuto da empresa, pelo direito de voto diferencial e pela legislação de Vermont.

Restrições no estatuto social da empresa

Na reunião anual de 1997, os acionistas da Ben & Jerry's aprovaram emendas ao estatuto da empresa que ampliaram as liberdades do quadro diretor na busca por atingir os objetivos e cumprir a missão da empresa. Assim, o quadro diretivo foi dividido em três classes, sendo cada uma delas eleita para um mandato de três anos. Um diretor só poderia ser removido com a aprovação de dois terços dos votos de todos os acionistas. Além disso, qualquer vaga resultante da remoção de um diretor poderia ser preenchida pelos votos de dois terços dos diretores restantes. Finalmente, os acionistas aumentaram o número de votos exigidos para alterar, emendar, anular ou adotar qualquer provisão inconsistente com as emendas para, pelo menos, dois terços dos acionistas. Veja o **Quadro 4**, que mostra um resumo da descrição da atual composição da diretoria.

Direitos de voto diferenciais

A Ben & Jerry's tinha três tipos de ações: ordinárias classe A, ordinárias classe B e preferencial classe A. Os acionistas ordinários classe A tinham direito a um voto para cada ação que possuíssem. As ações ordinárias classe B, reservadas primeiro para o pessoal interno, davam direito a dez votos para cada ação. A ordinária classe B não é transferível, mas poderia ser convertida em ordinária classe A ação a ação, e então poderia ser transferível. Os diretores-gerais da companhia – Ben Cohen, Jerry Greenfield e Jeffrey Furman – detinham, na prática, o controle efetivo de 47% do direito total de voto, com apenas 17% das ações ordinárias totais em circulação. Pessoas fora do quadro diretivo ainda detinham 51% de poder de votos (veja o **Quadro 5**). As ações preferenciais classe A eram detidas exclusivamente pela Ben & Jerry's Foundation, um grupo de ações comunitárias. As ações preferenciais classe A davam direito de voto especial para atuar com relação a certas combinações de negócios e a autoridade para limitar os direitos de votos de acionistas ordinários em certas transações como fusões e ofertas, mesmo que acionistas ordinários fossem favoráveis a essas transações.

---

[6]Ibidem.

A Assembléia Legislativa de Vermont

Em abril de 1998, a Assembléia Legislativa de Vermont emendou o *Vermont Business Corporation Act* (Estatuto de Negócios Corporativos de Vermont), que concedia aos diretores de qualquer corporação de Vermont a autoridade para considerar os interesses dos empregados, fornecedores, credores e clientes com o objetivo de determinar se uma oferta de aquisição ou negócio afim atenderia aos melhores interesses corporativos. O quadro diretivo poderia também considerar a economia do estado em que a empresa estava localizada para decidir se a companhia deveria ou não continuar independente.

Esses e outros mecanismos de defesa reforçaram a habilidade da Ben & Jerry's para manter a independência e manter a execução dos três objetivos da missão da empresa, os quais a direção acreditava estarem alinhados com os interesses da empresa, dos acionistas, empregados, fornecedores, clientes e da comunidade de Vermont.

As ofertas

Morgan revisava as ofertas que estavam sobre a mesa. Negociações com possíveis parceiros em fusões estavam em andamento desde o verão anterior. Em agosto de 1999, Pillsbury (fabricante do famoso Häagen-Dazs) e Dreyer's anunciaram a formação de uma *joint venture* de sorvetes. A Pillsbury-Dreyer's se tornaria a maior distribuidora dos produtos da Ben & Jerry's. Em resposta, o quadro diretivo autorizou Odak a negociar e discutir fusões com a Unilever e Dreyer's. Por volta de dezembro, os preparativos para a *joint venture* naufragaram, mas as especulações dessas discussões resultaram em uma oferta de aquisição de controle (*takeover*) por parte da Unilever por um valor entre US$ 33 e US$ 35 por ação. Já a oferta da Dreyer's foi de US$ 31 por ação. Pouco depois, a Unilever aumentou sua oferta para US$ 36, e duas companhias investidoras, Meadowbrook Lane Capital e Chartwell Investments, fizeram mais duas ofertas. Os preços das ofertas representaram um aumento substancial ao preço de pré-oferta anunciado, que era de US$ 21.[7] Veja o **Quadro 6** com o comparativo de valor atribuído a Ben & Jerry pelos potenciais compradores em relação à concorrência.

A Dreyer's Grand Ice Cream

A Dreyer's Grand Ice Cream comercializa sorvetes e outras sobremesas geladas sob as marcas Dreyer's e Edy e outras marcas genéricas. As linhas Dreyer's e Edy eram distribuídas por um sistema de entrega direta às lojas. As vendas totalizaram mais de US$ 1 bilhão, e o valor de mercado da companhia é de cerca de US$ 450 milhões. A Dreyer's também

[7]Aquisições recentes de companhias do ramo alimentício incluem a Balance Bar, adquirida pela Kraft's por US$ 270 milhões, e a aquisição da Worthington Food pela Kellogg's, por US$ 308 milhões. Balance Bar e Worthington – ambas do ramo de alimentos saudáveis – venderam a um prêmio de incorporação de 76% e 88%, respectivamente. A média do prêmio de aquisição oferecido nos lances em uma amostra grande dos EUA com múltiplos lances configurou 70%. Veja Betton, S.; Eckbo, B.E. "Toeholds, Bid Jumps, e Expected Payoffs in Takeovers". *Review of Financial Studies*, n. 13, v. 4, p. 841-882, 2000.

estava envolvida com atividades de serviço comunitário. Em 1987, a companhia estabeleceu a Dreyer's Foundation para promover o apoio comunitário, particularmente entre o público jovem e o setor de educação pública K-12 (o ensino fundamental e médio nos EUA).

Unilever

A Unilever fabrica produtos de marca que incluem alimentos, detergentes e outros produtos de cuidados pessoais e domésticos. A divisão de sorvetes da empresa inclui as marcas Good Humor, Breyers, Klondike, Dickie Dee e Popsicle, sendo que é a maior produtora de sorvetes no mundo. A Good Humor-Breyers tem sua sede em Green Bay, Wisconsin, com fábricas e escritórios de vendas regionais espalhados em todo o território dos Estados Unidos. O valor de mercado da Unilever é de US$ 18 bilhões.

Meadowbrook Lane Capital

O Meadowbrook Lane Capital é um fundo de investimentos privados que atribui a si o título de socialmente responsável. A companhia está localizada em Northampton, Massachussetts. Sua carteira inclui ações da Hain Foods, um fabricante de especialidades na área de alimentação saudável. A Meadowbrook propôs uma aquisição do capital majoritário com uma oferta tentadora para os acionistas da Ben & Jerry's.

Chartwell Investments

O Chartwell Investments é um fundo de ações privado de Nova York que investe no financiamento e na compra de empresas de médio porte. Ele pôs um investimento entre US$ 30 milhões e US$ 50 milhões na Ben & Jerry's em troca de ações preferenciais conversíveis que lhes garantissem representação majoritária no conselho diretivo.

Morgan resumiu as ofertas como segue:

Licitante	Preço da oferta	Proposta principal
Dreyer's Grand	$ 31 (ação)	• Manter a equipe de gerenciamento da B&J • Operar a B&J como um negócio semi-autônomo • Encorajar alguns projetos sociais
Unilever	$ 36 (em caixa)	• Manter um número seleto de membros da equipe de gerenciamento da B&J • Integrar a B&J à divisão de sobremesas congeladas da Unilever • Delimitar comprometimentos e interesses sociais
Meadowbrook Lane	$ 32 (em caixa)	• Instalar uma nova equipe de gerenciamento • Permitir que a B&J opere como uma companhia independente controlada sob o guarda-chuva da Meadowbrook • Manter alguns projetos e interesses sociais
Chartwell	Participação minoritária	• Instalar uma nova equipe de gerenciamento • Permitir que a B&J opere como uma companhia independente

Conclusão

Henry Morgan duvidou de que a missão social da companhia sobrevivesse à operação de aquisição de controle (*takeover*) por uma grande e tradicional corporação. Apesar de sua preocupação com os interesses sociais da Ben & Jerry's, Morgan reconheceu que, como membro do quadro diretivo, ele havia sido eleito representante dos interesses dos acionistas. Um jornalista financeiro, Richard McCaffrey, expressou a opinião de muitos acionistas:

> Sem meias palavras, dependendo do histórico da companhia compradora na sua capacidade de agregar valor, vender faz todo o sentido para a empresa (Ben & Jerry's). Por quê? Por 21 dólares a ação, a Ben & Jerry's está estagnada no mesmo nível por anos, apesar de suas vendas e de os ganhos terem aumentado regularmente. Para uma empresa com um nome consolidado, que detém cerca de 45% do mercado de sorvetes *superpremium*, que tem um histórico de sucesso em lançamento de novos produtos e força para expansões internacionais, o retorno pode ser melhor. Alguns fatores responsáveis pelo desempenho medíocre, como o alto preço do creme e do leite, não são fatores passíveis de serem controlados pela empresa. Assim é a vida no mercado de sorvetes. Mas a média de retorno dos investimentos dos acionistas da Ben & Jerry's, um bom parâmetro para avaliar a aplicação desse dinheiro, atingiu a marca dos 7%, ou seja, aumentou em relação aos 5% em 1997. Isso é ruim de qualquer maneira, porém tem aumentado este ano e manteve-se em torno de 9%. As doações filantrópicas da empresa, é claro, não ajudam – mas, se você for um investidor da Ben & Jerry's, certamente sabe que esse tipo de coisa acontece – isso já faz parte da cultura corporativa e tem servido bem à companhia. Ainda assim, Ben & Jerry's precisa encontrar meios alternativos de agregar valor.[8]

O avião sobrevoava o gélido Lago Champlain e começou a descer em Burlington, enquanto Morgan juntava os seus pensamentos para o que seria, sem dúvida alguma, uma animada e emocionante reunião vespertina.

[8]McCaffrey, Richard. "In the hunt for Ben & Jerry's", Fool.com, acessado em 2 de dezembro de 1999.

QUADRO 1 | Relatório financeiro e índices financeiros da Ben & Jerry's Homemade (em milhões de dólares, exceto os números por ação)

	1999	1998	1997	1996	1995	1994
1 Faturamento líquido	$237,0	$209,2	$174,2	$167,2	$155,3	$148,8
2 Custo das vendas	145,3	136,2	114,3	115,2	109,1	109,8
3 Lucro bruto	91,8	73,0	59,9	51,9	46,2	39,0
4 Despesas de vendas, gerais e administrativas	82,9*	63,9	53,5	45,5	36,4	36,3
5 Lucro antes de juros e impostos	8,9*	9,1	6,4	6,4	9,8	2,8
6 Receita líquida	8,0*	6,2	3,9	3,9	5,9	(1,9)
7 Capital de giro	$ 42,8	$ 48,4	$ 51,4	$ 50,1	$ 51,0	$ 37,5
8 Ativo total	150,6	149,5	146,5	$136,7	131,1	120,3
9 Dívidas e obrigações de longo prazo	16,7	20,5	25,7	31,1	32,0	32,4
10 Patrimônio líquido	89,4	90,9	86,9	82,7	78,5	72,5
Resultados por ação:						
Vendas	$31,34					
Lucro	$ 1,06*					
Patrimônio contábil	$11,82					
Margem bruta (3 ÷ 1)	38,7%	34,9%	34,4%	31,0%	29,7%	26,2%
Margem operacional (5 ÷ 1)	3,8%*	4,3%	3,7%	3,8%	6,3%	1,9%
Margem de receita líquida (6 ÷ 1)	3,4%*	3,0%	2,2%	2,3%	3,8%	−1,3%
Giro do ativo (1 ÷ 8)	1,6	1,4	1,2	1,2	1,2	1,2
Turnover do capital de giro (1 ÷ 7)	5,5	4,3	3,4	3,3	3,0	4,0
Retorno sobre os ativos (5 × [1 − 40%] ÷ 8)	3,5%*	3,7%	2,6%	2,8%	4,5%	1,4%
Retorno sobre o patrimônio (6 ÷ 10)	8,9%*	6,8%	4,5%	4,7%	7,5%	−2,6%
Taxa de retorno até o vencimento sobre Letras do Tesouro de 30 anos (Datastream)	6,5%	5,1%	5,9%	6,6%	6,0%	7,9%

*Ajustado pelo autor do caso em 50% dos US$ 8,6 milhões de 1999, em encargos especiais para ativos baixados e indenizações trabalhistas associadas à unidade de fabricação de sorvetes e congelados.

Fonte: SEC filings.

QUADRO 2 | Desempenho do preço das ações da Ben & Jerry's Homemade

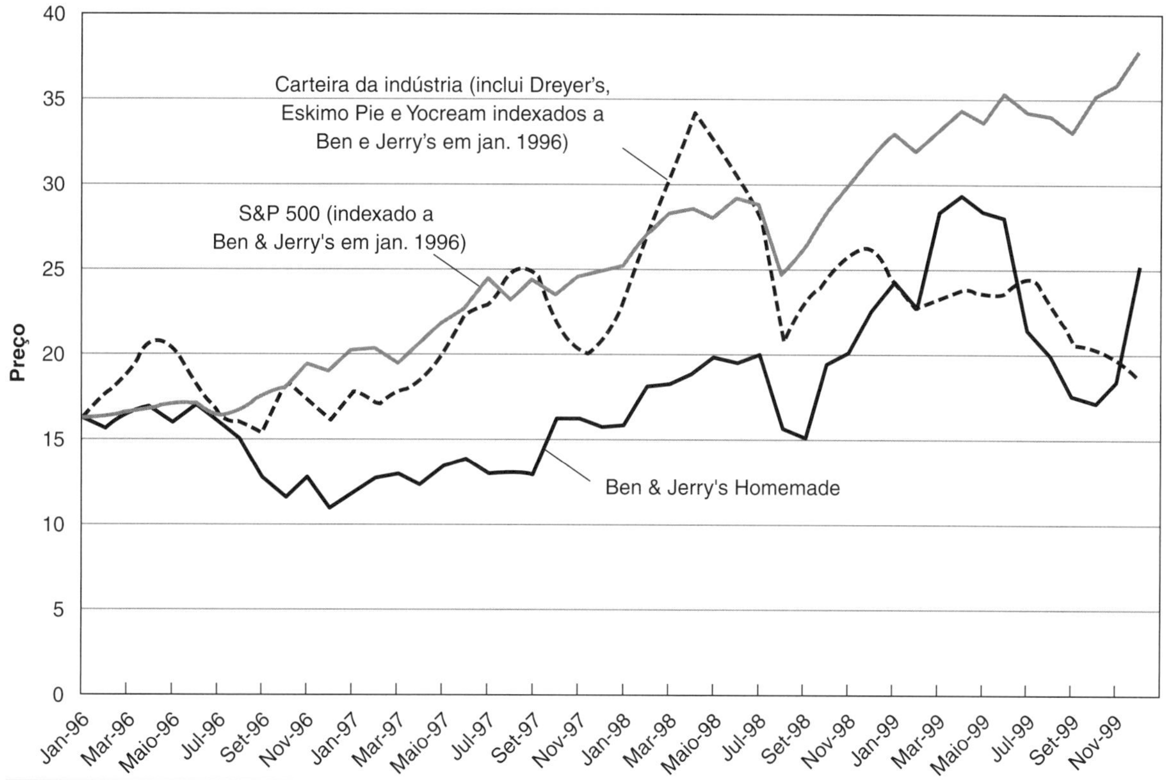

QUADRO 3 | Lista de sabores da Ben & Jerry's (janeiro de 2000)

Bovinity Divinity	Sorvete de chocolate ao leite com chocolate branco e sorvete de chocolate branco e chocolate amargo
Cherry Garcia	Sorvete de cereja com cerejas em fruta e pedaços de chocolate
Chocolate Chip Cookie Dough	Sorvete de baunilha com pedaços de *cookies* com gotas de chocolate
Chocolate Fudge Brownie	Sorvete de chocolate com *brownies* com pedaços de chocolate
Chubby Hubby	Sorvete de baunilha ao malte com *pretzels* recheados com pasta de amendoim e cobertos com chocolate mesclado com pasta de amendoim
Chunky Monkey	Sorvete de banana com nozes e pedaços de chocolate
Coconut Almond Fudge Chip	Sorvete de coco com amêndoas e pedaços de chocolate
Coffee, Coffee, BuzzBuzzBuzz!	Sorvete de café com pedaços de chocolate ao café expresso
Deep Dark Chocolate	Sorvete "chocolatoso"
New York Super Fudge Chunk	Sorvete de chocolate com pedaços de chocolate amargo e chocolate branco, pecã, nozes e amêndoas cobertas com chocolate
Peanut Butter Cup	Sorvete de pasta de amendoim com bombons de pasta de amendoim
Phish Food	Sorvete de chocolate ao leite com torrone mesclado com caramelo e peixinhos de chocolate
Pistachio Pistachio	Sorvete de pistache com pedaços de pistache
S'mores	Sorvete light de chocolate mesclado com marshmallow e biscoitos tipo waffle
Southern Pecan Pie	Sorvete de açúcar mascavo com pecãs torradas, pedaços de torta de pecã mesclados com caramelo de pecã

QUADRO 4 | Composição da diretoria

Nome	Idade	Cargo	Ano
Jerry Greenfield	48	Presidente, diretor	1990
Ben Cohen	48	Vice-presidente, diretor	1977
Perry Odak	54	CEO, presidente e diretor	1997
Pierre Ferrari	49	Diretor, consultor autônomo	1997
Jeffrey Furman	56	Diretor, consultor autônomo	1982
Jennifer Henderson	46	Diretor, presidente de uma consultoria de liderança corporativa	1996
Frederick A. Miller	53	Kaleel Jamison Consulting Group Diretor, presidente de uma consultoria de administração	1992
Henry Morgan	74	Diretor, reitor emérito da Boston University School of Management	1987
Bruce Bowman	47	Diretor sênior de Operações	1995
Charles Green	45	Diretor sênior de Vendas e Distribuição	1996
Michael Sands	35	CMO	1999
Frances Rathke	39	CFO e secretário	1990

* As ocupações dos diretores não empregados da Ben & Jerry's ou da Fundação Ben & Jerry's em 25 de março de 1999 eram as seguintes:

Ben Cohen: co-fundador da Ben & Jerry's, foi diretor da Blue Fish Clothing Community Products, Inc., Social Venture Network e Greenpeace International.

Pierre Ferrari: presidente da Lang International, consultoria de marketing.

Jeffrey Furman: consultor autônomo.

Jennifer Henderson: diretora de Treinamento no Center for Community Change e presidente de Intervenções Estratégicas, consultoria de liderança e administração.

Frederick A. Miller: presidente da Kaleel Jamison Consulting Group, consultoria de administração e transformações, estratégia e cultura corporativa.

Henry Morgan: reitor emérito da Boston University School of Management. Também foi diretor da Cambridge Bancorporation, Southern Development Bancorporation e Cleveland Development Bancorporation.

Fonte: SEC filings.

QUADRO 5 | Estrutura de propriedade legítima da Ben & Jerry's Homemade

	Ações ordinárias classe A		Ações ordinárias classe B		Ações preferenciais	
	Nº de ações	% de ações em circulação	Nº de ações	% de ações em circulação	Nº de ações	% de ações em circulação
Ben Cohen	413.173	6,1%	488.486	60,9%	—	—
Jerry Greenfield	130.000	1,9%	90.000	11,2%	—	—
Jeffrey Furman	17.000	*	30.300	3,8%	—	—
Perry Odak	368.521	5,5%	—	—	—	—
Pierre Ferrari	8.121	*	—	—	—	—
Jennifer Henderson	1.138	*	—	—	—	—
Frederick A. Miller	4.345	*	—	—	—	—
Henry Morgan	5.845	*	—	—	—	—
Bruce Bowman	46.064	*	—	—	—	—
Charles Green	17.809	*	—	—	—	—
Frances Rathke	51.459	*	—	—	—	—
Credit Suisse Asset Management	860.500	12,7%	—	—	—	—
Dimensional Fund Advisors	359.000	5,3%	—	—	—	—
Todos os diretores e administradores e um grupo com 15 integrantes	1.115.554	16,5%	608.786	75,9%	—	—
Ben & Jerry's Foundation, Inc.	—	—	—	—	900	100,0%
Total de ações em circulação (25/12/1999)	6.759.276		801.813		900	

*Menos de 1%.

Fonte: SEC filings.

QUADRO 6 | Medidas do valor do investidor: Ben & Jerry's e similares da indústria

	Price/Earnings	Price/Book
Dreyer's Grand	47,2	7,8
Eskimo Pie	30,7	1,1
TCBY Enterprises	12,5	1,2
Yocream International	9,4	1,8
Ben & Jerry's	19,8	1,8

Fonte: Análise do autor do caso.

CASO 4

A batalha por valor, 2004: FedEx Corp. *versus* United Parcel Service, Inc.

A FedEx produzirá retornos financeiros superiores para os acionistas proporcionando alto valor agregado em supply-chain, transporte, negócios e serviços relacionados a informações, competindo coletivamente e sendo gerenciada colaborativamente, sob a respeitada marca FedEx.

Missão da FedEx (excerto)

Nós servimos à evolução da distribuição, logística e necessidade de comércio para os nossos clientes pelo mundo todo, oferecendo excelência e valor em tudo o que fazemos. Nós mantemos uma companhia financeiramente forte, com amplo quadro de funcionários, que provêm um retorno competitivo de longo prazo para os acionistas.

Missão da UPS (excerto)

Em 18 junho de 2004, os Estados Unidos e a China fecharam um proeminente acordo de transporte aéreo que quintuplicou o número de vôos de cargas comerciais entre os dois países. O acordo também permitiu a criação de uma empresa de transporte aéreo na China com autorização de pouso para vôos comerciais em qualquer aeroporto disponível. O pacto representou uma importante liberalização do tráfego aéreo na história das duas nações e entre a FedEx Corporation e a United Parcel Service, Inc. (UPS), as únicas empresas de cargas dos EUA liberadas para servir o vasto mercado chinês,[1] e estavam certas de que seriam as principais beneficiárias dessa oportunidade.

As notícias sobre o acordo de transportes não chegaram como uma novidade para a maioria dos observadores, uma vez que negociadores americanos e chineses haviam mantido conversas desde fevereiro. Os preços das ações de ambas as companhias tinham crescido constantemente desde que as conversas se iniciaram, mas os preços das ações

[1]Northwest Airlines serviram a China em todos os serviços de transporte de mercadorias e de passageiros.

Este caso foi preparado por Robert F. Bruner e Sean D. Carr como base para discussões em sala de aula para ilustrar ações efetivas e não efetivas de gerenciamento. O caso complementa "Battle for Value Federal Express Corporation vs. United Parcel Service of América, Inc." (UVA-F-1115), preparado por Robert F. Bruner e Derick Belkley.

da FedEx subiram cerca de cinco vezes mais rápido do que a da UPS.[2] O **Quadro 1** mostra os recentes índices de preços das duas empresas relativos ao S&P 500 Index. A FedEx tinha a maior presença estrangeira na China, com 11 vôos semanais – quase o dobro da UPS. A empresa servia a 220 cidades chinesas e voava diretamente para Pequim, Shenzhen e Xangai. Os volumes da FedEx na China cresceram mais de 50% entre 2003 e 2004.

Enquanto a UPS estava atrás da FedEx no mercado chinês, ela ainda era a maior empresa de transportes nos Estados Unidos. A UPS tornou-se ativa na China desde 1988 e foi a primeira a oferecer serviços ininterruptos dos EUA para lá. Em 2003, a empresa tinha seis vôos de Boeing 747 semanalmente, com vôos diretos para Pequim e Xangai, servindo aproximadamente 200 cidades. A UPS relata um crescimento de 60% dos vôos diretos entre Xangai e EUA, desde que iniciaram o serviço em 2001, e foi previsto que uma temporada de pico não suportaria a capacidade.

Uma vez que o mercado de transporte de mercadorias cresceu muito internacionalmente – e especialmente na China –, começou uma batalha entre as duas gigantes das encomendas. A FedEx havia criado um gerenciamento logístico virtual de clientes e era amplamente conhecida como inovadora, empreendedora e líder operacional. Historicamente, a UPS tem a reputação de ser grande, burocrática e seguidora de tendências industriais, porém, devido à sua postura agressiva, também tornou-se uma concorrente inovadora e tenaz. Recentemente a companhia fez uma revisão na sua imagem e quer se posicionar como provedora líder na área de serviços logísticos e gerenciamento de *supply-chain.*

O acordo de transportes com a China em 2004 foi marcante para o mercado de transportes de cargas internacionais – mais de cem novos vôos semanais foram criados para atender às novas demandas do maior parceiro de negócios dos Estados Unidos. Porém, não havia nenhuma garantia exata de como aquelas rotas seriam alocadas entre a FedEx e a UPS, companhias que têm disputado a liderança por mais de 30 anos. Além disso, a competição entre essas empresas testaria a capacidade delas em atender demandas internacionais emergentes.

Além desse cenário, os observadores especulavam como essa imensa disputa entre a FedEx e a UPS se desenvolveria, principalmente para os investidores das empresas. Será o desempenho pregresso das empresas preditor desse futuro? O sucesso na China era amplamente visto como um teste corporativo de sobrevivência no novo milênio. Qual companhia estava mais bem posicionada para atrair o capital necessário e ganhar essa batalha?

FedEx Corporation

A FedEx originou-se de uma monografia de Fred Smith, um estudante de economia da Universidade de Yale. A estratégia de Smith previa que a FedEx compraria os aviões necessários para o transporte de mercadorias, uma vez que os competidores costumavam transportar as mercadorias nos espaços disponíveis dos aviões de passageiros. Além de

[2]Entre 18 de fevereiro e 18 de junho de 2004, o preço de reserva da FedEx cresceu 13,9%, enquanto o da UPS cresceu 3,1%.

usar os seus próprios aviões, a inovação proposta por Smith era uma padronização da distribuição, que permitiria um serviço mais barato e rápido em mais localidades do que os seus competidores poderiam oferecer. Em 1971, Smith investiu seus US$ 4 milhões herdados e conseguiu aumentá-los para 91 milhões para lançar a empresa – o maior capital inicial da época.

Em 1971, na primeira noite de operações contínuas, 389 funcionários da FedEx fizeram cerca de 186 entregas durante a noite para 25 cidades. Naquele tempo, a FedEx, ainda conhecida como Federal Express Corporation, vivenciou várias perdas, e Smith estava próximo de perder sua posição de direção. Em 1976, a FedEx finalmente viu um lucro modesto de US$ 3,6 milhões com uma média diária de 19 mil entregas. No decorrer dos anos 1970, a empresa continuava a aumentar sua oferta de serviços, adquirindo mais caminhões e aeronaves e aumentando seu capital. A fórmula foi um sucesso. Em 1981, a FedEx gerou mais rendimentos do que qualquer empresa aérea de transportes.

Em 1981, a competição no ramo começou a surgir. A Emery Air Freight passou a imitar o sistema da FedEx e a adquirir aviões, e a UPS mudou para o mercado aéreo noturno. A United States Postal Services (USPS) colocou seus preços noturnos por metade dos propostos pela FedEx, porém problemas com a qualidade e a alta performance da FedEx configuraram uma ameaça potencial. Em 1983, a FedEx atingiu a marca de US$ 1 bilhão em rendimentos, apta a conquistar quase todo o mercado de encomendas expressas.

Durante os anos 1990, a FedEx provou-se líder operacional, recebendo o estimado prêmio Malcom Baldrige National Quality Award do presidente dos Estados Unidos, sendo a primeira empresa a ganhar esse prêmio na categoria. Parte desse sucesso poderia ser atribuída à estratégia operacional e à desregulamentação, mas o crédito pode ser dado à filosofia "pessoas-serviços-lucro", que reflete a ênfase do foco no cliente, gestão de total qualidade e participação dos funcionários. Uma série de ações administrativas, uma política participativa, que até resultava em conversas com o próprio Fred Smith, entre outras particularidades, deram à FedEx não só a reputação de um ótimo lugar para se trabalhar, mas também ajudaram a mantê-la por um longo tempo longe da ação dos sindicatos.

O crescimento da FedEx ocorreu principalmente no contexto de mudanças fundamentais no ambiente dos negócios. As mudanças na regulamentação da indústria aérea permitiram que os grandes aviões tomassem o lugar dos menores, permitindo-lhe comprar vários Boeing 727, o que ajudou a reduzir os custos unitários. Mudanças no segmento dos transportes terrestres (caminhões) também influenciaram na redução dos custos unitários e permitiu à companhia estar em condições de competir efetivamente com a UPS. Inflação crescente e competitividade global impulsionaram os empresários a gerenciar estoques de modo mais detalhado e a emular o sistema japonês de suprimentos *just-in-time* (JIT), criando uma demanda ainda maior para o monitoramento rápido e cuidadoso de cargas executado pela FedEx. Finalmente, as inovações tecnológicas possibilitaram alcançar avanços importantes desde o pedido, o rastreamento de pedidos e o monitoramento do processo.

No fim de 2003, a FedEx tinha cerca de US$ 15,4 bilhões em ativos, renda líquida de US$ 830 milhões e lucros de cerca de US$ 22,5 bilhões. O **Quadro 2** indica a análise financeira. A empresa tinha cerca de 50 mil veículos terrestres, 625 aviões, 216.500 funcionários e fazia 5,4 milhões de entregas diárias.

United Parcel Service, Inc.

Fundada em 1907, a UPS era a maior empresa de entregas do mundo. Consolidada no segmento tanto terrestre quanto aéreo, entregas foi seu primeiro ramo de negócios, porém cada vez mais a empresa oferecia mais transportes especializados e serviços de logística.

Conhecida no mercado como a Grande Marrom, a UPS tinha as suas raízes em Seattle, Washington, onde Jim Casoy, um jovem de 19 anos, começou um serviço de mensagens chamado American Messenger Company. Depois de fundir-se com uma rival, a Motorcycle Delivery Company, a empresa focalizou seus serviços nas entregas de lojas de departamentos, e assim se mantiveram até 1940. Renomeada United Parcel Service of America, a UPS começou a fazer transportes aéreos em 1929, colocando pacotes nos aviões comerciais de passageiros. A companhia entrou em forte crescimento durante o pós-Segunda Guerra Mundial e, por volta de 1975, atingiu um marco, quando passou a oferecer entregas em qualquer endereço dos Estados Unidos. Naquele mesmo ano, a empresa expandiu seus serviços para fora do país, fazendo a sua primeira entrega em Ontário, Canadá. No ano seguinte, a UPS começou a atuar na Alemanha Ocidental, com 120 de suas vans marrons patenteadas.

A chave para o sucesso da UPS, depois sediada em Atlanta, Geórgia, era a eficiência. De acordo com a *Business Week,* "todas as rotas são pensadas, incluindo o tempo dos semáforos. Cada carro foi projetado de acordo com especificações exatas. Além disso (...) os motoristas enfrentam uma rotina calculada minuto a minuto". [3] Porém, a demanda pela precisão foi recebida com certa resistência pela força de trabalho da UPS, em grande parte sindicalizada. O motorista Mark Dray disse:

> (...) esperam que os motoristas sigam os planos rigorosamente (com horas contadas em milésimos), porém esses planos não prevêem imprevistos como as condições do trânsito e os volumes dos pacotes. Se eles atrasam, são repreendidos, e se adiantam, suas rotas são aumentadas.[4]

Em sua busca por eficiência, a UPS experimentou grandes descobertas resultantes de mudanças nas práticas de trabalho e de solicitações dos seus motoristas. Em agosto de 1997, seus 190 mil empregados entraram em greve por 15 dias, até fecharem novo acordo de cinco anos. Além de aumentos de salários, o novo acordo propunha a criação de 10 mil novos empregos de tempo integral e a contratação de mais 10 mil funcionários de meio período (para trocas de turnos). Essas solicitações custaram à UPS US$ 700 milhões em perdas de rendimentos, resultando em menos de 1% de crescimento nas vendas para o ano de 1996 e um declínio nos lucros de US$ 1,15 bilhão para US$ 909 milhões.

Na maior parte da história da empresa, a UPS era propriedade somente de seus gestores, suas famílias, seus antigos empregados ou fundações de caridade pertencentes à empresa. A companhia atuava em prol da liquidez de suas próprias ações, comprando ou vendendo ações

---

[3] Vogel, Todd; Hawkins, Chuck. "Can UPS Deliver the Goods in the New World?", *BusinessWeek*, 4 de junho de 1990.

[4] Hodges, Jill. "Driving Negociations; Teamsters Survey Says, UPS Drivers among Nation's Stressed Workers", *Star Tribune*, 9 de junho de 1993.

a um preço justo de mercado[5] determinado trimestralmente pelo seu quadro diretivo. No final do milênio, porém, com o esfriamento dos efeitos da greve, a UPS emergiu como uma empresa revitalizada e com força promissora, sendo que seus executivos determinaram que ela precisaria ter mais flexibilidade na publicidade do seu comércio para conseguir uma aquisição estratégica mais agressiva.

Em novembro de 1999, a companhia iniciou uma ruptura em sua política acionária, quando trocou cada ação da UPS existente por duas ações Classe A. A empresa, então, vendeu 109 milhões das recentemente criadas ações Classe B na New York Stock Exchange em uma oferta pública inicial (IPO – *Initial Public Offer*) que atingiu US$ 5,266 bilhões, sem os custos de seguro. A UPS usou a maioria desses procedimentos para comprar 68 milhões de ações Classe A. Depois de um período de estagnação após o IPO, as ações Classe A eram convertidas em ações Classe B e poderiam ser comercializadas ou vendidas. Ambas as ações tinham o mesmo interesse econômico na empresa, porém as ações Classe A davam dez votos aos seus proprietários, enquanto as ações Classe B permitiam apenas um voto.

Até 1999, a empresa, financeira e operacionalmente conservadora, era considerada vagarosa e cansada. Embora fosse muito maior que a FedEx, a UPS não tinha intenções de competir diretamente no mercado de entregas noturnas até 1982, principalmente por causa dos enormes custos necessários para se desenvolver uma frota aérea. Mas, depois de abrir seu capital, ela começou uma série de aquisições agressivas, começando com a compra da empresa, com base em Miami, que operava serviços de transporte na América Latina, e uma rede de franquia de lojas que oferecem serviços de embalagem, envio e serviços de correio chamado Mail Boxes Etc. (mais tarde renomeada como UPS Store), com mais de 4.300 localidades domésticas e internacionais.

Mais assertiva do que antes, a UPS do novo milênio era produto de esforços de uma reengenharia extensiva e de uma revitalização no foco dos negócios. Enquanto a companhia tradicionalmente agregou o título de indústria dos custos baixos, mais recentemente investiu pesadamente em tecnologia, aeronaves, instalações para inovações nos serviços de transporte, manutenção da qualidade e redução dos custos. Em 2003, renovou sua identidade visual pela primeira vez desde 1961 e enfatizou suas atividades na indústria de *supply-chain*. "O mercado de pequenas encomendas nos EUA é de cerca de US$ 60 bilhões. O mercado mundial de *supply-chain* gira em torno de US$ 3,2 trilhões", disse Mike Eskew, presidente e CEO da UPS. "É tudo aquilo que acontece desde o momento em que alguma coisa é feita até o momento em que ela é entregue no seu destino final, que então, depois de comercializada, vira parte de reposição."[6]

---

[5]Ao determinar esse preço de ações, o quadro diretivo considerou uma variedade de fatores, incluindo ganhos passados, recentes e estimativas, as reservas para os débitos, previsões e o clima geral da economia. As opiniões dos conselheiros externos às vezes eram consideradas. O preço das ações nunca perdeu valor. As ações adquiridas pelos empregados eram sempre financiadas com empréstimos de hipotecas de ações em bancos comerciais. Quando as ações eram garantia para os empréstimos, a avaliação feita pelo concessor de empréstimos fornecia uma validação externa para o preço das ações.

[6]Weber, Harry R. "UPS, FedEx Rivalry: A Study in Contrasts", *Associated Press Newswires*, 21 de maio de 2004.

Em 2003, a UPS oferecia seus serviços por toda a parte nos Estados Unidos e em mais de 200 países e territórios e movia mais de 13 milhões de pacotes e documentos todos os dias por toda a rede. As operações de transportes domésticos somavam cerca de 76% dos rendimentos em 2002; internacionais (15%), itens não-encomenda (9%). Nos Estados Unidos, estimava-se que o sistema de entrega da empresa carregava mercadorias com valores de mais de 6% do produto interno bruto do país.[7] A companhia empregava 360 mil pessoas (das quais 64% eram sindicalizadas) e possuía 88 mil veículos terrestres e 583 aeronaves.

No final de 2003, a empresa reportou propriedades, rendimentos e lucros de US$ 28,9 bilhões, US$ 33,4 bilhões e US$ 2,9 bilhões, respectivamente. O **Quadro 3** mostra os aspectos financeiros e analíticos da UPS. O conservadorismo da companhia foi refletido pelo *rating* AAA de seus títulos.

Competição no mercado de entregas de encomendas urgentes

O mercado de encomendas domésticas soma cerca de US$ 45 bilhões e poderia ser segmentado em pelo menos três dimensões: *peso, modo de transporte* e *prazo de serviços*. As categorias do *peso* se constituem em cartas (0-4,4 quilos), pacotes (4,4 quilos – 15 quilos) e caixas pesadas (acima de 15 quilos). As categorias de *modo de transporte* eram simplesmente aérea e terrestre. Finalmente, as categorias de *prazo* eram 24 horas, no dia seguinte, três dias após o pedido e, por último, regulares, que levavam quatro ou mais dias para serem entregues após a coleta.

O segmento expresso aéreo representava US$ 25 bilhões da indústria de encomendas nos EUA e estava concentrado em cartas e pacotes, entregas noturnas e para o dia seguinte, aéreas ou aéreas e terrestres. Enquanto virtualmente todos os negócios da FedEx estavam concentrados no segmento *air-express* de entregas para indústrias, apenas 22% dos rendimentos da UPS eram derivados da categoria de entregas do dia seguinte. A competição entre a FedEx e a UPS para dominar os US$ 25 bilhões do mercado *air-express* doméstico previa um incomum futuro desafiador.

O **Quadro 4** fornece um resumo detalhado da rivalidade entre a FedEx e UPS. As discussões significantes dessa rivalidade incluem o seguinte:

- **Foco no cliente.** Ambas as companhias enfatizaram seus focos no cliente. Isso significa ouvir cuidadosamente as necessidades do cliente e fornecer soluções customizadas, em vez de manter produtos padronizados, e melhorar o comprometimento dos serviços de relacionamento.
- **Competição de preços.** A UPS entrou fortemente no mercado com preços muito competitivos, que chegavam a ser metade do preço da FedEx. No final dos anos 1990, ambas as empresas entraram em um padrão de aumentos de preços. O **Quadro 5** mostra um resumo das taxas de aumentos recentes.
- **Reengenharia operacional.** Em virtude da intensa competição de preços, a redução de custos unitários tornou-se uma prioridade. A redução de custos foi atingida com a exploração em escala econômica, investimentos em tecnologia e processamento de negócios

[7] "United Parcel Service, Inc. – SWOT Analysis". *Datamonitor Company Profiles,* 16 de julho de 2004.

em reengenharia, que procura enxugar ao máximo as etapas desnecessárias e os custos que estejam fora do processo dos serviços.

- **Tecnologia da informação.** A gestão da informação tornou-se central para as operações de ambas, FedEx e UPS. Todos os pacotes manuseados pela FedEx, por exemplo, eram registrados no Cosmos (*Customer, Operations, Service, Master On-line System*), que transmitia dados dos movimentos dos pacotes, das retiradas dos clientes, das faturas, e enviava tudo para um banco de dados central em Memphis, Tennessee. A UPS conta com DIADs (*Delivery Information Acquisition Devices*), unidades usadas para escanear códigos de barra e gravar as assinaturas dos clientes.
- **Expansão de serviços.** A FedEx e a UPS atrapalhavam os pedidos umas das outras. A FedEx, que tem um ótimo volume de descontos com alta qualidade, ia na direção dos grandes clientes que tinham usado os serviços da UPS antes. A UPS copiava a interface com os clientes da FedEx instalando 11.500 caixas de depósito para competir com as 12 mil da FedEx, 165 estações de *drive-through* e 371 lojas de entregas rápidas. A UPS também iniciou coletas e entregas aos sábados para competir com a programação de FedEx. Essa comprou US$ 200 milhões em veículos terrestres para competir com a UPS.
- **Serviços de logística.** As maiores inovações vieram com a oferta de integrar serviços de logística aos grandes clientes corporativos. Esses serviços foram planejados para fornecer total controle do estoque dos clientes, incluindo compras, receitas de bens, entrada e armazenagem, contabilidade de estoque, remessas e contas dedutíveis. A companhia de *design* de Londres Laura Ashley, por exemplo, contratou a FedEx para armazenar, transportar e enviar produtos rapidamente para lojas individuais ao redor do mundo. Similarmente, a Dell Computer contratou a UPS para gerenciar totalmente o recebimento e envio de suas mercadorias.

O impacto da opressão existente entre a UPS e a FedEx era claramente refletido em seus respectivos investimentos. Entre 1992 e 2003, os investimentos da FedEx e da UPS chegaram a um índice de 34,64% e 36,78%, respectivamente. Durante esse período, as duas companhias acompanharam os investimentos umas das outras quase totalmente. (O **Quadro 6** fornece uma representação gráfica dos investimentos acumulados.)

O mercado de encomendas internacional

Em 2004, as aeronaves de carga carregavam cerca de 50% de todo o comércio mundial, medido em valores.[8] Já nos anos 1990, as entregas internacionais significavam apenas uma pequena parte dos rendimentos da UPS e da FedEx. Depois de fazer investimentos significativos para desenvolver capacidade de entregas na Europa, a FedEx eventualmente desistiu de seu foco na Europa e vendeu seus centros de operação em Bruxelas, Bélgica, para a DHL. Alguns analistas estimam que a FedEx perdeu cerca de US$ 1 bilhão na Europa desde sua entrada nesse mercado, em 1984. A FedEx continuaria a fazer entregas na Europa, mas contaria com parceiros locais. Em 1995, expandiu suas rotas na América Latina e no Caribe, e

[8]Harney, Alexandra; Roberts, Dan. "Comment & Analysis", *Financial Times,* 9 de agosto de 2004.

depois introduziu a FedEx AsiaOne, um serviço que faz entregas no próximo dia útil entre os países da Ásia e dos Estados Unidos pela Subic Bay, nas Filipinas.

A UPS não interrompeu a sua atuação no mercado europeu até 1988, com a aquisição de dez serviços europeus de *courier* (entregas). Para aumentar os seus sistemas de entregas internacionais, a companhia criou um sistema que codificava e rastreava pacotes e automaticamente informava os clientes sobre custos e taxas. A UPS esperava que esse serviço internacional significasse cerca de um terço do total de rendimentos no ano de 2000. Em maio de 1995, foi anunciado que seriam gastos mais de US$ 1 bilhão durante os cinco anos seguintes para expandir os negócios na Europa. O **Quadro 7** apresenta os segmentos internacional e doméstico (EUA) da FedEx e da UPS.

De acordo com os especialistas em economia e indústrias, em 11 anos a China se tornaria o segundo maior mercado de telefones celulares, um importante centro de produção têxtil, de produção de chips de computadores e outros produtos de alta tecnologia. De acordo com projeções econômicas recentes, o comércio interasiático cresceria cerca de 16,8% anualmente em 2005.[9]

O mercado total de cargas aéreas na China tem crescido cerca de 30% ao ano, e é esperado um ritmo igual para os próximos cinco anos.[10] A FedEx e a UPS focalizaram principalmente o mercado de importação e exportação, e não o mercado doméstico interno da China, utilizando parceiros locais para fazer as entregas dentro do país (embora, em dezembro de 2005, fosse permitido que cada empresa dominasse totalmente as operações de entregas no país). Uma fonte da indústria acreditou que a parcela de mercado doméstico chegaria a movimentar cerca de US$ 800 milhões, enquanto os mercados de importações e exportações movimentam US$ 1 bilhão. "Enquanto lá começa o workshop do mundo", comentou um observador, "a abundância da indústria ao longo dos deltas dos rios Pérola e Yangtzé representa tanto o início da cadeia de suprimentos do mundo quanto a fonte de alguns dos maiores gargalos dos transportes".[11]

O recentemente anunciado acordo de serviços aéreos entre EUA e China permitirá 195 vôos semanais adicionais entre os países – 111 de aviões cargueiros e 84 de passageiros – resultando em um total de 249 vôos semanais, no final dessa fase de seis anos. Os dois países também concordaram em ampliar o número de cidades atendidas. Até aquela época, as empresas transportadoras chinesas só poderiam voar para atender a 12 cidades nos Estados Unidos, e as transportadoras americanas eram autorizadas a voar para apenas cinco cidades chinesas. De acordo com o secretário americano dos Transportes Norman Mineta, "este acordo representa um grande passo adiante, criando um sistema de transporte aéreo internacional que supre as necessidades de novos mercados globais".

A UPS e a FedEx receberam a notícia com prazer. "Isso certamente promove uma oportunidade extraordinária para o fortalecimento das relações comerciais de *supply-chain* que suportam o crescimento internacional do comércio entre os EUA e a China e com o mundo", disse Mike Eskew, presidente e CEO da UPS, adicionando que a provisão do acordo facilitaria o processo. Fred Smith, presidente e CEO da FedEx, disse: "Nós achamos que a China é

[9]*Press release* da UPS, 4 de novembro de 2004.

[10]Morgan Stanley, 6 de abril de 2004.

[11]Harney, Alexandra; Roberts, Dan. "Comment & Analysis", Financial Times, 9 de agosto de 2004.

uma imensa oportunidade para a empresa. Temos importantes planos de expansão nesse país, que refletem o crescimento fantástico e a posição única como um dos maiores centros manufatureiros do mundo".[12]

Avaliação de desempenho

Virtualmente, todos os observadores interessados – clientes, fornecedores, investidores e funcionários – assistiam à competição entre FedEx e UPS, procurando pistas sobre o capítulo seguinte do drama. A sabedoria convencional dizia que se uma empresa apresentasse excelência operacional, um ótimo desempenho financeiro seria a conseqüência lógica. De fato, a FedEx tinha colocado o objetivo de produzir "ganhos financeiros superiores", enquanto a UPS visava ao "retorno competitivo de longo prazo". Teriam, ambas as empresas, atingido seus objetivos? Além disso, as tendências do desempenho financeiro são capazes de indicar se a empresa terá bons resultados no futuro? Na busca pelas respostas, os demonstrativos a seguir fornecem diversos caminhos possíveis de análise.

EPS (lucro por ação), valor de mercado e retorno

O **Quadro 8** mostra o preço das ações, os lucros por ação (EPS) e os índices preço–lucro para as duas empresas. Também inclui o retorno total anual para o acionista (valorização percentual no preço das ações mais dividendos). Alguns analistas questionaram o valor de mercado das ações da UPS antes do IPO de 1999, porque esse valor fora atribuído pelo conselho gestor da UPS e não em mercado aberto.

Análise do índice

Os **Quadros 2** e **3** apresentam diversos índices analíticos computados das demonstrações financeiras das duas empresas.

Análise do Lucro Econômico (Valor Econômico Agregado – EVA)

O EVA reflete o valor criado ou perdido a cada ano, deduzindo um custo para o uso do capital do lucro líquido operacional após impostos (Nopat).

$$\begin{aligned} \text{EVA} &= \text{Lucro operacional} - \text{Custo de capital} \\ &= \text{Nopat} - (\text{K x Capital}) \end{aligned}$$

O custo de capital foi obtido pela multiplicação do custo de capital, "K", pelo capital empregado no negócio ou na operação. Essa conta pode ser feita por qualquer um dos métodos, que irão chegar à mesma resposta, sendo que eles constam dos quadros para fins ilustrativos. A *abordagem operacional* trabalha com a coluna de ativos do balanço da empresa e calcula o Nopat diretamente da demonstração do resultado. A *abordagem capital* trabalha com o lado direito da folha de balanço e calcula o Nopat indiretamente (por exemplo: ajustando-se o lucro líquido).

---

[12]Roberts, Dan. "FedEx Plans Expanded Services in China", *Financial Times*, 23 de junho de 2004.

Estimando o capital Os **Quadros 9** e **10** calculam o real montante de capital por meio das duas abordagens – operacional e capital. Incluídos em capital, encontram-se itens que representam valor econômico aplicado em favor da empresa, tais como o valor atual de *leasing* operacional, fundo de comércio amortizado e perdas. A lógica de se incluir perdas e abatimentos no capital contínuo é de que tais perdas representam ativos improdutivos ou investimentos malsucedidos. Excluindo-se esses ítens do cálculo do capital, a equação conteria apenas os esforços bem-sucedidos e não refletiria de forma precisa o real desempenho da empresa.

Estimando o Nopat Os **Quadros 9** e **10** calculam o Nopat atribuindo a mesma importância a perdas e abatimentos. Aqui o objetivo é chegar ao verdadeiro montante gerado pela empresa. Para tanto, os quadros incluem aumento de impostos diferidos de volta na renda, pois isso não é uma despesa de caixa, e calcula as despesas de juros dos ativos operacionais imobilizados como se fossem capital ativo imobilizado.

Estimando o custo do capital O custo do capital aplicado contra Nopat deve ser baseado em um misto de custos de todos os tipos de capital que a empresa aplica, ou o custo médio ponderado de capital (WACC). O custo da dívida (usado tanto para débitos quanto para imobilizados) é a taxa anual consistente com o *rating* da empresa (BBB para a FedEx e AAA para a UPS). O custo do patrimônio pode ser calculado de diversas formas. Nessa análise, o modelo usado é o de levantamento de custo de capital pelo modelo do CAPM – *Capital Asset Pricing Model.*[13] O Beta da FedEx e o custo de capital próprio são utilizados para estimar o custo do capital da FedEx. Pelo fato de o Beta da UPS não ser observável, a análise que se segue utiliza a média anual de Betas públicos de empresas do ramo – FedEx, Air Express, Airbone Freight, Roadway, Yellow Transport e J. B. Hunt Transport.

Estimando o EVA e o MVA Nos **Quadros 9** e **10**, as reservas de capital e o fluxo de caixa são usados para calcular o verdadeiro retorno e, com a introdução do WACC, para calcular o EVA. Esses quadros apresentam o EVA calculado a cada ano e cumulativamente no tempo. O painel localizado na base de cada um exibe a estimativa do valor de mercado adicionado ou destruído (ou valor agregado/desagregado) durante o período observado. O MVA é calculado como a diferença entre o valor de mercado atual da empresa e sua base de investimento. O valor de mercado criado pode ser comparado ao EVA cumulativo. Em tese, tem-se a seguinte relação:

$$\text{MVA} = \text{valor real de todos os EVAs futuros}$$
$$\text{MVA} = \text{valor de mercado da dívida e patrimônio} - \text{capital}$$

Logo,

$$\text{Valor de mercado} = \text{capital} + \text{valor presente de todos os EVAs futuros}$$

[13]CAPM descreve o custo do capital como a soma das taxas de retorno de um ativo livre de risco mais um prêmio pelo risco. O prêmio pelo risco é obtido pela multiplicação do prêmio do mercado de ações (isto é, o retorno histórico das ações MENOS o retorno histórico do ativo livre de risco) pelo fator de risco intrínseco da empresa, o Beta. O Beta igual a 1,0 indica que a companhia é tão arriscada quanto a média do mercado de ações, menor que 1,0 indica que tem risco inferior ao do mercado, e maior, que implica risco superior ao do mercado.

Em outras palavras, maximizar o valor real do EVA resultaria em maximizar o valor de mercado da empresa.

Perspectivas para a FedEx e a UPS

Cerca de 70%[14] das ações ordinárias da FedEx eram propriedade institucional dos investidores que, pode-se dizer, eram instrumentais para definir os preços das ações. Tipicamente, esses investidores absorveram o pensamento de várias análises de segurança que seguiram a FedEx e a UPS em 2004. O **Quadro 11** contém trechos de várias demonstrações do patrimônio indicando as perspectivas daquelas análises.

Observadores da indústria de entregas aéreas ponderaram o recente desempenho da direção das duas companhias e das suas campanhas. Qual foi o impacto da competição intensa entre as duas empresas? Qual empresa estava se desenvolvendo melhor? As empresas enfrentaram divisores de águas com a dramática liberação das oportunidades na China. Sua performance no passado conterá indicativos sobre as possibilidades para futuras competições?

[14]Oficiais, diretores e empregados da FedEx possuíam 7% das ações, cerca de 23% eram detidas por investidores individuais não afiliados à companhia.

QUADRO 1 | Padrões de preço das empresas UPS e FedEx de 18 de junho de 2003 a 3 de setembro de 2004

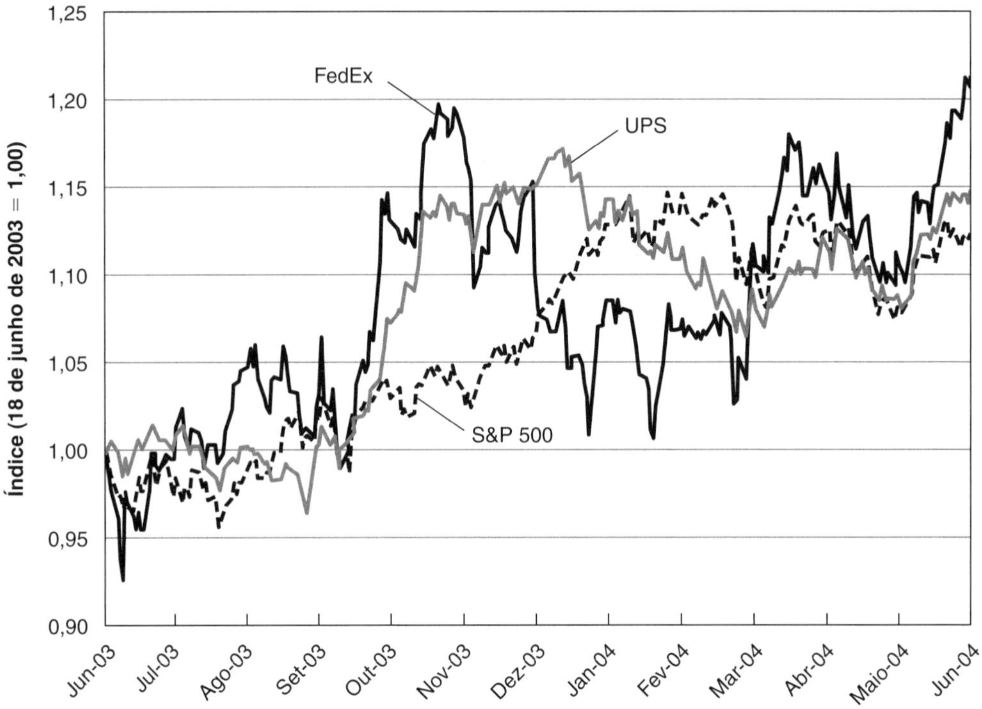

Fonte: Datastream (análise do autor do caso).

QUADRO 2 | Índice financeiro e analítico da FedEx

FEDEX CORP	1992	1993	1994	1995	1996	1997	1998	1999	2000	2001	2002	2003	
Análise das atividades					42,67								
Médias de dias em aberto	44,10	42,60	41,82	41,79	93,51	44,11	39,74	44,57	46,98	46,98	44,25	41,54	365/giro de contas a receber
Turnover do capital de giro	(42,21)	(817,85)	37,64	103,73	2,50	67,84	208,05	47,08	46,37	98,37	28,50	37,11	Vendas/capital de giro médio
Giro do ativo fixo	2,21	2,25	2,46	2,53	1,53	2,49	2,67	2,56	2,58	2,42	2,48	2,58	Vendas/ativo fixo líquido médio
Giro do ativo total	1,38	1,35	1,42	1,46		1,51	1,64	1,58	1,58	1,47	1,49	1,46	Vendas/ativo total médio
Análise de liquidez													
Liquidez corrente	0,87	0,99	1,15	1,05	1,07	1,09	1,03	1,13	1,14	1,06	1,25	1,18	Ativo circulante/passivo circulante
Liquidez imediata	0,06	0,11	0,26	0,20	0,06	0,06	0,08	0,12	0,02	0,04	0,11	0,16	(Caixa + títulos e valores mobiliários)/passivo circulante
Índice de geração de caixa proveniente das operações	0,38	0,50	0,50	0,58	0,58	0,51	0,61	0,64	0,56	0,63	0,76	0,56	Caixa proveniente de operações/ passivo circulante
Intervalo defensivo	0,70	0,78	0,91	0,92	0,68	0,72	0,80	0,92	0,94	0,87	0,92	1,02	(Caixa + AR + imposto sobre caixa)/(aluguéis + CAPEX bruto)
Análise de dívidas de longo prazo e solvência													
Índice de dívida/patrimônio	1,24	1,21	0,95	0,70	0,52	0,51	0,41	0,29	0,37	0,36	0,28	0,28	Dívida total/patrimônio total
Grau de cobertura financeira	1,36	1,82	2,92	3,73	4,31	5,06	6,42	7,78	7,83	6,58	6,98	10,51	EBIT/despesa com juros
Grau de cobertura de encargos fixos da dívida	0,34	0,46	0,64	0,65	0,61	0,57	0,74	0,75	0,72	0,65	0,61	0,83	EBIT/(despesas com aluguel e despesas com juros)
Taxa de investimento	0,15	0,21	0,22	0,28	0,23	0,22	0,29	0,27	0,23	0,25	0,27	0,22	Caixa proveniente de operações/ CAPEX
Caixa proveniente das operações /índice de endividamento	0,27	0,36	0,42	0,65	0,71	0,66	1,04	1,29	0,91	0,96	1,23	0,93	Caixa proveniente de operações /dívida total
Análise de lucratividade													
Margem antes de juros e impostos	3,67%	4,67%	6,26%	6,29%	6,07%	5,94%	6,82%	6,93%	6,69%	6,09%	5,79%	6,54%	EBIT/vendas
Margem de lucro líquido	(1,51%)	0,69%	2,41%	3,17%	3,00%	3,14%	3,17%	3,76%	3,77%	2,98%	3,45%	3,69%	Lucro líquido/vendas
Retorno sobre o ativo	1,63%	4,38%	6,45%	7,09%	6,75%	6,51%	6,94%	7,33%	7,32%	5,74%	6,38%	6,30%	(Lucro líquido + despesas de juros)/ativo total médio
Retorno sobre o patrimônio total	(7,20%)	3,22%	10,62%	13,25%	11,95%	12,19%	12,70%	13,54%	14,38%	9,90%	10,85%	11,39%	Lucro líquido/patrimônio líquido médio
Efeito da alavancagem financeira	(21,85%)	7,43%	26,64%	28,87%	32,51%	35,85%	29,48%	35,63%	42,35%	28,59%	31,87%	44,36%	Lucro líquido/lucro operacional
Crescimento		**'92–'93**	**'93–'94**	**'94–'95**	**'95–'96**	**'96–'97**	**'97–'98**	**'98–'99**	**'99–'00**	**'00–'01**	**'01–'02**	**'02–'03**	**Taxa de crescimento anual composta ('92–'03)**
Vendas		3,42%	8,60%	10,76%	9,39%	12,13%	37,79%	5,67%	8,84%	7,52%	4,98%	9,12%	11,53% ('92–'03)
Ativo contábil		6,04%	3,44%	7,36%	4,13%	13,83%	27,02%	9,93%	8,25%	15,73%	3,54%	11,39%	9,81% ('92–'03)
Lucro líquido antes de perdas (ganhos) extraordinárias		(196,51%)	86,11%	45,61%	3,42%	17,37%	37,91%	26,73%	9,03%	(15,10%)	24,07%	14,48%	25,20% ('93–'03)
Lucro líquido		(147,34%)	279,40%	45,61%	3,42%	17,37%	39,26%	25,51%	9,03%	(15,10%)	21,50%	16,90%	35,51% ('93–'03)
Lucro operacional		31,67%	45,51%	11,40%	5,53%	9,65%	58,27%	7,43%	4,99%	(2,14%)	(0,16%)	23,30%	13,64% ('92–'03)

Fonte: DataStream (Thomson Financial).

QUADRO 3 | Índice financeiro e analítico da UPS

UPS	1992	1993	1994	1995	1996	1997	1998	1999	2000	2001	2002	2003	
Análise das atividades													
Médias de dias em aberto	23,13	23,11	25,66	30,50	34,81	38,57	37,68	39,67	44,79	53,16	54,92	51,60	365/giro de contas a receber
Turnover do capital de giro	267,78	4,748,29	161,79	80,63	20,39	20,81	14,51	3,90	11,35	10,33	9,82	7,72	Vendas/capital de giro médio
Giro do ativo fixo	2,59	2,63	2,52	2,34	2,19	2,04	2,18	2,34	2,41	2,28	2,30	2,41	Vendas/ativo fixo líquido médio
Giro do ativo total	1,83	1,86	1,75	1,66	1,50	1,41	1,45	1,17	1,37	1,24	1,19	1,16	Vendas/ativo total médio
Análise de liquidez													
Liquidez corrente	1,03	1,00	1,04	1,09	1,35	1,32	1,46	2,65	1,58	1,64	1,57	1,79	Ativo circulante/passivo circulante
Liquidez imediata	0,06	0,12	0,09	0,07	0,12	0,14	0,44	1,50	0,43	0,35	0,54	0,72	(Caixa + títulos e valores mobiliários)/passivo circulante
Índice de geração de caixa proveniente das operações	0,69	0,74	0,56	0,66	0,60	0,73	0,77	0,53	0,61	0,84	1,01	0,84	Caixa proveniente de operações/ passivo circulante
Intervalo defensivo	1,71	1,83	1,47	1,36	1,38	1,60	3,12	5,13	3,07	2,82	4,98	4,57	(Caixa + AR + imposto sobre caixa)/(aluguéis + CAPEX bruto)
Análise de dívidas de longo prazo e solvência													
Índice de dívida/patrimônio	0,23	0,22	0,24	0,34	0,44	0,43	0,36	0,19	0,37	0,50	0,37	0,26	Dívida total/patrimônio total
Grau de cobertura financeira	18,68	23,59	20,85	17,19	13,71	7,38	12,17	16,08	19,58	16,83	23,15	36,41	EBIT/despesa com juros
Grau de cobertura de encargos fixos da dívida	18,68	23,59	20,85	17,19	13,71	7,38	12,17	16,08	19,58	16,83	23,15	36,41	EBIT/(despesas com aluguel e despesas com juros)
Taxa de investimento	0,23	0,26	0,21	0,22	0,19	0,22	0,25	0,19	0,22	0,29	0,41	0,33	Caixa proveniente de operações/ CAPEX
Caixa proveniente das operações/índice de endividamento	1,67	2,04	1,43	1,13	0,74	0,94	1,10	0,92	0,76	0,75	1,22	1,22	Caixa proveniente de operações /dívida total
Análise de lucratividade													
Margem antes de juros e impostos	7,74%	8,20%	7,95%	10,29%	9,07%	7,56%	12,47%	14,74%	15,19%	12,69%	12,81%	13,16%	EBIT/vendas
Margem de lucro líquido	3,12%	4,55%	4,82%	4,96%	5,12%	4,05%	7,02%	3,26%	9,86%	7,83%	10,18%	8,65%	Lucro líquido/vendas
Retorno sobre o ativo	6,47%	9,10%	9,10%	9,24%	8,65%	7,16%	11,69%	4,91%	14,61%	10,68%	12,73%	10,44%	(Lucro líquido + despesas de juros)/ativo total médio
Retorno sobre o patrimônio total	13,87%	20,53%	20,30%	20,25%	19,42%	14,93%	24,27%	7,08%	30,14%	23,41%	25,55%	19,51%	Lucro líquido/patrimônio líquido médio
Efeito da alavancagem financeira	35,59%	46,16%	58,39%	53,41%	60,16%	36,82%	60,70%	39,72%	107,00%	61,51%	56,55%	62,38%	Lucro líquido/lucro operacional
Crescimento		**'92–'93**	**'93–'94**	**'94–'95**	**'95–'96**	**'96–'97**	**'97–'98**	**'98–'99**	**'99–'00**	**'00–'01**	**'01–'02**	**'02–'03**	**Taxa de crescimento anual composta ('92–'03)**
Vendas		7,65%	10,08%	7,51%	6,29%	0,40%	0,40%	9,13%	10,05%	2,94%	2,04%	7,08%	7,32% ('92–'03)
Ativo contábil		5,93%	16,80%	13,08%	18,26%	6,41%	6,41%	35,01%	(5,99%)	13,73%	6,99%	9,68%	8,12% ('92–'03)
Lucro líquido antes de perdas (ganhos) extraordinárias		5,82%	16,51%	10,57%	9,88%	(20,68%)	(20,68%)	(49,28%)	232,28%	(17,35%)	34,19%	(10,94%)	14,25% ('92–'03)
Lucro líquido		56,86%	16,51%	10,57%	9,88%	(20,68%)	(20,68%)	(49,28%)	232,28%	(18,23%)	32,64%	(8,93%)	18,83% ('92–'03)
Lucro operacional		14,08%	6,74%	39,21%	(6,33%)	(16,31%)	(16,31%)	29,06%	13,39%	(14,02%)	3,01%	10,01%	12,35% ('92–'03)

Fonte: DataStream (Thomson Financial).

QUADRO 4 | Linha do tempo de desenvolvimentos competitivos

FedEx		United Parcel Service, Inc.
• Oferece entregas até às 10h30 da manhã seguinte	**1982**	• Oferece serviços aéreos de entrega rápida (dia seguinte)
• Adquire Gelco Express e lança operações no eixo Ásia-Pacífico	**1984**	
• Estabelece pólo europeu em Bruxelas	**1985**	• Inicia serviços de entrega aérea intercontinental entre Estados Unidos e Europa
• Introduz um leitor de código de barras de mão para capturar informações detalhadas dos pacotes	**1986**	
• Oferece serviços de armazenamento para IBM, National Semiconductor, Laura Ashley	**1987**	
	1988	• Cria a primeira frota aérea da UPS • Oferece serviços automatizados aos clientes
• Adquire a Tiger International para expandir sua presença internacional	**1989**	• Expande os serviços aéreos para 180 países
• Ganha o prêmio Malcolm Baldridge National Quality	**1990**	• Introduz a garantia de entrega para até às 10h30 do dia seguinte
	1991	• Inicia entregas aos sábados • Oferece rastreamento por assinatura eletrônica
• Oferece entrega em até dois dias	**1992**	• Expande entrega para um total de 200 países
	1993	• Fornece soluções de *supply-chain* pelo grupo UPS Logistics
• Lança site na Internet para rastreamento de pedidos	**1994**	• Lança site na Internet para rastreamento de pacotes
• Adquire rotas aéreas para atender ao mercado chinês • Estabelece divisão na América Latina	**1995**	• Oferece garantia de entrega em 24 horas para pedidos despachados até às 8h da manhã
• Cria novo pólo no aeroporto Roissy–Charles de Gaulle, da França	**1999**	• Disponibiliza as ações da UPS em oferta pública
• Lança serviço de entrega em casa B2C	**2000**	• Adquire serviços de entrega de cargas diversas na América Latina
• Faz serviço de entregas para o Correio dos EUA • Adquire American Freightways Corp.	**2001**	• Adquire uma franquia varejista da Mail Boxes Etc. • Inicia vôos diretos para a China
• Expande a entrega em domicílio, cobrindo 100% do território americano	**2002**	• Oferece garantia de entrega em domicílio (dia seguinte)
• Adquire a franquia varejista Kinko's • Abre sede na China	**2003**	• Contrato com a Yangtze River Express para entregas de encomendas no território chinês • Reduz tempo de entregas domésticas terrestres

QUADRO 5 | Resumo dos anúncios de aumento da taxa de listagem

UPS	1998	1999	2000	2001	2002	2003	2004	Média
Data de implementação	8/2/02	9/2/03	8/2/04	6/2/05	8/1/06	7/1/07	6/1/08	
UPS – terrestre	3,6%	2,5%	3,1%	3,1%	3,5%	3,9%	1,9%	3,1%
Entregas aéreas domésticas (EUA)	3,3%	2,5%	3,5%	3,7%	4,0%	3,2%	2,9%	3,3%
Exportações americanas	0,0%	0,0%	2,9%	2,9%	3,9%	2,9%	2,9%	2,2%
Adicional residencial[1]	*$1,00*	*$1,00*	*$1,00*	*$1,05*	*$1,10*	*$1,15*	*$1,40*	
Adicional comercial[2]	*N/A*	*N/A*	*N/A*	*N/A*	*N/A*	*N/A*	*$1,00*	
FedEx	**1998**	**1999**	**2000**	**2001**	**2002**	**2003**	**2004**	**Média**
Data de implementação	8/2/02	9/2/03	8/2/04	6/2/05	8/1/06	7/1/07	6/1/08	
FedEx – terrestre	3,6%	2,5%	3,1%	3,1%	3,5%	3,9%	1,9%	3,1%
Entregas aéreas domésticas (EUA)	3,5%	2,8%	0,0%	4,9%	3,5%	3,5%	2,5%	3,0%
Exportações americanas	0,0%	0,0%	0,0%	2,9%	3,5%	3,5%	2,5%	1,8%
Adicional residencial-expresso[1]	*N/A*	*N/A*	*N/A*	*N/A*	*$1,35*	*$1,40*	*$1,75*	
Adicional residencial-terrestre	*N/A*	*N/A*	*N/A*	*$1,30*	*$1,35*	*$1,40*	*$1,75*	
Adicional residencial-entrega em domicílio[1]	*N/A*	*N/A*	*N/A*	*$1,05*	*$1,10*	*$1,15*	*$1,40*	
Adicional residencial-expresso[2]	*N/A*	*N/A*	*N/A*	*N/A*	*$1,50*	*$1,75*	*$1,00*	
Adicional comercial-terrestre[2]	*N/A*	*N/A*	*N/A*	*N/A*	*N/A*	*N/A*	*$1,00*	

Fonte: UPS, FedEx e Morgan Stanley.

[1]O serviço adicional residencial era uma taxa paga a mais pelas entregas de telegramas e encomendas em endereços residenciais para compensar os altos custos do serviço.

[2]O adicional residencial era cobrado pelos produtos enviados para lugares remotos e/ou códigos postais específicos.

QUADRO 6 | Investimentos acumulados da FedEx e da UPS

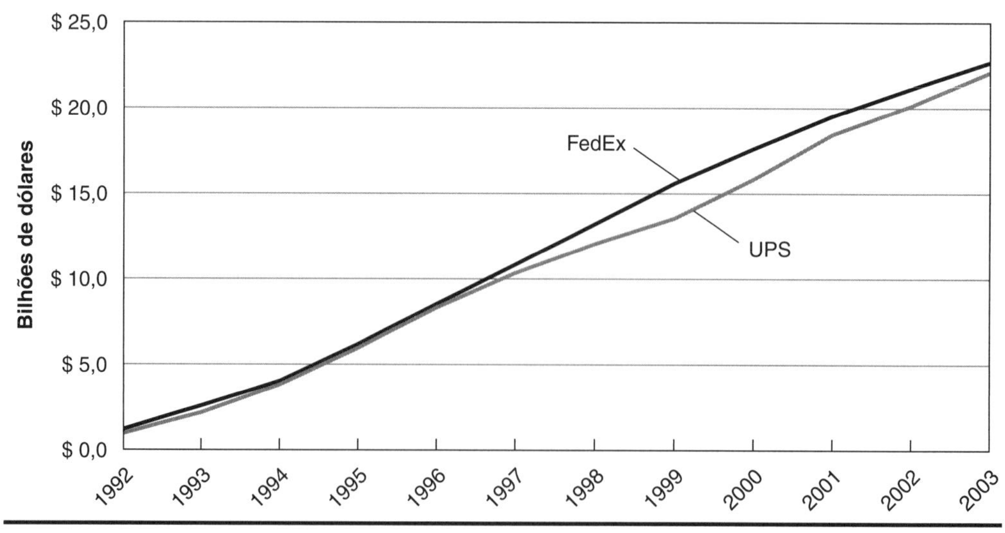

Fonte: *Filings* das empresas

QUADRO 7 | Informação por segmento geográfico (valores em milhões de dólares americanos)

FedEx	1992	1993	1994	1995	1996	1997	1998[a]	1999	2000	2001	2002	2003
EUA – doméstico												
Lucros	5.195	5.668	5.195	6.839	7.466	8.322	9.665	12.910	13.805	14.858	15.968	17.277
Ativo identificável	3.941	4.433	4.884	5.322	5.449	6.123	6.873	6.506	7.224	8.637	8.627	9.908
International												
Lucros	2.355	2.140	2.280	2.553	2.807	3.198	3.589	3.863	4.452	4.771	4.639	5.210
Ativo identificável	1.522	1.360	1.109	1.112	1.250	1.503	1.503	1.001	7.224	1.254	1.520	1.536
Consolidado												
Lucros	7.550	7.808	7.474	9.392	10.274	11.520	13.255	16.773	18.257	19.629	20.607	22.487
Ativo identificável	5.463	5.793	5.992	6.433	6.699	7.625	8.376	7.507	14.448	9.891	10.147	11.444
United Parcel Service Inc. (UPS)	**1992**	**1993**	**1994**	**1995**	**1996**	**1997**	**1998[a]**	**1999**	**2000**	**2001**	**2002**	**2003**
EUA – doméstico												
Lucros	14.722	15.823	17.298	18.243	20.108	20.238	22.252	24.093	26.325	26.163	26.284	26.968
Ativo identificável	7.873	8.539	9.902	11.157	9.376	10.063	9.832	10.725	12.477	13.717	14.129	14.915
International												
Lucros	1.797	1.960	2.278	2.802	2.260	2.220	2.536	2.959	3.446	4.158	4.988	6.517
Ativo identificável	1.164	1.214	1.280	1.488	1.323	1.372	1.810	2.111	2.061	3.050	2.874	3.567
Consolidado												
Lucros	16.519	17.782	19.576	21.045	22.368	22.458	24.788	27.052	29.771	30.321	31.272	33.485
Ativo identificável	9.038	9.754	11.182	12.645	10.699	11.435	11.642	12.836	14.538	16.767	17.003	18.482

Fonte: *Filings* das empresas.

[a]A FASB Statement nº 131 (Divulgação sobre os Segmentos Empresariais e Informações Relacionadas) estabelece um padrão a ser aplicado pelas empresas na identificação e divulgação das informações sobre segmentos operacionais e para divulgações afins sobre produtos e serviços, localizações geográficas e principais clientes.

QUADRO 8 | Preços de ações e retornos da FedEx e UPS

United Parcel Service, Inc. (UPS)	1992	1993	1994	1995	1996	1997	1998	1999	2000	2001	2002	2003
Preço das ações,[1] 31 de dezembro	$ 9,25	$ 10,38	$ 11,75	$ 13,13	$ 14,63	$ 15,38	$ 20,00	$ 69,00	$ 58,75	$ 54,50	$ 63,08	$ 74,55
Dividendos por ação[1]	$ 0,25	$ 0,25	$ 0,28	$ 0,32	$ 0,34	$ 0,35	$ 0,22	$ 0,58	$ 0,68	$ 0,76	$ 0,76	$ 0,92
Lucro por ação básico inclui itens extras	$ 0,44	$ 0,70	$ 0,81	$ 0,92	$ 1,00	$ 0,82	$ 1,59	$ 0,79	$ 2,54	$ 2,13	$ 2,84	$ 2,57
Múltiplo preço/lucro	21,26	14,82	14,42	14,34	14,55	18,64	12,58	87,34	23,13	25,59	22,21	29,01
Valorização de capital		12,16%	13,25%	11,70%	11,43%	5,13%	30,08%	245,00%	(14,86%)	(7,23%)	15,74%	18,18%
Retorno acumulado anual composto[2]		12,16%	27,03%	41,89%	58,11%	66,22%	116,22%	645,95%	535,14%	489,19%	581,95%	705,95%
FedEx Corp.	**1992**	**1993**	**1994**	**1995**	**1996**	**1997**	**1998**	**1999**	**2000**	**2001**	**2002**	**2003**
Preço das ações, 31 de dezembro	$ 10,19	$ 12,25	$ 19,13	$ 14,97	$ 19,16	$ 26,19	$ 32,06	$ 54,81	$ 35,50	$ 40,00	$ 53,95	$ 63,98
Dividendos por ação	$ 0,00	$ 0,00	$ 0,00	$ 0,00	$ 0,00	$ 0,00	$ 0,00	$ 0,00	$ 0,00	$ 0,00	$ 0,00	0,20
Lucro por ação básico inclui itens extras	($ 0,53)	$ 0,25	$ 0,91	$ 1,32	$ 1,35	$ 1,56	$ 1,72	$ 2,13	$ 2,36	$ 2,02	$ 2,38	$ 2,79
Múltiplo preço/lucro	nmf	50,00	20,96	11,36	14,22	16,79	18,70	25,73	15,04	19,80	22,67	22,93
Valorização de capital		20,25%	56,12%	(21,73%)	27,97%	36,70%	22,43%	70,96%	(35,23%)	12,68%	34,88%	18,59%
Retorno acumulado anual composto[2]		20,25%	87,73%	46,93%	88,04%	157,06%	214,72%	438,04%	248,47%	292,64%	429,57%	528,02%
Standard & Poor's 500 Index	**1992**	**1993**	**1994**	**1995**	**1996**	**1997**	**1998**	**1999**	**2000**	**2001**	**2002**	**2003**
Nível do índice	435,71	466,45	459,27	615,93	740,74	970,43	1.229,23	1.469,25	1.320,28	1.148,08	879,82	1.111,92
Retorno anual		7,06%	(1,54%)	34,11%	20,26%	31,01%	26,67%	19,53%	(10,14%)	(13,04%)	(23,37%)	26,38%
Retorno acumulado anual composto[2]		7,06%	5,41%	41,36%	70,01%	122,72%	182,12%	237,21%	203,02%	163,50%	101,93%	155,20%
Retornos acumulados ajustados pelo mercado		**1993**	**1994**	**1995**	**1996**	**1997**	**1998**	**1999**	**2000**	**2001**	**2002**	**2003**
UPS		5,11%	21,62%	0,53%	(11,90%)	(56,51%)	(65,90%)	408,74%	332,12%	325,69%	480,02%	550,75%
FedEx		13,19%	82,32%	5,57%	18,03%	34,33%	32,60%	200,83%	45,45%	129,14%	327,64%	372,83%

Fonte: Standard & Poor's *Research Insight*, relatórios anuais.

[1]Esses dados foram ajustados para desdobramentos 2:1 de ações e OPA realizada pela UPS em novembro de 1999. Antes de 1999, as ações da UPS não eram negociadas em bolsa e a companhia atuava como corretora (*market-maker*) de suas próprias ações.

[2]Cálculo do retorno anual composto: (Preço no exercício vigente/Preço no início do ano)/Preço no início do ano.

QUADRO 9 | Análise econômica dos lucros da FedEx

FedEx Corp.	1992	1993	1994	1995	1996	1997	1998	1999	2000	2001	2002	2003
Retorno sobre o patrimônio líquido (Rona)												
Lucro operacional líquido após impostos (Nopat) (US$ mm)	$ 187	$ 176	$ 363	$ 405	$ 419	$ 499	$ 727	$ 726	$ 866	$ 750	$ 881	$ 1,418
Capital inicial (US$ mm)	$ 4.078	$ 4.344	$ 4.456	$ 4.655	$ 5.081	$ 5.663	$ 6.882	$ 7.863	$ 8.636	$ 10.090	$ 10.870	$ 12.050
Retorno sobre o patrimônio líquido (Nopat/capital inicial)	**4,59%**	**4,05%**	**8,16%**	**8,70%**	**8,25%**	**8,82%**	**10,56%**	**9,23%**	**10,03%**	**7,43%**	**8,10%**	**11,77%**
Média ponderada do custo de capital (WACC)												
Dívida de longo prazo (US$ mm)	$ 1.798	$ 1.882	$ 1.632	$ 1.325	$ 1.325	$ 1.398	$ 1.385	$ 1.360	$ 1.776	$ 1.900	$ 1.800	$ 1.709
Ações em circulação (US$ mm)	216	219	224	225	228	230	295	298	284	297	298	299
Preço da ação (US$)	$ 10	$ 12	$ 19	$ 15	$ 19	$ 26	$ 32	$ 55	$36	$ 40	$ 54	$ 64
Valor de mercado das ações (US$ mm)	$ 2.205	$ 2.682	$ 4.274	$ 3.363	$ 4.359	$ 6.018	$ 9.453	$ 16.333	$ 10.098	$ 11.893	$ 16.087	$ 19.104
Tributação (%)	23%	46%	46%	43%	43%	43%	45%	41%	39%	37%	38%	38%
Títulos de longo prazo do governo americano	7,97%	6,80%	7,53%	7,01%	7,07%	6,89%	5,94%	5,79%	6,19%	5,65%	5,55%	4,76%
Dívida privilegiada BAA (%)	9,20%	8,11%	8,71%	8,27%	8,46%	8,16%	7,33%	7,69%	8,87%	7,94%	7,96%	6,58%
Prêmio de risco (%)	5,6%	5,6%	5,6%	5,6%	5,6%	5,6%	5,6%	5,6%	5,6%	5,6%	5,6%	5,6%
Beta	1,10	1,15	1,20	1,20	1,40	1,35	1,30	1,15	1,20	1,20	1,20	1,10
Custo do patrimônio (%)*	14,13%	13,24%	14,25%	13,73%	14,91%	14,45%	13,22%	12,23%	12,91%	12,37%	12,27%	10,92%
WACC	**10,99%**	**9,72%**	**11,61%**	**11,18%**	**12,56%**	**12,61%**	**12,05%**	**11,64%**	**11,79%**	**11,35%**	**11,53%**	**10,36%**
Valor Econômico Agregado (EVA)												
Rona (Nopat/capital inicial)	4,59%	4,05%	8,16%	8,70%	8,25%	8,82%	10,56%	9,23%	10,03%	7,43%	8,10%	11,77%
WACC	10,99%	9,72%	11,61%	11,18%	12,56%	12,61%	12,05%	11,64%	11,79%	11,35%	11,53%	10,36%
Spread	(6,39%)	(5,67%)	(3,46%)	(2,48%)	(4,30%)	(3,79%)	(1,48%)	(2,41%)	(1,75%)	(3,92%)	(3,43%)	1,41%
X capital inicial (US$ mm)	$ 4.078	$ 4.344	$ 4.456	$ 4.655	$ 5.081	$ 5.663	$ 6.882	$ 7.863	$ 8.636	$ 10.090	$ 10.870	$ 12.050
EVA (anual)	**($ 261)**	**($ 246)**	**($ 154)**	**($ 115)**	**($219)**	**($ 215)**	**($ 102)**	**($ 190)**	**($ 151)**	**($ 396)**	**($ 373)**	**$ 170**
EVA (cumulativo)	**($ 261)**	**($ 507)**	**($ 661)**	**($ 777)**	**($995)**	**($ 1,210)**	**($ 1,312)**	**($ 1,502)**	**($ 1,653)**	**($ 2,049)**	**($ 2,422)**	**($ 2,252)**
Valor de mercado agregado (MVA)												
Valor de mercado das ações (US$ mm)	$ 2.205	$ 2.682	$ 4.274	$ 3.363	$ 4.359	$ 6.018	$ 9.453	$ 16.333	$ 10.098	$ 11.893	$ 16.087	$ 19.104
Dívida de longo prazo ($ mm)	1.798	1.882	1.632	1.325	1.325	1.398	1.385	1.360	1.776	1.900	1.800	1.709
Capital (valor de mercado) (US$ mm)	4.002	4.565	5.907	4.687	5.684	7.416	10.838	17.693	11.874	13.793	17.887	20.813
Valor contábil do patrimônio (US$ mm)	1.580	1.671	1.925	2.246	2.576	2.963	3.961	4.664	4.785	5.900	6.545	7.288
Dívida de longo prazo ($ mm)	1.798	1.882	1.632	1.325	1.325	1.398	1.385	1.360	1.776	1.900	1.800	1.709
Capital (valor contábil) (US$ mm)	3.378	3.554	3.557	3.570	3.901	4.360	5.346	6.023	6.561	7.801	8.345	8.997
MVA (valor de mercado – valor contábil)	**$ 625**	**$ 1.011**	**$ 2.350**	**$ 1.117**	**$ 1.783**	**$ 3.056**	**$ 5.492**	**$ 11.670**	**$ 5.313**	**$ 5.993**	**$ 9.542**	**$ 11.816**

Fonte: *Value Line Investment Survey*, Standard & Poor's *Research Insight*, Bloomberg LP, Datastream.

*O custo do patrimônio foi derivado usando-se o modelo de precificação dos bens do imobilizado (CAPM).

QUADRO 10 | Análise econômica dos lucros da UPS***

United Parcel Service, Inc. (UPS)	1992	1993	1994	1995	1996	1997	1998	1999	2000	2001	2002	2003
Retorno sobre o patrimônio líquido (Rona)												
Lucro operacional líquido após impostos (Nopat) (US$ mm)	$ 914	$ 888	$ 944	$ 1,448	$ 1,545	$ 1,379	$ 1,909	$ 3,215	$ 2,955	$ 2,846	$ 2,589	$ 3,309
Capital inicial (US$ mm)	$ 6.932	$ 7.195	$ 8.280	$ 9.679	$ 11.796	$ 12.514	$ 13.350	$ 18.845	$ 17.161	$ 20.007	$ 20.802	$ 23.391
Retorno sobre o patrimônio líquido (Nopat/capital inicial)	**13,19%**	**12,34%**	**11,40%**	**14,96%**	**13,10%**	**11,02%**	**14,30%**	**17,06%**	**17,22%**	**14,23%**	**12,45%**	**14,15%**
Média ponderada do custo de capital (WACC)												
Dívida de longo prazo (US$ mm)	$ 862	$ 852	$ 1.127	$ 1.729	$ 2.573	$ 2.583	$ 2.912	$ 1.912	$ 2.981	$ 4.648	$ 3.495	$ 3.149
Ações em circulação* (US$ mm)	1.190	1.160	1.160	1.140	1.140	1.124	1.095	1.211	1.135	1.121	1.123	1.129
Preço da ação* (US$)	$9	$ 10	$ 12	$ 13	$ 15	$ 15	$ 20	$ 69	$ 59	$55	$63	$75
Valor de mercado das ações (US$ mm)	$ 11.008	$ 12.035	$ 13.630	$14.963	$ 16.673	$ 17.282	$ 21.896	$ 83.539	$ 66.663	$ 61.068	$ 70.839	$ 84.167
Tributação (%)	40%	43%	40%	39%	40%	41%	40%	58%	39%	38%	35%	34%
Títulos de longo prazo do governo americano	7,97%	6,80%	7,53%	7,01%	7,07%	6,89%	5,94%	5,79%	6,19%	5,65%	5,55%	4,76%
Dívida privilegiada BAA (%)	8,34%	7,36%	8,08%	7,71%	7,78%	7,53%	6,71%	6,90%	7,99%	7,16%	6,66%	5,47%
Prêmio de risco (%)	5,6%	5,6%	5,6%	5,6%	5,6%	5,6%	5,6%	5,6%	5,6%	5,6%	5,6%	5,6%
Beta**	1,24	1,13	1,16	1,18	1,18	1,14	1,08	1,15	1,11	1,09	0,95	
Custo do patrimônio (%)***	14,92%	13,24%	14,02%	13,64%	13,68%	13,27%	11,99%	12,23%	12,41%	11,75%	10,87%	9,24%
WACC	**14,20%**	**12,58%**	**13,32%**	**12,72%**	**12,47%**	**12,12%**	**11,26%**	**12,02%**	**12,09%**	**11,23%**	**10,56%**	**9,04%**
Valor Econômico Agregado (EVA)												
RONA (Nopat/capital inicial)	13,19%	12,34%	11,40%	14,96%	13,10%	11,02%	14,30%	17,06%	17,22%	14,23%	12,45%	14,15%
WACC	14,20%	12,58%	13,32%	12,72%	12,47%	12,12%	11,26%	12,02%	12,09%	11,23%	10,56%	9,04%
Spread	(1,01%)	(0,24%)	(1,91%)	2,24%	0,63%	(1,10%)	3,04%	5,04%	5,13%	2,99%	1,89%	5,11%
X capital inicial (US$ mm)	$ 6.932	$ 7.195	$ 8.280	$ 9.679	$ 11.796	$ 12.514	$ 13.350	$ 18.845	$ 17.161	$ 20.007	$ 20.802	$ 23.391
EVA (anual) ($ mm)	**($ 70)**	**($ 17)**	**($ 158)**	**$ 217**	**$ 74**	**($ 138)**	**$ 405**	**$ 949**	**$ 881**	**$ 599**	**$ 392**	**$1195**
EVA (cumulativo) ($ mm)	**($ 70)**	**($ 87)**	**($ 246)**	**($ 28)**	**$ 45**	**($ 92)**	**$ 313**	**$ 1,262**	**$ 2,143**	**$ 2,741**	**$ 3,133**	**$ 4,328**
Valor de mercado agregado (MVA)												
Valor de mercado das ações* (US$ mm)	$ 11.008	$ 12.035	$ 13.630	$ 14.963	$ 16.673	$ 17.282	$ 21.896	$ 83.538	$ 66.663	$ 61.068	$ 70.839	$ 84.167
Dívida de longo prazo ($ mm)	862	852	1,127	1,729	2,573	2,583	2,191	1,912	2,981	4,648	3,495	3,149
Capital (valor de mercado) (US$ mm)	11.870	12.887	14.757	16.692	19.246	19.865	24.087	85.450	69.644	65.716	74.334	87.316
Valor contábil do patrimônio (US$ mm)	3.720	3.945	4.647	5.151	5.901	6.087	7.173	12.474	9.735	10.248	12.455	14.852
Dívida de longo prazo ($ mm)	862	852	1.127	1.729	2.573	2.583	2.191	1.912	2.981	4.648	3.495	3.149
Capital (valor contábil) (US$ mm)	4.583	4.797	5.775	6.880	8.474	8.670	9.364	14.386	12.716	14.896	15.950	18.001
MVA (Valor de mercado – valor contábil)	**$ .287**	**$ 8.090**	**$ 9.812**	**$ 9.812**	**$ 10.772**	**$ 11.195**	**$ 14.723**	**$ 71.064**	**$ 56.928**	**$ 50.820**	**$ 58.384**	**$ 69.315**

Fonte: *Value Line Investment Survey*, Standard & Poor's *Research Insight*, Bloomberg LP, DataStream.

* Esses dados foram ajustados para o desdobramento 2:1 de ações e OPA realizada pela UPS em novembro de 1999. Antes de 1999, as ações da UPS não eram negociadas em bolsa e a companhia atuava como corretora (*market-maker*) de suas próprias ações.

** Para o período de 1992 a 2001, esta tabela reflete os betas médios para empresas similares.

*** O custo do patrimônio foi derivado usando-se o modelo de precificação de capital ativo (CAPM).

QUADRO 11 | Perspectiva dos analistas para a FedEx e para a UPS

FedEx Corporation	
Analista	**Comentários**
Morgan Stanley's J.J. Valentine, 6 de abril de 2004	É animador ver a administração da FedEx destacar alguns dos riscos na China, quando percebemos que esses assuntos são freqüentemente negligenciados pelos mercados em alta. Algumas dessas questões incluem: • a falta de um esquema jurídico; • interpretações diferentes das leis pelos governos local e regional; • empréstimos que não geram receita e pressionam o setor bancário chinês; • responsabilidade do governo pelos programas de aposentadoria de empresas estatais; • grande disparidade entre os padrões de vida rural e urbano; • governo freqüentemente interfere nas relações comerciais. Uma questão que é tanto um desafio quanto um risco é encontrar mão-de-obra qualificada e educada. Esse tema foi recorrente durante nossa visita à Ásia. A saber, a China tem uma imensa força de trabalho não qualificada para a produção de artigos mais baratos, mas está se tornando muito difícil encontrar mão-de-obra qualificada para a indústria de serviços, como encomendas e logística.
Value Line Investment Survey's W.R. Perkowitz Jr., 12 de dezembro de 2003	Os negócios internacionais deveriam conduzir ao crescimento de longo prazo. Ao contrário do negócio doméstico expresso, que alcançou maturidade, o mercado internacional continua em crescimento. Na realidade, os índices de crescimento no setor espelham o índice de expansão doméstica do final dos anos 1980. Além disso, a demanda por esse serviço deve crescer no futuro, com um aumento da capacidade produtiva sendo terceirizada para a Ásia. Finalmente, uma vez que se estabelece grande parte da estrutura de custos da FedEx, com ampla capacidade de servir aos negócios adicionais, quaisquer crescimentos em volume deverão entrar diretamente na linha do resultado (*bottom line*).

United Parcel Service Inc. (UPS)	
Analista	**Comentários**
Value Line Investment Survey's D. Y. Fung, 12 de dezembro de 2003	Os resultados da United Parcel Service no terceiro trimestre de 2003 foram melhores do que o esperado. Esse ganho foi impulsionado pelos resultados recordes nos segmentos internacional e de não-encomenda. De fato, ambas as unidades experimentaram avanços no volume e nas margens, que levaram a crescimentos dos lucros de 171% e 61%, respectivamente. Bastante importante, o crescimento desses dois negócios resultou em grande diversidade de ganhos na UPS. Isso ajudou a proteger os investidores do desaquecimento cíclico da economia americana dos últimos dois anos. No futuro, acreditamos que os segmentos internacional e de não-encomenda continuarão suas trajetórias de crescimento positivo, gerando mais receita líquida para a companhia.

PARTE 2

Análise financeira e projeção

CASO 5

O detetive financeiro, 2005

As características financeiras das empresas variam por muitas razões. As duas diretrizes que mais se destacam são a economia do setor e a estratégia da empresa.

Cada setor tem uma norma financeira segundo a qual as empresas naquele ramo tendem a operar. Por exemplo, supõe-se que uma companhia aérea naturalmente tenha uma grande proporção de ativos fixos (os aviões), ao contrário de uma empresa de consultoria. Supõe-se que uma siderúrgica tenha uma margem bruta menor do que uma empresa farmacêutica, porque as *commodities*, como o aço, estão sujeitas a uma competição de preços forte, enquanto produtos altamente diferenciados, como medicamentos patenteados, desfrutam de uma liberdade de preço muito maior. Em razão das características únicas de cada indústria, os demonstrativos financeiros médios variam de um setor para outro.

De modo semelhante, cada companhia *dentro de* determinado setor também tem características financeiras diferentes, em parte por causa das estratégias que podem ser empregadas. Os executivos escolhem estratégias que posicionem sua empresa de um modo favorável na competitiva disputa dentro de um ramo de atividade. As estratégias tipicamente implicam tomar decisões importantes sobre como um produto é feito (por exemplo, capital intensivo *versus* mão-de-obra intensiva), como é posto à venda (por exemplo, vendas diretas *versus* distribuidores) e como a empresa é financiada (por exemplo, o uso de empréstimo ou capital próprio). As estratégias entre as empresas do mesmo ramo podem diferir profundamente. Estratégias diferentes podem levar a diferenças impressionantes nos resultados finais de empresas do mesmo setor.

Os parágrafos seguintes descrevem pares de participantes em indústrias variadas. Suas estratégias e seus nichos de mercado fornecem pistas sobre as condições financeiras e o desempenho que se pode esperar delas. As demonstrações financeiras de tamanho comum das empresas e os dados operacionais, no início de 2005, são apresentados no formato padrão no **Quadro 1**. Cabe a você associar cada dado com as descrições da empresa. Tente também explicar as diferenças nos resultados financeiros da mesma indústria.

Este caso foi preparado por Sean Carr, sob direção de Robert F. Bruner. Ele foi escrito mais especificamente como material didático para ser discutido em sala de aula do que para ilustrar situações de gerenciamento mais ou menos efetivo.

Produtos de saúde

As empresas A e B fabricam e vendem produtos de cuidado para a saúde. Uma das empresas é a maior companhia farmacêutica de remédios vendidos sob prescrição do mundo. Ela tem uma rede muito ampla e séria de farmacêuticos éticos e conta com um orçamento sólido para pesquisa e desenvolvimento. Nos últimos anos, a empresa alienou diversos de seus negócios não-farmacêuticos e passou a ser vista como uma opção de sócia em negócios licenciados com outras empresas farmacêuticas e de biotecnologia.

A outra companhia fabrica produtos de saúde diversificados e vende, em massa, uma ampla linha de medicamentos sob prescrição, remédios de balcão (por exemplo, aqueles que não precisam de prescrição), saúde de consumo, produtos de beleza e equipamentos de diagnóstico médico. Por conta do seu mercado consumidor, desenvolvimento e administração de marca são elementos principais da estratégia dessa empresa, que é orientada para o mercado popular.

Cerveja

Das empresas de cerveja C e D, uma delas é uma cervejaria nacional de consumo em massa de cervejas que são vendidas sob uma variedade de marcas. Essa empresa opera uma rede extensa de cervejarias e sistemas de distribuição e também possui muitos negócios relacionados à cerveja, como petiscos, e ainda fabrica recipientes de alumínio e possui vários parques temáticos importantes.

A outra empresa produz cervejas de época (sazonais) e outras que são vendidas o ano todo, com volume de produção menor e preços mais altos. Essa empresa terceiriza a maior parte de sua atividade cervejeira. A companhia é financeiramente conservadora e passou por uma iniciativa de redução de custos para contrabalancear um aumento dos custos de empacotamento e frete.

Computadores

As companhias E e F vendem computadores e equipamentos relacionados à informática. Uma empresa tem o foco exclusivamente nas vendas sob encomenda pelos correios ou de PCs montados sob medida, incluindo desktops, laptops, notebooks, servidores, estações de trabalho, impressoras e equipamentos portáteis. A empresa é uma montadora de componentes de PC fabricados por fornecedores. A companhia permite aos clientes projetar, dar preço e comprar pelo seu site.

A outra empresa vende uma linha de computadores altamente diferenciados, equipamentos orientados ao consumidor e uma variedade de produtos de software proprietário. Liderada por seu carismático fundador, a empresa começou a se recuperar de um declínio dramático de sua participação no mercado. Ela tem uma estratégia de varejo agressiva, que pretende direcionar o tráfego por meio de suas lojas e expandir sua base de clientes estabelecida, expondo os produtos em uma atmosfera amigável de venda.

Livros e CDs

Os varejistas de livros e CDs são as empresas G e H. Uma delas está voltada para as vendas principalmente aos consumidores, por meio de uma ampla presença em lojas de varejo. A empresa é líder no comércio tradicional de livros, que promove com seu conceito de "loja comunitária" e com uma política de descontos regulares. Essa empresa também realiza vendas on-line e possui uma editora.

A outra empresa vende livros, CDs e vídeos apenas pelo seu site na Internet. Enquanto mais de três quartos de suas vendas são de mídia, ela também vende eletrônicos e outras mercadorias em geral. A companhia tornou-se lucrativa apenas recentemente e tem adotado uma estratégia agressiva de adquirir negócios on-line relacionados nos últimos anos.

Produtos de papel

As empresas I e J são fabricantes de papel. Uma é a maior fabricante de papel do mundo, incluindo papel-cartão e embalagens. Essa companhia verticalmente integrada possui terrenos, plantas de madeireira, fabrica papel, papel-cartão e produtos de embalagens, e tem uma rede de distribuição de papel. A empresa passou os últimos anos racionalizando a sua capacidade, fechando fábricas ineficientes, introduzindo iniciativas de contenção de despesas e vendendo ativos não essenciais.

A outra empresa é uma produtora pequena de papéis para impressão, para escrita e papéis técnicos especiais bem como papel-toalha e lenços de papel. A maior parte de seus produtos é vendida sob marca própria de grandes varejistas. A companhia compra a fibra de madeira usada no processo de fabricação de papel no mercado aberto.

Utensílios e ferramentas

As empresas K e L fabricam e vendem utensílios e ferramentas. Uma das empresas é uma fabricante mundial, vendedora de ferramentas motorizadas e seus acessórios, ferramentas pesadas e ferramentas para trabalhos domésticos, além de sistemas de fechaduras. A empresa vende principalmente para revendedores, atacadistas e distribuidores. Seus produtos aparecem sob uma variedade de marcas bem conhecidas e são montados para o usuário final.

A outra fabrica e vende ferramentas de precisão de alta qualidade e equipamentos de diagnóstico para uso profissional. A empresa oferece ampla gama de produtos que vende por meio de seus próprios representantes técnicos e negociantes móveis franqueados. Essa companhia também oferece financiamento para franquias e para compras grandes de consumidores.

Comércio varejista

As empresas M e N são duas grandes varejistas de descontos. Uma delas apresenta uma enorme variedade de mercadorias gerais anunciadas nacionalmente. Ela é conhecida por seus preços baixos, pela variedade de mercadorias e pela estratégia orientada para volume. A maior parte de suas lojas são arrendadas e estão localizadas próximas à rede de distribuição da empresa, que vem se expandindo. A companhia começou a inserir planos para expandir tanto em âmbito internacional quanto em grandes centros urbanos.

A outra empresa é uma cadeia de lojas de desconto emergente que compete tentando associar os preços de outras redes de descontos em uma mercadoria similar e oferecendo grandes descontos em seus itens diferenciados. Além disso, ela tem parcerias com diversos designers líderes. Recentemente, a companhia alienou vários negócios de lojas de departamentos sem desconto. Para apoiar as vendas e o crescimento dos lucros, essa empresa oferece crédito para clientes qualificados.

Jornais

As empresas O e P editam jornais. Uma delas é uma empresa de mídia diversificada que gera a maior parte de sua receita com a venda de jornais em todo o país e em todo o mundo. Como a companhia é amplamente centrada em um produto, ela tem controles centrais fortes. A competição pela receita de assinantes e anunciantes no segmento dessa empresa é acirrada. Recentemente, ela construiu um grande prédio de escritório para ser sua sede.

A outra empresa possui diversos jornais, em comunidades relativamente pequenas no centro-oeste e no sudoeste. Alguns analistas vêem-na como uma instituição que possui uma carteira de pequenos monopólios locais no setor de publicação de jornal. A companhia tem uma quantia significativa de *goodwill* em seu balanço patrimonial, resultante de aquisições. A chave para seu sucesso operacional é uma estratégia de tomada de decisões e de administração descentralizada.

QUADRO 1 | Dados e índices financeiros de tamanho comum

	Produtos de saúde		Cerveja		Computadores		Livros e CDs		Papel		Ferramentas		Varejo		Jornais	
Ativos	A	B	C	D	E	F	G	H	I	J	K	L	M	N	O	P
Caixa e investimentos de curto prazo	24,2	16,1	1,4	55,6	42,2	67,9	54,8	16,2	7,6	5,9	9,3	6,5	4,6	7,0	0,6	1,1
Recebíveis	12,8	8,1	4,3	11,9	19,0	13,0	v.i.	2,3	8,8	10,9	18,9	23,7	1,4	17,0	4,6	9,9
Estoques	7,0	5,4	4,3	11,7	2,0	1,3	14,8	38,6	7,9	14,4	17,8	14,9	24,5	16,7	0,8	0,8
Ativos circulantes – outros	7,2	2,5	1,3	2,4	9,5	5,5	8,6	2,6	3,0	1,4	7,0	6,9	1,5	2,5	0,7	3,8
Ativos circulantes – total	51,2	32,1	11,2	81,7	72,8	87,6	78,2	59,7	27,2	32,6	52,9	52,1	32,0	43,1	6,6	2,5
Ativos líquidos fixos	19,6	14,9	54,7	16,0	7,3	8,8	7,6	24,4	50,8	62,5	13,6	13,7	57,0	52,2	14,1	34,6
Ativos – outros	6,9	3,8	7,2	1,0	1,3	2,4	9,3	4,9	5,4	3,1	11,8	8,9	2,0	4,0	0,1	7,2
Intangíveis	22,2	46,1	7,4	1,3	0,0	1,2	4,4	11,1	14,6	1,9	21,4	22,3	9,0	0,6	76,8	37,1
Investimentos e adiantamentos	0,1	3,1	2,9	0,0	18,6	0,0	0,0	0,0	0,0	0,0	0,0	3,0	0,0	0,0	0,7	0,0
Ativos – total	100,0	100,0	100,0	100,0	100,0	100,0	100,0	100,0	100,0	100,0	100,0	100,0	100,0	100,0	100,0	100,0
Passivos e patrimônio líquido																
Contas a pagar	9,8	2,2	7,4	9,1	38,3	18,0	35,1	22,6	6,7	8,5	8,4	8,5	18,0	17,9	1,4	4,8
Dívida em passivos circulantes	0,5	9,1	0,0	0,0	0,0	0,0	0,1	0,0	1,5	0,0	3,5	5,6	6,5	1,6	0,8	14,9
Provisão de imposto de renda	2,8	1,6	0,9	1,7	0,0	0,0	0,0	0,0	0,0	1,2	0,9	1,0	1,1	0,9	0,3	v.i.
Passivos circulantes – outros	13,0	8,5	3,8	13,7	22,6	15,3	14,7	17,6	6,1	7,1	19,5	14,4	10,1	5,1	5,1	8,7
Passivos circulantes – total	26,1	21,4	12,2	24,4	60,9	33,3	49,9	40,2	14,2	16,7	32,4	29,4	35,7	25,5	7,5	28,3
Dívida de longo prazo	4,8	5,9	51,2	0,0	2,2	0,0	56,9	7,4	41,3	18,3	21,7	8,9	19,7	28,0	14,4	11,9
Impostos diferidos	0,8	10,2	10,7	1,9	0,0	0,0	v.i.	5,9	5,0	12,0	3,1	3,3	v.i.	3,0	15,0	3,3
Passivos – outros	8,6	7,3	9,5	0,7	8,9	3,7	0,2	11,0	10,9	12,4	14,6	8,9	2,5	3,2	0,7	17,5
Passivos – total	40,3	44,8	83,5	27,1	72,1	36,9	107,0	64,7	75,9	59,5	71,8	51,5	58,9	59,7	37,5	64,5
Patrimônio líquido	59,7	55,2	16,5	72,9	27,9	63,1	(7,0)	35,3	24,1	40,5	28,2	48,5	41,1	40,3	62,5	35,5
Totais de passivos e patrimônio líquido	100,0	100,0	100,0	100,0	100,0	100,0	100,0	100,0	100,0	100,0	100,0	100,0	100,0	100,0	100,0	100,0
Receitas/Despesas																
Vendas (líquido)	100,0	100,0	100,0	100,0	100,0	100,0	100,0	100,0	100,0	100,0	100,0	100,0	100,0	100,0	100,0	100,0
Custos de mercadorias vendidas	23,9	11,1	53,9	38,5	81,0	70,9	75,8	69,5	75,3	82,9	61,0	51,6	75,3	67,1	49,7	40,5
Lucro bruto	76,1	88,9	46,1	61,5	19,0	29,1	24,2	30,5	24,7	17,1	39,0	48,4	24,7	32,9	50,3	59,5
Despesa de vendas, gerais e administrativas	44,5	46,7	17,3	50,5	9,7	23,1	16,9	21,8	12,0	7,3	24,8	38,9	17,9	22,5	23,0	39,7
Depreciação	4,5	9,7	6,2	2,0	0,7	1,8	1,1	3,7	6,1	5,8	2,6	2,5	1,5	2,7	7,0	4,1
Receita antes de juros e impostos	27,2	32,5	22,5	9,0	8,6	4,2	6,2	5,0	6,6	4,0	11,7	6,9	5,3	7,7	20,2	15,6
Receita não-operacional (despesa)	0,7	1,1	2,9	0,3	0,4	0,7	0,3	0,1	0,4	0,1	0,6	0,1	0,8	0,0	1,3	0,4
Receita de juros (despesa)	(0,7)	0,7	2,9	0,0	0,0	0,0	1,5	0,3	3,3	1,0	1,1	1,0	0,5	1,0	1,9	1,6
Receita de itens especiais (despesa)	(0,0)	(6,3)	0,2	0,0	0,0	(0,3)	0,1	(0,3)	(0,8)	0,0	0,0	(1,0)	0,0	(0,2)	0,0	(0,1)
Receita antes dos impostos	27,1	26,7	22,8	9,2	9,0	4,6	5,1	4,5	2,9	3,1	11,2	5,1	5,6	6,5	19,7	14,4
Imposto de renda – (total)	9,1	5,1	7,8	3,5	2,8	1,3	(3,4)	1,9	0,8	1,2	3,0	1,6	2,0	2,4	7,1	5,6
Receita líquida (perda)	18,0	21,6	15,0	5,8	6,2	3,3	8,5	2,9	(0,1)	2,0	8,4	3,4	3,6	6,8	12,6	8,9

QUADRO 1 | Dados e índices financeiros de tamanho comum (*continuação*)

	Produtos de saúde		Cerveja		Computadores		Livros e CDs		Papel		Ferramentas		Varejo		Jornais	
Dados de mercado	**A**	**B**	**C**	**D**	**E**	**F**	**G**	**H**	**I**	**J**	**K**	**L**	**M**	**N**	**O**	**P**
Beta	0,65	0,85	0,55	0,60	1,20	1,05	1,70	0,51	1,15	1,10	1,00	1,00	0,85	1,10	0,85	0,90
Preço/lucro	22,29	22,32	16,85	19,73	30,48	41,85	27,32	21,63	30,97	33,78	13,64	23,01	18,97	24,19	20,54	13,29
Preço/valor patrimonial	5,93	3,08	13,99	2,56	17,46	5,13	v.i.	2,36	1,91	1,80	4,65	1,85	4,23	3,64	2,07	3,09
Índice de dividendo (Dividendo/lucro)	38,21	46,28	33,16	0,00	0,00	0,00	0,00	0,00	101,46	86,16	15,30	70,62	21,56	14,85	37,53	30,81
Liquidez																
Índice de liquidez corrente	1,96	1,50	0,92	3,35	1,20	2,63	1,57	1,49	1,91	1,94	1,63	1,77	0,90	1,69	0,88	0,55
Liquidez seca	1,42	1,13	0,47	2,77	1,01	2,43	v.i.	0,46	1,15	1,00	0,87	1,03	0,17	0,94	0,69	0,39
Administração de ativo																
Giro de estoque	3,08	0,93	12,60	7,44	67,96	74,78	13,56	2,42	6,75	7,11	3,89	3,59	7,69	5,86	33,35	43,48
Giro de recebíveis	7,06	5,47	21,87	18,68	12,23	8,28	v.i.	72,11	8,68	11,64	5,82	4,42	192,73	8,31	10,98	8,50
Giros de ativos fixos	4,67	2,86	1,72	12,67	30,68	12,03	29,42	6,54	1,43	1,86	7,63	7,50	4,50	2,77	3,43	2,59
Administração de dívida																
Dívida total/ativos totais	5,34	14,99	51,19	0,00	2,18	0,00	56,94	7,42	42,78	18,36	25,21	14,45	26,16	29,54	15,22	26,81
Dívida de longo prazo/ Patrimônio líquido	8,06	10,66	310,28	0,00	7,79	0,00	v.i.	21,01	171,21	45,32	77,03	18,29	47,92	69,34	23,04	33,66
Cobertura de juros pós-imposto	27,34	32,57	6,25	v.i.	191,19	93,00	6,49	9,52	1,56	2,98	8,62	4,55	8,86	4,92	7,83	6,69
Análise DuPont																
Margem de lucro líquido	17,97	21,58	15,00	5,76	6,18	3,33	8,50	2,53	1,87	1,96	8,17	3,39	3,59	4,02	12,65	8,86
Giro do ativo	0,93	0,44	0,97	2,23	2,31	1,11	2,56	1,43	0,73	1,20	1,11	1,09	2,54	1,47	0,48	0,85
Retorno sobre patrimônio líquido	26,75	16,64	83,97	15,95	46,92	5,44	v.i.	10,58	5,79	5,71	28,30	7,36	20,79	14,47	9,86	20,89

Fontes: S&P's Research Insight; Value Line Investment Survey.

v.i. = valor insignificante.

CASO 6

Krispy Kreme Doughnuts, Inc.

No início do milênio, o futuro da Krispy Kreme Doughnuts, Inc. se mostrava doce. Além de poder se gabar de ter um *status* de ícone e de ser quase cultuada, a empresa também havia se tornado rapidamente uma menina-dos-olhos de Wall Street. Menos de um ano após abrir capital, em abril de 2000, as ações da Krispy Kreme vendiam com valorização de 62 vezes e, em 2003, a revista *Fortune* intitulou a empresa de "a marca mais aquecida dos Estados Unidos". Com planos ambiciosos de abrir 500 lojas de *doughnuts* (espécie de rosquinhas) na primeira metade da década, o logotipo "vintage" verde e vermelho, característico da empresa, e a frase em néon "Hot Doughnuts Now" ("Doughnuts quentes agora") tornaram-se onipresentes.

No fim de 2004, contudo, a doce história começou a azedar, pois a empresa havia feito diversas revelações contábeis, após a queda do preço de suas ações, e desabou. Do auge, em agosto de 2003, o preço das ações da Krispy Kreme caiu mais de 80% nos 16 meses seguintes. Os investidores e analistas começaram a questionar os fundamentos da empresa, mas muitas das questões permaneceram sem resposta, mesmo até o início de 2005. Os **Quadros 1** e **2** trazem os demonstrativos financeiros da Krispy Kreme nos anos contábeis de 2000 a 2004. Tratava-se de uma empresa saudável? O que aconteceu com a empresa, que alguns pensaram que se tornaria a próxima Starbucks? Se quase todo mundo adora *doughnuts*, por que tantos investidores estavam fugindo da famosa fabricante?

Origem da empresa

A Krispy Kreme começou como uma loja de *doughnut* em Winston-Salem, Carolina do Norte, em 1937, quando Vernon Rudolph, que havia comprado de um chefe francês de Nova Orleans a receita especial de *doughnut* da empresa, começou a fazer e vender *doughnuts* por atacado para supermercados. Em pouco tempo, os produtos de Rudolph ficaram tão populares que ele fez um buraco no muro da fábrica para vender diretamente aos consumidores – assim nasceu o conceito central de comércio da Krispy Kreme: a loja de fábrica. Até o fim da década de 1950, a empresa tinha 29 lojas em 12 estados, e muitas delas eram operadas por franqueados.

Este caso foi preparado por Sean Carr, sob direção de Robert F. Bruner, da Darden Graduate School of Business Administration. Ele foi escrito mais especificamente como material didático para ser discutido em sala de aula do que para ilustrar situações de gerenciamento mais ou menos efetivo.

Após a morte de Rudolph, em 1973, Beatrice Foods comprou a empresa e a expandiu rapidamente para mais de cem localidades. Beatrice introduziu outros produtos, como sopas e sanduíches, e cortou os gastos, mudando a aparência das lojas e passando a usar ingredientes mais baratos na mistura dos *doughnuts*. Contudo, os negócios enfraqueceram e, no início da década de 1980, Beatrice pôs a empresa à venda.

Um grupo de franqueados liderado por Joseph McAleer, que fora o primeiro franqueado da Krispy Kreme, comprou a empresa por 24 milhões de dólares em 1982. McAleer trouxe de volta a receita original do *doughnut* e o logotipo tradicional da empresa. Também foi por volta dessa época que a empresa introduziu o néon com os dizeres "Hot doughnuts now", que dizia aos consumidores quando *doughnuts* frescos ficavam prontos. A empresa ainda sofreu por um tempo, mas, em 1989, a Krispy Kreme tinha se livrado das dívidas e começado a expandir devagar. A companhia focou em seus *doughnuts* característicos e adicionou-lhes café em 1996. Scott Livengood, que se tornou CEO em 1998 e presidente no ano seguinte, abriu o capital em abril de 2000, em uma das maiores ofertas públicas iniciais (IPOs) nos últimos anos; um dia após a oferta, o preço da ação da Krispy Kreme era de 40,63 dólares, dando à empresa uma capitalização de mercado de cerca de 500 milhões de dólares.

Os negócios da Krispy Kreme

Após o IPO, a Krispy Kreme anunciou uma estratégia agressiva para expandir o número de lojas de 144 para 500 durante os cinco anos seguintes. Além disso, a empresa planejava crescer internacionalmente, com 32 localidades propostas para o Canadá e mais outras para o Grã-Bretanha, o México e a Austrália. O **Quadro 3** mostra uma perspectiva da abertura de suas lojas.

A Krispy Kreme Doughnuts gerava receitas a partir de quatro fontes primárias: comércio varejista em pontos-de-venda (*on-premise*) de lojas da própria empresa (responsável por 27% da receita); vendas fora dos pontos-de-venda (*off-premise*), para mercearias e lojas de conveniência (40%); fabricação e distribuição da mistura e de máquinas (29%); e *royalties* e taxas de concessão (4%). Além dos locais tradicionais de comércio, a empresa buscava o crescimento por meio de "conceitos satélites" menores, que seriam lojas de fábrica que ofereceriam *doughnuts* para reaquecimento bem como o desenvolvimento do mercado internacional.

- *Vendas on-premise*: As lojas de fábrica possibilitavam que os consumidores assistissem à produção de *doughnuts*; as máquinas da Krispy Kreme e as áreas de observação dos *doughnuts* criavam o que a empresa chamava de "teatro doughnut". Desse modo, a Krispy Kreme tentava se diferenciar dos concorrentes, oferecendo aos consumidores também uma experiência, e não apenas um produto. Cada loja de fábrica podia produzir entre 4 mil e 10 mil dúzias de *doughnuts* por dia, que eram vendidos tanto *on* quanto *off-premise*.
- *Vendas off-premise*: Cerca de 60% das vendas *off-premise* eram feitas para mercearias, tanto em caixas individuais quanto em prateleiras da loja. As sobras eram vendidas para lojas de conveniência (uma pequena porcentagem também era vendida como produtos de marca própria de grandes redes varejistas). A empresa mantinha uma frota de caminhões para entrega das vendas *off-premise*.

- *Manufatura e distribuição*: A divisão de manufatura e distribuição da Krispy Kreme (KKM&D) fornecia a propriedade de misturas e equipamentos de fabricação do *doughnut* para cada loja da empresa e de fábrica franqueada. Essa integração vertical permitia-lhe manter controle de qualidade e continuidade do produto em todo o sistema. A empresa mantinha suas próprias instalações para fabricação das misturas e das máquinas, e isso oferecia serviço trimestral para todas as unidades do sistema. Todos os franqueados tinham de comprar a mistura e os equipamentos da Krispy Kreme. A KKM&D também incluía a operação de torragem do café, além de fornecer o café da marca tanto para as lojas da empresa quanto para as franqueadas.
- *Royalties e taxas de concessão*: Em troca das taxas de concessão e dos *royalties* anuais, os franqueados recebiam assistência da Krispy Kreme com operações, publicidade e marketing, contabilidade e outros sistemas de administração da informação. Os franqueados que tinham relação com a empresa desde antes do IPO de 2000 eram chamados de "associados" e tradicionalmente tinham locação em mercados herdados no sudeste dos Estados Unidos. Eles não eram responsáveis por abrir novas lojas. Novos franqueados eram chamados de "desenvolvedores de área" e eram responsáveis por desenvolver novos locais e formar mercados com alto potencial. Os desenvolvedores de área pagavam normalmente de 20 mil a 50 mil dólares pelas taxas de concessão, e entre 4,5% a 6% de *royalties*. Os franqueados também contribuíam com 1% de suas vendas totais anuais para o fundo de publicidade da empresa.

Aproximadamente 60% das vendas de uma loja Krispy Kreme derivavam do produto característico da empresa, o *doughnut* glaceado. Isso era diferente da Dunkin' Donuts, a maior concorrente da empresa, para a qual a maior parte das vendas vinha do café.

Dificuldades na história da Krispy Kreme

Em 7 de maio de 2004, pela primeira vez na história de uma empresa de capital aberto, a Krispy Kreme anunciou resultados adversos. A empresa disse aos investidores para esperar ganhos 10% mais baixos do que o previsto, alegando que a onda recente da "dieta do carboidrato" nos Estados Unidos tinha prejudicado as vendas no atacado e no varejo. A empresa também afirmou que planejava alienar a Montana Mills, uma rede de 28 padarias adquirida em janeiro de 2003, por 40 milhões de dólares em ações, e que assumiria uma dívida de 35 milhões a 40 milhões de dólares no primeiro trimestre. Além disso, a Krispy Kreme indicava que seu novo Hot Doughnuts e os cafés estavam abaixo das expectativas e que ela tinha planos de fechar três deles (resultando em uma dívida de 7 milhões a 8 milhões de dólares). As ações da companhia fecharam em baixa de 30%, a $ 22,51 cada uma.

Em 25 de maio, o *Wall Street Journal* publicou uma história que descrevia o tratamento contábil agressivo para aquisições de franquia que foi feito pela Krispy Kreme.[1] De acordo com o artigo, em 2003, a empresa teria começado a negociar a compra de

[1]Mark Maremount e RickBrooks, "Krispy Kreme Franchise Buybacks May Spur New Concerns", *The Wall Street Journal*, 25 de maio de 2004.

uma franquia de sete lojas de Michigan que estava lutando para sobreviver. Os franqueados deviam à empresa muitos milhões de dólares em equipamentos, ingredientes e taxas de concessão e, como parte do negócio a Krispy Kreme pediu aos franqueados para fechar duas lojas que tinham desempenho ruim e pagar à Krispy Kreme os juros auferidos dos créditos devidos no passado. Em troca, a empresa prometeu aumentar seu preço de aquisição da franquia.

De acordo com o jornal, a Krispy Kreme contabilizou os juros pagos pelo franqueado como receita de juros e, assim, lucro imediato; contudo, a empresa registrou contabilmente o custo de compra da franquia como um ativo intangível, sob direitos de franquia readquiridos que ela não amortizou. A Krispy Kreme também permitiu ao executivo principal da franquia de Michigan permanecer empregado na empresa após o acordo, mas, logo após ter sido completado o negócio, o executivo a deixou. Em razão de um acordo de indenização, a Krispy Kreme teve de pagar ao executivo um adicional de 5 milhões de dólares, uma despesa que a empresa também adicionou em uma categoria de ativos não amortizados como direitos de franquia readquiridos.

A empresa negou ter realizado qualquer ato errôneo com essa prática, continuando a afirmar que havia contabilizado suas aquisições de franquia de acordo com os princípios de contabilidade geralmente aceitos (GAAP – *generally accepted accounting principles*). Em 29 de julho, no entanto, a companhia revelou que a U.S. Securities and Exchange Commission (SEC) iniciara uma investigação informal relacionada a "reaquisições de franquias e à redução previamente anunciada da empresa nas orientações dos lucros". Os especialistas ficaram céticos. "A contabilidade da Krispy Kreme para aquisições de franquia é a mais agressiva que já vimos", disse um analista na época. "Nós pesquisamos 18 empresas negociadas publicamente com operações de franquia, quatro das quais tinham readquirido franquias, e elas as amortizaram. Isso claramente parece ser a coisa certa a fazer."[2] Ao longo dos três anos anteriores, a Krispy Kreme contabilizou 174,5 milhões de dólares como ativos intangíveis (direitos de franquia readquiridos), os quais não se exigiu que a empresa amortizasse. No dia do anúncio da SEC, suas ações caíram mais 15%, fechando a $ 15,71 cada uma.

Reações dos analistas

Desde os emocionantes dias de 2001, quando 80% dos analistas de ações que acompanhavam a Krispy Kreme estavam fazendo recomendações de compra para as ações da empresa, o senso comum sobre ela mudou. Quando o *Wall Street Journal* publicou o artigo sobre as práticas contábeis da reaquisição de franquias da Krispy Kreme em maio de 2004, somente 25% dos analistas que acompanhavam a empresa estavam recomendando a compra de suas ações; outros 50% reduziram as ações para se manter. Os **Quadros 4** e **5** apresentam tabelas de recomendações agregadas de analistas e estimativas de EPS (lucro por ação). Como os problemas da Krispy Kreme aumentaram durante a segunda metade de 2004, os analistas ficaram cada vez mais pessimistas sobre as ações:

[2] "Did Someone Say Doughnuts? Yes, the SEC", *New York Times*, 30 de julho de 2004.

Analista	Comentário	Data
John Ivankoe, J.P. Morgan Securities, Inc.	Além da possibilidade de um reajuste nos lucros, acreditamos que muitos problemas fundamentais persistem, independentemente de qualquer impacto da dieta de baixo consumo de carboidratos. A diminuição do volume de novas lojas é indicativa de uma piora no modelo de investimento, e acreditamos que sejam necessários contratos reestruturados de desenvolvimento de lojas, um formato menor de lojas e taxas reduzidas cobradas por equipamentos e ingredientes vendidos para as franquias.	29/07/2004
Jonathan M. Waite, KeyBanc Capital Markets	Acreditamos que os desafios enfrentados pela KKD, incluindo a compressão da margem de lucro, os retornos baixos, uma investigação da SEC e a saturação do produto, atualmente não têm mais destaque do que as indicações positivas da empresa. Além disso, as ações da KKD estão sendo negociadas a lucros de 16,6 × EC05 *versus* sua taxa de crescimento de 15%. Desse modo, indicamos para as ações da KKD: MANTER.	12/10/2004
John S. Glass, CIBC World Markets	Os balanços da Krispy Kreme tornaram-se inflados nos dois últimos anos em razão da aquisição de ágio que provavelmente deverá ser baixado. Como resultado, o retorno de capital investido da KKD caiu para cerca de 10% contra os 18% de dois anos atrás, anteriores a essas aquisições. Vislumbramos uma queda no balanço, incluindo a eliminação de uma porção significativa dos 170 milhões de dólares ou mais em "direitos de franquia readquiridos", como um primeiro passo na direção certa.	08/11/2004
Glenn M. Guard, Legg Mason	Em nossa opinião, o gerenciamento não focou nas operações do modo que deveria ter sido. Como resultado, muitas unidades foram abertas em localidades ruins, de forma que a empresa triplicou suas unidades desde 2000. Acreditamos, ainda, que os franqueados não foram treinados apropriadamente quanto à melhor maneira de tocar seus negócios *off-premises*. Como resultado, achamos que muitas unidades estão perdendo dinheiro *off-premises* e que os franqueados não estão motivados a aumentar aquele negócio. Também nos parece que um bloqueio e um ataque básicos, uma execução e uma disciplina de custo estavam seriamente em falta tanto na empresa quanto nos sistemas de franquia, resultando em ineficiências.	23/11/2004

À medida que as manchetes sobre a investigação da SEC e outras questões sobre a administração da Krispy Kreme continuavam (por exemplo, o CEO da Krispy Kreme renunciou em 16 de agosto de 2004), os especialistas olhavam mais criticamente os fundamentos dos negócios da companhia. Em setembro, o *Wall Street Journal* publicou um artigo que chamava a atenção para o crescimento da empresa:

> O maior problema da Krispy Kreme pode ser o fato de a empresa ter crescido tão rapidamente e diluído seu *status de cult*, ao vender seus *doughnuts* em tantos *outlets*, enquanto tentava impressionar Wall Street. O número de lojas Krispy Kreme quase triplicou desde o início do ano 2000, com 427 lojas em 45 estados e quatro países estrangeiros. Cerca de 20 mil supermercados, lojas de conveniência, caminhões e outras localidades também vendem os *doughnuts* da empresa.
> Outra questão é que a Krispy Kreme contou com uma parte significativa de lucros em equipamentos com alta margem de lucro, fazendo que os franqueados comprassem para cada loja nova. Esses lucros também ficaram relacionados ao crescimento do número de lojas franqueadas em razão da taxa de adiantamento que cada um devia pagar.[3]

[3]"Sticky Situation", *Wall Street Journal*, 3/09/2004.

Em setembro de 2004, a Krispy Kreme anunciou que reduziria seu número de lojas novas naquele ano para cerca de 60 das 120 anunciadas anteriormente.

Reajuste anunciado

Em 4 de janeiro de 2005, o quadro de diretores da Krispy Kreme anunciou que os demonstrativos da empresa emitidos anteriormente para o ano contábil encerrado em 1º de fevereiro de 2004 (FY2004) seriam reajustados para "corrigir alguns erros". O quadro determinou que os ajustes, relativos principalmente à "contabilidade da empresa para a aquisição de algumas franquias", reduziriam a receita antes dos impostos para FY2004 de 6,2 milhões a 8,1 milhões de dólares. A empresa também esperava reajustar seus demonstrativos financeiros para o primeiro e o segundo trimestres do ano contábil de 2005 (FY2005).

A Krispy Kreme também disse que atrasaria o reporte de seus relatórios financeiros até que a investigação da SEC tivesse sido resolvida e a própria auditoria interna fosse finalizada. Porém, sua falha em fornecer aos seus credores demonstrativos financeiros até 14 de janeiro de 2005 poderia se tornar uma omissão no contexto da linha de crédito de 150 milhões de dólares da empresa. No caso de tal omissão, os bancos da Krispy Kreme tinham o direito de encerrar as operações e de convocar o pagamento imediato de quaisquer valores pendentes. Sua incapacidade de reportar relatórios temporários também a colocou sob o risco de ter suas ações retiradas da lista da New York Stock Exchange (NYSE). Até o fim do dia seguinte, as ações da Krispy Kreme estavam sendo negociadas por menos de dez dólares cada uma.

A maior parte dos analistas sentia que os credores da Krispy Kreme garantiriam à companhia renunciar seu inadimplemento da linha de crédito, e alguns sentiam que ela estava realmente correndo risco de ser retirada da NYSE. O anúncio da diretoria, contudo, serviu apenas para levantar mais questões sobre a empresa. Desde agosto de 2003, ela tinha perdido aproximadamente 2,5 bilhões de dólares em seu valor das ações no mercado. O **Quadro 6** ilustra os padrões de preço das ações da Krispy Kreme relativos ao S&P 500 Composite Index. As revelações sobre as práticas de contabilidade das franquias foram suficientes para levar tanto valor para fora das suas ações? Haveria questões mais profundas sobre a companhia que mereciam ser esmiuçadas? Os **Quadros 7**, **8** e **9** fornecem índices financeiros analíticos para a Krispy Kreme e um grupo de companhias comparáveis na indústria de franquias de alimentos.

QUADRO 1 | Demonstrativo do resultado

	(Em milhares de dólares, exceto valores por ação)					Trimestre findo em		Trimestre findo em	
Demonstrativo do resultado	**30 de jan. 2000**	**28 de jan. 2001**	**3 de fev. 2002**	**2 de fev. 2003**	**1º de fev. 2004**	**5 de maio 2003**	**2 de maio 2004**	**3 de ago. 2003**	**1º de ago. 2004**
Receita total	220.243	300.715	394.354	491.549	665.592	148.660	184.356	159.176	177.448
Despesas operacionais	190.003	250.690	316.946	381.489	507.396	112.480	141.383	120.573	145.633
Despesas gerais e administrativas	14.856	20.061	27.562	28.897	36.912	8.902	10.664	9.060	11.845
Despesas de depreciação e amortização	4.546	6.457	7.959	12.271	19.723	4.101	6.130	4.536	6.328
Decisão arbitral				9.075	(525)	(525)			
Provisão de reestruturação, taxas de deterioração e custos de encerramento							7.543		1.802
Receita das operações	10.838	23.507	41.887	59.817	102.086	23.702	18.636	25.007	11.840
Receita dos juros	293	2.325	2.980	1.966	921	227	176	205	226
Despesa dos juros	(1.525)	(607)	(337)	(1.781)	(4.409)	(866)	(1.433)	(997)	(1.366)
Perda de patrimônio líquido em *joint ventures*		(706)	(602)	(2.008)	(1.836)	(694)	(575)	(802)	(399)
Participação minoritária		(716)	(1.147)	(2.287)	(2.072)	(616)	(126)	(616)	267
Outras despesas líquidas		(20)	(235)	(934)	(13)	(25)	(156)	(343)	114
Lucro antes do imposto de renda	9.606	23.783	42.546	54.773	94.677	21.728	16.522	22.454	10.682
Provisão para imposto de renda	3.650	9.058	16.168	21.295	37.590	8.588	6.675	9.014	4.438
Operações descontinuadas[1]							34.285	439	480
Lucro líquido	5.956	14.725	26.378	33.478	57.087	13.140	(24.438)	13.001	5.764
Lucro por ação diluído	0,15	0,27	0,45	0,56	0,92	0,22	(0,38)	0,21	0,09
Preço de ações (fechamento do exercício contábil)		16,22	39,85	30,41	35,64				
Número de ações existentes (milhões)	39,7	54,5	58,6	59,8	62,1	60,7	63,6	62,1	63,4

[1]Resultado da alienação de Montana Mills.

Fonte: Arquivos da empresa na *Securities and Exchange Comission* (SEC).

QUADRO 2 | Balanço patrimonial

	Exercício fiscal findo em					Trimestre findo em	
(em milhares)	**30 de jan. 2000**	**28 de jan. 2001**	**3 de fev. 2002**	**2 de fev. 2003**	**1º de fev. 2004**	**2 de maio 2004**	**1º de ago. 2004**
ATIVOS							
Ativos circulantes:							
Caixa e equivalente de caixa	3.183	7.026	21.904	32.203	20.300	13.715	19.309
Investimentos de curto prazo	0	18.103	15.292	22.976			
Contas a receber	17.965	19.855	26.894	34.373	45.283	47.434	44.329
Contas a receber, associadas	1.608	2.599	9.017	11.062	20.482	20.740	19.933
Outros recebíveis	794	2.279	2.771	884	2.363	3.169	4.868
Títulos a receber, afiliados	0	0	0	0	458	4.404	5.440
Estoques	9.979	12.031	16.159	24.365	28.573	32.974	33.076
Despesas pagas antecipadamente	3.148	1.909	2.591	3.478	5.399	4.675	6.749
Restituição de imposto de renda	861		2.534	1.963	7.946	7.449	8.139
Imposto de renda diferido	3.500	3.809	4.607	9.824	6.453	13.280	20.005
Ativos para venda					36.856	3.374	3.325
Ativos circulantes totais	**41.038**	**67.611**	**101.769**	**141.128**	**174.113**	**151.214**	**165.173**
Imobilizado, líquido	60.584	78.340	112.577	202.558	281.103	301.160	297.154
Imposto de renda diferido	1.398	0	0	0	0		
Investimentos de longo prazo	0	17.877	12.700	4.344	0		
Títulos recebíveis de longo prazo, afiliados	0	0	0	1.000	7.609	2.988	2.925
Investimentos em *joint ventures* não-consolidados		2.827	3.400	6.871	12.426	10.728	9.921
Direitos de franquia readquiridos, *goodwill*, outros intangíveis	0	0	16.621	49.354	175.957	176.078	176.045
Outros ativos	1.938	4.838	8.309	5.232	9.456	12.315	10.390
Total de ativos	**104.958**	**171.493**	**255.376**	**410.487**	**660.664**	**654.483**	**661.608**

QUADRO 2 | Balanço patrimonial (*continuação*)

(em milhares)	Exercício fiscal findo em					Trimestre findo em	
	30 de jan. 2000	**28 de jan. 2001**	**3 de fev. 2002**	**2 de fev. 2003**	**1º de fev. 2004**	**2 de maio 2004**	**1º de ago. 2004**
PASSIVOS E PATRIMÔNIO LÍQUIDO							
Passivos circulantes:							
Contas a pagar	13.106	8.211	12.095	14.055	18.784	18.866	18.817
Conta garantida (limite)	0	5.147	9.107	11.375	8.123	12.670	13.107
Despesas provisionadas	14.080	21.243	26.729	20.981	23.744	27.107	32.249
Decisão arbitral	0	0	0	9.075	0		
Linha de crédito renovável	0	3.526	3.871	0	0		
Vencimentos correntes de dívida de longo prazo	2.400	0	731	3.301	2.842	4.663	5.566
Dívida de curto prazo	0	0	0	900	0		
Imposto de renda a pagar	0	41	0	0	0		
Passivos circulantes totais	**29.586**	**38.168**	**52.533**	**59.687**	**53.493**	**63.306**	**69.739**
Imposto de renda diferido	0	579	3.930	9.849	6.374	16.468	25.564
Compensação diferida (não paga)	990	1.106	0	0	0		
Linhas de crédito renováveis	0	0	0	7.288	87.000	72.000	62.000
Dívida de longo prazo, porção corrente líquida	20.502	0	3.912	49.900	48.056	58.469	50.135
Despesas de reestruturação auferidas	4.259	3.109	0	0	0		
Outras obrigações de longo prazo	1.866	1.735	4.843	5.218	11.211	10.774	12.078
Passivos de longo prazo totais	**27.617**	**6.529**	**12.685**	**72.255**	**152.641**	**157.711**	**149.777**
Participação minoritária		1.117	2.491	5.193	2.323	2.815	2.593
PATRIMÔNIO LÍQUIDO							
Ações ordinárias, sem valor par, 300 mil ações autorizadas, emitidas e em circulação		85.060	121.052	173.112	294.477	296.812	299.865
Ações ordinárias, valor par 10, 1.000 ações autorizadas, emitidas e em circulação	4.670						
Capital integralizado	10.805						
Compensação não realizada		(188)	(186)	(119)	(62)	(47)	(31)
Títulos a receber, empregados	(2.547)	(2.349)	(2.580)	(558)	(383)	(383)	(383)
Ativo do plano de benefícios a empregados não-qualificados		(126)	(138)	(339)	(369)	(264)	(264)
Passivo do plano de benefícios a empregados não-qualificados		126	138	339	369	264	264
Outras rendas compreensivas acumuladas (perda)		609	456	(1.486)	(1.315)	(783)	(768)
Lucros retidos	34.827	42.547	68.925	102.403	159.490	135.052	140.816
Patrimônio líquido total	**47.755**	**125.679**	**187.667**	**273.352**	**452.207**	**430.651**	**439.499**
Passivo total e patrimônio líquido	**104.958**	**171.493**	**255.376**	**410.487**	**660.664**	**654.483**	**661.608**

Fonte: Arquivos da empresa com o *Securities and Exchange Comission* (SEC).

QUADRO 3 | Crescimento de lojas

Crescimento de lojas	30 de jan. 2000	28 de jan. 2001	3 de fev. 2002	2 de fev. 2003	1º de fev. 2004
Total de lojas de fábrica da empresa					
Início do período	61	58	63	75	99
Abertura de lojas	2	8	7	14	28
Fechamento de lojas	(5)	(3)	(2)	(3)	(2)
Lojas adquiridas de franqueados	0	0	7	13	16
Fim do período	58	63	75	99	141
Variação líquida	*(3)*	*5*	*12*	*24*	*42*
Porcentagem de crescimento ano sobre ano		*9%*	*19%*	*32%*	*42%*
Total de lojas de fábrica franqueadas					
Início do período	70	86	111	143	177
Abertura de unidades	19	28	41	49	58
Fechamento de unidades	(3)	(3)	(2)	(2)	(3)
Lojas transferidas para a empresa	0	0	(7)	(13)	(16)
Fim do período	86	111	143	177	216
Variação líquida	*16*	*25*	*32*	*34*	*39*
Porcentagem de crescimento ano sobre ano		*29%*	*29%*	*24%*	*22%*
Total de lojas de fábrica					
Início do período	131	144	174	218	276
Abertura de lojas	21	36	48	63	86
Fechamento de lojas	(8)	(6)	(4)	(5)	(5)
Fim do período	144	174	218	276	357
Variação líquida	*13*	*30*	*44*	*58*	*81*
Porcentagem de crescimento ano sobre ano		*21%*	*25%*	*27%*	*29%*
Porcentagem total de lojas					
De propriedade da empresa	40,3%	36,2%	34,4%	35,9%	39,5%
Franqueadas	59,7%	63,8%	65,6%	64,1%	60,5%

Fonte: Relatórios da empresa, análise de caso do autor.

QUADRO 4 | Recomendações dos analistas

Período	Porcentagem recomendada		
	Comprar	Vender	Manter
14/06/2001	80,0%	20,0%	0,0%
19/07/2001	80,0%	20,0%	0,0%
16/08/2001	80,0%	20,0%	0,0%
20/09/2001	80,0%	20,0%	0,0%
18/10/2001	80,0%	20,0%	0,0%
15/11/2001	80,0%	20,0%	0,0%
20/12/2001	80,0%	20,0%	0,0%
17/01/2002	66,7%	33,3%	0,0%
14/02/2002	57,1%	28,6%	14,3%
14/03/2002	71,4%	28,6%	0,0%
18/04/2002	66,7%	33,3%	0,0%
16/05/2002	66,7%	33,3%	0,0%
20/06/2002	71,4%	28,6%	0,0%
18/07/2002	71,4%	28,6%	0,0%
15/08/2002	71,4%	28,6%	0,0%
19/09/2002	66,7%	33,3%	0,0%
17/10/2002	57,1%	28,6%	14,3%
14/11/2002	57,1%	28,6%	14,3%
19/12/2002	50,0%	12,5%	37,5%
16/01/2003	50,0%	12,5%	37,5%
20/02/2003	62,5%	12,5%	25,0%
20/03/2003	62,5%	12,5%	25,0%
17/04/2003	62,5%	12,5%	25,0%
15/05/2003	55,6%	11,1%	33,3%
19/06/2003	66,7%	0,0%	33,3%
17/07/2003	80,0%	0,0%	20,0%
14/08/2002	83,3%	0,0%	16,7%
18/09/2003	66,7%	16,7%	16,7%
16/10/2003	66,7%	16,7%	16,7%
20/11/2003	66,7%	16,7%	16,7%
18/12/2003	42,9%	14,3%	42,9%
15/01/2004	42,9%	14,3%	42,9%
19/02/2004	28,6%	14,3%	57,1%
18/03/2004	28,6%	14,3%	57,1%
15/04/2004	37,5%	25,0%	37,5%
20/05/2004	25,0%	25,0%	50,0%
17/06/2004	25,0%	25,0%	50,0%
15/07/2004	33,3%	11,1%	55,6%
19/08/2004	28,6%	28,6%	42,9%
16/09/2004	25,0%	37,5%	37,5%
14/10/2004	14,3%	42,9%	42,9%
18/11/2004	14,3%	42,9%	42,9%
16/12/2004	14,3%	57,1%	28,6%
20/01/2005	14,3%	57,1%	28,6%

Fonte: I/B/E/S (Thomson Financial/First Call).

QUADRO 5 | Estimativas do consenso EPS

Estimativa (média)	Data estimada
$ 0,38	02/07/2001
$ 0,43	24/08/2001
$ 0,41	25/10/2001
$ 0,44	16/11/2001
$ 0,43	21/12/2001
$ 0,62	08/03/2002
$ 0,63	24/05/2002
$ 0,63	03/06/2002
$ 0,63	01/07/2002
$ 0,64	29/08/2002
$ 0,64	03/09/2002
$ 0,63	08/10/2002
$ 0,66	22/11/2002
$ 0,65	10/01/2003
$ 0,66	14/02/2003
$ 0,87	20/03/2003
$ 0,89	29/05/2003
$ 0,90	30/07/2003
$ 0,90	21/08/2003
$ 0,91	15/09/2003
$ 0,91	17/12/2003
$ 0,92	27/01/2004
$ 1,17	10/03/2004
$ 1,00	07/05/2004
$ 0,99	26/05/2004
$ 0,98	24/06/2004
$ 0,92	16/08/2004
$ 0,59	27/08/2004
$ 0,69	10/09/2004
$ 0,65	13/09/2004
$ 0,58	03/11/2004
$ 0,45	23/11/2004

Fonte: I/B/E/S (Thomson Financial/First Call).

QUADRO 6 | Padrões de preços de ações relativos ao S&P 500 Composite Index

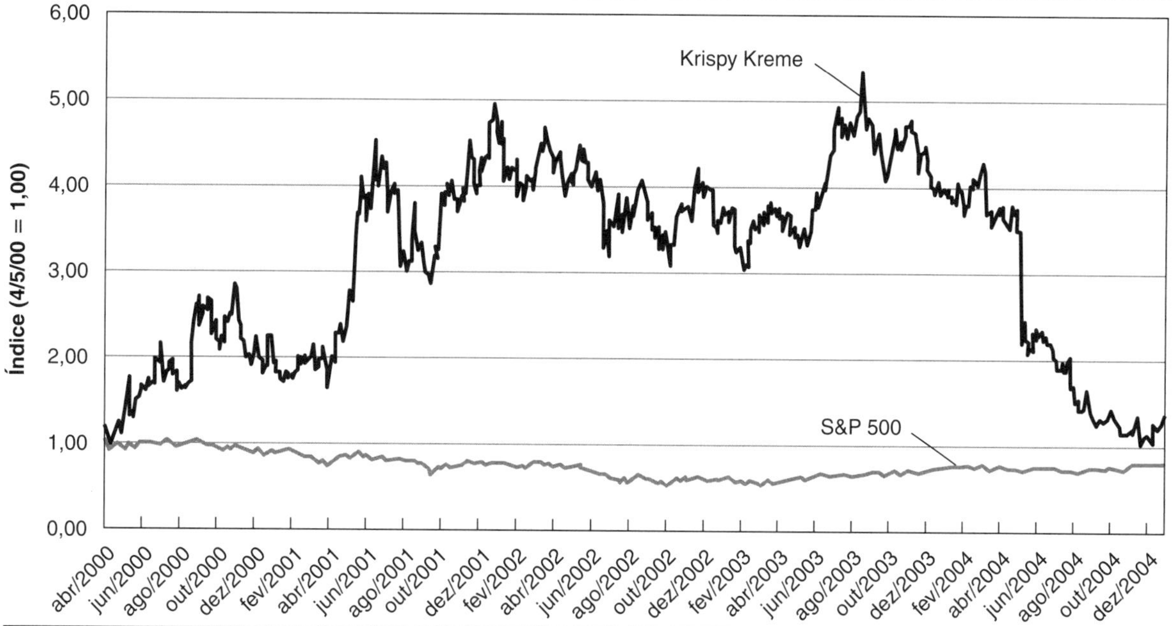

Fonte: Datastream.

QUADRO 7 | Índices analíticos financeiros da Krispy Kreme

	Exercício fiscal findo em					
	30/01/2000	28/01/2001	03/02/2002	02/02/2003	01/02/2004	Ratio definitions
Índices de liquidez						
Liquidez imediata	1,05	1,46	1,63	1,96	2,72	(ativo circulante-estoques)/passivo circulante
Liquidez corrente	1,39	1,77	1,94	2,36	3,25	Ativo circulante/passivo circulante
Grau de alavancagem						
Índice dívida/patrimônio Líquido(contábil)	47,96%	0,00%	2,47%	19,46%	11,26%	Dívida de longo prazo/patrimônio líquido
Índice dívida/capital	32,41%	0,00%	2,41%	16,29%	10,12%	Dívida de longo prazo/(patrimônio líquido + dívida)
Despesa de juros	7,11	38,73	124,29	33,59	23,15	LAJI/despesas financeiras
Índice ativos/patrimônio líquido	2,20	1,36	1,36	1,50	1,46	Ativo total/patrimônio líquido
Índices de atividade						
Giro das contas a receber	10,81	12,16	10,19	10,61	9,70	Vendas/contas a receber
Giro dos estoques	19,04	20,84	19,61	15,66	17,76	Custo de mercadorias vendidas/estoque
Giro dos ativos	2,10	1,75	1,54	1,20	1,01	Vendas/ativo total
Giro de caixa	69,19	42,80	18,00	15,26	32,79	Vendas/disponibilidades
Índices de rentabilidade						
Retorno sobre ativo	5,67%	8,59%	10,33%	8,16%	8,64%	Lucro líquido/ativo
Retorno sobre patrimônio líquido	12,47%	11,72%	14,06%	12,25%	12,62%	Lucro líquido/patrimônio líquido
Margem de lucro operacional	4,92%	7,82%	10,62%	12,17%	15,34%	Receita operacional/receita líquida de vendas
Margem de lucro líquido	2,70%	4,90%	6,69%	6,81%	8,58%	Lucro líquido/vendas

Fonte: *Filings* da companhia na Securities and Exchange Comission (SEC) dos Estados Unidos.

QUADRO 8 | Índices analíticos financeiros: Quick-Service Restaurants, fim do exercício fiscal de 2003

Nome da companhia	Checkers	CKE	Domino's	Jack in the Box	Krispy Kreme	McDonald's	Panera Bread	Papa Johns	Sonic	Starbucks	Wendy's	Yum Brands
Receita líquida (em milhões)	$190	$1.413	$1.333	$2.058	$666	$17.141	$356	$917	$447	$4.076	$3.149	$8.380
Receita líquida (em milhões)												
Índices de liquidez	0,96	0,47	0,60	0,23	2,72	0,49	1,34	0,33	0,77	0,76	0,61	0,26
Liquidez seca	1,42	0,76	0,99	0,63	3,25	0,76	1,58	0,77	0,92	1,52	0,88	0,55
Liquidez corrente												
Grau de alavancagem	33,97	262,97	(131,07)	61,82	11,26	77,97	0,00	38,30	62,53	0,21	39,39	183,57
Dívida de longo prazo/patrimônio líquido (%)	25,36	72,45	421,90	38,20	10,12	43,81	0,00	26,98	38,11	0,21	28,26	64,74
Cobertura financeira antes dos impostos	6,99	(0,09)	2,05	5,44	23,15	6,93	1,014,10	8,93	14,09	insignif.	9,25	5,79
Ativo total/patrimônio líquido total	1,76	5,29	(0,62)	2,50	1,46	2,13	1,26	2,18	1,83	1,31	1,80	5,02
Índice de atividade												
Giro das contas a receber	65,08	35,15	20,63	71,22	9,70	21,56	32,42	50,29	27,49	38,44	28,42	49,73
Giro dos estoques	133,39	59,30	46,88	52,83	17,76	89,84	38,75	44,87	111,24	10,58	79,58	91,32
Giro do ativo total	1,50	1,75	3,16	1,84	1,01	0,69	1,64	2,57	1,00	1,62	1,08	1,52
Giro de caixa	12,00	38,83	40,90	147,12	32,79	41,64	8,74	110,73	40,31	10,84	17,12	46,04
Índices de rentabilidade												
Retorno sobre ativo (%)	12,23	(5,92)	8,66	6,26	8,64	5,91	12,46	9,79	10,75	9,83	7,46	11,00
Retorno sobre patrimônio líquido (%)	21,55	(31,30)	insignif.	15,65	12,62	12,59	15,64	21,33	19,69	12,89	13,42	55,18
Margem EBIT (%)	8,24	3,49	13,20	6,94	15,34	19,62	14,02	6,38	23,42	9,48	13,35	12,77
Margem de lucro líquido (%)	8,32	(3,24)	2,91	3,58	8,58	8,80	8,61	3,70	11,70	6,58	7,49	7,37

insignif. = valor não significativo.

Fonte: Standard & Poor's Research Insight.

QUADRO 8 (*continuação*) | Descrição das empresas similares

Checkers Drive-in Restaurants, Inc.: A Checkers é a número 1 em lojas de *fast-food* tipo *drive-thru*, com mais de 780 unidades próprias e franquias. Aproximadamente 30% dessas lojas são próprias.

CKE Restaurants, Inc.: A CKE é líder nas cadeias de lojas de *fast-food*, com cerca de 3.100 lojas. A empresa possui e opera mais de um terço desses restaurantes: o restante são franquias.

Domino's Pizza, Inc.: A Domino's é a segunda cadeia de pizzarias no mundo, com mais de 7.750 lojas em mais de 50 países. Suas lojas são geralmente de *delivery* e não possuem área com mesas.

Jack in the Box Inc.: A Jack in the Box opera mais de 2 mil lojas de hambúrgueres com sua bandeira entre próprias e franquias, em 17 estados norte-americanos. Mais de 1.550 são lojas próprias e as demais, franquias.

McDonald's Corp.: O McDonald's é o número 1 em vendas de *fast-food*, com mais de 31 mil restaurantes com sua bandeira, servindo hambúrgueres e batatas fritas em mais de cem países. Cerca de 30% de suas lojas são próprias; as restantes, franquias.

Panera Bread Company: A Panera Bread é líder em restaurantes rápidos e casuais, com mais de 740 padarias-cafés em 35 estados norte-americanos. Cerca de 70% de suas lojas são operadas por franquias.

Papa John's International, Inc.: Papa John's é a cadeia de pizzarias número 3, com 3 mil lojas nos Estados Unidos e em 17 outros países. Papa John's possui e opera cerca de 20% de suas lojas.

Sonic Corp.: Maior cadeia de restaurantes com serviço rápido tipo *drive-in* nos Estados Unidos, a Sonic opera cerca de 535 restaurantes e possui mais de 2.325 franquias em 30 estados norte-americanos.

Starbucks Corp.: Número 1 no mundo em venda de cafés especiais ao varejo. A Starbucks opera e licencia mais de 8.500 cafés em mais de 30 países. Além disso, vende seu café em supermercados e licencia sua marca para outros produtos alimentícios e bebidas.

Wendy's International, Inc.: A Wendy é a cadeia de hambúrgueres número 3 em volume de vendas. Existem cerca de 6.700 Wendy's no mundo todo, e cerca de 80% são franquias.

YUM! Brands, Inc.: A YUM! Brands é uma das maiores franquias no mundo, atrás somente do McDonald's em número de vendas. Contudo, supera a gigante em número de lojas, com mais de 33 mil em cerca de cem países. (A empresa possui e opera cerca de um quarto de suas lojas e a maioria é franquia.) As marcas da bandeira incluem KFC, Pizza Hut e Taco Bell. Yum! também possui a A&W All-American Food restaurants e Long John Silvers. Sua estratégia multimarcas de longo prazo (oferecendo mais de uma de suas marcas em cada lugar) provou-se bem-sucedida.

Fonte: Hoover's, Inc.

QUADRO 9 | Demonstrações financeiras de tamanhos comuns: médias dos restaurantes com serviços limitados e Krispy Kreme (KKD)

	2001	2002	2003	KKD 2003
Balanço patrimonial ativo (%)				
Disponibilidade	12,8	12,4	13,7	3,1
Contas a receber (líquido)	1,6	0,9	1,4	10,4
Estoque	4,0	3,3	3,8	4,3
Outros circulantes	2,6	2,6	3,5	8,6
Total circulante	21,0	19,2	22,4	26,4
Ativo fixo (líquido)	54,7	57,0	55,0	42,5
Intangível (líquido)	13,3	14,2	12,6	26,6
Outros não-circulantes	11,0	9,6	10,0	4,5
Ativo total	100,0	100,0	100,0	100,0
Balanço patrimonial passivo e patrimônio (%)				
Títulos a pagar, curto prazo	4,7	5,6	5,8	0,0
Vencimento corrente, dívida de longo prazo	6,1	6,0	6,8	0,4
Contas a pagar	9,2	7,4	9,3	2,8
Impostos a pagar	0,2	0,2	0,3	0,0
Outros circulantes	13,9	16,9	14,0	4,8
Total circulante	34,1	36,1	36,4	8,1
Dívida de longo prazo	40,2	45,6	41,9	7,3
Imposto diferido	0,1	0,2	0,1	1,0
Outros não-circulantes	4,7	8,3	8,7	14,9
Patrimônio líquido	20,9	9,9	12,9	68,4
Passivo total e patrimônio líquido (%)	100,0	100,0	100,0	100,0
Demonstração do resultado (%)				
Receita líquida de vendas	100,0	100,0	100,0	100,0
Despesas operacionais	56,3	55,6	58,1	76,2
Margem de lucro operacional	4,0	4,7	4,0	15,3
Outras despesas (líquido)	1,3	1,6	1,5	1,1
Lucro antes dos impostos	2,7	3,0	2,5	14,2

Fonte: *Annual Statement Studies*: 2004-2005, The Risk Management Association.

CASO 7

The Body Shop International PLC 2001: uma introdução à modelagem financeira

Finanças é algo tão tedioso, que eu ficava mais adormecida do que acordada.[1]

—Anita Roddick, fundadora
do The Body Shop International

Anita, tão virtuosa quanto ambiciosa, segundo ela mesma, declara não estar preocupada (com os resultados financeiros)... "Nosso negócio se preocupa com duas coisas: mudanças sociais e ações, e cuidados com a pele", ela solta. "Mudanças sociais e ações em primeiro lugar. Vocês que só pensam em dinheiro... simplesmente não conseguem entender." Bem, talvez não entendamos, mas tenho certeza de uma coisa: Roddick é uma tremenda empreendedora... Ela e seu marido, Gordon, detêm ações que valem pouco menos que 300 milhões de dólares. Isso sim é ação social.[2]

Uma das maiores frustrações do The Body Shop é que ainda somos julgados pela mídia e pela City por nossos lucros, pela quantidade de produtos que vendemos, enquanto queremos e sempre quisemos ser julgados pelas nossas ações em um mundo maior, pela diferença positiva que fazemos.[3]

—Anita Roddick

No final dos anos 1990, o The Body International PLC, até então um dos fabricantes varejistas com maior crescimento no mundo, encalhou. Apesar de a empresa ter uma receita anual com taxa de crescimento de 20% em meados de 1990, por volta do fim da década, o crescimento de receita foi reduzido para cerca de 8%. Novos varejistas de produtos naturais de beleza para a pele e os cabelos entraram no mercado, aumentando a concorrência com o The Body Shop. Em meio à competição, o The Body Shop falhou em manter a imagem da

[1]Anita Roddick, *Body and Soul*, Londres: Ebury Press, 1991, p. 105.

[2]Jean Sherman Chatzky, "Changing the World", *Forbes*, 2 de março de 1992, p. 87.

[3]Anita Roddick, *Business as Unusual*, Londres: Thorsons, 2000, p. 56.

Este caso foi preparado por Susan Shank e John Vaccaro sob direção de Robert F. Bruner e Robert Conroy. Ele foi escrito para ilustrar situações de gerenciamento mais ou menos efetivo.

sua marca ao se tornar uma linha de produtos para as massas, quando se expandiu para "quase todos os shopping centers nos Estados Unidos, bem como em praticamente cada esquina das lojas de rua na Grã-Bretanha".[4]

Anita Roddick, fundadora do The Body Shop, renunciou ao cargo de CEO em 1998,[5] após inúmeras tentativas frustradas de reinventar a empresa. Patrick Gournay, um executivo da gigante francesa Danone S.A., assumiu a presidência como CEO. No entanto, os problemas continuaram, apesar da mudança na administração. No exercício fiscal de 2001, as receitas aumentaram 13%, mas o lucro pré-imposto caiu 21%. Gournay disse sobre os resultados: "Está abaixo de nossas expectativas, e estamos desapontados com o resultado".[6]

Apesar disso, Gournay tinha confiança de que uma estratégia recém-implementada proporcionaria uma melhora nos resultados. Essa estratégia tinha três objetivos principais: "melhorar a marca The Body Shop por meio de uma estratégia de produtos focada e aumentar os investimento nas lojas; alcançar eficiências operacionais na *supply chain* com a redução dos custos de produtos e de estoques; e reforçar a de *stakeholder*".[7]

Suponha que Anita Roddick, fundadora e co-presidente do conselho de administração, e Patrick Gournay, CEO, viessem até você na primavera de 2001 para pedir ajuda no planejamento de curto e longo prazos do The Body Shop. Como fundamentação desse trabalho, você precisará estimar os lucros futuros da companhia, além das necessidades financeiras. O desafio desse trabalho de consultoria não seria subestimado. Anita Roddick é uma administradora obstinada, com pouco jeito para finanças e sem afinidade com o jargão financeiro. Suas projeções deveriam ser não somente corretas tecnicamente, mas também proporcionar percepções práticas e diretas. O que você tem a dizer e como você diz são coisas igualmente importantes.

Caso você se sinta confortável utilizando o **Quadro 8** para elaborar os próximos três anos de demonstrações financeiras e apresentar as necessidade de financiamento externo de dívidas do The Body Shop, talvez lhe seja útil ler as próximas seções sobre modelagem financeira básica e se concentrar na última seção desse caso ("A senhorita Roddick quer saber"). Por experiência, contudo, muitos alunos acham os exercícios seguintes indispensáveis para o entendimento da modelagem financeira.

Panorama da projeção financeira

Em busca de uma resposta ao pedido de Roddick, você pode se inspirar em ao menos duas metodologias clássicas de projeção financeira e uma diversidade de versões que usam um pouco de cada método. Os dois métodos clássicos de projeção financeira são:

Projeção das contas T: Esse método começa com o ano de referência das demonstrações financeiras (por exemplo, o exercício anterior). Lançamentos no sistema de contabilidade por partidas dobradas determinam como cada conta irá mudar e quais serão os novos saldos resultantes. Ao mesmo tempo em que é fiel à mecânica dos fluxos de

[4]Sarah Ellisan. "Body Shop Seeks a Makeover – U.K. Cosmetics Retailer Confirms Sale Talks with Mexico's Grupo Omnilife – A Long and Difficult Fall from Grace", *Wall Street Journal Europe*, 8 de junho de 2001.

[5]Anita Roddick permaneceu no conselho de administração da companhia e, junto de seu marido, Gordon Roddick, atuou como co-presidente.

[6]Relatório do CEO (Resultados intermediários do The Body Shop International PLC, 53 semanas, até 3 de março de 2001).

[7]Relatório do CEO (3 de março de 2001).

caixa na companhia, esse método é complicado e pode exigir certo grau de informações de projeção sobre as transações que não estão disponíveis para muitos analistas de fora (ou até mesmo de dentro) da empresa.

Projeção da porcentagem de vendas: Esse método começa com a projeção de vendas para depois estimar outras contas da demonstração financeira com base em relações pressupostas entre vendas e aquela conta. Apesar de simples de se usar, essa técnica é facilmente utilizada de modo inapropriado. Por exemplo, alguns analistas ingênuos podem supor que a capacidade operacional pode aumentar em frações paralelamente aos aumentos nas vendas, mas pode uma companhia aérea comprar somente meio avião? A capacidade operacional geralmente aumenta aos saltos, em vez de suavemente. A lição aqui é que quando se usa essa técnica, você deve examinar de perto as relações da porcentagem de vendas para ter certeza de que são razoáveis.

A abordagem mais amplamente utilizada é uma combinação desses dois métodos. Por exemplo, as contas T são usadas para estimar o patrimônio líquido e o ativo fixo. A porcentagem de vendas é usada para estimar demonstrações do resultado, ativo e passivo circulantes, uma vez que esses dois últimos itens podem variar largamente com as vendas. Outros itens podem variar como uma porcentagem das contas em vez de uma porcentagem das vendas. Despesas com impostos são geralmente uma porcentagem do lucro antes dos impostos, os dividendos variarão com o lucro após impostos e a depreciação, geralmente, com o ativo fixo bruto.

Projeção a lápis e papel

Como introdução à modelagem financeira, vamos entender como se constroem projeções da demonstração do resultado e o balanço patrimonial, primeiro a lápis e papel (visualizar os passos já é suficiente) e depois com uma planilha. Em ambos os casos, você estará elaborando a demonstração do resultado e o balanço patrimonial *pro forma* (ou projetado) do The Body Shop de 2002 (demonstração do resultado para o exercício todo e balanço patrimonial para o final do exercício). Todos os valores devem ser em libras esterlinas. Adote como orientação as seguintes hipóteses:

Vendas:	£ 422.733.000 (aumento de 13% sobre 2001)
Custo dos produtos vendidos (CPV):	38% da receita
Despesas operacionais:	50% da receita
Despesas financeiras:	6% da dívida (aproximadamente a taxa de juros corrente)
Lucro antes dos impostos:	Receita – CPV – D&A – juros 30% do lucro antes dos impostos (o imposto corporativo atual na Grã-Bretanha)
Dividendos:	£ 10,9 milhões (o mesmo que os três anos anteriores)
Lucros retidos:	Lucro após impostos menos dividendos
Ativo circulante:	32% da receita
Ativo fixo:	£ 110.600.000
Ativo total:	Ativo circulante + ativo fixo
Passivo circulante:	28% da receita
Dívida:	Ativo total menos passivo circulante menos patrimônio líquido
Ações ordinárias:	£ 121.600.000 + lucro acumulado

Demonstração do resultado: Comece com as vendas e use o valor para estimar o CPV e as despesas operacionais. Por ora, deixe as despesas financeiras a zero, pois ainda não sabemos do montante da dívida. Calcule o lucro antes dos impostos, as despesas tributárias, o lucro após impostos, os dividendos e o lucro acumulado.

Balanço patrimonial: Calcule o ativo circulante (32% das vendas) e adicione £ 110.600.000 para obter uma estimativa do ativo total. Em seguida, calcule o passivo circulante (28% das vendas) e as ações comuns. A dívida se torna um número "plug" que preenche os dois lados do balanço patrimonial. Esse montante é a estimativa do financiamento externo que o The Body Shop necessita ao final do exercício de 2002. Calcule o "plug" subtraindo os montantes do passivo circulante e as ações ordinárias do ativo total.

Repita: Inicialmente, você entrou com um valor de despesas financeiras zero na demonstração do resultado, e isso pode estar correto se a dívida estiver em aberto ou se muito caixa for investido em instrumentos de juros. Trata-se do problema clássico em finanças resultante da interdependência da demonstração do resultado e do balanço patrimonial. A despesa financeira é necessária para calcular os lucros acumulados que são necessários para calcular a dívida. Chamemos esse problema de "circularidade". O modo de se lidar com isso é inserir sua melhor estimativa da despesa financeira na demonstração do resultado (usando 6% × dívida), recalcular o valor "plug" e, depois, a despesa financeira, e assim por diante. Repetindo-se esse processo cinco a seis vezes, você chegará a estimativas de despesa financeira e dívida que não mudam muito. Pare de iterar quando as mudanças ficarem menores.

Modelo de projeção com planilha eletrônica

Felizmente, pode-se acabar com o tédio de ficar iterando com o auxílio de um computador e de um software de planilhas eletrônicas como o Excel. Os comandos específicos mostrados aqui se referem ao Excel 2000. (Esses comandos serão mostrados em tabelas ao longo do texto.) A adaptação a outros programas de planilhas eletrônicas deve ser tranqüila. Agora, tente a mesma projeção para o The Body Shop usando uma planilha eletrônica.

Configuração: Comece com uma planilha em branco. Ajuste o modo de cálculo para MANUAL, para que o modelo somente repita o processo quando você pressionar CALC (F9). Também ajuste o número de iterações para uma vez para que você possa ver o Excel recalcular o valor "plug" e a despesa financeira. Você pode ajustar o número de iterações para mais vezes (o padrão do Excel é de 100), mas o Excel vai convergir para uma solução após cinco ou seis iterações, então, ajustar o número de iterações para ***1*** (uma vez) é o melhor modo para ver o processo em ação. Os comandos estão listados na **Tabela 1**.

TABELA 1 | Comandos da planilha do Excel

No menu **<Ferramentas>**, escolha **<Opções>**. Em seguida, a aba **<Cálculo>**; selecione o botão ao lado de **<Manual>** e *digite* ***1*** em **<Número máximo de iterações>**. Certifique-se de que o botão ao lado de **<Iterações>** esteja selecionado.

Salvando: Quando desenvolver o seu modelo, não se esqueça de salvá-lo a cada cinco minutos, aproximadamente, por precaução.

Formatação: Use o formato no **Quadro 1** como guia para planejar a sua planilha. Para facilitar a análise de sensibilidade, geralmente é mais adequado inserir os dados no topo da planilha. Em seguida, proceda à demonstração do resultado, exatamente como você faria com lápis e papel. Use as orientações do **Quadro 2**. Não se esqueça de vincular as células à porcentagem adequada na seção de entrada de dados. Na primeira vez, digite ***0*** para juros. (Isso é muito importante para a iteração funcionar adequadamente.) Trataremos desse assunto mais tarde.

Agora, prepare o balanço patrimonial. Novamente, certifique-se de ter vinculado o balanço patrimonial com as fórmulas. Com a planilha básica pronta, digite a fórmula para calcular juros como "taxa de juros × dívida". Aperte F9 e você poderá ver a planilha mudar. Você pode apertar F9 diversas vezes até que os números parem de mudar, o que significa que o modelo convergiu para uma solução única. Você deve obter juros de exatos 6% no passivo exigível em longo prazo e um balanço patrimonial estável.

Após ver como isso funciona, você pode ajustar o modelo para convergir sem ter de ficar pressionando CALC diversas vezes. Para fazer isso, deve ajustar o número de iterações que deseja que a planilha realize. Ajuste o número de iterações novamente para ***100*** (padrão do Excel) e deixe o computador se encarregar do cálculo. Os comandos estão listados na **Tabela 2**.

TABELA 2

No menu **<Ferramentas>** escolha **<Opções>**; em seguida, a aba **<Cálculo>**. Selecione **<Automático>** e digite o número ***100*** em **<Número máximo de iterações>**. Certifique-se de que o botão ao lado de **<Iterações>** esteja selecionado.

Nota: Modificando-se a configuração de iterações, juntamente da circularidade do "plug" da dívida e da despesa financeira (mais adiante, adicionaremos a circularidade das tabelas de dados), podemos nos colocar em situações confusas. É fácil se esquecer do ajuste da iteração (mais tabelas de dados levam à maior circularidade). Ao comparar seu trabalho com o de um colega, certifique-se de que ambos os ajustes da iteração sejam os mesmos e aperte F9 a mesma quantidade de vezes (certifique-se de não ter tabelas de dados ou as mesmas tabelas de dados). Sua planilha deve se parecer como a apresentada no **Quadro 3**.

Indo além em suas projeções

Até o momento, você projetou as demonstrações financeiras do The Body Shop para 2002. Agora, extrapole sua projeção para os exercícios de 2003 e 2004. Os comandos do Excel estão na **Tabela 3**. O modo mais fácil de fazer isso é copiar e colar o seu modelo para os dois exercícios adicionais. Antes de copiar as fórmulas da coluna B para as colunas C e D, certifique-se de que as referências na sua seção de entrada de dados (células B3 até B12) sejam absolutas, em oposição às relativas. Uma referência absoluta significa que quando você copiar as células B16 até B35 para outras partes da planilha, as células ainda estarão ligadas às originais (ou seja, B5). Em contrapartida, o programa entende que as células devem ser atribuídas às novas células, tal como a C5. Para tornar uma referência absoluta, adicione o cifrão – B3, em vez de B3. Agora você deverá ser capaz de copiá-la.

TABELA 3

Selecione o intervalo de dados marcando-o na planilha. No menu **<Editar>**, escolha **<Copiar>**. Selecione as células em que você deseja que os dados copiados sejam colados. No menu **<Editar>**, escolha **<Colar>**.

Observe que você deverá mudar a fórmula do patrimônio líquido de 2003 e 2004. Para 2003, deixe a fórmula igual à do patrimônio líquido de 2002 mais o lucro acumulado em 2003. Além disso, você deve fazer o crescimento das vendas por combinação. Para isso, pegue as vendas de 2002 × a taxa de crescimento esperado de 2003 (digamos, de 13%). Ao entrar essas mudanças, você deve observar o efeito se propagar pelo modelo.

Quando a dívida é negativa

Agora, modifique o modelo para lidar com a situação em que o "plug" da dívida é negativo – isso pode ocorrer rotineiramente em empresas com padrões de vendas sazonais ou cíclicos. Dívida negativa pode ser interpretada como caixa excedente. Contudo, é um modo incomum de apresentar caixa; um administrador não dado a finanças (como Roddick) pode não apreciar esse tipo de apresentação. A solução é adicionar uma linha para o caixa excedente na coluna do ativo do balanço patrimonial e então incluir três novas linhas depois da última linha do balanço patrimonial.

Nome	Fórmula
Ativo de verificação	Ativo circulante + Ativo fixo
Passivo de verificação e patrimônio	Passivo circulante + Patrimônio
Plug	Balanço do ativo – Balanço do passivo

Agora digite a fórmula a seguir para "Caixa excedente":

=IF(PLUG<0,–PLUG,0)

Em vez da palavra "PLUG", você deve usar o endereço da célula que contém o número "plug" real. A fórmula para DÍVIDA é a seguinte:

=IF(PLUG>0,+PLUG,0)

Veja o **Quadro 4**, para ter uma idéia de como a sua planilha deve ficar. Para visualizar como essas modificações realmente funcionam, altere suas premissas de CPV/VENDAS para 0,45 e aperte F9.

Com o caixa excedente, você deve gerar lucro financeiro, em vez de despesa financeira. No caso de um saldo excedente de caixa, para que o seu modelo trate o juro como lucro, em vez de despesa, você deve modificar sua fórmula de despesa financeira como segue:

= +(B6*B34) – (B6*B28)

Um exemplo dos resultados finais aparece no **Quadro 5**.

Explore a sensibilidade

Após o seu modelo reproduzir o quadro, você estará pronto para conduzir a análise de sensibilidade para os anos *pro forma*, vendo como variações na projeção assumida afetam os requisitos de financiamento. Um analista financeiro pode querer tentar as seguintes variações (ou mais de uma, combinadas):

- Supor que as vendas em 2002 sejam de £ 500 milhões.
- Supor que o CPV seja de 45% das vendas.
- Supor que os dividendos cresçam para 60% sobre o lucro líquido.
- Supor que o The Body Shop tenha dobrado sua capacidade produtiva com mais uma planta de £ 100 milhões em 2002.
- Supor que os estoques estejam mais altos do que o esperado (modele isso aumentando o ativo circulante para 40% das vendas).
- Supor que o pagamento das contas a receber melhore para que o ativo circulante seja de 28% das vendas.
- Supor que as despesas operacionais aumentem mais rápido que as vendas.

O que ocorre com o valor "plug" (ou seja, dívida) nesses casos diversos? Em geral, quais suposições de dados de entrada na sua planilha parecem ter maior efeito na necessidade de empréstimos no futuro?

A "Tabela de dados" é um instrumental inestimável para se conduzir uma análise de sensibilidade. A tabela calcula automaticamente a dívida (ou o que se deseja focalizar), uma vez que ela varia para suposições particulares – por exemplo, taxas de crescimento. No Excel, você pode criar uma tabela de dados em dois passos, ilustrados nos exemplos a seguir. Imagine que você queira calcular a dívida necessária do The Body Shop e o caixa excedente gerado à taxa de CPV/VENDAS de 0,35, 0,38, 0,40, 0,42, 0,44, 0,45 e 0,48.

1. **Monte a tabela.** Em uma área em branco da planilha, digite as taxas de CPV/VENDAS (0,35, 0,38, 0,40, 0,42, 0,44, 0,45 e 0,48) em uma coluna. No topo da coluna seguinte (uma coluna acima da sua primeira taxa CPV/VENDAS), digite a localização do valor a ser calculado, nesse caso, a dívida, ou =B34. Na coluna seguinte, digite a localização da célula para o caixa excedente, =B28. Sua tabela de dados deve ser formatada como mostra o **Quadro 6**.
2. **Digite os comandos da tabela de dados.** Os comandos para montar a tabela de dados são mostrados na **Tabela 4**.

TABELA 4

Realce as células que contêm os seus índices CPV/VENDAS e suas referências de células para Dívidas e Excesso de caixa. As células à direita de seus índices CPV/VENDAS e abaixo de suas referências de células para Dívidas e Excesso de Caixa são as células a ser preenchidas, e também devem ser realçadas.

Escolha o menu <**Data**> e, em seguida, o item <**Tabela**>.

Na caixa <**Célula de Inserção de Coluna**>, insira a célula em que a sua premissa de CPV/VENDAS seja B4.

O computador preencherá a tabela.

A circularidade adicional trazida por tabelas de dados pode levar a alguns resultados confusos. A fim de se evitar isso, tenha a certeza de ajustar o número de iterações para *no mínimo **10***. O resultado deveria se assemelhar ao **Quadro 7**.

A tabela de dados no **Quadro 7** revela que, com índice CPV/VENDAS de 45%, a empresa necessitará de empréstimos. Isso deveria disparar questões em sua mente sobre a possível causa para esse acontecimento, tal como uma guerra de preços ou um repentino aumento dos custos de materiais. Sua planilha pode mostrar-lhe formatos de tabelas de dados mais sofisticados. Nenhum analista financeiro pode se dar ao luxo de ignorar essa ferramenta valiosa. Armado com uma tabela de dados, ficará fácil voltar e tentar variações com outras suposições de inserção.

Nota: Lembre-se de que tabelas de dados adicionam mais cálculos que precisam ser iterados em sua planilha de trabalho. Ao comparar o seu trabalho com o de um estimado colega, tenha a certeza de terem o mesmo número de iterações e de terem aproximadamente as mesmas tabelas de dados em seus arquivos.

A senhorita Roddick quer saber

Agora que já completou uma projeção simplificada, prepare uma projeção com base na amplitude total das contas como de fato foram relatadas por The Body Shop em 2001. O **Quadro 8** apresenta os resultados para os últimos três anos. Por favor, faça a projeção para todas as contas individualmente para os próximos três anos. Você verá muitas contas familiares bem como algumas contas incomuns com interesses minoritários.

Para a maioria das contas, você deve extrapolar usando a mesma porcentagem de vendas confirmada pela experiência do ano precedente. Talvez você use uma média dos três anos históricos. Talvez use apenas o ano mais recente ou, se perceber uma tendência para cima ou para baixo em alguma conta, tente aumentar ou diminuir a porcentagem nos anos futuros, de acordo com seu julgamento. Independentemente das suposições que optar, você deve novamente isolá-las no topo de sua planilha de trabalho, para que possa facilmente mudar uma suposição e então fazê-la fluir por meio de sua planilha de trabalho. Adicionalmente, isso é muito importante para se calcular a suscetibilidade posteriormente, pois você quer ser capaz de apontar para uma célula como a "Célula de inserção de coluna" em uma tabela de dados.

Por favor, faça "overdrafts" do valor "plug" e despesa-base com juros (a 6%) nos saques a descoberto, porção atual da dívida de longo prazo e obrigações de longo prazo. Se você pulou para essa seção sem fazer o exercício acima, talvez se diferencie de seus colegas no tratamento do caso em que a dívida seja negativa.

Faça as suas próprias suposições em relação ao crescimento das vendas. Faça outras suposições conforme for necessário. Esteja preparado para reportar à senhorita Roddick as suas respostas para as seguintes perguntas:

1. Como construiu a sua projeção? Por que escolheu as suposições "caso-base"?
2. Com base em suas projeções *pro forma*, quanto financiamento adicional a The Body Shop necessitará durante esse período?
3. Quais são as três ou quatro suposições mais importantes ou "drivers-chave" em sua projeção? Qual é o efeito na necessidade de financiamento de se variar cada uma dessas suposições para cima ou para baixo do caso-base? Intuitivamente, por que essas suposições são tão importantes?
4. Por que os seus achados são relevantes para uma gerente-geral como a Roddick? Quais são as implicações de seus achados para ela? Qual atitude ela deveria tomar com base em sua análise?

Ao discutir a sua análise com Roddick, não se permita ficar preso em detalhes técnicos de projeção ou jargões financeiros. Foque seus comentários em seus resultados. Coloque-os da maneira mais simples e intuitiva que puder. Não fique satisfeito em simplesmente apresentar seus resultados. Una seus achados a recomendações como fatores-chave a ser gerenciados, oportunidades para melhorar resultados e questões que garantam uma análise cuidadosa. Lembre-se de que Roddick admite abertamente que considera finanças um tédio. Sempre que possível, tente expressar a sua análise no que achar interessante, incluindo pessoas, clientes, qualidade de produtos naturais e a saúde e o dinamismo de seu negócio. Boa sorte!

QUADRO 1 | Formato para o desenvolvimento de um modelo de planilha

	A	B
1	Dados de entrada	
2		
3	VENDAS	422.733
4	CPV/VENDAS	0,38
5	DESPESAS OPERACIONAIS/VENDAS	0,50
6	TAXA DE JUROS	0,06
7	ALÍQUOTA DO IMPOSTO	0,30
8	DIVIDENDOS	10.900
9	ATIVO CIRCULANTE/VENDAS	0,32
10	PASSIVO CIRCULANTE/VENDAS	0,28
11	ATIVO FIXO	110.600
12	PATRIMÔNIO LÍQUIDO INICIAL	121.600
13		
14	DEMONSTRAÇÃO DO RESULTADO	2002
15		
16	VENDAS	
17	CPV	
18	DESPESAS OPERACIONAIS	
19	DESPESA (LUCRO) FINANCEIRA	
20	LUCRO ANTES DOS IMPOSTOS	
21	IMPOSTO	
22	LUCRO APÓS IMPOSTO	
23	DIVIDENDOS	
24	LUCROS RETIDOS	
25		
26	BALANÇO PATRIMONIAL	2002
27		
28	ATIVO CIRCULANTE	
29	ATIVO FIXO	
30	ATIVO TOTAL	
31		
32	PASSIVO CIRCULANTE	
33	DÍVIDA	
34	PATRIMÔNIO LÍQUIDO	
35	PASSIVO TOTAL E PATRIMÔNIO LÍQUIDO	

QUADRO 2 | Fórmulas de planilhas para a projeção das finanças de 2002

	A	B
1	Dados de entrada	
2		
3	VENDAS	422.733
4	CPV/VENDAS	0,38
5	DESPESAS OPERACIONAIS/VENDAS	0,50
6	TAXA DE JUROS	0,06
7	ALÍQUOTA DO IMPOSTO	0,30
8	DIVIDENDOS	10.900
9	ATIVO CIRCULANTE/VENDAS	0,32
10	PASSIVO CIRCULANTE/VENDAS	0,28
11	ATIVO FIXO	110.600
12	PATRIMÔNIO LÍQUIDO INCIAL	121.600
13		
14	DEMONSTRAÇÃO DO RESULTADO	2002
15		
16	VENDAS	+B3
17	CPV	+B4*B16
18	DESPESAS OPERACIONAIS	+B5*B16
19	DESPESA FINANCEIRA (LUCRO)	+B6*B33
20	LUCRO ANTES DOS IMPOSTOS	+B16-B17-B18-B19
21	IMPOSTO	+B7*B20
22	LUCRO APÓS IMPOSTO	+B20-B21
23	DIVIDENDOS	+B8
24	LUCRO ACUMULADO	+B22-B23
25		
26	BALANÇO PATRIMONIAL	2002
27		
28	ATIVO CIRCULANTE	+B9*B16
29	ATIVO FIXO	+B11
30	ATIVO TOTAL	+B28+B29
31		
32	PASSIVO CIRCULANTE	+B10*B16
33	DÍVIDA	+B30-B32-B34
34	PATRIMÔNIO LÍQUIDO	+B12+B24
35	PASSIVO TOTAL E PATRIMÔNIO LÍQUIDO	+B32+B33+B34

QUADRO 3 | Resultados básicos de projeção para 2002

	A	B
1	Dados de entrada	
2		
3	VENDAS	422.733
4	CPV/VENDAS	0,38
5	DESPESAS OPERACIONAIS/VENDAS	0,50
6	TAXA DE JUROS	0,06
7	ALÍQUOTA DO IMPOSTO	0,30
8	DIVIDENDOS	10.900
9	ATIVO CIRCULANTE/VENDAS	0,32
10	PASSIVO CIRCULANTE/VENDAS	0,28
11	ATIVO FIXO	110.600
12	PATRIMÔNIO LÍQUIDO INICIAL	121.600
13		
14	DEMONSTRAÇÃO DO RESULTADO	2002
15		
16	VENDAS	422.733
17	CPV	160.639
18	DESPESAS OPERACIONAIS	211.367
19	DESPESA FINANCEIRA (LUCRO)	(1.171)
20	LUCRO ANTES DOS IMPOSTOS	51.899
21	IMPOSTO	15.570
22	LUCRO APÓS IMPOSTO	36.329
23	DIVIDENDOS	10.900
24	LUCROS RETIDOS	25.429
25		
26	BALANÇO PATRIMONIAL	2002
27		
28	ATIVO CIRCULANTE	135.275
29	ATIVO FIXO	110.600
30	ATIVO TOTAL	245.875
31		
32	PASSIVO CIRCULANTE	118.365
33	DÍVIDA	(19.520)
34	PATRIMÔNIO LÍQUIDO	147.029
35	PASSIVO TOTAL E PATRIMÔNIO LÍQUIDO	245.875

QUADRO 4 | Ajustando para refletir o Caixa excedente

	A	B
1	Dados de entrega	
2		
3	VENDAS	422.733
4	CPV/VENDAS	0,38
5	DESPESAS OPERACIONAIS/VENDAS	0,50
6	TAXA DE JUROS	0,06
7	ALÍQUOTA DO IMPOSTO	0,30
8	DIVIDENDOS	10.900
9	ATIVO CIRCULANTE/VENDAS	0,32
10	PASSIVO CIRCULANTE/VENDAS	0,28
11	ATIVO FIXO	110.600
12	PATRIMÔNIO LÍQUIDO INICIAL	121.600
13		
14	DEMONSTRAÇÃO DO RESULTADO	2002
15		
16	VENDAS	422.733
17	CPV	160.639
18	DESPESAS OPERACIONAIS	211.367
19	DESPESA FINANCEIRA (LUCRO)	+(B6*B34)-(B6*B28)
20	LUCRO ANTES DOS IMPOSTOS	40.706
21	IMPOSTO	14.247
22	LUCRO APÓS IMPOSTO	26.459
23	DIVIDENDOS	10.900
24	LUCROS RETIDOS	15.559
25		
26	BALANÇO PATRIMONIAL	2002
27		
28	CAIXA EXCEDENTE	=IF(B40<0,-B40,0)
29	ATIVO CIRCULANTE	135.275
30	ATIVO FIXO	110.600
31	ATIVO TOTAL	+B29+B30+B28
32		
33	PASSIVO CIRCULANTE	118.365
34	DÍVIDA	=IF(B40>0,+B40,0)
35	PATRIMÔNIO LÍQUIDO	137.159
36	PASSIVO TOTAL E PATRIMÔNIO LÍQUIDO	+B33+B34+B35
37		
38	ATIVO DE VERIFICAÇÃO	+B29+B30
39	PASSIVO DE VERIFICAÇÃO E PATRIMÔNIO LÍQUIDO	+B33+B35
40	PLUG: DÍVIDA (CAIXA EXCEDENTE)	+B38−B39

QUADRO 5 | Resultados finais para 2002, refletindo o Caixa excedente

	A	B
1	Dados de entrada	
2		
3	VENDAS	422,733
4	CPV/VENDAS	0.38
5	DESPESAS OPERACIONAIS/VENDAS	0.50
6	TAXA DE JUROS	0.06
7	ALÍQUOTA DO IMPOSTO	0.30
8	DIVIDENDOS	10,900
9	ATIVO CIRCULANTE/VENDAS	0.32
10	PASSIVO CIRCULANTE/VENDAS	0.28
11	ATIVO FIXO	110,600
12	PATRIMÔNIO LÍQUIDO INICIAL	121,600
13		
14	DEMONSTRAÇÃO DO RESULTADO	2002
15		
16	VENDAS	422,733
17	CPV	160,639
18	DESPESAS OPERACIONAIS	211,367
19	DESPESA FINANCEIRA (LUCRO)	(1,171)
20	LUCRO ANTES DOS IMPOSTOS	51,899
21	IMPOSTO	15,570
22	LUCRO APÓS IMPOSTO	36,329
23	DIVIDENDOS	10,900
24	LUCROS RETIDOS	25,429
25		
26	BALANÇO PATRIMONIAL	2002
27		
28	CAIXA EXCEDENTE	19,520
29	ATIVO CIRCULANTE	135,275
30	ATIVO FIXO	110,600
31	ATIVO TOTAL	265,395
32		
33	PASSIVO CIRCULANTE	118,365
34	DÍVIDA	0
35	PATRIMÔNIO LÍQUIDO	147,029
36	PASSIVO TOTAL E PATRIMÔNIO LÍQUIDO	265,395
37		
38	ATIVO DE VERIFICAÇÃO	245,875
39	PASSIVO DE VERIFICAÇÃO E PATRIMÔNIO LÍQUIDO	265,395
40	PLUG: DÍVIDA (CAIXA EXCEDENTE)	(19,520)

QUADRO 6 | Preparação para uma projeção com tabela de dados

	A	B
1	Dados de entrada	
2		
3	VENDAS	422.733
4	CPV/VENDAS	0,38
5	DESPESAS OPERACIONAIS/VENDAS	0,50
6	TAXA DE JUROS	0,06
7	ALÍQUOTA DO IMPOSTO	0,30
8	DIVIDENDOS	10.900
9	ATIVO CIRCULANTE/VENDAS	0,32
10	PASSIVO CIRCULANTE/VENDAS	0,28
11	ATIVO FIXO	110.600
12	PATRIMÔNIO LÍQUIDO INICIAL	121.600
13		
14	DEMONSTRAÇÃO DO RESULTADO	2002
15		
16	VENDAS	422.733
17	CPV	160.639
18	DESPESAS OPERACIONAIS	211.367
19	DESPESA FINANCEIRA (LUCRO)	(1.171)
20	LUCRO ANTES DOS IMPOSTOS	51.899
21	IMPOSTO	15.570
22	LUCRO APÓS IMPOSTO	36.329
23	DIVIDENDOS	10.900
24	LUCROS RETIDOS	25.429
25		
26	BALANÇO PATRIMONIAL	2002
27		
28	CAIXA EXCEDENTE	19.520
29	ATIVO CIRCULANTE	135.275
30	ATIVO FIXO	110.600
31	ATIVO TOTAL	265.395
32		
33	PASSIVO CIRCULANTE	118.365
34	DÍVIDA	0
35	PATRIMÔNIO LÍQUIDO	147.029
36	PASSIVO TOTAL E PATRIMÔNIO LÍQUIDO	265.395
37		
38	ATIVO DE VERIFICAÇÃO	245.875
39	PASSIVO DE VERIFICAÇÃO E PATRIMÔNIO LÍQUIDO	265.395
40	PLUG: DÍVIDA (CAIXA EXCEDENTE)	(19.520)

Análise de sensibilidade de débito e caixa excedente para razão CPV/VENDAS

CPV/VENDAS	DÍVIDA	Ex. CAIXA EXCEDENTE
	=B34	=B28
0,35		
0,38		
0,40		
0,42		
0,44		
0,45		
0,48		

QUADRO 7 | Projeção finalizada com tabela de dados

	A	B
1	Dados de entrada	
2		
3	VENDAS	422.733
4	CPV/VENDAS	0,38
5	DESPESAS OPERACIONAIS/VENDAS	0,50
6	TAXA DE JUROS	0,06
7	ALÍQUOTA DO IMPOSTO	0,30
8	DIVIDENDOS	10.900
9	ATIVO CIRCULANTE/VENDAS	0,32
10	PASSIVO CIRCULANTE/VENDAS	0,28
11	ATIVO FIXO	110.600
12	PATRIMÔNIO LÍQUIDO INICIAL	121.600
13		
14	DEMONSTRAÇÃO DO RESULTADO	2002
15		
16	VENDAS	422.733
17	CPV	160.639
18	DESPESAS OPERACIONAIS	211.367
19	DESPESA FINANCEIRA (LUCRO)	(1.171)
20	LUCRO ANTES DOS IMPOSTOS	51.899
21	IMPOSTO	15.570
22	LUCRO APÓS IMPOSTO	36.329
23	DIVIDENDOS	10.900
24	LUCROS RETIDOS	25.429
25		
26	BALANÇO PATRIMONIAL	2002
27		
28	CAIXA EXCEDENTE	19.520
29	ATIVO CIRCULANTE	135.275
30	ATIVO FIXO	110.600
31	ATIVO TOTAL	265.395
32		
33	PASSIVO CIRCULANTE	118.365
34	DÍVIDA	0
35	PATRIMÔNIO LÍQUIDO	147.029
36	PASSIVO TOTAL E PATRIMÔNIO LÍQUIDO	265.395
37		
38	ATIVO DE VERIFICAÇÃO	245.875
39	PASSIVO DE VERIFICAÇÃO E PATRIMÔNIO LÍQUIDO	265.395
40	PLUG: DÍVIDA (CAIXA EXCEDENTE)	(19.520)

Análise de sensibilidade de débito e caixa excedente para razão CPV/VENDAS

CPV/VENDAS	DÍVIDA	Ex. CAIXA EXCEDENTE
	+B34	+B28
0,35	0	28.787
0,38	0	19.520
0,40	0	13.342
0,42	0	7.165
0,44	0	987
0,45	2.102	0
0,48	11.369	0

QUADRO 8 | Histórico de demonstrativos financeiros (em milhões de libras)

	Ano fiscal findo em 28 de fevereiro					
	1999 (£)	1999 (% de vendas)	2000 (£)	2000 (% de vendas)	2001 (£)	2001 (% de vendas)
Demonstração do resultado						
Receita de vendas	303,7	100,0	330,1	100,0	374,1	100,0
Custo de vendas	127,7	42,0	130,9	39,7	149,0	39,8
Lucro bruto	176,0	58,0	199,2	60,3	225,1	60,2
Despesas operacionais						
– excluindo custos operacionais	151,4	49,9	166,2	50,3	195,7	52,3
– custos excepcionais[a]	4,5	1,5	0,0	0,0	11,2	3,0
Custos de reestruturação[b]	16,6	5,5	2,7	0,8	1,0	0,3
Despesa financeira líquida	0,1	0,0	1,5	0,5	4,4	1,2
Lucro antes dos impostos	3,4	1,1	28,8	8,7	12,8	3,4
Despesa com impostos	8,0	2,6	10,4	3,2	3,5	0,9
Lucro/(perda) depois dos impostos	(4,6)	(1,5)	18,4	5,6	9,3	2,5
Dividendos comuns	10,9	3,6	10,9	3,3	10,9	2,9
Lucro/(perda) acumulado	(15,5)	(5,1)	7,5	2,3	(1,6)	(0,4)

	Ano fiscal findo em 28 de fevereiro					
	1999 (£)	1999 (% de vendas)	2000 (£)	2000 (% de vendas)	2001 (£)	2001 (% de vendas)
Balanço patrimonial						
Ativo						
Caixa	34,0	11,2	19,2	5,8	13,7	3,7
Contas a receber	27,8	9,2	30,3	9,2	30,3	8,1
Estoques	38,6	12,7	44,7	13,5	51,3	13,7
Outros ativos circulantes	12,5	4,1	15,6	4,7	17,5	4,7
Ativo fixo líquido	87,8	28,9	104,7	31,7	110,6	29,6
Outros ativos[c]	0,0	0,0	6,0	1,8	6,7	1,8
Ativo total	200,7	66,1	220,5	66,8	230,1	61,5
Passivo e patrimônio líquido						
Contas a pagar	13,0	4,3	20,5	6,2	10,7	2,9
Impostos a pagar	11,3	3,7	11,7	3,5	7,1	1,9
Provisões	10,8	3,6	15,6	4,7	11,5	3,1
Saques a descoberto	0,0	0,0	0,3	0,1	0,7	0,2
Outros passivos circulantes	21,6	7,1	13,3	4,0	16,9	4,5
Passivo exigível em longo prazo	28,0	9,2	36,7	11,1	61,2	16,4
Outros passivos[d]	1,7	0,6	1,0	0,3	0,4	0,1
Patrimônio líquido	114,3	37,6	121,4	36,8	121,6	32,5
Total do passivo e patrimônio líquido	200,7	66,1	220,5	66,8	230,1	61,5

[a]Custos excepcionais em 2001 incluíram custos de redundância ($ 4,6 milhões) e custos de desenvolvimento de cadeia de fornecedores ($ 2,4 milhões). Os custos excepcionais de $ 4,5 milhões em 1999 estavam associados ao fechamento de lojas não rentáveis e a uma revisão de danos do restante das lojas nos Estados Unidos.

[b]Custos de reeestruturação em 2001 e 2002 se relacionam à venda de fábricas de produção em Littlehampton, Inglaterra e a custos associados à reorganização. Custos de reestruturação em 1999 surgiram do realinhamento da estrutura de gerenciamento do negócio nos Estados Unidos e na Grã-Bretanha

[c]Outros ativos em 2001 e 2000 representaram contas a receber relacionadas à venda da fábrica de produção da empresa em Littlehampton.

[d]Outros passivos, incluídos, em sua maioria, os impostos adiados.

CASO 8

Padgett Paper Products Company

As negociações com a Padgett Paper Products Company se estendiam há quase um ano. Francis Libris esperava que tivesse chegado o momento em que eles poderiam ser levados a uma conclusão mutuamente satisfatória. Do contrário, Padgett poderia buscar outro banco como sua fonte de fundos. Alternativamente, Libris estaria sujeito a críticas de seus superiores por falhar em seu comprometimento de gerenciar e estruturar a relação adequadamente. Libris era o vice-presidente do Caslon Trust Company de Richmond, na Virgínia, um dos maiores bancos da cidade. Ele era o responsável pelo Centro de Empréstimos Comerciais de Broad Street do banco, local ao qual a conta de Padgett estava designada, porque seus pequenos escritórios executivos estavam no piso superior do mesmo prédio onde o centro estava localizado. Era uma conta significativa para o centro e importante para a sua rentabilidade.

Padgett havia esporadicamente tomado emprestado pequenas quantidades de Caslon desde que uma conta foi estabelecida com o banco em 1947. Mesmo a aquisição de várias empresas pequenas (por menos de $ 1 milhão cada) na década de 1980 não exigiu altos níveis de dívidas. A aquisição de um competidor há muito tempo desejado por um preço atraente em curto prazo no início de 1996 trouxe Padgett ao banco repentinamente, para pedir um empréstimo adicional de $ 3,6 milhões. Combinados aos $ 3,6 milhões já emprestados até aquele momento, a exposição total de Caslon poderia aumentar para $ 7,2 milhões, bem acima da linha de crédito de $ 5 milhões, aconselhada e aprovada pela companhia. A solicitação foi atendida, mesmo sob uma linha interna de $ 8 milhões, e a taxa permaneceu a melhor. Libris vinha trabalhando desde então para estruturar os arranjos em uma base mais diária, em vez dos métodos de 90 dias atrás, sem *covenants* protetores.

Estamos em janeiro de 1997. Libris esperava ter os novos termos arrumados para que eles pudessem se refletir nas declarações financeiras para o ano fiscal de 1997, que se encerrava em 30 de abril. Havia uma chance de que a negociação terminada antes de os auditores encerrarem seu trabalho de campo, quase dois meses após o fim do ano fiscal daPadgett, em

Este caso foi preparado por Paul H. Hunn, um palestrante visitante, cuja cooperação é reconhecida com apreciação. Foi escrito como base para uma discussão em aula e não para ilustrar o manejo efetivo ou inefetivo de uma situação administrativa.

abril, pudesse ser incorporada no relatório da auditoria. No entanto, Libris preferia ter esse acordo assinado antes do ano fiscal para evitar essa complicação.

Libris se perguntava se deveria dar uma nova olhada na situação. Ele havia originalmente tentado persuadir a administração da Padgett a financiar parte das necessidades da empresa na forma de uma dívida em longo prazo de uma empresa de seguro de vida. Quando o vice-presidente financeiro declinou a proposta de colocação privada, Libris decidiu verificar como o empréstimo poderia ser devolvido ao banco dentro do período inicialmente sugerido por seus superiores. Conforme o tempo foi passando, ele começou a pensar que aquelas restrições talvez não fossem apropriadas para a situação e que uma solução mais criativa pudesse se provar aceitável tanto para a administração sênior de departamento quanto para a administração da Padgett. Como Libris sabia que precisaria da aprovação de seus superiores antes de tomar uma iniciativa diferente com a administração da Padgett, o tempo estava rapidamente se esgotando. Ele tinha de desenvolver tanto as implicações da decisão original quanto quaisquer alternativas que parecessem mais atraentes.

Padgett Paper Products Company

A Padgett Paper Products Company, uma empresa bem-mantida, mas com ações publicamente negociadas (no mercado de balcão), fabricava uma variedade de produtos para escritório que incluía cadernos, fichários, formulários e folhas pautadas avulsas para estudantes ou para registros. A empresa tinha mais de cem anos. Sua propriedade pertencia principalmente aos descendentes dos fundadores, que agora formavam um grupo grande e amplamente distribuído. Poucos membros da família eram ativos na administração da empresa, e a principal ligação com a maioria dos donos vinha na forma de um cheque de dividendos trimestral. Alguns membros da família dependiam dos dividendos para compor a maior parte de sua renda. A maioria dos acionistas considerava Padgett apenas mais um investimento, ainda por cima não-líquido, pois o mercado para as ações da empresa estava extremamente estreito. Um pagamento significativo de dividendos era considerado importante pela administração.

A administração, que era primariamente profissional, parecia competente, responsável e razoavelmente efetiva. Sua experiência era principalmente em operações, que eram realizadas em várias fábricas no centro-sul, e em marketing, que era controlado fora do escritório executivo em Richmond. Libris havia observado que a administração não era financeiramente orientada.

Os clientes da Padgett eram aproximadamente 5 mil atacadistas e varejistas dos Estados Unidos e do Canadá. Nem um único cliente ou pequeno grupo de clientes respondia por uma parcela substancial das vendas da Padgett. Os termos eram 2/10 líquido 30, mas poucos clientes pegavam o desconto. Muitos esticavam o pagamento por 30 dias adicionais. O negócio tinha um leve pico sazonal no final do verão, quando grandes vendas de volta às aulas ocorriam. Em razão de a empresa tentar manter uma produção nivelada para reduzir o custo unitário no mercado altamente competitivo, uma variação sazonal de aproximadamente $ 2 milhões ocorria em seu padrão de empréstimos. O pico ocorreu no verão.

Uma consolidação vinha ocorrendo no negócio desde o final dos anos 1970, inicialmente causada pela alta taxa de inflação do período, que tornou difícil para as pequenas empresas financiar o seu ativo circulante. Dificuldades financeiras e problemas de inventário resultantes da subseqüente recessão no início dos anos 1980 reduziram mais ainda o nível da competição. Mudanças nas regras tributárias periodicamente ofereciam novas oportunidades para as pequenas empresas se venderem. A queda acentuada no mercado de ações em outubro de 1987 havia levado alguns proprietários a venderem suas empresas. Mais recentemente, um súbito aumento nos preços de papel, que subiram acima de 50% desde a metade de 1994 e excederam os preços máximos anteriores de 1988/1989, havia novamente criado tensões financeiras para empresas como a Tri-State Tablet. Aquelas pressões se tornaram muito fortes, e os múltiplos de preço de lucro, atraentes o suficiente, por causa do vigoroso mercado patrimonial, fez muitos dos proprietários remanescentes (incluindo os da Tri-State) colocarem suas empresas no mercado. A Tri-State não havia conseguido passar todos os aumentos de preços para seus clientes por causa da grande competição de empresas de papel enormes e integradas. No caso da Padgett, uma queda em sua taxa tributária ajudou a compensar as margens menores.

Com o passar dos anos, muitos dos competidores da Padgett foram adquiridos por corporações nacionais com grandes habilidades de marketing e bons recursos financeiros. A resposta da administração da Padgett foi a de adquirir empresas menores, que se encaixavam nas suas necessidades de produtos ou de marketing. A aquisição de seu competidor, a Tri-State Tablet Company, em abril de 1996, foi a culminação de tais esforços.

As declarações financeiras da Padgett para o ano fiscal de 1996 haviam recebido uma opinião desqualificada pela companhia nacional C.P.A., que os auditou. Depreciação em linha reta foi utilizada para os propósitos de divulgação com depreciação acelerada usada para tributos. Os estoques eram valorizados a um custo mais baixo (PEPS) ou se baseavam no mercado, apesar das potenciais economias de caixa a partir do efeito tributário favorável, caso fosse alterado para UEPS. A administração da Padgett sempre soube que haveria complexidade para alterar os métodos de cálculo do estoque. Demonstrativos financeiros para os anos fiscais de 1993-1996 são apresentados nos **Quadros 1** e **2**. O **Quadro 3** é uma planilha-padrão computadorizada usada pelo departamento de crédito do Caslon para organizar os demonstrativos financeiros de uma empresa para análise.

A relação da Padgett com o Caslon Trust

Historicamente, a Calson Trust fora o único banco de empréstimos da Padgett e era o único banco de empréstimos no início de 1997. Dentre os outros benefícios daquela relação, Padgett usava o Calson Trust como depositário para seus substanciais pagamentos de tributos federais e da Virgínia. Até agora, durante o ano fiscal de 1997, o saldo médio de cobrança da Padgett com Calson era de $ 524 milhões. Empresas afiliadas e subsidiárias tinham saldos com média de $ 231 milhões. Os saldos de empréstimos haviam variado de $ 3,3 milhões a $ 7,2 milhões, em uma média de $ 5,05 milhões. O empréstimo fora liberado para um período estendido de 31 de março de 1993 para 8 de janeiro de 1994.

A Padgett mantinha uma relação de pequenos depósitos com o Phoenix Bank, um grande banco da Carolina do Norte que há tempos vinha solicitando um papel mais importante nos arranjos financeiros da empresa. Somado a isso, vários bancos locais eram usados para servir as diversas localidades das fábricas.

A velocidade com que a aquisição da Tri-State Tablet fora feita não havia permitido um planejamento cuidadoso dos demonstrativos financeiros. O grupo administrativo de Libris ficara relutante em dobrar o empréstimo para a Padgett sem um programa financeiro cuidadosamente estruturado, bem como *covenants* protetores apropriados. Com a segurança de

Libris de que aquelas questões poderiam ser rapidamente resolvidas, o vice-presidente sênior do grupo havia autorizado o empréstimo e estabelecido um novo limite de crédito temporário de $ 8 milhões. No entanto, esperava-se que o empréstimo seria formalmente estruturado muito antes de janeiro de 1997, o que foi uma fonte de constrangimentos para Libris. Ele sabia que também ficaria constrangido e que seu plano de lucro seria danificado se perdesse a conta para o Phoenix.

Uma vez que a poeira causada pela aquisição havia se assentado, Libris se encontrou com John Ruhl, o vice-presidente financeiro da Padgett, para discutir os planos da empresa. A partir dessas conversações, o departamento de crédito de Libris e Calson preparou uma projeção financeira preliminar para os anos fiscais de 1997-2000 da Padgett. Valores sumários dessa projeção são apresentados no **Quadro 4**.

Libris estava angustiado pois percebia que, mesmo considerando suposições que minimizavam a necessidade de fundos, a Padgett ainda teria $ 4,4 milhões em dívidas de curto prazo nos livros, no final do ano fiscal de 2000. Supondo que a empresa poderia gerar aproximadamente $ 1 milhão em caixa "não-dedicado" a cada ano subseqüente, seria necessário um total de oito anos para resgatar a dívida. Isso era um tempo consideravelmente mais longo que o do empréstimo bancário típico de cinco anos que uma empresa do tamanho da Padgett poderia esperar. O Caslon estava disposto a esticar para seis anos, para relações importantes, mas mesmo um termo de empréstimo de sete anos seria considerado um tanto longo para uma empresa como a Padgett, que não desfrutava da flexibilidade financeira das empresas com fácil acesso aos mercados públicos de capitais.

Libris decidiu que para essa duração pediria um financiamento de uma companhia de seguros. Depois de ter-se encontrado com os gerentes de várias empresas, ele escreveu a Ruhl propondo um empréstimo de 12 a 15 anos e citou os termos que uma companhia de seguros poderia oferecer. (A carta de Libris está reproduzida no **Quadro 5**.) Ele também destacou que Caslon poderia ser capaz de estruturar um arranjo que permitiria ao banco assumir as necessidades sazonais enquanto a companhia de seguros assumiria os requerimentos de longo prazo de $ 5 milhões.

A resposta de Ruhl foi enfaticamente negativa. Enquanto ele apreciava a informação, relatou que a administração acreditava que as atuais taxas fixas de longo prazo eram altas demais. Embora fosse tentador aproveitar-se do fato de que as taxas corporativas de longo prazo não haviam retornado ao seu pico do início de 1995, seu conselho estava um tanto quanto pessimista em relação ao futuro da economia. "Políticos gostam de taxas baixas antes das eleições", dizia ele, "mas eles enfrentam as conseqüências posteriormente. Acho que eles estão alimentando a economia agora. Nós provavelmente teremos taxas altas logo após a eleição, e daí teremos uma recessão. Talvez aquele será o momento de se conseguir taxas realmente baixas." Ele admitiu, no entanto, que uma súbita repetição da alta da taxa de juros, como nos anos 1970, teria novamente um efeito sério sobre a Padgett.

Além disso, a administração da Padgett não gostava da idéia de um conjunto complexo de acordos. Ruhl disse que particularmente não gostava do tipo de acordo que poderia jogar a empresa em inadimplência sem a ação explícita da administração. "Violação de uma razão dívida/capital, por exemplo", explicou Ruhl, "poderia acontecer como resultado de um ano adverso e não por qualquer ação nossa. Eu não me importaria de não concordar em emprestar ou pagar dividendos, se certas coisas acontecessem, mas simplesmente não me vejo concordando com muitas coisas que fogem ao meu controle. Eu não me vejo ficando atado a todas esses detalhes técnicos." Ele não via nada de errado com o atual empréstimo, amigável e informal. "Afinal de contas", disse, "se você não gosta do que estamos fazendo – qualquer coisa que seja – pode solicitar seu empréstimo total no final de um período de 90 dias. Essa não é uma proteção melhor para você do que seus acordos chiques?"

Nos meses que sucederam esse resultado decepcionante, Libris encontrou-se freqüentemente com Ruhl para obter uma compreensão completa da empresa. Ele planejava preparar uma projeção das necessidades futuras que refletiriam com precisão o pensamento administrativo da Padgett e os seus próprios *insights* para a empresa. No final de 1996, estimativas preliminares para o ano fiscal de 1997 ficaram disponíveis, de modo que Libris pôde incorporá-las em suas projeções. Essas eram preparadas mostrando os efeitos de crescimentos em vendas de 5%, 10% e 15% nos anos fiscais de 1998-2000, e são apresentadas no **Quadro 6**.

Ruhl achava que esse esforço era bastante útil, embora notasse que duas mudanças de última hora deveriam ser incorporadas ao planejamento. Em primeiro lugar, ele havia finalmente convencido os diretores da Padgett que uma mudança para uma valoração UEPS do inventário salvaria mais dinheiro do que o custo de implementação do sistema. UEPS seria adotado para o ano fiscal de 1997, o que resultaria em um benefício tributário de $ 500 mil. Em segundo lugar, a administração havia decidido se livrar de um depósito que fizera parte da aquisição da Tri-State. A administração esperava receber $ 700 mil da venda do caixa e restituição tributária na perda do livro.

Alternativas

Libris ainda achava que repartir o empréstimo – talvez com o departamento imobiliário do próprio banco – era promissor. Por exemplo, a Padgett era dona de um grande depósito multiuso. Seu valor de avaliação de $ 3 milhões era maior do que a quantidade registrada nos livros. Embora ele não fosse um experiente agente de empréstimos imobiliários, acreditava que a propriedade seria um bem atraente dado em garantia para um empréstimo hipotecário. Outra alternativa poderia ser a de esperar até que o empréstimo tivesse sido parcialmente resgatado e daí convidar outro banco para compartilhar o restante pela duração da restituição. Parte do empréstimo poderia ser rotacionado entre os bancos para permitir um período de limpeza de vários meses para cada um. Finalmente, ele havia descoberto que a pequena operação canadense da Padgett estava autocontida com uma quantidade negligenciável de transferências e cobranças entre as empresas. Com um ativo circulante líquido de $ 1,8 milhão a $ 2 milhões para oferecer como bem dado em garantia e nenhuma dívida direta. Esses pediam "cobrança" – uma espécie de acordo de segurança – contra todo o ativo circulante da subsidiária.

Embora a lei e a prática bancária dos Estados Unidos não sejam idênticas às práticas canadenses e britânicas em relação a "penhor flutuante", finanças com base em ativos podem oferecer alternativas úteis. Seria muito dispendioso realizar uma segurança efetiva contra os créditos da Padgett, porque a empresa tinha muitos clientes e a conta média era pequena. Um arranjo de *factoring* poderia ser adequado e, desse modo, a Padgett poderia vender as suas contas sem direito de regresso para uma empresa financeira desse tipo. No entanto, o próprio Caslon Bank não operava em *factoring*. Seria necessário encontrar alguém que tivesse experiência no negócio de distribuição de papel ou os custos de *factoring* – que geralmente eram de 2% das contas adquiridas – seriam muito altos. Em contrapartida, se a Padgett comercializasse suas contas, ela poderia eliminar seu departamento de crédito e não teria dívidas ruins.

O Caslon poderia sempre ceder crédito em garantia das contas a receber, mesmo que o banco não monitorasse as contas tão de perto quanto o faria como uma *factoring*. O empréstimo estaria limitado a uma porcentagem de créditos para fornecer algum tipo de proteção contra perdas. Uma garantia em estoques também poderia ser solicitada, embora a cessão dessa garantia pudesse chatear algumas das principais empresas de papel, que eram as fontes de suprimento da Padgett.

Considerações do mercado financeiro e aspectos de definição de preços

Os fundos estavam prontamente disponíveis nos mercados financeiros em janeiro de 1997. Embora a taxa preferencial de juros tivesse subido rapidamente durante 1994, as taxas haviam decaído modestamente durante 1995 e 1996 para 8,25%. O valor mais baixo da taxa preferencial nos últimos anos fora 6% da metade de 1992 até o início de 1994. Títulos negociáveis de 30 dias estavam rendendo 5,28%. A curva de rendimento dos títulos do Tesouro estava relativamente plana: títulos de 90 dias rendiam 5,04%; de um ano, 5,6%; de cinco anos, 6,10%; de dez anos, 6,59%; e de 30 anos, 6,73%. Porém, durante a recente campanha eleitoral, houve muito debate a respeito de a economia estar crescendo de maneira muito rápida ou muito devagar. Sempre que o mercado começava a suspeitar de que o Federal Reserve aumentaria as taxas para restringir a inflação, essas taxas disparavam.

A volatilidade da taxa de juros era um assunto que Libris teria de abordar ao preparar uma proposta para Ruhl. Deveria o empréstimo (ou os empréstimos) ter seu preço definido a uma taxa fixa ou flutuante? Empréstimos de taxa fixa eram geralmente oferecidos a uma ótima taxa de 2,5% a 1% acima da taxa flutuante.

Ao ajustar as taxas *premium* às condições do mutuário, os funcionários do Caslon Bank geralmente usavam aquilo que eles chamavam de sistema "prêmio por risco". Essa manobra adicionava ou subtraía aproximadamente 25 pontos-base (2,5%) ao preço de tais fatores com relação ao tamanho das vendas da empresa proposta (adicionar pontos para as de tamanho pequeno e falta de acesso para mercados públicos), ao período, à expansão *versus* o nível de pagamentos, ao perfil de dívidas, à posição de liquidez e (subtrair pontos para) aos benefícios de relacionamentos (por exemplo, balanças, taxas de pagamentos e confiança corporativa). Logicamente, a taxa final deveria ser checada com o mercado, que, no caso Padgett, era altamente competitiva como resultado do interesse da Phoenix.

Por causa das complicações que já haviam experimentado antes e que estavam aumentando conforme se completavam as negociações, Libris sabia que não tinha mais tempo para coletar informações. Ele tinha de trabalhar rapidamente em busca de uma resolução satisfatória para a estrutura de empréstimo com o gerenciamento da Padgett.

QUADRO 1 | Demonstração do resultado para os exercícios fiscais de 1993 a 1996, findos em 30 de abril (em milhares de dólares, exceto os fatores pré-ação)

	1993	1994	1995	1996
Receita líquida	$26.331	$27.219	$36.897	$41.308
Custo de produtos vendidos	15.728	16.077	21.937	24.555
Depreciação e amortização	*	510	667	739
	$10.603	$10.632	$14.293	$16.014
Despesas gerais e administrativas	5.814	5.087	7.139	7.821
Despesas de vendas	—	1.878	2.603	3.147
Despesas operacionais	$ 5.814	$ 6.965	$ 9.742	$10.968
Lucro operacional	$ 4.789	$ 3.667	$ 4.551	$ 5.046
Despesa financeira	—	32	220	379
Outras despesas (receitas)	83	(42)	(39)	(71)
Lucro antes de impostos	$ 4.706	$ 3.677	$ 4.370	$ 4.738
Imposto de renda	2.702	1.893	2.216	2.132
Lucro após impostos	$ 2.004	$ 1.784	$ 2.154	$ 2.606
Número de ações (000)	1.000	1.115	1.116	1.118
Lucro por ação	$2,00	$1,60	$1,93	$2,33
Dividendos por ação	1,00	1,00	1,00	1,00

*Incluído no custo de produtos vendidos em 1993.

— Incluído nas despesas gerais e administrativas em 1993.

QUADRO 2 | Balanço patrimonial em 30 de abril de 1993 a 1996 (em milhares de dólares)

	1993	1994	1995	1996
Ativo				
Ativo circulante				
Caixa e valores mobiliários	$ 1.691	$ 266	$ 658	$ 834
Contas a receber	4.734	5.542	6.350	7.754
Estoque	7.276	7.743	10.959	14.360
Adiantamentos e outros	233	194	153	563
Ativo circulante total	$13.934	$13.745	$18.120	$23.511
Ativo imobilizado	—	8.718	11.265	12.468
Menos: depreciação acumulada	—	3.384	4.912	5.209
Ativo imobilizado líquido	$ 4.797	$ 5.334	$ 6.353	$ 7.259
Outros ativos	59	257	386	224
Ativo total	$18.790	$19.336	$24.859	$30.994
Passivo e patrimônio líquido				
Passivo circulante				
Títulos de curto prazo	$ —	$ —	$ 3.118	$ 7.221
Contas a pagar	1.127	1.619	2.158	1.958
Provisionamentos	395	397	703	1.014
Outros passivos circulantes	271	251	418	824
Parcela atual, dívida de longo prazo	615	117	51	52
Passivos circulantes totais	$ 2.408	$ 2.384	$ 6.448	$11.069
Dívida de longo prazo	338	221	507	455
Impostos diferidos	538	568	714	756
Outros passivos	136	126	116	151
Passivo total	$ 3.420	$ 3.299	$ 7.785	$12.431
Patrimônio líquido				
Ações ordinárias	5.587	5.587	5.587	5.587
Lucros retidos	9.783	10.450	11.487	12.976
Patrimônio líquido total	$15.370	$16.037	$17.074	$18.563
Passivo total e patrimônio líquido	$18.790	$19.336	$24.859	$30.994

QUADRO 3 | Fluxo de caixa e análise de índices, exercícios fiscais findos em 30 de abril de 1993 a 1996 (valores em dólares se referem a milhares)

Fluxo de caixa	1993	1994	1995	1996
Origens				
Lucro depois de impostos mais depreciação e amortização*		$ 2.294	$ 2.821	$ 3.345
Impostos diferidos		30	146	42
Nova dívida de longo prazo		—	337	—
Nova dívida de curto prazo		—	3.118	4.103
Contas a pagar		492	539	(200)
Provisionamentos		2	306	311
Outros passivos circulantes		(20)	167	406
Outros passivos		(10)	(10)	35
Origens totais		$ 2.788	$ 7.424	$ 8.042
Usos				
Dividendos pagos em caixa		$ 1.117	$ 1.117	$ 1.117
Investimentos		979	1.575	1.530
Indenização de dívida de longo prazo		615	117	51
Contas a receber		808	808	1.404
Estoque		467	3.216	3.401
Adiantamentos e outros ativos circulantes		(39)	(41)	410
Outros ativos		198	129	(162)
Intangíveis*		68	111	115
Usos totais		$ 4.213	$ 7.032	$ 7.866
Evolução em caixa e títulos		$(1.425)	$ 392	$ 176
Capital de giro	$11.526	$11.361	$11.672	$12.442

Análise de índices	1993	1994	1995	1996
Lucratividade				
Crescimento das vendas	n.a.	3,4%	35,6%	12,0%
Margem de lucro bruto	40,3%	39,1	38,7	38,8
Despesas operacionais/vendas	22,1	25,6	26,4	26,5
Margem antes do imposto	17,9	13,5	11,8	11,5
Margem depois do imposto	7,6	6,6	5,8	6,3
Retorno sobre patrimônio líquido médio	n.a.	11,4	13,0	14,6
Retorno sobre ativos totais	10,7	9,2	8,7	8,4
EBIT/ativo total	25,0	19,2	18,5	16,5
Pagamento de dividendos	50,2	62,6	51,9	42,9
Receita de vendas				
Recebíveis	5,6×	4,9×	5,8×	5,3×
Estoque	3,6	3,5	3,4	2,9
Contas a pagar	23,4	16,8	17,1	21,1
Capital de giro	2,3	2,4	3,2	3,3
Ativo fixo	5,5	5,1	5,8	5,7
Patrimônio líquido	1,7	1,7	2,2	2,2
Alavancagem				
Dívida total/patrimônio líquido	22,3%	20,6%	45,6%	67,0%
Dívida de longo prazo/patrimônio líquido	2,2	1,4	2,9	2,4
Cobertura dos juros	n.a.	115,9×	20,9×	13,5×
Liquidez				
Liquidez seca	2,7×	2,4×	1,1×	0,8×
Índice atual	5,8	5,8	2,8	2,1

*Intangíveis amortizados como compra.

n.a. = não se aplica.

QUADRO 4 | Resumo dos números da projeção prévia da posição financeira, exercícios fiscais findos em 30 de abril de 1997 a 2000 (em milhões de dólares)

	1997	1998	1999	2000
Origens dos recursos				
Receita líquida	$55,2	$60,7	$66,8	$73,5
Lucro depois dos impostos	3,3	3,6	4,2	4,8
Despesas não-monetárias	,9	,9	1,0	1,1
Caixa gerado nas operações	$ 4,2	$ 4,5	$ 5,2	$ 5,9
Alienação de ativos	,2	—	—	—
Origens totais	$ 4,4	$ 4,5	$ 5,2	$ 5,9
Usos dos recursos				
Dividendos	$ 1,1	$ 1,1	$ 1,1	$ 1,1
Aumento no capital de giro*	2,4	2,4	3,1	3,6
Investimentos	1,0	1,0	1,0	1,0
	$ 4,5	$ 4,5	$ 5,2	$ 5,7
Efeito sobre dívida de curto prazo				
*Incluindo baixa contábil de dívida de curto prazo:	0,7	0,2	0,8	1,1
Deixando um saldo em dívida de curto prazo de:	$ 6,5	$ 6,3	$ 5,5	$ 4,4

Premissas:

1. 10% de crescimento da receita
2. 6% a 6,5% de margem depois dos impostos
3. Giro de contas a receber 5,7 (17,5% da receita)
4. Giro dos estoques 3,6 (27,8% da receita)
5. Giro de contas a pagar 21,3 (4,7% da receita)

Os valores podem não coincidir por causa dos arredondamentos.

QUADRO 5 | Esboço da carta de Libris para uma proposta de condições de empréstimo

Caslon Trust Company
Broad Street Commercial Lending Center
1111 Broad Street
Richmond, Virginia

Francis X. Libris
Vice-presidente e gerente

15 de maio de 1996

John Ruhl
Vice-presidente financeiro
Padgett Paper Products Company
Richmond, Virgínia

Prezado John:

Agradeço pela oportunidade de revisar, na última semana, os seus planejamentos financeiros para a Padgett. Esta carta procede às nossas idéias sobre a necessidade de uma apropriada incorporação referente ao empréstimo bancário para tais planos.

Atualmente, a Padgett possui $ 6.853.000 em dívidas de curto prazo (90 dias), e compreendemos que será necessário emprestar um adicional de $ 1 milhão a $ 1,5 milhão para apoiar os novos recebíveis de sua nova aquisição. Isso em contraste com a circunstância de maio de 1994, quando financiamos sua aquisição anterior e nosso excelente empréstimo cresceu de $ 500.000 a $ 1.850.000. Naquele momento, uma reestruturação antecipada do empréstimo foi postergada até que uma definição mais clara, atribuída ao valor de caixa de longo prazo, fosse conferida.

No final de 1995, expressamos interesse em discutir com o senhor a reestruturação do empréstimo pendente à época, para que fundos de longo prazo fossem legitimamente fundados em uma base de longo prazo. Nossas discussões subseqüentes e os estudos de fluxo de caixa foram complicados pela antecipação e pelo impacto de uma aquisição prioritária.

Em anexo consta uma cópia de nossas projeções mais recentes para a Padgett, os resultados que revisamos juntos. Durante o balanço, nossa percepção é de que as projeções podem tender a atenuar os requisitos de caixa, pois delas se presume um crescimento moderado das vendas, mantendo as margens tradicionais e o controle das despesas com capital e dividendos. A projeção parece indicar uma necessidade, em longo prazo, de ao menos $ 5 milhões, que não deve ser suportada somente por bancos ou assemelhados com base em pagamento integral de empréstimos a prazo.

Visto que parece ser uma clara razão para a necessidade, parece apropriado que se iniciem debates financeiros com uma companhia de seguros. Essa sugestão surgiu de um sentimento geral em nossa empresa de que é estrategicamente imprudente do ponto de vista da companhia, assim como do banco, preencher a necessidade de um financiamento substancial de longo prazo pelo uso contínuo de notas de 90 dias.

Em uma base confidencial e sem revelar seu nome, conversamos com três companhias seguradoras durante a última semana. As discussões incluíram os seguintes parâmetros gerais para empréstimos de seguros de vida corporativos:

Montante:	sem problemas
Prazo:	12–15 anos
Taxa:	fixas, no mínimo de 9,5%
Retorno:	níveis de pagamento desejados, mas com flexibilidade (por exemplo, três anos de carência)
Pré-pagamento:	todos querem a proteção para desencorajá-lo; no entanto, existem provisões para pré-pagamento sem penalidades, se recusarem a um aumento solicitado sobre o montante, e você estaria apto a obter a aceitação de outra fonte
Disponibilidade monetária:	boa

O Caslon continuaria fornecendo à Padgett financiamento sazonal para o capital de giro sobre uma taxa de juros variáveis para clientes preferenciais. Nossos preços, com base na estrutura de dívidas de longo prazo, provavelmente seriam de 0,5% para clientes preferenciais.

Todos nós reconhecemos o fato de que as taxas de juros começaram a crescer novamente. Nosso Departamento de Economia não crê que as taxas de juros de longo prazo serão reduzidas em um futuro próximo. Espera-se que demandas financeiras de mercados de capital permaneçam resistentes; a inflação psicológica aparenta crescer, os *deficits* ainda não estão sob controle e qualquer vantagem a se ganhar por evitar o mercado de longo prazo é, na melhor das hipóteses, marginal. Isso pode, de fato, ser perigoso.

Para qualquer necessidade consistente com um empréstimo bancário prudente, a Caslon Trust mantém-se pronta para financiar o seu negócio. Nosso desejo de prestar assistência de qualquer modo possível é completo e sincero.

Atenciosamente,

Frank

Francis X. Libris
Vice-presidente

QUADRO 6 | Relatórios financeiros projetados para os anos fiscais encerrados em 30 de abril de 1998 a 2000, admitindo 5%, 10% e 15% de crescimento das vendas (valores em milhões de dólares, exceto montantes por ação)

	Real em	Estimado	Crescimento de 5%			Crescimento de 10%			Crescimento de 15%		
	1996	para 1997	1998	1999	2000	1998	1999	2000	1998	1999	2000
Demonstrativo de resultados											
Vendas líquidas	$41,32	$57,80	$60,69	$63,72	$66,91	$63,58	$69,94	$76,93	$66,47	$76,44	$87,91
Custo de vendas	24,56	36,08	37,27	38,86	40,81	39,05	42,65	46,93	40,82	46,61	53,61
Depreciação e amortização	0,74	0,94	0,91	1,00	1,10	0,91	1,00	1,10	0,91	1,00	1,10
Gerais e administrativos	7,82	10,23	10,75	11,29	11,87	11,27	12,42	13,69	11,81	13,64	15,72
Despesas de vendas	3,15	4,61	4,84	5,09	5,35	5,08	5,60	6,15	5,30	6,11	7,03
Lucro operacional	$ 5,05	$ 5,94	$ 6,92	$ 7,48	$ 7,78	$ 7,27	$ 8,27	$ 9,06	$ 7,63	$ 9,08	$10,45
Despesas de juros*	0,38	0,95	0,80	0,72	0,61	0,89	0,84	0,77	,97	1,01	1,05
Outras despesas (receita)	(,07)	(,71)	0,07	0,07	0,07	0,07	0,07	0,07	0,07	0,07	0,07
Lucros antes dos impostos	$ 4,74	$ 5,70	$ 6,05	$ 6,69	$ 7,10	$ 6,31	$ 7,36	$ 8,22	$ 6,59	$ 8,00	$ 9,33
Lucros após impostos	2,61	3,42	3,63	4,01	4,26	3,79	4,42	4,93	3,95	4,80	5,60
Lucros por ações em 1.118.000 ações	$ 2,33	$ 3,06	$ 3,25	$ 3,59	$ 3,81	$ 3,39	$ 3,95	$ 4,41	$ 3,54	$ 4,29	$ 5,01
Dividendos por ação	1,00	1,03	1,08	1,19	1,27	1,13	1,31	1,47	1,18	1,43	1,66

* Inclui juros calculados sobre o déficit de 8,5% em caixa.

Nota: Os valores podem não coincidir por causa dos arredondamentos.

QUADRO 6 | *(continuação)*

	Real em 1996	Estimado para 1997	Crescimento de 5%			Crescimento de 10%			Crescimento de 15%		
			1998	1999	2000	1998	1999	2000	1998	1999	2000
Balanços patrimoniais											
Ativos											
Caixa (mínimo)	$ 0,83	$ 1,17	$ 1,23	$ 1,29	$ 1,36	$ 1,29	$ 1,42	$ 1,56	$ 1,35	$ 1,55	$ 1,78
Excesso de caixa	—	—	0,01	0,73	1,24	—	—	—	—	—	—
Contas a receber	7,75	10,12	10,62	11,15	11,71	11,13	12,24	13,46	11,63	13,38	15,38
Estoques	14,36	16,18	16,99	17,84	18,74	17,80	19,58	21,54	18,61	21,40	24,61
Adiantamentos etc.	0,56	0,23	0,24	0,26	0,27	0,26	0,28	0,31	0,27	0,31	0,36
Ativos circulantes totais	$23,51	$27,71	$29,10	$31,27	$33,32	$30,48	$33,52	$36,87	$31,86	$36,64	$42,14
Ativos imobilizados	12,47	13,27	14,27	15,27	16,27	14,27	15,27	16,27	14,27	15,27	16,27
Menos: depreciação acumulada	5,21	6,04	6,95	7,95	9,05	6,95	7,95	9,05	6,95	7,95	9,05
Ativos imobilizados líquidos	$ 7,26	$ 7,23	$ 7,32	$ 7,32	$ 7,22	$ 7,32	$ 7,32	$ 7,22	$ 7,32	$ 7,32	$ 7,22
Outros	0,22	0,11	0,11	0,11	0,11	0,11	0,11	0,11	0,11	0,11	0,11
Totais de ativos	$30,99	$35,05	$36,54	$38,71	$40,65	$37,91	$40,95	$44,20	$39,29	$44,07	$49,47
Passivo e patrimônio líquido											
Títulos de curto prazo	$ 7,22	$ 7,45	$ 6,29	$ 5,50	$ 4,35	$ 6,29	$ 5,50	$ 4,35	$ 6,29	$ 5,50	$ 4,35
Conta a pagar	1,96	2,72	2,85	3,00	3,14	2,99	3,29	3,62	3,12	3,59	4,13
Provisões	1,01	1,44	1,52	1,59	1,67	1,59	1,75	1,92	1,66	1,91	2,20
Outros	0,82	1,15	1,21	1,33	1,40	1,27	1,39	1,53	1,33	1,61	1,85
Porção corrente,dívidas de longo prazo	0,05	0,05	0,05	0,05	0,05	0,05	0,05	0,05	0,05	0,05	0,05
Total current liab,	$11,06	$12,82	$11,93	$11,48	$10,61	$12,19	$11,98	$11,47	$12,45	$12,66	$12,58
Dívidas de longo prazo	0,46	0,40	0,35	0,30	0,25	0,35	0,30	0,25	0,35	0,30	0,25
Imposto diferido	0,76	0,80	0,80	0,80	0,80	0,80	0,80	0,80	0,80	0,80	0,80
Outros	0,15	0,20	0,20	0,20	0,20	0,20	0,20	0,20	0,20	0,20	0,20
Deficit de caixa*	n.a.	n.a.	n.a.	n.a.	n.a.	1,02	1,37	1,89	2,02	3,44	5,23
Total de passivos	$12,43	$14,22	$13,28	$12,78	$11,86	$14,56	$14,65	$14,61	$15,82	$17,40	$19,06
Ações ordinárias	5,59	5,59	5,59	5,59	5,59	5,59	5,59	5,59	5,59	5,59	5,59
Lucros retidos	12,98	15,24	17,67	20,34	23,18	17,76	20,71	24,00	17,88	21,09	24,82
Patrimônio líquido total	$18,56	$20,83	$23,25	$25,93	$28,77	$23,35	$26,30	$29,59	$23,47	$26,68	$30,41
Patrimônio líquido e passivo total	$30,99	$35,05	$36,53	$38,71	$40,63	$37,91	$40,95	$44,20	$39,29	$44,07	$49,47

* Inclui juros calculados sobre o déficit de 8,5% em caixa.

n.a. = não aplicável.

QUADRO 6 | *(continuação)*

	Real em 1996	Estimado para 1997	Crescimento de 5%			Crescimento de 10%			Crescimento de 15%		
			1998	1999	2000	1998	1999	2000	1998	1999	2000
Fluxo de caixa											
Fontes											
Lucros após impostos		$ 3,42	$ 3,63	$ 4,01	$ 4,26	$ 3,79	$ 4,42	$ 4,93	$ 3,95	$ 4,80	$ 5,59
Taxas não-financeiras		0,94	0,91	1,00	1,10	0,91	1,00	1,10	0,91	1,00	1,10
Fundos de operações		$ 4,36	$ 4,54	$ 5,01	$ 5,36	$ 4,70	$ 5,42	$ 6,03	$ 4,86	$ 5,80	$ 6,69
Impostos diferidos		0,04	—	—	—	—	—	—	—	—	—
Contas a pagar		0,76	0,14	0,14	0,14	0,27	0,30	0,33	0,41	0,47	0,54
Provisões		0,43	0,07	0,07	0,08	0,14	0,16	0,17	0,22	0,25	0,29
Outros e diversos passivos circulantes		0,33	0,06	0,12	0,07	0,12	0,12	0,14	0,17	0,27	0,24
Outros passivos		0,05	—	—	—	—	—	—	—	—	—
Outros ativos		0,11	—	—	—	—	—	—	—	—	—
Fontes totais		$ 6,08	$ 4,81	$ 5,34	$ 5,65	$ 5,22	$ 6,00	$ 6,67	$ 5,66	$ 6,79	$ 7,76
Usos											
Dividendos		$ 1,16	$ 1,21	$ 1,34	$ 1,42	$ 1,26	$ 1,47	$ 1,64	$ 1,31	$ 1,59	$ 1,86
Despesas de capital		0,80	1,00	1,00	1,00	1,00	1,00	1,00	1,00	1,00	1,00
Dívida de curto prazo		(0,23)	1,16	0,79	1,15	1,16	0,79	1,15	1,16	0,79	1,15
Dívida de longo prazo		0,05	0,05	0,05	0,05	0,05	0,05	0,05	0,05	0,05	0,05
Caixa mínimo		0,34	0,06	0,06	0,06	0,12	0,13	0,14	0,18	0,20	0,23
Contas a receber		2,36	0,50	0,53	0,56	1,01	1,11	1,22	1,52	1,74	2,01
Estoque		1,82	0,81	0,85	0,89	1,62	1,78	1,96	2,43	2,79	3,21
Pagamentos diferidos e adiantamento		(0,33)	0,01	0,01	0,01	0,02	0,02	0,03	0,04	0,04	0,05
Intangíveis		0,11	—	—	—	—	—	—	—	—	—
Usos totais		$ 6,08	$ 4,80	$ 4,63	$ 5,14	$ 6,24	$ 6,35	$ 7,19	$ 7,69	$ 8,20	$ 9,56
Fluxo de caixa líquido		—	0,02	0,71	0,51	(1,01)	(0,35)	(0,52)	(2,03)	(1,41)	(1,80)
Cumulativo		—	0,02	0,73	1,24	(1,01)	(1,36)	(1,88)	(2,02)	(3,43)	(5,23)

QUADRO 6 | *(continuação)*

	Real em 1996	Estimado para 1997	Crescimento de 5%			Crescimento de 10%			Crescimento de 15%		
			1998	1999	2000	1998	1999	2000	1998	1999	2000
Índices analíticos											
Rentabilidade											
Crescimento das vendas	12,0%	39,9%	5,0%	5,0%	5,0%	10,0%	10,0%	10,0%	15,0%	15,0%	15,0%
Crescimento do imobilizado	20,7	31,4	6,2	10,3	6,3	10,8	16,5	11,2	15,5	21,4	16,5
Margem de lucro bruto	38,8	35,9	38,6	39,0	39,0	38,6	39,0	39,0	38,6	39,0	39,0
Despesas operacionais/vendas	26,5	25,7	25,7	25,7	25,7	25,7	25,8	25,8	25,7	25,8	25,9
Margem pré-impostos	11,5	10,3	10,0	10,5	10,6	9,9	10,5	10,7	9,9	10,5	10,6
Margem pós-impostos	6,3	5,9	6,0	6,3	6,4	6,0	6,3	6,4	5,9	6,3	6,4
Retorno sobre o patrimônio líquido médio	14,6	17,4	16,5	16,3	15,6	17,1	17,8	17,6	17,9	19,1	19,6
Retorno sobre os ativos totais	8,4	9,8	9,9	10,4	10,5	10,0	10,8	11,2	10,1	10,9	11,3
EBIT/ativos totais	16,5	19,0	18,7	19,1	19,0	19,0	20,1	20,4	19,4	20,7	21,2
Índice de pagamentos de dividendos (dividendos/lucros)	42,9	33,8	33,3	33,3	33,3	33,3	33,3	33,3	33,2	33,2	33,2
Giro											
Recebíveis	5,3×	5,7×	5,7×	5,7×	5,7×	5,7×	5,7×	5,7×	5,7×	5,7×	5,7×
Estoque	2,9	3,6	3,6	3,6	3,6	3,6	3,6	3,6	3,6	3,6	3,6
Contas a pagar	21,1	21,3	21,3	21,3	21,3	21,3	21,3	21,3	21,3	21,3	21,3
Capital de giro	3,3	3,6	3,5	3,2	2,9	3,5	3,3	3,0	3,4	3,2	3,0
Ativos fixos	5,7	8,0	8,3	8,7	9,3	8,7	9,6	10,6	9,1	10,4	12,2
Patrimônio líquido	2,2	2,8	2,6	2,4	2,3	2,7	2,6	2,6	2,8	2,9	2,9
Alavancagem											
Dívida total/patrimônio líquido	67,0%	68,3%	57,1%	49,3%	41,3%	62,3%	55,7%	49,3%	67,4%	65,2%	62,7%
Dívida de longo prazo/ patrimônio líquido	2,4	1,9	1,5	1,1	0,9	1,5	1,1	0,8	1,5	1,1	0,8
Cobertura de juros	13,5	7,0	8,7	10,3	12,6	8,0	9,6	11,1	7,5	8,3	8,9
Liquidez											
Liquidez seca	0,8×	1,0×	1,0×	1,1×	1,3×	1,0×	1,1×	1,3×	1,1×	1,2×	1,4×
Liquidez corrente	2,1	2,2	2,4	2,7	3,1	2,5	2,8	3,2	2,6	2,9	3,3
Capital de giro	$12,44	$14,89	$19,40	$29,98	$29,55	$18,29	$21,46	$25,23	$19,40	$23,98	$29,55

CASO 9

Kota Fibres, Ltd.

A sra. Pundir, diretora e principal proprietária da Kota Fibres, Ltd., descobriu o problema quando chegou ao estacionamento da fábrica da companhia numa manhã, no começo de janeiro de 2001. Caminhões cheios de rolos de fibras estavam sendo descarregados, mas haviam sido carregados na noite anterior e estavam prontos para partir naquela manhã. A fibra era destinada a compradores que vinham insistindo que Pundir entregasse as encomendas rapidamente. O inspetor tributário do governo, que estava parado no galpão da empresa, não liberaria a saída dos caminhões antes que os impostos fossem pagos. O inspetor precisava ser pago em dinheiro, mas, ao tentar sacar o valor da taxa naquela manhã, o sr. Mehta, tesoureiro, descobriu que a companhia ultrapassara o limite de sua conta bancária novamente – a terceira vez em três semanas. Os motoristas dos caminhões eram independentes, contratados para cada serviço, e se recusavam a esperar enquanto a companhia e o governo resolviam suas pendências. Eles reclamavam em voz alta enquanto descarregavam os caminhões.

O carregamento não sairia por pelo menos mais dois dias, e os compradores, insatisfeitos, certamente exigiriam uma explicação. Antes de conceder um empréstimo com o qual a empresa poderia pagar o imposto, o gerente da agência do All-India Bank & Trust Company pediu uma reunião com Pundir para o dia seguinte, para discutir a condição financeira da Pundir e seus planos para restaurar a liquidez da companhia.

Pundir disse a Mehta: "Esse problema de dinheiro é muito vexatório. Eu não entendo. Somos uma empresa lucrativa, mas parece que dependemos cada vez mais do banco. Por que precisamos de mais empréstimos logo no começo de nosso período mais forte de vendas? Não podemos deixar que esse tipo de problema se repita".

Histórico da companhia

A Kota Fibres, Ltd. foi fundada em 1962 para produzir fibra de náilon em sua fábrica em Kota, Índia, a aproximadamente 100 quilômetros ao sul de Nova Délhi. Usando novas tecnologias e matéria-prima nacional, a empresa se tornou fornecedora de dezenas de peque-

---

Este caso foi escrito por Thien T. Pham sob a direção de Robert F. Bruner como base para discussão em aulas e para ilustrar gerenciamento eficaz ou ineficaz de uma situação administrativa. Agradecemos o apoio financeiro do Instituto Batten.

nas indústrias têxteis da região. Ela fornecia fibra sintética usada na confecção das coloridas fazendas das quais se fazem o sari, vestimenta feminina tradicional na Índia. Cada sari leva, em média, oito rolos de fibra. Uma mulher indiana normalmente compra três saris por ano. Com a população feminina indiana na casa dos 500 milhões, a demanda por saris contabilizava mais de 12 bilhões de metros de tecido. A resposta à demanda vinha inteiramente da indústria têxtil local que, por sua vez, comprava seus rolos de fibra de fornecedores como a Kota Fibres.

Mercado têxtil-sintético

A demanda por têxteis sintéticos era estável, com crescimento anual e flutuações sazonais previsíveis. A demanda aumentou junto com a população e a renda nacional. Além disso, a população indiana celebra anualmente centenas de festivais em homenagem a diversas divindades, nos quais tradicionalmente vestem-se saris. O festival mais importante, a celebração de Diwali no meio do outono, causou um pico sazonal na demanda por novos saris, o que por sua vez causou um pico sazonal na demanda por têxteis de náilon no fim do verão e começo do outono. Assim, a demanda sazonal por rolos de náilon alcançaria o ápice no meio do verão. O crescimento esperado da indústria era de 15% ao ano.

Os consumidores compravam saris e têxteis de vendedores de roupas e tecidos em vilas por todo o país. Vendedores de roupas e tecido eram figuras importantes, normalmente conhecidas dos moradores da região; costumavam dar crédito aos consumidores para facilitar as compras. Os comerciantes mantinham níveis de inventário relativamente baixos e montavam estoques apenas pouco antes e durante os períodos de maior venda.

A competição entre fornecedores (as muitas pequenas tecelagens) pelos comerciantes era ferrenha e afetada pelo preço, serviço e pelo crédito que as tecelagens podiam dar aos vendedores. As tecelagens produziam essencialmente por encomenda, montando seu inventário de fazendas pouco tempo antes do pico sazonal de vendas e mantendo apenas estoque de manutenção em outras épocas do ano.

Os fabricantes de fibra competiam pelas tecelagens com fornecimento rápido e crédito. Os fornecedores dos fabricantes de fibra davam pouco ou nenhum crédito a seus compradores. Por estar próximos da origem da cadeia têxtil na Índia, os fabricantes de fibra essencialmente bancavam toda a atividade da indústria.

Sistema de produção e distribuição

As pequenas margens de lucro levaram Pundir a adotar políticas contra a produção e o estoque excedentes, que forçariam a Kota a manter inventários nos períodos de vendas ruins. Ela adotara um plano de produção sazonal: a fábrica operava à toda capacidade por dois meses e em níveis modestos no restante do ano. Essa política impunha um ritual anual de contratações e demissões.

Para garantir respostas rápidas, a Kota Fibres mantinha dois depósitos de distribuição, mas levar a fibra rapidamente da fábrica em Kota para os compradores era um desafio. As estradas eram estreitas e em grande parte com pouca manutenção. Um caminhão podia levar de 10 a 15 dias para completar a viagem entre Calcutá e Kota, uma distância de 1.100 quilômetros, e, exceto ao passar por dentro das cidades, as estradas tinham apenas uma faixa. Quando dois carros ou caminhões se encontravam, tinham de reduzir a velocidade e se apertar para passar um pelo outro, ou parar e esperar que o tráfego acabasse. As viagens eram lentas e perigosas, e os acidentes eram freqüentes.

Desempenho da companhia

A Kota Fibres sempre foi lucrativa. Além disso, as vendas cresceram à taxa anual de 18% em 2000. O faturamento bruto projetado para o ano fiscal que terminava em 31 de dezembro de 2001 era de 90,9 rúpias indianas (veja o **Quadro 1**).[1] O lucro líquido chegou a INR 2,6 milhões em 2000. Os **Quadros 2** e **3** trazem as posições financeiras recentes da empresa.

Reavaliação

Após o evento no estacionamento, Pundir e seu tesoureiro foram ao escritório da proprietária para analisar a situação. Ela pôs de lado os muitos itens em sua mesa, aos quais planejava dedicar a manhã: uma carta de um vendedor de campo pedindo permissão para dar melhores termos de crédito a um novo comprador (veja o **Quadro 4**); uma nota do gerente de transporte sobre uma possível mudança na política de inventário (**Quadro 5**); uma proposta do agente de compras sobre o tempo de entrega de alguns produtos (**Quadro 6**); e uma proposta do gerente de operações para um esquema de produção anual nivelada (**Quadro 7**).

Para preparar uma previsão com base nos negócios típicos, Pundir e Mehta concordavam sobre diversos parâmetros. O custo dos produtos vendidos chegava a 73,7% das vendas brutas – um valor mais alto que nos anos recentes devido ao aumento da competição. Os gastos operacionais seriam de 6% das vendas – também acima dos anos recentes, para incluir um departamento de controle de qualidade, dois novos agentes de vendas e três jovens sobrinhos com quem ela esperava forjar uma aliança pelo negócio da família Pundir. O imposto de renda da companhia era de 30% e, apesar de contabilizado mensalmente, era pago trimestralmente, em março, junho, setembro e dezembro. O imposto sobre vendas (de 15%) era diferente do imposto de renda e era coletado no portão da fábrica quando os caminhões saíam para fazer entregas aos consumidores ou aos depósitos regionais. Pundir propôs pagar dividendos de INR 500 mil por trimestre aos 11 membros de sua família estendida que possuíam todo o patrimônio da empresa. Por anos, a Kota pagou dividendos altos. A família Pundir acreditava que o excesso de fundos deixado na companhia estaria sob risco maior do que se os fundos fossem repassados aos acionistas.

Mehta notou que as coletas de vendas de qualquer mês eram sempre de 40% das vendas do mês passado mais 60% das vendas do mês anterior. O valor da matéria-prima comprada em qualquer mês representava em média 55% do valor das vendas previstas para dois meses seguintes. Salários e outros gastos em cada mês eram equivalentes a 34% das

[1]Na época, o câmbio entre a rúpia e o dólar era de 46,5 rúpias por dólar.

compras do mês anterior. Como política da empresa, Pundir queria um saldo em caixa superior a INR 750 mil.

A Kota Fibres tinha uma linha de crédito com o All-India Bank & Trust Company, onde também mantinha seu caixa. A taxa de juros de curto prazo do All-India era de 14,5%, mas Mehta temia que a inflação e os juros subissem no ano que chegava. A linha de crédito sazonal precisava estar limpa por pelo menos 30 dias a cada ano. Normalmente, o mês da limpeza da linha era outubro,[2] mas a Kota Fibres não conseguira pagar toda a dívida à época. Só depois de Pundir garantir fortemente que pagaria todo o empréstimo em novembro ou dezembro o oficial de empréstimos do banco concordou, relutantemente, em estender a obrigação de limpeza da linha em outubro. Infelizmente, as necessidades de crédito da Kota Fibres não diminuíram tão rápido quanto esperado em novembro e dezembro e, apesar de reclamar cada vez mais, o oficial de empréstimos concordou em emprestar à Kota o dinheiro que precisava. Mas agora se recusaria a fornecer qualquer crédito sazonal até que Pundir apresentasse um plano financeiro razoável para a companhia e que mostrasse a capacidade de pagar a dívida até o fim de 2001.

Previsão financeira

Mehta apressou-se em criar uma previsão mensal de posições financeiras tendo como base as operações atuais (veja o **Quadro 8**). Como método alternativo de prever o fluxo de fundos, ele preparou também uma previsão de recebimentos e gastos (**Quadro 9**). As contas-T mensais em que se baseiam as previsões são dadas no **Quadro 10**, e um resumo das conjecturas da previsão se encontra no **Quadro 11**.

Mehta entregou a previsão a Pundir com um gráfico que mostrava a projeção de vendas e a dívida remanescente no fim de cada mês (**Quadro 12**). Após estudar a previsão por alguns momentos, Pundir expôs sua preocupação:

> Isso é pior do que eu esperava. Os números mostram que não podemos pagar o empréstimo do All-India até o fim de dezembro. O oficial de empréstimos não vai aceitar essa previsão como argumento para mais crédito. Precisamos de um novo plano, rápido. Precisamos dos empréstimos para nos preparar para a parte mais importante de nosso período de vendas. Vamos repassar essas conjecturas em detalhes e procurar qualquer oportunidade de melhorar nossa posição.

Então, olhando para a pilha de papéis que colocara de lado antes da reunião, ela pensou: “Talvez alguma dessas propostas ajude”.

[2] A escolha de outubro como o mês de limpeza da linha de crédito foi imposta pelo banco por conta da tradição. Empréstimos sazonais de qualquer tipo feitos pelo banco deviam ser pagos em outubro. Pundir nunca vira necessidade de discutir sobre essa tradição.

QUADRO 1 | Resumo de vendas mensais reais para 2000 e previsão para 2001 (em rúpias)

	2000 (Reais)	2001 (Previsão)
Janeiro	2.012.400	2.616.120
Fevereiro	2.314.260	2.892.825
Março	3.421.080	4.447.404
Abril	7.043.400	8.804.250
Maio	12.074.400	13.885.560
Junho	15.294.240	17.588.376
Julho	14.187.420	16.315.533
Agosto	7.144.020	8.572.824
Setembro	4.024.800	5.031.000
Outubro	3.421.080	4.447.404
Novembro	2.716.740	3.531.762
Dezembro	2.213.640	2.767.050
Ano	**75.867.480**	**90.900.108**

QUADRO 2 | Posição de rendimento anual, real e previsão (em rúpias)

	1999 (Real)	2000 (Real)	2001 (Previsão)
Vendas (bruto)	64.487.358	75.867.480	90.900.108
Imposto sobre vendas	9.673.104	11.380.122	13.635.016
Vendas (líquido)	54.814.254	64.487.358	77.265.092
Custo dos produtos	44.496.277	53.865.911	66.993.380
Faturamento	**10.317.978**	**10.621.447**	**10.271.712**
Gastos operacionais	3.497.305	4.828.721	5.454.006
Depreciação	769.103	908.608	1.073.731
Gastos com juros	910.048	1.240.066	1.835.620
Lucro antes de impostos	**5.141.521**	**3.644.052**	**1.908.355**
Imposto de renda	1.542.456	1.093.216	572.506
Lucro líquido	**3.599.065**	**2.550.837**	**1.335.848**

QUADRO 3 | Balanço real e previsão (em rúpias)

	2000 (Real)	2001 (Previsão)
Caixa	762.323	750.000
Contas a receber	2.672.729	3.715.152
Inventários	1.249.185	2.225.373
Ativos totais	**4.684.237**	**6.690.525**
Propriedades, fábricas e equipamentos (bruto)	10.095.646	11.495.646
Depreciação acumulada	1.484.278	2.558.009
Propriedades, fábricas e equipamentos (líquido)	8.611.368	8.937.637
Ativos totais	**13.295.604**	**15.628.161**
Contas a pagar	759.535	1.157.298
Notas para o banco (depósitos no banco)	684.102	3.463.701
Taxas cabíveis	0	(180.654)
Pendências totais	**1.443.637**	**4.440.345**
Patrimônio do proprietário	11.851.967	11.187.816
Pendências e patrimônio totais	**13.295.604**	**15.628.161**

QUADRO 4 | Memorando do gerente de vendas de campo

Para: G. Pundir
De: A. Bajpai

7 de janeiro de 2001

Como sabe, a Pondicherry Textiles está considerando fazer de nós seu fornecedor principal para este ano. As compras seriam na casa de INR 6 milhões e não se refletem em nossa previsão de vendas atual. A Pondicherry seria uma de nossas maiores contas. Eles aceitaram nossos termos sobre os preços, mas pediram crédito no prazo de 80 dias. Se não estendermos nosso prazo de crédito, a Pondicherry não fechará negócio conosco. Podemos supor que a Pondicherry comprará nossa fibra por todo o ano no mesmo padrão que nossos outros consumidores.

Se aprovar essa exceção em nossos termos normais (45 dias), o escritório de vendas distrital da Pondicherry preenche a cota de vendas do trimestre imediatamente. Por favor, indique sua aprovação abaixo.

Aprovado:

____

QUADRO 5 | Memorando do gerente de transportes

Para: G. Pundir
De: R. Sikh

2 de janeiro de 2001

Como me pediu, tenho observado nossos carregamentos nos últimos seis meses. A nova estrada entre Kota e Nova Délhi melhorou significativamente a segurança do transporte. O novo equipamento de nosso fornecedor está funcionando com consistência agora, e eles vêm entregando no prazo regularmente. Como resultado, proponho que reduzamos nosso inventário de matéria-prima de 60 para 30 dias. Isso diminuiria a quantia de inventário que mantemos em um mês e liberaria espaço no depósito. Não sei se isso afetaria outros departamentos, pois estaríamos comprando a mesma quantia de material, mas facilitaria meu controle do estoque. Por favor, diga o que acha para que possamos implementar isso em janeiro.

QUADRO 6 | Memorando do agente de compras

Para: G. Pundir
De: R. Mohan

5 de janeiro de 2001

A Hibachi Chemicals de Yokohama nos enviou uma proposta de fornecimento de grãos de poliéster, em um esquema *just-in-time*, da fábrica deles em Majala (a 20 quilômetros). Esses grãos representam 35% de nossas compras de matéria-prima. Estou averiguando a possibilidade de aceitarmos essa proposta – particularmente se a Hibachi puder de fato cumprir o que propõe – e escreverei novamente em duas semanas. Se a proposta funcionar, reduzirá nosso estoque de grãos de 60 dias para apenas dois ou três dias.

QUADRO 7 | Memorando do gerente operacional

Para: G. Pundir
De: L. Gupta

7 de janeiro de 2001

Você me pediu para estimar a eficiência de produção advinda de um esquema de produção com nivelamento anual. Em essência, há vantagens significativas a ganhar:

- A margem de lucro bruto aumentaria em 2% ou 3%, refletindo a economia de trabalho e a eficiência de produção, advinda de uma força de trabalho estável, e a ausência de alguns treinamentos sazonais e custos de instalação.
- Contratações e demissões sazonais não seriam mais necessárias, mas permitiriam que cultivássemos uma força de trabalho mais forte e, possivelmente, evitássemos a insatisfação dos trabalhadores. Deve se lembrar que os sindicatos apontaram a redução de demissões sazonais como um de seus maiores objetivos nas negociações deste ano.
- A produção nivelada acarreta menor risco de manufatura. Com a carga dispersa ao longo do ano, sofreríamos menos com quebras de equipamento e poderíamos ser mais pontuais com a manutenção da fábrica e dos equipamentos.

QUADRO 8 | Previsão mensal de posição de rendimentos e balanço para 2001 (em rúpias)

	Janeiro	Fevereiro	Março	Abril	Maio	Junho	Julho	Agosto	Setembro	Outubro	Novembro	Dezembro
Vendas (bruto)	2.616.120	2.892.825	4.447.404	8.804.250	13.885.560	17.588.376	16.315.533	8.572.824	5.031.000	4.447.404	3.531.762	2.767.050
Impostos sobre vendas	392.418	433.924	667.111	1.320.638	2.082.834	2.638.256	2.447.330	1.285.924	754.650	667.111	529.764	415.058
Vendas (líquido)	2.223.702	2.458.901	3.780.293	7.483.613	11.802.726	14.950.120	13.868.203	7.286.900	4.276.350	3.780.293	3.001.998	2.351.993
Custo dos produtos vendidos	1.928.080	2.132.012	3.277.737	6.488.732	10.233.658	12.962.633	12.024.548	6.318.171	3.707.847	3.277.737	2.606.909	2.039.316
Faturamento	**295.622**	**326.889**	**502.557**	**994.880**	**1.569.068**	**1.987.486**	**1.843.655**	**968.729**	**568.503**	**502.557**	**399.089**	**312.677**
Gastos operacionais	454.501	454.501	454.501	454.501	454.501	454.501	454.501	454.501	454.501	454.501	454.501	454.501
Depreciação	84.130	84.130	87.047	87.047	87.047	89.964	89.964	89.964	92.880	92.880	92.880	95.797
Gastos com juros (rendimento)[1]	11.058	24.825	70.867	158.210	268.352	362.187	363.212	259.568	145.898	80.686	50.025	40.731
Lucro antes de impostos	**(254.068)**	**(236.566)**	**(109.858)**	**295.123**	**759.168**	**1.080.835**	**935.979**	**164.697**	**(124.776)**	**(125.510)**	**(198.317)**	**(278.352)**
Imposto de renda	(76.220)	(70.970)	(32.957)	88.537	227.751	324.251	280.794	49.409	(37.433)	(37.653)	(59.495)	(83.506)
Lucro líquido	**(177.847)**	**(165.596)**	**(76.900)**	**206.586**	**531.418**	**756.585**	**655.185**	**115.288**	**(87.343)**	**(87.857)**	**(138.822)**	**(194.847)**
Ativos												
Cash[2]	750.000	750.000	750.000	750.000	750.000	750.000	750.000	750.000	750.000	750.000	750.000	750.000
Contas a receber[3]	2.773.349	3.291.542	5.012.144	10.301.737	17.997.155	24.748.757	25.697.603	17.191.189	9.003.739	6.295.049	5.029.249	3.715.152
Inventários[4]	2.308.135	5.850.125	11.855.841	17.637.315	19.666.227	14.469.652	6.815.272	3.883.970	2.950.257	1.854.837	1.639.892	2.225.373
Ativos totais	5.831.484	9.891.667	17.617.985	28.689.052	38.413.382	39.968.409	33.262.875	21.825.159	12.703.996	8.899.886	7.419.142	6.690.525
Propriedades, fábricas e equipamentos (líquido)[5]	8.527.237	8.443.107	8.706.060	8.619.013	8.531.966	8.792.002	8.702.038	8.612.075	8.869.194	8.776.314	8.683.434	8.937.637
Ativos totais	**14.358.721**	**18.334.774**	**26.324.045**	**37.308.065**	**46.945.348**	**48.760.411**	**41.964.914**	**30.437.233**	**21.573.190**	**17.676.200**	**16.102.575**	**15.628.161**
Pendências e patrimônio do proprietário												
Contas a pagar[6]	1.614.553	4.010.818	6.805.539	8.842.088	8.142.024	3.883.534	1.935.531	1.614.553	1.110.950	690.358	1.039.007	1.157.298
Nota a pagar – banco[7]	1.146.268	2.962.622	8.767.030	17.419.379	26.997.556	32.950.665	27.167.192	15.795.793	8.352.899	5.002.010	3.278.054	3.463.701
Taxas cabíveis[8]	(76.220)	(147.190)	(180.148)	(91.611)	136.140	0	280.794	330.203	0	(37.653)	(97.148)	(180.654)
Pendências totais	2.684.601	6.826.250	15.392.421	26.169.856	35.275.720	36.834.199	29.383.517	17.740.548	9.463.849	5.654.715	4.219.913	4.440.345
Patrimônio dos acionistas[9]	11.674.120	11.508.524	10.931.623	11.138.209	11.669.627	11.926.212	12.581.397	12.696.685	12.109.341	12.021.484	11.882.662	11.187.816
Pendências e patrimônio totais	**14.358.721**	**18.334.774**	**26.324.045**	**37.308.065**	**46.945.348**	**48.760.411**	**41.964.914**	**30.437.233**	**21.573.190**	**17.676.200**	**16.102.575**	**15.628.161**

[1]Gastos com juros = Notas a pagar * 14,5%/12 meses.
[2]Veja o Quadro 9.
[3]Veja o painel 1, Quadro 10.
[4]Veja o painel 2, Quadro 10.
[5]Veja o painel 6, Quadro 10.
[6]Veja o painel 3, Quadro 10.
[7]Valor *plug*.
[8]Veja o painel 5, Quadro 10.
[9]Veja o painel 4, Quadro 10.

QUADRO 9 | Planejamento de recebimentos e pagamentos no caixa para 2001 (em rúpias)

	Janeiro	Fevereiro	Março	Abril	Maio	Junho	Julho	Agosto	Setembro	Outubro	Novembro	Dezembro
Assumidos:												
Vendas	2.616.120	2.892.825	4.447.404	8.804.250	13.885.560	17.588.376	16.315.533	8.572.824	5.031.000	4.447.404	3.531.762	2.767.050
Compras*	2.446.072	4.842.338	7.637.058	9.673.607	8.973.543	4.715.053	2.767.050	2.446.072	1.942.469	1.521.878	1.870.526	1.988.817
Dívida pendente	1.146.268	2.962.622	8.767.030	17.419.379	26.997.556	32.950.665	27.167.192	15.795.793	8.352.899	5.002.010	3.278.054	3.463.701
Recebimentos:												
Contas a receber coletadas	2.515.500	2.374.632	2.726.802	3.514.657	6.190.142	10.836.774	15.366.686	17.079.239	13.218.449	7.156.094	4.797.562	4.081.147
Novos empréstimos (pagamentos)	462.166	1.816.354	5.804.408	8.652.349	9.578.178	5.953.108	(5.783.473)	(11.371.400)	(7.442.894)	(3.350.889)	(1.723.956)	185.647
Pagamentos:												
Contas pagas**	1.591.054	2.446.072	4.842.338	7.637.058	9.673.607	8.973.543	4.715.053	2.767.050	2.446.072	1.942.469	1.521.878	1.870.526
Gastos de capital	0	0	350.000	0	0	350.000	0	0	350.000	0	0	350.000
Pagamentos de juros	11.058	24.825	70.867	158.210	268.352	362.187	363.212	259.568	145.898	80.686	50.025	40.731
Imposto pago sobre vendas	392.418	433.924	667.111	1.320.638	2.082.834	2.638.256	2.447.330	1.285.924	754.650	667.111	529.764	415.058
Despesas operacionais	454.501	454.501	454.501	454.501	454.501	454.501	454.501	454.501	454.501	454.501	454.501	454.501
Imposto de renda pago	0	0	0	0	0	460.390	0	0	292.770	0	0	0
Salários	540.958	831.665	1.646.395	2.596.600	3.289.026	3.051.005	1.603.118	940.797	831.665	660.439	517.438	635.979
Dividendos	0	0	500.000	0	0	500.000	0	0	500.000	0	0	500.000
Subtotal: pagamentos	2.989.989	4.190.986	8.531.210	12.167.005	15.768.320	16.789.882	9.583.214	5.707.839	5.775.555	3.805.206	3.073.606	4.266.794
Recebimentos – Pagamentos	(12.323)	0	0	0	0	0	0	0	0	0	0	0
Início do período balanço de caixa	762.323	750.000	750.000	750.000	750.000	750.000	750.000	750.000	750.000	750.000	750.000	750.000
Fim do período balanço de caixa	750.000	750.000	750.000	750.000	750.000	750.000	750.000	750.000	750.000	750.000	750.000	750.000

**Igual a 55% das vendas no período (T+2).

**Igual às vendas no período (T-1).

QUADRO 10 | Previsão de contas – apoio à posição financeira (em rúpias)

	Janeiro	Fevereiro	Março	Abril	Maio	Junho	Julho	Agosto	Setembro	Outubro	Novembro	Dezembro
1. Previsão de contas a receber												
Início do período	2.672.729	2.773.349	3.291.542	5.012.144	10.301.737	17.997.155	24.748.757	25.697.603	17.191.189	9.003.739	6.295.049	5.029.249
Mais vendas	2.616.120	2.892.825	4.447.404	8.804.250	13.885.560	17.588.376	16.315.533	8.572.824	5.031.000	4.447.404	3.531.762	2.767.050
Menos coletas												
Mês passado*	885.456	1.046.448	1.157.130	1.778.962	3.521.700	5.554.224	7.035.350	6.526.213	3.429.130	2.012.400	1.778.962	1.412.705
Mês passado*												
Mês anterior**	1.630.044	1.328.184	1.569.672	1.735.695	2.668.442	5.282.550	8.331.336	10.553.026	9.789.320	5.143.694	3.018.600	2.668.442
Fim do período	2.773.349	3.291.542	5.012.144	10.301.737	17.997.155	24.748.757	25.697.603	17.191.189	9.003.739	6.295.049	5.029.249	3.715.152
*40% das vendas no período (T–1).												
**60% das vendas no período (T–2).												
2. Previsão de inventários												
Início do período	1.249.185	2.308.135	5.850.125	11.855.841	17.637.315	19.666.227	14.469.652	6.815.272	3.883.970	2.950.257	1.854.837	1.639.892
Mais compras*	2.446.072	4.842.338	7.637.058	9.673.607	8.973.543	4.715.053	2.767.050	2.446.072	1.942.469	1.521.878	1.870.526	1.988.817
Mais trabalho	540.958	831.665	1.646.395	2.596.600	3.289.026	3.051.005	1.603.118	940.797	831.665	660.439	517.438	635.979
Menos remessas												
(Custo dos produtos vendidos)	1.928.080	2.132.012	3.277.737	6.488.732	10.233.658	12.962.633	12.024.548	6.318.171	3.707.847	3.277.737	2.602.909	2.039.316
Fim do período	2.308.135	5.850.125	11.855.841	17.637.315	19.666.227	14.469.652	6.815.272	3.883.970	2.950.257	1.854.837	1.639.892	2.225.373
*Igual a 55% das vendas no período (T+2).												
3. Previsão de contas a pagar												
Início do período	759.535	1.614.553	4.010.818	6.805.539	8.842.088	8.142.024	3.883.534	1.935.531	1.614.553	1.110.950	690.358	1.039.007
+ Compras*	2.446.072	4.842.338	7.637.058	9.673.607	8.973.543	4.715.053	2.767.050	2.446.072	1.942.469	1.521.878	1.870.526	1.988.817
– Pagamentos**	1.591.054	2.446.072	4.842.338	7.637.058	9.673.607	8.973.543	4.715.053	2.767.050	2.446.072	1.942.469	1.521.878	1.870.526
Fim do período	1.614.553	4.010.818	6.805.539	8.842.088	8.142.024	3.883.534	1.935.531	1.614.553	1.110.950	690.358	1.039.007	1.157.298
*Igual a 55% das vendas no período (T+2).												
**Igual às vendas no período (T–1).												

(*continua*)

QUADRO 10 | Previsão de contas – apoio à posição financeira (em rúpias) (*continuação*)

	Janeiro	Fevereiro	Março	Abril	Maio	Junho	Julho	Agosto	Setembro	Outubro	Novembro	Dezembro
4. Previsão do patrimônio dos acionistas												
Início do período	11.851.967	11.674.120	11.508.524	10.931.623	11.138.209	11.669.627	11.926.212	12.581.397	12.696.685	12.109.341	12.021.484	11.882.662
Mais lucro líquido	(177.847)	(165.596)	(76.900)	206.586	531.418	756.585	655.185	115.288	(87.343)	(87.857)	(138.822)	(194.847)
Menos dividendos	0	0	500.000	0	0	500.000	0	0	500.000	0	0	500.000
Fim do período	11.674.120	11.508.524	10.931.623	11.138.209	11.669.627	11.926.212	12.581.397	12.696.685	12.109.341	12.021.484	11.882.662	11.187.816
5. Previsão de impostos advindos												
Início do período	0	(76.220)	(147.190)	(180.148)	(91.611)	136.140	0	280.794	330.203	0	(37.653)	(97.148)
Mais gasto mensal com taxa (a 30%)	(76.220)	(70.970)	(32.957)	88.537	227.751	324.251	280.794	49.409	(37.433)	(37.653)	(59.495)	(83.506)
Menos pagamento trimestral de taxa	0	0	0	0	0	460.390	0	0	292.770	0	0	0
Fim do período	(76.220)	(147.190)	(180.148)	(91.611)	136.140	0	280.794	330.203	0	(37.653)	(97.148)	(180.654)
6. Previsão de propriedade, fábrica e equipamentos												
PF&E bruto inicial	10.095.646	10.095.646	10.095.646	10.445.646	10.445.646	10.445.646	10.795.646	10.795.646	10.795.646	11.145.646	11.145.646	11.145.646
Mais gastos de capital	0	0	350.000	0	0	350.000	0	0	350.000	0	0	350.000
PF&E bruto final	10.095.646	10.095.646	10.445.646	10.445.646	10.445.646	10.795.646	10.795.646	10.795.646	11.145.646	11.145.646	11.145.646	11.495.646
Gasto mensal com depreciação	84.130	84.130	87.047	87.047	87.047	89.964	89.964	89.964	92.880	92.880	92.880	95.797
Menos depreciação cumulativa	1.568.408	1.652.539	1.739.586	1.826.633	1.913.680	2.003.643	2.093.607	2.183.571	2.276.451	2.369.332	2.462.212	2.558.009
PF&E líquido final	8.527.237	8.443.107	8.706.060	8.619.013	8.531.966	8.792.002	8.702.038	8.612.075	8.869.194	8.776.314	8.683.434	8.937.637

QUADRO 11 | Hipóteses da previsão

Taxa de:	
Imposto de renda sobre lucro antes de impostos	**30%**
Imposto sobre vendas/Vendas	**15%**
Coletado este mês das vendas do mês passado	**40%**
Coletado este mês das vendas do mês anterior	**60%**
Compras/Vendas de dois meses depois	**55%**
Salários/Compras	**34%**
Gastos operacionais anuais/Vendas anuais	**6%**
Gastos de capital (a cada três meses)	**350.000**
Taxa de juros em empréstimos (e depósitos)	**14,5%**
Balanço de caixa mínimo	**750.000**
Depreciação/PF&E (bruto) (por ano)	**10%**
(por mês)	**0,83%**
Dividendos pagos (a cada três meses)	**500.000**

QUADRO 12 | Tendência de determinados valores financeiros por mês (em rúpias)

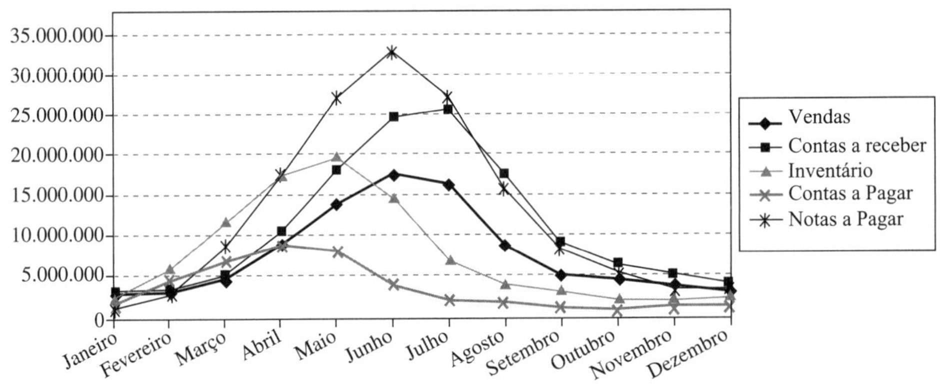

CASO 10

Deutsche Brauerei

No começo de janeiro de 2001, Greta Schweitzer chegou à Deutsche Brauerei[1] para participar de sua primeira reunião do conselho de diretores. Ela entrara no conselho recentemente por ordem de seu tio, o diretor-presidente da companhia. Lukas Schweitzer havia-lhe dito que o conselho se beneficiaria da experiência financeira dela em atacar algumas questões que apareceriam em um futuro próximo, mas não foi específico quanto à natureza dessas questões. A companhia era propriedade de 16 tios, tias e primos da família Schweitzer. Greta recebera um MBA de uma conhecida escola de negócios e trabalhara nos seis anos anteriores como oficial de empréstimos comerciais para um grande banco em Frankfurt, Alemanha. Com a permissão do banco, ela concordou em entrar para o conselho da Deutsche Brauerei.

A agenda para a reunião dos diretores em janeiro consistia de três itens: (1) aprovação do orçamento de 2001, (2) declaração do dividendo trimestral e (3) adoção de um esquema de compensação para Oleg Pinchuk, o gerente de vendas e marketing da companhia. Como sabia pouco sobre a empresa, Greta decidiu visitá-la antes da primeira reunião do conselho.

A companhia

A Deutsche Brauerei produzia duas variedades de cerveja, escura e clara, com as quais ganhara prêmios de qualidade regularmente ao longo dos anos. Suas vendas e seus lucros em 2000 fora de € 92,1 milhões e € 2,9 milhões, respectivamente.[2] (Veja o **Quadro 1** para entender o histórico e a previsão de posições financeiras.) Fundada em 1737, a Deutsche Brauerei estava na família Schweitzer há 12 gerações. Um desenho de Gustav Schweitzer, o fundador, adornava o rótulo de cada garrafa de cerveja.

A companhia se localizava em uma vila próxima a Munique, Alemanha. Seus modernos equipamentos eram capazes de produzir 1,2 milhão de hectolitros de cerveja por ano. Em

[1]Em português, "Deutsche Brauerei" significa "cervejaria alemã".

[2]Em janeiro de 2001, o euro valia em torno de 0,94 dólar.

2000, vendeu 1,173 milhão de hectolitros. O equipamento fora adquirido em 1994, após um incêndio que destruiu o equipamento antigo.

Graças a maior eficiência e ao tamanho, o novo equipamento aumentou o potencial de produção da cervejaria. A capacidade adicional permaneceu sem uso, no entanto, até o fim de 1998. Naquele ano, a Deutsche Brauerei expandiu-se para a Ucrânia. Após a dissolução da União Soviética, Lukas Schweitzer percebeu um grande mercado novo para cerveja de alta qualidade no Leste Europeu, em particular nos antigos países soviéticos, e resolveu penetrar nesse mercado. A Ucrânia era particularmente atraente por sua população relativamente grande (52 milhões de habitantes) e sua localização estratégica na Europa Central e Oriental.

Em 1995 e 1996, o governo ucraniano entrou em uma onda de privatizações e reformas de mercado. A postura do governo ucraniano convenceu a família Schweitzer de que era um momento propício para entrar nesse mercado. Após analisar diversas opções de entrada, os Schweitzers decidiram entrar na Ucrânia por meio de uma rede de distribuidores independentes. Lançada em 1998, a cerveja da Deutsche foi um sucesso instantâneo. Da mesma forma, Lukas Schweitzer tirou Oleg Pinchuk de um grande produtor de cerveja ucraniano para vender a cerveja da Deutsche de forma ainda mais agressiva.

A cerveja ganhou popularidade por seu sabor encorpado e maltado. Um fator extrínseco ao produto – a natureza fragmentária da indústria cervejeira ucraniana – também deu à Deutsche Brauerei oportunidade de entrar facilmente no mercado.

Quando se deu a crise russa, em 1998, a moeda ucraniana (hryvnia) caiu 125% em três meses (veja o **Quadro 2**). A depreciação da hryvnia resultava em menor receita, lucro e valor dos ativos quando passada para marcos alemães (a moeda alemã em 1998). No entanto, graças à popularidade da cerveja da Deutsche, o aumento no volume de vendas da companhia compensava os efeitos negativos da moeda.[3] No começo de 2001, os consumidores ucranianos representavam 28% das vendas da Deutsche. Além disso, a Ucrânia representava a maior parte do crescimento nas vendas unitárias da empresa nos três anos anteriores.

Na Alemanha, a Deutsche Brauerei abastecia seu mercado por intermédio de uma rede de distribuidores independentes. Esses distribuidores compravam a sua cerveja, armazenavam-na temporariamente em seus próprios depósitos refrigerados e, finalmente, vendiam-na a *seus* compradores no final da cadeia varejista (por exemplo, mercados, restaurantes e hotéis). Oleg Pinchuk adotou uma estratégia de distribuição diferente para a Ucrânia.

Almoço com o tio Lukas

Depois de dirigir de Frankfurt até a vila, Greta se encontrou com Lukas Schweitzer para almoçar. Aos 57 anos, Lukas trabalhara na cervejaria desde o início de sua carreira. Sua experiência fora principalmente na parte de produção da cervejaria, onde chegara à posição de mestre cervejeiro antes de assumir a direção geral da companhia, vago com a aposentadoria de seu pai. Ele disse:

[3]As previsões para 2001 e 2002 diziam que a hryvnia não se desvalorizaria com relação ao euro. Como o **Quadro 2** mostra, a hryvnia se manteve firme desde a moratória russa. Em janeiro de 2001, UAG1 (uma hryvnia) equivalia a 0,20 euros.

Por toda a longa história dessa companhia, os Schweitzers tiveram de ser cervejeiros, não eram pessoas de marketing ou finanças. Enquanto fizéssemos um produto excelente, sempre venderíamos a produção pelo preço que pedíssemos. Mas, nos anos 1990, percebi que precisávamos de mais do que só o conhecimento da produção. O colapso do Muro de Berlim e a dissolução da União Soviética convenceram-me de que havia tremendas oportunidades na Europa Oriental, então contratei Oleg Pinchuk para liderar essa iniciativa.

Estou muito satisfeito com o que Oleg conseguiu alcançar. Ele organizou cinco distribuidoras, nos levou de 0 a 211 contas de consumidores e montou depósitos – em 30 meses, com um orçamento pequeno! Ele realmente produz resultados. Temo que terei de pagar-lhe muito mais no próximo ano, se quiser mantê-lo. Como está, paguei-lhe € 82.344 em 2000, sendo o salário-base de € 40 mil e um incentivo de € 41.440, calculado como 0,5% do aumento anual das vendas na Ucrânia. Como sabe, pela minha carta para o conselho diretor, estou propondo aumentos para o salário dele (para € 48.500) e para o incentivo (para 0,6% do aumento anual das vendas).

Oleg foi muito prestativo na montagem do plano financeiro para 2001 (veja o **Quadro 1**). Ele mostra vendas e lucros aumentando lindamente! Além disso, ele preparou várias apresentações analíticas, incluindo um relatório de fonte e uso de fundos (**Quadro 3**) e uma análise detalhada das porcentagens (**Quadro 4**). Uma análise muito útil foi o gráfico de equilíbrio[4] que ele preparou (**Quadro 5**), mostrando que, quando aumentamos o volume acima do volume de equilíbrio, nossos lucros aumentam desproporcionalmente rápido.

Se mantivermos esse padrão de crescimento, preencheremos nossa capacidade produtiva em desuso no fim de 2001. O orçamento para 2001 pede um investimento de € 7 milhões em uma nova fábrica e novos equipamentos. Para 2002, Oleg propôs que investamos € 6,8 milhões em um depósito e um centro de distribuição de ponta na Ucrânia. Ele diz que não conseguiremos manter nosso crescimento na Ucrânia sem esses grandes investimentos. Eu nem comecei a pensar sobre como financiaríamos todo esse crescimento. Nos anos passados, temos dependido mais de empréstimos bancários de curto prazo do que costumávamos depender. Não sei se devemos continuar a depender deles tanto quanto temos feito. No momento, podemos emprestar do Hausbank, nosso banco de longa data, à taxa de 6,5% de juros.[5] Nosso gerente pediu que me encontrasse com ele na semana que vem para discutirmos nossos planos de expansão: acho que ele mal consegue esperar para fazermos mais negócios juntos!

Com os maiores lucros, estou propondo um aumento nos dividendos para esse trimestre para um total de € 698 mil, um quarto dos dividendos projetados para pagamento em 2001. Isso deve deixar a família Schweitzer feliz. Como sabe, metade de nossos familiares acionistas são aposentados e dependem dos dividendos para pagar as contas. Temos como objetivo tradicional o pagamento de dividendos de 75% dos ganhos a cada ano, para servir nossos parentes mais velhos.

---

[4]Esse gráfico mostra a relação entre receitas, custos e volume produzido. Por exemplo, as receitas são calculadas como o volume de hectolitros de cerveja vendido multiplicado pelo preço unitário de € 78,5 por hectolitro. Os custos fixos (€ 24,6 milhões) permanecem constantes enquanto a saída unitária varia, e são a soma dos gastos de administração e vendas mais a depreciação. Custos variáveis são a soma dos custos de produção, impostos sobre vendas e subsídios para contas duvidosas, ou € 52,3 por hectolitro. Em qualquer nível de produção, os custos totais são a soma dos custos fixo e variável. Lucros ou perdas são ilustradas como a diferença entre a linha da receita e do custo total, mas note que o "lucro" aqui é definido implicitamente como o rendimento antes de juros e impostos. Essa análise identifica o volume de equilíbrio, no qual a receita é igual ao custo. O volume de equilíbrio da Deutsche Brauerei foi de 938.799 hectolitros.

[5]Em janeiro de 2001, o ganho na dívida de curto prazo do governo europeu foi de 4,58%.

Lukas Schweitzer falou bastante durante a refeição, dando à Greta pouca oportunidade para fazer perguntas ou oferecer suas próprias opiniões. Ela estava inquieta com algumas das coisas que ouviu, entretanto, resolveu estudar os relatórios financeiros passados e as previsões detalhadamente. Então, repentinamente, o tio Lukas disse que o almoço estava concluído e que a levaria para se encontrar com Oleg Pinchuk.

Reunião com Oleg Pinchuk

Após as apresentações, Greta pediu que Pinchuk descrevesse sua estratégia de marketing e suas realizações na Ucrânia. Ele disse:

> Nossa cerveja quase se vende a si mesma; não precisamos de descontos nos preços nem de muita publicidade. O desafio é fazer que as pessoas a provem e colocá-la em um esquema de distribuição adequado, para que, quando o consumidor quiser comprar mais, ele possa. Em 1998, o esquema de distribuição de cerveja na Ucrânia era inexistente. Tive de ir até lá e montar distribuidores do nada; havia empreendedores com boa vontade, mas não tinham capital. Eu forneci o melhor financiamento que conhecia, na forma de concessões de crédito comercial. Primeiro, dei crédito para distribuidores na Ucrânia que não aceitavam os termos que damos normalmente aos nossos distribuidores na Alemanha Ocidental. Relaxei os termos para esses novos distribuidores de 2% 10, líquido 40, para 2% 10, líquido 80.[6] Mesmo nesses termos, nossos distribuidores estão pedindo mais tempo para pagar; planejo relaxar o prazo para 90 dias. Estou confiante de que vamos coletar todos esses recebíveis; minha previsão é de que os créditos podres serão apenas 2% das contas a receber.
>
> Esses distribuidores são verdadeiros empreendedores. Eles começaram com nada além do cérebro. Têm grandes ambições e aprendem rápido. Alguns atrasaram o pagamento, mas acredito que voltarão à linha em breve. Praticamente todos os varejistas e donos de restaurante para quem fornecemos estão expandindo e aumentando suas lojas, comprando equipamento moderno e reestocando seus inventários – tudo sem o apoio de grandes bancos como o seu em Frankfurt! A maioria desses varejistas não consegue crédito com bancos; seus planos financeiros são engenhosos e admiráveis. Um pequeno atraso no pagamento é compreensível. Onde vemos grandes oportunidade nesses distribuidores, os bancos vêem a falta de caução, lucros baixos, fluxo de caixa negativo e alto risco. Conheço esses distribuidores melhor do que os bancos e acho que vamos lucrar com nosso investimento lá. Minha análise (veja o **Quadro 6**) sugere que estamos tendo um retorno muito alto em nosso investimento em recebíveis na Ucrânia. Pegamos emprestado a 6,5% de nosso banco ocidental e usamos os fundos para financiar recebíveis na Ucrânia, que nos dão um retorno de quase 130 %!
> Devo acrescentar que as outras partes de minha estratégia de marketing envolvem depósitos de campo, para permitir resposta rápida às demandas do mercado, e muita atividade missionária, para garantir que nossa cerveja tenha visibilidade adequada em lojas e restaurantes. Minha política de inventários de campo tem sido apoiar a frágil rede de distribuição arcando com uma parte substancial do inventário em nome de nosso distribuidor. Isso resultou em um grande aumento no inventário da companhia em 1999 e 2000.

[6]"2% 10, líquido 40" significa que o consumidor da Deutsche pode ganhar um desconto de 2% se o pagamento for feito em dez dias ou pode pagar o preço total em até 40 dias.

> Essas novas políticas de marketing têm dado resultados expressivos em termos de crescimento unitário nos novos estados independentes. As vendas na Ucrânia cresceram 47% em 2000 – uma taxa de crescimento que planejo manter no futuro próximo. Sem minhas mudanças nas políticas de crédito e inventário, teríamos conseguido apenas uma pequena fração de nosso nível de vendas atual no país. Em 2001, espero estabelecer mais cinco distribuidores para colocar nossa cerveja em outros cem mercados e restaurantes.

Greta perguntou sobre os sinais de recessão econômica global. Pinchuk parecia relativamente despreocupado. Ele disse: "Não acho que a Ucrânia será afetada. No último ano, a economia cresceu 7%, e este ano espera-se que cresça 10%. Acredito que as vendas na Ucrânia aumentarão significativamente em 2001." No final da reunião, Greta pediu informações sobre os consumidores de crédito da Deutsche. Pinchuk forneceu diversos arquivos, dos quais ela extraiu um resumo, apresentado no **Quadro 7**.

Conclusão

Após um longo jantar naquela noite, no qual encontrou os outros diretores, Greta voltou à informação que conseguira naquele dia. Ela precisaria formar uma opinião sobre as três questões antes da reunião do conselho no dia seguinte (o plano financeiro, a declaração de dividendos e o plano de compensação para Pinchuk). Ela queria ainda estudar a dependência da companhia no financiamento de dívidas. Os outros diretores estariam interessados em saber por que precisariam contrair crédito de forma tão agressiva, se a companhia operava com margem de lucros tão alta, acima de seu volume de equilíbrio. Greta também refletia sobre a penetração agressiva da Deutsche na Ucrânia: o rápido crescimento das vendas teria retorno, necessariamente, em termos de maior lucro ou dividendos? Tudo isso precisaria de mais estudo. Ela bocejou e pegou uma xícara de café antes de voltar a analisar os números.

QUADRO 1 | Histórico e projeção de rendimentos e balanço (ano fiscal findo em 31 de dezembro; todos os valores em milhares de euros)

	1997 (Real)	1998 (Real)	1999 (Real)	2000 (Real)	2001 (Projeção)	2002 (Projeção)
Rendimentos						
1 Vendas na Alemanha	62.032	62.653	64.219	66.216	68.203	70.249
2 Vendas na Ucrânia	—	4.262	17.559	25.847	37.479	48.722
3 Vendas (líquido)	62.032	66.915	81.779	92.064	105.682	118.971
Despesas operacionais:						
4 Custos e gastos de produção	32.258	35.366	44.271	49.827	61.393	71.609
5 Gastos com administração e vendas	12.481	13.014	16.274	18.505	18.500	18.500
6 Depreciação	3.609	4.314	5.844	6.068	6.766	7.448
7 Impostos sobre vendas	9.143	9.108	10.486	11.557	11.625	13.087
8 Gastos operacionais totais	(57.491)	(61.802)	(76.874)	(85.957)	(98.284)	(110.644)
9 Lucro operacional	4.541	5.113	4.904	6.106	7.398	8.327
10 Subsídio para contas duvidosas	(5)	(7)	(38)	(24)	(201)	(60)
11 Gastos com juros	(1.185)	(1.064)	(1.046)	(1.304)	(1.468)	(1.634)
12 Rendimentos antes de impostos	3.351	4.042	3.821	4.779	5.729	6.633
13 Imposto de renda	(1.132)	(1.396)	(1.510)	(1.864)	(2.005)	(2.322)
14 Rendimentos líquidos	2.219	2.646	2.311	2.915	3.724	4.311
Dividendos sobre:						
15 Dividendos para todas as ações ordinárias	1.669	1.988	1.734	2.186	2.793	3.234
16 Retenção de rendimentos	550	658	577	729	931	1.078
Balanço						
Ativos						
1 *Cash*	5.366	8.183	9.813	11.048	12.682	14.277
2 Contas a receber						
Alemanha	6.933	7.142	7.222	7.517	7.661	7.891
Ucrânia	—	424	4.090	6.168	9.241	12.014
Subsídio para contas duvidosas	(69)	(76)	(113)	(137)	(338)	(398)
3 Inventários	6.133	6.401	7.817	12.889	14.795	16.656
4 Ativos totais	18.363	22.075	28.829	37.485	44.042	50.439
5 Investimentos e outros ativos	3.102	3.189	3.416	3.520	3.500	3.500
6 PF&E bruto	58.435	58.435	60.682	60.682	67.663	74.485
7 Depreciação acumulada	(23.404)	(27.719)	(33.562)	(39.631)	(46.397)	(53.845)
8 PF&E líquido	35.031	30.716	27.120	21.052	21.266	20.639
9 Ativos totais	56.496	55.981	59.365	62.057	68.808	74.579
Pendências e patrimônio dos acionistas						
10 Empréstimos bancários (curto prazo)	2.987	10.236	12.004	13.089	17.862	21.372
11 Contas a pagar	3.578	3.755	4.103	4.792	5.284	5.949
12 Outras pendências atuais	7.397	7.361	8.996	10.127	11.625	13.087
13 Pendências totais	13.962	21.352	25.103	28.009	34.771	40.407
14 Dívida de longo prazo: empréstimos bancários	16.107	7.544	6.601	5.658	4.715	3.772
15 Patrimônio dos acionistas	26.427	27.085	27.661	28.390	29.321	30.399
16 Total de pendências e patrimônio dos acionistas	56.496	55.981	59.365	62.057	68.808	74.579

Fonte: Análise do autor do caso.

QUADRO 2 | Histórico da taxa cambial: hryvnia ucraniana e marco alemão/euro

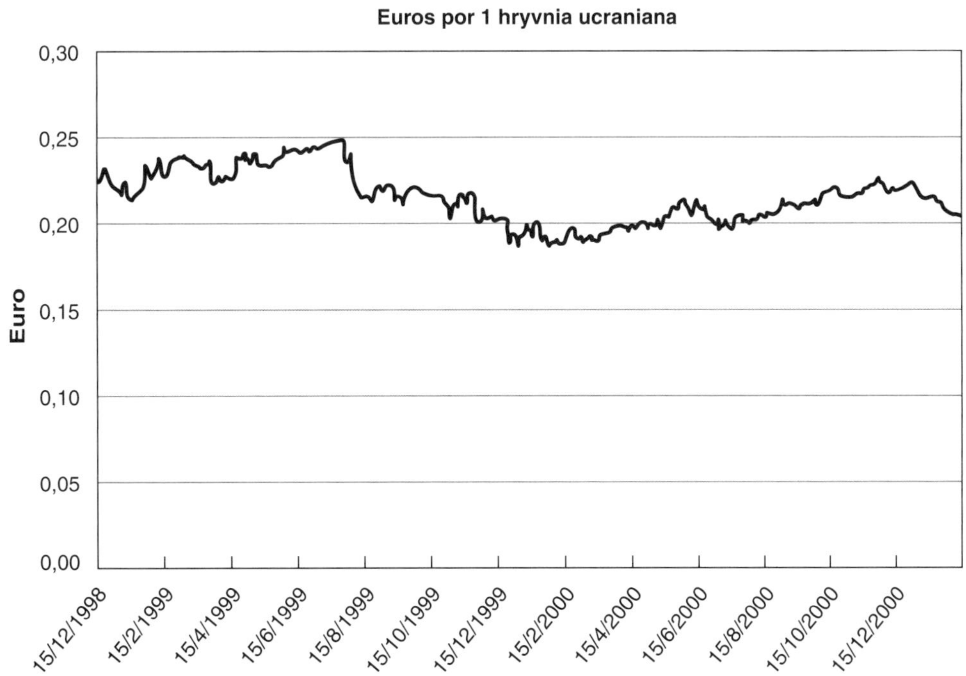

Fonte: http://www.oanda.com/convert/fxhistory.

QUADRO 3 | Relatório de fontes e usos-dos-fundos (ano fiscal findo em 31 de dezembro; valores em milhares de euros)

		1997 (Real)	1998 (Real)	1999 (Real)	2000 (Real)	2001 (Projeção)	2002 (Projeção)
	Fontes dos fundos						
1	Rendimento líquido	2.646	2.311	2.915	3.724	4.311	
2	Aumentos no subsídio para contas duvidosas	7	38	24	201	60	
3	Depreciação	4.314	5.844	6.068	6.766	7.448	
4	Aumentos na dívida de curto prazo	7.249	1.768	1.085	4.773	3510	
5	Aumentos nas contas a pagar	177	348	690	492	664	
6	Aumentos em outras pendências atuais	(36)	1.635	1.131	1.498	1.462	
7	**Total das fontes de caixa**	**14.357**	**11.943**	**11.913**	**17.454**	**17.456**	
	Usos dos fundos						
8	Pagamento de dividendos	1.988	1.734	2.186	2.793	3.234	
9	Aumentos no balanço de caixa	2.817	1.630	1.234	1.634	1.595	
10	Aumentos nas contas recebíveis (Alemanha)	209	79	296	144	230	
11	Aumentos nas contas recebíveis (Ucrânia)	424	3.665	2.078	3.074	2.772	
12	Aumentos em inventários	267	1.417	5.072	1.906	1.861	
13	Aumentos em outros ativos	87	227	104	(20)	0	
14	Reduções em dívida de longo prazo	8.563	943	943	943	943	
15	Gastos de capital	0	2.247	0	6.980	6.822	
16	**Total dos usos de caixa**	**14.357**	**11.943**	**11.913**	**17.454**	**17.456**	

Fonte: Análise do autor do caso.

QUADRO 4 | Análise das porcentagens de histórico e projeção de posições financeiras (ano fiscal findo em 31 de dezembro)

	1997 (Real)	1998 (Real)	1999 (Real)	2000 (Real)	2001 (Projeção)	2002 (Projeção)
Lucratividade						
1 Margem de lucro operacional (%)	7,3%	7,6%	6,0%	6,6%	7,0%	7,0%
2 Taxa média de impostos (%)	33,8%	34,5%	39,5%	39,0%	35,0%	35,0%
3 Retorno nas vendas (%)	3,6%	4,0%	2,8%	3,2%	3,5%	3,6%
4 Retorno do patrimônio (%)	8,4%	9,8%	8,4%	10,3%	12,7%	14,2%
5 Retorno nos ativos líquidos (%)	6,5%	7,4%	6,9%	8,4%	9,3%	9,7%
6 Retorno nos ativos (%)	3,9%	4,7%	3,9%	4,7%	5,4%	5,8%
Coleta						
7 Razão Dívida/Patrimônio (%)	72,3%	65,6%	67,3%	66,0%	77,0%	82,7%
8 Razão Dívida/Capital total (%)	41,9%	39,6%	40,2%	39,8%	43,5%	45,3%
9 Faturamento/Juros (x)	3,8	4,8	4,7	4,7	5,0	5,1
Utilização dos ativos						
10 Vendas/Ativos	1,10	1,20	1,38	1,48	1,54	1,60
11 Taxa de crescimento das vendas (%)	4,0%	7,9%	22,2%	12,6%	14,8%	12,6%
12 Taxa de crescimento dos ativos (%)	6,0%	−0,9%	6,0%	4,5%	10,9%	8,4%
13 Taxa de crescimento dos recebíveis (%)	4,0%	9,1%	49,5%	21,0%	23,5%	17,8%
14 Taxa de crescimento dos recebíveis: Alemanha	4,0%	3,0%	1,1%	4,1%	1,9%	3,0%
15 Taxa de crescimento dos recebíveis: Ucrânia	0,0%	vns	863,5%	50,8%	49,8%	30,0%
16 Dias em recebíveis	40,8	41,3	50,5	54,3	58,4	61,1
17 Dias em recebíveis: Alemanha	40,8	41,6	41,0	41,4	41,0	41,0
18 Dias em recebíveis: Ucrânia	vns	36,3	85,0	87,1	90,0	90,0
19 Pagáveis para vendas	5,8%	5,6%	5,0%	5,2%	5,0%	5,0%
20 Inventários para vendas	9,9%	9,6%	9,6%	14,0%	14,0%	14,0%
Liquidez						
21 Taxa atual	1,32	1,03	1,15	1,34	1,27	1,25
22 Razão rápida	0,88	0,73	0,84	0,88	0,84	0,84

Nota: Essas razões financeiras mostram o desempenho na empresa em quatro áreas importantes:

A **lucratividade** é medida tanto em termos de *margens de lucro ou gastos* (linhas 1 a 3) quanto em *retornos de investimento* (linhas 4 a 6). Os investidores focam na segunda medida de lucratividade.

As taxas de **coleta** medem o uso do financiamento de dívidas de curto e longo prazo pela empresa. Normalmente, maior uso de dívidas aumenta o risco para a companhia. Razões maiores de dívida para patrimônio e capital (linhas 7 e 8) sugerem maior risco financeiro. A razão de faturamento para gasto com juros mede a capacidade da empresa em "cobrir" seus pagamentos com juros; níveis mais baixos dessa razão sugerem maior risco (linha 9).

Taxas de **utilização de ativos** medem a eficiência do uso dos ativos. Por exemplo, a razão entre vendas e ativos (linha 10) mostra quantos euros de venda são gerados por euro de ativos; um número maior sugere maior eficiência, enquanto um número menor sugere menor eficiência. No longo prazo, as diferenças nas taxas de crescimento das vendas (linha 11) e ativos (linha 12) podem levar a problemas de sub ou sobrecapacidade de produção. Dias em recebíveis (linhas 16 a 18) mostram quantos dias se leva para coletar uma venda a crédito comum; quanto mais tempo levar, maior o investimento em recebíveis.

Taxas de **liquidez** medem os recursos disponíveis para cobrir compromissos financeiros de curto prazo. A razão atual (linha 21) é a razão entre todos os ativos atuais e todas as pendências atuais. A razão rápida (linha 22) é a razão de caixa e recebíveis (ou seja, ativos que podem ser liquidados rapidamente) para todas as pendências atuais.

vns = valor não significativo.

QUADRO 5 | Gráfico de equilíbrio

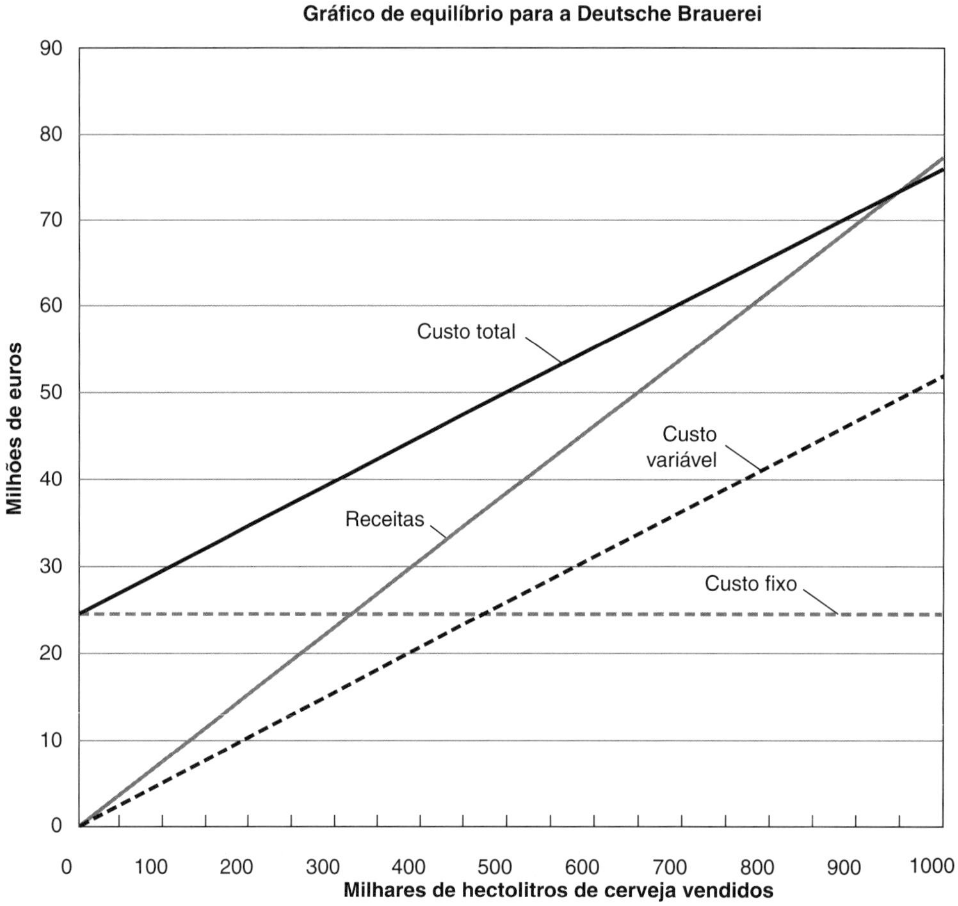

Fonte: Análise do autor do caso.

QUADRO 6 | Análise de Oleg Pinchuk quanto ao retorno sobre investimento do investimento em contas recebíveis na Ucrânia

Para: Lukas Schweitzer

De: Oleg Pinchuk

A tabela a seguir demonstra a alta lucratividade que temos atingido em nosso investimento em recebíveis na Ucrânia. Podemos esperar retorno de 120% a 130% em nossos recebíveis do Leste Europeu.

O retorno do investimento é calculado da seguinte maneira:

$$\textit{Retorno do investimento} = \frac{\textit{Contribuição do lucro marginal pós-imposto}}{\textit{Investimento marginal necessário}}$$

O numerador é simplesmente os lucros que podemos ter em novas vendas a cada ano na Ucrânia. Ele exclui os custos fixos porque supomos que esses foram cobertos: queremos focar apenas nos *eventos marginais*. Além disso, ele assume que, sem o oferecimento de crédito, não haveria qualquer crescimento de venda na Ucrânia. O denominador é o investimento da Deutsche nos recebíveis. Esse não é o valor de face dos recebíveis; é apenas a base de caixa para o produto sobre o qual se assenta o recebível. Assim, para 2001, o cálculo é:

$$\begin{aligned}\textit{Investimento em contas recebíveis (CR)} &= \textit{(Custos variáveis} \div \textit{Vendas)} \times \textit{Mudanças em CR} \\ &= (€\ 52{,}31 \div €\ 78{,}49) \times €\ 3.073.536 = €\ 2.048.512\end{aligned}$$

Conjecturas

Receita por HL (€)	78,49
Custos variáveis por HL (€)	52,31
Percentual de contribuição	33%
Impostos	35%

	1997 (Real)	1998 (Real)	1999 (Real)	2000 (Real)	2001 (Projeção)	2002 (Projeção)
Vendas na Ucrânia (milhares de euros)	—	4.262	17.559	25.847	37.479	48.722
Mudanças nas vendas (milhares de euros)	—	4.262	13.297	8.288	11.631	11.244
Custos variáveis nas vendas marginais	—	(2.841)	(8.863)	(5.524)	(7.752)	(7.494)
Contribuição nas vendas marginais	—	1.421	4.435	2.764	3.879	3.750
Impostos nas contribuições marginais	—	(497)	(1.552)	(967)	(1.358)	(1.312)
Lucro marginal pós-imposto (milhares de euros)	—	924	2.883	1.797	2.521	2.437
Custos variáveis/vendas	—	67%	67%	67%	67%	67%
Mudança em contas recebíveis, Ucrânia (milhares de euros)	—	424	3.665	2.078	3.074	2.772
Investimento em contas recebíveis (milhares de euros)	—	283	2.443	1.385	2.049	1.848
Retorno de investimento marginal em recebíveis	**0%**	**327%**	**118%**	**130%**	**123%**	**132%**

QUADRO 7 | Informação selecionada sobre os distribuidores da Deutsche na Ucrânia

Distribuidores da Deutsche por cidade:	Kharkiv	Dnipropetrovsk	Odessa	Donetsk	Kiev	Razões compostas, indústria alemã de distribuição de cerveja
Dados de rendimentos						
Vendas líquidas, 2000	€ 2.530.935	€ 2.024.748	€ 2.812.150	€ 843.645	€ 3.475.255	n.a.
Lucro operacional/vendas	1,8%	2,2%	3,0%	1,1%	3,5%	3,7%
Lucro pré-imposto/vendas	1,7%	1,9%	2,3%	0,7%	3,1%	3,5%
Ativos (como % do total)						
Recebíveis comerciais	12,9%	13,5%	16,5%	19,5%	13,0%	12,0%
Inventário	15,1%	19,0%	30,0%	25,0%	22,0%	31,0%
Ativos fixos	33,1%	29,1%	25,0%	21,0%	28,0%	24,0%
Total	100,0%	100,0%	100,0%	100,0%	100,0%	100,0%
Pendências						
Empréstimos bancários de curto prazo	0,1%	2,1%	1,5%	2,5%	4,0%	15,0%
Pagáveis comerciais	29,2%	32,2%	28,7%	37,5%	19,0%	16,3%
Pendências atuais totais	35,0%	41,0%	33,2%	43,2%	27,0%	39,4%
Dívida de longo prazo	2,5%	0,0%	3,0%	0,0%	5,0%	16,0%
Valor líquido	32,5%	59,0%	63,8%	56,2%	68,0%	44,6%
Total	100,0%	100,0%	100,0%	100,0%	100,0%	100,0%
Razões						
Razão atual	1,1	1,2	1,1	0,9	1,6	1,4
Vendas diárias a receber	27,7	25,9	27,4	39,5	19,8	19,4
Vendas/ativos	2,0	1,9	2,2	1,8	2,4	2,3
Lucro pré-imposto/ativos	2,9%	3,6%	5,1%	1,3%	7,4%	8,0%
Dívida/patrimônio	8,0%	3,6%	7,1%	4,4%	13,2%	69,5%

Fonte: Análise do autor do caso.

n.a. = não aplicável

ServerVault: "Confiável, seguro e incrivelmente rápido"

No começo de julho de 2000, Patrick Sweeney e Jim Zinn, respectivamente o presidente/CEO e o CFO da ServerVault, estavam se preparando para uma série de reuniões com investidores privados e empresas de capital de risco, de quem esperavam conseguir capital para ampliar o negócio. A ServerVault fora fundada oito meses antes e demonstrara a eficácia de seu modelo de negócios. Agora, Sweeney e Zinn queriam implementar um ambicioso plano de expansão. Eles sabiam que os possíveis investidores iriam querer uma estimativa da velocidade de consumo de caixa da empresa, conhecida como índice de desempenho de custo ("burn-rate'). Assim, pretendiam ter uma previsão dos próximos dois anos e meio para a posição de fluxos de caixa (PFC) preparada mensalmente para refletir seus planos de expansão. Com isso, esperavam identificar o momento e a quantidade de fundos que conseguiriam no programa de busca de capital da companhia.

Visão geral da indústria de hospedagem

Companhias na indústria de hospedagem oferecem a empresas e pessoas físicas a infra-estrutura necessária para manter aplicações na Internet, desde simples páginas até websites contendo transações comerciais complexas. Os websites são colocados na Internet em poderosos computadores chamados de "servidores". Companhias de hospedagem oferecem o espaço físico para os servidores e serviços de suporte. Consumidores de *web-hosting*, assim como os de outros serviços de terceirização, usam o serviço para evitar a atenção e o custo envolvidos em manter os servidores e o pessoal, a fim de fazer funcionar as aplicações de Internet. Companhias de hospedagem dão aos investidores a chance de investir na infra-estrutura do mundo da Internet. Elas têm uma analogia para descrever seus serviços: "Somos os mercadores de armas da Internet. Não nos importamos com quem está batalhando, só queremos que continuem a batalhar". Como as empresas de infra-estrutura fornecem capacidade para competir na Internet, com seu crescimento rápido, e gerar fluxo de caixa desde seus primeiros dias de atuação, o mercado de capitais dava a essas empresas altos múltiplos

---

Este caso foi preparado por J. Chadwick Rynbrandt e Robert F. Bruner com base em pesquisa de campo. Alguns dados financeiros foram disfarçados; outras informações foram simplificadas para dar mais clareza às questões. Deve ser usado como base para discussões em sala de aula, em vez de ilustrar a eficiência ou ineficência em ações gerenciais.

de avaliação. De acordo com um analista, companhias de *web-hosting* tinham um futuro brilhante, pois "são levadas por dois fortes ventos (...) o crescimento da Internet e a tendência de terceirização de negócios".[1]

A indústria tinha três modelos diferentes de hospedagem: compartilhada, *co-location*, e gerenciada. O **Quadro 1** resume as características de cada um. No nível mais básico, os três tipos de hospedagem oferecem o mínimo, "energia, conexão e espaço". Ou seja, fornecem aluguel de espaço em um prédio com eletricidade e conexão à Internet constantes. A partir daí, os três modelos começam a variar:

- A hospedagem **compartilhada** coloca múltiplos clientes em um único servidor, para compartilharem memória, processamento e espaço lógico. Clientes com necessidades mais básicas normalmente preferem essa opção, na qual compartilham um servidor da empresa de hospedagem com outros consumidores. As maiores empresas dessa hospedagem nos Estados Unidos (com receitas de 1999 em milhões de dólares) eram a PSINet ($ 555), a Verio ($ 258) e a Concentric ($ 147).[2]
- Clientes de ***co-location*** alugavam espaço no prédio em vez de espaço em disco. Empresas nesse segmento tinham como público-alvo clientes que possuíam e gerenciavam seus próprios servidores, mas não tinham um espaço com energia e refrigeração adequadas ou uma conexão confiável à Internet. Em alguns casos, empresas de *co-location* ofereciam serviços adicionais (por exemplo, cópias de segurança dos dados). As maiores empresas de *co-location* nos Estados Unidos (receitas de 1999 em milhões de dólares) eram a BBN/GTE Internetworking ($ 1036), a Exodus Communications ($ 242), a Qwest ($ 143) e a Global Center ($ 79).
- A hospedagem **gerenciada** introduziu mais serviços adicionais para o consumidor de hospedagem, principalmente o gerenciamento do equipamento e das aplicações do cliente. Companhias com presença significativa na Internet ou grande volume de comércio eletrônico teriam mais razão para escolher essa solução de terceirização completa. Os principais provedores de hospedagem gerenciada (receitas em 1999 em milhões de dólares) eram a Digex ($ 59,8), a IBM ($ 47) e a Data Return ($ 7,1). A ServerVault provavelmente seria colocada nesse segmento, mas Sweeney dizia que a empresa oferecia um serviço muito mais completo que outras desse grupo.

Companhias de hospedagem tinham diferenças além desse tipo de serviço. Outros elementos importantes do serviço eram o nível de segurança física e eletrônica e a estabilidade da energia e da conexão à Internet. Empresas que ofereciam os melhores serviços forneciam acesso completamente confiável ao servidor ("100% de disponibilidade") – qualquer coisa que pudesse comprometer o acesso ao servidor, como um computador defeituoso ou uma conexão à Internet perdida, seria contornada pelo excesso de capacidade e pela segurança do sistema.

O **Quadro 2** mostra o rápido crescimento esperado em cada um dos três segmentos. Em 2004, a receita total da indústria deve se aproximar a 13 bilhões de dólares. O segmento de hospedagem gerenciada deve responder pela maior parte desse crescimento. Os segmentos de hospedagem compartilhada e de *co-location*, ao contrário, não teriam muito crescimento e provavelmente se tornariam mercados de *commodities*. As pressões de preço seriam

---

[1]LINNEHAN, Jim, MONROE, Kevin, SHARKO, John, DeCAPRIO, Peter e SIEFERS, "Kent. Hosting the New Economy: A White Paper on the Hosting Service Industry". [S.l], Thomas Weisel Partners, 29 de março de 2000.

[2]A divisão das empresas nas três categorias e suas receitas foram tiradas de LINNEHAN et al.

grandes; assim, uma companhia que quisesse competir naquele segmento precisaria encontrar serviços diferenciados, que deixassem os clientes mais à vontade com os preços. Uma estratégia alternativa era adquirir os serviços necessários para colocar a empresa no segmento de hospedagem gerenciada – anúncios recentes[3] de discussões sobre aquisições criaram uma onda de especulação sobre a indústria.

O negócio da ServerVault

A ServerVault foi fundada no início de 1999, quando Patrick Sweeney, profissional da segunda geração de TI e diretor de tecnologia da companhia imobiliária Trammell Crow, convenceu Jim Zinn, antigo CFO da Capital One, a apoiar a tentativa de Sweeney de criar um nicho na indústria de hospedagem. Zinn começou como investidor e depois se uniu à nova empresa como CFO.

Com a ServerVault, Sweeney e Zinn criaram uma companhia que servia um segmento de consumidores de hospedagem que dependiam da Internet e tinham conhecimentos sobre segurança. A ServerVault queria clientes cujas aplicações de Internet fossem tão importantes que a segurança e confiabilidade norteassem a escolha do provedor de hospedagem. Tinham também como alvo clientes que queriam a solução completa que os serviços de hospedagem gerenciada proporcionavam. Essencialmente, a promessa da companhia era fornecer um serviço de hospedagem gerenciada que, de acordo com seu slogan, era "confiável, seguro e rápido pra caramba".

O principal diferencial da ServerVault era a parte sobre segurança de sua promessa. A empresa oferecia sete camadas de proteção (**Quadro 3**). O resultado era um nível de proteção que alcançava os padrões de segurança do Departamento de Defesa dos Estados Unidos. Por exemplo, a camada física (como a instalação) incluía uma estrutura similar a uma caixa-forte dentro de uma construção também segura. A caixa-forte, também conhecida como *data center*, continha inúmeras prateleiras de servidores, cada uma com até 25 máquinas. Ela foi fabricada especialmente para suportar as mais destrutivas forças da natureza. Para chegar à caixa-forte era necessário passar por uma "gaiola", por onde os visitantes só passavam com autorização adequada para entrar no local. Uma vez nela, somente os funcionários da ServerVault com autorização completa de segurança podiam entrar; por razões de segurança, os clientes só podiam fazer um *tour* virtual.

As promessas da ServerVault sobre confiabilidade e velocidade eram cumpridas por largura de banda e fornecimento de energia redundantes. Cada instalação tinha quatro ou cinco provedores de acesso à Internet. Se um deles ficasse indisponível, o tráfego era instantaneamente desviado para outra banda disponível. Da mesma forma, cada instalação tinha diversos geradores elétricos, capazes de fornecer eletricidade suficiente, no caso de quedas no fornecimento.

A ServerVault recebia receitas de três fontes: taxas iniciais únicas de instalação para novos servidores, taxas mensais de hospedagem e taxas para serviços adicionais. Cada instalação foi projetada para gerar quatro ou cinco vezes mais receita por metro quadrado que as da concorrência. O custo mais alto do negócio era principalmente o inicial. Construir cada instalação requeria um investimento significativo. O custo variável de adicionar e manter servidores era comparativamente pequeno. Assim, quando uma instalação da ServerVault chegava à capacidade

---

[3]A Exodus Communications anunciara discussões preliminares para a aquisição da Global Center, Inc., parte da Global Crossing, Ltd., por 6,5 bilhões de dólares em ações. A Nippon Telegraph & Telephone Corporation concordara em adquirir a Verio, Inc., e a WorldCom Corporation adquiriu a empresa-mãe da Digex, a Intermedia Communications, Inc., por 3 bilhões de dólares em ações mais 3 bilhões de dólares em dívida assumida.

máxima, produzia um fluxo de capital significativo e confiável que cobria com folga os custos totais. O desafio para Sweeney e Zinn era preencher cada instalação o mais rápido possível, pois, uma vez que a instalação era completada, a maior parte dos gastos já havia ocorrido. Cada servidor adicional numa instalação contribuía com um grande lucro sobre seus custos variáveis. Sweeney dizia que as instalações de hospedagem eram de fato similares em seu funcionamento econômico a hotéis concluídos recentemente que esperam por hóspedes.

Planos para o crescimento

Olhando para o futuro, Sweeney e Zinn se depararam com uma decisão importante sobre o ritmo da expansão. Sua primeira instalação de pequena escala na região de Washington, D.C., estava completa e quase cheia. Com a corrida por espaço que acontecia no mercado de hospedagem, Sweeney e Zinn sentiam a pressão por ganhar vantagem com o pioneirismo e construir mais instalações o mais rápido possível. Pretendiam erguer uma segunda instalação, em maior escala, em Dulles, Virgínia, em setembro de 2000. Depois disso, planejavam estabelecer presença na Europa, em Dublin, Irlanda, inaugurando uma instalação em janeiro de 2001. Outras áreas com bom potencial para futuras instalações incluíam o Vale do Silício, Boston, Austin (Texas), nos Estados Unidos, e a Ásia.

A ServerVault enfrentava dois grandes obstáculos em sua expansão. Primeiro, o crescimento demandava empregados. Cada instalação precisava de 20 a 30 empregados em tempo integral, e ela queria "contratar só os melhores". Mas, como os melhores eram difíceis de encontrar, o mercado de trabalho afetava a velocidade na qual a empresa podia se expandir. Além disso, a equipe corporativa da ServerVault ainda estava crescendo e refinando sua capacidade de manter as instalações de modo otimizado.

O segundo obstáculo, o capital, era ainda maior na visão de Sweeney e Zinn. O **Quadro 4** mostra a posição dos fluxos de caixa da ServerVault para os primeiros seis meses de 2000. Após levantar capital suficiente para montar a primeira instalação e a equipe corporativa, a empresa enfrentou uma forte diminuição no capital em maio de 2000. Com isso, Sweeney e Zinn obtiveram um empréstimo-ponte de 2 milhões de dólares de um investidor de risco irlandês.[4] Os 2 milhões de dólares manteriam as operações por alguns meses, mas para construir mais instalações precisariam de uma grande infusão de capital. Nos dias seguintes, Sweeney e Zinn precisariam decidir quanto capital eles precisariam e quando precisariam dele, tendo em seus planos de crescimento.

Previsão financeira

Para responder a essas perguntas importantes era necessário ter uma previsão mensal dos fluxos de caixa da ServerVault para os três anos seguintes. Sweeney e Zinn discutiram várias hipóteses que precisariam para construir a previsão:

- **Gasto de capital**. Cada nova instalação custaria de 5 a 6 milhões de dólares e poderia hospedar aproximadamente 5 mil servidores, dependendo do tamanho. Acreditando que a

[4]O empréstimo-ponte seria convertido em patrimônio na próxima liberação de patrimônio. Como o investidor irlandês investira o capital meses antes da nova liberação patrimonial, o empréstimo irlandês seria convertido em ações com desconto no preço por ação. Portanto, por exemplo, se o novo patrimônio fosse liberado em setembro de 2000 a 10 dólares por ação, o investidor irlandês poderia converter seu empréstimo de 2 milhões de dólares em patrimônio ao preço de 8 dólares por ação.

ServerVault conseguiria erguer todo o capital que precisasse, Zinn estimava que poderia adicionar mais uma instalação (Dulles) no final de 2000, seguida de mais uma por trimestre, a partir de janeiro de 2001. Sweeney achava que a equipe corporativa não era suficiente para uma expansão mais rápida. Uma conjectura alternativa para a previsão era de que a ServerVault só deveria construir uma nova instalação quando alcançasse a capacidade máxima nas existentes.

- **Custos dos servidores**. Como a ServerVault planejava ser proprietária dos servidores em suas instalações, precisaria comprá-los quando a demanda aumentasse. A empresa queria oferecer a seus clientes diferentes escolhas de fabricantes. Zinn estimava que, em média, novos servidores (incluindo os programas necessários) custariam 3 mil dólares cada, representando uma mistura média de diferentes configurações.
- **Receita dos servidores**. Zinn compilou uma previsão para o crescimento no número de servidores hospedados. Ele assumiu que a taxa de crescimento começaria em 50% e gradualmente diminuiria até 10%, no final de um período de três anos. Suas estimativas são mostradas no **Quadro 5**. Para fins de planejamento, Zinn estimou também que o custo de instalação de novos servidores seria de 500 dólares cada (considerando a comissão dos vendedores).[5] As taxas mensais de hospedagem foram estimadas modestamente em 750 dólares por servidor.
- **Receita dos serviços**. Serviços adicionais seriam oferecidos para cada servidor individualmente. Zinn acreditava que a ServerVault começaria com 50 dólares de receita de serviços por servidor por mês.
- **Despesas operacionais**. Cada instalação precisava de pessoal e conexão para funcionar. Zinn e o diretor de recursos humanos da ServerVault estimavam que cada instalação precisaria de 20 a 30 pessoas, ao custo médio de 7 mil dólares por mês, por pessoa, incluindo benefícios. Os planos de banda redundante da empresa se traduziriam em um gasto mensal de 25 mil dólares por mês para cada instalação. Dois outros gastos eram relevantes na previsão – marketing e administração. Os planos de crescimento precisavam de marketing agressivo na forma de publicidade e descontos. Zinn acreditava que as despesas com marketing seriam de 100 mil dólares por mês até o fim de 2000, 150 mil dólares por mês, em 2001, e 200 mil dólares por mês, em 2002. Em relação aos custos administrativos, Zinn estimava que 50 mil dólares por mês cobririam a equipe corporativa e diversos itens.

Necessidades financeiras

Devido à experiência dos meses anteriores, Sweeney e Zinn sabiam que precisariam de financiamento logo. Amigos, familiares e "anjos" investidores[6] forneceram os fundos para erguer o negócio. Então, em maio, o empréstimo-ponte de 2 milhões de dólares surgiu numa hora crucial, quando o balanço de caixa da companhia havia caído para 100 mil dólares. Eles acreditavam que um ponto crítico similar surgiria no futuro.

[5]Projetava-se um aumento na taxa de instalação de novos servidores a cada ano.

[6]Companhias novas normalmente passam por diversas fases de financiamento enquanto crescem. Em muitos casos, a família e os amigos do empreendedor, ou um "anjo" investidor, fornecem o capital inicial. Quando essas fontes secam, as empresas procuram investimentos maiores de fundos de capital privado ou de risco para começar sua fase de crescimento.

Assim, Sweeney e Zinn voltaram sua atenção às duas reuniões que os aguardavam. Ambas eram com capitalistas de risco que tinham interesse em uma parcela patrimonial da ServerVault em troca de investimento de caixa. A quantia a ser levantada dependeria das condições do mercado de capital e do apetite dos investidores. O valor hipotético do capital patrimonial em julho de 2000 poderia ser de apenas 5 milhões ou de até 15 milhões de dólares. Isso refletia as condições do mercado no setor da "nova economia" e no capital de risco: entre março e junho de 2000, o índice Nasdaq despencara 40%, refletindo a decepção dos investidores com os prospectos do setor. Um jornalista escreveu:

> As companhias de Internet dos EUA continuam a torrar incríveis quantias de dinheiro, criando a projeção de que dezenas desaparecerão nos próximos 12 meses. Mas a posição de capital cada vez pior do universo da Internet como um todo esconde o fato de que uma mudança muito importante está acontecendo: os *players* estão rapidamente se dividindo entre vencedores e perdedores.[7]

Com esse pano de fundo, Sweeney e Zinn sabiam que, entre outros tópicos, os investidores teriam três perguntas. Primeira, por quanto tempo mais a ServerVault sobreviveria sem o dinheiro adicional? Segunda, quanto dinheiro eles deveriam tentar erguer no próximo *round* de financiamento para manter a companhia em pé nos 12 meses seguintes? Terceira, quando a ServerVault se tornaria uma produtora de capital, em vez de consumidora?

Enquanto repassava a competição existente e potencial no segmento de hospedagem gerenciada da indústria, Patrick Sweeney comentou: "Um dos maiores problemas é que as pessoas estão prometendo o que não podem cumprir. Nós podemos cumprir o que prometemos. Mas o fosso que separa o que é dito do que é feito significa que temos de vender nosso peixe com muito afinco para os investidores e clientes". Em todo caso, ele estava confiante de que o mercado reconheceria o valor na proposta da ServerVault.

Agora era o momento de aproveitar a oportunidade com um programa de rápida expansão do número de instalações. Os investidores queriam saber: Quanto dinheiro a companhia tentaria captar? Quando? Qual seria o índice de desempenho de custo da ServerVault e os principais causadores desse índice?

---

[7]WILLOUGHBY, Jack. Smoldering: 'Net Companies, Still Burning Cash, Try to Conserve Tinder. *Barron's*, 2 de outubro de 2000, nº 38.

QUADRO 1 | Comparação dos diferentes tipos de hospedagem

	Compartilhada	*Co-location*	Gerenciada
Quem é responsável por "energia, conexão e espaço"?	Empresa de hospedagem	Empresa de hospedagem	Empresa de hospedagem
Quem mantém o equipamento?	Empresa de hospedagem	Cliente	Empresa de hospedagem
O servidor é compartilhado entre clientes ou dedicado a um só?	Compartilhado	Dedicado	Dedicado
São oferecidos serviços de valor adicional?	Raramente	Ocasionalmente	Sempre
Quem são os clientes típicos?	Pequenas empresas e pessoas físicas que querem uma página na Internet	Espaço em disco em um servidor na Internet	Empresas que mantêm seus próprios servidores
Qual o principal benefício?	Espaço para servidores, com energia, refrigeração e conectividade	Empresas que querem uma solução terceirizada completa	Segurança, manutenção das aplicações e equipe técnica terceirizada

QUADRO 2 | Projeção de tamanho dos segmentos de hospedagem

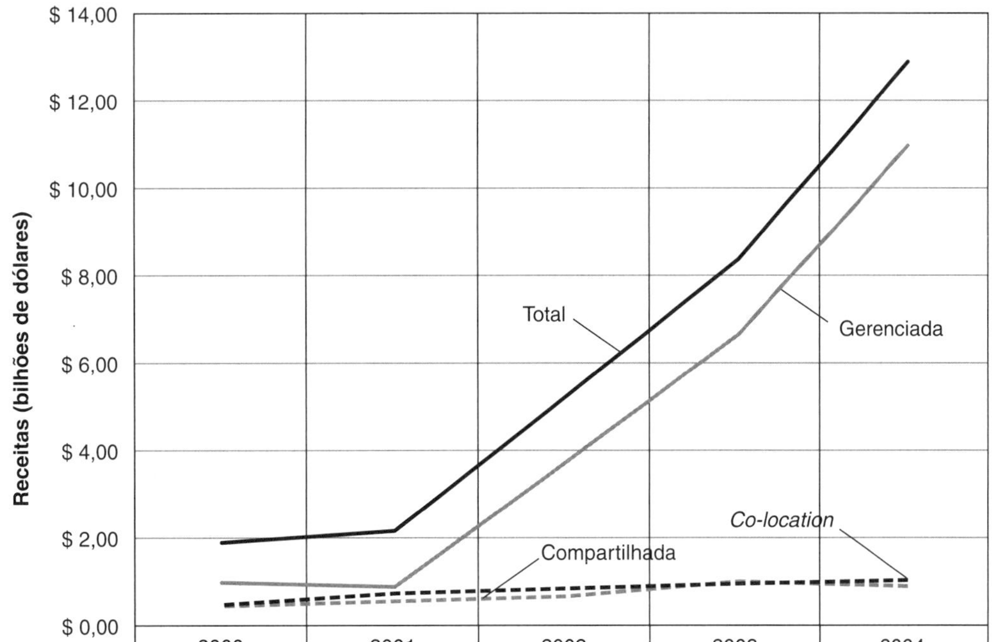

	2000	2001	2002	2003	2004
Gerenciada	$ 0,98	$ 0,88	$ 3,74	$ 6,65	$ 10,97
Co-location	$ 0,47	$ 0,73	$ 0,84	$ 0,95	$ 1,03
Compartilhada	$ 0,44	$ 0,55	$ 0,66	$ 0,77	$ 0,89
Total	$ 1,89	$ 2,16	$ 5,24	$ 8,37	$ 12,89

Fonte: Forrester Research, Inc.

QUADRO 3 | As sete camadas de segurança da ServerVault

Aplicação
Para suportar aplicações comuns de Internet como HTTP, FTP, Telnet e e-mail, a ServerVault fornece serviços robustos de troca de mensagens, segurança e diretórios, incluindo servidores ACE redundantes, para autenticação de senhas, e distribuição de certificados SSL, para o gerenciamento de sistemas seguros baseados em VPN. O extenso uso de sistemas paralelos e de balanceamento garante que seu conteúdo esteja sempre disponível.

Apresentação
Para fornecer a tradução e reformatação de dados entre diferentes aplicações, a ServerVault adotou as melhores soluções de monitoramento e gerenciamento de redes da indústria. A informação de todos esses sistemas flui por uma única aplicação de gerenciamento em tempo real, com tolerância a falhas, e converte as estatísticas da rede em um quadro direto, em tempo real, do desempenho atual e das ameaças de segurança.

Sessão
Ao fornecer conexões lógicas entre as máquinas, a camada de sessão suporta a entrega de informação para todas as aplicações de Internet. Essa camada protege contra ataques DoS (Denial of Service), mantém logs de toda a atividade da sessão para análise de tendências e planejamento de demanda e sinaliza qualquer seqüência de tráfego que pareça um ataque.

Física
As conexões da ServerVault com o mundo exterior seguem caminhos físicos diversos e não compartilham dependências com equipamentos externos. Isso torna impossível que um único incidente fora das instalações interrompa o serviço. O *data center* é protegido e blindado e fornece total proteção contra fogo, impacto, gás, umidade e toda energia eletromagnética do mundo exterior. O acesso às instalações é limitado aos empregados da ServerVault, e guardas armados garantem que permaneça assim.

Transporte
Para garantir comunicação confiável entre o cliente e o servidor, os *switches* de rede multicamada da ServerVault entendem a classificação do tráfego nessa camada para assegurar que o tráfego prioritário ou sensível ao tempo receba tratamento preferencial.

Rede
As ligações da ServerVault com múltiplos provedores fornecem conexões WAN de alta velocidade e tolerância a falhas, e não dependem de um único provedor. Além disso, múltiplas bandas podem ser vistas como uma só do mundo exterior, equilibrando o uso da capacidade em websites de alta demanda e fornecendo mais um nível de redundância se um dos servidores falhar.

Link de dados
A principal rede da ServerVault é completamente tolerante a falhas em toda a sua extensão, usando tecnologias como Ethernet com canais gigabit e técnicas de multidirecionamento. Assim, se uma porta ou um equipamento falhar, o serviço permanece ativo. Garantido.

Fonte: Folheto da companhia.

QUADRO 4 | Posição dos fluxos de caixa (método direto)

	Jan-00	Fev-00	Mar-00	Abr-00	Maio-00	Jun-00
Fluxos de caixa das atividades operacionais:						
Receitas operacionais						
Instalação inicial	1.000	2.500	3.000	5.000	6.000	7.500
Hospedagem	2.420	6.440	10.480	18.540	26.200	35.480
Serviços	445	350	600	1.150	1.900	2.325
Fontes totais	3.865	9.290	14.080	24.690	34.100	45.305
Custos operacionais						
Largura de banda	(3.790)	(3.790)	(6.115)	(5.591)	(5.591)	(11.678)
Marketing	(3.500)	(22.250)	(51.750)	(57.250)	(51.750)	(79.800)
Salários	(28.250)	(45.100)	(54.570)	(56.600)	(61.520)	(62.200)
Despesas gerais e administrativas (inclui corporativas)	(9.584)	(15.484)	(16.884)	(22.530)	(30.160)	(39.910)
Usos totais	(45.124)	(86.624)	(129.319)	(141.971)	(149.021)	(193.588)
Caixa líquido produzido (usado) pelas atividades operacionais	(41.259)	(77.334)	(115.239)	(117.281)	(114.921)	(148.283)
Fluxos de caixa das atividades de investimento:						
Gastos de capital						
Peças de computador	(9.800)	(14.265)	(17.770)	(31.220)	(36.150)	(44.890)
Instalações	(10.180)	(81.100)	(29.540)	(27.590)	—	—
Caixa líquido produzido (usado) pelas atividades de investimento	(19.980)	(95.365)	(47.310)	(58.810)	(36.150)	(44.890)
Fluxos de caixa das atividades financeiras:						
Financiamento externo	47.500	50.000	10.000	—	2.000.000	—
Caixa líquido produzido (usado) pelas atividades financeiras	47.500	50.000	10.000	—	2.000.000	—
FLUXO DE CAIXA INTERNO (EXTERNO) MENSAL LÍQUIDO	(13.739)	(122.699)	(152.549)	(176.091)	1.848.929	(193.173)
POSIÇÃO DO CAIXA						
Início do balanço	575.000	561.261	438.562	286.013	109.922	1.958.851
Final do balanço	561.261	438.562	286.013	109.922	1.958.851	1.765.678

QUADRO 5 | Previsão, de três anos, do crescimento dos servidores

	Jan-00	Fev-00	Mar-00	Abr-00	Maio-00	Jun-00	Jul-00	Ago-00	Set-00	Out-00	Nov-00	Dez-00
Novas instalações	0	0	0	0	0	0	0	0	1	0	0	0
Instalações totais	1	1	1	1	1	1	1	1	2	2	2	2
Novos servidores	3	5	6	10	12	15	25	35	65	90	115	135
Servidores totais	3	8	14	24	36	51	76	111	176	266	381	516
	Jan-01	**Fev-01**	**Mar-01**	**Abr-01**	**Maio-01**	**Jun-01**	**Jul-01**	**Ago-01**	**Set-01**	**Out-01**	**Nov-01**	**Dez-01**
Novas instalações	1	0	0	1	0	0	1	0	0	1	0	0
Instalações totais	3	3	3	4	4	4	5	5	5	6	6	6
Novos servidores	206	221	236	271	291	311	351	376	401	447	477	502
Servidores totais	722	943	1179	1450	1741	2053	2404	2780	3182	3628	4105	4607
	Jan-02	**Fev-02**	**Mar-02**	**Abr-02**	**Maio-02**	**Jun-02**	**Jul-02**	**Ago-02**	**Set-02**	**Out-02**	**Nov-02**	**Dez-02**
Novas instalações	1	0	0	1	0	0	1	0	0	1	0	0
Instalações totais	7	7	7	8	8	8	9	9	9	10	10	10
Novos servidores	547	547	582	647	692	737	807	862	917	997	1062	1132
Servidores totais	5153	5700	6282	6929	7621	8358	9165	10027	10945	11942	13004	14137

Fonte: Análise do autor do caso e da companhia.

PARTE 3

Estimando o custo de capital

CASO 12

"Melhores práticas" na estimativa do custo de capital: levantamento e síntese

Nas últimas décadas, avanços teóricos em áreas como diversificação de carteira, eficiência de mercado e precificação de ativos convergiram em recomendações atraentes sobre o custo de capital para uma corporação. No início dos anos 1990, emergiu um conceito que requeria descrições tais como "tradicional... preciso... apropriado", "teoricamente correto" e "uma regra geral útil e um bom veículo".[1] Por debaixo desse consenso sobre a teoria do custo de capital encontram-se ambigüidade e confusão consideráveis sobre como a teoria pode ser mais bem aplicada. As questões em jogo são suficientemente importantes, e escolhas divergentes em uns poucos elementos-chave podem levar à larga disparidade no custo de capital estimado. O custo de capital é central para as finanças modernas no que diz respeito às decisões de investimento e desinvestimento de ativos, às medidas de lucro econômico, à avaliação de desempenho e aos sistemas de incentivo. A cada ano, nos Estados Unidos, corporações investem mais de US$ 500 bilhões em dispêndios de capital. Visto que uma diferença percentual pequena no custo de capital pode significar uma oscilação de bilhões em dispêndios, o modo como as empresas estimam o custo não é um assunto trivial.

O objetivo desse trabalho é apresentar evidências de como algumas das empresas mais sofisticadas financeiramente e os analistas financeiros estimam custos de capital. Essas evidências são valiosas em muitos aspectos. Primeiro, elas identificam as ambigüidades mais importantes na aplicação da teoria de custo de capital, abrindo espaço para sua resolução com pesquisas e debates produtivos. Segundo, elas ajudam as empresas interessadas a comparar suas próprias práticas de estimativa de custo de capital às consideradas "melhores práticas".

[1]Os três conjuntos de citações provêm, em ordem, de Ehrhardt (1994), Capítulo 1; Copeland et al. (1990), p. 190; e Brealey e Myers (1993), p.197.

Este capítulo foi escrito por Robert F. Bruner, Kenneth M. Eades, Robert S. Harris e Robert C. Higgins. Bruner, Eades e Harris são docentes na Darden School University of Virginia. Higgins é docente na University of Washington. Os autores agradecem a Todd Brotherson pela excelente assistência de pesquisa e reconhecem com gratidão o apoio financeiro de Coopers & Lybrand e da University of Virginia Darden School Foundation. A pesquisa não teria sido possível sem a cooperação das 37 companhias pesquisadas. Apesar de todas as contribuições, quaisquer erros são de responsabilidade dos autores. Este capítulo foi publicado no *Journal of Financial Practice and Education* (primavera de 1998) e aparece aqui com a permissão da Financial Management Association International, University of South Florida, College of Business Administration, Tampa, FL 33620-5500.

Terceiro, tais evidências esclarecem a precisão com que os custos de capitais podem ser estimados razoavelmente, permitindo aos executivos usar as estimativas com mais sabedoria em seu processo de decisão. Quarto, elas tornam professores aptos a responder à inevitável questão: "Como as empresas realmente estimam seus custos de capital?".

O trabalho é parte de uma longa tradição de pesquisa sobre práticas do setor. Entre os predecessores de maior relevância, Gitman e Forrester (1977) exploraram "o nível de sofisticação em técnicas de prática orçamentária" junto de 103 grandes negócios em rápido crescimento, constatando que a taxa interna de retorno e o período de *payback* do investimento eram de uso comum. Embora tenham se informado sobre os níveis da taxa de desconto da empresa, os autores não questionaram sobre como a taxa era determinada. Gitman e Mercurio (1982) pesquisaram em 177 empresas da *Fortune 1000* sobre a "prática corrente na medição e utilização de custo de capital", chegando à conclusão de que "as ações dos entrevistados não refletiam a aplicação da teoria financeira atual". Moore e Reichert (1983) pesquisaram 298 empresas da *Fortune 500* sobre o uso de um espectro mais amplo de técnicas financeiras, concluindo, entre outras coisas, que 86% das empresas pesquisadas utilizam técnicas de orçamentos de capital ajustadas ao tempo. Bierman (1993) pesquisou 74 empresas da *Fortune 100*, relatando que todas utilizavam algum tipo de desconto em seu orçamento de capital e que 93% faziam uso do WACC. Em uma pesquisa bastante abrangente com 84 grandes empresas da *Fortune 500* e as melhores pequenas empresas da *Forbes 200*, Trahan e Gitman (1995) relataram que 30% dos pesquisados usavam o modelo de precificação de ativos de capital.

Esse trabalho difere de seus predecessores em vários aspectos importantes. As evidências publicadas existentes baseiam-se em pesquisas escritas e fechadas, enviadas a uma amostra grande de empresas, muitas vezes, cobrindo um espectro amplo de tópicos e geralmente utilizando questões de múltipla escolha ou preenchimento de lacunas. Esse tipo de abordagem freqüentemente tem taxas de retorno baixas, próximas de 20%, e não resulta em uma oportunidade de explorar as sutilezas do tópico. Em vez disso, mostramos os resultados de uma pesquisa por telefone com um grupo cuidadosamente escolhido de importantes corporações e analistas financeiros. Outra diferença notável é que o objetivo mais freqüente de trabalhos existentes é aprender o quanto as técnicas financeiras modernas são aceitas por seus adeptos, enquanto estamos interessados nas áreas de estimativa de custo de capital, nas quais a teoria financeira é silenciosa ou ambígua, fazendo que seus adeptos precisem utilizar outras técnicas.

A próxima seção apresenta um breve resumo sobre o WACC. A abordagem da pesquisa e a seleção da amostra são discutidas na Seção II. A Seção III mostra os resultados gerais da pesquisa. Os pontos-chave de disparidade são revistos na Seção IV. A Seção V discute outros resultados da pesquisa sobre o ajuste de risco no custo de capital, e a Seção VI apresenta conclusões e implicações para o profissional de finanças.

I. Custo de capital médio ponderado – WACC

Um *insight-chave* da teoria financeira é que qualquer uso de capital impõe um custo de oportunidade aos investidores; mais precisamente, os fundos deixam de receber retorno de outro investimento de mesma qualidade e de mesmo risco. Como os investidores têm acesso a um grande número de oportunidades financeiras de mercado, os usos corporativos do capital têm de ser contrastados com essas alternativas de capital de mercado. O custo de capital provê esse *benchmark*. A menos que a empresa possa ganhar em excedente ao seu custo de capital, ela não criará valor ou lucro econômico para os investidores.

Um modo padrão de expressar o custo de capital de uma empresa é a média ponderada do custo de fontes individuais de capital empregado. Em símbolos, o WACC (ou WACC) de uma empresa é

$$\text{WACC} = (W_{\text{dívida}}(1 - t)K_{\text{dívida}}) + (W_{\text{preferencial}}\, K_{\text{preferencial}}) + (W_{\text{próprio}}\, K_{\text{próprio}}) \qquad (1)$$

em que:

K = Custo componente de capital
W = Peso de cada componente como porcentagem do capital total
t = Alíquota marginal do imposto corporativo

Para facilitar, esta fórmula inclui somente três fontes de capital; ela também pode ser facilmente expandida para incluir outras fontes.

A teoria financeira oferece várias observações importantes sobre a estimativa do WACC de uma empresa. Primeiro, os custos de capital que aparecem na equação devem ser os custos atuais, que reflitam as condições atuais do mercado financeiro, e não custos históricos e irrecuperáveis. Em essência, os custos devem ser iguais à taxa interna de retorno antecipada pelos investidores, referente aos fluxos de caixa futuros associados a cada forma de capital. Segundo, os pesos presentes na equação devem ser os de mercado, e não pesos históricos com base em valores de registros muitas vezes arbitrários e obsoletos. Terceiro, o custo da dívida deve vir depois do imposto, refletindo os benefícios da dedução, para efeitos tributários, dos juros.

A despeito das orientações fornecidas pela teoria financeira, o uso da expressão de média ponderada para estimar o custo de capital de uma companhia ainda apresenta diversas escolhas difíceis ao profissional.[2] Como demonstram os resultados de nossa pesquisa, o componente mais problemático da estimativa do WACC é o custo do capital próprio; pois, ao contrário dos retornos prontamente disponíveis nos mercados de títulos de dívida, não existe uma contraparte observável para as ações. Isso induz os profissionais a contar com métodos mais abstratos e indiretos para estimar o custo do capital próprio.

II. Seleção da amostra

Esse trabalho descreve os resultados de uma pesquisa feita por telefone com profissionais de sucesso. Acreditando que a complexidade do assunto não fosse apropriada a um questionário escrito, preferimos solicitar uma explicação sobre a estratégia de cada empresa, nas palavras do próprio profissional. Ainda que nossas entrevistas fossem guiadas por uma série de questões, estas eram suficientemente abertas para revelar várias diferenças sutis na prática.

Como nosso foco são as lacunas entre teoria e aplicação, em vez da prática comum ou típica, objetivamos uma amostra de profissionais que fossem líderes na área. Começamos por procurar uma amostra de corporações (em vez de investidores ou analistas financeiros) na

[2]Mesmo no nível teórico, Dixit e Pindyck (1994) apontam que o uso de regras de decisão-padrão do valor líquido atual (VLA) (tendo, por exemplo, a WACC como taxa de desconto) não obtém a opção de valor de poder adiar uma despesa de investimento irreversível. Como resultado, uma empresa pode achar melhor adiar um investimento mesmo que o VLA atual seja positivo. Nossa pesquisa não explorou a respeito de como as empresas lidam com essa questão; em vez disso, focamos na medição do custo de capital.

crença de que eles tivessem ampla motivação em computar o WACC cuidadosamente e resolver muitas das questões da estimativa por si próprios. Diversas publicações oferecem listas de empresas que são bem respeitadas em finanças;[3] destas, escolhemos um relatório de pesquisa, *Creating World-Class Financial Management: Strategies of 50 Leading Companies* (1992), que identificava empresas

> selecionadas por seus pares por estarem entre aquelas com a melhor gestão financeira. As empresas foram escolhidas pela excelência na gestão estratégica de risco financeiro, pelos impostos e contabilidade, pela avaliação de performance e outras áreas de gestão financeira. (. . .) As companhias incluídas foram aquelas mencionadas o maior número de vezes por seus pares.[4]

Das 50 empresas identificadas nesse relatório, eliminamos 18 sediadas fora da América do Norte.[5] Das remanescentes, cinco declinaram a entrevista, resultando em uma amostra de 27 empresas. As instituições incluídas na amostra encontram-se no **Quadro 1**. Abordamos primeiramente o diretor-financeiro principal com uma carta, explicando nossa pesquisa, e depois com um telefonema. Solicitamos uma entrevista com a pessoa responsável para estimar o WACC da empresa. Prometemos aos entrevistados que, ao preparar o relatório com nossas descobertas, não identificaríamos as práticas de nenhuma empresa mencionando nomes — e respeitamos essa promessa na apresentação que se segue.

No intuito de avaliar as práticas de uma comunidade mais ampla de profissionais de finanças, pesquisamos duas outras amostras:

- *Analistas financeiros.* Utilizando uma "tabela de fornecedores" de assessores de fusão e aquisições apresentada nas edições da *Institutional Investor* de abril de 1995, 1994 e 1993, traçamos uma amostra dos dez assessores mais ativos.[6] Aplicamos aproximadamente[7] o mesmo conjunto de questões a representantes dos departamentos de fusão e aquisições dessas empresas. Imaginamos se o interesse dos analistas financeiros em promover acordos poderia levá-los a estimativas mais baixas de WACC do que aquelas estimadas por empresas operacionais. Isso se provou não ser o caso. Quando muito, as técnicas de estimativa utilizadas por analistas financeiros produzem estimativas de custo de capital mais altas, não mais baixas.
- *Livros-texto e livros de transações.* De um importante editor, obtivemos uma lista de livros de graduação em finanças corporativas com maior volume de vendas em 1994.

---

[3]Por exemplo, o *Institutional Investor and Euromoney* publica listas de empresas com os melhores CFOs ou com competências especiais em certas áreas. Escolhemos não utilizar essas listas, porque competências especiais ou um CFO fenomenal podem não indicar um departamento financeiro excelente.

[4]*Creating World-Class Financial Management: Strategies of 50 Leading Companies*, Relatório de Pesquisa nº 1-110, Business International Corporation, Nova York, 1992 (238 páginas), páginas VII-VIII. Esta pesquisa baseou-se em um questionário escrito enviado a CEOs, CFOs, controladores e tesoureiros, seguido de uma pesquisa por telefone.

[5]Nossas razões para excluir essas empresas foram a crescente dificuldade de conseguir entrevistas e as possíveis dificuldades de obter informações sobre o mercado de capitais (como betas e ágio no mercado de ações), que poderiam excluir o uso de práticas americanas. A expansão desta pesquisa para empresas de outros países é um objeto merecedor de estudo futuro.

[6]A *atividade* nesse caso foi definida como um volume de negócios agregados de quatro anos em fusão e aquisições. A amostra foi traçada a partir dos 12 melhores assessores, utilizando a *média* de seu volume de negócios ao longo do período de 1993-1995. Dessas 12 empresas, duas optaram por não participar da pesquisa.

[7]Questões específicas diferem, refletindo o fato de que assessores financeiros freqüentemente lidam com questões de elaboração de orçamento de capital e que responsáveis pelas finanças da corporação poucas vezes valorizam as empresas.

Destes, selecionamos os quatro melhores. Em seguida, utilizamos três livros de transações que discutem a estimativa de WACC detalhadamente.

Os nomes de assessores e livros inclusos nessas duas amostras são apresentados no **Quadro 1**.

III. Resultados da pesquisa

Os resultados detalhados da pesquisa são apresentados no **Quadro 2**. As abordagens da estimativa são muito similares nas três amostras, em várias dimensões:

- Fluxo de caixa descontado (FCD) é a técnica dominante de avaliação de investimentos.
- WACC é a taxa de desconto dominante utilizada nas análises de FCD.
- Pesos baseiam-se nas combinações de dívida e ações a valores de *mercado*, não contábil.[8]
- O custo pós-imposto da dívida baseia-se predominantemente em custos *marginais* antes do imposto e em alíquotas *marginais* ou *legais* do imposto.
- *Capital Asset Pricing Model* (CAPM) é o modelo dominante na estimativa do custo de capital próprio. Algumas empresas mencionaram outros modelos de precificação de ativos multifatoriais (isto é, teoria de arbitragem de preços), mas foi uma pequena minoria. Nenhuma empresa citou modificações específicas ao CAPM para ajustar falhas empíricas do modelo para explicar retornos passados.[9]

Essas práticas diferem muito das relatadas em pesquisas anteriores.[10] Primeiro, as empresas de melhor prática mostram maior alinhamento na maioria dos elementos de prática. Segundo, elas baseiam sua prática em modelos econômicos financeiros, em vez de baseá-las nas regras gerais ou nas decisões arbitrárias.

Em contrapartida, há algum desacordo em alguns grupos e entre grupos diferentes sobre como usar o CAPM para estimar o custo de capital próprio. O CAPM diz que o retorno necessário (K) em qualquer ativo pode ser expresso por

$$K = R_f + \beta(R_m - R_f) \tag{2}$$

em que:

R_f = taxa de juros em título livre de risco

R_m = retorno requerido para atrair investidores e manter a carteira do mercado de ativos de risco

β = o risco relativo desse ativo específico

[8]A escolha entre proporções ideais e reais não é simples. Em razão do custo de capital próprio e de terceiros (dívida) dependerem da proporção com que cada um é empregado, pode parecer que a proporção real deve ser usada. No entanto, se os pesos objetivados pela empresa forem conhecidos publicamente e os investidores desejarem que a empresa alcance esses pesos logo, os custos de débito e patrimonial observados podem antecipar a estrutura de capital objetivada.

[9]Por exemplo, mesmo pesquisas que apóiam o CAPM concluíram que dados empíricos são mais bem explicados por uma interceptação mais alta que uma taxa sem risco e um preço de risco beta menor que o prêmio de risco de mercado. Ibbotson (1994) oferece um CAPM modificado nesse sentido, além do CAPM-padrão e de outros modelos, em seu serviço de custo de capital.

[10]Gitman e Forrester (1977), e Gitman e Mercurio (1982).

De acordo com o CAPM, o custo do capital próprio, *Ke*, para uma empresa, depende de três componentes: o retorno de títulos livre de risco (R_f); o beta da ação, que mede o risco dos papéis da companhia em relação a outros ativos de risco ($\beta = 1{,}0$ é o risco médio); e o prêmio de risco de mercado ($R_m - R_f$) necessário para fazer que os investidores apliquem em títulos de risco no lugar de títulos livre de risco. Em teoria, cada componente deve ser uma estimativa futura. Nossa pesquisa mostra discordâncias substanciais em todos os três componentes.

Comentário sobre taxas livres de risco

Algumas das companhias de melhores práticas mencionaram que sua escolha de uma proxy no mercado de títulos por uma taxa livre de risco dependia especificamente de como elas se propunham a gastar os fundos. Perguntamos: "O que vocês usam como taxa livre de risco?", e ouvimos o seguinte:

- "Títulos do Tesouro de dez anos ou outra duração, se for necessário melhor adequação ao horizonte do projeto."
- "Usamos notas do Tesouro de três a cinco anos, que é a duração típica do investimento de nossa empresa. Adequamos nosso horizonte de investimento médio à maturidade da dívida."

A taxa de retorno livre de risco

Como foi verificado originalmente, o CAPM é um modelo de período único, assim a questão de qual taxa de juros melhor representa a taxa livre de risco nunca vem à tona. Mas em um mundo de períodos múltiplos, tipicamente caracterizado por curvas de rentabilidade crescentes, o profissional precisa escolher. Nossos resultados mostram que a escolha fica geralmente entre o *T-bill* de 90 dias e um papel do Tesouro de longo prazo. (Como a curva de rentabilidade é normalmente relativamente baixa além de dez anos, a escolha do papel de longo prazo específico não é crítica.)[11] A diferença entre retornos realizados no *T-bill* de 90 dias e o *T-bond* de dez anos tem tido média de 150 pontos em longo prazo; assim, a escolha da taxa livre de risco pode ter um efeito material no custo de capital próprio e de WACC.[12]

Os rendimentos do *T-bill* de 90 dias são mais consistentes com o CAPM verificado originalmente e refletem retornos verdadeiramente livres de risco, uma vez que os investidores de *T-bill* evitam perdas materiais em valor de movimentação de taxa de juros. Entretanto,

---

[11]No começo de janeiro de 1996, a diferença de rentabilidade entre os *T-bonds* de 10 e 30 anos era de aproximadamente 35 pontos. Alguns aficionados dirão que há uma diferença entre os rendimentos de 10 e 30 anos. Normalmente, a curva de rentabilidade diminui pouco quando se aproxima da maturidade dos 30 anos – isso nos foi explicado como conseqüência de empresas de seguro de vida e outros investidores *buy-and-hold* (compra e segura) de longo prazo, que compram papéis de longo prazo em grande volume. Dizem que esses investidores têm um valor de liquidez mais baixo do que o do mercado mais amplo, o que diminui a rentabilidade. Se isso é verdade, a rentabilidade nesse ponto da curva pode ser em razão não do processo comum de expectativas racionais, mas de um balanço anormal de oferta e demanda, que torna esses papéis menos confiáveis. O argumento contrário é que empresas de seguro de vida podem ser vistas como investidores racionais também. Como investidores *buy-and-hold*, eles certamente sofreriam as conseqüências de qualquer irracionalidade e teriam bons motivos para investir em busca de rentabilidade "no mercado".

[12]Isso foi estimado conforme a diferença na média aritmética dos retornos de papéis de longo prazo do governo e do Tesouro Americano nos anos de 1926 a 1994, dados em Ibbotson Associates (1995).

a rentabilidade de títulos de longo prazo reflete com mais clareza o retorno no período livre de inadimplência disponível em investimentos de longa vida, e assim demonstra com maior precisão os tipos de investimentos feitos pelas empresas.

Os resultados de nossa pesquisa revelam uma forte preferência da parte dos profissionais por títulos de rentabilidade de longo prazo. Tanto entre as corporações quanto entre os analistas financeiros, 70% usam *T-bond* com maturidade de dez anos ou mais. Nenhum dos assessores e apenas 4% das corporações usa o *T-bill*. Muitas corporações afirmam que adequam o prazo da taxa livre de risco ao vencimento do investimento. Em contrapartida, 43% dos livros apoiam a rentabilidade do *T-bill*, enquanto apenas 29% usam *T-bonds*.

Estimativas do beta

A teoria financeira requer um beta olhando para frente, que reflita a incerteza do investidor nos futuros fluxos de caixa do capital próprio. Como não é possível observar betas olhando para frente, profissionais são forçados a usar vários tipos de substitutos. Isso freqüentemente envolve o uso de betas estimados, derivados de dados históricos e publicados por fontes como Bloomberg, Value Line e Standard & Poor's.

A metodologia comum é estimar beta como o grau de inclinação do modelo de retorno do mercado:

$$R_{it} = \alpha_i + \beta_i(R_{mt}) \tag{3}$$

em que:

R_{it} = Retorno na ação i no período (isto é, dia, semana, mês) t
R_{mt} = Retorno na carteira do mercado no período t
α_i = Constante da regressão da ação i
β_{ii} = Beta da ação i

Além de depender de dados históricos, o uso dessa equação para estimar beta requer algumas concessões práticas, cada uma podendo afetar materialmente o resultado. Por exemplo, aumentar o número de períodos usado na estimativa pode melhorar a confiabilidade estatística da estimativa, mas corre o risco de incluir informação demasiado antiga, irrelevante. Do mesmo modo, encurtar o período de observação de mensal para semanal, ou mesmo diário, aumenta o tamanho da amostra, mas resulta em observações que não se distribuem normalmente e pode introduzir ruídos. Uma terceira concessão envolve a escolha do índice de mercado. A teoria diz que R_m é o retorno na carteira do mercado, uma carteira não observável que consiste em *todos* os ativos de risco, incluindo capital humano e outros ativos não comercializados, em proporção à sua importância na riqueza mundial. Provedores de beta usam uma grande variedade de índices do mercado acionário como substitutos para a carteira do mercado, sob o argumento de que os negócios do mercado acionário envolvem uma gama suficientemente ampla de ativos, de modo a substituir adequadamente a carteira não observável do mercado.

A tabela a seguir mostra as concessões que permeiam as estimativas de beta de três provedores proeminentes e seus efeitos combinados nas estimativas de beta de nossa amostra de empresas. Nota-se, por exemplo, que o beta médio de nossa amostra, de acordo com Bloomberg, é 1,03, ao passo que Value Line lhe atribui o valor de 1,24. O **Quadro 3** traz uma lista completa de amostras de betas por provedor.

Concessões que permeiam as estimativas de beta e seu efeito em betas estimados de empresas da amostra

	Bloomberg*	Value Line	Standard & Poor's
Número de observações	102	260	60
Intervalo de tempo	Semanal por 2 anos	Semanal por 5 anos	Mensal por 5 anos
Índice proxy de mercado	S&P 500	NYSE composto	S&P 500
Média de beta da amostra	1,03	1,24	1,18
Mediana de beta da amostra	1,00	1,20	1,21

*Com o serviço da Bloomberg é possível estimar beta em diferentes períodos, índices de mercado, com ou sem ajustes. Os números aqui listados representam o método de estimativa padrão usado se não for especificado outro método.

Mais da metade das corporações em nossa amostra (item 10, **Quadro 2**) usam fontes publicadas para suas estimativas de beta, apesar de 30% calcular suas próprias. Entre analistas financeiros, 40% usa fontes publicadas, 20% calcula suas próprias e outros 40% usa o que se pode chamar de estimativa de beta "fundamental". Essas são estimativas que utilizam modelos estatísticos multifator com base em índices fundamentais de risco da indústria e empresa para estimar betas de companhias. O mais conhecido provedor de estimativas fundamentais de beta é a empresa de consultoria BARRA.

Dentre essas amplas categorias, os seguintes comentários indicam que um número de participantes da pesquisa usa métodos mais pragmáticos, que combinam estimativas de betas publicadas ou ajustam estimativas publicadas de várias formas heurísticas.

Perguntamos às companhias amostradas: "O que você usa como fator de volatilidade ou beta?". Uma amostra das respostas expressa que a escolha nem sempre é simples:

- "(Usamos) betas ajustados publicados pela Bloomberg. Em alguns momentos, nossos papéis ficam extremamente voláteis. Se em um momento específico o fator é considerado alto demais, estamos aptos a usar um valor menor (mais consistente)."
- "Começamos com a variância observada nos últimos 60 meses entre nossas ações e o mercado. Também levamos em conta betas da Value Line, BARRA e S&P para comparação, e podemos ajustar o beta observado para se adequar à expectativa de risco futuro."
- "Nós fazemos a média entre os valores da Merrill Lynch e da Value Line e usamos Bloomberg como parâmetro."
- "Nós não usamos betas estimados diretamente em nossas ações. O beta de nossa companhia é construído como uma média ponderada dos betas de nossos segmentos de negócio – os betas dos segmentos são estimados usando-se betas de empresas comparáveis que trabalham exclusivamente naquele segmento."

Prêmio de risco de mercado de ações

Esse tópico teve a maior variedade de respostas entre os participantes da pesquisa. A teoria financeira diz que o prêmio do risco de mercado de ações deve ser igual ou maior que o retorno esperado pelos investidores na carteira de mercado relativo a ativos livres de risco. Como cada um mensura os retornos esperados na carteira do mercado e em ativos livres de risco é um problema de cada profissional. Como retornos esperados não são observáveis, todos os que responderam à pesquisa extrapolaram retornos históricos para o futuro, assumindo que a experiência passada condiciona fortemente as expectativas futuras. Os pontos em que as respostas são mais divergentes são aqueles sobre o uso da média histórica *aritmética* contra a média *geométrica* de retornos das ações e sobre a escolha de retornos realizados em *T-bills* contra *T-bonds* para substituir o retorno em ativos livres de risco.

A média aritmética de retorno é a média simples de retornos passados. Supondo que a distribuição de retornos seja estável através do tempo e que retornos periódicos são independentes entre si, o retorno aritmético é a melhor estimativa de retorno esperado.[13] A média geométrica de retorno é o valor interno de retorno entre uma única despesa e um ou mais recebimentos futuros. Ela mede a taxa composta de retorno que os investidores tiveram em períodos passados e retrata de forma acurada a experiência histórica de investimento. A não ser que o retorno seja o mesmo em cada período, a média geométrica será sempre menor que a aritmética, e a diferença aumenta quando os retornos ficam mais voláteis.[14]

Com base em dados da Ibbotson Associates (1995) de 1926 a 1995, a matriz abaixo ilustra a gama possível de prêmios de risco de mercado de ações de acordo com o uso da média geométrica ou aritmética no retorno das ações e do uso de retornos realizados em *T-bills* contra *T-bonds*.[15] Mesmo variações maiores nos prêmios de risco do mercado podem surgir quando se altera o período histórico em que se baseia a média. Estendendo a experiência com ações nos Estados Unidos até 1802, Siegel (1992) mostra que os prêmios históricos mudaram ao longo do tempo e eram tipicamente mais baixos no período anterior a 1926. Carleton e Lakonishok (1985) ilustraram uma variação considerável em prêmios históricos usando diferentes períodos e métodos de cálculo, ainda com dados a partir de 1926.

O prêmio de risco de mercado ($R_m - R_f$)

	Retornos do T-Bill	**Retornos do T-Bond**
Retorno em média aritmética	8,5%	7,0%
Retorno em média geométrica	6,5%	5,4%

Entre os textos e livros de nossa pesquisa, 71% apóiam o uso de retorno em média aritmética em *T-bills* como o melhor substituto para o prêmio de risco do mercado acionário. Para projetos de longo prazo, Ehrhardt sugere prever a taxa de *T-bill* e usar um custo de capital próprio diferente para cada período futuro. Kaplan e Ruback (1995) estudaram o prêmio de risco do mercado acionário implícito na valorização de transações altamente alavancadas e estimaram uma média de prêmio de 7,97%, que é bastante consistente com a média aritmética

[13]Diversos estudos documentaram uma autocorrelação negativa significativa em retornos – isso viola um dos princípios essenciais do cálculo aritmético, uma vez que, se os retornos não são independentes serialmente, a média aritmética da distribuição não terá o valor esperado. As descobertas de autocorrelação são relatadas por Fama e French (1986), Lo e MacKinlay (1988), e Poterba e Summers (1988).

[14]Para amostras grandes de retornos, a média geométrica pode ser aproximada como a média aritmética menos a metade da variância dos retornos realizados. Ignorando ajustes no tamanho da amostra, a variância de retornos nesse exemplo é 0,09, com uma estimativa de 0,10 – 1/2 (0,9) = 0,055 = 5,5% contra os 5,8% observados no caso. Kritzman (1994) fez uma comparação interessante dos dois tipos de médias.

[15]Esses números foram tirados da Tabela 2-1, Ibbotson (1995), na qual R_m é originário da série "Large Company Stocks", e R_f das séries "Long-Term Government Bonds" e "U.S. Treasury Bills".

e *T-bills*. Uma visão minoritária é a de Copeland, Koller e Murrin (1990, p. 193-94), que escrevem em nome da *Corporate Financial Practice* da McKinsey & Company: "Acreditamos que a média geométrica representa uma melhor estimativa dos retornos esperados pelos investidores em longos períodos de tempo". Ehrhardt (1994) recomenda o uso de retornos em média geométrica quando se acredita que os acionistas são investidores *buy-and-hold*.

Metade dos analistas financeiros pesquisados usa um prêmio consistente com retornos de média aritmética e de *T-bill*, e muitos mencionaram especificamente o uso desse recurso. As corporações pesquisadas, em contrapartida, mostraram maior diversidade de opinião e buscaram favorecer um prêmio de mercado mais baixo: 37% usaram prêmios de 5% a 6%, e outros 11% usaram números ainda menores.

Comentários sobre o prêmio de risco de mercado

"O que você usa como prêmio de risco de mercado?" Uma amostra das respostas de nossas companhias de melhor prática mostra que a escolha pode ser complicada.

- "Nosso prêmio de 400 pontos-base baseia-se na relação histórica de retorno em uma base atualizada e/ou estimativa de custo de capital próprio de banqueiros de investimento baseia-se em projeções de lucros feitas por analistas."
- "Usamos uma média aritmética Ibbotson com início em 1960. Falamos com bancos de investimento e empresas de consultoria que aconselham de 3% a 7%."
- "Uma média de 60 anos de aproximadamente 5,7%. Esse número tem sido usado por muito tempo na empresa, mas vem sendo alvo de debate e deve ser revisado. Podemos vir a considerar o uso de um horizonte temporal de menos de 60 anos para estimar o prêmio."
- "Atualmente usamos 6%. Em 1993, pesquisamos diversos bancos de investimentos e estudos acadêmicos sobre a taxa adequada e encontramos valores de 2% a 8%, mas a maioria estava entre 6% e 7,4%."

Os comentários de assessores financeiros também foram reveladores. Apesar de alguns simplesmente responderem que usam uma média histórica publicada, outros apresentaram um quadro mais complexo:

- "Usamos uma estimativa própria de 5% (média aritmética). Várias técnicas são usadas nessa estimativa. Observamos os dados de Ibbotson e focamos em períodos mais recentes, por volta de 30 anos (mas não uma média direta de 30 anos). Usamos técnicas de ajuste, simulação Monte Carlo e um modelo de desconto de dividendos do S&P 400 para estimar o valor que o prêmio deve ter, dadas as taxas de retorno sem risco."
- "Usamos uma média aritmética de 7,4%, de Ibbotson, Sinquefeld. Costumávamos usar média geométrica, seguindo conselhos acadêmicos, mas passamos à média aritmética quando percebemos que os competidores estavam usando média aritmética e a visão da academia vinha mudando."

Os comentários em nossas entrevistas (consultar quadro acima) sugerem uma diversidade entre os participantes da pesquisa. Enquanto a maioria das 27 empresas da amostra parece usar um período histórico de 60 anos ou mais, uma citou uma janela de menos de dez anos, duas citaram janelas de aproximadamente dez anos, uma começou a calcular a média com dados de 1960 e outra com dados de 1952.

Essa variedade de práticas não deve surpreender, pois a teoria clama por um prêmio de risco focado no futuro, que reflita o sentimento atual do mercado e possa mudar de acordo com suas condições. O que fica claro é a variação substancial presente quando os profissionais tentam operacionalizar a teoria para um prêmio de risco de mercado. Um resultado evidente é que poucos participantes citaram especificamente o uso de qualquer método focado no futuro para suplementar ou substituir a "previsão dos astros" dos retornos passados.[16]

IV. O impacto de várias premissas no uso de CAPM

Para ilustrar o efeito dessas várias práticas, estimamos o custo de capital próprio hipotético e o WACC para a Black & Decker, que identificamos como possuidora de uma ampla gama de betas estimados, e para McDonald's, que tem uma gama relativamente pequena. Nossas estimativas são "hipotéticas" uma vez que não adotamos qualquer informação fornecida a nós pelas empresas, mas, sim, um conjunto de métodos baseados em informações disponíveis publicamente até 1995. O **Quadro 4** traz os custos de capital próprio estimados e CMPCs sob várias combinações de taxas livres de risco, beta e prêmio de risco de mercado. Três conjuntos de prática são ilustrados, cada um usando três betas fornecidos por S&P, Value Line e Bloomberg (sem ajuste). O primeiro método, sugerido por alguns textos, combina uma taxa livre de risco de curto prazo (rendimento do *T-bill* de 90 dias) com média aritmética de prêmio de risco de Ibbotson (usando *T-bills*). O segundo, adaptado por muitos analistas financeiros, usa taxa livre de risco de longo prazo (rendimento do *T-bond* de 30 anos) e prêmio de risco de 7,2% (o prêmio modal mencionado por analistas financeiros). O terceiro método também usa taxa livre de risco de longo prazo, mas adota o prêmio modal de 5,5 %, mencionado pelas corporações pesquisadas. Repetimos esses procedimentos gerais para McDonald's.

Os resultados do WACC estimados para as duas empresas são:

	WACC máximo	WACC mínimo	Diferença em pontos-base
Black & Decker	12,80%	8,50%	430
McDonald's	11,60%	9,30%	230

A diferença entre o mínimo e o máximo é grande para ambas as empresas, e o impacto econômico é potencialmente impressionante. Para ilustrar, o valor atual de um fluxo anual perpétuo nivelado de US$ 10 milhões ficaria entre US$ 78 milhões e US$ 118 milhões para a Black & Decker, e entre US$ 86 milhões e US$ 108 milhões para McDonald's.

Dada a curva de rendimento positiva, mas relativamente estável, do final de 1995, a maior parte da variação em nosso exemplo é explicada pelas premissas do beta e do prêmio do mercado acionário. As variações podem ser ainda mais dramáticas especialmente quando a curva de rendimento for invertida.

[16]Apenas dois participantes (um assessor e uma empresa) citaram especificamente estimativas focadas no futuro, embora outros tenham citado o uso de dados de fontes externas (isto é, uma companhia que usa estimativas de um banco de investimentos) em que não conseguimos identificar se as estimativas focadas no futuro foram usadas. Alguns estudos usando previsões de analistas financeiros sobre modelos de crescimento de dividendos sugerem que ágios de risco de mercado mantêm média entre 6% e 6,5% e mudam com o tempo, com ágios mais altos quando a taxa de juros cai. Veja, por exemplo, Harris e Marston (1992). Ibbotson (1994) fornece estimativas de custo patrimonial específicas para cada indústria usando previsões de analistas em um modelo de crescimento.

V. Ajustes de risco no WACC

A teoria financeira é clara ao afirmar que um único WACC é apropriado apenas para investimentos de risco largamente comparável. O WACC geral de uma empresa é uma avaliação adequada para o investimento de risco médio de uma companhia. A teoria financeira diz ainda que números muito específicos de uma empresa devem ser ajustados para gastos de perfil muito arriscado. Atrair capital requer pagamento de prêmio que depende do risco.

Nós pesquisamos para saber se as empresas usam taxas de desconto apropriadas aos riscos dos fluxos a serem valorizados em questões sobre tipos de investimento (estratégico *versus* operacional), valores terminais, sinergias e companhias multidivisionais. As respostas, exibidas no **Quadro 3**, não mostram um alinhamento aparente das práticas. Quando perguntamos aos analistas financeiros como eles avaliavam as partes de uma empresa multidivisional, todas as dez empresas pesquisadas disseram usar taxas de desconto diferentes para as partes componentes (item 17). No entanto, apenas 26% das companhias sempre ajustavam o custo do capital para refletir o risco de oportunidades individuais (item 12). Estudos iniciais (resumidos em Gitman e Mercurio, 1982) relatam que entre um terço e metade das empresas pesquisadas não ajustavam a diferença de risco entre projetos de capital. Essas práticas se colocam em pleno contraste com as recomendações dos livros-texto e de transações: os livros não mencionam todos os assuntos diretamente, mas quando o fazem apóiam uniformemente as taxas de desconto ajustadas de acordo com o risco.

Uma observação mais detalhada das respostas específicas revela as tensões que aparecem quando a teoria baseada em ativos financeiros transacionados é adaptada para decisões de investimento em ativos reais. Inevitavelmente, uma linha tênue é traçada entre o uso de dados do mercado financeiro e os julgamentos gerenciais. As respostas dos analistas financeiros ilustram esse ponto. Como mostra o **Quadro 2**, todos os assessores usam custos de capital diferentes para avaliar as partes (isto é, divisões) de uma empresa (item 17); apenas metade escolhe taxas diferentes para sinergias ou oportunidades estratégicas (item 18); só uma em dez mostra inclinação ao uso de taxas diferentes de desconto para valores terminais e fluxo de caixa provisório (item 16). Duas interpretações simplistas são que (1) assessores ignoram diferenças importantes de risco ou (2) diferenças de risco material são raras na avaliação de fatores como valores terminais. Nenhuma dessas se encaixa; nossas conversas com os assessores revelaram que eles reconhecem diferenças importantes de risco, mas lidam com elas de diversas maneiras. Considere os comentários de dois importantes bancos de investimento que usam custos de capital diferentes para avaliar partes de empresas multidivisionais. Quando perguntamos sobre ajustes de risco para sinergias de fusão prospectadas, as mesmas empresas responderam o seguinte:

- "Fazemos esses ajustes em fluxos de caixa e múltiplos em vez de fazê-los nas taxas de desconto."
- "Fatores de risco podem ser diferentes nas realizações de sinergias, mas fazemos ajustes no fluxo de caixa em vez de fazê-los na taxa de desconto."

Enquanto analistas financeiros avaliam tipicamente companhias existentes, corporações têm desafios maiores. Elas rotineiramente precisam avaliar investimentos em novos produtos e tecnologias. Além disso, trabalham em um ambiente administrado que une processos centralizados (como o de calcular o CMPC) e descentralizados (por exemplo, avaliação de projetos específicos). Como o próximo quadro de comentários demonstra, essas complexidades levam a uma mistura de métodos para lidar com o risco. Alguns dos participantes mencionaram taxas de ajuste específicas para distinguir entre custos de capital divisionais, investimentos internacionais *versus* domésticos, e situações de *leasing* versus *não-leasing*. Em outros casos, no entanto, esses mesmos participantes preferiram ajustar o fluxo de caixa a ter de lidar com os riscos.

Por que os profissionais ajustam taxas de desconto por risco em um caso e trabalham com ajustes no fluxo de caixa em outro? Nossa interpretação é de que as taxas de desconto ajustadas por risco são mais usadas quando o analista consegue estabelecer avaliações relativamente objetivas do mercado financeiro sobre qual taxa de ajuste se deve usar. No âmbito (divisão) de negócios, dados de empresas comparáveis fornecem estimativas do custo de capital. Mercados de dívida fornecem substitutos para os riscos de fazer *leasing* com o fluxo de caixa. Mercados financeiros internacionais salientam as diferenças entre os países. Quando tais avaliações de mercado não existem, profissionais procuram outros métodos para lidar com o risco. Na falta de um bom mercado análogo de onde coletar a opinião de investidores (na forma de diferentes custos de capital), o analista é induzido a confiar mais no foco interno. Uma implementação prática de taxas de desconto ajustadas ao risco parece, então, depender da habilidade de se encontrar ativos financeiros comercializados que sejam compatíveis em risco com os fluxos de caixa que forem avaliados e depois obter dados financeiros sobre esses ativos.

Comentários sobre ajustes para risco de projeto

Quando perguntadas se ajustam as taxas de desconto para risco de projeto, as empresas deram uma variedade de respostas:

- "Não, é difícil traçar limites entre os diversos negócios nos quais investimos, e também tentamos ao máximo fazer ajustes para o risco nas projeções de fluxo de caixa em vez de nos fatores de custo capital... Nós preferimos minimizar os ajustes aos cálculos de custo de capital e maximizar o entendimento de todas as questões relevantes (ou seja, custo da *commodity* e riscos internacionais/políticos)." Em outro momento, a mesma empresa disse que "para análise de *leasing*, só o custo da dívida é usado".
- "Não, (nós não ajustamos o custo do capital para o risco). Acreditamos que existam dois componentes básicos: (1) fluxos de caixa projetados, que devem incorporar o risco do investimento, e (2) taxas de desconto." A mesma empresa disse, no entanto, que "para grandes investimentos internacionais, a taxa de desconto é ajustada pelo risco do país", e "para grandes aquisições, a companhia toma cuidado significativamente maior ao estimar o custo exato do capital".
- "Não, mas usamos custos de capital divisional para calcular uma média ponderada do custo de capital na empresa... para comparações e possíveis ajustes."
- "Sim, calculamos o custo de capital para divisões com base em betas de atuação exclusiva e sugerimos ajustes subjetivos com base em cada projeto. Acreditamos que o uso de custos divisionais seja a marca mais freqüente de nossa companhia."
- "Raramente, mas pelo menos em uma ocasião o fizemos, para uma nova linha de negócios."
- "Fazemos análise de sensibilidade em cada projeto."
- "Na maioria das vezes, fazemos ajustes de risco qualitativamente; ou seja, usamos o WACC corporativo para avaliar um projeto, mas interpretamos os resultados de acordo com o risco da proposta estudada. Isso pode significar que um projeto arriscado será rejeitado mesmo que esteja dentro dos parâmetros da taxa de retorno referencial da corporação."
- "Não internamente, mas, internacionalmente – avaliamos o prêmio de risco por país e ajustamos o custo de capital de acordo."

A curva pragmática de aplicação apresenta-se também quando perguntamos às companhias com que freqüência elas reestimam os custos de capital (item 13, **Quadro 2**). Mesmo para as empresas que o fazem relativamente com freqüência, a próxima caixa de comentários mostra que elas fazem uma distinção importante entre a estimativa de custos de capital e as mudanças de política sobre o valor do custo de capital usado no processo de tomada de decisões da empresa.

As empresas consideram os custos administrativos quando estruturam suas políticas sobre custos de capital; para um empreendimento muito grande (por exemplo, uma aquisição), esses podem ser revistos a cada vez. Em contrapartida, só grandes mudanças materiais no custo podem ser inseridas nos sistemas de avaliação de projeto mais formais. As empresas reconhecem certa ambigüidade em qualquer número relativo ao custo e aceitam conviver com aproximações. Enquanto o mercado de títulos de dívida reage a mudanças de pontos-base nas necessidades de retorno do investidor, investimentos em ativos reais, nos quais o processo de decisão consome muito tempo e é descentralizado, envolvem precisão muito menor. Como disse uma das companhias amostradas, usamos os custos de capital como uma fita métrica frouxa, não como a última palavra em avaliação de projeto.

Nossa interpretação é de que a miscelânea de respostas a questões sobre ajuste de risco e reestimativa de taxas de desconto reflete um conjunto, muitas vezes, sofisticado de compensações práticas; estas envolvem o tamanho das diferenças do risco, a qualidade da informação dos mercados financeiros e as realidades dos custos administrativos e de processos. Nos casos em que há diferenças materiais no risco medido, uma escala de investimento que justifique o esforço, nenhuma complexidade administrativa de larga escala e informação facilmente identificável de mercados financeiros, os profissionais aplicam ajustes de risco às taxas, rotineiramente. Aquisições, valorização de divisões da companhia, análise de investimentos internos versus internacionais e decisões de *leasing* versus *não-leasing* foram citados freqüentemente como exemplos. Em contraste, quando um ou mais desses fatores não está presente, os profissionais costumam aplicar outros meios de lidar com os riscos.

Comentários sobre a reestimativa de WACC

Com que freqüência você reestima o custo de capital da empresa? Aqui estão as respostas das companhias de melhor prática:

- "Normalmente, revisamos o custo bimestralmente, mas o faríamos com mais freqüência se as taxas do mercado mudassem o suficiente para que a revisão se fizesse necessária. Só anunciaríamos uma mudança na taxa se o número recalculado fosse materialmente diferente do usado atualmente."
- "Reestimamos uma ou duas vezes por ano, mas raramente alteramos o número que as unidades de negócio usam para fins de decisão de planejamento. Esperamos que a taxa anual varie com o tempo, mas também esperamos ser consistentes com o ciclo de negócios. Assim, tendemos a manter uma taxa de desconto constante na empresa ao longo do tempo."
- "Normalmente, a cada seis meses, exceto em casos de grandes investimentos, quando reestimamos para cada análise."
- "Sempre que precisamos, como para uma aquisição ou grande proposta de investimento."
- "Reavaliamos quando necessário (por exemplo, grandes mudanças de impostos), mas a não ser que a mudança no custo de capital seja significante (um aumento para 21%, por exemplo), nossa taxa de corte não se altera; é usada como uma *fita métrica*, não como a última palavra em avaliação de projeto."
- "Provavelmente precisamos de uma mudança de cem pontos para publicar uma mudança. Relatamos apenas para o percentual mais próximo."

VI. Conclusões

Nossa pesquisa buscava identificar as "melhoras práticas" na estimativa de custo de capital por meio de entrevistas com analistas financeiros e corporações de ponta. Em razão das enormes despesas anuais com projetos de capital e aquisições corporativas, a seleção cuidadosa das taxas de desconto é de importância material para gerentes corporativos seniores.

A pesquisa revelou ampla aceitação do WACC como base para a escolha de taxas de desconto. Além disso, revelou também alinhamento geral em muitos aspectos da estimativa de WACC. A principal área de desacordo notável foi nos detalhes da implementação do *Capital Asset Pricing Model* (CAPM) para estimar o custo de capital próprio. Esse trabalho delineou as variedades de prática no uso de CAPM, os argumentos a favor de diferentes métodos e as implicações práticas.

Em resumo, acreditamos que os seguintes elementos representam as "melhores práticas atuais" na estimativa do WACC:

- Pesos devem ser baseados no *valor de mercado* de dívida e ações.
- O custo pós-imposto da dívida deve ser estimado com base em custos pré-imposto *marginais* combinado com taxas *marginais* ou *legais*.
- CAPM é atualmente o modelo preferido para estimar o custo do capital próprio.
- Betas são tirados substancialmente de fontes publicadas, com preferência aos betas que usam longos intervalos de retorno de lucros. Onde as estatísticas publicadas discordam, a melhor prática costuma envolver julgamento para estimar um beta.
- A taxa de retorno livre de risco deve ser adequada ao limite dos fluxos de caixa que estão sendo avaliados. Para a maioria dos projetos de capital e aquisições corporativas, o rendimento dos títulos do Tesouro Americano de dez anos ou mais seria adequado.
- A escolha de um prêmio de risco de mercado acionário é uma questão de controvérsia considerável tanto sobre seu valor quanto sobre o método usado para estimá-lo. A maioria das companhias de melhor prática usa um prêmio de 6% ou menos, apesar de muitos textos e analistas financeiros usarem números mais altos.
- O monitoramento de mudanças no WACC deve ser vinculado a grandes mudanças nas condições do mercado financeiro, mas deve também ser feito pelo menos uma vez ao ano. Gerar uma mudança por meio de sistemas corporativos de avaliação de projeto e objetivos de compensação deve ser feito com cautela e só quando há mudanças materiais.
- O WACC deve ser ajustado de acordo com o risco para refletir diferenças substanciais entre diferentes negócios em uma corporação. Por exemplo, analistas financeiros normalmente julgam o WACC corporativo como inadequado para avaliar partes diferentes de uma corporação. Como há empresas de capital aberto em áreas diferentes, tal ajuste de risco envolve apenas revisões pequenas nos métodos de WACC e CAPM já usados. As corporações também citam a necessidade de ajustar custos de capital em âmbito nacional. Em situações em que substitutos de mercado para um tipo específico de classe de risco não estão disponíveis, a melhor prática seria encontrar outros meios de considerar a diferença nos riscos.

A melhor prática é bastante consistente com a teoria financeira. Apesar da homogeneidade no âmbito teórico, no entanto, ainda existem diversos problemas na aplicação que podem levar a grandes divergências nos custos de capital estimados. Por causa desses problemas, acreditamos que uma pesquisa mais profunda em dois tópicos principais se faz necessária. Primeiro, os profissionais precisam de mais ferramentas para melhorar suas estimativas do risco relativo. A variação de estimativas de beta de empresas específicas vindas de diferentes fontes publicadas pode criar grandes diferenças em estimativas de custo de capital. Além disso, o uso de taxas de desconto ajustadas ao risco parece limitado pela falta de bons substitutos de mercado para diferentes perfis de risco. Acreditamos que o uso adequado de médias por intermédio da indústria ou outras categorias de risco seja um caminho a se explorar. Segundo, os profissionais seriam beneficiados por maiores pesquisas sobre estimativas de prêmios de risco do mercado acionário. A prática atual mostra grande variação e foca primariamente em médias de dados passados. O uso de dados de expectativa parece ser um método proveitoso. Com a próxima geração de teorias gradualmente afiando nosso conhecimento, acreditamos que a atenção da pesquisa à implementação da teoria existente pode levar a grandes avanços na prática.

Finalmente, nossa pesquisa vem lembrar a antiga máxima que diz que, no mundo dos negócios, muitas vezes, nós medimos com um micrômetro, marcamos com um lápis e cortamos com um machado. Apesar de diversos avanços na teoria financeira, o "machado" disponível para estimar os custos de capital de uma empresa ainda é cego. Companhias de melhor prática podem esperar estimar sua média ponderada de custos de capital com precisão de não mais nem menos que 100 ou 150 pontos. Isso tem implicações importantes na forma como os gerentes usam o custo do capital na tomada de decisões. Primeiro, não confunda orçamento de capital com preço de títulos. Apesar das ferramentas disponíveis, a avaliação efetiva de capital continua requerendo amplo conhecimento de *business* e julgamentos sãos. Segundo, cuidado para não jogar o bebê com a água do banho. Não rejeite o custo do capital e os avanços em gerenciamento financeiro porque sua equipe de finanças não consegue lhe dar um número preciso. Na hora da necessidade, um machado cego é melhor que nada.

Referências

AGGARWAL, Raj. "Corporate Use of Sophisticated Capital Budgeting Techniques: A Strategic Perspective and a Critique of Survey Results." *Interfaces* 10, n. 2, abril de 1980, p. 31-34.

BIERMAN, Harold J. "Capital Budgeting in 1992: A Survey." *Financial Management* 22, n. 3 1993, p. 24.

BREALEY, Richard; MYERS, Stewart. *Principles of Corporate Finance*. 4ª ed. Nova York: McGraw-Hill, 1991.

BRIGHAM, Eugene; GAPENSKI, Louis. *Financial Management*, Theory and Practice. 6ª ed. Chicago: Dryden Press, 1991.

CARLETON, Willard T.; LAKONISHOK, Josef. "Risk and Return on Equity: The Use and Misuse of Historical Estimates." *Financial Analysts Journal* 4, n. 1, jan.-fev. 1985, p. 38-48.

COPELAND, Tom; KOLLER, Tim; MURRIN, Jack. *Valuation: Measuring and Managing the Value of Companies*. 2ª ed., Nova York: John Wiley & Sons, 1994.

DIXIT, Avinash K.; PINDYCK, Robert S. *Investment under Uncertainty*. Princeton, NJ: Princeton University Press, 1993.

______. "The Options Approach to Capital Investment." *Harvard Business Review* 73, n. 3, (maio-jun. 1995, p. 105-15.

EHRHARDT, Michael. *The Search for Value: Measuring the Company's Cost of Capital*. Boston: HBS Press, 1994.

FAMA, Eugene F.; FRENCH, Kenneth R. "Dividend Yields and Expected Stock Returns." *Journal of Financial Economics* 22, n. 1, out. 1986, p. 3-25.

GITMAN, Lawrence J. *Principles of Managerial Finance*. 6ª ed. Nova York: HarperCollins, 1991.

______.; FORRESTER, Jr., John R. "A Survey of Capital Budgeting Techniques Used by Major U.S. Firms." *Financial Management* 6, nº 3, 1977, p. 66-71.

______.; MERCURIO, Vincent. "Cost of Capital Techniques Used by Major U.S. Firms: Survey and Analysis of Fortune's 1000." *Financial Management* 11, n. 4, 1982, p. 21-29.

HARRIS, Robert S; MARSTON, Felicia C. "Estimating Shareholder Risk Premia Using Analysts' Growth Forecasts." *Financial Management* 21, n. 2, 1992, p. 63-70.

IBBOTSON ASSOCIATES. 1995 *Yearbook: Stocks, Bonds, Bills, and Inflation*. Chicago: Author, 1995.

______. *1994 Yearbook: Cost of Capital Quarterly*. Chicago: Author, out. de 1994.

JAGANNATHAN, Ravi; McGRATTAN, Ellen R. "The CAPM Debate." *The Federal Reserve Bank of Minneapolis Quarterly Review* 19, n. 4, 1995, p. 2-17.

KAPLAN, Steven N.; RUBACK, Richard S. "The Valuation of cash Flow Forecasts: An Empirical Analysis." *Journal of Finance* 50, n. 4, set. de 1995, p. 1059-93.

KRITZMAN, Mark. "What Practitioners Need to Know . . . About Future Value." *Financial Analysts Journal* 50, n. 3, maio-jun. 1994, p. 12-15.

LO, Andrew W.; MacKINLAY, A. Craig. "Stock Market Prices Do Not Follow Random Walks: Evidence from a Simple Specification Test." *Review of Financial Studies* 1, n. 1, 1988, p. 41-46.

MOORE, James S.; REICHERT, Alan K. "An Analysis of the Financial Management Techniques Currently Employed by Large U.S. Companies." *Journal of Business Finance and Accounting* 10, n. 4, 1983, p. 623-45.

POTERBA, James M.; SUMMERS, Lawrence H. "A CEO Survey of U.S. Companies' Time Horizons and Hurdle Rates." *Sloan Management Review* 37, n. 1, 1995, p. 43-53.

______. "Mean Reversion in Stock Prices: Evidence and Implications." *Journal of Financial Economics* 22, n. 1, 1988, p. 27-59.

ROSS, Stephen; WESTERFIELD, Randolph; JAFFE, Jeffrey. *Corporate Finance*. 4ª ed. Chicago: Irwin, 1996.

SCHALL, Lawrence D.; SUNDEM, Gary L.; GEIJSBEEK, Jr., William R. "Survey and Analysis of Capital Budgeting Methods." *Journal of Finance* 33, n. 1, mar. de 1978, p. 281-92.

SIEGEL, Jeremy J. "The Equity Premium: Stock and Bond Returns Since 1802." *Financial Analysts Journal* 48, n. 1, jan.-fev. 1992, p. 28-46.

TRAHAN, Emery A.; GITMAN, Lawrence J. "Bridging the Theory-Practice Gap in Corporate Finance: A Survey of Chief Financial Officers." *Quarterly Review of Economics & Finance* 35, n. 1 primavera de 1995, p. 73-87.

QUADRO 1 | Três amostras da pesquisa

Exemplo de companhia	Exemplo de consultor	Exemplo de livro de referência/livro comercial
Advanced Micro Devices	CS First Boston	Textbooks
Allergan	Dillon, Read	Brealey and Myers
Black & Decker	Donaldson, Lufkin, Jenrette	Brigham and Gapenski
Cellular One	J. P. Morgan	Gitman
Chevron	Lehman Brothers	Ross, Westerfield & Jaffe
Colgate-Palmolive	Merrill Lynch	Trade Books
Comdisco	Morgan Stanley	Copeland, Koller & Murrin
Compaq	Salomon	Ehrhardt
Eastman Kodak	Smith Barney	Ibbotson Associates
Gillette	Wasserstein Perella	
Guardian Industries		
Henkel		
Hewlett-Packard		
Kanthal		
Lawson Mardon		
McDonald's		
Merck		
Monsanto		
PepsiCo		
Quaker Oats		
Schering-Plough		
Tandem		
Union Carbide		
U.S. West		
Walt Disney		
Weyerhauser		
Whirlpool		

Nota: Para os títulos completos dos livros comerciais e de referências, por favor, verifique a lista de referências anterior.

QUADRO 2 | Resultados gerais da pesquisa

	Corporações	Consultores financeiros	Livro de referência/Livro comercial
1. Você aplica técnicas de DCF (Fluxo de Caixa Descontado) para avaliar oportunidades de investimento?	89% Sim, como ferramenta principal 7% Sim, somente como ferramenta secundária 4% Não	100% confia em DCF, índices de empresas semelhantes, índices de transações comparáveis 10% utiliza DCF principalmente como "parâmetro de verificação" 80% Compara as três abordagens de acordo com o propósito e o tipo de análise	100% Sim
2. Você utiliza alguma forma de custo de capital como taxa de desconto em sua análise DCF?	89% Sim 7% Às vezes 4% não responderam	100% Sim	100% Sim
3. Para o seu custo de capital, você formula qualquer combinação de custo de capital para determinar a média ponderada do custo de capital (WACC)?	89% Sim 4% Às vezes 4% Não 7% não responderam	100% Sim	100% Sim
4. Qual fator de ponderação você utiliza?	*Meta/Atual* / *Mercado/Contábil*	*Meta/Atual* / *Mercado/Contábil*	*Meta/Atual* / *Mercado/Contábil*
a. meta versus dívida/capital próprio?	*Meta/Atual*: 52% Meta 15% Atual 26% Incerto 7% não responderam	*Meta/Atual*: 90% Meta 10% Atual	*Meta/Atual*: 86% Meta 14% Atual
b. peso de mercado versus peso contábil	*Mercado/Contábil*: 59% Mercado 15% Contábil 19% Incerto 7% não responderam	*Mercado/Contábil*: 90% Mercado 10% Atual	*Mercado/Contábil*: 100% Mercado
5. Como você estima o custo da dívida antes dos impostos?	52% Custo marginal 37% Média histórica 4% Incerto 7% não responderam	60% Custo marginal 40% Média atual	71% Custo marginal 29% Nenhuma recomendação clara
6. Qual tributação você usa?	52% Marginal ou estatutária 37% Média histórica 4% Incerto 7% não responderam	60% Marginal ou estatutária 30% Média histórica 10% Incerto	71% Marginal ou estatutária 29% Nenhuma recomendação clara
7. Como você estima o custo do capital próprio (Se você não utiliza o CAPM, vá para a questão 12)	81% CAPM 4% CAPM modificado 15% não responderam	80% CAPM 20% Outros (incluindo o CAPM modificado)	100% Principalmente o CAPM Outros métodos mencionados: o modelo de crescimento dos dividendos, modelo de precificação da arbitragem
8. Usualmente, a versão do CAPM para custo do capital próprio possui três termos: uma taxa livre de riscos, um fator de volatilidade ou fator beta e o prêmio de risco de mercado. Isso é consistente com a abordagem de sua empresa?	85% Sim 0% Não 15% não responderam	90% Sim 10% não responderam	100% Sim

QUADRO 2 | *(continuação)*

	Corporações	Consultores financeiros	Livro de referência/Livro comercial
9. O que você usa para a taxa livre de riscos?	4% Letras do Tesouro com prazo de 90 dias 7% Letras do Tesouro com prazo de 3 a 7 anos 33% Letras do Tesouro com prazo de 10 anos 4% Letras do Tesouro com prazo de 20 anos 33% Letras do Tesouro com prazo de 10 a 30 anos 4% Letras do Tesouro com prazo de 10 anos ou 90 dias; depende 15% não responderam (Muitos afirmaram combinar o termo da taxa livre de riscos com o teor do investimento)	10% Letras do Tesouro com prazo de 90 dias 10% Letras do Tesouro com prazo de 5 a 10 anos 30% Letras do Tesouro com prazo de 10 a 30 anos 40% Letras do Tesouro com prazo de 30 anos 10% não responderam	43% Letras do Tesouro 29% Letras do Tesouro 14% Combinam o teor do investimento 14% Não divulgam
10. O que você usa como fator beta ou de volatilidade?	52% Fontes públicas 3% Estimativas de consultores financeiros 30% Cálculos próprios 15% não responderam	30% Beta fundamental (ex.: BARRA) 40% Fontes públicas 20% Cálculos próprios 10% não responderam	100% mencionou a disponibilidade de fontes públicas
11. O que você utiliza como prêmio de risco de mercado?	11% Utiliza taxas fixas entre 4% e 4,5% 37% Utiliza taxas fixas de 5% a 6% 4% Utiliza média geométrica 4% Utiliza média aritmética 4% Utiliza uma média entre histórico e deduzido 15% Utiliza estimativas de consultores financeiros 7% Utiliza prêmios sobre Tesouros 3% Utiliza as estimativas da Value Line 15% não responderam	10% Utiliza taxas fixas de 5% 50% Utiliza taxas entre 7% e 7,4% (semelhante à média aritmética) 10% Utiliza média aritmética de longo prazo 10% Utiliza ambas médias – geométrica e aritmética – de longo prazo 10% Utiliza margem de lucro bruto sobre Tesouros 10% não responderam	71% Média aritmética histórica 15% Média geométrica histórica 14% Não divulgam
12. Ao estimar o custo de capital de sua empresa, você faz algum ajuste adicional para refletir o risco de oportunidades individuais de investimento?	26% Sim 33% Às vezes 41% Não	Não foi questionado	86% Ajusta o beta para riscos de investimento
13. Com que freqüência você reestima o custo de capital de sua empresa?	4% Mensalmente 19% Trimestralmente 11% Semestralmente 37% Anualmente 7% Continuamente/a cada investimento 19% Sem freqüência 4% não responderam (Geralmente muitos afirmam que, além de revisões periódicas, eles reestimam conforme a necessidade de ocorrências como aquisições e eventos de alto impacto econômico)	Não foi questionado	100% Nenhuma recomendação explícita

QUADRO 2 | *(conclusão)*

	Corporações	Consultores financeiros	Livro de referência/Livro comercial
14. Em sua empresa, o custo de capital é utilizado para outros propósitos que não o de análise de projeto? (Por exemplo, para avaliar o desempenho das divisões?)	51% Sim 44% Não 4% não responderam	Não foi questionado	100% Nenhuma recomendação explícita
15. Você distingue investimentos estratégicos de operacionais? O custo de capital é aplicado diferentemente nessas duas categorias?	48% Sim 48% Não 4% não responderam	Não foi questionado	29% Sim 71% Nenhuma informação explícita
16. Quais métodos você aplica para estimar o valor terminal? Você usa a mesma taxa de desconto tanto para o valor terminal quanto para o fluxo de caixa interno do projeto?	Não foi questionado	30% Somente para múltiplos de saída 70% Ambos múltiplos e modelo de perpetuidade do DCF 70% Usam o mesmo WACC para TV 20% Não responderam 10% Raramente mudam	71% Modelo de perpetuidade de DCF 29% Nenhuma informação explícita 100% Nenhuma informação explícita sobre separação do WACC para valores terminais
17. Para avaliar uma empresa multidivisional, você agrega valores das divisões individuais ou somente um valor para a empresa como um todo?	Não foi questionado	100% Valoriza as partes 100% Utilizam WACCs diferentes para valores separados	100% Utilizam WACC distinto para cada divisão
18. Em suas avaliações, você utiliza diferentes métodos para valorizar sinergias ou oportunidades estratégicas (como índices de descontos mais altos ou mais baixos, opções de avaliação)?	Não foi questionado	30% Sim 50% Não 20% Raramente	29% Utilizam WACCs distintos para sinergias 71% Nenhuma informação explícita
19. Você realiza ajustes ao prêmio de risco por mudanças nas condições do mercado?	Não foi questionado	20% Sim 70% Não 10% não responderam	14% Sim 86% Nenhuma informação explícita
20. Há quanto tempo você está na empresa? Qual é o seu cargo?	Média: 10 anos Todos seniores, exceto um	Média: 7,3 anos 4 MDs, 2 vice-presidentes, 4 associados	não responderam

QUADRO 3 | Betas para os respondentes da avaliação corporativa

	Betas da Bloomberg				
	Bruto	Ajustado[1]	Betas da Value Line	Betas da S&P	Variação entre máximo e mínimo
Advanced Micro	1,20	1,13	1,70	1,47	0,57
Allergan	0,94	0,96	1,30	1,36	0,42
Black & Decker	1,06	1,04	1,65	1,78	0,74
Cellular One			Não listado		
Chevron	0,70	0,80	0,70	0,68	0,12
Colgate-Palmolive	1,11	1,07	1,20	0,87	0,33
Comdisco	1,50	1,34	1,35	1,20	0,30
Compaq Computer	1,26	1,18	1,50	1,55	0,37
Eastman Kodak	0,54	0,69	insignif.	0,37	0,32
Gillette	0,93	0,95	1,25	1,30	0,37
Guardian Industries			Não listado		
Henkel			Não listado		
Hewlett-Packard	1,34	1,22	1,40	1,96	0,74
Kanthal			Não listado		
Lawson Mardon			Não listado		
McDonald's	0,93	0,96	1,05	1,09	0,16
Merck	0,73	0,82	1,10	1,15	0,42
Monsanto	0,89	0,93	1,10	1,36	0,47
PepsiCo	1,12	1,08	1,10	1,19	0,11
Quaker Oats	1,38	1,26	0,90	0,67	0,71
Schering-Plough	0,51	0,67	1,00	0,82	0,49
Tandem Computers	1,35	1,23	1,75	1,59	0,52
Union Carbide	1,51	1,34	1,30	0,94	0,57
U.S. West	0,61	0,74	0,75	0,53	0,22
Walt Disney	1,42	1,28	1,15	1,22	0,27
Weyerhauser	0,78	0,85	1,20	1,21	0,43
Whirlpool	0,90	0,93	1,55	1,58	0,68
Média	1,03	1,02	1,24	1,18	0,42
Mediana	1,00	1,00	1,20	1,21	0,42
Desvio-padrão	0,31	0,21	0,29	0,41	0,19

[1]O beta ajustado da Bloomberg é $\beta_{aj} = (0{,}66)\beta^{bruto} + (0{,}33)1{,}00$.

insignif. = valor não significativo.

QUADRO 4 | Variações do custo de capital (WACC) estimadas para Black & Decker utilizando métodos diferentes de implementação do levantamento de custos do capital ativo (CAPM – Capital Asset Pricing Model)*

1. Taxa de curto prazo mais média aritmética histórica do prêmio de risco (recomendado por alguns textos)
   R_f = 5,36%, letras do Tesouro com prazo de 30 dias
   $R_m - R_f$ = 8,50%, média aritmética Ibbotson desde 1926

Serviço beta	Custo do capital próprio (K_e)	Custo de capital (WACC)
β Bloomberg = 1,06	14,40%	9,70%
β Value Line = 1,65	19,40%	12,20%
β S&P = 1,78	20,50%	12,80%

2. Taxa de longo prazo mais prêmio de risco de 7,20% (prática "modal" entre os consultores financeiros pesquisados)
   R_f = 6,26%, títulos do Tesouro com prazo de 30 anos
   $R_m - R_f$ = 7,20%, resposta modal dos consultores financeiros

Beta Service	Custo do capital próprio (K_e)	Custo de capital (WACC)
β Bloomberg, = 1,06	13,90%	9,40%
β Value Line, = 1,65	18,10%	11,60%
β S&P = 1,78	19,10%	12,10%

3. Taxa de longo prazo mais prêmio de risco de 5,50% (prática "modal" das empresas pesquisadas)
   R_f = 6,26%, títulos do Tesouro com prazo de 30 anos
   $R_m - R_f$ = 5,50%, resposta modal das empresas

Beta Service	Custo do capital próprio (K_e)	Custo de capital (WACC)
β Bloomberg, = 1,06	12,10%	8,50%
β Value Line, = 1,65	15,30%	10,20%
β S&P = 1,78	16,10%	10,50%

* Em todos os casos, o CAPM é utilizado para estimar o custo do capital próprio. O custo da dívida é considerado 7,81% com base no BAA, a tributação é considerada em 38%, e a dívida considerada representa 49% do capital.

CASO 13

Nike, Inc.: custo de capital

Em 5 de julho de 2001, Kimi Ford, gerente de carteira de títulos da NorthPoint Group, uma administradora de fundos, fez uma análise do crescimento da fábrica de calçados esportivos Nike, Inc., cujas ações haviam desvalorizado significativamente desde o início do ano. Ford estava prestes a comprar algumas ações para o fundo que ela gerenciava, o NorthPoint Large Cap Fund, que investia principalmente na *Fortune 500*, companhias que priorizam investimentos em valor. Suas principais participações incluem ExxonMobil, General Motors, McDonald's, 3M e outros gigantes tradicionais no mercado de ações. Enquanto o mercado de capitais declinava ao longo dos últimos 18 meses, a NorthPoint Large-Cap apresentava um desempenho bastante satisfatório. Em 2000, o fundo teve ganhos da ordem de 20,7% ao passo que o S&P 500 caiu 10,1%. O fundo obteve um acúmulo anual (no final de junho de 2001) de 6,4% contra -7,3% do S&P 500.

Há uma semana apenas, em 28 de junho de 2001, a Nike realizou um encontro de analistas para apresentar os resultados do ano fiscal de 2001.[1] Entretanto, o encontro tinha outro propósito: a gerência da empresa queria comunicar uma estratégia de revitalização. Desde 1997, sua receita girava em cerca de US$ 9 bilhões, enquanto o lucro líquido caiu de aproximadamente US$ 800 milhões para US$ 580 milhões (veja o **Quadro 1**). A parcela da Nike no mercado norte-americano de calçados esportivos caiu de 48% em 1997 para 42% em 2000.[2] Além disso, uma série recente de imprevistos, somados ao efeito adverso do dólar economicamente forte, repercutiu negativamente na receita.

Durante o encontro, a gerência revelou planos para discutir os maiores crescimentos e o desempenho operacional. Para estimular a receita, a empresa desenvolveria uma variedade maior de calçados esportivos no segmento de preço médio,[3] o qual não vinha contando com a atenção da Nike nos últimos anos. A empresa também planejou promover sua linha de vestuário, que

[1]O ano fiscal da Nike terminou em maio.

[2]Robson, Douglas, "Just Do... Something: Nike's insularity and foot-dragging have it running in place", *Business Week*, 2 de julho, 2001.

[3]Tênis, nesse segmento, foram vendidos por preços que variavam entre US$ 70 e US$ 90 o par.

sob a recente liderança da veterana Mindy Grossman[4] alcançou excelentes resultados. No que tange aos custos, a Nike despenderia maiores esforços no controle de gastos. Por fim, os executivos da empresa reiteraram seus objetivos em longo prazo para crescimento de receita na ordem de 8% a 10%, e para crescimento de lucros, acima de 15%.

Os analistas reagiram de formas distintas; alguns achavam que os objetivos financeiros eram muito agressivos, outros vislumbraram significativas oportunidades de crescimento no setor de vestuário e nas negociações internacionais da Nike.

Kimi Ford leu todos os relatórios de analistas que ela pôde achar a respeito do encontro de 28 de junho, porém esses lhe deram conselhos divergentes: o relatório da Lehman Brothers recomendou um "Strong Buy", enquanto os analistas da USB Warburg and CSFB expressaram desconfiança em relação à empresa e recomendaram um "Hold". Todavia, Ford decidiu desenvolver sua própria previsão de fluxo de caixa futuro descontado para chegar a uma conclusão sensata. Sua previsão mostrou que em, uma taxa de 12%, a Nike estava sobrevalorizada no seu preço atual das ações de US$ 42,09 (veja o **Quadro 2**). Porém, ela havia feito uma rápida análise de sensibilidade que mostrava uma subvalorização da empresa a taxas de desconto menores do que 11,2%. Desde as vésperas de sua participação no encontro, Ford requisitou à sua nova assistente, Joanna Cohen, que estimasse o custo de capital da Nike. Imediatamente, Cohen reuniu todos os dados que lhe foram solicitados (**Quadros 1** a **4**) e os expôs em sua análise. Ao fim do dia, ela apresentou sua estimativa de custo de capital em um memorando (**Quadro 5**), explicando suas hipóteses para Ford.

[4]Mindy Grossman ingressou na Nike em setembro de 2000. Ela era, anteriormente, presidente e diretora-geral da divisão de Polo Jeans da Jones Apparel Group.

QUADRO 1 | Demonstração dos resultados consolidados

Ano encerrado em 31 de maio (em milhões, exceto os dados de ação)	1995	1996	1997	1998	1999	2000	2001
Receitas	$4.760,8	$6.470,6	$9.186,5	$9.553,1	$8.776,9	$8.995,1	$9.488,8
Custo dos produtos vendidos	2.865,3	3.906,7	5.503,0	6.065,5	5.493,5	5.403,8	5.784,9
Receita bruta	**1.895,6**	**2.563,9**	**3.683,5**	**3.487,6**	**3.283,4**	**3.591,3**	**3.703,9**
Vendas e administrativo	1.209,8	1.588,6	2.303,7	2.623,8	2.426,6	2.606,4	2.689,7
Lucro operacional	**685,8**	**975,3**	**1,379,8**	**863,8**	**856,8**	**984,9**	**1,014,2**
Despesas financeiras	24,2	39,5	52,3	60,0	44,1	45,0	58,7
Outros gastos, líquido	11,7	36,7	32,3	20,9	21,5	23,2	34,1
Encargos de reestruturação, líquido	—	—	—	129,9	45,1	(2,5)	—
Lucro antes do imposto de renda	**649,9**	**899,1**	**1,295,2**	**653,0**	**746,1**	**919,2**	**921,4**
Imposto de renda	250,2	345,9	499,4	253,4	294,7	340,1	331,7
Lucro líquido	**$ 399,7**	**$ 553,2**	**$ 795,8**	**$ 399,6**	**$ 451,4**	**$ 579,1**	**$ 589,7**
Lucros diluídos por ação ordinária	$1,36	$1,88	$2,68	$1,35	$1,57	$2,07	$2,16
Média de ações em circulação (diluída)	294,0	293,6	297,0	296,0	287,5	279,8	273,3
Crescimento (%)							
Receita		35,9	42,0	4,0	(8,1)	2,5	5,5
Lucro operacional		42,2	41,5	(37,4)	(0,8)	15,0	3,0
Lucro líquido		38,4	43,9	(49,8)	13,0	28,3	1,8
Margens (%)							
Margem bruta		39,6	40,1	36,5	37,4	39,9	39,0
Margem operacional		15,1	15,0	9,0	9,8	10,9	10,7
Margem líquida		8,5	8,7	4,2	5,1	6,4	6,2
Alíquota efetiva (%)*		38,5	38,6	38,8	39,5	37,0	36,0

*A taxa de juros em vigor nos Estados Unidos era de 35%. A taxa nacional de juros variou durante o ano entre 2,5% e 3,5%.

Fonte: 10-K SEC, arquivo da companhia UBS Warburg.

QUADRO 2 | Análise de fluxo de caixa futuro descontado

	2002	2003	2004	2005	2006	2007	2008	2009	2010	2011
Premissas:										
Crescimento de receita (%)	7,0	6,5	6,5	6,5	6,0	6,0	6,0	6,0	6,0	6,0
CPV/ vendas (%)	60,0	60,0	59,5	59,5	59,0	59,0	58,5	58,5	58,0	58,0
V&A/vendas (%)	28,0	27,5	27,0	26,5	26,0	25,5	25,0	25,0	25,0	25,0
Alíquota do IR (%)	38,0	38,0	38,0	38,0	38,0	38,0	38,0	38,0	38,0	38,0
Ativos circulante/vendas (%)	38,0	38,0	38,0	38,0	38,0	38,0	38,0	38,0	38,0	38,0
Passivo circulante/vendas (%)	11,5	11,5	11,5	11,5	11,5	11,5	11,5	11,5	11,5	11,5
A depreciação anual e o CAPEX se equiparam.										
Custo de capital (%)	12,0									
Taxa de crescimento no valor terminal (%)	3,0									
Fluxos de caixas descontados										
Lucro operacional	$ 1.218,4	$1.351,6	$1.554,6	$1.717,0	$1.950,0	$2.135,9	$2.410,2	$2.554,8	$2.790,1	$2.957,5
Impostos	463,0	513,6	590,8	652,5	741,0	811,7	915,9	970,8	1.060,2	1.123,9
NOPAT	755,4	838,0	963,9	1.064,5	1.209,0	1.324,3	1.494,3	1.584,0	1.729,9	1.833,7
Capex, líquido de depreciação	—	—	—	—	—	—	—	—	—	—
Variação no capital de giro líquido	8,8	(174,9)	(186,3)	(198,4)	(195,0)	(206,7)	(219,1)	(232,3)	(246,2)	(261,0)
Fluxo de caixa livre	764,1	663,1	777,6	866,2	1.014,0	1.117,6	1.275,2	1.351,7	1.483,7	1.572,7
Valor terminal										17.998,7
Fluxo total	764,1	663,1	777,6	866,2	1.014,0	1.117,6	1.275,2	1.351,7	1.483,7	19.571,5
Valor presente de fluxos	$ 682,3	$ 528,6	$ 553,5	$ 550,5	$ 575,4	$ 566,2	$ 576,8	$ 545,9	$ 535,0	$6.301,5
Valor da empresa (EV)	$11.415,7									
Menos: dívidas vigentes em aberto	$ 1.296,6									
Valor do patrimônio líquido	$10.119,1									
Ações correntes em circulação	271,5									
Valor da ação a 12%	**$ 37,27**									

Preço da ação atual: **$ 42,09**

Sensibilidade do valor do patrimônio líquido a valor de mercado para as taxas de desconto:

Taxa de desconto	Valor do patrimônio líquido a valor de mercado
8,00%	$ 75,80
8,50%	67,85
9,00%	61,25
9,50%	55,68
10,00%	50,92
10,50%	46,81
11,00%	43,22
11,17%	**42,09**
11,50%	40,07
12,00%	37,27

Nota: O valor terminal é estimado usando o modelo de crescimento que consta no quadro:

$$TV = \frac{FCF_{10} * (1 + \text{taxa de crescimento do valor terminal})}{WACC - g}$$

$$TV = \frac{\$1.572,7 * (1,03)}{12\% - 3\%}$$

QUADRO 3 | Balanço patrimonial consolidado

	até 31 de maio	
(em milhões)	**2000**	**2001**
Ativos		
Ativo circulante:		
Disponibilidades	$ 254,3	$ 304,0
Contas a receber	1.569,4	1.621,4
Estoques	1.446,0	1.424,1
Impostos diferidos	111,5	113,3
Despesas antecipadas	215,2	162,5
Ativo circulante total	3.596,4	3.625,3
Ativo imobilizado	1.583,4	1.618,8
Ativo intangível identificável e *goodwill*, líquido	410,9	397,3
Impostos diferidos e outros ativos	266,2	178,2
Ativo total	**$ 5.856,9**	**$ 5.819,6**
Passivos e patrimônio líquido		
Passivo circulante:		
Parcelas correntes de dívida de longo prazo	$ 50,1	$ 5,4
Notas a pagar	924,2	855,3
Contas a pagar	543,8	432,0
Passivos provisionados	621,9	472,1
Impostos de renda a pagar	—	21,9
Total de passivos circulantes	2.140,0	1.786,7
Dívidas de longo prazo	470,3	435,9
Impostos diferidos e outros passivos	110,3	102,2
Ação preferencial resgatável	0,3	0,3
Patrimônio líquido:		
Ação ordinária, valor nominal	2,8	2,8
Capital excedente de valor declarado	369,0	459,4
Compensação de ações não realizada	(11,7)	(9,9)
Outros ganhos abrangentes acumulados	(111,1)	(152,1)
Lucros acumulados	2.887,0	3.194,3
Patrimônio líquido total	3.136,0	3.494,5
Passivos e patrimônio líquido total	**$ 5.856,9**	**$ 5.819,6**

Fonte: 10-K SEC, arquivo da empresa.

QUADRO 4 | Mercado de capitais e informação financeira no período próximo a 5 de julho de 2001

Rendimentos vigentes no Tesouro norte-americano

3 meses	3,59%
6 meses	3,59%
1 ano	3,59%
5 anos	4,88%
10 anos	5,39%
20 anos	5,74%

Histórico de prêmios de risco (1926-1999)

Média geométrica	5,90%
Média aritmética	7,50%

Rendimentos correntes em dívidas publicamente negociadas da Nike

Cupom	6,75% pagos semestralmente
Emitido	15/07/96
Término	15/07/21
Preço vigente	$95,60

Históricos betas da Nike

1996	0,98
1997	0,84
1998	0,84
1999	0,63
2000	0,83
Acumulado do ano 30/06/00	0,69
Média	0,80

Estimativa consensual de lucros por ação:

Para o ano de 2002	Para o ano de 2003
US$ 2,32	US$ 2,67

Performance do preço das ações relativas ao S&P500 da Nike: janeiro de 2000 a 5 de julho de 2001

Preço das ações da Nike em 5 de julho de 2001: US$ 42,09

Histórico e estimativas de dividendos

Datas de pagamento	**31-mar**	**30-jun**	**30-set**	**31-dez**	**total**
1997	0,10	0,10	0,10	0,10	0,40
1998	0,12	0,12	0,12	0,12	0,48
1999	0,12	0,12	0,12	0,12	0,48
2000	0,12	0,12	0,12	0,12	0,48
2001	0,12	0,12			

Estimativa da Value Line para crescimento dos dividendos de 1998-2000 para 2004-2006: 5,50%

*Dados modificados para facilitar o uso em sala de aula.

Fontes: Bloomberg Financial Services, Ibbotson Associates Yearbook 1999, Value Line Survey, IBES.

QUADRO 5 | Análise de Joanna

PARA:	Kimi Ford
DE:	Joanna Cohen
DATA:	6 de Julho de 2001
ASSUNTO:	Custo de capital da Nike

Com base nas seguintes hipóteses, minha estimativa para o custo de capital da Nike é de 8,4%.

Único ou múltiplos custos de capital?

A primeira hipótese que considerei foi: usar único ou múltiplos custos de capital resultaria em múltiplos segmentos de negócio para a Nike. Sem considerar os calçados, responsáveis por 62% da receita, a Nike também vende roupas (30% da receita) que complementam sua linha de calçados. Além disso, ela vende bolas esportivas, cronômetros, óculos, skates, raquetes e uma série de outros artigos projetados para a prática esportiva que contabilizam 3,6% da receita. Finalmente, a empresa também comercializa produtos que não carregam em si a marca Nike, tais como Cole-Hann, roupas e calçados informais, além de skates, patins, bastões e roupas de hockey e outros produtos com a marca registrada Bauer. Tais produtos significam um montante de 4,5% da receita.

Eu me questionei se os segmentos de negócio da Nike possuíam riscos suficientemente distintos para garantir diferentes custos de capital. Teriam eles perfis tão diferentes? Concluí que, com exceção da linha de produtos da Cole Hann, os outros correspondiam a negócios esportivos correlatos. Todavia, considerando que a Cole-Hann constitui uma parcela minúscula da receita, não creio que seja necessário computar custos específicos de capital para ela. Quanto às linhas de calçados e vestuário, são comercializadas pelos mesmos canais de marketing e distribuição, geralmente em "coleções" de design similar. Acredito que eles enfrentem os mesmo fatores de risco e, sendo assim, resolvi computar um único custo de capital para toda a empresa.

Metodologia de cálculo de custo de capital: WACC

Uma vez que a Nike se financia com dívidas e ações, utilizei o método do Custo de Capital Médio Ponderado (WACC). Tomando como base o último balanço disponível, as dívidas contabilizam 27,0% do capital total enquanto o patrimônio líquido soma 73,0%.

Fontes de capital	Valores contábeis	
Dívida		
Parcelas vigentes de dívida de longo prazo	US$ 5,4	
Notas a pagar	855,3	
Dívidas de longo prazo	435,9	
	US$ 1.296,6	→ 27,0% do capital total
Patrimônio líquido	US$ 3.494,5	→ 73,0% do capital total

Custo de dívidas

Minha previsão para o custo das dívidas da Nike é de 4,3%. Cheguei a essa estimativa pelo total de despesas financeiras do ano de 2001 e dividindo-o, pelo saldo médio das dívidas da empresa.[1] A taxa é mais baixa do que os rendimentos do Tesouro, mas isso se dá porque a Nike aumentou a captação de recursos por intermédio de títulos em moeda japonesa (yen), o que implica taxas entre 2,0% e 4,3%.

Uma vez descontados os impostos, as despesas com dívidas alcançaram o patamar de 2,7%. Utilizei uma alíquota de impostos de 38%, que obtive acrescentando a alíquota de 3% do imposto norte-americano. Historicamente, os impostos da Nike variavam de 2,5% a 3,5%.

[1]Os balanços de dívida relativos a 31 de maio de 2000 e 2001 foram US$ 1.444,6 e US$ 1.296,6 respectivamente.

QUADRO 5 | *(continuação)*

Custo do capital próprio

Minha estimativa de custo do capital próprio foi feita usando o Capital Asset Pricing Models (CAPM). Outros métodos, tais como o Modelo de Desconto de Dividendos (DDM) e o Índice de Capitalização de Lucros podem ser utilizados para estimar o custo do capital próprio, porém, em minha opinião, CAPM é o método mais eficaz.

Minha previsão de custo do capital próprio da Nike é de 10,5%. Usei os rendimentos correntes dos títulos do Tesouro de 20 anos como minha taxa livre de riscos e a média composta dos prêmios sobre os títulos do Tesouro (5,9%) como meu parâmetro de prêmio de risco. Para "beta" tomei a média do "beta" da Nike do período de 1996 até os dias atuais.

Resumindo todos os dados

Aplicando todas as minhas premissas na fórmula do método WACC, minhas estimativas são de que o custo de capital da Nike é de 8,4%.

$$\begin{aligned} WACC &= K_d\,(1 - t) * D/(D + E) + K_e * E/(D + E) \\ &= 2{,}7\% * 27{,}0\% + 10{,}5\% * 73{,}0\% \\ &= 8{,}4\% \end{aligned}$$

CASO 14

Coca-Cola *versus* Pepsi, 2001

Em 4 de dezembro de 2000, a PepsiCo, Inc. e a Quaker Oats Company expediram um comunicado anunciando a fusão das duas empresas. Os termos do documento de fusão afirmam que a PepsiCo adquiriria a Quaker Oats em um acordo de "ação por ação", que avaliava a Quaker em cerca de US$ 14 bilhões.

A julgar pelas reações que o anúncio provocou no preço das ações, analistas viram o acordo como uma vantagem a mais sobre a Coca-Cola. Adquirindo a Quaker Oats, a PepsiCo obteve controle sobre a Gatorade e passou a deter 83,6% do mercado de bebidas esportivas. A PepsiCo já detinha marcas extremamente fortes no segmento de bebidas não-gaseificadas, como Aquafina, Tropicana e Lipton. Assumindo a Gatorade, a PepsiCo consolidaria ainda mais sua condição de lider de mercado. Analistas previram que a PepsiCo controlaria cerca

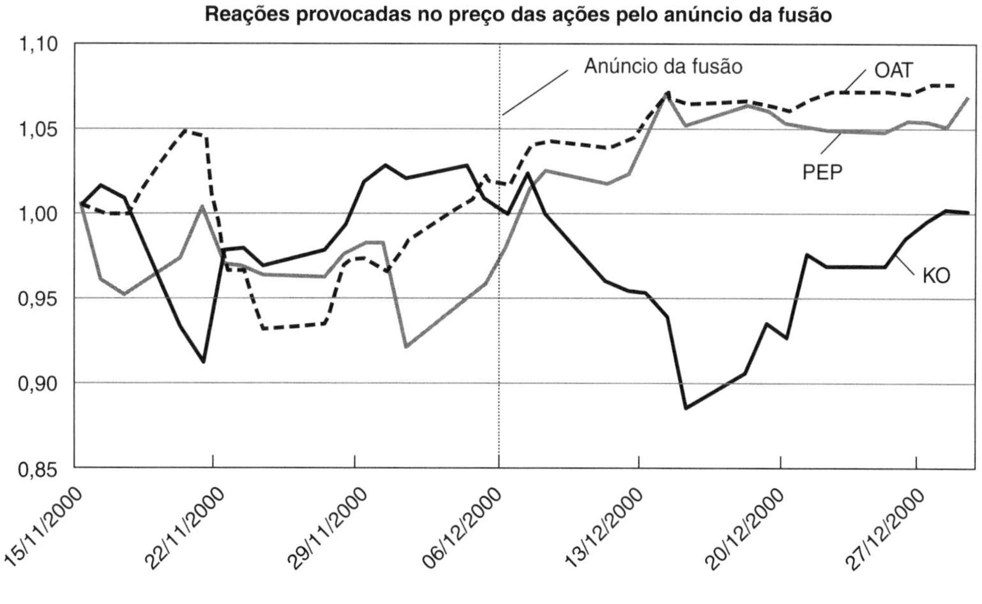

Este caso foi preparado por Jessica Chan sob supervisão de Robert F. Bruner, contando com o importantíssimo suporte financeiro do Batten Institute. Os textos têm como base as discussões em classe simulando estratégias eficazes ou ineficazes em determinada situação administrativa.

de 33% do mercado norte-americano de bebidas não-gaseificadas após a aquisição da Gatorade, muito acima dos 21% dominados pela Coca-Cola.[1] Um relatório da UBS Warburg afirmou:

> Considerando o rápido crescimento e a melhora da competitividade da PepsiCo no segmento de bebidas gaseificadas não-alcoólicas (CSDs – *carbonated soft drinks*), acreditamos que a empresa poderá, em longo prazo, ameaçar a liderança da Coca-Cola no mercado doméstico de bebidas em todos os canais, exceto nas máquinas de refrigerantes.[2]

Carolyn Keene, analista de consumo da empresa de fundos em condomínio Siegel, Parker and Lauck (SPL), refletiu sobre o quanto o anúncio poderia afetar as perspectivas de valorização das duas companhias. Historicamente, a Coca-Cola tem batido a PepsiCo em termos de valores criados, como apontou "EVA"™, ou valor econômico agregado (veja o **Quadro 1**). Keene investigou se a tendência havia sido invertida em razão dos eventos recentes. Para isso, ela decidiu realizar uma análise EVA da Coca-Cola e da PepsiCo entre 2001 e 2003. Sua expectativa era de que essa análise fosse capaz de revelar qual das duas empresas atrairia mais investimentos nos próximos anos.

Histórico da empresa: *The Coca-Cola Company*

No ano 2000, as vendas anuais da Coca-Cola Company (símbolo: KO) foram de US$ 20,5 bilhões, e seu valor de mercado alcançou US$ 110,1 bilhões. A empresa foi o maior fabricante, distribuidor e vendedor de bebidas não-alcoólicas, bem como de concentrados e xaropes,[3] em todo o mundo. Além disso, vendeu e distribuiu uma grande variedade de bebidas não-gaseificadas, como o suco de laranja Minute Maid, Fruitopia, água mineral Dasani e Nestea, entre outros.

Entre 1993 e 1998, a Coca-Cola Company tem acumulado primeiros e segundos lugares no *ranking* da *Fortune*, que lista as maiores riquezas criadas a cada ano. Uma das maiores razões desse sucesso consiste na estratégia de desdobramento das operações de envase para evitar a consolidação do seu balanço patrimonial. Esse procedimento, implementado em 1985, significou um aumento substancial no retorno sobre o patrimônio líquido, que saltou de 23% para aproximadamente 57% ao longo das duas últimas décadas (veja o **Quadro 2**).

Entretanto, recentemente, a empresa passou a enfrentar dificuldades. A crise financeira da Ásia, as dificuldades da América do Sul, bem como a desvalorização da moeda russa, o rublo, tudo isso atingiu a KO. Mas foram as negociações equivocadas feitas por Doug Ivester, chefe-executivo (CEO) entre 1997 e 1999, que agravaram a situação.

---

[1] "Deal Ensures Pepsi Outdistancing Coke on the Flat", *South China Morning Post*, 6 de dezembro de 2000.

[2] Caroline Levy et al. "PepsiCo, Inc. – Strong Buy", UBS Warburg, 5 de dezembro de 2000.

[3] A Coca-Cola Company não engarrafou e distribuiu seus refrigerantes. Na verdade, a empresa fabricou concentrados e xaropes que foram, então, vendidos a engarrafadores autorizados que eram empresas da KO ou completamente independentes. Esses engarrafadores, que combinavam xaropes ou concentrados à água gaseificada e adoçante, encaixotaram as bebidas já preparadas em contêineres autorizados com a marca Coca-Cola, e depois as vendeu a varejistas e atacadistas. Portanto, a fonte principal de lucro da KO provinha dos xaropes.

Um exemplo desses equívocos ocorreu em novembro de 1999, quando M. Douglas Ivester, chefe-executivo da Coca-Cola, aumentou em 7,7% o preço do xarope, uma taxa que equivale ao dobro dos aumentos geralmente praticados. Os reponsáveis pelas operações de envase enfureceram-se e sentiram que Ivester estava tentando obrigá-los a aumentar os lucros da KO. Em resposta, eles resolveram, pela primeira vez em anos, aumentar os preços para incrementar a rentabilidade, o que resultou em decréscimo do volume (veja o **Quadro 3**). Durante a gestão de Ivester, aproximadamente dois anos, os lucros líquidos caíram 41% e o conselho de diretores da Coca-Cola Company os afastaram em dezembro de 2000.

Douglas Daft, chefe dos grupos Coca-Cola no Oriente, no Oriente Médio e na África, foi escolhido como substituto de Ivester. Logo que assumiu, Daft implementou grandes modificações organizacionais, como o corte de funcionários e a redução de burocracia, mas talvez a principal mudança tenha sido o reconhecimento de que a KO precisava tornar-se líder do mercado de bebidas não-gaseificadas. Ao contrário de Ivester, que concentrava todos os esforços da companhia nas marcas de bebidas não-alcoólicas – Coca-Cola, Fanta, Sprite e Diet Coke – Daft e sua equipe trabalharam duramente em um novo segmento, os produtos não-gaseificados.

Alguns analistas foram otimistas a ponto de afirmar que as novas mudanças de gerenciamento reconduziriam a Coca-Cola Company aos seus dias de glória. Segundo os otimistas, em razão da melhoria das relações com os responsáveis pelas operações de envase e das aquisições de bebidas não-gaseificadas, a KO retornaria às margens de lucro obtidas no período anterior a 1998. Já para outros analistas menos entusiastas uma coisa era certa: dado o crescimento notório da PepsiCo, a KO precisaria reconquistar seu antigo desempenho o mais rápido possível.

Bastidores da empresa: *PepsiCo, Inc.*

Em 2000, a PepsiCo era uma companhia de US$ 20 bilhões que abrangia negócios no segmento de lanches, bebidas não-alcoólicas e bebidas não-gaseificadas. A empresa vendeu e distribuiu lanches com a marca Frito-Lay e fabricou concentrados de Pepsi, Mountain Dew, além de outras marcas franqueadas. A PepsiCo também produziu e distribuiu sucos e outras bebidas não-gaseificadas.[4] O segmento de lanches representou dois terços das vendas e da renda operacional, o restante ficou para o segmento de bebidas.

Dar à PepsiCo uma posição de destaque dentre as empresas de lanches e bebidas foi conseqüência dos grandes esforços de Roger Enrico, chefe-executivo (CEO) no período de 1996 a 2000. Durante sua gestão, Enrico operou uma massiva reestruturação na companhia. Vendeu, em 1997, as cadeias de *fast-food* KFC, Taco Bell e Pizza Hut, livrando a PepsiCo de negócios que, há tempos, traziam retorno ínfimo. Em 1999, Enrico desdobrou suas operações de envase de capital intensivo investindo em uma empresa pública independente. Com isso, a PepsiCo deixaria de concentrar a maior margem de negócios em parcerias.[5] Ao mesmo tempo, os parceiros independentes da PepsiCo ficariam aptos a aumentar o próprio capital, liberando fluxo de caixa para a "empresa-mãe" utilizar de outras formas. Enrico também deu

---

[4]Yahoo Finance.

[5]Na guerra de preços, de acordo com Nikhil Deogun, "são as parcerias que têm sofrido com quedas nas margens, enquanto as 'empresas-mãe' realizam grandes volumes de vendas em virtude de seus preços bem mais baixos. Os negócios concentrados... podem obter grandes e vantajosas margens de até 80%, se comparados com os 35% ou 40% das parcerias". "PepsiCo's Sale of Bottling-Business Stake isn't being Greeted with 'Dotcom' Hype", *Wall Street Journal,* 26 de março de 1999, C1.

passos agressivos para transformar a PepsiCo em uma empresa que abrangesse todos os segmentos de bebidas. Ele incrementou as aquisições da Tropicana – líder do mercado de sucos de laranja – e da Quaker Oats, sendo a marca Gatorade dominante no mercado de bebidas energéticas.

Durante a gestão de Enrico, o retorno sobre o patrimônio líquido da PepsiCo praticamente dobrou, passando de 17% em 1996 para 30% em 2000. (Veja, no **Quadro 2**, o histórico de lucros e, no **Quadro 1**, a análise histórica EVA.) Em Wall Street, analistas estavam otimistas em relação ao futuro da PepsiCo.

Visão geral da indústria e dos eventos competitivos

Em 2000, a indústria de bebidas estava passando por uma transformação rápida: o seguimento de bebidas não-gaseificadas, apesar de ainda representar uma pequena fração do mercado, havia crescido 62% em volume nos cinco anos anteriores, enquanto o volume das bebidas não-alcoólicas cresceu timidamente.[6] De acordo com a *Beverage Digest*, as ações da indústria de bebidas não-alcoólicas caíram de 71,3% em 1990 para 60,5% em 2000.

Em volume, a PepsiCo permaneceu atrás da Coca-Cola no mercado de bebidas não-alcoólicas, embora essa distância pareça ter diminuído nos últimos anos (veja o **Quadro 3**). No final de 1999, por exemplo, a PepsiCo ocupou, pela primeira vez na história, dois dos três primeiros lugares no *ranking* norte-americano das marcas de bebidas não-alcoólicas, com a sua Mountain Dew deslocando a Diet Coke do terceiro lugar.[7]

Desenvolvimentos recentes nas duas empresas assinalam para uma nova rodada agressiva de competição. A seguir tem-se um sumário dos recentes movimentos das duas empresas em diversas categorias de bebidas.

Bebidas não-alcoólicas

Ao longo dos últimos cinco anos, a Pepsi lançou agressivas e empolgantes campanhas publicitárias (por exemplo: "Generation Next", "Joy of Pepsi") que ajudaram a aumentar o volume de vendas e a visibilidade da empresa. Além disso, a empresa lançou a campanha "Power of One" – uma estratégia que visava unir nas prateleiras das lojas as bebidas Pepsi aos salgadinhos Frito-Lay, em uma tentativa de atrair os compradores para a compra simultânea dos dois produtos – que tiveram, com isso, o volume de vendas aumentado.

Em reação ao sucesso das campanhas da PepsiCo, no verão de 2000 a Coca-Cola recorreu a inúmeras táticas, dentre as quais constava renunciar ao formato tradicional de seus comerciais e lançar outros mais "atuais". Desafortunadamente, os "novos comerciais" despertaram reações altamente impopulares e negativas nos consumidores e parceiros.[8] A Coca-Cola retirou os novos anúncios e retornou ao tradicional e bem-sucedido modelo de propaganda com temas relacionados ao "bem-estar", lançando a campanha "Life Tastes Good", que dava ares de tendência atual ao informe.

[6]McCarthy, "Buffeted: Coke's Mudlle over Quaker", *Economist*, 25 de novembro de 2000.

[7]John A. Byrne, "PepsiCo's New Formula: How Roger Enrico Is Remaking the Company", *Business Week*, 10 de abril de 2000.

[8]As propagandas foram produzidos pela Cliff Freeman Ad Agency, famosa por criar comerciais polêmicos para a Internet como o que mostra roedores sendo atirados por canhões. No comercial produzido para a Coca-Cola, mostra uma matriarca idosa em uma cadeira de rodas tendo uma síncope nervosa, quando descobre que não há Coca-Cola na reunião de família.

Bebidas não-gaseificadas

A Coca-Cola Company e a PepsiCo concorreram por posições de destaque nestes importantes e crescentes segmentos de mercado:

Suco de laranja: Em 1998, a PepsiCo adquiriu a Tropicana, líder absoluta do mercado de suco de laranja. Nos Estados unidos, a Tropicana detinha mais de 40% do total do mercado de sucos refrigerados de laranja e 70% do segmento de suco de laranja não-concentrado. A Minute Maid, da Coca-Cola, detinha menos de 20% do mercado de suco refrigerado de laranja.

Água mineral: No início de 1994, a PepsiCo testou no mercado a Aquafina. Quanto à Coca-cola, não entrou no mercado com sua marca Dasani antes de 1999. A Aquafina foi, em 2000, a marca número 1 no *ranking* das águas minerais industrializadas no mercado norte-americano.

Chá gelado: A marca Lipton, da PepsiCo, ostentou sua liderança de 16 pontos acima do Nestea, da Coca-Cola.

Bebidas esportivas: Dependendo da aprovação pela Federal Trade Commission do acordo entre a PepsiCo e a Quaker Oats, a Pepsi incorporaria a Gatorade, marca que detém 83% do mercado norte-americano de bebidas esportivas. A Powerade da Coca-Cola ocupa um longínquo segundo lugar, com 11%.

Bebidas especiais: Em aliança com a Starbucks, a PepsiCo introduziu no mercado, em 1996, o popularíssimo Starbucks Frappuccino. Isso levou a Coca-Cola, em 2000, a anunciar que testaria no mercado uma bebida de café gelado. Em outubro de 2000, a PepsiCo bateu a Coca-Cola ao adquirir a South Beach Beverage Company, fabricante da marca de chás e sucos de fruta SoBe.

Comparação de finanças

Analistas esperavam que os meses seguintes estivessem dentre os mais excitantes da "saga" PepsiCo *versus* Coca-Cola. Seria interessante ver como seria o fim da "corrida de recuperação" da Coca-Cola. Nesse meio tempo, um olhar sobre as performances poderia fornecer pistas sobre o que estava por vir.

- *Análise por meio de índices*: Veja os **Quadros 4** e **5**, que apresentam uma variedade de índices analíticos com base nos demonstrativos financeiros de cada empresa.
- *Análise econômica de lucros*: Também conhecido como "valor agregado", EVA pode ser usado para estimar perdas e ganhos de valor por meio da comparação dos lucros ativos operacionais, já descontados os impostos (NOPAT) com o custo de capital:

  EVA = NOPAT – (média ponderada do custo de capital[9] × capital investido)

  Alternativamente, a fórmula pode ser escrita assim:

  EVA = (retorno do capital investido – WACC) × capital investido

O Retorno do Capital Investido (ROIC), como o nome sugere, pode ser calculado dividindo-se o NOPAT pelo Capital Investido. A segunda fórmula realça a idéia de que o *spread* auferido resulta em ganhos além do custo de capital.

---
[9]WACC.

Conclusão

Coca-Cola e Pepsi criaram uma da mais acirradas rivalidades da história do mundo dos negócios. Carolyn Keene procurou desenvolver um panorama das performances futuras das duas empresas. Ela obteve projeções para as duas com base em relatórios preparados por analistas da Credit Suisse First Boston[10] (veja os **Quadros 6** e **7**) e reuniu informações sobre as condições vigentes do mercado de capital (veja os **Quadro 8**). Keene também orientou os componentes de suas estimativas pelo EVA (veja os **Quadro 9**), o que veio a calhar para que sua análise fosse concluída antes do recesso natalino.

[10]As previsões para a KO foram obtidas no relatório: "Third Quarter Review of 10Q: Flat Revenue and Varied Operating Performance", Andrew Conway et al., Credit Suisse First Boston Equity Research, 19 de novembro de 2001. Já as previsões para a PepsiCo foram obtidas no relatório "A Balanced Formula for Growth", Andrew Conway et al. Credit Suisse First Boston Equity Research, 8 de novembro de 2001.

QUADRO 1 | Histórico EVA™ – Estimativa e comparação de lucros entre a Coca-Cola Company e a PepsiCo, Inc.

Coca-Cola Company (US$ MM)							
	1994	**1995**	**1996**	**1997**	**1998**	**1999**	**2000**
NOPAT	2.547	2.783	2.583	3.381	3.178	2.605	2.349
Capital investido	7.769	8.466	9.649	13.825	15.896	15.644	15.864
Retorno sobre o capital investido	32,8%	32,9%	26,8%	24,5%	20,0%	16,6%	14,8%
WACC	12,2%	11,4%	13,4%	12,9%	11,1%	9,9%	8,4%
(ROIC – WACC)							
Spread – Margem de lucro bruto	20,6%	21,4%	13,4%	11,6%	8,9%	6,8%	6,4%
EVA	1.602	1.814	1.292	1.601	1.422	1.063	1.016
PepsiCo, Inc. (US$ MM)							
	1994	**1995**	**1996**	**1997**	**1998**	**1999**	**2000**
NOPAT	2.122	2.204	1.892	1.922	2.522	1.794	2.292
Capital investido	22.507	27.009	26.823	16.392	19.439	12.849	13.146
Retorno sobre o capital investido	9,4%	8,2%	7,1%	11,7%	13,0%	14,0%	17,4%
WACC	11,5%	11,0%	10,5%	11,6%	10,8%	9,9%	8,3%
(ROIC – WACC) *Spread*	−2,1%	−2,8%	−3,4%	0,1%	2,2%	4,1%	9,1%
EVA	(464)	(760)	(916)	24	428	522	1.201

Fonte: Estimativas do autor do caso.

QUADRO 2 | Comparações de retornos sobre o patrimônio líquido e retornos sobre os ativos entre Coca-Cola e PepsiCo

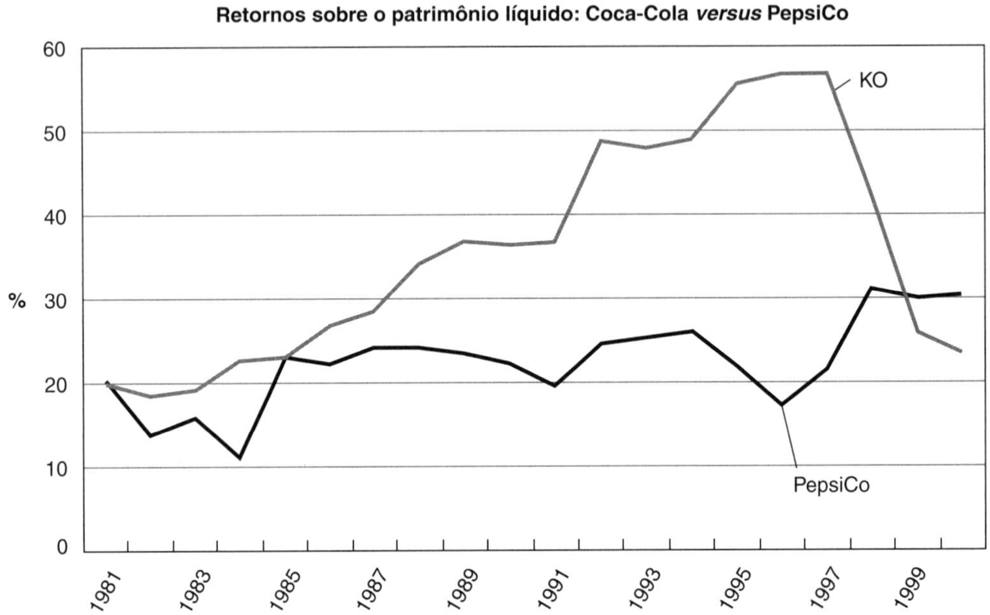

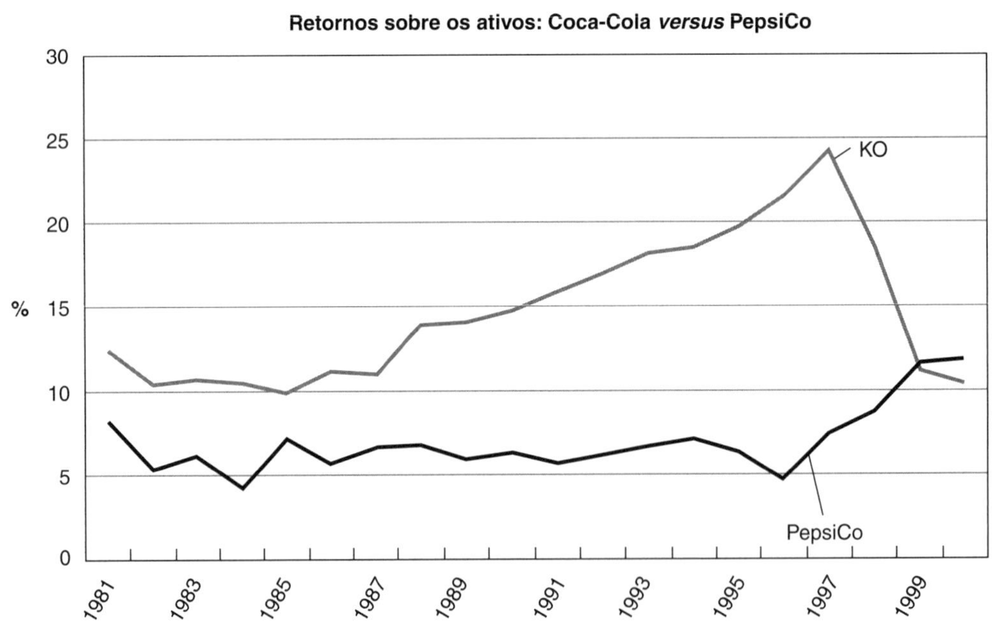

Fonte: Estimativas do autor do caso.

QUADRO 3 | Volumes e participação no mercado norte-americano de bebidas não-alcoólicas – Coca-Cola e PepsiCo

	1990	1991	1992	1993	1994	1995	1996	1997	1998	1999	2000
Coca-Cola											
Medida em galões (em milhões)	4.915,5	5.038,4	5.108,9	5.310,0	5.580,8	5.915,4	6.223,9	6.473,0	6.764,4	6.730,5	6.737,2
Crescimento	4,0%	2,5%	1,4%	3,9%	5,1%	6,0%	5,2%	4,0%	4,5%	−0,5%	0,1%
Participação no mercado	41,0%	41,3%	41,3%	41,7%	42,0%	42,9%	43,8%	44,1%	44,6%	44,1%	44,0%
Participação no mercado, ganhos/(perdas)	0,6%	0,3%	0,0%	0,4%	0,3%	0,9%	0,9%	0,3%	0,5%	−0,5%	−0,1%
PepsiCo											
Medida em galões (em milhões)	3.970,5	4.010,2	3.827,6	3.899,0	4.070,6	4.201,8	4.370,2	4.500,2	4.704,1	4.732,3	4.736,1
Crescimento	3,0%	1,0%	−4,6%	1,9%	4,4%	3,2%	4,0%	3,0%	4,5%	0,6%	0,1%
Participação no mercado	33,1%	32,9%	30,9%	30,6%	30,7%	30,6%	30,8%	30,7%	31,0%	31,0%	30,9%
Participação no mercado, ganhos/(perdas)	0,1%	−0,2%	−2,0%	−0,3%	0,1%	−0,1%	0,2%	−0,1%	0,3%	0,0%	−0,1%
Indústria de bebidas não-alcoólicas											
Medida em galões (em milhões)	11.996,1	12.200,4	12.473,2	12.722,7	13.275,0	13.752,9	14.199,5	14.665,8	15.160,6	15.251,6	15.328,0
Crescimento	2,6%	1,7%	2,2%	2,0%	4,3%	3,6%	3,2%	3,3%	3,4%	0,6%	0,5%

Fonte: Extraído de *Beverage World*.

QUADRO 4 | Índices financeiros analíticos da Coca-Cola Company

Coca-Cola Company	1994	1995	1996	1997	1998	1999	2000
Análise da atividade							
Média de dias em aberto	31,24	32,61	32,83	31,73	32,06	31,92	31,71
Giro do capital de giro	(16,33)	(11,27)	(10,62)	(8,90)	(6,14)	(5,49)	(6,52)
Giro do ativo fixo	3,59	3,60	3,87	4,33	4,36	3,79	3,32
Giro do ativo total	1,08	1,12	1,15	1,12	1,05	0,92	0,93
Análise de liquidez							
Índice de liquidez corrente	0,64	0,59	0,80	0,75	0,87	0,90	0,87
Índice de liquidez imediata	0,25	0,18	0,22	0,21	0,18	0,18	0,20
Índice do caixa das operações	0,54	0,45	0,47	0,47	0,35	0,39	0,38
Dívida de longo prazo e análise de solvência							
Índice da dívida sobre patrimônio líquido	0,67	0,75	0,73	0,61	0,65	0,65	0,61
Cobertura de juros	18,63	14,80	13,69	19,38	17,93	11,82	8,26
Índice de cobertura de encargos fixos	10,02	9,87	7,18	8,99	8,70	6,03	5,77
Índice de investimentos de capital	3,83	3,55	3,50	3,69	3,98	3,63	4,89
Índice do caixa das operações	0,96	0,82	0,77	0,78	0,55	0,62	0,63
Análise de rentabilidade							
Margem operacional	22,9%	22,3%	21,1%	26,5%	26,4%	20,1%	18,0%
Margem de lucro líquido	15,8%	16,6%	18,8%	21,9%	18,8%	12,3%	10,6%
Retorno sobre o ativo	16,8%	17,7%	19,1%	21,1%	22,9%	17,3%	11,5%
Retorno sobre o patrimônio líquido	44,3%	48,1%	51,7%	48,0%	46,1%	37,1%	25,8%
Efeito da alavancagem financeira*	70,1%	68,9%	74,2%	89,2%	82,6%	71,1%	61,0%
Crescimento							
Receita	15,9%	11,4%	2,9%	1,7%	−0,3%	5,3%	3,3%
Ativos a valor contábil	15,4%	8,4%	7,4%	4,5%	13,4%	12,9%	−3,6%
Lucro líquido antes de lucros/ prejuízos incomuns	16,7%	16,9%	16,9%	18,2%	−14,4%	−31,2%	−10,4%
NOPAT (Lucro operacional líquido depois do imposto) ajustado	19,5%	8,6%	−2,8%	27,7%	−0,7%	−19,8%	−7,3%
Lucro líquido	17,4%	16,9%	16,9%	18,2%	−14,4%	−31,2%	−10,4%
Lucro operacional	19,5%	8,6%	−2,8%	27,7%	−0,7%	−19,8%	−7,3%

*Lucro líquido/lucro operacional

Fonte: SEC Filings 10-K da empresa.

QUADRO 5 | Índices financeiros analíticos da PepsiCo Inc.

PepsiCo	1994	1995	1996	1997	1998	1999	2000
Análise da atividade							
Média de dias em aberto	25,33	26,89	28,39	40,71	37,59	37,25	31,28
Giro de capital de giro	(34,07)	513,67	200,28	20,98	(28,69)	(12,86)	38,78
Giro do ativo fixo	1,64	1,72	1,82	1,42	1,57	1,55	2,05
Giro do ativo total	1,17	1,20	1,27	0,94	1,05	1,01	1,14
Análise de liquidez							
Índice de liquidez corrente	0,96	1,06	1,00	1,47	0,55	1,10	1,17
Índice de caixa	0,28	0,29	0,15	0,68	0,05	0,28	0,34
Índice de caixa das operações	0,71	0,72	0,82	0,80	0,41	0,80	0,99
Dívida de longo prazo e análise de solvência							
Índice da dívida sobre patrimônio líquido	1,39	1,73	1,97	0,71	1,24	0,44	0,33
Cobertura de juros	4,96	4,38	4,24	5,57	6,54	7,76	14,59
Índice de cobertura de encargos fixos	3,03	2,72	2,48	3,41	3,09	3,73	4,36
Índice de investimentos de capital	1,65	1,78	1,83	2,27	2,29	2,71	3,67
Índice do caixa das operações	0,39	0,30	0,32	0,69	0,40	0,99	1,62
Análise de rentabilidade							
Margem operacional	11,3%	9,9%	8,0%	12,7%	11,6%	13,8%	15,8%
Margem de lucro líquido	6,2%	5,3%	3,6%	10,2%	8,9%	10,1%	10,7%
Retorno sobre o ativo	7,2%	6,4%	4,6%	9,6%	9,3%	10,2%	12,2%
Retorno sobre o patrimônio líquido	24,1%	24,7%	23,0%	16,9%	32,1%	30,0%	29,0%
Efeito da alavancagem financeira*	54,6%	54,7%	53,8%	45,1%	80,5%	77,1%	72,7%
Crescimento							
Receita	13,3%	6,7%	4,6%	−33,9%	6,8%	−8,9%	0,3%
Ativos a valor contábil	4,6%	2,6%	−3,6%	−18,0%	12,7%	−22,5%	4,5%
Lucro líquido antes de lucros/ prejuízos incomuns	12,3%	−10,0%	−28,5%	29,8%	33,7%	2,9%	6,5%
NOPAT (Lucro operacional líquido depois do imposto) ajustado	10,1%	−6,7%	−14,8%	4,6%	−2,9%	9,1%	14,4%
Lucro líquido	10,3%	−8,3%	−28,5%	86,4%	−7,0%	2,9%	6,5%
Lucro operacional	10,1%	−6,7%	−14,8%	4,6%	−2,9%	9,1%	14,4%

*Lucro líquido/lucro operacional

Fonte: SEC Filings 10-K da empresa.

QUADRO 6 | Projeção da demonstração do resultado e do balanço patrimonial da Coca-Cola

Coca-Cola Company
(milhões de US$, exceto valores por ação)

Demonstração do resultado	**2001E**	**2002E**	**2003E**
Receita operacional líquida	$20.223	$21.234	$22.508
Custo de produtos vendidos	6.092	6.285	6.617
Receita bruta	14.131	14.949	15.891
Despesas com vendas	7.508	7.569	7.985
Gerais e administrativas	1.224	1.248	1.273
	8.732	8.817	9.258
Lucro operacional	5.399	6.132	6.633
Receita financeira	295	244	254
Despesa financeira	(310)	(280)	(264)
Ganhos em participações	197	227	261
Outras receitas/(deduções), líquido	24	(10)	(10)
Receita antes de impostos	5.605	6.313	6.874
Imposto de renda	1.682	1.894	2.062
Lucro líquido	$ 3.923	$ 4.419	$ 4.812
Informações adicionais:			
Depreciação	$ 489	$ 542	$ 597
Amortização	295	295	295
Impostos sobre caixa	1.738	1.957	2.131
Investimentos de capital	$ 700	$ 750	$ 750

A amortização acumulada esperada de ágio ao final de 2000 era de US$ 192 milhões.

O leitor deve assimilar que o lucro líquido reflete a dedução da depreciação e da amortização.

Balanço patrimonial	**2001E**	**2002E**	**2003E**
Disponibilidade	$ 2.238	$ 2.406	$ 2.432
Contas a receber, líquido	1.838	1.930	2.046
Estoques	1.015	1.048	1.103
Adiantamento de despesas e outros	1.834	1.868	1.964
Ativo circulante total	6.925	7.252	7.545
Investimento em envase	5.962	6.189	6.449
Títulos mobiliários	2.364	2.364	2.364
Imobilizado	7.334	8.084	8.834
Menos: depreciação acumulada	(2.935)	(3.476)	(4.073)
Imobilizado líquido	4.399	4.608	4.761
Ágio e outros	1.783	1.488	1.193
Ativo total	$21.434	$21.901	$22.311
Lucro líquido e passivo acumulado	$ 3.796	$ 3.868	$ 4.066
Empréstimos e títulos a pagar	3.600	3.500	3.400
Porção corrente da dívida de longo prazo	154	153	2
Imposto de renda acumulado	643	724	788
Passivo circulante total	8.193	8.245	8.256
Dívida de longo prazo	681	528	526
Outros	991	991	991
Imposto de renda diferido	302	239	170
Passivo total	10.167	10.003	9.943
Ações ordinárias	870	870	870
Capital integralizado adicional	3.196	3.196	3.196
Lucros acumulados	23.466	26.097	29.067
Outros prejuízos acumulados	(2.722)	(2.722)	(2.722)
Ações em tesouraria	(13.543)	(15.543)	(18.043)
Patrimônio líquido total	11.267	11.898	12.368
Passivo e patrimônio líquido total	$21.434	$21.901	$22.311

Fonte (exceto para a amortização acumulada de ágio): "Third Quarter Review of 10Q: Flat Revenue and Varied Operating Performance", de Andrew Conway, Chris O'Donnell e Corey Horsch, Credit Suisse First Boston Equity Research, 19 de novembro de 2001.

QUADRO 7 | Projeções das demonstrações de resultado e do balanço patrimonial da PepsiCo

PepsiCo
(milhões de dólares, exceto valores por ação)

Demonstração de resultados	**2001E**	**2002E**	**2003E**
Receitas			
Bebidas	$10.553	$11.307	$12.116
Frito-Lay	14.498	15.373	16.273
Quaker Foods	2.042	2.109	2.179
	27.093	28.789	30.568
Lucro operacional			
Bebidas	1.667	1.818	1.976
Frito-Lay	2.675	2.955	3.239
Quaker Foods	408	426	446
Sinergias	—	60	90
Despesas corporativas	(365)	(374)	(382)
	4.385	4.885	5.369
Despesa financeira líquida	148	92	37
Ganhos em participações	157	186	239
Receita antes de impostos	4.394	4.979	5.571
Provisão para impostos	1.406	1.593	1.783
Lucro líquido	$ 2.988	$ 3.386	$ 3.788
Informações adicionais:			
Depreciação	$ 900	$ 950	$ 1.000
Amortização	236	295	295
Impostos sobre caixa	1.142	1.245	1.504
Investimentos de capital	$ 1.860	$ 1.583	$ 1.528

A amortização acumulada esperada de ágio ao final de 2000 era de US$ 751 milhões.

O leitor deve assimilar que o lucro líquido reflete a dedução da depreciação e da amortização.

Balanço patrimonial	**2001E**	**2002E**	**2003E**
Caixa	$ 1.775	$ 3.677	$ 2.457
Investimentos	466	466	466
Disponibilidade	2.241	4.143	2.923
Contas a receber, líquido	2.292	2.435	2.585
Estoques	1.284	1.364	1.449
Adiantamento de despesas e outros	886	942	1.000
Ativo circulante total	4.462	4.741	5.034
Imobilizado	7.449	8.021	8.493
Intangíveis	4.556	4.556	4.556
Investimentos em coligadas			
Não consolidadas	3.095	3.235	3.414
Outros	952	1.019	1.090
Ativo total	$22.757	$25.716	$25.511
Empréstimos de curto prazo	$ 202	—	—
Porção corrente da dívida de longo prazo	281	444	64
Contas a pagar e outro passivo circulante	5.017	5.284	5.573
Passivo circulante total	5.500	5.728	5.637
Dívida de longo prazo	2.106	1.825	1.381
Outro passivo	4.244	4.541	4.859
Imposto de renda diferido	1.625	1.974	2.252
Passivo total	13.475	14.068	14.129
Ações preferenciais			
Ações ordinárias e capital integralizado adicional	690	690	690
Lucros acumulados	18.420	20.786	23.520
Ações em tesouraria	(8.434)	(8.434)	(11.434)
Prejuízos acumulados abrangentes	(1.394)	(1.394)	(1.394)
Patrimônio líquido total	9.282	11.648	11.382
Passivo e patrimônio líquido total	$22.757	$25.716	$25.511

Fonte (exceto para depreciação, amortização e amortização acumulada de ágio): "A Balanced Formula for Growth", de Andrew Conway, Chris O'Donnell e Corey Horsch, Credit Suisse First Boston Equity Research, 8 de novembro de 2001.

QUADRO 8 | Informações sobre o mercado de capitais em 4 de dezembro de 2000

Rendimento corrente dos títulos americanos	
3 meses	6,15%
6 meses	6,11%
1 ano	6,00%
5 anos	5,52%
10 anos	5,73%
20 anos	5,82%
Prêmios históricos de capital de risco (1926-1999)	
Média geométrica	5,90%
Média aritmética	7,50%

Desempenho do preço das ações das empresas Coca-Cola Co. e PepsiCo Inc. comparado com o S&P 500: de janeiro de 1993 a 4 de dezembro de 2000

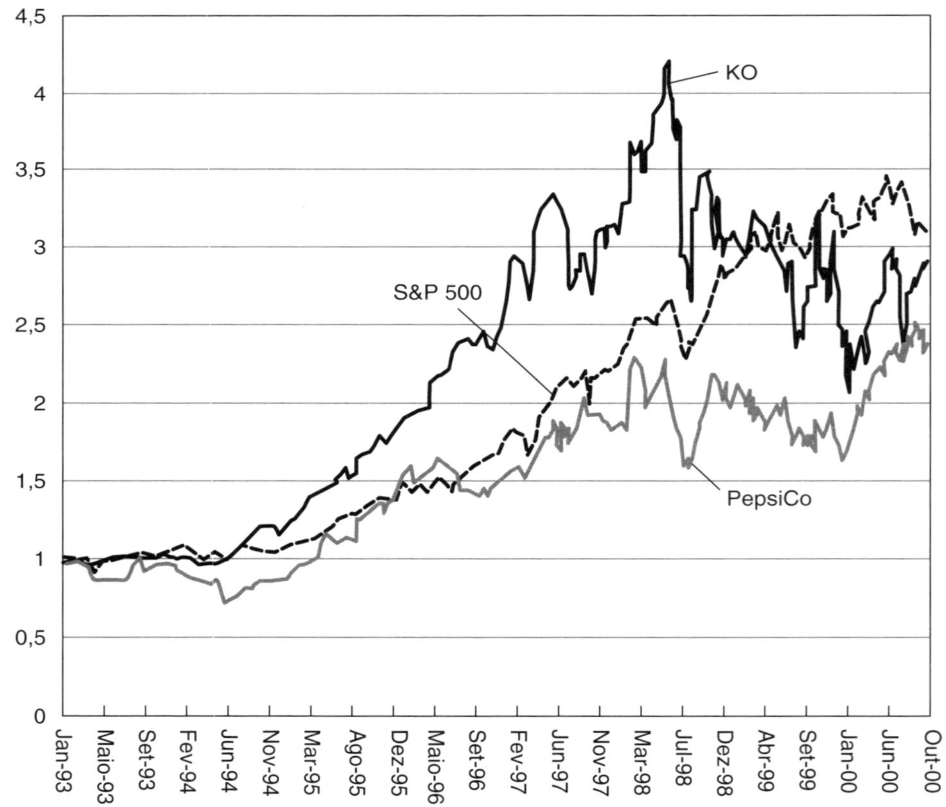

QUADRO 8 | Informações sobre o mercado de capitais em 4 de dezembro de 2000 (*continuação*)

The Coca-Cola Company

Dívida negociada publicamente

Cupom	5,75%	pago semestralmente
Vencimento	30/04/2009	
Preço corrente	91,54	
Rating	A1	

Betas históricos

1994	0,88
1995	0,83
1996	1,19
1997	1,11
1998	0,97
1999	0,71
2000	0,44
Média	0,88

Histórico de dividendos e projeções

Paymt Dates	31-mar	30-jun	30-set	31-dez	Total
1996	—	0,125	0,125	0,25	0,50
1997	—	0,14	0,14	0,28	0,56
1998	—	0,15	0,15	0,30	0,60
1999	—	0,16	0,16	0,32	0,64
2000	—	0,17	0,17	0,34 E	0,68

E = Estimativa

Projeção do crescimento dos dividendos do Value Line de 1997-1999 a 2003-2005:	7,50%
Estimativa do lucro por ação do Value Line para o exercício de 2001:	$1,75
Preço da ação da Coca-Cola em 4 de dezembro de 2000:	$62,75
Ações em circulação (em milhões):	
Básico	2.477
Diluído	2.487

PepsiCo, Inc

Dívida negociada publicamente

Cupom	5,75%	pago semestralmente
Vencimento	15/01/2008	
Preço corrente	93,26	
Rating	A2	

Betas históricos

1994	1,05
1995	1,07
1996	0,93
1997	0,96
1998	1,03
1999	0,73
2000	0,42
Média	0,88

Histórico de dividendos e projeções

Paymt Dates	31-mar	30-jun	30-set	31-dez	Total
1996	0,20	0,115	0,115	—	0,43
1997	0,23	0,125	0,125	—	0,48
1998	0,25	0,13	0,13	—	0,51
1999	0,26	0,135	0,135	—	0,53
2000	0,27	0,14	0,14		0,55

Projeção do crescimento dos dividendos do Value Line de 1997-1999 a 2003-2005:	7,50%
Estimativa do lucro por ação do Value Line para o exercício de 2001:	$1,63
Preço da ação da Pepsi em 4 de dezembro de 2000:	$43,81
Ações em circulação (em milhões):	
Básico	1.446
Diluído	1.475

Fonte: Bloomberg Financial Services, Ibbotson Associates Yearbook 1999, Value Line Investment Survey, IBES.

QUADRO 9 | Algumas orientações para estimar os componentes do EVA

- **NOPAT.** O NOPAT (Lucro operacional líquido depois do imposto) é calculado com o propósito de chegar ao caixa real gerado pela empresa. Ajustes podem incluir o reembolso de amortização de ágio e outras despesas não monetárias. Os impostos devem ser similarmente ajustados para refletir somente impostos sobre o caixa real. A depreciação não é somada ao NOPAT apesar de ser uma despesa não monetária, em razão do pressuposto de que a depreciação representa um custo verdadeiramente econômico (ou seja, é o valor que deve ser reinvestido para manter as operações no nível existente). Por motivo de consistência, o capital investido é mensurado líquido de depreciação.
- **Capital investido.** Capital investido significa simplesmente o valor do capital investido no negócio. Pode ser calculado a partir tanto da coluna do ativo quanto da coluna do passivo + patrimônio do balanço patrimonial. O último é o método mais simples.

  O capital investido inclui a dívida, o patrimônio líquido e outros itens de capital que representam o valor econômico empregado em nome da empresa, tais como o valor presente das operações de arrendamento mercantil, baixas e prejuízos acumulados e amortização de ágio acumulado. A razão de se incluir os prejuízos e as baixas no capital permanente é que eles representam ativos não produtivos ou investimentos que não são rentáveis. Se fossem excluídos da equação de capital, a soma somente contaria as iniciativas de sucesso e não refletiriam o desempenho da empresa. A amortização do ágio acumulado, do mesmo modo, deve ser incluída no capital investido porque representa um investimento verdadeiro. Caixa excedente não é necessário para operações como as de títulos mobiliários, e pode ser deduzido da base de capital investido.
- **Custo de capital.** A taxa de custo de capital aplicada ao NOPAT deve se baser em uma combinação dos custos de todos os tipos de capital que a empresa emprega, ou o custo de capital médio ponderado.

$$WACC = K_d(1 - t) \times D/(D + E) + K_e \times E/(D + E)$$

em que: K_d = Custo da dívida
t = Alíquota fiscal marginal efetiva
K_e = Custo do capital próprio
E = Patrimônio líquido total (a valor de mercado)
D = Dívida total

O custo da dívida (usado tanto para a dívida quanto para o arrendamento mercantil) é a taxa anual consistente com o *rating* dos papéis de cada empresa. O custo do capital próprio pode ser estimado de diversos modos[1] – uma prática comum é usar o Capital-Asset Pricing Model (Modelo de precificação de ativos financeiros):

$$K_e = R_f + \beta(R_m - R_f)$$

em que: R_f = Taxa livre de risco, geralmente a rentabilidade dos títulos do Tesouro americano
β = Beta, medida de volatilidade do preço das ações da companhia em relação à movimentação do mercado
$R_m - R_f$ = Prêmio de risco do mercado, o retorno adicional que os investidores requerem sobre a taxa livre de risco como compensação por investir na companhia[2]

[1] Outros modos de estimar o custo do capital próprio incluem os modelos de crescimento de dividendos e a capitalização de lucro.

[2] Os dois prêmios de mercado usados freqüentemente são de 7,5%, que é a média aritmética do retorno de mercado anual das taxa dos títulos em tesouraria, de 1926 a 1998, e 5,9%, que é a média geométrica composta do retorno do mercado sobre os títulos do Tesouro de 1926 a 1998. Fonte: Ibbotson Associates 1999 *Yearbook*.

CASO 15

Teletech Corporation, 2005

> **Investidor chama a atenção da Teletech**
>
> **"É preciso um chamado de alerta", diz investidor**
>
> Nova York – O recluso bilionário Victor Yossarian adquiriu participação de 10% na Teletech Corporation, uma grande empresa de telecomunicações local, e requereu dois lugares no conselho de administração da companhia. A compra foi revelada hoje em um comunicado para a SEC (CVM norte-americana) e em uma carta ao chefe-executivo da Teletech, Maxwell Harper. "A empresa está utilizando mal os seus recursos e não está obtendo retornos adequados", a carta dizia. "A empresa deveria abandonar sua entrada errônea no setor de computadores e vender o seu segmento de produtos e sistemas. A administração deveria focar mais em criar valor para os acionistas." A Teletech emitiu uma nota enfatizando as virtudes da ligação entre tecnologia de informática e telecomunicações.

Wall Street Daily News, 15 de outubro de 2005

Margaret Weston, diretora financeira (CFO) da Teletech Corporation, tomou conhecimento da carta de Victor Yossarian em uma tarde, no início de outubro de 2005. Rapidamente, ela organizou uma equipe de advogados e de especialistas em finanças para avaliar a ameaça. Maxwell Harper, o presidente (CEO), agendou uma teleconferência com o conselho de administração da empresa para a tarde seguinte. Harper e Weston acordaram que antes da reunião eles deveriam preparar uma resposta às afirmações de Yossarian sobre os lucros da empresa.

Ironicamente, os lucros tinham sido objeto de debate dentro do círculo da alta administração nos últimos meses. Inúmeras questões emergiram sobre a taxa de retorno (*hurdle rate*) usada pela companhia quando da avaliação do desempenho e determinação do seu orçamento anual. Uma vez que se esperava que a empresa investisse aproximadamente US$ 2 bilhões em projetos de investimentos no ano seguinte, encerrar e obter consenso acerca dessas questões havia se tornado uma prioridade para Weston. Agora, a carta de Yossarian tornava urgente a discussão.

Este caso foi elaborado por Robert F. Bruner, com a contribuição de Sean D. Carr. Dedicamo-lo à memória do professor Robert F. Vanden, um acadêmico da área de finanças corporativas e análise de investimentos, além de autor de um caso anterior sobre o qual o presente caso se baseia. A Teletech Corporation é uma companhia fictícia, que representa as questões que são colocadas às empresas reais e é usada com fins didáticos e não com o intuito de ilustrar o gerenciamento efetivo ou não de situações administrativas. Agradecemos pela ajuda financeira do Batten Institute.

Em curto prazo, Weston precisava responder a Yossarian. Em longo prazo, ela precisava avaliar os pontos de vista divergentes sobre os lucros da Teletech e devia recomendar novas políticas conforme fosse necessário. Quais *deveriam* ser as taxas de retorno requeridas dos dois segmentos de negócio da Teletech, serviços de telecomunicações e sua nova unidade de produtos e sistemas? O seu segmento de produtos e sistemas valia realmente o investimento?

A empresa

A Teletech Corporation, com sede em Dallas, Texas, Estados Unidos, definia-se como uma "provedora de movimentação e gerenciamento de informações integradas". A empresa atuava em dois segmentos de negócios principais: serviços de telecomunicações, que fornecia serviços corporativos e residenciais de telefonia móvel local e de longa distância, e produtos e sistemas, que produzia equipamentos de informática e telecomunicações.

Em 2004, o segmento de serviços de telecomunicações havia obtido uma taxa de retorno sobre o capital (ROC)[1] de 9,10%; produtos e sistemas, 11%. O valor contábil atual do ativo líquido da empresa era de US$ 16 bilhões, consistindo de US$ 11,4 bilhões alocados em serviços de telecomunicações e US$ 4,6 bilhões em produtos e sistemas. Uma análise interna sugeria que o segmento de serviços de telecomunicações era responsável por 75% do valor de mercado (VM) da Teletech, e o de produtos e sistemas respondia por 25%. De modo geral, parecia que a perspectiva de ROC da empresa seria de 9,58%. A alta administração aplicava uma taxa de retorno de 9,30% a todos os projetos de investimentos e para a avaliação do desempenho das unidades de negócios.

Nos últimos 12 meses, as ações da Teletech não acompanharam o mercado de capital ou os índices da indústria de telefonia, equipamentos ou informática. Analistas financeiros observaram o crescimento pouco expressivo dos lucros da empresa, indicando especialmente a crescente competição no setor de telecomunicações bem como o desempenho decepcionante do segmento de produtos e sistemas. Um proeminente comentarista de TV disse que "não há precedentes para uma transferência de administração (*takeover*) hostil no setor, mas, no caso da Teletech, existe razão para se tentar".

Serviços de telecomunicações

O segmento de serviços de telecomunicações executa serviços de telefonia celular, local e de longa distância para mais de 7 milhões de clientes nas regiões sudoeste e centro-oeste. A receita do segmento cresceu em média 3% entre 2000 e 2004. Em 2004, as receitas do segmento, NOPAT (lucro operacional líquido depois do imposto) e o ativo líquido eram de US$ 11 bilhões, US$ 1,18 bilhão e US$ 11,4 bilhões, respectivamente.

Desde a decisão judicial da cisão do monopólio da companhia telefônica Bell System, em 1983, a Teletech enfrentava a desregulamentação gradativa dessa indústria com expansões agressivas para novos serviços e regiões geográficas. Mais recentemente, a empresa era a licitante líder em ofertas de operações de telefonia celular e licença de serviços pessoais de comunicação (PCS). Além disso, acabava de comprar algumas operadoras telefônicas por meio de leilões de privatização na América Latina.

---

[1]O retorno sobre o capital foi calculado como o quociente do NOPAT (lucro operacional líquido depois do imposto) sobre o capital.

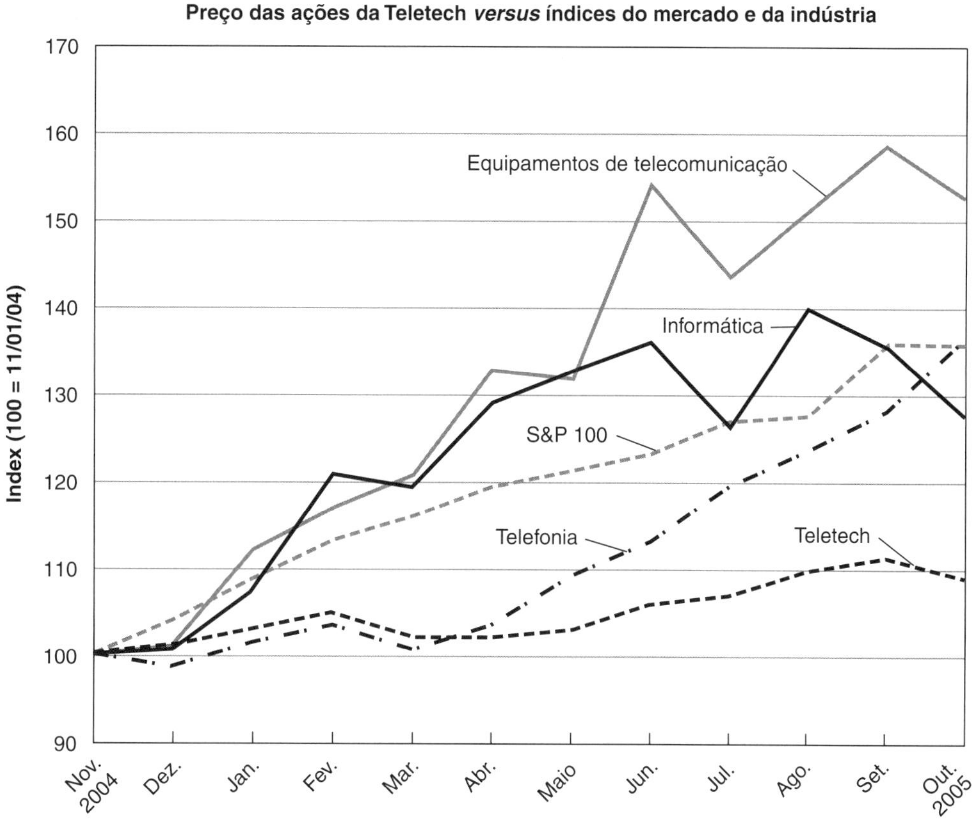

Finalmente, a empresa havia realizado investimentos agressivos em nova tecnologia – principalmente em computadores digitais e cabos de fibra óptica –, em uma tentativa de melhorar a qualidade dos seus serviços. Porém, todas essas movimentações estratégicas tiveram um custo alto: o orçamento de investimentos no segmento oscilava entre US$ 1,5 bilhão e US$ 2 bilhões em cada um dos dez anos anteriores.

Infelizmente, as margens de lucro no segmento de telecomunicações estavam sob pressão por anos a fio. Os reguladores governamentais eram lentos ao oferecer redução das taxas de juros para os investimentos da Teletech. Outras companhias líderes em telecomunicações haviam expandido operações nos mercados geográficos da Teletech e investiam em nova tecnologia e na melhoria da qualidade dos ativos. A administração da Teletech notava que as grandes empresas de TV a cabo haviam entrado de modo agressivo no mercado de telecomunicações e continuavam a pôr pressão em suas margens de lucros.

Além disso, a Teletech era a provedora líder em seus mercados geográficos e segmentos de produtos. Pesquisas com o consumidor relevaram que empresa também era a líder em qualidade de produtos e satisfação. Sua administração acreditava que ela podia comandar os preços *premium* independentemente da evolução do setor.

Produtos e sistemas

Até 2000, o segmento de telecomunicações era o carro-chefe da empresa, complementado pela divisão de produção de equipamentos e componentes para telecomunicações. Em 2000, a companhia adquiriu uma empresa líder na produção de estações de trabalho com o intuito de empregar tecnologia de ponta em informática no desenvolvimento de equipamentos de telecomunicações. O crescimento explosivo do mercado de computadores pessoais e o aumento no uso de linhas telefônicas conectando casa e trabalho com *mainframes* convenceram a administração da Teletech do valor potencial de se combinar os equipamentos de telecomunicações com a tecnologia em informática. Usando a base de investimento da Teletech, sua capacidade de obter empréstimos e a rede de distribuição para alavancar o crescimento, o segmento de produtos e sistemas aumentou suas vendas em cerca de 40% em 2004. O NOPAT (lucro operacional líquido depois do imposto) do segmento em 2004 e o ativo líquido foram de US$ 480 milhões e US$ 4,6 bilhões, respectivamente.

O segmento de produtos e sistemas foi reconhecido como líder em tecnologia no setor. Enquanto isso proporcionava rápido crescimento e poder de precificação, a manutenção dessa liderança demandava investimentos vultosos em pesquisa e desenvolvimento (P&D), além do ativo fixo. A taxa de alterações tecnológicas crescia, conforme ficou evidenciado pela grande baixa de produtos Teletech que, até recentemente, eram considerados competitivos pela administração. Os principais fabricantes de computadores estavam migrando para o setor de equipamentos de telecomunicações. Os fabricantes estrangeiros mostravam-se duros competidores em licitações de grandes contratos de suprimento.

Foco em valor na Teletech

Criaremos valor buscando negócios que proporcionem taxas de retorno premium.

—Missão da Teletech Corporation (excerto)

Pôr a missão da Teletech em prática tem sido o desafio de Margaret Weston. Primeiro, foi necessário ajudar os gerentes dos segmentos e das unidades de negócios a entenderem o significado de *criar valor*. Pelo fato de os segmentos e as unidades de negócios menores não emitirem ações no mercado de capitais, a única medida objetiva de valor era o preço das ações da corporação como um todo – embora as atividades de um gerente específico pudessem não ser significativas o bastante para direcionar o preço das ações da Teletech. Então, a empresa adotou uma medida de criação de valor para ser usada nos níveis dos segmentos e das unidades de negócios que proporcionaria um substituto para o modo como os investidores viam o desempenho da unidade. Essa medida, chamada de lucro econômico, multiplicava a taxa excedente de retorno da unidade de negócio pelo capital usado:

$$\text{Lucro econômico} = (ROC - \text{taxa de retorno}) \times \text{capital investido}$$

em que:

$$ROC = \text{Retorno sobre o capital} = \frac{NOPAT}{Capital}$$

$$NOPAT = \text{Lucro operacional líquido depois do imposto}$$

Todo ano, os executivos dos segmentos e das unidades de negócios eram avaliados com base no lucro econômico. Essa medida era um critério importante nas decisões estratégicas sobre a alocação de capital, promoção de gerentes e bônus.

A segunda maneira pela qual a perspectiva de criação de valor influenciou os gerentes foi na avaliação das propostas de investimentos. Para cada investimento, os fluxos de caixa projetados eram descontados em valor presente usando-se a taxa requerida de retorno da companhia para dar uma medida no valor presente líquido (VPL) de cada projeto. Um VPL positivo (ou negativo) indicava o montante em que o valor da empresa cresceria (ou diminuiria), se o projeto fosse realizado. A seguir, como a taxa requerida de retorno foi usada na conhecida equação de valor presente líquido:

$$Valor\ presente\ líquido = \sum_{t=1}^{n}\left[\frac{Fluxo\ de\ caixa\ livre_t}{(1 + Taxa\ requerida\ de\ retorno)^t}\right] - Investimento\ inicial$$

Taxas requeridas de retorno

A taxa requerida de retorno usada na avaliação do lucro econômico e VPL fora o foco de discussões consideráveis nos últimos meses. Essa taxa baseou-se na estimativa do custo de capital médio ponderado (WACC) da Teletech. A administração estava plenamente satisfeita com a importância intelectual da taxa requerida de retorno como expressão do custo da oportunidade do dinheiro. A noção de que a WACC representava esse custo da oportunidade vinha sendo amplamente discutida dentro da companhia e, enquanto sua mensuração não fora considerada totalmente científica, era largamente aceita.

A Teletech recebeu um *rating* "dividido" entre A– e BBB+. Um banqueiro de investimentos recentemente sugeriu que, a esses *ratings*, novos fundos da dívida poderiam custar à Teletech 5,88% (cerca de 3,53% depois de uma alíquota de imposto de 40%). Com um beta de 1,15, o custo do capital próprio deveria ser de aproximadamente 10,95%. Ponderado pelo valor de mercado de 22% para a dívida e 78% para o capital próprio, a WACC resultante seria de 9,30%. O **Quadro 1** resume o cálculo. A taxa requerida de retorno de 9,30% foi empregada em todos os investimentos e nas análises de mensuração de desempenho da empresa.

Argumentos para as taxas de retorno ajustadas ao risco

Como a taxa deveria ser usada dentro da companhia na avaliação de projetos era outro ponto em debate. Diante das naturezas divergentes dos dois negócios e dos riscos que cada um enfrentava, diferenças de opinião emergiam no nível do segmento quanto à conveniência de se mensurar todos os projetos contra uma taxa de retorno de 9,30%. O maior defensor das taxas múltiplas foi Rick Phillips, vice-presidente executivo de Serviços de Telecomunicações, que apresenta seu ponto de vista a seguir:

> Cada fase de nosso negócio é diferente. Elas devem competir de modo diferenciado e valer-se de capital de modo diferente. Em razão da natureza historicamente estável do setor, muitas companhias de telecomunicação são capazes de levantar vultosas somas de capital no mercado da dívida. Em operações comparáveis aos serviços de telecomunicação, 50% do capital necessário é levantado no mercado da dívida. Isso é melhor do que o *rating* A–/BBB+ dos títulos da Teletech.
> Eu também tenho de acreditar que o custo do capital próprio dos serviços de telecomunicações seja mais baixo do que o de produtos e sistemas. Embora o crescimento das vendas e a rentabilidade do segmento de serviços e sistemas tenha sido forte, seus riscos são altos. Fabricantes independentes de equipamentos são financiados com dívidas de *rating* BB com rentabilidade maior e com maior proporção de capital próprio.

Em meu livro, a taxa de retorno para produtos e sistemas deveria refletir os custos de fundos mais altos. Sem um sistema de ajuste ao risco para as taxas de retorno, o segmento de serviços de telecomunicação necessitará gradativamente de mais capital, enquanto o de produtos e sistemas será alimentado à força – e isso se deve ao fato de nossos retornos serem menores do que as taxas de retorno, e as deles, maiores. Os serviços de telecomunicações baixam o risco de toda a corporação, e não devem ser penalizados.

Eis um gráfico global do que penso que está acontecendo (**Figura 1**): os serviços de telecomunicação, os quais podem lucrar 9,10% sobre o capital, são na verdade rentáveis quando ajustados ao risco, mesmo que não sejam rentáveis quando comparados à taxa requerida de retorno da companhia. Os triângulos no gráfico mostram onde os serviços de telecomunicações estão localizados. Tenho a impressão de que o contrário é verdadeiro para o segmento de produtos e serviços (P&S), que promete lucrar 11,0% sobre o capital. O segmento de P&S está localizado próximo aos pequenos círculos no gráfico. Ao decidir quando vão nos fornecer empréstimo, os credores considerarão a composição de riscos. Se o dinheiro vai para investimentos mais seguros, com o tempo, o nosso custo de empréstimo diminuirá.

FIGURA 1

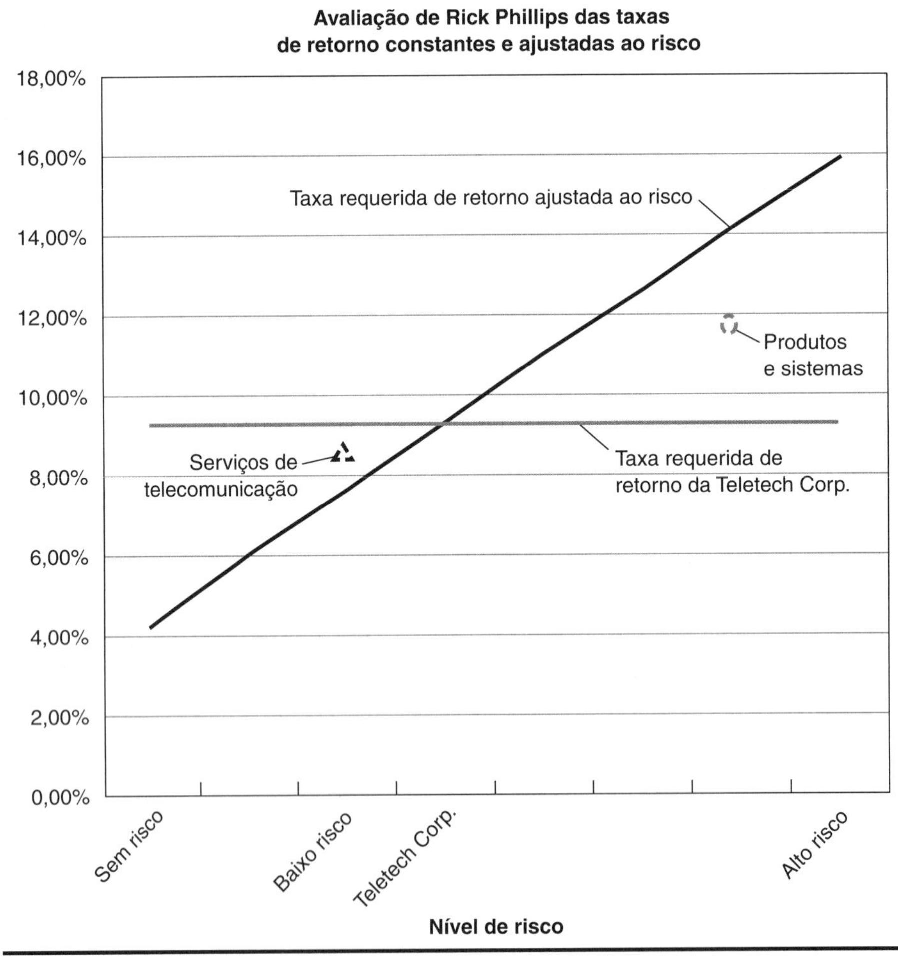

> Nossos acionistas estão igualmente preocupados com o risco. Se perceberem que nossos negócios estão tendo mais risco do que os de outras companhias, eles não pagarão preços altos pelos nossos lucros. Talvez seja por isso que nosso índice preço/lucro esteja abaixo da média do setor a maior parte do tempo. Não se trata de se ajustar ou não ao risco – nós já fazemos isso, informalmente. A única dúvida é se fazemos esses ajustes sistematicamente ou não.
>
> Enquanto as taxas múltiplas de retorno não refletem as mudanças na estrutura de capital no dia-a-dia, com o tempo elas refletirão as perspectivas de modo mais realista. No momento, sob meu ponto de vista, nosso problema real é um suprimento de recursos próprios inadequados e de alto custo. Se estivéssemos realmente racionalizando o capital próprio, então deveríamos estar nos empenhando em obter os melhores retornos sobre o capital próprio pelo risco.

Implícita na argumentação de Phillips, como entendeu Weston, estava a noção de que cada segmento da empresa tinha uma taxa requerida de retorno diferente, e o custo das diversas formas de capital permaneceria o mesmo. A composição do capital investido, contudo, mudaria nesse cálculo. Operações com baixo risco usariam alavancagem mais intensamente, ao passo que as divisões com alto risco teriam pouca ou nenhuma dívida. Esse segmento de menor risco teria uma taxa requerida de retorno mais baixa.

Resistência às taxas requeridas de retorno ajustadas ao risco

Enquanto diversas outras pessoas na Teletech apoiavam o ponto de vista de Phillips, a oposição era forte dentro do segmento de produtos e serviços. Helen Buono, vice-presidente executiva de produtos e sistemas, expressou sua opinião, como segue:

> Todo dinheiro é verde. Os investidores não podem saber mais sobre nossas operações do que nós mesmos. Para eles, a companhia é uma caixa-preta: eles nos contratam para cuidar do que está dentro da caixa e nos julgam pelos dividendos que saem dela. Não podemos dizer que uma parte da caixa tem uma taxa de retorno diferente da outra, se nossos investidores não conseguem pensar desse modo. Como eu disse, todo dinheiro é verde: todos os investimentos da Teletech devem ser julgados contra uma taxa única de retorno.
>
> As taxas múltiplas de retorno são ilógicas. Imagine que a taxa de retorno dos serviços de telecomunicações tenha sido muito menor do que a taxa de retorno geral da empresa. Se realizarmos investimentos que satisfaçam a taxa de retorno do *segmento*, estaremos destruindo o valor para o acionista porque não estaremos satisfazendo a taxa de retorno da *companhia*.
>
> Nosso trabalho como administradores deveria ser o de investir nosso dinheiro onde os melhores retornos estão. Uma única taxa de retorno pode desprover uma divisão menos lucrativa de investimentos de modo a canalizar fundos para uma divisão mais rentável, mas não é esse o propósito do processo? Nosso desafio hoje é simples: devemos obter as taxas mais altas de retorno absoluto que pudermos.
>
> Na verdade, nós não financiamos cada uma das divisões separadamente. A corporação levanta capital com base em suas perspectivas e seu histórico. A diversificação da empresa provavelmente ajuda a manter os custos de capital baixos e nos permite tomar emprestado mais no total do que a soma dos recursos de cada divisão separadamente. Como resultado, desenvolver taxas de retorno separadas é tanto infundado quanto equivocado. Tudo o que os nossos acionistas querem é que invistamos nossos fundos sabiamente de modo a aumentar o valor de suas ações. E isso acontece quando escolhemos os projetos com maior potencial, independentemente da fonte.

A preocupação de Margaret Weston

Conforme Weston escutava esses argumentos, ao longo de vários meses, ela tornou-se mais e mais preocupada com as diversas questões relacionadas. Primeiro, a estratégia corporativa da Teletech tinha direcionado a empresa à integração dos dois segmentos. Um dos efeitos de se usar taxas múltiplas de retorno seria o de dificultar a justificativa de se pesquisar sobre alta tecnologia e propostas de aplicativos, uma vez que a taxa requerida de retorno seria aumentada. De um lado – ela pensou –, talvez as taxas múltiplas de retorno fossem a melhor opção, mas a noção de que elas deveriam se basear nos custos de capital, em vez de nas questões estratégicas, poderia estar errada. De outro lado, talvez as taxas múltiplas baseadas nos custos de capital devessem ser usadas, mas, ao alocar recursos, algum ajuste qualitativo deveria ser realizado por razões estratégicas não quantificáveis. Na cabeça de Weston, a teoria não era totalmente clara quanto a obter objetivos estratégicos na alocação de recursos.

Segundo, usar uma única mensuração do custo de capital (a taxa de retorno ou fator de desconto) torna os resultados do valor presente líquido (VPL) consistentes, ao menos em termos econômicos. Se a Teletech adotasse as taxas múltiplas para o desconto dos fluxos de caixa, Weston temeria que os cálculos do VPL e do lucro econômico perdessem seu significado e a comparabilidade entre os segmentos de negócio. Para ela, o critério de desempenho deveria ser consistente e inteligível; caso contrário, não seria útil.

Além disso, ela estava preocupada com o problema de atribuir estruturas de capital às divisões. No segmento de serviços de telecomunicações, uma nova estação comutadora pode ser financiada por títulos de dívida. Em produtos e serviços, contudo, é impossível para a divisão fazer empréstimos diretamente; na verdade, qualquer financiamento somente foi exeqüível porque a corporação garantia a dívida. Tais projetos foram considerados de alto risco na melhor das hipóteses, talvez, garantindo somente uma estrutura mínima de dívida. Além disso, Weston considerava a decisão de capacidade de dívida muito difícil para a empresa como um todo, sem falar para cada divisão. Julgamentos poderiam ser, no máximo, rudimentares.

Em discussões posteriores com outros da organização sobre o uso de taxas múltiplas de retorno, Weston descobriu dois tópicos predominantes. Um argumento dizia que as decisões de investimentos nunca deveriam ser associadas a decisões de financiamento. Uma empresa deve primeiro decidir quais devem ser seus investimentos e depois determinar como financiá-los de modo mais eficiente. Adicionar alavancagem ao cálculo do valor presente distorceria os resultados. O uso de taxas múltiplas de retorno foi simplesmente um modo de combinar financiamento com a análise de investimentos. Esse argumento também dizia que uma taxa única deixa a decisão de risco bem definida. A administração pode simplesmente ajustar seu padrão (valor presente líquido ou lucro econômico) conforme o risco aumenta.

A linha de raciocínio contrária observava que a WACC tendia a representar uma reação média de mercado à combinação de riscos. Os projetos com risco abaixo da média seriam provavelmente aceitos mesmo quando não satisfizessem ao critério da média ponderada. Os projetos com risco mais alto que o normal deveriam proporcionar um *premium* de retorno. Enquanto o sistema de taxas múltiplas de retorno era um modo rudimentar de chegar a esse fim, ao menos era um passo na direção certa. Além disso, alguns argumentavam que o objetivo da Teletech deveria ser o de maximizar o retorno sobre o capital próprio, e porque esses fundos eram ou continuariam a ser um recurso comparativamente escasso, um sistema de taxas múltiplas tenderia a maximizar os retornos aos acionistas mais do que um sistema de taxa única.

Para resolver essas questões, Weston pediu que seu assistente, Bernard Ingles, resumisse o pensamento acadêmico sobre as taxas múltiplas de retorno. Apresentamos o seu memorando no **Quadro 2**. Ela também pediu que Ingles obtivesse amostras de empresas comparáveis às do segmento de serviços de telecomunicações e da unidade de produtos e sistemas, que pudessem ser usadas para derivar as WACCs do segmento. Apresentamos um resumo desses dados no **Quadro 3** e as informações sobre as condições do mercado de capitais em outubro de 2005 no **Quadro 4**.

Conclusão

Weston não podia esperar de modo realista que todas as questões diante dela fossem resolvidas a tempo para influenciar o ataque de Victor Yossarian à administração. Mas seu ataque ditava a necessidade de uma avaliação objetiva do desempenho dos dois segmentos da Teletech – a escolha de taxas de retorno seria muito importante na análise. Ela realmente queria instituir um sistema pragmático de taxas de retorno adequadas (ou de taxa única), contudo, isso facilitaria julgamentos nas circunstâncias variáveis enfrentadas pela Teletech. Quais seriam as taxas de retorno adequadas para os dois segmentos? O segmento de produtos e sistemas estava apresentando desempenho baixo, como sugerido por Yossarian? Como a Teletech deveria responder ao investidor?

QUADRO 1 | Resumo do cálculo da WACC para a Teletech Corporation e segmentos

	Corporativo	Serviços de telecomunicações	Produtos e sistemas
Pesos do ativo a valor de mercado	100%	75%	25%
Rating do título	A−/BBB+	A	BB
Custo da dívida antes dos impostos	5,88%	5,74%	7,47%
Alíquota do IR	40%	40%	40%
Custo da dívida depois dos impostos	3,53%	3,44%	4,48%
Beta da ação	1,15		
R_f	4,62%		
R_M	10,12%		
$R_M - R_f$	5,50%		
Custo do capital próprio	10,95%		
Peso da dívida	22,2%		
Peso do capital próprio	77,8%		
Custo de capital médio ponderado (WACC)	**9,30%**		

Fonte: *Bloomberg LP, S&P Research Insight*, análise do autor do caso.

QUADRO 2 | Visão geral teórica das taxas múltiplas de retorno

Para: Margaret Weston
De: Bernard Ingles
Assunto: Teoria do custo de capital do segmento
Data: Outubro de 2005

De acordo com seu pedido, segue uma visão geral das teorias sobre taxas múltiplas de retorno. Sem entrar em minúcias, as teorias resumem-se aos seguintes pontos:

1. A idéia central é de que os retornos necessários devem ser orientados pelo risco. Esse é o ponto de vista dominante no campo da administração de investimentos e se baseia em uma grande quantidade de pesquisa teórica ao longo de décadas. A extensão dessa idéia de administração de investimentos para a tomada de decisão corporativa é, ao menos teoricamente, clara.
2. Uma premissa subjacente é que a empresa seja transparente (ou seja, que os investidores possam enxergar através do véu corporativo e avaliar as atividades correntes). Ninguém acredita que as empresas sejam completamente transparentes nem que os investidores sejam perfeitamente informados sobre tudo. Mas os padrões contábeis financeiros evoluíram para deixar a empresa muito mais transparente. E a comunidade de investidores cresceu mais, tanto em rigidez quanto em astúcia, em suas análises. A Teletech possui 36 analistas publicando relatórios e projeções sobre ela. A realidade é que, para as grandes empresas abertas, a transparência não é uma premissa ruim.
3. Outra premissa subjacente é que o valor de todo o empreendimento é simplesmente a soma de suas partes – esse é o conceito da adição de valor. Podemos definir "partes" como os segmentos do negócio (do lado esquerdo do balanço patrimonial) ou as camadas da estrutura de capital (do lado direito do balanço patrimonial). Os valores de mercado têm de se equilibrar.

   $$VM_{Teletech} = (VM_{Serviços\ de\ telecomunicações} + VM_{Produtos\ +\ Sistemas}) = (VM_{Dívida} + VM_{Patrimônio})$$

   Se esse equilíbrio não se manteve, então um investidor poderia vir e explorar a desigualdade comprando ou vendendo o todo e as partes. Isso é arbitragem. Comprando-se ou vendendo, as ações do investidor direcionariam os VM de volta ao estado de equilíbrio.
4. A teoria do investimento diz-nos que o único risco que importa é o risco não-diversificável, que é mensurado pelo beta. O beta indica o risco que um ativo adicionará a uma carteira. Pressupondo um investidor diversificado, também pressupomos que ele busca um retorno somente pelo risco do qual não pode se livrar, que é o risco não-diversificável. O ponto importante aqui é que o beta da carteira é igual à média ponderada dos betas dos componentes da carteira. Extrapolando isso para o contexto corporativo, o beta do ativo para a companhia será igual à média ponderada dos componentes da empresa – novamente, seus componentes podem ser definidos em termos tanto do lado direito quanto do esquerdo do balanço patrimonial.

   $$\beta_{Ativos\ da\ Teletech} = (w_{Serv.Tel.}\beta_{Serv.Tel.} + w_{P+S}\beta_{P+S}) = (w_{dívida}\beta_{dívida} + w_{patrimônio}\beta_{patrimônio})$$

   em que:

   $$w = \text{pesos percentuais com base nos valores de mercado}$$

   $$\beta_{Serv.Tel.}, \beta_{P+S} = \text{betas dos ativos para os segmentos do negócio.}$$

   $$\beta_{dívida} = \beta \text{ dos títulos da dívida da companhia}$$

   $$\beta_{patrimônio} = \beta \text{ das ações ordinárias da empresa (dado pelo Bloomberg etc.)}$$

   Essa é uma maneira bem prática de modelar o risco da empresa, pois significa que podemos usar o modelo de precificação de ativos de capital (financeiros) para estimar o custo de capital para determinado segmento (ou seja, usando os betas de ativo do segmento).
5. De acordo com o citado, conseqüentemente, a média dos diversos custos de capital (K) da companhia (WACC), que é a taxa de retorno teoricamente correta, é simplesmente a média ponderada das WACCs do segmento:

   $$WACC_{Teletech} = (w_{Serv.Tel.}WACC_{Serv.Tel.}) + (w_{P+S}WACC_{P+S})$$

QUADRO 2 | *(continuação)*

em que:

w = porcentagem dos pesos com base nos valores de mercado

$$WACC_{Serv.Tel.} = (w_{dívida,\ Serv.Tel.} K_{dívida,\ Serv.Tel.}) + (w_{patrimônio,\ Serv.Tel.} K_{patrimônio,\ Serv.Tel.})$$

$$WACC_{P+S} = (w_{dívida,\ P+S} K_{dívida,\ P+S}) + (w_{patrimônio,\ P+S} K_{patrimônio,\ P+S})$$

6. A idéia do número 5 pode não se verificar exatamente na prática. Primeiro, a maioria dos componentes na fórmula do WACC são estimados com alguma margem de erro. Segundo, por causa dos impostos, das assimetrias de informação ou de outras imperfeições de mercado, os ativos podem não ser precificados estritamente em linha com o modelo – para uma empresa do porte da Teletech, é razoável supor que qualquer erro de precificação seja temporário. Em terceiro lugar, a caracterização simples em dois segmentos ignora um terceiro segmento oculto: a tesouraria corporativa, que faz operações de hedge e tem o objetivo de financiar toda a empresa de modo ótimo – isso funciona como o pára-choque das políticas financeiras dos segmentos. Modelar o WACC da tesouraria corporativa é bastante difícil. A maioria das companhias pressupõe que o impacto da tesouraria corporativa não seja muito grande, e simplesmente o descartam. Como uma primeira abordagem, poderíamos fazer a mesma coisa, mas trata-se de questão que devemos revisitar.

Conclusões

- Teoricamente, o WACC corporativo da Teletech é adequado somente para a avaliação do ativo com o mesmo risco da empresa como um todo. Não é adequado para os ativos com riscos diferentes aos da companhia de modo geral.
- Os WACCs do segmento são calculados de modo semelhante aos WACCs corporativos.
- Conceitualmente, o WACC corporativo é uma média ponderada dos WACCs do segmento. Na prática, o conceito de média ponderada pode não ser válido, em razão das imperfeições no mercado e/ou estimativa de erros.
- Se começarmos a calcular os WACCs do segmento, devemos usar o custo da dívida, o custo do capital próprio e os pesos adequados àquele segmento. Necessitamos de muita informação para realizar esse processo corretamente, ou de muito esforço para fazer essas considerações.

QUADRO 3 | Exemplos de empresas similares

Nome da empresa	2004 Receitas (em milhões de dólares)	Beta do capital próprio	*Rating* do título	Valor de mercado da dívida/ Capital total	Relação do preço com o valor contábil	Valor de mercado da dívida/ Capital	Valor de mercado da dívida/ Valor de mercado do patrimônio	Preço/ Lucro
Teletech Corporation	**16.000**	**1,15**	**A−/BBB+**	**40%**	**3,0**	**22%**	**78%**	**12,9**
Setor de serviços de telecomunicações								
Alltel Corp.	8.246	1,00	A	44,7	2,4	23,2%	30,1%	15,4
AT&T Corp.	30.537	1,10	BB+	67,5	2,0	36,6%	57,7%	(2,4)
BellSouth Corp.	20.350	1,00	A	53,9	2,1	22,9%	29,7%	16,7
Centurytel Corp.	2.411	1,05	BBB+	48,7	1,3	37,0%	58,8%	13,3
Citizens Communications Co.	2.193	1,00	BB+	75,9	3,5	47,7%	91,1%	65,0
IDT Corp.	2.217	1,05	NA	4,6	1,2	2,1%	2,1%	(19,3)
SBC Communications Inc.	40.787	1,05	A	43,7	1,9	20,0%	25,0%	19,6
Sprint Corp.	27.428	1,15	A−	58,0	2,4	30,3%	43,4%	(43,1)
Verizon Communications Inc.	71.283	1,00	A+	40,0	2,6	24,1%	31,8%	12,5
Média		1,04		48,55	2,15	27,1%	41,1%	8,65
Setor de equipamentos de telecomunicações								
Avaya Inc.	4.057	1,35	BB	54,5	3,5	4,4%	4,6%	18,3
Belden CDT Inc.	966	1,45	NA	23,6	1,2	17,5%	21,3%	38,7
Commscope Inc.	1.153	1,10	BB	41,6	2,0	22,4%	28,9%	10,3
Corning Inc.	3.854	1,45	BBB−	44,4	5,4	11,8%	13,4%	(11,1)
Harris Corp.	2.519	1,05	BBB−	24,5	2,7	10,7%	11,9%	21,9
Lucent Technologies Inc.	9.045	1,75	B	129,0	(26,0)	30,1%	43,0%	6,0
Nortel Networks Corp.	9.828	1,75	NA	45,7	3,0	20,7%	26,0%	(51,8)
Plantronics Inc.	560	1,20	NA	0,7	4,2	0,2%	0,2%	17,0
Scientific-Atlanta Inc.	1.708	1,45	NA	0,5	2,6	0,1%	0,1%	20,7
Média		1,39		40,50	(0,15)	13,1%	16,6%	7,77
Setor de informática e equipamentos de rede								
EMC Corp.	8.229	1,55	BBB	1,1	2,9	0,4%	0,4%	34,3
Gateway Inc.	3.650	1,35	NA	64,2	5,5	11,8%	13,4%	(4,2)
Hewlett-Packard Corp.	79.905	1,45	A−	16,9	1,7	7,8%	8,5%	18,5
Int'l. Business Machines Corp.	96.293	1,10	A+	51,4	4,1	8,4%	9,1%	15,2
Lexmark Int'l. Inc.	5.314	1,15	NA	6,8	4,2	1,4%	1,4%	15,5
NCR Corp.	5.984	1,20	NA	12,8	3,3	4,5%	4,8%	21,1
Seagate Technology	6.224	1,20	NA	28,6	4,4	10,0%	11,1%	25,0
Storage Technology Corp.	2.224	1,15	NA	0,9	2,4	0,3%	0,3%	18,2
Western Digital Corp.	3.047	1,80	NA	12,6	4,8	2,9%	3,0%	16,7
Média		1,33		21,70	3,70	5,3%	5,8%	17,81

Fonte: *Value Line Investment Survey, S&P Research Insight.*

QUADRO 4 | Condições do mercado de dívida, outubro de 2005

Rendimentos dos títulos corporativos		Títulos do Tesouro norte-americano	
Ações industriais			
AAA	5,44%	3 meses	3,56%
AA	5,51%	6 meses	3,99%
A	5,74%	2 anos	4,23%
		3 anos	4,23%
BBB	6,23%	5 anos	4,25%
BB	7,47%	10 anos	4,39%
B	8,00%	30 anos	4,62%
Telefonia			
A	6,17%		
BBB	6,28%		
Serviços públicos			
A	5,69%		
BBB	6,09%		

Fonte: *Bloomberg LP.*

CASO 16

O Boeing 7E7

Nós ainda temos muito a realizar para que possamos oferecer o 7E7 aos nossos consumidores. A equipe está fazendo um grande progresso – compreendendo o que nosso cliente quer, desenvolvendo um avião que vá ao encontro de suas necessidades e definindo um caso que demonstrará o valor do programa.

– Michael Bair, vice-presidente sênior da Boeing[1]

No início de 2003, a Boeing anunciou que tinha planos de projetar e vender um novo modelo de jato, "supereficiente", apelidado 7E7, e em seguida chamado de "Dreamliner". Contudo, as notícias ao longo dos seis meses seguintes oprimiram o mercado de aeronaves, que já estava contido. Os Estados Unidos estavam em guerra contra o Iraque, surtos de terrorismo global traziam manchetes chocantes e havia uma doença fatal chamada SARS (Síndrome Respiratória Aguda Grave) – todos esses fatores geravam ressalvas quanto a viajar pelo mundo. Em virtude dessas e de outras razões, os lucros das companhias aéreas eram os piores já vistos em uma geração. Esse parecia um ambiente inacreditável para se lançar um projeto importante de um novo avião. Apesar disso, em 16 de junho de 2003, na prestigiada Paris Air Show, Michael Bair, o líder do projeto 7E7, anunciou que a Boeing estava fazendo "excelente progresso no desenvolvimento do 7E7 e continuava no caminho para lançar o avião".[2]

Para prosseguir com o projeto, Bair buscou um acordo com o conselho de diretores da Boeing no início de 2004. Se o conselho aprovasse o plano, ele poderia começar a receber pedidos de aeronaves e esperar que houvesse passageiros voando nos novos jatos a partir de 2008. Enquanto aguardava a aprovação do conselho, ele teria de completar uma avaliação do projeto do 7E7 e conseguir o apoio do chefe-executivo da Boeing, Philip Condit, e dos outros administradores seniores. Será que a análise financeira mostraria que esse projeto poderia ser lucrativo para os acionistas da Boeing?

[1]"Bair Provides Update on Boeing 7E7 Dreamliner", *Le Bourget*, 16 de junho de 2003.

[2]"Bair Provides Update".

Origens do projeto 7E7

A Boeing não introduzia uma aeronave comercial nova desde que lançou, em 1994, o 777, que foi altamente bem-sucedido. No final dos anos 1990, contudo, a empresa anunciou e depois cancelou dois novos programas de aeronaves comerciais. O mais proeminente deles foi o "Sonic Cruiser", que prometia voar de 15% a 20% mais rápido do que qualquer aeronave comercial e teria um *design* futurístico e suave. Infelizmente, após dois anos desenvolvendo o Sonic Cruiser, havia indícios, dos clientes potenciais da Boeing, de que os passageiros não estariam dispostos a pagar o preço por uma viagem mais rápida. A companhia estava, assim, em atraso no desenvolvimento de um produto que pudesse tirá-la do declínio financeiro em que estava e ajudar a reconquistar as vendas de aeronaves comerciais que havia perdido ao longo dos anos para a Airbus, sua maior concorrente.

Com o 7E7, um executivo da Airbus argumentou que a Boeing parecia estar prometendo um "sonho para um vendedor e um pesadelo para um engenheiro".[3] O 7E7, que poderia levar entre 200 e 250 passageiros, seria capaz tanto de vôos curtos, domésticos, quanto de viagens longas, internacionais. Ele usaria 20% menos combustível do que os aviões existentes de seu tamanho e seria 10% mais barato de se operar do que um Airbus A330-200. Em uma época em que as principais companhias aéreas estavam lutando para conseguir algum lucro, usar menos combustível, custos de operação menores e flexibilidade de distância dos vôos, essa aeronave formaria um pacote de vantagens bastante atrativo pelo preço certo.

Havia muitos céticos quanto ao 7E7, que sugeriam que o nome "Dreamliner" era apropriado. Para fazer o gasto de combustível mais eficiente, o 7E7 seria o primeiro avião comercial construído principalmente com material de carbono reforçado, que era mais forte e mais leve do que o tradicional alumínio. Além disso, a Boeing prometia uma eficiência maior em combustível ao usar um motor mais eficiente; ela afirmava que o uso de compostos também reduziria seus custos de fabricação. O objetivo seria desenvolver um avião com menos componentes, que poderia ser montado em três dias, em comparação com os 20 dias que levava para se montar o Boeing 767. O uso de materiais compostos, contudo, tinha seus riscos; esses eram suspeitos de ser uma causa que contribuiu para o acidente aéreo de 2001 em Nova York e, portanto, teriam de superar um minucioso exame regulatório. A Boeing também deveria mudar seus métodos de produção radicalmente. A última vez em que a empresa fez uma mudança grande em sua produção foi em 1997, em razão de uma necessidade de contenção de custos. Contudo, como o processo não foi muito sutil, resultou no fechamento de duas linhas de produção por 30 dias e na perda de prazo de entrega de centenas de aviões.

A capacidade de produzir uma aeronave que pudesse fazer viagens de curta e longa distância também teria de superar obstáculos na engenharia. Os analistas diziam que construir um avião que pudesse "dar um pulo" na Ásia ou fazer longos vôos transatlânticos requereria duas versões do avião com envergaduras diferentes.[4] Os engenheiros da Boeing consideravam a possibilidade de variar extensões da asa. A questão era se isso seria muito caro e se seria tecnicamente factível.

Finalmente, existia o problema do conselho da Boeing. Havia rumores de que dois dos mais poderosos membros das 11 pessoas do quadro, Harry Stonecipher e John McDonnell,

[3]"Will Boeing's New Idea Really Fly?", *Business Week*, 23 de junho de 2003.

[4]Observado por Richard Aboulafia, analista sênior da Teal Group Corporation, em "Will Boeing's New Idea Really Fly?".

haviam levantado sérias preocupações quanto ao custo do 7E7. Enquanto o custo para desenvolver o projeto do 7E7 poderia estar na casa dos US$ 10 bilhões, havia uma ameaça iminente de veto se esse número não encolhesse alguns bilhões. Mais especificamente, o conselho queria manter os custos de desenvolvimento do 7E7 em apenas 40% do que custou desenvolver o 777. Uma pressão adicional do conselho era manter os custos por unidade do 7E7 em apenas 60% dos custos do 777. Em resposta, Philip Condit, chefe-executivo e presidente da Boeing, foi citado afirmando que "a Boeing tem a responsabilidade de desenvolver jatos comerciais por menos".[5] Porém, ele sabia que se a Boeing não assumisse riscos importantes na indústria de aeronaves, seus dias como competidores sérios da Airbus estavam contados.

Indústria de aeronaves comerciais

Em 2002, duas empresas, a Boeing e a Airbus, dominavam a indústria de aviões comerciais grandes (cem assentos ou mais). A Boeing historicamente detinha a liderança nesse mercado, mas, após diversas medidas, a Airbus tornou-se a número 1. Em 2002, enquanto a Boeing recebeu 176 pedidos, a Airbus recebeu 233, representando 57% do mercado em unidades e uma participação de mercado no valor estimado de 53,5%.[6]

Airbus S.A.S.

Como se poderia esperar, a Airbus estava orgulhosa de seu crescimento. Estabelecida em 1970 por um consórcio de companhias européias, demorou 23 anos para que a empresa atingisse a marca de mil aeronaves entregues, outros seis anos para as próximas mil, e somente outros três anos (até 2002) para bater a marca de 3 mil aviões vendidos.[7] Em 1999, pela primeira vez em sua história, a Airbus registrou mais pedidos por aeronaves do que sua concorrente Boeing.

As aeronaves comerciais grandes da Airbus incluíam o A300/310, A320, A330/340 e a série A380. A Airbus divulgava a série A300/310 como tendo a flexibilidade de servir rotas curtas, médias e longas. A aeronave robusta, com dois motores, era considerada de tamanho médio, com uma configuração típica de cerca de 250 passageiros. Essa série levou passageiros pela primeira vez em 1983, e foi o fato de sua frota estar envelhecendo que abriu para a Boeing a oportunidade de substituição, com o 7E7. No entanto, enquanto a Boeing apostava em uma demanda futura por aeronaves de médio porte, a Airbus anunciou seu A380, um jato superjumbo de quatro motores, em 2000. O A380 estaria disponível para voar em 2006, com uma configuração para 550 passageiros e um alcance de longa distância de até 8.000 milhas. Ele seria o maior avião de passageiros já construído.

A Boeing Company

A Boeing foi dividida em dois segmentos principais: aviões comerciais e sistemas de defesa integrados. Em 2002, ela recebeu US$ 16,6 bilhões em contratos de defesa, abaixo

[5]"Losing Ground to Airbus, Boeing Faces a Key Choice", *Wall Street Journal*, 21 de abril de 2003.

[6]"2002 Commercial Results", www.airbus.com.

[7]Em 2001, a Airbus tornou-se formalmente uma entidade integrada simples, por meio da transferência de ativos relacionados à Airbus para a empresa recém-incorporada. A European Aeronautic Defense and Space Company (EADS) (Defesa Aérea Européia e Companhia Espacial) possuía 80% da nova empresa, e os sistemas BAE possuíam os outros 20%.

apenas da Lockheed Martin, com US$ 17 bilhões. O **Quadro 1** mostra que, em 2002, cada segmento gerou receitas para a Boeing quase que na mesma medida. Além disso, enquanto as receitas de aeronaves comerciais estavam caindo, as receitas de defesa cresciam. Os analistas acreditavam que a Boeing seria capaz de transferir uma quantidade significativa de tecnologia da defesa R&D para o segmento de aeronaves comerciais.

O segmento de aviação comercial produziu e vendeu seis carcaças principais projetadas para atender às necessidades dos mercados de curto e longo alcances: os modelos-padrão 717, 737 e 757, e os modelos largos 747, 767 e 777. Em 31 de dezembro de 2002, a Boeing havia deixado de entregar 1.083 unidades encomendadas de aviões comerciais em carteira e teve uma queda de cerca de US$ 68 bilhões nas encomendas. Para 2003, ela projetou 280 entregas de aeronaves e esperava ter entre 275 e 300 em 2004. A Boeing estimava que, em 2003, a receita gerada por seu segmento de aeronaves comerciais seria de aproximadamente US$ 22 bilhões, abaixo dos US$ 28 bilhões em 2002. Reconhecendo o impacto negativo dos ataques de 11 de setembro na demanda por aeronaves comerciais, a Boeing cortou as taxas de produção em 2002 pela metade, de modo a manter a lucratividade naquele segmento.

Os **Quadros 2** e **3** mostram o balanço patrimonial da Boeing e os demonstrativos de resultados, respectivamente. Os ganhos da empresa caíram significativamente de 2001 a 2002, isso resultou em grande parte de uma mudança na contabilidade (SFAS nº 142). Também, uma queda nas entregas de aviões comerciais, de 527, em 2001, para 381, em 2002 contribuiu para o declínio.

Demanda por aeronaves comerciais

A perspectiva de longo prazo para a demanda por aeronaves parecia positiva.[8] No *Market Outlook*, texto da Boeing, lia-se o seguinte:

> No curto prazo, a viagem aérea é influenciada por ciclos de negócios, confiança do consumidor e eventos exógenos. No longo prazo, os ciclos se suavizam, e o PIB, o comércio internacional, os preços baixos e as melhorias na rede de serviços tornam-se predominantes. Durante os próximos 20 anos, as economias crescerão anualmente até 3,2%, e a viagem aérea continuará sua relação histórica com o PIB, crescendo a uma taxa anual de 5,1%.

Como mostra o **Quadro 4**, a projeção de 20 anos da Boeing de 2003 a 2022 era de 24.276 novas aeronaves comerciais, avaliadas a US$ 1,9 trilhões em 2002. A empresa previa uma composição de 4.303 jatos regionais menores (menos de 90 assentos); 13.647 aviões de um corredor; 5.437 aviões de dois corredores; e 889 aviões do tamanho do 747 ou maiores. Essa previsão refletia uma frota mundial que iria mais do que dobrar, com um quarto do mercado vindo de substituição de aeronaves e três quartos da projeção de aumento de passageiros e cargas.

O **Quadro 5** ilustra previsões de 20 anos da Airbus, dos anos 2000 a 2020. Apesar de o relatório datar de 2002, por causa dos ataques de 11 de setembro, os números incluem o ano 2000 para servir como um ano de *benchmark*. Para esse período, a Airbus previu a entrega de

---

[8]As fontes principais para as estimativas sobre demanda por aeronaves comerciais incluem "2003 Current Market Outlook", da Boeing, e "2002 Global Market Forecast 2001-2020", da Airbus. Enquanto ambos os relatórios admitem os efeitos negativos de "eventos exógenos", como o 11 de setembro de 2001, também concordam em uma perspectiva de longo prazo mais saudável.

15.887 novas aeronaves comerciais em 2002, com um valor de US$ 1,5 trilhões. Isso incluía 10.201 aviões de um corredor; 3.842 aviões de dois corredores; 1.138 aviões realmente grandes; e 706 fretados. A projeção de 15.887 unidades não incluía aviões com menos de 90 assentos.

Apesar de os números da Boeing e da Airbus não serem diretamente comparáveis, em razão das a pequenas diferenças no período de tempo e nas classificações das aeronaves, parece que a Airbus estava mais otimista sobre o mercado de grandes aeronaves do que a Boeing. Enquanto a Airbus projetou que se tratava de um mercado de US$ 270 bilhões, incluindo 1.138 passageiros, a Boeing projetou apenas US$ 214 bilhões com 653 passageiros. A Boeing, contudo, estimou que as ações de aviões de porte intermediário aumentariam de 18% para 22%. Nesse *forecast*, a Boeing reconhecia que aviões de porte intermediário permitiririam às companhias aéreas, de forma econômica, aumentar a freqüência de vôos, pares de cidades e vôos sem parada requisitados pelos passageiros. De acordo com recente estudo de Frost & Sullivan, elas acreditavam que a projeção de mercado da Airbus para o A380 estava "otimista demais".[9]

Desenvolvimento de aeronave e ciclo de vida

O desenvolvimento de uma nova carcaça de avião era caracterizado por imensas saídas de caixas iniciais que poderiam requerer entre uma e duas décadas para se recuperar. Por exemplo, rumores sobre os custos de desenvolvimento para o Boeing 777 falavam em números em torno de 7 bilhões de dólares. Qualquer política de preços precisaria não só recuperar os adiantamentos dos custos de desenvolvimento, mas também os custos de produção. Além disso, a precificação estaria sujeita à rigorosa pressão competitiva. Em suma, em virtude dos esforços financeiros que uma nova linha de produção poderia gerar, cada nova aeronave seria uma proposta "tudo ou nada". Com o tempo, a sobrevivência na indústria dependia de introduzir produtos bem-sucedidos e ter profundas reservas para se financiar durante a fase inicial de sobrevivência de derramamento do fluxo de caixa.

Enquanto as vendas de aeronave estavam sujeitas a desvios cíclicos no curto prazo, havia algum grau de previsibilidade nas vendas. As vendas normalmente teriam um pico pouco tempo após a introdução de uma nova aeronave e depois cairiam. Desse modo, as vendas subiriam e cairiam como derivações das aeronaves que estavam sendo oferecidas. O **Quadro 6** mostra os ciclos de vendas dos primeiros 20 anos do 757 e do 767.

O 7E7

O conceito do Boeing 7E7 foi direcionado pelos requisitos apontados pelos clientes. A Boeing originalmente anunciou, em março de 2001, seus planos para construir o Sonic Cruiser, um avião que poderia voar próximo à velocidade do som. O sucesso do Cruiser dependia de que os passageiros estivessem dispostos a pagar um valor diferenciado para um vôo mais rápido. Contudo, os consumidores potenciais do avião, que haviam se interessado pelo Cruiser durante um mercado forte de viagens aéreas comerciais, agora estavam voltados para a própria sobrevivência. Os eventos de 11 de setembro e a ruptura na bolha de tecnologia levaram a um declínio importante nos pedidos por aviões. Como resultado, a Boeing solicitou resposta atualizada de diversos clientes potenciais que em breve precisariam substituir sua

[9]"An Ongoing Rivalry", *Avionics Today*, agosto de 2003.

frota de aviões de porte médio, que estava envelhecendo, bem como os 757, 767, A300, A310, A321 e A330. Assustadoramente, a resposta foi que os clientes esperavam um avião com custos de operação mais baixos.

Com base nas discussões com mais de 40 empresas aéreas em todo o mundo, Bair identificou um mercado novo para substituir aviões de porte médio, não apenas com foco em custos de operação mais baixos, mas também na criação de um avião de médio porte que poderia viajar por longas distâncias, uma característica anteriormente viável apenas em aviões grandes, como os 747. Tal flexibilidade permitiria às companhias aéreas oferecer serviços sem escala em rotas que demandavam aviões de longo alcance, mas não justificavam o tamanho maior. Bair estimava que existia mais de 400 pares de cidades (por exemplo, Atlanta-Atenas) que poderiam ser servidas eficientemente e sem escalas pelo 7E7.

A Boeing estava considerando dois novos membros para a família do 7E7, a versão básica e uma ampliada (7E7 Stretch). O **Quadro 7** traz a descrição da Boeing sobre as duas configurações. Outras melhorias para os passageiros incluíam corredores mais amplos, altitude de cabine mais baixa e aumento na umidade da cabine. Os aviões, ainda, incluiriam sistemas de entretenimento durante o vôo, acesso à Internet, monitoração em tempo real dos sistemas do avião e da estrutura de saúde e conectividade com a tripulação. Além disso, a empresa afirmava que o 7E7 teria a menor impressão de som, com a decolagem e a aterrissagem mais silenciosas em sua categoria.

A Boeing projetava uma demanda de aproximadamente 2 mil a 3 mil aviões da série 7E7 dentro de 20 anos da entrada de cada serviço. Um estudo de Frost & Sullivan previa a venda de "ao menos 2000 B7E7s".[10] No entanto, a demanda era altamente dependente do fato de a empresa conseguir cumprir a promessa de custos de combustível 20% mais baixos e de flexibilidade de alcance em uma aeronave de porte médio. Além disso, se a flexibilidade de alcance realmente necessitasse de ampliação das asas, tal *design* poderia gerar significativo aumento nos custos de construção da aeronave. Não apenas a Boeing enfrentava uma incerteza quanto à capacidade da engenharia de desenvolver tal aeronave, mas também havia o risco de sua duplicação pela Airbus. Esta já anunciara que se a eficiência de combustível era gerada principalmente pelo projeto do motor, então seria simples encomendar motores mais eficientes para seus aviões. Qualquer incerteza nas especificações do 7E7 e o risco de competição claramente geravam ainda mais pressão tanto no preço que a Boeing podia cobrar quanto no número de unidades que ela conseguiria vender.

Projeção financeira e análise

O **Quadro 8** contém uma projeção de oito anos de fluxos de caixa livres do projeto do Boeing 7E7 consistente com informações públicas divulgadas pela Boeing, por analistas da Airbus e outros especialistas na área. Veja o **Apêndice** para considerações detalhadas sobre a projeção. A principal implicação da projeção é que o projeto do 7E7 ofereceria uma taxa interna de retorno (IRR) próxima a de 16%. Isso nos permite supor que a Boeing não apenas cumpriria as especificações prometidas para o avião, mas também que a Airbus não conseguiria replicar as eficiências do 7E7.

Com base nas expectativas dos analistas e da Boeing, o caso pressupõe que a empresa poderia vender 2.500 unidades nos primeiros 20 anos. O preço foi estimado com base nos preços de 2002 para os Boeings 777 e 767. O 7E7 seria um híbrido dos dois aviões em

[10] "An Ongoing Rivalry".

termos de número de passageiros e de alcance. Interpolando entre os preços do 777 e do 767, foi possível estimar o valor atribuído ao alcance e ao número de passageiros. Usando essa metodologia, sem nenhum preço *premium* pela baixa nos custos de operação, o preço mínimo para o 7E7 e o 7E7 Stretch estava estimado em US$ 114,5 milhões e US$ 144,5 milhões, respectivamente, em 2002. A projeção era de que os consumidores estariam dispostos a pagar um preço *premium* de 5% do preço pelos baixos custos operacionais.

O IRR, que é consistente com suposições do caso, era de 15,7%. Mas o IRR estimado era sensível a variações em diferentes suposições. Em particular, algumas incertezas óbvias seriam o número de unidades que a Boeing conseguiria vender e a que preço. Por exemplo, se a Boeing vendesse somente 1.500 unidades nos primeiros 20 anos, então, como mostra o **Quadro 9**, o IRR cairia para 11%. Isso poderia ocorrer se a demanda por viagens aéreas piorasse ou se a Airbus entrasse nesse segmento com um novo produto à altura de competir com a Boeing.

Variáveis desconhecidas adicionais seriam os custos de desenvolvimento e os custos por cópia para construir o 7E7. O conselho da Boeing estava ávido por minimizar esses custos. A projeção assume US$ 8 bilhões para os custos de desenvolvimento; contudo, os analistas estimavam esse valor em US$ 6 a US$ 10 bilhões. O custo de fabricação do 7E7 também estava sujeito a grande incerteza. De um lado, engenheiros foram desafiados a construir um avião de médio porte com capacidade para longo alcance. De outro lado, se a Boeing conseguisse usar materiais de composição, que requeriam uma fração do tempo normal de montagem, os custos de construção seriam mais baixos. Condizente com a história da empresa, o caso assume 80% como a porcentagem do custo de produtos vendidos, para vendas. Como mostra o **Quadro 9**, porém, o IRR do 7E7 era muito sensível ao fator de custo de produção baixo.

Custo de capital

O custo médio ponderado de capital (WACC) da Boeing poderia ser estimado usando-se a seguinte fórmula, já conhecida:

$$\text{WACC} = (\text{percentual da dívida})(r_d)(1 - t_c) + (\text{percentual do capital próprio})(r_e)$$

em que:

r_d = Custo de capital de dívida sem impostos

t_c = Alíquota fiscal corporativa marginal efetiva

Percentual da dívida = Proporção da dívida em uma estrutura de capital com valor de mercado

r_e = Custo do capital próprio

Percentual do capital próprio = Proporção do capital próprio em uma estrutura de capital com valor de mercado

O **Quadro 10** traz informações sobre betas e índices de dívida/capital próprio da Boeing e de empresas comparáveis. O **Quadro 11** fornece dados sobre questões de dívidas pendentes da Boeing. Enquanto a alíquota marginal média fiscal corporativa efetiva foi menor no passado, atualmente era prevista para girar em cerca de 35%. Em junho de 2003, o retorno de um título de três meses do Tesouro americano era de 0,85%, e o retorno de um título de 30 anos do Tesouro americano era de 4,56%. Em 16 de junho de 2003, a ação da Boeing fechou a US$ 36,41.

Os analistas notaram que a Boeing realmente consistia de dois negócios separados: o negócio de defesa, relativamente mais estável, e o mais volátil negócio comercial. Corporações de defesa foram beneficiadas quando o mundo se tornou instável por causa dos ataques terroristas de setembro de 2001. Além disso, os Estados Unidos, junto de alguns de seus aliados, foram para a guerra contra o Iraque em 20 de março de 2003. Enquanto Bush declarava o fim das maiores operações iraquianas em 1º de maio de 2003, em 16 de junho, o número de mortos no Iraque continuava a aumentar. Um tipo diferente de risco surgia com a explosão da SARS. Em 1º de fevereiro de 2003, a China anunciou a descoberta de uma doença mortal e contagiosa que em seguida se espalhou para o Canadá e a Austrália. Em 16 de junho, advertências quanto a viagens ainda existiam. Assim, surgiu a questão sobre a possibilidade de estimar o custo de capital da Boeing para servir como uma taxa de retorno requerida de *benchmark*. Um retorno requerido em um portfólio daqueles dois negócios seria apropriado para avaliar o projeto do 7E7? Se necessário, como seria possível isolar um retorno requerido para aeronave comercial?

Conclusão

Na indústria de manufatura de aeronaves, a magnitude do risco assumido ao se lançar uma nova aeronave principal era aceita como uma necessidade de percurso. Com os enormes custos de capital e de adiantamento em um ambiente de competição de tecnologia e de preços intensos, não havia garantia de sucesso ou de perdas maiores se a aposta não fosse confirmada. Em uma época de grande incerteza política e econômica, Michael Bair disse:

> Logicamente, temos de fazer uma proposta de negócio convincente. Pode ser que ainda estejamos em um clima de negócios terrível em 2004. Mas você não pode deixar que o que está lhe acontecendo hoje faça com que tome decisões ruins nesse ciclo de negócios longo. Esse avião é muito importante para nosso futuro.[11]

Para qualquer recomendação que Bair pudesse fazer para o conselho de diretores da Boeing, era importante o acesso aos dados da lucratividade econômica do projeto do 7E7. O projeto compensaria os acionistas da Boeing pelos riscos e pelo uso de seu capital? Haveria outras considerações que poderiam acalmar os analistas econômicos? Por exemplo, até que ponto considerações organizacionais e estratégicas poderiam influenciar o conselho? Se a Boeing não assumisse o 7E7, estaria cedendo à liderança do negócio de aeronaves comerciais para a Airbus?

[11]"New Team, Name for Boeing 'Super-Efficient' Jet", *Seattle Times,* 30 de janeiro de 2003.

QUADRO 1 | Receitas, lucros operacionais e ativos identificáveis por segmento da Boeing

	2002	2001	2000
Receitas			
Aviões comerciais	$28.387	$35.056	$31.171
Sistemas de defesa integrada	24.957	22.815	19.963
Eliminações contábeis e outras	725	1.047	187
Total	$54.069	$58.918	$51.321
Lucro operacional			
Aviões comerciais	$2.847	$2.632	$2.736
Sistemas de defesa integrada	2.009	2.965	$1.002
Eliminações contábeis e outras	(988)	(1.701)	(680)
Total	$3.868	$3.896	$3.058
Ativos identificáveis			
Aviões comerciais	$9.726	$10.851	$10.367
Sistemas de defesa integrada	12.753	12.461	12.579
Eliminações contábeis e outras	29.863	25.666	20.588
Total	$52.342	$48.978	$43.534

Fonte: Boeing Company, 2002 Annual Report.

QUADRO 2 | Balanços patrimoniais da Boeing (em milhões de dólares)

	2002	2001
Ativos		
Caixa e equivalentes de caixa	$2.333	$633
Contas a receber	5.007	5.156
Estoque, adiantamentos líquidos, estoques em andamento e reservas	6.184	7.559
Outros ativos circulantes	3.331	3.497
Ativos circulantes totais	16.855	16.845
Clientes e financiamento comercial – líquido	10.922	9.345
Propriedade, fábrica e equipamentos – líquido	8.765	8.459
Fundo de comércio e outros intangíveis adquiridos – líquido	3.888	6.447
Despesa com pensão pré-paga	6.671	5.838
Imposto de renda diferido e outros ativos	5.241	2.044
Ativos totais	$52.342	$48.978
Passivos e patrimônio líquido		
Contas a pagar e outros passivos	$13.739	$14.237
Dívida de curto prazo e porção circulante de dívida de longo prazo	1.814	1.399
Outros passivos circulantes	4.257	4.930
Passivos circulantes totais	19.810	20.566
Passivos acumulados em plano de saúde de aposentados e planos de pensão	11.705	5.922
Dívida de longo prazo	12.589	10.866
Outros passivos	542	799
Patrimônio líquido:		
Ações ordinárias	1.831	4.994
Lucros retidos	14.262	14.340
Ações em tesouraria	(8.397)	(8.509)
Patrimônio líquido total	7.696	10.825
Passivos totais e patrimônio líquido	$52.342	$48.978

Fonte: Boeing Company, 2002 Annual Report.

QUADRO 3 | Demonstrativos de resultados da Boeing (em milhões de dólares, exceto dados por ações)

	2002	2001
Vendas e outras receitas operacionais	$54.069	$58.198
Custo de produtos e serviços	45.499	48.778
Despesas gerais e administrativas	2.534	2.389
Despesas de pesquisa e administrativas	1.639	1.936
Encargos/(recuperação) do impacto do 11 de setembro de 2001	(2)	935
Outras despesas operacionais	531	264
Receitas das operações	3.868	3.896
Outras receitas/(despesas)	42	318
Despesa financeira	(730)	(650)
Lucros antes do imposto de renda	3.180	3.564
Imposto de renda[1]	861	738
Lucro líquido antes do efeito cumulativo na mudança de princípio contábil	2.319	2.826
Efeito cumulativo da mudança de princípio contábil, líquido de imposto	(1.827)	1
Lucro líquido	$492	$2.827
Lucro por ação	$0,62	$3,46

Fonte: Boeing Company, 2002 Annual Report.

[1]A taxa média da Boeing compatível com a performance reportada para 2002 foi de 27%. Ainda assim a média da taxa efetiva marginal da empresa foi de 35%.

QUADRO 4 | Projeção da distribuição de entrega da Boeing 2003-2022

Categoria de assentos	Modelos	Dólares de 2002 (em bilhões)	Unidades de passageiros Unidades de aviões Unidades totais
Corredor individual			
Jato regional pequeno	Menos de 90 assentos	963,5	4.303
e intermediário	em jatos regionais		0
			4.303
90–170	717-200	575,5	11.249
	737-600/-700/-800		58
	A318/A319/A320		11.307
	Jatos regionais maiores		
171–240	737-900	170,0	2.307
	757		33
	A321		2.340
Corredores duplos			
230–310	767	370,7	2.521
(181–249)	A300		272
	A310		2.793
	A330-200		
311–399	777	488,3	2.482
(250–368)	A330-300		162
	A340		2.644
Grandes			
747 e maiores	747-400	214,0	653
(>400)	A380		236
			889
Total		**1.915,0**	**23.515**
			761
			24.276

Fonte: Boeing Company.

QUADRO 5 | Projeção da distribuição de entrega da Airbus 2000-2020

Categoria de assentos (número de assentos)	Exemplos de modelos	Dólares de 2002 (em bilhões)	Unidades
Um corredor (passageiros) (100–210)	A318, A319, A320, A321	609	10.201
Dois corredores (passageiros) (250–400)	A330, A340	524	3.842
Muito grandes (passageiros) (>400)	A380	270	1.138
Fretados		106	706
Total		**1.509**	**15.887**

Fonte: Boeing Company.

QUADRO 6 | Ciclo de vida de vendas de unidades (média dos Boeing 757 e 767)

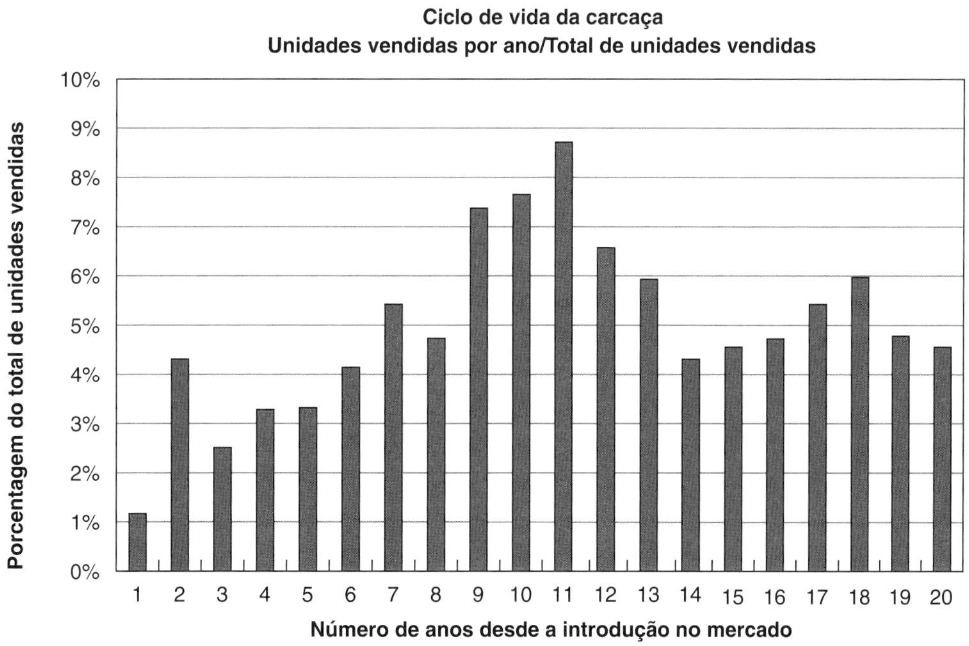

Fonte: Site da Boeing Company, www.boeing.com.

QUADRO 7 | Descrição das configurações do produto para os modelos Baseline e Stretch do 7E7

Boeing 7E7 modelo Baseline	Boeing 7E7 Stretch
Breve descrição: O Boeing 7E7 Baseline é um avião supereficiente, com novas características que agradarão aos passageiros. Ele trará a economia dos grandes jatos de transporte para o mercado médio, usando 20% menos combustível do que qualquer avião de seu tamanho.	**Breve descrição:** O Boeing 7E7 Stretch é uma versão um pouco maior do que a do 7E7 Baseline. Ambos são aviões supereficientes, com características que agradarão aos passageiros. O Stretch trará a economia dos grandes jatos de transporte para o mercado médio, usando 20% menos combustível do que qualquer avião de seu tamanho.
Assentos: 200 passageiros na configuração de três classes 300 ou mais na configuração de uma classe	**Assentos:** 250 passageiros na configuração de três classes 350 ou mais na configuração de uma classe
Alcance: 6.600 milhas náuticas	**Alcance:** 8.000 milhas náuticas
Configuração: Corredores duplos	**Configuração:** Fileiras duplas
Corte transversal: 226 polegadas	**Corte transversal:** 226 polegadas
Envergadura: 186 pés	**Envergadura:** 186 pés
Comprimento: 182 pés	**Comprimento:** 202 pés
Velocidade de cruzeiro: Média 0,85	**Velocidade de cruzeiro:** Média 0,85
Capacidade de carga após bagagem dos passageiros: 5 pallets + 5 contêineres LD3	**Capacidade de carga após bagagem dos passageiros:** 6 pallets + 8 contêineres LD3
Marcos do programa: Capacidade de oferta: Fim de 2003/Início de 2004 Início da montagem: 2005 Primeiro vôo: 2007 Certificação/Entrada no serviço: 2008	**Marcos do programa:** Entrada no serviço provavelmente em 2010, dependendo do mercado

Fonte: Boeing Company.

QUADRO 8 | Projeção do fluxo de caixa livre do Boeing 7E7 (em milhões de dólares)

Suposições	
Preço inicial do 7E7	$136,95
Preço inicial do 7E7 Stretch	$170,87
Custo dos produtos vendidos (porcentagem das vendas)	80%
Capital circulante necessário como porcentagem das vendas	6,7%
Despesas gerais, de vendas e administrativas como porcentagem das vendas	8%
Despesa R&D (porcentagem das vendas)	2,3% (excluindo 2004–2007)
Investimentos de capital (porcentagem das vendas)	0,16% (excluindo 2004–2007)
Custos de desenvolvimento (2004-2009)	$8.000
Número total de aviões, anos 1 a 20	2.500
Número total de aviões, anos 20 a 30	Assim como no ano 20
Inflação	2%
Taxa marginal média efetiva	35%

	2004	2005	2006	2007	2008
Receitas					
Aviões entregues					30
Aviões 7E7					30
Aviões 7E7 Stretch					0
Preço do 7E7					$136,95
Preço do 7E7 Stretch					
Receitas totais do produto					4.108,64
Custo dos produtos vendidos					3.286,91
Lucro bruto					821,73
Depreciação	7,50	29,44	102,23	117,06	123,78
Despesa GV&A					308,15
Lucro operacional (antes da R&D)	(7,50)	(29,44)	(102,23)	(117,06)	389,80
Despesa R&D	300,00	900,00	3.000,00	900,00	694,50
Lucro antes do imposto	(307,50)	(929,44)	(3.102,23)	(1,017,06)	(304,69)
Impostos (ou crédito de impostos)	(107,63)	(325,30)	(1.085,78)	(355,97)	(106,64)
Lucro após impostos	(199,88)	(604,13)	(2.016,45)	(661,09)	(198,05)
Investimentos de capital	100,00	300,00	1.000,00	300,00	206,57
Depreciação a somar	7,50	29,44	102,23	117,06	123,78
Mudança no capital circulante necessário					275,28
Fluxo de caixa livre anual	$(292,38)	$(874,70)	$(2,914,22)	$(844,03)	$(556,13)

QUADRO 8 | *(continuação)*

	2009	2010	2011	2012	2013
Receitas					
Aviões entregues	108	64	82	84	104
Aviões 7E7	108	51	41	42	52
Aviões 7E7 Stretch	0	13	41	42	52
Preço do 7E7	$139,69	$142,49	$145,34	$148,24	$151,21
Preço do 7E7 Stretch		170,87	174,28	177,77	181,33
Receitas totais do produto	15.086,93	9.488,14	13.104,49	13.692,60	17.291,79
Custo de produtos vendidos	12.069,55	7.590,51	10.483,59	10.954,08	13.833,44
Lucro bruto	3.017,39	1.897,63	2.620,90	2.738,52	3.458,36
Depreciação	123,80	115,66	108,67	102,83	99,64
Despesa GV&A	1.131,52	711,61	982,84	1.026,94	1.296,88
Lucro operacional (antes da R&D)	1.762,06	1.070,36	1.529,40	1.608,75	2.061,83
Despesa R&D	647,00	218,23	301,40	314,93	397,71
Lucro antes do imposto	1.115,06	852,13	1.227,99	1.293,82	1.664,12
Impostos (ou crédito de impostos)	390,27	298,25	429,80	452,84	582,44
Lucro após impostos	724,79	553,89	798,19	840,98	1.081,68
Investimentos de capital	124,14	15,18	20,97	21,91	27,67
Depreciação a somar	123,80	115,66	108,67	102,83	99,64
Mudança no capital circulante necessário	735,55	(375,12)	242,30	39,40	241,15
Fluxo de caixa livre anual	$(11,09)	$1.029,48	$643,60	$882,50	$912,51

	2014	2015	2016	2017	2018
Receitas					
Aviões entregues	136	119	185	192	219
Aviões 7E7	68	60	93	96	110
Aviões 7E7 Stretch	68	59	92	96	109
Preço do 7E7	$154,23	$157,32	$160,46	$163,67	$166,95
Preço do 7E7 Stretch	184,95	188,65	192,42	196,27	200,20
Receitas totais do produto	23.064,59	20.569,48	32.626,19	34.554,82	40,185,75
Custo de produtos vendidos	18.451,67	16.455,59	26.100,95	27.643,86	32.148,60
Lucro bruto	4.612,92	4.113,90	6.525,24	6.910,96	8.037,15
Depreciação	99,95	100,84	103,70	106,87	110,54
Despesa GV&A	1.729,84	1.542,71	2.446,96	2.591,61	3.013,93
Lucro operacional (antes da R&D)	2.783,12	2.470,35	3.974,57	4.212,48	4.912,68
Despesa R&D	530,49	473,10	750,40	794,76	924,27
Lucro antes do imposto	2.252,64	1.997,25	3.224,17	3.417,72	3.988,40
Impostos (ou crédito de impostos)	788,42	699,04	1.128,46	1.196,20	1.395,94
Lucro após imposto	1.464,21	1.298,21	2.095,71	2.221,52	2.592,46
Investimentos	36,90	32,91	52,20	55,29	64,30
Depreciação a somar	99,95	100,84	103,70	106,87	110,54
Mudança no capital circulante necessário	386,78	(167,17)	807,80	129,22	377,27
Fluxo de caixa livre anual	$1.140,48	$1.533,31	$1.339,41	$2.143,88	$2.261,44

QUADRO 8 | *(continuação)*

	2019	2020	2021	2022	2023
Receitas					
Aviões entregues	165	149	108	115	119
Aviões 7E7	83	75	54	58	60
Aviões 7E7 Stretch	82	74	54	57	59
Preço do 7E7	$170,29	$173,69	$177,17	$180,71	$184,32
Preço do 7E7 Stretch	204,20	208,29	212,45	216,70	221,03
Receitas totais do produto	30.878,29	28.440,04	21.039,33	22.833,05	24.100,43
Custo de produtos vendidos	24.702,63	22.752,03	16.831,46	18.266,44	19.280,34
Lucro bruto	6.175,66	5.688,01	4.207,87	4.566,61	4.820,09
Depreciação	112,89	114,85	115,88	117,16	118,63
Despesa GV&A	2.315,87	2.133,00	1.577,95	1.712,48	1.807,53
Lucro operacional (antes da R&D)	3.746,89	3.440,15	2.514,04	2.736,97	2.893,92
Despesa R&D	710,20	654,12	483,90	525,16	554,31
Lucro antes do imposto	3.036,69	2.786,03	2.030,13	2.211,81	2.339,61
Impostos (ou crédito de impostos)	1.062,84	975,11	710,55	774,13	818,86
Lucro após imposto	1.973,85	1.810,92	1.319,59	1.437,68	1.520,75
Investimentos de capital	49,41	45,50	33,66	36,53	38,56
Depreciação a somar	112,89	114,85	115,88	117,16	118,63
Mudança no capital circulante necessário	(623,60)	(163,36)	(495,85)	120,18	84,91
Fluxo de caixa livre anual	$2.660,94	$2.043,63	$1.897,65	$1.398,13	$1.515,90

	2024	2025	2026	2027	2028
Receitas					
Aviões entregues	136	150	120	115	115
Aviões 7E7	68	75	60	58	58
Aviões 7E7 Stretch	68	75	60	57	57
Preço do 7E7	$188,01	$191,77	$195,61	$199,52	$203,51
Preço do 7E7 Stretch	225,46	229,96	234,56	239,26	244,04
Receitas totais do produto	28.115,61	31.630,06	25.810,13	25.209,53	25.713,72
Custo de produtos vendidos	22.492,49	25.304,05	20.648,10	20.167,63	20.570,98
Lucro bruto	5.623,12	6.326,01	5.162,03	5.041,91	5.142,74
Depreciação	116,20	105,31	62,54	50,92	43,54
Despesa GV&A	2.108,67	2.372,25	1.935,76	1.890,72	1.928,53
Lucro operacional (antes da R&D)	3.398,25	3.848,45	3.163,73	3.100,27	3.170,68
Despesa R&D	646,66	727,49	593,63	579,82	591,42
Lucro antes do imposto	2.751,60	3.120,96	2.570,09	2.520,45	2.579,26
Impostos (ou crédito de impostos)	963,06	1.092,33	899,53	882,16	902,74
Lucro após imposto	1.788,54	2.028,62	1.670,56	1.638,29	1.676,52
Investimentos de capital	44,98	50,61	41,30	40,34	41,14
Depreciação a somar	116,20	105,31	62,54	50,92	43,54
Mudança no capital circulante necessário	269,02	235,47	(389,94)	(40,24)	33,78
Fluxo de caixa livre anual	$1.590,73	$1.847,86	$2.081,74	$1.689,12	$1.645,13

continuação

QUADRO 8 | *(continuação)*

	2029	2030	2031	2032	2033
Receitas					
Aviões entregues	115	115	115	115	115
Aviões 7E7	58	58	58	58	58
Aviões 7E7 Stretch	57	57	57	57	57
Preço do 7E7	$207,58	$211,73	$215,96	$220,28	$224,69
Preço do 7E7 Stretch	248,92	253,90	258,98	264,16	269,44
Receitas totais do produto	26.228,00	26.752,56	27.287,61	27.833,36	28.390,03
Custo de produtos vendidos	20.982,40	21.402,05	21.830,09	22.266,69	22.712,02
Lucro bruto	5.245,60	5.350,51	5.457,52	5.566,67	5.678,01
Depreciação	39,86	41,10	42,13	43,19	44,07
Despesa GV&A	1.967,10	2.006,44	2.046,57	2.087,50	2.129,25
Lucro operacional (antes da R&D)	3.238,64	3.302,97	3.368,82	3.435,98	3.504,68
Despesa R&D	603,24	615,31	627,62	640,17	652,97
Lucro antes do imposto	2.635,39	2.687,66	2.741,21	2.795,81	2.851,71
Impostos (ou crédito de impostos)	922,39	940,68	959,42	978,53	998,10
Lucro após imposto	1.713,00	1.746,98	1.781,78	1.817,28	1.853,61
Investimentos de capital	41,96	42,80	43,66	44,53	45,42
Depreciação a somar	39,86	41,10	42,13	43,19	44,07
Mudança no capital circulante necessário	34,46	35,15	35,85	36,57	37,30
Fluxo de caixa livre anual	$1.676,45	$1.710,13	$1.744,41	$1.779,37	$1.814,96

	2034	2035	2036	2037
Receitas				
Aviões entregues	115	115	115	115
Aviões 7E7	58	58	58	58
Aviões 7E7 Stretch	57	57	57	57
Preço do 7E7	$229,18	$233,77	$238,44	$243,21
Preço do 7E7 Stretch	274,83	280,33	285,93	291,65
Receitas totais do produto	28.957,83	29.536,99	30.127,73	30.730,28
Custo de produtos vendidos	23.166,26	23.629,59	24.102,18	24.584,22
Lucro bruto	5.791,57	5.907,40	6.025,55	6.146,06
Depreciação	44,59	45,33	45,25	45,08
Despesa GV&A	2.171,84	2.215,27	2.259,58	2.304,77
Lucro operacional (antes da R&D)	3.575,14	3.646,80	3.720,72	3.796,21
Despesa R&D	666,03	679,35	692,94	706,80
Lucro antes do imposto	2.909,11	2.967,45	3.027,78	3.089,41
Impostos (ou crédito de impostos)	1.018,19	1.038,61	1.059,72	1.081,29
Lucro após imposto	1.890,92	1.928,84	1.968,06	2.008,12
Investimentos de capital	46,33	47,26	48,20	49,17
Depreciação a somar	44,59	45,33	45,25	45,08
Mudança no capital circulante necessário	38,04	38,80	39,58	40,37
Fluxo de caixa livre anual	$1.851,14	$1.888,10	$1.925,52	$1.963,65

QUADRO 9 | Análise de sensibilidade do IRR do projeto por preço, volume, custos de desenvolvimento e de produção

Volume em unidades (primeiros 20 anos)	Preço *premium* acima do preço mínimo esperado			
	0%	**5%**	**10%**	**15%**
1.500	10,5%	10,9%	11,3%	11,7%
1.750	11,9%	12,3%	12,7%	13,1%
2.000	13,0%	13,5%	13,9%	14,4%
2.250	14,1%	14,6%	15,1%	15,5%
2.500	15,2%	***15,7%***	16,1%	16,6%
2.750	16,1%	16,6%	17,1%	17,6%
3.000	17,1%	17,6%	18,1%	18,6%

Custos de desenvolvimento	Custo de produtos vendidos como uma porcentagem das vendas			
	78%	**80%**	**82%**	**84%**
$6.000.000.000	21,3%	18,7%	15,9%	12,6%
$7.000.000.000	19,4%	17,0%	14,4%	11,3%
$8.000.000.000	17,9%	***15,7%***	13,2%	10,3%
$9.000.000.000	16,6%	14,5%	12,1%	9,4%
$10.000.000.000	15,5%	13,5%	11,2%	8,6%

Nota: O IRR compatível com as suposições do caso é de 15,7% e é indicado em itálico na tabela.

Fonte: Análise do autor do caso.

QUADRO 10 | Informações sobre empresas comparáveis (especialmente betas calculados estimados do mercado diário e dos retornos de mercado ao longo dos períodos indicados)

	Boeing	Lockheed Martin	Northrop Grumman	Raytheon
Percentual de receitas derivados do governo (defesa e especial)	46%	93%	91%	73%
Betas estimados				
1. *Value Line*[1]	1,05	0,60	0,70	0,80
2. Calculado em relação ao S&P500:[2]				
60 meses	0,80	0,36	0,34	0,43
21 meses	1,03	0,38	0,31	0,46
60 dias de negociação	1,45	0,34	0,27	0,66
3. Calculado em relação ao índice composto NYSE:[2]				
60 meses	1,00	0,49	0,44	0,59
21 meses	1,17	0,44	0,36	0,53
60 dias de negociação	1,62	0,37	0,30	0,73
Taxa média marginal efetiva	0,35	0,35	0,35	0,35
Índice de valor de mercado de dívida/Patrimônio líquido	0,525	0,410	0,640	0,624

Fonte: Análise do autor do caso e de *Value Line Investmente Survey.*

[1]Os betas Value Line são calculados por meio de uma análise regressiva entre a mudança na porcentagem semanal no preço da ação e a mudança na porcentagem semanal do New York Exchange Composite Index. O beta é calculado usando os dados dos últimos cinco anos.

[2]Períodos de regressão para o dia 60, mês 21 e mês 60, começando em 20 de março de 2003, 17 de setembro de 2001 e 16 de junho de 1998, respectivamente. Períodos de regressão encerrando em 16 de junho de 2003.

QUADRO 11 | Títulos de dívida da Boeing existentes em junho de 2003 (valores em milhões de dólares)

Quantia da dívida	*Rating* da dívida	Cupom	Vencimento	Preço	Rendimento até vencimento
$202	A-	7,625%	15/02/2005	106,175	3,911%
$298	A-	6,625%	01/06/2005	105,593	3,393%
$249	A-	6,875%	01/11/2006	110,614	3,475%
$175	A-	8,100%	15/11/2006	112,650	4,049%
$349	A-	9,750%	01/04/2012	129,424	5,470%
$597	A-	6,125%	15/02/2013	103,590	4,657%
$398	A-	8,750%	15/08/2021	127,000	6,239%
$300	A-	7,950%	15/08/2024	126,951	5,732%
$247	A-	7,250%	15/06/2025	114,506	6,047%
$249	A-	8,750%	15/09/2031	131,000	6,337%
$173	A-	8,625%	15/11/2031	138,974	5,805%
$393	A-	6,125%	15/02/2033	103,826	5,850%
$300	A-	6,625%	15/02/2038	106,715	6,153%
$100	A-	7,500%	15/08/2042	119,486	6,173%
$173	A-	7,825%	15/04/2043	132,520	5,777%
$125	A-	6,875%	15/10/2043	110,084	6,191%

Nota: Esta tabela não inclui a dívida existente da subsidiária financeira da Boeing, a Boeing Capital Corporation.

Fontes: Boeing Company 10-Q, Bloomberg Financial Services e Mergent Online.

APÊNDICE | Premissas subjacentes à projeção dos fluxos de caixa

Estimativa de receita

Para estimar receitas para o projeto, diversas suposições foram feitas sobre a demanda esperada e o prazo para as unidades, seu preço e os aumentos de preço.

Demanda: A Boeing estimava que nos primeiros 20 anos seriam vendidos de 2 mil a 3 mil unidades.[1] Frost & Sullivan, analistas da indústria da aviação, previam pelo menos 2 mil unidades.[2] Os analistas supuseram que venderiam 2.500 unidades entre o primeiro e o vigésimo ano. Para os anos 20 a 30 são supostas vendas em unidades iguais ao ano 20. A primeira entrega do 7E7 é prevista para 2008 e a do 7E7 Stretch, para 2010.

Distribuição de tempo da demanda: As unidades vendidas por ano representam a porcentagem do total de unidades nos primeiros 20 anos, como mostra o **Quadro 6**, que usa uma média histórica das vendas do 757 e do 767 durante seus primeiros 20 anos. Espera-se que o Boeing 7E7 seja um avião de substituição aos 757 e 767. Análises levam a supor que o 7E7 Stretch será responsável por apenas 20% das unidades vendidas em seu primeiro ano de entrega e por 50% nos anos seguintes. Se o número total de unidades vendidas por ano for um número ímpar, o número de unidades de 7E7 será arredondado para cima, e de 7E7 Stretch, para baixo.

Preço: O preço esperado para o 7E7 e sua versão Stretch é uma função dos preços do 767 e do 777 em 2002. Usando alcance e capacidade como variáveis principais, o 7E7 e o 7E7 Stretch teriam um preço mínimo entre US$ 114,5 milhões e US$ 144,5 milhões, respectivamente, em dólares de 2002. Isso não inclui um preço *premium* pelos esperados custos operacionais mais baixos e a flexibilidade do 7E7. A análise assume um preço ***premium*** de 5% como um *benchmark*, resultando em preços esperados de US$ 120,2 milhões e US$ 151,7 milhões em 2002.

Taxa de aumento de preço: Espera-se que os preços da aeronave aumentem conforme a taxa da inflação, supondo-se a inflação de 2% por ano até 2037.

Estimativas das despesas

Custo de produtos vendidos: O custo médio de bens vendidos para a divisão de aeronaves comerciais da Boeing foi de 80% ao longo do período de três anos, entre 2000 e 2002. A média estava entre 77,9% a 81,1%. Os analistas supõem 80% como COGS.

Despesas gerais, de vendas e administrativas: A média de despesas gerais, de vendas e administrativas para a Boeing era de 7,5% ao longo do período de três anos, entre 2000 e 2002. A média estava entre 7,4% e 7,7%. Análises supõem 7,5% como despesas gerais, de vendas e administrativas.

Depreciação: A Boeing deprecia seus ativos de modo acelerado. A projeção usa depreciação de declínio no saldo de 150% com uma vida de ativo de 20 anos e zero valor de recuperação como base.

Pesquisa e desenvolvimento como porcentagem das vendas: A despesa média em pesquisa e desenvolvimento para a divisão de aeronaves comerciais da Boeing como uma porcentagem das vendas de aviões comerciais era de 2,3% ao longo do período de três anos, entre 2000 e 2002. A média estava entre 1,8% e 2,7%. Durante aquele período, a Boeing não teve nenhuma despesa extraordinária em desenvolvimento de novas aeronaves comerciais. A análise, portanto, assume que 2,3% seja a despesa estimada em pesquisa e desenvolvimento. Isso não inclui os custos iniciais em pesquisa e desenvolvimento necessários para projetar e desenvolver o 7E7.

Despesa com impostos: A taxa marginal média efetiva era de 35%.

Outros ajustes ao fluxo de caixa

Dispêndios de capital: A média de 1998 a 2002 para dispêndios de capital como uma porcentagem da vendas foi de 0,93%. Durante esse período, a Boeing não teve nenhuma despesa extraordinária com desenvolvimento de novas aeronaves comerciais. Na época, a empresa tinha seis famílias de aeronaves: 717, 737, 747, 757, 767 e 777. A média de investimentos por família, como porcentagem das vendas, era de 0,16%. Isso não inclui os custos de investimentos iniciais necessários para desenvolver e construir o 7E7.

Necessidade de mudança no capital circulante: Para os anos de 2000 a 2002, a Boeing teve capital circulante negativo, por causa de fatores como pagamentos adiantados de clientes. A análise supõe que o segmento comercial da companhia iria requerer capital circulante positivo. Nos anos anteriores a 2000, a Boeing teve capital circulante positivo. Entre 1997 e 1999, a média dos três anos do capital circulante como porcentagem das vendas foi de 6,7% com uma média de 3,5% a 11,2%. A análise supõe essa porcentagem.

---

[1] "New Team, Name for Boeing 'Super-Efficient' Jet", *Seattle Time*, 30 de janeiro de 2003, p. 1.

[2] "An Ongoing Rivalry", *Aviation Today*, agosto de 2003.

APÊNDICE | (*continuação*)

Custos iniciais de desenvolvimento: Os custos de desenvolvimento incluem as necessidades de capital e pesquisa requeridas para projetar e construir o 7E7. Os analistas estimam entre 6 bilhões e 10 bilhões de dólares.[3] A análise supõe 8 bilhões de dólares. Considerando um lançamento em 2004, os analistas esperam que o pico seja em 2006. A melhor oportunidade de prazo de custos de desenvolvimento é suposta para 2004: 5%, 2005: 15%, 2006: 50%, 2007: 15%, 2008: 10%, e em 2009: 5%. Estima-se que 75% dos custos iniciais com desenvolvimento sejam com pesquisa e desenvolvimento, e os 25% restantes seriam dispêndios de capital.

[3]"Boeing Plays Defense, *Business Week*, 3 de junho de 2003.

Fonte: Análise do autor do caso.

PARTE 4

Orçamento e alocação de recursos

CASO 17

O detetive de investimentos

A essência do orçamento e da distribuição de recursos consiste na busca por bons investimentos nos quais deve ser utilizado o capital da empresa. O processo pode ser simples quando encarado em termos puramente mecânicos, mas uma série de questões sutis pode obscurecer as melhores opções de investimento. O analista de orçamento de capital, portanto, é necessariamente um detetive que deve saber separar o joio do trigo. Grande parte do desafio está em saber qual análise quantitativa deve ser gerada em primeiro lugar.

Suponha que você seja o novo analista de orçamento de capital de uma empresa e cogita investir nos oito projetos listados no **Quadro 1**. O diretor de finanças da empresa pede que você faça um ranking dos projetos e recomende "os quatro melhores".

Nessa tarefa, apenas considerações quantitativas são relevantes. Nenhuma outra característica do projeto é fator determinante na seleção, com exceção do fato de que a administração determinou que os projetos 7 e 8 são mutuamente exclusivos.

Todos os projetos requerem o mesmo investimento inicial, US$ 2 milhões. Além disso, acredita-se que todos pertençam à mesma classe de risco. O custo médio ponderado de capital da empresa nunca foi calculado. No passado, analistas simplesmente presumiram que 10% fosse uma taxa de desconto apropriada (embora alguns executivos da companhia tenham afirmado recentemente que a taxa de desconto deveria ser muito maior).

Para estimular sua análise, considere as seguintes questões:

1. Você consegue fazer um ranking dos projetos apenas inspecionando seus fluxos de caixa?
2. Quais critérios você poderia utilizar para fazer o ranking? Quais os melhores métodos de ranking quantitativo? Por quê?
3. A que ranking você chegou ao utilizar métodos quantitativos? Esse ranking é diferente do obtido pela mera inspeção dos fluxos de caixa?
4. Que tipo de projetos reais de investimento têm fluxos de caixa semelhantes aos exibidos no **Quadro 1**?

Este caso foi elaborado por Robert F. Bruner, com a permissão do prof. Gordon Donaldson, autor de um caso antecedente. Foi escrito para ser base de uma discussão em sala de aula, e não para ilustrar como se lida de maneira eficiente ou ineficiente com uma situação administrativa.

QUADRO 1 | Fluxos de caixa-livre dos projetos (em milhares de dólares)

Número do projeto:		**1**	**2**	**3**	**4**	**5**	**6**	**7**	**8**
Investimento inicial		**($ 2.000)**	**($ 2.000)**	**($ 2.000)**	**($ 2.000)**	**($ 2.000)**	**($ 2.000)**	**($ 2.000)**	**($ 2.000)**
Ano	1	$ 330	$ 1.666		$ 160	$ 280	$ 2.200*	$ 1.200	($ 350)
	2	330	334*		200	280		900*	(60)
	3	330	165		350	280		300	60
	4	330			395	280		90	350
	5	330			432	280		70	700
	6	330			440*	280			1.200
	7	330*			442	280			$ 2.250*
	8	$ 1.000			444	280*			
	9				446	280			
	10				448	280			
	11				450	280			
	12				451	280			
	13				451	280			
	14				452	280			
	15			$ 10.000*	($ 2.000)	$ 280			
Soma dos benefícios do fluxo de caixa		$ 3.310	$ 2.165	$ 10.000	$ 3.561	$ 4.200	$ 2.200	$ 2.560	$ 4.150
Excedente de fluxo de caixa sobre investimento inicial		$ 1.310	$ 165	$ 8.000	$ 1.561	$ 2.200	$ 200	$ 560	$ 2.150

*Indica o ano no qual o *payback* é alcançado.

CASO 18

Fonderia di Torino S.p.A.

Em novembro de 2000, Francesca Cerini, diretora em exercício da Fonderia di Torino S.p.A.,[1] cogitou comprar uma máquina moldadora automática Vulcan Mold-Maker. Essa máquina prepararia os moldes de areia nos quais se despeja ferro derretido para a fabricação de peças de ferro. A Vulcan Mold-Maker substituiria uma máquina mais antiga e ofereceria melhorias de qualidade, além de uma maior capacidade para expansão. Propostas similares de máquinas moldadoras foram rejeitadas pelo conselho diretor por motivos econômicos em três ocasiões anteriores, a mais recente em 1999. Dessa vez, devido ao tamanho do gasto proposto de aproximadamente 1 milhão de euros,[2] Cerini buscava uma estimativa cautelosa dos custos e benefícios do projeto e, por fim, uma recomendação sobre se deveria levá-lo adiante.

A companhia

A Fonderia di Torino é especialista na produção de peças de metal utilizadas em equipamentos automobilísticos, aeroespaciais e de construção. A companhia adquiriu reputação por fazer produtos de qualidade, principalmente peças de segurança (ou seja, peças cuja falha levaria à perda de controle do operador). Seus produtos incluem virabrequins, transmissores, compassos de calibre para freios, eixos, rodas e várias peças para a montagem da direção. Clientes incluem produtores de equipamentos originais (PEOs), principalmente na Europa. Esses PEOs ficaram cada vez mais exigentes em relação à qualidade dos produtos e, em resposta, a Fonderia di Torino reduziu a rejeição às suas peças pelos PEOs a 70 peças por milhão.

Esse recorde levou a empresa a receber desejados prêmios de qualidade da BMW, Ferrari e Peugeot, o que resultou em alianças estratégicas com essas empresas: a Fon-

[1] S.p.A. significa *Società per Azioni*, literalmente, um negócio pertencente a acionistas, como uma corporação pública nos Estados Unidos.

[2] Em novembro de 2000, a taxa de câmbio entre o euro e o dólar era € 1,17 para US$ 1.

Este caso foi elaborado por Robert F. Bruner com base em pesquisas de campo e informações públicas e deriva sua estrutura e seus dados de um caso anterior escrito por Brandt Allen. A Fonderia di Torino é uma companhia fictícia representando os problemas que enfrentam empresas reais. O autor é extremamente grato ao suporte financeiro do Batten Institute. O texto foi escrito para ser base de uma discussão em sala de aula, e não para ilustrar como se lida de maneira eficiente ou ineficiente com uma situação administrativa.

deria di Torino e os PEOs trocaram técnicos e projetos entre si; além disso, os PEOs compartilharam com a empresa informações confidenciais sobre a demanda de mercado, o que aumentou a precisão de sua programação de produção. Em alguns casos, os PEOs concederam empréstimos a juros baixos à Fonderia di Torino para apoiar sua expansão de capital. Por último, a companhia recebeu contratos de fornecimento dos PEOs no longo prazo e ocupou posição preferencial em leilões de novos contratos.

A Fonderia di Torino, localizada em Milão, na Itália, foi fundada em 1912 pelo bisavô de Francesca Cerini, o engenheiro naval Benito Cerini, para produzir peças para a indústria de armamentos. Nos anos 1920 e 1930, a empresa expandiu sua base de clientes para a indústria de automóveis. Embora mal tenha escapado de um colapso financeiro no final da década de 1940, Benito Cerini previu uma maior demanda por peças de metal no pós-guerra e colocou a companhia em condições de suprir essa demanda. A partir de então, a Fonderia di Torino cresceu aos poucos e sempre; esperava-se que suas vendas para o ano de 2000 atingissem 280 milhões de euros. A empresa foi listada para comercialização na Bolsa de Valores de Milão em 1991, mas a família Cerini possuía 55% das ações ordinárias emitidas em circulação. (O beta da companhia era de 1,25.)[3]

A companhia estipulava tradicionalmente uma taxa mínima de atratividade de 14% para investimentos. (Essa taxa não fora revista desde 1984.) Além disso, a política sempre foi a de buscar o retorno de um investimento dentro de cinco anos. Na época deste caso, o valor de mercado do capital da companhia era de 33% de dívidas e 67% de patrimônio. As dívidas consistiam inteiramente em empréstimos do Banco Nazionale di Milano a juros de 6,8%. O valor efetivo da alíquota de imposto era de aproximadamente 43%, o que refletia a combinação de taxas nacionais e locais de imposto de renda corporativo.

Francesca Cerini, 57 anos, havia assumido a responsabilidade executiva sobre a companhia 20 anos antes, após a morte do pai. Ela possuía um doutorado em Metalurgia e era a matriarca de uma grande família. Porém, somente um filho e uma sobrinha trabalhavam na Fonderia di Torino. Ao longo dos anos, a família Cerini havia buscado uma taxa de retorno sobre o capital próprio nos seus investimentos de aproximadamente 18% – uma meta estabelecida por Benito Cerini que nunca fora questionada pelo alto escalão.

A máquina moldadora Vulcan

Em 2000, as formas de areia usadas para fazer peças eram preparadas em um processo semi-automatizado na Fonderia di Torino. Funcionários estampavam uma forma em uma mistura de areia e adesivo sob calor e alta pressão. O processo era relativamente trabalhoso, exigindo treinamentos sucessivos para obter consistência na qualidade da forma, além de muito levantamento de peso por parte dos trabalhadores. De fato, visitas de seus funcionários da casa de fundição ao médico por causa de lesões nas costas haviam dobrado desde 1998, quando a Fonderia di Torino passou a fabricar itens mais pesados. (Em 2000, cada peça pesava 25 quilos em média.)

A nova máquina moldadora substituiria seis máquinas semi-automáticas que, juntas, haviam custado € 415.807. A depreciação cumulativa de € 130.682 já havia sido descontada

[3]A taxa de retorno em títulos denominados em euros e emitidos pelos governos da União Européia era de 5,3%. Francesca Cerini presumiu que o prêmio do risco de capital próprio seria de 6%. Ela também acreditava que os rendimentos dos títulos de dívida correntes pressupunham um índice de inflação de 3% para o futuro próximo.

do custo original; a depreciação anual custava em torno de € 47.520. A administração da Fonderia di Torino acreditava que essas máquinas semi-automáticas precisariam ser substituídas depois de seis anos. Cerini havia recebido uma proposta de € 130 mil por elas.

As seis máquinas em questão exigiam 12 funcionários por turno (24 no total)[4] a € 7,33 por hora a cada um deles, mais € 4 mil de manutenção por ano. Cerini pressupôs que essas máquinas semi-automáticas, caso mantidas, continuariam a consumir € 12.300 por ano em energia elétrica.

A Vulcan era produzida por uma companhia em Allentown, Pensilvânia. A Fonderia di Torino pagaria € 850 mil pelo equipamento. Modificações na planta da fábrica, incluindo fiação para conectar a máquina à eletricidade, estavam estimadas em € 155 mil. Levando-se em consideração o frete, a instalação e os testes, o custo total da Vulcan seria em torno de € 1,01 milhão, que seria capitalizado e depreciado para fins fiscais ao longo de oito anos. (Cerini presumiu que, se utilizada freqüentemente em larga escala, a Vulcan precisaria ser substituída em oito anos.)

A nova máquina exigiria dois funcionários especializados (um por turno), cada um recebendo € 11,36 por hora (benefícios inclusos), e manutenção a € 59.500 por ano, além de € 26.850 anuais em eletricidade. Além disso, a máquina automática pouparia pelo menos € 5.200 por ano ao aumentar a eficiência em outras áreas da casa de fundição.

Com as máquinas de então, mais de 30% do espaço da fundição era utilizado para as amplas galerias exigidas pelas máquinas; matéria-prima e estoque precisavam estar perto de cada máquina para facilitar o fluxo de trabalho. Com a máquina automática, quase metade desse espaço seria liberado para outros fins (embora não houvesse necessidade imediata para mais espaço).

Alguns aspectos concernentes à decisão da compra da Vulcan eram difíceis de quantificar. Em princípio, Cerini não tinha certeza de que o duro acordo de direitos coletivos que sua empresa tinha com o sindicato dos trabalhadores permitiria que ela demitisse os 24 funcionários das máquinas semi-automáticas. Realocá-los para outras funções poderia ser mais fácil, mas só havia vagas disponíveis para o cargo de porteiro, que remuneravam € 4,13 por hora. A extensão de qualquer economia nesse setor dependeria de negociações com o sindicato. Além disso, Cerini acreditava que a Vulcan resultaria em níveis ainda mais altos na qualidade de produção e uma menor quantidade de sucata do que a companhia se gabava então. Com a sempre crescente competição, esse resultado poderia ser de enorme, imensurável importância competitiva. Por último, a Vulcan possuía, em teoria, uma capacidade máxima que estava 30% acima das seis máquinas semi-automáticas; mas essas máquinas operavam a apenas 90% de sua capacidade, e Cerini não tinha certeza de que uma maior capacidade seria necessária. As últimas notícias econômicas sugeriam que as economias européias caminhavam para uma desaceleração.

[4]A fundição operava em dois turnos diários, com execeção dos fins de semana e feriados. No máximo, ela produziria 210 dias por ano.

CASO 19

Compass Records

Com os olhos ainda inchados depois de dirigir a noite inteira desde a Carolina do Norte, Alison Brown estava sentada em seu escritório, embaixo de seu estúdio, perto do famoso "Music Row" em Nashville. Era o fim do mês de junho de 2005 e, naquele dia, ela teve um instante para refletir sobre a Compass Records, a gravadora administrada por artistas que ela e seu marido, Garry West, haviam fundado dez anos antes. Os últimos anos foram de muito sucesso, mas administrar as muitas decisões diárias do negócio continuava a ser um desafio. Em sua mente estava a seguinte questão acima de tudo: oferecer ou não um contrato de gravação para uma nova e talentosa artista, Adair Roscommon, cujo CD-demo ela estava ouvindo em seu escritório.

O décimo aniversário da Compass Records fora um marco para uma companhia do mundo intenso e impiedoso da música. Com uma série de artistas conhecidos e bem-sucedidos sob contrato, a Compass havia estabelecido um nicho nos gêneros musicais folk e de raiz. Mas, ao contrário dos executivos de grandes gravadoras, que tipicamente possuíam grandes orçamentos, toda decisão tomada por Brown e West referente a novos artistas poderia ter um grande impacto em seus negócios. A Compass não poderia se dar ao luxo de desperdiçar recursos com um artista em que Brown e seu marido não acreditassem de verdade.

Brown era uma aclamada musicista folk, sobre quem a revista da indústria de entretenimento *Billboard* certa vez escreveu: "Nas mãos de Brown, o banjo é capaz de frases musicais fluidas de uma beleza sem limites". Seu mérito, pela avaliação de outro artista de folk, portanto, possuía imenso valor, e ela gostava do trabalho de Adair Roscommon. Brown também era ex-gerente de investimentos e tinha MBA na área; entendia claramente o potencial de Roscommon como um investimento para a Compass Records. Intuitivamente, Brown percebeu as implicações de adicionar um bem de risco, como um novo músico, ao portfólio crescente da Compass.

A questão central para Brown, ao contemplar qualquer novo músico, era se deveria licenciar a música daquele artista por um período limitado ou se deveria produzir e comprar os direitos sobre suas gravações originais logo de vez. No curto prazo, sairia mais barato licenciar uma gravação, mas isso também limitaria o lucro em potencial da empresa. Se a

Este caso foi preparado por Sean D. Carr, sob a supervisão de Robert F. Bruner e do professor Kenneth M. Eades da Darden Graduate School of Business Administration. Algumas pessoas e alguns eventos neste caso tiveram suas identidades alteradas, e alguns detalhes foram simplificados para uma maior clareza expositiva. Este caso foi preparado para servir como base para uma discussão em sala de aula, e não para ilustrar como se lida de maneira eficiente ou ineficiente com uma situação administrativa.

Compass Records comprasse as gravações originais de um artista e o álbum não decolasse, a companhia corria riscos significativos de ter nas mãos um bem problemático. Essa e outras questões ganharam impulso na mente de Brown enquanto as melodias suaves do CD-demo de Roscommon preenchiam o ar pesado do sul em seu escritório.

Alison Brown e a Compass Records

Alison Brown cresceu em uma família de advogados e, se não fosse influenciada pela música desde criança, também teria se tornado uma advogada. Depois de mudar-se com a família para La Jolla, Califórnia, aos 11 anos, ela se dedicou ao banjo e desenvolveu um talento considerável. Aos 14 anos, Brown já tocava em público e, aos 15, ganhou o Campeonato Nacional do Banjo de cinco Cordas no Canadá. Em 1980, Brown levou sua paixão pelo banjo para Cambridge, Massachusetts, onde se formou em História e Literatura na Universidade de Harvard. Ela passou seu tempo fora das salas de aula viajando pelo circuito do *bluegrass* na Nova Inglaterra e continuou a desenvolver seu talento musical.

Convencida de que a música era uma distração e não uma profissão, Brown se matriculou na Universidade da Califórnia – Los Angeles, onde concluiu seu MBA em 1986. Depois disso, ela aceitou uma proposta de emprego como associada no Departamento de Finanças Públicas em Smith Barney, São Francisco. Durante dois anos ela continuou a nutrir sua paixão pelo banjo, embora tocar em público fosse incompatível com sua nova profissão. Inevitavelmente, Brown se deu conta de que tinha um dom. "Eu conhecia pessoas que acordavam de manhã e tomavam banho pensando em como iriam refinanciar uma determinada emissão de títulos de dívida", disse uma vez. "Eu acordava de manhã pensando em música." Durante um hiato de seis meses de seu emprego, Brown foi convidada a tocar com a premiada banda Alison Krauss & Union Station. Esse trabalho acabou durando três anos e lançou Brown em uma nova carreira.

Em 1992, Alison Brown foi considerada a tocadora de banjo do ano pela International Bluegrass Association, além de ter lançado seu primeiro disco, que foi indicado ao Grammy.[1] Depois de sair da Alison Krauss, ela aceitou um convite para participar da turnê mundial da artista folk-pop Michelle Shocked, na qual conheceu seu futuro marido, Garry West. "Dois meses depois de iniciar (a turnê) percebemos que havia uma série de coisas que queríamos fazer", West disse uma vez. "Nós estávamos na Suécia, sentados, tomando café com salgadinhos, pensando em como realizar nosso ideal de uma vida boa: um lugar para trabalhar, outros discos, publicar livros e administração." Como Brown descreveu, eles esboçaram seu ideal em um "guardanapo proverbial" e mapearam um plano que satisfizesse às suas necessidades.

Em 1993, Brown e West começaram a Small World Music and Video em Nashville, Tennessee, vendendo discos de música popular, world music e música ambiente, produzidos por uma companhia que eles descobriram durante a turnê de Michelle Shocked na Austrália. No mesmo ano, eles foram abordados por um investidor em potencial que

[1] O Grammy é entregue pela Recording Academy, uma associação de profissionais da indústria fonográfica, a quem fez trabalhos de destaque na área musical. O prêmio é baseado nos votos de colegas e não em sucesso comercial ou popular. O prêmio recebeu esse nome por causa do troféu, uma pequena estátua dourada de um gramofone.

ouvira uma entrevista de Brown à Rádio Pública Nacional e acreditava naquilo que Brown e West queriam fazer. Com o apoio daquele investidor, os dois começaram a produzir seus próprios projetos e, em 1995, lançaram o selo Compass Records.[2]

Em 2005, a estratégia intuitiva de Brown e West estava rendendo frutos. A Compass Records cresceu a ponto de ter quase 50 artistas sob contrato e uma média de 20 lançamentos por ano. O selo estava centrado principalmente em música de raiz e incluía nomes de peso como Victor Wooten, considerado um dos melhores baixistas do mundo; Kate Rusby, uma sensação entre os fãs de música tradicional anglo-irlandesa; Colin Hay, o ex-líder e compositor do grupo Men At Work; Glenn Tilbrook, principal compositor do grupo pop dos anos 1980 Squeeze; Fairport Convention, um dos inventores do folk-rock; e, obviamente, a fusão dinâmica entre *bluegrass* e *jazz* de Alison Brown, que ganhou o Grammy por *Fair Weather,* de 2000.

Contextualizando a Compass Records

Comparada às grandes empresas do negócio da música mundial, a Compass Records era minúscula. A indústria fonográfica mundial, estimada em US$ 32 bilhões, era dominada por algumas grandes corporações multinacionais, responsáveis por 86% do mercado global. Essas companhias incluíam a Universal Music Group, com 29% do mercado; a Sony/BMG, com 30%; a Warner Music Group, com 16%; e a EMI, com 11%. Veja gráfico com as porcentagens na **Figura 1**.

O domínio, as grandes reservas financeiras e os sistemas de distribuição global dos grandes selos os ajudou a sobreviver a uma década turbulenta e incerta da indústria musical. Enquanto o mercado global de música gravada havia crescido de US$ 2 bilhões, em 1969, para US$ 40 bilhões, em 1995, ele havia estagnado desde então. De acordo com a Associação Americana da Indústria Fonográfica, a indústria não registrou crescimento em nenhum ano desde 1995. Em 2003, o setor havia encolhido em níveis semelhantes aos do ano de 1993 (US$ 32 bilhões), e estimava-se que as vendas anuais em dólar haviam caído para uma taxa de crescimento anual de 5%.

Enquanto os grandes selos batalhavam para preservar suas fatias de um mercado que encolhia cada vez mais, uma série de novos selos independentes,[3] como a Compass Records, começava a surgir. Menores e mais ágeis, essas companhias viram oportunidades em mercados em que as maiores mal podiam ir devido à escala de suas economias. "O problema com essas corporações gigantescas é que elas precisam de um volume de vendas suficiente de um lançamento para sustentar toda essa infra-estrutura", disse Brown. "E, ainda assim, cerca de

---

[2]Um selo de gravação é uma marca criada por uma companhia especializada em fazer, distribuir e promover gravações em áudio e vídeo em vários formatos, incluindo CDs, LPs, DVD-Áudio, Superáudio CDs e cassetes. O nome deriva do selo de papel no centro do LP.

[3]Tecnicamente, um selo fonográfico independente, ou "indie", operava sem os recursos ou a rede de distribuição de um dos grandes selos. Na prática, a linha divisória entre os grandes e os independentes era ambígua. Alguns independentes, especialmente aqueles com uma lista bem-sucedida de artistas, recebiam recursos dos grandes selos, e muitos selos independentes dependiam dos grandes para contratos de licença internacionais e arranjos de distribuição.

FIGURA 1 |

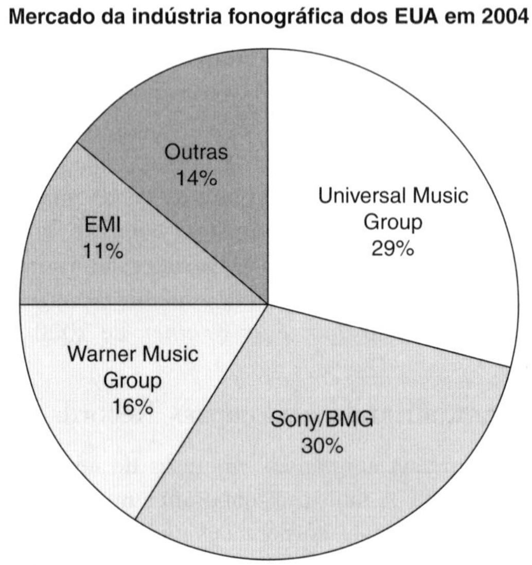

Fonte: Nielsen *Soundscan*, Morgan Stanley Research.

98% de todos os discos vendem menos de 5 mil cópias; então, se o seu objetivo é um milhão, ou mesmo 100 mil, você está obviamente ignorando muita música boa capaz de vender o bastante para merecer estar lá."

Brown estimou que 40% dos discos da Compass Records venderam 5 mil cópias ou mais; apenas alguns dos seus artistas eram populares o suficiente para vender mais de 20 mil unidades. "Para um selo grande, 5 mil cópias é um fracasso", Brown disse. "Apenas um selo independente pode fazer disso um sucesso." A Compass Records lucrou em cima de 80% dos seus títulos em 2005 (contra um índice de sucesso de 10% dos grandes selos). Os **Quadros 1** e **2** mostram o balanço patrimonial e a demonstração de resultados da Compass Records referentes ao exercício fiscal encerrado em 31 de dezembro de 2004. O **Quadro 3** mostra o histórico das despesas e das receitas da companhia.

Os fundamentos da indústria musical

Contratos de gravação

Contratos de gravação são acordos entre um selo fonográfico e um artista, por meio dos quais o selo tem direito a promover e comercializar gravações da música desse artista. Sob tais contratos, a gravadora pode licenciar as gravações prontas de um artista por um período limitado ou produzir novas gravações e ter direitos sobre essas gravações indefinidamente. Se o contrato for do segundo tipo, a gravadora pode explorar a música com a venda de CDs e downloads eletrônicos, assim como licenciar a música para outras gravadoras ou empresas que desejem utilizá-la em outras mídias, tais como comerciais, televisão ou cinema. Quando a Compass Records opta por produzir uma gravação *master*,[4] o artista não recebe nenhum tipo de pagamento adiantado.

Sob um contrato de licença, o selo licencia um trabalho já gravado e embalado. A gravadora tem direito a explorar aquele material apenas por um período predeterminado, normalmente de cinco a sete anos. Diferentemente de um contrato para produzir um artista, um contrato de licença obriga o selo a pagar um adiantamento para compensar os custos da gravação do álbum. A Compass geralmente negociava adiantamentos de US$ 3 mil a 5 mil. Se o artista exigir um adiantamento muito grande (isto é, US$ 20 mil ou mais), Brown decide que vale mais a pena optar pela segunda alternativa, a de produzi-lo. Sob um contrato de licença, os custos adicionais incluem retoques à embalagem do disco (em torno de US$ 500) e à gravação propriamente dita, embora esses retoques nem sempre sejam necessários. O marketing e os custos adicionais associados ao contrato de licença são geralmente os mesmos que os do outro tipo de contrato.

Alguns contratos de gravação também dão à gravadora a opção de lançar outros discos do mesmo artista (com o contrato de produção, o selo geralmente tem três opções, embora não seja incomum ter sete ou oito opções). Tais opções são particularmente importantes sobre novos artistas, porque o selo faz investimentos iniciais significativos para lançar algo que talvez só traga retorno depois do terceiro ou quarto disco. Contratos de gravação normalmente dão exclusividade às gravadoras sobre um artista durante a vigência desses contratos. Se um artista não cumprir suas obrigações, a maioria dos contratos pode ser suspensa pela gravadora. Um artista também pode requerer desligamento de contrato, o que a gravadora pode permitir, se receber pelos custos de gravação e/ou uma porcentagem das vendas dos álbuns daquele artista que forem lançados por outra gravadora.

Royalties e reembolso

Independentemente do tipo de contrato, gravadoras pagam *royalties*[5] aos artistas pelo uso e pela venda de sua música. Os dois tipos mais comuns de *royalties* são os mecânicos, pagos a compositores e agentes[6] pelo uso de suas composições, e *royalties* sobre as gravações de um artista, pagos a ele pelo desempenho registrado de suas composições. Cada tipo de *royalty* funciona de um jeito ligeiramente distinto.

Em 2005, nos Estados Unidos, *royalties* mecânicos foram fixados por lei em US$ 0,085 por música. Se aquela música fosse incluída em um CD, a gravadora teria de pagar ao artista e/ou ao agente esse valor por unidade de CD vendida. Muitos contratos de gravação, principalmente aqueles em que o artista é também o compositor da música gravada, incluem uma *cláusula de composição controlada*.[7] Visto que um artista recebe tanto *royalties* mecâ-

---

[4]Uma gravação *master* é uma gravação original a partir da qual cópias são feitas.

[5]*Royalties* são os pagamentos ao dono pelo uso de sua propriedade, especialmente patentes, trabalhos cujos direitos são reservados e franquias.

[6]Um agente, neste caso, é uma companhia que trabalha com um compositor para promover suas composições musicais. Agentes negociam a propriedade parcial ou total dos direitos de um artista sobre seu trabalho, e o artista recebe uma parte dos *royalties* mecânicos provenientes desse, geralmente em torno de 50%.

[7]Uma composição controlada é a música escrita por um artista e de propriedade do mesmo.

nicos quanto de gravação, essa cláusula permite ao selo limitar suas despesas com *royalties* mecânicos. A Compass Records, por exemplo, geralmente negociava *royalties* mecânicos de no máximo dez músicas por CD, o que limitava suas despesas com esse tipo de *royalty* em US$ 0,85 por CD vendido.

Royalties de gravação não são determinados por lei, e sim negociados entre o artista e o selo fonográfico. Esses variam significantemente e, de praxe, dependem da estatura do artista, variando de 8% a 25% do preço sugerido do álbum. *Royalties* de gravação também variam de acordo com o tipo de contrato. Na Compass Records, a média por gravação *master* era de US$ 1,45 por unidade vendida, enquanto o *royalty* por contratos de licença era de aproximadamente US$ 1,75. *Royalties* por contratos de produção são geralmente mais baixos porque o selo fonográfico precisa arcar com as despesas de produção do álbum.

No entanto, o selo fonográfico não paga *royalties* a nenhum artista até que determinados custos de produção e promoção do álbum tenham sido reembolsados. Todos os custos com a gravação e o preparo da música para comercialização são reembolsáveis. Cerca de 50% dos custos com promoção e marketing também. Em contratos de licença, o adiantamento pago ao artista também é completamente reembolsável. O artista reembolsa o selo fonográfico por esses custos com seus *royalties* estabelecidos em contrato. Por exemplo, se o *royalty* for de US$ 1,45, o selo fonográfico reduz esse valor do total das despesas reembolsáveis para cada unidade vendida. Quando o selo tiver recuperado todas essas despesas, o artista então começa a receber *royalties*. (*Royalties* mecânicos não estão sujeitos à condição de que tais despesas devam ser reembolsadas primeiro.)

A justificativa das gravadoras para essa prática é de que o selo investe seus recursos e assume os riscos financeiros de produzir e promover um disco. Alguns selos argumentam que a prática é similar à de empreendimentos conjuntos em que custos gerais e de produção são devolvidos antes que os sócios dividam quaisquer lucros. Na sua contabilidade, a Compass Records declara seus custos reembolsáveis como um ativo em seu balanço geral. Em média, a companhia recupera esses custos depois de dois anos.

Produção e fabricação

Se um selo negocia um contrato para produzir a gravação *master* de um artista, os custos de produzir aquela gravação dependerão do tamanho do projeto, da complexidade da gravação e do nível de perfeição desejado. Esses custos geralmente incluem os cachês dos produtores, arranjadores, copiadores, engenheiros e músicos de apoio, assim como as taxas de aluguel de estúdios e equipamentos, mixagem e edição. Para artistas relativamente novos contratados por um grande selo, tais custos podem variar de US$ 80 mil a US$ 150 mil por álbum, enquanto artistas famosos podem ter custos de mais de US$ 500 mil.

Sendo um selo pequeno e independente, a Compass Records possui custos de produção significantemente mais baixos do que os de grandes selos. A Compass tem até mesmo uma vantagem sobre outros selos independentes, porque Brown e West adquiriram um estúdio de gravação em maio de 2004. O estúdio digital com painéis de madeira, que custou cerca de US$ 100.000 para ser equipado, deu ao selo e aos seus artistas maior flexibilidade no processo criativo e economiza cerca de US$ 500 por dia, que, do contrário, seriam gastos com o aluguel de estúdios. A Compass Records gasta entre US$ 15 mil e US$ 25 mil para produzir um álbum.

Independentemente do tipo de contrato assinado com o artista, a segunda maior despesa de um selo é fabricar o CD propriamente dito. Os custos de fabricação – que incluem prensar e rotular o CD, comprar as caixas individuais e embalar com filme plástico – são de US$ 0,70 por unidade. Há um custo adicional de US$ 0,20 para imprimir o encarte e os demais materiais contidos no CD. A Compass possuía então um acordo com um fabricante de CDs em Minneapolis, Minnesota, pelo qual o pedido mínimo inicial era de mil unidades; a partir daí, a Compass poderia fazer pedidos em múltiplos de 500. Visto que o fabricante conseguia dar conta de um pedido dentro de três a cinco dias, Brown e West tentavam controlar rigidamente seu estoque.

Marketing e distribuição

Para os grandes selos de gravação, promover um álbum significa fazê-lo tocar nas rádios de todo o país. Esse processo se inicia com o envio gratuito de cópias do álbum em questão para estações de rádio e jornalistas musicais. Para um pequeno selo independente como a Compass, esforços promocionais são altamente especializados e direcionados. A Compass tem como alvo preferencial programas de rádio locais e lojas de discos em sintonia com a programação da turnê do artista. O envio gratuito de álbuns geralmente envolve 2 mil unidades de CD. A companhia negocia com o fabricante um valor reduzido de US$ 0,50 por unidade para os CDs promocionais; postagem e materiais adicionais custam mais US$ 2 por unidade. Nenhum desses custos é reembolsável.

Para os artistas da Compass, um importante componente da campanha de marketing é a venda de ingressos para shows. Fãs de folk, música celta e música de raiz geralmente esperam para comprar os CDs de seus artistas favoritos no show, ainda que o álbum esteja disponível anteriormente nas lojas. Portanto, para estimular fãs locais a irem aos shows de novos artistas, a companhia normalmente investe em uma campanha de publicidade na imprensa local (US$ 3 mil), pôsteres e fotos (US$ 500), envio de e-cards (US$ 1.000), e em serviços de um promotor independente de rádio (US$ 2.500).

Quanto à distribuição do CD, os grandes selos possuem divisões que se encarregam de distribuir milhões de unidades por todo o mundo. Selos independentes como a Compass, entretanto, fazem acordos com distribuidores independentes para colocar seus álbuns à venda em lojas regionais. Distribuidores domésticos cobram uma taxa; para a Compass, essa taxa era de 21% do preço padrão de atacado de US$ 11,45 por unidade. A distribuição de música gravada também está sujeita ao privilégio de retorno. Todos os CDs e cassetes que não forem vendidos são devolvidos pelas lojas. "Esse negócio é 100% consignação", Brown disse. A Compass recebe apenas pelos CDs vendidos, não pela quantidade distribuída. Varejistas devolvem os CDs que não são vendidos ao distribuidor, que por sua vez os devolve à gravadora. Por causa do privilégio de retorno, a Compass geralmente fabrica em torno de 30% a mais de unidades do que acredita ser capaz de vender no varejo; a companhia normalmente destrói essas unidades depois de dois anos.

No varejo, tem havido uma mudança das lojas especializadas em discos para varejistas de massa e da Internet (veja a **Figura 2**). A fatia do mercado americano de vendas de discos em lojas caiu de 51%, em 1998, para 33% em 2003, enquanto lojas voltadas

FIGURA 2 |

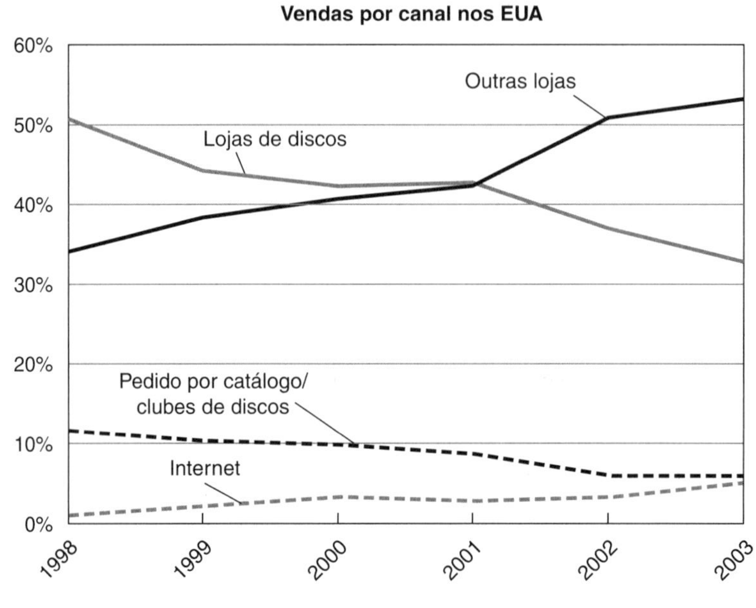

Fonte: Recording Industry Association of America.

a um mercado de massa cresceram de 34% a 53% no mesmo período. Distribuir um álbum entre os grandes varejistas custa caro. Brown estimava que a Compass poderia gastar em torno de US$ 5 mil, por um artista novo, em estações para ouvir o CD em lojas e outros programas de varejo. O preço médio de um CD da Compass no varejo era de US$ 17,98 por unidade.

Os varejistas dão apenas 90 dias para um álbum gerar demanda significativa por parte dos consumidores depois de seu lançamento; se isso não ocorrer, eles exercem seu privilégio de retorno. Portanto, a fim de garantir grande demanda na ocasião de lançamento de um álbum, bastante publicidade e promoção têm de ocorrer com meses de antecedência. "Do ponto de vista financeiro", Brown declarou, "isso significa que todos os custos com gravação, pré-produção e fabricação ocorrem seis meses ou mais antes de qualquer retorno." Para manter um álbum disponível nas lojas, um selo fonográfico precisa vender pelo menos 50% do total de vendas previstas para os primeiros três meses depois do lançamento e talvez alcançar 75% desse total no primeiro ano. Depois disso, as vendas podem diminuir rapidamente, e a maioria do estoque remanescente pode ser vendida no ano seguinte.

A decisão sobre Roscommon

Adair Roscommon, uma cantora irlandesa que tocava violino, bandolim e guitarra, foi chamada por um crítico de "o talento mais promissor da cena *folk* de Dublin". Ela iniciou sua carreira musical na adolescência com a banda tradicional irlandesa Fairlea Brigham e, depois de estudar história na Trinity University, na Irlanda, Roscommon começou a escrever suas próprias canções e a fazer turnês com outros artistas no Reino Unido e nos Estados Unidos. Seu álbum lançado independentemente em 2003, *Swallows Fly*, saiu-se bem – ela esgotou 2.500 cópias dele vendendo em sua próprio carro – e fez ela ser eleita "Revelação de 2004" pelos ouvintes da influente rádio de música popular WUMB, de Boston. Esse sucesso local chamou a atenção de Alison Brown. Ela gostava de como Roscommon combinava a sofisticação da moderna música popular de sua Irlanda natal com as nuances *soul* do *bluegrass*; ela possuía uma sonoridade acessível e refinada que era ao mesmo tempo clássica e moderna.

Brown e seu marido acreditavam fortemente em Roscommon como artista, mas eles ainda não haviam decidido se assinariam um contrato para produzir sua próxima gravação *master* ou se simplesmente iriam licenciar suas gravações já prontas. Comprar sua música significaria produzir uma gravação *master,* sobre a qual a Compass Records teria direitos e a partir da qual ela poderia gerar rendimentos indefinidamente. Licenciar a artista poderia sair mais barato em princípio, mas haveria um ponto final para os fluxos de caixa futuros associados à gravação. "Se você banca uma gravação *master*, sai mais caro do que licenciar (uma gravação pronta)", Brown disse, "mas licenciar significa alugar o material."

De um lado, Brown acreditava ser capaz de negociar um acordo para produzir o próximo álbum de Roscommon por US$ 20 mil, o que incluía as opções-padrão de produzir e adquirir direitos sobre três álbuns adicionais. Como parte do acordo, a Compass teria de negociar também um acordo de co-publicação com Roscommon. Normalmente, uma artista como Roscommon, que escrevia todas as suas canções, dividiria 50% de todos os *royalties* mecânicos de um álbum com um agente que ela contrataria para promover suas composições. Sob esse contrato, no entanto, a Compass faria o trabalho de promover as canções do disco. Se Brown e seu marido escolhessem essa alternativa, portanto, a Compass reduziria suas despesas com *royalties* mecânicos pela metade.

De outro lado, se a Compass licenciasse as gravações prontas de Roscommon, Brown acreditava que o adiantamento seria algo como US$ 3 mil, e Roscommon talvez estivesse disposta a incluir uma opção baseada no desempenho do álbum no contrato. Com essa opção, se a Compass alcançasse a meta de vendas de 10 mil unidades, ela ganharia o direito de licenciar o próximo álbum da artista. "Se nós formos bem-sucedidos com Roscommon sob esse contrato de licença e ela se tornar mais conhecida e viável", Brown pensou, "é bem possível que outro selo apareça com dinheiro e promessas de coisas maiores e colha os frutos do nosso investimento nela." Portanto, adicionar essa cláusula ao contrato oferecia alguma segurança a Brown. "Nós temos um bom pressentimento quanto ao seu potencial no longo prazo, mas sabemos que esse potencial pode se revelar somente depois de alguns discos."

Brown e West pensaram bastante sobre suas projeções para o álbum de Roscommon. "Apenas um em 20 álbuns são grandes sucessos", Brown pensou. Para a Compass, um grande sucesso poderia vender 50 mil unidades, mas esse sucesso dependeria dos custos de marketing do primeiro lançamento. Eles estimaram que a Compass poderia vender tranqüilamente 5 mil unidades do álbum de Roscommon nos Estados Unidos por intermédio de seu distribuidor doméstico. Como Roscommon já possuía fãs no exterior, eles também acreditavam poder gerar vendas internacionais por meio de distribuidores em outras regiões. Brown previu vendas de outras 2 mil unidades no Reino Unido, na Irlanda e na Europa; 1 mil unidades no Japão, na Nova Zelândia e na Austrália; e 500 no Canadá.[8] Roscommon provavelmente conseguiria vender pelo menos 1.500 unidades por conta própria, em sua van; ela pagaria US$ 6 por unidade à Compass e não receberia nenhum tipo de *royalties* por essas vendas. Brown utilizou a taxa de desconto padrão da indústria de 12% para sua análise. A alíquota de imposto corporativo da Compass Records era de 40%.

Na Compass, Brown tradicionalmente preferia licenciar álbuns em vez de comprá-los. "Isso me dá a oportunidade de esperar para ver", disse. Mas nem sempre as coisas eram tão simples assim. Os novos acordos de distribuição da empresa na Europa e na Ásia criaram oportunidades de vender os CDs de um artista em novos mercados ao redor do mundo, e o estúdio recentemente construído da Compass possibilitava produzir um álbum de maneira mais fácil e barata.

"Nós costumávamos ter apenas 30% do catálogo de um artista, mas, com o estúdio, agora dá para ter metade. A única regra é a nossa experiência", Brown disse. Ela sabia que o sucesso de um artista dependia fortemente do seu envolvimento. Um novo artista que fizesse muitas turnês poderia alcançar 50% de suas vendas totais apenas em seus shows. "O resto parece se resumir ao *carma*." Brown pensou: "Uma coisa que aprendemos é que não se pode vender um disco antes da hora; a parte difícil é descobrir se chegou a vez de um artista ou não."

[8]Para vendas na Grã-Bretanha, na Irlanda e na Europa, a Compass geralmente recebia € 7 por unidade. No Japão, na Austrália e na Nova Zelândia, a Compass recebia US$ 6,50 por unidade; no Canadá, US$ 7 por unidade. Os distribuidores internacionais da Compass não cobravam nenhuma tarifa adicional de distribuição. Em meados de junho de 2005, a taxa de conversão cambial entre o dólar e o euro era de 1,224.

QUADRO 1 | Balanço patrimonial da Compass Records

		31 de dezembro de 2004
Ativos		
Ativo circulante		
Caixa		$ 68.074
Contas a receber		1.038.026
Outros ativos circulantes		801.850
Ativo circulante total		1.907.949
Ativos fixos		433.608
Ativo circulante total		
Amortização acumulada		(53.393)
Custos organizacionais		22.293
Custos de início de operações		3.510
Custos reembolsáveis do artista		908.226
Total de outros ativos:		880.636
Ativos totais		**$ 3.222.193**
PASSIVO E PATRIMÔNIO LÍQUIDO		
Passivo		
Contas a pagar		$ 280.907
Dívida de curto prazo		48.282
Outro passivo circulante:		
Royalties acumulados a pagar	304.736	
Conta de reserva de *Royalties*	322.737	
Imposto sobre a folha de pagamento a pagar	35.102	
Imposto de vendas a pagar	8.108	
Cartão de crédito (reconciliação)	(567)	
Imposto de franquia a pagar	(5.670)	
Impostos estrangeiros a pagar	6.105	
Linha de crédito	1.024.216	
Total de outros passivos circulantes	1.694.767	
Passivo total		**$ 2.023.956**
Patrimônio líquido		
Capital integralizado		$ 270.000
Capital integralizado adicional		530.053
Reserva de lucros		398.184
Patrimônio líquido total		**$ 1.198.236**
Total de passivo e patrimônio líquido		**$ 3.222.193**

QUADRO 2 | Demonstração de resultados da Compass Records

	janeiro a dezembro de 2004
Receitas e despesas operacionais	
Receita	
CDs	$ 4.634.967
Música baixada da Internet	141
Mercadorias em consignação	1.625
Vídeos	2.225
DVDs	52.280
Receita proveniente de aluguel do estúdio	14.128
Receita total	**$ 4.705.366**
Custo dos produtos vendidos	
Cassetes	$ 724
CDs	767.858
DVDs	7.006
Vídeos	805
Mercadorias	210
Consignação	145
Custo dos produtos vendidos	**$ 776.748**
Lucro bruto	**$ 3.928.618**
Despesas	
Despesas com distribuição	$ 781.771
Despesas com *royalties*	570.565
Despesas com a folha de pagamento	466.542
Despesas gerais e administrativas	576.583
Despesas com impostos sobre a folha de pagamento	38.754
Outras despesas com impostos	15.786
Diversos	36.167
Publicidade	334.225
Despesas com promoção	71.116
Despesas com postagem	154.761
Viagens e entretenimento	48.558
Apoio às turnês	25.477
Cachês de artistas gráficos	33.064
Despesas com projetos	24.244
Custos não reembolsados de projetos	(3.375)
Total de despesas	**$ 3.950.985**
Lucro operacional líquido	**$ 754.381**
Outras receitas	34.511
Lucro líquido	**$ 788.892**

QUADRO 3 | Histórico de receitas e despesas da Compass Records

Ano	Total Receitas	Despesas
2003	$ 2.702.840	$ 2.720.477
2002	2.734.773	2.755.426
2001	3.097.362	2.877.749
2000	2.898.315	3.075.899
1999	3.039.806	2.900.359
1998	1.343.050	1.389.010
1997	911.588	962.912
1996	770.094	906.439
1995	837.748	866.908

CASO 20

Diamond Chemicals plc (A): o projeto Merseyside

Em uma tarde de janeiro de 2001, Frank Greystock disse à Lucy Morris: "Ninguém parece satisfeito com a análise até agora, mas as mudanças sugeridas poderiam acabar com o projeto. Se projetos sólidos como este não conseguem nadar além das piranhas corporativas, a companhia não se modernizará nunca".

Morris era a gerente de fábricas da Diamond Chemicals Merseyside Works, em Liverpool, Inglaterra. Seu controlador, Frank Greystock, discutia um projeto de capital que Morris queria apresentar ao alto escalão. O projeto consistia num gasto de £ 9 milhões para renovar e racionalizar a linha de produção de polipropileno na fábrica da Merseyside, com o intuito de compensar pela manutenção atrasada e explorar oportunidades de alcançar maior eficiência de produção.

A Diamond Chemicals estava sob pressão de investidores para melhorar seu desempenho financeiro devido à desaceleração da economia global e à acumulação de ações ordinárias por parte de um conhecido investidor corporativo, Sir David Benjamin. Os lucros por ação haviam caído de cerca de £ 60 no fim de 1999 para £ 30 no fim de 2000. Morris, portanto, acreditava que já estava na hora de obter recursos da sede da corporação para um programa de modernização da Merseyside Works – ou pelo menos era isso o que ela tinha em mente até Greystock surgir com uma série de questões que só recentemente vieram à tona.

Diamond Chemicals e o polipropileno

A Diamond Chemicals, uma grande concorrente na indústria química mundial, é uma das maiores produtoras de polipropileno, polímero utilizado em uma variedade imensa de produtos (de insumos médicos a filmes de plástico, fibras para carpetes e componentes para

---

Este caso foi preparado por Robert F. Bruner para servir como base para uma discussão em sala de aula e não para ilustrar como se lida de maneira eficiente ou ineficiente com uma situação administrativa. Diamond Chemicals é uma empresa fictícia que reflete os problemas enfrentados por empresas reais. O autor gostaria de agradecer aos comentários do dr. Frank H. McTigue, à veia literária de Anthony Trollope e ao suporte financeiro do Citicorp Global Scholars Program.

automóveis) e conhecida pela sua força e maleabilidade. O preço do polipropileno é essencialmente determinado como uma *commodity*.

A produção de rolos de polipropileno na Merseyside começa com o propileno, um gás refinado recebido em carros-tanque. O propileno é comprado de quatro refinarias na Inglaterra, que o produzem no processo de refinar petróleo cru em gasolina. A primeira etapa do processo é a polimerização — o gás propileno é combinado com um diluente (ou solvente) em um grande recipiente sob pressão. Em uma reação catalítica, o polipropileno precipita-se no fundo do tanque, depois, é concentrado em uma centrífuga.

Na segunda etapa do processo de produção, mistura-se o polipropileno básico a estabilizantes, modificadores, enchimentos e pigmentos para alcançar os atributos desejados por um consumidor em particular. O plástico resultante é extrudado em rolos e enviado ao consumidor.

O processo de produção da Merseyside era obsoleto, semicontínuo na melhor das hipóteses e, portanto, mais trabalhoso do que nas fábricas mais modernas dos concorrentes. A fábrica da Merseyside foi construída em 1967.

A Diamond Chemicals produzia polipropileno em Merseyside e em Roterdã, na Holanda. As duas fábricas eram idênticas em escala, idade e design. Os gerentes de ambas eram subordinados a James Fawn, vice-presidente executivo e gerente do Grupo Químico Intermediário (GQI) da Diamond Chemicals. A companhia posicionava-se como fornecedora para clientes na Europa e no Oriente Médio. Os encarregados pela análise estratégica estimavam que, além de inúmeros pequenos produtores, sete grandes concorrentes fabricavam polipropileno na região em que se concentrava o mercado da Diamond Chemicals. As fábricas desses concorrentes operavam em muitos níveis de custo. O **Quadro 1** apresenta uma comparação entre os tamanhos das fábricas e os respectivos custos indexados.

O programa de capital proposto

Morris tinha assumido a responsabilidade pela Merseyside Works havia apenas 12 meses, depois de uma rápida ascensão desde a sua posição inicial de engenheira de turno nove anos antes. Ao assumir a responsabilidade, ela revisou as operações detalhadamente e descobriu oportunidades significativas de melhoria na produção de polipropileno. Algumas dessas oportunidades decorriam do atraso de manutenção nos últimos cinco anos. Em um esforço para aprimorar os resultados operacionais da Works, o gerente anterior havia limitado os gastos ao estritamente essencial. Agora, o que antes era rotina e poderia esperar estava se tornando essencial. Outras oportunidades surgiram da necessidade de se corrigir o design antiquado da fábrica de modo a economizar energia e melhorar o fluxo de trabalho: (1) realocar e modernizar as áreas de descarga dos carros-tanque, o que tornaria o processo mais eficaz; (2) reformar o tanque de polimerização para alcançar maior pressão e, conseqüentemente, maior rendimento; e (3) renovar a fábrica de compostos para aumentar o rendimento do processo de extrusão e economizar energia.

Morris propôs um gasto de £ 9 milhões nesse programa. Porém, toda a linha de polimerização teria de parar por 45 dias e, visto que a fábrica em Roterdã estava operando com capacidade máxima, os clientes da Merseyside deveriam comprar de concorrentes. Greystock acreditava que essa perda de clientes não seria permanente. Os benefícios seriam menor requerimento de energia[1] assim como produtividade 7% maior. Além disso, esperava-se que o projeto aumentasse a margem bruta (sem descontar a depreciação e a economia de energia) de 11,5% para 12,5%. O grupo de engenharia da Merseyside estava confiante de que isso se realizaria.

Merseyside então produzia 250 mil toneladas métricas de rolos de polipropileno por ano. Em média, o preço do polipropileno era de £ 541 por tonelada pelo mix de produtos da Diamond Chemicals. A alíquota de imposto utilizada em análises de investimentos era de 30%. Greystock descobriu que todas as estruturas a serem substituídas na fábrica foram completamente depreciadas. Novos bens poderiam se depreciar de maneira acelerada[2] ao longo de 15 anos, ou seja, sua vida útil. Para aumentar a produtividade seria necessário um aumento no estoque equivalente ao valor de 3% das mercadorias. Greystock incluiu no primeiro ano de sua estimativa custos preliminares de engenharia de £ 500 mil, que haviam sido gastos nos nove meses anteriores em eficiência e estudos de design para a reforma. Por último, o manual da corporação estipulava que despesas gerais nas análises de projetos deveriam ser equivalentes a 3,5% do valor dos bens adquiridos no projeto por ano.[3]

Greystock havia produzido o resumo dos fluxos de caixa descontados exibido no **Quadro 2**. Ele sugeriu que o programa de capital facilmente ultrapassaria o retorno desejado de 10% para projetos de engenharia da Diamond Chemicals.

Preocupações da divisão de transportes

A Diamond Chemicals era proprietária dos carros-tanque que transportavam para a Merseyside gás propileno de quatro refinarias de petróleo da Inglaterra. A Divisão de Transportes, um centro de custos, supervisionava todo e qualquer movimento de matéria-prima, materiais intermediários e produtos acabados pela companhia e era responsável pela administração dos carros-tanque. Devido à maior produtividade do projeto, a Divi-

---

[1]Greystock calculava a economia de energia como uma porcentagem das vendas e presumiu que essa economia seria igual a 1,25% das vendas nos primeiros cinco anos e 0,75% no período entre o sexto e o décimo ano. Daí em diante, sem gastos adicionais em uma política "verde" agressiva, a eficiência energética da fábrica reverteria ao nível antigo, e a economia seria zero. Ele acreditava que a decisão de fazer mais investimentos voltados ao meio ambiente era uma decisão à parte (e uma decisão que deveria ser feita muito mais tarde) e que, portanto, incluir tais benefícios (de uma decisão sobre um investimento a ser feito presumivelmente mais tarde) no projeto atual seria inadequado.

[2]O manual de dispêndio de capital da companhia sugeria o uso do método de depreciação por declínio em dobro (DDD), embora outros procedimentos mais agressivos fossem permitidos pelo código fiscal. O propósito dessa política era desencorajar possíveis manobras por aprovações corporativas baseadas em provisões fiscais que pudessem ser utilizadas de maneira diferente em projetos e divisões distintos. Antes da aprovação pelo alto escalão, a equipe do controlador apresentava uma análise independente dos efeitos fiscais especiais que poderiam ser usados. Os gerentes de divisão, no entanto, eram fortemente desestimulados a contarem com esses efeitos. Ao utilizar o método DDD em um projeto de 15 anos, a fórmula de depreciação acelerada foi utilizada nos primeiros dez anos, depois dos quais começou-se a calcular a depreciação por meio do método da linha reta. Essa conversão à linha reta era feita para que o bem se depreciasse inteiramente durante sua vida útil.

[3]O manual de políticas corporativas declarava que novos projetos deveriam ser capazes de sustentar uma proporção razoável dos custos gerais da corporação. Projetos tão marginais a ponto de serem incapazes de sustentar essas despesas e preencherem os demais critérios de investimentos não deveriam ser executados. Portanto, todos os novos projetos de capital deveriam refletir uma taxa pré-imposto anual de 3,5% do valor do investimento inicial em ativos para o projeto.

são de Transportes precisaria aumentar sua alocação de carros-tanque para Merseyside. Isso podia ser feito por causa da capacidade excedente, embora tal atitude anteciparia, de 2005 para 2003, a necessidade de comprar uma nova frota de veículos, para dar conta do crescimento antecipado da empresa em outras áreas. A compra custaria £ 2 milhões. A frota de veículos teria uma vida depreciável de dez anos,[4] porém, com manutenção apropriada, os carros poderiam operar por muito mais tempo. A frota de veículos não poderia ser usada fora da Grã-Bretanha devido a diferenças de bitola.

Um memorando do *controller* da Divisão de Transportes sugeriu que o custo dos carros-tanque deveria ser incluído no rascunho inicial do programa de capital da Merseyside. Mas Greystock discordou. Ele disse a Morris:

> A Divisão de Transportes não paga um centavo pelo que estamos fazendo na Merseyside. De fato, fazemos um favor à companhia ao utilizar sua capacidade excedente. Ainda que uma alocação tenha de ser feita em algum lugar, isso deveria constar nos livros da Divisão de Transportes. Sempre avaliamos projetos nesta companhia sob a filosofia de "cada macaco no seu galho" – cada divisão tem de se virar. A Divisão de Transportes não faz parte do nosso Grupo Químico Intermediário, portanto eles deveriam se encarregar da alocação da frota de veículos.

Conseqüentemente, Greystock não incluiu nenhuma tarifa pelo uso do excesso da frota de veículos em sua análise preliminar dos fluxos de caixa descontados, exibida no **Quadro 2**.

A Divisão de Transportes e o Grupo Químico Intermediário eram subordinados a diferentes vice-presidentes executivos que, por sua vez, eram subordinados ao presidente e ao diretor executivo da companhia. Os vice-presidentes executivos recebiam um bônus anual de incentivo de acordo com o desempenho de suas divisões.

Preocupações do Grupo Químico Intermediário e do departamento de marketing

A análise de Greystock levou o diretor de vendas a fazer perguntas. Em reunião recente, o diretor disse a Greystock:

> Sua análise presume que nós podemos vender a produção adicional e portanto alcançar eficiência máxima no projeto, mas, como você sabe, o mercado para polipropileno é extremamente competitivo. Agora mesmo, a indústria está passando por maus momentos e parece que um superfornecimento está a caminho. Isso significa que provavelmente teremos de transferir a capacidade de Roterdã para Merseyside com o intuito de mover o volume adicional. Isso é realmente um ganho para a Diamond Chemicals? Por que gastar dinheiro apenas para que uma fábrica canibalize a outra?

O vice-presidente do departamento de marketing era menos cético. Ele disse que com gastos menores na Merseyside, a Diamond Chemicals poderia conquistar clientes de concorrentes como a Saône-Poulet ou a Vaysol. Na recessão pela qual estavam passando, concorrentes lutavam para manter os clientes, porém, mais cedo ou mais tarde, o mercado

---

[4]A Divisão de Transportes depreciava a frota de veículos usando o método de depreciação por declínio em dobro pelos primeiros oito anos, e o método da linha reta, pelos últimos dois anos.

se recuperaria, e seria razoável supor que qualquer volume de negócios perdidos retornaria então.

Greystock ouviu tanto o diretor quanto o vice-presidente e decidiu não incluir na sua análise preliminar do projeto Merseyside uma tarifa pela perda de negócios em Roterdã. Ele disse a Morris:

> Canibalização realmente não é um fluxo de caixa; não há cheques escritos nesse caso. De qualquer maneira, se a companhia começar a carregar seus projetos de redução de gastos com tarifas fictícias como essa, nunca manteremos a nossa competitividade de custo. A tarifa de canibalização é bobagem!

Preocupações do gerente-assistente de fábrica

Griffin Tewitt, gerente-assistente de fábrica e subordinado direto de Morris, propôs uma modificação pouco comum para a análise de Greystock durante uma reunião, no fim da tarde, com Greystock e Morris. Ao longo dos últimos meses, Tewitt se ocupou com o desenvolvimento de uma proposta para modernizar uma parte independente da Merseyside Works, a linha de produção de copolímeros de etileno-propileno (CEP). Esse produto, uma variedade de borracha sintética, fora introduzido pela Diamond Chemicals no começo da década de 1960 e vendido em grandes quantidades para os fabricantes de pneus europeus. Apesar da esperança de que essa borracha resistente à oxidação fosse dominar o mercado de sintéticos, de fato, CEP permaneceu um produto relativamente pequeno na indústria química européia. A Diamond, maior fornecedora de CEP, produzia tudo em Merseyside. O produto fora apenas marginalmente lucrável para a Diamond por causa da entrada de concorrentes e do desenvolvimento de compostos de borracha sintética nos últimos cinco anos.

Tewitt havia proposto a renovação da linha de produção de CEP a um custo de £ 1 milhão. A renovação daria à Diamond o menor custo-base de CEP no mundo e melhoraria os fluxos de caixa em £ 25 mil *ad infinitum*. Mesmo assim, por preços e volumes atuais, o valor presente líquido (VPL) desse projeto seria de -£ 750 mil. Tewitt e o gerente de produção do CEP argumentaram com o conselho executivo que o VPL negativo ignorava vantagens estratégicas do projeto e o crescimento de volume e preços quando a recessão acabasse. Entretanto, o conselho executivo havia rejeitado o projeto, baseando sua rejeição principalmente em questões econômicas.

Em voz baixa, Tewitt disse a Morris e Greystock:

> Por que vocês não incluem o projeto CEP como parte das renovações da linha de polipropileno? O VPL positivo dessas renovações pode facilmente sustentar o VPL negativo do projeto CEP. Este é um projeto extremamente importante para a companhia, um ponto que o alto escalão não parece entender. Se nós investirmos agora, estaremos prontos a explorar o mercado quando a recessão terminar. Se não investirmos agora, vocês podem apostar que vamos ter de sair do negócio em três anos. Vocês querem mais demissões? Querem gerenciar uma fábrica em recessão? Lembrem-se de que nossos bônus anuais estão atrelados ao tamanho dessa operação. E lembrem-se também de que, nos últimos 20 anos, ninguém do corporativo monitorou os projetos de renovação depois que a decisão sobre o investimento havia sido feita.

Preocupações da tesouraria

Depois de uma reunião sobre outro assunto, Frank Greystock contou seus dilemas a Andrew Gowan, que trabalhava como analista na Tesouraria da Diamond Chemicals. Gowan deu uma olhada na análise de Greystock e observou:

> ... fluxos de caixa e taxas de desconto precisam ser consistentes em suas suposições sobre a inflação. A taxa mínima de atratividade de 10% que você está utilizando é uma taxa-alvo de retorno nominal. A tesouraria acha que isso pressupõe uma expectativa de inflação no longo prazo de 3% ao ano. Portanto, a taxa-alvo de retorno real (isto é, com inflação zero) da Diamond Chemicals é de 7%.

Essa conversa foi interrompida antes que Greystock pudesse compreender o comentário de Gowan em sua totalidade. Por uns momentos, ele decidiu continuar com uma taxa de desconto de 10% porque esse era o valor promovido na edição mais recente do manual de orçamento da Diamond Chemicals.

Avaliando propostas de investimentos na Diamond Chemicals

Ao submeter um projeto para a aprovação do alto escalão, os autores do projeto devem classificá-lo em uma de quatro categorias possíveis: (1) produto ou mercado novo; (2) extensão de produto ou mercado; (3) eficiência de engenharia; ou (4) segurança ou meio ambiente. As primeiras três categorias são sujeitas a um sistema de quatro "referências" de desempenho, no qual pelo menos três dessas referências devem ser vencidas para que a proposta seja considerada. O projeto Merseyside estaria na categoria de eficiência de engenharia.

1. *Impacto sobre os lucros por ação:* Para projetos de eficiência de engenharia, a contribuição de um projeto contemplado para os rendimentos líquidos deveria ser positiva. Esse critério era calculado como a contribuição média dos lucros anuais por ação (LPA) ao longo de toda sua vida econômica, usando o número de ações existentes no final do exercício fiscal mais recente como base para o cálculo. (No final do exercício fiscal de 2000, a Diamond Chemicals tinha 92.891.240 ações.)
2. *Payback:* Este critério foi definido como o número de anos que seriam necessários para que os fluxos de caixa livre do projeto amortizassem os investimentos iniciais completamente. Para projetos de eficiência de engenharia, o período máximo de retorno era de seis anos.
3. *Fluxo de caixa descontado:* definido como o valor presente de futuros fluxos de caixa do projeto (a uma taxa de atratividade de 10% para propostas de eficiência de engenharia) menos os investimentos iniciais. Esse valor presente líquido dos fluxos de caixa livre tinha de ser positivo.
4. *Taxa interna de retorno:* definida como a taxa de desconto em que o valor presente de futuros fluxos de caixa livre se iguala aos investimentos iniciais – ou seja, a taxa em que o valor presente líquido é igual a zero. A taxa interna de retorno de projetos de eficiência de engenharia deveria ser maior que 10%.

Conclusão

Morris queria revisar a análise de Greystock detalhadamente e resolver as questões envolvendo os carros-tanque e a perda potencial de volume de negócios em Roterdã.

Da forma que constava na análise de Greystock, o projeto Merseyside preenchia todos os critérios:

1. Contribuição média anual para os lucros por ação = £ 0,018.
2. Período de payback = 3,6 anos.
3. Valor presente líquido = £ 9 milhões.
4. Taxa interna de retorno = 25,9%.

Morris temia que mudanças adicionais poderiam enfraquecer consideravelmente a atratividade do projeto.

QUADRO 1 | Comparação entre as sete maiores fábricas de polipropileno da Europa

	Localização da fábrica	Construída em	Produção anual da fábrica (em toneladas métricas)	Custo de produção por tonelada (indexado ao produtor de baixo custo)
CBTG A.G.	Saarbrün	1981	350.000	1,00
Diamond Chem.	Liverpool	1967	250.000	1,09
Diamond Chem.	Roterdã	1967	250.000	1,09
Hosche A.G.	Hamburgo	1977	300.000	1,02
Montecassino SpA	Gênova	1961	120.000	1,11
Saône-Poulet S.A.	Marselha	1972	175.000	1,07
Vaysol S.A.	Antuérpia	1976	220.000	1,06
As dez maiores fábricas seguintes			450.000	1,19

Fonte: Análise do autor do caso.

QUADRO 2 | Análise de Greystock do fluxo de caixa descontado do projeto Merseyside (valores financeiros em milhões de libras)

Premissas

Produção anual (em toneladas métricas)		250.000	Taxa de desconto	10,0%
Ganho de produção/Produção original		7,0%	Vida útil (em anos)	15
Preço/tonelada (em libras esterlinas)		541	Despesas gerais/Investimento	3,5%
Índice de inflação (preços e custos)		0,0%	Valor residual	0
Margem bruta (exceto depreciação)		12,50%	Estoque operacional/Custo das mercadorias	3,0%
Antiga margem bruta		11,5%	Meses de ociosidade, construção	1,5
Alíquota de imposto		30,0%	Receita com sucata (depois de impostos)	0
Investimento inicial (em milhões)		9,00	Custos de engenharia preliminares	0,5
Economia de energia/Vendas	Ano 1-5	1,25%		
	Ano 6-10	0,8%		
	Ano 11-15	0,0%		

	0	1	2	3	4	5	6	7	8	9	10	11	12	13	14	15
Ano	Agora	2001	2002	2003	2004	2005	2006	2007	2008	2009	2010	2011	2012	2013	2014	2015
1. Estimativa de lucro incremental sobre mercadorias																
Nova produção (em toneladas)		267.500	267.500	267.500	267.500	267.500	267.500	267.500	267.500	267.500	267.500	267.500	267.500	267.500	267.500	267.500
Produção perdida — construção		(33.438)														
Novas vendas (em milhões)		126,63	144,72	144,72	144,72	144,72	144,72	144,72	144,72	144,72	144,72	144,72	144,72	144,72	144,72	144,72
Nova margem bruta		13,8%	13,8%	13,8%	13,8%	13,8%	13,3%	13,3%	13,3%	13,3%	13,3%	12,5%	12,5%	12,5%	12,5%	12,5%
Novo lucro bruto		17,41	19,90	19,90	19,90	19,90	19,18	19,18	19,18	19,18	19,18	18,09	18,09	18,09	18,09	18,09
Antiga produção		250.000	250.000	250.000	250.000	250.000	250.000	250.000	250.000	250.000	250.000	250.000	250.000	250.000	250.000	250.000
Antigas vendas		135,25	135,25	135,25	135,25	135,25	135,25	135,25	135,25	135,25	135,25	135,25	135,25	135,25	135,25	135,25
Antigo lucro bruto		15,55	15,55	15,55	15,55	15,55	15,55	15,55	15,55	15,55	15,55	15,55	15,55	15,55	15,55	15,55
Lucro incremental sobre mercadorias		1,86	4,34	4,34	4,34	4,34	3,62	3,62	3,62	3,62	3,62	2,54	2,54	2,54	2,54	2,54
2. Estimativa de depreciação incremental																
Nova depreciação		1,20	1,04	0,90	0,78	0,68	0,59	0,51	0,44	0,38	0,33	0,43	0,43	0,43	0,43	0,43
3. Custos e despesas indiretas (*overhead*)		0,32	0,32	0,32	0,32	0,32	0,32	0,32	0,32	0,32	0,32	0,32	0,32	0,32	0,32	0,32
4. Custos preliminares de engenharia		0,50														
5. Lucro incremental antes de impostos		(0,16)	2,99	3,13	3,25	3,35	2,72	2,80	2,87	2,92	2,98	1,79	1,79	1,79	1,79	1,79
6. Impostos		(0,05)	0,90	0,94	0,97	1,01	0,82	0,81	0,86	0,88	0,89	0,54	0,54	0,54	0,54	0,54
7. Lucro depois de impostos		(0,11)	2,09	2,19	2,27	2,35	1,90	1,95	2,01	2,05	2,08	1,25	1,25	1,25	1,25	1,25
8. Ajustes de fluxo de caixa																
Menos investimentos	(9,00)															
Mais depreciação		1,20	1,04	0,90	0,78	0,68	0,59	0,51	0,44	0,38	0,33	0,43	0,43	0,43	0,43	0,43
Menos estoque operacional adicional		0,31	-0,47	0,00	0,00	0,00	0,00	0,00	0,00	0,00	0,00	0,00	0,00	0,00	0,00	0,00
Receita com sucata (depois de impostos)		0,00														
9. Fluxo de caixa livre	**(9,00)**	**1,40**	**2,66**	**3,09**	**3,06**	**3,02**	**2,49**	**2,47**	**2,45**	**2,43**	**2,41**	**1,68**	**1,68**	**1,68**	**1,68**	**1,68**

Valor presente líquido = **9,00**

Taxa interna de retorno = **25,9%**

CASO 21

Diamond Chemicals plc (B): os projetos Merseyside e Roterdã

James Fawn, vice-presidente executivo do Grupo Químico Intermediário (GQI) da Diamond Chemicals, encontrou-se com seu analista de Finanças, John Camperdown, para rever duas propostas mutuamente exclusivas de investimento de capital. O orçamento da empresa seria submetido à aprovação do conselho diretor no começo de fevereiro de 2001, e quaisquer projetos propostos por Fawn ao GQI teriam de ser enviados em breve ao presidente da Diamond Chemicals para análise. Gerentes de fábrica em Liverpool e Roterdã enviaram propostas de gastos independentes que visavam a expandir a produção de polipropileno de suas respectivas fábricas em 7%.[1] A equipe de análise estratégica da Diamond Chemicals argumentou de forma incansável que um aumento de 14% na produção de polipropileno não fazia sentido algum, mas, sim, metade desse valor. Portanto, Fawn não poderia aceitar os *dois* projetos; ele deveria indicar apenas um para ser aprovado pelo conselho diretor.

O regulamento corporativo avaliava projetos com base em quatro critérios: (1) valor presente líquido computado a um custo de capital apropriado; (2) taxa interna de retorno; (3) *payback*; e (4) aumento nos lucros por ação. Além disso, o conselho diretor era receptivo a "fatores estratégicos" — considerações que poderiam ser difíceis de quantificar. A gerente da fábrica de Roterdã, Elizabeth Eustace, argumentou de maneira estrondosa que seu projeto se encaixava em todos os padrões quantitativos relevantes e que traria benefícios estratégicos à empresa. De fato, Eustace havia colocado essas questões em duas reuniões recentes com o alto escalão e em uma recepção com o conselho diretor. Fawn esperava rever a proposta de Lucy Morris, gerente da fábrica de Liverpool, na reunião com Camperdown, mas suspeitava que nenhuma proposta fosse superior à outra em todos os quatro critérios. A escolha de Fawn aparentemente não seria fácil.

[1]Informações adicionais sobre a Diamond Chemicals e a indústria do polipropileno são dadas em "Diamond Chemicals plc (A): o Projeto Merseyside" (Caso 20).

Este caso foi preparado por Robert F. Bruner para servir como base para uma discussão em sala de aula, e não para ilustrar como se lida de maneira eficiente ou ineficiente com uma situação administrativa. Diamond Chemicals é uma empresa fictícia que reflete os problemas enfrentados por empresas reais. O autor gostaria de agradecer aos comentários do dr. Frank H. McTigue, à veia literária de Anthony Trollope e ao suporte financeiro do Citicorp Global Scholars Program.

A proposta de Merseyside, Liverpool

O projeto para a fábrica de Merseyside exigia a melhoria da infraestrutura existente e do processo de produção. Baseado no tipo de projeto e nos estudos de engenharia, os benefícios potenciais do projeto eram praticamente certos (veja "Diamond Chemicals plc (A): o projeto Merseyside" (Caso 20) para uma discussão detalhada). Até então, Morris, gerente da Merseyside Works, limitara-se a discutir o projeto em conversas com Fawn e Camperdown. Este havia levantado várias questões exploratórias sobre o projeto e apresentado análises preliminares a gerentes de marketing e de transportes com o propósito de ouvir o que eles teriam a dizer. A análise revisada que emergiu dessas discussões seria o foco da discussão com Camperdown na próxima reunião.

Camperdown sugeriu que o memorando final de Morris sobre o projeto fosse curto, de apenas três páginas. Fawn gostaria de saber se esse memorando satisfaria suas questões remanescentes.

O projeto Roterdã

A proposta de Elizabeth Eustace consistia em um documento de 90 páginas repletas de esquemas detalhados, comentários de engenharia, análises estratégicas e projeções financeiras. A análise básica de fluxo de caixa descontado é apresentada no **Quadro 1** e mostra que o projeto tinha um valor presente líquido de £ 14 milhões e uma taxa interna de retorno de 17,9%. Na pior das hipóteses, que presumia uma erosão* do volume de Merseyside igual aos ganhos do volume de Roterdã, o valor presente líquido seria de £ 11,6 milhões.

Essencialmente, a proposta de Eustace exigia gastos de £ 8 milhões, ao longo de três anos, para converter a linha de polimerização da fábrica à tecnologia de fluxo contínuo e para instalar sofisticados controles de processo de última geração nas operações de polimerização e composição. O coração do novo sistema seria um computador analógico controlado por um software avançado desenvolvido por um time de professores de engenharia em um instituto no Japão. A tecnologia de controle de processo de três anos de idade fora utilizada em um pequeno complexo de produção de polipropileno no Japão e produziu melhorias significativas no custo e na produção. Outros grandes produtores cogitavam utilizar o sistema em suas fábricas.

Eustace explicou que a instalação do novo e sofisticado sistema não seria viável sem o abastecimento contínuo de gás propileno. Ela propôs que se obtivesse esse gás através de um gasoduto conectado a uma refinaria a 5 quilômetros da fábrica (em vez de carros-tanque provenientes de três refinarias). A Diamond Chemicals tinha a opção de comprar o gasoduto e seu direito de passagem por £ 3,5 milhões, que Eustace incluíra em sua estimativa de £ 8 milhões para o projeto; em seguida, por um custo relativamente pequeno, o gasoduto poderia ser estendido até a fábrica e a refinaria de Roterdã. Essa opção fora comprada vários anos antes. Um consultor informou Eustace que com-

*Do inglês *erosion* — depreciação de um bem devido a avanços tecnológicos.

prar um direito de passagem por preços atuais e implementar um gasoduto comparável custaria aproximadamente £ 6 milhões, valor pelo qual o direito de passagem seria vendido em um leilão nos dias de hoje, na sua opinião. O consultor também previu que o valor do direito de passagem seria de £ 35 milhões em 15 anos.[2] Essa opção não estaria mais disponível dentro de seis meses.

Alguns executivos do alto escalão da Diamond Chemicals acreditavam piamente que, se o projeto Roterdã não fosse desenvolvido, a opção referente ao direito de passagem deveria ser deixada de lado. O raciocínio foi resumido por Jeffrey Palliser, diretor do conselho executivo:

> O nosso negócio é química, e não especulação fundiária. Simplesmente comprar o direito de passagem com o intuito de revendê-lo para a obtenção de lucros é ir além da nossa especialidade. Quem sabe quando poderíamos vendê-lo, e por quanto? O quanto esse pequeno empreendimento lateral distrairia Elizabeth Eustace?

Porém, membros mais jovens do alto escalão estavam mais dispostos a cogitar uma potencial arbitragem sobre o direito de passagem.

Eustace esperava obter o benefício desse investimento (isto é, um aumento de 7% na produção) gradualmente, quando a nova tecnologia fosse instalada e acomodada e os efeitos da curva de aprendizagem tivessem se concretizado. Ela defendia um programa de investimento por fases (e não de uma vez só), a fim de minimizar interrupções às operações da fábrica e de permitir que a nova tecnologia fosse calibrada e estabilizada.

Devido à complexidade da tecnologia e da extensão com que atravessaria a fábrica, o sistema seria muito caro para desmontar. Na prática, não haveria como voltar atrás, uma vez que a decisão de instalar os novos controles fosse tomada. O projeto de Eustace representaria um compromisso irrevogável com a tecnologia analógica na fábrica de Roterdã.

Fawn lembrou que os fatores estratégicos a que Eustace se referiu tinham a ver com o custo óbvio e com as melhorias na produção esperadas do novo sistema, assim como da vantagem de ser o primeiro dos grandes produtores europeus a implementar a nova tecnologia. Ser o primeiro a implementá-la provavelmente se traduziria em uma vantagem a mais no sentido de avançar na curva de aprendizagem pela redução de custos à medida que a organização se tornasse mais familiarizada com a tecnologia. Eustace argumentou:

> Os japoneses, e agora os americanos, exploram o fenômeno da curva de aprendizagem de maneira agressiva. Felizmente eles não são grandes jogadores na indústria européia de polipropileno, pelo menos não ainda. Essa é uma oportunidade que só surge uma vez por geração para a Diamond Chemicals, de saltar à frente de seus concorrentes com a exploração de uma nova tecnologia.

[2]O direito de passagem servia a vários usos comerciais. Mais proeminentemente, o governo holandês havia demonstrado interesse em utilizar o direito de passagem para uma nova linha ferroviária de alta velocidade. O planejamento para essa linha mal havia iniciado, sugerindo que esforços para a aquisição de terras começavam com anos de antecedência. Além disso, os *deficits* orçamentários do governo ameaçavam a implementação do projeto conforme estava programado. Outro usuário em potencial era a Medusa Communications, uma companhia internacional de telecomunicações que estava buscando caminhos ao longo dos quais construir seus novos cabos de fibra ótica. Empresas de energia e outras companhias químicas ou refinarias também poderiam estar interessadas em adquirir o direito de passagem.

Em uma referência oblíqua ao projeto Merseyside, Eustace disse em seguida:

> Há duas alternativas para a implementação da tecnologia de controle de processo analógico. Uma delas é uma série de aprimoramentos míopes na infra-estrutura existente, mas isso não é nada além de enterrar a cabeça na areia, pois nos deixa à mercê dos nossos concorrentes que *tomam decisões* no longo prazo. A outra alternativa é deixar o negócio do polipropileno, mas isso significa deixar para trás o *know-how* considerável que acumulamos nesse negócio e o que é basicamente uma atividade valiosa. Nosso compromisso com os controles analógicos é a escolha certa na hora certa.

O sistema de controle de processo analógico parecia ser o mais avançado no mercado. Havia rumores, no entanto, de que uma equipe de engenheiros de design da Universidade de Glüsingen, na Alemanha, estava testando uma tecnologia de controle de processo radicalmente diferente – baseada em lasers, cromatografia espectral e computação digital – e com desempenho melhor do que o sistema japonês, no que diz respeito à redução de custos e melhoria de produção por um fator de 1,1:1. Se esses rumores fossem verdadeiros, tal sistema poderia se tornar disponível comercialmente em cinco anos. Se fosse possível mudar para a tecnologia alemã em cinco anos, isso significaria dar baixa no investimento do sistema japonês por inteiro.

Fawn tentava descobrir como levar a nova e potencial tecnologia em consideração ao tomar sua decisão. Ainda que ele recomendasse o projeto Merseyside hoje, os novos controles (japoneses ou alemães, se os últimos viessem a ser comercializados) também poderiam ser instalados depois em Merseyside; qualquer um suplantaria, e não duplicaria, as melhorias alcançadas com os aprimoramentos propostos atualmente para a Merseyside. Lucy Morris, a gerente da fábrica de Merseyside, disse a James Fawn que ela preferia "esperar para ver", antes de dar início a um *upgrade* tecnológico em sua fábrica. Fawn acreditava que a flexibilidade para mudar de tecnologia era diferente nos projetos Merseyside e Roterdã, e que essa diferença poderia afetar o valor dos respectivos projetos.[3]

Conclusão

James Fawn queria pensar bastante antes de tomar sua decisão, porque os gerentes de fábrica de Merseyside e Roterdã pareciam ter investido muito em seus projetos. Ele queria que os critérios de orçamento dessem uma indicação certeira da atratividade relativa dos dois projetos mutuamente exclusivos. Ele se perguntava por meio de qual processo de análise racional ele poderia se livrar das ambigüidades das medidas atuais de atratividade de investimento. Além disso, ele queria encontrar uma maneira de avaliar a diferença tecnológica primária entre as duas propostas: (1) o projeto Roterdã, que associava firmemente a Diamond Chemicals à tecnologia de novos processos, ou (2) o projeto Merseyside, que retinha a flexibilidade para permitir tais tecnologias no futuro.

[3]Usando a simulação de Monte Carlo, Morris havia estipulado que os retornos de capital das duas tecnologias (tanto a alemã quanto a japonesa) apresentavam desvios-padrão de 8% e que a correlação entre os dois retornos era previsivelmente alta: 80%. A taxa de retorno nominal isenta de risco era de aproximadamente 5,5%. A opinião dos engenheiros da Diamond era de que o sistema de controle de processo digital alemão surgiria nos próximos cinco anos ou não surgiria, e que a probabildade de comercialização da tecnologia alemã era de 50%.

QUADRO 1 | Análise do projeto Roterdã (valores financeiros em milhões de libras)

Premissas					
Produção anual (em toneladas métricas)		250.000			
Ganho de produção por ano/Ano anterior		2,0%	Taxa de desconto		10,0%
Maximum possible output		267.500	Vida útil (em anos)		15
Preço/tonelada (em libras esterlinas)		541	Despesas indiretas (overhead)/Investimento		3,5%
Inflação (preços e custos)		0,0%	Valor residual		0
Crescimento da margem bruta/ano		0,80%	Estoque operacional/Custo dos produtos vendidos		3,0%
Máxima margem bruta possível		16,0%	Valor terminal do direito de passagem		35
Antiga margem bruta		11,5%	Meses de ociosidade, construção	2001	5
Alíquota de imposto		30,0%		2002	4
Investimento inicial (em milhões)	Agora	3,5		2003	3
	2001	2,5		2004	0
	2002	1			
	2003	1			

	0	1	2	3	4	5	6	7	8	9	10	11	12	13	14	15
Ano	Agora	2001	2002	2003	2004	2005	2006	2007	2008	2009	2010	2011	2012	2013	2014	2015
1. Estimativa de lucro incremental sobre mercadorias																
Nova produção (em toneladas)		255.000	260.100	265.302	267.500	267.500	267.500	267.500	267.500	267.500	267.500	267.500	267.500	267.500	267.500	267.500
Produção perdida – construção		(106.250)	(86.700)	(66.326)												
Novas vendas (em milhões)		80,47	93,81	107,65	144,72	144,72	144,72	144,72	144,72	144,72	144,72	144,72	144,72	144,72	144,72	144,72
Nova margem bruta		11,6%	11,8%	12,1%	12,5%	13,0%	13,6%	14,4%	15,3%	16,0%	16,0%	16,0%	16,0%	16,0%	16,0%	16,0%
Novo lucro bruto		9,33	11,05	12,99	18,02	18,76	19,67	20,80	22,17	23,15	23,15	23,15	23,15	23,15	23,15	23,15
Antiga produção		250.000	250.000	250.000	250.000	250.000	250.000	250.000	250.000	250.000	250.000	250.000	250.000	250.000	250.000	250.000
Antigas vendas		135,25	135,25	135,25	135,25	135,25	135,25	135,25	135,25	135,25	135,25	135,25	135,25	135,25	135,25	135,25
Antigo lucro bruto		15,55	15,55	15,55	15,55	15,55	15,55	15,55	15,55	15,55	15,55	15,55	15,55	15,55	15,55	15,55
Lucro incremental sobre mercadorias	(6,23)	(4,50)	(2,57)	2,47	3,20	4,12	5,25	6,62	7,60	7,60	7,60	7,60	7,60	7,60	7,60	
2. Estimativa de depreciação incremental																
Investimento inicial ano 1		0,33	0,29	0,25	0,22	0,19	0,16	0,14	0,12	0,11	0,09	0,12	0,12	0,12	0,12	0,12
Investimento inicial ano 2			0,14	1,12	0,10	0,09	0,08	0,07	0,06	0,05	0,04	0,05	0,05	0,05	0,05	0,05
Investimento inicial ano 3				0,15	0,13	0,11	0,09	0,08	0,07	0,06	0,05	0,05	0,05	0,05	0,05	0,05
Total, depreciação nova		0,33	0,43	0,53	0,45	0,39	0,33	0,29	0,25	0,21	0,18	0,22	0,22	0,22	0,22	0,22
3. Despesas gerais		0	0	0	0	0	0	0	0	0	0	0	0	0	0	0
4. Lucro incremental bruto antes do imposto		(6,56)	(4,94)	(3,09)	2,02	2,81	3,79	4,96	6,37	7,39	7,42	7,38	7,38	7,38	7,38	7,38
5. Despesas de impostos		(1,97)	(1,48)	(0,93)	0,61	0,84	1,14	1,49	1,91	2,22	2,23	2,21	2,21	2,21	2,21	2,21
6. Lucro depois de impostos		(4,59)	(3,46)	(2,17)	1,41	1,97	2,65	3,47	4,46	5,17	5,19	5,17	5,17	5,17	5,17	5,17
7. Ajustes de fluxo de caixa																
Mais depreciação		0,33	0,43	0,53	0,45	0,39	0,33	0,29	0,25	0,21	0,18	0,22	0,22	0,22	0,22	0,22
Menos estoque operacional adicional		1,46	(0,35)	(0,36)	(0,96)	0,02	0,03	0,03	0,04	0,03	—	—	—	—	—	—
Investimentos	3,50	2,50	1,00	1,00												
Valor final, terra															35,00	
8. Fluxo de caixa livre	(3,50)	(8,21)	(3,68)	(2,28)	2,83	2,34	2,96	3,73	4,67	5,35	5,38	5,39	5,39	5,39	5,39	40,39

Fluxo de caixa descontado, Roterdã = **14,01**
Taxa interna de retorno, Roterdã = 17,9%

continua

QUADRO 1 | Análise do projeto Roterdã (valores financeiros em milhões de libras) (*continuação*)

	0	1	2	3	4	5	6	7	8	9	10	11	12	13	14	15
Ano	**Agora**	**2001**	**2002**	**2003**	**2004**	**2005**	**2006**	**2007**	**2008**	**2009**	**2010**	**2011**	**2012**	**2013**	**2014**	**2015**
9. Ajuste referente à erosão no volume de Merseyside:																
Produção perdida de Merseyside		—	—	—	17.500	17.500	17.500	17.500	17.500	17.500	17.500	17.500	17.500	17.500	17.500	17.500
Rendimentos perdidos de Merseyside		—	—	—	9,47	9,47	9,47	9,47	9,47	9,47	9,47	9,47	9,47	9,47	9,47	9,47
Lucro bruto perdido de Merseyside		—	—	—	1,09	1,09	1,09	1,09	1,09	1,09	1,09	1,09	1,09	1,09	1,09	1,09
Lucro bruto perdido depois de impostos		—	—	—	0,76	0,76	0,76	0,76	0,76	0,76	0,76	0,76	0,76	0,76	0,76	0,76
Mudanças no estoque de Merseyside		—	—	—	0,28	0,28	0,28	0,28	0,28	0,28	0,28	0,28	0,28	0,28	0,28	0,28
Efeito total sobre fluxo de caixa livre		—	—	—	(0,48)	(0,48)	(0,48)	(0,48)	(0,48)	(0,48)	(0,48)	(0,48)	(0,48)	(0,48)	(0,48)	(0,48)
Fluxo de Caixa Descontado, erosão de Merseyside	**(2,45)**															
Fluxo de Caixa Descontado ajustado para erosão total em Merseyside =	**11,57**															
Fluxos de caixa depois da erosão	(3,50)	(8,21)	(3,68)	(2,28)	2,35	1,86	2,48	3,25	4,19	4,88	4,90	4,91	4,91	4,91	4,91	39,91
Taxa de retorno interna	16,56%															

Genzyme/GelTex — *Joint venture* farmacêutica

No começo de 1997, Greg Phelps, vice-presidente executivo da Genzyme Corporation, reuniu-se com membros de um time de negociadores para elaborar os termos de um acordo de *joint venture*. O empreendimento combinaria as capacidades da Genzyme e da GelTex Farmacêuticos para colocar no mercado o primeiro produto da GelTex, o RenaGel. A GelTex era uma companhia de pesquisas em biotecnologia em seus estágios iniciais, com dois produtos em desenvolvimento, e não tinha nem o capital nem a estrutura de marketing para lançar o RenaGel. Portanto, estava à procura de um parceiro que entrasse com o capital e a experiência em marketing em troca de uma participação nos lucros de uma *joint venture*.

A Genzyme teve receitas de US$ 518 milhões em 1996 e crescera rapidamente com o uso inovador de empreendimentos conjuntos e alianças. A *joint venture* com a GelTex era atraente para a Genzyme por diversos motivos. Além do benefício de lucros crescentes com a venda de RenaGel, a *joint venture* representaria uma oportunidade excelente para a terapêutica especializada da Genzyme e permitiria que a companhia explorasse novos mercados. Consolidar uma parceria com a GelTex também permitiria que a Genzyme fechasse um acordo semelhante em relação ao segundo produto da GelTex, o CholestaGel, que visava a um segmento muito maior, o mercado multibilionário de medicamentos anticolesterol.

Greg Phelps queria muito fechar negócio e lançar o empreendimento com a GelTex. Questões importantes, no entanto, deveriam ser respondidas antes de se consumar o acordo.

- *Qual era o provável valor de empresa da* joint venture*?* Essa estimativa precisaria refletir os riscos inerentes de se investir em um medicamento ainda não aprovado pelo FDA (*Food and Drug Administration)* dos Estados Unidos. Além disso, o time de negociadores deveria determinar a melhor maneira de avaliar um negócio sem histórico operacional e com um futuro incerto.

Este caso foi preparado por Pierre Jacquet (médico com PhD, MBA em 1998), Robert Bruner e Samuel E. Bodily. O autor gostaria de agradecer a cooperação da Genzyme. Alguns dados financeiros referentes ao empreendimento foram modificados. Este caso foi escrito para servir como base para uma discussão em sala de aula, e não para ilustrar como se lida de maneira eficiente ou ineficiente com uma situação administrativa.

- *Quanto do empreendimento a Genzyme deveria adquirir?* Empreendimentos conjuntos entre companhias farmacêuticas e de biotecnologia geralmente apresentavam uma divisão desigual de lucros (por exemplo, 80% para a farmacêutica e 20% para a biotecnológica). Porém, Phelps queria considerar os possíveis benefícios de uma divisão igualitária de lucros (50% para cada).
- *Quanto a Genzyme deveria pagar pela sua participação nos lucros?* Discussões iniciais se concentraram em um pagamento único de US$ 27,5 milhões pela participação de 50% nos lucros. Mas o valor de quaisquer pagamentos dependeria das respostas às duas questões anteriores, da análise de risco e do impacto sobre os lucros da Genzyme. O regulamento da contabilidade requeria que os investimentos feitos antes do empreendimento recebessem aprovação do FDA. Depois da aprovação, a Genzyme poderia capitalizar o investimento e amortizá-lo ao longo da vida do empreendimento.

Phelps pediu ajuda à sua equipe para analisar essas questões e propostas para a GelTex.

Genzyme Corporation

A Genzyme Corporation, sediada em Cambridge, Massachusetts, era a quarta maior companhia de biotecnologia dos Estados Unidos. Ao contrário de outras empresas farmacêuticas que fabricavam medicamentos por processos químicos, companhias de biotecnologia utilizavam organismos ou os produtos destes para gerar drogas. As vendas da companhia alcançaram US$ 518 milhões em 1996 com pesquisa, desenvolvimento, fabricação e comercialização de produtos para a saúde humana. A Genzyme foi fundada como uma empresa de fabricação de enzimas em 1981 por Henry Blair, um cientista da Universidade de Tufts cuja visão era a de desenvolver enzimas para uso em diagnósticos.[1] A primeira oportunidade de voltar a experiência da Genzyme para uma nova terapêutica veio com o Ceradase, um medicamento para a doença de Gaucher. A droga foi aprovada para venda nos EUA em março de 1991 para tratar pacientes que sofriam com sintomas de moderados a severos da doença de Gaucher, um mercado de aproximadamente 3 mil pessoas.

Dois anos depois, a companhia lançou uma forma recombinante de Ceradase e começou a adentrar novos mercados – de produtos cirúrgicos, farmacêuticos, diagnósticos e genômicos – por meio de alianças, empreendimentos conjuntos e aquisições estratégicas. Tal diversidade permitiu que a Genzyme ocupasse um papel de liderança em um amplo espectro de terapias e tecnologias de ponta, segundo o presidente e diretor-executivo da Genzyme, Henry A. Termeer.[2] A diversidade da empresa se devia a suas três divisões[a] – a Genzyme Geral, a Genzyme Reparação de Tecidos e uma subsidiária, a Genzyme Transgênicos –, cada uma com suas próprias ações ordinárias comercializadas na Nasdaq (**Quadro 1**).

A grande variedade de tecnologias deu à Genzyme uma excelente plataforma para alcançar inovações em áreas de grande carência médica. Porém, em vez de concentrar esforços no próximo sucesso de vendas, a companhia havia decidido administrar seu departamento de pesquisas e desenvolvimento como um portfólio terceirizando inovações por meio de parcerias. A estratégia da Genzyme era suplementar seu departamento de pesquisas e desenvolvimento com alianças estratégicas de companhias externas com o intuito de acessar produtos de alta qualidade em estágios finais de desenvolvimento.

[a]Uma quarta divisão, a Genzyme Oncologia Molecular, seria fundada no final de 1997.

A oportunidade GelTex

No começo de 1997, os gerentes da Geltex entraram em contato com a Genzyme para formar uma aliança e lançar o RenaGel. A Genzyme e a GelTex tinham um relacionamento longo. Além do fato de os quadros de diretores de ambas as empresas terem membros em comum, Henry Blair, o fundador da Genzyme, havia ajudado a fundar a GelTex em 1991.

História

A GelTex foi fundada para desenvolver idéias geradas por George Whitesides, professor de Química de Polímeros em Harvard. O co-fundador dr. James Tananbaum, que trabahava com Whitesides, desenvolveu as patentes iniciais que formaram a base tecnológica da GelTex. Tananbaum trouxe consigo dois outros fundadores com experiência em negócios, Bob Carpenter e Henry Blair.

Como Carpenter comentou em uma entrevista para o *Boston Business Journal*:[3]

> A companhia foi montada muito rapidamente. Convidamos dez amigos nossos para jantar, sendo que todos eram cientistas ou executivos de empresas de biotecnologia. E então, eu e o professor Whitesides apresentamos nossa idéia para os convidados. Dali até a hora da sobremesa, US$ 875 mil haviam sido levantados, e a GelTex nasceu.

O dinheiro durou um ano. Em julho de 1993, outros US$ 6,8 milhões foram levantados por especuladores, e a companhia mudou seu laboratório provisório da zona norte de Boston para um complexo de aproximadamente 371 metros quadrados em Lexington. Na época havia apenas quatro funcionários. Em agosto de 1994, outros US$ 10 milhões foram levantados em um terceiro *round* de financiamento, e a empresa mudou para sua localização atual em Waltham, Massachusetts.

Em novembro de 1995, a companhia concluiu uma oferta pública inicial de suas ações ordinárias, vendendo 2,875 milhões de ações, com entrada líquida de US$ 26,2 milhões após a dedução dos custos de colocação. A GelTex tinha 45 funcionários na época da *joint venture* com a Genzyme e havia prometido uma aliança estratégica para o RenaGel a dois parceiros: Chugai Pharmaceuticals, para marketing e distribuição na Ásia, e Dow Chemical, para a fabricação da droga. A possível *joint venture* entre a Genzyme e a GelTex envolveria apenas os mercados americano e europeu.

Tecnologia

Muitas empresas fabricantes de medicamentos de liberação controlada se direcionaram aos polímeros, que possuíam as atraentes características de serem não-reativos no organismo e capazes de armazenar quantidades relativamente grandes de droga a ser liberada de maneira lenta. A GelTex teve a idéia inovadora e invertida de encontrar polímeros que poderiam absorver substâncias no organismo. Com essa estratégia, ela se propôs a desenvolver polímeros disponíveis oralmente, ou "hidrogéis", que pudessem absorver e eliminar, por suas eficientes áreas de superfície, substâncias tóxicas do trato gastrointestinal humano. Durante o processo digestivo, o trato intestinal libera nutrientes e água na corrente sangüínea e elimina produtos residuais e indigeríveis pelo intestino. A absorção de nutrientes, eletrólitos, água e certas substâncias digestivas como o ácido biliar é controlada pela parede intestinal, que age como uma porta de entrada dos intestinos para a corrente sangüínea. Uma vez no trato intestinal, os polímeros da GelTex absorvem água e se expandem como uma esponja, aumentando assim a área de superfície dos lugares escondidos disponíveis. O material esponjoso ajuda a encurralar a substância-alvo e eliminá-la do trato intestinal, mesmo com dosagens baixas.

Os mercados-alvo da tecnologia da GelTex eram pacientes com problemas intestinais em condições tratáveis, inclusive os grandes mercados de pacientes com os níveis de colesterol e de fósforo elevados, certas doenças infecciosas e inflamações no intestino. Os principais produtos da companhia eram RenaGel (que ligava fosfatos dietéticos em pacientes com disfunções renais crônicas) e CholestaGel (que ligava o ácido biliar à baixa absorção de colesterol do trato intestinal).

Estratégia

Em termos gerais, a estratégia da GelTex era virar uma empresa "virtual" que desenvolvesse seus produtos o bastante para agregar valor sem ter de construir imensas infraestruturas operacionais. De acordo com Mark Skaletsky, presidente da GelTex, a estratégia da companhia era simples.[4] Em vez de criar uma ótima infraestrutura corporativa, a companhia minimizaria custos, ao contratar alguns poucos especialistas para supervisionar o trabalho em áreas essenciais e terceirizar a maior parte do trabalho real. Ao cortar despesas, a GelTex minimizou sua necessidade de capital. Quando precisava de dinheiro, a companhia, desde o começo, era bem-sucedida em consegui-lo com investidores privados e empresas de capital especulativo.

Enquanto a GelTex delegava muito trabalho a outros, ela ainda assim mantinha sua equipe de 30 pesquisadores e uma equipe de apoio, além dos gerentes principais. As cinco áreas em terceirização incluíam testes pré-clínicos, fabricação, serviços médicos, questões regulatórias e desenvolvimento do negócio. Dependendo da área de supervisão, todos os cinco indivíduos que supervisionavam a terceirização – e que também serviam como equipe de gerência da empresa – trabalhavam com empreiteiros de fora, além de consultores, organizações de pesquisa clínica e o FDA para conseguir realizar o trabalho em suas respectivas áreas de responsabilidade.

RenaGel

Os rins de indivíduos saudáveis mantêm um delicado equilíbrio entre os níveis de fósforo e cálcio no sangue ao excretar o excesso de fósforo na urina. Em pacientes com insuficiência renal crônica, os rins não conseguem remover uma quantidade suficiente de fósforo para manter esse equilíbrio. O elevado nível de fósforo resultante, denominado hiperfosfatemia, resulta na produção de um hormônio da paratireóide, que quebra os ossos para liberar cálcio no sangue, em um esforço para restabelecer o equilíbrio entre cálcio e fósforo. Esse processo é responsável pela desmineralização dos ossos, pela calcificação do sistema circulatório e por outras complicações graves.

Quando administrado pelo trato gastrointestinal, RenaGel é capaz de se ligar ao fósforo e diminuir sua absorção na corrente sangüínea. Espera-se que a droga seja eficiente na restauração do equilíbrio entre cálcio e fósforo em pacientes com insuficiência renal crônica. Além disso, quando comparado a outros medicamentos disponíveis para essa condição, RenaGel simplifica a administração da terapia por parte dos médicos e é associado a efeitos menos tóxicos.

O mercado da insuficiência renal

Em 1997, havia quase 1 milhão de pacientes nos Estados Unidos com insuficiência renal crônica; desses, estima-se que 210 mil precisavam de diálise para sobreviver. Todos esses pacientes haviam perdido a habilidade de excretar fósforo e precisavam tomar ligadores de fosfatos; logo, eram candidatos ao tratamento com RenaGel. A população de pacientes em diálise nos Estados Unidos havia crescido a uma taxa anual de 8% nos últimos dez anos, devido a fatores múltiplos como o envelhecimento da população, o aumento na incidência de diabetes e o aumento na utilização de diálise. A Europa tinha aproximadamente 165 mil pacientes em diálise, com um crescimento populacional anual de 6%; o mercado japonês tinha uma população de aproximadamente 130 mil pacientes em diálise e uma taxa de crescimento populacional semelhante à da Europa.[4, 5]

Tratamento atual e concorrência

O tratamento inicial em pacientes com insuficiência renal crônica busca manter o nível de fósforo no sangue dentro da normalidade ao reduzir a quantidade de fosfato na dieta. Fontes de fosfato incluem ovos, derivados do leite e carne. A terapia de prevenção só funciona em 10% dos pacientes em diálise; 90% têm de prosseguir a terapia com medicamentos.

Havia apenas um medicamento aprovado pelo FDA para diminuir os níveis de fosfato: Phoslo (acetato de cálcio), da Braintree Pharmaceuticals, vendido sob prescrição médica. Analistas estimavam que Phoslo detinha cerca de 50% do mercado.[3] O restante do mercado era preenchido por medicamentos genéricos vendidos sem a necessidade de prescrição médica: carbonato de cálcio e hidróxido de alumínio. Ambos tinham efeitos colaterais severos e não eram utilizados cronicamente devido ao seu alto nível de toxicidade.[5]

Havia também vários medicamentos em desenvolvimento para o tratamento da hiperfosfatemia. A maioria desses produtos estava em seus estágios iniciais de desenvolvimento clínico e eram análogos da vitamina D que atuariam sinergisticamente (e não em competição) com RenaGel.[5]

Patentes e estágios do desenvolvimento clínico

A GelTex havia recebido uma patente americana para RenaGel assim como para uma classe maior de agentes ligadores de fosfatos. Depois de ter concluído com sucesso as fases I e II dos estudos clínicos, a empresa anunciou, no início de janeiro de 1997, resultados preliminares positivos na fase III, que envolvia 172 pacientes em 17 centros médicos diferentes. Dois meses depois, a GelTex relatou resultados positivos de uma segunda fase III de testes clínicos em 82 pacientes e estava planejando dar entrada com um pedido de aprovação para novos medicamentos junto do FDA até o fim de 1997.

Riscos de desenvolvimento para medicamentos

Produtos na indústria de biotecnologia possuem características únicas, o que os torna muito difíceis de avaliar. Uma vez no mercado, as receitas, os custos e o potencial do produto poderiam ser estimados com relativa facilidade. Porém, devido ao longo período decorrido entre os primeiros esboços de uma idéia, a aprovação regulatória e a comercialização do produto, assim como o número pequeno de idéias que resultam em um produto comercializável, os medicamentos biotecnológicos estão sujeitos a inúmeras incertezas.

Havia três grandes fatores de risco em cada projeto de desenvolvimento farmacêutico/biotecnológico: a probabilidade de sucesso ou fracasso clínico em estágios progressivos de desenvolvimento, atrasos no desenvolvimento e no processo de aprovação e incerteza quanto ao fluxo de receitas futuras (se houvesse) do produto resultante.[6]

Risco clínico

Uma característica da indústria de biotecnologia responsável pela complexidade de se avaliar um produto é o seu ciclo de vida. Um medicamento biotecnológico possui dois ciclos de vida distintos: o ciclo do desenvolvimento e o ciclo do produto. O ciclo do desenvolvimento é crítico para o valor do produto, pois grandes somas de capital são necessárias para sustentar níveis significativos de pesquisa e desenvolvimento. Estima-se que 80% dos projetos em biotecnologia fracassam durante esse ciclo devido a razões econômicas e regulatórias.[7]

O ciclo de vida do desenvolvimento de um medicamento pode ser dividido em seis estágios distintos, pelos quais toda droga deve passar antes de chegar ao mercado:[1]

- *Pesquisa pré-clínica:* uma droga em potencial é testada em laboratório e em animais para avaliar sua segurança e analisar seus efeitos biológicos. Se a droga for considerada segura e demonstrar os efeitos biológicos desejados, a empresa envia um aviso de investigação de nova droga ao FDA. Se o FDA não apresentar objeções em um prazo de 30 dias, a companhia poderá conduzir testes clínicos utilizando o novo composto em humanos. estima-se que 1 em cada 5 mil compostos em desenvolvimento chegam à fase de pesquisa pré-clínica.[8]
- *Fase I dos estudos clínicos:* esta fase visa a determinar a segurança e as propriedades farmacológicas de uma droga. Cada droga é testada em pelo menos 20 voluntários saudáveis.
- *Fase II dos estudos clínicos:* esta fase visa a avaliar a eficácia da droga e identificar efeitos colaterais. Testes são conduzidos em centenas de voluntários (alguns recebem a droga, outros, placebo).
- *Fase III dos estudos clínicos:* esta fase mede os efeitos da droga em uma amostra de centenas de pacientes ao longo de muitos anos. Esses estudos ajudam a averiguar efeitos colaterais no longo prazo e a fornecer informações sobre a eficácia de uma série de dosagens administradas a um grupo de pacientes.
- *Registro:* quando a fase III dos estudos clínicos é concluída, as empresas precisam dar entrada com um pedido de aprovação para novos medicamentos ou um pedido de licença para o produto junto do FDA e submeter uma documentação contendo todos os dados relevantes para a análise.
- *Análise regulatória:* o FDA criou um comitê especial para analisar cada caso e decidir se a droga deve ou não ser liberada para comercialização. Monitoramentos de segurança continuam mesmo depois da aprovação.

Para avaliar os riscos clínicos de uma droga biotecnológica, deve-se levar em consideração em que estágio de desenvolvimento clínico ela se encontra e a probabilidade de que ela chegue ao mercado. Conforme está exibido no **Quadro 2**, uma droga na fase III dos estudos clínicos, como RenaGel no começo de 1997, tinha uma probabilidade de 65% de obter aprovação do FDA e, portanto, ser lançada no mercado.

Tempo de desenvolvimento antes do lançamento

Enquanto uma droga passa por todas as fases dos estudos clínicos, o fluxo de receitas gerado a partir do lançamento fica cada vez mais próximo. Leva muitos anos para uma droga na fase III alcançar o mercado. As incertezas em torno da aprovação do FDA consistiam no impacto de alterações regulatórias e de políticas do governo, assim como no aparecimento de compostos concorrentes. Quanto à RenaGel, uma resposta rápida do FDA ocorreria um ano após o pedido de aprovação, ou seja, em 1998. Por causa dos resultados promissores da fase III dos estudos clínicos de RenaGel, os gerentes acreditavam que ele seria lançado nos Estados Unidos no começo de 1999 e na Europa no começo de 2000. Eles presumiram que havia uma probabilidade de 20% de o lançamento atrasar um ano nos Estados Unidos (e conseqüentemente na Europa) e uma probabilidade de 10% de um atraso de dois anos.

Sucesso de vendas

Depois que o medicamento consegue aprovação do FDA, as incertezas continuam em relação ao seu sucesso no mercado. Dependendo das condições do mercado (por exemplo, competição, regulamento de planos de saúde e demanda de mercado), estima-se que o ciclo de vida médio de uma droga biotecnológica seja de 13 a 14 anos, com o pico da taxa de penetração alcançado dentro dos primeiros cinco anos.[9] As vendas de medicamentos geralmente alcançam o pico entre cinco a sete anos após o lançamento e começam a decair no nono ano, devido à entrada de produtos novos ou aprimorados. Não havia, então, nenhum concorrente à altura de RenaGel no mercado de hiperfosfatemia, mas muitas drogas estavam em desenvolvimento. Para o RenaGel, os gerentes projetavam (de modo conservador) que o ciclo de vida da droga seria de, no mínimo, dez anos e, no máximo, 20, muito provavelmente de 13 anos.

Projeções financeiras para o RenaGel

Analistas da equipe de *joint venture* da Genzyme decidiram utilizar uma análise de fluxo de caixa descontado para avaliar o empreendimento como negócio. Porém, enquanto faziam projeções financeiras, eles perceberam que havia muitas incertezas associadas ao RenaGel. Uma análise de fluxo de caixa descontado típica não daria conta dos diferentes resultados do empreendimento e dos seus valores relativos. A equipe se perguntou se uma simulação de Monte Carlo para as diferentes suposições ajudaria a precificar o empreendimento e a elaborar suas condições.

Previsão da demonstração de resultados

Visto que muitos fatores variavam previsivelmente com o volume de vendas, a variável primária prevista era a receita de RenaGel. Uma vez aprovado para o mercado americano, esperava-se que o medicamento entrasse no mercado europeu no ano seguinte. A *joint venture* Genzyme/RenaGel não forneceria para o mercado asiático, porque a GelTex já havia licenciado os direitos sobre o desenvolvimento e a comercialização da droga naquela região à Chugai Pharmaceuticals.

Estimava-se que 90% do mercado americano seria elegível para a droga, enquanto na Europa esse número poderia ser menor (70%). Esperava-se que muitos fatores influenciassem os rendimentos:

- *Pico da taxa de penetração no mercado:* baseado em diferentes análises de marketing e em relatórios de analistas, o cenário mais otimista seria que a taxa de penetração atingisse o pico de 50% no quinto ano, variando de 20% a 59% (em média, 43%). Qualquer que fosse o valor da taxa, os analistas presumiam que o padrão de penetração ao longo dos anos seria similar e que, portanto, a penetração no mercado em qualquer momento seria proporcional ao pico. O padrão de penetração ao longo dos anos previsto pela equipe pode ser visto na primeira linha completa do **Quadro 3**.
- *Obediência:* nem todos os pacientes que utilizassem a droga o fariam de maneira consistente, ainda que um médico recomendasse firmemente o seu uso. A equipe acreditava que a taxa de obediência mais provável seria de 92%, e estava preparada para um mínimo de 75% e um máximo de 94%. Com base nesses números, a taxa de obediência média seria de 87%.
- *Preço por paciente:* o preço anual da droga por paciente dependeria de muitos fatores, incluindo quantas pílulas o paciente tomaria e pressões da concorrência sobre o preço a ser cobrado por pílula. A equipe da *joint venture* chegou ao preço médio anual por paciente de US$ 1.000. Esse valor foi baseado numa estimativa de US$ 1.100 como o resultado mais provável, variando de US$ 600 a US$ 1.300.

Embora os custos variáveis da droga fossem difíceis de ser calculados, esses não eram a variável mais crítica no sucesso do medicamento. Os membros do time decidiram usar a margem bruta de lucros da indústria de 70% em sua análise. Eles também acreditavam que uma margem bruta de lucros para RenaGel não poderia ser detalhada e que o desvio-padrão em torno desse número seria de aproximadamente 5%.

O mercado-alvo do RenaGel poderia atingir 200 mil pacientes. Porém, em vez de visar aos pacientes com insuficiência renal crônica, a *joint venture* teria como alvo médicos com as maiores populações de pacientes. Os analistas acreditavam que uma força de vendas de 45 pessoas seria suficiente para servir o mercado. Eles prepararam um programa de força de vendas e de custos de marketing com uma porcentagem dos rendimentos provenientes de vendas ao longo do tempo (**Quadro 3**). Cada membro da força de vendas custaria US$ 200 mil, com aumento de 5% ao ano.

A equipe percebeu que os custos de marketing poderiam ser mais altos ou mais baixos que os apresentados no programa. Presumiu-se que os custos poderiam ser 87% mais baixos ou 20% mais altos do que no programa e que o resultado mais provável seria 93% do programa (o que produzia uma média de exatamente 100%). Portanto, os custos gerais e administrativos seriam 40% do custo com a força de vendas.

Previsão dos fluxos de caixa livre

O capital de giro para a *joint venture* englobaria um período de 45 dias para cobrança das contas a receber, 90 dias para o estoque de RenaGel e 45 dias para contas a pagar. As despesas de capital foram previstas em US$ 14 milhões, divididos entre os primeiros três anos do empreendimento (**Quadro 4**).

A última decisão que precisava ser feita pela equipe de *joint venture* da Genzyme se referia à escolha de um custo de capital para descontar os fluxos de caixa do empreendimento. Uma prática comum na indústria de biotecnologia era utilizar uma taxa de desconto de 20%-25% para produtos em estágios avançados dos estudos clínicos. O custo de capital médio ponderado para a Genzyme e a GelTex eram de 14,75% e 23%, respectivamente, em 15 de março de 1997.

Conclusão

O **Quadro 4** mostra à Genzyme que o valor estimado de uma *joint venture* hipotética com direito a 50% dos lucros seria de US$ 44.896 milhões; subtraindo-se um pagamento de US$ 27,5 milhões, chega-se a um valor presente líquido de US$ 17,396 milhões para a Genzyme. Phelps observou que isso se baseava em muitas premissas incertas. Ele queria saber que efeito tal incerteza teria sobre o valor esperado da *joint venture* e sobre a probabilidade de que o valor presente líquido acabasse negativo. Ele queria rever o impacto da incerteza e depois desenvolver suas implicações para o valor e o *timing* do investimento.

Notas

1. TEISBERG, Elizabeth O. "Genzyme Corporation: Strategic Challenges with Ceredase." *Harvard Business School*, 1994. Caso 9-793-120.
2. Annual Report: Top Biotechnology Companies. *MedAdNews*. 1997; 16:8-60.
3. McCORMACK, Ellie. "GelTex Pharmaceuticals Stays Ahead of the Game." *Boston Business Journal*, 9 de junho de 1995.
4. ZISSON, Alex; OLAN, Robert J. GelTex Pharmaceuticals, Inc.: Company Report. *Hambrecht & Quist Institutional Research*, 15 de maio de 1996.
5. HOFFMAN, Barbara Dau. GelTex Pharmaceuticals. *Vector Securities International*. 10 de março de 1997.
6. BRATIC, V. Walter; TILTON, Patricia; BALAKRISHNAN, Mira. "Navigating through a Biotechnology Valuation." *Journal of Biotechnology in Healthcare 4* (1997); p. 207-216.
7. EDWARDS, Mark. "A New Approach to the Evaluation of Biopharmaceutical R&D Projects and Value Creation by Strategic Alliances." *Recombinant Capital*, 1994.
8. BEARY, J. F. "The Drug Development and Approval Process in the 90s." Office of Research and Development, Pharmaceutical Research and Manufacturers of America, Washington, D.C.
9. SMITH, D. Larry. "Valuation of Life Sciences Companies: An Empirical and Theoretical Approach." *Hambrecht & Quist*, 4 de janeiro de 1994.

QUADRO 1 | Estrutura de controle acionário da Genzyme Corporation e afiliadas

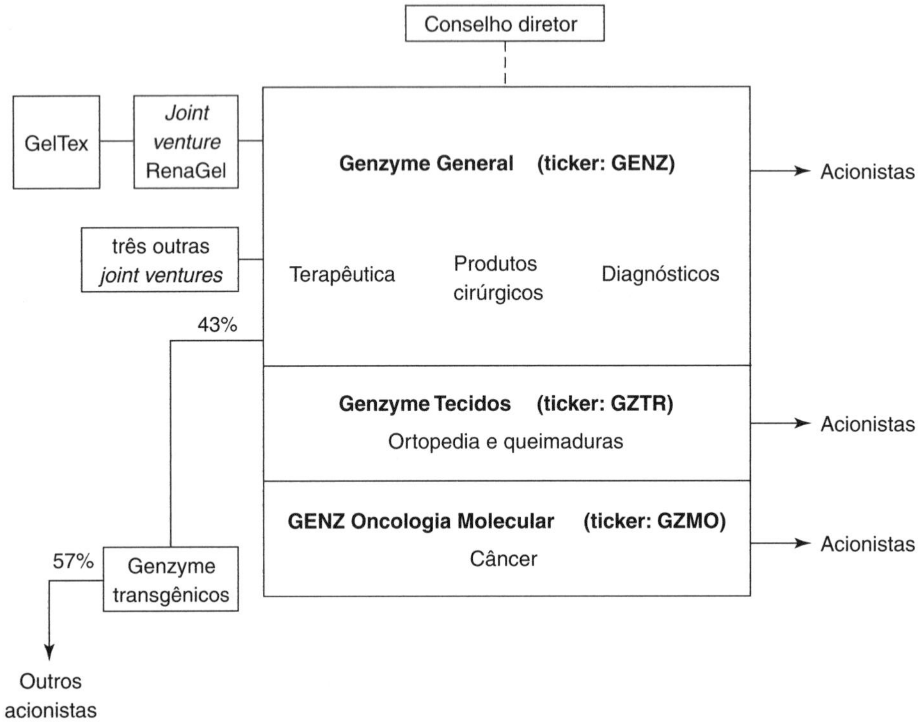

QUADRO 2 | Probabilidade de transição, probabilidade de entrada no mercado e períodos de desenvolvimento para drogas biotecnológicas

	Pré-clínico	Fase I	Fase II	Fase III	Pedido ao FDA	Aprovação do FDA
Probabilidade de transição para a *próxima* fase	90%	75%	50%	85%	76%	
Probabilidade de entrada no mercado	22%	24%	32,5%	65%	76%	100%
Período de desenvolvimento (em anos)	3	1	2	3	3	

QUADRO 3 | Projeção da demonstração de resultados

Preço da Genzyme para *joint venture* **$ 27.500** **Participação da Genzyme na *joint venture*** **50%**

Incertezas

Aprovação do FDA, lançamento	1	Obediência (%)	87%
Atraso no lançamento (em anos)	0	Lucro bruto (%)	70%
Pico da taxa de penetração	43%	Multiplicador do custo de marketing	1
Preço por paciente (US$)	1.000	Vida do medicamento	14

Premissas	1	0
Probabilidade de lançamento no mercado	65%	35%
Taxa de crescimento nos EUA	8%	
Taxa de crescimento na Europa	6%	
Taxa de desconto	20%	

Resultados	
Valor do empreendimento para a *joint-venture*	**$ 89.793**
Valor presente líquido da Genzyme	**$ 17.396**
Valor presente líquido da GelTex	**$ 44.896**

Desempenho de mercado do RenaGel		1997	1998	1999	2000	2001	2002	2003	2004	2005	2006	2007	2008	2009	2010	2011	2012
Penetração de mercado, sem atraso de lançamento		0%	0%	4%	9%	22%	34%	43%	43%	43%	43%	42%	41%	40%	39%	37%	34%
Penetração real		0%	0%	4%	9%	22%	34%	43%	43%	43%	43%	42%	41%	40%	39%	37%	34%
Pacientes nos EUA		210.000	226.800	244.944	264.540	285.703	308.559	333.244	359.903	388.695	419.791	453.374	489.644	528.816	571.121	616.811	666.156
Elegibilidade		90%	90%	90%	90%	90%	90%	90%	90%	90%	90%	90%	90%	90%	90%	90%	90%
Total de consumidores nos EUA			—	—	9.479	20.475	55.283	95.530	128.965	139.282	150.425	162.459	171.947	180.018	190.326	198.921	205.287
206.242																	
Pacientes na Europa		165.000	174.900	185.394	196.518	208.309	220.807	234.056	248.099	262.985	278.764	295.490	313.219	332.012	351.933	373.049	395.432
Elegibilidade na Europa		70%	70%	70%	70%	70%	70%	70%	70%	70%	70%	70%	70%	70%	70%	70%	70%
Total de consumidores na Europa		—	—	—	5.915	12.540	33.231	56.361	74.678	79.158	83.908	88.942	92.393	94.939	98.517	101.059	102.362
Total da base de consumidores		—	—	9.479	26.391	67.824	128.761	185.326	213.960	229.584	246.367	260.889	272.411	285.265	297.438	306.346	308.603
Total de rendimentos ($000s)		—	—	8.247	22.960	59.007	112.022	161.234	186.145	199.738	214.339	226.974	236.998	248.181	258.771	266.521	268.485
Lucro bruto ($000)	70%	—	—	5.773	16.072	41.305	78.416	112.863	130.302	139.816	150.038	158.882	165.898	173.726	181.140	186.565	187.939
Despesas																	
Força de vendas (número)		—	15	30	45	45	45	45	45	45	45	45	45	45	45	45	45
Força de vendas ($000s)		—	3.150	6.615	10.419	10.940	11.487	12.061	12.664	13.297	13.962	14.660	15.393	16.163	16.971	17.819	18.710
Custos de marketing (% das vendas)		—	—	65%	30%	15%	8%	5%	5%	5%	5%	5%	5%	5%	5%	5%	5%
Custos de marketing ($000s)		—	—	5.361	6.888	8.851	8.962	8.062	9.307	9.987	10.717	11.349	11.850	12.409	12.939	13.326	13.424
Despesas gerais e administrativas (% da força de vendas)				40%	40%	40%	40%	40%	40%	40%	40%	40%	40%	40%	40%	40%	40%
Despesas gerais e administrativas ($000)		800	800	2.646	4.167	4.376	4.595	4.824	5.066	5.319	5.585	5.864	6.157	6.465	6.788	7.128	7.484
R&D ($000)		4.000	3.000	3.000	3.000	3.000	3.000	3.000	3.000	3.000	3.000	3.000	3.000	3.000	3.000	3.000	3.000
Depreciação ($000)		400	400	950	950	950	950	950	950	950	950	950	950	950	950	950	950
Total de despesas ($000)		5.200	7.350	18.572	25.424	28.116	28.993	28.897	30.987	32.553	34.214	35.823	37.350	38.987	40.648	42.223	43.569
EBIT ($000)		(5.200)	(7.350)	(12.799)	(9.352)	13.188	49.423	83.967	99.315	107.264	115.824	123.059	128.548	134.740	140.492	144.341	144.371
Impostos ($000) @:	38%	—	—	—	—	5.012	18.781	31.907	37.740	40.760	44.013	46.762	48.848	51.201	53.387	54.850	54.861
Receita líquida ($000)		(5.200)	(7.350)	(12.799)	(9.352)	8.177	30.642	52.059	61.575	66.503	71.811	76.296	79.700	83.539	87.105	89.492	89.510

QUADRO 4 | Projeção dos fluxos de caixa livre ($000)

		1997	1998	1999	2000	2001	2002	2003	2004	2005	2006	2007	2008	2009	2010	2011	2012
Lucro líquido		(5.200)	(7.350)	(12.799)	(9.352)	8.177	30.642	52.059	61.575	66.503	71.811	76.296	79.700	85.539	87.105	89.492	89.510
Alteração no capital de giro																	
Contas a receber (dias)	45	–	–	1.017	2.831	7.275	13.811	19.878	22.949	24.625	26.425	27.983	29.219	30.598	31.903	32.859	33.101
Estoque (dias)	90	–	–	610	1.698	4.365	8.287	11.927	13.770	14.775	15.855	16.790	17.531	18.359	19.142	19.715	19.861
Contas a pagar (dias)	45	–	–	(305)	(849)	(2.182)	(4.143)	(5.963)	(6.885)	(7.388)	(7.928)	(8.395)	(8.766)	(9.179)	(9.571)	(9.858)	(9.930)
Investimento em capital de giro		–	–	1.322	3.680	9.457	17.954	25.842	29.834	32.013	34.353	36.378	37.985	39.777	41.474	42.716	43.031
Variação líquida no capital de giro		–	–	(1.322)	(2.358)	(5.777)	(8.497)	(7.887)	(3.993)	(2.178)	(2.340)	(2.025)	(1.607)	(1.792)	(1.697)	(1.242)	(315)
Investimentos		(3.500)	(2.500)	(8.000)	–	–	–	–	–	–	–	–	–	–	–	–	–
Mais depreciação		400	400	950	950	950	950	950	950	950	950	950	950	950	950	950	950
Fluxos de caixa livre		(8.300)	(9.450)	(21.170)	(10.760)	3.349	23.095	45.122	58.533	65.275	70.421	75.221	79.043	82.696	86.358	89.200	90.145
Valor terminal		–	–	–	–	–	–	–	–	–	–	–	–	–	–	–	43.031
Fluxos de caixa livre ajustados		(8.300)	(9.450)	(21.170)	(10.760)	3.349	23.095	45.122	58.533	65.275	70.421	75.221	79.043	82.696	86.358	89.200	133.176
Investimento da Genzyme		$ 27.500															
	Joint venture	*Genzyme*	*GelTex*														
Valor da empresa (000)	89.793	44.896	44.896														
Valor presente líquido do investimento da Genzyme		$ 27.500															
Valor presente líquido da Genzyme	17.396																

Euroland Foods S.A.

No começo de janeiro de 2001, o comitê da alta administração da Euroland Foods devia se reunir para elaborar o orçamento de capital da empresa para o novo ano. Onze projetos cujo valor ultrapassava € 316 milhões eram considerados. Infelizmente, o conselho impôs um limite de gastos em projetos de capital de apenas € 120 milhões; ainda assim, investimentos dessa natureza representariam um aumento significativo na base patrimonial atual da empresa de € 965 milhões. Portanto, o desafio para a alta administração da Euroland Foods seria o de alocar recursos dentro de uma variedade de projetos interessantes: introdução de novos produtos, aquisições, expansão de mercado, melhorias na eficiência, manutenção preventiva, segurança e controle de poluição.

A companhia

Euroland Foods, sediada em Bruxelas, Bélgica, é uma produtora multinacional de sorvetes, iogurtes, água engarrafada e sucos de fruta de alta qualidade. Seus produtos são vendidos para toda a Escandinávia, Grã-Bretanha, Bélgica, Holanda, Luxemburgo, Alemanha Ocidental e o norte da França. (Veja o mapa da região de comercialização da empresa no **Quadro 1**.)

A companhia foi fundada em 1924 por Theo Verdin, um fazendeiro belga, como uma ramificação do seu negócio de derivados do leite. Devido à sua atenção em relação ao desenvolvimento de produtos e ao seu marketing perspicaz, o negócio cresceu de forma constante ao longo dos anos. A companhia abriu capital em 1979 e, em 1993, entrou na lista de negociação das bolsas de Londres, Frankfurt e Bruxelas. Em 2000, a Euroland Foods tinha vendas com giro de quase € 1,6 bilhão.

Os sorvetes correspondiam a 60% dos rendimentos da empresa; iogurtes, introduzidos em 1982, contribuíram com cerca de 20%. Os 20% restantes eram divididos igualmente entre água engarrafada e sucos de fruta. A marca principal da Euroland Foods era "Rolly", representada por um urso gordo dançando com roupas de fazendeiro. Os sorvetes, líderes de venda da companhia, contavam com uma base fiel de consumidores que apreciavam seu alto teor de creme de leite, grandes pedaços de chocolate, frutas, nozes, além da grande variedade de sabores originais.

Este caso foi preparado por Casey Opitz e Robert F. Bruner e deriva alguns elementos de um caso anterior escrito por eles. Todos os nomes são fictícios. Os autores gostariam de agradecer ao suporte financeiro do Batten Institute. Este caso foi escrito para servir como base para uma discussão em sala de aula, e não para ilustrar como se lida de maneira eficiente ou ineficiente com uma situação administrativa.

As vendas da Euroland Foods se estagnaram a partir de 1998 (veja o **Quadro 2**), fato atribuído pela administração ao baixo crescimento populacional no norte europeu e à saturação do mercado em algumas áreas. Observadores externos, entretanto, colocaram a culpa em recentes fracassos na introdução de novos produtos. A maioria dos membros da administração queria expandir a presença de mercado da companhia e introduzir mais produtos novos para aumentar as vendas. Esses gerentes esperavam que maior presença de mercado e mais vendas melhorariam seu valor de mercado. O preço das ações no momento correspondiam a 14 vezes os lucros, abaixo do valor contábil. Essa proporção entre preço e lucros estava abaixo dos múltiplos de negociação de empresas semelhantes, o que agregava pouco valor às marcas da companhia.

Distribuição de recursos

O orçamento de capital da Euroland Foods era preparado anualmente por um comitê do alto escalão, que o submetia ao comitê executivo para aprovação. O comitê da alta administração era composto de cinco diretores-gerentes, o *président directeur-général* (PDG) e o diretor de finanças. O PDG normalmente solicitava propostas de investimento aos diretores-gerentes. As propostas incluíam uma breve descrição do projeto, uma análise financeira e uma discussão de considerações estratégicas ou qualitativas.

Pelo regulamento, propostas de investimento na Euroland Foods estavam sujeitas a dois testes financeiros: *payback* e taxa interna de retorno. Os testes, ou taxas mínimas de retorno, foram estabelecidos em 1999 pelo comitê administrativo e variavam de acordo com o projeto, como ilustra a **Tabela 1**.

Tabela 1 | Taxas mínimas de retorno para os projetos

Tipo de projeto	Taxa interna mínima de retorno (mínimo aceitável)	*Payback* máximo (máximo aceitável)
1. Novo produto ou novos mercados	12%	6 anos
2. Extensão de produto ou mercado	10%	5 anos
3. Melhorias na eficiência	8%	4 anos
4. Segurança ou meio ambiente	Não há teste	Não há teste

Em janeiro de 2001, estimava-se que o custo de capital médio ponderado para a Euroland Foods fosse de 10,6%.

Ao descrever o processo de orçamento de capital, o diretor de Finanças, Trudi Lauf, disse:

> Nós usamos a tabela decrescente das taxas mínimas de retorno como uma maneira de reconhecer diferenças de risco entre os vários tipos de projeto. Onde a companhia se arriscar mais deve haver um retorno maior. O *payback* máximo sinaliza que não estamos preparados para esperar muito tempo até alcançar esse retorno.

Controle acionário e o sentimento de credores e investidores

O comitê diretor de 12 membros da Euroland Foods incluía três membros da família Verdin, quatro membros da administração e cinco diretores externos que eram gerentes proeminentes ou figuras públicas no norte europeu. Os membros da família Verdin, juntos, possuíam 20% das ações emitidas em circulação, e os executivos da companhia, juntos, possuíam 10% dessas ações. A Venus Asset Management, uma empresa de investimentos em Londres, detinha 12%. O Banque du Bruges et des Pays Bas detinha 9% e possuía um representante no comitê diretor. Os restantes 49% das ações da empresa estavam distribuídos amplamente. As ações eram negociadas em Bruxelas, Bélgica, e em Frankfurt, Alemanha.

Com um coeficiente de endividamento de 125%, a Euroland Foods possuía alavancagem muito maior do que suas concorrentes na indústria de alimentos da Europa. A administração havia contado com o financiamento de dívidas de forma significativa nos últimos anos para sustentar os investimentos de capital e os dividendos da companhia durante um período de guerras de preço iniciadas pela Euroland. Agora que essas guerras haviam acabado, os banqueiros da Euroland (liderados pelo Banque du Bruges) exigiam um programa agressivo de redução de dívidas. Em todo caso, eles não estavam preparados para financiar aumentos na alavancagem além dos níveis atuais. O presidente do Banque du Bruges havia observado em recente reunião do comitê diretor:

> Devolver força ao lado direito do balanço geral deveria ser uma prioridade agora. Qualquer expansão de patrimônio deveria ser financiada com o fluxo de caixa após a amortização de dívidas até que o coeficiente de endividamento retorne a um nível mais prudente. Se houver investimentos cruciais que não possam ser financiados dessa maneira, então deveríamos cortar os dividendos!

Com uma proporção preço/lucro de 14 vezes, as ações ordinárias da Euroland Food eram cotadas abaixo da média dos múltiplos similares e dos múltiplos de todas as companhias nas bolsas em que a Euroland Foods era negociada. Isso se atribuía às recentes guerras de preço, que suprimiram sua lucratividade da companhia, e ao famoso e recente fracasso da companhia em conseguir uma participação de mercado significativa com uma nova linha de água mineral com sabor. Desde janeiro de 2000, todas as grandes casas de investimentos emitiram "recomendações de venda" a investidores em ações da Eurolands. A Venus Asset Management, entretanto, havia acumulado ações discretamente durante esse período, na expectativa de uma reviravolta no desempenho da companhia. Na reunião mais recente do comitê diretor, o diretor-gerente da Venus fez uma apresentação, na qual ele disse:

> Cortar os dividendos é impensável, pois isso sinalizaria falta de fé no próprio futuro. Vender novas ações a preços baixos também é impensável, pois isso imporia uma diluição inaceitável aos acionistas atuais. Os seus investidores esperam uma melhoria de desempenho. Se essa melhoria não acontecer, ou pior, se as expectativas dos investidores não se concretizarem, suas ações podem cair nas mãos de investidores de risco como Carlo de Benedetti ou os irmãos Flick.[1]

Na conclusão da reunião mais recente dos diretores, o comitê foi unânime em votar pela limitação dos gastos de capital a € 120 milhões em 2001.

Os membros do comitê da alta administração

Sete membros da alta administração da Euroland Foods preparariam o orçamento de capital. Para ser considerado, cada projeto tinha de ser apadrinhado por um dos gerentes

[1]De Benedetti, de Milão, e os irmãos Flick, de Munique, eram os líderes de proeminentes tentativas de *takeover* hostil nos últimos anos.

presentes. Geralmente, o processo de decisão incluía um período de discussão seguido por uma votação em dois a quatro orçamentos de capital alternativos. Os vários executivos conheciam-se muito bem:

Wilhelmina Verdin (belga), PDG, 57 anos. Neta do fundador e porta-voz dos interesses da família Verdin no comitê diretor. Trabalhou para a companhia durante sua carreira inteira, com experiência significativa em gerenciamento de marcas. Eleita "Comerciante Européia do Ano" em 1982, por introduzir, com sucesso, iogurtes e sorvetes com baixo teor de gordura no mercado, a primeira vez que se viu esse tipo de produto. Disposta a posicionar a companhia em condições de crescer no longo prazo, mas cautelosa depois das dificuldades recentes.

Trudi Lauf (suíço), diretor financeiro, 51 anos. Contratado pela Nestlé, em 1995, para modernizar os sistemas e controles financeiros. Foi um proponente feroz da redução de alavancagem no balanço geral. Também dava voz às preocupações e frustrações dos acionistas.

Heinz Klink (alemão), diretor-gerente de distribuição, 49 anos. Supervisionava as atividades relacionadas ao transporte, armazenamento e atendimento de pedidos da companhia. Estragos, custos de transporte, esgotamento de estoque e sistemas de controle eram desafios constantes.

Maarten Leyden (holandês), diretor-gerente de produção e compras, 59 anos. Gerenciava as operações de produção nas 14 fábricas da companhia. Engenheiro por formação. Negociador agressivo, especialmente com sindicatos e fornecedores. Fánatico em relação ao controle do custo de produção. Havia expressado dúvidas quanto à sinceridade do compromisso de credores e investidores da empresa.

Marco Ponti (italiano), diretor-gerente de vendas, 45 anos. Supervisionava a força de vendas de campo de 250 representantes e planejava mudanças na cobertura geográfica das vendas. O proponente mais feroz de uma expansão rápida com o comitê do alto escalão. Via várias maneiras de melhorar o posicionamento geográfico das vendas. Contratado pela Unilever em 1993 para revitalizar a organização das vendas, o que ele realizou com sucesso.

Fabienne Morin (francesa), diretora-gerente de marketing, 41 anos. Responsável pela pesquisa de mercado, desenvolvimento de novos produtos, publicidade e gerenciamento de marcas em geral. Principal defensora da recente guerra de preços que, embora difícil financeiramente, resultou em ganhos sólidos em termos de participação de mercado. Via uma "janela de oportunidades" para a expansão de produtos e mercados e tendia a apoiar projetos que visassem ao crescimento da empresa.

Nigel Humbolt (britânico), diretor-gerente de planejamento estratégico, 47 anos. Contratado dois anos antes por uma conhecida empresa de consultoria para montar uma equipe de planejamento estratégico para a Euroland Foods. Conhecido por fazer perguntas difíceis e desafiadoras sobre os negócios da Eurolands, sua maturidade e lucratividade. Apoiava iniciativas que visassem ao crescimento da companhia e da participação de mercado. Havia apresentado as propostas mais agressivas em 2000, nenhuma das quais foi aprovada. Frustrado com o que ele acreditava ser sua falta de influência na organização.

As propostas de investimentos

A reunião seguinte consideraria as seguintes propostas na **Tabela 2**:

TABELA 2 | Propostas de projetos

Projeto	Dispêndios (em milhões de euros)	Apoiado por
1. Renovação e expansão da frota de caminhões	33	Klink, distribuição
2. Uma nova fábrica	45	Leyden, produção
3. Expansão de uma fábrica	15	Leyden, produção
4. Desenvolvimento e lançamento de novas guloseimas	27	Morin, marketing
5. Automação das fábricas e dos sistemas de esteiras rolantes	21	Leyden, produção
6. Tratamento da água residual nas quatro fábricas	6	Leyden, produção
7. Expansão do mercado para o Sul	30	Ponti, vendas
8. Expansão do mercado para o Leste	30	Ponti, vendas
9. Desenvolvimento e introdução de novos sorvetes e iogurtes artificialmente adoçados	27	Morin, marketing
10. Sistema computadorizado e interligado de controle de estoque para os armazéns e os representantes de campo	22,5	Klink, distribuição
11. Aquisição de uma marca líder de bebidas alcoólicas e infra-estrutura associada	60	Humbolt, planejamento estratégico

1. Renovação e expansão da frota de caminhões: Heinz Klink propôs a compra de cem novos caminhões do tipo cavalo mecânico e carreta, equipados com refrigerador, 50 em 2001, 50 em 2002. Com isso, a companhia poderia vender 60 caminhões antigos e totalmente depreciados por € 4,05 milhões. A compra aumentaria a frota em 40 caminhões dentro de dois anos. Cada uma das novas carretas seria maior do que as anteriores e acomodaria 15% a mais de mercadorias (em metros cúbicos) por viagem. Os novos caminhões seriam também mais eficientes no que diz respeito à manutenção e ao uso de combustível. O aumento no número de caminhões permitiria um cronograma mais flexível, rotas e manutenção mais eficientes, além de diminuir os prazos de entrega e, logo, possivelmente, os estoques. Isso também permitiria entregas mais freqüentes aos principais mercados da companhia, o que reduziria a perda de vendas causada por esgotamento de estoque. Por último, expandir a frota possibilitaria uma expansão geográfica no longo prazo.

De acordo com o **Quadro 3**, esperava-se que o investimento total líquido em caminhões fosse de € 30 milhões, e o aumento de capital de giro para bancar a manutenção adicional, combustível, folha de pagamento e estoques da ordem de € 3 milhões resultasse em uma economia total de custos e um potencial adicional de vendas de € 11,6 milhões pelos sete anos seguintes. Esperava-se que a taxa interna de retorno fosse de 7,8%, marginalmente abaixo do retorno mínimo de 8% em projetos de eficiência. Alguns gerentes perguntavam-se se esse projeto estaria mais bem classificado como "eficiência" ou "expansão".

2. Uma nova fábrica: Marteen Leyden percebeu que as vendas de iogurtes e sorvetes da Euroland Foods na região sudeste de seu mercado estavam prestes a exceder a capacidade da fábrica de produção e empacotamento em Melun, França. Atualmente, parte da demanda é atendida por carregamentos vindos da mais nova e eficiente fábrica da companhia, localizada em Strasbourg, França. Porém, os custos de remessa de uma fábrica para outra eram altos, e algumas vendas estavam sem dúvida sendo perdidas quando os esforços de marketing não eram acompanhados pelo setor de entregas. Leyden propôs que uma nova fábrica de produção e empacotamento fosse construída em Dijon, França, na ponta sul da região de mercado da Euroland Foods, para aliviar as fábricas de Melun e Strasbourg.

O custo da nova fábrica seria de € 37,5 milhões e implicaria um capital de giro de € 7,5 milhões. Os € 21 milhões gastos em equipamentos seriam amortizados ao longo de sete anos, e a fábrica, ao longo de dez anos. Com o crescimento de vendas, da depreciação e da diminuição dos custos de entrega, esperava-se que a fábrica gerasse fluxos de caixa depois de impostos de € 35,6 milhões e uma taxa interna de retorno de 11,3% ao longo dos dez anos seguintes. Esse projeto seria classificado como uma extensão de mercado.

3. Expansão de uma fábrica: além da necessidade de aumentar a capacidade de produção da Euroland Foods na região sudeste, sua fábrica de Nuremberg, na Alemanha, atingira capacidade máxima. Essa situação tornou difícil programar a manutenção de rotina dos equipamentos, o que, por sua vez, criou problemas com o programa de produção e com os prazos. Essa era uma das duas fábricas altamente automatizadas que produziam toda a linha de água engarrafada, água mineral e sucos de fruta da Euroland Foods. A fábrica de Nuremberg supria a Europa Central e Ocidental. (A outra fábrica, perto de Copenhague, na Dinamarca, supria os mercados do norte europeu.)

A capacidade da fábrica de Nuremberg poderia ser estendida em 20% por € 15 milhões. O equipamento (€ 10,5 milhões) estaria depreciado em sete anos, e a fábrica, em dez. Esperava-se que o aumento da capacidade resultasse numa produção adicional de até € 2,25 milhões por ano, gerando uma taxa de retorno interna de 11,2%. Esse projeto seria classificado como uma extensão de mercado.

4. Desenvolvimento e lançamento de novas guloseimas: Fabienne Morin sugeriu que a companhia utilizasse a capacidade excedente da fábrica de processamento de nozes e condimentos de Antuérpia para fabricar uma linha de frutas secas a ser testada na Bélgica, na Grã-Bretanha e na Holanda. Ela mencionou a força da marca Rolly nesses países e o sucesso de outras companhias de "comes e bebes" que haviam expandido a produção de guloseimas. Ela argumentou que a reputação da Euroland Foods pela qualidade e pelos benefícios de seus produtos seria acentuada por uma linha de frutas secas e que, além do mais, a associação entre a marca e o novo produto provavelmente levaria a um crescimento de vendas dos outros produtos da companhia entre consumidores preocupados com a saúde.

Esperava-se que os investimentos em equipamentos e capital de giro para esse projeto totalizassem € 22,5 milhões e € 4,5 milhões, respectivamente. Os equipamentos estariam depreciados em sete anos. Supondo-se que os testes de mercado fossem bem-sucedidos, os fluxos de caixa do projeto seriam capazes de bancar a expansão de outras fábricas em localidades estratégicas. Esperava-se que a taxa interna de retorno fosse de 13,4%, levemente acima do retorno desejado de 12% para projetos referentes a novos produtos.

5. Automação das fábricas e dos sistemas de esteiras rolantes: Marteen Leyden também pediu € 21 milhões para aumentar a automação das linhas de produção de seis outras fábricas da companhia. O resultado seria uma maior velocidade de produção e uma redução no número de acidentes, derramamentos e interrupções de produção. As duas últimas fábricas a serem construídas pela companhia possuíam sistemas de esteiras rolantes que eliminavam a necessidade de levantamento de peso por parte dos funcionários. Os sistemas reduziam as chances de que algum funcionário se machucasse; nas seis fábricas mais velhas, a empresa sustentava uma média de 223 ausências de funcionários por ano, por planta, em virtude de problemas musculares causados por levantamento de peso. Em média, o valor de indenização total por hora é de € 14, o que acarreta gastos de mais de € 150 mil por ano além da possibilidade de problemas de saúde mais sérios e processos trabalhistas. Em geral, esperava-se que as economias e a depreciação de € 4,13 milhões desse projeto gerassem uma taxa interna de retorno de 8,7%. Esse projeto seria classificado na categoria de eficiência.

6. Tratamento da água residual nas quatro fábricas: a Euroland Foods pré-processava uma variedade de frutas frescas nas fábricas de Melun e Strasbourg. Uma das primeiras etapas do processamento envolvia limpar as frutas para a remoção de terra e pesticidas. A água suja era simplesmente descartada nos rios Sena ou Reno. Diretrizes recentes da Comunidade Européia exigiam que qualquer água residual contendo os menores indícios de químicos tóxicos fosse tratada na fonte, e as empresas tinham quatro anos para se adaptar às novas regras. Como um projeto de orientação ambiental, essa proposta não passava pelas taxas mínimas financeiras de atratividade de projeto. Porém, Leyden observou que o equipamento para tratar água poderia ser comprado a € 6 milhões. Então, ele especulava que o mesmo equipamento custaria € 15 milhões em quatro anos, quando a conversão se tornasse obrigatória. Até lá, a companhia correria o risco de que os reguladores da Comunidade Européia diminuíssem o prazo de adaptação às novas regras ou de que os índices de poluição da companhia se tornassem públicos e afetassem a sua imagem aos olhos do consumidor. Esse projeto seria classificado na categoria de meio ambiente.

7 e 8. Expansão do mercado para as direções sul e leste: Marco Ponti recomendou que a companhia expandisse seus mercados ao sul para incluir o sul da França, a Suíça, a Itália e a Espanha, e/ou em direção ao leste para incluir a Alemanha Oriental, a Polônia, República Tcheca, Eslováquia e Áustria. Ponti acreditava que era hora certa de expandir as vendas de sorvetes e talvez de iogurtes, geograficamente. Em teoria, a companhia poderia sustentar expansões em ambas as direções simultaneamente, mas, na prática, Ponti duvidava de que as organizações de vendas e distribuição pudessem suprir as duas expansões de uma só vez.

Cada expansão geográfica alternativa tinha seus riscos e benefícios. Se a companhia expandisse ao leste, ela poderia alcançar uma população com grande apetite para derivados congelados do leite, mas também haveria maior concorrência dos fabricantes de sorvetes locais e regionais. Além do mais, os consumidores da Alemanha Oriental, da Polônia e da Eslováquia não tinham o poder de compra que os consumidores do sul possuíam. A expansão ao leste precisaria ser suprida pelas fábricas de Nuremberg, Strasbourg e Hamburgo.

Olhando para o sul, a mesa virava: maior poder de compra e menor concorrência, mas também um menor apetite por sorvetes e iogurtes. Uma expansão ao sul significaria ter de criar demanda por sorvetes e iogurtes de alta qualidade. Se nenhuma das propostas de fábrica fosse aceita (propostas 2 e 3), essa expansão ao sul precisaria ser suprida pelas fábricas de Melun, Strasbourg e Rouen.

O custo inicial de cada proposta seria de € 30 milhões em capital de giro. Esperava-se que a maior parte dos custos desse projeto envolvesse o financiamento de distribuidoras, mas, ao longo de um período estimado de dez anos, os distribuidores gradualmente assumiriam a tarefa de carregar as contas a receber (**receivables**) e o estoque. As duas propostas de expansão pressupunham o aluguel de armazéns e infra-estrutura de distribuição adequados. Esperava-se que os fluxos de caixa depois dos impostos totalizassem € 56,3 milhões para a expansão ao sul e € 48,8 milhões para a expansão ao leste.

Marco Ponti observou que expandir ao sul significaria uma possível taxa interna de retorno maior, mas expandir ao leste seria uma proposta menos arriscada. As taxas internas de retorno projetadas eram de 21,4% e 18,8% para as expansões ao sul e ao leste, respectivamente. Esses projetos seriam classificados na categoria de expansão de mercados.

9. Desenvolvimento e introdução de novos sorvetes e iogurtes artificialmente adoçados: Fabienne Morin mencionou que desenvolvimentos recentes na síntese de adoçantes artificiais prometiam economias significativas a produtores de comidas e bebidas, bem como estimulavam uma demanda crescente por produtos de baixo teor calórico. O desafio seria criar o sabor certo para complementar ou melhorar os outros ingredientes. Para fabricantes de sorvetes, a dificuldade seria criar um equilíbrio que resultasse no mesmo sabor obtido ao se utilizar adoçantes naturais; adoçantes artificiais poderiam, obviamente, criar um sabor superior.

Além disso, € 27 milhões seriam necessários para comercializar uma linha de iogurtes que apresentaram resultados promissores nos testes de laboratório. Esse valor incluía a aquisição da infra-estrutura de produção especializada, capital de giro e os custos iniciais com a introdução do produto. Estimava-se que a taxa interna de retorno fosse de 20,5%.

Morin enfatizou que a proposta, embora altamente incerta em termos de resultados reais, poderia ser vista como um meio de preservar a participação de mercado atual, visto que outros produtores de sorvetes de alta qualidade desenvolvendo o mesmo tipo de pesquisa poderiam introduzir esses produtos; se a marca Rolly não possuísse uma linha de produtos artificialmente adoçados e seus concorrentes, sim, a marca poderia sofrer. Morin também mencionou os paralelos entre inovar com adoçantes artificiais e o sucesso anterior da companhia ao introduzir produtos com baixo teor de gordura. Esse projeto seria classificado na categoria de investimentos em novos produtos.

10. Sistema computadorizado e interligado de controle de estoque para os armazéns e os representantes de campo: Heinz Klink havia passado três anos, sem sucesso, pressionando a empresa a investir em um sistema de controle de estoque computadorizado de última geração, que conectaria os representantes de vendas de campo, distribuidores, motoristas, armazéns e, até mesmo, os varejistas. Os benefícios de tal sistema seriam menos atrasos nos pedidos e no processamento destes, melhor controle de estoque, redução de estragos e reconhecimento mais rápido das mudanças de demanda pelo consumidor. Klink estava relutante em quantificar esses benefícios porque eles poderiam variar de quantidades modestas a somas imensas. Naquele ano, entretanto, pela primeira vez, ele apresentou uma previsão de fluxo de caixa que refletia um investimento inicial de € 18 milhões no sistema, seguidos de € 4,5 milhões no ano seguinte em equipamento de apoio. Os fluxos de entrada refletiam as proteções tributárias de depreciação, incentivos fiscais, reduções de custo em armazenagem e estoque reduzido. Ele previu que esses benefícios durariam somente três anos. Ainda assim, a taxa interna de retorno do projeto estava estimada em 16,2%. Esse projeto seria classificado na categoria de eficiência.

11. Aquisição de uma marca líder de schnapps[2] e infra-estrutura associada: Nigel Humbolt havia defendido a realização de aquisições diversificadas em um esforço de ir além dos

---

[2]Qualquer um de vários tipos de licores secos fortes, tais como o forte gim holandês. Definição emprestada do *American Heritage® Dictionary of the English Language*, 4ª ed.

negócios tradicionais da companhia, mas de modo a explorar suas habilidades de gerenciamento de marcas. Ele havia explorado seis indústrias possíveis na área de produtos empacotados e determinou que refrescos e licores ofereciam oportunidades raras de crescimento real e, ao mesmo tempo, proteção de mercado pelo processo de **branding** (atribuição de marca). Ele identificara quatro pequenos produtores de marcas conhecidas de licores como candidatos à aquisição. Depois de conversas exploratórias com cada um, ele determinou que apenas uma companhia poderia ser comprada no futuro, a saber, a fabricante privada, líder do mercado europeu de **schnapps**, localizada em Munique.

A proposta era cara: € 25 milhões para comprar a companhia e € 30 milhões para renovar completamente sua infra-estrutura e, ao mesmo tempo, expandir sua rede de distribuição a novos mercados geográficos. Os retornos esperados eram altos: fluxos de caixa depois de impostos projetados em € 198,5 milhões, gerando uma taxa interna de retorno de 27,5%. Esse projeto seria classificado na categoria de novos produtos.

Conclusão

Esperava-se que cada membro do comitê da alta administração viesse à reunião preparado para apresentar e defender uma proposta de alocação do orçamento de capital de € 120 milhões da Euroland Foods. O **Quadro 3** resume os vários projetos no que diz respeito aos seus fluxos de caixa livres e aos critérios de desempenho de investimentos.

QUADRO 1 | Nações onde a Euroland Foods vendia

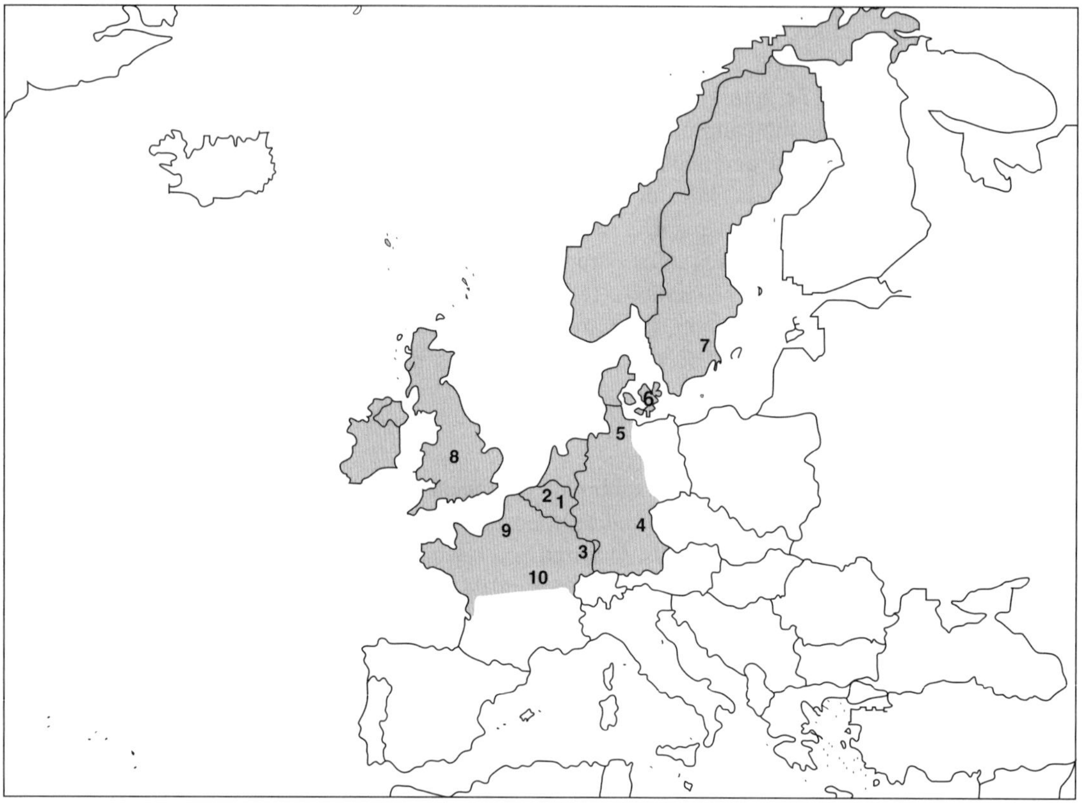

Nota: As áreas sombreadas neste mapa indicam a principal região de distribuição dos produtos da Euroland. Fábricas importantes estão indicadas pelos seguintes números:

1. Sede, Bruxelas, Bélgica
2. Fábrica, Antuérpia, Bélgica
3. Fábrica, Strasbourg, França
4. Fábrica, Nuremberg, Alemanha
5. Fábrica, Hamburgo, Alemanha
6. Fábrica, Copenhague, Dinamarca
7. Fábrica, Svald, Suécia
8. Fábrica, Nelly-on-Mersey, Inglaterra
9. Fábrica, Caen, França
10. Fábrica, Melun, França

QUADRO 2 | Resumo dos resultados financeiros (todos os valores em milhões de euros, exceto lucros por ação)

	Exercício fiscal findo em dezembro		
	1998	**1999**	**2000**
Receita bruta	1.614	1.608	1.611
Lucro líquido	77	74	56
Lucros por ação	1,13	1,08	0,81
Dividendos	30	30	30
Ativo total	716	870	984
Patrimônio líquido (valor contábil)	559	640	697
Patrimônio líquido (valor de mercado)	1.271	1.258	784

QUADRO 3 | Fluxos de caixa livres e análises dos projetos propostos[1] (todos os valores em milhões de euros)

Projeto		1	2	3	4	5	6	7	8	9	10
		Expandir a frota de caminhões[3]	**Nova fábrica (Dijon, França)**	**Expansão de planta (Nuremberg, Alemanha)**	**Gulo-seimas**	**Automação e sistema de esteiras rolantes**	**Sul expansão**	**Leste expansão[5]**	**Adonçantes artificiais**	**Sistema de controle de estoque**	**Aquisição estratégica**
Investimento											
Imóveis		30,00	37,50	15,00	22,50	21,00	0,00	0,00	22,50	22,50	45,00
Capital de giro		3,00	7,50	0,00	4,50	0,00	30,00	30,00	4,50	0,00	15,00
	Ano	**FLUXO DE CAIXA LIVRE ESPERADO[4]**									
	0	−17,10	−45,00	−15,00	−9,00	−21,00	−30,00	−30,00	−27,00	−18,00	−25,00
	1	−11,85	3,00	1,88	−9,00	4,13	5,25	4,50	4,50	8,25	−30,00
	2	4,50	7,50	2,25	−9,00	4,13	6,00	5,25	6,00	8,25	7,50
	3	5,25	8,25	2,63	4,50	4,13	6,75	6,00	6,75	7,50	13,50
	4	6,00	9,00	3,00	4,50	4,13	7,50	6,75	7,50		16,50
	5	6,75	9,38	3,38	6,00	4,13	8,25	7,50	7,50		19,50
	6	7,50	9,75	3,75	6,75	4,13	9,00	8,25	7,50		22,50
	7	10,50	10,13	2,25	7,50	4,13	9,75	9,00	7,50		25,50
	8		7,50	2,25	8,25		10,50	9,75	7,50		28,50
	9		7,88	2,25	9,00		11,25	10,50	7,50		31,50
	10		8,25	2,25	9,75		12,00	11,25	7,50		88,50
Valor sem desconto		11,55	35,63	10,88	29,25	7,88	56,25	48,75	42,75	6,00	198,50
Retorno (em anos)		6	6	6	7	6	5	5	5	3	5
Payback máximo aceitável		4	5	5	6	4	6	6	6	4	6
Taxa interna de retorno		7,8%	11,3%	11,2%	13,4%	8,7%	21,4%	18,8%	20,5%	16,2%	27,5%
Taxa de retorno mínima aceitável		8,0%	10,0%	10,0%	12,0%	8,0%	12,0%	12,0%	12,0%	8,0%	12,0%
spread		−0,2%	1,3%	1,2%	1,4%	0,7%	9,4%	6,8%	8,5%	8,2%	15,5%
Valor presente líquido ao custo de capital médio ponderado da corporação (10,6%)		−2,88	1,49	0,41	3,74	−1,31	17,99	13,49	13,43	1,75	69,45
Valor presente líquido à taxa de retorno mínima		−0,19	2,81	0,82	1,79	0,48	14,85	10,62	10,97	2,67	59,65
Anuidade equivalente[2]		−0,04	0,46	0,13	0,32	0,09	2,63	1,88	1,94	1,03	10,56

[1]O projeto de tratamento de água residual não se encontra neste quadro.

[2]A anuidade equivalente de um projeto é aquele pagamento anual nivelado que gera um valor presente líquido igual ao VPL, à taxa de retorno mínima requerida para o projeto. A anuidade é corrigida de acordo com as diferenças de duração de vários projetos. Ao ranquear projetos com base na anuidade equivalente, anuidades maiores geram maior riqueza aos investidores do que anuidades menores.

[3]Isso reflete € 16,5 milhões gastos tanto inicialmente quanto no final do primeiro ano.

[4]Fluxo de caixa livre = lucro incremental de redução de custos após os impostos + depreciação – investimento em ativos fixos e capital de giro.

[5]Os franqueados gradualmente assumiriam a tarefa de carregar contas a receber e estoque.

[6]€ 25 milhões seriam gastos no primeiro ano, € 30 milhões no segundo e € 5 milhões no terceiro.

CASO 24

Star River 星河 Eletronics Ltd.

No dia 5 de julho de 2001, seu primeiro dia como diretor-executivo da Star River Eletronics Ltd., Adeline Koh deparou-se com uma série de problemas administrativos. Uma semana antes, o presidente e diretor-executivo da Star River havia deixado o cargo repentinamente para se tornar diretor-executivo em outra empresa. Koh foi nomeada para preencher a posição – começando imediatamente. Vários itens em sua caixa de mensagens naquele primeiro dia eram de natureza financeira: ou requerendo uma decisão financeira ou com resultados que teriam implicações financeiras importantes para a empresa. Naquela noite, Koh pediu para encontrar com seu assistente, Andy Chin, para começar a resolver as questões mais proeminentes.

A Star River Eletronics e a indústria de fabricação do disco óptico

A Star River Eletronics havia sido fundada como uma *joint venture* entre a Starlight Eletronics Ltd., Grã-Bretanha, e uma empresa de capital de risco asiática, New Era Partners. Sediada em Cingapura, a única missão de negócios da Star River era fabricar CD-ROMs para suprir grandes companhias de software. Em pouquíssimo tempo, a empresa adquiriu fama na indústria por produzir discos de alta qualidade.

A popularidade dos produtos ópticos e de multimídia gerou um crescimento rápido para a indústria de fabricação de CD-ROMs na metade da década de 1990. Conseqüentemente, pequenos fabricantes proliferaram, criando um superfornecimento que fez os preços caírem 40%. Consolidações ocorreram quando produtores menos eficientes começaram a sentir o aperto.

A Star River Eletronics sobreviveu às turbulências graças à sua boa reputação no mercado. Enquanto outras fabricantes de CD-ROMs se debatiam, o volume de vendas da empresa cresceu a uma taxa robusta nos últimos dois anos. Entretanto, preços por unidade caíram por causa da concorrência de preços e da crescente popularidade de mídias alternativas de armazenagem, em especial DVDs. Os DVDs possuíam uma capacidade de armazenagem 14 vezes maior e ameaçavam tomar o lugar dos CD-ROMs. Embora os *disc drives* de CD-ROM correspondessem a 93% de todas as remessas de drives de disco óptico em 1999, um estudo previa que esse número cairia para 41% em 2005, enquanto a participação de drives de DVD chegaria a 59%.[1] A Star River havia começado a testar a fabricação de DVDs, mas

[1]Global Industry Analysts, Inc., "TEAC – Facts, Figures and Forecasts," p. 5.

estes ainda correspondiam a menos de 5% de suas vendas no final do exercício fiscal de 2001. Com capacidade recém-instalada, entretanto, a companhia esperava aumentar a proporção de rendimentos provenientes da venda de DVDs.

Questões financeiras enfrentadas por Adeline Koh

Naquela noite, Koh se reuniu com Andy Chin, um novo e promissor associado que ela havia trazido da New Era Partners. A breve discussão entre eles ocorreu da seguinte maneira:

KOH: Lá na New Era víamos a Star River como um dos nossos investimentos de capital de risco mais promissores. Agora parece que tanto otimismo não pode ser garantido – pelo menos não até que a gente chegue a um entendimento sólido do desempenho da empresa no passado e de seu desempenho previsto para o futuro. Você conseguiu alguma coisa em relação a isso?

CHIN: Sim, o contador me deu esses papéis: o histórico das demonstrações de resultados **(Quadro 1)** e dos balanços patrimoniais **(Quadro 2)** dos últimos quatro anos. O sistema de contabilidade aqui ainda é muito primitivo. Porém, chequei uma série de contas e elas pareciam em ordem. Então, suspeito que seja possível trabalhar com esses números. A partir dessas declarações calculei uma série de índices diagnósticos **(Quadro 3)**.

KOH: Vejo que você tem estado ocupado. Infelizmente, não posso estudar esses papéis agora. Preciso que você revise o histórico de desempenho da Star River para mim e me dê quaisquer opiniões positivas ou negativas que julgar significativas.

CHIN: Para quando você precisa disso?

KOH: Para as 7:00 da manhã, amanhã. Quero visitar nosso banqueiro amanhã de manhã e obter um empréstimo para a Star River.

CHIN: O banqueiro, Mr. Tan, disse que a Star River estava "crescendo além de suas capacidades financeiras". O que isso significa?

KOH: Provavelmente significa que ele não acredita que a gente possa pagar o empréstimo dentro de um período razoável. Gostaria que você preparasse uma projeção financeira simples do nosso desempenho para os próximos dois anos (ignorando efeitos sazonais), e quero que me mostre quais serão as nossas necessidades de crédito nos exercícios fiscais findos em 2002 e 2003. Acredito que seja razoável esperar que as vendas da Star River cresçam 15% ao ano. Você também deveria pressupor gastos de capital de SGD 54,6 milhões[2] em equipamento de fabricação de DVDs no decorrer de dois anos e depreciados em sete anos. Utilize quaisquer outras premissas que pareçam apropriadas a você com base na sua análise de históricos de resultados. Para essa projeção, suponha que qualquer financiamento externo será na forma de dívida.

CHIN: Mas e se essas projeções mostrarem que a Star River não pode pagar o empréstimo?

KOH: Aí teremos de nos voltar aos donos da Star River, a New Era Partners e a Star River Eletronics Grã-Bretanha, para uma injeção de capital. Obviamente, a New Era Partners

[2]SGD = Singaporean dollars (dólares de Cingapura).

preferiria não investir mais recursos, a não ser que a gente consiga mostrar que os retornos de tais investimentos sejam muito atraentes e/ou que a sobrevivência da companhia depende disso. Portanto, meu terceiro pedido é que você examine quais retornos em ativos e patrimônio líquido a Star River oferecerá nos próximos dois anos e identifique as principais pressuposições de tais retornos. Por último, gostaria de ouvir suas recomendações sobre as mudanças financeiras e operacionais que eu deveria fazer com base na análise de históricos e nas projeções.

CHIN: O gerente de fábrica reviu seu pedido de uma máquina embaladora e acha que esses são os números corretos (veja o memorando do gerente de fábrica no **Quadro 4**). Essencialmente, a questão é se devemos investir agora ou esperar três anos para comprar o novo equipamento embalador. Esse equipamento ajudaria a poupar custos trabalhistas de forma significativa, porém custa SGD 1,82 milhões. Meu palpite é que a nossa decisão sobre investir agora ou esperar três anos vai depender da taxa de desconto.

KOH: (rindo) A piada na faculdade de administração era que a taxa de desconto era sempre de 10%.

CHIN: Não foi isso que a minha faculdade me ensinou! A New Era sempre usa uma taxa de desconto de 40% para avaliar investimentos patrimoniais em companhias arriscadas recém-criadas. Mas agora a Star River é razoavelmente bem estabelecida e não deve requerer um prêmio de risco tão alto. Eu consegui coletar alguns dados (veja o **Quadro 5**) sobre outras companhias de eletrônicos de Cingapura com os quais podemos estipular a taxa de retorno desejada em investimentos na empresa.

KOH: Ótimo. Por favor, estipule o custo de capital médio ponderado da Star River e avalie o investimento na máquina embaladora. Eu quero os resultados da sua análise amanhã de manhã às 7 horas.

QUADRO 1 | Histórico das demonstrações de resultados para o exercício fiscal encerrado em 30 de junho (em milhares de dólares de Cingapura)

	1998	1999	2000	2001
Vendas	71.924	80.115	92.613	106.042
Despesas operacionais:				
Custos e despesas de produção	33.703	38.393	46.492	53.445
Despesas com administração e vendas	16.733	17.787	21.301	24.177
Depreciação	8.076	9.028	10.392	11.360
Total de despesas operacionais	58.512	65.208	78.185	88.983
Lucro operacional	13.412	14.908	14.429	17.059
Despesas com juros	5.464	6.010	7.938	7.818
Lucros antes de impostos	7.949	8.897	6.491	9.241
Imposto de renda*	2.221	2.322	1.601	2.093
Lucro líquido	5.728	6.576	4.889	7.148
Dividendos para todas as ações ordinárias	2.000	2.000	2.000	2.000
Retenção de lucros	3.728	4.576	2.889	5.148

*A alíquota de imposto corporativo era de 24,5%.

QUADRO 2 | Histórico dos balanços patrimoniais dos exercícios fiscais encerrados em 30 de junho (em milhares de dólares de Cingapura)

	1998	1999	2000	2001
Ativos:				
Caixa	4.816	5.670	6.090	5.795
Contas a receber	22.148	25.364	28.078	35.486
Estoques	23.301	27.662	53.828	63.778
Total de ativos circulantes	50.265	58.697	87.996	105.059
Imobilizado bruto	64.611	80.153	97.899	115.153
Depreciação acumulada	(4.559)	(13.587)	(23.979)	(35.339)
Imobilizado líquido	60.052	66.566	73.920	79.814
Total de ativos	110.317	125.262	161.916	184.873
Passivos e patrimônio líquido:				
Empréstimos bancários de curto prazo[1]	29.002	37.160	73.089	84.981
Contas a pagar	12.315	12.806	11.890	13.370
Outros passivos acumulados	24.608	26.330	25.081	21.318
Total de passivos correntes	65.926	76.296	110.060	119.669
Dívida de longo prazo[2]	10.000	10.000	10.000	18.200
Patrimônio líquido	34.391	38.967	41.856	47.004
Total de passivo e patrimônio líquido	110.317	125.263	161.916	184.873

[1]O empréstimo de curto prazo foi feito junto do Citibank uma taxa de juro igual às taxas praticadas em Cingapura + 1,5%. Taxas de empréstimo eram de 5,2%. Em Cingapura, um título do tesouro de dez anos estava rendendo 3,6%.

[2]A dívida de longo prazo da companhia consistia em dois componentes. O primeiro era um empréstimo de SGD 10 milhões que havia sido concedido em 1996, em caráter privado, à New Era Partners e à Star River Eletronics Ltd., Grã-Bretanha. Essa dívida estava subordinada a qualquer saldo devedor bancário. O segundo componente consistia em SGD 8,2 milhões de um título de cinco anos emitido mediante colocação privada, em 1º de julho de 2000, a um preço de SGD 97 e um cupom de 5,75% pago semi-anualmente.

QUADRO 3 | Análises de índices históricos dos demonstrativos financeiros

	1998	1999	2000	2001
Lucratividade				
Margem operacional (%)	18,6%	18,6%	15,6%	16,1%
Alíquota de imposto (%)	27,9%	26,1%	24,7%	22,6%
Retorno sobre vendas (%)	8,0%	8,2%	5,3%	6,7%
Retorno sobre o patrimônio (%)	16,7%	16,9%	11,7%	15,2%
Retorno sobre ativos (%)	5,2%	5,2%	3,0%	3,9%
Alavancagem				
Índice de endividamento	1,13	1,21	1,99	2,20
Dívida/capital total (%)	0,53	0,55	0,67	0,69
EBIT/juros (x)	2,45	2,48	1,82	2,18
Utilização de ativos				
Vendas/ativos	65,2%	64,0%	57,2%	57,4%
Taxa de crescimento de vendas (%)	15,0%	11,4%	15,6%	14,5%
Taxa de crescimento de ativos (%)	8,0%	13,5%	29,3%	14,2%
Prazo médio de recebimentos	112,4	115,6	110,7	122,1
Contas a pagar por custo de produtos vendidos	36,5%	33,4%	25,6%	25,0%
Estoques por custo de produtos vendidos	69,1%	72,1%	115,8%	119,3%
Liquidez				
Índice de liquidez corrente	0,76	0,77	0,80	0,88
Índice de liquidez imediata	0,41	0,41	0,31	0,34

QUADRO 4 | Memorando do gerente de fábrica sobre novo equipamento embalador

MEMORANDO

PARA: Adeline Koh, presidente e CEO, Star River Electronics
DE: Esmond Lim, gerente de fábrica
DATA: 30 de junho de 2001
ASSUNTO: Novo equipamento embalador

Embora nosso equipamento embalador de CDs seja adequado aos atuais níveis de produção, ele é terrivelmente ineficiente. As novas máquinas no mercado podem gerar economias significativas no que diz respeito à mão-de-obra assim como maior flexibilidade em relação ao tipo de embalagem utilizada. Recomendo aderir à nova tecnologia. Nesse caso, a nova máquina pode ser adquirida imediatamente. As considerações relevantes à decisão estão incluídas neste memorando.

Nosso equipamento embalador atual foi comprado há cinco anos, em uma liquidação de equipamentos usados de uma pequena empresa. Embora tenha custado pouco, ele é lento, requer monitoramento constante e é freqüentemente desligado para reparos. Visto que o equipamento embalador é muito mais lento do que o de produção, freqüentemente temos de fazer hora extra para que o processo de embalagem alcance o de produção. Quando a máquina é desligada para reparos, o problema é exacerbado e pode-se levar vários dias de jornada dupla para dar conta da produção. Não posso dizer que deixamos de cumprir prazos por causa de problemas como esse, mas essa é uma preocupação constante por aqui, e tudo seria feito de maneira muito mais tranqüila com um equipamento mais confiável. Em 2002, pagaremos em torno de SGD 15.470 por ano de manutenção. O operador ganha SGD 63.700 por ano, mas, por causa das horas extras, tem tirado em média SGD 81.900 por ano. O equipamento vale SGD 218.400 nos livros contábeis e fiscais e estará completamente depreciado em três anos (utilizamos atualmente o método de depreciação em linha reta para fins fiscais e de prestação de contas, e continuaremos a utilizá-lo). Devido a mudanças na tecnologia de embalagem, o equipamento não tem valor de mercado além do seu valor como sucata. Porém, seu valor como sucata é quase o mesmo que o custo de mandar removê-lo. Ou seja, acreditamos que o equipamento não tenha nenhum valor residual.

O novo embalador oferece muitas vantagens em relação ao equipamento atual. É mais rápido, mais confiável, mais flexível quanto aos tipos de embalagem que pode fazer e terá capacidade suficiente para cobrir todas as nossas necessidades no futuro próximo. Com manutenção adequada, acreditamos que ele possa operar indefinidamente. Portanto, para os propósitos da nossa análise, pode-se presumir que este será o último equipamento embalador que precisaremos comprar. Em virtude do crescimento antecipado da Star River, o equipamento atual não dará conta das nossas necessidades no fim de 2004. Logo, se não comprarmos o novo equipamento até o final do ano, teremos de comprá-lo em três anos de qualquer forma. Já que a velocidade, capacidade e confiabilidade do novo equipamento eliminarão a necessidade de horas extras, acreditamos que deveríamos comprá-lo agora, e não esperar outros três anos.

O novo equipamento custa atualmente SGD 1,82 milhão, que depreciaríamos ao longo de dez anos a SGD 182.000 por ano. Ele possui garantia válida por toda sua vida, cobrindo toda a manutenção de rotina e reparos a um custo de SGD 3.640 no primeiro ano. O contrato estipula que o preço após o primeiro ano crescerá na mesma porcentagem que o aumento de preço dos novos equipamentos. Portanto, se o fabricante continuar a aumentar o preço dos novos embaladores a 5% ao ano, como tem feito, nossos custos de manutenção também crescerão 5%. Nós acreditamos que esse tipo de manutenção regular deva garantir que o novo equipamento continue operando no futuro, sem que uma revisão geral seja necessária.

Os custos com mão-de-obra e manutenção da Star River continuarão a crescer devido à inflação em aproximadamente 1,5% ao ano, no longo prazo. Visto que o fabricante do equipamento embalador tem aumentado seus preços em 5% ao ano, pode-se esperar uma economia de SGD 286.878 no preço de compra se o adquirirmos agora, em vez de esperar três anos. A alíquota de imposto marginal para esse investimento seria de 24,5%.

QUADRO 5 | Dados sobre companhias semelhantes e condições do mercado de capitais

Nome	Porcentagem de vendas da produção de CD-ROMs e/ou CDs	Índice de preço/ Lucro	Beta	Endividamento/ Patrimônio líquido contábil	Valor contábil por ação	Preço de mercado por ação	Número de ações emitidas em circulação (em milhões)	Último dividendo anual	Previsão de crescimento de lucros em 5 anos
Sing Studios, Inc.	20%	9,0	1,07	0,23	1,24	1,37	9,3	1,82	4,0%
Wintronics, Inc.	95%	VI	1,56	1,70	1,46	6,39	177,2	0,15	15,7%
STOR-Max Corp.	90%	18,2	1,67	1,30	7,06	27,48	89,3	zero	21,3%
Digital Media Corp.	30%	34,6	1,18	0,00	17,75	75,22	48,3	zero	38,2%
Wymax, Inc.	60%	VI	1,52	0,40	6,95	22,19	371,2	1,57	11,3%

Nota: VI significa valor não significativo. Isso acontece quando os lucros de uma companhia ou seus lucros projetados são negativos.

Supõe-se que o prêmio de risco do mercado de ações de Cingapura seja semelhante ao do mercado global, de 6%, considerando-se o alto grau de integração de Cingapura nos mercados globais.

Descrições das companhias

Sing Studios, Inc.

Esta empresa foi fundada há 50 anos. Tradicionalmente, suas principais atividades eram a produção de gravações de artistas novos, o agenciamento e a produção de turnês de bandas de rock n' roll e o agenciamento individual de artistas. Ela entrou no mercado de produção de CDs nos anos 1980 e só recentemente começou a produzir CD-ROMs. A maior parte de seus negócios, entretanto, provinha da fabricação e da venda de CDs MIDI (*Music Instrument Digital Interface*).

Wintronics, Inc.

Esta empresa nasceu de uma grande corporação tecnológica, em 1981. Embora fosse líder na fabricação de CD-ROMs e DVDs, recentemente sofreu com um declínio nas vendas. Brigas entre seus principais donos têm alimentado preocupações quanto ao seu futuro.

STOR-Max Corp.

Esta empresa, fundada há pouco tempo, surgiu como uma concorrente muito agressiva na área de produção de CD-ROMs e DVDs. Ela era a principal concorrente da Star River, e seu nível de vendas era mais ou menos o mesmo.

Digital Media Corp.

Esta empresa foi recentemente uma inovadora na produção de DVDs. Embora a fabricação de DVDs não fosse uma prioridade nos seus negócios (e sim a produção de filmes e animação digital), projeta-se que ela se torne uma grande concorrente nos próximos três anos.

Wymax, Inc.

Esta empresa foi uma pioneira na indústria de CD-ROMs e DVDs. Recentemente, entretanto, ela começou a investir na programação de softwares e começou a se afastar da produção de discos como o principal foco de seus negócios.

PARTE 5

Gerenciamento do capital próprio da empresa: dividendos, recompra, oferta pública inicial de ações

Gainesboro Machine Tools Corporation

Em meados de setembro de 2005, a diretora de finanças da Gainesboro Machine Tools Corporation, Ashley Swenson, deixou seu escritório em Minnesota para transmitir uma recomendação ao conselho de diretores da Gainesboro em relação à política de dividendos da empresa, que vinha sendo o principal assunto de um corrente debate entre os membros da alta administração. Parte do problema era devido às incertezas quanto aos impactos recentes do Furacão Katrina, que causou indescritível destruição ao longo de todo o sudeste dos Estados Unidos. Nas semanas que sucederam a passagem do Katrina, o mercado de ações despencou e as ações da Gainesboro desvalorizaram em 18%, chegando a US$ 22,15. Em reação aos abalos do mercado, uma grande quantidade de empresas anunciou planos de recompra de ações. Enquanto alguns estavam inclinados a sinalizar com confiança para as companhias – como era o caso do mercado financeiro norte-americano –, outros mantiveram uma postura de oportunismo, o que colocou Ashley Swenson em meio a um grande dilema: utilizar os fundos da companhia para pagar os dividendos dos acionistas ou recomprar ações?

Histórico da questão dos dividendos

Após vários anos de tradicionais altos lucros e previsível crescimento dos dividendos, a Gainesboro apresentou falhas nos cinco últimos anos. Para modificar esse quadro, a gerência implementou dois grandes programas de reestruturação, entretanto ambos foram onerosos. Por três anos consecutivos – a partir de 2000 – os dividendos tiveram excelentes rendimentos, mas, em 2003, eles caíram significativamente. A despeito das perdas extraordinárias de 2004, o conselho de diretores declarou um pequeno dividendo, e nos primeiros dois trimestres de 2005 o conselho não declarou qualquer dividendo. Em um comunicado especial aos acionistas, o conselho comprometeu-se a retomar os pagamentos dos dividendos logo que possível, preferencialmente ainda durante o ano de 2005.

No evento relatado, a alta administração decidiu investir em uma campanha publicitária pela recuperação da imagem da companhia. Ao mesmo tempo, decidiu mudar o nome da corporação

---

Este caso é dedicado aos professores Robert F. Vandell e Pearson Hunt (autores de um caso anterior e há tempos fora de circulação, que serviu como modelo para o problema econômico aqui descrito). Ele foi escrito por Robert F. Bruner e seu assistente de pesquisa, Sean Carr, contando com o importantíssimo suporte financeiro do Batten Institute. "Gainesboro" é uma empresa fictícia, embora suscite dilemas comuns às companhias contemporâneas.

para Gainesboro Advanced Systems International, Inc. A administração acreditava que a mudança no nome ajudaria a melhorar a "visibilidade" da empresa no mercado.

Em termos gerais, a administração acreditava que Gainesboro passaria a ser vista como uma empresa ressurgente, demonstrando grande potencial de crescimento e rentabilidade. As reestruturações revitalizaram as divisões operacionais da companhia, e, além disso, as máquinas-ferramenta recém-desenvolvidas, projetadas em computadores de última geração, davam sinais de boa aceitação pelo mercado e prometiam superar os produtos já obsoletos da concorrência. Muitos dentro da companhia acreditavam que o ano de 2005 marcaria o início de uma nova era, na qual, contrariando as performances anteriores, a Gainesboro voltaria a ser bem cotada no mercado de capitais. A empresa não possuía uma avaliação da Moody's ou da Standard & Poor's porque não tinha títulos de dívida no mercado, mas a Value Line avaliou-a como uma companhia tipo "A".[1]

Saindo dessa combinação de um "passado desastroso" com um "futuro promissor", surge o dilema de Swenson: O mercado veria a Gainesboro como uma empresa em queda, uma ação de primeira linha ou como ação com potencial de crescimento? Devido a essa situação, como a Gainesboro poderia direcionar sua própria visibilidade? Poderia uma mudança de nome afetar positivamente a visão dos investidores a respeito da companhia? A expectativa dos investidores seria de crescimento, de ganho de capital ou de dividendos estáveis? A recompra de ações em vez do pagamento de dividendos afetaria a visão dos investidores sobre a Gainesboro de alguma forma? Por fim, se todas as questões pudessem ser respondidas, quais seriam as implicações sobre a futura política de dividendos da empresa?

A companhia

A Gainesboro Corporation foi fundada em 1923, em Concord, New Hampshire, por dois engenheiros mecânicos, James Gaines e James Scarboro. Os dois cursaram a faculdade juntos e estavam pessimistas quanto às próprias perspectivas como mecânicos em uma fábrica de equipamentos agrícolas.

Em seus primeiros anos, a Gainesboro projetou e fabricou inúmeras peças de maquinário, incluindo prensas metálicas, formas e moldes. Em 1940, a maior parte das instalações da companhia produziu peças de veículos blindados e tanques, além de uma grande variedade de equipamentos de guerra, inclusive pinos de fixação e soldas. Terminada a guerra, a empresa concentrou-se na produção de prensas industriais e moldes, tanto para peças plásticas quanto para metálicas. A partir de 1975, a empresa desenvolveu uma boa reputação como inovadora na produção de maquinário industrial e máquinas-ferramenta.

No início da década de 1980, a Gainesboro inseriu-se no ramo dos projetos assistidos por computador (CAD) e da fabricação assistida por computador (CAM). Trabalhando com uma pequena empresa de software, desenvolveu uma linha de prensas capaz de fabricar peças de metal obedecendo a comandos computadorizados. A Gainesboro incorporou a empresa de software às suas operações e, ao longo dos anos, aperfeiçoou os seus equipamentos CAM e desenvolveu uma linha superior de equipamentos e softwares CAD que permitiriam a um engenheiro projetar peças no computador atendendo com precisão a todas as especificações.

[1] A avaliação de poderio financeiro Value Line (que varia de A++ a C) mediu a capacidade da companhia de resistir a condições adversas considerando alavancagem, liquidez, risco do negócio, tamanho da companhia, variações nos preços das ações, bem como opiniões de analistas.

O projeto poderia, então, ser executado no próprio equipamento CAM da empresa, e as peças seriam fabricadas sem o uso de esquemas ou a interferência humana. No fim de 2004, equipamentos e softwares CAD/CAM foram responsáveis por 45% das vendas; prensas, formas e moldes somaram 40%, máquinas e ferramentas diversas constituíram 15% das vendas.

A maioria das empresas produtoras de prensas e moldes era formada por pequenas empresas locais ou regionais, com uma clientela limitada, por isso a Gainesboro destacou-se como uma verdadeira indústria líder. Já no ramo das indústrias de CAD/CAM, um número expressivo de grandes corporações competiam pelo domínio do crescente mercado, dentre as quais Autodesk, Inc., Cadence Design, Synopsys, Inc.

Ao longo da década de 1990, a Gainesboro ajudou a estabelecer padrões para CAD/CAM, mas a entrada agressiva de empresas estrangeiras nesse ramo da tecnologia e a alta do dólar americano desaqueceram as vendas. No período de transição entre as décadas de 1990 e 2000, avanços tecnológicos e investimentos agressivos de capital abasteceram a entrada de empresas altamente especializadas no ramo de CAD/CAM de última geração. Isso fez cair a competitividade da Gainesboro no desenvolvimento de softwares de fácil utilização, além de dificultar a integração entre projeto e fabricação. O resultado disso foi a redução das receitas, que eram de US$ 911 milhões em 1998, para US$ 757 milhões em 2004.

Para combater a queda de receita e melhorar as margens de lucro, a Gainesboro tomou duas providências sérias. A primeira foi empregar uma expressiva parcela de seu orçamento, destinada à pesquisa e ao desenvolvimento de CAD/CAM, em medidas para restabelecer sua condição de líder nesse segmento. A segunda providência foi submeter a própria companhia a duas reestruturações maciças. Em 2002, vendeu duas linhas de negócios não rentáveis, com receita de US$ 51 milhões. Vendeu duas fábricas, eliminou cinco instalações arrendadas e reduziu o quadro de funcionários. O custo dessas mudanças totalizou US$ 65 milhões. Em seguida, em 2004, a empresa deu início à "segunda rodada" de mudanças. Alterou sua estratégia de produção, redirecionou o foco das vendas e do marketing e adotou procedimentos administrativos que possibilitaram uma redução ainda maior do quadro de funcionários e das instalações. O custo total da reestruturação em 2004 foi de US$ 89 milhões.

Os recentes demonstrativos de resultados consolidados e o balanço patrimonial estão expostos nos **Quadros 1** e **2**. Embora as duas reestruturações tenham ocasionado perdas nos anos de 2002 e 2004 (um total de US$ 202 milhões), em 2005, tanto as modificações quanto a ênfase maior na pesquisa em CAD/CAM pareceram surtir efeitos positivos. A companhia não só estava mais enxuta como também a pesquisa a conduziu ao desenvolvimento de um sistema que, na opinião da gerência da Gainesboro, redefiniria os rumos da indústria. Conhecido como "Força Artificial de Trabalho", o sistema envolvia uma série de controles avançados de hardware, software e aplicativos que poderiam distribuir informações por toda a fábrica.

Essencialmente, a "Força Artificial de Trabalho" permitia a um engenheiro projetar a peça em um software CAD e transmitir os dados para um equipamento CAM que poderia controlar a mistura de produtos químicos ou a moldagem de peças de materiais distintos e de diferentes máquinas. O sistema poderia ainda montar, enlatar, encaixotar ou embalar a vácuo o produto acabado. A "Força Artificial de Trabalho" é formada por um circuito complexo e softwares altamente avançados que permitem às maquinas comunicarem-se eletronicamente umas com as outras. Conseqüentemente, um produto poderia ser totalmente projetado, fabricado e embalado via computador, não importando o quão complexo fosse o produto.

Em 2004, a Gainesboro desenvolveu aplicações de seu produto para a indústria química e para refinarias de gás e petróleo. No ano seguinte, criou aplicações para indústrias de caminhões, de peças para automóveis e de transportes aéreos.

Em outubro de 2004, quando a "Força Artificial de Trabalho" foi lançada, Gainesboro tinha encomendas da ordem de US$ 75 milhões. No final do ano, a carteira de pedidos era de US$ 100 milhões. O futuro do produto parecia brilhante, e vários analistas de aplicações estavam otimistas quanto aos impactos do produto sobre a companhia, como demonstram os comentários seguintes:

> Os produtos fabricados com a "Força Artificial de Trabalho" têm garantido a supremacia da Gainesboro sobre seus concorrentes. Isso habilita a empresa a incrementar sua parcela de participação em um mercado que, ignorando a tendência de crescimento espúrio, se expandirá (ao longo dos próximos anos) em índices reais próximos de 5% ao ano.
>
> A companhia está aplicando a "Força Artificial de Trabalho" em novas instalações automatizadas que, uma vez operando a todo vapor, ajudarão, ao longo dos anos seguintes, a elevar as margens de lucro a níveis nunca antes vistos.
>
> A importante questão agora é saber quão rápido poderá a Gainesboro alterar seu volume de produção. Imprevistos de fabricação e falta de componentes atrasaram o crescimento da produção durante o mês de maio de 2005, retardando os objetivos iniciais em aproximadamente seis meses. Os custos de implementação, fator significativo nos *deficits* constatados nos últimos anos, continuam a penalizar os lucros. Nossas estimativas presumem que a produção continuará "sufocada" por enquanto e deverá se aproximar do nível máximo até o final do ano.

Com a "Força Artificial de Trabalho", a administração da Gainesboro esperava obter uma receita interna que totalizasse, em 2005, US$ 90 milhões, e em 2006, US$ 150 milhões. Depois disso, o crescimento das vendas dependeria do desenvolvimento de novas aplicações e melhorias para o sistema, além de conteúdos adicionais. Quanto às vendas internacionais: no período de existência dos escritórios da Gainesboro em Frankfurt, na Alemanha; Londres, na Inglaterra; Milão, na Itália; e Paris, na França; além dos novos escritórios em Hong Kong, na China; Seul, na Coréia; Manila, nas Filipinas; e Tóquio, no Japão, esperava-se receitas de US$ 150 milhões já no início de 2007. Atualmente, as vendas internacionais perfazem aproximadamente 15% da receita total da corporação.

Dois fatores que poderiam afetar as vendas foram motivos de preocupação para a Gainesboro. Primeiro, embora a Gainesboro já tivesse patenteado com sucesso muitos dos processos utilizados na "Força Artificial de Trabalho", observadores informaram sobre o desenvolvimento de produtos similares, que deveriam ser introduzidos no próximo ano por dois fortes concorrentes. Em seguida, o fato de as vendas de prensas, moldes, máquinas-ferramenta, equipamentos e softwares CAD/CAM serem altamente cíclicos e as previsões na época sobre a estabilidade da economia norte-americana não serem de fato encorajadoras. Como mostra o **Quadro 3**, o crescimento real do PIB, esperado para os anos seguintes, girava em torno de inexpressivos 3%. A produção industrial, que havia crescido significativamente desde 2001, provavelmente apresentaria uma tendência ligeiramente decrescente nos próximos dois anos. A despeito do ambiente macroeconômico, a administração da Gainesboro permaneceu otimista quanto às perspectivas da empresa em virtude da bem-sucedida introdução da "Força Artificial de Trabalho".

Metas da corporação

Um grande número de metas da corporação surgiu das reestruturações e dos avanços tecnológicos recentes. Antes de tudo, a administração esperava e queria uma taxa de crescimento acumulado anual de 15%. Grande parte do planejamento corporativo tinha sido dedicada a superar as metas dos últimos três anos e, de fato, os dados financeiros do segundo trimestre sugeriam que a Gainesboro alcançaria receitas da ordem de US$ 870 milhões em 2005, como mostra o **Quadro 1**.

Se a Gainesboro obtivesse um índice de crescimento acumulado de 15% até 2011, a companhia poderia alcançar US$ 2 bilhões em vendas e US$ 160 milhões em lucros líquidos.

Disposta a alcançar tal meta de crescimento, a administração da Gainesboro propôs uma estratégia que considerava três pontos-chave. Primeiro, a produção diversificada deveria alterar-se substancialmente; CAD/CAM e produtos periféricos considerados "de primeira linha" pela indústria tecnológica contabilizariam 3/4 das vendas, enquanto as tradicionais prensas e os moldes ficariam com a quarta parte restante. O segundo ponto-chave seria a expansão agressiva das atividades internacionais, da qual a companhia esperava auferir metade de suas vendas e lucros até 2011. Essa expansão ocorreria com a abertura de novos escritórios de venda pelo mundo. O terceiro ponto-chave seria a expansão de investimentos conjuntos e a aquisição de novas pequenas companhias de software, que forneceriam metade dos novos produtos até 2011; a outra metade seria fornecida pela própria Gainesboro.

A empresa desenvolveu uma aversão a dívidas desde a sua inauguração. A administração acreditava que pequenas dívidas, principalmente para suprir a demanda de capital de giro, eram toleráveis; mas qualquer quantia acima de 40% do índice dívida/patrimônio era – nas palavras de um dos fundadores da Gainesboro, David Scarboro – "impensável, indicativo de gerenciamento irresponsável, afeito a problemas". A alta administração era consciente de que o patrimônio era costumeiramente maior do que a dívida, mas agradava à empresa a idéia de "manter os pés no chão". O mais elevado índice dívida/capital dos últimos 25 anos (22%) ocorreu em 2004 e permanecia assunto de debates entre os principais membros da administração.

Embora 11 membros das famílias Gaines e Scarboro detivessem 13% das ações da companhia e três deles fizessem parte do conselho de diretores, a administração colocou em primeiro plano os interesses dos acionistas "externos" (os dados de acionistas foram fornecidos no **Quadro 4**). Stephen Gaines, presidente do conselho e neto de um dos fundadores da companhia, buscou o tempo inteiro maximizar o crescimento do valor de mercado das ações da empresa. Aos 61 anos, Gaines continuava na ativa, envolvido com o crescimento da corporação em todos os aspectos. Dedicou-se a tratar de toda a gama de detalhes técnicos dos produtos "Gainesboro", e era especialmente interessado em encontrar maneiras de melhorar a posição da companhia no mercado interno. Sua aposentadoria ocorreu não mais que quatro anos depois, e ele quis deixar para a corporação um legado de poderio financeiro e realização tecnológica. A "Força Artificial de Trabalho", um projeto que Gaines mantivera sobre seus minuciosos cuidados quatro anos antes, começava a render frutos, e ele queria assegurar-se de que a empresa estaria apta a retomar o pagamento dos dividendos aos seus acionistas.

Gaines teve um particular cuidado em selecionar e preparar jovens e promissores administradores. Ashley Swenson bacharelou-se em Engenharia Elétrica e foi analista de sistemas da Motorola antes de cursar a faculdade. Ela foi contratada em 1995, logo depois de concluir um conceituado programa de MBA. Em 2004, ela foi alçada ao cargo de diretora de finanças.

Política de dividendos

O histórico dos dividendos e dos preços das ações da Gainesboro está apresentado no **Quadro 5**. Antes de 1999, tanto os lucros quanto os dividendos haviam apresentado um crescimento relativamente estável, mas os problemas enfrentados pela Gainesboro no início dos anos 2000 afetaram os lucros. Conseqüentemente, os dividendos caíram em 2003 para US$ 0,25 por ação – o menor dividendo desde 1990.

Em 2004, apesar de anunciar a maior queda de lucro por ação da história da empresa, e a despeito do empréstimo feito para honrar o compromisso, o conselho de diretores declarou um pagamento de dividendos de US$ 0,25 por ação. Nos primeiros dois trimestres de 2005, os diretores não apresentaram dividendo. Entretanto, divulgaram uma carta especial na qual apresentaram aos acionistas a intenção da companhia de retomar o pagamento anual de dividendos ao final do mesmo ano.

Em agosto de 2005, Swenson dedicou-se a escolher qual dentre as três políticas de dividendo possíveis ela deveria recomendar:

- *Pagamento zero de dividendos*: essa opção poderia ser justificada à luz da ênfase estratégica da companhia no desenvolvimento de tecnologias avançadas (CAD/CAM) e refletida na exigência de imenso numerário para a execução de tal estratégia. Os proponentes dessa política argumentaram que isso seria um sinal de que a empresa, agora, pertencia à classe das companhias de alto crescimento e alta tecnologia. Alguns analistas de títulos questionaram se o mercado continuava a considerar a Gainesboro uma tradicional fabricante de componentes elétricos ou a companhia tecnologicamente mais avançada no ramo de CAD/CAM. A última categoria implicaria uma expectativa de forte valorização docapital próprio por parte do mercado, mas talvez pequena em termos de dividendos. Outros citaram os recentes problemas de performance da Gainesboro. Um questionou "o quão sensato seria ignorar os demonstrativos financeiros, em favor de agir como "ações de primeira linha". Significaria um alto dividendo no longo prazo interessante para a companhia e seus acionistas ou uma estratégia falha, que afugentaria investidores?

  Swenson lembrou-se de um estudo recentemente publicado que demonstrou uma diminuição significativa, por parte das empresas, da prática de pagar dividendos. O estudo apontou que a porcentagem de empresas que pagam dividendos em dinheiro caiu de 66,5%, em 1978, para 20,8% em 1999.[2] Sendo assim, havia a possibilidade de reação positiva do mercado se a Gainesboro adotasse a política de pagamento zero de dividendos.
- *Pagamento de 40% do dividendo ou um dividendo em torno de US$ 0,20 por ação:* essa opção possibilitaria à empresa novamente pagar significativos dividendos anuais de US$ 0,80 por ação, os mais altos desde 2001. Os proponentes dessa política argumentaram que tal providência seria justificada pelos esperados aumentos de encomendas e vendas. O gestor de investimentos da Gainesboro sugeriu que o mercado poderia recompensar um dividendo maior possibilitando novamente que a companhia pagasse uma média de 36% em dividendos relativos à indústria de equipamentos elétricos industriais e de 26% relativos à indústria de máquinas-feramenta. Outros continuaram a acreditar que seria muito importante dar um sinal de força para os acionistas, e um alto dividendo (da ordem de 40%) sugeriria que a empresa havia superado seus problemas e que seus diretores estavam confiantes em relação aos lucros vindouros. Partidários dessa idéia argumentaram que fazer empréstimos para pagar dividendos era um comportamento comum de várias empresas. E, finalmente, alguns gestores mais conservadores defendiam que um índice de crescimento entre 10% e 20% deveria ser acompanhado de um pagamento de dividendos entre 30% e 50%.

[2]FAMA, Eugene; FRENCH, Kenneth. "Changing Firm Characteristics or Lower Propensity to Pay". *Journal of Financial Economics* 60, abril de 2001, p. 3-43.

- *Pagamento de dividendo residual:* um pequeno grupo de membros do departamento de finanças argumentou que a Gainesboro só deveria pagar dividendos após pagar todos os projetos que sinalizassem um valor presente líquido positivo (VPL).

Esse grupo acreditava que os investidores pagavam administradores para converter seus fundos em retornos superiores àqueles que poderiam ser obtidos por outros métodos, e que, por definição, tal investimento renderia VPLs positivos. Empregando fundos em tais projetos e redirecionando os fundos não utilizados para os investidores (em forma de dividendos), empresa e investidores firmariam um *trust*, e a companhia seria recompensada por uma alta valorização.

Outro argumento de sustentação dessa opinião defendia que a política particular de dividendos era "irrelevante" para uma empresa em crescimento: qualquer dividendo pago hoje seria compensado no futuro com a emissão de ações necessárias para constituir dividendos. Esse argumento fazia referência à teoria de dividendos em um mercado avançado perfeito, formulada por dois professores de finanças, Merton Miller e Franco Modigliani.[3] Para Ashley Swenson, a principal desvantagem dessa política seria a imprevisibilidade dos pagamentos de dividendos. Em alguns anos, os dividendos poderiam reduzir-se a zero e possivelmente pressionariam negativamente o preço das ações. Swenson não estava plenamente convencida de que a Gainesboro provocaria uma queda nos preços das próprias ações se admitisse tal redução de dividendo. Ela lembrou-se do estudo de outro professor de finanças, John Lintner,[4] para quem os pagamentos de dividendos de empresas tendiam a uma "delicada" ascenção – ou seja, os dividendos aumentariam com o tempo e raramente cairiam; no longo prazo, empresas de baixo crescimento pagavam altos dividendos, enquanto empresas de alto crescimento pagavam dividendos irrisórios.

Em reação ao debate interno, a equipe de Swenson foi recomposta (conforme **Quadros 6** e **7**, que apresentam um comparativo entre companhias de três setores industriais: CAD/CAM, máquinas-ferramenta e equipamento elétrico-industrial. Apresentam, ainda, uma amostra das empresas com altos e baixos índices de pagamento de dividendos).

Promoção de imagem e troca de nome

Como parte das considerações gerais sobre a reputação da companhia nos mercados financeiros, a diretora de Relações com Investidores da Gainesboro, Cathy Williams, concluiu que os investidores se equivocaram sobre os prospectos da empresa e que o nome vigente da companhia era mais consistente em relação ao seu histórico de *mix* de produtos e seus mercados do que aqueles sugeridos para o futuro.

[3]MILLER, M. H.; MODIGLIANI, F. "Dividend Policy, Growth, and the Valuation Shares", *Journal of Business* 34, outubro de 1961, p. 411-433.

[4]LINTNER, J. "Distribution of Incomes of Corporations among Dividends, Retained Earnings, and Taxes", *American Economic Review* 46, maio de 1956, p. 97-113.

Williams encomendou pesquisas com leitores de revistas financeiras que revelaram um conhecimento relativamente baixo desses leitores em relação à Gainesboro e suas atividades. Pesquisas com corretoras revelaram um alto conhecimento da Gainesboro por parte dessas; entretanto, também revelaram expectativas medíocres a respeito dos prováveis retornos da Gainesboro aos seus acionistas e às suas perspectivas de crescimento. Williams recorreu a uma empresa de consultoria que recomendou um programa de promoção da imagem da companhia voltado para conduzir a opinião dos investidores institucionais e individuais. O objetivo era promover a visibilidade e a imagem da empresa. Trabalhando com grupos de enfoque, consultores de imagem identificaram o nome que parecia sugerir a promissora nova estratégia da companhia: Gainesboro Advanced Systems International, Inc. Williams previu que a campanha de promoção de imagem e a troca de nome custariam aproximadamente US$ 10 milhões.

Stephen Gaines manteve-se um tanto cético. Ele disse: "Você quer dizer que melhoraremos o preço de nossas ações por meio de marketing? Parece novela. Você conseguiria vender anúncios de nossa companhia do mesmo jeito que a Procter & Gamble vende sabão?". Os consultores não tinham condições de apresentar nenhuma evidência empírica que garantisse uma resposta positiva dos preços das ações à campanha de promoção da imagem da companhia, ou mesmo às trocas de nome. Todavia, ofereceram algumas informações favoráveis e preciosas.

Conclusão

Swenson estava em uma situação delicada. Membros do conselho e da administração discordaram quanto às perspectivas de futuro da Gainesboro. Alguns gerentes entendiam que a companhia iniciava um novo estágio de rápido crescimento e pensavam que grandes – ou, na opinião de alguns, quaisquer – dividendos não seriam apropriados. Outros achavam pertinente promover uma forte demonstração pública de que a Gainesboro contornara os problemas e estava prestes a voltar aos níveis de crescimento e lucratividade vistos nas décadas de 1980 e 1990. Essa ação só poderia ser realizada com dividendos. Além disso, existia uma confusa questão em torno da recompra de ações: ela deveria usar seus fundos para recomprar ações em vez de pagar dividendos? Considerando que Swenson enfrentou diferentes pontos de vista, ela ponderou sobre a representatividade da gerência da Gainesboro em relação aos acionistas: levando em conta os mesmos motivos, a maioria de acionistas públicos poderia possuir ações ou seus motivos eram apenas diferentes dos motivos da gerência?

QUADRO 1 | Demonstrativos de resultados consolidados (em milhares de dólares, exceto os dados por ação)

	Para os exercícios findos em 31 de dezembro			Projetado
	2002	2003	2004	2005
Lucro líquido	$ 858.263	$ 815.979	$ 756.638	$ 870.000
Custo das vendas	540.747	501.458	498.879	549.750
Lucro bruto	317.516	314.522	257.759	320.250
Pesquisa e desenvolvimento	77.678	70.545	75.417	77.250
Vendas gerais e administrativas	229.971	223.634	231.008	211.500
Custos de reestruturação	65.448	0	89.411	0
Lucro operacional (prejuízo)	(55.581)	20.343	(138.077)	31.500
Outras receitas (despesas)	(4.500)	1.065	(3.458)	(4.200)
Lucro (prejuízo) antes dos impostos	(60.081)	21.408	(141.534)	27.300
Imposto de renda (incentivo)	1.241	8.415	(750)	9.282
Lucro (prejuízo) líquido	($ 61.322)	$ 12.993	($ 140.784)	$ 18.018
Lucros (prejuízos) por ação	($ 3,25)	$ 0,69	($7,57)	$ 0,98
Dividendos por ação	$ 0,77	$ 0,25	$ 0,25	$ 0,39

Nota: Os dividendos, em 2005, alcançaram um índice de pagamento de 40%.

QUADRO 2 | Balanço patrimonial consolidado (em milhares de dólares)

	Para os exercícios findos em 31 de dezembro		Projetado
	2003	**2004**	**2005**
Caixa e equivalentes	$ 13.917	$ 22.230	$ 25.665
Contas a receber	208.541	187.235	217.510
Estoques	230.342	203.888	217.221
Despesas pagas antecipadamente	14.259	13.016	15.011
Outros	22.184	20.714	21.000
Total de ativo circulante	489.242	447.082	496.407
Ativo imobilizado	327.603	358.841	410.988
Menos depreciação	167.414	183.486	205.530
Valor líquido de ativo imobilizado	160.190	175.355	205.458
Ativos intangíveis	9.429	2.099	1.515
Outros ativos	15.723	17.688	17.969
Ativo total	**$ 674.583**	**$ 642.223**	**$ 721.350**
Empréstimos bancários	$ 34.196	$ 71.345	$ 74.981
Contas a pagar	36.449	34.239	37.527
Parcelas correntes de dívidas no longo prazo	300	150	1.515
Provisões e outros	129.374	161.633	183.014
Passivo circulante total	200.318	267.367	297.037
Impostos diferidos	16.986	13.769	16.526
Dívidas de longo prazo	9.000	8.775	30.021
Custos de aposentadoria diferidos	44.790	64.329	70.134
Outros passivos	2.318	5.444	7.505
Passivo total	273.411	359.683	421.224
Ações ordinárias. $ 1 valor médio	18.855	18.855	18.835
Capital excedente de valor nominal	107.874	107.907	107.889
Ajuste de conversão cumulativo	(6.566)	20.208	26.990
Lucros acumulados	291.498	146.065	156.875
Menos ações em tesouraria ao custo: 1990–256.151; 1991–255.506	(10.490)	(10.494)	(10.464)
Total do patrimônio líquido	401.172	282.541	300.126
Passivo e patrimônio total	**$ 674.583**	**$ 642.223**	**$ 721.350**

Nota: As projeções assumem um índice de pagamento de dividendos de 40%.

QUADRO 3 | Indicadores econômicos e projeções (todos em porcentagem)

	2001	2002	2003	2004	Projeções 2005	2006	2007
Taxa de títulos do Tesouro (em leilão)	3,4	1,6	1,0	1,4	3,2	4,2	4,7
Rendimentos de notas do Tesouro em dez anos	5,0	4,6	4,0	4,3	4,3	4,8	5,7
Taxa de título corporativo AAA	7,1	6,5	5,7	5,6	5,3	5,9	6,8
Variação percentual em:							
PIB real	0,8	1,9	3,0	4,3	3,3	2,9	3,2
Preços do produtor, produtos acabados	2,0	(1,3)	3,2	3,5	1,2	(0,2)	0,1
Produção industrial	(3,4)	(0,6)	0,3	4,5	3,7	3,4	4,8
Consumo de bens duráveis	4,3	6,5	7,4	6,0	2,4	4,2	4,5
Consumer spending	2,5	3,1	3,3	3,5	2,9	2,9	2,8
Redutor de PIB	2,4	1,7	1,8	2,1	1,9	1,7	1,9

Fonte: *Value Line Investment Survey*, 26 de agosto de 2005; *U.S. Economic Outlook*, Global Insight, setembro de 2004.

QUADRO 4 | Dados comparativos de acionistas, 1994 e 2004 (em milhares de ações)

	1994		2004	
	Ações	Porcentagem	Ações	Porcentagem
Famílias beneficiárias	2.390	13%	2.421	13%
Funcionários e famílias	3.677	20%	3.155	17%
Institutional investors				
Orientado ao crescimento	2.390	13%	1.138	6%
Orientado ao valor	1.471	8%	2.421	13%
Investidores pessoa física				
Aposentadoria de longo prazo	6.803	37%	4.806	26%
Curto prazo; orientado a negociação;	919	5%	2.421	13%
Outro; desconhecido	735	4%	2.239	12%
Total	18.385	100%	18.600	100%

Nota: O departamento de relações com investidores identificou essas categorias com base nos registros da companhia. O tipo de investidor institucional foi identificado com base nos materiais promocionais, que divulgavam metas de investimentos das instituições. O tipo de investidor individual foi identificado com base em pesquisas de pequena amostragem de investidores.

QUADRO 5 | Dados financeiros e de ações[1]

					Preço de ações						
Ano	Vendas/ Ações	LPA[2]	DPA[2]	LCA[2]	Alta	Baixa	Média	P/E médio	Índice de pagamento de dividendos	Rentabilidade média	Ações em circulação (milhões)
1989	$ 14,52	$ 0,45	$ 0,18	$ 0,97	$ 20,37	$ 9,69	$ 14,48	32,4	40%	1,2%	15,49
1990	16,00	0,74	0,22	1,29	21,11	10,18	14,85	20,2	30%	1,5%	15,58
1991	22,25	0,89	0,27	1,43	21,23	8,20	13,50	15,1	30%	2,0%	16,04
1992	25,64	1,59	0,31	2,05	18,50	10,18	13,35	8,4	19%	2,3%	17,87
1993	27,19	2,29	0,40	2,83	22,48	12,17	18,36	8,0	17%	2,2%	18,08
1994	30,06	2,59	0,57	3,25	23,84	18,01	21,00	8,1	22%	2,7%	18,39
1995	31,66	2,61	0,72	3,34	26,70	18,25	22,73	8,7	27%	3,1%	18,76
1996	37,71	2,69	0,81	3,60	29,43	19,50	24,23	9,0	30%	3,4%	18,76
1997	40,69	2,56	0,86	3,62	39,74	20,12	29,48	11,5	34%	2,9%	18,78
1998	48,23	3,58	0,92	4,81	40,98	27,32	33,98	9,5	26%	2,7%	18,88
1999	43,59	2,79	1,03	4,25	38,74	21,36	31,82	11,4	37%	3,2%	18,66
2000	42,87	0,65	1,03	2,23	47,19	29,55	36,81	57,0	160%	2,8%	18,66
2001	41,48	0,35	1,03	2,00	40,23	26,82	31,26	89,9	297%	3,3%	18,66
2002	45,52	(3,25)	0,77	2,86	30,75	22,13	26,45	nns	nns	2,9%	18,85
2003	43,28	0,69	0,25	1,99	71,88	50,74	61,33	88,2	35%	0,4%	18,85
2004	$ 40,68	($ 7,57)	$ 0,25	($ 0,97)	$ 39,88	$ 18,38	$ 29,15	nns	nns	0,9%	18,60

nns = números não significativos.

[1]Ajustado por um desdobramento de ações em 3-por-2 em janeiro de 1995 e um dividendo de ações de 50% em junho de 1997.

[2]LPA: lucros por ação; LCA: lucros caixa por ação; DPA: dividendo por ação.

QUADRO 6 | Dados comparativos das indústrias, agosto de 2005

	Vendas (em milhares de dólares)	Taxa anual de crescimento de fluxo de caixa (%)		Índice corrente de pagamento (%)	Rendimento corrente de dividendos (%)	Dívida/Patrimônio líquido (%)*	Participação das partes relacionadas (%)	Índice Preço/Lucro (x)
		Últimos 5 anos	Próximos 3-5 anos					
Gainesboro Machine Tools Corp.	504	(1,5)	15,0	0,0	0,0	28,0	30,0	insignif.
Companhias CAD/CAM (software e hardware)								
Autodesk, Inc.	1.234	4,5	10,5	6,0	0,3	0,0	3,2	25,3
Ansys, Inc.	135	16,5	13,0	0,0	0,0	0,0	4,4	23,3
Cadence Design	1.198	(1,5)	6,0	0,0	0,0	24,7	3,5	21,4
Intergraph Corp.	551	(8,0)	12,0	0,0	0,0	0,2	3,1	25,7
Mentor Graphics	711	4,5	2,0	0,0	0,0	65,5	5,9	21,9
Moldflow Corp.	49	nns	11,5	0,0	0,0	0,0	15,4	36,2
Parametric Technology Corp.	660	(6,5)	6,0	0,0	0,0	0,0	5,4	33,4
Synopsys, Inc.	1.092	6,5	6,0	0,0	0,0	0,0	5,6	26,5
Fabricantes de equipamentos elétrico-industriais								
Cooper Industries, Inc.	4.463	1,5	3,0	39,0	2,4	30,6	1,0	16,4
Emerson Electric Company	15.615	2,5	3,5	54,0	2,6	43,3	0,8	20,5
Hubbell Inc.	1.993	5,0	6,0	52,0	3,0	21,1	2,9	17,6
Thomas & Betts Corp.	1.516	(10,0)	5,0	0,0	0,0	60,2	2,4	17,7
Fabricantes de máquinas-ferramenta								
Actuant Corp.	976	(21,5)	12,5	0,0	0,0	180,8	5,9	19,1
Lincoln Electric Holdings, Inc.	1.334	2,5	10,0	32,0	2,2	28,4	5,2	15,0
Milacron, Inc.	774	(15,5)	(2,5)	0,0	0,0	468,1	4,6	nns
Snap-on Inc.	2.407	5,0	3,5	71,0	3,1	18,3	3,0	22,9

insignif. = números não significativos.

[1] Baseado em valores escriturais.

Fonte de dados: *Value Line Investment Survey*, agosto de 2005.

QUADRO 7 | Companhias saudáveis selecionadas com altos pagamentos de dividendos ou sem quaisquer pagamentos de dividendos, agosto de 2005

	Indústria	**Retorno esperado sobre capital total (próximos 3-5 anos)**	**Índice de cresci-mento dividendos esperados (pró-ximos 3-5 anos)**	**Índice de cresci- Pagamento corrente de dividendos**	**Rendimento corrente de dividendos**	**mento esperado de vendas (pró-ximos 3-5 anos)**	**Índice P/E corrente**
Companhias com altos pagamentos de dividendos							
Crescent Real Estate Equities Co.	Truste de investimentos imobiliários	5,0	insignif.	123,0	8,9	insignif.	12,4
Equity Office Properties Trust	Truste de investimentos imobiliários	5,5	insignif.	96,6	7,2	insignif.	insignif.
Frontline, Ltd,	Transporte de combustível	20,0	9,0	115,0	35,3	(5,0)	3,2
Scudder High Income Trust	Administração de investimentos	insignif.	insignif.	96,4	9,2	insignif.	insignif.
TEPPCO Partners, LP	Operações de *pipeline*	12,0	3,5	104,0	6,7	5,0	24,3
UIL Holdings	Concessionária de energia elétrica	4,5	0,0	112,0	6,0	5,5	18,7
Companhia com baixos pagamentos de dividendos							
Amgen Inc,	Biotecnologia	17,5	0,0	0,0	0,0	18,5	26,5
Cisco Systems, Inc,	Sistemas de rede	49,0	0,0	0,0	0,0	16,0	21,6
Coach, Inc,	Varejo de luxo	22,5	0,0	0,0	0,0	20,5	25,8
eBay Inc,	Leilão via Internet	26,0	0,0	0,0	0,0	32,0	74,7
Oracle Corporation	Software	31,0	0,0	0,0	0,0	14,5	17,9
Research in Motion Limited	Telecomunicações	13,5	0,0	0,0	0,0	30,0	insignif.
Yahoo! Inc,	Internet/mídia	14,5	0,0	0,0	0,0	31,0	insignif.

insignif. = números não significativos.

Fonte: *Value Line Investment Survey*, agosto de 2005.

QUADRO 8 | Demonstrativo projetado de fontes e usos assumindo um índice de pagamento de 40% (em milhões de dólares)[1]

Premissas:	2005	2006	2007	2008	2009	2010	2011
1. Taxa de crescimento de vendas	15%	15%	15%	15%	15%	15%	15%
2. Lucro líquido com porcentagem de vendas	2,1%	4,0%	5,0%	5,5%	6,0%	5,6%	8,0%
3. Índice de pagamentos de dividendos	40,0%	40,0%	40,0%	40,0%	40,0%	40,0%	40,0%

Projeções:	2005	2006	2007	2008	2009	2010	2011	Total 2005-2011
Vendas	$ 870,1	$ 1.000,7	$ 1.150,8	$ 1.323,4	$ 1.521,9	$ 1.750,1	$ 2.012,7	$ 9.629,6
Fontes:								
Lucro líquido	$ 18,1	$ 40,0	$ 57,5	$ 72,8	$ 91,3	$ 98,0	$ 160,0	$ 537,8
Depreciação	$ 22,5	$ 25,5	$ 30,0	$ 34,5	$ 40,5	$ 46,5	$ 52,5	$ 252,0
Total	$ 40,6	$ 65,5	$ 87,5	$ 107,3	$ 131,8	$ 144,5	$ 212,5	$ 789,8
Usos:								
Gastos de capital	$ 43,8	$ 50,4	$ 57,5	$ 66,2	$ 68,5	$ 78,8	$ 90,6	$ 455,7
Variações no capital de giro	$ 19,5	$ 22,4	$ 25,8	$ 29,6	$ 34,0	$ 38,5	$ 44,3	$ 214,1
Total	$ 63,3	$ 72,8	$ 83,3	$ 95,8	$ 102,4	$ 117,3	$ 134,9	$ 669,8
Caixa excedente/(empréstimos necessários)	$ (22,7)	$ (7,3)	$ 4,2	$ 11,5	$ 29,4	$ 27,2	$ 77,6	$ 120,0
Dividendo	$ 7,2	$ 16,0	$ 23,0	$ 29,1	$ 36,5	$ 39,2	$ 64,0	$ 215,1
Caixa excedente/(empréstimos necessários) após dividendo	$ (29,9)	$ (23,3)	$ (18,8)	$ (17,6)	$ (7,2)	$ (12,0)	$ 13,6	$ (95,1)

Nota: Dividendo calculado como 40% do lucro líquido.

[1]Esta análise ignora os efeitos dos empréstimos nos juros e na amortização. Inclui todos os crescimentos no longo prazo de encargos e itens de patrimônio, a não ser os lucros acumulados.

CASO 26

JetBlue Airways – Avaliação do IPO

Um dia desses, minha vizinha me chamou e disse: "Seu filho é uma criança adorável". Passado algum tempo, ela perguntou ao meu filho Daniel o que ele queria ganhar de presente no Natal, e ele disse: "Eu queria algumas ações". "Ações?" – perguntou ela. – "Você não quer um videogame ou algo do tipo?" "Não", ele respondeu, "eu quero ações, ações da JetBlue."

David Neeleman
CEO e fundador da JetBlue Airways

Era dia 11 de abril de 2002, apenas dois anos após o primeiro avião da JetBlue, recém-pintado, deixar a sede da companhia rumo ao aeroporto John F. Kennedy (JFK), em Nova York. Os primeiros anos da JetBlue tinham sido muito bons. Apesar do desafio de encarar a indústria de transportes aéreos norte-americana logo após os atentados terroristas de 11 de setembro de 2001, a companhia permaneceu rentável e em plena ascendência. Para dar suporte a essa trajetória de crescimento e compensar os prejuízos na carteira de títulos pelos seus investidores de capital de risco, a administração estava disposta a levantar capital adicional por meio de uma oferta pública. Um vídeo resumido sobre a decisão do preço do IPO pelo CFO da JetBlue, John Owen, pode ser visto no site http://it.darden.virginia.edu/JetBlue/streaming_links.htm. Do **Quadro 1** ao **4** há informações selecionadas do prospecto de oferta pública inicial (IPO) da JetBlue – nome do documento requerido pela SEC para informar os investidores sobre os detalhes da oferta pública.

Passadas aproximadamente duas semanas de reuniões especiais com a comunidade de investimentos, a equipe administrativa da JetBlue finalizou sua última apresentação a investidores e rumou para o Chicago's Midway Airport. Com representantes do administrador e co-líder Morgan Stanley e a administração da JetBlue realizando uma teleconferência, surgia o momento certo para se chegar a um acordo a respeito do preço de oferta das novas ações. O preço inicial das ações da JetBlue comunicado aos investidores em potencial variava entre US$ 22 e US$ 24. Enfrentando considerável excesso de demanda pelos 5,5 milhões de ações planejados para o IPO, a administração promoveu, recentemente, um aumento no preço de oferta que oscila entre US$ 25 e US$ 26. Ainda assim, mesmo naquele patamar de preço, muitos membros do grupo acharam que as ações enfrentaram uma queda de demanda. Após

---

Este caso foi preparado pelo professor Michael J. Schill com assistência e cooperação de John Owen (JetBlue), Garth Monroe (MBA '05) e Cheng Cui (MBA'04). O texto tem como base as discussões em classe simulando estratégias eficazes ou ineficazes em determinada situação administrativa.

meses de preparação, era tempo de estabelecer o preço. Os *underwriters*[*] estavam ansiosos para distribuir as ações, e a Nasdaq organizou-se para que a JBLU (símbolo da companhia na Bolsa de Valores) iniciasse suas negociações no mercado de capitais logo pela manhã.

JetBlue Airways

Em julho de 1999, David Neeleman, de 39 anos, anunciou seu plano de inaugurar uma nova companhia aérea que "traria humanidade para as viagens aéreas". Apesar do fato de a indústria de transportes aéreos dos Estados Unidos ter, ao longo dos últimos 20 anos, presenciado a falência de 87 companhias aéreas, Neeleman estava convencido de que seu comprometimento com a inovação de pessoal, de políticas e de tecnologia poderia manter seus planos em pleno funcionamento.[1] Sua opinião era compartilhada por uma impressionante equipe e um grupo crescente de investidores.

Ex-vice-presidente da Continental Airlines, David Barger concordou em ser o novo presidente e COO (Chief Operations Officer) da JetBlue. John Owen havia deixado os cargos de vice-presidente executivo e tesoureiro da Southwest Airlines para assumir o papel de CFO da JetBlue. Neeleman recebeu da comunidade de investidores de capital de risco um forte suporte para seus planos de negociação. Ele levantou rapidamente US$ 130 milhões em fundos de empresas conceituadas como a Weston Presidio Capital, a Chase Capital Partners, a empresa de investimentos de George Soros e a Quantum Industrial Partners.

Em sete meses a JetBlue garantiu uma pequena frota de aeronaves Airbus A320 e começou a operar partindo do aeroporto JFK para Fort Lauderdale, na Flórida, e Buffalo, no estado de Nova York. No final do verão de 2000, foram adicionadas rotas para duas outras cidades da Flórida (Orlando e Tampa), duas outras cidades do norte (Rochester e Burlington, Vermont) e duas cidades da Califórnia, operando em viagens que cruzavam os Estados Unidos. A companhia continuou a crescer rapidamente até o início de 2002, quando já operava 24 aeronaves que, juntas, realizavam 108 vôos por dia para 17 destinos.

O rápido sucesso da JetBlue era atribuído à extensa experiência de Neeleman em companhias aéreas iniciantes. Como estudante da Universidade de Utah, aos 20 e poucos anos, ele começou a administrar vôos com tarifas baixas entre Salt Lake City e o Havaí. Sua empresa, Morris Air, tornou-se pioneira em vôos sem passagem física e, mais tarde, foi adquirida pela companhia líder em vôos com tarifas baixas, a Southwest Airlines. Neeleman ficou por pouco tempo na Southwest Airlines e foi trabalhar no lançamento da empresa canadense de transportes com baixas tarifas, a WestJet, enquanto esperava o termo de rescisão contratual com a Southwest. Simultaneamente, ele também desenvolveu o *e-ticketing system (Open Skies)*, o qual foi adquirido pela Hewlett-Packard em 1999.

Neeleman reconheceu que a estratégia da JetBlue foi construída com a meta de melhorar tudo o que "atrapalha" as viagens aéreas. Ele proporcionou aos passageiros uma experiência singular de vôo, oferecendo novas aeronaves, assentos de couro, *LiveTV* gratuita em todos os assentos, assentos reservados, desempenho seguro e um serviço de atendimento de alta qualidade. A JetBlue analisou minuciosamente o serviço em grandes áreas metropolitanas onde

[*] *Underwriter*, usualmente um banco de investimento que, sozinho ou como membro de um grupo ou consórcio, concorda em comprar uma nova emissão de títulos e distribuí-la para investidores, realizando lucro no *spread* do "underwriting". Underwriting é o acordo entre uma empresa que está emitindo títulos para serem vendidos para o público e o underwriter.

[1] SWEAT, Jeff. "Generation Dot-Com Gets Its Wings", *Information Week*, 2 de janeiro de 2001.

são praticadas altas tarifas ou onde grandes mercados de viagem estavam "mal servidos". A estratégia operacional da JetBlue produziu menor custo de milha por assento disponível do que qualquer outra grande companhia aérea dos Estados Unidos em 2001 – 6,98 centavos contra uma média de 10,08 centavos das outras empresas.

Com sua forte base de capital, a JetBlue adquiriu uma frota de novas aeronaves Airbus A320. A frota da JetBlue não era apenas mais confiável e eficiente no consumo de combustível do que qualquer outra, mas também economizava em escalas, uma vez que possuía apenas um modelo de aeronave. A administração da JetBlue acreditava no poder da tecnologia avançada. Por exemplo, todos os seus pilotos usavam laptops na cabine para calcular o peso e o equilíbrio da aeronave e para acessar os manuais em formato eletrônico durante o vôo. A JetBlue também foi a primeira companhia aérea norte-americana a garantir portas à prova de balas – portas feitas de compamjia® e câmeras de segurança – em reação aos seqüestros de 11 de setembro de 2001.

A JetBlue tem conseguido progressos no estabelecimento de uma marca forte, que busca ser sinônimo de segurança, confiabilidade e uma empresa que pratica tarifas reduzidas, mas se preocupa muito com a qualidade do serviço prestado aos passageiros, buscando proporcionar uma agradável experiência de vôo. A companhia está bem posicionada em Nova York – o maior mercado de viagens dos Estados Unidos, com aproximadamente 21 milhões de consumidores em potencial na área metropolitana. Muitas das estratégias de serviço aos clientes da JetBlue basearam-se na construção de um elevado estado de espírito em seus empregados por meio de generosas gratificações e transmitindo aos funcionários uma visão "acolhedora" da empresa.

As companhias aéreas com tarifas reduzidas

Em 2002, o modelo de negócios de tarifas reduzidas ganhou força na indústria de transportes aéreos dos Estados Unidos. A Southwest Airlines, pioneira na prática de tarifas reduzidas, era a líder do segmento e obteve sucesso seguindo uma estratégia que incluía alta freqüência de vôos, baixo custo operacional, sem escalas, e serviços de bordo de baixo custo. A Southwest transportava mais de 64 milhões de passageiros por ano, para 58 cidades, e tornou-se a quarta maior empresa de viagens do país e do mundo. A Southwest Airlines também alcançou grande sucesso financeiro – em abril de 2002, sua capitalização de mercado era maior do que a soma das demais companhias aéreas norte-americanas. (Os **Quadros 5** e **6** fornecem dados financeiros da Southwest Airlines tendo como fontes *Value Line* e *Mergent*.)

Querendo seguir o exemplo de sucesso da Southwest Airlines, surgiu uma série de novas companhias aéreas de tarifas reduzidas que utilizavam muitas das estratégias desenvolvidas pela gigante Southwest, incluindo vôos de aeroportos secundários para as grandes metrópoles e aeronaves de pequeno porte (o que simplificava as operações ao minimizar a complexidade da manutenção). Junto a JetBlue, surgiram nos Estados Unidos a AirTran, a America West, a ATA e a Frontier; e, além delas, também uma tradicional companhia aérea regional, a Alaska Air, deixou-se atrair pela estratégia das tarifas reduzidas. Um grande número de companhias que adotou tal estratégia consolidou-se em virtude dos desastres aéreos de 11 de setembro (o **Quadro 7** mostra cálculos dos múltiplos de mercado correntes de companhias aéreas nos Estados Unidos). Empresas praticantes de tarifas reduzidas também passaram a atuar fora dos Estados Unidos, a Ryanair e a EasyJet na Europa, e a WestJet no Canadá (o **Quadro 8** fornece um histórico de crescimento de receitas e equipamentos dessas empresas).

Os mais recentes IPOs entre companhias aéreas com tarifas reduzidas ocorreram entre empresas não oriundas dos Estados Unidos. A Ryanair, a WestJet e a EasyJet foram a público levando EBIT múltiplos de 8,5 tempos, 11,6 tempos e 13,4 tempos, respectivamente, e um retorno no primeiro dia de 62%, 25% e 11%, também respectivamente.[2]

O processo do IPO

O processo de "ir a público" (dar início a negociação de ações pelo mercado financeiro) é complexo, árduo e, em geral, demora aproximadamente três meses. O **Quadro 9** fornece uma linha de tempo típica dos IPO.[3] Um comentário sobre o processo do IPO da JetBlue, feito pelo CFO John Owen, pode ser encontrado no endereço <http://it.darden.virginia.edu/JetbBlue/streaming_links.htm>.

Empresas privadas precisam preencher uma série de pré-requisitos para iniciar o processo de emissão de ações. Precisam, ainda, de um planejamento confiável, reunir uma equipe de administradores qualificada, criar um conselho externo de diretores, preparar auditorias financeiras, avaliações de performance e projeções, desenvolver relações com investidores institucionais, advogados e contadores. Freqüentemente, realizam reuniões de aquecimento com investidores institucionais em potencial para discutir o processo de emissão de ações com vários candidatos, antes de selecionar um *underwriter* líder. As características essenciais de um *underwriter* incluem o pacote proposto de compensação, registro da performance histórica, suporte para analistas, distribuição de habilidades, suporte pós-venda e *market-making*.

Estabelecidos os pré-requisitos, o processo de emissão de ações começa com uma reunião da organização (*'all hands' meeting*) na qual estão envolvidos todos seus participantes – incluindo a administração, os *underwriters*, os contadores e um conselho legal para ambos os *underwriters* e a empresa emissora. Tal reunião tem o objetivo de planejar o processo e estabelecer termos específicos em comum acordo. No seu decorrer, outras reuniões poderiam ser convocadas para discutir problemas e reavaliar os progressos.

Iniciado o processo de emissão de ações, a SEC proíbe a empresa de publicar informações que não constem no prospecto. A companhia poderia manter sua usual política de publicidade, mas qualquer atividade publicitária que se destinasse a difundir o nome da empresa, de seus produtos ou a sua presença geográfica, configurando uma atitude favorável para com os títulos da empresa, poderia ser considerada ilegal. Esse requerimento ficou conhecido como "período de silêncio" (*quiet period*).

O conselho de *underwriters* geralmente redige uma "carta de intenção" fornecendo os termos gerais do acordo de subscrição, mas trata-se de uma obrigação legal. O acordo de subscrição define os títulos a serem vendidos, antecipando direitos e obrigações das várias partes, e estabelece a remuneração do *underwriter*. Desde que o acordo de subscrição não seja assinado até a determinação da oferta de preço (apenas antes de distribuição começar), a empresa e o *underwriter* estão livres para romper o acordo. Se a empresa retirar a oferta, geralmente a carta de intenção prevê um reembolso das despesas diretas para o *underwriter*.

---

[2] "First-day return" é o resultado que se baseia na diferença entre o preço das ações do IPO e o preço das ações no mercado, após o fechamento do primeiro dia de câmbio. O termo "levando EBIT (lucro anterior aos juros e impostos) múltiplos" foi definido como (despesas contábeis + preço IPO após as ações IPO serem colocadas em circulação)/(EBIT dos anos recente). O termo "principal EBIT múltiplo" se refere a um EBIT baseado nas estimativas para os anos futuros.

[3] Esta seção foi retirada de BERNSTEIN, Michael C.; WOLOSOFF, Lester. *Raising Capital:* Grant Thornton LLP Guide for Entrepreneurs; LIPMAN, Frederick *Going Public*; COOPERS; LYBRAND. *A Guide to Going Public*; e DUNBAR, Craig G. *The Effect of Informations Assimmetries on the Choice of Underwriter Compensation Contracts in IPOs*, Dissertação de Ph.D., University of Rochester.

A SEC (Securities and Exchange Commission) requisita que as empresas que vendem ações em mercados públicos solicitem um termo de aprovação. O processo de registro exige preparação de prospectos (Parte 1 do termo de registro), respostas a questões específicas, cópias do contrato de subscrição, do alvará da companhia e das leis municipais, além de uma amostra de título (tudo incluído na Parte 2 do termo de registro); tudo exigindo máxima atenção por parte da equipe de oferta.

Uma das etapas importantes do processo de registro é a execução dos procedimentos de diligência, destinados a averiguar se há algo no termo de registro que seja irreal, enganoso ou gera prejuízos a qualquer das partes envolvidas no processo, por motivos de omissão ou de não abrangência. Os procedimentos da diligência envolvem: revisão de documentos da companhia, contratos, impostos restituídos, visitas a escritórios e instalações da empresa, solicitação de "termos de conformidade" das empresas de auditoria e entrevistas com os funcionários da companhia e da indústria.

Durante esse período, o representante dos *underwriters* começa a formar o "consórcio de subscrição". Esse consórcio é composto de vários bancos de investimentos que concordem em adquirir parte da oferta menos o desconto da subscrição. Junto aos membros do consórcio, distribuidores foram designados para vender determinado número de ações com base nos "melhores esforços". Os distribuidores recebem um valor fixo para cada ação vendida. O acordo de venda sustenta o contrato entre os membros do consórcio, dá poder de "procurador" ao representante dos subscritores, estipula os honorários administrativos que cada um dos consorciados deve pagar ao *underwriter* líder, a alocação das ações e o montante a ser recebido pelos distribuidores. Caso os termos exatos do contrato não sejam especificados até 48 horas antes das vendas se iniciarem, o acordo não se firma até momentos antes da oferta. O contrato original especificava uma série de expectativas de níveis de remuneração. O acordo de vendas estrutura-se somente após ser validado por uma aprovação oral (via telefone) dos membros do consórcio após encontro efetivo.

A revisão do processo pela SEC começa quando o termo de registro é preenchido e devidamente assinado pelo chefe da Divisão de Finanças Corporativas. Como parte dessa revisão, o acordo é entregue a contadores, procuradores, analistas e especialistas da indústria. A revisão do processo pela SEC é regulamentada pelo Securities Act de 1993, que visa "revelar totalmente o caráter das vendas de títulos no comércio interestadual".[4] Uma vez amparado pelo Securities Act, o termo de registro é efetivado 20 dias depois. Entretanto, caso a comissão encontre algum termo de registro que seja considerado inverdade, incompleto ou enganoso, o líder envia ao requerente uma carta que contenha detalhes sobre os pontos deficientes. Recebida a carta, a empresa requerente deve efetuar as devidas correções e encaminhar uma declaração de emenda para a SEC. Tão logo seja recebida a emenda, um novo período de espera de 20 dias reinicia.

Enquanto a SEC revisa o termo de registro, o *underwriter* ocupa-se com a criação de um prospecto de atividades, que envolve pesquisas com investidores em potencial, para a construção de um cronograma de demanda de investidores para a próxima emissão. Para gerar interesse de investimento, o prospecto preliminar de oferta, ou "arenque vermelho" (desde que o prospecto preliminar possua "prospecto preliminar" impresso com tinta vermelha na sua capa), é impresso e entregue aos investidores em potencial.

[4]Securities Act of 1993, Preâmbulo.

Os *underwriters* geralmente organizam um "road show" que dura entre uma e duas semanas e reúne administradores para discutir seus planos de investimento, demonstrar seu potencial de administração, responder a questões de analistas financeiros, corretores e investidores institucionais em vários locais do país e, às vezes, fora dele. Finalmente, as companhias podem anunciar em vários periódicos, informando a oferta e listando os membros do consórcio de subscrição.

Durante o tempo que o termo de registro leva para ser oficializado, o subscritor e o administrador de oferta da empresa negociam o preço final de oferta e o desconto do *underwriter*. O preço negociado depende da percepção de demanda de investimentos e das condições vigentes no mercado (por exemplo, múltiplos de preços de companhias comparáveis, experiências prévias de oferta de indústrias similares). Uma vez acordados o preço final de oferta e o desconto, o acordo de subscrição é assinado e o registro final é oficializado pela SEC. A companhia e o subscritor geralmente requisitam à SEC uma aceleração no processo de oficialização do preço final, o que geralmente é concedido por telefone. A oferta está, agora, pronta para ir a público, pois o preço final e a aceleração do processo de registro são concluídos em poucas horas.

Durante a manhã do dia decisivo, o *underwriter* líder confirma o acordo de venda com os membros do consórcio. Após a confirmação do acordo começam a vender. Membros do consórcio vendem as ações ofertadas por solicitações orais para os investidores potenciais. Desde que os investidores recebem a cópia final do prospecto com a confirmação das vendas e com a lei que permite aos investidores desistirem das ordens de compra ao receberem o prospecto final, a venda da oferta não será realizada até que os *underwriters* recebam efetivamente o pagamento. Geralmente os *underwriters* não cancelam as ordens se o pagamento não for recebido dentro de cinco dias da confirmação.

A regra 10b-7 da SEC permite aos *underwriters* se engajarem em atividades de estabilização de preços por um período limitado durante a distribuição dos títulos. Sob essa regra, eles freqüentemente fazem ofertas estabilizantes ao preço de oferta ou abaixo, o que prova estabilização de preço durante a negociação inicial de um IPO.

A liquidação da oferta ou o fechamento ocorre em um prazo de sete a dez dias após a data de efetivação, conforme especificado no termo de subscrição. Nas reuniões, a empresa entrega os certificados de títulos aos *underwriters* e distribuidores, e o representante dos *underwriters* entrega os procedimentos prescritos para a empresa. Além disso, a empresa costuma entregar um termo de conformidade atualizado, cedido por contadores externos à companhia. Em seguida à oferta, o *underwriter* geralmente continua oferecendo valiosos serviços de investimentos por meio de pesquisas na literatura financeira e serviços de *market-making* para a empresa.

A decisão sobre o IPO

Existia certo debate entre os membros da administração da JetBlue a respeito da política apropriada de preços das ações do IPO. Morgan Stanley relatou que o acordo era fortemente segurado por investidores (ou seja, a demanda excedia a oferta). Analistas e repórteres estavam seguramente entusiasmados com a oferta. (O **Quadro 10** contém uma seleção de recentes comentários de repórteres e analistas.) Com tamanha demanda, alguns membros do grupo ficaram receosos de que o patamar de preço vigente continuasse a "deixar muito dinheiro sobre a mesa". Além disso, decidiram por um aumento no preço, sinalizando confiança no mercado.

Opiniões divergentes quanto ao aumento de preço podem comprometer o sucesso de um acordo. Na visão da administração, uma oferta bem-sucedida implica não apenas aumentar a exigência de capital em curto prazo, mas também manter possibilidades abertas para futuros aumentos de capital, proporcionar retornos positivos para os empregados e outros diretamente envolvidos na compra de ações IPO. Uma vez que manter acesso a mercados de capital era considerado algo vital para os agressivos planos de crescimento da JetBlue, discutir o preço do IPO soava como uma concessão razoável para assegurar o sucesso do acordo e gerar certa agitação nos investidores. Ser conservador no preço de oferta parecia particularmente saliente, considerando os riscos de se erguer uma nova companhia aérea pública em Nova York apenas seis meses depois dos atentados de 11 de setembro. (O **Quadro 11** fornece expectativas de crescimento agregado e previsões de rentabilidade obtidas na Value Line Investment Survey. O **Quadro 12** mostra o desempenho do preço das ações de companhias aéreas ao longo de oito meses.)

Entre abril de 2000 e de 2002, a economia dos Estados Unidos apresentou-se deficiente. O Federal Reserve estava disposto a estimular a atividade econômica reduzindo juros a níveis muito baixos. Os títulos do governo americano negociavam a um índice de rentabilidade de longo prazo de 5% e a curto prazo de 2%, e o prêmio de risco do mercado era estimado em 5%. O **Quadro 13** fornece uma projeção financeira para a companhia com base nas estimativas feitas pela administração da JetBlue para a aquisição de aeronaves.

QUADRO 1 | Seleções retiradas dos prospectos da JetBlue

A oferta

Ações ordinárias oferecidas	5.500.000 ações
Estimativa das ações ordinárias em circulação logo após a oferta	40.578.829 ações
Opção para excesso de subscrição	825.000 ações
Uso de recursos obtidos	Pretendemos utilizar os recursos, em conjunto com o caixa existente, como capital de giro e para o orçamento de capital – incluindo os dispêndios com compras de aeronaves.
Dividendos	Não temos pago nem declarado qualquer dividendo de nossas ações ordinárias. Decidimos reter os lucros futuros para financiar a continuidade da expansão e do crescimento de nossos negócios.
Proposta de símbolo NASDAQ para o mercado nacional	JBLU

Resultados das operações

	Trimeste findo				
Estatísticas operacionais:	**31 de dezembro de 2000**	**31 de março de 2001**	**30 de junho de 2001 (não auditado)**	**30 de setembro de 2001**	**31 de dezembro de 2001**
Receita de passageiros	523.246	644.419	753.937	791.551	926.910
Receita de passageiros por milha (000)	469.293	600.343	766.350	863.855	1.051.287
Assentos disponíveis por milha (000)	623.297	745.852	960.744	1.131.013	1.370.658
Índice de lotação	75,3%	80,5%	79,8%	76,4%	76,7%
Break-even do índice de lotação	79,4%	73,2%	70,6%	74,6%	76,2%
Utilização da aeronave (horas por dia)	11,8	13,1	13,1	12,8	11,8
Tarifa média	$ 90,65	$ 96,15	$ 101,01	$ 101,66	$ 99,37
Lucro por passageiro por milha (centavos)	10,11	10,32	9,94	9,29	8,76
Receita de passageiro por assentos disponíveis por milha (centavos)	7,61	8,31	7,93	7,10	6,72
Receita operacional por assentos disponíveis por milha (centavos)	7,85	8,56	8,16	7,30	6,97
Despesas operacionais por assentos disponíveis por milha (centavos)	8,03	7,55	7,01	6,93	6,68
Partidas	4.620	5.283	6.332	6.936	7.783
Distância média da etapa (milhas)	833	871	937	1,007	1,087
Número médio de aeronaves em operação durante o período	9,2	10,5	13,2	15,9	19,4
Empregados em tempo integral até o final do período	1.028	1.350	1.587	1.876	2.116
Média de custo de combustível por galão (centavos)	103,38	86,03	83,24	79,53	60,94
Galões de combustível consumidos (000)	8.348	9.917	12.649	14.958	17.571
Porcentagem de vendas pelo jetblue.com durante o período	32,6%	37,6%	39,4%	45,1%	51,3%

QUADRO 2 | Balanço patrimonial da JetBlue Airways Corporation (em milhares de dólares)

	31 de dezembro 2001	31 de dezembro 2000
Ativo patrimonial		
Caixa e equivalentes	$ 117.522	$ 34.403
Recebíveis, menos provisão	20.791	21.633
Estoque, menos provisão	2.210	1.133
Despesas pagas antecipadamente	3.742	2.744
Ativo circulante total	144.265	59.913
Equipamento de vôo	364.681	163.060
Depósitos antecipados para equipamento de vôo	125.010	91.620
	489.691	254.680
Menos depreciação acumulada	9.523	2.334
	480.168	252.346
Outro imobilizado	29.023	18.290
Menos depreciação acumulada	4.313	1.632
	24.710	16.658
Total de propriedades e equipamentos	504.878	269.004
Outros ativos	24.630	15.211
Ativo total	$ 673.773	$ 344.128

	31 de dezembro 2001	31 de dezembro 2000
Passivo		
Contas a pagar	$ 24.549	$ 12.867
Passivo de tráfego aéreo	51.566	27.365
Provisão para salários e benefícios	18.265	5.599
Outros passivos acumulados	15.980	5.255
Empréstimos de curto prazo	28.781	15.138
Vencimentos correntes de dívidas de longo prazo	54.985	24.800
Passivo circulante total	194.126	91.024
Dívidas de longo prazo	290.665	137.110
Créditos diferidos e outros passivos	10.708	6.595
Ações preferenciais resgatáveis e conversíveis	210.441	163.552
Patrimônio líquido dos acionistas ordinários	44	44
Capital integralizado pago	3.889	487
Deficit acumulado	(33.117)	(54.684)
Compensação não realizada	(2.983)	—
Total patrimônio (déficit) líquido do acionista ordinário	(32.167)	(54.153)
Passivo total e patrimônio líquido do acionista ordinário	$ 673.773	$ 344.128

QUADRO 3 | Demonstrativo de operações da JetBlue Airways Corporation (em milhares de dólares, exceto por quantia de ações)

	Exercício findo em 31 de dezembro		
	2001	**2000**	**1999**
Receita operacional:			
Passageiro	$ 310.498	$ 101.665	$ —
Outro	9.916	2.953	—
Receita operacional total	320.414	104.618	—
Despesas operacionais:			
Salários e benefícios	84.762	32.912	6.000
Combustível de aeronave	41.666	17.634	4
Aluguel de aeronave	32.927	13.027	324
Vendas e marketing	28.305	16.978	887
Taxas de aterrissagem e outros aluguéis	27.342	11.112	447
Depreciação e amortização	10.417	3.995	111
Manutenção, materiais e reparos	4.705	1.052	38
Outras despesas operacionais	63.483	29.096	6.405
Total de despesas operacionais	293.607	125.806	14.216
Receita operacional (prejuízo)	26.807	(21.188)	(14.216)
Outra receita (despesa)			
Compensação pelo ato de estabilização da companhia aérea	18.706	—	—
Despesas financeiras	(14.132)	(7.395)	(705)
Juros capitalizados	8.043	4.487	705
Juros ativos e outros	2.491	2.527	685
Total de outras receitas (despesas)	15.108	(381)	685
Lucro (prejuízo) anterior ao imposto de receita	41.915	(21.569)	(13.531)
Despesas (incentivo) com imposto de receita	3.378	(239)	233
Lucro líquido (prejuízo)	38.537	(21.330)	(13.764)
Dividendos de ações preferenciais	(16.970)	(14.092)	(4.656)
Lucro líquido (prejuízo) aplicável a acionistas ordinários	$ 21.567	($ 35.422)	($ 18.420)
Lucro (prejuízo) por ação ordinária:			
Básico	$ 9,88	($ 27)	($ 37)
Diluído	$ 1,14	($ 27)	($ 37)
Pro forma básico (não auditado)	$ 1,30		

QUADRO 4 | Demonstrativo de fluxo de caixa da JetBlue Airways Corporation (em milhares de dólares)

	Exercício findo em 31 de dezembro		
	2001	**2000**	**1999**
Fluxo de caixa das atividades operacionais			
Lucro (prejuízo) líquido	$ 38.537	($ 21.330)	($ 13.764)
Ajuste para conciliação do lucro (prejuízo) líquido ao caixa fornecido (ou utilizado) em atividades operacionais:			
Depreciação	9.972	3.889	111
Amortização	445	106	—
Imposto diferido	3.373	—	—
Outro, líquido	5.960	3.892	619
Variações em certos ativos e passivos operacionais:			
Redução (aumento) de recebíveis	430	(21.622)	—
Aumento em estoques, dívidas pagas antecipadamente e outros	(2.120)	(3.354)	(340)
Aumento nos passivos de tráfego aéreo	23.788	26.173	—
Aumento de contas a pagar e outros passivos acumulados	30.894	15.070	6.818
Caixa fornecido (utilizados) pelas atividades operacionais	111.279	2.824	(6.556)
Fluxo de caixa das atividades de investimento			
Dispêndios de capital	(233.775)	(205.759)	(12.463)
Depósitos antecipados para equipamento de vôo, receita	(54.128)	(27.881)	(50.713)
Aumento de títulos depositados	(1.952)	(7.939)	(5.302)
Compra de investimentos de curto prazo	—	(20.923)	—
Recursos obtidos com o vencimento de investimentos de curto prazo	—	21.392	—
Outro, líquido	—	(20)	1.026
Caixa líquido usado em atividades de investimento	(289.855)	(241.130)	(67.452)
Fluxo de caixa das atividades financeiras			
Recursos obtidos com emissão de ações preferenciais conversíveis e resgatáveis	29.731	51.322	80.671
Recursos obtidos com emissão de ações ordinárias	25	130	69
Recursos obtidos com emissão de dívidas de longo prazo	185.000	137.750	—
Recursos obtidos com emissão de empréstimos de curto prazo	28.781	15.138	—
Recursos obtidos com vendas de aeronaves e transações de arrendamento com opção de recompra	72.000	70.000	—
Liquidação de dívidas de longo prazo	(35.254)	(18.577)	—
Liquidação de empréstimos de curto prazo	(15.138)	—	—
Outro, líquido	(3.450)	(1.300)	—
Ativo usado em atividades financeiras	261.695	254.463	80.740
Aumento em caixa e equivalentes	83.119	16.157	6.732
Caixa e equivalentes no início do exercício	34.403	18.246	11.514
Caixa e equivalentes no final do exercício	$ 17.522	$ 34.403	$ 18.246

QUADRO 5 | Seleções retiradas da Value Line Tear Sheet para a Southwest Airlines

Preço recente de ações	$ 20,69			
Índice P/E	49,3			
Rendimento de dividendo	0,1%			
Beta	1,10			
Demonstrativo financeiros projetados	2001	2002E	2003E	2005E/2007E
Dívida total (em milhões de dólares)	$ 1.842			
Receita (em milhões de dólares)	$ 5.555	$ 6,000	$ 7,100	$ 10,300
Margem operacional	17,1%	18,0%	24,5%	27,0%
Alíquota do IR	31,0%	38,5%	38,5%	38,5%
Ações ordinárias em circulação (em milhões)	776,8	785,0	795,0	815,0

Demanda fraca e pressões sobre os preços provavelmente esfriarão a significativa meta de crescimento da Southwest Airlines. Embora a empresa pratique tarifas melhores que a maioria das concorrentes, ela enfrenta desafios para preencher assentos – 61,2% deles foram ocupados até esse momento do ano de 2002 – isso significa uma queda de 10% em relação ao mesmo período de 2001. Atribuímos isso à redução de 9,1% do tráfego, que deve reduzir a demanda, combinada com um crescimento de 4,5% em capacidade. Claramente, os viajantes responderam positivamente à redução dos preços das passagens, mas acreditamos que reduções adicionais nos preços serão necessárias para gerar o crescimento de tráfego suficiente para dar suporte à alta meta de crescimento. Não esperamos que a receita, em comparação com a média dos anos anteriores, seja positiva até a segunda metade do ano. A linha de crescimento deve avançar um total de 7% a 8% em 2002. Uma significativa economia pode permitir um avanço de 15% a 20% em 2003.

Embora ainda sob pressão, as margens devem mostrar melhoras em 2002. Decrescentes despesas com combustíveis, comissões e aluguéis de aeronaves deverão ajudar a compensar o aumento de despesas com salários e manutenção. Olhamos para as margens operacionais esperando aumentos ao longo do ano e um salto líquido das ações de 18% em 2002. As negociações deverão crescer mais em 2003, permitindo recuperar bons rendimentos.

Aumentos de rentabilidade provavelmente também estarão acima das despesas com transporte. Um programa de eficiência que está em andamento possibilitará melhorias nos procedimentos de inspeção e manutenção, além de automatizar algumas operações de aeroportos. O aumento das viagens sem passagem deverá trazer rendimentos adicionais, e as despesas com comissões também deverão cair rapidamente, enquanto crescem as vendas “on-line”.

Expansão modesta do sistema é esperada para 2002. Apesar de não haver anúncios de planos, acreditamos que a companhia, provavelmente, adicionará dois novos destinos na Costa Leste até o final do ano.

Ações da Southwest terão vantajoso potencial de valorização entre 2005 e 2007. Como um investimento de longo prazo, acreditamos que ações LUV têm preços atrativos, tomando por base nossas projeções de crescimento de lucros em um período de 3–5 anos. O momento recente de baixa no preço das ações implica, entretanto, uma inoportuna posição de desempenho relativo de preço nos próximos seis meses ou um ano.

— Warren Thorpe, Value Line Investment Survey, 15 de março de 2002.

QUADRO 6 | Southwest Airlines: Dívidas existentes

Emissão	*Rating* da Moody's	Valor em circulação	Vencimento	Margem de vencimento
Dívida bancária de curto prazo	NA	US$ 475 milhões	NA	NA
Títulos garantidos de taxa flutuante	NA	US$ 200 milhões	2004	NA
Títulos privativos 5,10-6,10	NA	US$ 614 milhões	2006	NA
Dívidas de taxa flutuante com o Banco Francês	NA	US$ 52 milhões	2012	NA
Título 8,75	Baa1	US$ 100 milhões	outubro de 2003	5,65%
Título 8,75	Baa1	US$ 100 milhões	fevereiro de 2005	5,91%
Debênture 7,875	Baa1	US$ 100 milhões	setembro de 2007	7,41%
Debênture 7,375	Baa1	US$ 100 milhões	fevereiro de 2007	8,68%
Arrendamento de capital	NA	US$ 109 milhões	NA	NA

NA = não se aplica.

Fonte: Mergent's Bond Record; Southwest Annual Report.

QUADRO 7 | Múltiplos de avaliação recente

	Real para 2001					Estimado para 2002		
	Preço/ Ação	**Patrimônio contábil/Ação**	**Dívida contábil/Ação**	**EBITDA/ Ação**	**EBIT/ Ação**	**Lucros/ Ação**	**EBIT/ Ação**	**Lucros/ Ação**
	(1)	(2)	(3)	(4)	(5)	(6)	(7)	(8)
AirTran	6,6	0,5	4,0	1,2	0,8	0,3	0,8	0,3
Alaska Air	29,1	32,1	33,8	3,3	−1,7	−1,5	2,7	−0,8
America West	3,5	12,5	10,2	−4,3	−6,2	−4,4	−4,5	−4,1
AMR	22,3	35,1	69,3	−7,0	−16,2	−11,5	12,4	−3,9
ATA	15,0	10,8	32,9	8,5	−2,0	−2,6	−6,4	−7,2
Continental	26,2	20,9	82,0	9,8	1,4	−1,6	11,1	−1,2
Delta	29,3	32,7	70,3	−1,4	−11,8	−9,9	8,4	−3,1
Frontier	17,0	5,4	0,0	3,2	3,0	2,0	0,6	0,4
Midwest	14,6	8,3	2,7	−0,1	−1,6	−1,1	1,6	0,8
Northwest	15,7	−5,1	66,9	1,6	−4,4	−5,0	7,2	−2,5
Ryanair	32,1	5,5	3,3	1,3	0,9	0,7	1,2	0,9
Southwest	18,5	5,3	1,8	1,5	1,1	0,7	1,4	0,7
United	13,5	59,6	186,2	−37,0	−56,1	−39,6	NA	−15,4
WestJet	15,9	2,8	1,0	2,1	1,3	0,8	1,6	0,6

	Lanterna				Liderando		
	Mercado de múltiplo contabilizado	**Múltiplo capital total**	**Múltiplo de EBITDA**	**Múltiplo de EBIT**	**Múltiplo PL**	**Múltiplo EBIT**	**Múltiplo PL**
	[1/2]	[(1+3)/(2+3)]	[(1+3)/4]	[(1+3)/5]	[1/6]	[(1+3)/7]	[1/8]
AirTran	13,5	2,4	8,6	13,0	25,3	13,9	20,0
Alaska Air	0,9	1,0	19,2	−37,1	−19,3	23,3	−38,8
America West	0,3	0,6	−3,2	−2,2	−0,8	−3,0	−0,8
AMR	0,6	0,9	−13,1	−5,7	−1,9	7,4	−5,7
ATA	1,4	1,1	5,6	−23,8	−5,7	−7,5	−2,1
Continental	1,3	1,1	11,0	77,0	−16,7	9,8	−22,4
Delta	0,9	1,0	−71,6	−8,4	−3,0	11,8	−9,4
Frontier	3,2	3,2	5,3	5,7	8,4	26,6	45,9
Midwest	1,8	1,6	−298,3	−11,0	−13,5	11,2	17,4
Northwest	−3,1	1,3	51,6	−18,8	−3,1	11,5	−6,3
Ryanair	5,8	4,0	26,4	38,5	44,0	30,3	34,1
Southwest	3,5	2,9	13,4	18,6	27,6	14,3	28,4
United	0,2	0,8	−5,4	−3,6	−0,3	NA	−0,9
WestJet	5,6	4,4	8,1	12,7	19,6	10,6	26,9

NA = Não se aplica.

Fonte de dados: Os números reais para 2001 são dos relatórios anuais da empresa. As estimativas para 2002 são da Value Line quando disponíveis, outras estimativas consensuais de analistas foram empregadas. Todos os preços de ações foram citados como de 31 de dezembro de 2001. Os números da Ryanair baseiam-se nos respectivos preços da American Deposit Receipt. Os números da Westjet estão em dólares canadenses (um dólar americano valia 1,5870 dólar canadense em 31 de março de 2002). O cálculo utilizado para a valorização dos múltiplos no painel de baixo baseia-se nas variáveis numeradas no painel de cima.

QUADRO 8 | Histórico do índice de crescimento das companhias aéreas praticantes de tarifas reduzidas

	$ Crescimento de receita					$ Crescimento bruto de equipamento em US$				
Ano	AirTran	ATA	Frontier	Ryanair	Southwest	AirTran	ATA	Frontier	Ryanair	Southwest
1972					−20%					177%
1973					5%					55%
1974					28%					61%
1975					32%					54%
1976					51%					35%
1977					101%					59%
1978					42%					66%
1979					46%					68%
1980					32%					57%
1981					35%					27%
1982					45%					23%
1983					18%					35%
1990					10%					17%
1991					14%					11%
1992					20%					28%
1993		1%			21%		11%			36%
1994	456%	21%			18%	2204%	24%			13%
1995	186%	18%	49%		13%	175%	23%	186%		11%
1996	−4%	2%	125%	20%	10%	−40%	5%	66%	25%	19%
1997	49%	20%	39%	NA	16%	−4%	4%	26%	15%	12%
1998	18%	21%	56%	NA	19%	108%	17%	50%	29%	9%
1999	−20%	39%	105%	39%	19%	15%	22%	50%	11%	14%
2000	35%	23%	79%	68%	16%	24%	15%	43%	21%	19%
2001	−22%	−58%	237%	NA	12%	7%	−1%	−6%	NA	−2%

NA = não se aplica.

QUADRO 9 | Ciclo de vida de uma típica transação IPO nos Estados Unidos

Duração do evento (em dias)	Evento
<0	Reunião para seleção do subscritor.
0	Organização da reunião geral "all hands". Começa o "Quiet period".
15–44	Diligência. O *underwriter* entrevista administradores, fornecedores e clientes, revisa demonstrativos financeiros e rascunha o termo de registro preliminar. A alta administração dá seu aval ao *underwriter*.
45	Prazo para registro (anúncio). A empresa submete o termo de registro à SEC, e o registro é imediatamente disponibilizado ao público.
45–75	Período de revisão, quando um auditor faz sua apreciação em conformidade com o regulamento da SEC. O subscritor reúne o consórcio e prepara a rodada de demonstrações ("road show").
50	Distribuição do prospecto preliminar ("arenque vermelho").
60–75	Rodada de demonstrações ("road show"). Os *underwriters* e a administração da empresa requerente apresentam a oferta para os investidores institucionais interessados e agendam encomendas de compra.
75–99	Cartas com as recomendações da SEC são recebidas, e retificações são submetidas à SEC.
99	Data de efetivação. O *underwriter* e a empresa concretizam o preço de oferta. A SEC dá a aprovação final ao termo de registro.
100	Data da oferta pública. Ações são emitidas, e a comercialização começa.
108	Data da liquidação. O *underwriter* distribui os recursos obtidos para a empresa.
Após o fechamento do mercado	O underwriter pode dar suporte às novas ações por meio de *market-making* e fornecer pesquisas de literatura financeira para a empresa.

QUADRO 10 | Citações de analistas e repórteres

"A linha do resultado é realmente muito simples. Neeleman viu uma brecha e pôs seu avião dentro. Ganhou um bebê, porque é o mais próximo da coisa certa a ser feita." (Lisa DiCarlo, Forbes)

"As pessoas terão um grande apetite por elas (ações da JetBlue.)" (Ray Neidl, ABN Amro)

"A JetBlue lançou-se aos céus, em 2002, e surpreendeu o setor aeroviário quando relatou seus primeiros lucros apenas um ano mais tarde. Passageiros aderiram às tarifas baixas, poltronas de couro e à TV gratuita a bordo. A Wall Street admira a JetBlue por sua equipe administrativa experiente e sua fórmula vencedora, popularizada pelo sucesso da Southwest Airlines." (Suzanne Pratt, Nightly Business Report)

"A JetBlue sinaliza um bom começo. Porém, dizer que merece a valorização da Southwest – que não passou um ano sem lucros em 27 anos – pode ser um exagero." (Jim Corridore, Standard & Poor's)

"(A JetBlue) tem uma equipe administrativa de rara excelência e tem trabalhado muito bem." (Marc Baum, IPO Group)

"Trata-se de uma companhia muito jovem que continuará precisando fazer grandes investimentos nos próximos cinco ou dez anos. Não há possibilidade de grande fluxo de caixa livre." (Jonathan Schrader, Morningstar)

"O importante, aqui, é que o modelo do negócio é sólido, e eles não têm se afastado dele." (Helane Becker, Buckingham Research)

"Todos com quem eu falo, e que têm voado com eles, elogiam muito." (Jim Broadfoot, Ivy Emerg. Growth Fund)

"É uma indústria na qual o índice de fracasso é muito alto para os novatos." (Patrick Murphy, assistente principal da Secretaria de Transportes)

"É uma companhia aérea fantástica. É algo que você também precisa experimentar... Tem "LiveTV", confortáveis assentos de couro, e a tripulação é de uma simpatia única nesse tipo de serviço, uma simpatia enraizada na tripulação e, por isso, ela trata tão bem os passageiros. Acho que eles obrigarão o mercado a ver como é que se deve voar." (Clark Synder, Live TV)

Fontes: *BusinessWeek, BBC News, Nightly Business Report, New York Metro.*

QUADRO 11 | Histórico de desempenho financeiro e projeções de analistas financeiros para a indústria de transportes aéreos

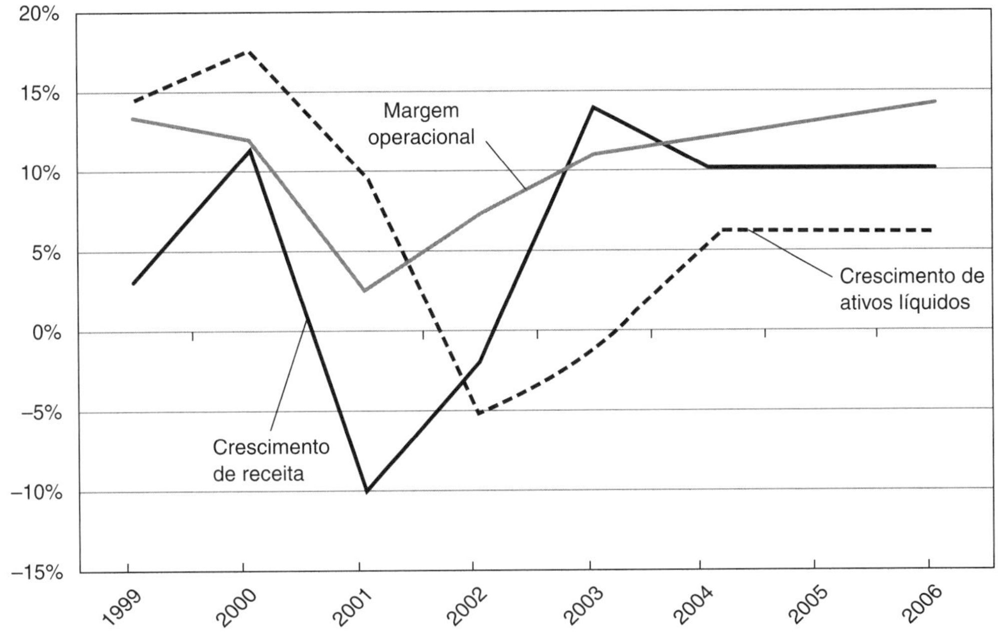

Fonte: Value Line Investment Survey, março de 2002.

QUADRO 12 | Desempenho recente do preço das ações das companhias aéreas

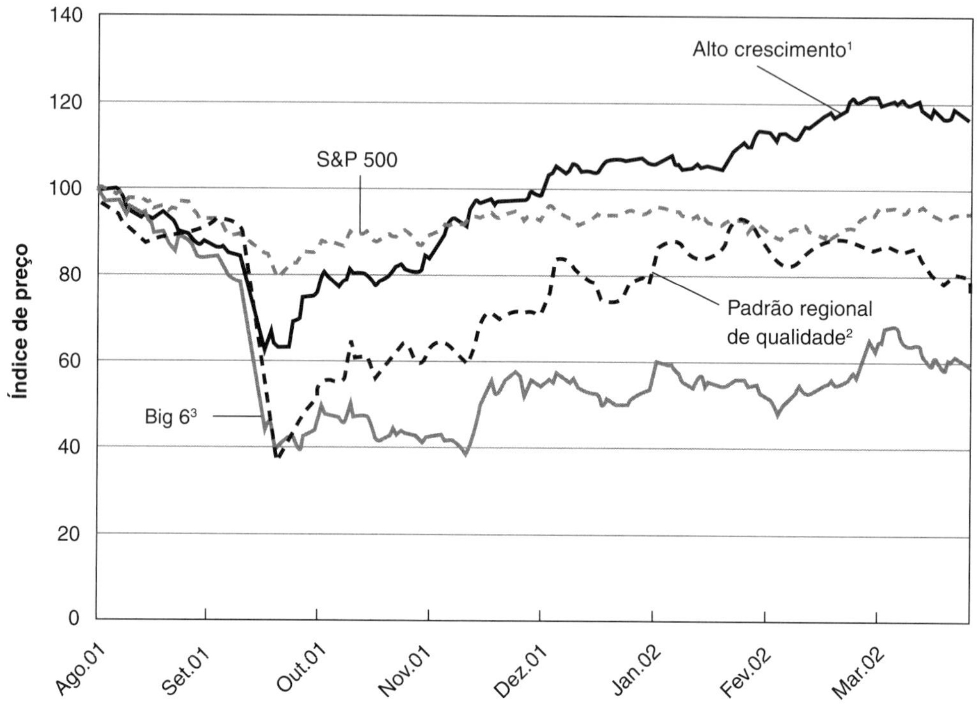

[1]Companhias de grande crescimento, incluindo Southwest Airlines, Ryanair, EasyJet e WestJet.

[2]Companhias com padrão regional de qualidade incluem Atlantic Coast e Skywest.

[3]Companhias "Big 6" incluem American, Continental, Delta, Northwest, United e US Airways.

QUADRO 13 | Projeção financeira da JetBlue

$ números em milhões	2001	2002E	2003E	2004E	2005E	2006E	2007E	2008E	2009E	2010E
Número de aeronaves	21	34	48	62	74	86	98	108	113	117
Receita/avião	$15,3	$ 17,6	$ 18,4	$ 19,2	$ 20,1	$ 21,0	$ 21,9	$ 22,8	$ 23,8	$ 24,9
Índice esperado de inflação		16%	4%	4%	4%	4%	4%	4%	4%	4%
Margem operacional	8,4%	10,0%	11,5%	12,1%	12,7%	13,4%	13,4%	13,4%	13,4%	13,4%
Depreciação por avião	$ 0,5	$ 0,5	$ 0,5	$ 0,6	$ 0,6	$ 0,6	$ 0,7	$ 0,7	$ 0,7	$ 0,8
Capex líquido por aeronave	$ 21,3	$ 22,3	$ 23,5	$ 24,6	$ 25,9	$ 27,1	$ 28,5	$ 29,9	$ 31,4	$ 33,0
Índice esperado de inflação		5%	5%	5%	5%	5%	5%	5%	5%	5%
Capital de giro líquido (CGL) Rotação (receita/CGL)	9,4	9,4	9,4	9,4	9,4	9,4	9,4	9,4	9,4	9,4
Projeção financeira										
Receita	$ 320	$ 600	$ 884	$1.192	$1.485	$1.802	$2.114	$2.466	$2.694	$2.912
Despesas em caixa	283	502	723	975	1.215	1.474	1.753	2.016	2.202	2.380
Depreciação	10	18	26	36	45	54	65	75	83	90
Lucros antes dos juros e impostos (EBIT)	27	80	134	181	226	274	326	375	410	443
Impostos (alíquota = 34%)	9	27	46	62	77	93	111	127	139	151
Lucros líquidos operacionais, descontados os impostos (NOPAT)	18	53	89	120	149	181	215	247	270	292
Despesas com capital	234	290	328	345	310	326	342	299	157	132
Capital de giro líquido (CGL)	$ 34	$ 63	$ 94	$ 126	$ 157	$ 191	$ 227	$ 261	$ 285	$ 308

Fonte: Previsão da administração da JetBlue e análise do autor do caso.

CASO 27

Purinex, Inc.

Para liderar o mundo nas atividades que concernem descobertas, desenvolvimento e comercialização de novos componentes terapêuticos, os quais agem em receptores purina, com o intento de salvar e melhorar as vidas dos pacientes.

Declaração da missão da companhia

Em junho de 2004, a Purinex, Inc., uma companhia farmacêutica com vários medicamentos clínica e comercialmente promissores em desenvolvimento, chegou em um momento crítico. Em algum período entre os quatro meses seguintes e um ano, a companhia alcançaria uma chance excelente de estabelecer parceria com uma grande empresa farmacêutica. Tal parceria permitiria à Purinex desenvolver um de seus principais compostos para que se fabricasse um medicamento indicado para tratar uma das doenças mais mortais e contagiosas do mundo. No entanto, a empresa não vendia nem lucrava, e havia dinheiro apenas para se sustentar nos 11 meses seguintes.

Gilad Harpaz, CFO da Purinex, acreditava que uma parceria aconteceria; assim, a companhia estaria em uma excelente posição para manter sua missão. Além disso, assegurar o negócio seria praticamente pré-requisito para qualquer oferta pública,[1] que seria uma saída estratégica atrativa para muitos dos investidores da empresa. Mas, conforme as coisas aconteciam, não estava claro se a empresa se manteria até que uma parceria fosse consumada.

Harpaz acreditava que a companhia poderia tanto buscar um financiamento seguro naquele momento quanto esperar pelo fechamento de um negócio ideal de parceria. "Mas se esperássemos", pensou Harpaz, "os termos de um negócio poderiam ser piores." Harpaz, antigo oficial das Forças Especiais Israelenses, graduado em administração, pensou em como estruturar tal decisão. Quais seriam as probabilidades de realmente haver colaboração com uma empresa farmacêutica? Como a companhia se manteria até que isso acontecesse? Além da insolvência, quais seriam os demais riscos para a empresa sob tais circunstâncias?

[1]Uma oferta pública inicial (IPO) é a primeira venda de ações ao público por uma empresa privada. IPOs são freqüentemente lançados por empresas mais novas, menores, em busca de capital para expansão, mas também podem ser feitos por grandes empresas privadas em busca de negociações públicas.

Este caso foi elaborado por Sean D. Carr sob supervisão de Robert F. Bruner. A "Purinex, Inc." e os indivíduos deste caso são fictícios. As circunstâncias retratadas refletem assuntos ocorridos em empresas e com empresários reais, e o texto se propõe mais para ser discutido em sala de aula do que para ilustrar situações de gerenciamento mais ou menos efetivo.

Purinex Inc.

A Purinex era uma empresa de pesquisa e desenvolvimento de medicamentos com sede em Syracuse, Nova York, em busca de comercialização de componentes terapêuticos de seu medicamento, baseado na plataforma de desenvolvimento de purina; esta é uma ocorrência molecular natural de grande importância em inúmeros processos bioquímicos. A Purinex desenvolveu um processo para criação de partículas moleculares que agiam como seletivos protagonistas (ativadores) ou antagonistas (bloqueadores) para receptores específicos de purina na membrana celular.[2] Essas moléculas poderiam dar início a respostas fisiológicas ou bloquear a ativação dos receptores pela produção endógena de moléculas sinalizadoras. A meta da Purinex era desenvolver produtos que evocassem um efeito fármaco-dinâmico específico nos receptores, sem produzir efeitos indesejáveis que resultariam em interações com outros receptores.

A empresa possuía 14 funcionários e mantinha um laboratório químico a poucas milhas de seu escritório principal. O portfólio da propriedade intelectual da Purinex consistia em mais de 35 patentes pendentes ou solicitadas na área de purina. A companhia planejava levar seus novos medicamentos de receptores seletivos para testes clínicos e, com isso, ampliar seu alcance de indicações potenciais. Em junho de 2004, a maior promessa de indicações para seus compostos foi o tratamento de diabetes e septicemia.

Diabetes

A diabetes é uma condição de longo prazo que afeta a capacidade de o organismo produzir glicose, e isso cria uma dificuldade na absorção de outros nutrientes como proteínas e gorduras. A glicose, um produto comum da digestão, circula da corrente sanguínea para as células do corpo, nas quais funciona como uma das principais fontes de energia. O diabetes interrompe os mecanismos do organismo de remover a glicose da circulação sanguínea e aplicá-la nas células. Como resultado, os níveis de glicose no sangue (açúcar no sangue) permanecem excessivamente altos, levando a sérias complicações de saúde, com o tempo.

Altos níveis de glicose no sangue afetam os olhos, os rins e o sistema nervoso. Além disso, o diabetes aumenta o risco de arteriosclerose, que reduz a largura das artérias, especialmente as que levam sangue ao coração, ao cérebro e às pernas. A diabetes afeta mais de 100 milhões de pessoas no mundo inteiro e está entre as causas mais comuns de morte e invalidez na América do Norte e na Europa. A Purinex possui a patente de uso de todo antagonista purina para o tratamento de diabetes e suas condições relacionadas nos Estados Unidos. A empresa também desenvolveu uma série de antagonistas moleculares patenteados, aparentemente grandes promessas em estudos pré-clínicos de diabetes. Vendas anuais potenciais para esse medicamento eram estimadas em US$ 4 bilhões.

Septicemia

A septicemia é uma séria condição médica causada por uma grave infecção que leva a um estado de infecção generalizada. O subconjunto mais crítico da septicemia inclui septicemia severa (com disfunção aguda dos órgãos) e choque séptico (septicemia com hipotensão arterial imune). Septicemia é a infecção na circulação sanguínea (sangue envenenado) causada por bacteriemia, que é a presença de bactérias na circulação. A infecção generalizada abre

[2] Um *protagonista* promove certos tipos de atividades celulares pela ligação com receptores celulares. Um *antagonista* previne certos tipos de reações celulares, impedindo outras substâncias de se ligarem a receptores celulares.

caminho para a ativação contagiosa de inflamação e coagulação em todo o organismo. Esse estado pode progredir à disfunção do sistema circulatório e, mesmo sob um tratamento adequado, à disfunção generalizada do organismo e, eventualmente, à morte.

A septicemia é mais comum e mais perigosa em idosos, pessoas com o sistema imunológico deprimido e em pacientes criticamente doentes. Ocorre em 2% de todas as internações hospitalares e é observada entre mais de 25% de pacientes em UTIs. É a maior causa de morte em UTIs no mundo inteiro, com índices de mortalidade variando entre 20% de septicemia e 40% de septicemia aguda para mais de 60% de choque séptico. Nos Estados Unidos, a septicemia é a principal causa de morte em pacientes sem problemas coronários internados em UTIs e a décima causa principal de morte. Um problema na administração de pacientes com septicemia é a demora do tratamento adequado após a condição do paciente ter sido diagnosticada.

Um dos protagonistas da Purinex para o tratamento de septicemia demonstrou (em animais) possuir efeitos colaterais limitados e agir rápida e eficientemente em tratamentos de septicemia, mesmo em tratamentos cujos diagnósticos foram feitos muito tardiamente em relação à instalação da doença. Além disso, foi provado ser seguro aos seres humanos durante os testes clínicos do estágio 1. Harpaz estimou que as vendas anuais para esse produto poderiam ser de aproximadamente US$ 500 milhões.

O desenvolvimento de medicamentos farmacêuticos

Em 2005, a indústria farmacêutica permaneceu como um dos mais dinâmicos setores da economia mundial, com mais de US$ 530 bilhões em vendas globais. Apesar de as empresas farmacêuticas continuarem crescendo mais rapidamente do que a maior parte dos segmentos da economia, alguns analistas previram uma suavização desse crescimento durante os cinco anos seguintes. Como parte de um esforço em manterem-se competitivas, muitas grandes companhias farmacêuticas fizeram mudanças agressivas ao estabelecer parcerias com empresas menores na área de biotecnologia[3] para identificarem as próximas gerações de candidatos a medicamentos. Recentemente, a indústria de biotecnologia dos Estados Unidos se viu em um momento de rápido crescimento, e as receitas do setor cresceram de US$ 8 bilhões em 1992 para aproximadamente US$ 40 bilhões no fim de 2003.

Coletivamente, a indústria de biotecnologia tem utilizado uma alta porcentagem de seu faturamento para pesquisa e desenvolvimento (P&D), muito além do que qualquer outra grande indústria norte-americana. De acordo com a Standard & Poor's, os gastos em pesquisa e desenvolvimento, na indústria de biotecnologia, são próximos a 40% de seu faturamento. Os gastos em pesquisa e desenvolvimento das companhias públicas de biotecnologia eram, em 2003, de US$ 17 bilhões e, em 2002, de US$ 12,5 bilhões. Entre as razões para esses altos gastos em P&D figurava o processo lento e de alto risco do desenvolvimento de novas drogas. De acordo com um estudo de junho de 2001 realizado pelo Boston Consulting Group (BCG), o custo total para desenvolver um único composto terapêutico humano era de US$ 880 milhões; um relatório, de 2003, da Tufts University colocou esse custo em US$ 897 milhões (em valores do ano 2000). O relatório do BCG estimou, também, que os fracassos no desenvolvimento de novas drogas significaram 75% dos custos totais de desenvolvimento e pesquisa.

[3]Em um sentido mais amplo, *biotecnologia* refere-se ao uso de processos biológicos para resolver problemas ou criar produtos úteis em *agribusiness*, soluções para o meio ambiente baseadas na biologia, biodefensivos e pesquisa e desenvolvimento de medicamentos por empresas farmacêuticas menores.

Enquanto o tempo total para o desenvolvimento de uma droga é altamente variável, demora entre 10 e 15 anos, em média, para que uma droga passe da fase de desenvolvimento pré-clínico à aprovação do marketing. O processo de descoberta, desenvolvimento e aprovação de um novo medicamento consiste em alguns diferentes passos: descoberta inicial, desenvolvimento pré-clínico, testes clínicos, preenchimento de requisitos regulatórios e verificação desses requisitos. O **Quadro 1** ilustra, de maneira esquemática, as fases do desenvolvimento de um novo composto.

De acordo com muitos estudos, a fase pré-clínica representa cerca de 40% do tempo e dos recursos necessários para que um novo composto chegue ao mercado. O estágio pré-clínico inclui a identificação do alvo, a validação desse alvo, ensaios de desenvolvimento,[4] escolha primária e secundária, otimização e estudos pré-clínicos. Os mais significantes desafios do estágio pré-clínico eram exemplificados pela regra do polegar adotada pela Pfizer, Inc. Em média, isso envolvia cerca de 7 milhões de candidatos para produzir um novo medicamento.

Nos Estados Unidos, o processo de aprovação de drogas é de responsabilidade da *Food and Drug Administration* (FDA, órgão regulatório de comercialização de alimentos e medicamentos nos EUA), que exige testes extensivos para certificação de que a droga é segura e eficaz. Seu produtor precisa concluir três estágios de testes clínicos antes de submetê-la à aprovação regulatória. A FDA estimou que, a cada 20 drogas que entram em testes clínicos, em média, só 13 ou 14 completam o estágio I com sucesso. Dessas, cerca de nove completam o estágio II; apenas duas sobrevivem ao estágio III. Em média, apenas de 5% a 10% das drogas que entram em testes clínicos são aprovadas para o mercado, geralmente depois de várias tentativas.

Acesso ao capital

Devido à magnitude das necessidades de pesquisa e desenvolvimento, novas empresas de biotecnologia precisam de suficiente acesso ao capital. Em geral, empresas de biotecnologia são fundadas com dinheiro de "investidores-anjos" (angel investors)[5] individuais ou de empresas de capital de risco[6] (venture-capital — VC). De acordo com a Burryll & Company, um banco mercantil privado especializado em ciências médicas proveu financiamento, em 2002, de US$ 2,6 bilhões e, em 2003, de mais de US$ 2,8 bilhões para companhias norte-americanas de biotecnologia. Um relatório recente da Standard and Poor's indicou que o financiamento para a maioria das empresas de biotecnologia ainda é atrativo, mas "...nós vemos que os termos desses acordos são claramente menos atrativos do que os ganhos usuais de 2000, quando o mercado estava em estado de euforia".

Se uma empresa investiga uma candidata à droga promissora, ela poderia buscar uma aliança com uma companhia farmacêutica ou de biotecnologia de grande porte. A empresa de

[4]Ensaio é um teste que mede a resposta biológica ou os atributos físicos afetados, ou, como neste caso, refere-se ao processo de escolha de novas drogas candidatas.

[5]Investidores-anjos são indivíduos que financiam empresas iniciantes e outros empreendedores. Geralmente, são amigos ou parentes dos dirigentes dessas empresas, mas eles também podem ser investidores mais sofisticados e experientes. Investidores-anjos raramente se envolvem na administração dessas empresas, mas eles podem agregar valor a elas com seus contatos e especialidades.

[6]Capital de risco é um termo comumente usado para se referir ao financiamento proveniente de investidores profissionais ou institucionais para empresas iniciantes e pequenos negócios que apresentem grande potencial de crescimento. O capital de risco é, em geral, uma importante fonte de fundos para novas companhias que não têm acesso ao mercado de capitais e que, usualmente, representam alto risco aos investidores, mas possuem potencial de lucros acima da média.

grande porte poderia prover adiantamentos, fundos de pesquisa e desenvolvimento, pagamentos no lançamento,[7] licenças[8] e, provavelmente, direitos de co-promoção. Além disso, a companhia poderia prover instalações de produção ou organização de vendas, geralmente em troca de direitos mercadológicos sob acordos de licenças. O **Quadro 2** descreve os termos de recentes parcerias entre empresas de biotecnologia e empresas farmacêuticas. O **Quadro 3** mostra os valores medianos e médios de boa parte desses acordos em cada estágio do processo de desenvolvimento das drogas.

O número de acordos de colaboração entre as "Big Pharma" (empresas farmacêuticas de grande capitalização) e as entidades de biotecnologia têm crescido bastante nos últimos anos. De acordo com a Burryll & Company, esses acordos alcançaram US$ 8,9 bilhões em 2003, contra US$ 7,5 bilhões em 2002. Esperava-se que, em 2004, essas parcerias ultrapassassem os US$ 10 bilhões. O **Quadro 4** retrata a proporção relativa de fontes de capital para empresas norte-americanas de biotecnologia em 2003.

Decisões de investimento e financiamento

Em junho de 2004, a Purinex tinha um grande leque de tecnologias em desenvolvimento, duas das quais tinham aplicações apropriadas para um acordo de parceria com uma grande indústria farmacêutica: um programa antagonista, em estágio pré-clínico, para o tratamento de diabetes e um programa protagonista para o tratamento de septicemia que já havia completado o estágio I dos testes clínicos.

Já havia alguns meses que a empresa iniciara discussões com algumas grandes e bem capitalizadas indústrias farmacêuticas sobre a possibilidade de um acordo de colaboração para os dois compostos. Duas companhias chegaram à frente com termos contratuais preliminares: uma procurava um acordo para o tratamento da septicemia, e a outra queria um acordo para o tratamento de diabetes. Cada uma delas propunha um acordo no qual a Purinex receberia uma combinação de adiantamentos, pagamentos no lançamento e direitos sobre licenças, conforme está descrito na **Tabela 1**:

TABELA 1 | Combinação de dinheiro a ser recebido por cada acordo

	Septicemia	Diabetes
Adiantamento	$ 5 milhões	$ 8 milhões
Lançamentos (total, sem descontos)[9]	$ 108 milhões	$ 80 milhões
Licença	10%	12%

Harpaz acreditava que havia cerca de 75% de chance de que a Purinex fechasse acordo com uma companhia farmacêutica, para a septicemia e para a diabetes, em algum momento entre os quatro e 12 meses subseqüentes. Se essa parceria acontecesse, ele estimava em 60%

[7]Pagamentos no lançamento são séries de pagamentos feitas quando há sucesso ao completar determinadas etapas no processo de desenvolvimento de drogas.

[8]Uma licença é o pagamento para o proprietário pelo uso de uma propriedade, especialmente em patentes, trabalhos autorais ou franquias. Licenças são geralmente calculadas como um porcentagem do faturamento obtido com o uso da propriedade.

[9]A prática inicial de Harpaz de buscar um acordo de parceria com termos sem descontos; mas havia tempo e projeções que o fariam buscar futuras análises.

a probabilidade de que poderia haver um acordo apenas para septicemia. Se não fechasse uma parceria durante esse período, ele acreditava, então, em uma grande chance – talvez uma probabilidade de 95% – de haver uma parceria diferente, com uma terceira companhia, que poderia ocorrer, cerca de um ano depois, para diabetes. Esse acordo tardio poderia ter a metade do valor de um dos acordos que ele atualmente considerava.

Harpaz pensou, então, que seria improvável que a Purinex fechasse um acordo de parceria para diabetes e septicemia juntas. Seus gestores acreditavam que era importante para a Purinex reter pelo menos um desses acordos para manter a viabilidade da empresa como um alvo de aquisições estratégicas ou uma possível candidata a uma oferta pública inicial (IPO) ("assim, sem vender todas as jóias da coroa", pensou ele). Entretanto, ele acreditava que dois acordos eram mutuamente exclusivos.

Harpaz estava muito preocupado, pois a Purinex tinha apenas US$ 700 mil em caixa para uso imediato. A *burn rate*[10] da companhia era de aproximadamente US$ 60 mil por mês (a Purinex não tinha vendas ou outra fonte de recursos além do apoio à pesquisa fornecido pelo governo federal norte-americano, que ajudava com cerca de US$ 100 mil dos US$ 160 mil de gastos mensais da empresa). Por causa da incerteza em relação às parcerias para septicemia e diabetes em um curto prazo, Harpaz considerou três opções para sua empresa. Cada opção vinha acompanhada de seus próprios riscos:

- **Capital de risco:** a Purinex poderia tentar levantar capital para seu financiamento, em uma única vez, com uma companhia de capital de risco (VC). As companhias de capital de risco expressavam, na época, grandes interesses em investimentos em biotecnologia, e a Purinex era uma grande promessa. Harpaz acreditava que precisaria de três meses para levantar US$ 10 milhões de uma companhia de capital de risco, e essa daria à Purinex uma avaliação de mercado[11] de US$ 15 milhões. O financiamento de capital de risco poderia vir com um significante número de restrições, incluindo preferências nas decisões da companhia, direitos de antidiluição, liquidez, participação e compromissos positivos e negativos.
- **Esperar seis meses:** a Purinex poderia simplesmente esperar que o acordo para a septicemia ou para a diabetes viesse a ser fechado. Assim, os donos da Purinex manteriam o completo controle da companhia, que Harpaz acreditava poder passar a valer US$ 25 milhões. Como a empresa tinha dinheiro em caixa para apenas mais um ano, ela poderia esperar somente seis meses até conseguir uma fonte de financiamento adicional. Se tanto o acordo para a septicemia quanto para a diabetes não acontecessem nos seis meses seguintes, a Purinex poderia ser forçada a ir a *down round*[12] com os potenciais investidores. Sob tais circunstâncias, Harpaz acreditava que a avaliação da empresa poderia cair para US$ 8 milhões ou até a US$ 5 milhões.

---

[10] A *burn rate* é a taxa com a qual uma nova companhia esgota seu capital para financiar suas operações antes de gerar um fluxo de caixa positivo. A *burn rate* geralmente é calculada em termos de dinheiro gasto por mês.

[11] A avaliação de mercado é o valor da companhia antes que fontes alternativas de financiamento sejam adicionadas ao seu balanço.

[12] O *down round* é um tipo de financiamento no qual os investidores compram ações da companhia a preços mais baixos do que comprariam antes. Os *down rounds* causam a diluição do valor econômico dos investidores preexistentes, o que freqüentemente significa que as ações ou opções dos fundadores da empresa valem pouco ou possivelmente nada. Para novas empresas em *down round*, as companhias de capital de risco geralmente impõem termos onerosos, auferem um baixo valor de mercado e até retiram a atual administração.

- **Investidor-anjo:** a terceira opção para a companhia seria angariar, de uma só vez, os fundos necessários junto de alguns investidores-anjo. Harpaz não acreditava que a Purinex obteria um financiamento tão grande de investidores-anjo quanto com capital de risco – provavelmente conseguiria apenas US$ 2 milhões. Porém, com investidores-anjo, Harpaz poderia garantir uma avaliação de mercado mais alta para a companhia – cerca de US$ 17,5 milhões – e um grupo diverso de investidores-anjo não exigiria muitas preferências. Demoraria cerca de seis meses para completar o financiamento com investidores-anjo.

Em sua mente, Harpaz sabia que, se a companhia fosse bem capitalizada, ela teria mais chances de conseguir um melhor acordo de colaboração[13] com uma grande indústria farmacêutica; havia um "valor de credibilidade" em ser adequadamente financiada. Como a companhia sobreviveria até que isso acontecesse? Qual seria o melhor caminho para financiar a empresa e, ainda assim, maximizar seu valor atual? Certamente havia valor em ter financiamento e ainda manter os atuais controladores da companhia, mas qual seria esse valor? "Há certos riscos que estamos dispostos a aceitar, mas há alguns que não estamos", Harpaz pensou. "Estamos em um negócio de tecnologia de risco, não em um negócio financeiro de risco." Como ele poderia avaliar todos esses cenários de risco e retorno?

---

[13]Harpaz acreditava que o financiamento de capital de risco poderia elevar o valor de um acordo com uma indústria farmacêutica em 10%.

QUADRO 1 | O processo de desenvolvimento de medicamentos

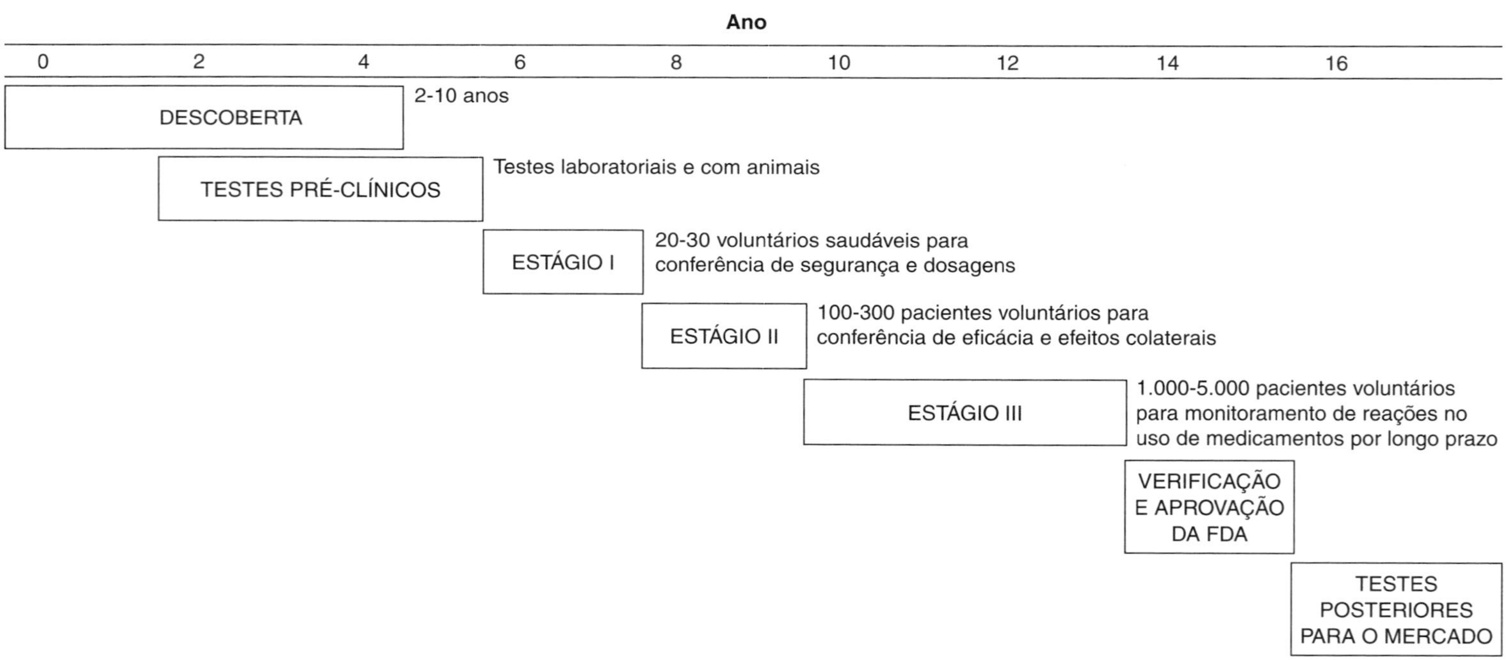

Fonte: Ernst & Young, LLP, *Biotechnology Industry Report: Convergence 2000* (citado em *Guide to Biotechnology*, The Biotechnology Industry Organization BIO).

QUADRO 2 | Parcerias entre empresas farmacêuticas/biotecnológicas

Empresas	Data	Detalhes das parcerias
Curagen/TopoTarget	Jun. 04	Inibidor da histona diacetilase: US$ 5 milhões (m) em *equity*, mais US$ 5 m em pagamentos de licenças, mais US$ 41 m no lançamento e em direitos de exploração de patentes; o negócio inclui direitos para continuidade com acréscimo de US$ 1 m em licenciamento de exploração de patente e US$ 30 m em lançamentos por produto.
Serono/4SC	Maio 04	Direito de licenciamento mundial para inibidores de partículas de didrorotato desidrogenase para distúrbios auto-imunes – pagamentos antecipados para o início da pesquisa e desenvolvimento e lançamentos, mais direitos de exploração de novas patentes.
Arqule/Roche	Abr. 04	E2F pathway: US$ 15 m antecipados, US$ 276 m em lançamentos, mais direitos de exploração de novas patentes.
Lundbeck/Merck	Fev. 04	Gaboxadol, privação de sono: US$ 40 m antecipados mais US$ 200 m em lançamentos mais direitos de exploração de patentes mais direitos de co-promoção para novos produtos da Merck.
Biostratum/NovoNordisk	Jan. 04	Projeto de pesquisa em câncer enfocado em cinco anticorpos antilaminina: US$ 80 m em lançamentos por anticorpo, mais direitos de exploração de novas patentes.
Array Biopharma/AZ	Dez. 03	Oncologia: US$ 10 m antecipados, US$ 85 m em lançamentos, pesquisa e desenvolvimento mais lançamentos.
Neurogean/Merck	Dez. 03	Neurologia/dor: US$ 42 m antecipados, US$ 118 m em lançamentos, mais pesquisa e desenvolvimento mais lançamentos.
MorphoSys/Pfizer	Dez. 03	Licença de cinco anos, US$ 50 m em lançamentos potenciais mais direitos de exploração de patentes.
Actelion/Merck	Dez. 03	Inibidor de renina: US$ 10 m antecipados, US$ 262 m em lançamentos.
Neurosearch/GSK	Dez. 03	Setor do sistema nervoso central: US$ 82 m em garantias de pagamentos mais US$ 200 m em "bioworld payments".

Fonte: Credit Suisse First Boston.

QUADRO 3 | Condições médias e medianas para a licença das parcerias (em milhões de dólares)

	Estágio pré-clínico	Estágio I	Estágio II	Estágio III
Valor total				
Média	$ 82,7	$ 268,0	$ 212,3	$ 227,0
Mediana	$ 57,0	$ 200,4	$ 179,5	$ 247,5
Pagamentos antecipados				
Média	$ 30,2	$ 32,6	$ 44,6	$ 42,7
Mediana	$ 19,0	$ 11,7	$ 25,0	$ 32,0
Milestones				
Média	$ 72,9	$ 213,0	$ 196,6	$ 241,7
Mediana	$ 62,0	$ 184,6	$ 120,0	$ 200,0

Fonte: Credit Suisse First Boston, citando *Biocentury* (2003 a fevereiro de 2004).

QUADRO 4 | Financiamentos para a indústria norte-americana de biotecnologia

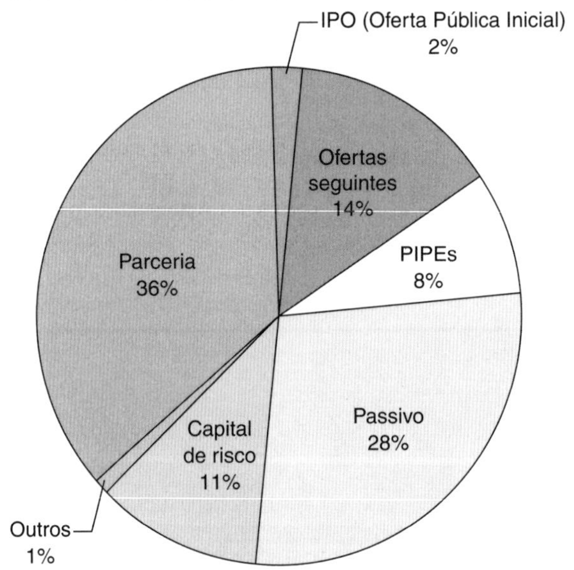

Obs: PIPEs são investimentos privados em entidades públicas. (NRT: equivalentes às Parcerias Público-Privadas – PPP – no Brasil.)

Fonte: Burryll & Company.

PARTE 6

Gestão da estrutura de capital corporativa

CASO 28

Introdução à política de dívida e valor

Muitos fatores determinam quanta dívida uma empresa contrai. Importante entre eles deve ser o efeito da dívida sobre o valor da empresa. Empréstimos geram valor? Resposta afirmativa, para quem? Resposta negativa, por que é que tantos executivos se preocupam com alavancagem?

Se a alavancagem afeta o valor, então deve causar mudanças tanto na taxa de desconto (ou seja, seu custo de capital médio ponderado) quanto nos fluxos de caixa da empresa.

1. Preencha o quadro a seguir:

	0% Dívida/ 100% Patrimônio líquido	25% Dívida/ 75% Patrimônio líquido	50% Dívida/ 50% Patrimônio líquido
Valor contábil da dívida	0	$ 2.500	$ 5.000
Valor contábil do patrimônio líquido	$ 10.000	$ 7.500	$ 5.000
Valor de mercado da dívida	0	$ 2.500	$ 5.000
Valor de mercado do patrimônio líquido	$ 10.000	$ 8.350	$ 6.700
Custo da dívida antes dos impostos	0,05	0,05	0,05
Custo da dívida depois dos impostos	0,033	0,033	0,033
Pesos de valor de mercado de:			
Dívida	0	—	—
Patrimônio líquido	1,0	—	—
Beta alavancado	0,8	—	—
Taxa livre de risco	0,05	0,05	0,05
Prêmio de mercado	0,06	0,06	0,06
Custo do capital	—	—	—
Custo médio ponderado de capital (WACC)	—	—	—
EBIT	$ 1.485	$ 1.485	$ 1.485
– Impostos (a 34%)	—	—	—
EBIAT	—	—	—
+ Depreciação	$500	$ 500	$ 500
– Dispêndios de capital	$ (500)	$ (500)	$ (500)
Alteração no capital de giro líquido	0	0	0
Fluxo de caixa livre	—	—	—

Este texto foi elaborado por Robert F. Bruner. Ele foi preparado com fins didáticos e não com o intuito de ilustrar o gerenciamento efetivo ou não de situações administrativas.

Por que o valor dos ativos muda? Onde, especificamente, essas mudanças ocorrem?

2. Em finanças, bem como em contabilidade, os dois lados do balanço patrimonial devem ser iguais. No problema anterior, valoramos o lado do ativo do balanço patrimonial. Para avaliar o outro lado, devemos avaliar a dívida e o patrimônio e depois somá-los.

	0% Dívida/ 100% Patrimônio líquido	25% Dívida/ 75% Patrimônio líquido	50% Dívida/ 50% Patrimônio líquido
Caixa pago aos credores:			
Juros	0	$ 125	$ 250
Custo da dívida antes dos impostos	0,05	0,05	0,05
Valor da dívida:			
(Juros/k_d)	—	—	—
Fluxo de caixa dos acionistas:			
EBIT	$1.485	$1.485	$1.485
– Juros	0	$ (125)	$ (250)
Lucro antes de impostos	—	—	—
Impostos (a 34%)	—	—	—
Lucro líquido	—	—	—
+ Depreciação	$ 500	$ 500	$ 500
– Dispêndios de capital	$ (500)	$ (500)	$ (500)
+ Alteração no capital de giro líquido	0	0	0
– Amortização da dívida	0	0	0
Fluxo de caixa residual (FCR)	—	—	—
Custo do capital	—	—	—
Valor do patrimônio líquido (FCR/k_e)	—	—	—
Valor do patrimônio líquido mais o valor da dívida	—	—	—

Enquanto a empresa realiza alavancagem, como o aumento de valor é dividido entre os credores e os acionistas?

3. No problema anterior, dividimos o valor de todos os ativos entre duas classes de investidores: credores e acionistas. O processo diz-nos que a mudança no valor é *futura*, mas não esclarece de onde a mudança provém. Vamos dividir os fluxos livres de caixa da empresa em *fluxos de negócios puros* e fluxos de caixa resultantes dos *efeitos de financiamento*. Agora, um axioma em finanças é que se deve descontar os fluxos de caixa a uma taxa consistente com o risco daqueles fluxos de caixa. Os fluxos de negócios puros devem ser descontados a um custo do capital próprio não alavancado (ou seja, o custo de capital da empresa não alavancada). Os fluxos de financiamento devem ser descontados pelos credores da dívida à taxa de retorno necessária.

	0% Dívida/ 100% Patrimônio líquido	25% Dívida/ 75% Patrimônio líquido	50% Dívida/ 50% Patrimônio líquido
Fluxos de caixa do negócio puro:			
EBIT	$ 1.485	$ 1.485	$ 1.485
Impostos (a 34%)	$ (505)	$ (505)	$ (505)
EBIAT	$ 980	$ 980	$ 980
+ Depreciação	$ 500	$ 500	$ 500
– Dispêndios de capital	$ (500)	$ (500)	$ (500)
+ Alteração no capital de giro líquido	0	0	0
Fluxo de caixa livre (FCL)	$ 980	$ 980	$ 980
Beta não alavancado	0,8	0,8	0,8
Taxa livre de risco	0,05	0,05	0,05
Prêmio de mercado	0,06	0,06	0,06
WACC não alavancado			
Valor dos fluxos do negócio puro: (FCL/WACC não alavancado)	—	—	—
Fluxos de caixa do financiamento	—	—	—
Juros	—	—	—
Redução de impostos	—	—	—
Custo da dívida antes dos impostos	0,05	0,05	0,05
Valor do efeito de financiamento: (Redução de impostos/Custo da dívida antes dos impostos)	—	—	—
Valor total (soma dos valores dos fluxos do negócio puro e efeitos de financiamento)	—	—	—

Os três problemas iniciais ilustram uma das teorias mais importantes em finanças. Desenvolvida por dois professores, Franco Modigliani e Merton Miller, ela revolucionou o modo como pensamos sobre as políticas de estrutura de capital. Segundo a teoria M&M:

$$\underbrace{\text{Valor do ativo}}_{\text{Problema 1}} = \underbrace{\text{Valor da dívida} + \text{Valor do patrimônio}}_{\text{Problema 2}} = \underbrace{\text{Valor não alavancado da empresa} + \text{Valor dos benefícios fiscais de dívida}^{1}}_{\text{Problema 3}}$$

4. O que ainda temos de determinar, contudo, é se os acionistas estão em melhor ou pior situação com alavancagem maior. O problema 2 não informa por que calculamos o valor total do patrimônio, e os acionistas se preocupam com o valor *por* ação. Em geral, o valor total será um bom substituto para o que ocorre como preços por ação; mas, no caso de uma empresa que esteja realizando realavancagem, pode não ser isso. De modo implícito,

[1]Os benefícios fiscais provenientes de dívida podem ser avaliados descontando-se as economias fiscais anuais futuras ao custo da dívida antes dos impostos. Para a dívida, supomos que ela esteja em aberto indefinidamente, a economia fiscal é a alíquota, t, vezes o pagamento de juros, k × D. O valor presente dessa economia contínua é tkD/k = tD.

assumimos que, enquanto nossa empresa, nos problemas de 1 a 3, realizou alavancagem, ela recomprava ações no mercado aberto (você notará que o EBIT não mudou, dessa forma, a administração claramente não estava investindo os recursos dos empréstimos em ativos geradores de caixa). Mantemos EBIT constante para que possamos ver claramente o efeito das mudanças financeiras sem misturá-las com os efeitos dos investimentos. A questão é que, conforme a empresa toma emprestado e recompra ações, o valor total do patrimônio pode cair, mas o preço por ação pode *subir*.

Agora, resolver o preço por ação pode parecer impossível porque estamos lidando com duas incógnitas – o preço da ação e a mudança no número de ações:

$$\text{Preço da ação} = \frac{\text{Valor de mercado do patrimônio}}{\text{Ações originais} - \text{Ações recompradas}}$$

Mas, reescrevendo a equação, podemos dispô-la de modo a permitir sua resolução:

$$\text{Preço da ação} = \frac{\text{Valor de mercado original do patrimônio} + \text{Valor do efeito de financiamento}}{\text{Número de ações originais}}$$

Com referência aos resultados do problema 2, vamos supor que toda a nova dívida seja igual ao caixa pago pelas ações recompradas. Complete a tabela a seguir:

	0% Dívida/ 100% Patrimônio líquido	25% Dívida/ 75% Patrimônio líquido	50% Dívida/ 50% Patrimônio líquido
Valor de mercado do patrimônio líquido	—	—	—
Caixa distribuído	—	—	—
Número original de ações	1.000	1.000	1.000
Valor total por ação	—	—	—

5. Neste grupo de problemas, a alavancagem é boa para os acionistas? Por quê? Alavancar/desalavancar a empresa é algo que os acionistas podem fazer para si mesmos? De que modo os acionistas deveriam pagar ágio pelas ações das empresas alavancadas?
6. Do ponto de vista macroeconômico, a sociedade fica melhor se as empresas usarem dívida acima de zero (até um limite prudente)?
7. Para ilustrar o uso da teoria M&M e consolidar sua compreensão da mecânica, considere o caso a seguir e complete a planilha. Em 3 de março de 1988, a construtora britânica Beazer PLC e a empresa de investimentos Shearson Lehman Hutton, Inc. iniciaram uma oferta de compra de ações para adquirir todas as ações em circulação da Koppers Company, Inc., uma produtora de materiais de construção e produtos químicos. Originalmente, os especuladores ofereceram $ 45 por ação; em seguida, a oferta subiu para $ 56 e finalmente chegou a $ 61 por ação. O conselho da Koppers afirmou que as ofertas foram inadequadas e sua administração estava revendo a possibilidade de recapitalização maior.

Para testar os efeitos da avaliação da alternativa de recapitalização, suponha que a Koppers possa emprestar no máximo $ 1.738.095.000 a um custo de dívida antes dos impostos de 10,5%, e o valor total da dívida permanecerá constante perpetuamente. Assim, a Koppers tomará um empréstimo adicional de $ 1.565.686.000 (ou seja, $ 1.738.095.000 menos $ 172.409.000). Suponha também que os recursos do empréstimo seriam pagos como um dividendo extraordinário aos acionistas. O **Quadro 1** apresenta os balanços patrimonias a valores contábeis e de mercado da Koppers, assumindo uma estrutura de capital antes da recapitalização. Complete a planilha para a alternativa de recapitalização.

QUADRO 1 | Koppers Company, Inc. (valores em milhares)

	Antes da recapitalização	Depois da recapitalização
Balanço patrimonial a valor contábil		
Capital de giro líquido	$ 212.453	
Ativo fixo	601.446	
Ativo total	$ 813.899	
Dívida de longo prazo	$ 172.409	
Impostos diferidos entre outros	195.616	
Ações preferenciais	15.000	
Patrimônio líquido ordinário	430.874	
Capital total	$ 813.899	
Balanço a valor de mercado		
Capital de giro líquido	$ 212.453	
Ativo fixo	1.618.081	
Valor presente (VP) do benefício fiscal proveniente de dívida	58.619	
Ativo total	$1.889.153	
Dívida de longo prazo	$ 172.409	
Impostos diferidos entre outros	0	
Ações preferenciais	15.000	
Patrimônio líquido ordinário	1.701.744	
Capital total	$1.889.153	
Número de ações	28.128	
Preço por ação	$ 60,50	
Valor aos acionistas públicos		
Caixa recebido	0	
Valor das ações	$1.701.744	
Total	1.701.744	
Valor total por ação	$ 60,50	

CASO 29

Estruturando políticas corporativas financeiras: diagnóstico de problemas e avaliação de estratégias

Este texto delineia um modo de pensar diagnóstico e prescritivo sobre as políticas corporativas financeiras. O sucesso do diagnóstico e da prescrição dependem primordialmente da criatividade ponderada e de julgamento cuidadoso; assim não são apresentadas soluções prontas. Em vez disso, são discutidos os elementos dos bons *processos* e apresentadas três etapas básicas nesse processo:

Descrição: A habilidade para descrever as políticas financeiras da empresa (as quais foram escolhidas explicitamente ou por falta de outra alternativa) é um fundamento essencial para o diagnóstico e a prescrição. A Parte I desta nota define a "estrutura financeira" e discute os elementos do projeto pelos quais um diretor financeiro deve realizar as escolhas. Esta seção ilustra a complexidade das políticas financeiras da empresa.

Diagnóstico: Investiga-se uma "boa" estrutura financeira por meio da triangulação das perspectivas de *benchmark*; depois, comparam-se as estruturas financeiras reais e ideais, buscando oportunidades de melhoria. A Parte II é uma visão panorâmica dos três *benchmarks* pelos quais o analista consegue diagnosticar os problemas e as oportunidades: (1) as expectativas dos investidores; (2) as políticas e o comportamento da concorrência; e (3) os objetivos internos e as motivações da administração em si. Outras perspectivas também podem existir. As Partes III, IV e V discutem detalhadamente a estimativa e aplicação dos três *benchmarks*. Essas seções enfatizam o dever de casa artesanal e a economia de esforço, focando-se nas principais considerações, questões e na informação. O propósito é derivar *insights* únicos a cada *benchmark*, em vez de remexer nos dados indefinidamente.

Prescrição: Recomendações de ações a serem tomadas devem partir dos *insights* obtidos pela descrição e pelo diagnóstico. Raramente, contudo, existem soluções ou idéias únicas; em vez disso, um CFO (*chief financial officer* – diretor financeiro) típico deve ter *visão* acerca das sugestões concorrentes. A Parte VI executa a tarefa de comparar as propostas concorrentes. E a Parte VII apresenta a conclusão.

Este texto técnico foi elaborado por Robert F. Bruner e é fruto do trabalho conjunto com Katherine L. Updike.

Parte I: identificando a política corporativa financeira: os elementos de seu projeto

Pode-se observar muito pelo simples olhar.

– Yogi Berra

A primeira tarefa dos consultores financeiros e tomadores de decisão é entender a política financeira atual da empresa. É uma etapa necessária para diagnosticar problemas e prescrever ações remediadoras. Esta seção apresenta uma abordagem para a identificação da política financeira da empresa, com base na análise cuidadosa das *táticas* pelas quais se implementa a política.

O conceito de política corporativa financeira

A noção de que as empresas *têm* políticas financeiras distintas assusta alguns analistas e executivos. Ocasionalmente, um CFO dirá: "Tudo o que faço é conseguir os melhores negócios que posso sempre que precisamos de recursos". Quase nenhum CFO admitiria o contrário. É mais provável, contudo, que a empresa tenha uma política mais substancial do que admite. Até mesmo um estilo de gerenciamento míope ou oportunista é, no final das contas, uma política.

Alguns executivos concordarão que chamar financiamento de "política" é muito fantasioso. Eles dizem que o financiamento é reativo: ocorre depois que todos os investimentos e as decisões operacionais foram tomadas. Como a reação pode ser uma política? Outras vezes ouvimos os executivos dizerem: "Nossa política financeira é simples". Tentativas de caracterizar a estrutura financeira como sendo reativa ou simplista faz vista grossa à riqueza considerável de escolhas que confrontam o administrador financeiro.

Finalmente, alguns analistas cometem o erro de manter um pensamento do tipo "tamanho único", ou seja, eles assumem que a política financeira é principalmente orientada pela economia de um setor específico da indústria e fazem vista grossa à natureza específica da empresa ou da política financeira. Empresas do mesmo e bem-definido setor da indústria podem apresentar políticas financeiras muito diferentes. A razão é que a política financeira é uma questão de *escolha administrativa.*

"Política corporativa financeira" é um grupo de *orientações* amplas ou um *estilo* preferido que guia o levantamento de recursos e a distribuição de valor. As políticas devem ser estabelecidas de modo a suportar a missão e a estratégia da empresa. Conforme o ambiente muda, as políticas devem se adaptar.

O analista de políticas financeiras deve encarar essa ambigüidade. As políticas são diretrizes; elas são imprecisas. As políticas são produtos de escolha administrativa em vez de ditames de um modelo econômico. As políticas mudam ao longo do tempo. No entanto, o arcabouço desta nota pode auxiliar o analista a definir a política corporativa financeira da empresa com foco suficiente para identificar problemas parciais, prescrever correções e tomar decisões.

Os elementos da política financeira

Toda estrutura financeira revela políticas financeiras subjacentes por meio dos sete elementos do projeto da estrutura financeira que seguem:[1]

[1]Por economia, esta nota restringirá seu escopo a esses sete itens. Pode-se, contudo, imaginar outras dimensões além das listadas aqui.

1. *Mix* de classes de capital (tais como dívida *versus* capital próprio, ou ações ordinárias *versus* lucros retidos): *qual o grau de dependência da empresa dos diferentes tipos de capital? Essa dependência da dívida é razoável, em vista dos riscos que a empresa enfrenta e a natureza de sua indústria e tecnologia?* O *mix* pode ser analisado por meio dos índices de capitalização, os índices de cobertura do serviço de dívida e a demonstração de origens e aplicações de recursos da empresa (em que o analista deve procurar as origens das novas adições ao capital no passado recente). Muitas companhias exibem ordem de importância de financiamento: elas buscam satisfazer às necessidades de financiamento pela retenção de lucros, depois por meio da dívida, e finalmente com a emissão de novas ações. *A empresa segue uma ordem de importância de suas aquisições de capital novo?*
2. *Estrutura de vencimento do capital da empresa:* descrever as escolhas realizadas acerca do vencimento dos títulos em circulação é ser capaz de interferir nos julgamentos que a empresa faz de suas prioridades – por exemplo, os requisitos de financiamento futuro e as oportunidades ou preferência relativa pelo risco de refinanciamento[2] *versus* o risco de reinvestimento[3]. Uma posição neutra de risco com relação ao vencimento seria onde a vida dos ativos equivale à vida dos passivos da empresa. A maioria das companhias aceita um desequilíbrio para uma ou outra direção. Isso pode ser devido à ignorância ou à sofisticação: os administradores podem ter uma forte "visão" interna sobre sua habilidade de reinvestir ou refinanciar. Em última análise, queremos que os administradores maximizem o valor, não que mitiguem riscos. A ausência de um *hedge* para vencimento pode refletir as melhores apostas da administração acerca do futuro da empresa e dos mercados. Mensurar o vencimento da estrutura de capital da empresa pode render *insights* acerca das apostas que seus administradores estão aparentemente fazendo. As medidas-padrão de vencimento são o prazo para o vencimento, vida média e duração. *A vida dos ativos e passivos da empresa são casadas, em linha gerais? Se não são, qual aposta a empresa está fazendo (ou seja, ela mostra ter apetite por risco de refinanciamento ou de juros)?*
3. *Base do cupom da empresa e pagamento de dividendos:* de modo simplista, a base aborda a preferência da empresa por taxas fixas ou variáveis de pagamento e é uma ferramenta útil para compreender o julgamento da administração em relação ao futuro das taxas de juros. Derivativos de taxa de juros proporcionam ao CFO as escolhas condicionadas pelos tetos (*caps*), pisos (*collars*) e outras opções estruturadas. Entender as escolhas fundamentais da administração pode revelar as apostas que a administração está fazendo, mesmo quando decide não fazer "nada". *Qual a preferência relativa da empresa por taxas de juros fixas e variáveis? Os retornos operacionais da empresa são fixos ou variáveis?*

[2] O risco de refinanciamento existe onde a vida dos ativos da empresa é *maior* que a vida dos passivos. Em outras palavras, a empresa precisará substituir (ou "rolar") o capital originalmente obtido para comprar o ativo. O risco de refinanciamento é a chance de a empresa ser capaz de obter fundos ou condições vantajosas (ou nenhuma) na data da rolagem.

[3] O risco de reinvestimento existe onde a vida dos ativos da empresa é *menor* que a vida dos passivos. Em outras palavras, a empresa precisará substituir, ou rolar, o investimento que o capital originalmente financiou. O risco de reinvestimento é a chance de a empresa ser capaz de reinvestir o capital sob condições vantajosas na data da rolagem.

4. *Moeda* aborda o aspecto geral das oportunidades financeiras de uma empresa. Essas oportunidades são expressas de dois modos: (a) administração da exposição da empresa às flutuações cambiais e (b) a exploração de possibilidades financeiras incomuns no mercado mundial de capitais. O risco de exposição cambial emerge quando uma empresa obtém lucro (ou paga despesas) em diversas moedas. Se e como a empresa vai fazer *hedge* dessa exposição pode revelar as "apostas" que a administração está fazendo concernente à mudança futura das taxas de câmbio e o futuro do *mix* de moedas do fluxo de caixa da empresa. O analista de políticas financeiras deve procurar os títulos denominados em moeda estrangeira no capital da empresa e também por *swap*, futuros e contratos a termo – os quais podem ser usados para gerenciar a exposição cambial da empresa. O outro modo em que a moeda é importante para o analista de políticas financeiras é como uma indicação de que a administração origina seu capital em atividades *"offshore"* (fora do país). Trata-se de um indicador de sofisticação e pode-se ter uma visão acerca de paridade de taxas cambiais com retornos seguros em todo o mundo. Em um mercado de capitais perfeitamente integrado, a teoria da paridade cambial apresenta a futilidade de se encontrar financiamento estrangeiro a preço de barganha. Mas os mercados de capitais não são perfeitamente integrados, e a paridade cambial raramente se verifica em todo lugar. A experiência mostra-nos que barganhas de financiamento podem existir temporariamente. Financiamento estrangeiro sugere um interesse em encontrar e explorar essas barganhas. *A denominação monetária do capital da empresa é consistente com a denominação monetária dos fluxos de caixa operacionais da empresa? As notas de rodapé do balanço patrimonial mostram evidência de* hedge *de moeda estrangeira? Além disso, a empresa, com efeito, está originando capital em escala mundial ou está focando-se somente no mercado nacional de capitais?*
5. *Exótico:* toda empresa encara uma gama de alternativas de financiamento, indo de títulos e ações tradicionais a híbridos e títulos mobiliários exclusivos e feitos sob medida.[4] Esse elemento considera a preferência relativa da administração por inovação financeira. Onde uma empresa posiciona-se nesse espectro pode lançar luz quanto à receptividade da administração sobre novas idéias, originalidade intelectual e, possivelmente, tendências oportunísticas. Em linhas gerais, títulos mobiliários relacionados a opções geralmente aparecem em finanças corporativas em que haja algum desentendimento entre os emissores e investidores acerca do prospecto da empresa. Por exemplo, os administradores de empresas de alto crescimento projetarão rápida expansão e preços de ações ascendentes. Investidores em *bonds*, por não terem o benefício da informação privilegiada, podem enxergar somente o alto risco – e emitir um título conversível pode ser um modo de o investidor em *bonds* capitalizar o risco[5] e desfrutar da criação de valor por meio do crescimento em troca de rendimentos correntes menores. Além disso, as circunstâncias sob as quais os títulos exóticos foram emitidos são geralmente episódios fascinantes na história da empresa. *Com base nos financiamentos anteriores, qual o interesse da empresa em emitir títulos exóticos? Por que os títulos exóticos da empresa foram feitos sob medida, como é o caso?*

---

[4]Exemplos de títulos mobiliários feitos exclusivamente sob medida incluem *bonds* conversíveis e permutáveis, classes híbridas de ações ordinárias e títulos contingentes, tais como ações com direito a dividendos emitidas em relação a uma aquisição.

[5]Em geral, as opções de compra incorporadas num *bond* conversível serão mais valiosas dependendo da maior volatilidade do ativo subjacente.

6. *Controle externo:* qualquer equipe de administradores provavelmente prefere pouco controle externo. Deve-se reconhecer que, em qualquer estrutura financeira, a administração realiza escolhas acerca de trocas sutis de controle, incluindo *quem* poderia exercer o controle (por exemplo, os credores, acionistas existentes, novos acionistas ou um especulador) e o que *desengatilha* o controle (por exemplo, o inadimplemento de um acordo de empréstimo, a aprovação de dividendos para ações preferenciais ou o voto de um acionista). Como as estruturas administrativas controlam os gatilhos (por exemplo, a rigidez dos acordos de empréstimos) ou promovem disciplina (talvez por meio da adoção de *poison pills* – pílulas de veneno e outros mecanismos de defesa contra tomadas de poder), podem gerar *insights* dos medos e das expectativas da administração. Pistas sobre escolhas de controle externas podem ser encontradas em acordos de crédito, acordos de penhor, nas condições das ações preferenciais, no perfil dos acionistas da empresa, nos direitos de votos das ações ordinárias, nos estatutos sociais e mecanismos de defesa contra aquisições. *De que modo a administração se defendeu contra ou se submeteu ao controle externo?*
7. A *distribuição* busca determinar quaisquer padrões acerca do (a) modo como as empresas negociam suas ações (ou seja, levanta fundos), e (b) como a empresa proporciona valor aos acionistas (ou seja, promove retorno ao capital investido). Com relação à comercialização, *insights* emergem para se saber onde as ações da empresa estão listadas para negociação, quão freqüentemente elas são vendidas e quem aconselha sobre a vendas dos títulos (o consultor que a empresa atrai é um indicador de sua sofisticação). Com relação à criação de valor, as duas estratégias genéricas envolvem dividendos ou lucro sobre o capital investido. Algumas empresas pagarão pouco ou nenhum dividendo e forçarão seus acionistas a receber seus proventos na forma de lucro sobre o capital investido. Outras pagarão dividendos materiais, mesmo que tenham de fazer empréstimos para isso. E outras, ainda, recomprarão as ações, desdobrarão ações e declararão dividendos extraordinários. As escolhas da administração quanto à entrega de valor rende pistas sobre suas crenças em relação aos investidores e à habilidade da empresa para satisfazer às necessidades deles. *Como os administradores escolheram entregar valor aos acionistas, e com o auxílio de quem eles emitiram os títulos?*

Um exemplo corporativo

A importância de se olhar para a estrutura financeira da empresa por esses sete elementos estruturais é que os *insights* que eles proporcionam podem ser a base para o desenvolvimento de políticas financeiras mais amplas e detalhadas. Além disso, os sete elementos tornam-se o arcabouço teórico para a riqueza das informações financeiras sobre as empresas de capital aberto.

Considere os exemplos da Eli Lilly and Company, indústria e distribuidor a líder de produtos farmacêuticos e para uso veterinário, e a Genentech, Inc., uma empresa de biotecnologia focada no desenvolvimento de produtos para oncologia, imunologia e pulmão. Fontes tais como o *Mergent Industrial Manual* e a *Value Line Investment Survey* distilam informações dos relatórios anuais e *filings* regulatórios e permitem ao analista chegar a conclusões acerca dos sete elementos da política financeira de cada empresa. Com base nos resultados financeiros de 2005, os analistas podem reunir os seguintes *insights* acerca das políticas da Eli Lilly e da Genentech no **Quadro 1**.

Como mostra o **Quadro 1**, a informação disponível acerca das empresas abertas proporciona contrastes importantes em suas políticas financeiras. Note que os *insights* são *suposições*:

TABELA 1 | Políticas financeiras da Eli Lilly e da Genentech

Elementos da política financeira	Eli Lilly and Company	Genentech, Inc.
MIX	**Dívida moderada** • Dívida/ativo = 19% • Dívida/capital = 30% • Ações vendidas em 1972, 1973, 1978 • *Rating* da S&P: AA • Aquisições financiadas com combinação de caixa e ações	**Orientação ao capital próprio** • Dívida/ativo = 4% • Dívida/capital = 6% • Ações vendidas em 1980, 1985, 1999, 2000 • *Rating* da S&P: A+ • Aquisições financiadas em caixa
VENCIMENTO	**Médio no longo prazo** • Vida média = 16,3 anos • 64% – de 5 a 15 anos • 36% – a 30 anos	**Curto prazo** • Mantém emissão única de dois anos
BASE	**Taxas fixas** • 91% da dívida é em taxa fixa	**Taxas variáveis** • Juros variáveis, com taxa mínima de 1,2%
MOEDA	**Exclusivamente em dólares americanos**	**Exclusivamente em dólares americanos**
EXÓTICO	**Não há exóticos** • Uso modesto de empréstimos	**Não há exóticos**
CONTROLE	**Favorece grandes acionistas** • Dívida a descoberto e resgatável • A Lilly Foundation detinha 13,4% das ações	**Investidor significativo** • Roche Holdings Inc. detinha 56,1% das ações ordinárias em circulação • Aumento das ações autorizadas de 300 milhões em 2000 para 3 bilhões em 2004
DISTRIBUIÇÃO	**Dividendos estáveis** • Dividendo médio: 47% • Diversos desdobramentos de ações • Preferenciais participantes disponíveis	**Lucro apurado** • Rápido crescimento e alto retorno • Não distribui dividendos • Ações desdobradas em 1999, 2000, 2004
	Diversos consultores • Morgan Stanley & Co.; Goldman, Sachs & Co.; J.P Morgan; Deutsche Bank; Merrill Lynch & Co., entre outros	**Único consultor** • Hambrecht & Quist
	Amplamente internacionalizada • Possui controladas e afiliadas em mais de 40 países	**Algumas operações internacionais** • Controladas no Canadá, na Suíça, no Japão, na Alemanha, na Grã-Bretanha e na Holanda

nenhuma dessas empresas descreve explicitamente suas políticas financeiras. Contudo, com prática e boas informações, a validade dos palpites pode ser alta.

A Eli Lilly e a Genentech apresentam perfis diferentes de política. Enquanto a da Genentech é conservadora em quase todos os aspectos, a da Lilly é mais agressiva. Essas duas empresas permitiriam dois grupos bem diferentes de perguntas pelo CFO ou um consultor financeiro externo. A idéia principal é que as políticas financeiras podem ser caracterizadas pelas marcas que permitem perguntas diferentes pelo CFO ou pelo consultor financeiro externo. A boa avaliação estratégica inicia-se com o rastreamento das políticas atual e anterior.

Parte II: arcabouço geral para o diagnóstico das oportunidades e problemas das políticas financeiras

Após analisar as escolhas incorporadas na estrutura financeira da empresa, deve-se indagar: "As decisões foram *corretas*?". O que é "certo" depende do contexto e da clientela à qual a administração deve responder. Uma empresa possui diversos requerentes em potencial.[6] A discussão que segue focará nas perspectivas da concorrência, nos investidores e administradores seniores.

1. *Essa política financeira gerou valor?*

   Do ponto de vista dos investidores, a melhor estrutura financeira (a) maximizará a riqueza do acionista, (b) maximizará o valor de toda a empresa (ou seja, do valor de mercado dos ativos), e (c) minimizará o WACC (custo ponderado médio do capital). Quando essas condições ocorrem, a empresa realiza as melhores trocas entre as escolhas em cada uma das sete dimensões da política financeira. Essa análise está inteiramente dentro do contexto das condições de *mercado*.

2. *Essa política financeira gerou um diferencial competitivo?*

   A concorrência deve influenciar o projeto da política financeira. A estrutura financeira pode melhorar ou restringir o diferencial competitivo, principalmente com a abertura ou execução da resposta competitiva ao longo do tempo. Assim, o administrador deve avaliar criticamente as opções estratégicas criadas ou destruídas por uma estrutura financeira específica. Além disso, supondo que elas sejam razoavelmente bem administradas, as estruturas financeiras da competição são, provavelmente, um indicador das boas políticas financeiras em determinado setor da indústria. Dessa forma, o administrador deve querer saber como a estrutura financeira da sua empresa se compara com a competição. Em resumo, essa linha de pensamento procura avaliar a posição relativa da empresa em seu ambiente competitivo com base na estrutura financeira.

3. *A política financeira consegue sustentar a visão da alta administração?*

   A perspectiva interna testa a adequação da estrutura de capital do ponto de vista das expectativas e habilidades da própria organização. O analista inicia com a avaliação da estratégia corporativa e a linha resultante de requerimentos de caixa e fundos antecipados no futuro. O realismo do plano deve ser testado contra as variações ma-

[6]Com a reflexão do momento, o analista mobilizará inúmeros participantes (*stakeholders* ou clientes), cujos interesses a empresa pode vir a servir. Administradores, consumidores e investidores são geralmente os que vêm primeiro à mente. Credores (como banqueiros) normalmente têm interesses que diferem dos investidores de *equity*. Os trabalhadores (e sindicatos) também mostram interesse tangível na empresa. Os governos, por meio de seus órgãos fiscais e regulatórios, também demonstram interesse. Pode-se estender a lista a ambientalistas e outros ativistas sociais. As possibilidades são praticamente ilimitadas. Por razões de brevidade, essa discussão lida somente com as três perspectivas que proporcionam mais *insights* sobre a política financeira.

croeconômicas esperadas, bem como contra dificuldades financeiras possíveis, mas não esperadas. Uma boa estrutura financeira satisfaz à máxima clássica em finanças corporativas: "Não esgote seu caixa" – em outras palavras, a estrutura financeira ideal financia adequadamente as metas de crescimento e o pagamento de dividendos da empresa sem diluir severamente os atuais proprietários do patrimônio da empresa. O conceito de crescimento auto-sustentável proporciona um teste objetivo desse ideal.

As próximas três seções abordarão essas perspectivas mais detalhadamente. É improvável que todas as três perspectivas ofereçam uma avaliação satisfatoriamente congruente da estrutura financeira. A visão do investidor busca as conseqüências *econômicas* da estrutura financeira: a visão da concorrência considera as conseqüências *estratégicas*. E a visão interna aborda a *sobrevivência* e as *ambições* da empresa. As três visões focam questões completamente diferentes. O analista não deve se surpreender quando as respostas diferirem.

Em vez de estimar a altura de uma montanha distante através da neblina, o analista desenvolve um conceito sobre a melhor estrutura financeira pelo processo de *triangulação*. O processo de triangulação envolve ponderar a importância de cada perspectiva, pois cada uma delas *complementa* e não substitui a outra, identificando os pontos consistentes e realizando julgamentos astuciosos onde as perspectivas diferem.

O propósito dessa análise deve ser o de articular concretamente o projeto da estrutura financeira da empresa, preferivelmente nos termos dos sete elementos abordados na **Parte I**. Esse exercício compreende desenvolver notas, comentários e cálculos para cada uma das células da grade analítica a seguir:

Elementos da política financeira	Estrutura atual	Visão do investidor	Visão da concorrência	Visão interna	Avaliação/ comentários
1. *Mix*					
2. Vencimento					
3. Base					
4. Moeda					
5. Exótico					
6. Controle externo					
7. Distribuição					

Nenhum diagrama consegue antecipar totalmente as dificuldades, peculiaridades de comportamento e exceções com as quais o analista irá se deparar. O que importa, contudo, é como pensamos o problema do projeto da estrutura financeira que encoraja tanto o pensamento crítico quanto a digestão organizada e eficiente das informações.

A **Figura 1** apresenta um resumo da abordagem apresentada nesta seção. A boa análise da estrutura financeira desenvolve três perspectivas complementares sobre a estrutura financeira e as combina em uma descrição.

FIGURA 1 | Visão geral da análise da estrutura financeira

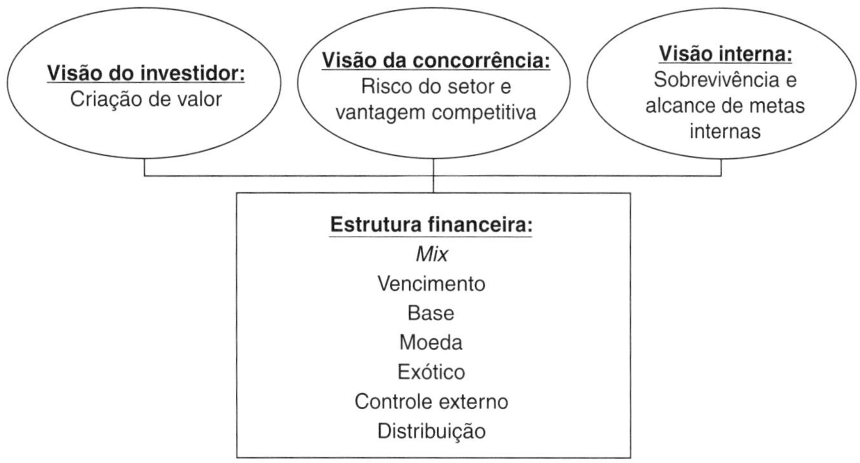

Parte III: análise da política financeira do ponto de vista do investidor[7]

Na teoria financeira, as expectativas dos investidores devem influenciar todas as decisões da administração. Essa teoria segue a doutrina legal de que as empresas devem ser administradas segundo os interesses de seus proprietários. Também reconhece a idéia econômica de que, se as necessidades dos investidores são satisfeitas depois de todas as outras demandas, a empresa deve estar com boa saúde. A visão dos investidores também confronta a realidade da disciplina do mercado de capitais. A melhor defesa contra uma aquisição de controle hostil (ou outro tipo de intrusão) é ter um preço de ação alto. Recentemente, a ameaça da disciplina do mercado de capitais fez mais do que qualquer teoria acadêmica para prender a atenção da administração na *criação de valor*.

A teoria acadêmica, contudo, é extremamente útil na identificação das estratégias de criação de valor. O valor econômico é tido como o valor presente dos fluxos de caixa futuro descontado esperado a uma taxa consistente com o risco daqueles fluxos de caixa. Cuidado considerável deve ser tomado quando da estimativa dos fluxos de caixa e das taxas de desconto (uma revisão da avaliação do fluxo de caixa descontado está além do escopo desta nota). A teoria sugere que a alavancagem pode criar valor pelos *benefícios dos escudos fiscais provenientes da dívida* e podem destruir valor pelos *custos dos problemas financeiros.* O saldo desses custos e benefícios depende de condições específicas do mercado de capitais, que são transmitidas pelos custos de dívida e do capital próprio que os credores impõem à empresa. O fundamento da teoria acadêmica é como segue:

> Uma estrutura financeira eficiente (ou seja, que otimiza valor) é aquela que simultaneamente minimiza o custo médio ponderado do capital e maximiza os valores das ações e da empresa.

---

[7]Excelentes resumos da orientação dos investidores são encontrados em Tom Copeland, Tim Koller e Jack Muffin, *Valuation*: *Measuring and Managing the Value of Companies*, 2ª ed. Nova York: Wiley, 1994; e em Alfred Rappaport, *Creating Shareholder Value*, 2ª ed. Nova York: Free Press, 1997.

A perspectiva do investidor é uma abordagem rigorosa para avaliar as estruturas financeiras: a análise de avaliação da empresa e suas ações ordinárias sob estruturas financeiras existentes e alternativas. A melhor estrutura será aquela que cria mais valor.

A expressão *estruturas financeiras alternativas* é necessariamente ambígua, mas deve ser interpretada de modo a incluir uma variedade de alternativas, abrangendo aquisições alavancadas, recapitalizações alavancadas, cisões, ofertas públicas parciais e até mesmo liquidações. Embora as últimas alternativas possam parecer radicais, o analista deve entender que os banqueiros de investimentos e especuladores corporativos rotineiramente as consideram. De modo a antecipar o que esses agentes de mudança pensam, o analista deve fazer sua lição de casa.

Uma análise cuidadosa não se satisfaz com um número final, mas considera um leque de elementos:

Custo da dívida A análise dá ênfase aos retornos até o vencimento e ao *spread* sobre a curva de retorno do Tesouro. Taxas de juros variáveis são sempre efetivas.

Custo do capital próprio A avaliação usa tantas abordagens quanto possível, incluindo o modelo de precificação de ativos financeiros, o modelo do desconto de dividendos, a equação de alavancagem financeira, o modelo de lucro/preço e quaisquer outros caminhos que pareçam ser apropriados. Embora seja falível, o modelo de precificação de ativos financeiros é o mais rigoroso.

***Mix* dívida/capital próprio** As proporções relativas dos tipos de capital na estrutura de capital são fatores importantes quando do cálculo do custo médio ponderado do capital. Todo capital deve ser estimado com base no *valor de mercado.*

Índice de preço/lucro, índice de mercado/contábil e múltiplo de EBIT Comparando esses valores com as médias do mercado de capitais ou um setor da indústria pode fornecer um modo alternativo de verificar a avaliação da empresa.

Avaliação de títulos A visão dos credores sobre a empresa é muito importante. A Standard & Poor's e a Moody's publicam índices financeiros médios para os grupos com *rating* de títulos. Mesmo uma companhia sem dívida pública em circulação, uma simples análise dos índices pode revelar a categoria de avaliação provável e seu custo de dívida atual.

Controle acionário O *mix* relativo de indivíduos e instituições que controlam a empresa e a presença de grupos controladores com intenções potencialmente hostis podem ajudar na precificação atual de seus títulos.

Posição a descoberto Uma alta posição a descoberto das ações da empresa pode indicar que alguns *traders* acreditam que uma queda de preços é iminente.

Para finalizar, a primeira regra da análise da política financeira é: *Pensar como um investidor*. O investidor avalia o valor das ações da empresa do ponto de vista das estruturas financeiras alternativas e a existência de quaisquer percepções muito negativas ou positivas sobre as ações da empresa no mercado de capitais.

Parte IV: análise da política financeira do ponto de vista da concorrência

A perspectiva da concorrência importa à alta administração por duas razões importantes. Primeiro, ela dá indícios da (1) prática-padrão na indústria e (2) a posição estratégica da empresa em relação à competição. Segundo, indica de modo correto que as finanças podem ser um instrumento financeiro competitivo.[8]

A perspectiva da concorrência pode ser a mais difícil de avaliar dos três *benchmarks*. Há poucos indícios sobre a dinâmica da indústria e, conforme mais setores tornam-se mundiais, as comparações ficam mais difíceis de realizar. Apesar da dificuldade dessa análise, contudo, a alta administração normalmente lhe dá atenção excessiva. O analista perito deve ser capaz de avaliar a habilidade da política atual (e de suas alternativas) para manter ou melhorar a posição competitiva.

Essa análise não procede cientificamente, mas se desenvolve iterativamente em direção a uma avaliação exata da situação.[9] Os passos podem ser definidos como se segue:

1. Definir o universo da concorrência.
2. Comparar os dados e índices financeiros sobre a empresa e a competição.
3. Identificar similaridades e, mais importante, as diferenças. Investigar desvios. Examinar os dados e a amostra da concorrência.
4. Adicionar as informações necessárias, tais como concorrentes estrangeiros, outro índice, normalização histórica etc.
5. Discutir ou elucidar as informações com o CFO ou especialista no setor.

Conforme a informação aumenta, as perguntas tornam-se mais profundas. Qual o padrão histórico de crescimento? Por que a empresa XYZ repentinamente aumentou sua alavancagem ou manteve um saldo grande de caixa? A aquisição da nova linha realmente deu acesso a novos mercados? As mudanças no *mix* da dívida e dos vencimentos ou na política de dividendos estão relacionadas aos novos produtos e mercados?

A economia de esforço requer que o analista comece com alguns índices e dados que possam ser facilmente obtidos (da Value Line, 10-Ks etc.). Caso a empresa opere em diversos setores e não tenha concorrentes puros, escolha um grupo de concorrentes e, na medida do possível, use informações do segmento para dividir os índices que serão válidos, por exemplo, lucro operacional das vendas, em vez de um equivalente após os impostos. Não se esqueça das informações que podem estar fora das demonstrações financeiras e podem ser fundamentais para a sobrevivência da concorrência, como diversificação geográfica, pesquisa e despesas

---

[8]Para uma discussão sobre finanças como um instrumento competitivo, consulte o clássico trabalho de William E. Fruhan Jr., *Financial Strategy: Studies in the Creation, Transfer, and Destruction of Shareholder Value*. Homewood, IL: Irwin, 1979.

[9]Uma boa introdução à análise da indústria e da concorrência pode ser encontrada em Michael Porter, *Competitive Analysis*. Nova York: Free Press, 1979. Uma excelente pesquisa de fontes possíveis de informação sobre empresas está em Leonard M. Fuld, *Competitor Intelligence*. Nova York: Wiley, 1985.

com desenvolvimento, além da atividade sindical. Para alguns setores, outros índices-chave estão disponíveis para grupos comerciais, tais como vendas em lojas idênticas e análises de capacidade. Seja qual for a insuficiência dos dados, as comparações fornecerão a direção para as análises seguintes.

Os índices e dados a serem usados dependerão do decorrer da análise. Um analista pode começar com os seguintes tipos gerais de medidas, com as quais podem comparar um grupo concorrente:

1. *Tamanho:* vendas, valor de mercado, número de colaboradores ou países, participação de mercado.
2. *Produtividade do ativo:* retorno do ativo (ROA), retorno do capital investido, valor de mercado sobre valor contábil.
3. *Valor para o acionista:* preço/lucro (P/L), retorno sobre valor de mercado.
4. *Previsibilidade:* beta, tendências históricas.
5. *Crescimento:* crescimento composto das vendas entre um e dez anos, lucros, ativos e valor de mercado das ações.
6. *Flexibilidade financeira:* dívida sobre capital, avaliações da dívida, cobertura do fluxo de caixa, estimativas do custo de capital.
7. *Outros pontos significativos do setor:* passivos de pensão não fundeados, obrigações de benefícios médicos pós-aposentadoria, passivo ambiental, capacidade, despesas com pesquisa e desenvolvimento de vendas, porcentagem de controle interno etc.

Uma das principais questões a ser resolvida na análise comparativa de dados é se todos os membros do grupo de iguais mostram os mesmos resultados e as mesmas tendências. Inevitavelmente, eles não mostrarão os mesmos resultados – o que pede que perguntemos: por que não? As tendências de produtividade dos ativos e de globalização afetaram os competidores de modo diferente e produziram diversas respostas estratégicas. Esses fenômenos deveriam estimular mais pesquisa.

O analista deve aumentar os esforços pessoais de pesquisa com o trabalho de análise do setor. Os analistas de títulos, consultores, acadêmicos e jornalistas – todos com seus trabalhos escritos ou em comunicações – podem fornecer *insights* valiosos com base em seus contatos pessoais e extensivos na indústria.[10]

Analisar a concorrência permite desenvolver *insights* de uma gama de estruturas financeiras no setor e comparar a adequação da estrutura da sua empresa. Desenvolver esses *insights* é mais uma questão de julgamento qualitativo do que deixar que os números falem por si só. Por exemplo:

1. Suponha que a sua empresa seja uma fabricante de computadores com alta alavancagem, com um histórico financeiro ímpar. A empresa deveria desalavancar? Você descobre que o grupo de fabricantes de computadores é substancialmente financiado com capital próprio, em grande parte por causa da rápida taxa de inovação tecnológica e da predação de alguns poucos grandes *players* do setor. O *racional estratégico* para a baixa alavancagem é a sobrevivência do negócio e os curtos ciclos de vida dos produtos. Sim, pode ser bom desalavancar.

[10]Consulte, por exemplo, *Nelson's Guide to Securities Research* para um diretório de analista de títulos. O Frost & Sullivan *Predicast* e os índices do *Wl Street Journal* permitem uma breve visão geral das tendências da indústria.

2. Suponha que a sua empresa seja uma companhia aérea que financia a compra dos seus equipamentos com o financiamento de papéis comerciais. A vida média do passivo da empresa é de quatro anos, ao passo que a dos ativos é de 15; ele deveria refinanciar sua dívida usando títulos com vencimento mais longo? Você descobre que o grupo de pares de empresas aéreas financia seus ativos com arrendamento, certificados de transferência de propriedade de equipamentos e acordos de financiamento de projetos que quase satisfazem exatamente as vidas econômicas dos ativos e dos passivos. O *racional estratégico* para se estender a estrutura de vencimento de passivos é fazer *hedge* contra mudanças nas curvas de rentabilidade que podem afetar negativamente a habilidade da sua empresa de refinanciar e, ainda assim, não influenciar os concorrentes em certa extensão.
3. Eis um exemplo ainda mais difícil. Sua empresa é a última grande cadeia nacional de supermercados negociada em bolsa. Todas as outras cadeias de supermercados tiveram seu capital fechado em compras alavancadas (LBO, *leveraged buyout*, em inglês). A empresa deveria alavancar por meio de uma recompra de ações alavancada? A análise da concorrência revela que as outras companhias estão se esforçando para cumprir os pagamentos do serviço da dívida com margens já estreitas e que uma mudança mais acentuada no clientelismo pode estar a caminho. Você conclui que o preço da concorrência em mercados específicos poderia provocar um realinhamento nas participações de mercado a favor da sua empresa, porque a concorrência tem pouca flexibilidade de preço. Nesse caso, ajustar a alavancagem média do setor não seria apropriado.

Parte V: diagnosticando a política financeira sob uma perspectiva interna[11]

A análise interna é a terceira classificação da estrutura financeira de uma empresa. Ela explica os requisitos de caixa esperados e recursos da empresa, além de testar a consistência de sua estrutura financeira com as suas metas de rentabilidade, seu crescimento e seus dividendos. As ferramentas clássicas de análise interna são a previsão do fluxo de caixa, as demonstrações financeiras e demonstrações de origens e aplicações de recursos. A análise-padrão de crédito dos banqueiros é compatível com essa abordagem.

A essência dessa abordagem é a preocupação com (1) a preservação da *flexibilidade financeira* da empresa, (2) a *sustentabilidade* das políticas financeiras e (3) a *viabilidade* de suas metas estratégicas. Por exemplo, as metas de longo prazo podem requerer a duplicação das vendas em cinco anos. O plano de negócios para atingir essa meta pode requerer a construção de uma nova fábrica em um ano, e os sistemas regionais de distribuição, no segundo e terceiro anos. Os investimentos substanciais em capital de giro se darão necessariamente entre o segundo e o quinto ano. Como esse crescimento deve ser financiado, possui grandes implicações para a estrutura financeira de empresa *hoje*. Normalmente, o analista aborda esse problema com a previsão do desempenho financeiro da empresa, experimentando com diferentes seqüências de financiamento e escolhendo a melhor, em vez de determinar a estrutura que possibilita o melhor fundamento para a seqüência de financiamento. Essa análise implica a necessidade de manter a flexibilidade financeira futura.

[11]Um panorama excelente da visão interna em relação às políticas financeiras da empresa podem ser encontradas em Gordon Donaldson, Managing Corporate Wealth: *The Operation of a Comprehensive Financial Goals System*, Nova York: Praeger, 1984.

Flexibilidade financeira

Flexibilidade financeira é facilmente mensurada como o caixa excedente e a capacidade da dívida não utilizada sobre os quais a empresa pode se apoiar. Além disso, pode haver outras reservas, tais como terrenos não utilizados ou estoque excedente de matérias-primas, que podem ser liquidados. Todas as reservas que poderiam ser mobilizadas devem estar refletidas em uma análise de flexibilidade financeira. Ilustrando com uma definição mais restrita (caixa e capacidade de dívida não utilizada), pode-se mensurar a flexibilidade financeira como segue:

1. Selecione uma meta mínima de *rating* da dívida que seja aceitável à empresa. Muitos CFOs terão uma meta mínima em mente, tais como o *rating* BBB/Baa.
2. Determinar o *mix* da dívida do valor contábil[12]/patrimônio consistente com o *rating* mínimo. A Standard & Poor's, por exemplo, publica índices financeiros médios, incluindo dívida/patrimônio, que são associados com cada categoria de *rating* de dívida.[13]
3. Determinar o valor contábil da dívida consistente com o índice dívida/patrimônio do passo 2. Isso mostra o valor da dívida que estaria em aberto, se a empresa mudasse para o *rating* mínimo aceitável de títulos.
4. Estimar a flexibilidade financeira usando a seguinte fórmula:

$$\begin{aligned}&\text{Flexibilidade financeira}\\&\quad = \text{Caixa excedente} + (\text{Dívida a } \textit{rating} \text{ mínimo} - \text{Dívida corrente em aberto})\end{aligned}$$

O montante estimado por essa fórmula indica as reservas financeiras as quais a empresa pode usar para explorar oportunidades incomuns e inesperadas (por exemplo, a chance de adquirir um concorrente) ou se defender contra ameaças incomuns (por exemplo, guerra de preços, obsolescência de produtos ou uma greve trabalhista).

Crescimento auto-sustentável

Um teste rápido para a consistência interna e sustentabilidade é o modelo de crescimento auto-sustentável. Esse se baseia em uma premissa principal: durante o período de previsão, a empresa não vende nenhuma nova ação (essa premissa é inteiramente consistente com o comportamento real das empresas no longo prazo).[14] Desde que a empresa não mude seu *mix* de dívida e capital próprio, segundo o modelo auto-sustentável os ativos podem crescer tão rápido quanto o capital próprio. Logo, a questão da sustentabilidade é significantemente determinada pelo retorno sobre o patrimônio (ROE) e índice de pagamento de dividendos (DPO):

$$\text{Taxa de crescimento auto-sustentável dos ativos} = \text{ROE} \times (1 - \text{DPO})$$

---

[12]O ideal seria trabalhar com valores de mercado em vez de com valores contábeis, mas as agências de *rating* calculam seus índices financeiros somente com base nos valores contábeis. Pelo fato de essa análise imitar a perspectiva das agências de *rating*, o analista deve trabalhar com os valores contábeis.

[13]Consulte a publicação da Standard & Poor's, *CreditWeek*.

[14]De 1950 a 1989, somente 5% do crescimento do setor econômico americano foi financiado com a venda de novas ações ordinárias. As fontes mais significativas foram passivos de curto e longo prazos e lucro acumulado, nessa ordem.

O teste de viabilidade de qualquer plano de longo prazo envolve a comparação da taxa de crescimento implícita por essa fórmula e a taxa de crescimento *almejada* ditada pelo plano da administração. Quando a taxa de crescimento almejada se equipara à taxa implícita, as políticas financeiras da empresa estão em equilíbrio. Se a taxa implícita exceder a almejada, a empresa ficará gradativamente mais líquida, criando uma oportunidade de desdobramento de ativos. Se a taxa almejada exceder a implícita, a empresa deve levantar mais capital com a venda de ações, alavancando ou reduzindo a distribuição de dividendos.

As políticas da administração podem ser modeladas reconhecendo-se que o ROE pode ser decomposto em diversos fatores, usando-se fórmulas clássicas:

Sistemas de índices da DuPont: $ROE = P/S \ x \ S/A \ x \ A/E$

P/S = lucro dividido pela receita ou margem líquida; uma medida de rentabilidade
S/A = receita dividida pelos ativos; uma medida de produtividade do ativo
A/E = ativos divididos pelo patrimônio; uma medida de alavancagem financeira

Equação de alavancagem financeira:[15] $ROE = ROTC + [(ROTC - K_d) \ X \ (D/E)]$

$ROTC$ = retorno sobre o capital total
K_d = custo da dívida
D/E = dívida dividida pelo patrimônio; uma medida de alavancagem

Inserindo-se alguma daquelas fórmulas na equação de taxa de crescimento auto-sustentável é possível obter um modelo mais rico dos guias de auto-sustentabilidade. Vimos, particularmente, a importância das operações internas. O modelo de crescimento auto-sustentável pode ser expandido para refletir explicitamente as medidas das políticas financeira e operacional da empresa.

O modelo de crescimento auto-sustentável testa a consistência interna das políticas financeira e operacional da empresa. *Esse modelo, contudo, não dá garantias de que a estratégia maximizará o valor.* A criação de valor não começa com as metas de crescimento; o crescimento *per si* não necessariamente leva à criação de valor, como as estratégias de "crescimento por meio de aquisições" nas décadas de 1960 e 1970 largamente ilustravam. Além disso, a adoção de metas de crescimento pode atrasar outras estratégias mais rentáveis. Essas metas podem convidar os administradores a realizar investimentos com taxas menores de rendimento que as do custo do capital. Satisfazer às metas de crescimento de ativos ou da receita pode destruir valor. Logo, a análise de crescimento sustentável deve ser expandida por questões relacionadas ao potencial de criação de valor de um grupo específico de políticas corporativas. Essas questões são: (1) Qual a duração e magnitude dos retornos de investimento quando comparadas ao custo de capital da empresa?; (2) Com qual grupo alternativo de políticas o preço das ações da empresa é maximizado? Com perguntas assim, a orientação do investidor, discutida na Parte III, é direcionada para dentro, de modo a reconferir a adequação de quaisquer inferências derivadas das projeções financeiras das demonstrações de origens e usos de recursos e da análise do modelo de crescimento auto-sustentável.

[15]Essa é a expressão clássica do custo do capital próprio, como apresentado inicialmente no trabalho dos laureados com o Prêmio Nobel Franco Modigliani e Merton Miller.

Parte VI: qual é a melhor?

Qualquer estrutura financeira avaliada contra as perspectivas dos investidores, a concorrência e as metas internas provavelmente mostrará oportunidades de melhoria. Geralmente, os CFOs escolhem realizar mudanças na margem em vez de consertar radicalmente a estrutura financeira. Para grandes e pequenas mudanças, contudo, o analista deve desenvolver um arcabouço de julgamento e prescrição.

Esse arcabouço é um modo de identificar as trocas entre "boas" e "ruins", em vez de encontrar a resposta correta. Tendo identificado a substitutibilidade implícita em qualquer estrutura alternativa, resta ao CFO e ao consultor escolherem a estrutura com a substitutibilidade mais atrativa.

Os elementos principais da avaliação são os seguintes:

Flexibilidade: a habilidade de satisfazer aos requisitos financeiros não previstos conforme forem aparecendo — esses elementos podem ser favoráveis (por exemplo, uma oportunidade de aquisição inesperada) ou desfavoráveis (tais como o medo de falsificação de produtos). A flexibilidade pode envolver a liquidação de ativos ou recorrer ao mercado de capitais em condições adversas, ou ambos. Ela pode ser mensurada por meio dos *ratings* de títulos, índices de cobertura, de capitalização, liquidez e pela identificação de ativos comercializáveis.

Risco: a variabilidade previsível dos negócios da empresa. Tal variabilidade pode ser em razão de fatores macroeconômicos (como demanda de consumo) e fatores específicos da empresa ou do setor (como ciclos de vida de produtos ou greves relacionadas a negociações salariais). Até certa medida, a experiência passada pode indicar a gama futura de variabilidade do EBIT e fluxo de caixa. A alta alavancagem tende a amplificar essas variações previsíveis do negócio. O risco associado com qualquer estrutura financeira pode ser avaliado pela análise de EBIT-LPA (lucro por ação), de ponto de equilíbrio (*break-even*), desvio-padrão do EBIT e beta. Em tese, o beta deveria variar diretamente com a alavancagem.[16]

Valor: compara as estruturas financeiras com base na criação de valor. Medidas tais como o valor dos fluxos de caixa descontado (DCF), ROE esperado, LPA e o custo de capital indicam os efeitos comparativos do valor das estruturas financeiras alternativas.

Controle: as estruturas financeiras alternativas podem implicar mudanças de controle ou restrições diferentes de controle conforme indica a distribuição percentual da participação acionária e a estrutura dos *covenants* das dívidas.

Momento: indaga se o ambiente atual do mercado de capitais é o ideal para implementar qualquer estrutura financeira alternativa e quais serão as implicações para os financiamentos futuros se a estrutura proposta for adotada. O ambiente de mercado atual pode ser avaliado examinando-se a curva de rendimento do tesouro, a tendência de movimentação das taxas de juros, a existência de quaisquer janelas no mercado para novas emissões de títulos e tendências do múltiplo de preço/lucro etc. Considerações subseqüentes são implicitamente capturadas nas considerações que subjazem às estimativas de valor dos fluxos de

---

[16]Essa relação é ilustrada pela fórmula usada para estimar o beta alavancado da empresa:

$$B_t = B_u \, x \, [1 + (1 - t) \, x \, D/E]$$

Na qual: B_t = beta alavancado; Bt = beta não-alavancado; t = alíquota fiscal marginal efetiva; e D/E = índice de dívida/patrimônio do valor de mercado da empresa.

caixa descontado (DCF) alternativos e podem ser examinadas explicitamente olhando-se o LPA anual e as correntes de ROE em seqüências alternativas de financiamento.

Esse arcabouço de flexibilidade, risco, valor, controle e momento (FRICT, em inglês) pode ser usado para avaliar as forças e fraquezas relativas dos planos de financiamento alternativo. Utilizando um exemplo simples, suponha que a sua empresa esteja considerando duas estruturas financeiras: (1) dívida de 60% e capital próprio de 40% (ou seja, a dívida será emitida) e (2) 40% de dívida e 60% de capital próprio (ou seja, as ações serão emitidas). Além disso, suponha que a sua análise das duas estruturas dos pontos de vista do investidor, da concorrência e da análise interna o leve a realizar a seguinte comparação básica:

	60% de dívida	**40% de dívida**
Flexibilidade	Um pouco baixa, nada mal	Alta
	Rating da dívida BBB	*Rating* da dívida AA
	$ 50 milhões em reservas	$ 300 milhões em reservas
Risco	Alto	Médio
	Cobertura EBIT = 1,5	Cobertura EBIT = 3,0
Lucro	Bom a alto	Medíocre
	Valor do DCF = $ 20/ação	Valor do DCF =$ 12/ação (diluente)
Controle	*Covenants* rígidas	*Covenants* não restritivas
	Diluição sem direito de voto	10% de diluição com direito de voto
Momento	Taxa de juros baixa hoje	Baixos múltiplos de patrimônio hoje
	Seqüência de risco	Seqüência de baixo risco para futuros

A estrutura de dívida a 60% é favorecida com base no valor, no controle e nas condições atuais de mercado. A estrutura de dívida a 40% é favorecida com base na flexibilidade, no risco e na seqüência financeira de longo prazo. Esse exemplo compara-se a uma decisão entre "comer bem" e "dormir bem". Cabe à alta administração tomar a difícil decisão entre as alternativas, ao mesmo tempo em que dá atenção às visões dos investidores, da concorrência e da administração.

Parte VII: conclusão

Descrição, diagnóstico e prescrição na estruturação financeira formam um processo iterativo. É bem provável que o CFO do exemplo comer bem/dormir bem diga ao analista para fazer mais pesquisas e testes das estruturas alternativas. A **Figura 2** mostra uma visão expandida do ciclo básico da análise e sugere mais acerca da complexidade do problema da estrutura financeira. Com tempo e experiência, o analista desenvolve uma intuição quanto a fontes eficientes de informação e modos de análise. No longo prazo, essa intuição torna o ciclo de análise gerenciável.

FIGURA 2 | Ilustração ampliada do processo de desenvolvimento da política financeira

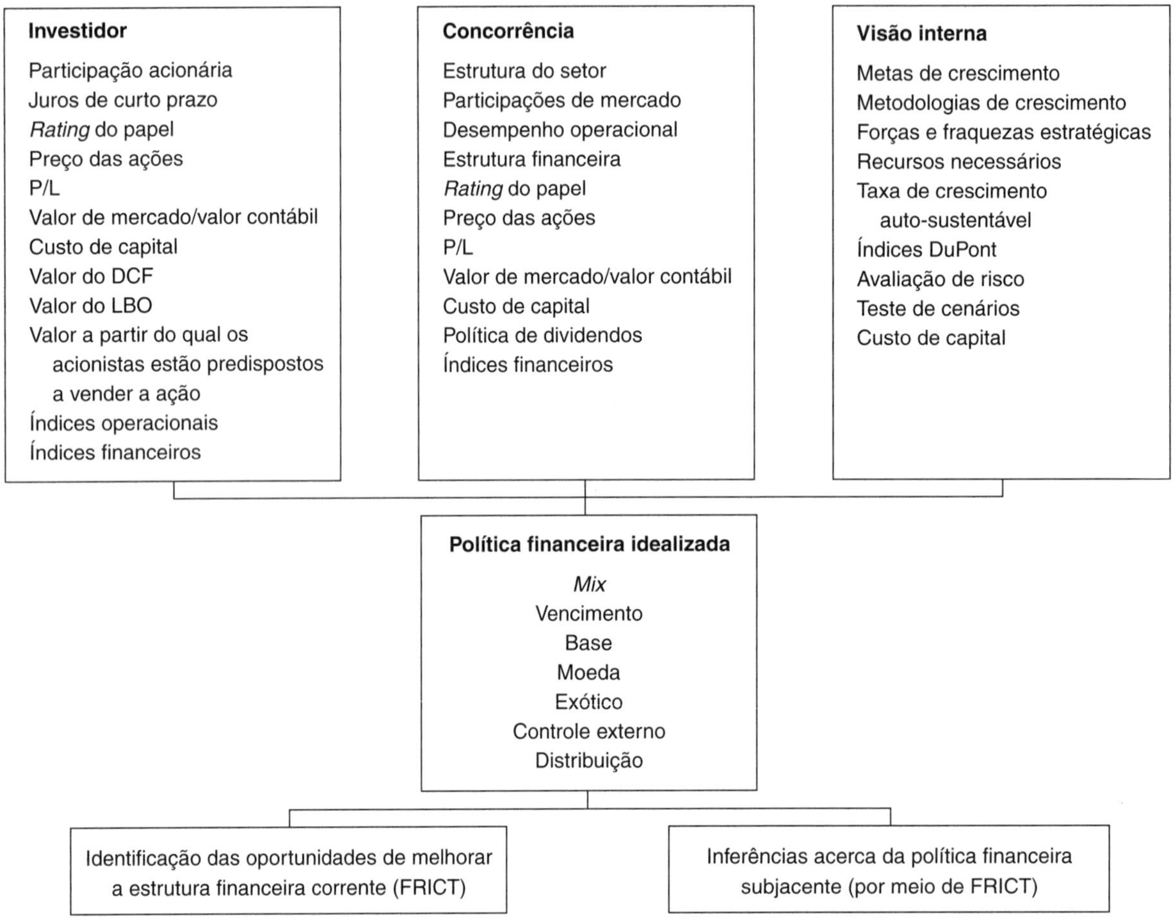

CASO 30

A Wm. Wrigley Jr. Company: estrutura de capital, avaliação e custo de capital

As taxas de juros estão no ponto mais baixo dos últimos 50 anos. Ainda que o uso de financiamento da dívida pelas corporações esteja caindo – isso se dá numa recessão. E algum grau de desalavancagem se deve a mudanças estratégicas no setor, tais como inovação tecnológica e outros desenvolvimentos que aumentam o risco do negócio. Mas a desalavancagem corporativa parece ter ido longe demais. Os CEOs estão perdendo oportunidades valiosas para criar valor para os acionistas. Em casos extremos, há empresas maduras que não usam empréstimo nenhum! Pegue a Wm. Wrigley Jr. Company, por exemplo. Ela possui liderança de mercado em um negócio de baixa tecnologia – manufatura de goma de mascar – e não possui dívida. Aposto que se pudéssemos convencer o conselho da Wrigley a realizar uma recapitalização alavancada por meio de dividendos ou recompra de ações, poderíamos criar significativamente novo valor. Susan, por favor, calcule alguns números sobre a mudança potencial em valor e obtenha os nomes e números telefônicos de todos os diretores da Wrigley.

Com essas palavras, Blanka Dobrynin, sócia-diretora da Aurora Borealis LLC, pediu a Susan Chandler, uma sócia, para pesquisar sobre um possível investimento na Wrigley. O Aurora Borealis era um fundo de *hedge* que administrava cerca de US$ 3 bilhões e tinha uma estratégia de investimentos que focava empresas em dificuldades, fusões e arbitragem, transações de mudança de controle e recapitalizações. Dobrynin imigrou para os Estados Unidos, vinda da Rússia, em 1991, e logo se associou a uma grande empresa em Wall Street. Em 2000, ela fundou o Aurora Borealis em busca de uma estratégia de "investidores ativos". Seu modelo de operações típico era identificar as oportunidades de reestruturação de uma empresa, investir significativamente nas ações da empresa-alvo e, assim, realizar um processo de persuadir a administração e os diretores a realizar a reestruturação. Agora, em junho de 2002, Dobrynin pode olhar retrospectivamente para os grandes retornos proporcionados pelo uso da estratégia.

Este caso foi elaborado por Robert F. Bruner e Scan D. Carr, assistente de pesquisa, a partir de dados públicos da Wm. Wrigley Jr. Company. Nomes e eventos são ficcionais.

Chandler notara que o valor de mercado das ações ordinárias da Wrigley era de cerca de US$ 13,1 milhões. Dobrynin e Chandler discutiam as condições do mercado de capitais e decidiram focar na premissa de que a Wrigley poderia financiar US$ 3 bilhões a um *rating* de crédito entre BB e B para render 13%. Chandler concordou em voltar logo para discutir os resultados da pesquisa.

A Wm. Wrigley Jr. Company

A Wrigley era a maior fabricante e distribuidora de goma de mascar. O setor em que operava, de alimentos e doces de marca, era intensamente competitivo e dominado por alguns poucos grandes *players*. O **Quadro 1** apresenta o perfil dos produtos da Wrigley e da concorrência. Nos dois últimos anos, as receitas haviam crescido a uma taxa composta anual de 10% (lucro a 9%), refletindo a introdução de novos produtos e expansão para o exterior (**Quadro 2**). Historicamente, a empresa tem sido financiada de modo conservador. Ao final de 2001, a companhia tinha ativos que somavam US$ 1,76 bilhão e nenhuma dívida (**Quadro 3**). Como mostra o **Quadro 4**, o preço das ações da Wrigley ultrapassou significativamente o S&P 500 Composite Index e estava ligeiramente à frente do índice do setor.

Estimando o efeito da recapitalização alavancada

Sob a proposta de recapitalização alavancada, a Wrigley emprestaria US$ 3 bilhões e usaria esse montante tanto para pagar um dividendo equivalente quanto para recomprar valor equivalente em ações. Chandler sabia que essa combinação de ações afetaria o valor das ações da empresa, o custo de capital, a cobertura da dívida, os lucros por ação e o controle acionário. Conseqüentemente, ela buscou avaliar o efeito da recapitalização naquelas áreas. Colheu informações financeiras sobre a Wrigley e os concorrentes (**Quadro 5**).

Impacto no valor das ações

Chandler lembrara que o efeito da alavancagem sobre a empresa podia ser modelado utilizando a fórmula ajustada ao valor presente, segundo a qual a dívida aumentava o valor da empresa blindando os fluxos de caixa contra os impostos. Dessa forma, o valor presente dos benefícios fiscais da dívida poderia ser adicionado ao valor da empresa não alavancada para gerar o valor da empresa alavancada. A taxa de imposto marginal que Chandler propôs usar era de 40%, refletindo a soma dos impostos federais, estaduais e municipais.

Impacto no *rating* da dívida

Uma premissa na análise seria o *rating* da dívida para a Wrigley, depois de assumir US$ 3 bilhões em dívida, e se a empresa podia cobrir os pagamentos de juros decorrentes dela. Dobrynin sugeriu que Chandler assumisse que a Wrigley poderia financiar US$ 3 bilhões a um *rating* entre BB e B. Era provável um *rating* BB/B? Nessa questão, Chandler levantou informações sobre os índices financeiros médios associados a categorias de *ratings* diferentes de dívida (**Quadro 6**). Dobrynin achava que o custo da dívida da Wrigley antes dos impostos seria de aproximadamente 13%. Chandler verificou essa premissa contra as informações do mercado de capitais, apresentadas no **Quadro 7**.

Impacto no custo de capital

Chandler sabia que o valor máximo da empresa seria alcançado quando o WACC (custo ponderado do capital) fosse minimizado. Assim, ela pretendia estimar qual seria o custo do capital próprio e o WACC se a Wrigley realizasse essa mudança na estrutura de capital. O custo da dívida projetado dependeria da sua avaliação do *rating* da dívida da Wrigley após a recapitalização e das taxas atuais do mercado de capitais (resumido no **Quadro 7**).

O custo do capital próprio (K_E) podia ser estimado usando-se o modelo de precificação do ativo. O **Quadro 7** mostra os rendimentos dos instrumentos do Tesouro Americano, que permitiram as estimativas da taxa de retorno sem risco. A prática da Aurora Borealis era usar um prêmio de risco do mercado financeiro de 7%. O beta da Wrigley também deveria ser alavancado para refletir a recapitalização projetada.

Chandler indagava se sua análise cobria tudo. Onde, por exemplo, ela devia considerar os custos potenciais de uma falência e as dificuldades ou os efeitos da alavancagem como um sinal das operações futuras? Uma alavancagem maior também criaria algumas restrições e incentivos à administração. Onde eles deveriam entrar em sua análise?

Impacto nos lucros por ação divulgados

Chandler queria estimular o efeito esperado sobre os lucros por ação (LPA) que ocorreriam em diversos níveis do lucro operacional (EBIT) com a mudança na alavancagem. O início de uma análise de EBIT/LPA é mostrado no **Quadro 8**.

Impacto no controle acionário

A Wm. Wrigley Jr. Company possuía 232,441 milhões de ações em circulação. Uma recompra dessas ações alteraria esse número. A família Wrigley detinha o controle de 21% das ações ordinárias em circulação e 58% das ações ordinárias classe B, que possuíam direitos de voto superiores aos das ações ordinárias.[1] Supondo que a família Wrigley não venderia nenhuma ação, como a opção de recompra de ações alteraria a posição acionária da família na empresa?

Conclusão

Embora a análise de Susan Chandler seguisse pelo caminho usual, cada empresa que ela analisara diferia umas das outras em questões importantes. Blanka Dobrynin pagou-lhe para rodar os números e, mais importante, encontrar as diferenças onde quer que estivessem ameaças ocultas e oportunidades. Rodar os números foi fácil para Chandler; contudo, traçar *insights* úteis deles, não.

[1]Ações ordinárias classe B tinham dez votos cada; ações ordinárias comuns tinham um voto cada. Ações classe B tinham restrições quanto à venda ou transferência e podiam ser convertidas em ações ordinárias comuns à razão de 1:1. Assim, para se computar os valores por ação, o número total de ações em circulação da Wrigley consistia na soma das ações ordinárias (189,8 milhões) e em ações classe B (42,641 milhões), de um total de 232,441 milhões de ações.

QUADRO 1 | Descrição das concorrentes do setor

Empresa	Descrição
Cadbury Schweppes plc	A Cadbury Schweppes plc. fabricava e distribuía doces e bebidas no mundo todo. Vendeu 51% da sua participação na Coca-Cola e na Schweppes Beverages Ltd. em 1997, marcas de bebidas em 160 mercados internacionais, em 1999. Em 1998, detinha 40% da American Bottling. Licenciou a Cadbury para a Hershey nos EUA. Adquiriu a Dr. Pepper/7Up em 1995, Hawaiian Punch em 1999, e a Snapple em 2000. Receita/lucro operacional no segmento em 2001: bebidas, 43%/61%; doces, 57%/39%. Vendas por região: Grã-Bretanha, 21%; EUA, 42%; Austrália, 10%; outros (incluindo Europa), 27%. Tinha 36.460 funcionários. *Rating*: BBB/Baa2.
Hershey Foods Corp.	A Hershey Foods Corp. era a maior fabricante americana de chocolate e produtos de confeitaria não-chocolate (principais marcas: Hershey's, Reese's, Cadbury, Kit Kat, Sweet Escapes, TasteTations, Jolly Rancher, Good & Plenty e Milk Duds). Vendeu a maior parte de suas operações de massa em janeiro de 1999. Adquiriu a Cadbury U.S. em setembro de 1988, Henry Heide em dezembro de 1995, e Leaf North America em dezembro de 1996. Custos com propaganda: 4,2% da receita de 2001. Taxa de depreciação de 2001: 6,6%. Tinha 14.400 funcionários e 40.300 acionistas. Hershey Trust Co. detém 11,5% das ações ordinárias e 99,6% das classe B. *Rating*: A+/A1.
Kraft Foods Inc.	A Kraft era a maior empresa de marca de alimentos e bebidas localizada nos EUA e segunda maior no mundo. Ela comercializa a maioria das marcas de alimentos líderes no mundo, incluindo o queijo Kraft, café Maxwell House, biscoitos e bolachas Nabisco, Philadelphia, carnes Oscar Mayer e cereais Post. Seus produtos eram vendidos em mais de 145 países. As vendas na América do Norte representaram 74% das receitas em 2001; e vendas internacionais, 26%. Comprou a Nabisco em dezembro de 2000. Tinha cerca de 14 mil funcionários. A Philip Morris detém 84% das ações ordinárias (procurador 3/02). *Rating*: BBB+/A3.
Tootsie Roll Industries, Inc.	A Tootsie Roll Industries, Inc. fabricava doces. Seus produtos incluíam Tootsie Roll, Tootsie Pop, Tootsie Bubble Pop e Mason Dots. Comprou a Brach's Confections' Andes Candies em maio de 2000; as antigas marcas de chocolate/caramelo Warner-Lambert's (Junior Mints, Sugar Daddy, Charleston Chew e Porn Poms) em setembro de 1988, e Cella Confections em julho de 1985. Possui cinco fábricas nos EUA e uma no México. Operações internacionais (México e Canadá): 7% das receitas de 2001. Tinha cerca de 1.950 funcionários. A M. J. & E. R. Gordon detém 74% do controle acionário. *Rating*: N/D.
The Wm. Wrigley Jr. Company	A Wm. Wrigley Jr. Company era a maior fabricante e distribuidora de gomas de mascar, especialmente chicletes e base para chiclete. Marcas principais: Doublemint, Spearmint, Juicy Fruit, Big Red, WinterFresh, Extra, Orbit e Freedent. A subsidiária Amurol Products criou chicletes inovadores, incluindo Bubble Tape, Big League Chew; vende o chiclete Hubba Bubba. Recei tas no exterior: 58% da receita total de 2001, 58% do lucro antes dos impostos. Tinha 10.800 funcionários e 38.701 acionistas ordinários. William Wrigley Jr. detinha 21% das ações ordinárias e 58% da classe B. *Rating*: N/D.

Fontes: Value Line Investment Survey e Bloomberg LP.

QUADRO 2 | Demonstração do resultado da Wm. Wrigley Jr. Company

	Exercício encerrado em 31 de dezembro		
(em milhares, exceto valores por ação)	**2001**	**2000**	**1999**
Lucro			
Receita	**$ 2.429.646**	$ 2.145.706	$ 2.061.602
Custo de vendas	**997.054**	904.266	904.183
Lucro bruto	**1.432.592**	1.241.440	1,157.419
Despesas com vendas, gerais e administrativas	**919.236**	778.197	721.813
Lucro operacional	**513.356**	463.243	435.606
Lucro de investimentos	**18.553**	19.185	17.636
Outras despesas	**(4.543)**	(3.116)	(8.812)
Lucro antes do imposto de renda	**527.366**	479.312	444.430
Imposto de renda	**164.380**	150.370	136.247
Lucro líquido	**$ 362.986**	$ 328.942	$ 308.183
Montantes por ação			
Lucro líquido por ação ordinária	**$ 1,61**	$ 1,45	$ 1,33
Dividendos pagos por ação ordinária	**$ 0,745**	$ 0,70	$ 0,66

Fonte: Relatórios da empresa.

QUADRO 3 | Balanço patrimonial consolidado da Wm. Wrigley Jr. Company

(em milhares de dólares)	2001	2000
ATIVO		
Ativo circulante:		
Ativo circulante	**$ 307.785**	$ 300.599
Investimentos de curto prazo, a custo amortizado	**25.450**	29.301
Contas a receber	**239.885**	191.570
Estoques		
Produtos acabados	**75.693**	64.676
Matéria-prima e suprimentos	**203.288**	188.615
	278.981	253.291
Outro ativo circulante	**46.896**	39.728
Imposto de renda diferido – circulante	**14.846**	14.226
Ativo circulante total	**913.843**	828.715
Títulos e valores mobiliários, a valor justo	**25.300**	28.535
Diferido e outros ativos	**115.745**	83.713
Imposto de renda diferido – não circulante	**26.381**	26.743
Imobilizado (ao custo)		
Terrenos	**39.933**	39.125
Prédios e instalações	**359.109**	344.457
Maquinário e equipamentos	**857.044**	756.050
	1.256.086	1.139.632
Menos depreciação acumulada	**571.717**	532.598
Imobilizado líquido	**684.379**	607.034
ATIVO TOTAL	**$ 1.765.648**	$ 1.574.740
PASSIVO E PATRIMÔNIO LÍQUIDO		
Passivo circulante:		
Contas a pagar	**$ 91.225**	$ 73.129
Despesas acumuladas	**128.406**	113.779
Dividendos a pagar	**42.711**	39.467
Imposto de renda a pagar e outros	**68.437**	60.976
Imposto de renda diferido – corrente	**1.455**	859
Passivo circulante total	**332.234**	288.210
Imposto de renda diferido – não circulante	**43.206**	40.144
Outros passivos não circulantes	**113.921**	113.489
Ações ordinárias	**12.646**	12.558
Ações conversíveis classe B	**2.850**	2.938
Capital integralizado adicional	**1.153**	346
Lucro acumulado	**1.684.337**	1.492.547
Ações em tesouraria	**(289.799)**	(256.478)
Outros lucros compreensivos acumulados	**(134.900)**	(119.014)
Patrimônio líquido total	**1.276.287**	1.132.897
PASSIVO TOTAL E PATRIMÔNIO LÍQUIDO	**$ 1.765.648**	$ 1.574.740

Fonte: Relatórios da empresa.

QUADRO 4 | Desempenho do preço das ações da Wm. Wrigley Jr. Company (valor do investimento de US$ 1.000: 1º de junho de 2000 a 7 de junho de 2002)

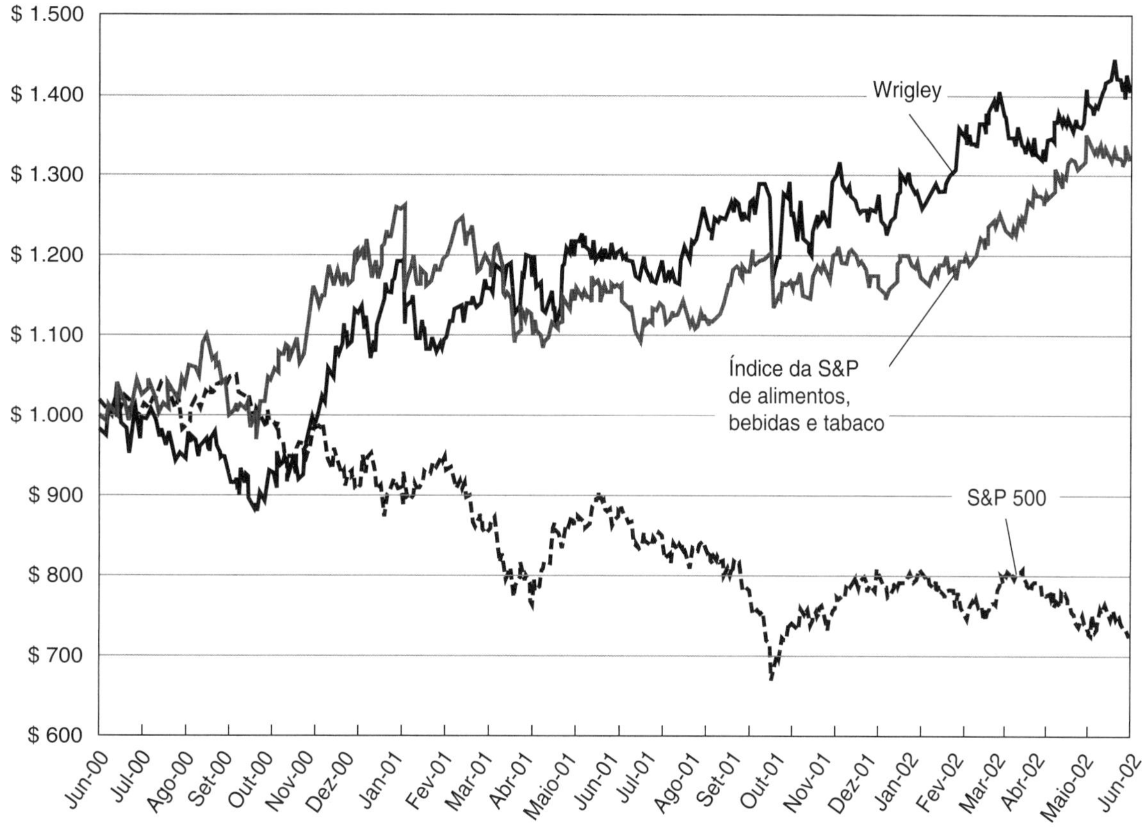

Fonte: Datastream, com análise do autor do caso.

QUADRO 5 | Características financeiras das principais fabricantes de doces

Nome da empresa	Preço recente	Ações ordinárias em circulação (milhões)	Valor patrimonial a valor de mercado (milhões)	Valor patrimonial a valor contábil (milhões)	Dívida de LP total (milhões)	Dívida de LP/ (Dívida de LP + Valor patrimonial a valor contábil)	Dívida de LP/ (Dívida de LP + Valor patrimonial a valor de mercado)	Dívida de LP/Valor patrimonial a valor contábil	Dívida LP/ Valor patrimonial a valor de mercado
Cadbury Schweppes plc	$ 26,66	502,50	$ 13.397	$ 5.264	$ 2.264	30,07%	14,46%	43,01%	16,90%
Hershey Foods Corp.	$ 65,45	136,63	$ 8.942	$ 2.785	$ 869	23,77%	8,85%	31,18%	9,71%
Kraft Foods	$ 38,82	1.735,00	$ 67.353	$ 39.920	$ 8.548	17,64%	11,26%	21,41%	12,69%
Tootise Roll Industries Inc.	$ 31,17	51,66	$ 1.610	$ 509	$ 8	1,45%	0,46%	1,47%	0,47%
Wm. Wrigley Jr. Co.	$ 56,37	232,44	$ 13.103	$ 1.276	—	0,00%	0,00%	0,00%	0,00%
S&P 500 Composite	$ 1.148,08					18,23%	8,76%	24,27%	9,94%

Nome da empresa	Beta	LPA	Preço/ Lucro	Dividendo em caixa	Distribuição de dividendos	Rendimento dos dividendos	Cobertura de juros antes dos impostos	Crescimento composto do LPA nos últimos 5 anos	Valor da empresa/ EBITDA
Cadbury Schweppes plc	0,60	1,39	15,20	$ 0,67	44,0%	2,50%	4,6x	6,50%	10,3
Hershey Foods Corp.	0,60	2,74	20,40	$ 1,16	41,0%	2,00%	11,1x	6,50%	11,4
Kraft Foods	nmf	1,17	18,70	$ 0,26	12,0%	1,50%	3,4x	nns	10,1
Tootise Roll Industries Inc.	0,65	1,30	24,00	$ 0,28	22,0%	0,90%	nns	12,50%	14,6
Wm. Wrigley Jr. Co.	0,75	1,61	29,30	$ 0,75	46,0%	1,50%	nns	9,00%	22,6
S&P 500 Composite	1,00	18,78	40,55					-49,57%	

nns = número não significativo.

Fonte: *Value Line Investment Survey*.

QUADRO 6 | Principais índices financeiros por *rating* de crédito

	Investment Grade				*Non-Investment Grade*	
	AAA	**AA**	**A**	**BBB**	**BB**	**B**
Cobertura de juros do EBIT (x)	23,4	13,3	6,3	3,9	2,2	1,0
Recursos operacionais/dívida total (%)	214,2	65,7	42,2	30,6	19,7	10,4
Fluxo de caixa operacional livre/dívida total (%)	156,6	33,6	22,3	12,8	7,3	1,5
Retorno sobre o capital (%)	35,0	26,6	18,1	13,1	11,5	8,0
Lucro operacional/receita (%)	23,4	24,0	18,1	15,5	15,4	14,7
Dívida de longo prazo/capital (%)	(1,1)	21,1	33,8	40,3	53,6	72,6
Dívida total/capital, incluindo dívida de curto prazo (%)	5,0	35,9	42,6	47,0	57,7	75,1

Fonte: Standard & Poor's *CreditStats*, 8 de setembro de 2003.

Definições:

A cobertura de juros do EBIT divide o lucro antes dos juros e impostos (EBIT) pela despesa financeira (antes de subtrair o juro capitalizado e a receita financeira).

RO/dívida total divide os recursos operacionais (RO) pela dívida total. Define-se os RO como o lucro líquido das operações, depreciação e amortização, imposto de renda diferido e outros itens não-caixa/Dívida de LP + vencimentos de curto prazo + papéis comerciais e outros empréstimos de curto prazo.

Fluxo de caixa operacional livre/dívida total. O fluxo de caixa operacional livre é definido por RO – investimentos – (+) aumento (redução) do capital de giro (excluindo-se mudanças em caixa, títulos e valores mobiliários e dívida de curto prazo)/Dívida de longo prazo + vencimentos de curto prazo, papéis comerciais e outros empréstimos de curto prazo.

Dívida total/EBITDA. Dívida de longo prazo + vencimentos no curto prazo, papéis comerciais e outros empréstimos de curto prazo/Lucros operacionais ajustados antes de juros, impostos e depreciação e amortização.

Retorno sobre o capital. EBIT/Capital médio no início e no final do exercício, incluindo dívida de curto prazo, vencimentos de curto prazo, dívida de longo prazo, impostos diferidos não circulantes, participação de minoritários e patrimônio (ações ordinárias e preferenciais).

Dívida total/capital. Dívida de longo prazo + vencimentos de curto prazo, papéis comerciais e outros empréstimos de curto prazo/Dívida de longo prazo + vencimentos de curto prazo, papéis comerciais e outros empréstimos de curto prazo + patrimônio líquido (incluindo as ações preferenciais) + participação de minoritários.

Fonte: Standard & Poor's *Corporate Ratings Criteria*, Nova York: Standard & Poor's, 2005, p. 42.

QUADRO 7 | Condições do mercado de capitais em 7 de junho de 2002

Obrigações do Tesouro Americano	Rendimento
3 meses	1,670%
6 meses	1,710%
1 ano	2,310%
2 anos	3,160%
3 anos	3,660%
5 anos	4,090%
7 anos	4,520%
10 anos	4,860%
20 anos	5,650%

Obrigações da dívida corporativa (10 anos)	Rendimento
AAA	9,307%
AA	9,786%
A	10,083%
BBB	10,894%
BB	12,753%
B	14,663%

Fonte: Bloomberg LP e Federal Reserve Bank Reports.

Outros instrumentos	
Taxa de desconto do Banco Central Americano	1,730%
LIBOR (1 mês)	1,840%
CDB (6 meses)	1,980%
Taxa de juros preferenciais	4,750%

Curva de rendimento do Tesouro Americano

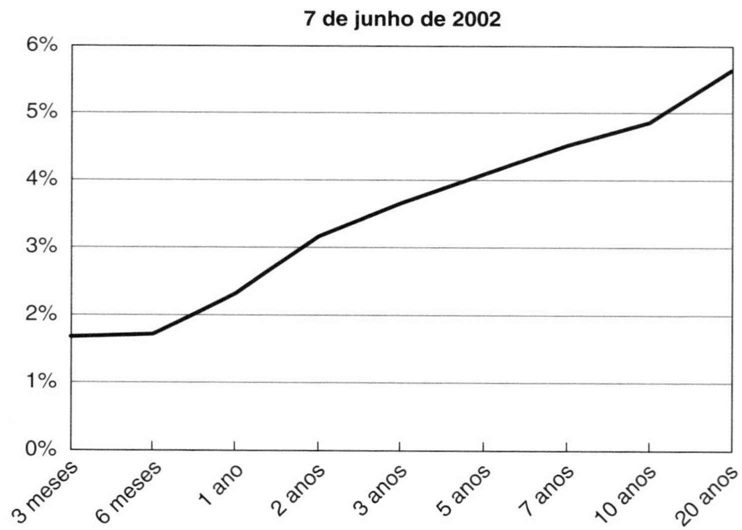

QUADRO 8 | Análise do LPA *versus* EBIT

Premissas	**Antes** da recapitalização
Taxa de juros sobre a dívida	______
Dívida pré-recapitalizada	______
Taxa de imposto de renda	______

Premissas	**Depois** da recapitalização
Taxa de juros sobre a dívida	______
Dívida pré-recapitalizada	______
Taxa de imposto de renda	______

Antes da recapitalização	Pior cenário	Mais provável	Melhor cenário
Lucro operacional (EBIT)			
Despesa financeira			
Lucro presumido			
Impostos			
Lucro líquido			
Ações em circulação			
Lucros por ação			

Depois da recapitalização	Pior cenário	Mais provável	Melhor cenário
Lucro operacional (EBIT)			
Despesa financeira			
Lucro presumido			
Impostos			
Lucro líquido			
Ações em circulação			
Lucros por ação			

CASO 31

Deluxe Corporation

No final de 2002, Rajat Singh, diretor-geral da Hudson Bancorp, refletia sobre as políticas financeiras da Deluxe Corporation, a maior gráfica de impressão de papel para cheques nos Estados Unidos. Pouco antes, no mesmo ano, a Deluxe havia eliminado toda a sua dívida de longo prazo e a empresa não realizava a emissão de títulos há mais de dez anos. Ao mesmo tempo, a empresa insistia em um programa agressivo de recompra de ações, o último dos quais estava prestes a ser finalizado. Até o momento, essas iniciativas provaram-se bem-sucedidas; os investidores responderam bem às recompras de ações e as ações da empresa estavam em seu mais alto nível em dez anos. Mas Singh, que fora mantido no conselho de administração como consultor para a estratégia financeira da empresa, via perigos pairando sobre a Deluxe, e seria necessário que a administração tomasse providências.

A Deluxe Corporation era o principal *player* no altamente concentrado e competitivo setor de impressão de cheques. O crescimento de receita e o lucro da empresa, contudo, estavam em franco declínio conforme ela lutava contra uma implacável onda de mudanças tecnológicas. Desde o advento dos métodos de pagamento via Internet e a crescente popularidade dos cartões de crédito e débito, o uso de cheques pelos consumidores vinha caindo drasticamente. Em resposta a isso, o diretor-executivo e presidente da Deluxe, Lawrence J. Mosner, liderou uma profunda reestruturação da empresa, com a qual racionalizou suas operações, reduziu a mão-de-obra e saiu dos negócios não centrais. Singh percebeu que aquelas medidas não seriam suficientes, e o conselho estava buscando outras alternativas.

Singh pensou que haveria eventualmente um ponto crucial no qual a demanda por papel para cheques cairia abruptamente. Nesse contexto operacional desafiador, ele estava convencido de que a Deluxe precisaria ter maior flexibilidade financeira para se defender da desintegração eventual do seu negócio principal. Ele já havia avisado ao conselho que a empresa não podia mais continuar recomprando ações e já era hora de uma nova rodada de financiamento da dívida. O conselho pediu-lhe um plano detalhado em cinco dias e insistira que, como parte do plano, ele realizasse uma avaliação completa da política geral de dívida da

---

Este caso foi preparado com base em dados públicos de Sean D. Carr, com a supervisão de Robert F. Bruner e da professora Susan Chaplinsky. A Hudson Bancorp e Rajat Singh são personagens ficcionais; o objetivo deste caso de é servir somente como material didático e não de ilustrar métodos de administração de negócios eficientes ou ineficientes.

empresa, focando-se principalmente no *mix* adequado de dívida e capital próprio. Em um futuro não tão distante, as decisões financeiras e estratégicas da Deluxe seriam severamente restringidas, e Singh acreditava que era essencial que as políticas financeiras proporcionassem financiamento e flexibilidade necessários para a empresa se movimentar no caminho da sobrevivência.

Um começo humilde

A Deluxe Corporation foi fundada em 1915 por um criador de galinhas que abriu uma gráfica em uma loja de um cômodo em St. Paul, no estado americano de Minnesota. Conhecida até então como Deluxe Check Printers, a empresa foi a pioneira no emergente mercado de impressão de cheques e era especializada na impressão de informações personalizadas em cheques e talões de cheques. A Deluxe abriu seu capital em 1965, e lançou-se na Bolsa de Nova York em 1980, com o nome Deluxe Corporation. A companhia era a maior fornecedora de cheques nos Estados Unidos, servindo clientes em mais de 10 mil instituições financeiras. A Deluxe processava mais de 100 milhões de pedidos de cheques por ano – quase a metade do mercado americano. Os consumidores americanos usavam mais de 42 bilhões de folhas de cheque por ano, embora seu uso tenha caído nos últimos anos.

Entre 1975 e 1995, os anos de pico do uso de talões de cheques nos EUA, as receitas da Deluxe Corporation cresceram a uma taxa composta anual de 12%. Essa taxa, contudo, vem caindo ao longo da última década, e os cheques perderam participação para as formas de pagamento eletrônico, tais como caixas eletrônicos, cartões de crédito e débito, além do pagamento via Internet. Como essas novas formas de pagamento criaram um setor de pagamento extremamente fragmentado, a impressão de cheques continuou altamente concentrada, com somente algumas empresas controlando 90% do mercado. A Deluxe concorria basicamente com duas outras empresas, a John Harland e a Clarke American, uma subsidiária da britânica Novar (**Quadro 1**). Com a proliferação dos métodos alternativos de pagamento, o mercado de impressão de cheques encarava uma queda de demanda entre 1% e 3% ao ano, uma tendência que a maioria dos analistas do setor prevê que continuará.

FIGURA 1 | Participação no mercado americano de impressão de cheques

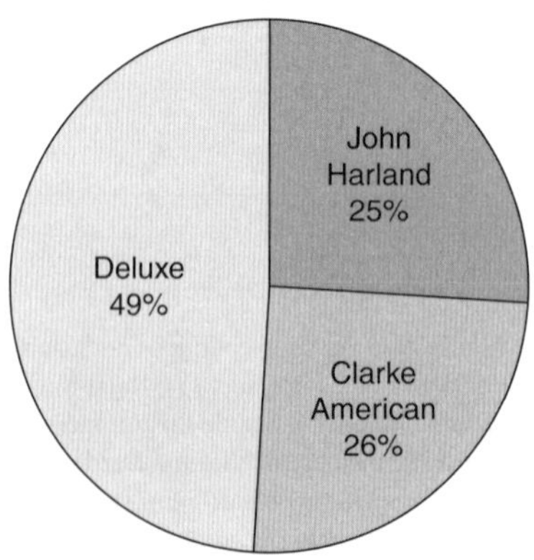

Fonte: D. A. Davidson & Co.

Desempenho financeiro recente

Com a perspectiva de uma queda abrupta na demanda de papel para cheques no final da década de 1990, a Deluxe realizou uma grande reestruturação que a fez sair de mercados não estratégicos e reduzir drasticamente o número de funcionários e instalações. A empresa passou de 62 fábricas de impressão para 13, reduziu a sua mão-de-obra de 15 mil para 7 mil funcionários, terceirizou as funções de TI e melhorou a eficiência produtiva, além de parar de investir em 20 negócios separados. As reduções resultantes nas despesas operacionais ajudaram a reverter o colapso financeiro da Deluxe em 1998, apesar do enfraquecimento contínuo do crescimento da receita.

Em 2000, a empresa anunciou uma mudança estratégica importante com a cisão de suas subsidiárias no setor de tecnologia eFunds e iDLX Technology Partners, em uma oferta pública. A subsidiária eFunds fornecia produtos e serviços em pagamento eletrônico (por exemplo, processamento de transações eletrônicas, transferência eletrônica de fundos e serviços de proteção a pagamentos) aos setores financeiros de varejo; a iDLX oferecia serviços de consultoria em tecnologia às empresas de serviços financeiros. O CEO da Deluxe, Mosner, acreditava que ela oferecia mais valor aos acionistas do que uma empresa atuando em uma única linha de negócios. Ao mesmo tempo em que admitia que a eventual queda no negócio de papel para cheques era uma realidade, ele insistia que ainda havia oportunidades de crescimento para a empresa:

> Não queremos ter de abandonar nosso principal negócio tão cedo. Em vez disso, devemos minar tudo o que pudermos dele antes (de cair fora). Temos um ótimo negócio, bastante sólido e com alto nível de rentabilidade. Sentimos que podemos gerar receita e lucro com o nosso principal negócio não só hoje, mas pelos próximos cinco anos.[1]

Com a cisão da eFunds e da iDLX, a administração abandonou o seu plano de oferecer produtos e serviços para o mercado de transações eletrônicas e enfatizou seu negócio principal. Reposicioná-la como uma empresa de um único segmento em impressão de cheques fazia sentido aos investidores, e o preço das ações subiu com a notícia.

Seguindo a cisão, Mosner reorganizou o segmento restante de pagamentos em papel em três unidades principais de negócios. Serviços Financeiros vendia cheques aos consumidores por meio das instituições financeiras, com clientes institucionais normalmente assinando contratos de fornecimento de três a cinco anos. Cheques Diretos vendia aos consumidores pelo correio e via Internet. O segmento de Serviços Corporativos vendia cheques, formulários e produtos similares por meio de instituições financeiras e diretamente aos pequenos negócios, focando empresas com não mais de 20 funcionários. Veja a **Figura 2** com as informações sobre as receitas de 2001 da Deluxe por segmento.

Segundo alguns analistas, o segmento de Serviços Corporativos era o mais promissor porque permitiria à empresa vender uma variedade de produtos e serviços combinados ou casados para o setor de pequenos negócios em crescimento. Em vez de simplesmente aumentar seu número individual de clientes, como fora feito no passado com os negócios de cheques, os Serviços Corporativos poderiam gerar crescimento no número de produtos ou serviços que

[1]Dee DePass, "Cashing out: Even Deluxe Corp. Admits That Paper Checks Are Headed for the Dust Heap of History", *Star-Tribune Newspapers of the Twin Cities*, 17 de janeiro de 2002.

FIGURA 2 | Receitas de 2001 da Deluxe Corporation por segmento.

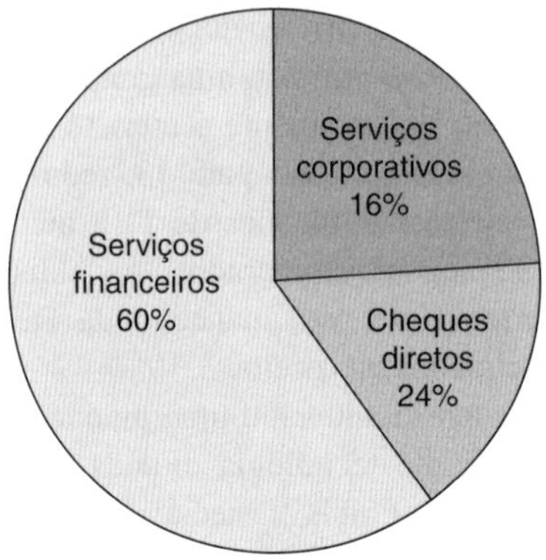

Fonte: Relatórios da empresa.

vendia, por consumidor. Além disso, havia diversas empresas regionais ativas nesse setor que possuíam potencial para serem parceiros estratégicos da Deluxe.

Por volta do final de 2001, o mercado estava respondendo favoravelmente à cisão e aos esforços de reestruturação – o preço de suas ações havia crescido mais de 65% no ano, superando o S&P 500 Index, que caíra cerca de 20%. Na década seguinte, contudo, o crescimento do preço das ações da empresa estava atrás dos amplos índices do mercado. O **Quadro 1** apresenta um resumo de dez anos das características financeiras da Deluxe, incluindo os preços das ações e informações sobre o seu desempenho no mercado. De 1998 a 2001, a taxa composta anual de crescimento da receita era –4%, refletindo o amadurecimento crescente do mercado de papel para cheques nos Estados Unidos. De acordo com o amadurecimento notável desse segmento, o índice P/L da Deluxe em 2001 de 11,0× pairava bem abaixo do índice P/L do mercado amplo de 29,5×.

A preocupação sobre o crescimento da receita e a queda da demanda de papel para cheques ecoava nos comentários dos analistas que acompanhavam a empresa. Apesar de uma avaliação positiva da habilidade recente de melhorar as margens, um analista que avaliava a Deluxe foi cauteloso:

> (Nós) continuamos cuidadosos em relação às perspectivas de crescimento de lucro no longo prazo para a Deluxe, até que a empresa possa melhorar a rentabilidade do seu segmento principal de impressão de cheques (Serviços Financeiros). No momento, parece ser uma posição difícil, em razão de um mercado relativamente maduro, da intensa competitividade de preços, do crescimento dos pagamentos eletrônicos e da consolidação no setor bancário.[2]

Rajat Singh sabia que os conselheiros da Deluxe tinham muitas dessas preocupações, mas também estava ciente de que eles acreditavam que a comunidade de analistas tinha uma visão parcial do potencial da empresa. De fato, seu relatório anual mais recente dizia

[2]David Gallen, *Value Line Investment Survey*, 24 de maio de 2002.

que: "Enquanto o setor de impressão de cheques for maduro, nossa posição de líderes de mercado contribuirá para nosso fortalecimento financeiro".[3] O Conselho do Banco Central Americano em seu *Bank Payment Study* de 2001 indicava que os cheques continuavam sendo o método de pagamento não-dinheiro preferido da maioria dos consumidores, representando 60% de todos os pagamentos não-dinheiro no varejo. A administração da empresa acreditava que estava bem posicionada para extrair valor de seu negócio e explorar as ofertas não-cheque que poderiam alavancar as competências centrais da Deluxe. Os **Quadros 2** e **3** apresentam a demonstração dos resultados dos últimos anos e o balanço patrimonial da Deluxe Corporation.

Financiamentos atual e futuro

Contra esse pano de fundo, Singh avaliou os requisitos de financiamentos atual e futuro da empresa. De tempos em tempos, a Deluxe precisava de financiamentos adicionais para fins gerais corporativos tais como capital de giro, compras de ativo, possíveis aquisições, repagamento de dívidas em aberto, pagamento de dividendos e recompra de ações. Para satisfazer a essas necessidades de financiamento de curto prazo, a empresa utiliza os seguintes instrumentos da dívida:

- **Papéis comerciais:**[4] a Deluxe manteve um programa de papéis comerciais de US$ 300 milhões, com *rating* de crédito A1/P1. "O risco de um rebaixamento de grau do crédito de curto prazo da Deluxe é baixo", Singh pensou. "Se por qualquer razão eles fossem incapazes de entrar nos mercados de papéis comerciais, usariam sua linha de crédito para ter liquidez." A empresa tinha US$ 150 milhões em papéis comerciais em circulação, a uma taxa de juros ponderada de 1,85%.
- **Linha de crédito:** A Deluxe também tinha US$ 350 milhões disponíveis numa linha de crédito compromissada, que venceria em agosto de 2002, e US$ 50 milhões numa linha de crédito não-compromissada. Em 2001, a empresa não sacou montantes de sua linha compromissada de crédito. O montante médio sacado da linha não compromissada em 2001 foi de US$ 1,3 milhão, a uma taxa de juros ponderada de 4,26%. Ao final do ano, nenhum montante estava em aberto nessa linha de crédito.
- **Notas de médio prazo:** A Deluxe teve uma *shelf registration*[5] para a emissão de US$ 300 milhões em notas de médio prazo. Nenhuma dessas notas foi emitida ou estava em circulação.

Em fevereiro de 2001 a empresa liquidou US$ 100 milhões dos 8,55% das suas notas quirografárias de longo prazo e não subordinadas, emitidas em 1991.

---

[3]Relatório anual da Deluxe Corporation, 2001, p. 25-26.

[4]Papel comercial era uma obrigação quirografária de curto prazo emitida por uma empresa, geralmente para financiar contas a receber e estoque. Era usualmente emitida com um desconto refletindo as taxas de juros dominantes do mercado, e seu vencimento variava de 2 a 270 dias.

[5]*Shelf registration* era um termo usado para descrever a regra da SEC que dava às empresas a habilidade de satisfazer aos requisitos de registro em até dois anos, antes de uma oferta pública de ações. Com o registro na prateleira, literalmente, a empresa podia retornar ao mercado rapidamente com sua oferta quando as condições estivessem mais favoráveis.

Em janeiro de 2001, o conselho de administração da empresa aprovou o programa de recompra de ações, que autorizava a recompra de até 14 milhões de ações ordinárias da Deluxe ou cerca de 19% das ações totais em circulação. Ao final do ano, a empresa havia gastado cerca de US$ 350 milhões para recomprar 11,3 milhões de ações. Esse programa era uma continuação do programa iniciado em 1999, que compreendia a recompra de 10 milhões de ações, ou cerca de 12,5% das ações totais em circulação na época. A Deluxe financiou essas recompras com caixa das operações e emissões de papéis comerciais. O **Quadro 1** resume a atividade de recompra de ações da empresa nos últimos anos. Singh acreditava que o conselho continuaria com esse programa agressivo de recompra de ações.

Além das possíveis recompras e aquisições estratégicas, Singh reviu outras demandas compatíveis com os recursos da empresa. Ele acreditava que os dividendos em caixa permaneceriam constantes em um futuro próximo. Ele também acreditava que os investimentos seriam aproximadamente os mesmos que os da depreciação nos anos seguintes. Embora as receitas pudessem crescer, o capital de giro deveria diminuir, resultando em uma redução do capital de giro líquido no primeiro ano, seguindo-se de aumentos depois. Ambos os efeitos refletiram a rígida administração do novo diretor-executivo. O **Quadro 4** apresenta uma projeção de cinco anos para as demonstração dos resultados e o balanço patrimonial da Deluxe. Essa projeção foi consistente com a projeção mais para baixo dos analistas para o crescimento da receita e a realização dos benefícios com a sua reestruturação recente **da Deluxe**. A projeção assumia que a dívida existente seria refinanciada com uma dívida semelhante, mas não assumia recompras substanciais de ações. A projeção precisaria ser revisada para refletir o impacto de qualquer mudança recomendada na política financeira.

Considerações sobre a avaliação da política financeira

Além de avaliar os requisitos internos de financiamento da Deluxe, Singh reconheceu que suas recomendações acerca da política teriam o papel importante de modelar a percepção da empresa pelas agências de *rating* e pelos investidores.

Bond rating[6]

A dívida principal da Deluxe, que vencera em fevereiro de 2001, recebeu um *rating* A+ da Standard & Poor's e A1 da Moody's. (O **Quadro 5** mostra as definições de *rating* para essa e outras categorias.) A+/A1 eram *ratings investment grade* (grau de investimento), bem como os graus seguintes abaixo, BBB/Baa. Abaixo deles, contudo, estavam os *ratings non-investment grade* (BB/Ba), que são geralmente chamados de *high yield* (alto rendimento) ou *junk debt* (dívida-lixo). Alguns grandes investidores institucionais (por exemplo, fundos de pensão e fundos assistenciais) tiveram barrados seus investimentos em dívida *non-investment grade* e muitos investidores pessoa física também o evitaram. Por essa razão, a rentabilidade da dívida *non-investment grade* sobre os títulos do Tesouro Americano (ou seja, *spreads*) foram geralmente considerados mais altos que os *spreads* das emissões *investment-grade*. Para dados pertinentes às categorias de *rating*, consulte as **Figuras 3** e **4**.

[6]O *rating* da empresa, que foi baseado em uma análise da condição financeira do emissor e em sua rentabilidade, refletiu a probabilidade de inadimplência na emissão. A convenção em finanças era de que o *rating* da empresa se referia ao *rating* da sua dívida principal, com o entendimento de que qualquer dívida subordinada emitida pela empresa teria ordinariamente um *rating* menor. Por exemplo, a dívida principal da Deluxe recebeu o *rating* BBB/Baa3, enquanto seus papéis subordinados conversíveis receberam *rating* BB/Ba. Standard & Poor's, Moody's, Investors Service e Fitch Investors Service eram serviços de *rating*.

FIGURA 3 | Taxas de inadimplência por categoria de *rating*, 2001

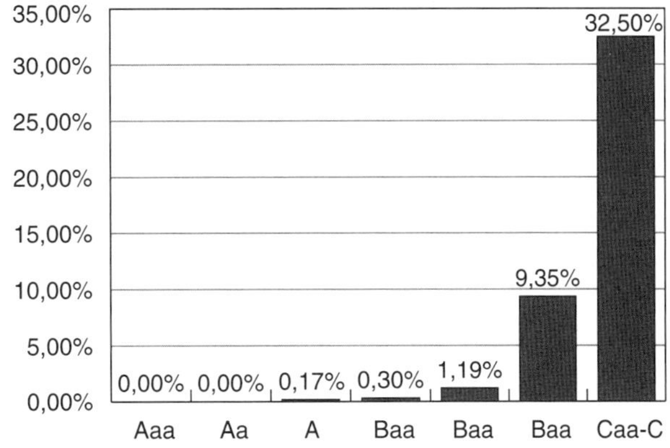

Fonte: Moody's Investors Service, fevereiro de 2002.

A habilidade de emitir dívida **non**-*investment grade* depende – em grau maior do que o da dívida *investment-grade* – da força da economia e das condições favoráveis do mercado de crédito. Sobre isso, Rajat Singh disse:

> Você não perde muito em rentabilidade indo de A para BBB. Há uma faixa sobre a qual o risco que você corre com uma alavancagem maior é insignificante. Mas se perde muito indo de BBB para BB. A perda não vem somente dos altos custos, mas também da forma de danos possíveis à marca Deluxe. Não queremos que a marca seja prejudicada por uma associação com *junk debt*.

FIGURA 4 | Números de novas emissões por categoria de *rating*, 2005

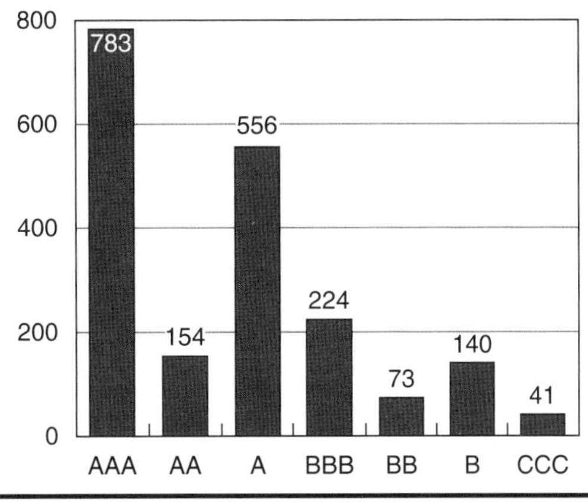

Fonte: Standard & Poor: *RatingsDirect*.

Por essas razões, Singh procurou preservar um *rating investment-grade* para a Deluxe. Mas onde, na faixa de *investment-grade*, ela deveria ser posicionada? O **Quadro 6** apresenta os índices financeiros associados às diversas categorias de *rating*.

Enquanto as agências de *rating* prestavam atenção a diversos indicadores de qualidade de crédito, a administração da Deluxe dava ênfase especial ao índice de lucro antes de juros e impostos (EBIT) para a despesa financeira. O **Quadro 7** ilustra os índices de cobertura do EBIT da empresa nos últimos dez anos. A recomendação de Singh pedia a seleção de um *rating*-alvo adequado. Assim, ele devia recomendar ao conselho os montantes mínimo e máximo da dívida que a Deluxe poderia contrair para alcançar o *rating* desejado.

Flexibilidade

Singh estava ciente de que escolher um nível-alvo de dívida com base em uma análise da concorrência poderia não capturar plenamente o fato de a Deluxe precisar encontrar suas próprias adversidades futuras. Ele disse:

> Flexibilidade é a quantidade de dívida que se pode emitir antes de perder um *rating investment-grade*. Eu quero flexibilidade e, ao mesmo tempo, aproveitar o fato de, com mais dívida, o custo do capital ser mais baixo. Estou bastante confortável com a estratégia da Deluxe e as projeções financeiras internas para o seu mercado; se há algo, acredito que as projeções provavelmente subestimem mais do que superestimam seus fluxos de caixa. Mas vamos supor que um resultado negativo dois sigma seja um EBIT próximo de US$ 200 milhões – Não consigo imaginar nem nos piores cenários um EBIT mais baixo do que esse.

Por esse motivo, a decisão final de Singh por um *rating*-alvo deveria ser uma que mantivesse reservas razoáveis contra o pior cenário para a Deluxe.

Custo do capital

De acordo com a ênfase da administração de criação de valor, Singh acreditava que escolher uma política financeira que minimizasse o custo de capital era importante. Ele entendia que a exploração dos benefícios fiscais da dívida podia criar valor para os acionistas – até um limite razoável, porém além daquele limite os custos da dificuldade financeira se tornariam materiais e fariam o custo do capital subir. Singh se baseava nas estimativas da Hudson Bancorp sobre o custo da dívida antes dos impostos e o custo do capital próprio por categoria de *rating* (veja **Quadro 8**).

O custo da dívida foi estimado pela ponderação do rendimento corrente até o vencimento dos títulos em cada uma das categorias de *rating*. O custo do capital próprio (K_e) foi estimado segundo o modelo de precificação do ativo (CAPM). O custo do capital próprio foi calculado para cada empresa utilizando seus betas e as informações do mercado financeiro. As projeções individuais do K_e foram ponderadas em cada categoria de *rating*. Singh refletiu sobre a relativa tendência uniforme do custo do capital próprio dentro da variação *investment-grade* e entendeu que mudanças em alavancagem nesse escopo não eram vistas como relevantes pelos investidores. Além disso, ficou a seu cargo determinar qual categoria de *rating* oferecia o custo de capital mais baixo.

Condições atuais do mercado de capitais

Quaisquer recomendações políticas precisariam reconhecer a viabilidade de serem implementadas hoje e no futuro. O **Quadro 9** mostra informações sobre a rentabilidade corrente dos mercados da dívida dos Estados Unidos. A situação atual dos mercados da dívida era favorável enquanto a economia americana continuava a crescer. O mercado de capitais parecia estar parando depois de aumentos incríveis nos preços. A perspectiva para as taxas de juros era estável, embora qualquer sinal de inflação pudesse fazer que o Banco Central Americano as aumentasse. Mudanças mais significativas nos impostos e regulamentos estavam suspensas, ao menos até o resultado do turno seguinte das eleições para presidente.

Conclusão

Rajat Singh folheava as análises e os dados financeiros que guardara para sua apresentação ao conselho de administração da Deluxe Corporation. Antes de tudo, em sua mente, estavam as palavras do CFO da empresa, Douglas Treff, que havia dito a um grupo de analistas financeiros pouco mais de uma semana antes:

> Deixe-me antecipar uma pergunta que muitos de vocês estão se fazendo. O que fazer agora? Nosso conselho administrativo e a administração estão comprometidos a maximizar o valor ao acionista. Nossas iniciativas já demonstraram esse compromisso. Já realizamos a cisão de um negócio, o eFunds, no final de 2000, para desatrelar o valor de dois tipos diferentes de empresas. Nos últimos 18 meses, retornamos mais de US$ 600 milhões aos acionistas por meio de dividendos em caixa e recompra de ações. Contudo, fique certo de que estamos analisando as opções que continuarão a criar valor para nossos queridos acionistas.[7]

Claramente, o plano de Singh deveria dar conta dos baixos custos da Deluxe e do acesso contínuo ao capital sob uma variedade de cenários operacionais, permitindo à empresa realizar quaisquer opções que considerasse. Isso demandaria que ele testasse os efeitos possíveis dos cenários de baixa sobre a cobertura e índices de capitalização da empresa sob políticas alternativas de dívida. Ele refletiu sobre os objetivos competitivos da criação de valor, da flexibilidade e do *rating*. Singh queria recomendar uma política financeira que equilibrasse esses objetivos e proporcionasse orientação ao conselho de administração e à equipe financeira acerca do *mix* de capital da empresa. Com tantos fatores concorrentes para pesar, ele acreditava que era improvável que seu plano fosse perfeito. No entanto, ele se lembrou de um dos ditados dos quais seu mentor mais gostava: “Se você espera até ter uma solução de 99%, você nunca vai agir, aceite 90%”.

[7] *Fair Disclosure Financial Network*, transcrição da Teleconferência de Resultados de 18 de julho de 2002.

QUADRO 1 | Resumo financeiro dos últimos dez anos da Deluxe Corporation

	Nos exercícios encerrados em 31 de dezembro									
	1992	1993	1994	1995	1996	1997	1998	1999	2000	2001
Informações selecionadas da demonstração do resultado										
Receita líquida	$1.534,4	$1.581,8	$1.747,9	$1.858,0	$1.895,7	$1.919,4	$ 1.931,8	$ 1.650,5	$ 1.262,7	$ 1.278,4
Despesas operacionais	$ 722,2	$ 739,5	$ 797,3	$ 819,4	$ 862,4	$ 806,7	$ 805,9	$ 688,9	$ 417,9	$ 421,1
Lucro operacional	$ 812,2	$ 842,3	$ 950,6	$1.038,6	$1.033,3	$1.112,7	$ 1.125,9	$ 961,6	$ 844,8	$ 857,2
Despesa financeira	$ 15,4	$ 10,3	$ 11,3	$ 14,7	$ 12,0	$ 9,7	$ 9,7	$ 9,5	$ 10,8	$ 5,6
Lucro líquido	$ 202,8	$ 141,9	$ 140,9	$ 87,0	$ 65,5	$ 44,7	$ 143,1	$ 203,0	$ 161,9	$ 185,9
Ações ordinárias, final do exercício (mil)	83.797	82.549	82.375	82.364	82.056	81.326	80.481	72.020	72.555	64.102
Ações ordinárias recompradas (mil)	(2.197)	(1.341)	(1.191)	(1.414)	(1.715)	(1.833)	(9.573)	(48)	(11.332)	(3.898)
Ações ordinárias emitidas (mil)	949	1.167	1.181	1.106	985	988	1.112	583	2.890	1.255
Lucro por ação[1]	$ 2,42	$ 2,09	$ 1,71	$ 1,15	$ 1,65	$ 2,15	$ 2,34	$ 2,64	$ 2,34	$ 2,70
Dividendo por ação	$ 1,34	$ 1,42	$ 1,46	$ 1,48	$ 1,48	$ 1,48	$ 1,48	$ 1,48	$ 1,48	$ 1,48
Informações selecionadas do balanço patrimonial										
Capital de giro	$ 330,9	$ 386,9	$ 224,5	$ 130,4	$ 12,3	$ 108,1	$ 131,0	$ 167,8	$ 14,0	$ 116,6
Ativo imobilizado líquido	$ 389,0	$ 401,6	$ 461,8	$ 494,2	$ 446,9	$ 415,0	$ 340,1	$ 294,8	$ 174,0	$ 149,6
Ativo total	$1.199,6	$1,252,0	$1.256,3	$1.295,1	$1.176,4	$1.148,4	$ 1.171,5	$ 992,6	$ 649,5	$ 537,7
Dívida de longo prazo	$ 115,5	$ 110,8	$ 110,9	$ 111,0	$ 108,9	$ 110,0	$ 106,3	$ 115,5	$ 10,2	$ 10,1
Patrimônio líquido ordinário	$ 829,8	$ 801,2	$ 814,4	$ 780,4	$ 712,9	$ 610,2	$ 606,6	$ 417,3	$ 262,8	$ 78,6
Valor contábil: dívida de LP/capital	12,2%	12,1%	12,0%	12,5%	13,3%	15,3%	14,9%	21,7%	3,7%	11,4%
Valor de mercado: dívida de LP/capital	2,9%	3,6%	4,9%	4,4%	3,9%	3,8%	3,5%	5,5%	0,6%	0,4%
Informações selecionadas de avaliação (final do exercício)										
Preço das ações da Deluxe Corp.	$ 46,75	$ 36,25	$ 26,38	$ 29,00	$ 32,75	$ 34,50	$ 36,56	$ 27,44	$ 25,27	$ 41,58
S&P 500 Composite Index	418,17	464,30	462,62	576,70	700,92	941,64	1.072,32	1.281,91	1.364,44	1.104,61
Deluxe Corp. average P/E[2]	17,60x	19,00x	17,40x	25,90x	20,60x	15,40x	14,30x	12,70x	10,20x	11,01x
S&P 500 Composite average P/E[2]	24,38x	24,11x	18,36x	16,92x	20,26x	23,88x	27,45x	31,43x	26,29x	29,50x
P/L médio[2] da Deluxe Corp.	4,72x	3,73x	2,67x	3,06x	3,77x	4,60x	4,85x	4,74x	6,98x	33,91x
Beta da Deluxe Corporation	1,00	1,00	1,00	0,95	0,90	0,95	0,85	0,90	0,90	0,85
Rentabilidade sobre obrigações do Tesouro de 20 anos	7,67%	6,48%	8,02%	6,01%	6,73%	6,02%	5,39%	6,83%	5,59%	5,74%
Rentabilidade sobre letras do Tesouro de 90 anos	3,08%	3,01%	5,53%	4,96%	5,07%	5,22%	4,37%	5,17%	5,73%	1,71%
Retorno anual total sobre ações de grandes companhias	7,67%	9,99%	1,31%	37,43%	23,07%	33,36%	28,58%	21,04%	−9,11%	−11,88%

[1]Lucros primários até 1997, até então diluídos.

[2]Índices P/L são calculados sobre os lucros antes dos encargos de reestruturação, sentença do processo e outros itens extraordinários.

Fonte: Standard & Poor's *Research Insight*; *Value Line Investment Survey*; Datastream Advance; Ibbotson Associates, *Stocks, Bonds Bills & Inflation Yearbook 2002*.

QUADRO 2 | Demonstração consolidada dos resultados da Deluxe Corporation (em milhões de dólares americanos)

	Balanço patrimonial do exercício encerrado em 31 de dezembro	
	2001	**2000**
Receita	$ 1.278,4	$ 1.262,7
Custos dos produtos vendidos	453,8	453,0
Despesas com vendas, gerais e administrativas	514,4	518,2
Despesas com amortização de ágio	6,2	5,2
Deterioração do ativo e prejuízos com alienação	2,1	7,3
Custo total	976,4	983,8
Lucro/(prejuízo) operacional	302,0	278,9
Receita financeira	2,4	4,8
Outras receitas	(1,2)	1,2
Despesa financeira	(5,6)	(11,4)
Lucros/(prejuízos) antes dos impostos	297,6	273,4
Despesas com impostos	111,6	104,0
(Prejuízos)/receita com operações descontinuadas		(7,5)
Lucro/(prejuízo) líquido	$ 185,9	$ 161,9

Fonte: Relatórios da empresa.

QUADRO 3 | Balanço consolidado da Deluxe (em milhões de dólares)

	2001	2000
Ativo		
Ativo circulante		
Disponibilidades	$ 9,6	$ 80,7
Títulos e valores mobiliários	—	18,5
Contas a receber de clientes – líquido	37,7	46,0
Estoques	11,2	11,3
Fornecimento	11,1	11,8
Imposto de renda diferido	4,6	7,4
Adiantamento de despesas e outros	9,9	12,0
Ativo circulante total	84,0	187,8
Investimentos de longo prazo	37,7	35,6
Ativo imobilizado – líquido	151,1	174,0
Intangível – líquido	115,0	134,5
Ágio – líquido	82,2	88,4
Outros ativos não circulantes	67,9	36,2
Ativo total	$ 537,8	$ 656,4
Passivo e patrimônio líquido		
Passivo circulante		
Contas a pagar	$ 52,8	$ 44,7
Passivos provisionados	162,9	148,5
Dívida de curto prazo	150,0	—
Dívida de longo prazo vincenda em um ano	1,4	100,7
Passivo circulante	367,1	293,9
Dívida de longo prazo	10,1	10,2
Imposto de renda diferido	44,9	51,1
Outros passivos de longo prazo	37,0	38,3
Passivo total	459,1	393,5
Patrimônio líquido ordinário		
Ações ordinárias	64,1	72,6
Capital integralizado adicional	—	44,2
Lucros acumulados	14,6	146,2
A compensar	0,1	0,1
Outros lucros, inclusive acumulados	—	(0,2)
Patrimônio líquido ordinário total	78,7	262,9
Passivo e patrimônio líquido total	$ 537,8	$ 656,4

Fonte: Relatórios da empresa.

QUADRO 4 | Projeções financeiras para a Deluxe Corporation, 2002 a 2006 (em milhões de dólares americanos)

	Real	Projeção				
	2001	**2002**	**2003**	**2004**	**2005**	**2006**
Aumento anual na receita	1,2%	1,4%	1,6%	2,0%	2,2%	2,4%
Lucro/receita operacional	23,6%	26,6%	26,7%	26,7%	26,7%	26,7%
Alíquota fiscal	37,0%	38,0%				
Capital de giro/receita	9,1%	9,1%				
Índice de distribuição de dividendos		52,0%				
Demonstração do resultado						
Receita líquida	$ 1.278,4	$ 1.296,3	$ 1.317,0	$ 1.343,4	$ 1.372,9	$ 1.405,9
Lucro operacional	302,0	344,8	351,6	358,7	366,6	375,4
Despesa financeira, líquida	3,2	4,0	4,0	4,0	4,0	4,0
Lucro antes dos impostos	298,8	340,8	347,6	354,7	362,6	371,4
Despesas com impostos	111,6	129,5	132,1	134,8	137,8	141,1
Lucro líquido	187,1	211,3	215,5	219,9	224,8	230,3
Dividendos	94,9	94,9	94,9	94,9	94,9	94,9
Lucro acumulado	$ 92,2	$ 116,4	$ 120,7	$ 125,0	$ 129,9	$ 135,4
Balanço patrimonial						
Caixa	$ 9,6	$ 124,3	$ 243,1	$ 365,8	$ 493,0	$ 625,4
Capital de giro (sem dívida)	116,6	118,2	120,1	122,5	125,2	128,2
Ativo imobilizado líquido	151,1	151,1	151,1	151,1	151,1	151,1
Ativo total	277,2	393,6	514,3	639,3	769,3	904,6
Dívida (longo e curto prazos)	161,5	161,5	161,5	161,5	161,5	161,5
Outros passivos de longo prazo	37,0	37,0	37,0	37,0	37,0	37,0
Ações	78,7	195,2	315,8	440,9	570,8	706,2
Capital total	$ 277,2	$ 393,6	$ 514,3	$ 639,3	$ 769,3	$ 904,6
Fluxos livres de caixa						
EBIT		$ 344,8	$ 351,6	$ 358,7	$ 366,6	$ 375,4
Impostos sobre EBIT		(131,0)	(133,6)	(136,3)	(139,3)	(142,6)
+ depreciação		50,0	50,0	50,0	50,0	50,0
− investimentos		(50,0)	(50,0)	(50,0)	(50,0)	(50,0)
− adições a/+ reduções do capital de giro		(1,6)	(1,9)	(2,4)	(2,7)	(3,0)
Fluxo livre de caixa		$ 212,2	$ 216,1	$ 220,0	$ 224,6	$ 229,7

Fonte: Análise do autor do caso, compatível com as expectativas projetadas pelos analistas financeiros.

QUADRO 5 | Definições de *rating* da Standard & Poor's

Classificação de crédito de longo prazo: esses *ratings* baseiam-se, em graus variados, nas considerações a seguir:

- Probabilidade de pagamento? Capacidade e disposição do devedor para pagar seus compromissos financeiros de acordo com os termos da obrigação.
- Natureza e provisões da obrigação.
- Proteção garantida relativa à posição da obrigação no caso de falência, reorganização ou composições sob as leis de falência e outras que afetam os direitos dos credores.

As definições de *rating* são expressas em termos de risco de inadimplência, assim, pertencem às obrigações principais de uma entidade. As obrigações secundárias são geralmente classificadas mais baixas que as principais para refletir a prioridade mais baixa na falência, conforme citado acima. (Essa diferenciação aplica-se quando a entidade possui tanto obrigações subordinadas, lastreadas e quirografárias quanto obrigações operacionais da empresa e da *holding*.) Desse modo, no caso da dívida secundária, a classificação pode não obedecer exatamente a definição da categoria.

AAA
Uma obrigação classificada como AAA possui o *rating* mais alto atribuído pela Standard & Poor's. A probabilidade de o devedor pagar seus compromissos financeiros é extremamente grande.

AA
Obrigações classificadas como AA diferem das anteriores somente em algum grau. A probabilidade de o devedor pagar seus compromissos financeiros é bem grande.

A
Essas obrigações são mais suscetíveis a efeitos negativos de mudanças nas circunstâncias e condições econômicas que as obrigações classificadas como AA ou AAA. A probabilidade de o devedor pagar seus compromissos financeiros, contudo, ainda é grande.

BBB
Obrigações BBB exibem parâmetros de proteção adequados. Contudo, condições econômicas negativas ou mudanças do cenário podem levar mais facilmente ao enfraquecimento da capacidade do devedor de pagar suas obrigações.

BB, B, CCC, CC e C
Essas obrigações são vistas com características especulativas significativas. BB indica o menor grau de especulação e o C, o maior. Enquanto essas obrigações tendem a ter alguma característica de qualidade e proteção, aquelas características podem ter peso maior devido às incertezas ou a maior exposição às condições negativas.

Mais (+) ou menos (–)
As classificações de AA a CCC podem ser modificadas pela adição dos sinais de mais (+) ou menos (–) para demonstrar o posicionamento relativo da obrigação dentro das categorias de classificação.

Fonte: Standard & Poor's *Bond Guide*, 2001.

QUADRO 5 | Definições de *rating* da Moody's (*continuação*)

Aaa	Papéis classificados como Aaa são considerados da melhor qualidade. Possuem o menor grau de risco de investimento e geralmente são preferidos como título de grande valor. O pagamento de juros é protegido por margem grande ou excepcional e o principal é seguro. Enquanto os diversos elementos protetores são passíveis de mudança, tais mudanças, como se pode ver, são as mais passíveis de danificar a posição fundamentalmente forte das emissões.
Aa	Papéis classificados como Aa são considerados de alta qualidade em todos os quesitos. Juntamente ao grupo Aaa, compõem o que é geralmente chamado de títulos de alto grau. Eles são classificados mais baixos que os melhores títulos porque as margens de proteção podem não ser tão amplas como nos Aaa, flutuações nos elementos de proteção podem ter amplitude maior ou pode haver outros elementos presentes que fazem os riscos de longo prazo parecerem maiores do que os dos títulos Aaa.
A	Esses possuem muitos atributos favoráveis aos investimentos e devem ser considerados obrigações de grau médio-alto. Fatores atribuindo segurança ao principal e juros são considerados adequados, mas os elementos podem estar presentes e proporcionar a suscetibilidade de deterioração no futuro.
Baa	Os títulos Baa são considerados obrigações de grau médio (ou seja, nem altamente protegidos nem pobremente assegurados). O pagamento de juros e a segurança do principal parecem ser adequados para o presente, mas alguns elementos protetores podem faltar ou ser caracteristicamente não confiáveis por muito tempo. Esses títulos não possuem características de investimento em aberto e, de fato, também apresentam características especulativas.
Ba	Considerados como elementos especulativos; seu futuro não pode ser considerado seguro como as outras categorias mais altas. Geralmente, a proteção dos pagamentos de juros e do principal pode ser moderada e, por essa razão, não muito segura durante períodos bons e ruins no futuro. A incerteza de posicionamento caracteriza os títulos nessa classe.
B	Esses geralmente não possuem características desejáveis de investimento. A garantia dos pagamentos de juros e do principal ou a manutenção de outras formas de contrato durante qualquer período longo pode ser pequena.
Caa	Papéis classificados como Caa têm posição pobre. Esses títulos podem apresentar inadimplência ou apresentar elementos de risco em relação ao principal ou aos juros.
Ca	Títulos classificados como Ca representam obrigações especulativas em alto grau. São geralmente inadimplentes ou têm outras deficiências.
C	São os títulos classificados no mais baixo grau e podem ser vistos como de perspectivas extremamente baixas de atingir qualquer posicionamento de investimento.

Fonte: *Mergent Annual Bond Record*, 2002.

QUADRO 6 | Principais índices industriais e financeiros por categoria de *rating*

Principais índices industriais e financeiros (medianas trimestrais 2000-2002)	*Investment grade*				*Non-investment grade*	
	AAA	**AA**	**A**	**BBB**	**BB**	**B**
Cobertura de juros EBIT (x)	23,4	13,3	6,3	3,9	2,2	1,0
Cobertura de juros EBITDA (x)	25,3	16,9	8,5	5,4	3,2	1,7
Recursos operacionais/dívida total (%)	214,2	65,7	42,2	30,6	19,7	10,4
Fluxo de caixa livre operacional/dívida total (%)	156,6	33,6	22,3	12,8	7,3	1,5
Retorno sobre o capital (%)	35,0	26,6	18,1	13,1	11,5	8,0
Lucro/receita operacional (%)	23,4	24,0	18,1	15,5	15,4	14,7
Dívida de longo prazo/capital (%)	(1,1)	21,1	33,8	40,3	53,6	72,6
Dívida total/capital, inclusive dívida de curto prazo (%)	5,0	35,9	42,6	47,0	57,7	75,1

A Standard & Poor's definiu esses índices com base no valor contábil desses itens, como segue:
Cobertura de juros EBIT = EBIT/despesa financeira
Cobertura de juros EBITDA = (EBIT + depreciação e amortização)/despesa financeira
Dívida de longo prazo/capital = dívida de longo prazo/(dívida de longo prazo + patrimônio líquido)
Dívida total/capital, incl. dívida de curto prazo/(dívida de curto prazo + dívida de longo prazo)/(dívida de curto prazo + dívida de longo prazo + patrimônio líquido)

Fonte: Standard & Poor's *CreditSlats.*

QUADRO 7 | Índices anuais de cobertura do EBIT da Deluxe Corporation

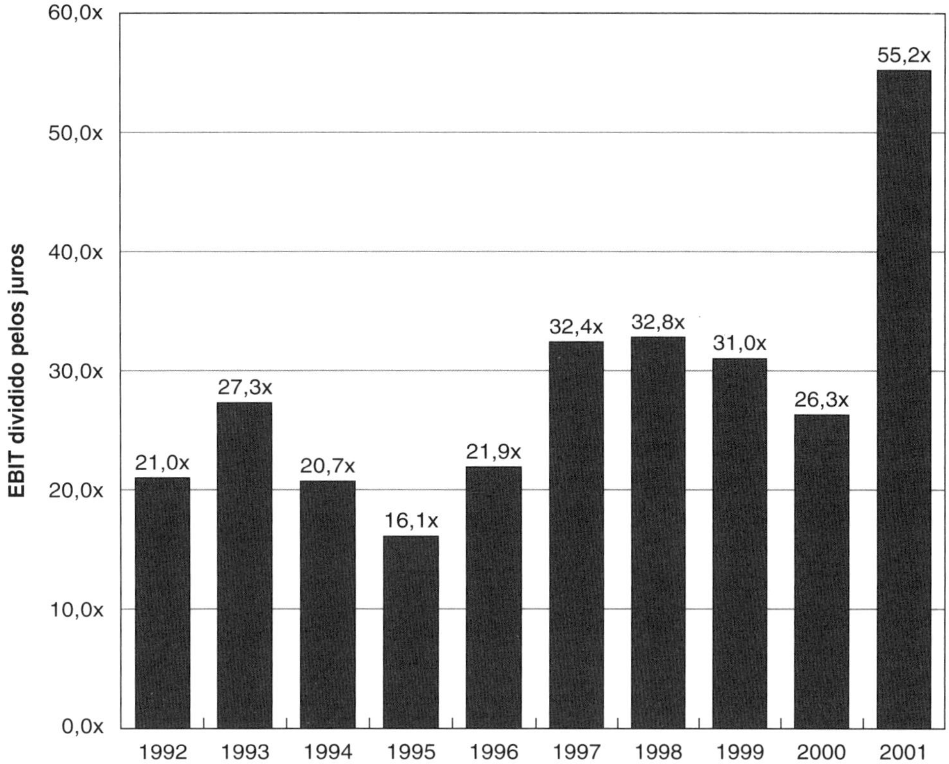

Fonte: Relatórios da empresa; análise do autor do caso.

QUADRO 8 | Custos de capital por categoria de *rating*

	AAA	AA	A	BBB	BB	B
Custo da dívida (antes dos impostos)	5,47%	5,50%	5,70%	6,30%	9,00%	12,00%
Custo do capital próprio	10,25%	10,35%	10,50%	10,60%	12,00%	14,25%

Fonte: Hudson Bancorp.

QUADRO 9 | Condições do mercado de capitais (em 31 de julho de 2002)

Obrigações do Tesouro Americano	Rentabilidade	Outros instrumentos	Rentabilidade
Letras de 90 dias	1,69%	Obrigações de curto prazo (*discount notes*)	1,70%
Letras de 180 dias	1,68%	Certificados de depósito (3 meses)	1,72%
Notas de 2 anos	2,23%	Papéis comerciais (6 meses)	1,75%
Notas de 3 anos	2,79%	*Fed Funds* a prazo	1,78%
Notas de 5 anos	3,45%		
Notas de 10 anos	4,46%		
Notas de 30 anos	5,30%		
Dívidas das obrigações corporativas (10 anos)	**Rentabilidade**		
AAA	5,51%		
AA	5,52%		
A	5,70%		
BBB	6,33%		
BB	9,01%		
B	11,97%		

Fonte: *Bloomberg LP, S&P's Research Insight, Value Line Investment Survey, Datastream Advance.*

CASO 32

Rosario Acero S.A.[1]

Em março de 1997, Pablo Este estava sentado em uma confortável poltrona na sala de estar de sua casa em Buenos Aires, ponderando sobre o futuro de sua pequena usina. O início da Rosario Acero S.A., a outrora Rosario, Works of Giganto Acero S.A., fora um desafio após outro. A Giganto deixou de investir na Rosario, houve redução das operações e da mão-de-obra, busca por novos consumidores durante os seis meses da greve da Giganto Acero (em uma época em que as vendas para a Giganto Acero representavam cerca de 50% da receita total da empresa) e uma discussão com banqueiros locais sobre o valor dos recebíveis devidos pelos consumidores, chegando a se cogitar uma possível falência.

Agora, depois de seis trimestres rentáveis, a empresa prepara-se para emitir seus primeiros títulos de longo prazo desde sua fundação em 1993. Em março de 1997, a preocupação de Este era o tipo de capital que devia adquirir. O porte da empresa – receitas abaixo dos 35 milhões de pesos[2] – certamente limitou as opções, mas Este, como acionista majoritário e presidente do conselho de administração da Rosario Acero S.A., queria considerar todas as opções disponíveis na época.

Este havia pedido a Raul Martinez, um consultor financeiro independente, para investigar uma colocação privada de *senior notes* de oito anos com bônus. O relatório inicial de Martinez dizia que a Rosario Acero S.A. poderia levantar os $ 7,5 milhões necessários a um cupom de 13%. Uma outra opção era uma oferta pública inicial de ações da Rosario Acero S.A. por um banco de investimentos local. E talvez agora fosse o melhor momento para vender a empresa inteira para outra companhia.

[1]*Acero* é a palavra aço em espanhol. S.A. significa sociedade anônima.

[2]O peso argentino foi fixado a 1:1 com o dólar americano. A convenção local é indicar a moeda com o sinal de dólar.

A empresa

História

Apenas dois dias depois do Natal de 1992, a Giganto Acero anunciou o fechamento de 15 unidades de negócios não rentáveis, entre as quais estava a fábrica de Rosário, na Argentina, operada pela Giganto Acero desde 1932. Em abril de 1993, Pablo Este, natural de Rosário, graduado pela Harvard Business School e pequeno empresário de sucesso, foi apresentado pelos líderes cívicos a membros da alta administração. Após rever a situação, Este concordou em usar o capital necessário, tempo e *expertise* gerencial para salvar a operação e fazer da usina uma empresa viável em Rosário. A Giganto Acero continuaria sendo um cliente importante. Após breves negociações, Este e um grupo de sócios de investimento compraram os ativos da fábrica por $ 14 milhões, cujo total foi financiado por *notes* faturadas da Giganto Acero — Este e seus sócios investiram somente $ 250 mil nos ativos da empresa. A fábrica começou a operar sob o nome de Rosario Acero S.A. em julho de 1993.

Linhas de produtos e vendas

Usando as instalações existentes e diversas oportunidade para reduzir custos, a administração da Rosario a posicionou como um *player* de nicho na indústria. A Rosario Acero S.A. vende uma variedade de produtos de aço e fundidos a mais de 35 clientes na indústria do aço e de outros setores da indústria pesada. A porcentagem de vendas nas maiores categorias de produtos para os anos de 1994 a 1996 é mostrada no **Quadro 1**. Seis gerentes de produtos localizados em Rosário supervisionaram cada uma das seis categorias de produtos: rolos de aço laminado, lingotes de aço, barras, revestimento de usinas, rolos fundidos contínuos e produtos diversos. A empresa empregava cinco representantes comerciais com salário fixo, localizados em Buenos Aires e Rosário, Argentina; Montevidéu, Uruguai; São Paulo, Brasil; e Santiago, Chile.

A maior parte de suas vendas era destinada a grandes produtores integrados de aço (Giganto Acero e Brasilia Metal juntas representavam 65% da receita em 1994, 49% em 1995 e 42% em 1996) e miniusinas. Esses compradores eram de diferentes tipos. Os produtores integrados mantinham a prática de diversificar os pedidos, o que os tornava menos sensíveis aos preços do que as miniusinas; também costumavam dar mais valor às suas relações com os fornecedores antigos. As miniusinas costumam ser mais sensíveis aos preços e, embora dependessem mais de um único fornecedor, foram mais propensas a considerar a compra de fornecedores fora do Mercosul.[3]

O principal produto da empresa era o rolo de aço laminado, que se parece com o rolo de macarrão usado na cozinha. Esses rolos eram vendidos em pares e usados para comprimir placas de aço frio e quente em determinadas formas e espessuras específicas. Esses rolos representaram cerca de metade da receita líquida da empresa em 1996, que estimou suas margens brutas para esse produto em 32%. A empresa ficou em segundo lugar no Mercosul na produção de rolos de aço laminado, com participação de 17%.

[3] O Mercosul é a zona de livre comércio formada por um tratado entre Argentina, Brasil, Uruguai e Paraguai.

Rolos fundidos contínuos eram usados para canalizar aço derretido enquanto este era esfriado durante o processo de fundição.[4] Eram necessários consertos e reusinagem dos rolos fundidos regularmente. Rosario Acero S.A. fornecia a renovação, além da preparação de novos rolos, para seus clientes que não tinham auto-suficiência na renovação dos rolos. Dados da empresa estimavam margens brutas em rolos fundidos contínuos de 12%. O mercado para novos rolos no Mercosul era de aproximadamente $ 25 milhões em 1996, assim, as vendas da Rosario davam cerca de 13% em participação de mercado.

Rosario Acero S.A. produzia tanto aço fundido beneficiado[5] quanto não-beneficiado em uma variedade de peso de uma tonelada e meia a 45 toneladas para um grupo diversificado de clientes, incluindo manufaturas de aço, produtores de cimento, construtores de navios, manufaturas automotivas, operadores de prensa de extrusão e trituradoras de pedra e carvão. Um exemplo de fundição de aço era o cadinho de escória, um recipiente para receber as impurezas oriundas de altos-fornos e fornalhas de reaquecimento. A empresa estimava o potencial total do mercado de cadinhos de escória no Mercosul em $ 5 milhões, dos quais suas ações na manufatura de cadinhos pequenos (aqueles com capacidade inferior a 30 toneladas) eram de 80%. Acima de tudo, a margem bruta em fundidos não acabados era de aproximadamente 18%; a margem bruta em fundidos acabados era de apenas 2%.

O moinho de linha era um prato de aço rolado e barras usado nas máquinas trituradoras industriais para triturar cimento, pulverizar carvão e triturar pó de sílica para produção de vidro. A Rosario Acero S.A. produzia moinhos de linha a partir de peças compradas, com margem bruta de 40%.

Instalações e operações

Toda a produção da Rosario Acero S.A. se dava nas únicas instalações da empresa em Rosário, Argentina. A fábrica tinha duas fornalhas elétricas usadas para derreter retalhos de metal para produção (para uma capacidade de derretimento total de 60 mil quilos). Todo o derretimento era realizado às 17 h e às 9 h nos dias de semana ou nos fins de semana, para minimizar custos de energia. Essa prática, estima-se, economizava $ 50 mil por mês com custos de eletricidade. As despesas gerais da fábrica compreendiam 63% do custo de mercadorias vendidas da Rosario Acero S.A.

Os equipamentos e as instalações tinham sido bem mantidos sob a propriedade de Giganto Acero, com gasto de capital totalizando mais de $ 25 milhões de 1976 a 1989. Os gastos de capital da Rosario Acero S.A. totalizaram $ 3 milhões de 1993 a março de 1997, com gasto adicional planejado de uma porção de capital de longo prazo a ser levantado.

A Rosario Acero S.A. contava com uma fonte primária, localizada em Buenos Aires, para o material de retalho utilizado em sua produção de rolos e fundidos. O **Quadro 2** lista os preços dos retalhos durante o ano. Dentro da estrutura de custos da Rosario Acero S.A., materiais diretos, incluindo retalhos, compreendiam 26% do custo das mercadorias vendidas em 1996.

---

[4]O aço derretido era despejado em caixas retangulares onde seria endurecido em lingotes. Esse processo era conhecido como fundir o aço. Havia dois modos mais comuns de modelar o aço: (1) dobrar, esticar, cortar, perfurar ou apertar sob pressão, ou (2) despejar em um molde pré-formado onde ele seria endureccido na forma desejada – esse último modo de modelar o aço era a fundição.

[5]Usinagem era o processo de modelar o aço por meio de corte ou perfuração.

No final de 1996, a fábrica da empresa operava sete dias por semana em três turnos, com uma carga de trabalho horária de 816. A força de trabalho unida (40% semiqualificada, 60% qualificada) recebia uma média salarial horária de $ 3,75 em 1996. O trabalho direto compreendia 11% dos custos de mercadorias vendidas da Rosario Acero S.A. em 1996. Todos os funcionários que trabalhavam por hora eram representados pela Unión de Obreros Metalúrgicos (União dos Trabalhadores Metalúrgicos) sob um contrato que expirava em junho de 1998. A média salarial por hora para trabalho equivalente era de $ 4,25. Os líderes da União disseram a Pablo Este que os funcionários que eram pagos por hora iriam exigir um contrato melhor ao expirar o contrato vigente – isso aconteceria para compensar os funcionários por terem ficado na empresa durante seu período de dificuldades.[6]

A empresa também operava com 118 funcionários administrativos, e um novo chefe-executivo, Enrique Salazar, foi indicado em maio de 1996 para assumir a responsabilidade operacional sob Pablo Este. Outros membros da alta administração sob a propriedade da Giganto Acero ficaram nas mesmas posições, com a exceção do ex-diretor-executivo da empresa, que se demitiu em fevereiro de 1997.

Além de Este, seis outros executivos tinham 25% das ações existentes no final de 1996. Este tinha 58%. Parceiros de investimentos de Este detinham o saldo das ações existentes.

A indústria de aço em 1997

Em 1996, a indústria argentina de aço desfrutava um ano moderadamente lucrativo. Diversos fatores contribuíam para essa reviravolta na indústria. Primeiro, a redução na capacidade e os programas de modernização da metade da década passada que se pagaram; a indústria alcançou 80% da capacidade em 1996, com a utilização de itens de alta demanda próximos a 100%. Adicionalmente, o nascimento do grupo de comércio do Mercosul promovia mais negócios com empresas argentinas com clientes no Brasil e no Uruguai.

Projeções para 1997 e os próximos três a cinco anos eram favoráveis, mas eram contingentes em produtores prosseguindo seus esforços recentes para permanecer competitivos na indústria. As remessas domésticas de aço eram estimadas em 70 milhões de toneladas, ligeiramente abaixo de 1996, mais em razão das reduções nos estoques do que do baixo consumo. Era esperado que as importações continuassem seu declínio, do nível de 20 milhões de toneladas em 1996 para menos de 19 milhões de toneladas em 1997.

O ponto de vista da Rosario Acero S.A.

Os ganhos e rendimentos da Rosario Acero S.A. tinham crescido desde que a empresa começou suas operações em julho de 1993. O balanço patrimonial e os demonstrativos de resultados para esse período estão nos **Quadros 3** e **4**. A administração previa continuar se desenvolvendo no novo século, com várias linhas de produtos crescendo a diferentes taxas. As taxas anuais de crescimento de 1996 a 2002 eram projetadas por linha de produto, conforme se segue:

[6]As projeções financeiras feitas por Pablo Este assumiam aumentos modestos nas médias salariais, compatíveis com expectativas para condições de mercado competitivo.

Linha de produto	Vendas de 1996 (em milhões de dólares)		Taxa de crescimento projetada entre 1996 e 2002
Rolos de aço laminado	$16,0		13,9%
Fundidos	9,0		1,4
Cadinhos de escória	1,4		19,6
Revestimento de moinho	1,6		14,5
Rolos fundidos contínuos	3,3		5,7
Fabricados e outros	3,5		6,8
Total	$ 34,8	Média	10,32%

Além de continuar a atender aos clientes correntes, Este queria que a empresa buscasse clientes fora do Mercosul. Ainda, a administração não havia realizado nenhuma ação para investigar os mercados externos, principalmente devido a limitações de capital na empresa.

Alternativas financeiras da Rosario Acero S.A.

No início de 1997, a administração procurava obter $ 7,5 milhões em capital de longo prazo com três propósitos: (1) $ 4,8 milhões para pagar a atual linha de crédito de capital de giro da empresa, (2) $ 975 mil para indenizar dívida de longo prazo que venceria em meados de 1997 e (3) o restante, $ 1,725 milhão, para melhorias de capital e propósitos gerais. A empresa reteria sua linha de crédito de capital de giro, de 5 milhões de dólares, recém-negociada com o Banco de Sol de Buenos Aires. Essa linha, a 2% acima da taxa-base de empréstimo local, não era assegurada por nenhum colateral.[7] Embora Este tenha dado uma garantia pessoal apoiada por um negócio comercial específico que ele tinha no ramo imobiliário. O banqueiro havia assegurado enfaticamente que um aumento na linha de crédito e a liberação de Este de sua garantia estaria fora de questão, sem mais capital de giro de longo prazo para apoiar o empréstimo, bem como uma evidência de performance financeira bem-sucedida por um prazo maior.

A colocação particular de notas de oito anos recomendada por Raul Martinez teria os termos conforme o **Quadro 5**. As compras potenciais eram dois fundos de investimento espanhóis. A taxa associada com emissão de colocação por intermédio de Martinez seria de $ 52 mil. Os investidores prospectivos demandavam garantias com a dívida, devido ao pequeno tamanho da empresa, à alavancagem relativamente alta e à ausência de uma história longa de lucratividade operacional. Martinez explicou que as garantias eram uma provisão que aumentou o retorno efetivo dos investidores. Os convênios associados com essa colocação ainda tinham de ser negociados. Os investidores espanhóis disseram a Martinez que o mínimo aceitável de taxa de cobertura EBIT (ou seja, EBIT dividida pela despesa de juros) seria de

[7] O costume de estender o pagamento dos empréstimos de capital circulante (isto é, não garantido pelos recebíveis e estoques da empresa) se devia às dificuldades da Argentina em conseguir uma garantia perfeita e preencher novos papéis para manter a garantia atualizada, sendo que o estoque e os recebíveis eram adiados.

2,0. Como uma base para avaliar as garantias, ele estimou a média de volatilidade de ações de empresas de aço concorrentes a 0,35. Martinez também havia determinado que em diversas colocações particulares comparáveis de dívida, o custo anual efetivo do financiamento do emissor tinha sido entre 14% e 16%, o que representava um enorme prêmio, acima da base de empréstimo argentina, com taxa de 8,5%.

Uma segunda alternativa financeira que Este considerou foi uma oferta pública inicial (IPO – Initial Public Offer) da empresa na bolsa. Enquanto 233 mil ações da bolsa correntemente em circulação não eram negociadas, seis administradores seniores haviam recebido oferta (e aceitado) para uma chance de investir três vezes desde a inserção da empresa com os preços conforme se segue:[8]

Dezembro de 1994	15.480 ações a $ 3 cada
Janeiro de 1995	14.220 ações a $ 4 cada
Dezembro de 1996	28.550 ações a $ 9 cada

Essas compras foram responsáveis pela participação de 25% do capital próprio da empresa.

Taxas associadas com a IPO eram cotadas em cerca de 8%, mas elas poderiam ser mais baixas que 2% se uma colocação de "melhores esforços" fosse selecionada, em vez de uma subscrição garantida. A negociação pública na bolsa teria implicações para os acionistas controlados pela alta administração e por Este. Por exemplo, Este queria ver a emissão aberta a um preço mais alto do que os $ 9 que a maioria dos gerentes havia pagado por suas ações da Rosario Acero S.A. Por essa razão, ele havia concluído que o tamanho da emissão teria de ser determinado após uma pesquisa de mercado que fora inserida na empresa.

O mercado da IPO havia se recuperado modestamente desde a quebra do peso mexicano, em novembro de 1994. Até março de 1997, o mercado de ações ressaltara do efeito tequila da quebra do peso. O Índice Merval havia aumentado nos três anos anteriores, sugerindo um otimismo de crescimento entre os investidores de ações na Argentina. O mercado para IPOs estava seguindo a mesma rota de recuperação, embora o volume de IPOs ainda estivesse relativamente baixo.

O sucesso das IPOs nos meses recentes dependeu muito da qualidade da oferta; emissões em indústrias mais maduras e estáveis, que apelavam para investidores conhecedores do mercado, espalhavam-se mais do que emissões em mídia e comunicações. Grande número de IPOs recentes envolvia privatização de empresas estatais. Outros IPOs eram transferidos de grandes grupos industriais que queriam racionalizar suas operações. Um exemplo recente foi a cisão de uma subsidiária envolvida em uma *commodity* no negócio de fertilizantes, que trouxe $ 22 por ação em 11 milhões de ações, superando as expectativas de $ 17 a $ 20 a ação, colocada para emissão anterior à quebra de novembro. Em contrapartida, era a primeira emissão de um varejista que havia sido planejada para o fim de novembro de 1996. A empresa esperava emitir $ 9 milhões em ações, mas foi forçada a buscar fundos em outro lugar quando não conseguiu outro *underwriter* após seu primeiro banqueiro se retirar.

Recentemente, Pablo Este havia considerado a idéia de vender a Rosario Acerto por outros interesses, embora não tenha sido estimado um preço específico para a empresa em

[8]O número de ações correntemente em circulação (233 mil), incluindo as vendas de ações recentes.

nenhum momento. A opção poderia ser considerada com mais cuidado dessa vez, como um modo de obter fundos para emitir ações para o público.

Para avaliar a Rosario Acero S.A., Este fez uma previsão do desempenho financeiro da empresa acerca tanto da opção financeira, da dívida e das emissões de garantia (**Quadros 6**, **7** e **8**) quanto da emissão de ações (**Quadros 9**, **10** e **11**). Também obteve a avaliação média de múltiplos de minimoinhos de um relatório de investimento recente. Esses múltiplos indicam uma média de valor de mercado do patrimônio líquido no valor de uma vez e meia o valor contábil, 21 vezes os lucros de 1996 e 18 vezes os lucros estimados de 1997. Este também conseguiu informações com diversos produtores de aço estatais no Mercosul que fossem de alguma forma similares à Rosario Acero S.A. Essas informações são mostradas no **Quadro 12**. Ele ponderava se simplesmente deveria tirar a média de resultados de todos os concorrentes dados naquele quadro ou se deveria excluir algum. Picasso Acero, por exemplo, teve um ano turbulento devido a uma greve e ao vandalismo em sua fábrica. Com base em sua própria experiência com aquisição alavancada (LBO), Este acreditava que um comprador LBO potencial poderia colocar um valor sobre o capital próprio da empresa usando um múltiplo de quatro vezes EBIT e subtraindo a dívida total.

Taxas de juros ao longo dos últimos anos são apresentadas nos **Quadros 13** e **14**. A pesquisa de Raul Martinez revelou que economistas e instituições financeiras estavam fazendo previsão de taxas anuais de inflação entre 2,5% e 4%, e o produto interno bruto real cresceu de 1,5% a 6%.

Pablo Este tinha 66 anos e era o patriarca de uma grande família. Enquanto não tinha nenhuma intenção de se aposentar do quadro de diretores da Rosario no futuro próximo, ele estava preocupado sobre a liquidez de seu valioso investimento na empresa. Era importante para ele e os outros investidores de capital aumentar a capacidade de mercado da ação comum da Rosario. Encontrar o momento oportuno para escolher a IPO, contudo, levava a um sentimento de precaução entre os altos administradores considerando o impacto de qualquer emissão de títulos no controle administrativo da empresa.

Este percebeu que, como presidente, poderia facilmente confiar em mais alguém para explorar as diversas opções que poderiam estar disponíveis para a Rosario Acero S.A. O legislador da empresa teve sucesso até agora; contudo, ele se interessou em ver o conselho escolher uma alternativa que garantiria melhor a continuidade daquele sucesso financeiro e empregatício. Com muitas informações à disposição e todo seu conhecimento da Rosario Acero S.A. em sua mente, Pablo Este se dedicou a determinar qual opção financeira de longo prazo ele apoiaria.

QUADRO 1 | Porcentagem de vendas da empresa por linha de produto[1]

	1994	1995	1996	Fev. 1997[2]	Margens de lucro bruto recente
Rolos	40%	46%	46%	68%	32%
Fundidos	29	27	29	20	18 (crus) 2 (finalizados)
Rolos fundidos contínuos	4	6	9	6	12
Revestimento de moinho	8	5	5	2	40
Barras	0	3	1	1	
Outros produtos	17	8	5	4	80 (potes pequenos)
Serviços	2	4	4	0	
Total	100%	100%	100%	100%	

[1]As colunas podem não somar 100, devido ao arredondamento dos valores.

[2]Porcentagens de 1997, com base em registros de fevereiro de 1997.

Fonte: Registros da empresa.

QUADRO 2 | Preços de retalhos de comerciante de Bundles (preço por tonelada entregue, de Buenos Aires)

Data estimada	Média de preço
12/95	\$ 96–\$ 97
1/96	\$ 99–\$ 100
2/96	\$ 104–\$ 105
3/96	\$ 98–\$ 99
4/96	\$ 93–\$ 94
5/96	\$ 103–\$ 104
6/96	\$ 114–\$ 115
7/96	\$ 115–\$ 116
8/96	\$ 119–\$ 120
9/96	\$ 131–\$ 132
10/96	\$ 159–\$ 160
11/96	\$ 159–\$ 160
12/96	\$ 144–\$ 145
1/97	\$ 139–\$ 140

Fonte: Registros da empresa.

QUADRO 3 | Balanço patrimonial (pesos em milhares)

	31 de dezembro		
	1994	1995	1996
Caixa	$ 119	$ 0	$ 245
Contas a receber	3.077	3.845	6.846
Estoques	5.186	4.786	4.682
Outros ativos circulantes	865	168	381
Ativos circulantes totais	9.247	8.799	12.154
Ativo imobilizado	13.938	14.054	14.210
Outros	193	187	116
Ativos totais	$ 23.378	$ 23.040	$ 26.480
Notas a pagar do capital de giro	$ 4.650	$ 4.998	$ 4.821
Porção circulante da dívida de longo prazo	1.706	1.171	1.335
Contas a pagar	3.313	3.048	4.663
Outros passivos circulantes	804	1.993	2.315
Passivos circulantes totais	10.473	11.210	13.134
Dívidas de longo prazo	11.804	8.847	8.467
Taxas e empréstimos diferidos	312	1.258	1.282
Passivos totais	22.589	21.315	22.883
Ação ordinária (nominativa = $ 1/ação)	210	202	233
Capital integralizado adicional	71	114	191
Lucros acumulados	508	1.409	3.173
Patrimônio líquido total	789	1.725	3.597
Passivos totais e patrimônio líquido	$ 23.378	$ 23.040	$ 26.480

Fonte: Relatórios financeiros da empresa.

QUADRO 4 | Relatórios de renda (em milhares de pesos, exceto dados pós-ações)

	31 de dezembro		
	1994	1995[1]	1996
Receitas	$ 25.084	$ 26.605	$ 34.836
CPV (incluindo depreciação)[2]	18.138	21.784	27.654
Vendas, gerais e administrativas	3.598	3.767	3.959
Juros	1.586	1.461	1.098
Despesas de reestruturação	445	142	537
Lucro antes de imposto	1.317	(549)	1.588
Provisão (incentivo) fiscal	577	(285)	4
Lucro (prejuízo) antes de item extraordinário	740	(264)	1.584
Item extraordinário[3]	265	1.165	179
Lucro líquido	$ 1.005	$ 901	$ 1.763
Lucros por ação	$ 4,79	$ 4,46	$ 7,57

[1]A perda da empresa em 1995 foi atribuída às vendas como resultado de uma greve de seis meses contra a Giganto Acero, que era a maior conta da Rosario.

[2]Custos incluindo depreciação de 736 mil dólares em 1994, 876 mil dólares em 1995 e 935 mil dólares em 1996.

[3]Renda extraordinária resultante de refundo da dívida líquida de impostos aplicáveis em 1995 e 1996. Créditos em impostos de renda devidos à compensação de perda de operação líquida resultaram em renda extraordinária em 1994.

Fonte: Relatórios financeiros da empresa.

QUADRO 5 | Resumo dos termos da colocação privada proposta

Valor	$ 7.500.000
Emissão	*Senior notes* com bônus
Vencimento	Oito anos, vencendo em 2004
Início da emissão	Segundo trimestre de 1997
Taxa de juros	13% por ano, pagável duas vezes ao ano
Amortização	Juros somente nos primeiros seis anos. Pagamentos obrigatórios do principal de $ 1.875.000 no sétimo ano e $ 5.625.000 no oitavo.
Resgate opcional	Nenhum nos primeiros seis anos. Resgate acelerado aos seguintes preços de resgate no todo ou em parte: Ano 7 105% Ano 8 100% (sem bônus)
Bônus	As notas serão acompanhadas por um bônus não separável de oito anos, garantindo ao portador a compra de 40 mil ações ordinárias a um preço de exercício de $ 1 por ação. Os bônus de subscrição estarão sujeitos a provisões antidiluição e serão ajustados para divisão de ações, dividendos em ações, recapitalizações, fusões e a venda de ações, opções de emissão ou títulos mobiliários, bônus conversíveis ou que podem ser emitidos como ações ordinárias, todos a preço superior a $ 1 por ação. O número de bônus de subscrição será ajustado uma vez, dependendo da média do lucro operacional líquido para os exercícios de 1997 e 1998. Tal ajuste será realizado no primeiro trimestre de 1999.

Lucro operacional líquido	Nº de ações	Lucro operacional líquido
$ 6.000.000 ou maior	40.000	15,0%
$ 5.999.999–$ 5.000.000	47.725	17,5%
$ 4.999.999–$ 4.000.000	56.250	20,0%
$ 3.999.999–$ 3.000.000	65.325	22,5%
Menos de $ 3.000.000	75.000	25,0%

O lucro operacional líquido será definido como informado nos relatórios financeiros auditados, antes de juros e provisão para imposto de renda, de acordo com as definições geralmente aceitas de lucro operacional.

Opção de venda de ações	O bônus de subscrição pode ser vendido à empresa, começando no final do quinto ano, pelos que detêm bônus a preço por ação equivalente ao "valor de mercado por ação avaliado". Esse valor deve ser calculado usando o lucro operacional antes de impostos e os juros para os últimos quatro trimestres e multiplicando a soma por 6, adicionando caixa e títulos e valores mobiliários, e deduzindo a dívida de curto e longo prazos. Essa soma será dividida pelas ações em circulação plenamente diluídas para se obter o valor de mercado avaliado por ação. O detentor do bônus de subscrição não poderá investir mais que 25% de seu bônus de subscrição na empresa, em qualquer ano.
Provisão para resgate acelerado	O resgate das *senior notes* antes do vencimento não será permitido.
Direitos de Registro	O bônus de subscrição estará sujeito a um direito de livre registro após o IPO da empresa e a direitos ilimitados de adicionar outras ofertas públicas de ações, segundo o consentimento do subscritor.
Cláusulas restritivas sobre as notes	A ser negociado.

Fonte: Raul Martinez, Segunda Minuta do Memorando da Colocação Privada.

QUADRO 6 | Projeção do demonstrativo de resultado: crescimento financiado com a dívida da colocação privada e bônus de subscrição (em milhões de pesos, exceto valores por ação)

Premissas comuns			
Taxa de crescimento da receita	10,30%	Estoques/receita	13,00%
CPV/receita	78,00%	Outros ativos circulantes/receita	1,00%
Despesas VG&A/receita	13,00%	Ativo fixo bruto/receita	48,00%
Alíquota fiscal	34,00%	Contas a pagar/receita	14,00%
Depreciação/ativo fixo bruto	5,60%	Outros ativos circulantes/receita	7,00%
Caixa/receita	1,00%	Taxa de juros	10,00%
Contas a receber/receita	20,00%	Mudanças no imposto diferido/impostos	25,00%
Taxa de juros básica	8,50%	Ações primárias	233.000
		Ações totalmente diluídas	273.000

	Real	Projeção					
	1996	**1997**	**1998**	**1999**	**2000**	**2001**	**2002**
Demonstração do resultado							
Receita	$ 34,80	$ 38,38	$ 42,34	$ 46,70	$ 51,51	$ 56,81	$ 62,67
Custos dos produtos vendidos	(27,65)	(29,94)	(33,02)	(36,43)	(40,18)	(44,32)	(48,88)
Despesas com vendas, gerais e administrativas	(3,96)	(4,99)	(5,50)	(6,07)	(6,70)	(7,39)	(8,15)
EBIT	3,19	3,45	3,81	4,20	4,64	5,11	5,64
Juros (*notes* e empréstimos existentes)[1]	(1,10)	(0,73)	(0,70)	(0,65)	(0,59)	(0,51)	(0,41)
Juros (novos empréstimos a 13%)		(0,98)	(0,98)	(0,98)	(0,98)	(0,98)	(0,98)
Lucro antes dos impostos	2,09	1,75	2,13	2,57	3,07	3,63	4,26
Impostos	0,00	(0,59)	(0,72)	(0,88)	(1,04)	(1,23)	(1,45)
Lucro depois dos impostos	$ 2,09	$ 1,15	$ 1,41	$ 1,70	$ 2,03	$ 2,40	$ 2,81
Lucro com item extraordinário	$ 1,76						
Lucro por ação	$ 7,57	$ 4,96	$ 6,04	$ 7,29	$ 8,70	$ 10,28	$ 12,06

[1]Supõe-se que a empresa faça empréstimos à taxa de juros básica mais 2% e empreste à taxa de juros básica menos 2%.

QUADRO 7 | Projeção do demonstrativo de resultado: crescimento financiado com a dívida da colocação privada e bônus de subscrição (em milhões de pesos, exceto valores por ação)

	Real	Projeção					
	1996	1997	1998	1999	2000	2001	2002
Balanço patrimonial							
Caixa	$ 0,20	$ 0,38	$ 0,42	$ 0,47	$ 0,52	$ 0,57	$ 0,63
Contas a receber	6,80	7,68	8,47	9,34	10,30	11,36	12,53
Estoques	4,70	4,99	5,50	6,07	6,70	7,39	8,15
Outros ativos circulantes	0,40	0,38	0,42	0,47	0,52	0,57	0,63
Ativo circulante total	12,10	13,43	14,82	16,34	18,03	19,88	21,93
Ativo imobilizado bruto	16,70	18,42	20,32	22,42	24,72	27,27	30,08
Depreciação acumulada	(2,50)	(3,53)	(4,67)	(5,93)	(7,31)	(8,84)	(10,52)
Ativo imobilizado líquido	14,20	14,89	15,65	16,49	17,41	18,43	19,56
Outros ativos	0,10	0,10	0,10	0,10	0,10	0,10	0,10
Ativo total	$ 26,40	$ 28,43	$ 30,57	$ 32,93	$ 35,54	$ 38,42	$ 41,59
Notes a pagar (caixa excedente)	$ 4,80	($ 0,76)	($ 0,84)	($ 0,81)	($ 1,00)	($ 1,44)	($ 2,17)
Contas a pagar	4,60	5,37	5,93	6,54	7,21	7,95	8,77
Outros passivos circulantes	2,30	2,69	2,96	3,27	3,61	3,98	4,39
Passivo circulante	11,70	7,30	8,05	9,00	9,82	10,49	10,99
Dívida de longo prazo existente	9,80	7,43	7,23	6,73	6,23	5,73	5,23
Dívida de longo prazo nova		7,50	7,50	7,50	7,50	7,50	7,50
Imposto diferido	1,30	1,45	1,63	1,85	2,11	2,42	2,78
Passivo total	22,80	23,67	24,41	25,07	25,66	26,14	26,50
Ações ordinárias	0,20	0,20	0,20	0,20	0,20	0,20	0,20
Excedente de capital integralizado	0,20	0,20	0,20	0,20	0,20	0,20	0,20
Lucros acumulados	3,20	4,35	5,76	7,46	9,49	11,88	14,69
Passivo e patrimônio líquido totais	$ 26,40	$ 28,43	$ 30,57	$ 32,93	$ 35,54	$ 38,42	$ 41,59
Índices comparativos							
EBIT/juros	2,90	2,03	2,27	2,58	2,96	3,45	4,08
EBIT/(juros + amortizado)	1,93	0,36	1,95	2,00	2,06	2,11	2,16
Passivo/patrimônio	6,33	4,98	3,96	3,19	2,59	2,13	1,76
(Dívida ± *notes*)/patrimônio	4,06	2,98	2,25	1,71	1,29	0,96	0,70
Lucro/receita	5,1%	3,0%	3,3%	3,6%	3,9%	4,2%	4,5%
Lucro/patrimônio	49,0%	24,3%	22,8%	21,6%	20,5%	19,5%	18,6%

QUADRO 8 | Projeção do fluxo de caixa livre: crescimento financiado com a dívida e bônus de subscrição (em milhões de pesos)

	Projeção					
	1997	1998	1999	2000	2001	2002
EBIT	3,45	3,81	4,20	4,64	5,11	5,64
Impostos	(1,17)	(1,30)	(1,43)	(1,58)	(1,74)	(1,92)
Lucro antes dos juros e depois dos impostos	2,28	2,51	2,77	3,06	3,37	3,72
Depreciação	1,03	1,14	1,26	1,38	1,53	1,68
Menos investimentos de capital	(1,72)	(1,90)	(2,09)	(2,31)	(2,55)	(2,81)
Menos adições ao capital de giro líquido	(0,17)	(0,55)	(0,61)	(0,67)	(0,74)	(0,82)
Fluxos livres de caixa	1,41	1,20	1,33	1,46	1,61	1,78

QUADRO 9 | Projeção do demonstrativo de resultado: crescimento financiado com ações vendidas a $ 9 cada (em milhões de pesos, exceto valores por ação)

Premissas comuns			
Taxa de crescimento da receita	10,30%	Estoques/receita	13,00%
CPV/receita	78,00%	Outros ativos circulantes/receita	1,00%
Despesas VG&A/receita	13,00%	Ativo fixo bruto/receita	48,00%
Alíquota fiscal	34,00%	Contas a pagar/receita	14,00%
Depreciação/ativo fixo bruto	5,60%	Outros ativos circulantes/receita	7,00%
Caixa/receita	1,00%	Taxa de juros	10,00%
Contas a receber/receita	20,00%	Mudanças no imposto diferido/impostos	25,00%
Taxa de juros básica	8,50%	1996 *primary shares*	233.000
		1997 + *primary shares*	1.066.333

	Real	Projeção					
	1996	1997	1998	1999	2000	2001	2002
Demonstrativo de resultado							
Receita	$ 34,80	$ 38,38	$ 42,34	$ 46,70	$ 51,51	$ 56,81	$ 62,67
Custos dos produtos vendidos	(27,65)	(29,94)	(33,02)	(36,43)	(40,18)	(44,32)	(48,88)
Despesas com vendas, gerais e administrativas	(3,96)	(4,99)	(5,50)	(6,07)	(6,70)	(7,39)	(8,15)
EBIT	3,19	3,45	3,81	4,20	4,64	5,11	5,64
Juros (de *notes* e empréstimos existentes)[1]	(1,10)	(0,68)	(0,60)	(0,50)	(0,37)	(0,23)	(0,07)
Juros (novos empréstimos a 13%)		0,00	0,00	0,00	0,00	0,00	0,00
Lucro antes dos impostos	2,09	2,77	3,21	3,71	4,26	4,88	5,57
Impostos	0,00	(0,94)	(1,09)	(1,26)	(1,45)	(1,66)	(1,89)
Lucro depois dos impostos	$ 2,09	$ 1,83	$ 2,12	$ 2,45	$ 2,81	$ 3,22	$ 3,68
Lucro com item extraordinário	$ 1,76						
Lucro por ação	$ 7,57	$ 1,72	$ 1,99	$ 2,29	$ 2,64	$ 3,02	$ 3,45

[1]Supõe-se que a empresa faça empréstimos à taxa de juros básica mais 2% e empreste à taxa de juros básica menos 2%.

QUADRO 10 | Projeção do balanço patrimonial: crescimento financiado com ações vendidas a $ 9 cada (em milhões de pesos, exceto valores por ação)

	Real	Projeção					
	1996	1997	1998	1999	2000	2001	2002
Balanço patrimonial							
Caixa	$ 0,20	$ 0,38	$ 0,42	$ 0,47	$ 0,52	$ 0,57	$ 0,63
Contas a receber	6,80	7,68	8,47	9,34	10,30	11,36	12,53
Estoques	4,70	4,99	5,50	6,07	6,70	7,39	8,15
Outros ativos circulantes	0,40	0,38	0,42	0,47	0,52	0,57	0,63
Ativo circulante total	12,10	13,43	14,82	16,34	18,03	19,88	21,93
Ativo imobilizado bruto	16,70	18,42	20,32	22,42	24,72	27,27	30,08
Depreciação acumulada	(2,50)	(3,53)	(4,67)	(5,93)	(7,31)	(8,84)	(10,52)
Ativo imobilizado líquido	14,20	14,89	15,65	16,49	17,41	18,43	19,56
Outros ativos	0,10	0,10	0,10	0,10	0,10	0,10	0,10
Ativo total	26,40	$ 28,43	$ 30,57	$ 32,93	$ 35,54	$ 38,42	$ 41,59
Notes a pagar (ou caixa excedente)	4,80	($ 1,53)	($ 2,40)	($ 3,21)	($ 4,29)	($ 5,66)	($ 7,37)
Contas a pagar	4,60	5,37	5,93	6,54	7,21	7,95	8,77
Outros passivos circulantes	2,30	2,69	2,96	3,27	3,61	3,98	4,39
Passivo circulante total	11,70	6,54	6,49	6,59	6,53	6,27	5,79
Dívida de longo prazo existente	9,80	7,43	7,23	6,73	6,23	5,73	5,23
Dívida de longo prazo nova		0,00	0,00	0,00	0,00	0,00	0,00
Imposto diferido	1,30	1,54	1,81	2,12	2,49	2,90	3,37
Passivo total	22,80	15,50	15,52	15,44	15,24	14,89	14,39
Ações ordinárias	0,20	1,20	1,20	1,20	1,20	1,20	1,20
Excedente de capital integralizado	0,20	6,70	6,70	6,70	6,70	6,70	6,70
Lucros acumulados	3,20	5,03	7,15	9,59	12,41	15,63	19,30
Passivo e patrimônio líquido totais	$ 26,40	$ 28,43	$ 30,57	$ 32,93	$ 35,54	$ 38,42	$ 41,59
Índices comparativos							
EBIT/juros	2,90	5,08	6,32	8,45	12,37	21,95	81,14
EBIT/(juros + amortizado)	1,93	0,37	2,27	2,32	2,38	2,43	2,48
Passivo/patrimônio	6,33	1,20	1,03	0,88	0,75	0,63	0,53
(Dívida + *notes*)/patrimônio	4,06	0,46	0,32	0,20	0,10	0,00	−0,08
Lucro/receita	5,1%	4,8%	5,0%	5,2%	5,5%	5,7%	5,9%
Lucro/patrimônio	49,0%	14,2%	14,1%	14,0%	13,8%	13,7%	13,5%

QUADRO 11 | Projeção do fluxo de caixa livre: crescimento financiado com ações vendidas a $ 9 cada (em milhões de pesos)

	Projeção					
	1997	1998	1999	2000	2001	2002
EBIT	3,45	3,81	4,20	4,64	5,11	5,64
Impostos	(1,17)	(1,30)	(1,43)	(1,58)	(1,74)	(1,92)
Lucro antes dos juros e depois dos impostos	2,28	2,51	2,77	3,06	3,37	3,72
Depreciação	1,03	1,14	1,26	1,38	1,53	1,68
Menos investimentos de capital	(1,72)	(1,90)	(2,09)	(2,31)	(2,55)	(2,81)
Menos adições ao capital de giro líquido	(0,17)	(0,55)	(0,61)	(0,67)	(0,74)	(0,82)
Fluxos livres de caixa	1,41	1,20	1,33	1,46	1,61	1,78

QUADRO 12 | Informações selecionadas de 1996 sobre concorrentes listados em bolsa

Descrição do negócio	
Acero Dali S.A. (AD)	Produção e fabricação de barras de reforço de aço e comerciais. Principais clientes: empreiteiras nas áreas de edificações, rodovias e pontes; agências municipais, estaduais ou regionais; fabricantes de concreto; empresas de trens, saneamento e indústrias. Áreas de atuação: Argentina, Uruguai, Brasil e Caribe. Os diretores detêm 3% das ações.
Colon S.A. (CSA)	Fabricante e distribuidora de materiais para revestimento de altos-fornos (69% da receita), especialmente para a indústria de aço. Produz materiais para filtros, filtros e produtos de controle de óleo. Atua na mineração de uma variedade de minérios e argilas (14%). Diretores e alta administração detêm cerca de 55% das ações.
Greco Acero (GA)	Fabrica produtos de aço-carbono exclusivamente pelo método de alto-forno elétrico. Rebarba de aço é a principal matéria-prima. Possui 75% das vendas na Argentina para os centros fabricantes de aço e atacadistas de ferramentas. Principais mercados: agricultura e construção. A família Escobar possui cerca de 45% das ações.
Velasguez S.A. (VAZ)	Produtor de aço e vigas de aço (com 30% da participação no mercado regional de vigas). Principais mercados: construção, eletricidade, ferrovias e agricultura.
Picasso Acero S.A. (PI)	Líder no processamento de rebarbas ferrosas (75% da receita) e não-ferrosas (10%). A família Picasso detém cerca de 25% das ações; o grupo Tiger, 15%. Prejuízos contínuos nos últimos anos devido a greves e vandalismo relacionado à greve na fábrica.

(todos os valores estão em pesos, exceto porcentagens)

Informações operacionais[1]	**AD**	**CSA**	**GA**	**VAZ**	**PI**
Receita	$ 381,0	$ 362,8	$ 397,4	$ 755,2	$ 117,1
Margem operacional	55,6	11,7	26,0	144,9	(1,1)
Lucro líquido	16,9	7,5	10,3	46,4	(5,1)
Margem operacional/receita	14,6%	3,2%	6,5%	19,2%	(0,9%)
Lucro líquido/receita	4,4	2,1	2,6	6,1	(4,4%)
Dívida de longo prazo (contábil)	40%	56%	22%	33%	42%
Dívida total/capital (contábil)	57%	66%	40%	37%	65%
Dívida total/patrimônio (contábil)	1,33	1,94	0,67	0,59	1,86
Patrimônio a valor de mercado/ Patrimônio a valor contábil	1,85	1,25	1,50	2,10	0,90
Dívida total/patrimônio (mercado)	0,72	1,55	0,44	0,28	2,06
Índice de distribuição de dividendos (média de 3 anos)	27%	0%	15%[2]	12%	0%
Rentabilidade dos dividendos	3,0%	0%	3,3%	1,0%	0%
Índice P/L	9,5	15,9	11,3	15,0	7,3
Beta	1,35	1,05	1,00	1,15	2,50
Faixa de preço da ação	$ 44 1/2 – 18 1/4	$ 20 1/4 – 13 1/2	$ 24 1/4 – 11 1/8	$ 49 1/2 – 29 1/2	$ 54– 18 3/4
Encerrado em 1º março de 1997	$ 32 3/4	$ 18 5/8	$ 19 1/2	$ 42 1/2	$ 33
Projeções de crescimento por ação anualizadas para cinco anos					
Receita	10%		9%	10%	5%
Lucro	17%			12%	
Dividendos	14%			12%	8%

[1]Todas as informações operacionais para os exercícios fiscais mais recentes são de março de 1997 e em milhões de pesos. Outras informações correntes são de março de 1997, exceto quando há observação.

[2]Distribuição somente com base em 1996. Não houve pagamento de dividendos anteriormente.

(Todas as informações foram trocadas.)

QUADRO 13 | Condições do mercado da dívida

	Março de 1997
Rentabilidade média dos títulos corporativos	9,86%
Taxa de juros básica	8,50
Obrigações do Tesouro Argentino de 10 anos	8,50
Títulos do Tesouro Argentino de 3 anos	5,70%

Tendência da taxa de juros

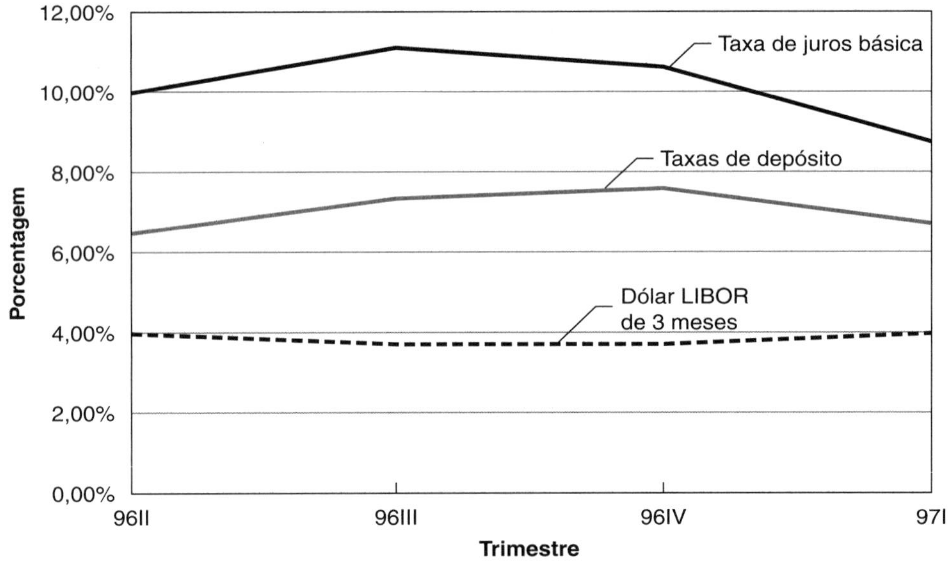

QUADRO 14 | Rendimento corrente de emissões selecionadas de dívida na América do Sul

Empresa	*Rating*[1]	Forma da dívida	Cupom	Data de vencimento	Rendimento corrente	Rendimento até vencimento
Sola S.A.	BBB	*Notes*	8,625%	2005	9,02%	9,41%
HABASA	BBB−	*Notes* subordinadas	9,300	2003	10,35	10,49
Mercado S.A.	CCC+	Debêntures subordinadas	11,990	2005	16,89	13,05
Orientar S.A.	BBB−	*Notes*	10,500	2004	10,47	10,45
Serenidad S.A.	CCC−	Debêntures principais	7,750	2004	12,86	17,42
Turismo S.A.	CCC+	*Notes* principais subordinadas	13,250	2003	13,25	13,25
Util S.A.	CCC	Debêntures subordinadas	5,000	2003	15,25	16,10
Tulipan S.A.	CCC−	Debêntures do fundo de amortização	8,100%	2005	15,88%	19,08%

[1]Segundo uma agência de classificação de risco conhecida internacionalmente, "acredita-se que a dívida classificada como BBB tenha capacidade satisfatória para pagar juros e indenizar o principal, embora a capacidade cairia rapidamente se surgissem condições negativas ou mudanças nos cenários... A dívida classificada como... CCC... é majoritariamente especulativa".

Rendimentos recentes da colocação privada, emissões BBB

	Empresa	Forma da dívida	Data de vencimento	Cupom
Janeiro	Grua S.A.	*Notes* com taxa fixa	2005	11,25%
	Globo S.A.	*Notes* principais	2001	11,35
	Disquete S.A.	*Notes* principais	2001	11,40
Fevereiro	Energa S.A.	*Notes* principais	2006	11,20
	Energa S.A.	*Notes* principais	2002	11,60
	Vemco S.A.	*Notes* subordinadas garantidas	2001	11,50
Março	Luza Solaro S.A.	*Notes* garantidas sem recursos	2001	10,90
	Dorar S.A.	*Notes* garantidas	1999	10,80
	Contrahacer S.A.	*Notes* principais garantidas	2002	10,85
	Coronar S.A.	*Notes* principais	2001	10,20%

(Todas as informações foram trocadas.)

CASO 33

Deutsche Bank Securities: financiando a aquisição da Consolidated Supply S.A.

Em 20 de novembro de 2003, Maria Ober, vice-presidente do Deutsche Bank Securities, recebeu um telefonema confirmando que um cliente importante pretendia fazer uma oferta em um leilão de um grande distribuidor hospitalar e estava procurando a assistência do Deutsche Bank para organizar o financiamento. A chamada não foi uma surpresa: o cliente tinha adiantado ao Deutsche Bank sobre a possibilidade de uma oferta, seis meses antes. O vendedor finalmente havia anunciado um prazo da empresa a fim de receber propostas seladas para aquele propósito. Um preço de oferta e uma indicação de compromisso financeiro eram esperados em duas semanas.

O cliente era a Intercontinental Capital, Ltd. (ICL), uma grande empresa européia de produtos médicos para hospitais e subsidiária da AtlantisMed Systems, uma grande manufatureira de produtos e suprimentos. A AtlantisMed tinha a matriz nos Estados Unidos. A subsidiária, Consolidated Supply S.A. (CSSA), tinha vendas globais de US$ 2,5 bilhões e uma matriz em Luxemburgo.

Ligando de Luxemburgo, Louis Danton, um diretor-gerente da ICL, explicou à Maria Ober que a ICL contemplava uma proposta de US$ 1,513 bilhão para a CSSA, paga em dinheiro – o que representava um múltiplo de 9,2 vezes o EBITDA estimado para 2003 (2003e). Danton também rascunhou uma estrutura financeira preliminar para a oferta: a ICL investiria US$ 534 milhões nas ações da CSSA. O Deutsche Bank acertaria a dívida total de fundo de US$ 979 milhões, que representariam seis vezes o EBITDA de 2003e da CSSA. A ICL também procurava uma ponte de crédito que facilitasse o negócio entre o Deutsche Bank e que temporariamente financiaria o negócio até que as notas asseguradas pudessem ser colocadas pelos investidores, após o fechamento da aquisição. Ober disse que o time de alavancagem financeira começaria a trabalhar na proposta imediatamente e que responderia em alguns dias.

Este caso foi preparado por Robert F. Bruner, com a assistência de Sean Carr e a cooperação do Deutsche Bank Securities. Certos fatos do caso e as identidades das pessoas e os nomes das empresas foram disfarçados.

Ober sabia que se o Deutsche Bank Securities acertasse o financiamento em termos competitivos, a ICL traria mais negócios no futuro. Ao mesmo tempo, os excedentes da última alavancagem financeira lembravam a todos os banqueiros que havia a necessidade de estruturar negócios com maior sensibilidade. Ela tentou avaliar o preço da oferta oferecida por Danton e a proposta financeira e procurou a estrutura que seria mais atrativa. A solução ideal seria conciliar o crédito do Deutsche Bank, os seguros e os padrões de lucratividade oferecer um retorno atrativo para a ICEL e vencer o leilão.

Visão da indústria e posição de mercado da CSSA

O mercado de suprimento hospitalar estava muito diversificado em regiões, produtos e mercados finais. A América do Norte, a Europa e o resto do mundo eram responsáveis por 41%, 32% e 27%, respectivamente, do faturamento global da indústria. Cateteres, equipamentos e instrumentos cirúrgicos, lençóis e vestimentas respondiam por 36%, 36% e 28% do faturamento, respectivamente. Por causa do aumento nos procedimentos cirúrgicos e dos avanços médicos, a ICL projetou um crescimento da indústria de 4% a 5% por ano – isso comparado com a média composta do crescimento entre 1960 e 2000 para pesquisa e desenvolvimento no serviço hospitalar, com 7,6%.

Tanto a demanda quanto o fornecimento na indústria estavam muito fragmentados. A CSSA conseguiu a distribuição para mais de 5 mil manufaturas (incluindo a si própria) e ofereceu uma gama de produtos com mais de 750 mil unidades de estoque. Mais de 250 mil clientes em todo o mundo compravam seus produtos. A base de cliente era distribuída em uma gama de campos: hospitais, centros cirúrgicos, ambulatório e consultórios médicos.

A CSSA competia com hospitais de terceiros e distribuidores de produtos médicos e manufaturas de produtos direto das forças de vendas. Três empresas lideravam a competição entre os distribuidores: Medical and Scientific Supply (MASS), Spa and Hospital Distribution Corp. e CSSA. Juntas, as três controlavam 28% da participação de mercado em todo o mundo, e no mercado de suprimento hospitalar a CSSA sozinha contava com 15% do mercado americano e 13% do mercado europeu. Entre elas, a CSSA era a única focada somente em distribuição; as outras duas também tinham grandes operações manufatureiras. Mais de 70% das vendas mundiais eram controladas por meio de distribuidores com a empresa. Na Europa, a CSSA era uma das únicas duas empresas com franquia de marca suficiente, infra-estrutura, suporte de sistemas e força financeira para servir ao mercado inteiro de modo eficiente. A importância crescente de oferecer uma "loja de parada única" para todas as necessidades dos clientes em termos de equipamentos hospitalares e médicos deu-lhe vantagem competitiva contra as empresas menores.

A empresa: Consolidated Supply S.A.

Com vendas de cerca de US$ 2,5 bilhões,[1] a CSSA distribuía uma gama variada de produtos, incluindo cateteres, suprimentos cirúrgicos, lençóis, instrumentos, roupas de proteção, outros produtos médicos e hospitalares e oferecia uma gama de serviços gerenciados como consultoria de

[1]Os relatórios financeiros da CSSA foram baseados em dólares americanos. Muitos de seus contratos de longo prazo com empresas de pesquisa global foram denominados em dólares. E foi uma questão de conveniência calcular os resultados em dólares, quando a CSSA era uma subsidiária da AtlantisMed, uma empresa sediada nos Estados Unidos.

software e sistemas para gerencimento da *supply-chain*, sistemas de rastreamento de materiais perigosos, gerenciamento de armazéns e entregas de terceiros. A maior parte de seus produtos são consumidos *in natura* e asseguram, assim, um constante retorno de rendimento. Em 2003, aproximadamente 57% do faturamento veio de clientes com menos de US$ 750 mil anuais de entregas e nenhum cliente representava mais que 3% do faturamento total. A CSSA procurou ser o principal fornecedor de suprimentos hospitalares para sua base de clientes. A empresa já era a maior fornecedora de suprimentos hospitalares para a maioria dos grandes sistemas hospitalares globais assim como para o maior consórcio de compras hospitalares norte-americano.

A companhia operava 17 centros de distribuição na Europa e América do Norte, 30 centros regionais menores e inúmeras instalações de entregas *just-in-time* perto das sedes de seus clientes, processando cerca de 50 mil pedidos por dia. A CSSA tinha fábricas especializadas em Lille, na França; em Xangai, na China; em Dortmund, na Alemanha; em Allentown, Pensilvânia; e em San Diego, Califórnia, nos EUA. Os produtos fabricados pela CSSA foram responsáveis por cerca de 2% de suas vendas em 2003. Em dezembro do mesmo ano, a empresa tinha, aproximadamente, 6.100 funcionários em todo o mundo, contando com 2.500 na América do Norte e 3.200 na Europa.

O gerenciamento da CSSA era focado em disciplina fiscal, em oportunidades de vendas lucrativas e na geração livre de fluxo de caixa. Para os próximos cinco a dez anos, seus executivos pretendiam perseguir uma estratégia focalizada no aumento da eficiência, na expansão da linha de produtos *private label* e no crescimento das participações na carteira com as principais contas. A gerência acreditava que seria possível elevar a margem EBITDA da CSSA de 6,6% para um nível mais consistente com a margem dos Suprimentos Médicos e Científicos (Medical and Scientific Supply – MASS), seu primeiro concorrente – que teria de aumentar a margem EBITDA em 350 pontos-base. A diferença na margem das duas empresas era atribuída às maiores despesas de vendas, gerais e administrativas, na CSSA e na maior dependência da MASS nas vendas de produtos de fabricação própria e *private label*, além de sua alta produtividade, resultando em menores despesas de vendas gerais e administrativas (SG&A). A grande presença internacional da CSSA contribuiu para algumas das diferenças; devido à sua grande infra-estrutura ela requeria mercados multiculturais e multilinguais mais fragmentados. Sua força de vendas, composta de 1.200 funcionários, servia o mercado em 11 línguas diferentes, e 400 funcionários trabalhavam em tempo integral nas instalações dos clientes.

Historicamente, a CSSA possuía crescimento das vendas e da rentabilidade estáveis, o que resultou em uma substancial geração de fluxo de caixa livre.[2] Cerca de 75% de seu faturamento era derivado de vendas repetidas. A alta orientação para o serviço da empresa e sua habilidade de se integrar nos sistemas de compras e de *supply-chain* dos clientes criou um relacionamento "pegajoso", com altos custos de mudança. A intensidade de capital do negócio era comparativamente baixa (os custos de capital eram projetados em 1,1% do faturamento).

A equipe administrativa da CSSA era experiente no gerenciamento de empresas globais de distribuição. Os cinco principais executivos tinham, em média, 20 anos de experiência no campo da distribuição, com no mínimo dez anos trabalhando na empresa.

[2] Em 2003, a CSSA era alvo de um litígio relacionado à distribuição de produtos contendo asbestos (amiantos). Até então havia, contra a empresa, 19 reclamações relacionadas ao asbesto, das quais 13 foram resolvidas com acordos indenizatórios no valor de US$ 3,1 milhões, incluindo US$ 150 mil de custos legais; e seis reclamações ainda estavam pendentes enquanto a data da audição se aproximava.

Os **Quadros 1** e **2** mostram um histórico, a projeção de seu faturamento e seus balanços. O **Quadro 3** resume as previsões desse modelo. O **Quadro 4** resume informações sobre as recentes aquisições no mercado de atuação da CSSA. As empresas concorrentes diretas da CSSA no campo da distribuição e da logística estão relacionadas no **Quadro 5**. As margens EBITDA/de vendas dessas concorrentes geralmente são mais altas do que as da CSSA, porque elas têm a maior parte de seus negócios provenientes da produção *private label.*

Investidor

A Intercontinental Capital, Ltd. (ICL) era uma das mais antigas e respeitadas empresas de investimentos em *private equity* do mundo. Desde sua fundação, em 1978, a ICL investiu mais de US$ 4,5 bilhões em 36 negócios, em uma grande gama de indústrias. Na época, ela gerenciava um *pool* de recursos financeiros de US$ 3,5 bilhões em nome de fundos de pensão, doações de universidades e outras instituições financeiras. A CSSA representava a "clássica" oportunidade de investimento para a ICL: uma extração complicada dos ativos não-principais e cativos de uma grande corporação transnacional. A ICL construiu sua reputação pelo sucesso em executar transações similares.

Maria Ober sabia que o relacionamento com os patrocinadores da LBO (*aquisição de uma empresa essencialmente pelo recurso a capitais alheios, normalmente por parte de um grupo em que se incluem alguns dos gestores da empresa-alvo*) era uma importante fonte de transações no ambiente mercadológico daquele momento. Cada negócio gerava renda de juros, pagamentos de bônus por subscrição, empréstimos de consórcios de bancos, agenciamento, fusões e aquisições (M&A) e designação de conselheiros. O volume de transações de bancos de investimento globais estava crescendo em 2003, mas ainda se encontrava bem abaixo do pico do último ciclo de acordos do mercado financeiro. O financiamento de transações altamente alavancadas era um forte sinal na indústria, por causa do elevado volume de negócios (os patrocinadores da LBO estavam comprando ativamente). Certamente, o panorama para alguns observadores era de que a alavancagem financeira poderia representar a metade dos lucros da indústria de bancos de investimento em 2004. Aqueles negócios também eram rentáveis. Incluindo os lucros com juros e pagamentos, o retorno sobre ativos de uma dessas transações poderia exceder, facilmente, 15% (antes dos impostos). Por todas essas razões, Ober queria servir bem a ICL no financiamento para a aquisição da CSSA.

Deutsche Bank

Com um total de ativos de € 803 bilhões, a instituição de Ober era o maior banco da Alemanha. Com base nos dados de todos os financiamentos efetuados em 2003, o Deutsche Bank era o sétimo maior na União Européia e o quinto maior nos Estados Unidos.[3] Depois da aquisição do Bankers Trust, em 1999, a instituição financeira extendeu seus serviços financeiros para banco de investimento e negociação no mercado de capitais. Ele era o quarto no *ranking* de negócios com empréstimos alavancados e financiamentos de aquisições e estava envolvido no financiamento de cada um dos 15 maiores negócios do ano de 2003. Era o segundo subscritor de obrigações de alta rentabilidade no *ranking* mundial. O Deutsche Bank empregava 21 profissionais em financiamento de aquisições, divididos entre Nova York e Londres.

[3]Fonte de dados do *ranking*: Loan Pricing Corporation.

Histórico do negócio

Quatro anos antes, o Deutsche Bank Securities recomendou aos donos da CSSA a venda da empresa para a AtlantisMed. Naquela época, enquanto o programa de desenvolvimento de novos produtos da AtlantisMed causava uma dura competição e ela precisava aumentar seu caixa, o Deutsche Bank propôs uma oferta pública inicial (IPO) pela CSSA. Simultaneamente, certo número de compradores estratégicos aproximou-se da AtlantisMed por conta da compra da CSSA, entre eles, competidores da CSSA e empresas que eram próximas da cadeia de valores da CSSA. Cinco patrocinadores da LBO também expressaram interesse em adquirir a empresa.

A AtlantisMed avaliou os potenciais compradores e decidiu não continuar as discussões com qualquer comprador que pudesse enfrentar o risco de um processo antitruste. Como a CSSA operava em vários países, a revisão do processo regulatório poderia ser lenta e arriscada. A AtlantisMed queria que a venda acontecesse rapidamente e não queria criar um fornecedor mais poderoso para seus próprios laboratórios. Esses critérios excluíam os compradores estratégicos.

Os licitantes restantes eram os cinco patrocinadores da LBO, três dos quais eram dos Estados Unidos, mas tinham operações significativas na Europa. As empresas européias eram a ICL e uma grande empresa de LBO em Londres. Maria Ober e Louis Danton discutiram as implicações no campo da competitividade. Primeiro, as cotações para compra deveriam refletir a necessidade por compradores estratégicos para ganhar com taxas internas de retorno (IRR) sobre o capital investido execedente em 30%. Segundo, não havendo sinergias, esses compradores poderiam procurar por melhoramentos operacionais e pelo uso agressivo de alavancagem para alcançar bons retornos. Terceiro, todos os cinco patrocinadores da LBO eram clientes sofisticados dos mercados de capitais mundiais: eles poderiam procurar os melhores termos disponíveis e confiar em seus conselheiros para colocar títulos mobiliários rapidamente e a um baixo custo.

O financiamento proposto

O **Quadro 6** apresenta as fontes e os usos de fundos contemplados para a aquisição. O **Quadro 7** apresenta a capitalização *pro forma* da CSSA de 2004 a 2013, refletindo a amortização permanente do financiamento em termos convencionais de pagamento. No fechamento, a CSSA poderia ter, aproximadamente, US$ 50,7 milhões em caixa em seu balanço, que seria usado para quitar o empréstimo renovável e retornar como dividendo ao vendedor imediatamente após o fechamento do processo de aquisição. Danton também indicou que US$ 10,9 milhões da dívida bancária corrente da CSSA poderia ser "rolada" ou refinanciada.

As principais linhas de crédito seriam asseguradas por 100% das ações da CSSA e por 65% das ações de suas subsidiárias estrangeiras, junto de todos os outros ativos tangíveis e intangíveis, incluindo todas as contas a receber, direitos contratuais, títulos, patentes nos Estados Unidos, direitos de marca e outras propriedades intelectuais nos Estados Unidos – inventário, equipamentos e participações em imóveis. As principais linhas de crédito poderiam ser conduzidas pelo Deutsche Bank Securities, conforme se segue:

- US$ 111,25 milhões em crédito rotativo multimoedas com vencimento em cinco anos. O rotativo ficaria disponível para propósitos corporativois gerais.
- US$ 369,4 milhões em empréstimo denominado em dólares americanos com vencimento em sete anos.
- US$ 133,5 milhões em empréstimo denominado em euros com vencimento em cinco anos.

Além de US$ 462,9 milhões em *notes* a descoberto que poderiam ser disponibilizadas pelo Deutsche Bank, conforme segue:

- US$ 155,8 milhões em notas quirografárias principais denominadas em dólares americanos com vencimento em dez anos.
- US$ 307,1 milhões em notas quirografárias subordinadas denominadas em dólares americanos com vencimento em dez anos.

Uma linha do principal subordinado de US$ 462,9 milhões, em separado, poderia servir como financiamento temporário até que a disponibilização das *notes* quirografárias em mercados com alto rendimento fosse liberada. Na falta de retirada do mercado financeiro, o financimento temporário seria convertido em US$ 155,8 milhões em financiamento permanente de principal quirografário vincendo em oito anos, e US$ 307,1 milhões em financiamento permanente do principal subordinado vincendo em dez anos. A linha de financiamento temporário poderia ser subordinada ao rotativo, e as subsidiárias da CSSA garantiriam tanto o empréstimo a prazo fixo em dólares norte-americanos quanto o empréstimo a prazo fixo em euros.

A base de capital próprio dessa transação deveria consistir de um investimento de US$ 534 milhões da ICL. Louis Danton disse à Maria Ober que a oferta da ICL tinha o apoio da alta administração da CSSA; como grupo, eles deveriam investir US$ 15 milhões de fundos pessoais como parte do investimento de capital da ICL.

Ober sabia que o Deutsche Bank cobraria uma gama de taxas por seu trabalho de aconselhamento financeiro para a ICL, muitas das quais eram objeto de negociação com o cliente. Mas, em relacionamentos como esse, as seguintes taxas devem prevalecer:

- Taxa de comprometimento: compensação por fornecer a carta de comprometimento financeiro. Normalmente, a taxa era equivalente a 0,75% do montante principal do financiamento temporariamente aberto e deveria ser paga após completada a transação com sucesso.
- Taxa de captação: compensação pela consolidação do financiamento temporário. A taxa era, geralmente, igual a 1,5% do montante principal do financiamento e deveria ser paga depois de a transação ser concluída com sucesso.
- Taxa de consórcio: é a taxa paga por se formar um consórcio de bancos para levantar a dívida do banco, a qual seria em torno de 0,5%.
- Taxa de conversão: se o financiamento temporário não fosse transformado em financiamento permanente, o montante em aberto deveria ser convertido em empréstimos, pelos quais o Deutsche Bank seria pago com uma taxa de conversão de 2,5% do financiamento principal permanente e 2,75% do financiamento principal permanente subordinado.
- Taxa de subscrição: na indústria, taxas de subscrição para a dívida principal estavam entre 1% e 2,25% da dívida em circulação; para a dívida subordinada elas estavam em 2% e 3% da dívida em circulação. Para colocar as *notes* com os investidores, o Deutsche Bank deveria receber uma taxa de 2,5% do montante das *notes* principais subordinadas colocadas e de 2,75% do montante das *notes* subordinadas colocadas. Seria necessário subscrever a colocação das ações, e a taxa deveria ser de 5% a 7% dos rendimentos brutos no fechamento do mercado.

- Taxa de agenciamento administrativo: essa é determinada por uma tabela de preços e geralmente é de US$ 200 mil por ano, para empréstimos desse tipo.

Conclusão

Ober montou seu time de financiamento de aquisição para completar a análise da proposta de oferta de preço e o financiamento de Danton. Várias estatísticas de crédito associadas à proposta de financiamento e a performance financeira projetada são apresentadas no **Quadro 8**. O **Quadro 9** apresenta uma previsão da cobertura de juros e os índices totais de capitalização, assim como uma fundamentação para examinar a conformidade potencial do contato.

O **Quadro 10** fornece uma simples avaliação do fluxo de caixa descontado da CSSA supondo-se que o término do investimento tenha sido em 2008, a um múltiplo de 9,2 o EBITDA, o mesmo múltiplo implícito no lançamento contemplado no investimento. A taxa interna de retorno (IRR) resultante para a Intercontinental Capital, Ltd. estava estimada em 21,3%. Como o quadro sugere, entretanto, o IRR era sensível a variações no exercício de saída e na saída do múltiplo. Ober vislumbrou se o retorno para a ICL poderia ser elevado com alterações no plano do negócio.

Os **Quadros 11**, **12** e **13** apresentam a classificação dos empréstimos e as condições do mercado de capitais. As taxas associadas a esse acordo eram objeto de negociação. Como um ponto de partida para a análise, o total de taxas e despesas do negócio deve ser de US$ 66,8 milhões. Ober vislumbrou que o retorno total sobre os ativos para o Deutsche Bank viria dessa relação. O **Quadro 14** sugere que o retorno sobre ativos para o Deutsche Bank poderia ser de 23,2% antes dos impostos, incluindo todas as taxas, os lucros com juros e os fluxos principais.

Ela lembrou a seu time que era desejável responder não somente a uma avaliação da proposta da ICL, mas também com melhorias que pudessem sobressair na transação para todos. A sua resposta era esperada em poucos dias. Isso seria apenas o começo de uma revisão detalhada da transação: um diretor de crédito deveria rever o risco de crédito do financiamento, e o comitê de subscrição examinaria a adequação dos empréstimos para o consórcio de bancos e consideraria se seria preferível manter esses empréstimos no portfólio do Deutsche Bank.

QUADRO 1 | Demonstração de resultados históricos e projetados para CSSA

(ano fiscal encerrado em 31 de dezembro)	Histórico 2001	2002	*Pro forma* 2003	1 2004	2 2005	3 2006	4 2007	5 2008	6 2009	7 2010	8 2011	9 2012	10 2013
Receitas consolidadas	$ 2.244,9	$ 2.335,4	$2,487.5	$2.549,8	$ 2.647,2	$ 2.750,3	$ 2.854,4	$ 2.967,1	$ 3.076,9	$ 3.190,8	$ 3.308,9	$ 3.431,4	$ 3.558,4
% de crescimento	*NA*	*4,0%*	*6,5%*	*2,5%*	*3,8%*	*3,9%*	*3,8%*	*3,9%*	*3,7%*	*3,7%*	*3,7%*	*3,7%*	*3,7%*
CPV consolidado (antes de D&A)	$ 1.674,6	$ 1.731,4	$1.843,4	$1.889,4	$ 1.958,9	$ 2.023,5	$2.106,6	$ 2.186,8	$ 2.264,6	$ 2.345,3	$ 2.428,7	$ 2.511,8	$ 2.601,2
% das vendas	*74,6%*	*74,1%*	*74,1%*	*74,1%*	*74,0%*	*73,9%*	*73,8%*	*73,7%*	*73,6%*	*73,5%*	*73,4%*	*73,2%*	*73,1%*
Lucro bruto consolidado	$ 570,3	$ 604,0	$644,1	$ 660,4	$ 688,3	$ 717,8	$ 747,9	$ 780,4	$ 812,3	$ 845,6	$ 880,2	$ 919,6	$ 957,2
% marginal	*25,4%*	*25,9%*	*25,9%*	*25,9%*	*26,0%*	*26,1%*	*26,2%*	*26,3%*	*26,4%*	*26,5%*	*26,6%*	*26,8%*	*26,9%*
Lucro bruto consolidado	$ 426,2	$ 459,7	$480,3	$ 484,5	$ 500,3	$ 517,1	$ 533,8	$ 551,9	$ 569,2	$ 587,1	$ 605,5	$ 624,5	$ 644,1
% marginal	*19,0%*	*19,7%*	*19,3%*	*19,0%*	*18,9%*	*18,8%*	*18,7%*	*18,6%*	*18,5%*	*18,4%*	*18,3%*	*18,2%*	*18,1%*
Itens não recorrentes	0,0	0,0	0.0	0,0	0,0	0,0	0,0	0,0	0,0	0,0	0,0	0,0	0,0
EBITDA consolidado	$ 144,1	$ 144,4	$ 163,8	$ 175,9	$ 187,9	$ 200,8	$ 214,1	$ 228,5	$ 243,1	$ 258,5	$ 274,6	$ 295,1	$ 313,1
% marginal	*6,4%*	*6,2%*	*6,6%*	*6,9%*	*7,1%*	*7,3%*	*7,5%*	*7,7%*	*7,9%*	*8,1%*	*8,3%*	*8,6%*	*8,9%*
EBITDA 100%				$ 175,9	$ 187,9	$ 200,8	$ 214,1	$ 228,5	$ 243,1	$ 258,5	$ 274,6	$ 295,1	$ 313,1
Despesas com reestruturação				25,0	25,0	0,0	0,0	0,0	0,0	0,0	0,0	0,0	0,0
Outras despesas/(lucro)				6,0	6,0	6,0	6,0	6,0	6,0	6,0	6,0	6,0	6,0
Despesas previdenciárias				9,0	9,6	1,9	2,0	2,3	2,3	2,3	2,3	2,3	2,3
Depreciação				31,3	31,5	31,6	31,7	31,9	32,0	32,0	32,0	32,0	32,0
Amortização de ágio (não dedutíveis)				9,3	9,3	9,3	9,3	9,3	9,3	9,3	9,3	9,3	9,3
Amortização de orçamentos para novos financiamentos				4,2	4,2	4,2	4,2	4,2	4,2	4,2	4,2	4,2	4,2
EBIT				**91,2**	**102,4**	**147,8**	**161,0**	**174,9**	**189,3**	**204,7**	**220,9**	**241,3**	**259,4**
% marginal				*3,6%*	*3,9%*	*5,4%*	*5,6%*	*5,9%*	*6,2%*	*6,4%*	*6,7%*	*7,0%*	*7,3%*
Despesas financeiras			*Pro forma*										
Operação de crédito renovável			$ 0,1	$ 0,0	$ 0,0	$ 0,0	$ 0,0	$ 0,0	$ 0,0	$ 0,0	$ 0,0	$ 0,0	$ 0,0
Tranche europeu			5,2	5,6	6,6	6,5	4,8	3,1	1,3	0,1	0,0	0,0	0,0
Empréstimo a prazo fixo B			14,4	15,4	19,1	20,7	18,2	15,7	13,0	8,6	2,9	0,0	0,0
Empréstimo a prazo fixo C			0,0	0,0	0,0	0,0	0,0	0,0	0,0	0,0	0,0	0,0	0,0
Dívidas de terceiros existentes			0,4	0,5	0,6	0,7	0,7	0,7	0,7	0,7	0,7	0,7	0,7
Notes principais			12,1	12,1	12,1	12,1	12,1	12.1	12,1	12,1	12,1	12,1	12,1
Notes subordinadas seniores			27,6	27,6	27,6	27,6	27,6	27,6	27,6	27,6	27,6	27,6	27,6
Notes contingenciais do vendedor – pagamentos em dinheiro			0,0	0,0	0,0	0,0	0,0	0,0	0,0	0,0	0,0	0,0	0,0
Taxa compromissada não utilizada			0,5	0,6	0,6	0,6	0,6	0,6	0,6	0,6	0,6	0,6	0,6
Total de despesas financeiras de caixa			**60,4**	**61,7**	**66,6**	**68,2**	**63,9**	**59,7**	**55,2**	**49,7**	**43,9**	**41,0**	**41,0**
Notes da HoldCo PIK				0,0	0,0	0,0	0,0	0,0	0,0	0,0	0,0	0,0	0,0
Despesas financeiras totais				**61,7**	**66,6**	**68,2**	**63,9**	**59,7**	**55,2**	**49,7**	**43,9**	**41,0**	**41,0**
Receita financeira em saldo de caixa				0,1	0,2	0,2	0,2	0,2	0,2	0,2	0,3	0,9	2,1
Despesas financeiras líquidas				**61,6**	**66,4**	**68,0**	**63,7**	**59,5**	**55,0**	**49,5**	**43,7**	**40,1**	**38,9**
Lucro antes do imposto de renda		**Usar a taxa de imposto da ICL? Sim (Não=1)**		29,6	36,0	79,9	97,2	115,3	134,3	155,1	177,2	201,2	220,5
Imposto de renda				18,9	23,1	30,8	42,4	55,3	59,1	67,4	76,3	85,9	93,6
Imposto diferido				(7,3)	(7,5)	1,1	(1,2)	(3,6)	0,0	2,3	(2,0)	(2,0)	
(2,0)													
Lucro líquido				18,0	20,4	48,0	56,0	63,6	75,2	85,4	103,0	117,4	128.9
Dividendos de ações preferenciais				0,0	0,0	0,0	0,0	0,0	0,0	0,0	0,0	0,0	0,0
Lucro líquido em ações ordinárias				**$ 18,0**	**$ 20,4**	**$ 48,0**	**$ 56,0**	**$ 63,6**	**$ 75,2**	**$ 85,4**	**$ 103,0**	**$ 117,4**	**$ 128,9**
Cálculo do imposto de renda													
Pretax income	1			$ 29,6	$ 36,0	$ 79,9	$ 97,2	$ 115,3	$ 134,3	$ 155,1	$ 177,2	$ 201,2	$ 220,5
– Ágio não dedutível	1			9,3	9,3	9,3	9,3	9,3	9,3	9,3	9,3	9,3	9,3
– Taxas de transação não dedutíveis				4,2	4,2	4,2	4,2	4,2	4,2	4,2	4,2	4,2	4,2
Lucro real				43,0	49,4	93,3	110,7	128,8	147,7	168,6	190,6	214,7	233,9
Imposto de renda de caixa a 40,0%				$ 17,2	$ 19,8	$37,3	$ 44,3	$ 51,5	$ 59,1	$ 67,4	$ 76,3	$ 85,9	$ 93,6

Fonte: Deutsche Bank Securities, Inc.

QUADRO 2 | Balanços patrimonias históricos e projetados para CSSA

(ano fiscal encerrado em 31 de dezembro)	Abertura 31/12/03	Ajustes +	Ajustes –	Fechamento 31/12/03	1 2004	2 2005	3 2006	4 2007	5 2008	6 2009	7 2010	8 2011	9 2012	10 2013
Caixa	$ 50,7	$ 0,0	($ 50,7)	$ 0,0	$ 20,0	$ 20,0	$ 20,0	$ 20,0	$ 20,0	$ 20,0	$ 20,0	$ 30,9	$ 144,2	$ 267,4
Contas a receber	355,0			355,0	384,6	393,2	405,3	414,1	430,4	446,3	462,8	480,0	497,7	516,2
Estoques	242,3			242,3	269,9	273,5	282,6	292,4	303,6	314,4	325,6	337,2	348,7	361,1
Pré-pagos e outros	22,3			22,3	24,6	25,2	26,6	27,6	28,6	29,7	30,8	31,9	33,1	34,3
Notas da AtlantisMed	0,0	7,3		7,3	0,0	0,0	0,0	0,0	0,0	0,0	0,0	0,0	0,0	0,0
Total de ativos circulantes	**670,3**			**626,9**	**699,2**	**711,9**	**734,5**	**754,1**	**782,6**	**810,4**	**839,2**	**879,9**	**1.023,7**	**1.179,0**
Imobilizado	140,9			140,9	136,9	133,8	131,6	130,6	130,5	129,8	130,4	132,2	135,3	139.7
Imposto diferido	20,1	29,9		50,0	55,4	58,5	53,0	49,8	49,0	49,0	49,0	49,0	49,0	49.0
Taxas de financiamentos	0,0	66,8		66,8	62,6	58,4	54,2	50,1	45,9	41.7	37,5	33,4	29,2	25.0
Outros ativos de longo prazo	36,8			36,8	39,9	42,7	40,3	39,9	41,5	40.0	40,0	40,0	40,0	40.0
Ativos e ágio de intangíveis	739,1	264,7		1.003,7	994,5	985,2	976,0	966,7	957,5	948.2	939,0	929,7	920,4	911.2
Total de ativos	**$ 1.607,3**			**$ 1.925,2**	**$ 1.988,4**	**$ 1.990,5**	**$ 1.989,6**	**$ 1.991,1**	**$ 2.006,9**	**$ 2.019,2**	**$ 2.035,1**	**$ 2.064,3**	**$ 2.197,7**	**$ 2.343,8**
Contas a pagar	$ 234,4			$ 234,4	$ 277,8	$ 309,4	$ 329,9	$ 346,5	$ 359,3	$ 372,1	$ 385,3	$ 399,1	$ 412,7	$ 427,4
Outros passivos circulantes	84,1			84,1	91,9	95,4	99,1	102,9	106,9	110,9	115,0	119,2	123,6	128,2
Impostos a pagar	0,0			0,0	0,0	0,0	0,0	0,0	0,0	0,0	0,0	0,0	0,0	0,0
Passivo circulante total	**318,5**			**318,5**	**369,7**	**404,8**	**429,0**	**449,4**	**466,2**	**482,9**	**500,3**	**518,3**	**536,3**	**555,6**
Rotativos	0,0	2,4		2,4	0,0	0,0	0,0	0,0	0,0	0,0	0,0	0,0	0,0	0,0
Tranche europeu	0,0	133,5		133,5	133,4	111,3	86,4	59,4	35,1	3,9	0,0	0,0	0,0	0,0
Empréstimo a prazo fixo B	0,0	369,4		369,4	369,2	336,0	298,7	258,3	221,7	175,0	89,8	0,0	0,0	0,0
Empréstimo a prazo fixo C	0,0			0,0	0,0	0,0	0,0	0,0	0,0	0,0	0,0	0,0	0,0	0,0
Notes seniores	0,0	155,8		155,8	155,8	155,8	155,8	155,8	155,8	155,8	155,8	155,8	155,8	155,8
Notes subordinadas seniores	0,0	307,1		307,1	307,1	307,1	307,1	307,1	307,1	307,1	307,1	307,1	307,1	307,1
Pagamentos em espécie da HoldCo	0,0	0,0		0,0	0,0	0,0	0,0	0,0	0,0	0,0	0,0	0,0	0,0	0,0
Dívidas existentes	228,8	10,9	(228,8)	10,9	10,9	10,9	10,9	10,9	10,9	10,9	10,9	10,9	10,9	10,9
Impostos diferidos passivos	36,2			36,2	28,9	21,4	22,5	21,3	17,7	17,7	20,0	18,0	16,0	14,0
Passivos previdenciários/outros	70,9	7,3		78,2	95,9	105,3	93,3	87,0	86,8	85,0	85,0	85,0	85,0	85,0
Passivos totais	**654,5**			**1.412,0**	**1.470,8**	**1.452,6**	**1.403,7**	**1.349,2**	**1.301,3**	**1.238,3**	**1.168,9**	**1.095,0**	**1.111,1**	**1.128,3**
Pagamentos em espécie preferencial	0,0	0,0		0,0	0,0	0,0	0,0	0,0	0,0	0,0	0,0	0,0	0,0	0,0
Outros lucros gerais	0,0	0,0		0,0	(13,6)	(13,6)	(13,6)	(13,6)	(13,6)	(13,6)	(13,6)	(13,6)	(13,6)	(13,6)
Ações ordinárias	952,7	534,0	(973,6)	513,2	531,2	551,5	599,5	655,6	719,2	794,4	879,9	982,8	1.100,2	1.229,1
Patrimônio líquido	**952,7**			**513,2**	**517,6**	**537,9**	**585,9**	**642,0**	**705,6**	**780,8**	**866,3**	**969,2**	**1.086,6**	**1.215,5**
Passivos totais e patrimônio dos acionistas	**$ 1.607,3**			**$ 1.925,2**	**$ 1.988,4**	**$ 1.990,5**	**$ 1.989,6**	**$1.991,1**	**$2.006,9**	**$ 2.019,2**	**$2.035,1**	**$2.064,3**	**$2.197,7**	**$ 2.343,8**
Verificação do balanço	*0,000*			*0,000*	*0,000*	*0,000*	*0,000*	*0,000*	*0,000*	*0,000*	*0,000*	*0,000*	*0,000*	*0,000*
Capital de giro líquido	$ 301,1			$ 308,4	$ 309,5	$ 287,1	$ 285.5	$ 284,7	$ 296,4	$ 307,4	$ 318,9	$ 330,8	$ 343,2	$ 356,0

Fonte: Deutsche Bank Securities, Inc.

QUADRO 3 | Sumário de previsões

Taxa de câmbio: a taxa cambial média de 1,13 entre euro e dólar americano para todo o ano de 2003 foi supostamente considerada constante na projeção para o período de 2004 a 2008.

Vendas: o lucro consolidado teve crescimento projetado a uma taxa composta anual de 4% sobre o período projetado. Isso comparado ao crescimento anual de 4% a 5% previsto para o mercado de insumos hospitalares, com provável participação incremental dos distribuidores terceirizados sobre os distribuidores diretos e regionais e/ou específicos. O crescimento da CSSA poderia ser alcançado principalmente pela expansão dos negócios entre os clientes já existentes, em uma busca agressiva por crescimento em mercados seletos da América do Norte, com alvo na venda recíproca de produtos por toda a Europa. Vendas na América do Norte foram previstas para crescer 4% ao ano; na Europa, o crescimento das vendas foi projetado em 3,5% ao ano.

Crescimento dos lucros: as margens brutas da CSSA foram projetadas para progredir de 25,9% em 2003 para 26,2% em 2008. Tal progresso seria obtido pelo aperfeiçoamento do *mix* de produtos. As projeções presumidas para o crescimento da margem bruta de 22,4% em 2003 a 23,6% em 2008 ocorreram principalmente por causa do aumento na penetração de *private label*, do abastecimento mais agressivo dos fornecedores e da racionalização selecionada de SKU.

Despesas de vendas, gerais e administrativas: como a porcentagem das vendas tiveram projeção de declínio de 19,3% em 2003 para 18,6% em 2008, principalmente como resultado de melhorias da produtividade previstas na Europa.

EBITDA: pela combinação dos crescimentos na margem bruta e pelas reduções nas despesas de vendas, gerais e administrativas, acima mencionadas, tanto na América do Norte quanto na Europa, o EBITDA consolidado teve crescimento projetado em um CAGR de cinco anos a 6,6%, com margens de EBITDA crescendo de 6,6% em 2003 para 7,6% em 2008.

Capital de giro: as projeções presumem o capital de giro total como se a porcentagem das vendas reduzissem de 11,6% (ajustado em moeda) em 2003 para 8,9% em 2008. O crescimento poderia ocorrer pela combinação entre iniciativas administrativas sobre contas a pagar, recebíveis e estoque.

QUADRO 4 | Dados financeiros recentes de aquisições na administração e distribuição logística de produtos médicos

Anúncio Data	Nome-alvo	Nome do adquirente	Valor da transação (em milhões de US$)	Oferta por ação (US$)	Valor da empresa (em milhões de US$)	Técnica de aquisição	Valor da empresa como múltiplo de: Vendas líquidas	EBITDA	EBIT	*Premium* nas ações (%): Com um dia de antecedência	Com uma semana de antecedência	Com quatro semanas de antecedência
27/12/03	Skelton Catheters Supply	Costello Laboratories	408,1	15,4	415,1	Oferta da concorrência	6,57x	nd	nd	19,3%	25,6%	19,6%
1/12/03	Bene/Bio Corp.	Orchid Health	504,3	48,0	402,7	Oferta da concorrência	4,68x	17,93x	22,82x	0,0%	15,4%	3,7%
25/5/03	Institution Group	MASS Corp.	769,7	18,7	762,2	Oferta da concorrência	2,83x	13,15x	16,72x	1,1%	−1,3%	4,0%
10/3/03	Robin Holding AG	Wilhelm Dis-tributors AG	1.175,0	489,7	1.183,2	Oferta da concorrência	4,88x	30,86x	48.90x	56,7%	55,0%	46,7%
31/9/02	Distribuo Italia SpA	Leno Inc.	276,6	21,4	152,6	Troca de ações	33,36x	nd	nd	36,2%	64,3%	74,4%
23/11/02	Loire Medecin S.A.	Wilma Rock A.G.	256,6	63,4	224,2	Oferta da concorrência	3,08x	16,63x	33,85x	30,5%	50,6%	63,1%
						Média	**9,23x**	**19,64x**	**30,57x**	**24,0%**	**34,9%**	**35,3%**
						Mediana	**4,78x**	**17,28x**	**28,34x**	**24,9%**	**38,1%**	**33,2%**

nd = não disponível.

Fonte: Thomson Financial Platinum Database. Nomes, datas e alguns dados foram disfarçados.

QUADRO 5 | Resumo das informações financeiras de empresas semelhantes de administração logística e distribuição (empresas globais de suprimentos médicos listadas que operaram nos Estados Unidos durante 12 meses, encerrados em 30 de setembro de 2003)

Nome			Medecin Toujours S.A.	Mendenhall Hospital Supply Ltd.	Osaka Medico	Deutsche Gesundheit Gmbh	Medical & Scientific Supply Corp.	Clinique Voltaire S.A.	Spa and Hospital Distr. Corp.	Caja de Techno S.A.
Local da sede			França	Grã-Bretanha	Japão	Alemanha	EUA	Suíça	EUA	Espanha
	MÉDIA	MEDIANA								
Lucros líquidos (em milhões de US$)	$ 641,07	$ 854,65	$ 750,33	$ 512,30	$ 94,40	$ 997,10	$ 2.400,50	$ 531,80	$ 1.388,70	$ 162,10
Margem bruta	59,8%	60,9%	60,5%	42,1%	52,4%	64,0%	59,1%	73,5%	57,0%	78,6%
Margem de EBITDA	26,4%	25,5%	18,6%	27,7%	14,5%	25,7%	10,1%	28,8%	27,1%	51,1%
Lucro líquido (em milhões de US$)	$ 65,88	$ 81,57	$ 56,96	$ 66,91	$ 4,61	$ 77,09	$ 124,83	$ 64,85	$ 206,57	$ 50,75
Retorno em vendas	10,0%	12,1%	7,59%	13,06%	4,89%	7,73%	5,20%	12,19%	14,88%	31,31%
Dívida/patrimônio (contábil)	0,38	0,36	47,7%	40,0%	13,3%	57,5%	63,1%	36,9%	24,3%	7,2%
Dívida/patrimônio (mercado)	0,09	0,11	16,1%	11,8%	4,9%	29,2%	13,9%	7,1%	6,1%	1,4%
Dívida/capital (contábil)	0,28	0,26	32,7%	28,2%	11,8%	36,5%	43,0%	27,5%	20,7%	6,8%
Dívida/capital (mercado)	0,09	0,10	13,9%	10,6%	4,7%	22,6%	12,2%	6,6%	5,7%	1,4%
Dividendos de renda	0,0%	0,1%	0,0%	0,0%	0,0%	0,0%	0,0%	0,0%	0,9%	0,0%
Beta	0,71	0,82	0,55	0,16	1,50	0,60	0,96	1,81	0,19	0,82
Valor da empresa/vendas	3,10	3,87	1,56	2,59	3,06	4,78	2,85	5,04	3,13	7,94
Valor da empresa/EBIT	17,08	21,15	10,76	11,32	34,80	40,36	17,16	23,44	14,36	16,99
Valor da empresa/EBITDA	14,38	14,40	8,38	9,35	21,10	18,61	13,22	17,47	11,54	15,54
Valor da empresa/FC inicial	19,19	19,84	13,35	14,46	28,87	22,16	16,22	25,80	15,65	22,24
Valor da empresa/FCL	28,48	73,79	26,74	17,42	392,81	27,37	37,82	39,79	18,81	29,59
Valor da empresa/patrimonial (contábil)	3,74	3,81	3,16	3,41	2,70	2,06	4,94	5,29	4,07	4,86
Dívida total/valor da empresa	0,09	0,11	0,15	0,12	0,05	0,28	0,13	0,07	0,06	0,01
Índice P/L	31,28	51,35	19,55	20,19	178,00	60,79	23,65	49,83	19,85	38,91
Valor de mercado do patrimônio/vendas	3,08	3,86	1,46	2,56	3,07	4,57	2,63	4,97	3,09	8,55
Valor de mercado do patrimônio/EBIT	17,07	20,78	10,06	11,21	34,94	38,61	15,82	23,13	14,18	18,31
Valor de mercado do patrimônio/EBITDA	14,46	14,21	7,84	9,25	21,18	17,81	12,18	17,24	11,39	16,74
Valor de mercado do patrimônio/FC inicial	18,33	19,60	12,49	14,32	28,99	21,21	14,95	25,46	15,45	23,96
Valor de mercado do patrimônio/FCL	29,03	73,43	25,02	17,25	394,46	26,19	34,86	39,27	18,56	31,88
Valor de mercado do patrimônio/patrimonial (contábil)	3,70	3,76	2,96	3,38	2,71	1,97	4,55	5,22	4,01	5,24

Fonte: Standard and Poor's *Research Insight*. Nomes e alguns dados foram disfarçados.

QUADRO 6 | Fontes contempladas e uso de fundos para transações

Fontes dos fundos	($mm)	Porcentagem de capital total	Múltiplos do EBITDA de 2003	Índice cumulativo	Uso dos fundos	($mm)
Rotativos	2,4	0,2%	0,0	0,0	Empresa-alvo de aquisição	1.435,3
Empréstimo a prazo fixo em euro	133,5	8,8%	0,8	0,8	Caixa no balanço	0,0
Empréstimo a prazo fixo em dólar	369,4	24,4%	2,3	3,1	Taxas e despesas	66,8
Dívidas de terceiros	10,9	0,7%	0,1	3,2	Rolagem de dívidas existentes	10,9
Notes explicativas da alta administração	155,8	10,3%	1,0	4.1		
Notes explicativas dos subordinados à alta administração	307,1	20,3%	1,9	6,0		
Pagamentos em espécie preferencial	0,0	0,0%	0,0	6,0		
Pagamentos em espécie da HoldCo	0,0	0,0%	0,0	6,0		
Capital próprio do patrocinador	534,0	35,3%	3,3	9,2		
Capital próprio do vendedor	0,0	0,0%	0,0	9,2		
Total de fontes de fundos	**1.513,0**	**100,0%**	**9,2**	**9,2**	**Uso total dos fundos**	**1.513,0**

Fonte: Deutsche Bank Securities, Inc.

QUADRO 7 | Projeção da capitalização da CSSA

CAPITALIZAÇÃO	*Pro forma* 2003	1 2004	2 2005	3 2006	4 2007	5 2008	6 2009	7 2010	8 2011	9 2012	10 2013
Caixa	$ 0,0	$ 20,0	$ 20,0	$ 20,0	$ 20,0	$ 20,0	$ 20,0	$ 20.0	$ 30.9	$ 144,2	$ 267,4
Rotativos	$ 2,4	$ 0,0	$ 0,0	$ 0,0	$ 0,0	$ 0,0	$ 0,0	$ 0,0	$ 0,0	$ 0,0	$ 0,0
Empréstimo a prazo fixo A	133,5	133,4	111,3	86,4	59,4	35,1	3,9	0,0	0,0	0,0	0,0
Empréstimo a prazo fixo B	369,4	369,2	336,0	298,7	258,3	221,7	175,0	89,8	0,0	0,0	0,0
Dívidas de terceiros	10,9	10,9	10,9	10,9	10,9	10,9	10,9	10,9	10,9	10,9	10,9
Dívidas bancárias totais	**516,2**	**513,5**	**458,2**	**396,1**	**328,6**	**267,8**	**189,8**	**100,8**	**10,9**	**10,9**	**10,9**
Notes seniores	155,8	155.8	155,8	155,8	155,8	155,8	155,8	155,8	155,8	155,8	155,8
Total das dívidas seniores	**672,0**	**669,3**	**614,0**	**551,8**	**484,4**	**423,5**	**345,6**	**256,5**	**166,7**	**166,7**	**166,7**
Notes subordinadas seniores	307,1	307,1	307,1	307,1	307,1	307,1	307,1	307,1	307,1	307,1	307,1
Dívidas totais	**979,0**	**976,3**	**921,0**	**858,9**	**791,4**	**730,6**	**652,6**	**563,6**	**473,7**	**473,7**	473,7
Pagamentos em espécie da HoldCo	0,0	0,0	0,0	0,0	0,0	0,0	0,0	0,0	0,0	0,0	0,0
Dívidas totais + Pagamentos em espécie	**979,0**	**976,3**	**921,0**	**858,9**	**791,4**	**730,6**	**652,6**	**563,6**	**473,7**	**473,7**	**473,7**
Patrimônio dos acionistas	513,2	517,6	537,9	585,9	642,0	705,6	780,8	866,3	969,2	1.086,6	1.215,5
Capitalização total	**$ 1.492,2**	**$ 1.493,9**	**$ 1.459,0**	**$ 1.444,8**	**$ 1.433,4**	**$ 1.436,2**	**$ 1.433,5**	**$ 1.429,8**	**$ 1.443,0**	**$ 1.560,4**	**$ 1.689,3**
Caixa disponível para serviço da dívida	nd	$ 22,7	$ 55,3	$ 62,4	$ 67,2	$ 60,9	$ 77,9	$ 89,1	$ 100,7	$ 113,3	$ 123,2
Caixa acumulado disponível para serviço da dívida	nd	22,7	78,0	140,1	204,6	268,4	346,4	435.4	536,1	649,5	772,6
% de dívidas bancárias exitentes	102,2%	101,6%	90,7%	78,4%	65,0%	53,0%	37,6%	19,9%	2,2%	2,2%	2,2%

nd = não disponível.

Fonte: Deutsche Bank Securities, Inc.

QUADRO 8 | Resumo das estatísticas de crédito para o financiamento como contemplado e para o desempenho como projetado

ESTATÍSTICAS DE CRÉDITO	2003	2004	2005	2006	2007	2008	2009	2010	2011	2012	2013
EBITDA/Despesas financeiras em caixa	2,7x	2,8x	2,8x	2,9x	3,3x	3,8x	4,4x	5,2x	6,2x	7,2x	7,6x
(EBITDA-Capex)/Despesas financeiras em caixa	2,5x	2,4x	2,4x	2,5x	2,9x	3,3x	3,8x	4,5x	5,5x	6,3x	6,7x
EBITDA/Despesas financeiras totais	2,7x	2,8x	2,8x	2,9x	3,3x	3,8x	4,4x	5,2x	6,2x	7,2x	7,6x
(EBITDA-Capex)/Despesas financeiras totais	2,5x	2,4x	2,4x	2,5x	2,9x	3,3x	3,8x	4,5x	5,5x	6,3x	6,7x
Dívida bancária/EBITDA	3,2x	2,9x	2,4x	2,0x	1,5x	1,2x	0,8x	0,4x	0,0x	0,0x	0,0x
Dívida principal/EBITDA	4,1x	3,8x	3,3x	2,8x	2,3x	1,9x	1,4x	1,0x	0,6x	0,6x	0,5x
Dívida total/EBITDA	6,0x	5,6x	4,9x	4,3x	3,7x	3,2x	2,7x	2,2x	1,7x	1,6x	1,5x
Dívida total + Pagamentos em espécie/EBITDA	6,0x	5,6x	4,9x	4,3x	3,7x	3,2x	2,7x	2,2x	1,7x	1,6x	1,5x

Fonte: Deutsche Bank Securities, Inc.

QUADRO 9 | Informação sobre o cumprimento do acordo: Previsão da cobertura patrimonial e alavancagem total

Ano fiscal	2004					2005					2006				
Período (trimestres)	1	2	3	4	Total	1	2	3	4	Total	1	2	3	4	Total
Trimestre encerrado	31 mar	30 jun	30 set	31 dez	31 dez	31 mar	30 jun	30 set	31 dez	31 dez	31 mar	30 jun	30 set	31 dez	31 dez
ÍNDICE DE COBERTURA DE JUROS															
Contribuição sazonal do EBITDA	25,0%	25,0%	25,0%	25,0%	100,0%	25,0%	25,0%	25,0%	25,0%	100,0%	25,0%	25,0%	25,0%	25,0%	100,0%
EBITDA	$44,0	$44,0	$44,0	$44,0	$175,9	$47,0	$47,0	$47,0	$47,0	$187,9	$50,2	$50,2	$50,2	$50,2	$200,8
Numerador total	$44,0	$44,0	$44,0	$44,0		$47,0	$47,0	$47,0	$47,0		$50,2	$50,2	$50,2	$50,2	
Despesas financeiras em caixa consolidado:															
Rotativos	$0,0	$0,0	$0,0	$0,0	$0,0	$0,0	$0,0	$0,0	$0,0	$0,0	$0,0	$0,0	$0,0	$0,0	$0,0
Empréstimo a prazo fixo A	1,4	1,4	1,4	1,4	5,6	1,7	1,7	1,7	1,7	6,6	1,6	1,6	1,6	1,6	6,5
Empréstimo a prazo fixo B	3,8	3,8	3,8	3,8	15,8	4,8	4,8	4,8	4,8	19,1	5,2	5,2	5,2	5,2	20,7
Dívida de terceiros	0,1	0,1	0,1	0,1	0,5	0,1	0,1	0,1	0,1	0,6	0,2	0,2	0,2	0,2	0,7
Notes seniores	6,0	0,0	6,0	0,0	12,1	6,0	0,0	6,0	0,0	12,1	6,0	0,0	6,0	0,0	12,1
Notes subordinadas seniores	13,8	0,0	13,8	0,0	27,6	13,8	0,0	13,8	0,0	27,6	13,8	0,0	13,8	0,0	27,6
Orçamentos compromissados não utilizados	0,1	0,1	0,1	0,1	0,6	0,1	0,1	0,1	0,1	0,6	0,1	0,1	0,1	0,1	0,6
Total das despesas financeiras em caixa	$25,3	$5,5	$25,3	$5,5	$61,7	$26,6	$6,7	$26,6	$6,7	$66,6	$27,0	$7,1	$27,0	$7,1	$68,2
Numerador no período de testes	$44,0	$44,0	$44,0	$44,0		$47,0	$47,0	$47,0	$47,0		$50,2	$50,2	$50,2	$50,2	
Numerador em teste de 12 meses	nd	nd	nd	175,9		178,9	181,9	184,9	187,9		191,2	194,4	197,6	200,8	
Denominador em período de testes	25,3	5,5	25,3	5,5		26,6	6,7	26,6	6,7		27,0	7,1	27,0	7,1	
Denominador em teste de 12 meses	nd	nd	nd	61,7		62,9	64,2	65,4	66,6		67,0	67,4	67,8	68,2	
Razão calculada para o período de 12 meses				**2,85x**		**2,84x**	**2,84x**	**2,83x**	**2,82x**		**2,85x**	**2,88x**	**2,91x**	**2,95x**	
85% da razão calculada para o período de 12 meses				**2,42x**		**2,42x**	**2,41x**	**2,40x**	**2,40x**		**2,42x**	**2,45x**	**2,48x**	**2,50x**	
Cobertura mínima proposta				***2,00x***		***2,25x***	***2,25x***	***2,25x***	***2,25x***		***2,25x***	***2,25x***	***2,25x***	***2,25x***	

Ano fiscal	2004					2005					2006				
Período (trimestres)	1	2	3	4	Total	1	2	3	4	Total	1	2	3	4	Total
Trimestre encerrado	31 mar	30 jun	30 set	31 dez	31 dez	31 mar	30 jun	30 set	31 dez	31 dez	31 mar	30 jun	30 set	31 dez	31 dez
ÍNDICE DE ALAVANCAGEM TOTAL															
Dívida total consolidada:															
Rotativos	$1,8	$1,2	$0,6	$0,0		$0,0	$0,0	$0,0	$0,0		$0,0	$0,0	$0,0	$0,0	
Empréstimo a prazo fixo A	133,5	133,4	133,4	133,4		127,9	122,3	116,8	111,3		105,1	98,8	92,6	86,4	
Empréstimo a prazo fixo B	369,3	369,3	369,2	369,2		360,9	352,6	344,3	336,0		326,7	317,4	308,0	298,7	
Empréstimo a prazo fixo C	0,0	0,0	0,0	0,0		0,0	0,0	0,0	0,0		0,0	0,0	0,0	0,0	
Uso presumido de moeda local	0,0	0,0	0,0	0,0		0,0	0,0	0,0	0,0		0,0	0,0	0,0	0,0	
Notes seniores	155,8	155,8	155,8	155,8		155,8	155,8	155,8	155,8		155,8	155,8	155,8	155,8	
Notes subordinadas seniores	307,1	307,1	307,1	307,1		307,1	307,1	307,1	307,1		307,1	307,1	307,1	307,1	
Dívida total	$967,4	$966,7	$966,0	$965,4		$951,6	$937,7	$923,9	$910,1		$894,5	$879,0	$863,5	$847,9	
EBITDA em período de teste	$44,0	$44,0	$44,0	$44,0		$47,0	$47,0	$47,0	$47,0		$50,2	$50,2	$50,2	$50,2	
Rolagem do **EBITDA** anualizado para 12 meses	nd	nd	nd	175,9		178,9	181,9	184,9	187,9		191,2	194,4	197,6	200,8	
Índice calculado				**5,49x**		**5,32x**	**5,15x**	**5,00x**	**4,84x**		**4,68x**	**4,52x**	**4,37x**	**4,22x**	
Índice calculado para 120% no *case*				**6,58x**		**6,38x**	**6,18x**	**5,99x**	**5,81x**		**5,62x**	**5,43x**	**5,24x**	**5,07x**	
Cobertura máxima proposta				***6,75x***		***6,50x***	***6,50x***	***6,25x***	***6,25x***		***5,75x***	***5,75x***	***5,75x***	***5,25x***	

nd = não disponível.

Fonte: Deutsche Bank Securities, Inc.

QUADRO 10 | Estimativa da taxa interna de retorno para a Intercontinental Capital, Ltd.

Distribuição dos lucros	Investimento	Propriedade patrimonial
Ações preferenciais – Pagamento em espécie	$ 0,0	0,0%
Lucros do vendedor	0,0	0,0%
Lucros do patrocinador	534,0	100,0%
Total	**$ 534,0**	**100,0%**

Lucros do patrocinador	2003	2004	2005	2006	2007	2008
Investimento inicial	($ 534,0)					
Participação nos lucros		0,0	0,0	0,0	0,0	1 ,400,3
	($ 534,0)	$ 0,0	$ 0,0	$ 0,0	$ 0,0	$ 1,400,3

Avaliação da saída	
Ano da saída	2008
Saídas múltiplas	9,2x
EBITDA no ano da saída	$ 228,5
Avaliação das saídas (valor total da empresa)	**$ 2.110,9**
Rotativo	$0,0
Tranche europeu	35,1
Empréstimo a prazo fixo B	221,7
Empréstimo a prazo fixo C	0,0
Dívidas ativas	10,9
Notes seniores	155,8
Notes subordinadas seniores	307,1
Notes contingentes	0,0
Pagamentos em espécie preferenciais	0,0
Dívida total e ações preferenciais	730,6
Menos: caixa acumulado	(20,0)
Dívida líquida	$710,6
Procedimentos para distribuição (valor patrimonial)	**$ 1.400,3**

Taxa interna de retorno	**21,3%**

		Propriedade patrimonial diluída				
		60,0%	70,0%	80,0%	90,0%	100,0%
Saídas múltiplas	8,0x	4,7%	7,9%	10,8%	13,5%	15,9%
	8,5x	6,7%	10,1%	13,0%	15,7%	18,2%
	9,0x	8,6%	12,0%	15,1%	17,8%	20,3%
	9,5x	10,4%	13,9%	16,9%	19,7%	22,3%
	10,0x	12,1%	15,6%	18,7%	21,5%	24,1%

Fonte: Deutsche Bank Securities, Inc,

QUADRO 11 Informação dos padrões de análise de crédito e taxas de juros

	Investment grade				Abaixo do *investment grade*	
	AAA	AA	A	BBB	BB	B
Índices financeiros industriais principais (medianas trianuais 2000-2002)						
Fonte: Standard & Poor's, *CreditStats*, 8 de setembro de 2003						
Cobertura de juros EBIT (x)	23,4	13,3	6,3	3,9	2,2	1,0
Cobertura de juros EBITDA (x)	25,3	16,9	8,5	5,4	3,2	1,7
Fundos operacionais/dívida total (%)	214,2	65,7	42,2	30,6	19,7	10,4
Fluxo de caixa operacional livre/dívida total (%)	156,6	33,6	22,3	12,8	7,3	1,5
Retorno do capital (%)	35,0	26,6	18,1	13,1	11,5	8,0
Lucro operacional/vendas (%)	23,4	24,0	18,1	15,5	15,4	14,7
Dívida de longo prazo/capital (%)	(1,1)	21,1	33,8	40,3	53,6	72,6
Dívida total/capital incluindo dívida de curto prazo (%)	5,0	35,9	42,6	47,0	57,7	75,1
***Spread* sobre a LIBOR para dívida a prazo e rotativa principal totalmente assegurada e sindicalizada (cotada em pontos-base)**						
Fonte: Estimativa do autor do caso.	AAA	AA	A	BBB	BB	B
Prazo de 1 ano ou menos	10	20	50	100	200	300
Prazo de 2 anos	11	22	55	110	220	330
Prazo de 3 anos	12	24	60	120	240	360
Prazo de 4 anos	14	28	70	140	280	420
Prazo de 5 anos	16	32	80	160	320	480
Prazo de 6 anos	17	34	85	170	340	510
Prazo de 7 anos	18	36	90	180	360	540
Média dos rendimentos no vencimento de *senior bonds* de longo prazo (%)						
Fonte: Bloomberg, LP	AA+/AA	AA–	A	BBB	BBB–	BB
Prazo de 5 anos	3,902	3,985	4,104	4,334	5,545	6,058
Prazo de 10 anos	4,629	4,698	4,881	5,127	6,378	6,892
Prazo de 15 anos	5,028	nd	5,332	5,648	nd	nd
Prazo de 20 anos	nd	nd	5,949	nd	nd	nd

Definições:

A cobertura de juros EBIT divide os lucros antes dos juros e impostos (EBIT) pela despesa bruta de juros (antes de subtrair os juros capitalizados e a receita de juros).

A cobertura de juros EBITDA divide os lucros antes dos juros, dos impostos, da depreciação e amortização (EBITDA) pela despesa bruta de juros.

FFO/dívidas totais dividem os fundos de operações (FFO) pelo saldo devedor total. FFO é definido como o lucro líquido de operações contínuas, depreciação e amortização, impostos sobre os resultados de exercícios futuros e outros itens não monetários/Dívidas de longo prazo + vencimentos vigentes + títulos negociáveis e outros empréstimos de curto prazo.

Fluxo livre de caixa operacional. Fluxo livre de caixa operacional é definido como FFO – despesas de capital – (+) crescimento (redução) de capital de giro (excluídos mudanças de caixa, títulos e valores mobiliários e dívida de curto prazo)/Dívida de longo prazo + vencimentos vigentes, títulos negociáveis e outros empréstimos de curto prazo.

Dívida total/EBITDA. Dívidas de longo prazo + vencimentos vigentes, títulos negociáveis e outros empréstimos de curto prazo/Lucros efetivos de operações contínuas antes dos juros, impostos e depreciação e amortização.

Retorno de capital. EBIT/Capital social médio no início e no fim do ano, incluindo dívidas de curto prazo, vencimentos atuais, dívidas de longo prazo, imposto diferido de longo prazo, participação minoritária e juros (de ações ordinárias ou preferenciais).

Dívida total/capital. Dívida de longo prazo + vencimentos vigentes, títulos negociáveis e outros empréstimos de curto prazo/Dívidas de longo prazo + vencimentos vigentes, títulos negociáveis e outros empréstimos de curto prazo + patrimônio líquido (incluindo ações preferenciais) + participação minoritária.

nd = não disponível.

Fonte: Standard & Poor's *Corporate Ratings Criteria 2003* (Nova York: Standard & Poor's Corporation, 42).

QUADRO 12 | Informações sobre as condições do mercado de capitais em 20 de novembro de 2003

Obrigações do Tesouro Americano	Rendimentos	Outros instrumentos	Yield
Notas de 3 meses	0,937%	Taxa de desconto do *Federal Reserve*, EUA	0,750%
Notas de 6 meses	1,001%	Certificado de depósito dos EUA (30 dias)	1,027%
Bonds de 2 anos	1,781%	Títulos negociáveis dos EUA (30 dias)	1,030%
Bonds de 3 anos	2,320%	LIBOR (30 dias)	2,068%
Bonds de 5 anos	3,119%	*Interbank* da Grã-Bretanha (30 dias)	3,813%
Bonds de 10 anos	4,152%	Taxa de juros para clientes	
Bonds de 30 anos	5,009%	preferenciais nos EUA	4,000%
Obrigações de dívidas de longo prazo	**Rendimentos**	**Preço/índice de lucros**	
(Setor industrial europeu)		S&P 500 *Composite Index*	30,2x
AA+/AA	5,028%	S&P Industrial	37,1x
AA–	4,698%	FTSE 350 *Index*	17,8x
A	5,949%	FTSE *Chemicals*	20,3x
BBB+	5,059%	FTSE *Food Producers*	10,6x
BBB	5,648%	DAX 30	11,7x
BBB–	6,378%		
BB	6,892%		

Fonte: *Datastream Advance* da Thomson Financial; Bloomberg LP.

QUADRO 13 | Tendência nos valores das ações para mercados e setores específicos

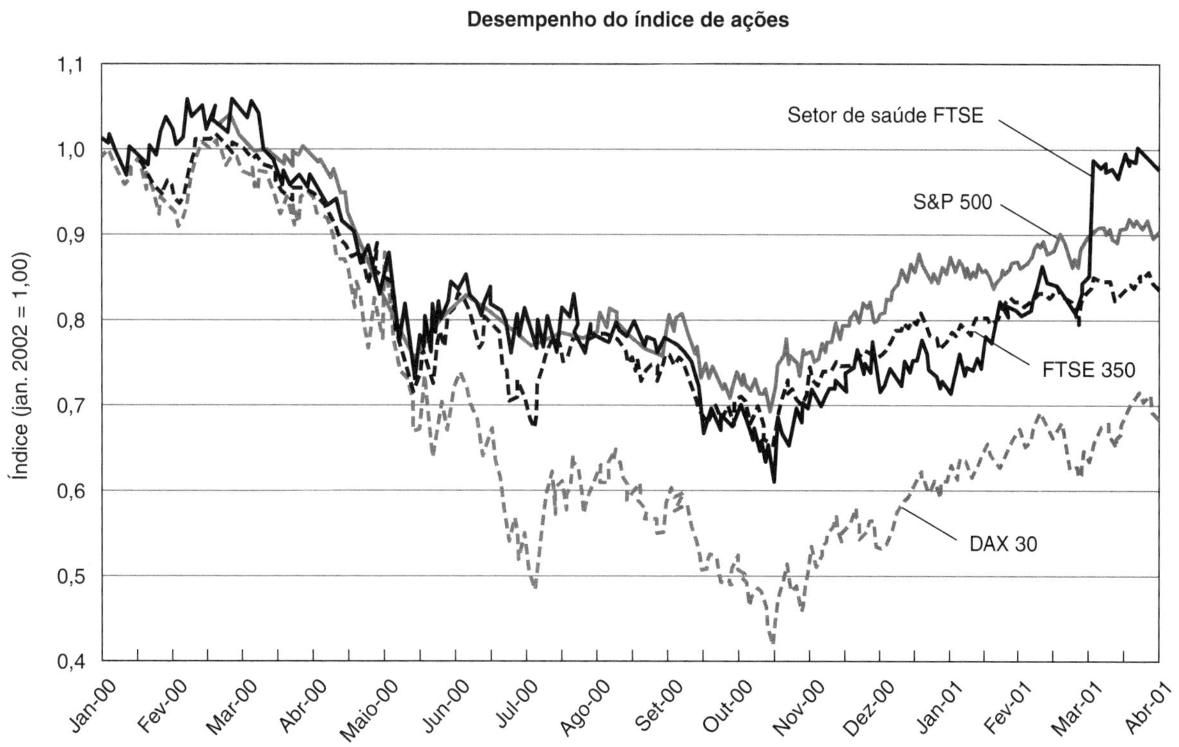

Fonte: *Datastream Advance* da Thomson Financial,

QUADRO 14 | Estimativa de retorno sobre ativos para o Deutsche Bank e custo de recursos para o Intercontinental Capital, Ltd.
(Os resultados são meramente ilustrativos e não significam uma recomendação sugerida.)

Suposições principais para créditos bancários seniores

LIBOR =	1,160%
Spread rotativo para empréstimos sobre a LIBOR (em pontos-base) =	250
Spread para empréstimos sobre a LIBOR (em pontos-base) =	275
Montante de empréstimos rotativos (em milhões de dólares)	$2,4
Montante de empréstimos sênior a prazo fixo (em milhões de dólares)	$ 513,8
Percentual de empréstimos realizados por meio de sindicalização	80,0%
Imposto	40,0%
Taxas compromissadas em empréstimos rotativos (como um percentual de comprometimento, por ano)	0,75%
Taxa de agenciamento em empréstimo de prazo fixo sênior e rotativo (como um percentual em aberto)	0,5%
Taxas de sindicâncias em empréstimo de prazo fixo sênior e rotativo (como um percentual do balanço inicial)	0,5%
Consultoria e outras remunerações (montante absoluto em milhões de dólares)	$ 17,0
Taxa do segurador de *bonds*	2,5%

Amortização de empréstimos: por favor, indique os valores em aberto na tabela abaixo.

	No fechamento	2005	2006	2007	2008	2009	2010	2011	2012
Saldo rotativo (vida útil máxima: 5 anos)	2,4	0,0	0,0	0,0	0,0	0,0	0,0	0,0	0,0
Saldo para o prazo sênior (vida útil máxima: 7 anos)	513,8	513,5	458,2	396,1	328,6	267,8	189,8	100,8	10,9

Principais suposições para a seguradora: dívida de longo prazo, ações preferenciais e ordinárias

		Custos antes das taxas
Bonds seniores de longo prazo a serem subscritos ou colocados (em milhões de dólares)	$ 155,8	7,8%
Bonds subordinados a serem subscritos ou colocados (em milhões de dólares)	$ 307,1	9,0%
Bonds conversíveis a serem subscritos ou colocados (em milhões de dólares)	$ 0,00	8,0%
Ação preferencial a ser subscrita ou colocada (em milhões de dólares)	$ 0,00	9,5%
Ações ordinárias a serem subscritas ou colocadas (em milhões de dólares)	$ 0,00	10,0%
Consultoria e outras taxas (montante absoluto em milhões de dólares)	$ 0,00	
Remuneração para seguradoras e outras alocações (como um percentual do montante pago)		
Bonds seniores de longo prazo	2,5%	
Bonds subordinados	3,0%	
Bonds conversíveis	3,0%	
Ações preferenciais	4,0%	
Ações ordinárias	5,0%	

Visão do banco: análise do retorno no relaciomento com o cliente

	Antes dos impostos	Após os impostos
Retorno total dos ativos	23,17%	12,28%
ROA somente de créditos bancários seniores	9,66%	5,66%
ROA deduzidas as taxas	13,51%	6,63%

Visão do cliente: análise do custo do financiamento após as remunerações

	Custo de novos financiamentos		
	Montante	Antes dos impostos	Após os impostos
Custo combinado de todos os fundos levantados, após a remuneração	$ 979,0	*6,35%*	*3,81%*
Custo de empréstimos rotativos	$2,4	3,85%	2,31%
Custo de empréstimos seniores de longo prazo	$ 513,8	4,12%	2,47%
Custo de *bonds* seniores de longo prazo	$ 155,8	7,95%	4,77%
Custo de *bonds* subordinados	$ 307,1	9,28%	5,57%
Custo de *bonds* conversíveis	$ 0,0	8,25%	4,95%
Custo de ações preferenciais	$ 0,0	9,90%	9,90%
Custo de ações ordinárias	$ 0,0	10,53%	10,53%

QUADRO 14 | *(continuação)*

	No fechamento	2005	2006	2007	2008	2009	2010	2011	2012
Taxa interna de retorno dos fluxos de caixa após impostos líquidos dos custos de captação de fundos									
Lucro líquido									
Rotativo		0,01	0,00	0,00	0,00	0,00	0,00	0,00	0,00
Dívida sênior de longo prazo		2,83	13,36	11,75	9,96	8,20	6,29	4,00	1,54
Taxas associadas a dívidas seniores									
Taxa de comprometimento	0,02								
Taxa de agenciamento		2,58	2,57	2,29	1,98	1,64	1,34	0,95	0,50
Taxa de sindicalização	2,58								
Consultorias e outras remunerações	17,00								
Taxas associadas a alocações e compromissos com seguradoras									
Consultorias e outras remunerações	0,00								
Bonds de longo prazo	3,89								
Bonds subordinados	9,21								
Bonds conversíveis	0,00								
Ações preferenciais	0,00								
Ações ordinárias	0,00								
Lucros antes dos impostos	32,70	5,41	15,93	14,04	11,95	9,84	7,63	4,94	2,04
Imposto de renda	(13,08)	(2,16)	(6,37)	(5,62)	(4,78)	(3,94)	(3,05)	(1,98)	(0,82)
Amortização da dívida									
Revolver	(0,48)	(0,48)	0,00	0,00	0,00	0,00	0,00	0,00	0,00
Prazo sênior	(102,76)	0,05	11,06	12,43	13,49	12,17	15,59	17,82	17,96
Fluxo de caixa total	($ 83,62)	$ 2,82	$ 20,62	$ 20,85	$ 20,66	$ 18,08	$ 20,17	$ 20,78	$ 19,19
Taxa interna de retorno									
(Retorno sobre ativo depois dos impostos)	**12,28%**								
IRR do fluxo de caixa após custos de captação de fundos e taxas bancárias									
Bruto antes dos impostos									
Fluxo de caixa=	($ 70,54)	$ 4,99	$ 26,99	$ 26,47	$ 25,43	$ 22,02	$ 23,22	$ 22,76	$ 20,00
Taxa interna de retorno									
(Retorno sobre ativo depois dos impostos) =	**23,17%**								
Análise do ROA somente em créditos bancários seniores									
	No fechamento	**2005**	**2006**	**2007**	**2008**	**2009**	**2010**	**2011**	**2012**
Receita de juro líquido antes dos impostos									
Rotativo		0,01	0,00	0,00	0,00	0,00	0,00	0,00	0,00
Dívida sênior de longo prazo		2,83	13,36	11,75	9,96	8,20	6,29	4,00	1,54
Menos impostos		(1,13)	(5,34)	(4,70)	(3,99)	(3,28)	(2,52)	(1,60)	(0,61)
Receita de juro líquido após os impostos		1,70	8,02	7,05	5,98	4,92	3,78	2,40	0,92
Amortização da dívida									
Rotativo	(0,48)	(0,48)	0,00	0,00	0,00	0,00	0,00	0,00	0,00
Prazo sênior	(102,76)	0,05	11,06	12,43	13,49	12,17	15,59	17,82	17,96
Fluxo de caixa total	($ 103,24)	$ 1,27	$ 19,08	$ 19,48	$ 19,47	$ 17,09	$ 19,36	$ 20,21	$ 18,88
Taxa interna de retorno									
(Retorno sobre ativo depois dos impostos) =	**5,66%**								
Fluxo de caixa antes dos impostos	($ 103,24)	$ 2,40	$ 24,42	$ 24,18	$ 23,45	$ 20,37	$ 21,88	$ 21,81	$ 19,50
Taxa interna de retorno									
(Retorno sobre ativo depois dos impostos) =	**9,66%**								

Fonte: Análise do autor do caso.

CASO 34

Threshold Sports, LLC

Carl Frischkorn fechou a porta e caminhou até sua mesa. Assim que se sentou, começou a refletir sobre a reunião que acabara de ter na sala de conferências da Threshold Sports, LLC. Lá, Frischkorn ouviu dos fundadores, David Chauner e Gerard "Jerry" Casale Jr., uma discussão sobre os planos de crescimento da empresa. Entre os desafios mais críticos da Threshold estava o financiamento. Os fundadores da empresa estavam certos de que precisariam de um financiamento de US$ 500 mil para crescer de acordo com seus planos, mas eles não estavam certos sobre o melhor tipo de financiamento para suas necessidades, como avaliar a empresa e como comunicar sobre seu valor aos que estavam de fora. Para ajudar nessa questão, eles procuraram pela opinião de Frischkorn, um consultor de gestão, "investidor-anjo" e presidente da Threshold Sports.

Fundada três meses antes, em março de 2000, a Threshold Sports era uma empresa de marketing esportivo e de produção de eventos com foco no mercado de ciclismo norte-americano. Os sócios Jerry Casale e David Chauner formaram a S.A. para comprar os ativos de ciclismo da Octagon Worldwide, a divisão de esportes da empresa de marketing e propaganda Interpublic Group (IPG). Por meio da recentemente formada Threshold, Casale e Chauner procuraram vender e produzir, nos Estados Unidos, eventos de competição ciclística como os que havia na Europa.

O mercado de ciclismo

Parte integrante dos Jogos Olímpicos desde 1896, as corridas de bicicleta eram populares tanto entre esportistas amadores quanto entre profissionais em todo o mundo. Na Europa, corridas *indoor* e ao ar livre eram extremamente populares entre os amadores e os profissionais. O circuito profissional europeu acontecia de fevereiro a outubro e incluía o maior e mais famoso evento de competição ciclística do mundo, o prestigiado Tour de France. Este percorria uma distância de, aproximadamente, 2.256 milhas durante quatro semanas de competição e contava com uma audiência televisiva mundial de um bilhão de telespectadores.

Nos Estados Unidos, a popularidade do ciclismo era inegável. Em 1999, os varejistas norte-americanos venderam 7,4 milhões de bicicletas, um recorde. No ano de 2000, aproximadamente 73 milhões de norte-americanos andavam de bicicleta – superando o número de esquiadores, jogadores de golfe e de tenistas, juntos.

Este caso foi preparado por Dorothy C. Kelly, CFA, sob a supervisão de Robert F. Bruner e do professor Kenneth M. Eades. Ele pretende ser apenas ilustrativo. Rev. 12/05.

Apesar da popularidade do ciclismo nos Estados Unidos e da existência de uma associação nacional de ciclismo (USA Cycling, conhecida como USAC), tanto o ciclismo amador quanto o profissional norte-americano deixam a desejar em termos de desenvolvimento em relação a outros esportes. Freqüentemente visto como um simples passatempo ou meio de transporte, o ciclismo amador não tem o mesmo suporte da comunidade e de associações organizadas de outros esportes, como a Little League de beisebol, o futebol da YMCA (Futebol da Associação Cristã de Moços) ou o tênis juvenil. Do mesmo modo, o ciclismo profissional norte-americano ainda tinha de oferecer um nível de organização de competições comparável ao de outros esportes como o futebol americano, o beisebol, o basquete ou o hóquei, cada qual com um crescimento em um negócio multimilionário (**Quadro 1**). Embora o interesse no ciclismo como esporte de competição tenha crescido com o notável sucesso dos ciclistas norte-americanos Greg LeMond e Lance Armstrong, o ciclismo profissional norte-americano ainda tem de desenvolver uma assinatura de provas de competição como a PGA Tour ou algo equivalente ao Tour de France.[1]

Threshold Sports

A Threshold procurou preencher a lacuna no ciclismo norte-americano por meio da produção e do gerenciamento de eventos de competição ciclística no estilo europeu. A empresa sentia-se confiante de que poderia suprir esse pequeno, mas atrativo, nicho por causa da experiência com o planejamento de eventos e seus relacionamentos no mundo do ciclismo. Por 15 anos, o diretor operacional Jerry Casale, 52 anos, realizou eventos ciclísticos, incluindo corridas do campeonato nacional bem como os eventos ciclísticos dos Jogos Olímpicos de 1996. David Chauner, presidente e diretor-executivo, 62 anos, era um ciclista olímpico aposentado e membro do U.S. Bicycling Hall of Fame. Em suas carreiras, juntos, como promotores esportivos, Chauner e Casale foram responsáveis por produzir mais de cem eventos de ciclismo profissional.

Em 1º de abril de 2000, a Threshold Sports conseguiu contratos multianuais da Octagon Marketing para coordenar três dos maiores eventos da USAC: o First Union Cycling Series, o BMC Software Cycling Grand Prix e o Saturn USPRO Cycling Tour. De acordo com os termos do negócio, a Threshold deveria pagar um aluguel anual pelo contrato de patrocínio da First Union Series, enquanto os contratos da Saturn e da BMC foram cedidos, sem custos, à Threshold.

A First Union Cycling Series consistia em provas de rua na região da Filadélfia. A "jóia da coroa" das provas era a popular First Union USPRO Cycling Championship, fundada em 1985 por Chauner e Casale. A corrida atraía 700 mil expectadores todos os anos. O First Union Bank também se comprometera a patrocinar o evento com US$ 1,150 milhão por ano, durante cinco anos. A administração da Threshold experava que as provas gerassem um ganho anual de aproximadamente US$ 2 milhões em patrocínios e *merchandising*. A empresa poderia ganhar uma taxa de administração que começou com US$ 420 mil e aumentou para US$ 510 mil, e deveria pagar um aluguel anual de US$ 200 mil em 2001, aumentando para US$ 260 mil em

[1]LeMond foi o primeiro norte-americano a vencer o Tour de France e chegou a ser tricampeão da prova (1986, 1989 e 1990). Armstrong tornou-se manchete ao vencer o Tour de France em 1999, menos de três anos depois de se recuperar de um câncer. Armstrong foi escolhido para liderar o Revezamento da Tocha Olímpica de 2002, na preparação para os Jogos Olímpicos de Inverno do mesmo ano, em Salt Lake City (EUA).

2005. Os lucros gerados depois dos custos operacionais, do pagamento de aluguéis e das taxas de administração deveriam ser divididos em 75%/25% entre a Threshold e a Octagon Marketing, respectivamente.

A BMC Software Cycling Grand Prix era uma série de quatro provas de rua que acontecia em Austin, Houston, San Jose e Boston. A Lance Armstrong Foundation gerenciava o evento em Austin, enquanto a Threshold gerenciava os outros três. De acordo com o contrato, que vigorou em 2003, o faturamento anual da Threshold com as provas deveria ser de, no mínimo, US$ 1,150 milhão mais uma divisão de lucros, meio a meio, com a USAC.

A Threshold também conseguiu um contrato de licença de exclusividade para desenvolver e gerenciar a USPRO Cycling Tour (PCT), um evento de 17 provas que incluía tanto as provas do First Union quanto da BMC. A empresa automobilística Saturn fechou contrato para ser o principal patrocinador nos anos de 1999 e 2000, com um compromisso de US$ 700 mil por ano. Para a PCT de 2000, a Threshold já havia atraído mais US$ 300 mil em patrocínios adicionais.

Além dos contratos, a Threshold comprou equipamentos de palco para eventos da Octagon por US$ 65 mil – menos de um terço do valor para reposição dos equipamentos. Antes da compra do equipamento pela Octagon, ele foi o principal equipamento da Special Events Suppliers (SES), um negócio de aluguel de equipamentos presidido por Jerry Casale. A SES alugou o equipamento para concertos, festivais e paradas (incluindo a parada de posse presidencial de 1992). Um dos aluguéis mais importantes e lucrativos foi um *seven-figure contract* para o palco dos eventos ciclísticos dos Jogos Olímpicos de 1996, em Atlanta.

Perspectivas e planos de crescimento

Considerando as perspectivas de longo prazo da Threshold, os fundadores refletiram sobre os sucessos estabelecidos nos esportes como a National Football League (NFL), a Major League Basketball (MLB) e a National Basketball Association (NBA), com as quais a televisão possuía contratos bilionários de *merchandising*. A chave parecia ser o *branding*. De acordo com Mark Holtzman, vice-presidente sênior para Produtos de Consumo da NFL Properties, o braço de marketing da liga: "Nós nos vemos como Disney ou Tommy Hilfiger, como uma marca que possui extensões 365 dias por ano". [2]

Os fundadores da Threshold sabiam que problemas com esportes estabelecidos – incluindo greves e greves patronais – haviam criado uma abertura relativa para esportes iniciantes como a Association for Stock Car Racing (Nascar) e os chamados esportes radicais. A audiência do futebol americano às segundas-feiras à noite caiu 10% em 1998, em parte, talvez, porque as pessoas estivessem assistindo a esportes alternativos no canal de esportes da Disney, a ESPN. A audiência familiar da ESPN para esportes radicais como o *skate*, o *snowboard*, o *sky-surfing* e o *street luge* aumentou em 119% de 1994 a 1998.[3] Durante o mesmo período, a renda com patrocínios para esportes radicais aumentou de US$ 24 milhões para US$ 135 milhões. O crescimento da Nascar também foi expressivo. Sua audiência televisiva aumentou a cada ano desde 1990 e, em 1999, quando alcançou 250 milhões de fãs, só estava atrás da NFL. As vendas, entretanto, cresceram

[2] Richard Alm, "National Football League Revamps Marketing Strategy", *Dallas Morning News*, 9 de setembro de 2001.

[3] Karl Taro Greenfeld, "A Wider World of Sports", *Time*, 9 de novembro de 1998.

de US$ 80 milhões, em 1990, para $ US1,13 bilhões, em 1994.[4] Os donos da Threshold tinham esperança de poder crescer, em seu nicho, de maneira semelhante.

Em outras palavras, os fundadores da Threshold acreditavam que poderiam dobrar as receitas em três anos, desenvolvendo outros eventos de corrida da USAC e alugando o equipamento de palco da empresa para outros eventos. As projeções de lucros/perdas para eventos e projetos para os cinco anos seguintes são mostradas no **Quadro 2**. As projeções de lucros/perdas indicadas para a empresa constam no **Quadro 3**.

Para alcançar esse seu objetivo de curtíssimo prazo, a Threshold procurou promover uma nova grande prova e uma menor em 2001. Nos dois anos seguintes, eles planejavam fazer a mesma coisa, com um total de seis novas corridas em três anos. Em junho de 2000, a empresa estava em processo de desenvolvimento de corridas em San Francisco, Nova York, Atlanta e em Valley Forge:

São Francisco, CA	A Threshold estava negociando com a Tailwind Sports, administradora do U.S. Postal Service Cycling Team, a produção de um evento em São Francisco. A Threshold esperava receber aproximadamente US$ 1,1 milhão em patrocínios corporativos pelo evento, marcado para 9 de setembro de 2001.
Nova York, NY	A New York City Sports Comission apoiou a Threshold para desenvolver o New York Cycling Championship.
Atlanta, GA	A Threshold formou uma *joint venture* com a Ivory Communications para desenvolver um evento de ciclismo junto a organizações envolvidas nos Jogos Olímpicos de 1996.
Valley Forge, PA	A Valley Forge Convention and Visitor's Bureau contratou a Threshold para planejar e organizar um festival de fim de semana em outubro de 2001. Chamado de American Cycle Jamboree, o festival contaria com competições, exibições, concertos e demonstrações.

Alternativas e financiamento de necessidades

Em virtude dos planos de crescimento da Threshold e seu balanço naquele momento (**Quadro 4**), os fundadores concordaram que a empresa precisava de um financiamento adicional para suportar a primeira fase de crescimento. De acordo com as estimativas da administração, esse financiamento deveria requerer, aproximadamente, US$ 500 mil de capital de giro. Por causa de sua limitada experiência em financiamentos, os dirigentes aproximaram-se de Frischkorn para que ele ajudasse a montar o negócio.

Frischkorn enfrentou três desafios significativos a respeito das necessidades de financiamento da Threshold. Mais importante, ele precisou determinar o valor da empresa e depois um preço de oferta apropriado. Finalmente, ele precisou identificar potenciais investidores para se aproximar com a oferta.

Frischkorn acreditava que o tamanho, a história e o caráter da empresa favorecia mais um investimento privado do que uma oferta pública. Entre as alternativas de financiamento, a Threshold considerava uma oferta de ações ordinárias, uma oferta de ações preferenciais conversíveis e o financiamento da dívida.

[4]Dados da National Association for Stock Car Racing e estimativas da indústria.

Ações ordinárias

Para levantar o capital necessário, a Threshold poderia emitir ações ordinárias adicionais para novos investidores, o que diluiria o poder de voto dos atuais acionistas e, possivelmente, o volume de lucros por ação.[5] A amplitude de qualquer diluição no lucro por ação (EPS) dependeria da lucratividade dos projetos fundamentados no novo capital. Finalmente, os donos perceberam que qualquer financiamento de capital diminuiria o valor de mercado de suas ações na Threshold.

Ações preferenciais conversíveis

Outra opção da Threshold era a emissão de ações preferenciais conversíveis que, dentro de condições preestabelecidas, poderiam ser convertidas em ações ordinárias da empresa. As ações preferenciais não dão direito a voto. Os dividendos podem ser suspensos, mas todos os dividendos preferenciais deveriam ser totalmente pagos antes do pagamento de dividendos aos detentores de ações ordinárias. (Consulte o **Apêndice** para ver a estrutura sob a qual Frischkorn acreditava que ações preferenciais conversíveis deveriam ser emitidas.)

Financiamento da dívida

A Threshold poderia não se qualificar para dívida *investment grade* e, conseqüentemente, atrair investidores oferecendo dívida de alto rendimento se fizesse uma oferta de *bonds*. O pagamento de juros associados com dívida de alto rendimento reprimiria seriamente o fluxo de caixa e o crescimento da Threshold. A fonte mais provável, mas de curto prazo, de financiamento da dívida seria o crédito rotativo do banco com o qual a empresa trabalhava. De acordo com a administração da Threshold, o banco estava disposto a emprestar à empresa os fundos necessários desde que os diretores Chauner e Casale oferecessem garantia pessoal sobre o empréstimo. (Veja o **Quadro 5** para saber sob que termos Frischkorn acreditava que o empréstimo poderia ser obtido.) Os dois fundadores ficaram desgostosos com a idéia de fornecer garantias pessoais e questionaram sobre o fato de o crédito rotativo prover o dinheiro necessário à Threshold apenas em curto prazo, mas não se tratava de uma solução de longo prazo para as necessidades de capital da empresa.

Como um investidor-anjo, Frischkorn tinha bastante experiência com cada tipo de financiamento que a Threshold vinha considerando, mas sempre teve de pesar as vantagens e desvantagens apenas pela perspectiva do investidor. No caso da Threshold, ele teve de pesar as vantagens e desvantagens pela perspectiva da *empresa*. Ele também teve de considerar o efeito de diluição, de qualquer um dos negócios, no poder de decisão dos atuais donos (**Quadro 6**).

Frischkorn pensou sobre algumas outras colocações privadas fechadas nas quais esteve envolvido. Ele lembrou de que as empresas mais maduras nas quais investiu, freqüentemente, escolhiam ofertas de dívida por causa das vantagens tributárias no pagamento de juros sobre

---

[5]Em termos de finanças corporativas, "diluição" significa redução. Seu oposto é "acréscimo". Diluição pode se referir a qualquer um desses três casos: (1) redução do poder de voto, (2) redução em resultados financeiros como EPS e (3) redução do valor de mercado da empresa; esses três efeitos são conhecidos respectivamente como controle, contabilidade e diluição econômica.

o pagamento de dividendos. Muitas das empresas mais jovens, enquanto isso, preferiam emitir ações ordinárias por causa da flexibilidade em termos de pagamento (ou não-pagamento) de dividendos. Todavia, ele se lembrou de inúmeros negócios nos quais a emissora escolheu fazer uma oferta de ações preferenciais, pois não transmitem direito a voto e permitem alguma flexibilidade em relação ao tempo para o pagamento de dividendos.

Colocação

A colocação da oferta representou um desafio para Frischkorn. Em sua experiência, investidores individuais mais tolerantes ao risco normalmente forneciam o capital para esse tipo de negócio, mesmo que oferecesse um retorno relativamente baixo se comparado a outros investimentos. Investidores individuais mais tolerantes ao risco, interessados nos estágios iniciais de financiamento, achavam as ações preferenciais mais atrativas por causa de sua preferência na liquidação. A maior parte dos investidores corporativos que Frischkorn contatou não tinha interesse em proporcionar tal capital preliminar inicial independentemente do benefício fiscal oferecido por ações preferenciais.[6]

Geralmente, Frischkorn obtinha sucesso em atrair investidores para as inúmeras empresas às quais estava vinculado. Mas a Threshold era diferente dos outros investimentos, os quais incluíam tanto iniciativas da velha economia quanto da nova economia da Internet. Ele acreditava que a Threshold seria atraente primeiro para investidores que fossem entusiastas do ciclismo ou que tivessem contato com os administradores-chave da empresa. Ele sabia que teria de escolher os investidores potenciais cuidadosamente.[7]

Independentemente de suas condições individuais ou identidades, todos os novos e atuais investidores da Threshold estavam interessados em potenciais saídas estratégicas. O próprio Frischkorn estava ciente de pelo menos dois potenciais meios de saída: a possibilidade da venda da empresa para uma grande agência de propaganda ou uma oferta pública inicial (IPO). No curto prazo, a primeira saída parecia mais palpável que a segunda. A IPG, o Omnicom Group e o WPP Group eram todas empresas de capital aberto que atuavam como *holdings* de empresas de marketing individual e estavam comprando ativamente pequenas empresas de marca. Uma futura venda para uma dessas organizações guarda-chuva poderia oferecer uma saída estratégica para os investidores, fornecer à Threshold certa economia de escala e permitir manter sua identidade própria com determinado nível de independência.

---

[6]Investidores individuais reportam todos os dividendos de ações preferenciais como renda ordinária, enquanto investidores corporativos podem, para propósitos de declaração de renda, excluir de seu faturamento 70% dos dividendos provenientes de ações preferenciais.

[7]Para uma colocação privada, todos os investidores devem ser qualificados como "investidores qualificados" para participar da oferta, conforme definido pela *Regulamentation D of the Securities Act of 1933*. De acordo com a Regulamentation D, um investidor qualificado era, geralmente, definido como:

(i) um indivíduo que fosse diretor da empresa; ou

(ii) um indivíduo que tivesse lucro excedente de US$ 200 mil em cada um dos dois últimos anos ou renda conjunta com seu marido ou sua esposa excedente de US$ 300 mil em cada um dos dois últimos anos e que tivesse uma expectativa razoável de renda execedente de mesmo nível no ano corrente; ou

(iii) um indivíduo que tenha um patrimônio líquido ou patrimônio conjunto com seu marido ou sua esposa excedente a US$ 1 milhão

Devido às relações da Threshold com a Octagon, uma venda como essa parecia o resultado mais provável, por enquanto. Uma futura oferta pública, ainda uma possibilidade, parecia ser a estratégia de saída menos provável naquele momento.

Avaliação

Um grande problema para Frischkorn era estimar o valor da Threshold. Com base em sua experiência, ele sabia que alguns investidores poderiam questionar se a empresa valia apenas aquilo que era visível no balanço e sugerir o tradicional método de avaliação de ativos. Em conversas, Chauner e Casale afirmaram veementemente que a empresa tinha um valor muito maior do que aquele que estava no balanço e que poderia ser avaliada com base em suas perspectivas de crescimento. Eles eram favoráveis em avaliar a Threshold pelo método de fluxo de fundos futuros descontados. Sem ter certeza de qual método de avaliação prevaleceria, Frischkorn indicou que qualquer investidor de ações preferenciais da Threshold exigiria pelo menos 20% de taxa de retorno, e um investidor de ações ordinárias provavelmente procuraria um retorno excedente em 30%.

Para complicar os cálculos de Frischkorn, havia um ambiente de investimentos em mutação e seu impacto nas avaliações. Como pode ser visto no **Quadro 7**, a Nasdaq havia passado por uma dramática correção nos três meses após março de 2000. Ações de Internet, particularmente, foram atingidas com força, e esse declínio chegou a afetar ações fora do mercado de tecnologia. A mudança abrupta na avaliação pública fechou as janelas do IPO para várias empresas, e isso, por sua vez, impactou avaliações privadas. De acordo com capitalistas de risco, as avaliações caíram significativamente de março até maio. Notando a mudança no clima, Rick Kroon, chefe da área de capital de risco da Donaldson Lufkin & Jenrette Securities, observou: "O mercado começará a ser mais seletivo, e [os capitalistas de risco irão] esperar até que suas empresas fiquem mais maduras antes de abrir seus capitais... Isso será mais saudável para todos no longo prazo".[8] Outros capitalistas de risco complementaram: "Hoje, nós estamos fugindo de muitos negócios dos quais não fugiríamos há apenas algumas semanas... Essas empresas simplesmente não serão financiadas, particularmente, por alguém envolvido em *late stage* ou expansão de capital em geral", disse Mathew Cowan, um dos sócios da Bowman Capital.[9] Devido ao ambiente em mutação, Frischkorn concluiu que investidores-anjo que compravam ações ordinárias de empresas jovens exigiam um retorno excedente em 30%.

Enquanto Frischkorn estava em reunião, seu sócio, Phil Peterson, havia feito algumas pesquisas preliminares para o negócio da Threshold. O relatório incluía informações sobre retornos correntes (**Quadros 8** e **9**). Ele também incluía algumas informações analíticas sobre dívidas pendentes, assim como sobre ações preferenciais e conversíveis (**Quadros 10**, **11** e **12**).

Um aspecto interessante do relatório dizia respeito à pesquisa que Peterson fez sobre "comparáveis". Inicialmente, ele teve grande dificuldade para encontrar empresas, particularmente norte-americanas, que estavam no mesmo nicho da Threshold. Sem desanimar, ele

[8]Suzanne McGee, "Deals & Deal Makers: Sky Is No Longer the Limit for Venture-Capital Firms", *Wall Street Journal*, 9 de maio de 2001, C1.

[9]McGee, "Deals & Deal Makers".

coletou informações em um grande número de empresas abertas, incluindo empresas de marketing esportivo como a Magnum Sports and Entertainment, empresas de entretenimento como a Disney e agências de propaganda como a Cordiant Communications Group (CRI) em Londres; Omnicom Group Inc. (OMC); WPP Group Plc (WPP), também em Londres; e Interpublic Group of Companies (IPG), a empresa-mãe da Octagon.

Com a ajuda de um amigo investidor, Peterson ampliou sua pesquisa e descobriu duas outras empresas que poderiam ser descritas como gestoras de eventos de marketing esportivo: Sports and Outdoor Media International PLC, em Londres (SOR); e Tow Co. Ltda., em Tóquio, segundo informação disponível em Bloomberg Financial, SOR era negociado na Bolsa de Londres. Tow era uma empresa japonesa privada que estava se preparando para a abertura de capital. Felizmente, o amigo de Peterson tinha providenciado uma cópia do prospecto *red-herring* da Tow, que trazia informações básicas sobre a empresa como também informações de seu crescimento no mercado.

Em um esforço para estimar o prospecto de crescimento da Threshold's, Peterson juntou informação sobre a Multex Data Group. De acordo com a Multex, como um grupo, esperava-se das agências de propaganda como a Cordiant, IPG, Omnicom e WPP que obtivessem um crescimento nos lucros da ordem de 31,17% em 2001 e 15,47% em 2002, enquanto os lucros da S&P 500 deveriam subir a 1,41% em 2001 e cair 9,95% em 2002. Essas estimativas eram significativamente mais altas do que os 11% de crescimento estimado para a Tow e seu mercado no desvio de atenção da empresa.

Peterson incluiu, em seu relatório, um sumário de informações sobre todas as empresas, seus negócios e suas finanças (**Quadros 13** e **14**), ao qual ele anexou uma nota datada de 15 de junho de 2000:

> Carl – Aqui estão as informações que você solicitou sobre as condições de mercado e comparações. Em nossa conversa, esta semana, você perguntou sobre múltiplos de EBIT para empresas fechadas. Entretanto, eu não consegui fornecer uma referência exata, mas li, recentemente, em um dos jornais de finanças, que os múltiplos de EBIT para empresas fechadas é 6. Avise-me se precisar de mais alguma coisa.
>
> – Phil

Conclusão

Frischkorn recostou-se e divagou: Como uma pessoa avalia uma entidade cujos principais ativos são o ágio e o direito de produzir eventos? Como alguém pode criar e atribuir valor a uma "marca" como a Pro Cycling Tour? Mais especificamente, quanto do valor da Threshold é baseado em avaliação de ativos ou em avaliação DCF? Há um tipo de financiamento mais adequado que os outros para a Threshold? Qual é o mais apropriado? E quais tipos de investidores estariam interessados nesse negócio?

QUADRO 1 | Maiores companhias esportivas dos EUA

Companhias esportivas	Vendas em 2000 (em milhões)	Crescimento de vendas em 1 ano	Funcionários	Receita/ funcionários
Major League Baseball (MLB)	$ 3.177,0	12,00%	200	$15.888.000,00
National Basketball Association (NBA)	$ 2.164,0	126,50%	800	$ 2.705.000,00
National Football Association (NFL)	$ 3.602,2	10,10%	450	$ 8.004.888,89
National Hockey League (NHL)	$ 1.697,2	15,00%	289	$ 5.872.664,36

Fonte: "The NBA Shoots for the Net", *Industry Standard*, 24 de abril de 2000 (http://www.thestandard.com/article/0,1902,14064,00.html?body_page+2).

QUADRO 2 | Perdas e lucros estimados por evento entre 2001 e 2005 (em milhares de dólares)

Lucros projetados por evento	2001	2002	2003	2004	2005
Séries da First Union	$ 1.700	$ 1.800	$ 1.910	$ 2.125	$ 2.525
US PRO Tour	1.200	1.350	1.525	1.700	2.300
BMC Grand Prix	1.300	1.425	1.540	1.725	2.350
Consultoria antes do evento[1]	15	25	35	50	70
Novo evento 1	500	575	660	750	900
Novo evento 2	300	350	410	490	625
Novo evento 3		500	580	675	850
Novo evento 4		250	325	475	550
Novo evento 5			500	565	725
Novo evento 6			250	325	475
Lucros totais dos eventos	**$ 5.015**	**$ 6.275**	**$ 7.735**	**$ 8.880**	**$ 10.170**
Custos operacionais[2]					
Séries da First Union	$ 1.650	$ 1.700	$ 1.785	$ 1.925	$ 1.985
US PRO Tour	1.100	1.200	1.260	1.325	1.350
BMC Grand Prix	1.200	1.250	1.315	1.385	1.400
Octagon lease	200	225	236	248	260
Novo evento 1	450	475	500	550	555
Novo evento 2	275	300	330	365	380
Novo evento 3		475	500	525	555
Novo evento 4		225	245	255	265
Novo evento 5			475	510	535
Novo evento 6			225	250	260
Distribuição dos lucros	50	$ 88	$ 113	$ 220	$ 610
Custos operacionais	**$ 4.925**	**$ 5.938**	**$ 6.984**	**$ 7.558**	**$ 8.155**
Resultados líquidos dos eventos (perdas)	**$ 90**	**$ 338**	**$ 752**	**$ 1.322**	**$ 2.015**

[1]Os lucros da consultoria antes dos eventos se referem às remunerações geradas pelo trabalho de consultoria realizado para a pesquisa de novos eventos para a prefeitura.

[2]Custos operacionais para cada projeto contratado inclui a remuneração administrativa à Threshold Sports.

QUADRO 3 | Orçamento estimado de lucros e perdas nas taxas entre 2001 e 2005 (em milhares de dólares)

	2001	2002	2003	2004	2005
Lucros					
Lucro com base nas taxas de administração	$ 1.150	$ 1.525	1.750	2.100	2.240
Lucros sobre os projetos especiais	80	80	90	105	110
Lucros (perdas) das corridas	90	337	752	1.322	2.015
Lucros diversos	2	3	3	4	3
Lucros totais	$ 1.322	$ 1.945	$ 2.595	$ 3.531	$ 4.368
Despesas					
Salários e despesas gerais	$ 1.104	$ 1.296	$ 1.495	$ 1.719	$ 1.977
Projetos especiais	35	55	60	72	85
Depreciação	11	16	22	28	34
Dispêndio de capital	50	50	60	60	60
Investimento para expansão	40	55	100	200	225
Novos negócios	24	30	60	100	200
Gastos totais	$ 1.264	$ 1.502	$ 1.797	$ 2.179	$ 2.581
Lucro líquido (perda)	**$ 58**	**$ 443**	**$ 798**	**$ 1.351**	**$ 1.787**

QUADRO 4 | Balanço patrimonial do ano fiscal encerrado em 31 de maio de 2000

Ativos	
Ativos circulantes	
Caixa	$ 379.349
Recebíveis	363.084
Outros ativos circulantes	2.900
Total de ativos circulantes	**$ 745.333**
Equipamento de produção de eventos	65.000
Ativos totais	**$ 810.333**
Passivos e patrimônio líquido	
Passivos	
Pagáveis	$ 133.590
Outros passivos circulantes	9.937
Despesas acumuladas	322.000
Passivos totais	**$ 465.527**
Ações ordinárias	
Lucro líquido	344.806
Patrimônio líquido total	$ 344.806
Total de passivos e patrimônio líquido	**$ 810.333**

QUADRO 5 | Prazos de empréstimos de crédito rotativo

Tipo de empréstimo	Linha de crédito rotativo
Montante principal	Acima de $ 500.000
Prazo	36 meses
Índice anual de juros	*Prime* + 4%
Taxa corrente do *prime*	9,10%
Garantia	Equipamentos mais garantia pessoal
Propósito do empréstimo	Capital de giro
Data de pagamento de dívida	Quarto dia de cada mês
Penalidades de pré-pagamentos	Nenhum

QUADRO 6 | Quadro acionário atual

	Holdings	**Propriedade vigente**
Unidades classe A		
David Chauner	12,0 unidades	40%
Jerry Casale	9,0 unidades	30
Robin Morton	3,0 unidades	10
Carl Frischkorn	3,0 unidades	10
Loren Smith	1,5 unidades	5
Frank Chauner	1,5 unidades	5
	30,0 unidades	100%

QUADRO 7 | Condições do mercado de capitais: valores de fechamento e tendências

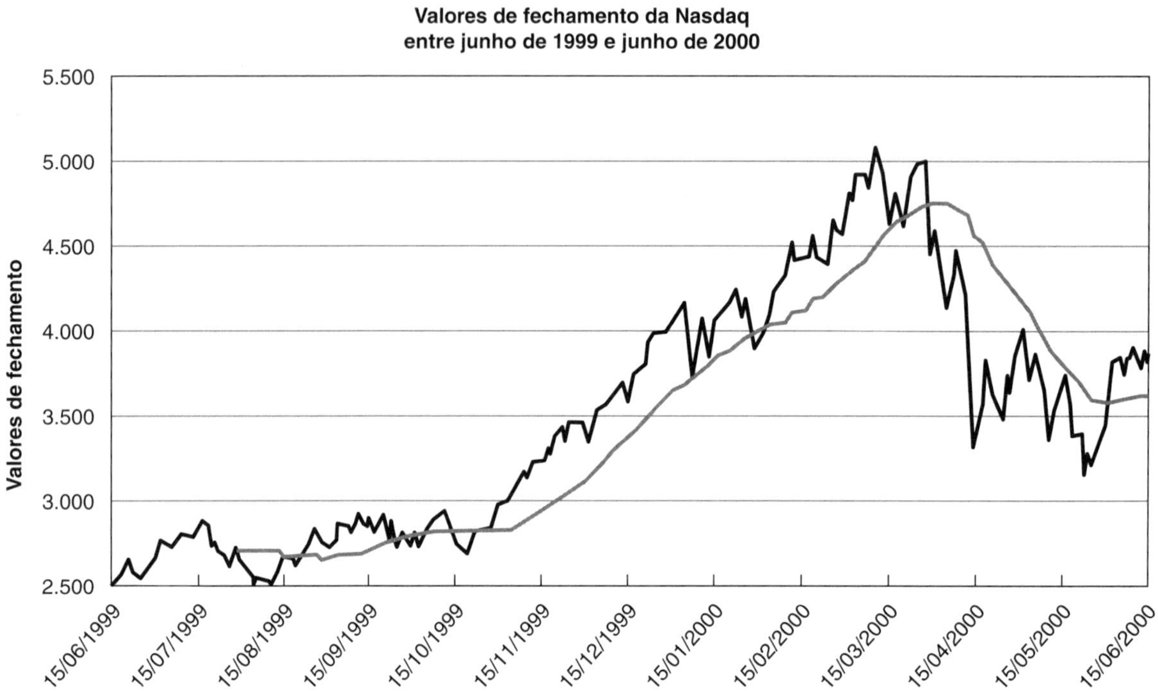

Fonte: Financial Forecast Center (www.forecasts.org).

QUADRO 8 | Condições do mercado de capitais: taxas de juros semanais selecionadas com encerramento em 2 de junho de 2000

	Rendimento
Fundos federais	6,53%
Títulos do Tesouro Americano	
3 meses	5,78
1 ano	6,30
3 anos	6,60
5 anos	6,49
30 anos	6,00
Bonds corporativos	
Aaa	7,83%
Baa	8,76

Fonte: Federal Reserve Statistical Release H. 15, 5 de junho de 2000.

Rendimentos dos *bonds* corporativos conforme as avaliações e os vencimentos dos *bonds*

Vencimento	AAA	AA	A	BBB	BB+	BB/BB−	B
1	6,77	6,85	7,19	7,79	11,26	10,29	11,04
5	7,67	7,98	8,25	8,93	10,50	11,05	12,20
10	7,62	7,98	8,27	8,99	9,74	10,94	12,26
15	7,92	8,32	8,61	9,35	9,62	ND	ND
20	7,94	8,36	8,65	9,47	ND	ND	ND
25	7,92	8,36	8,66	ND	ND	ND	ND

Obs.: Dados de 30 de maio de 2000. U.S. Industrials inclui títulos lançados da Yankee. Compensação mínima de 100 milhões.

ND = não disponível.

Fonte: Standard & Poor. *CreditWeek,* 7 de junho de 2000: 46 (da Standard & Poor's Fixed Income Research-Bond Corp.).

QUADRO 9 | Condições do mercado

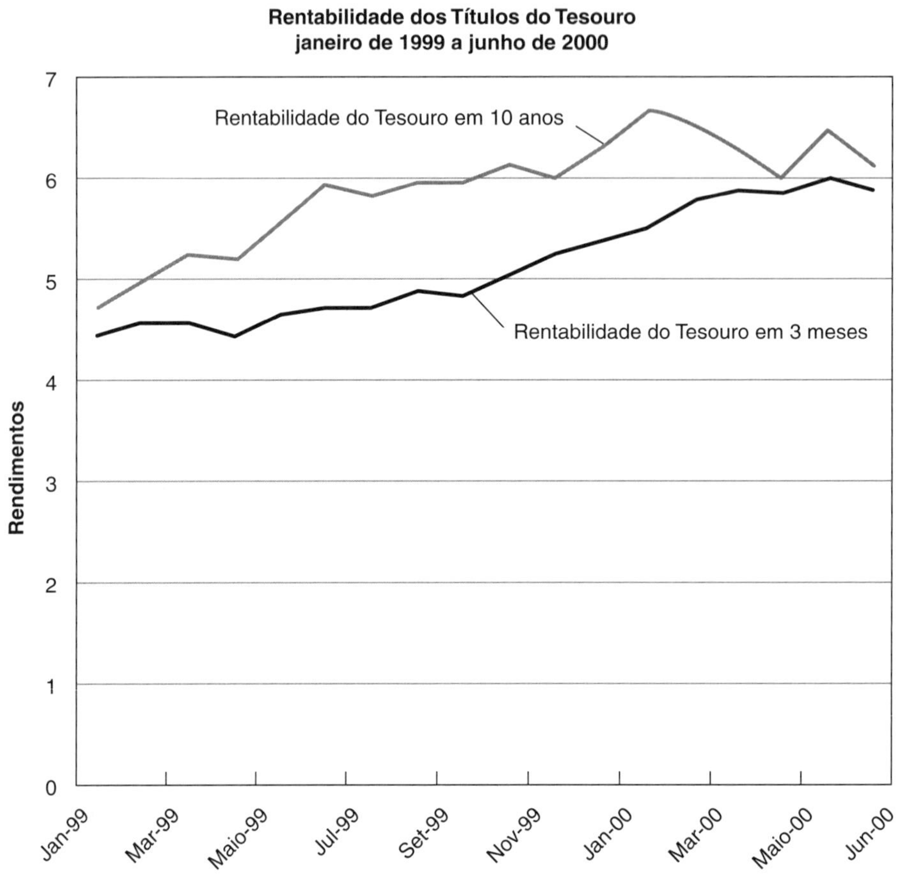

Fonte: The Federal Researve Board of Governors Release H.15.

QUADRO 10 | Principais índices financeiros por categoria de classificação: mediana de índices trianuais de 1996 a 1998

Dívidas de longo prazo da indústria	AAA	AA	A	BBB	BB	B	CCC
Cobertura de juros antes dos impostos (×)	12,9	9,2	7,2	4,1	2,5	1,2	(0,9)
Cobertura de juros EBITDA (×)	18,7	14,0	10,0	6,3	3,9	2,3	0,2
Fundos operacionais/dívida total (%)	89,7	67,0	49,5	32,2	20,1	10,5	7,4
Fluxo de caixa operacional livre/dívida total (%)	40,5	21,6	17,4	6,3	1,0	(4,0)	(25,4)
Retorno sobre o capital (%)	30,6	25,1	19,6	15,4	12,6	9,2	(8,8)
Lucros operacionais/vendas (%)	30,9	25,2	17,9	15,8	14,4	11,2	5,0
Dívida de longo prazo/capital (%)	21,4	29,3	33,3	40,8	55,3	68,8	71,5
Dívida total/capital (inclui dívida de curto prazo) (%)	31,8	37,0	39,2	46,4	58,5	71,4	79,4

Fonte: Wesley E, Chinn, *Adjusted Key US Financial Ratios*, Standard & Poor's Research, 7 de julho de 1999.

QUADRO 11 | Amostra da rentabilidade de dividendos para ações preferenciais em junho de 2000

Títulos	Classificação S&P	Data de vencimento	Rentabilidade do dividendo
ABN AMRO Cap. Fd. II 7.125%	A+	31/03/04	9,0%
HSBC USA $ 2,8575	A+	30/09/07	7,2
Australia & New Zealand Bank 9,125%	A	24/02/03	9,3
NB Capital 8,35% Sr, A Dep,	A–	02/09/07	9,6
LaSalle RE Holding 8,75%	BB+	26/03/07	12,5
SEMCO Cap Tr I 10,25%	BB+	18/04/05	10,3
AICI Cap Trust 9%	B+	29/09/02	19,0
Host Marriott 10% B	B	28/04/05	12,1
United Dominion Realty 8,60% B	BBB	28/05/07	10,8
FelCor Lodging Trust 9% Dep	BB–	06/05/03	12,9
ONB Cap, Tr, I 9,50% Tru PS	BBB–	14/03/05	9,2

Fonte: Standard & Poor's *Stock Guide*, junho de 2000.

QUADRO 12 | Índices analíticos em uma amostra de títulos preferenciais conversíveis[1]

Títulos	Apache $ 2,015 C Cv Pfd	Chiquita Brands $ 3,75 cm CV B Pfd	Sealed Air $ 2,00 CV Pfd A	Standard Automotive 8,50% Sr CV Pfd	Superior Telecom 8,50% TR 1 cm CV Pfd	USX-US Steel Group 6,50% cm CV Pfd
Classificação S&P	BBB−	B−	BB	NR	CCC+	BB
Rentabilidade dos dividendos	4,03%	18,11%	3,88%	11,64%	17,36%	8,80%
Índice de conversão[2]	0,8197	3,3333	0,8846	1,0000	1,1496	1,0840
Preço de preferenciais conversíveis	$ 50,06	$ 21,00	$ 51,50	$ 9,00	$ 27,00	$ 37,06
Preço das ações emitidas	$ 57,25	$ 4,00	$ 54,00	$ 6,69	$ 11,13	$ 21,06
Paridade[3] (razão da conversão × preço das ações)	$ 46,93	$ 13,33	$ 47,77	$ 6,69	$ 12,79	$ 22,83
Premium[4] ([razão da conversão preço/paridade] − 1)	6,67%	57,54%	7,81%	34,53%	111,10%	62,33%

[1]Dados financeiros e cálculos para 15/6/2000.

[2]A *razão da conversão* reflete o número de ações ordinárias a receber em troca de uma ação preferencial conversível.

[3]*Paridade* (também conhecida como preço paritário de conversão) é o preço da ação ordinária cuja conversão imediata faria sentido.

[4]*Premium* reflete a margem de conversão sobre a paridade. É a diferença percentual entre ambos.

Fonte: Bloomberg Financial e Standard & Poor's.

QUADRO 13 | Empresas de marketing e entretenimento selecionadas

Nome	Símbolo[1]	Negócio	Descrição
Cordiant Communications Group	CRI (LN) *ADR:CDA*	Propaganda	Uma *holding* cujas subsidiárias operam em mais de 70 países. Os negócios englobam propaganda, *merchandising*, pesquisa de mercado, marketing direto, relações públicas e serviços midiáticos. Também fornece serviços para televisão e produções multimídia e ainda para conferências em tempo real e espetáculos.
The Walt Disney Co.	DIS	Multimídia	Conduz operações de transmissões, entretenimento gravado em estúdio, parques temáticos e *resorts*, produtos ao consumidor, marketing direto e via Internet. Produz filmes, programas de televisão e gravações musicais, bem como publicação de livros e revistas. Também opera as emissoras ABC de rádio e televisão e parques temáticos.
Interpublic Group of Companies	IPG	Propaganda	Conglomerado de empresas de propaganda e marketing. Opera globalmente em setores de propaganda, compra de mídia independente, marketing direto, comunicação de produtos de saúde, serviços de consultoria interativa, pesquisa de mercado, promoções, marketing experimental, relações públicas e marketing esportivo.
Magnum Sports & Entertainment Inc.[2]	MAGZ	Propaganda	Fornece serviços de consultoria em gerenciamento, marketing e patrocínio comercial para várias entidades esportivas.
Omnicom Group Inc.	OMC	Propaganda	Fornece comunicação de marketing e propaganda por diferentes agências globais, nacionais e locais. Opera agências independentes na área de relações públicas, é especialista em propaganda, resposta contínua e marketing promocional. Possui participações minoritárias em outros negócios.
Sports & Outdoor Media International Plc	SOR (LN)	Propaganda	Atua como propagandista de arenas esportivas para grandes acionistas da área na Grã-Bretanha e Austrália, vendendo sinalização de chão e outras formas de publicidade em arenas de cricket e rugby. Também realiza marketing esportivo e negócios em consultoria de patrocínios.
Tow Co., Ltd.[3]	ND	Propaganda	Planeja, publica, produz e gerencia muitos tipos de eventos. Produz espetáculos, cerimônias, festivais, campanhas promocionais para produtos, anúncios públicos, eventos esportivos e exposições. A empresa era de capital fechado, mas prepara-se para abrir o capital em julho de 2000.
WPP Group Plc	WPP (LN) *ADR:WPPGY*	Propaganda	Opera um grupo que oferece serviços de comunicações e possui 1.300 escritórios em 102 países. Os serviços abrangem propaganda, administração de investimentos em mídia, consultoria e informação, relações públicas e negócios públicos, comunicação de serviços médicos e especializados, publicidade e identidade corporativa.

ND = não disponível.

[1] LN indica ações negociadas na Bolsa de Valores de Londres. ADRs são disponíveis quando indicadas.

[2] Antiga Worldwide Entertainment & Sports.

[3] Oferta pública inicial de 1 milhão de ações aguardada para julho de 2000, para serem negociadas na Bolsa de Valores de Tóquio (JP).

QUADRO 14 | Informações financeiras selecionadas de empresas comparáveis para o ano fiscal de 1999

Símbolo	Vendas no exercício fiscal de 1999 (em milhões)	Ações existentes (em milhões)	Preço da ação no ano fiscal encerrado	Preço de mercado do patrimônio (em milhões)	Valor contábil (em milhões)	Dívida total (em milhões)	Relação entre dívida e patrimônio líquido	Relação entre dívida e o patrimônio líquido a valor de mercado	Preço em relação ao valor contábil da ação	Preço em relação aos lucros por ação	Multiplicador do EBITDA	Volatilidade de 100 dias (%)	Beta	Beta não alavancado
CRI (LN)	GBP335,80	228,80	GBP2,93	GBP670,38	(GBP40,20)	GBP84,00	insignif.	0,13	insignif.	35,73	15,09	47,9	1,10	insignif.
DIS	$ 23.435,00	2.069,00	$ 26,00	$ 53.794,00	$ 21.323,00	$ 11.693,00	0,55	0,22	2,63	44,32	10	41,6	0,86	0,65
IPG	$ 4.977,82	307,01	$ 57,69	$ 17.710,64	$ 1.846,08	$ 1.311,09	0,71	0,07	10,19	44,04	17,89	43,7	1,07	0,77
MAGZ	$ 1,12	3,49	$ 2,00	$ 6,98	$ 6,08	$ 0,12	0,02	0,02	5,73	ND	ND	ND	0,37	0,37
OMC	$ 5.130,55	177,49	$ 100,00	$ 17.749,00	$ 1,676,02	$ 842,00	0,50	0,05	11,43	49,75	19,65	41,3	1,02	0,78
SOR (LN)	GBP14,56	33,77	GBP0,83	GBP28,03	GBP12,48	GBP15,18	1,22	0,54	0,37	92,17	ND	53,1	0,33	0,19
TOW (JP)	JPY5.396,00	ND	ND	ND	JPY1.002,00	JPY1,95	0,95	ND	ND	ND	ND	ND	ND	insignif.
WPP (LN)	GBP9.345,90	774,54	GBP9,50	GBP7.358,13	GBP195,80	GBP515,10	1,58	0,07	23,88	42,84	24,1	50,8	0,86	0,44

Notas: insignif. = valor insignificativo; ND = não disponível. Volatilidade reflete os cem dias antecedentes a 6 de janeiro de 2000. Valores de volatilidade e beta para títulos estrangeiros refletem ADRs.

GBP = Libras esterlinas; JPY = Iene japonês.

Fonte: Bloomberg Financial.

Apêndice | Resumo dos termos da oferta de ações preferenciais conversíveis hipotéticas

Montante:	$ 500.000 (máximo).
Títulos:	Máximo de dez unidades preferenciais conversíveis.
Preço por unidade:	$ 50.000 (preço de aquisição original).
Retorno cumulativo preferencial:	A determinar. Proposta inicial de 10% do valor nominal dos dividendos deve ter juros acumulativos e pagáveis em uma base cumulativa e não composta. Se não há fundo suficiente para pagar o Retorno Cumulativo Preferencial total, o pagamento deverá ser feito em base *pro rata*. O Retorno Cumulativo Preferencial deve ter juros acumulativos anuais iniciados na data de fechamento dessa oferta e encerrados em 31 de dezembro de 2005.
Preferência para liquidação:	Para qualquer liquidação, dissolução ou fechamento da empresa, os acionistas das unidades devem ser designados a receber (preferencialmente em relação aos acionistas de outros negócios) o investimento inicial menos qualquer distribuição de capital previamente negociada, mais todas as porções não pagas, se existirem, do Retorno Cumulativo Preferencial.
Privilégio de conversão:	A determinar. Propostas iniciais para unidades a serem convertidas a qualquer momento em ações ordinárias com uma vez e meia o valor contábil por ação ordinária.
Direito do acionista ao resgate:	A partir de 31 de março de 2005 e em cada aniversário, os acionistas dessas unidades preferenciais conversíveis devem ter o direito de requerer da empresa o resgate de unidades preferenciais conversíveis.
Direito de resgate à empresa:	A empresa pode resgatar qualquer unidade preferencial conversível anualmente, após notificação com 90 dias de antecedência, seguindo o fim de cada calendário anual. O preço do resgate será em valor nominal.
Distribuição mandatória de impostos:	Para cada calendário anual, os acionistas das unidades recebem uma distribuição especial do caixa, em um montante equivalente a 35% dos lucros alocados para tais acionistas.
Direito a voto:	Acionistas de unidades preferenciais conversíveis não possuem direito a voto.
Direito de preferência (na aquisição):	Cada vez que o acionista desejar vender ou transferir suas aplicações mediante uma oferta de boa-fé feita por um terceiro, o acionista deve fazer a primeira oferta da aplicação para (i) a empresa e então (ii) aos acionistas não-vendedores, sob os mesmos termos e mesmas condições da oferta do terceiro.
Direitos de co-venda:	Se algum acionista com mais de 25% da empresa em ações pretende vender suas aplicações mediante uma oferta de um terceiro, os acionistas não-vendedores podem incluir seus títulos na venda em uma base *pró-rata*.
Direitos de *drag along*:	Se detentores de participações que, no valor total, representem 50% ou mais da empresa decidem vendê-la mediante alienação de ativos, cessão de participações, fusão ou outros meios, esses membros podem convencer os demais a concordar com a venda e dela participar.
Direito de preferência (na subscrição):	Todos os titulares de *Units* devem ter o direito *pro rata* de participar dos financiamentos subseqüentes de ações da empresa, sujeitos à exclusão habitual.

PARTE 7

Análise de táticas financeiras, leases, opções e moeda estrangeira

CASO 35

Especulação verde-e-amarela: operações cambiais e governança corporativa

A crise dos *subprimes* ocorrida nos Estados Unidos em julho de 2007 foi o estopim de uma crise financeira e econômica que ocorreu em 2008, de proporções jamais vistas desde a crise de 1929, que também afetou a economia global. A crise de 2008 afetou instituições financeiras no mundo, reduziu drasticamente a liquidez do mercado e, conseqüentemente, a oferta de crédito para as empresas. Mas também ampliou enormemente a volatilidade do mercado, principalmente nos fatores de risco como câmbio, taxa de juros, preços de *commodities*, entre outros.

No Brasil, o dólar comercial de venda vinha seguindo uma trajetória descendente desde 22 de outubro de 2002, quando era cotado a 3,9552 R$/US$, e atingiu em 1º de agosto de 2008 a cotação de 1,5593 R$/US$ (conforme dados do Banco Central do Brasil). Porém, com a grande saída de dólares do mercado brasileiro por conta dos investidores internacionais, que precisavam aumentar sua liquidez em razão das perdas que tiveram nos seus países, além do crescente medo de uma recessão mundial, o real foi desvalorizado fortemente em pouco tempo; 17,1% somente no mês de setembro de 2008, 10,5% no mês de outubro e 35% no período de agosto a outubro de 2008.

Isso fez que o final do terceiro trimestre de 2008 trouxesse à tona o que pode ser considerado um dos maiores desastres corporativos do mercado brasileiro. Uma série de operações com derivativos cambiais causou perdas próximas a R$ 5 bilhões para um conjunto de centenas de empresas brasileiras de grande e médio portes. Algo tão inusitado que não pode ser previsto por economistas e especialistas do ramo e que não estava associado à recessão global que se anunciava na época.

Os primeiros reflexos dessa crise "verde-e-amarela", proveniente de operações cambiais consideradas por alguns como especulativas, foram as reestruturações organizacionais, as demissões de executivos, os cortes de planos de investimentos, as revisões de procedimentos de gestão de riscos e os questionamentos das práticas comerciais dos bancos.

A crise dos *subprimes*

Em julho de 2007, veio a público o estopim de uma das maiores crises econômico-financeiras dos séculos XX e XXI, que ficou conhecida como crise dos *subprimes*. Essa crise foi

Este caso foi preparado por Ricardo Ratner Rochman, mestre e doutor em Administração de Empresas pela Fundação Getúlio Vargas – SP, professor da graduação e da pós-graduação da FGV – SP.

batizada em homenagem aos compradores de imóveis nos Estados Unidos, que eram considerados de alto risco pelas instituições financeiras e, por isso, tinham de pagar altas taxas de juros nas suas hipotecas, que ficavam abaixo do nível "*prime*" dos "bons" devedores.

Apesar de os *subprimes* não serem inicialmente mercado-alvo dos bancos comerciais dos Estados Unidos, a baixa remuneração das taxas de juros (Federal Funds Rate) no período após o ataque terrorista de 11 de setembro de 2001, levou as instituições financeiras a se voltarem para o mercado *subprime* de alto risco, em busca de melhores retornos para os seus investimentos. Com o apoio da engenharia financeira, que permitiu aos bancos comerciais venderem suas carteiras de hipotecas *subprimes* por meio de derivativos, como os Collaterized Mortgage Obligations (CMO), dentre outros, o ambiente ficou propício para o crescimento do mercado *subprime*.

No entanto, com o aquecimento da economia global, impulsionado pela China, Índia, Brasil e por outros países emergentes, os preços das *commodities* agrícolas e de metais subiram de modo exponencial, criando uma forte pressão inflacionária que levou o *Federal Reserve* dos Estados Unidos e boa parte dos países a elevarem suas taxas de juros. Esse aumento das taxas de juros norte-americanas, no período de 2003 a 2006, fez as prestações das hipotecas dos *subprimes* ficarem muito altas, levando os devedores à inadimplência e a devolverem suas casas aos bancos. A inadimplência chegou a um nível tão alto que os derivativos lastreados nas hipotecas deixaram de honrar os compromissos com seus investidores, que culminou com a crise em julho de 2007. A partir daí, a exposição dos bancos com hipotecas de alto risco, estimada em mais de US$ 1,2 trilhão, apareceu na forma de prejuízos bilionários nos balanços das instituições financeiras.

Em razão da pequena transparência das operações dos bancos nos Estados Unidos, percebida pelos resultados da crise dos *subprimes*, instaurou-se no início de 2008 uma crise de confiança bancária que piorou drasticamente quando o presidente do *Federal Reserve*, o senhor Ben Bernanke, negou ajuda ao banco de investimento Lehman Brothers em junho de 2008, levando o banco a pedir concordata no início de setembro de 2008. Por isso, os bancos pararam de emprestar dinheiro uns para os outros no mercado interbancário, causando uma seca no mercado de crédito e o desaquecimento da economia global, apesar de até dezembro de 2008 os países já terem lançado pacotes de auxílio no montante aproximado de US$ 3 trilhões.

Durante esse período, os investidores estrangeiros começaram a vender os bons ativos que possuíam nos mercados emergentes para cobrir seus prejuízos, o que resultou em uma grande saída de dólares da economia brasileira e um grande aumento da cotação do R$/US$ a partir de setembro de 2008 (**Anexo 2**).

Derivativos e expectativa cambial das empresas brasileiras

O uso de derivativos no mercado brasileiro é bastante difundido entre as empresas, sendo que no mercado padronizado representado pela BM&F (uma das dez maiores bolsas de derivativos do mundo), em 2008, o dólar comercial futuro (segundo contrato mais negociado na bolsa) encerrou o ano com 87,4 milhões de contratos negociados, acima dos 84,7 milhões registrados em 2007. O mercado de balcão, representado em sua maioria pelos bancos, possui uma expressividade tão grande quanto o padronizado, principalmente por oferecer operações estruturadas e derivativos exóticos não disponíveis na bolsa e comumente atrelados a transações de empréstimos e financiamentos.

A moeda nacional, o real, vinha em forte ritmo de valorização em relação ao dólar, conforme pode ser visto no **Anexo 2**, chegando o câmbio a patamares tão baixos quanto os observados no início do Plano Real, em 1994. As receitas em dólar valiam cada vez menos em reais por causa do câmbio, e o cenário projetado pela grande maioria dos bancos e bancos de investimento previa um real ainda mais valorizado para o futuro próximo (final de 2008), principalmente após o Brasil ter recebido o selo de *investment grade* por duas das principais agências de *rating* (Standard & Poors e Fitch) no início de 2008, fato que levou muitos a acreditarem que o fluxo de investimentos para o país aumentaria mais ainda, fortalecendo a cotação do real em relação ao dólar. Muitas empresas brasileiras exportadoras procuraram operações com derivativos para aumentar as suas receitas financeiras e compensar o prejuízo do baixo valor do câmbio.

No entanto, em meados de setembro de 2008, uma série de indicadores demonstrava um cenário de recessão nos Estados Unidos, na Europa e no Japão. Algumas das principais instituições financeiras mundiais estavam em dificuldade, e empresas até então consideradas sólidas entraram em processo de falência, como as grandes montadoras de automóveis GM, Chrysler e Ford. O cenário de incertezas aumentou drasticamente a aversão a risco dos investidores, e o quadro cambial mudou bruscamente. Em poucos dias, o dólar teve altas históricas e, do patamar em que estava (R$ 1,59 por US$ 1,00), passou a R$ 1,95 por dólar, chegando a R$ 2,40 em meados de novembro de 2008.

Esse cenário expôs as operações de *hedge* realizadas por diversas empresas não-financeiras brasileiras e causaram perdas estimadas em R$ 5 bilhões até o final de 2008. Acreditando que o real continuaria se valorizando, conforme o cenário traçado por elas mesmas e pelos bancos, ou, no mínimo, que haveria pouca volatilidade no câmbio – e incentivadas pelo pouco controle de suas atividades –, as áreas financeiras das empresas realizaram operações denominadas *target forward*, *swaps* com limitador (também conhecidos como *swaps* com verificação) e operações biindexadas, que foram oferecidas em grandes quantidades pelas tesourarias de bancos e bancos de investimento, em alguns casos em troca de menores taxas de juros para as dívidas contraídas pelas empresas.

O *target forward*

O grande atrativo das operações de *target forward* era o de permitir que as empresas vendessem dólar futuro acima do preço estabelecido pelo mercado. Além disso, essas operações eram montadas para que não gerassem nenhum custo para as empresas, além de em diversos casos serem oferecidas pelos bancos como "vendas casadas", em que as taxas de juros cobradas diminuiriam se o produto também fosse adquirido.

A operação de *target forward* era construída utilizando o dólar comercial de venda como ativo-objeto das opções e derivativos, da seguinte forma:

- O comprador da operação comprava uma opção de venda de dólar (*put*) *in-the-money* (dentro do dinheiro, isto é, com preço atual do ativo-objeto menor que o preço de exercício) por determinado preço de exercício;
- O comprador vendia duas (ou mais) opções de compra (*call*) *out-of-the-money* (fora-do-dinheiro, isto é, com preço atual do ativo-objeto maior que o preço de exercício) com o mesmo preço de exercício da opção de venda acima.

Para ilustrar a operação, basta imaginar que o dólar no mercado à vista esteja cotado a 1,60 R$/US$ e essas opções envolvidas na operação tenham como preço de exercício o dólar a 1,70 R$/US$, e o montante negociado seja um valor nacional de US$ 100 milhões. Caso o dólar não suba muito (até 1,69 R$/US$) ou, ainda, não caia muito (até 1,51 R$/US$, por exemplo), a empresa exerceria sua opção de venda a 1,70 R$/US$ e não seria exercida nas opções de compra por sua contraparte. Isso geraria bons lucros.

Entretanto, se a volatilidade fosse alta e o dólar se valorizasse a 1,90 R$/US$, por exemplo, a opção de venda da empresa expiraria sem ser exercida, mas a contraparte exerceria suas duas opções de compra e a empresa teria de fazer duas vendas de dólar a 1,70 R$/US$ (0,20 R$/US$ abaixo do preço de mercado). Assim, a empresa teria um prejuízo de R$ 40 milhões para cada mês que isso ocorresse.

Esse tipo de operação tem lucros limitados e perdas ilimitadas, sendo que, a partir do valor à vista do dólar em que as perdas se iniciam, cada centavo a mais de diferença leva a dois centavos perdidos (ou mais, dependendo do número de *calls* vendidas), e assim sucessivamente, conforme mostra o **Anexo 3**.

O *swap* com limitador

Os contratos de *swap* cambiais convencionais são operações de assunção recíproca de obrigações, mediante troca de posições financeiras, que substituem a remuneração de seus passivos lastreados à variação da moeda estrangeira por reais atualizados pelo CDI ou por juros pré-fixados.

Além dos *swaps* convencionais, no mercado brasileiro tornou-se comum os bancos oferecerem *swaps* com limitador ou *swaps* com verificação cambial, juntamente de empréstimos. Nas operações de *swaps* com limitador, a empresa troca a variação do dólar por uma taxa pré-fixada ou um percentual do CDI (normalmente inferior a 100% do CDI), mas continua assumindo uma parte da variação cambial acima de determinados limites, também conhecidos como "*strikes*" ou câmbio de verificação, que são fixados no início do contrato de *swap*.

Essa operação seria muito interessante para as empresas principalmente se a taxa de câmbio permanecesse abaixo do câmbio de verificação. Com a queda contínua da cotação do real em relação ao dólar, centenas de empresas exportadoras não contrataram essa operação.

Governança corporativa

Muitas das empresas brasileiras que perderam centenas de milhões ou bilhões de reais eram pertencentes aos níveis diferenciados de governança corporativa instituídos pela Bovespa em 2000, com o propósito de aumentar a transparência para os investidores. O **Anexo 4** apresenta o resumo das exigências para as empresas participarem dos níveis diferenciados de governança. Segundo o Instituto Brasileiro de Governança Corporativa (IBGC):

"Governança corporativa são as práticas e os relacionamentos entre os acionistas/cotistas, o Conselho de Administração, a diretoria, auditoria independente e o Conselho Fiscal, com a finalidade de otimizar o desempenho da empresa e facilitar o acesso ao capital." Além disso, a expressão é designada para abranger os "assuntos relativos ao poder de controle e direção de uma empresa, bem como as diferentes formas e esferas de seu exercício e os diversos interesses que, de alguma forma, estão ligados à vida das sociedades comerciais".

Algumas dessas empresas também possuem ADRs (American Depositary Receipts) e, por isso, têm de se sujeitar ao Sarbanes-Oxley Act de 2002 dos Estados Unidos. Um processo de gestão de riscos é algo exigido das empresas que devem atender ao Sarbanes-Oxley Act, e o COSO (Committee of Sponsoring Organizations of the Treadway Commission) é um dos padrões de controles internos e de gestão de riscos recomendados pela SEC.

O COSO (Comitê das Organizações Patrocinadoras) é uma entidade sem fins lucrativos dedicada à melhoria dos relatórios financeiros por intermédio da ética, da efetividade dos controles internos e da governança corporativa. O comitê define o gerenciamento de risco empresarial como sendo um processo realizado por um comitê diretivo de uma empresa, suas gerências e seus funcionários, incluído na estratégia que permeia toda a empresa, desenhado para identificar eventos que possam, potencialmente, afetar seu desempenho, a fim de monitorar os riscos e assegurar que estejam compatíveis com a propensão ao risco estabelecida, permitindo prover o alcance dos objetivos, com razoável segurança.

Apesar de terem acesso ou de serem obrigadas a seguir as práticas contemporâneas de governança corporativa e de gestão de riscos, grandes multinacionais brasileiras exportadoras foram as primeiras a sofrer perdas com as operações de *target forward* e *swaps* com limitador. A primeira reação dessas empresas foi demitir executivos financeiros, acusando-os de não comunicar ao conselho de administração os riscos das operações ou superar os limites de exposição indicados pelo conselho.

Próximos passos

Além das perdas já registradas, as empresas brasileiras ainda enfrentavam a ameaça de processos judiciais tanto no Brasil quanto nos Estados Unidos, que teriam como principal alegação a suspeita de a empresa ter inflado artificialmente os valores de suas ações. Também elas se viram às voltas de uma grande tensão por causa de indicadores que mostravam uma tendência de recessão global.

Outro grande problema que surgia era a caracterização das operações com os derivativos, pois, se fossem consideradas como transações especulativas, não haveria a possibilidade de compensar o prejuízo dessas operações da base de cálculo do imposto, ou seja, seria uma situação em que se paga imposto pelas perdas incorridas. De acordo com a legislação brasileira, a compensação de prejuízos só ocorre com operações de *hedge*, e para isso é necessário comprovar a correlação entre os derivativos contratados e os ativos ou passivos protegidos.

Essa crise levantou uma série de perguntas aos acionistas e gestores das empresas brasileiras: Como essa crise pode ter afetado tantas empresas brasileiras de grande porte? O que o conselho de administração e direção executiva das empresas deveria ter feito para evitar essa situação? Essas operações são de proteção (*hedge*) ou especulativas? As empresas deveriam engendrar em operações especulativas? Como a estrutura de governança das empresas influenciou essa crise cambial? Qual é o papel e a responsabilidade dos bancos que ofereceram os derivativos nessa crise cambial brasileira? E da tesouraria e da área financeira de empresas?

ANEXO 1 | Gráfico da Federal Funds Rate (porcentagem anual) dos Estados Unidos de 2001 a 2008

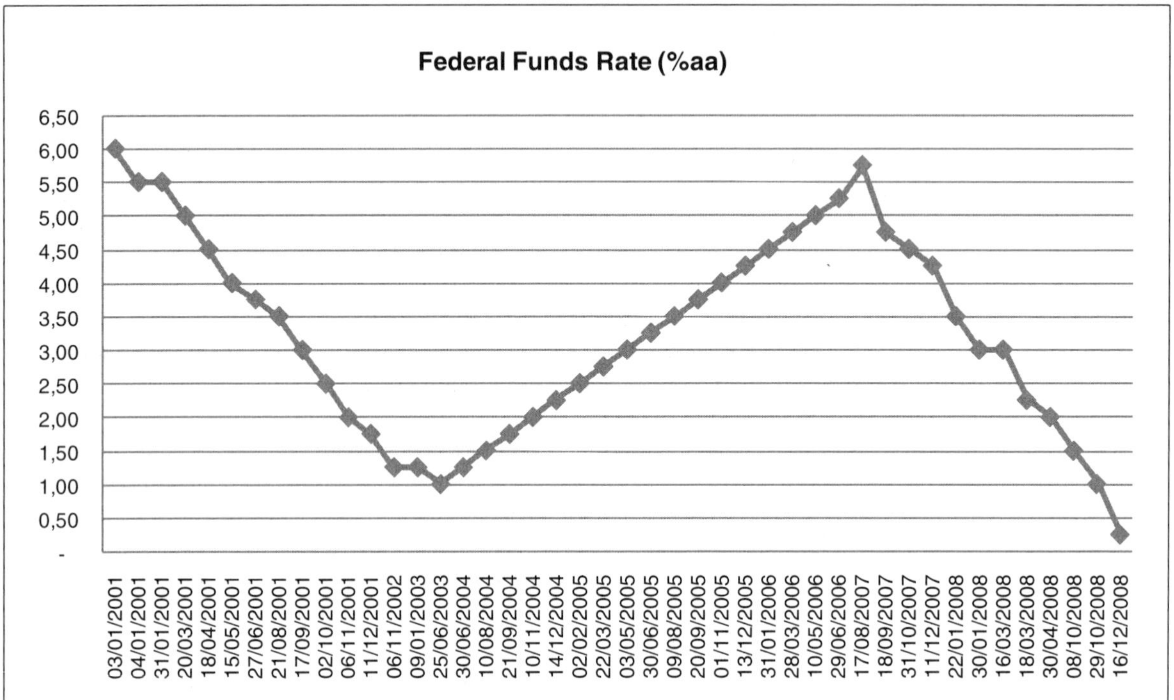

Fonte: Federal Reserve Bank of New York (http://www.newyorkfed.org/).

ANEXO 2 | Gráfico do dólar comercial de venda (R$/US$) de 2002 a 2008

Fonte: Banco Central do Brasil (http://www.bcb.gov.br).

ANEXO 3 | Exemplo dos ganhos de uma operação de *target forward* (1 *put* e 2 *calls*)

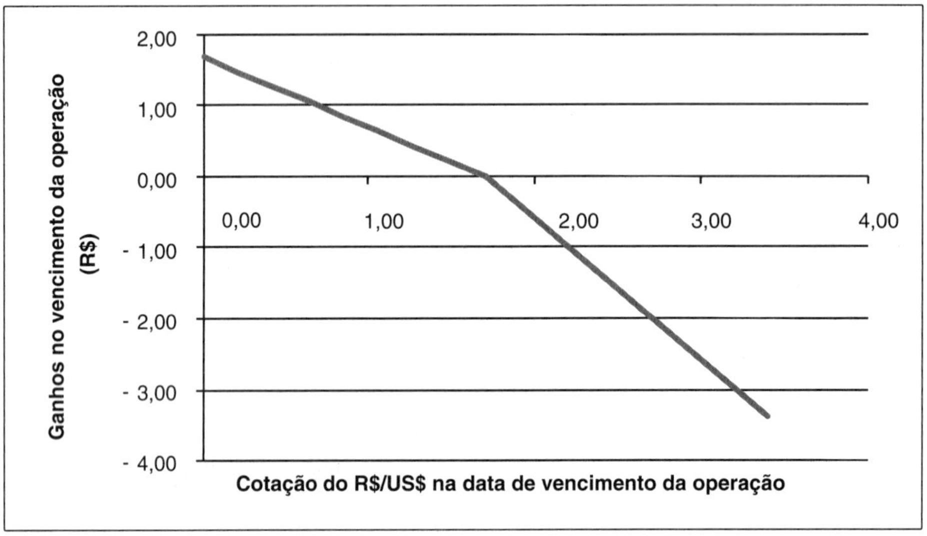

Fonte: Autor do caso.

ANEXO 4 | Exigências para os níveis diferenciados de governança da Bovespa

Nível de Gov. Corp.			Requerimentos de práticas de governança corporativa exigidas pela Bovespa
Novo mercado		Nível 1	*Free Float* mínimo de 25% do capital
			Realização de ofertas públicas de ações favorecendo a dispersão do capital
			Regras de *Disclosure* em operações envolvendo ativos da empresa
			Divulgação de acordo de acionistas e programas de *stock options*
			Disponibilização de um calendário anual de eventos corporativos
			Obrigação de todos os administradores de assinarem o termo de anuência da Bovespa
	Nível 2		Balanço anual seguindo as normas da USGAAP ou IASGAAP
			Adesão às regras de Câmara de Arbitragem para resolução de conflitos societários
			Mandato unificado de um ano para o Conselho de Administração
			Oferta pública de compra de todas as ações em circulação, pelo valor econômico, em caso de fechamento do capital ou cancelamento do registro no nível 2
			Direito de voto aos preferencialistas nas seguintes matérias: transformação, incorporação, cisão/fusão, aprovação de contrato com as subsidiárias
			Tag along de 100% aos ordinaristas minoritários e de 70% do valor para os preferencialistas
			Emissão apenas de ações ordinárias e/ou conversão das ações preferenciais em ordinárias

Fonte: Bovespa (http://www.bovespa.com.br).

CASO 36

Carrefour S.A.

No verão de 2002, com vendas totais de € 53,9 bilhões em mais de 5.200 lojas, o Carrefour S.A. era a maior rede varejista da Europa. Nos últimos quatro anos, o crescimento da sua empresa ocorreu fora da França e incluiu muitas e grandes aquisições. No passado, sua administração financiou o crescimento da empresa por meio de títulos denominados em moeda das operações negociadas. Seus bancos de investimentos, Morgan Stanley e UBS Warburg, entretanto, recentemente sugeriram que o Carrefour considerasse um empréstimo em libras esterlinas para aproveitar uma oportunidade de empréstimo nessa moeda. Com um financiamento de dívida requerido na ordem dos € 750 milhões, a emissão de *bonds* poderia ser uma das maiores para o Carrefour. Em agosto de 2002, os bancos de investimentos esperavam que os *bonds* de dez anos da empresa fossem precificados a uma taxa de *coupon* de 5 ¼ em euros, 5 ⅜ em libras esterlinas, 3 ⅝ em francos suíços ou 5 ½ em dólares.

Carrefour S.A.

Em 1963, o Carrefour mudou o mundo do varejo com a introdução do conceito de "hipermercado" na pequena cidade francesa de Sainte-Geneviève-des-Bois, a sudeste de Paris. Esse formato combinava supermercado, farmácia, loja de descontos e posto de combustível em um centro massivo de compras no estilo *megastore*. A loja original tinha um espaço de 2.500 m^2 para vendas de varejo, 12 caixas e 400 vagas no estacionamento. A empresa expandiu rapidamente pela França e além, abrindo sua primeira loja fora, na Bélgica, em 1969, e fora da Europa, no Brasil, em 1975. Além desse forte crescimento orgânico, o Carrefour buscou aquisições seletivas, incluindo notáveis fusões com as empresas Euromarche e Montlaur em 1991, e Promodes, em 1999. O **Quadro 1** apresenta a história do portfólio de lojas da marca Carrefour de 1992 a 2001.

A empresa era lucrativa em todas as principais regiões onde operava. Em 2001, ela gerou lucros operacionais de € 2,8 bilhões em um total de vendas líquidas de € 69,5 bilhões. Desse lucro, 5% originavam-se da Ásia, 2% vinham da América Latina e 26%, da Europa

---

Este caso foi preparado pelo professor Michael J. Schill. Ele baseia-se exclusivamente em fontes públicas e contém material fictício. Foi escrito para ser a base de debates em sala de aula, e não para ilustrar métodos eficazes ou ineficazes de manejo em situações administrativas.

– com exceção da França –, sendo que o restante dos lucros era oriundo das operações francesas. A classificação das vendas regionais era de 7% da Ásia, 12% da América Latina e 32% da Europa fora da França. Para o Carrefour, 2001 foi o primeiro ano em que as vendas totais fora da França excederam as vendas totais domésticas; ele era o maior varejista da França, Bélgica, Grécia e Espanha. O **Quadro 2** detalha o relatório financeiro consolidado.

A empresa esperava manter essa trajetória de expansão. O chefe-executivo do Carrefour, Daniel Bernard, manifestou sua expectativa de que, em 2002, a empresa cresceria 5% em vendas a taxas de câmbio constantes, e com um crescimento recorrente do lucro líquido na faixa dos 10% e 15%. Ele definiu que a empresa continuava ampliando a participação no mercado na maioria dos países em que operava, notavelmente na Itália, na Bélgica, no Brasil e na Argentina. O Carrefour reinaugurou sua expansão na China, com a abertura de uma loja em Chengdu em junho.[1]

Política financeira do Carrefour

Em cada país, o Carrefour operava principalmente a partir da economia local ao comprar e vender produtos. A exposição à moeda estrangeira em bens importados era geralmente casada em contratos de *currency-forward.*

Em 2001, os empréstimos totais do Carrefour somavam € 13,5 bilhões, dos quais € 6,4 bilhões eram em *bonds* públicos. Sua dívida era denominada em muitas moedas. O **Quadro 3** detalha a recente composição dos empréstimos do Carrefour por moeda. Empréstimos em moeda estrangeira geralmente eram protegidos com a condição de que 97% da dívida total fosse em euros.

Oportunidades do mercado atual

Conforme a administração do Carrefour considerava a decisão da denominação dos *bonds*, ela também considerava no ambiente a inflação atual, a taxa de juros e a taxa de câmbio.[2] Nos últimos três anos, o rendimento dos *bonds* de longo prazo caiu em todas as quatro moedas. A taxa de juros do franco suíço, no entanto, mantinha consistentemente o menor valor. A decisão também dependia, nos futuros movimentos, das taxas de câmbio. Nos últimos cinco anos, o euro depreciou em comparação à maioria das principais moedas. Se essa tendência se mantivesse, pagar dívidas de moedas estrangeiras com o fluxo de caixa em euro poderia ficar cada vez mais dispendioso. Os **Quadros 4**, **5** e **6** fornecem informações sobre as tendências da inflação, *benchamark* dos rendimentos para *bonds* públicos e taxas de câmbio em várias moedas. Os **Quadros 7** e **8** fornecem informações sobre as taxas de câmbio à vista e a curva da taxa de rendimento.

[1]Carrefour S.A., notícia publicada em 13 de junho de 2002.

[2]Em virtude de os *bonds* serem oferecidos no mercado de eurobonds, eles estavam sujeitos a semelhantes custos de emissão, liquidez e especificações concernentes à denominação da moeda. Eurobonds sempre seguiam uma convenção anual do *coupon*.

QUADRO 1 | Número total de lojas consolidadas

	1992	1993	1994	1995	1996	1997	1998	1999	2000	2001
França	485	546	828	840	761	805	1.256	1.703	1.726	1.295
Espanha	40	43	46	50	53	56	58	1.858	1.939	1.952
Portugal	2	2	2	2	2	3	4	278	277	281
Itália	0	1	6	5	6	6	6	52	413	305
Turquia	0	1	1	1	1	2	2	14	46	99
Polônia						1	3	13	23	60
República Tcheca								3	6	9
Eslováquia									2	2
Bélgica										129
Suíça										8
Grécia								146	323	338
Argentina	6	7	9	12	15	18	21	128	361	400
Brasil	28	29	33	38	44	49	59	152	189	222
México			2	7	13	17	19	17	18	19
Chile							1	2	3	4
Colômbia							1	2	3	5
Estados Unidos	2									
Taiwan	5	7	8	10	13	17	21	23	24	26
Malásia			1	1	2	3	5	6	6	6
China				2	3	7	14	20	24	24
Coréia					3	3	6	12	20	22
Indonésia							1	5	7	8
Singapura						1	1	1	1	1
Hong Kong					1	2	4	4		
Tailândia					2	6	7	9	11	15
Japão									1	3
Total	568	636	936	968	919	996	1.489	4.448	5.423	5.233

Fonte: Relatório Anual Carrefour S.A., 2001.

QUADRO 2 | Demonstrativos financeiros (em milhões de euros)

	2001	2000
Vendas, livres de impostos	69.486	64.802
Custo de vendas	53.875	49.920
Despesas de vendas, gerais e administrativas	11.729	11.236
Outros lucros	645	763
Depreciação	1.702	1.685
EBIT	2.826	2.725
Despesas de juros	646	707
Imposto de renda	586	650
Lucro líquido sobre as operações	1.594	1.369
Ativos fixos	26.561	27.840
Estoques	5.909	5.716
Recebíveis de clientes e fornecedores	2.946	3.146
Outros recebíveis	3.258	4.387
Caixa e títulos negociáveis	4.797	2.941
Ativos totais	43.470	44.031
Patrimônio líquido	8.192	8.932
Provisão para dívidas de longo prazo	2.027	1.772
Empréstimos	13.471	13.949
Contas a pagar e outras dívidas	19.781	19.377
Dívidas totais e patrimônio líquido	43.470	44.031

QUADRO 3 | Distribuição de empréstimos por moeda (em milhões de euros)

	2001	2000
Euro	12.267	12.201
Iene japonês	342	90
Dólar americano	110	115
Peso argentino	238	903
Franco suíço	191	161
Coroa norueguesa	61	61
Lira turca	49	65
Yuan chinês	39	28
Real brasileiro	35	143
Ringgit malasiano	29	70
Peso colombiano	26	7
Dólar tailandês	25	71
Won coreano	15	30
Outras	15	3
Total	13.471	13.949

Fonte: Documentos da companhia.

QUADRO 4 | Tendências nas taxas inflacionárias

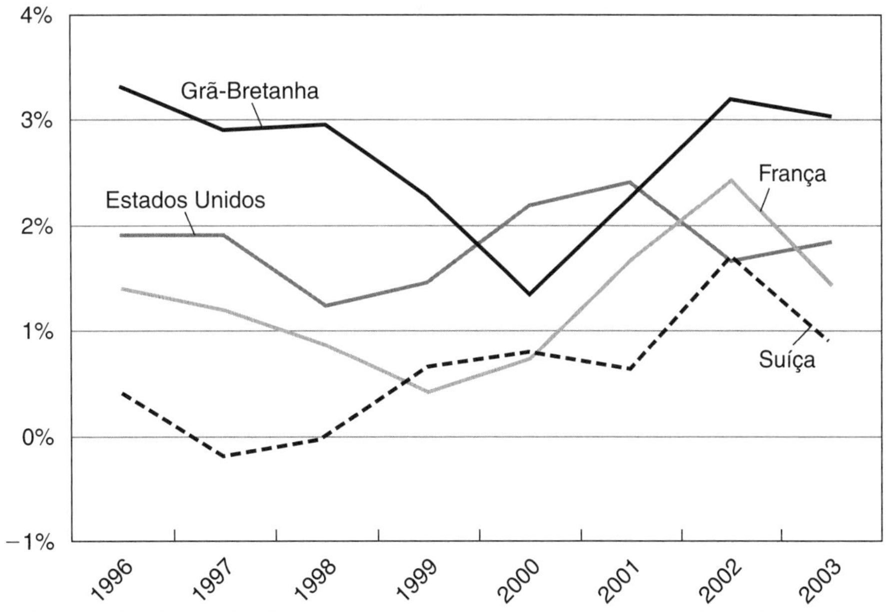

Fonte: Datastream.

QUADRO 5 | Tendências para os próximos dez anos dos *bonds* do governo

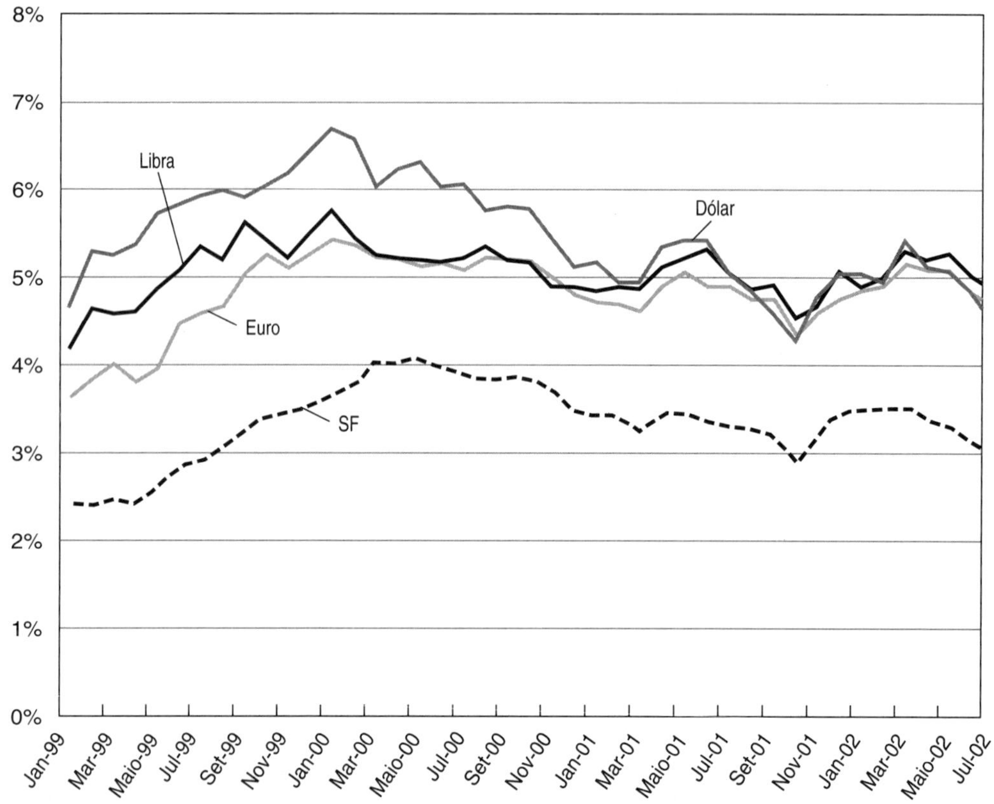

Fonte: Datastream.

QUADRO 6 | Tendências nas cotações à vista das principais moedas estrangeiras

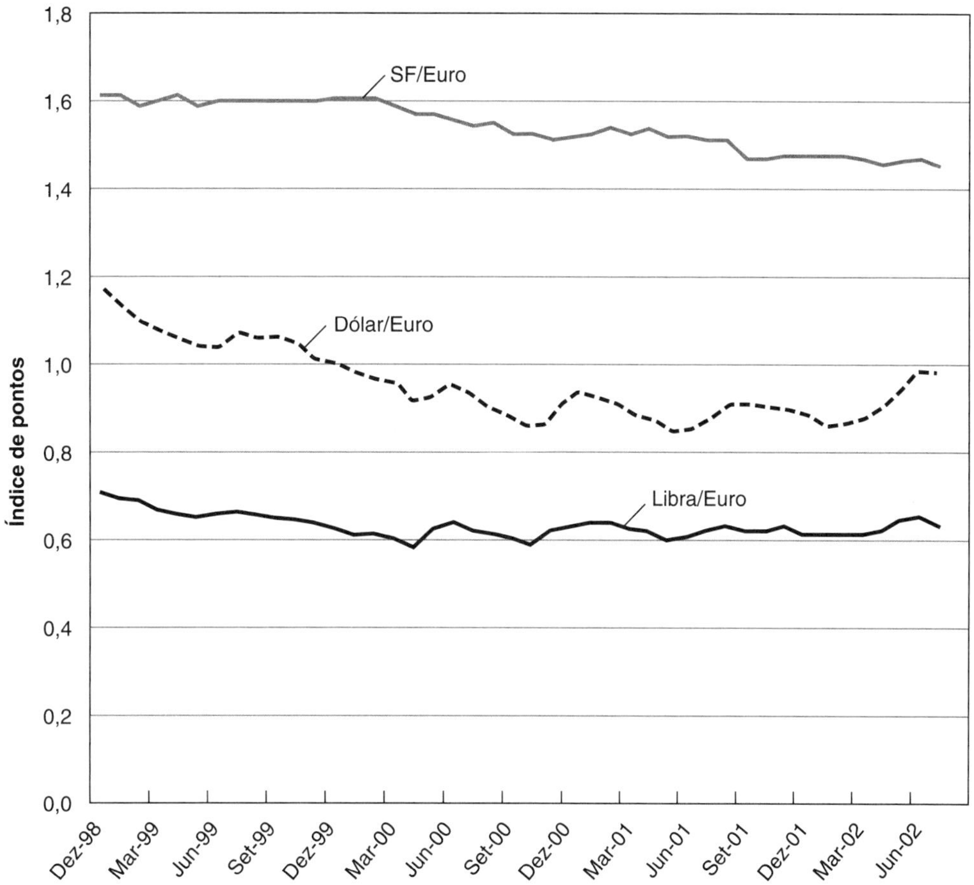

Fonte: Datastream.

QUADRO 7 | Taxas de câmbio cruzadas (valores à vista, 31 de julho de 2002)

Linha moeda/ Coluna moeda	Euro	Libra esterlina	Franco suíço	Dólar americano
Euro	1,000	1,593	0,688	1,020
Libra esterlina	0,628	1,000	0,432	0,640
Franco suíço	1,453	2,315	1,000	1,482
Dólar americano	0,980	1,562	0,675	1,000

Fonte: Datastream.

QUADRO 8 | Taxas livres de risco por denominação nas moedas[1]

Vencimento	Euro	Libra esterlina	Franco suíço	Dólar americano
1 ano	3,514%	4,258%	1,125%	2,099%
2 anos	3,816	4,622	1,713	2,767
3 anos	4,110	4,910	2,172	3,432
4 anos	4,342	5,088	2,498	3,922
5 anos	4,530	5,190	2,743	4,308
6 anos	4,688	5,249	2,948	4,619
7 anos	4,819	5,292	3,120	4,873
8 anos	4,928	5,331	3,267	5,081
9 anos	5,017	5,358	3,394	5,264
10 anos	5,087	5,374	3,499	5,413

[1]Taxas iguais à taxa de *swap* da curva fixa zero para flutuante.

Fonte: Datastream.

CASO 37

National Railroad Passenger Corporation ("Amtrak"): financiamento da Acela

Em 30 de abril de 1999, Arlene Friner, chefe-executiva da Amtrak, instruiu sua equipe da tesouraria a rever uma proposta de arrendamento alavancado da BNY Capital Funding LLC (BNYCF). Muitas semanas antes, a Amtrak e a consultoria Babcock & Brown Financial Corporation convidaram instituições financeiras a submeterem propostas de arrendamento para a compra de locomotivas e trens de alto desempenho, planejado pela Amtrak.[1] O equipamento deveria ser utilizado na linha "Acela", nova marca da Amtrak, projetada para diferenciar os passageiros que eram clientes da Amtrak e o serviço oferecido no Corredor Nordeste do serviço lá existente.[2] A Acela, que deveria iniciar as operações no final de 1999, firmou o compromisso de oferecer períodos mais curtos de viagem e atendimento *premium* (**Quadro 1**).

O passado da empresa

Em 1970, o Congresso dos Estados Unidos criou uma empresa nacional, a Amtrak (National Railroad Passenger Corporation), para garantir que "o serviço oferecido aos passageiros viajantes intermunicipais de trem fosse moderno e eficiente como parte integrante

---

[1]Um trem de viagem consiste de um vagão-leito de primeira classe, um vagão-bistrô, um vagão-leito final e dois vagões de tração.

[2]Memorando de Babcock e Brown, 1.

Este caso foi preparado por Jessica Chan, sob a supervisão de Robert F. Brunner. O autor agradece a Lisa Levine da Equipment Leasing and Finance Foundation, Dennis Neumann e Barbara Dering, da BNY Capital Funding LLC, e Raj Srinath, da Amtrak. O apoio financeiro do Batten Institute foi recebido com gratidão. Ele foi escrito para ser base de discussões em sala de aula e não para ilustrar situações de desempenho administrativo eficazes ou ineficazes.

do sistema de transporte nacional".[3] O governo ordenou a Amtrak a assumir as operações de serviços a passageiros em ferrovias privadas. Desde então, a empresa tornou-se a principal fornecedora de serviços ferroviários a passageiros dos Estados Unidos. A rede nacional da Amtrak fornece serviços a mais de 20 milhões de usuários intermunicipais e opera 516 estações em 44 estados.

Historicamente, a empresa recebeu subsídios anuais do governo federal. No entanto, em 1997, o Congresso licenciou o Amtrak Reform and Accountability Act (ARAA), que estipulou a eliminação de sua dependência de subsídios federais a partir de 2002. Após 2002, nenhum fundo federal poderia ser utilizado nas despesas operacionais da Amtrak. Isso representou um desafio formidável, uma vez que a empresa nunca fora lucrativa em sua história, que já contava 30 anos. (Veja nos **Quadros 2** e **3** os demonstrativos de resultados mais antigos e o seu último balanço patrimonial.) Assim, para alcançar a meta do Congresso pela auto-suficiência a partir de 2002, a Amtrak desenvolveu um novo e radical plano de negócios, a peça-chave sobre a qual as operações com trens de alta velocidade foram projetadas para obter lucros líquidos anuais de US$ 180 milhões a partir do ano fiscal de 2002.[4]

Acela

No Corredor Nordeste, que serve rotas de Virgínia a Maine,[5] a Amtrak criou a nova marca "Acela", para seus novos serviços de ferrovias de alta velocidade:

> Acela foi criada para oferecer mais do que trens de alta velocidade – é uma marca que representa uma nova forma de fazer negócios. Ela foi criada para levar alta velocidade e alta qualidade aos passageiros do Corredor Nordeste. Os serviços da Acela oferecerão períodos mais curtos de viagem, conforto e um serviço altamente personalizado. Acela é o último e o mais forte passo da Amtrak para tornar seus serviços ferroviários um serviço *premium*, mais customizado e direcionado a finalidades comerciais.[6]

Os trens da Acela, projetados para operarem a 150 MPH (241,35 km/h), prometeram reduzir significativamente o tempo de viagem. Por enquanto, a viagem de Washington, D.C., a Boston, que normalmente leva 7 horas e 30 minutos, levaria 5 horas e 50 minutos nos trens de alta velocidade.[7] Os primeiros trens de alta velocidade, Acela Express, tiveram início de suas atividades no fim de 1999, em uma viagem inaugural entre as cidades de Nova York e Boston, enquanto o ramal Nova York–Washington seria adicionado em um ano. No outono de 2000 era esperado que todo o serviço de alta velocidade já estivesse completo.

---

[3]Executive Summary: 1999 Assessment of Amtrak's Financial Needs em 2002.

[4]Ano fiscal da Amtrak, encerrado em 30 de setembro.

[5]A Amtrak foi organizada de acordo com três unidades de negócios estratégicos (SBUs): Amtrak Northeast Corridor, Amtrak Intercity e Amtrak West. O Corredor Nordeste incluía todas as rotas do nordeste, da Virgínia até Maine; a Amtrak West incluía as rotas da costa oeste, da Califórnia até a Pacific Northwest, e se extendia até Vancouver, British Columbia. A Amtrak Intercity era o sistema restante, ao longo da região central do país.

[6]Memorando de Babcock e Brown, 3.

[7]Informação fornecida por Raj Srinath, diretor sênior de finanças corporativas da Amtrak.

O equipamento

Para operar a Acela Regional Service como planejado, a Amtrak precisou adquirir 15 locomotivas elétricas de alta potência e 20 conjuntos de trens de alta velocidade. Cada conjunto consistia de um vagão-leito de primeira classe, um vagão-bistrô, três vagões-leito, um vagão-leito final e dois vagões de tração. O custo total estimado para todo o equipamento foi de aproximadamente US$ 750 milhões:

	Nº	Custo	Custo agregado
Trens de alta velocidade	15	$ 7.161.300	$ 107.419.500
Conjuntos de trens	20	$ 32.129.050	$ 642.581.000
Total			$ 750.000.500

Os conjuntos de trens e locomotivas possuíam vida útil estimada em 25 anos e valores residuais equivalentes a aproximadamente 15% do custo original do equipamento. A Amtrak utilizou uma depreciação linear para propósitos contábeis e MACRS[8] de sete anos para fins de impostos. A Amtrak ficou sujeita a uma taxa de 38% referente ao imposto de renda de pessoa jurídica.

Friner, então, já poderia providenciar financiamento para todo o equipamento referente a seis locomotivas e sete conjuntos de trens, que totalizavam o valor de US$ 267,9 milhões. Esse era o montante (e não US$ 750 milhões) para o qual ela considerava a proposta de arrendamento alavancado da BNYCF.

Opções de financiamento

Três opções estavam disponíveis para a Amtrak utilizar em seu equipamento: (1) tomar emprestado dinheiro para financiar a aquisição; (2) arrendar o equipamento com uma instituição financeira como a BNYCF; ou (3) contar com as fontes federais para empréstimo.

Emprestar e comprar

Um grande banco ofereceu-se para assegurar financiamento à Amtrak, em um prazo de 20 anos, a uma taxa anual de 6,75%. Esse acordo solicitaria da empresa pagamentos semestrais de US$ 12.303 milhões, a iniciar em dezembro de 1999. As locomotivas e os conjuntos de trens serviriam de garantia para o empréstimo. Um membro da equipe da tesouraria sugeriu que uma desvantagem dessa alternativa seria uma dívida recente da Amtrak – assim, o mercado público já estaria em saturação com os títulos da Amtrak.

[8]Modified Accelerated Cost Recovery System. Veja o **Quadro 6** para planejamento de sete anos MACRS.

Arrendamento

A BNYCF propôs uma estrutura de arrendamento com alavancagem[9] para a transação (**Quadro 4**). A BNY Capital Funding LCC, filial integral do Banco de Nova York, atuaria como arrendadora, o que forneceria os fundos de capital necessários para financiar a aquisição. A Export Development Corporation (EDC) do Canadá seria a única a conceder o empréstimo e as responsabilidades, concordando em fornecer 80% dos fundos requeridos. O investidor de capital próprio, a BNYCF, forneceria os 20% restantes e receberia os pagamentos do arrendamento apenas depois de o pagamento da dívida ser realizado.

Os fundos de dívida e de capital no fechamento do negócio correriam pela Wilmington Trust, uma terceirizada independente na transação, que atuaria como uma proprietária-administradora. Os pagamentos do arrendamento também correriam por meio dessa empresa, que distribuiria os pagamentos tanto para a EDC quanto para a BNYCF.

Conforme a proposta de arrendamento, a Amtrak deveria fazer pagamentos semestrais, de acordo com o planejamento apresentado no **Quadro 5**. Ao final do prazo do arrendamento, a empresa poderia comprar o equipamento da BNYCF pelo valor mais alto do período ou pelo valor de mercado.[10] Ela também teria uma outra opção de compra antecipada, pela qual o equipamento poderia ser adquirido da BNYCF em 2017 por US$ 126,6 milhões.

Confiança nas fontes federais

Teoricamente, a Amtrak poderia utilizar dinheiro federal para consolidar as aquisições de equipamentos da Acela. Apesar de o Congresso ordenar que ela não utilizasse subsídios federais para despesas operacionais, foi acordado que o financiamento continuaria ocorrendo para a empresa com fins de apropriações de capital. A aquisição de equipamento para a Acela seria considerada como aquisição de bens do imobilizado e, portanto, valores federais poderiam ser aplicados. Mas Friner e sua equipe consideravam valores federais *commodities* "*premium* e preciosas"; assim, a Amtrak preferiu utilizar esses valores para financiar projetos importantes, que não seriam facilmente financiados, como segurança, direito de passagem ou projetos de infra-estrutura, além das principais inspeções. Os trens da Acela e outros materiais circulantes, no entanto, seriam eficientemente financiados nos mercados de capitais.

Conclusão

Arlene Friner precisava tomar sua decisão logo. O princípio adequado dos serviços da Acela foi crucial à prospecção da Amtrak por auto-suficiência. Ela precisaria providenciar financiamento imediatamente se o equipamento precisasse ser entregue em um momento específico.

---

[9]Havia três tipos comuns de arrendamentos financeiros. Os arrendamentos diretos eram aqueles cujo arrendador adquiria o equipamento ou imobilizado e alugava ao locatário. Em acordos de venda-e-relocação, o locatário já é proprietário do imobilizado, mas vendeu-o ao arrendador e o arrendou de volta. Os arrendamentos com alavancagem eram aqueles nos quais o arrendador emprestava dinheiro para consolidar parte da aquisição de imobilizado, garantindo o contrato de arrendamento como segurança para o empréstimo.

[10]Utilizando informação histórica, a equipe da tesouraria estimou que o desvio-padrão para as flutuações do valor de mercado dos conjuntos de trens e locomotivas era de 25%. O índice livre de risco para 17 anos em geral se mantinha a 5,78%. A equipe também calculou o WACC da Amtrak para 11,8%.

QUADRO 1 | Sobre a Acela

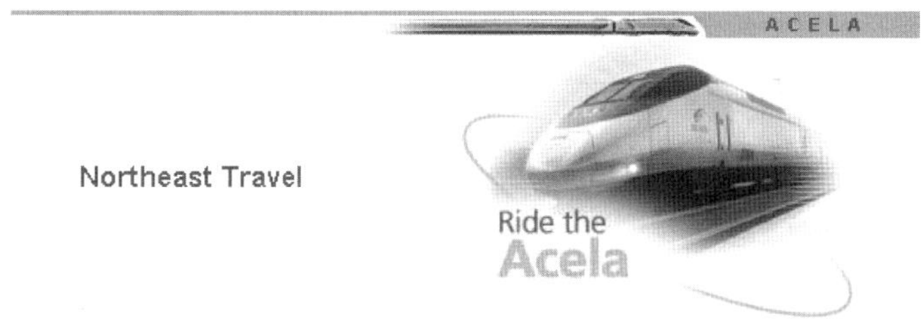

Novo serviço world-class promovido pela Amtrak

Acela[SM], união dos termos "aceleração" e "excelência".
Acela [SM] (pronuncia-se como se escreve) representa o compromisso da Amtrak® com a excelência. Para o melhor em sua viagem em cada etapa – desde a maior rapidez e eficiência nos sistemas de reservas até novas e renovadas estações e serviços de bordo com qualidade *premium*. Acela Express[SM] é o nome dos novos trens de alta velocidade que você confere na linha Nordeste neste ano.

Mas Acela significa mais do que trens rápidos. É a garantia de tecnologia de ponta e conforto superior e moderno. Com três níveis de serviços – Express, Regional e Usuário diário – Acela oferece um padrão de viagens sem paralelo para cada cliente em cada trem. Um padrão que inclui um serviço consistente, profissional e personalizado; novos e restaurados trens, com um *design* interior contemporâneo; conexões convenientes a uma grande variedade de destinos nos Estados Unidos e cuidados especiais para seu prazer e conforto. Determinada, Acela tem como principal prioridade o seu tempo e fornece uma agradável experiência de viagem. É o compromisso da Amtrak com a forma que você escolhe viajar.

A 150 MPH, não é uma viagem comum de trem

Se a sua vida corre em alta velocidade, Acela Express[SM] é o estilo de viagem top de linha da Amtrak, para lazer ou negócios, no Nordeste. Os novos trens Acela Express, que viajam a 150 MPH, substituirão a linha Metroliner® neste ano. Esses trens são projetados para oferecer equipamentos de última geração e atendimento *premium* aos viajantes que não esperam nada além do melhor. Estamos inclusive incrementando a localização de nossas estações – acrescentando a nova estação Route 128, próxima a Boston, e reformamos a estação Penn, de Nova York.

As reservas nos assentos da primeira classe ou da classe executiva acomodam sua agenda ocupada com conforto para suas escalas de negócios e um serviço profissional e educado.

Assentos macios com descanso para os pés e almofadas ajustáveis para a cabeça convidam você a descansar e recarregar as energias. Ouça música, desfrute de lanches ou sanduíches gourmet. Se houver trabalho a fazer, você tem acesso a uma tomada em seu assento, iluminação ajustável e uma vasta mesa para seu laptop. Você pode fazer reuniões em nossas mesas de conferências nos vagões ou fazer um intervalo em um vagão-café, com clima de bistrô, onde há cerveja à disposição e jornais transmitidos pela TV. A bordo do Acela Express, sua preocupação será de como aproveitar seu tempo.

Fonte: http://amtrak.com/savings/acela.html.

Nota: A imagem foi modificada para entrar nesta página.

QUADRO 2 | Demonstrativo de resultados (valores em milhões de dólares)

	Ano fiscal encerrado em 30 de setembro				
	1994	**1995**	**1996**	**1997**	**1998**
Receitas					
Relacionadas a passageiros e outros	\$1.152	\$1.177	\$1.213	\$1.341	\$1.392
Viajantes permanentes	184	213	234	242	260
Reembolsáveis	77	107	108	91	91
Pagamentos federais	—	—	—	—	542
Receitas totais	**\$1.413**	**\$1.497**	**\$1.555**	**\$1.674**	**\$2.285**
Despesas					
Salários, pagamentos e benefícios	\$1.330	\$1.241	\$1.236	\$1.299	\$1.448
Operações	358	321	321	365	356
Relacionadas à operação e ao escritório	153	172	181	187	190
Bens e serviços de manutenção de trilhos	45	73	59	46	52
Propaganda e vendas	91	90	109	98	102
Juros	185	144	149	160	181
Depreciação e amortização	245	230	238	242	294
Outras	83	34	25	39	15
Lucros operacionais (prejuízos)	(244)	—	—	—	—
Despesas totais	**2.246**	**2.305**	**2.318**	**2.436**	**2.638**
Lucros operacionais (prejuízos)	**(\$833)**	**(\$808)**	**(\$763)**	**(\$762)**	**(\$353)**
Excluídos pagamentos federais e juros relacionados					577
Perdas operacionais reavaliadas	**(\$833)**	**(\$808)**	**(\$763)**	**(\$762)**	**(\$930)**
Concessões federais					
Concessão operacional federal	\$352	\$392	\$285	\$223	\$202
Taxas de aposentadoria dos contingentes em excesso	150	150	120	142	142
Capital federal – juros	—	—	—	42	—
Capital federal – inspeção progressiva e outros	—	—	36	37	82
Concessões federais totais	**\$502**	**\$542**	**\$441**	**\$444**	**\$426**
Prejuízo líquido	**(\$331)**	**(\$266)**	**(\$322)**	**(\$318)**	**(\$504)**

Fonte: Relatório anual da Amtrak.

QUADRO 3 | Balanço patrimonial (valores em milhões de dólares)

	Ano fiscal encerrado em 30 de setembro de 1998
ATIVOS	
Ativos circulantes	
Caixa e equivalentes	$ 274,7
Investimentos temporários de caixa	409,7
Recebíveis, líquido	88,7
Materiais e suprimentos	91,6
Outros ativos circulantes	3,4
Ativos circulantes totais	**868,1**
Bens imobilizados	9.456,4
Menor depreciação acumulada	(3.106,9)
Imobilizado líquido	6.349,5
Outros ativos e despesas diferidas	87,6
Total de ativos	**$ 7.305,3**
PASSIVOS E CAPITALIZAÇÃO	
Passivo circulante	
Contas a pagar	$ 270,8
Despesas provisionadas e outros passivos correntes	186,7
Receitas de passagens diferidas	61,4
Dívidas de longo prazo a serem pagas no curto prazo e obrigações de arrendamento de capital	102,2
Passivo circulante total	**621,1**
Dívidas de longo prazo e obrigações de arrendamento de capital	
Obrigações de arrendamento de capital	1.213,1
Equipamentos e outras dívidas	322,5
	1.535,6
Outras dívidas e crédito diferido	
Pagamentos federais diferidos	457,0
Reservas para sinistros	136,2
Obrigações com os benefícios de funcionários aposentados	118,4
Reservas ambientais	35,4
Avanços de ferrovias e agências de usuários freqüentes	20,6
Outros	1,5
	769,1
Outros passivos	**2.925,8**
Capitalização	
Ações preferenciais	10.939,7
Ações ordinárias	93,9
Outros ágios na emissão	6.471,3
Prejuízos abrangentes acumulados	(13.125,4)
	4.379,5
Total de passivo e capitalização	**$ 7.305,3**

Fonte: Relatório Anual da Amtrak.

QUADRO 4 | Estrutura de arrendamento alavancado proposta pela BNY Capital Funding LLC

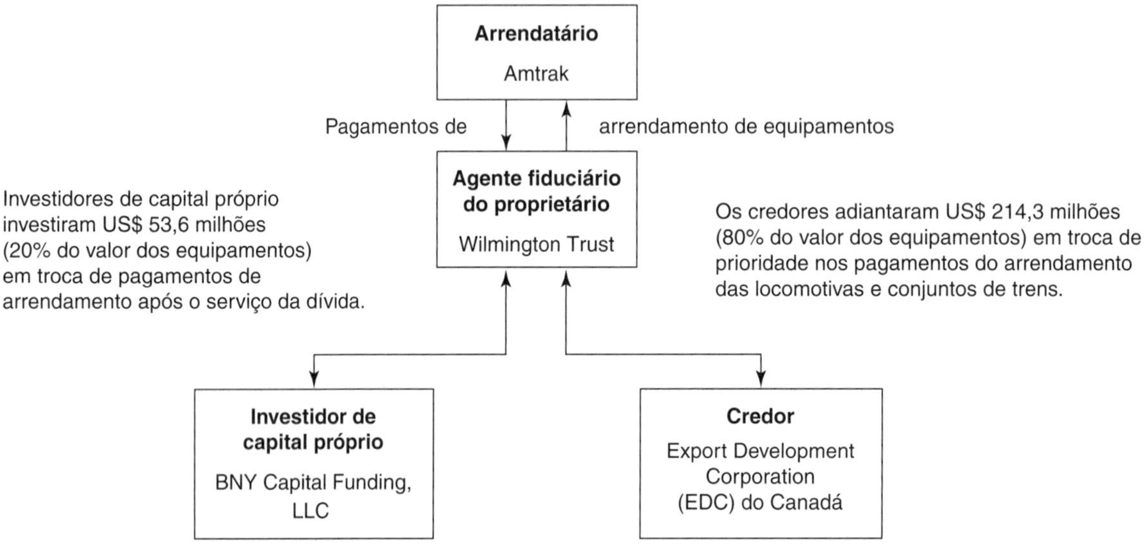

Nota: Diagrama baseado na ilustração do título *Principles of Corporate Finance* de Richard Brealey e Stewart Myers, 5ª ed., p. 755.

QUADRO 5 | Esquema de pagamentos (em dólares) do arrendamento proposta pela BNY Capital Funding LLC

Data		Montante
1999	Junho	$ —
	Dezembro	200.102
2000	Junho	3.761.228
	Dezembro	7.965.652
2001	Junho	10.022.594
	Dezembro	10.316.948
2002	Junho	8.617.634
	Dezembro	10.360.645
2003	Junho	9.828.570
	Dezembro	10.367.985
2004	Junho	8.607.823
	Dezembro	10.418.573
2005	Junho	9.683.063
	Dezembro	10.435.186
2006	Junho	8.580.151
	Dezembro	11.599.993
2007	Junho	7.338.339
	Dezembro	11.468.211
2008	Junho	9.475.208
	Dezembro	15.792.709
2009	Junho	7.765.741
	Dezembro	20.224.322
2010	Junho	5.067.035
	Dezembro	15.872.556
2011	Junho	4.121.823
	Dezembro	22.807.129
2012	Junho	3.336.587
	Dezembro	23.645.133
2013	Junho	2.662.913
	Dezembro	24.055.367
2014	Junho	1.957.919
	Dezembro	20.017.608
2015	Junho	6.067.613
	Dezembro	6.287.652
2016	Junho	12.292.315
	Dezembro	21.394.788
2017	Junho	6.551.924
	Dezembro	18.107.167
2018	Junho	8.612.133
	Dezembro	13.469.295
2019	Junho	8.864.543
	Dezembro	6.654.238
2020	Junho	2.035.748
	Dezembro	1

QUADRO 6 | Esquema da Depreciação MACRS de sete anos (em porcentagens de investimentos depreciáveis)

Ano	Porcentagem depreciada
1	14,29
2	24,49
3	17,49
4	12,49
5	8,93
6	8,93
7	8,93
8	4,45

[1]Devido à convenção semestral, MACRS de sete anos envolve despesas de depreciação de oito anos.

CASO 38

Derivativos climáticos da Enron Corporation (A)

Todos falam sobre o tempo, mas ninguém faz nada sobre isso.[1]

Em outubro de 2000, Mary Watts, a CFO da empresa Pacific Northwest Electric (PNW), uma fornecedora de serviços públicos da região nordeste do Pacífico dos Estados Unidos, conferiu o planejamento financeiro da empresa no período de inverno 2000-2001, que estava por vir. As temperaturas no inverno afetavam os lucros da empresa: quanto mais fria a estação, maior o consumo de eletricidade. Ela se lembrou de que em anos anteriores recentes o clima no inverno foi mais quente do que a média esperada, o que gerou resultados financeiros adversos para a PNW. O clima, combinado a uma ligeira desregulação no mercado da PNW, representou ausência de crescimento nos lucros por ação entre 1995 e 1999, conforme foi relatado pela empresa, caracterizando a não-manutenção de um nível de desempenho satisfatório. Nesse sentido, o valor da ação da PNW sofreu conseqüências. Em sua mesa havia um relatório de um serviço de previsão do tempo que indicava mais um inverno atipicamente quente.

Watts lembrou-se de uma conversa recente que teve com Mike James, um representante da Enron Corporation. James apresentou-lhe um novo produto, um tipo de "derivativo climático" da Enron, que ele dizia ser capaz de minimizar o volume de risco relacionado às intempéries climáticas. Watts ponderou sobre o funcionamento daqueles derivativos e como eles poderiam ser aplicados no auxílio à recuperação da credibilidade da PNW nos mercados de capitais. Ela deveria considerar a aquisição dos produtos de proteção climática da Enron para aquela temporada de inverno que chegava? Ela deveria decidir rapidamente sobre tal utilização, se quisesse uma operação casada para o inverno, que chegaria em meses.

[1]Charles Dudley Warner, em um editorial para o *Hartford Courant*, 1897.

Este caso foi preparado para pesquisa de campo por Mari Capestany e os professores Robert Bruner e Samuel Bodily. O texto foi elaborado mais para servir como base em discussões de sala de aula do que para ilustrar tomadas de decisão eficazes ou ineficazes. Alguns nomes, fatos e dados financeiros foram omitidos para preservar informação confidencial ou destacar assuntos administrativos do caso. A apresentação resultante, no entanto, reflete razoavelmente a situação gerencial atual. A assistência e cooperação da Enron Corporation foram gratificantes e são aqui reconhecidas.

Pacific Northwest Electric

A PNW era uma importante produtora de energia elétrica, com cobertura principal em algumas partes do Oregon, Washington, norte da Califórnia, Idaho e Montana. Suas receitas em 1999 foram de US$ 11 bilhões; o lucro líquido foi de US$ 800 milhões. O lucro por ação foi de US$ 1,04 em 1999 e de US$ 1,03 em 1995. Observando a tendência basicamente estável de lucro por ação para a PNW e exprimindo preocupação sobre a cobertura de dividendos, analistas de mercado de capitais estavam relutantes em defender que as ações da PNW fossem mantidas. Além disso, os preços das ações de empresas de serviços públicos não tinham bom desempenho em índices de mercado e índices da indústria de serviços. Watts estimou que o clima mais quente que o normal desses últimos quatro anos influíram em dois terços no baixo desempenho, em lucratividade, da empresa.

A PNW é uma empresa intensiva de capital que investe cerca de US$ 1 bilhão por ano em seus principais projetos. O desempenho financeiro mais recente gerou implicações importantes para a habilidade da PNW em autofinanciar seus investimentos de capital. Primeiro, ele contribuiu para um custo de capital maior para a empresa. Os preços das ações foram mais voláteis que o normal para uma empresa que fornece serviços públicos, rendendo um beta mais alto, assim como o custo do capital próprio. De forma parecida, a taxa de endividamento foi de A– a BBB+, produzindo um custo de dívida de 75 pontos-base na margem. Em um primeiro momento, pelo retorno regulamentado, havia a possibilidade de a PNW recuperar os custos de capital mais altos dos consumidores. Mas, no atual ambiente de desregulação, em que os consumidores poderiam adquirir energia elétrica de vários fornecedores, desvantagens referentes ao custo poderiam levar a uma perda de participação no mercado. Segundo, um desempenho financeiro insatisfatório poderia encerrar o acesso de capital da empresa em um ambiente de restrições financeiras.

Risco climático

O Departamento Comercial dos Estados Unidos estimou que pelo menos US$ 1 trilhão do produto interno bruto (aproximadamente US$ 7 trilhões) era sensível a variações climáticas. Os setores da economia que refletiam tal sensibilidade eram o da agricultura, dos varejistas de vestuário e de hotéis de esqui, que dependiam de variações *apropriadas* no clima. Por "clima" supõe-se uma diversidade de condições específicas como temperatura, vento, chuvas, outros tipos de precipitações, tempestades e furacões, neblinas e "mormaço" (uma combinação de calor e umidade, chamada por eles de "misery").[NT] Adversidades em quaisquer dessas condições podem ter como conseqüência a perda de demandas, de dias de trabalho ou perda generalizada da possibilidade de suprir a demanda ocasional. Teoricamente, qualquer dessas formas de risco climático poderia ser foco de risco restritivo para as empresas. Realmente, era possível adquirir seguro contra perdas catastróficas, em situações extremas como tornados, tsunamis e enchentes. Mas somente a partir de 1997 as empresas puderam adquirir proteção para as variações climáticas mais comuns.

As maiores preocupações para a indústria de serviços públicos dos Estados Unidos eram as variações de temperatura. "O risco climático é a maior variável independente na área de energia elétrica", foi dito em uma publicação da área.[2] A clientela do ramo era correlacionada

NT: como o assunto é discutido nos Estados Unidos, cabe lembrar que lá eles estão suscetíveis a intempéries raras ou inexistentes no Brasil, como a neve (e suas tempestades), tornados etc.

[2] *Energy & Power Risk Management* 2, n. 8 (dez. 1997 – jan. 1998).

às temperaturas das estações. Reduções inesperadas na demanda (por exemplo, em um inverno quente ou um verão mais frio) podem impor um impacto negativo nos lucros da empresa. Um analista percebeu que "nos últimos 15 anos... as variações de temperatura nos dez maiores centros populacionais dos Estados Unidos causaram um custo no consumo de energia para aquecimento e resfriamento de ambiente de aproximadamente US$ 3,6 bilhões por ano".[3] Os serviços geralmente determinam seus orçamentos por temporada a partir de médias históricas de temperatura e demanda. No entanto, por exemplo, se as temperaturas do inverno forem maiores do que a média, os clientes utilizarão menos o aquecimento – assim, os lucros nos serviços registram queda em relação ao orçamento. Historicamente, os serviços e Wall Street descontam a volatilidade dos gastos referentes ao clima em razão de esse assunto gerar incertezas não previstas. O risco climático, no entanto, expunha a empresa às mudanças de volume de consumo resultantes da variação da temperatura.

A indústria de serviços públicos mensurou as condições do tempo em graus-dia (HDD = *heating degree-days*, que são os graus-dia de aquecimento, e CDD = *cooling degree-days*, que são os graus-dia de resfriamento). Esses dias eram determinados pela variação da média diária de temperatura de um padrão estabelecido em 65° F. Presume-se que a 65° F os consumidores não utilizariam nem o aquecimento nem o ar-condicionado. No entanto, uma média de temperatura de 55° em 1º de fevereiro de 2000 significaria um dia de aquecimento de 10°F (de 55 a 65) para aquele dia específico. As condições do tempo para uma estação específica eram relatadas conforme os graus-dias se acumulavam durante o período inteiro.

O *risco* associado à temperatura é permeado pelas incertezas que circundam a temperatura média da estação. Efeitos como El Niño[4] e La Niña[5] criaram variações cíclicas na temperatura. Ao longo dos últimos cem anos houve um inconfundível aumento da temperatura – diversas vezes atribuído ao aquecimento global e aos efeitos das "ilhas de calor".[6] Combinando os fatos, havia possíveis assimetrias da exposição ao risco entre concorrentes da indústria. Os concorrentes poderiam estar completamente expostos, parcialmente resguardados ou completamente cobertos contra o risco climático – tais diferenças deduzem reações competitivas diferentes às variações climáticas. Por exemplo, uma empresa completamente resguardada poderia aproveitar e explorar uma adversidade imposta a uma empresa desprevenida.

Razões e mecanismos para proteção contra riscos climáticos

Empresas podem pesquisar métodos de administração de sua exposição ao risco climático por uma série de razões:[7]

---

[3]*Energy & Power Risk Management* 2, n. 8.

[4]O efeito do El Niño é um aquecimento cíclico na região tropical do Oceano Pacífico associado às crescentes tempestades do sul dos Estados Unidos, à estiagem na região oeste do Pacífico, aos invernos mais quentes na região centro-oeste dos Estados Unidos e invernos mais rigorosos no sul e sudoeste dos Estados Unidos. O nome significa "menino" em espanhol e deriva da chegada de seus efeitos no período do Natal. El Niño ocorre a cada sete anos, aproximadamente.

[5]La Niña, em compensação, é um resfriamento do Oceano Pacífico tropical que tende a ocorrer depois de El Niño e é associado a invernos com temperaturas mais altas do que o normal no sudeste dos Estados Unidos e a temperaturas mais frias no nordeste.

[6]Uma "ilha de calor" reflete a crescente retenção de energia solar associada à crescente massa metropolitana, a ruas pavimentadas, a construções feitas de concreto etc. Cidades como Orlando, Flórida e Phoenix, no Arizona, que cresceram rapidamente nos últimos 30 anos, relatam aumentos significantes de temperatura média associados ao efeito dessa ilha de calor.

[7]Os pontos seguintes basearam-se em *Managing Weather* (Enron Corporation, 1999).

- *Para homogenizar o lucro* ou a compensação de perdas de demanda. Um produtor de sorvetes pode querer um seguro contra um verão imprevisivelmente frio.
- *Cobertura de custos excedentes.* Um congelamento inesperado destrói plantações e aumenta os custos de produção de alimentos industrializados. Consumidores industriais de energia podem buscar cobertura contra "picos" no custo de aquisição de eletricidade associado a excessos na demanda durante o verão.
- *Reembolso de custos referentes a oportunidades perdidas.* Teoricamente, fabricantes poderiam produzir e varejistas poderiam estocar a quantidade exata de produtos que os consumidores compram. Questões climáticas introduzem incertezas nas estimativas da demanda do consumidor. Em situações de falta de estoque, as empresas perderiam oportunidades de vender suas produções e, conseqüentemente, buscariam cobertura para esse risco (por exemplo, o produtor de sorvetes pode querer seguro contra intempéries climáticas para evitar falta de estoques em um verão mais quente que o previsto).
- *Estímulo às vendas.* Clientes podem atrasar suas decisões de compra até que as tendências das estações se manifestem. Cruzeiros, hotéis, estações de esqui, todos testemunham esse comportamento anualmente. As empresas podem usar derivativos climáticos, como apoio para "garantia de reembolso", na satisfação de seus clientes.
- *Diversificação em portfólios de investimentos.* Investidores financeiros podem especular a baixa correlação entre retornos associados ao clima e retornos de outros instrumentos financeiros. Derivativos climáticos poderiam reduzir potencialmente o risco e/ou o retorno de crescimento em um portfólio.

O primeiro contrato de proteção climática foi elaborado em agosto de 1997, entre a Enron Capital and Trade Resources (ECT) e uma empresa de serviços de energia elétrica do leste dos Estados Unidos. A Enron Corporation era a companhia líder mundial em integração de fornecimento de gás natural e eletricidade. A empresa fornecia *commodities* físicas, gestão de riscos e serviços financeiros para prover soluções em energia aos clientes do mundo inteiro. Em 2000, a Enron foi nomeada "companhia inovadora" pela revista *Fortune*, por cinco anos seguidos.

Ao descobrir um método para cobrir seu próprio risco climático, a empresa acreditava que sua inovação poderia ser útil também para os clientes e criou produtos customizados para ajudar esses clientes a administrarem seus próprios riscos climáticos. Tais produtos eram destinados a produtores de energia elétrica e fornecedores de serviços correlatos ou a qualquer empresa exposta a altos riscos resultantes das mudanças climáticas. A Enron e outros entusiastas de produtos de proteção climática encararam um grande desafio, que é o fato de os fornecedores de serviços serem muito morosos, conservadores e resistentes ao uso de instrumentos financeiros de derivativos.

Apesar de, historicamente, os serviços cobrirem apenas os riscos de preços (pelo uso futuro), a introdução de produtos de proteção climática permitiu às "empresas protegerem-se das condições climáticas adversas que pudessem afetar o volume de seus lucros."[8] Os derivativos climáticos forneciam proteção específica contra a variação real no cumulativo dos graus-dia a partir de um limite preestabelecido. Esses dias seriam calculados utilizando o valor médio estipulado pela leitura da temperatura de uma locação determinada (geralmente, o aeroporto mais próximo), de acordo com as medidas do National Weather Service. Dependendo do cres-

[8]*Hedging Weather Risk* (Enron Corporation, 1998).

cimento da demanda para os graus-dia, o serviço poderia determinar a margem de desvio das temperaturas em relação à média para a estação. O limite dos graus-dia era determinado pelo nível de tolerância ao risco do fornecedor dos serviços: qual seria o lucro que eles estariam dispostos a perder como resultado da variação climática? (A maior parte dos contratos de derivativos climáticos era de curto prazo, com um período médio de duração da transação de cinco meses.) Se, ao final do período da transação, o total de dias cumulativos em graus-dia fosse mais baixo do que o limite estabelecido, o fornecedor de serviços deveria receber um pagamento para compensar a perda nos lucros associada à redução do volume de demanda.

Os produtos de proteção climática poderiam ser inseridos em várias estruturas:[9]

- Um *floor* proveria o cliente com proteção negativa quando a base da variação, como os graus-dia, fosse *inferior* ao limite estabelecido. A vantagem dessa oportunidade continuaria sem problemas. O pagamento pelo *floor* seria igual ao diferencial dos dias vezes o preço por dia (US$/dia). A maior parte dos comerciantes desses derivativos climáticos, no entanto, não estava disposta a aceitar todo o risco negativo associado ao *floor* e, por isso, definiria o limite de pagamento.
- Um *cap* seria fornecido pelo cliente com compensação se a base de variação climática fosse *superior* ao nível predeterminado. O vendedor do *cap* pagaria essa compensação ao comprador. Um estado do meio-oeste poderia comprar um *cap* para neve que compensaria se a neve superasse certo nível – esse pagamento ajudaria a reembolsar o estado por despesas excessivas para remoção de neve. A temperatura dos *caps* poderia ser estabelecida em graus-dia ou limites de pagamento.
- Um *collar* seria uma transação entre duas partes, na qual o cliente compra um *cap* ou um *floor* para fornecer proteção financeira contra condições climáticas adversas e, simultaneamente, vende um *floor* ou um *cap* a um preço de ocasião diferente, que limitaria sua vantagem financeira se o clima fosse favorável. A segunda parte (a venda) ajudaria a financiar a primeira parte (a aquisição do seguro).
- Um *swap* permitiria ao cliente gerar uma corrente de lucro fixo. Se o número real de dias fosse menor (maior) que o limite, o fornecedor do serviço receberia um pagamento igual à diferença entre os dias vezes um preço por dia anteriormente combinado (dólares/dia). Se o número real de dias fosse maior (menor) que o limite, o fornecedor pagaria ao vendedor. Um *swap* geralmente era similar à permuta em seu efeito econômico, exceto que esta oferecia um nível único de alavancagem, enquanto o *collar* oferecia dois níveis. Por exemplo, o fornecedor de serviço poderia entrar em uma permuta de 30 dias de HDD (graus-dia de aquecimento) com temperatura de referência de 65° F. Se a temperatura média real fosse de 55°, o fornecedor deveria 300 dias (30 x [65-55]) multiplicado pelo montante combinado para cada um dos dias.
- *Contratos futuros* poderiam ser realizados na Chicago Mercantile Exchange (CME) e foram introduzidos para negociação em 1999. Esses contratos eram acordos jurídicos para transmitir ou aceitar uma *commodity* em um momento específico com um valor-base acordado. Os contratos da CME eram especialmente elaborados conforme as variações de temperatura (por exemplo, HDD ou CDD – graus-dia de aquecimento ou resfriamento). O comprador e o vendedor acordavam sobre o preço para um contrato elaborado para um

[9]A descrição dos instrumentos parafraseia um debate do *Managing Weather*.

mês específico uma das 12 cidades e um determinado nível de HDD/CDD. Variações na temperatura, para cima ou para baixo do valor estabelecido, levavam a um acordo monetário diário entre comprador e vendedor.

- *Opção sobre contratos futuros.* A CME também permitia opções em negociações para contratos futuros.

Uma diferença importante entre contratos de intercâmbio de negócios, de um lado, e o seguro e os contratos de proteção climática elaborados, de outro lado, recaía em seus tratamentos contábeis. Pela nova lei FAS 133, o limite de risco para quaisquer tipos poderia precisar ser freqüentemente marcado-a-mercado, *enquanto o limite fosse atrelado ao índice de mercado.* Um importante auditor destacou que a maior parte dos derivativos climáticos não requeria tal tratamento contábil, porque medidas de pluviosidade ou graus-dia de aquecimento estariam fora do escopo da lei.[10]

O mercado de proteção climática

Muitos mercados convergem em instrumentos de proteção climática:

- *Seguros.* A indústria de seguros fornece proteção referente a questões climáticas, geralmente para catástrofes como furacões, inundações e tornados. *Players* desse mercado buscam criar consórcios de risco em um amplo número de partes seguradas. Enquanto os eventos segurados fossem independentes, representativos e temporários, o consórcio pagaria. Geralmente, a cobertura era organizada por companhias de seguros criadas para negociar eventos catastróficos.
- *Mercados de capitais e de commodities.* Em 1997, a Enron criou contratos padronizados para proteção climática que eram relativos aos fundos de curto prazo e de acordo com variações climáticas típicas. Em 1999, a CME começou a negociar em mercados de futuros e opções climáticas, que também possuíam contratos padronizados. O crescimento desse mercado como uma segunda fonte para proteção climática refletiu a tendência crescente da *securitização* dos ativos nos mercados de capitais. Os criadores desse mercado de derivativos climáticos incluíam Enron, Koch Energy Trading, Aquila Energy, Southern Company Energy Marketing e Duke Power – empresas com bases históricas na indústria da energia.

Um participante observou que "a verdade é que a convergência dessas duas indústrias está em curso... A questão não é qual indústria vencerá a batalha pelo negócio, mas qual dessas instituições, qualquer que seja sua experiência, se assemelhará e qual será a mais apta a realizar as demandas dos clientes".[11]

Usuários potenciais de proteção climática estão amplamente distribuídos na economia dos Estados Unidos. Alguns dos *players* mais ativos são os distribuidores de óleo de aquecimento e distribuidores regionais de gás, empresas que, em virtude de seus mercados irregulares, não podem passar aos clientes os custos das variações climáticas. Serviços

---

[10]Baseado em uma observação feita por Deirdre Schiela, sócia da PricewaterhouseCoopers, citada em "No Hedging for Weather Derivatives?", *American Banker and Bond Buyer CFO Alert*, 12 out. 1998.

[11]William Jewett, vice-presidente sênior e chefe-executivo do Centre Re, uma divisão da Zurich Reinsurance, citado em "New Kids on the Capital Markets Block; Reinsurers Want not Only to Securitize Every Insurance Risk Imaginable, but to Go Head-to-Head with Wall Street in Other Key Areas Too", *Investment Dealer's Digest*, 3 ago. 1998.

públicos estão significativamente expostos aos riscos do tempo, mas demoraram para chegar ao mercado de proteção climática devido aos regulamentos que lhes permitiam passar seus custos aos clientes. O objetivo da Enron era o de equilibrar o mercado para proteção pela combinação dos contratos.

Determinando a necessidade da PNW por proteção climática

O inverno da PNW durou de novembro a março. Mary Watts precisaria decidir logo o que faria para proteger a companhia dos riscos climáticos. O primeiro passo em sua análise era determinar o quão sensível os ganhos da empresa estavam em relação às intempéries do tempo. Ela reuniu informações climáticas históricas e calculou a correlação entre a demanda de inverno da companhia com os registros de graus-dia da estação. Watts lembrou-se de ouvir falar que a temperatura média das regiões metropolitanas estava crescendo por causa do aumento da população, da frota automotiva e de outras tendências demográficas. As informações de Watts sobre o clima deveriam ser ajustadas a essa tendência histórica ou ela correria o risco de subestimar o custo da proteção. A informação poderia também necessitar de ajuste para eliminar o impacto de um crescimento na demanda geral causado por novos clientes. A análise de Watts revelou que a demanda sazonal possuía correlação de 91,7% com uma mudança de 1% no aquecimento cumulativo dos graus-dia.

Utilizando as tarifas residenciais da PNW e seu custo para gerar energia que suprisse a demanda, Watts poderia calcular a margem bruta por aquecimento nos dias especiais e a diminuição dos lucros para uma perda correspondente em volume. Ela poderia transformar tal perda em lucro na relação dólares/HDD. Em média, a empresa recebeu US$ 60,30/MWh por energia fornecida a clientes residenciais e pagou US$ 20/MWh para gerar ou adquirir energia para suprir à demanda.

Em virtude da exposição da PNW ao risco de o clima estar mais quente do que a média do período, a empresa poderia solicitar proteção por uma queda significante na média dos dias mais quentes do inverno. Watts acreditou que a PNW não aceitaria uma variação maior do que 5% no HDD.

Contrato de derivativo climático hipotético para a PNW

O **Quadro 1** apresenta um contrato hipotético para a variedade que a Enron negociaria com a PNW para cobrir sua exposição ao clima para o inverno que estava para chegar. O contrato especifica que, como retorno para a primeira parte do contrato, a PNW receberia um pagamento ao final do contrato, conforme determinado pela extensão do desvio adverso do HDD-alvo. (Veja o **Quadro 2** para compreender o glossário.)

A decisão

Mary Watts sabia que a PNW era uma empresa muito conservadora e que não seria facilmente convencida a utilizar produtos derivativos para proteção. Apesar de seus lucros serem extremamente sensíveis às condições meteorológicas, tal proteção demanda uma vantagem objetiva considerável. Mas para 2000-2001 era esperado um calor atípico para o inverno e, por isso, o impacto nos ganhos poderia ser devastador. Tendo em vista a imprevisibilidade do tempo, a PNW não queria cobertura para sua exposição meteorológica de modo integral;

isso poderia minimizar o custo da proteção, reduzindo efetivamente a relação dólares/HDD. Além disso, o custo da proteção poderia ser reduzido se Watts escolhesse um limite menor para o HDD.

QUADRO 1 |

[Data]

[Nome da contraparte – Empresa ABC]
[Endereço]
[Endereço]
Aos cuidados de: [Nome]

Fax:
Telefone:

Ref: TRANSAÇÃO INICIAL Contrato nº WR[ ]

A referência trata do acordo principal combinado como [ ] (o "Acordo") entre a empresa ABC e a empresa XYZ, pelo qual esta confirmação é entregue e a transação é objeto aqui contemplado.

Este documento confirma a seguinte transação:

Tipo de opção:	*Floor* Climática HDD
Estimativa para o montante:	US$ 20.000 por graus-dia de aquecimento – HDD
Data do negócio:	23 de outubro de 2000
Data efetiva:	1º de novembro de 2000
Data de término:	31 de março de 2001
Detalhes do pagamento do prêmio:	Empresa ABC deve pagar à XYZ US$ [prêmio] em dois dias úteis, após a data do negócio.
Período de deliberação:	O período de incluindo a Data Efetiva até incluindo a Data de Término.
Data(s) de pagamento:	O quinto dia útil após o montante flutuante para o período de deliberação é determinável, **no entanto, será providenciado** que um ajuste simultâneo no montante pago será feito pela parte apropriada, se aplicável, se o National Climatic Data Center ("NCDC") realizar qualquer correção ou ajuste no relatório de temperaturas máximas e mínimas diárias a 95 dias do término do período de deliberação, para qualquer dia dentro desse período.
Responsável pelo pagamento do montante fixo: (Comprador do *floor*)	Empresa ABC
Responsável pelo pagamento do montante flutuante: (Vendedor do *floor*)	Empresa XYZ
Valor de referência do contrato:	400 por grau-dia de aquecimento
Montante flutuante:	A soma dos graus-dia de aquecimento (HDD) para cada dia durante o período de deliberação aplicável. HDD para cada dia é igual ao máximo de (i) 65 menos a média não arredondada das temperaturas máxima e mínima diárias em graus Fahrenheit de – e incluindo 0h01min de um dia até – e incluindo 0h00min, em horários locais, do dia seguinte, conforme mensurado pelo National Weather Service ("NWS") e relatado pelo NCDC para a estação climática de referência, ou (ii) zero. As temperaturas mínimas e máximas medidas pelo NWS e relatadas

	pelo NCDC devem ser arredondadas para números inteiros antes do cálculo dos HDDs, como segue: se o primeiro número após o ponto decimal for cinco (5) ou maior, o número inteiro deve ser acrescido de um (1), e se o número após o ponto decimal for menor do que cinco (5), o número inteiro deve permanecer ("Rounding Convention").
Estação climática de referência:	Seattle-Tacoma International Airport, Washington.
Exceção da estação climática de referência:	Se, por algum dia durante o período de deliberação, uma temperatura máxima ou mínima não estiver disponível para a estação climática de referência, essa temperatura complementar deve ser calculada de acordo com o seguinte procedimento: (i) a temperatura máxima do dia (se for essa a temperatura faltante) ou a temperatura mínima (se, por sua vez, esta for a complementar) para cada dia dos 30 anos anteriores registrados na estação climática de referência deve ser identificada e relatada em Fahrenheit pelo NCDC (cujos números relatados não devem ser arredondados) e uma temperatura média deve ser determinada, incluindo quatro décimos; (ii) de acordo com os procedimentos acima, as temperaturas mínima e máxima apropriadas devem ser determinadas para correspondência de cada um dos 30 anos anteriores na Estação Climática de Portland, Oregon Airport (a exceção da estação climática de referência) relatadas em Fahrenheit pelo NCDC (cujos números não devem ser arredondados), e uma temperatura média deve ser determinada, incluindo pontos decimais; (iii) a temperatura média gerada conforme o item (ii), acima, deve ser subtraída da temperatura média gerada conforme o item (i) (com o número resultante, seja positivo ou negativo, referido como "Número Diferencial de Temperatura Média"); (iv) a temperatura máxima ou mínima apropriada para a exceção da estação climática de referência correspondente ao dia para o qual a temperatura é complementar na estação climática de referência deve ser identificada e relatada em Fahrenheit pelo NCDC, cujo número não deve ser arredondado); e (v) a temperatura determinada conforme (iv) deve ser ajustada adicionando-se o Número Diferencial de Temperatura Média, caso o valor seja negativo, cujo número resultante sendo arredondado de acordo com a Rounding Convention. O número inteiro final arredondado determinado em (v) deve ser considerado o da temperatura máxima ou mínima apropriada para a estação climática de referência no dia relevante e deve ser o valor utilizado para cálculos requeridos e correspondente aos procedimentos do "montante flutuante" acima.
Fontes de informação:	A informação utilizada para determinar o montante flutuante (e para a margem requerida, informações para quaisquer a exceção da estação climática de referência) pode ser obtida no site oficial do NCDC: http://www.nndc.noaa.gov/cgi-bin/nndc/ph2_lcd_v2.cgi ou outro endereço semelhante; no entanto, se para um dia específico a informação fornecida não tiver origem nesse site, ela pode ser obtida a partir do site do Regional Climate Data Center mais apropriado à necessidade, localizado em http://www.nws.noaa.gov/regions.shtml, ou outro; mais informações para âmbitos em que (i) a

	informação do NCDC for corrigida ou ajustada em 95 dias após o final do Período de Deliberação ou (ii) estiver temporariamente baseada no Regional Climate Data Center, então a informação para números novos, ajustados ou corrigidos poderão ser obtidas no site oficial do NCDC: http://www4.ncdc.noaa.gov/cgi-win/wwcgi.dll?WWNolos~Product~PB-078. Não obstante, se nenhuma dessas fontes auxiliar, o procedimento deve se basear nas informações da "exceção da estação climática de referência" para determinar informações complementares.
Diferencial no valor de referência em relação ao mercado:	O montante igual ao excesso (se for um número positivo) de (i), o Preço da Opção sobre (ii), o Montante Flutuante.
Montante para pagamento:	Não obstante as provisões para o Acordo serem para o oposto, se o Preço da Opção for maior do que o Montante Flutuante, o responsável pelo pagamento do Montante Flutuante deverá pagar ao responsável pelo Pagamento do Montante Fixo um valor, em dólares, igual ao produto de (i) a Estimativa para o Montante e (ii) o Preço Diferencial da Opção, o qual deverá ser pagável na data de acordada, no entanto, o montante máximo pagável pelo responsável pelo Montante Flutuante não deve exceder US$ 800.000.

QUADRO 2 | Glossário de termos específicos

Demanda: taxa sob a qual a energia é utilizada pelos consumidores.

Energia: fluxo elétrico real, vendido por hora, mês ou formas semelhantes.

IPP: a aprovação da PURPA (1978) originou às Qualified Facilities, que era a venda de co-geração de recursos energéticos excedentes a fornecedores de serviços. Desde o Ato EPA de 1992, IPPs também são referidas como EWGs.

Kilowatt (KW): mil watts.

Kilowatt-hora (KWh): um kilowatt de energia fornecido em um período contínuo de uma hora. É a unidade principal utilizada para precificação no varejo de energia elétrica.

Carga: a corrente elétrica transmitida ou demandada.

Megawatt (MW): um milhão de watts ou mil kilowatts.

Megawatt-hora (MWh): mil kilowatts-hora.

Distribuidora de energia: empresa que compra e revende eletricidade e, por isso, assume riscos econômicos nas transações. As distribuidoras de energia geralmente são entidades independentes, apesar de alguns serviços elétricos organizarem suas próprias operações de marketing. As distribuidoras são responsáveis por organizar a transmissão de energia aos compradores.

Public Utility Regulatory Policies Act, 1978 (PURPA): PURPA foi realizado como parte do National Energy Act. Ele foi o responsável pela criação de incentivos para o desenvolvimento de recursos de co-geração. Qualificando Recursos (Qualifying Facilities – QFs) deveria produzir energias elétrica e térmica e poderia vender tudo ou apenas sua energia elétrica excedente aos fornecedores de serviços, que queriam adquirir energia pelo seu custo evitado total.

Dimensionar: estimativa do montante do contrato – os dólares por HDD a ser pagos.

Watt: a medida-padrão para a capacidade elétrica da instalação. É a voltagem (pressão) multiplicada pela corrente (ou velocidade).

PARTE 8

Avaliando a empresa: aquisições e aquisição de controle

CASO 39

Arcadian Microarray Technologies, Inc.

Em agosto de 2005, as negociações por um investimento em *private equity* na Arcadian Microarray Technologies, Inc. pela Sierra Capital Partners estavam prestes a se encerrar. Os donos da Arcadian, que também eram seus executivos, propuseram a venda de 60% da participação acionária à Sierra Capital por $ 40 milhões. Os ganhos com a venda seriam utilizados para financiar o crescimento da empresa. O estudo cauteloso que a Sierra Capital havia feito sobre a Arcadian revelou uma oportunidade de investimento de alto risco extremamente promissora. Cabia a Rodney Chu, diretor-gerente da Sierra Capital, negociar o preço e os termos do investimento. Chu pretendia basear sua estratégia de negociação em uma avaliação do valor econômico da Arcadian e estruturar os interesses da Sierra Capital e dos gerentes da Arcadian para criar os melhores incentivos para a estimativa do valor.

A análise de Chu havia se concentrado em uma previsão financeira dos fluxos de caixa do investimento. Os passos finais seriam estimar um valor terminal para a empresa (também chamado de *continuing value*) e descontar os fluxos de caixa e o valor terminal do valor atual. Também buscou uma avaliação das pressuposições. Para isso, ele pediu ajuda a Paige Simon, um novo associado da Sierra Capital.

Os sócios da Sierra Capital

A Sierra Capital, localizada em Albuquerque, Novo México, havia sido organizada em 1974 como um *hedge fund*, embora ao longo dos anos ela tivesse tido um histórico bem-sucedido de investimentos em *private equity* e tivesse gradualmente voltado suas atividades para essa área. A empresa tinha $ 2 bilhões sob sua administração, e seu portfólio consistia em 64 investimentos, divididos mais ou menos da mesma forma entre investimentos de capital de risco e participações em compras alavancadas. A Sierra Capital concentrava-se quase que inteiramente no setor das ciências biológicas. Como outros investidores, no entanto, a empresa havia se queimado em razão de inúmeras panes que se seguiram ao *boom* em ações de biotecnologia em 2000, quando muitas descobertas arrasadoras de jovens empresas em

Este caso foi preparado por Robert F. Bruner com a assistência de Sean D. Carr como base para uma discussão em sala de aula e não para ilustrar como lidar de maneira eficiente ou ineficiente com uma situação administrativa. A Arcadian Microarray Technologies, Inc. e os indivíduos neste caso são fictícios e refletem problemas enfrentados por empresas e gerentes reais.

ascensão deixaram de se materializar. Agora, o mantra da Sierra Capital ao avaliar investimentos era "NPDA: nenhuma pesquisa, desenvolvimento apenas".

Arcadian Microarray Technologies, Inc.

Depois de concluir o Projeto Genoma Humano,[1] em 2003, que buscou mapear por inteiro a seqüência do DNA humano,[2] diversas empresas desenvolveram tecnologias para que pesquisadores explorassem a montanha de novos dados. Especificamente, esses produtos ajudaram cientistas a encontrar as relações entre as variações no código genético de uma pessoa e sua predisposição a certo tipo de doença. Esperava-se que isso, por fim, anunciasse uma era em que o diagnóstico, o tratamento e a prevenção de doenças pudessem ser feitos sob medida para a identidade genética única de cada indivíduo.

A Arcadian Microarray Technologies, Inc., sediada em Arcadia, Califórnia, foi fundada em 2003 por sete pesquisadores, dois dos quais haviam sido importantes colaboradores do Projeto Genoma Humano, além de líderes no campo de genômica.[3] O time havia desenvolvido um aparelho único para mapear o DNA, um chip de placa de vidro que permitiria que cientistas analisassem milhares de genes humanos ou fragmentos de genes de uma só vez, em vez de individualmente. Os chips de DNA, ou *microarrays*, possibilitaram a identificação de variações sequenciais específicas nos genes de um indivíduo, algumas das quais poderiam ser associadas a doenças. Os negócios da Arcadian consistiam em dois segmentos:

- *Microarrays de DNA*. Os *microarrays* de DNA da Arcadian eram criados usando a tecnologia de fabricação de semicondutores. Os chips tinham apenas alguns centímetros de tamanho e possuíam segmentos curtos, contendo um único filamento de DNA, espalhados por sua superfície. Os chips da Arcadian eram únicos porque podiam armazenar até um bilhão de tipos de DNA – mais do que qualquer outro *microarray* disponível no momento. Isso era tecnologia de ponta que permitiria a detecção de baixo custo e virtualmente sem erros de uma série de condições médicas. O desenvolvimento das tecnologias do chip havia terminado, e os produtos estavam passando rapidamente pelo processo de aprovação do FDA (*Food and Drug Administration*); em virtude de sua natureza não invasiva e diagnóstica, eles poderiam estar disponíveis para venda em menos de 12 meses.
- *Terapêutica humana*. A busca por vacinas e antibióticos com os quais lutar contra doenças incuráveis era, potencialmente, o segmento com maior atratividade econômica, e a Arcadian potencializou sua plataforma de testes de DNA de última geração para conduzir experimentos patenteados na área. A estratégia de longo prazo da gerência era utilizar financiamento externo o máximo possível (por meio de empreendimentos conjuntos com

[1]O Projeto Genoma Humano (PGH), concluído em 2003, foi um programa de pesquisa internacional para mapear e entender todos os genes humanos. O PGH revelou que há provavelmente entre 30 mil e 40 mil genes humanos, e a pesquisa levantou informações detalhadas sobre sua estrutura, organização e função.

[2]O seqüenciamento é uma maneira de determinar a ordem exata das unidades químicas dentro de um segmento de DNA.

[3]A genômica é o estudo do genoma de um organismo e do seu uso de genes. Um genoma é a série completa de ácido desoxirribonucleico (DNA) de um organismo, um composto químico que contém as instruções genéticas necessárias para desenvolver e direcionar as atividades de cada organismo. Cada um dos estimados 30 mil genes do genoma humano carrega informações para sintetizar todas as proteínas requeridas por um organismo, processo chamado de *expressão do gene*.

empresas farmacêuticas bem-capitalizadas), para conduzir a empresa até a sua primeira grande inovação patenteada. Mas, apesar do financiamento externo, a Arcadian ainda enfrentava requerimentos de capital significativos por causa de seus investimentos em infraestrutura, pessoal, além de seu próprio programa de pesquisa patenteada.

O comitê executivo da Arcadian acreditava que aplicações para sua tecnologia de *microarrays* dariam retorno rápido e relevante: até 2013 eles acreditavam que o faturamento da empresa (a saber, vendas de produtos patenteados, pesquisas financiadas e *royalties*) passaria de $ 1 bilhão. Rodney Chu estava menos otimista, achando que o processo de aprovação do FDA desaceleraria a comercialização dos novos produtos da Arcadian. As previsões de fluxos de caixa do comitê executivo e de Chu estão nos **Quadros 1** e **2**. Chu pressupunha que a empresa não se financiaria com dívidas; logo, os fluxos de caixa livres previstos eram idênticos aos fluxos de caixa do acionista.

Ao avaliar a Arcadian, Chu olhou para duas empresas públicas no campo dos diagnósticos moleculares:

- *Affymetrix, Inc.* sediada em Santa Clara, Califórnia, foi a pioneira no desenvolvimento de *microarrays* de DNA e era, na época, a líder no mercado da tecnologia da expressão do gene. Seu produto patenteado GeneChip® era amplamente utilizado em pesquisas de biologia molecular e fora citado em mais de 3 mil publicações revisadas por especialistas. No dia 27 de dezembro de 2004, o GeneChip da Affymetrix foi o primeiro *microarray* aprovado pelo FDA para uso *in vitro*, o que representava um passo importante para a utilização de *microarrays* em ambientes clínicos. O beta da empresa era 1,30; seu índice preço/lucro esperado era de 50,09; o índice preço/valor contábil era de 8,56; o índice de preço/vendas era de 7,49; e o índice de preço/fluxo de caixa livre era de 97,50. A empresa tinha $ 120 bilhões em dívidas em aberto. As vendas da empresa haviam crescido de $ 290 milhões em 2002 para $ 301 milhões em 2003, $ 346 milhões em 2004 e um valor estimado de $ 380 milhões em 2005. A empresa não pagava dividendo.
- *Illumina, Inc.* de San Diego, Califórnia, desenvolveu um design de *microarray* que anexava centenas de milhares de sensores biológicos a contas de vidro microscópicas capazes de procurar e se juntar a sequências específicas de DNA. A tecnologia patenteada da empresa, BeadArray, utilizava fibras óticas para alcançar essa miniaturização de *arrays* que permitia uma nova escala de experimentação. Com lucros históricos e esperados negativos, o índice preço/lucro da empresa era insignificante; porém, a empresa negociava a 8,46 vezes seu valor contábil e a 8,82 vezes suas vendas. As receitas da Illumina foram de $ 10 milhões em 2002, $ 28 milhões em 2003 e $ 51 milhões em 2004, e esperava-se que atingissem $ 73 milhões em 2005.

Tendo sido queimados pelo fiasco biotecnológico, os analistas de títulos estavam cautelosos em relação à nascente indústria de diagnóstico genético. "O período do genoma humano marcou o início de uma nova fortuna de informações sobre os nossos genes e, na época, houve muito entusiasmo em relação à habilidade de curar doenças", disse um analista. "Na verdade, a biologia e a genética humana são complicadas."[4] Testes médicos a partir do DNA, possibilitados pela tecnologia diagnóstica com base na expressão do

[4]Aaron Geist, analista da Robert W. Baird & Co., citado em "Success is all in the Genes", *Investor's Business Daily,* 18 de julho de 2005, A12.

gene, estavam no limite da legalidade, e o campo estava sendo rapidamente inundado com pesquisadores empreendedores. O processo de aprovação do FDA era, na melhor das hipóteses, incerto nessa área, e empresas bem estabelecidas passavam por problemas quanto à direção.

A idéia do valor terminal

Para ajudá-lo nos estágios finais de sua preparação para as negociações, Rodney Chu chamou Paige Simon, que havia acabado de entrar na empresa depois de concluir um curso de graduação. Para expor os fundamentos da tarefa, Chu começou a descrever o conceito de valor terminal:

CHU: Valor terminal é o valor do fluxo de caixa no *final* de uma corrente de fluxos de caixa – por isso se chama "terminal". Esse valor representa ou (a) o que lucramos ao deixar o investimento ou (b) o valor presente (naquela data futura) de todos os fluxos de caixa além do horizonte de projeção.

SIMON: Como estão tão distantes no futuro, não vale a pena se preocupar com valores terminais, certo? Acho que a maioria dos investidores nem ao menos pensa neles.

CHU: Vale a pena se preocupar com valores terminais por dois motivos. Primeiramente, eles estão presentes na avaliação de qualquer bem. Por exemplo, ao avaliar uma obrigação do Tesouro Americano, o valor terminal é o retorno do seu principal na maturidade do título.

SIMON: Alguns investidores podem esperar até a maturidade, mas os negociadores que estabelecem os preços nos mercados de títulos quase nunca esperam até a maturidade.

CHU: Para negociadores, o valor terminal é igual aos lucros obtidos quando se vendem os títulos ao deixar cada posição. Pode-se dizer o mesmo de ações, moedas e todo o tipo de bens físicos. Agora, a segunda principal razão pela qual nos preocupamos com valores terminais é que, na avaliação de ações e empresas inteiras, ele é *geralmente um grande condutor de valor.*

SIMON: Eu não acredito nisso. O valor terminal é um valor distante no futuro. A única coisa com que os negociadores se importam são os dividendos.

CHU: Aposto que se você pegar uma amostra aleatória de ações – eu deixo você jogar dardos nas páginas financeiras para escolhê-las – e observar a quantidade de preços de ações que não se explicam pelo valor presente dos dividendos para os próximos cinco anos, vai descobrir que a parte que não se explica domina o valor de hoje. Acredito que essa parte inexplicada se deve, em grande parte, ao valor terminal.[5]

> A primeira tarefa de Simon: apresentar e explicar os dados no **Quadro 3**.

SIMON: Eu vou jogar os dardos, mas ainda não acredito nisso – mostrarei a você o que eu encontrar.

[5]A parte inexplicada também poderia estar relacionada a valores opcionais que não são capturados tão facilmente em uma avaliação de fluxo de caixa descontado.

Variedades de valores terminais

CHU: Não dá para prever o valor terminal, mas apenas estimá-lo. Por essa razão, gosto de analisar uma série de estimadores como forma de chegar ao melhor palpite de valor terminal. Os estimadores incluem (a) valor contábil, (b) valor de liquidação, (c) múltiplos de lucro e (d) valor da perpetuidade com crescimento constante. Cada estimador tem vantagens e desvantagens, como mostra meu quadro (**Quadro 4**). Gosto mais do modelo de crescimento constante e menos do modelo de valor contábil, mas todos dão informações, então analiso todos.

SIMON: Eles concordam entre si?

CHU: Raramente. Lembre-se de que são estimativas imperfeitas. É como encontrar o ponto de tendência central de um diagrama de dispersão, ou triangular à altura de uma árvore, utilizando diversos pontos de observação. É preciso um julgamento bastante cauteloso porque algumas variedades de valor terminal são basicamente mais confiáveis que outras. De uma situação a outra os diversos estimadores têm graus variáveis de propriedade. Na verdade, embora eu geralmente desconsidere o valor contábil, há algumas situações em que esta pode ser uma estimativa justa de valor terminal.

SIMON: Por exemplo?

CHU: Pense um pouco a respeito; você pode adivinhar. Pense em alguns exemplos em que os vários estimadores seriam apropriados ou inapropriados. Mas lembre-se de que nenhum estimador, por si só, nos dará um valor "verdadeiro". Sempre que possível, utilizamos uma variedade de abordagens.

A segunda tarefa de Simon: considerar as abordagens descritas no **Quadro 4**.

Impostos

SIMON: E quanto aos impostos em valores terminais? Eu não deveria impor um imposto no ganho inerente em qualquer valor terminal?

CHU: Claro, se você for um investidor contribuinte e se tiver a intenção de sair do investimento em um horizonte já projetado. Porém, muitos investidores nos mercados de capital (tais como fundos de pensão e de doações a universidades) não pagam impostos. E outros investidores não têm muita exposição aos impostos em razão de um cauteloso planejamento tributário. Por último, em análises de fusões e aquisições e na maioria das análises de orçamentação de capital, a suposição mais razoável é a de *comprar* e *manter* em perpetuidade. De modo geral, a suposição normal é a de *não* tributar valores terminais. Mas todos precisamos fazer a pergunta básica no começo da nossa análise: o investidor deverá pagar impostos?

Liquidação *versus* valor de empresa em funcionamento

SIMON: Agora estou começando a ficar confuso. Eu pensei que "terminal" significasse o fim – e agora você está falando de um valor em perpetuidade. Se o valor terminal é realmente o valor final, não deveríamos falar em um *valor de liquidação*? Valores de liquidação são fáceis de se estipular: simplesmente se toma o valor nominal do capital de giro líquido, adicionam-se os lucros provenientes de vendas de quaisquer bens fixos e subtraem-se as dívidas de longo prazo da empresa.

CHU: *Fácil* não é a questão. Temos de fazer o que é sensato do ponto de vista econômico. Por exemplo, você não ia querer supor que liquidaria a Microsoft em três anos só porque isso é o máximo que você consegue prever em relação ao futuro. Os bens-chave da Microsoft são softwares, pessoas e idéias. Os seus valores jamais serão capturados em um leilão de liquidante. O valor real dela está em futuros fluxos de caixa livres. Quando se trata de um caso como o da Microsoft, vemos a sutileza do conceito de "valor terminal" – no caso da *maioria* das empresas, significa o "valor permanente"* derivado do valor da empresa em funcionamento. De fato, muitos ativos duram muito além do horizonte de projeção. O valor terminal é apenas um resumo (ou valor presente) dos fluxos de caixa além do horizonte.

SIMON: Então, quando você utilizaria o valor de liquidação?

CHU: Eu já vi muito isso em orçamentação de capital corporativo, em casos como máquinas, fábricas, projetos de recursos naturais etc. Os ativos nesses casos têm vidas definidas. Porém, empresas e *negócios* duram muito em potencial e deveriam ser avaliados com base no seu valor de empresa em funcionamento. Mas, ainda assim, analiso o valor de liquidação porque pode ser que eu encontre algumas situações interessantes em que o valor de liquidação é maior que o valor da empresa em funcionamento. Exemplos disso seriam empresas sujeitas à regulamentação ou tributação opressiva e empresas enfrentando condições de mercado estranhas – no final dos anos 1970 e no começo dos anos 1980, a maioria das empresas petrolíferas tinha um valor de mercado *menor* que o valor de suas reservas em petróleo. Não se vêem essas situações com freqüência, mas ainda vale a pena dar uma olhada.

Múltiplos de mercado e avaliação com crescimento contínuo

SIMON: Os múltiplos não são os melhores estimadores de valor terminal? Eles com certeza são a abordagem mais fácil.

CHU: Eu os utilizo, mas eles têm desvantagens, como meu quadro (**Quadro 4**) mostra. Eles são fáceis de utilizar, porém, muito abstratos para o meu trabalho analítico. Eu quero chegar bem perto das suposições sobre valor, por isso utilizo esta versão do modelo de avaliação com crescimento constante para avaliar os ativos de uma empresa:

$$TV_{Empresa} = \frac{FCF \times (1 + g_{FCF}^{\infty})}{WACC - g_{FCF}^{\infty}}$$

"FCL" é fluxo de caixa livre. "CCMP" é o custo de capital médio ponderado. E "g^{∞}" é o índice de crescimento constante dos fluxos de caixa livres elevado ao infinito. Esse modelo foi derivado de uma fórmula de avaliação de fluxo de caixa descontado infinitamente longa.

$$PV_{Empresa} = \frac{FCF_0 \times (1 + g_{FCF}^{\infty})}{(1 + WACC)} + \frac{FCF_0 \times (1 + g_{FCF}^{\infty})^2}{(1 + WACC)^2} + \frac{FCF_0 \times (1 + g_{FCF}^{\infty})^3}{(1 + WACC)^3} + \cdots + \frac{FCF_0 \times (1 + g_{FCF}^{\infty})^{\infty}}{(1 + WACC)^{\infty}}$$

*NT: *Continuing value.*

Se o índice de crescimento é constante ao longo do tempo, esse modelo infinitamente longo pode ser condensado em um modelo de crescimento constante fácil de utilizar.

Quando estou avaliando ações em vez de ativos, utilizo a fórmula de avaliação com crescimento constante, porém, com dados relacionados a ações:

$$VT_{Ações} = \frac{\textit{Fluxo de caixa residual} \times (1 + g^{\infty}_{FCR})}{\textit{Custo do capital próprio} - g^{\infty}_{FCR}}$$

O fluxo de caixa residual (FCR) é o fluxo de caixa que os acionistas esperam receber – um nome comum para FCR é dividendos. Um ponto-chave é que o índice de crescimento utilizado nesse modelo deveria ser o índice de crescimento apropriado para o tipo de fluxo de caixa que se avalia; e o custo de capital deveria ser apropriado para aquele fluxo de caixa também.

Você pode ter visto a versão mais simples do modelo de crescimento constante – um que pressupõe crescimento zero – que se reduz a dividir o fluxo de caixa anual pela taxa de desconto.

SIMON: Claro, eu utilizei um modelo assim para avaliar ações preferenciais perpétuas. No numerador, inseri o dividendo anual; no denominador, inseri o que acreditávamos ser a taxa de retorno requerida para aquele fluxo.

CHU: Se você inserir um índice de crescimento positivo no modelo, o resultado será maior. Em uma economia em crescimento, a suposição de fluxos de caixa livres em ascensão é bem razoável. Vendedores de empresas sempre querem persuadi-lo de suas grandes perspectivas de crescimento. Se você comprar as suposições otimistas de crescimento, terá de pagar um preço mais alto pela empresa. Mas a suposição de crescimento pode se tornar irracional se for longe demais. Muitos dos abusos desse modelo têm a ver com o pequeno símbolo de infinito, ∞: o modelo pressupõe *crescimento constante ao índice, g, elevado ao infinito*.

O crescimento "Peter Pan": CCMP < g

SIMON: Certo! Se você pressupuser um índice de crescimento maior que a CCMP, vai obter um valor terminal *negativo*.

CHU: Esse é um exemplo em que você não pode utilizar o modelo de crescimento constante. Mas pense nisso: uma CCMP menor que g *não pode* acontecer; uma empresa não pode crescer ao infinito em um índice maior que seu custo de capital. Para ilustrar o porquê, vamos reorganizar a fórmula de crescimento constante para resolver por CCMP:

$$CCMP = \frac{FCL_{\textit{Próximo período}}}{\textit{Valor da empresa}_{\textit{Período atual}}} + g^{\infty}_{FCL}$$

Se a CCMP fosse menor que *g*, a proporção de FCL dividida pelo valor da empresa teria de ser *negativa*. Como o valor da empresa saudável para os investidores não pode ser menor que zero,[6] a fonte da negatividade tem de ser FCL – o que significa que a empresa está absorvendo e não jogando dinheiro fora. Lembre-se de que, na fórmula usual de valor terminal com crescimento constante, FCL é o fluxo que se compõe ao infinito no índice g. Portanto, se FCL for negativo, o fluxo inteiro de FCLs deverá ser negativo – a empresa é como Peter Pan: *não cresce nunca*; nunca amadurece a ponto de gerar fluxos de caixa positivos. Essa é uma implicação louca porque investidores não comprariam ações em uma empresa que nunca pagasse um retorno em dinheiro. Ou seja, não se pode utilizar o modelo de crescimento constante quando a CCMP for menor que g, nem se poderia por causa das implicações inacreditáveis dessa pressuposição.

Utilizando um histórico de índices de crescimento; estabelecendo horizontes de projeção

CHU: Uma forma bastante comum de abuso desse modelo é pressupor um índice de crescimento muito alto, simplesmente ao extrapolar o índice de crescimento passado da empresa.

SIMON: Por que o índice de crescimento passado não é bom?

CHU: Empresas passam por ciclos de vida. Um período de crescimento explosivo é geralmente seguido por um período de maturidade e/ou declínio. Observe três negócios neste quadro (**Quadro 5**): o início de um estúdio de filmes de animação em Burbank, Califórnia; uma fábrica de engarrafamento na Cidade do México e uma rodovia de alta velocidade com pedágio em Los Angeles.

- **Estúdio de filmes**. O estúdio possui uma unidade de produção de televisão com receitas pequenas, crescendo gradualmente, e uma unidade de produção de filmes de longa-metragem com fluxos de caixa grandes, porém incertos. O estúdio não alcançará estabilidade até o 27º ano. A estabilidade se deve em grande parte à biblioteca de filmes da empresa, que deverá ser considerável até lá. Depois do 27º ano, a exploração da biblioteca por meio de vídeos e relançamentos agirá como um amortecedor de choques, diminuindo variações no fluxo de caixa em razão da parte de produção dos negócios. Além disso, pode-se presumir que o estúdio terá alcançado capacidade máxima de produção.
- **Fábrica de engarrafamento**. A engarrafadora deve estabelecer uma fábrica e uma marca de refrigerante americana no México, o que explica os fluxos de caixa iniciais negativos e o crescimento lento. Quando a marca se firmar, os fluxos de caixa crescerão rapidamente. Por último, no 12º ano, a fábrica atingirá capacidade máxima. Depois disso, os fluxos de caixa crescerão de acordo principalmente com o índice de inflação.
- **Rodovia com pedágio**. A rodovia vai levar 18 meses para ser construída e vai operar com capacidade máxima quase que imediatamente. O pedágio é regulamentado pelo governo, mas a empresa terá permissão para aumentar os preços de acordo com a inflação. Os fluxos de caixa alcançarão estabilidade no terceiro ano.

[6]Essa é uma suposição sensata para empresas saudáveis, sob o axioma de responsabilidade limitada dos investidores: investidores não podem ser responsabilizados por reivindicações contra a empresa, além do valor do seu investimento. Porém, nos casos de regulamentações punitivas por parte do governo, ou de um sistema de danos ativos, os investidores podem se sentir compelidos a "investir" mais em um negócio desvantajoso. Exemplos incluiriam obrigações com a limpeza de lixo tóxico, o medicamento de implantes de seios defeituosos e os custos médicos referentes ao vício em nicotina. Nesses casos, o valor da empresa para os investidores poderia ser negativo.

Um ponto essencial no julgamento de análises de valor é *estabelecer o horizonte de projeção naquele ponto no futuro, em que a estabilidade ou o crescimento estável se inicia.* Não se pode utilizar índices passados de crescimento de fluxos de caixa em cada um desses três projetos porque o crescimento explosivo do passado não se repetirá. Francamente, por longos períodos, é difícil sustentar um crescimento de fluxo de caixa muito maior que o da economia. Se fosse possível, você acabaria sendo o dono de tudo!

SIMON: Então, em que ano no futuro você estabeleceria o horizonte e estipularia o valor terminal desses três projetos? E que taxa de crescimento você utilizaria na sua fórmula de crescimento constante para eles? Já sei: "Descubra você mesmo".

A terceira tarefa de Simon: avaliar os horizontes de projeção para os três projetos. Consultar **Quadro 5**.

Suposição da taxa de crescimento

CHU: Há duas abordagens clássicas para se estimar a taxa de crescimento que se deve utilizar na fórmula de crescimento constante. A primeira é utilizar a fórmula da taxa de crescimento auto-sustentável:

$$g^{\infty} = ROE \times (1 - TDD)$$

Essa equação pressupõe que a empresa só pode crescer na medida em que aumenta sua base de capital de acionistas (com o retorno sobre o patrimônio líquido ou "ROE", menos quaisquer dividendos pagos, indicados pela taxa de distribuição de dividendos ou "TDD"). Eu não sou muito fã dessa abordagem porque muitos analistas ingênuos simplesmente *extrapolam* o ROE e TDD do passado sem pensar de verdade no futuro. Além disso, essa abordagem depende do ROE e pode dar alguns resultados absurdos.[7]

A segunda abordagem pressupõe que o crescimento nominal de um negócio é a soma de *crescimento real* e *inflação*. Em uma notação matemática mais precisa, a fórmula é:

$$g^{\infty}_{Nominal} = [(1 + g^{\infty}_{Unidades}) \times (1 + g^{\infty}_{Inflação})] - 1$$

Essa fórmula utiliza a Fórmula Fisher, em que a taxa nominal de crescimento é o produto da taxa de inflação e a taxa de crescimento "real".[8] Nós geralmente pensamos em crescimento real como um aumento de porcentagem nas unidades despachadas. Porém, em raras circunstâncias, o crescimento real poderia vir, por exemplo, de aumentos de preços, em razão do poder de um monopólio sobre o mercado. Por questões de simplicidade, uso somente uma versão mais curta desse modelo (menos precisa, embora a diferença não seja material):

$$g^{\infty}_{Nominal} = g^{\infty}_{Unidades} + g^{\infty}_{Inflação}$$

Agora, essa fórmula nos coloca duas questões muito interessantes: a taxa de crescimento real no negócio e a sua habilidade de repassar os efeitos da inflação. A concepção consensual sobre a inflação nos Estados Unidos hoje em dia pede um índice de inflação de aproximadamente 2%. Provavelmente nós não temos o consenso político nos Estados Unidos para baixar a inflação a zero, e o Federal Reserve tem demonstrado uma forte resistência em dei-

[7]Para uma discussão completa sobre o modelo da taxa de crescimento auto-sustentável, consulte "A Critical Look at the Self-Sustainable Growth Rate Concept" (UVA-F-0951).

[8]O economista Irving Fisher produziu esse modelo de crescimento econômico.

xar a inflação subir mais do que isso. Bem, se a inflação é dada, o analista pode realmente se concentrar no aspecto mais interessante da taxa de crescimento real do negócio.

A taxa de crescimento real tende a variar de acordo com a indústria. O crescimento na demanda por unidades de produtos básicos (como curativos adesivos) é provavelmente determinado pela taxa de crescimento da população – menos de 1% nos Estados Unidos. O crescimento na demanda por produtos de luxo é determinado pelo crescimento do lucro real disponível – talvez 3% nos dias de hoje. O crescimento na demanda por *commodities* industriais, como o aço, é provavelmente igual à taxa de crescimento real do PIB – em torno de 3% em média ao longo dos tempos. Em todo o caso, esses são números muito pequenos.

Quando se acrescentam essas taxas de crescimento real à expectativa de inflação hoje em dia, obtém-se um número pequeno – o que é intuitivamente interessante pois, em longo prazo, a maturidade crescente de uma empresa tende a empurrar sua taxa de crescimento para baixo.

Valor terminal para a Arcadian Microarray Technologies

CHU: Estamos negociando para estruturar um investimento em ações na Arcadian. Nós e a gerência discordamos quanto ao tamanho dos fluxos de caixa a serem realizados nos próximos dez anos (veja **Quadros 1** e **2**). Eu estou disposto a investir dinheiro com base nas *minhas* expectativas, mas também estou disposto a concordar em dar à gerência da Arcadian um pagamento contingente se eles alcançarem a previsão *deles*. Para começar o processo de estruturação, precisei de avaliações da Arcadian levando em conta a previsão deles e a nossa. Nós temos as previsões de fluxos de caixa e ambos concordamos que o custo de capital médio ponderado l (CCMP) deva ser de 20% – o que é baixo para um típico investimento de capital de risco, mas visto que os sócios do departamento de pesquisa e desenvolvimento da Arcadian estão assumindo os riscos técnicos nesse empreendimento, acho que o valor se justifica. Tudo o que eu precisava para terminar a avaliação era uma suposição razoável de valor terminal – já fiz uma análise de sensibilidade utilizando taxas de crescimento ao infinito variando de 2% a 7% (veja **Quadro 6**). A taxa de crescimento da empresa resultará em diferentes demandas quanto à necessidade de capital físico e capital de giro líquido – quanto maior a taxa de crescimento, maiores os requerimentos de capital. Ao computar o valor terminal utilizando o modelo de crescimento constante, ajustei o fluxo de caixa livre para esses diferentes requerimentos de capital. Aqui estão os cenários que eu considerei (em milhões de dólares americanos):

A quarta tarefa de Simon: interpretar o **Quadro 6**.

Taxa de crescimento nominal ao infinito	Investimentos no ano terminal, líquido de depreciação	Investimento em capital de giro líquido no ano terminal
2%	$ 0 milhão	$ 0 milhão
3%	−$ 5	−$ 3
4%	−$ 12	−$ 5
5%	−$ 15	−$ 7
6%	−$ 20	−$ 8
7%	−$ 28	−$ 9

A gerência da Arcadian acredita que eles podem crescer a 7% ao infinito, pressupondo uma forte posição de patente em inovações terapêuticas.

A quinta tarefa de Simon: o que determina g_∞?

Acredito que uma taxa de crescimento menor é justificável, mas gostaria de ouvir sua recomendação sobre qual deveria ser essa taxa de crescimento. Será que deveríamos levar em consideração a taxa de crescimento populacional nos Estados Unidos (de aproximadamente 1% ao ano) ou a taxa de crescimento real da economia (de aproximadamente 3% ao ano) ou o histórico da taxa de crescimento real nas receitas da indústria farmacêutica (5% ao ano)? Há outras taxas de crescimento que deveríamos levar em consideração?

Deveríamos testar a racionalidade das avaliações de fluxo de caixa descontado em relação às estimativas a que chegamos por meio de outras abordagens. As estimativas de valor contábil e valor de liquidação da empresa não ajudam muito nesse caso, mas estimativas de múltiplos sim. Espera-se que os múltiplos de preço/lucros (P/L) para a Arcadian sejam de 15 a 20 vezes no horizonte de projeção – o que é consideravelmente abaixo dos P/Ls para empresas farmacêuticas bem estabelecidas. Os índices de preço/valor contábil de empresas semelhantes é de cerca de 8,5 vezes; o valor contábil das ações da Arcadian é de $ 3,5 milhões. Por favor, utilize quaisquer outros múltiplos que você conheça. Nós não prevemos que a Arcadian pague dividendos por muito tempo.

A sexta tarefa de Simon: estipular valores terminais e preparar estimativas de valor presente utilizando múltiplos.

SIMON: Isso me deixa cético em relação ao conceito como um todo. O valor terminal de uma empresa de alta tecnologia será uma estimativa terrivelmente incerta. Como se estipula crescimento? Qual a sensibilidade do valor terminal a variações em taxas de crescimento pressupostas? E com várias estimativas de valor terminal, como se escolhe o "melhor palpite" para completar a análise de fluxo de caixa descontado? E quando você terminar tudo isso, qual a distância entre as duas avaliações?

CHU: Você precisa me ajudar a encontrar respostas inteligentes para essas perguntas. Por favor, me dê suas recomendações sobre os valores terminais, suas pressuposições e, por último, sobre o que você acredita ser uma faixa razoável de valores para a Arcadian, do nosso ponto de vista e do ponto de vista da administração. Por "faixa de valores", entenda estimativas de valores altos e baixos para as ações da Arcadian que representem os limites dentro dos quais vamos começar as negociações (o valor mais baixo) e acima do qual vamos abandonar as negociações.

A sétima tarefa de Simon: triangular uma faixa de valores e recomendar uma estrutura para a transação.

Conclusão

Mais tarde, Rodney Chu refletiu sobre a oportunidade de investimento na Arcadian. Parecia que o preço que a administração estava pedindo era altamente otimista; $ 40 milhões mal dariam para cobrir o *deficit* de capital que a Sierra havia projetado para 2005. Isso significava que outras rodadas de financiamento seriam necessárias de

A tarefa de Chu: avaliar valores de saída precoce e o impacto destes na decisão.

2006 em diante. Mas comprar da Arcadian agora era como comprar uma opção de futuras oportunidades de investimento – o preço dessa opção era alto, mas o retorno em potencial poderia ser imenso se os exemplos da Affymetrix e da Illumina fossem reflexos corretos de uma potencial criação de valor nesse campo. De fato, era razoável supor que a Arcadian abriria capital em uma oferta pública inicial (IPO) logo depois que uma grande inovação farmacêutica fosse anunciada. Uma IPO aceleraria a saída desse investimento. Se uma IPO ocorresse, a Sierra Capital não venderia suas ações da Arcadian, mas as distribuiria livres de impostos a clientes para quem a Sierra Capital estivesse administrando investimentos. Chu queria saber qual seria o tamanho do valor de saída e que impacto uma saída precoce teria na decisão sobre o investimento.

QUADRO 1 | Previsão de fluxos de caixa da Arcadian Microarray Technologies pela administração da Arcadian (valores em milhões de dólares americanos)

	Real 2004	2005	2006	2007	2008	2009	2010	2011	2012	2013	2014
DEMONSTRAÇÃO DE RESULTADOS											
Vendas											
Microarrays clínicos	$ 0	$ 1	$ 15	$ 56	$ 107	$ 181	$ 249	$ 274	$ 282	$ 285	$ 289
Microarrays de pesquisa	2	12	28	45	75	110	135	165	190	210	225
Royalties e outras receitas	0	0	2	13	52	106	146	166	174	186	189
Terapêutica humana	0	0	0	0	8	57	171	250	330	352	362
Vendas totais	**2**	**13**	**45**	**114**	**242**	**454**	**701**	**855**	**976**	**1.033**	**1.065**
Custo de vendas	7	10	21	41	84	159	246	322	335	350	361
Lucro bruto	**(5)**	**3**	**24**	**73**	**158**	**295**	**455**	**533**	**641**	**683**	**704**
Receita de contratos	16	21	23	15	12	4	3	3	3	3	3
Despesas operacionais											
Pesquisa e desenvolvimento	14	20	24	18	21	21	32	43	51	52	50
Despesas gerais, administrativas e com vendas	12	15	24	45	93	176	259	323	369	372	349
Despesas totais	**26**	**35**	**48**	**63**	**114**	**197**	**291**	**366**	**420**	**424**	**399**
Outras receitas	3	2	2	0	(3)	(10)	(25)	(38)	(43)	(37)	(20)
Lucro antes de impostos	**(12)**	**(9)**	**1**	**25**	**53**	**92**	**142**	**132**	**181**	**225**	**288**
Impostos	0	0	5	9	19	32	57	76	89	90	85
Lucro líquido	**($ 12)**	**($ 9)**	**($ 4)**	**$ 16**	**$ 35**	**$ 60**	**$ 85**	**$ 56**	**$ 92**	**$ 135**	**$ 203**
FLUXO DE CAIXA LIVRE											
Lucro líquido	($ 12)	($ 9)	($ 4)	$ 16	$ 35	$ 60	$ 85	$ 56	$ 92	$ 135	$ 203
Itens não-caixa	0	1	2	2	6	10	18	19	15	8	(1)
Capital de giro	(4)	(8)	(12)	(22)	(63)	(101)	(118)	(100)	(61)	1	39
Dispêndios de capital	(15)	(6)	(5)	(23)	(53)	(93)	(111)	(98)	(66)	(10)	(10)
Fluxo de caixa livre	**($ 31)**	**($ 22)**	**($ 19)**	**($ 27)**	**($ 76)**	**($ 124)**	**($ 126)**	**($ 123)**	**($ 20)**	**$ 134**	**$ 231**

Fonte: Análise do autor do caso.

QUADRO 2 | Projeção de fluxos de caixa da Arcadian Microarray Technologies, pelos analistas da Sierra Capital (valores em milhões de dólares americanos)

	Real 2004	2005	2006	2007	2008	2009	2010	2011	2012	2013	2014	2015
DEMONSTRAÇÃO DE RESULTADOS												
Vendas												
Microarrays clínicos	$ 0	$ 0	$ 2	$ 11	$ 22	$ 36	$ 56	$ 71	$ 85	$ 95	$ 106	$ 114
Microarrays de pesquisa	2	4	11	22	40	59	89	135	145	160	185	199
Royalties e outras receitas	0	1	4	7	12	15	25	50	60	75	91	105
Terapêutica humana	0	0	0	0	0	0	0	14	56	80	110	140
Lucro bruto	**2**	**5**	**17**	**40**	**74**	**110**	**170**	**270**	**346**	**410**	**492**	**558**
Custo de vendas	7	17	20	25	39	54	72	96	124	142	154	160
Lucro bruto	**(5)**	**(12)**	**(3)**	**15**	**35**	**56**	**98**	**174**	**222**	**268**	**338**	**398**
Receita de contratos	16	22	22	15	12	4	4	4	4	4	4	4
Despesas operacionais												
Pesquisa e desenvolvimento	14	23	25	27	29	33	37	44	52	53	54	58
Despesas gerais, administrativas e com vendas	12	21	25	32	44	64	87	104	127	138	136	136
Despesas totais	**26**	**44**	**50**	**59**	**73**	**96**	**124**	**147**	**179**	**191**	**191**	**194**
Outras receitas	3	0	0	1	(1)	(2)	(2)	(3)	(2)	0	0	3
Lucro antes de impostos	**(12)**	**(34)**	**(31)**	**(29)**	**(27)**	**(38)**	**(24)**	**28**	**45**	**80**	**152**	**210**
Impostos	0	0	(0)	1	4	(13)	4	11	15	27	39	48
Lucro líquido	**($ 12)**	**($ 34)**	**($ 31)**	**($ 30)**	**($ 31)**	**($ 25)**	**($ 28)**	**$ 17**	**$ 30**	**$ 53**	**$ 112**	**$ 162**
FLUXO DE CAIXA LIVRE												
Lucro líquido	($ 12)	($ 34)	($ 31)	($ 30)	($ 31)	($ 25)	($ 28)	$ 17	$ 30	$ 53	$ 112	$ 162
Itens não-caixa	2	3	3	3	4	6	8	10	14	18	20	23
Capital de giro	(6)	(6)	(6)	(7)	(14)	(17)	(19)	(20)	(28)	(16)	(6)	(6)
Dispêndios de capital	(15)	(9)	(9)	(9)	(10)	(11)	(15)	(18)	(24)	(27)	(28)	(30)
Fluxo de caixa livre	**($ 31)**	**($ 46)**	**($ 43)**	**($ 43)**	**($ 51)**	**($ 47)**	**($ 54)**	**($ 11)**	**($ 8)**	**$ 28**	**$ 98**	**$ 149**

Fonte: Análise do caso do autor.

QUADRO 3 | Amostra de empresas selecionadas por Paige Simon com análise de dividendos nos próximos cinco anos como uma porcentagem do preço da ação

	Preço recente	Dividendo anual	Crescimento projetado para o dividendo nos próximos cinco anos	Beta	Custo de capital próprio	Valor presente dos dividendos de cinco anos	Porcentagem do preço de mercado que não se atribui aos dividendos
BNSF	$ 53	$ 0,64	13,0%	0,95	11,2%	$ 3,36	94%
Caterpillar	49	0,80	10,0	1,20	12,6	3,74	92
Cooper Industries	67	1,40	0,0	1,20	12,6	4,98	93
Cummins, Inc.	82	1,20	1,0	1,35	13,4	4,30	95
Deluxe Corporation	33	1,48	1,5	0,80	10,4	5,79	82
RR Donnelley	34	1,04	3,5	0,95	11,2	4,21	88
Dun & Bradstreet	64	0,00	0,0	0,80	10,4	0,00	100
Eaton Corp.	63	1,08	13,5	1,10	12,0	5,62	91
Emerson Electric Co.	70	1,60	7,5	1,10	12,0	7,08	90
Equifax	33	0,11	3,5	1,10	12,0	0,44	99
FedEx Corporation	81	0,29	13,0	1,10	12,0	0,00	100
Fluor Corporation	63	0,64	4,0	1,20	12,6	2,54	96
Honeywell Int'l. Inc.	34	0,75	3,0	1,35	13,4	2,84	92
Illinois Tool Works, Inc.	82	1,00	8,5	1,05	11,7	4,58	94
Kelly Services	29	0,40	11,0	0,95	11,2	1,99	93
ServiceMaster	14	0,43	2,5	0,80	10,4	1,73	87
Sherwin-Williams Co.	46	0,68	11,0	1,00	11,5	3,36	93
Smurfit-Stone Cont. Co.	10	0,00	0,0	1,30	13,1	0,00	100
Tenneco	17	0,00	0,0	1,75	15,5	0,00	100
Weyerhauser Co.	68	1,60	7,5	1,15	12,3	7,03	90
						Média	**93%**

Nota: Para ilustrar a estimativa de 94% para a Burlington Northern, o dividendo anual de $ 0,64 foi projetado com crescimento de 13% ao ano a $ 0,72 em 2006, $ 0,82 em 2007, $ 0,92 em 2008, $ 1,04 em 2009 e $ 1,18 em 2010. O valor presente desses dividendos descontado a 11,2% foi de $ 3,36. Isso equivalia a cerca de 6% do preço da ação da Burlington Northern, $ 53. O complemento, 94%, é a porção do preço de mercado que não se atribui a dividendos.

Fonte: *Value Line Investment Survey* para preços, dividendos, taxas de crescimento e betas. Outros itens foram calculados pelo autor do caso.

QUADRO 4 | Estimadores-chave do valor terminal

Abordagem	Vantagens	Desvantagens
Valor contábil	—Simples —"Confiável"	—Ignora alguns ativos e passivos —Custos históricos: retrospectiva —Sujeito à manipulação contábil
Valor de liquidação	—Conservador	—Ignora o valor da "empresa em funcionamento" —Venda (des)organizada?
Valor de substituição	—"Circulante"	—Substituir *o quê?* —Estimativas subjetivas
Múltiplos, capitalização dos lucros **—Preço/lucros** **—Valor/EBIT** **—Preço/valor contábil**	—Simples —Amplamente utilizado	—"Lucros" sujeitos à manipulação contábil —Estimativa "instantânea": pode ignorar mudanças cíclicas e seculares —Depende de empresas comparáveis: por fim, só uma medida de valor relativo, não absoluto
Fluxo de caixa descontado	—Com base em teoria —Rigoroso —Permite muitos *insights* analíticos —Foco no caixa —Multiperiódico —Reflete a mudança no valor do dinheiro no tempo	—Demorado —Risco de "paralisia analítica" —Fácil de abusar e utilizar mal —Difícil de explicar a novatos

QUADRO 5 | Fluxos de caixa de três negócios com taxas de desenvolvimento diversas (valores em milhões de dólares americanos)

Ano	Estúdio de filmes	Fábrica de engarrafamento	Rodovia com pedágio
1	($ 20)	($ 20)	($ 20)
2	(40)	(60)	90
3	(60)	(100)	169
4	(20)	5	172
5	0	10	176
6	20	20	179
7	30	40	183
8	50	65	187
9	75	115	190
10	100	150	194
11	90	180	198
12	80	190	202
13	60	200	206
14	55	204	210
15	70	208	214
16	85	212	219
17	95	216	223
18	105	221	227
19	130	225	232
20	150	230	237
21	140	234	241
22	160	239	246
23	190	244	251
24	225	249	256
25	240	254	261
26	230	259	266
27	255	264	272
28	260	269	277
29	265	275	283
30	270	280	288
31+	Crescimento estável ao infinito.		

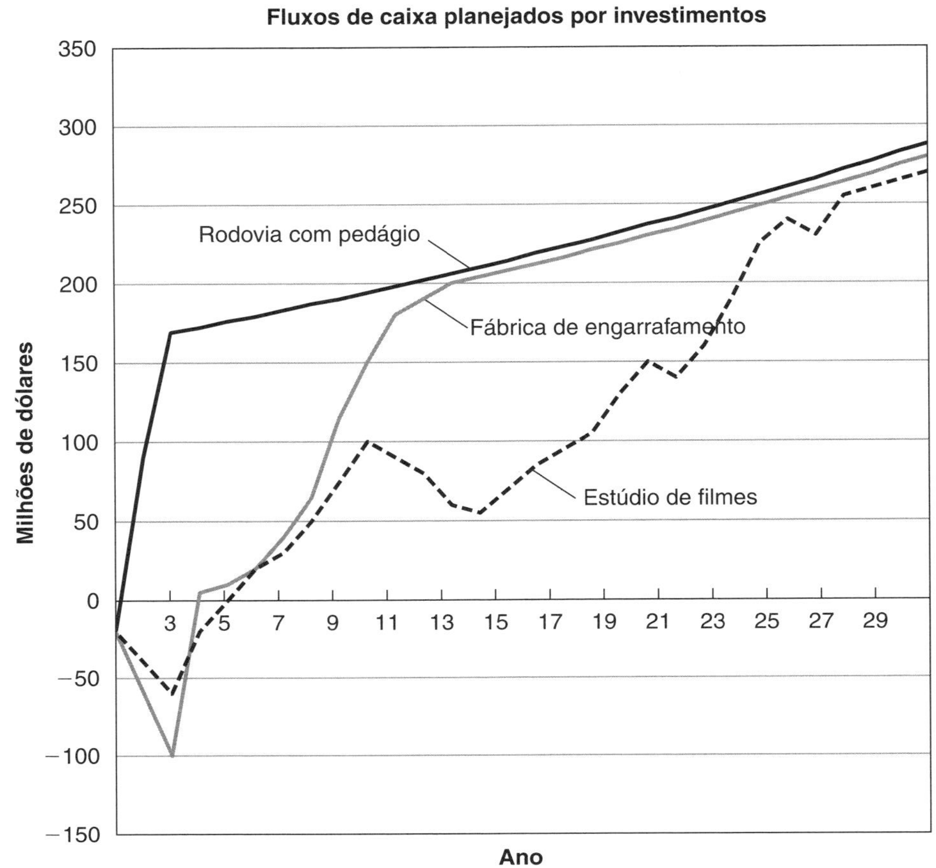

Fonte: Análise do autor do caso.

QUADRO 6 | Análise de sensibilidade do valor terminal e valor presente da Arcadian por variações nos cenários de valor terminal (valor em milhões de dólares americanos)

Visão de Arcadian						
Taxa de crescimento anual ao infinito	**2%**	**3%**	**4%**	**5%**	**6%**	**7%**
Custo de capital médio ponderado	20%	20%	20%	20%	20%	20%
Capex anual (líquido de depreciação) 2015	$ 0	($ 5)	($ 12)	($ 15)	($ 20)	($ 28)
Adição anual ao capital de giro líquido 2015	—	(3)	(5)	(7)	(8)	(9)
Fluxo de caixa livre ajustado 2015	202	194	185	180	174	165
Valor terminal 2014	1.142	1.173	1.200	1.257	1.314	1.355
Valor presente do valor terminal 2014	185	189	194	203	212	219
Valor presente dos fluxos de caixa livres 2005-2014	($ 151)	($ 151)	($ 151)	($ 151)	($ 151)	($ 151)
Valor presente total	**$ 33**	**$ 38**	**$ 43**	**$ 52**	**$ 61**	**$ 68**
Visão da Sierra Capital						
Taxa de crescimento anual ao infinito	**2%**	**3%**	**4%**	**5%**	**6%**	**7%**
Custo de capital médio ponderado	20%	20%	20%	20%	20%	20%
Capex anual (líquido de depreciação) 2016	$ 0	($ 5)	($ 12)	($ 15)	($ 20)	($ 28)
Adição anual ao capital de giro líquido 2016	—	(3)	(5)	(7)	(8)	(9)
Fluxo de caixa livre ajustado 2016	185	177	168	163	157	148
Valor terminal 2015	1.049	1.073	1.093	1.142	1.189	1.219
Valor presente do valor terminal 2015	141	144	147	154	160	164
Valor presente dos fluxos de caixa livres 2005-2015	($ 118)	($ 118)	($ 118)	($ 118)	($ 118)	($ 118)
Valor presente total	**$ 23**	**$ 26**	**$ 29**	**$ 35**	**$ 42**	**$ 46**

Fonte: Análise do autor do caso.

CASO 40

Yeats Valves and Controls Inc.

No dia 2 de maio de 2000, W. B. "Bill" Yeats, diretor, CEO e fundador da Yeats Valves and Controls Inc. (YVC), reuniu-se com Kate Porter, sua conselheira de longa data, banqueira de investimentos e membro do conselho de administração da Yeats Valves. Os dois encontraram-se para preparar as negociações finais sobre a proposta de aquisição da Yeats Valves pela TSE International Corporation. Sérias negociações entre as duas empresas haviam começado em março, depois de conversas casuais que datavam do final de 1999. Essas conversas iniciais concentravam-se em motivos gerais para que cada lado chegasse a um acordo, e sobre questões da sociedade, tais como administração e compensação na nova empresa. O contrato com os termos finais em que o acordo definitivo seria delineado e assinado ainda estava aberto a negociações.

Porter e Yeats haviam trabalhado juntos para elaborar as linhas gerais do acordo. Até então, os termos societários da fusão haviam sido levantados, porém detalhes específicos ainda tinham de ser resolvidos. A YVC se tornaria uma subsidiária da TSE. Bill Yeats continuaria como CEO da YVC.

Yeats jamais havia pensado seriamente sobre a possibilidade de vender a empresa antes de novembro passado, quando completou 62 anos. "Comecei a me perguntar o que aconteceria com a empresa depois que me aposentasse ou morresse", ele comentou com Kate Porter. "Eu tenho uma boa equipe de alto escalão aqui, mas eles são todos especialistas. Não acho que algum deles poderia assumir e levar o negócio sozinho. É um ofício difícil de aprender, e eu não acho que poderia encontrar um sucessor facilmente – nem treiná-lo rapidamente. Há uma estabilidade na fusão com a TSE International que vale alguma coisa para mim, pessoalmente".

"Na sua ânsia de vender, só não deixe valor demais na mesa", Kate Porter disse. "As possibilidades da YVC estão melhores do que nunca. Você tem tecnologia de primeira. Com a nossa propriedade intelectual e com os novos produtos surgindo, há muito valor escondido nesta empresa que não se reflete no balanço patrimonial. Seja realista em relação ao valor."

Bill Yeats concordou. "Há inúmeras razões para que eu queira ver a aquisição se realizar. Porém, quero me certificar de que também será um bom negócio para os nossos acionistas. Eles colocaram muita fé em mim em momentos críticos da história dessa empresa, e eu não gostaria de decepcioná-los."

Yeats Valves and Controls Inc.

A Yeats Valves and Controls Inc., sediada em Innisfree, Califórnia, fabricava principalmente válvulas especializadas e permutadores de calor. A empresa possuía muitos itens padrões, mas quase 40% de seu volume e mais de 50% de seus lucros derivavam de aplicações especiais para as indústrias de defesa e aeroespacial. Tais produtos exigiam um extenso trabalho de engenharia, do tipo que apenas algumas empresas eram capazes de igualar. A Yeats tinha reputação pela excelência em engenharia nas fases mais complexas do negócio e, como resultado, freqüentemente realizava um excelente trabalho em dispositivos altamente técnicos para o governo.

A Yeats era um desdobramento de uma pequena empresa organizada em 1980 para um trabalho de engenharia e desenvolvimento de um permutador de calor experimental. Em 1987, assim que o produto atingiu o estágio comercial, a empresa organizou-se para adquirir as patentes e a propriedade, ambas particulares e concedidas, da corporação de engenharia. Bill Yeats, que fundou a empresa de engenharia, fundou a Yeats Valves e continuou como seu CEO.

A matéria-prima utilizada pela empresa estava amplamente disponível em uma série de fornecedores concorrentes. Acordos de comercialização não apresentavam problema algum; vendas para fabricantes de máquinas eram feitas diretamente por um funcionário da engenharia de vendas especializadas. A Auden Company, uma grande empresa em uma área afim, era um importante canal estrangeiro de distribuição por meio de um acordo de entrega não exclusiva. Cerca de 15% das vendas da Yeats Sales vinham da Auden. Vendas estrangeiras pela Auden e diretamente pelos próprios funcionários da Yeats Valves geravam 30% do total. Metade das vendas estrangeiras tinha como origem economias emergentes, principalmente o Brasil, a Coréia e o México. A outra metade vinha da Grã-Bretanha, Itália e Alemanha.

Embora a crise de moedas estrangeiras na metade da década de 1990 houvesse interrompido temporariamente o crescimento de vendas da empresa, melhores condições econômicas nos mercados de países desenvolvidos, assim como a recente introdução de novos produtos para as indústrias de defesa e aeroespacial, ofereceram à empresa excelentes possibilidades de melhoria de seu desempenho. Como tal, as vendas no primeiro trimestre de 2000 cresceram de 20% a 25% em relação ao mesmo período em 1999, enquanto muitos concorrentes da Yeats Valves estavam tendo crescimento limitado. Os **Quadros 1** e **2** mostram o balanço geral mais recente da empresa e os demonstrativos de resultados de 1995 em diante. O **Quadro 3** apresenta cinco anos de vendas, lucros e outros dados projetados para a Yeats Valves Yeats Valves and Controls Inc.

As fábricas da Yeats Valves, todas de construção moderna, estavam organizadas para lidar de modo eficiente com pequenos pedidos de produção. A fábrica principal era servida por trilhos de uma importante estrada de ferro, com uma área de carga e descarga para 15 vagões, além de uma área de caminhões para a frota da empresa. De 1997 a 1999, foram feitos investimentos em ativos fixos de $ 7,6 milhões. Bill Yeats, extraordinário em pesquisa por conta própria, sempre enfatizou a pesquisa e o desenvolvimento de produtos melhores, com a proteção de patentes, embora acreditasse que a liderança da empresa estivesse com base em sua vantagem inicial no campo e em sua experiência prática.

O sucesso da Yeats Valves and Controls Inc. havia gerado inúmeras sondagens por parte de empresas à procura de diversificação, capacidade de fábrica, eficiência administrativa, recursos financeiros ou uma contrapartida para negócios cíclicos. Por exemplo, quando a empresa abriu capital em 1986, a Auden Company, que mais tarde teria 20% das ações ordinárias da Yeats Valves, adiantou uma proposta de fusão. Notícias dessa proposta chegaram até os comentaristas financeiros, que relataram uma possível ação do Departameto de Justiça Americano, um possível procedimento antitruste. Embora os advogados da Yeats Valves estivessem confiantes de que tinham uma defesa pronta no caso de um processo antitruste, a questão prática era se tal vitória, no âmbito legal, desencadearia talvez dois ou mais anos de litígio, possivelmente até a Suprema Corte Americana. Processos não construíam negócios, como Yeats observou na época, mas consumiam tempo e energia que a gerência deveria devotar aos problemas operacionais da empresa. Logo, a idéia foi deixada de lado.

Com Bill Yeats se aproximando da aposentadoria, no entanto, a idéia de vender a empresa para uma maior parecia quase necessária. Havia razões urgentes além de sua aposentadoria iminente[1] e do problema de sucessão administrativa. Primeiramente, a empresa precisava de um parceiro endinheirado para expandir e bancar mais projetos de pesquisa e desenvolvimento. Conduzir pesquisas para continuar a desenvolver produtos de tecnologia de ponta para as indústrias de defesa e aeroespacial exigia investimentos consideráveis. Em segundo lugar, Yeats acreditava que a empresa lucraria ao ganhar acesso a uma grande rede de comercialização e distribuição. A Yeats Valves fazia muito sucesso no seu próprio nicho, mas Yeats concluiu que outros segmentos poderiam ser explorados se os produtos da sua empresa fossem comercializados de maneira mais agressiva e se estivessem mais disponíveis. Em terceiro lugar, visto que a empresa continuava a crescer, ela precisaria adquirir maior conhecimento de produção para a fabricação de grandes volumes. A Yeats Valves não possuía esse tipo de conhecimento. Por último, havia uma tendência crescente de consolidações na indústria da Yeats Valves ao longo do último ano. Yeats temia que, sem um parceiro endinheirado, a empresa seria afundada pela concorrência. Portanto, quando surgiu a oportunidade de fusão com a TSE International em 1999, Yeats se determinou a aproveitá-la ao máximo.

Ele acreditava que a YVC tinha outras alternativas além desse negócio. A Rockheed-Martin Corporation, uma grande empreiteira da indústria de defesa (ou uma série de outras), poderia ser induzida a fazer uma oferta para a Yeats Valves, embora Yeats preferisse a TSE International Corporation como parceira em uma fusão. A YVC e a TSE poderiam estabelecer certo tipo de *joint venture*, embora Bill Yeats suspeitasse que *joint ventures* enfrentassem os mesmos tipos de problemas de integração que aquisições; assim, ele achava que essa seria uma alternativa inferior. A YVC poderia ir para a frente sozinha, mas isso exigiria grandes somas em novas dívidas e capital próprio para financiar a rápida expansão do programa de "widening gyre". Ele estava preocupado com a possibilidade de perder o controle sobre a votação na empresa independentemente disso. Parecia que fechar um negócio com um parceiro conhecido e amigável prepararia o caminho para uma transição sistemática para ele e para a empresa.

Bill Yeats e Tom Eliot se conheciam havia quatro anos, tendo sido apresentados em uma conferência da indústria em que ambos eram palestrantes. Como fundadores e acionistas majoritários de suas empresas, eles se gostavam e se respeitavam. Conversas sobre uma possível combinação pareciam ganhar impulso depois do anúncio pela Yeats Valves de um contrato com o governo norte-americano para desenvolver um avançado sistema de controle hidráulico chamado provisoriamente de Widening Gyre, para uso em uma grande variedade

[1]Para fins de planejamento do espólio de Yeats, a venda de suas ações na Yeats Valves também contaria a seu favor.

de aplicações comerciais e industriais nas indústrias aeroespacial, automobilística e de transportes. O programa Widening Gyre já havia gerado patentes valiosas, inúmeras opções para pesquisa e desenvolvimento contínuos. Bill Yeats e sua equipe estavam mais interessados nos aspectos do programa ligados à pesquisa e desenvolvimento, e esperavam que a TSE ou algum outro parceiro assumisse o trabalho de comercialização e de inúmeras possíveis extensões de produtos. Yeats insistia que as previsões financeiras para sua empresa eram conservadoras e incluíam apenas os benefícios mais previsíveis do Widening Gyre. Ele disse à Kate Porter, "eu espero que a TSE reconheça o capital intelectual que nós levantamos para o programa Widening Gyre. Estamos todos muito animados; pode ser algo realmente grande. Temos um importantíssimo contrato com o governo. Mas no momento as previsões não mostram o seu potencial. E o preço das ações não reflete nossas possibilidades de crescimento. Como deveríamos colocar isso nas nossas negociações?".

TSE International Corporation

A TSE International Corporation foi incorporada em 1970. Em 2000, a empresa fabricava de componentes industriais avançados a correntes, cabos, porcas de parafusos, ferrolhos, peças de ferro e outros produtos semelhantes, e os vendia, em grande parte indiretamente, a vários usuários industriais. Uma divisão produzia peças para propulsão aeroespacial e sistemas de controle com uma grande linha de produtos intermediários. Uma segunda divisão produzia uma grande variedade de peças para a navegação náutica e produtos afins. A terceira divisão fabricava uma linha de componentes para mísseis e sistemas de comando de fogo. Todos esses produtos eram bem vistos pelos clientes da TSE, e cada um deles era um fator significativo em seu mercado natural. Demonstrações financeiras da TSE International estão nos **Quadros 4** e **5** – a dívida da empresa era classificada como *Baa*. Porter havia conseguido de um analista uma previsão consensual dos lucros, dividendos e fluxos de caixa da TSE, conforme aparece no **Quadro 6**.

O fornecimento de matéria-prima para a empresa, na forma de folhas, placas e bobinas de diversos metais, vinha de vários produtores. As fábricas da TSE eram modernas, amplas, equipadas com máquinas substancialmente novas, além de adequadamente servidas por estradas de ferro. A empresa era considerada uma produtora de baixo custo, possibilitado por um conhecimento de produção raro. A TSE International também era conhecida como uma concorrente difícil.

A situação atual

Durante o começo de 2000, uma série de reuniões de grupo ocorreram entre Yeats, Eliot e seus respectivos conselheiros. Desde o início das negociações para a combinação das duas empresas, os méritos de métodos alternativos foram considerados pelos conselhos dos dois lados. Esperava-se que o resultado mais provável fosse uma troca direta de ações ordinárias, embora Yeats estivesse disposto a considerar uma troca de bens por ações. Os dois métodos seriam estruturados de modo a garantir um adiamento das obrigações tributárias. Independentemente dos termos finalmente decididos, o acordo estaria sujeito à aprovação dos acionistas das duas empresas.

A YVC tinha 560 acionistas. Aproximadamente 70% das ações pertencia ao conselho de diretores e suas famílias, incluindo 20% pertencentes à Auden Company e 40% pertencentes a

Bill Yeats. Ele havia mantido o conselho de diretores totalmente informado ao longo das negociações com a TSE International. A fusão proposta foi discutida com o presidente da Auden Company, cuja aprovação era necessária em razão da participação de 20% de sua empresa. Embora os executivos da Auden não estivessem convencidos de que a proposta tivesse mérito estritamente comercial, eles decidiram não fazer objeções e, em vez disso, deram aviso prévio de que venderiam o que quer que sua empresa possuísse de ações da Yeats Valves. A Auden Company estava prestes a começar uma expansão própria, e seus executivos não estavam dispostos a manter uma participação minoritária em uma empresa como a TSE International Corporation. No entanto, eles não viam motivo algum para não manter as relações satisfatórias com a Yeats Valves quando esta se tornasse uma divisão da TSE International.

Os termos sociais da fusão precisavam ser confirmados. A administração e os funcionários da YVC permaneceriam intactos; não se contemplava nenhuma demissão. Bill Yeats buscava uma concessão de opções de cinco anos para comprar 80 mil ações da TSE International a 90% de seu valor de mercado na conclusão da aquisição, e um bônus-incentivo de $ 50 mil a $ 200 mil por ano. O salário atual de Yeats era de $ 300 mil por ano.

Kate Porter, como uma das diretoras da Yeats Valves, havia sido mantida totalmente informada sobre as negociações da fusão. Ela estava intrigada com a possibilidade de a Yeats Valves ter um valor maior se fosse parte de um empreendimento maior e mais diversificado. A empresa havia negociado recentemente a um índice de preço/lucro de 10,3 vezes, talvez refletindo os riscos de uma empresa pequena e concentrada, possivelmente vulnerável à concorrência de empresas maiores. A admissão da TSE International na Bolsa de Valores norte-americana seria atrativa a alguns acionistas, embora a empresa de Porter tivesse obtido comissões significativas ao se especializar na administração das negociações da Yeats Valves na Nasdaq. O **Quadro 7** mostra os preços de mercado recentes das ações da Yeats Valves e da TSE International.[2] O **Quadro 8** dá informações de avaliação de possíveis empresas listadas na bolsa semelhantes à Yeats Valves e à TSE International. O **Quadro 9** apresenta informações sobre recentes aquisições da Yeats Valves dentro da indústria e o **Quadro 10** apresenta o mercado financeiro e os dados sobre o retorno em ações dos últimos anos. Porter acreditava que uma alíquota de imposto marginal de 40% era garantida tanto para a TSE quanto para a Yeats.

"Kate, o que você acha da fusão?", Yeats perguntou à sua amiga quando eles se sentaram para analisar o negócio. "Parece-me um bom negócio, mas talvez eu esteja muito envolvida com a situação para descobrir tudo o que deveria ver. Também me preocupo que nossos funcionários, acostumados a uma cultura independente e empreendedora aqui na Yeats Valves, tenham dificuldade em se adaptar a uma grande empresa como a TSE International. Você acha que a fusão beneficiará a Yeats Valves? E, se sim, qual é o preço mínimo que deveríamos pedir para garantir que nossos acionistas lucrem com a fusão?".

"Abril de 2000 foi um mês cruel para as empresas ponto.com", Bill Yeats disse. "Nossa empresa é diferente. Temos grandes perspectivas de crescimento, mas nosso valor ainda é baixo. Será que essa fusão é um passo que nos ajudará a conseguir um múltiplo melhor? Ou será que deveríamos esperar para ver se nossos esforços serão melhor recompensados?" Com esse comentário, Yeats passou o seguinte quadro a Kate Porter:

[2]As ações da TSE International tinham um beta de 0,85; o beta da Yeats Valves and Controls era de 1,50, com base nos preços de negociação do ano mais recente.

Avaliações modestas – À luz dos preços de ações atualmente modestos, acreditamos que o número de aquisições crescerá no futuro. Algumas avaliações são tão baixas que, na verdade, os gerentes estão considerando compras alavancadas de suas empresas individuais. Aconselhamos a maioria dos investidores a adiar compromissos adicionais até que a Bolsa de Valores se estabilize.[3]

[3] *Value Line Investment Survey*, 5 de maio de 2000, p. 1.301.

QUADRO 1 | Balanço geral consolidado da Yeats Valves and Controls Inc. em 31 de dezembro de 1999 (valores monetários em milhares de dólares)

Ativos		
Caixa		$ 1.884
Títulos do Tesouro Americano e outras obrigações do Tesouro		9.328
Dívida do Governo Americano		868
Contas a receber (líquido)[1]		2.316
Estoques, a preço de custo ou mercado, o que for menor[2]		6.888
Outros ativos circulantes		116
Total de ativos circulantes		$ 21.400
Investimentos		1.768
Imobilizado. a preço de custo		
Terrenos[3]	$ 92	
Prédios	6.240	
Equipamentos[3]	18.904	
Menos: provisão para depreciação	7.056	
	$18.180	
Construção em andamento	88	
Imobilizado total (líquido)		$ 18.268
Patentes		156
Valor caixa do seguro de vida		376
Ativos diferido		156
Ativo total		$ 42.124
Passivos e patrimônio líquido		
Contas a pagar		$ 2.016
Salários provisionados		504
Custo da aposentadoria dos funcionários (a pagar)		208
Impostos acumulados		72
Dividendos a pagar		560
Provisão para imposto de renda		1.200
Total de passivos circulantes		$ 4.560
Imposto de renda diferido		800
Ações ordinárias. a $ 0.50. 1.440.000 ações autorizadas e em circulação		720
Capital		7.680
Reservas		28.364
Patrimônio total		$ 36.764
Passivo e patrimônio líquido total		$ 42.124
Índice de liquidez corrente		4,69
Índice de liquidez seca		3,16

[1] Concessão para contas de cobrança duvidosa: $ 190.392 (provavelmente conservadora).

[2] Estoques obsoletos eram destruídos semianualmente.

[3] Terrenos equivalentes na área tinham um valor de mercado de $ 320 mil e o prédio tinha um valor de mercado estimado em $ 16,8 milhões. Os equipamentos tinham um custo de substituição de aproximadamente $ 24 milhões, porém um valor de mercado de cerca de $ 16 milhões em uma liquidação.

QUADRO 2 | Resumo dos lucros e dividendos da Yeats Valves and Controls Inc., anos encerrados em 31 de dezembro, 1995-1999 (valores numéricos em milhares de dólares, exceto valores por ação)

						(não-auditado) Trimestre encerrado em 30/03	
	1995	**1996**	**1997**	**1998**	**1999**	**1999**	**2000**
Vendas	$ 36.312	$ 34.984	$ 35.252	$ 45.116	$ 49.364	$ 11.728	$ 14.162
Custo dos produtos vendidos	25.924	24.200	24.300	31.580	37.044	8.730	10.190
Lucro bruto	10.388	10.784	10.952	13.536	12.320	2.998	3.972
Administrativo	2.020	2.100	2.252	2.628	2.936	668	896
Outros lucros (líquido)	92	572	108	72	228	14	198
Lucro antes dos impostos	8.460	9.256	8.808	10.980	9.612	2.344	3.274
Impostos	3.276	3.981	3.620	4.721	4.037	1.009	1.391
Lucro líquido	$ 5.184	$ 5.275	$ 5.188	$ 6.259	$ 5.575	$ 1.335	$ 1.883
Depreciação	$ 784	$ 924	$ 1.088	$ 1.280	$ 1.508	$ 364	$ 394
Dividendos em caixa	$ 1.680	$ 2.008	$ 2.016	$ 2.304	$ 2.304	$ 576	$ 753
Lucros por ação ordinária	$ 3,74	$ 3,61	$ 3,60	$ 4,35	$ 3,87	$ 0,93	$ 1,31
Dividendos declarados:							
Por ação preferencial	$ 5,00	$ 1,25					
Por ação ordinária	$ 1,00	$ 1,40	$ 1,40	$ 1,60	$ 1,60	$ 0,40	$ 0,52
Investimentos	—	$ 1.826	$ 2.011	$ 2.213	$ 2.433	$ 2.675	$ 2.675
Necessidade de capital de giro	—	$ 3.492	$ 3.867	$ 4.289	$ 4.757	$ 5.273	$ 5.273
Porcentagem de pagamento/ações ordinárias	27,8%	38,2%	38,9%	36,8%	41,3%	43,1%	40,0%
Análise de índices							
Vendas	100,0	100,0	100,0	100,0	100,0	100,0	100,0
Custo dos produtos vendidos	71,4	69,2	68,9	70,0	75,0	74,4	72,0
Lucro bruto	28,6	30,8	31,1	30,0	25,0	25,6	28,0
Administrativo	5,6	6,0	6,4	5,8	5,9	5,7	6,3
Outros lucros (líquido)	0,3	1,6	0,3	0,2	0,5	0,1	1,4
Lucro antes dos impostos federais	23,3	26,5	25,0	24,3	19,5	20,0	23,1
Lucro líquido	14,3	15,1	14,7	13,9	11,3	11,4	13,3

QUADRO 3 | Projeção de vendas, lucros e outros itens da Yeats Valves and Controls Inc. para os anos findos em 31 de dezembro, 2000-2004 (valores numéricos em milhares de dólares, exceto valores por ação)

	Atual	Projetado				
	1999	2000	2001	2002	2003	2004
Vendas	$ 49.364	$ 59.600	$ 66.000	$ 73.200	$ 81.200	$ 90.000
Custo dos produtos vendidos	37.044	42.316	47.850	52.704	58.058	63.900
Lucro bruto	12.320	17.284	18.150	20.496	23.142	26.100
Administrativo	2.936	3.612	4.024	4.464	4.952	5.492
Outros lucros (líquido)	228	240	264	288	320	352
Lucro antes dos impostos	9.612	13.912	14.390	16.320	18.510	20.960
Impostos	4.037	5.565	5.756	6.528	7.404	8.384
Lucro líquido	$ 5.575	$ 8.347	$ 8.634	$ 9.792	$ 11.106	$ 12.576
Depreciação	$ 1.508	$ 1.660	$ 1.828	$ 2.012	$ 2.212	$ 2.432
Dividendos em caixa	$ 2.304	$ 2.304	$ 2.880	$ 3.456	$ 4.320	$ 5.184
Lucros por ação	$ 3,87	$ 5,80	$ 6,00	$ 6,80	$ 7,71	$ 8,73
Dividendos por ação	$ 1,60	$ 1,60	$ 2,00	$ 2,40	$ 3,00	$ 3,60
Investimentos	—	$ 1.826	$ 2.011	$ 2.213	$ 2.433	$ 2.675
Necessidade de capital de giro	—	$ 3.492	$ 3.867	$ 4.289	$ 4.757	$ 5.273
Análise de índices						
Vendas	100,0	100,0	100,0	100,0	100,0	100,0
Custo dos produtos vendidos	75,0	71,0	72,5	72,0	71,5	71,0
Lucro bruto	25,0	29,0	27,5	28,0	28,5	29,0
Administrativo	5,9	6,1	6,1	6,1	6,1	6,1
Outros lucros (líquido)	0,5	0,4	0,4	0,4	0,4	0,4
Lucro antes dos impostos federais	19,5	23,3	21,8	22,3	22,8	23,3
Lucro líquido	11,3	14,0	13,1	13,4	13,7	14,0

QUADRO 4 | Balanço geral consolidado da TSE International Corporation em 31 de dezembro de 1999 (valores monetários em milhares de dólares)

Ativos		
Caixa		$ 46.480
Títulos do Governo Americano a preço de custo		117.260
Contas a receber de clientes		241.761
Estoques, a preço de custo ou mercado, o que for menor		179.601
Impostos e seguros pré-pagos		2.120
Total de ativos circulantes		$ 587.222
Investimentos na subsidiária canadense integral		158.081
Investimentos na empresa fornecedora		104.000
Valor caixa do seguro de vida		3.920
Ativos diversos		2.160
Imobilizado a preço de custo:		
Prédios, máquinas, equipamentos	$ 671.402	
Menos: provisão para depreciação e amortização	260.001	
Imobilizado (líquido)	$ 411.402	
Terra	22.080	
Imobilizado (líquido)		$ 389.321
Patentes a preço de custo, menos amortização		1.120
Total de ativos		$ 1.245.825
Passivos e patrimônio líquido		
Títulos a pagar ao banco		$ 5.795
Contas a pagar e despesas acumuladas		90.512
Folha de pagamento e outras compensações		38.399
Impostos (exceto imposto de renda)		3.052
Provisão para impostos federais sobre restituição de renda		32.662
Parcela corrente da dívida de longo prazo		30.900
Total de passivos circulantes		$ 201.320
Título a pagar ao banco[1]		119.100
Imposto de receita federal diferido		29.668
2% de ações preferenciais cumulativas e conversíveis, a $ 20. 1.389.160 ações em circulação[2]		27.783
Ações ordinárias a $ 2; 96.000 ações autorizadas, 62.694.361 ações emitidas		125.389
Capital[3]		21.904
Reservas		720.661
Patrimônio total		$ 895.737
Passivo e patrimônio líquido total		$ 1.245.825

[1] Título de $ 150 milhões, pago semianualmente começando em 30 de junho de 2000; $ 30.900.000 dentro de um ano, mostrados em passivos circulantes. Um acordo determinava que a empresa não pagasse dividendos em dinheiro, exceto em ações preferenciais, nem fizesse outra distribuição em suas ações, nem adquirisse nenhuma ação, depois de 31 de dezembro de 1999, de valor maior que os lucros líquidos depois dessa data.

[2] Emitidas em janeiro de 1999; conversíveis a uma taxa de 1,24 ação ordinária para uma ação preferencial; resgatáveis no começo de 2004; fundo de amortização começando em 2004.

[3] Resultante principalmente do excesso do valor nominal de 827 mil ações preferenciais sobre o valor pago por emissões de ações ordinárias em conversão em 1999.

QUADRO 5 | Resumo dos lucros e dividendos consolidados da TSE International Corporation, anos encerrados em 31 de dezembro, 1995-1999 (valores numéricos em milhares de dólares, exceto valores por ação)

	1995	1996	1997	1998	1999
Vendas líquidas	$ 1.623.963	$ 1.477.402	$ 1.498.645	$ 1.980.801	$ 2.187.208
Custo dos produtos vendidos	1.271.563	1.180.444	1.140.469	1.642.084	1.793.511
Lucro bruto	352.400	296.958	358.176	338.717	393.697
Despesas com vendas, gerais e administrativas	58.463	69.438	74.932	87.155	120.296
Lucros antes dos impostos de receita federal	293.937	227.520	283.244	251.562	273.401
Despesa com impostos	126.393	95.558	116.130	101.882	109.360
Lucro líquido	$ 167.544	$ 131.962	$ 167.114	$ 149.679	$ 164.041
Depreciação	$ 19.160	$ 20.000	$ 21.480	$ 24.200	$ 26.800
Dividendos declarados	$ 85.754	$ 77.052	$ 53.116	$ 77.340	$ 92.238
Lucros por ação ordinária (líquido)	$ 2,55	$ 1,86	$ 2,01	$ 1,92	$ 2,23
Dividendos em caixa declarados					
Por ação ordinária	$ 1,39	$ 1,25	$ 0,86	$ 1,25	$ 1,49
Por ação preferencial	$ 0,00	$ 0,00	$ 0,00	$ 0,00	$ 0,40
Pagamento em dinheiro	51,2%	58,4%	31,8%	51,7%	56,2%
Análise de índices					
Vendas	100,0	100,0	100,0	100,0	100,0
Custo dos produtos vendidos	78,3	79,9	76,1	82,9	82,0
Lucro bruto	21,7	20,1	23,9	17,1	18,0
Despesas com vendas, gerais e administrativas	3,6	4,7	5,0	4,4	5,5
Lucro antes dos impostos federais	18,1	15,4	18,9	12,7	12,5
Lucro líquido	10,3	8,9	11,2	7,6	7,5

QUADRO 6 | Previsão de vendas, lucros e outros itens da TSE International Corporation para os anos terminados em 31 de dezembro, 2000-2004 (valores numéricos em milhares de dólares, exceto valores por ação)

	Atual	Esperado				
	1999	2000	2001	2002	2003	2004
Vendas	$ 2.187.208	$ 2.329.373	$ 2.480.785	$ 2.642.037	$ 2.813.769	$ 2.996.658
Custo dos produtos vendidos	1.793.511	1.910.086	2.034.244	2.166.470	2.307.291	2.457.260
Lucro bruto	393.697	419.287	446.541	475.567	506.478	539.398
Despesas com vendas, gerais e administrativas	120.296	125.786	131.482	140.028	146.316	155.826
Lucro antes dos impostos	273.401	293.501	315.060	335.539	360.162	383.572
Despesa com impostos	109.360	117.400	126.024	134.215	144.065	153.429
Lucro líquido	$ 164.041	$ 176.101	$ 189.036	$ 201.323	$ 216.097	$ 230.143
Depreciação	$ 26.800	$ 27.950	$ 29.770	$ 31.700	$ 33.170	$ 35.960
Dividendos em caixa	$ 92.238	$ 102.083	$ 108.715	$ 115.780	$ 125.185	$ 133.314
Lucros por ação[1]	$ 2,23	$ 2,39	$ 2,54	$ 2,71	$ 2,93	$ 3,12
Dividendos por ação ordinária[1]	$ 1,49	$ 1,58	$ 1,69	$ 1,80	$ 1,94	$ 2,07
Dividendos por ação preferencial[2]	$ 0,40					
Análise de índices						
Vendas	100,0	100,0	100,0	100,0	100,0	100,0
Custo dos produtos vendidos	82,0	82,0	82,0	82,0	82,0	82,0
Lucro bruto	18,0	18,0	18,0	18,0	18,0	18,0
Despesas com vendas, gerais e administrativas	5,5	5,4	5,3	5,3	5,2	5,2
Lucro antes dos impostos	12,5	12,6	12,7	12,7	12,8	12,8
Lucro líquido	5,0	5,0	5,1	5,1	5,1	5,1

[1] 62.694.361 ações ordinárias em 1999. A partir de então, 64.416.919 ações refletindo conversões das ações preferenciais.

[2] 1.389.160 ações preferenciais em 1999. Conversão em 1.722.558 ações ordinárias assumidas em 2000.

QUADRO 7 | Preços de mercado das ações ordinárias da Yeats Valves and Controls Inc. e da TSE International Corporation, 1995-2000 (acumulados no ano, em dólares por ação)

	Yeats Valves and Controls			TSE International				
	Ações ordinárias			Ações ordinárias			Ações preferenciais	
	Máximo	Mínimo	Encerramento	Máximo	Mínimo	Encerramento	Máximo	Mínimo
1995	$ 16,25	$ 8,75	$ 15,00	$ 12,31	$ 10,06	$ 11,88		
1996	24,75	14,00	22,63	14,37	11,77	13,16		
1997	25,00	20,00	22,25	12,82	9,28	11,13		
Trimestre de 1998 encerrado em:								
31 de março	24,38	20,75	21,50	14,13	12,83	13,96		
30 de junho	22,75	20,38	21,00	13,70	12,05	11,79		
30 de setembro	22,75	20,38	21,50	12,83	10,49	11,27		
31 de dezembro	24,38	20,13	21,00	12,40	11,27	11,88		
Trimestre de 1999 encerrado em:								
31 de março	23,50	20,00	21,75	11,60	10,21	10,67	13,61	12,22
30 de junho	23,63	19,88	22,00	11,60	10,90	10,90	13,15	12,05
30 de setembro	22,75	20,00	22,50	13,61	11,14	13,61	14,23	12,37
31 de dezembro	30,00	22,25	28,50	17,01	13,30	16,78	17,32	13,77
Trimestre de 2000 encerrado em:								
31 de março	32,13	26,00	31,50	20,73	15,08	20,69	17,32	13,99
1º de maio de 2000	$ 39,75	$ 38,90	$ 39,75	$ 22,58	$ 18,31	$ 21,98	$ 17,63	$ 15,36

QUADRO 8 | Informações sobre empresas semelhantes no setor de máquinas industriais

	Índice preço/lucro	Beta	Rentabilidade do dividendo	Taxa de crescimento esperada para 2005	Índice de endividamento
CASCADE CORP. Projeta, fabrica e comercializa produtos movidos hidraulicamente.	8,2×	0,85	4,0%	12,5%	49%
CURTISS-WRIGHT CORPORATION Fabrica componentes de precisão nas áreas de movimento (42%), controle de fluxo (36%) e tratamento de metais (36% das vendas).	10,3×	0,65	1,4%	10,0%	8%
FLOWSERVE CORP. Faz, projeta e comercializa equipamentos para fluidos (bombas, válvulas e vedadores mecânicos).	11,0×	0,80	Nil	6,5%	39%
IDEX CORP. Projeta, fabrica e comercializa bombas, compressores e uma grande variedade de produtos industriais.	14,6×	1,10	1,9%	9,0%	42%
ROPER INDUSTRIES Opera em três segmentos: controles industriais, produtos para o manuseio de fluidos e instrumentação analítica.	16,3×	0,75	0,9%	15,5%	39%
TECUMSEH PRODUCTS Fabrica compressores, condensadores e bombas para aplicações comerciais, industriais e agrícolas. Vendas para o exterior e exportações totalizaram 43% do total em 1999.	7,0×	0,65	3,0%	8,5%	1%
THOMAS INDUSTRIES Principal fabricante de compressores e bombas de vácuo.	10,7×	0,85	1,6%	9,5%	16%
WATTS INDUSTRIES Projeta, fabrica e vende uma extensa linha de válvulas para os mercados de encanamento, aquecimento e qualidade de água.	10,4×	insignif.	2,9	14,0	36

insignif. = valor insignificante.

Fonte: *Value Line Investment Survey,* 5 de maio 2000.

QUADRO 9 | Informações sobre recentes transações de fusão e aquisição nos setores de máquinas industrial e aeroespacial

Data de vigência	Adquirente	Setor	Alvo	Setor
20/10/2000	General Electric Co.	Elétrico, construção	Honeywell Int'l. Inc.	Aeroespacial, automobilístico
11/06/1999	United Technologies Corp.	Motores para aeronaves, defesa	Sundstrand Corp.	Aeroespacial, equipamentos industriais
15/12/1999	AlliedSignal Inc.	Motores para aeronaves, radares	Tristar Aerospace Co.	Hardware aeroespacial
10/07/2000	Meritor Automotive Inc.	Equipamentos para carros e caminhões	Arvin Industries Inc.	Peças e acessórios para carros
12/10/2000	DaimlerChrysler AG	Automóveis e caminhões	Detroit Diesal	Diesel, motores alternativos
19/08/1999	Goldman Industrial Group	Máquinas para metalurgia	Bridgeport Machines	Ferramentas para cortar metais
24/02/2000	Siemens Energy & Automation	Peças eletrônicas	Moore Products Corp.	Instrumentos de controle
17/06/1999	TI Group PLC	Produtos de metal	Walbro Corp.	Componentes de sistemas de combustível
19/06/2000	Ingersoll-Rand Co.	Máquinas industriais	Hussmann Int'l. Inc.	Sistemas de refrigeração

Adquirente	Alvo	Tamanho da transação ($ mi)	Vendas (líquido) nos últimos 12 meses ($ mi) do alvo	Valor de mercado do patrimônio líquido/lucro líquido do alvo	Valor de mercado do patrimônio líquido/lucro contábil do alvo	Valor da empresa/ vendas líquidas do alvo	Valor da empresa/ lucro operacional do alvo	Valor da empresa/ fluxo de caixa do alvo	Valor da empresa/ lucro líquido	Prêmio (desconto) 4 semanas antes da data do anúncio
General Electric Co.	Honeywell Int'l. Inc.	45.204,7	31.052,0	24,70	4,8	1,61	16,85	11,98	27,36	54,63
United Technologies Corp.	Sundstrand Corp.	4.408,3	2.024,0	16,70	6,8	2,13	11,40	9,37	18,66	54,08
AlliedSignal Inc.	Tristar Aerospace Co.	269,8	205,1	10,00	2,7	1,37	7,92	7,49	15,52	65,22
Meritor Automotive Inc.	Arvin Industries Inc.	1.138,4	3.010,3	7,50	1,1	0,38	8,99	4,84	14,37	22,20
DaimlerChrysler AG	Detroit Diesel	581,2	2.256,2	12,20	1,3	0,29	8,48	5,22	14,78	77,78
Goldman Industrial Group	Bridgeport Machines	57,0	197,0	29,00	0,8	0,37	11,40	9,37	18,66	53,85
Siemens Energy & Automation	Moore Products Corp.	168,6	168,9	63,00	2,5	0,96	26,76	15,53	62,08	79,38
TI Group PLC	Walbro Corp.	630,3	697,4	19,80	4,0	0,79	13,44	7,14	44,87	nd
Ingersoll-Rand Co.	Hussmann Int'l. Inc.	1.837,2	1.306,8	27,30	7,2	1,45	15,24	12,48	33,01	109,95

nd = não disponível.

Fonte: *SDC Platinum* da Thomson Financial.

QUADRO 10 | Taxas de juros do mercado financeiro e índices do preço de ações (porcentagem média por ano, exceto em 1° de maio de 2000, que apresenta preços de encerramento)

	1997	1998	1999	1º de maio, 2000
Rendimento do Tesouro Americano				
Letras de 3 meses	5,06%	4,78%	4,64%	6,60%
Títulos de 30 anos	6,61%	5,58%	5,87%	5,98%
Rendimento dos títulos corporativos por classificação				
Aaa	7,27%	6,53%	7,05%	8,67%
Aa	7,48%	6,80%	7,36%	9,15%
A	7,54%	6,93%	7,53%	9,35%
Baa	7,87%	7,22%	7,88%	9,60%
Bolsa de Valores				
Índice S&P 500	873	1,085	1,327	1,481
Índice preço/lucro	15,9×	17,4×	19,4×	18,8×
Ações de máquinas industriais				
Índice preço/lucro	12,9×	13,9×	14,9×	15,0×
Rentabilidade do dividendo	1,8%	1,5%	1,6%	1,6%

N.B.: A média geométrica do prêmio de risco do mercado de ações no período de 1926-1999 era de cerca de 5,5%. A média aritmética do prêmio de risco do mercado de ações no mesmo período era de aproximadamente 7,2%.

Fontes: *Value Line Investment Survey*, 5 de maio de 2000; *Federal Reserve Bulletin*, abril de 2000; *Wall Street Journal*, 2 de maio de 2000.

CASO 41

Chrysler Corporation: negociações entre a Daimler e a Chrysler

Em janeiro de 1998, Jürgen Schrempp, CEO da Daimler-Benz A.G., entrou em contato com o presidente e CEO da Chrysler Corporation, Robert Eaton, para tratar de uma possível fusão, aquisição ou aliança estratégica entre as duas empresas. Schrempp argumentou:

> As duas empresas são uma combinação perfeita de duas líderes nos seus respectivos mercados. Ambas têm quadros de funcionários dedicados e qualificados e produtos bem-sucedidos, porém em mercados diversos e em partes do mundo diferentes. Ao combinar e utilizar as forças uma da outra, teremos uma posição estratégica proeminente no mercado global para o benefício de nossos consumidores. Seremos capazes de explorar novos mercados e alcançar melhores retornos e valores para os nossos acionistas.[1]

Schrempp disse mais tarde:

> Apenas apresentei o caso e me retirei novamente. A reunião durou cerca de 17 minutos. Eu não quero criar a impressão de que ele ficou surpreso. Quando a reunião acabou, eu disse, "Se você acha que sou ingênuo e o que estou dizendo não faz sentido algum, é só falar". Ele sorriu e disse: "Apenas me dê um tempinho. Nós fizemos uma avaliação também e eu ligo para você nas próximas duas semanas". Acho que ele me ligou em uma semana ou algo assim.[2]

Por conta própria, Eaton havia concluído que era necessário algum tipo de associação da Chrysler com outra importante empresa automobilística. A empresa estava financeiramente saudável no momento, mas o excesso de capacidade industrial e perspectivas gigantescas de

[1]Comunicado à imprensa, Daimler-Benz A.G., 6 de maio de 1998.

[2]"Gentlemen, Start Your Engines", *Fortune*, 8 de junho de 1998, p. 140.

Este caso foi preparado a partir de informações públicas por Robert F. Bruner, Petra Christman e Robert Spekman, e com a assistência de Brian Kannry e Melinda Davis. A intenção é que seja usado em um exercício de negociação com "Daimler-Benz A.G.: Negociações entre a Daimler e a Chrysler" (Caso 54 no Manual do Instrutor). Agradecemos o suporte financeiro do Darden Partnership Program e da Darden School Foundation.

investimentos iniciais pediam um concorrente global ainda maior. Antes de ver Schrempp, Eaton havia sondado banqueiros de investimentos a respeito de suas idéias sobre uma grande fusão automobilística, e falara com executivos da BMW sobre esse assunto.

Eaton respondeu de maneira positiva à idéia de Schrempp quanto a uma associação industrial. Agora, a tarefa de elaborar os detalhes de um acordo os esperava. Robert Eaton nomeou uma pequena força-tarefa de executivos e advogados para representar a Chrysler nas negociações dos detalhes. Eaton desafiou a equipe em vários sentidos: explorar os benefícios da associação; preservar e fortalecer as marcas Chrysler; minimizar os efeitos adversos da associação sobre os funcionários e executivos e maximizar o valor aos acionistas. Eaton refletiu sobre a variedade de termos que o time da Chrysler poderia pedir e imediatamente organizou uma reunião para começar a planejar a estratégia de negociação da equipe. Eaton disse:

> Meu critério número 1 é que (qualquer acordo) deve ter vantagens em longo prazo sem nenhum impacto negativo em curto prazo. Tem de ser bom para os acionistas. Essa é a minha responsabilidade fiduciária – e do meu conselho também.[3]

Chrysler Corporation

Em 1920, Walter P. Chrysler, multimilionário e presidente da Buick aos 45 anos, deixou a sede da General Motors com a ideia de começar seu próprio negócio de carros. A Chrysler Corporation foi oficialmente fundada em 1924, com a introdução do Chrysler Six, e cresceu rapidamente até se tornar a terceira maior fabricante de carros dos Estados Unidos. Enquanto a Chrysler conseguiu sobreviver à Depressão intacta, problemas trabalhistas e má administração excessiva levaram a empresa à beira da ruína muitas vezes (por exemplo, em 1956, 1965 e 1993), e mais notavelmente em 1980. Sob a liderança de Lee Iacocca e com o apoio das garantias de empréstimo federal, a Chrysler deu a volta por cima mais uma vez, retornando à lucratividade em 1982. Enquanto o final da década de 1980 se mostrou difícil para a indústria como um todo, a introdução e meteórica ascensão do utilitário familiar (um mercado controlado em 47% pela Chrysler em 1996), associada à aquisição e subsequente exploração da marca Jeep, fizeram da Chrysler a queridinha do mercado de automóveis na metade da década de 1990. Como a revista *Fortune* declarou no final de 1996, "Se um veículo tem demanda e gera altas margens de lucro, pode apostar que é da Chrysler".[4] Ao mesmo tempo que o sucesso da Chrysler e o estilo relativamente conservador de sua administração atraíam elogios dos observadores da indústria, também atraíam a atenção do bilionário de Las Vegas, Kirk Kerkorian, que, com a ajuda do aposentado Lee Iacocca, preparou uma oferta hostil para a Chrysler em 1995. Os \$ 55 por ação (\$ 27,50 hoje depois de uma divisão de duas ações por uma em 1996) não apenas falharam em obter a aprovação do conselho da Chrysler, como também acabaram sendo largamente não financiados, deixando a Chrysler sob sua administração de então.

[3]John Pepper, "Why Eaton Cut the Deal", *Detroit News*, 7 de maio de 1998, http://www.detnews.com.

[4]Susan E. Kuhn, "Auto Stocks: Today's Big Steal", *Fortune*, 25 de novembro de 1996, pp. 204-205.

Os produtos Chrysler

A Chrysler concentrava-se fortemente em caminhões no que diz respeito à oferta de produtos. Em 1997, caminhões, incluindo utilitários, geravam cerca de dois terços das vendas de veículos da empresa nos Estados Unidos, e carros geravam, aproximadamente, um terço dessas vendas. Os caminhões da Chrysler incluíam SUVs, tais como o Jeep Wrangler, o Jeep Cherokee e o Dodge Durango; picapes como a Dodge Ram e utilitários como a Plymouth Voyager.

Um dos produtos mais populares era a minivan, inventada pela Chrysler em 1983. A Dodge Caravan/Plymouth Voyager, o utilitário mais popular do mundo, foi lançado pela primeira vez em 1984. A Chrysler havia dominado o segmento desde então. Em 1997, as minivans geravam um terço das vendas de caminhões da Chrysler. A lucratividade da empresa era alta no mercado de SUVs apesar da crescente concorrência de novos produtos, especialmente no topo e na base do mercado.

Os carros eram vendidos como Chrysler, Dodge e Plymouth. Os maiores carros da Chrysler (como o Stratus) custavam o mesmo que os carros para a classe média baixa da Mercedes (em tamanho), o C-Class. Enquanto os carros da Chrysler eram muito maiores e mais potentes que uma Mercedes semelhante, eles não tinham a atenção ao detalhe na fabricação e na imagem da marca que a Mercedes tinha. Na base da linha, a Chrysler oferecia o Dodge/Plymouth Neon.

Desenvolvimento de produtos e estratégia de fabricação da Chrysler

A Chrysler era muito conhecida pelo seu curto ciclo do conceito ao mercado de novos produtos, baixos custos de desenvolvimento, fábricas eficientes, boas relações com os fornecedores e modelagem criativa. O tempo de desenvolvimento de seus veículos caiu de 60 meses em 1988 para 24 meses em 1996. A eficiência do processo de desenvolvimento de produtos podia ser atribuída principalmente às equipes de plataforma – grupos autônomos formados por todos os profissionais necessários para projetar e produzir um carro novo – que haviam sido introduzidas pela Chrysler em 1989. Ela inovou ao colocar todos os engenheiros e designers de um projeto específico juntos no mesmo andar, assim como representantes de marketing, finanças, vendas e até fornecedores de fora, e dar-lhes considerável autonomia. O contato constante manteve as equipes rápidas e eficientes. As equipes utilizavam *target pricing* (preço-alvo), em que o custo do carro era determinado no início do processo, e não no fim. A Chrysler havia se saído consistentemente melhor que as suas metas de tempo e orçamento. O sistema funcionava tão bem que em 1991 ela dissolveu a maioria de seus grupos funcionais e realocou seus membros para quatro equipes de plataforma – carro pequeno, carro grande, utilitário e jipe/caminhão. A Harbour & Associates, uma consultoria em Troy, Michigan, estimou que os custos de pesquisa e desenvolvimento por veículo da Chrysler eram de $ 550, em comparação a mais de $ 2 mil por veículo da Mercedes.

Desde 1989, a Chrysler havia estreitado sua base de fornecedores de 2.500 empresas para 1.140 e basicamente mudara o jeito de trabalhar com as que restaram. Contratos de longo prazo eram oferecidos aos fornecedores que, por sua vez, se envolviam no processo de design de novos carros e eram encorajados a fazer sugestões de redução de custos por meio de uma iniciativa chamada SCORE (esforço de redução de custos dos fornecedores, em inglês), introduzida em 1989, a qual rendeu $ 2,5 milhões em economia desde seu início até meados de 1998.[5] Como resultado, a Chrysler era a menos integrada verticalmente das três grandes fabricantes de carros norte-americanas. Ela comprava 75% de seus componentes, contra 50% da Ford e 30% da GM no começo de 1998.[6]

Ao contrário de outras fabricantes de carros norte-americanas, que haviam melhorado seus lucros quase que inteiramente ao cortar custos, os lucros da Chrysler explodiram com a introdução de novos modelos. Sua linha de veículos era conhecida como uma das mais inovadoras da indústria. A série LH (Chrysler Concorde, Dodge Intrepid e Eagle Vision), lançada em 1993, era a primeira plataforma de carros da Chrysler em uma década. Esses carros foram muito bem-recebidos no mercado e foram largamente apontados como um fator determinante para a recente reviravolta da empresa.

Estratégia internacional da Chrysler

Na década de 1990, a Chrysler internacionalizou suas vendas substancialmente. A venda internacional de veículos (ou seja, fora da América do Norte) cresceu de menos de 50 mil unidades em 1990 para 237.060 unidades em 1997, mas ainda era responsável por menos de 10% das suas vendas totais. A marca Jeep foi inestimável para a sua gradual difusão internacional, em razão do seu apelo e reconhecimento de marca em grandes partes do mundo. A aquisição da American Motors pela Chrysler em 1987 incluía a Jeep.

A América Latina foi um foco da expansão geográfica da Chrysler. As vendas de seus produtos cresceram mais de 100% na região, de 1996 a 1997. A Venezuela, com vendas de 20.716 unidades, era o mercado latino-americano número 1 da Chrysler, fazendo da empresa a quarta em participação de mercado no país, atrás da Toyota, GM e Ford. A fabricante de carros produzia o Jeep Grand Cherokee, as SUVs Cherokee e o Neon na sua montadora Carabobo, em Valência, Venezuela, para distribuição local e exportação para a Colômbia e o Equador. Em 1998, a Chrysler planejava abrir uma nova montadora de 950 mil metros quadrados em Curitiba, Brasil, para montar a picape Dodge Dakota; adicionar a produção de Jeep Cherokee à fábrica de Córdoba, na Argentina; abrir um centro de treinamento técnico/depósito de peças em Buenos Aires, Argentina; e dar início a uma fábrica de motores no Brasil, um empreendimento conjunto de $ 500 milhões com a BMW. (A fábrica de motores de 40 mil metros quadrados deveria ser um complexo adjacente à montadora do Dodge Dakota.) Visto que os impostos de importação na Venezuela, Argentina e Brasil variavam de 60% a 70%, a Chrysler optou por produzir veículos nesses países em oposição a uma preferência geral em estabelecer uma presença internacional pela importação de veículos produzidos domesticamente.

A Chrysler tinha estado completamente ausente na Europa por muitos anos. Desde que retornou, em 1990, fez muito sucesso com o Voyager, produzido em Graz, Áustria, para o mercado europeu. No entanto, estava longe da posição de liderança que ocupava no mercado americano de utilitários. As fabricantes líderes de utilitário na Europa eram a Ford e a Volkswagen (VW), que detinham cerca de um terço das vendas em 1997, e a Renault,

[5]Debra Walker, "Supply Chain Collaboration Saved Chrysler $ 2.5 Billion and Counting", *Supply Chain Management*, agosto de 1998, p. 60.

[6]Esses dados foram retirados de uma tabela intitulada "Estimated Levels of Integration and Production Parts Purchasing", *Automotive News Europe,* 19 de janeiro de 1998.

que ultrapassou a Ford e a Volkswagen em 1998, ao adicionar a Grand Espace à sua linha de produtos. A Ford e a Volkswagen vendiam três modelos basicamente idênticos – Ford Galaxy, VW Sharan e Seat Alhambra – produzidos em uma fábrica com empreendimento conjunto em Portugal. A participação de mercado da Chrysler na Europa, de maneira geral, era de apenas 0,7% em 1997, em parte por causa de uma falta de modelos de carros para o mercado europeu. O Vision/Concorde/Intrepid era muito grande para a Europa, o Stratus havia atraído principalmente compradores do conversível de quatro a cinco passageiros e o Neon tinha muitos concorrentes europeus populares. Outro motivo essencial para o impacto comparativamente modesto da Chrysler no mercado europeu era sua ainda minúscula rede de vendas.

Daimler-Benz A.G.

A Gottlieb Daimler e a Karl Benz eram duas fabricantes de carros rivais na virada do século passado. Tanto a Daimler quanto a Benz alcançaram sucesso individual no começo do século XX, mas o desafio de reconstruir a Alemanha depois da Primeira Guerra Mundial, assim como competir com a florescente Ford Motor Company, levaram as duas empresas a uma fusão em 1926 para formar a Daimler-Benz. Enquanto a empresa passou à produção militar durante a Segunda Guerra Mundial, a Daimler começou a fabricar carros novamente em 1947. Na década de 1980, Daimler e sua marca Mercedes haviam se tornado sinônimos de arte e qualidade de primeira. Empolgada com o sucesso, a Daimler começou um programa de diversificação em meados da década de 1980, com a intenção de transformar a empresa em um autodenominado "grupo de tecnologia integrada", com linhas de produtos variando de transportes e aeroespaciais a microeletrônicos e eletrodomésticos. Infelizmente, uma série de aquisições altamente não-lucrativas no final dos anos 1980 a deixou desfocada e ineficiente, culminando em um prejuízo assustador de 5,7 bilhões de marcos alemães em 1995 (o maior prejuízo em tempos de paz para uma empresa alemã). Sob a direção de um novo CEO, Jürgen Schrempp, a Daimler começou a se livrar de negócios não-lucrativos, a trazer a empresa de volta ao seu negócio principal de fazer automóveis de alta qualidade e a caminhar em direção a um estilo de gerência mais americanizado, com o intuito de aumentar o valor aos acionistas. Em 1997, a empresa havia retornado à lucratividade com vendas recordes.

Diversificação da Daimler-Benz sob Reuter

Sob a presidência de Edzard Reuter, que assumiu o cargo em 1987, a Daimler realizou uma série de aquisições, estimadas em $ 6,2 bilhões, que transformaram a Daimler-Benz em um dos maiores conglomerados industriais do mundo. Reuter reorganizou a empresa em uma estrutura de *holding* com quatro empresas separadas em 1989: a Mercedes para carros e caminhões, a Dasa para aeroespaciais, a Daimler-Benz InterServices (Debis) para serviços financeiros e computadores e a AEG para engenharia. Para mudar o foco da empresa de defesa à aviação civil, a Dasa, sob a liderança de Jürgen Schrempp, adquiriu 51% da endividada Dutch Fokker Company, fabricante de propulsores de curto e médio alcance e aviões de passageiros, em 1993.

Durante a presidência de Reuter, Gerhard Liener, diretor financeiro da Daimler, fez pressão para que a empresa fosse listada na Bolsa de Valores de Nova York, o que exigiria que os retornos da empresa fossem publicados de acordo com as regras de contabilidade americanas.

Essas regras contábeis obrigavam a Daimler a publicar suas operações atuais, o que revelou um enorme prejuízo de $ 3,3 bilhões em 1993. Das quatro empresas de *holding*, só a Debis publicou lucros. Reuter recebeu muitas críticas, especialmente porque as novas empresas continuaram com resultados negativos, enquanto a Mercedes-Benz voltou aos grandes lucros em 1994. Jürgen Schrempp substituiu Reuter como presidente em 1995.

Jürgen Schrempp

Jürgen Schrempp nasceu na cidade de Friburgo, oeste da Alemanha, em 1944. Ao terminar os estudos, em 1967, ingressou na Daimler como aprendiz de mecânico de motores na filial de Friburgo da Mercedes-Benz. Mais tarde, iria para a universidade para estudar engenharia, antes de voltar a Daimler-Benz. A partir de 1967, Schrempp trabalhou em diversas áreas da Daimler-Benz. Em 1974, foi transferido para a equipe de gerência da subsidiária sul-africana Mercedes-Benz da África do Sul, inicialmente na divisão de serviços e, depois de 1980, como o membro do conselho responsável pela engenharia. Em 1982, Schrempp se tornou presidente da Euclid, Inc., de Cleveland, Ohio, que à época era 100% subsidiária da Daimler-Benz e produzia caminhões pesados. Ele disse à sede que custaria muito consertar a unidade e recomendou sua venda. O conselho aceitou sua opinião; depois de sair da unidade, Schrempp voltou como vice-presidente, em 1984, para a Mercedes-Benz da África do Sul. Em 1985, foi nomeado presidente da subsidiária sul-africana. Dois anos mais tarde, foi chamado de volta a Stuttgart para se juntar ao conselho administrativo da Daimler-Benz e liderar a subsidiária aeroespacial da empresa. Ele orquestrou a compra da fabricante holandesa de aviões Fokker, parte do programa de diversificação de Reuter, um ato que mais tarde se revelaria um erro.

A reestruturação da Daimler-Benz sob Schrempp

Quando Schrempp tomou posse, cortes nos gastos em defesa estavam prejudicando as operações militares da unidade aeroespacial. Enquanto isso, as empresas aéreas cancelavam compras de aviões comerciais para serem competitivas no mercado aéreo não-regulado, prejudicando em muito as operações da Airbus. Mais de 300 pedidos supostamente confiáveis foram cancelados no fim de 1994 e começo de 1995. Isso representava mais de metade da reserva da empresa, equivalente a 30 meses de produção. O mercado mundial de caminhões estava em forte declínio e as operações com automóveis da Mercedes ainda se recuperavam da derrocada de Lexus e Infiniti, no começo dos anos 1990.

Durante seu período como presidente, Schrempp provou ser um mestre em política diante do conselho; tomava decisões com rapidez e estava disposto a correr riscos. Ele focava os acionistas, algo atípico em empresas européias. O alto-escalão da Daimler não tinha o hábito de priorizar os acionistas. Para convencê-los, Schrempp começou a telefonar aleatoriamente para seus colegas para perguntar o valor das ações da Daimler. Inicialmente, disse, “Sete não sabiam e três estavam errados. Hoje em dia eles sabem”. Schrempp instituiu a regra de que todos os negócios da Daimler deveriam alcançar 12% de retorno sobre o capital (RSC) ou serem capazes de alcançar 12% de retorno sobre o capital em um futuro próximo. Se não conseguisse, seria vendido. Tal regra era muito incomum para empresas alemãs. O resultado foi uma redução do número total de negócios de 35 para 23. Grandes reduções foram a venda da empresa de engenharia elétrica (AEG), que não dava lucros, e o fechamento da fabricante de aeronaves, Fokker. Além disso,

TABELA 1 | Lucro operacional e faturamento da Daimler-Benz por divisão (em milhões de marcos)

	1997		1996	
	Lucro operacional	**Faturamento**	**Lucro operacional**	**Faturamento**
Carros de passeio	3.132	53.892	3.090	46.652
Veículos comerciais	481	39.140	(354)	32.152
Aeroespacial	432	15.286	(196)	13.053
Serviços	457	15.498	288	13.143
Negócios geridos diretamente	(129)	7.555	(585)	8.014

Schrempp exigiu performance de ponta de todas as outras unidades da empresa. Apesar da resistência dos fortes sindicatos alemães, ele reduziu a força de trabalho em 10%.

No começo de 1997, Schrempp reorganizou a Daimler-Benz em cinco divisões que continham 23 unidades: eram carros de passeio, veículos comerciais, aeroespacial, serviços e negócios gerenciados diretamente (sistemas ferroviários, eletrônica automotiva, motores a diesel/MTU).

Críticos alemães diziam que ele era um renegado, que apoiava éticas corporativas "anglo-saxãs", colocava o preço das ações da Daimler-Benz acima do bem-estar dos trabalhadores e interrompia o duradouro contrato social entre empregador e força de trabalho ao destruir milhares de empregos e diminuir salários e benefícios. A relação entre Schrempp e os trabalhadores era difícil. Seu embate mais famoso com os funcionários foi sobre benefícios médicos, que ele tentou cortar em 1996. A decisão, que não foi seguida por outras empresas, causou tanto alvoroço que ele foi forçado a voltar atrás. Em contrapartida, Schrempp era aplaudido pelos investidores. Até esse ponto, os resultados da reestruturação eram impressionantes. Depois de um prejuízo recorde, em 1995, de $ 3,17 bilhões, uma das maiores perdas anuais na história das corporações européias, a Daimler publicou lucros de $ 1,6 bilhão em 1996 e $ 1,8 bilhão bruto em 1997.

O segmento aeroespacial da Daimler-Benz

No negócio aeroespacial, a Daimler tornou-se mais produtiva e eficiente. Três das dez fábricas foram fechadas, e novos métodos de produção ajudaram a reduzir o tempo entre pedido e entrega de aeronaves em 50%. Schrempp decidiu também parar de financiar a problemática fabricante holandesa NV Fokker e abandonar todo o investimento. No processo, Schrempp provou ser um mestre da política de conselho. Ele admitiu sua participação na compra da empresa anos antes e pediu um voto de confiança do conselho. O conselho o apoiou completamente. "Eu sou o primeiro chefe que joga fora 2,3 bilhões de marcos (ao investir em 51% da Fokker) e diz, sem dúvida, que foi minha culpa. Enquanto outros administradores foram demitidos por 50 milhões de marcos, eu continuo aqui. E acho que nem sou arrogante – só muito certo de mim."[7]

[7]Andrea Rothman e Rupert Spiegelberg, "Flamboyant Daimler Executive Is Famous for His Risk-Taking", *Seattle Times*, 7 de maio de 1998, D1.

Além disso, a Airbus iniciou uma nova empreitada para capturar fatias de mercado da líder mundial Boeing. Um ponto-chave nessa estratégia era aumentar a família de aviões da Airbus, criando modelos novos que competiriam em categorias em que a Boeing tinha praticamente um monopólio. Essa nova estratégia, associada ao grande número de pedidos de aeronaves e ao desvalorizado marco alemão, resultou na recuperação da Airbus. Em 1997, os pedidos aumentaram quase 50%, um recorde histórico de 460 aeronaves, com valor estimado de $ 30 bilhões, dando à Airbus 45% do mercado mundial. Como resultado, a divisão aeroespacial da Daimler-Benz (Dasa) publicou em 1997 lucro operacional de 432 milhões de marcos, em um faturamento de 15,286 bilhões, depois de ter prejuízos em 1995 e 1996.

O segmento de veículos comerciais da Daimler-Benz

Quando Schrempp chegou ao poder, o negócio de caminhões sofria com uma combinação de mercado europeu fraco, forte competição de preços da Volvo e Scania, o design obsoleto dos caminhões e ônibus da Daimler, e os métodos de produção de alto custo da empresa. Na Europa, a Daimler atacou esses problemas com a produção de uma série de novos caminhões pesados e leves, e vans. Além disso, a empresa enfrentou os sindicatos, levando ao limite os acordos coletivos alemães para negociar acordos de produtividade em cada fábrica.

Muitas operações com caminhões foram transferidas para lugares como Turquia e Brasil, ficando na Alemanha apenas metade de sua produção de caminhões. Já a Freightliner, negócio de caminhões da Daimler nos Estados Unidos, estava em uma posição diferente: as ações da empresa vinham ganhando valor desde o começo dos anos 1990. A participação da Freightliner no mercado americano de caminhões pesados de Classe 8 (mais de 15 toneladas) aumentou de 23%, em 1995, para 29%, em 1996, e 30%, em 1997. O objetivo era aumentar o valor da ação em mais de 40% até 2000. Esse esforço ajudou na compra, em 1997, da Ford Heavy-Trucks. A decisão de adquirir as operações de caminhões pesados da Ford levou apenas duas semanas. "Com o sistema anterior, teria levado de seis a oito meses", disse Schrempp.[8]

O segmento de carros de passeio da Daimler-Benz

A divisão automotiva foi prejudicada no começo dos anos 1990 pelos modelos luxuosos Lexus, da Toyota, Acura, da Nissan, e Infiniti, da Nissan. Esses carros se equiparavam em qualidade, conforto e design aos carros da Mercedes, mas custavam muito menos. Parte da diferença de preço foi graças à variação cambial, o que deu aos japoneses uma vantagem temporária. O alto custo de produção na Alemanha custava caro à Daimler. Pagando mais de $ 30 por hora mais benefícios, o custo do trabalho na Alemanha era o mais alto do mundo. A Daimler também sofria com métodos de produção antiquados e ineficientes. Enquanto um Lexus era produzido em 20 horas, um Mercedes levava entre 60 e 80 horas. O toque vindo do Japão não foi ignorado pela Mercedes, mas houve muita resistência às mudanças no alto escalão e o progresso foi lento. Um dos primeiros atos de Schrempp após se tornar presidente foi, assim como com os caminhões, enfrentar os poderosos sindicatos e forjar novos contratos para as fábricas, para aumentar a produtividade e reduzir custos.

---

[8]Greg Steinmetz e Brandon Mitchener, "Under Schrempp, Daimler Switches Focus to Cars, Profit", *Wall Street Journal*, 7 de maio de 1998, B1.

Modelos e estratégia de crescimento no segmento automotivo

A Mercedes-Benz se especializou em veículos luxuosos de alta qualidade, e até mesmo os carros voltados à classe média eram modelos exclusivos e custavam mais que os competidores diretos. Schrempp estava convencido de que, para sobreviver, a Mercedes precisava crescer. Crescimento, ele imaginava, significava expandir para baixo. O objetivo básico era diminuir a dependência da empresa nos modelos mais caros, como o Classe-S. A estratégia da Mercedes não era entrar no mercado de massa, mas estabelecer nichos *premium* em todas as suas partes: um nicho para pessoas que pagariam mais pelo prestígio e pela qualidade. Essencialmente, a Mercedes estava tentando entrar no mercado de massa sem se tornar parte dele: um feito que conseguiu tornar realidade com o Classe-C, lançado em 1982. Com esse exemplo em mente, Schrempp deu seu apoio ao utilitário esporte Classe-M, ao urbano Classe-A, e à *joint venture* do Smart, com a Swatch. Além disso, ele ampliou as linhas de produto nos Classe-E, C e S, com a introdução de novos modelos. Para Scrempp, o fator comum em todos esses carros era que eles não serviam a um mercado de massa, mas a um nicho de pessoas que estavam preparadas para pagar mais pela percepção de qualidade e pelo nome Mercedes. Isso, ele concluiu, ofereceria alguma proteção contra os ciclos de baixa nos veículos.

O utilitário esporte Classe-M, produzido na fábrica da Mercedes em Tuscaloosa, Alabama, inaugurada em 1997, tinha o preço inicial de $ 35 mil e competia com o Ford Explorer e o Jeep Grand Cherokee. A fábrica foi a primeira investida da Mercedes em produção de carros fora da Alemanha. O Classe-M teve grande sucesso desde seu lançamento, em 1997. No começo de 1998, um comprador potencial precisava esperar até oito meses pela entrega do veículo. Havia planos de aumentar a capacidade produtiva da fábrica no Alabama em 20%, em 1999, de 65 mil para 80 mil unidades por ano, algumas voltadas à exportação para a Europa.

O Classe-A, pequeno carro urbano que até ali só era vendido na Europa, esteve cercado de controvérsias desde o começo. Era o Mercedes mais barato até o momento (por volta de $ 14 mil), pequeno e com um motor de apenas 82 cavalos. A maior parte das controvérsias surgiu pelo fato de o carro não ter passado no chamado teste Elk, feito por jornalistas suecos: um desvio violento, sem freios e à alta velocidade, que simula a ação tomada ao se evitar um animal de grande porte que cruza a estrada. O carro, com tração dianteira, capotou, ameaçando a Daimler com um enorme desastre de marketing. As ações da Daimler caíram 25% quando a notícia veio a público, chegando aos $ 63, e a empresa não pôde culpar os jornalistas. Schrempp juntou um time formado pelo que chamou de "nosso pessoal mais brilhante" para chegar a uma solução. Dezenove dias depois, haviam elaborado um plano que incluía parar as vendas e modificar o design do carro para abaixar o chassi, colocar pneus mais largos e instalar "estabilizadores eletrônicos" dentro das rodas, ao custo de $ 200 milhões. Em janeiro de 1998, as mudanças estavam completas, o carro passou no teste e as vendas continuaram. A Daimler estimava que poderia vender os 150 mil Classe-A que podia fabricar em um ano. Depois que consertou os problemas do Classe-A e publicou resultados favoráveis em 1997, as ações se recuperaram e voltaram a subir. Schrempp sabia que estava andando em uma corda-bamba: "Se cometêssemos um erro, não afetaria apenas a lucratividade do Classe-A: teria um impacto negativo geral na Mercedes".[9] Em 1999, a

---

[9]Paul Klebnikov, "Mercedes-Benz' Bold Niche Strategy," *Forbes*, 8 de setembro de 1997, p. 68.

TABELA 2 | Vendas de carros de passeio da Daimler-Benz, 1997

	Unidades (em milhares)	% de alteração desde 1996	Faixa de preço
Mundo	715	11	
Classe-A	7		$14.000
Classe-C	349	24	$35.000
CLK	22		$40.000
SLK	47		
Classe-E	277	−5	
Classe-S-/SL	63	−8	$65.000
Classe-M	16		$34.000
Classe-G	3	−23	
Europa	477	8	
Europa Ocidental (exceto Alemanha)	194	11	
Alemanha	277	5	
América do Norte	130	40	
EUA (vendas no varejo)	122	35	
América Latina	7	11	
Oriente (exceto Japão)	28	−7	
Japão (novos registros)	42	2	
Oriente Médio	9	1	
República da África do Sul	12	−18	

Mercedes esperava produzir 200 mil Classe-A na Alemanha e outros 70 mil em sua nova fábrica de $ 400 milhões, no Brasil.

O Smart, carro feito pela Daimler, era produto de uma *joint venture* de 81/19% entre Daimler-Benz e SMH A.G., fabricante suíço dos relógios Swatch. O carro era um pequeno veículo de dois passageiros feito para uso na cidade. Não era esperado que fosse vendido nos Estados Unidos. O carro seria feito em uma nova fábrica na França, com capacidade anual de 200 mil unidades.

A Daimler também introduziu diversos novos modelos, incluindo o novo Classe-E, peruas para a linha Classe-C e o novo SLK, pequeno modelo esporte com teto de aço retrátil. Esse carro, vendido a $ 40 mil, seguiu o BMW Z3 e o Porsche Boxster na abertura de um novo nicho de carros esporte nos Estados Unidos – entre o Mazda Miata de $ 20 mil e o Porsche 911, de $ 70 mil. O SLK buscava uma imagem mais jovem para a Mercedes. As listas de espera para esse carro chegavam a dois anos na metade 1997. Nesse ano, a Daimler lançou o CLK *coupé*, seguido do CLK conversível. Em 1998, a Daimler planejava lançar um novo modelo de luxo Classe-S, talvez seguido em 2001 ou 2002 pelo Maybach, um carro ainda mais luxuoso que poderia vir (de acordo com o protótipo) com opcionais como bar para bebidas quentes e frias, computador de bordo e TV de tela grande.

A venda de carros de passeio por modelo e região geográfica é mostrada na **Tabela 2**.

Em 1997, o mercado automotivo global cresceu apenas 3%; no entanto, as vendas da Daimler cresceram 11%, um dos maiores crescimentos de qualquer grande fabricante. O sucesso se deu principalmente graças às boas vendas dos novos veículos e às taxas de câmbio favoráveis.

Design e produção do segmento automotivo da Daimler-Benz

Para alcançar seu objetivo de produzir carros mais baratos sem penalizar a lucratividade, a Daimler quebrava regras sobre como ter sucesso no mercado automotivo. O senso comum

TABELA 3 | Operações da Daimler-Benz com veículos, por área geográfica

	Locais de produção	Locais de venda	Faturamento (em milhões de marcos)	Funcionários
Europa	21	3.435	55.966	171.778
América do Norte	10	655	19.190	15.321
América do Sul	4	468	4.683	13.128
África	3	272	3.077	3.815
Austrália/Oceania	1	186	1.044	682
Ásia	7	931	7.672	2.618

sugere que fabricantes de veículos reduzam o número de plataformas diferentes em que constroem seus diversos chassis. É o que a Toyota, a Chrysler e a VW faziam. Mas a Mercedes produzia uma nova plataforma para cada nova linha de carros e esperava lucros com cada uma, tendo custo de produção abaixo do ponto de equilíbrio de fabricantes maiores. Compartilhar plataformas "tem boa relação custo-benefício, mas não é uma boa prática. Se você só coloca um corpo diferente sobre a mesma base, só está enganando os consumidores. Não é um jeito muito bom de aumentar as vendas", disse Schrempp.[10] A Daimler-Benz reduziu seu nível de integração vertical, mas com 40%, a Daimler ainda era mais verticalmente integrada que a Chrysler, com 25%.

A estratégia internacional do segmento automotivo da Daimler-Benz

A Daimler vendia seus carros no mundo todo e tinha uma rede de distribuição global. Como mostra a **Tabela 3**, a Daimler também vinha aumentando a produção automotiva fora da Alemanha. Mais de dois terços do seu faturamento vinham de fora, e mais de um terço de suas ações estavam nas mãos de investidores internacionais.

Composição acionária da Daimler-Benz

O Deutsche Bank havia diminuído sua participação na Daimler de 28% para 21,7%. No entanto, em alguns momentos, ele tomou a frente a respeito de decisões estratégicas na empresa. O banco arquitetou a indicação de Edzard Reuter para presidente do conselho administrativo da Daimler em 1987, e apoiou a estratégia de diversificação nos anos 1980. Investidores institucionais alemães tinham em torno de 48% das ações da Daimler. O Emirado do Kuwait tinha em torno de 13%.

Enquanto nos Estados Unidos as empresas têm um único conselho, empresas alemãs têm um conselho administrativo (*Vorstand*), composto apenas de executivos encarregados das operações cotidianas da empresa, e um conselho supervisor (*Aufsichtsrat*), que representa os funcionários e seus maiores acionistas, e fiscaliza o conselho administrativo. Esse sistema coloca os dois conselhos em equilíbrio, dando mecanismos para que ambos impeçam que o outro domine a empresa.

[10] Jay Palmer, "Shake-Up Artist: Daimler-Benz Chairman Jürgen Schrempp Has Knocked the Dust off Mercedes, Restoring Hope for European Manufacturers", *Barrons*, 23 de março de 1998, p. 35.

Sindicatos da Daimler-Benz

A Alemanha tem um sistema duplo de representação dos trabalhadores. No nível da empresa, eles têm o direito de participar nas decisões administrativas. Sob o sistema alemão de co-determinação, quase metade das cadeiras do Aufsichtsrat de grandes empresas devem ser preenchidas por representantes dos trabalhadores. Apesar de poderem ser vencidos em votação no Aufsichtsrat, seu acesso à informação e às decisões da empresa lhes dão uma posição firme em negociações trabalhistas. Conselhos de trabalhadores (*Betriebsräte*) também representam os interesses dos trabalhadores junto da empresa. Eles têm voz em assuntos sociais e de pessoal.

No âmbito nacional, 17 grandes sindicatos, organizados por indústria, são responsáveis por negociações salariais e afins, como diminuição de jornada e aumento de férias, em toda a indústria que representa. O IG Metall, poderoso sindicato dos metalúrgicos, com 2,7 milhões de membros, representa os trabalhadores da indústria automobilística.

Comparado a outros países, o processo de acordo salarial coletivo na Alemanha teve relativamente poucas greves. As razões que contribuíram para o baixo número de paralisações foram a existência de mecanismos de resolução de conflitos; a lei trabalhista alemã, que obriga administradores e grupos de trabalhadores a buscar soluções pacíficas para os conflitos; e uma relação de cooperação mútua entre o capital e a força de trabalho.

Compensação executiva

A compensação para executivos alemães era significativamente mais baixa que a de seus colegas americanos. O salário dos executivos em empresas alemãs precisa ser aprovado pelo conselho supervisor da empresa. Além disso, empresas alemãs não são obrigadas a publicar dados sobre pagamentos de executivos na mesma medida que empresas americanas (reguladas pela *U.S. Securities and Exchange Commission*). A Daimler publicava o pagamento somente de forma agregada e relatou que, em 1997, os dez executivos no conselho administrativo receberam remuneração total de 20 milhões de marcos[11] ou $ 11,3 milhões à taxa de câmbio de 1,77 marco por dólar. Schrempp, nesse período, ganhava em torno de $ 2,5 milhões por ano. Em comparação, o presidente da Chrysler ganhou $ 16 milhões em 1997.

Sob Schrempp, a Daimler foi a primeira empresa alemã a oferecer opções de ações a seus executivos. Os membros do sindicato no conselho supervisor se opuseram à decisão de Schrempp de oferecer opções de ação à administração, mas ele venceu em votação por 11 a 9 no conselho. Outra proposta para criar um plano de incentivos que recompensava funcionários com base em suas contribuições para o lucro geral, passou com mais facilidade. Todos os 150 mil funcionários da Mercedes estavam aptos a ganhar a bonificação.

Tendências na indústria automobilística mundial

Desde o começo de 1998, alguns eventos sugerem que o horizonte competitivo da indústria automobilística havia mudado permanentemente. Apesar dos anúncios de alianças e fusões ser uma ocorrência comum ao longo dos anos, a natureza e freqüência desses negócios havia

[11]Relatório Anual da Daimler-Benz, 1997, p. 80.

se tornado mais intensa. A Price Waterhouse estimou que, em todo o mundo, em 1997, empresas de automóveis fizeram 750 fusões ou alianças, em um valor total de $ 28 bilhões. Em sintonia com as indústrias de telecomunicação e aviação, houve uma tentativa de consolidação na indústria automotiva, criando uma nova forma de competição: a verdadeira empresa automobilística global. Poucos fabricantes (por exemplo, Toyota, VW, Ford e GM) tinham a capacidade de se tornar globais sem grandes aquisições. Essas empresas do primeiro escalão podiam buscar uma estratégia global comprando produtores menores com nomes reconhecidos. O mantra se tornou "se quer ter sucesso, precisa ser global". O DRI da Standard & Poor previa que, nos dez anos seguintes, haveria uma redução no número de produtores internacionais, de 39 para cerca de 20 grandes empresas.

Fabricantes de carros têm operado internacionalmente há muitos anos. Eles vêm exportando modelos para outros países, montando e desenvolvendo carros e caminhões para mercados externos, e se abastecendo de fornecedores fora dos Estados Unidos há anos. Além disso, essas empresas adquiriram ações de inúmeros parceiros estrangeiros. A lista inclui, por exemplo, Ford e Jaguar, Ford e Mazda, GM e Saab, GM e Suzuki, e BMW e Rover. Mas os esforços para formar uma empresa realmente global foram diferentes. Em outras palavras, houve pouco sucesso na construção e distribuição de um carro global. As motivações por trás da Chrysler e da Daimler-Benz se estendem além do desenvolvimento de um *carro global*. Tipicamente, as consolidações são motivadas por uma série de fatores.

Esses fatores foram respostas às pressões de uma indústria dinâmica, em mudança. Era fácil demais dizer que o mundo estava mudando. Havia pressões de tempo e custo implacáveis, em que o design e a introdução de modelos novos e inovadores precisavam ser completados no menor tempo e custo possíveis. Aumentando a complexidade, havia o fato de o gosto dos consumidores estar mudando; a Internet derrubava as barreiras de transferência de informação, de introdução de produtos e similaridade entre processos, e os produtos se tornavam o patamar para o resultado.[12] No ponto máximo desse movimento, falava-se sobre uma era do consumidor virtual, integrado a um processo produtivo alimentado por fornecedores globais e que alimentava uma cadeia de distribuição mundial. Entretanto, havia diversas tendências recentes que pareciam estar no centro da recente onda de consolidação.

Sobrecapacidade

A indústria sofria com o excesso de capacidade. Com as consolidações, as linhas de montagem puderam ser racionalizadas; fabricantes na Europa Ocidental agora tinham capacidade de produzir 30% mais carros do que conseguiam vender.[13] O resultado era equipamento ocioso, investimento inutilizado, trabalhadores subutilizados e retorno abaixo do normal. A tensão criada por essas condições levou à pressão política contra o fechamento de fábricas domésticas, a demissão de funcionários e a procura de mão-de-obra e fábricas baratas em países em desenvolvimento. Ironicamente, a migração das fábricas para países em desenvolvimento contribuiu para o aumento da capacidade ociosa. Muitas das fábricas (por exemplo, aquelas na Ásia) foram construídas com o apoio dos governos, em uma tentativa

[12]David Smith, "US Automakers Take a New Spin; the World Has Changed and So Have They", *Ward's Auto World* 34, n. 3, p. 38.

[13]Anne Swardson, "European Carmakers' Traffic Jam", *Washington Post*, 10 de setembro de 1998, C1.

de promover a industrialização e criar empregos de altos salários, sem mencionar que a indústria automotiva doméstica era um assunto de orgulho nacional. Economias emergentes, como o Brasil, viram na indústria automotiva um meio de aumentar sua capacidade exportadora e estimular o crescimento interno. No entanto, algumas empresas menores, particularmente na Ásia, corriam perigo, como Kia e Hyundai. Apesar de não serem alvos de aquisições, ambas eram vistas como prováveis parceiras de *joint venture*. Muitos acreditavam que as consolidações diminuiriam a capacidade, o que reduziria a pressão do preço causada pelo excesso mundial de capacidade de produção.

Custos de desenvolvimento

Os custos associados a todos os aspectos do desenvolvimento de um novo modelo tornava muito difícil a sobrevivência de um fabricante pequeno, pois eram diluídos em volume menor de veículos. Os custos de desenvolvimento incluíam design, criação de ferramentas, engenharia de emissões, parte eletrônica e design do processo de manufatura. Outros custos, além da produção, associados à fabricação incluíam os gastos para unir os fornecedores e vendedores eletronicamente de forma global. As tentativas de encurtar os ciclos de design e produção se pagariam com o tempo, mas também precisavam de um investimento inicial considerável. Uma mudança muito profunda no design de um carro poderia incluir o uso de materiais mais leves e de combustíveis alternativos, assim como mudanças no motor e sistema de freios. O preço final dessas mudanças preocuparia até mesmo as maiores empresas.

Custos com fornecedores

A consolidação da indústria foi empurrada em parte pela busca de preços mais baixos na compra de materiais, o que se conseguiria combinando compras e, como resultado, exercendo maior poder de barganha. Normalmente, as empresas tentavam alcançar melhores preços dos fornecedores com base apenas em maior volume. Além da economia advinda do maior volume, havia também vantagens no uso de partes comuns. Quando a Chrysler passou a comprar os air-bags de Robert Bosch (que já os fornecia à Mercedes), o custo unitário caiu 40%, pois a Bosch pôde então abrir uma fábrica exclusiva no México. Essas soluções inteligentes também afetavam o faturamento. Trabalhando com maior proximidade com seus fornecedores, os fabricantes podiam também fazer uso de sua experiência e outras fontes de competitividade. A Honda, por exemplo, empresa que teve lucros significativos em sua capacidade de criar e produzir novos modelos a custo mais baixo graças à experiência e sugestões de seus principais fornecedores.

Acesso ao mercado e diversidade de produção

A capacidade de sobrevivência em longo prazo de produtores de nicho estava limitada tanto geograficamente quanto pelo foco limitado de suas linhas de produtos. No cerne das discussões sobre fusões na indústria automotiva dos anos 1990, estava a idéia de complementaridade e a capacidade de os potenciais parceiros em preencher lacunas tanto nos mercados quanto nos produtos. Imaginava-se que apenas produtores globais, com linhas completas de produtos, sobreviveriam. O acesso ao mercado era afetado tanto pelas redes de distribuição existentes quanto pela política nacional que ditava o modo como um fabricante estrangeiro poderia entrar em outro país. Em alguns casos, a produção local se fazia necessária, ou havia regras sobre porcentagem de conteúdo doméstico nos carros vendidos. Apesar de a fusão não ter funcionado, parte da idéia por trás do casamento Volvo-Renault era a complementaridade da presença no mercado. Além disso, as linhas de produtos não se sobrepunham demais, e cada uma parecia preencher as lacunas no que a outra oferecia. A BMW se interessou pela Rover porque seus produtos ampliariam sua oferta sem diluir a imagem da BMW, de carros luxuosos, com carros pequenos e utilitários. A estratégia da BMW era encorajar o *patriotismo britânico* da Rover com grandes investimentos na Grã-Bretanha, compartilhando peças e melhorando a qualidade e a distribuição.[14]

Considerações legais e financeiras

Era esperado que a consolidação entre as empresas garantisse acesso ao capital e principais mercados, o que estava limitado por preconceitos regionais ou considerações de tamanho. Ser global em foco e tamanho não só garantiu taxas melhores na emissão de ações e contração de débito, como também ampliou a gama de mercados financeiros disponíveis. Por exemplo, como benefício de uma consolidação, uma empresa estrangeira poderia comercializar nos Estados Unidos com ações globais, em vez de usar os recibos de depósito americanos (ADR), que têm regras complexas e muitas vezes encarecem o negócio. A idéia central era que essas empresas globais marcassem o passo para a globalização dos mercados de capitais. Além disso, um efeito menor foi a estrutura de governança da nova empresa consolidada e a questão sobre a legislação de qual país teria precedência. Havia menor controle governamental sobre o comportamento das novas empresas globais, comparado a quando as empresas eram entidades separadas. Até certo ponto, competir no cenário mundial pode reduzir o poder regulatório dos governos locais.

Para a Chrysler e a Daimler-Benz, a fusão trazia um grande número de vantagens. A **Tabela 4** resume as vantagens para ambas. A questão que permanecia era se cada uma havia se beneficiado igualmente. Apesar de Schrempp e Eaton terem considerado uma fusão de iguais, criando a terceira maior fabricante de automóveis do mundo, a Daimler-Benz pode parecer o pólo principal, em razão de seu tamanho.

Alternativas estratégicas

As empresas examinavam as opções disponíveis para unir forças e alcançar objetivos que seriam difíceis demais de alcançarem sozinhas, mas havia algumas alternativas a considerar. A indústria automotiva, nos anos anteriores, havia presenciado diversas alianças (algumas envolvendo troca de capital, outras não), *joint ventures*, fusões e aquisições.

Fusões

Em uma fusão, as empresas (como a Chrysler e a Daimler-Benz) fazem um acordo de troca de ações que resulta na propriedade conjunta da nova organização. As duas empresas,

[14]Brandon Mitchener, "BMW-Rover Deal Offers Clues to Future Daimler-Benz", *Wall Street Journal Interactive*, 29 de maio de 1998.

TABELA 4 | Benefícios potenciais para a Chrysler e a Daimler-Benz

Benefícios para a Chrysler	Benefícios mútuos	Benefícios para a Daimler-Benz
• Criação de posição na Europa • Melhor qualidade, com a engenharia da Daimler-Benz • Base fabril na Europa • Pode ganhar com a fama do nome da Mercedes • Aumenta a linha para o mercado de luxo • Uso de capacidade de produção ao redor do mundo • Melhora capacidade técnica, reduz custos de garantia • Disponibilidade de melhores dispositivos de segurança	• $ 1,4 bilhão de redução no custo antes dos impostos, esperada em 1999; esperado um crescimento de $ 3 bilhões em 2001 e crescimento com taxa de inflação a partir daí • Poder de compra • Melhor utilização da capacidade • Transferência de tecnologia	• Expansão de operações de-fabricação e venda nos EUA • Criação de oportunidade de desenvolvimento conjunto, a menor custo • Expansão de capacidade de produção nos EUA • Combinam-se com caminhões, as linhas mais leves da Chrysler • Ajuda a alinhar a estrutura de custos • Empresta estilo criativo • A marca Jeep acrescenta a imagem de veículos utilitários (cidade e off-road)

em uma troca amigável de ações, foram combinadas para buscar corte de custos com eliminação de fábricas redundantes e outros mecanismos com os quais conseguiriam economizar. Além disso, freqüentemente buscavam oportunidades que seria difícil alcançar separadas. Schrempp e Eaton esperavam, por exemplo, ter economia bruta de $ 1,4 bilhão em 1999 com a troca de componentes e tecnologia, e a combinação das compras e redes de distribuição. A equipe de Eaton acreditava que essas sinergias aumentariam para $ 3 bilhões em 2001 e continuariam crescendo conforme a taxa da inflação em dólares. (Essas sinergias não aparecem nos quadros que acompanham esse caso.) Havia também outros benefícios advindos da troca de conhecimento e incorporação de melhores práticas por ambas as empresas.

Alianças

Diferente de uma fusão, uma aliança combina empresas diferentes com o intuito de compartilhar esforços delineados pelos parceiros. No entanto, cada organização permanece como um negócio autônomo, mantém sua estrutura de governança e processos e princípios de operação. Atividades compartilhadas, tomada de decisões em conjunto, coordenação de atividades, linha aberta de comunicação etc. são partes da cola que mantém a aliança de pé.

A aliança é uma forma semi-organizacional em que empresas distintas e separadas unem-se para alcançar objetivos que não poderiam atingir sozinhas. O desafio era desenvolver um processo gerencial que encorajasse o esforço cooperativo dos parceiros. Se um dos parceiros entrasse na aliança com a mentalidade tradicional de "comandar e controlar", logo descobriria que seria muito difícil alcançar seus objetivos. Não se pode controlar o que não se tem.

Alianças, quando formadas e mantidas adequadamente, podem alcançar os mesmos objetivos de uma empresa integrada verticalmente, sem o aumento do custo. Alianças são empreendimentos nos quais as empresas reconhecem suas independências e agem no interesse da união. Diferentemente de uma entidade criada por fusão ou aquisição, ainda há a possibilidade de comportamento oportunista, em que um parceiro age em interesse próprio e em detrimento do outro. Ou seja, parceiros em uma aliança têm múltiplas tarefas: trabalham juntos para alcançar objetivos conjuntos, mas também mantêm objetivos individuais. Quando esses diferentes objetivos entram em conflito, a aliança sofre e as vantagens desaparecem. Nesse aspecto, alianças são bastante frágeis e sujeitas a pressões e tensões não vistas em empreendimentos em que duas ou mais empresas renunciam à soberania para se tornar uma organização gerida e controlada de forma centralizada, com um único objetivo. Apesar de usarem contratos para formalizar os termos e as condições da relação, as alianças se mantêm coesas graças à confiança e ao compromisso com a visão compartilhada pelos parceiros.

Joint ventures

Joint ventures (JVs) são outra forma de aliança em que os parceiros unem alguns ativos escolhidos e formam uma entidade separada, propriedade dos dois parceiros. Uma das principais diferenças entre alianças JV e as outras formas discutidas até aqui é o grau de vinculação entre os parceiros. Parceiros de JV cedem recursos (por exemplo, pessoal, fábricas, dólares, tecnologia) e esses ativos são assimilados pela *joint venture*; assim, a capacidade de sair da relação é mais desgastante. Além disso, elas costumam ter acordos mais formais entre os parceiros, com base principalmente no fato de que os parceiros cederam formalmente os ativos para a nova entidade conjunta.

Há uma estrutura de governança conjunta que é administrada pelos parceiros, dependendo do acordo de compartilhamento de propriedade. Apesar de muitos administradores afirmarem preferir ser o acionista majoritário, há um forte argumento a favor da divisão igualitária de *joint ventures*. Esse argumento baseia-se na crença de que partes iguais em uma JV causariam um compromisso maior de cada parte e mais boa vontade para resolver os problemas. Novamente, os elementos de confiança e compromisso são importantes e servem para complementar o acordo de *joint venture* que formaliza a estrutura da relação.

Os parceiros de *joint venture* algumas vezes têm problemas para determinar o valor da contribuição de cada um à aliança; um pode trazer ativos reais à JV enquanto o outro traz capacidade intelectual (por exemplo, inovações, tecnologia, conhecimento de mercados). O problema é determinar uma relação entre esses valores. Em suma, surge a questão: quantas novas ideias valem uma fábrica de $ 5 milhões convertida às necessidades da *joint venture*?

Relações preferenciais

Dos tipos de relação discutidos aqui, as relações preferenciais são as menos formais e, portanto, as mais voláteis, uma vez que têm natureza mais transacional e são mais sujeitas aos desmandos dos parceiros. Os laços tendem a ser frouxos e são vistos como de menor duração. Por exemplo, os dois lados decidem fazer negócios entre si, e podem fazê-los por muitos anos. No entanto, o nível de comunicação e o conteúdo da informação compartilhada nunca vão além da transação imediata. Em uma aliança, diferentemente dessas negociações mais cuidadosas, os parceiros costumam trocar, ao longo do tempo, informações relativas a planos e estratégias de longo prazo.

TABELA 5 | Matriz de relações

	← Baixa		Posse	Alta →	
Compromisso ALTO **Foco no longo prazo**	Fornecimento estratégico		*Joint ventures*	*Joint venture*	Aquisição, fusão
↕	Contratos permanentes	*Outsourcing* padrão e *just-in-time*	Parcerias de pesquisa e desenvolvimento	Co-produção	
	Fornecedores preferenciais	Relação de revendas	Compartilhamento de informação sobre P&D de mercados		
Compromisso BAIXO **Foco no curto prazo**	Ordem de compra de *commodity*	Publicidade colaborativa			
Grau de comprometimento	Vínculos frouxos	Recursos básicos	Fundos compartilhados	Patrimônio compartilhado	Propriedade total

Relações preferenciais sugerem que, tudo se mantendo igual, os parceiros continuam a interagir, mas a natureza da relação é bem menos episódica. O compromisso com a relação costuma ser menor que nas outras mencionadas. Esse tipo de relação é freqüentemente encontrada entre compradores e fornecedores, em que um fornecedor recebe o *status* de preferencial por atender a certos padrões (por exemplo, certificações e ISO9002). Além disso, pode haver uma relação de longo prazo em que ambas as partes compartilham um grau de conforto e confiança. Ao mesmo tempo, a capacidade de se desvincular é relativamente fácil, dada a natureza da ligação e o fato de os laços psicológicos entre os parceiros serem menores.

A **Tabela 5** compara os vários tipos de relações discutidos aqui. O time de negociação da Chrysler precisaria avaliar essas formas alternativas de combinação, dando atenção particular à atratividade relativa da aquisição direta da Chrysler pela Daimler, considerando os outros tipos de negócio. Schrempp teria mencionado especificamente uma aquisição; Robert Eaton esperava que o time de negociação explorasse esse caminho com seriedade como sua primeira escolha. De qualquer forma, o conselho de diretores da Chrysler iria querer justificativas quanto à escolha pela aquisição direta no lugar de outros tipos de negócio como forma de usufruir dos benefícios de uma combinação.

História das discussões sobre fusão[15]

No Detroit International Auto Show, em janeiro de 1998, Jürgen Schrempp, CEO da Daimler-Benz, encontrou-se com Robert Eaton, presidente e CEO da Chrysler. Schrempp compartilhou com Eaton suas idéias sobre a possibilidade de consolidação na indústria auto-

[15]Essa seção apresenta detalhes do Parecer de Registro F-4, da Corporação Chrysler, enviado à *U.S. Securities and Exchange Commission* (SEC).

motiva mundial e sugeriu que seria benéfico para ambas se a Daimler-Benz e a Chrysler considerassem uma fusão. Eaton afirmou que a Chrysler vinha fazendo seus próprios estudos sobre a indústria, e tinha opinião similar. Eaton disse que telefonaria para Schrempp nas semanas seguintes. No final de janeiro, Eaton ligou e sugeriu uma reunião no começo de fevereiro. No dia 5 de fevereiro de 1998, o conselho da Chrysler foi informado das discussões entre Schrempp e Eaton.

No dia 12 de fevereiro, Eaton e Gary Valade, vice-presidente executivo e chefe de operações (COO) da Chrysler, encontraram-se com Schrempp e Eckhard Cordes, o membro do conselho da Daimler-Benz responsável pelo desenvolvimento corporativo e negócios geridos diretamente, para discutir a possibilidade de fundir as duas empresas. Após essa reunião, decidiram consultar seus respectivos assessores financeiros e se encontrar novamente no dia 18 do mesmo mês.

Em 17 e 18 de fevereiro, Cordes e representantes do Goldman Sachs (assessor de fusão da Daimler) se reuniram com Valade e representantes do Credit Suisse First Boston (assessor de fusão da Chrysler) para discutir diversas estruturas de transação. Durante essas discussões, Valade deixou claro que era importante para a Chrysler que qualquer transação potencial deveria maximizar o valor para seus acionistas, ser livre de impostos para os acionistas americanos da Chrysler e ter baixos impostos para a DaimlerChrysler AG, que a estrutura de governança após a fusão deveria ser de uma fusão-de-iguais, que tivesse a capacidade ideal de ser contabilizada como uma união de interesses *(pooling)*, que resultasse na combinação dos respectivos negócios da Daimler-Benz e da Chrysler em uma empresa pública. Cordes indicou que era importante para a Daimler-Benz que qualquer transação potencial maximizasse o valor para seus acionistas, deveria ser livre de impostos para os acionistas alemães da Daimler-Benz e ter baixos impostos para a DaimlerChrysler AG, e que a entidade resultante da combinação fosse uma corporação de ações alemãs, o que aumentaria a possibilidade de aceitação por todos os constituintes importantes da Daimler-Benz. Durante essas reuniões, diversas questões corporativas, administrativas e tributárias foram discutidas com o intuito de desenvolver uma estrutura de transação que acomodasse os objetivos de ambas as partes.

Valade e Cordes se encontrariam novamente na primeira semana de março para discutir o progresso de suas equipes de trabalho. Na época, Valade pediu que a Daimler-Benz compartilhasse com a Chrysler suas idéias preliminares sobre a avaliação.

Análise da avaliação e lucros por ação (GPA)

Os **Quadros 2** a **9** apresentam projeções dos demonstrativos financeiros das duas empresas, assim como avaliações com desconto de fluxo de caixa (DFC) usando o método de fluxo de caixa livre/custo de capital médio ponderado (CCMP). O modelo financeiro dos analistas estimava o valor usando três métodos DCF (CCMP, valor presente ajustado, fluxo de caixa para o acionista) e usava duas maneiras de estimar o valor terminal (perpetuidades de crescimento constante e múltiplos de lucros). Os analistas consideraram também o preço das ações à época, último valor contábil, e avaliações com base em diversos múltiplos médios da indústria. A **Tabela 6** resume as estimativas de valor das ações da Chrysler e da Daimler em dólares.

A equipe de negócios da Chrysler também precisaria considerar o impacto de qualquer estrutura de negócio nos relatórios financeiros. Somente como ilustração, o **Quadro 10** resume os cálculos da diluição dos lucros por ação que podem resultar de uma troca de

TABELA 6 | Resultados-chave de avaliação

	US$/ação	
Avaliação do patrimônio líquido da Chrysler em valor de mercado		
Preço recente da ação	$ 40,75	
Valor contábil por ação	$ 16,82	
Estimativa de DFC com valores terminais usando:	*Múltiplos**	*Crescimento constante***
Método CCMP	$ 64,53	$ 64,34
Método do fluxo de caixa residual	$ 60,71	$ 60,67
Valor presente ajustado (VPA)	$ 70,34	$ 70,34
Estimativas de múltiplos usando as médias da indústria (ver q. 13)		
Preço/lucro (P/L) vezes LPA futuro	$ 76,76	
Preço/fluxo de caixa vezes fluxo de caixa futuro das operações	$101,58	
Valor de mercado/contábil vezes valor contábil	$ 38,00	
Avaliação do patrimônio líquido da Daimler em valor de mercado		
Preço recente da ação	$ 99,63	
Valor contábil por ação	$ 68,03	
Estimativa de DFC com valores terminais usando:	*Múltiplos**	*Crescimento constante***
Método CCMP	$ 86,95	$ 86,12
Método do fluxo de caixa residual	$ 55,79	$ 57,20
Valor presente ajustado (VPA)	$ 82,84	$ 82,84
Estimativas de múltiplos usando as médias da indústria (ver q. 13)		
Preço/lucro (P/L) vezes LPA futuro	$ 60,06	
Preço/fluxo de caixa vezes fluxo de caixa futuro das operações	$ 85,21	
Valor de mercado/contábil vezes valor contábil	$153,71	

* Múltiplos de valor terminal para a Chrysler são 4 vezes o faturamento bruto para os métodos CCMP e VPA, e 8,5 vezes o faturamento para o método P/L. Para a Daimler, os múltiplos são 6,5 e 16.

** As taxas de crescimento constante usadas para estimar os valores terminais são de 3% para a Chrysler e 4% para a Daimler.

ação-por-ação. Essa ilustração assume a taxa de troca de uma ação da Daimler por uma da Chrysler e revela diluição de lucros de 25,6% em 1997 para a Daimler, seguida de crescimento dos lucros nos anos seguintes. Em contrapartida, se a fusão fosse realizada como uma compra, a diluição dos lucros da Daimler para 1997 seria de 34,2%. O **Quadro 10** mostra também que a Chrysler contribuiria com 46,9% da receita da nova empresa e 60,8% de seu faturamento.

Os **Quadros 11** e **12** apresentam os históricos financeiro e de preço de ação de longo prazo das duas empresas na forma de relatórios da Value Line Investment Survey. O **Quadro 13** traz informações sobre outras empresas da indústria automobilística. O **Quadro 14** traz o histórico recente do preço das ações de ambas as empresas, assim como as estimativas de seus betas e sigmas, ou porcentagem de volatilidade do preço de suas ações, com base em compra e venda na Bolsa de Nova Iorque. O **Quadro 15** apresenta detalhes da capitalização de dívidas das duas empresas. O **Quadro 16** traz informações sobre fusões e aquisições recentes; o **Quadro 17** oferece detalhes em algumas aquisições da indústria automobilística. O **Quadro 18** apresenta dados sobre a tendência macroeconômica recente nos Estados Unidos e na Alemanha. O **Quadro 19** traz informações sobre as condições do mercado de capitais prevalentes nos Estados Unidos e na Alemanha, no final de fevereiro de 1998.

Negociação de termos detalhados de aquisição

Gary Valade e a equipe de negociação da Chrysler contemplaram diversas dimensões para o negócio:

- *Preço ou valor.* Quanto os acionistas da Chrysler deveriam receber em consideração à venda de sua empresa?
- *Forma de pagamento.* Inicialmente, Eaton e Schrempp consideraram uma transação ação-por-ação. Entretanto, quando os negociadores chegaram ao plano detalhado da transação, havia a possibilidade de estruturar o negócio em termos de dinheiro-por-ação ou garantias de renda fixa por ação. De fato, alguma forma de pagamento contingencial poderia ser incluída em consideração às ações da Chrysler. Se fosse proposto um negócio de ação-por-ação, os dois lados precisariam definir a equivalência entre as ações, isto é, quantas ações da Daimler seriam recebidas por uma ação da Chrysler. Um índice separado poderia indicar a troca de opções de ações de funcionários pelas ações dos compradores, embora normalmente isso se baseie na hipótese de opções por ações, o que não seria necessário. Uma questão relacionada era se a taxa seria fixa ou variaria dentro de limites enquanto os preços das ações da Daimler e da Chrysler variassem até a data de fechamento. Pode levar até seis meses para se consumar uma aquisição desse porte, depois que o anúncio de fusão é feito. Esses limites, popularmente chamados de *collars*, definiriam o quanto o preço das ações das duas empresas poderia variar antes que um ajuste nos termos do negócio fosse feito. Se os negociadores fixassem um *collar*, seria necessário especificar os limites dentro dos quais as ações poderiam variar antes que ajustes fossem feitos, e quais ajustes seriam feitos se os preços excedessem os limites.
- *Fusão ou aquisição.* A transação poderia ser estruturada como uma fusão de iguais ou uma aquisição de uma das empresas pela outra. A Chrysler estava mais interessada em uma fusão de iguais. Os acionistas poderiam ter seus votos influenciados pela aparência de uma empresa dominando a outra, independentemente da realidade econômica do negócio.
- *Necessidade do voto dos acionistas.* O voto dos acionistas influenciaria o esquema do negócio, visto que afetaria a velocidade com que a transação poderia ser fechada e a possibilidade de interferência de grandes grupos de acionistas. Nos Estados Unidos, uma votação de acionistas requer a distribuição de um prospecto e demonstrativo do negócio, além de uma reunião especial dos acionistas. A preocupação com interferência era naturalmente importante para os adquirentes, que temiam críticas de investidores ou mesmo terceiros alheios ao negócio. Dois tipos de negócio precisariam de votação dos acionistas da Daimler. O primeiro era sobre a criação de um grande número de novas ações, como em uma grande aquisição ação-por-ação. O segundo era uma fusão estatutária em que ambas as empresas seriam extintas e uma nova empresa surgiria – o que precisaria ser aceito pelos acionistas das duas.
- *Tratamento contábil.* Nos Estados Unidos, à época, empresas em processo de fusão podiam contabilizar a fusão como compra ou união de interesses *(pooling)*. Geralmente, o *pooling* resultava em lucros maiores por ação para a nova empresa, porque não acarretava a criação de um fundo que precisaria ser amortizado sob os princípios contábeis normalmente aceitos (PCNA) pelos Estados Unidos. Para que a transação fosse contabilizada como união de interesses, precisaria passar por diversos testes, dos quais os principais se-

riam (1) continuidade de propriedade de interesses (ao menos 80% dos acionistas da empresa adquirida deveriam continuar como acionistas da nova empresa); (2) tamanho igual das duas empresas; (3) cada entidade precisaria ter sido independente da outra nos dois anos anteriores ao negócio; (4) a combinação deveria ser efetuada em uma única transação – pagamentos parcelados não seriam permitidos em transações de união; (5) a empresa adquirente deveria emitir apenas ações comuns em troca de praticamente todas as ações comuns com direito a voto da outra empresa (por exemplo, 90%); e (6) a nova empresa não poderia se desfazer de uma porção significativa de seus ativos em um prazo de até dois anos após a fusão.

- *Tratamento dos principais acionistas*. O Deutsche Bank, maior instituição financeira alemã, tinha 21,7% de interesse na Daimler-Benz. O banco tinha diversas cadeiras (e a presidência) do conselho da Daimler, e foi muito importante na indicação de Jürgen Schrempp como CEO em 1994, em um esforço para maximizar valores para os acionistas. Além disso, o Emirado do Kuwait tinha 13% das ações da Daimler. Kirk Kerkorian tinha aproximadamente 14% das ações da Chrysler por meio de sua *holding*, a Tracinda Corporation. Em 1994 e 1995, Kerkorian ameaçara tomar a Chrysler por meio de um *takeover*, afirmando que a empresa vinha dando resultados inferiores ao que poderia atingir, e mantinha dinheiro demais em caixa ($ 8 bilhões). A Chrysler se defendeu dos ataques de Kerkorian com promessas de aumentar o dividendo, acelerar a recompra de ações e relaxar o limite da "pílula de veneno" de 10% para 15% das ações restantes. Kerkorian concordou em parar suas tentativas de tomar o controle da empresa, mas seu interesse era grande o suficiente para influenciar o voto de outros investidores da Chrysler. Ele era conhecido como um investidor sofisticado que provavelmente preferiria um acordo com diferimento de impostos. O Deutsche Bank, o Emirado do Kuwait e Kerkorian sairiam de uma aquisição ação-por-ação como acionistas substanciais da nova empresa. Assim, seria aconselhável obter apoio dessas partes interessadas.
- *Tratamento dos impostos*. Algumas estruturas de negócio poderiam acarretar em uma dívida imediata de impostos para os acionistas que estavam vendendo (os da Chrysler), em razão da diferença do preço de suas ações e a compensação recebida. Outras estruturas não criariam essa responsabilidade. Normalmente, negócios com suspensão de impostos (ou "livre de impostos", como é chamado popularmente) envolvem a aquisição de ações de uma empresa com ações da compradora ou de uma subsidiária. Negócios que envolvessem pagamento em dinheiro ou a compra de ativos seriam taxados. A opinião de um assessor de impostos e, por fim, uma decisão (ou "carta") da Receita Federal norte-americana (IRS) confirmaria se uma transação seria ou não livre de taxas.
- *Lei aplicável*. A nova corporação poderia ser incorporada na Alemanha ou nos Estados Unidos. Se incorporada na Alemanha, estaria sujeita à legislação alemã. Se incorporada nos Estados Unidos, a lei norte-americana se aplicaria.
- *Governança*. O acordo de fusão precisava especificar o local da sede, o tratamento dos funcionários (especialmente a distribuição dos assentos do conselho para o principal sindicato da Daimler, IG Metall ou para o United Auto Works), a eleição de diretores e o nome a ser indicado do CEO da empresa. Sob a Lei Alemã de Co-Determinação de 1976, uma empresa do tamanho da Daimler deveria ter um conselho supervisor (similar a um conselho de diretores em uma empresa americana) e um conselho administrativo. A lei alemã previa um conselho supervisor de 20 membros, dez dos quais seriam apontados

pelos acionistas e os outros pelos funcionários – a lei alemã era explícita ao dizer que as corporações deveriam ter 49% de representantes sindicais em seus conselhos supervisores. Os termos do negócio poderiam especificar previamente se ou como a Daimler e a Chrysler dividiriam os dez diretores supervisores, assim como o tamanho e a composição (Daimler *versus* Chrysler) do conselho administrativo.

- *Reconhecimento sindical.* A Daimler mantinha uma fábrica não sindicalizada no Alabama. Em uma combinação entre Daimler e Chrysler, era provável que o sindicato da Chrysler, o United Auto Workers, requeresse que o UAW fosse reconhecido como agente de barganha nessa fábrica.
- *Língua oficial.* Era costume em fusões e aquisições internacionais que os termos do negócio especificassem a língua oficial da empresa após a consumação.
- *Compensação executiva.* O contrato poderia também especificar qualquer compensação futura para executivos seniores. Isso é importante se os analistas buscam igualar as compensações por toda a nova empresa.
- *Negociação em bolsas.* Considerando os acionistas combinados das duas empresas, um negócio ação-por-ação deixaria os acionistas americanos e alemães com enorme interesse em uma empresa transnacional. Se as ações fossem negociadas fora do país de origem dos acionistas, seriam consideravelmente menos líquidas e atraentes. Concordar de antemão sobre onde as ações seriam negociadas influenciaria o voto dos acionistas sobre qualquer fusão ou aquisição.

QUADRO 1 | Tendências de vendas unitárias da Chrysler

	1997	1996	Mudança
Mercado varejista nos EUA:			
Venda de carros	736.530	832.633	(96.103)
Participação no mercado de carros	8,9%	9,7%	−0,8%
Venda de caminhões (incluindo minivans)	1.567.258	1.618.193	(50.935)
Participação no mercado de caminhões	21,7%	23,4%	−1,7%
Vendas combinadas de carros e caminhões	2.303.788	2.450.826	(147.038)
Participação combinada no mercado de carros e caminhões	14,9%	15,9%	−1,0%
Somente minivans	518.445	—	na
Somente mercado de minivans	44,4%	—	na
Mercado varejista nos EUA e no Canadá:			0,0%
Vendas combinadas de carros e caminhões	2.559.950	2.690.340	(130.390)
Participação combinada no mercado de carros e caminhões	15,1%	16,1%	−1,0%
América do Norte:			
Vendas combinadas de carros e caminhões	2.649.542	—	nd
Participação combinada no mercado de carros e caminhões			
Mundial:			
Vendas combinadas de carros e caminhões	2.886.981	2.958.800	(71.819)
Embarques internacionais (fora da América do Norte)	237.000	224.000	13.000

nd = não disponível.

Fonte: *Relatório Anual da Chrysler.*

QUADRO 2 | Demonstrativos de resultados da Chrysler (em milhões de dólares, exceto valores por ação)

				Projeção				
	1995	1996	1997	1998	1999	2000	2001	2002
Receitas	$53.195,0	$61.397,0	$61.147,0	$64.815,8	$68.704,8	$72.827,1	$77.196,7	$81.828,5
Custo dos produtos vendidos (sem depreciação)	41.304,0	45.842,0	46.743,0	49.547,6	52.520,4	55.671,7	59.012,0	62.552,7
Vendas, gerais e administrativas	5.227,0	6.144,0	6.145,0	6.513,7	6.904,5	7.318,8	7.757,9	8.223,4
Lucro operacional antes de juros, impostos, depreciação e amortização (EBITDA)	6.664,0	9.411,0	8.259,0	8.754,5	9.279,8	9.836,6	10.426,8	11.052,4
Depreciação	2.220,0	2.312,0	2.696,0	3.194,7	3.406,7	3.631,4	3.869,7	4.122,2
Amortização de *goodwill* e intangíveis	0,0	0,0	0,0	39,3	38,3	37,4	36,4	35,5
Outras despesas (receitas)	0,0	0,0	0,0	0,0	0,0	0,0	0,0	0,0
Lucro antes de juros e impostos	4.444,0	7.099,0	5.563,0	5.520,5	5.834,8	6.167,8	6.520,7	6.894,7
Juros (receita)	0,0	0,0	0,0	(412,3)	(437,0)	(463,2)	(491,0)	(520,5)
Despesa financeira – dívida	995,0	1.007,0	1.006,0	1.014,4	995,3	963,8	932,4	900,9
Despesa financeira – dívida conversível	0,0	0,0	0,0	0,0	0,0	0,0	0,0	0,0
Despesa financeira – crédito rotativo	0,0	0,0	0,0	(11,7)	(66,2)	(147,9)	(225,6)	(305,6)
Lucro antes dos impostos	3.449,0	6.092,0	4.557,0	4.930,1	5.342,7	5.815,1	6.304,9	6.819,9
Imposto de renda	1.328,0	2.372,0	1.752,0	1.893,2	2.051,6	2.233,0	2.421,1	2.618,9
Participação minoritária	0,0	0,0	0,0	0,0	0,0	0,0	0,0	0,0
Item extraordinário (receita)	96,0	191,0	0,0	0,0	0,0	0,0	0,0	0,0
Lucro líquido	2.025,0	3.529,0	2.805,0	3.037,0	3.291,1	3.582,1	3.883,8	4.201,1
Dividendos diretos preferenciais	0,0	0,0	0,0	0,0	0,0	0,0	0,0	0,0
Dividendos conversíveis preferenciais	21,0	3,0	1,0	0,0	0,0	0,0	0,0	0,0
Lucro líquido para acionista ordinário	$ 2.004,0	$ 3.526,0	$ 2.804,0	$ 3.037,0	$ 3.291,1	$ 3.582,1	$ 3.883,8	$ 4.201,1
Lucros por ação:								
Básico	$2,68	$4,83	$4,15	$5,02	$5,44	$5,92	$6,42	$6,95
Totalmente diluído	$2,56	$4,74	$4,09	$4,77	$5,17	$5,63	$6,10	$6,60

QUADRO 3 | Balanço patrimonial da Chrysler (em milhões de dólares)

				Projeção				
	1995	1996	1997	1998	1999	2000	2001	2002
Disponibilidades	$ 8.125,0	$ 7.752,0	$ 7.848,0	$ 8.318,9	$ 8.818,0	$ 9.347,1	$ 9.907,9	$10.502,4
Contas a receber	2.003,0	2.126,0	1.646,0	1.744,8	1.849,4	1.960,4	2.078,0	2.202,7
Estoque	4.448,0	5.195,0	4.738,0	5.022,3	5.323,6	5.643,0	5.981,6	6.340,5
Outros ativos circulantes	14.608,0	14.268,0	15.711,0	16.653,7	17.652,9	18.712,1	19.834,8	21.024,9
Ativo circulante total	29.184,0	29.341,0	29.943,0	31.739,6	33.644,0	35.662,6	37.802,3	40.070,5
Ativo imobilizado	20.468,0	23.052,0	27.082,0	31.082,3	35.322,6	39.817,3	44.581,7	49.632,0
Depreciação acumulada	7.873,0	8.147,0	9.114,0	12.308,7	15.715,4	19.346,8	23.216,5	27.338,6
Ativo imobilizado líquido	12.595,0	14.905,0	17.968,0	18.773,6	19.607,2	20.470,5	21.365,2	22.293,3
Goodwill e intangíveis	2.082,0	1.995,0	1.573,0	1.533,7	1.495,3	1.457,9	1.421,5	1.386,0
Patrimônio líquido em receita de afiliadas	0,0	0,0	0,0	0,0	0,0	0,0	0,0	0,0
Outros ativos de longo prazo	9.895,0	9.943,0	10.934,0	10.934,0	10.934,0	10.934,0	10.934,0	10.934,0
Ativo total	$53.756,0	$56.184,0	$60.418,0	$62.980,9	$65.680,5	$68.525,0	$71.523,1	$74.683,8
Contas a pagar	$ 8.290,0	$ 8.981,0	$ 9.512,0	$10.082,7	$10.687,7	$11.328,9	$12.008,7	$12.729,2
Outros passivos circulantes (exceto dívida de curto prazo)	7.032,0	8.864,0	9.717,0	10.300,0	10.918,0	11.573,1	12.267,5	13.003,5
Passivo circulante total	15.322,0	17.845,0	19.229,0	20.382,7	21.605,7	22.902,0	24.276,2	25.732,7
Dívida direta	14.193,0	13.396,0	15.485,0	15.485,0	15.029,8	14.574,7	14,119,5	13.664,4
Dívida conversível	0,0	0,0	0,0	0,0	0,0	0,0	0,0	0,0
Crédito rotativo				(377,9)	(1.759,2)	(3.013,1)	(4.263,2)	(5.595,9)
Total de dívidas	14.193,0	13.396,0	15.485,0	15.107,1	13.270,6	11.561,5	9.856,3	8.068,5
Impostos diferidos	0,0	0,0	0,0	1.537,2	2.566,2	3.268,4	3.761,4	4.120,8
Participação minoritária	0,0	0,0	0,0	0,0	0,0	0,0	0,0	0,0
Outros passivos de longo prazo	13.282,0	13.372,0	14.342,0	14.342,0	14.342,0	14.342,0	14.342,0	14.342,0
Passivo total	42.797,0	44.613,0	49.056,0	51.369,1	51.784,5	52.074,0	52.235,8	52.264,0
Ações preferenciais diretas	0,0	0,0	0,0	0,0	0,0	0,0	0,0	0,0
Ações preferenciais conversíveis	0,0	0,0	0,0	0,0	0,0	0,0	0,0	0,0
Ações ordinárias (par + APIC)	4.679,0	2.742,0	757,0	(1.043,0)	(1.043,0)	(1.043,0)	(1.043,0)	(1.043,0)
Lucros acumulados	6.280,0	8.829,0	10.605,0	12.654,8	14.939,0	17.494,0	20.330,3	23.462,8
Passivo total e patrimônio líquido	$53.756,0	$56.184,0	$60.418,0	$62.980,9	$65.680,5	$68.525,0	$71.523,1	$74.683,8

QUADRO 4 | Avaliação com fluxo de caixa descontado da Chrysler (valores em milhões de dólares, exceto quando indicado)

Análise com fluxo de caixa descontado (Método CCMP)	Projeção				
	1998	1999	2000	2001	2002
Lucro líquido	$ 3.037,0	$ 3.291,1	$ 3.582,1	$ 3.883,8	$ 4.201,1
Despesas financeiras	1.002,7	929,1	815,9	706,8	595,2
Efeito de impostos das despesas financeiras	(385,0)	(356,8)	(313,3)	(271,4)	(228,6)
Despesa financeira depois dos impostos	617,6	572,3	502,6	435,4	366,7
Lucro operacional pós-taxa (LOPT)	3.654,6	3.863,4	4.084,7	4.319,2	4.567,7
Depreciação	3.194,7	3.406,7	3.631,4	3.869,7	4.122,2
Amortização	39,3	38,3	37,4	36,4	35,5
Impostos diferidos	1.537,2	1.029,0	702,2	492,9	359,4
Participação minoritária	0,0	0,0	0,0	0,0	0,0
Lucro de afiliados	0,0	0,0	0,0	0,0	0,0
Outros itens não-caixa	0,0	0,0	0,0	0,0	0,0
Mudanças no capital de giro líquido (CGL)	2.676,0	(182,3)	(193,2)	(204,8)	(217,1)
Fluxo de caixa de operações	11.101,8	8.155,1	8.262,5	8.513,4	8.867,8
Investimentos	(4.000,3)	(4.240,3)	(4.494,7)	(4.764,4)	(5.050,3)
Outros	0,0	0,0	0,0	0,0	0,0
Fluxo de caixa disponível	7.101,6	3.914,8	3.767,8	3.749,0	3.817,5
Valor terminal (perpetuidade)	0,0	0,0	0,0	0,0	59.696,5
Fluxos de caixa disponível para fornecedores de capital	$ 7.101,6	$ 3.914,8	$ 3.767,8	$ 3.749,0	$63.514,0
Avaliação					
Valor da empresa	$56.227,4	$54.297,2	$55.178,6	$56.432,3	$57.957,7
Mais: excedente de caixa	2.848,0	3.318,9	3.818,0	4.347,1	4.907,9
Menos: dívida em aberto	15.485,0	15.107,1	13.270,6	11.561,5	9.856,3
Menos: participação minoritária	0,0	0,0	0,0	0,0	0,0
Menos: ações preferenciais	0,0	0,0	0,0	0,0	0,0
Valor do patrimônio líquido a valor de mercado	43.590,4	42.508,9	45.726,0	49.217,9	53.009,4
Valor por ação	**$64,53**	**$70,28**	**$75,60**	**$81,37**	**$87,64**
Cálculo do CCMP					
Dívida/patrimônio líquido a valor de mercado	35,5%	35,5%	29,0%	23,5%	18,6%
Beta realavancado	0,91	0,91	0,88	0,86	0,84
Custo do capital próprio (K_e)	11,1%	11,1%	10,9%	10,8%	10,6%
CCMP	9,2%	9,2%	9,3%	9,5%	9,6%

QUADRO 5 | Demonstrativos de resultados da Daimler-Benz A.G. (em milhões de marcos, exceto valores por ação)

				Projeção				
	1995	1996	1997	1998	1999	2000	2001	2002
Receitas	DEM102.985,0	DEM106.339,0	DEM124.050,0	DEM133.974,0	DEM144.691,9	DEM156.267,3	DEM168.768,7	DEM182.270,1
Custo dos produtos vendidos (sem depreciação)	75.581,0	77.816,0	91.422,0	98.735,8	106.634,6	115.165,4	124.378,6	134.328,9
Vendas, gerais e administrativas	26.203,0	21.534,0	23.096,0	24.943,7	26.939,2	29.094,3	31.421,9	33.935,6
Lucro operacional antes dos juros, impostos, depreciação e amortização (EBITDA)	1.201,0	6.989,0	9.532,0	10.294,6	11.118,1	12.007,6	12.968,2	14.005,6
Depreciação	8.661,0	4.908,0	5.198,0	3.826,8	4.241,6	4.689,6	5.173,4	5.696,0
Amortização de equipamento em *leasing*	2.444,0	2.018,0	2.323,0	2.807,7	2.339,7	1.949,8	1.624,8	1.354,0
Outros despesas (receitas)	(1.742,0)	(1.402,0)	(1.620,0)	(2.679,5)	(2.893,8)	(3.125,3)	(3.375,4)	(3.645,4)
Lucro antes dos juros e impostos	(8.162,0)	1.465,0	3.631,0	6.339,6	7.430,7	8.493,6	9.545,3	10.601,1
Juros (receita)	(2.113,0)	(1.368,0)	(1.589,0)	(1.830,2)	(2.175,0)	(2.469,1)	(2.737,7)	(2.997,2)
Custo dos juros – dívida direta	1.184,0	865,0	933,0	2.215,2	2.207,4	2.207,4	2.207,4	2.207,4
Custo dos juros – dívida conversível	0,0	0,0	0,0	0,0	0,0	0,0	0,0	0,0
Custo dos juros – crédito rotativo	0,0	0,0	0,0	0,0	0,0	0,0	0,0	0,0
Lucro antes dos impostos	(7.233,0)	1.968,0	4.287,0	5.954,6	7.398,2	8.755,3	10.075,6	11.390,8
Imposto de renda	(1.620,0)	(712,0)	(1.074,0)	2.381,8	2.959,3	3.502,1	4.030,2	4.556,3
Participação minoritária	116,0	(89,0)	189,0	0,0	0,0	0,0	0,0	0,0
Item extraordinário (receita)	0,0	0,0	(2.908,0)	0,0	0,0	0,0	0,0	0,0
Lucro líquido	(5.729,0)	2.769,0	8.080,0	3.572,8	4.438,9	5.253,2	6.045,4	6.834,5
Dividendos diretos preferenciais	0,0	0,0	0,0	0,0	0,0	0,0	0,0	0,0
Dividendos conversíveis preferenciais	0,0	7,0	38,0	0,0	0,0	0,0	0,0	0,0
Lucro líquido para o acionista ordinário	DEM (5.729,0)	DEM 2.762,0	DEM 8.042,0	DEM 3.572,8	DEM 4.438,9	DEM 5.253,2	DEM 6.045,4	DEM 6.834,5
Lucro por ação:								
Básico	vns	5,37	15,59	6,91	8,59	10,17	11,70	13,23
Totalmente diluído	vns	5,35	15,30	6,80	8,45	10,00	11,51	13,01

vns: valor não significativo.

QUADRO 6 | Balanço patrimonial da Daimler-Benz (em milhões de marcos)

				Projeção				
	1995	1996	1997	1998	1999	2000	2001	2002
Disponibilidades	DEM 12.176,0	DEM 14.340,0	DEM 20.520,0	DEM 25.235,1	DEM 29.139,4	DEM 32.588,8	DEM 35.853,3	DEM 39.075,8
Contas a receber	10.581,0	10.864,0	12.006,0	12.966,5	14.003,8	15.124,1	16.334,0	17.640,8
Estoque	14.329,0	13.602,0	14.390,0	15.541,2	16.784,5	18.127,3	19.577,4	21.143,6
Outros ativos circulantes	14.188,0	15.009,0	20.838,0	22.505,0	24.305,4	26.249,9	28.349,9	30.617,9
Ativos circulantes totais	51.274,0	53.815,0	67.754,0	76.247,8	84.233,1	92.090,0	100.114,6	108.478,0
Ativo imobilizado	63.983,0	65.231,0	69.376,0	77.057,7	85.354,0	94.314,0	103.990,8	114.441,7
Depreciação acumulada	47.407,0	47.006,0	48.720,0	52.546,8	56.788,3	61.477,9	66.651,3	72.347,2
Ativo imobilizado – líquido	16.576,0	18.225,0	20.656,0	24.511,0	28.565,7	32.836,1	37.339,5	42.094,5
Goodwill e outros intangíveis	10.330,0	13.892,0	16.846,0	14.038,3	11.698,6	9.748,8	8.124,0	6.770,0
Patrimônio líquido em receita de afiliadas	4.813,0	3.536,0	3.453,0	3.453,0	3.453,0	3.453,0	3.453,0	3.453,0
Imposto diferido e outros	19.105,0	22.993,0	28.390,0	28.390,0	28.390,0	28.390,0	28.390,0	28.390,0
Total de ativos	DEM102.098,0	DEM112.461,0	DEM137.099,0	DEM146.640,1	DEM156.340,4	DEM166.518,0	DEM177.421,1	DEM189.185,5
Contas a pagar	7.378,0	9.027,0	11.079,0	11.965,3	12.922,5	13.956,3	15.072,9	16.278,7
Outros passivos circulantes (exceto dívida de curto prazo)	16.703,0	17.160,0	20.230,0	21.848,4	23.596,3	25.484,0	27.522,7	29.724,5
Passivo circulante total	24.081,0	26.187,0	31.309,0	33.813,7	36.518,8	39.440,3	42.595,5	46.003,2
Dívida direta	22.285,0	28.850,0	39.302,0	39.302,0	39.302,0	39.302,0	39.302,0	39.302,0
Dívida conversível	0,0	0,0	0,0	0,0	0,0	0,0	0,0	0,0
Crédito rotativo	0,0	0,0	0,0	0,0	0,0	0,0	0,0	0,0
Total de dívidas	22.285,0	28.850,0	39.302,0	39.302,0	39.302,0	39.302,0	39.302,0	39.302,0
Impostos diferidos	3.460,0	2.253,0	2.003,0	6.293,4	9.841,9	12.936,1	15.762,8	18.442,9
Participação minoritária	1.324,0	936,0	1.170,0	1.170,0	1.170,0	1.170,0	1.170,0	1.170,0
Outros passivos de longo prazo	28.088,0	27.842,0	28.230,0	28.230,0	28.230,0	28.230,0	28.230,0	28.230,0
Passivo total	79.238,0	86.068,0	102.014,0	108.809,2	115.062,7	121.078,5	127.060,3	133.148,1
Ações preferenciais diretas	0,0	0,0	0,0	0,0	0,0	0,0	0,0	0,0
Ações preferenciais conversíveis	0,0	0,0	0,0	0,0	0,0	0,0	0,0	0,0
Ações ordinárias (par + APIC)	6.589,0	7.360,0	8.577,0	8.577,0	8.577,0	8.577,0	8.577,0	8.577,0
Lucros acumulados	16.271,0	19.033,0	26.508,0	29.254,0	32.700,7	36.862,5	41.783,8	47.460,4
Passivo total e patrimônio líquido	DEM102.098,0	DEM112.461,0	DEM137.099,0	DEM146.640,1	DEM156.340,4	DEM166.518,0	DEM177.421,1	DEM189.185,5

QUADRO 7 | Avaliação com fluxo de caixa descontado da Daimler-Benz A.G. (valores em milhões de dólares, exceto quando indicado)

	Projeção				
Análise com fluxo de caixa descontado (Método CCMP)	**1998**	**1999**	**2000**	**2001**	**2002**
Lucro líquido	$ 2.030,0	$ 2.565,9	$ 3.090,1	$ 3.598,4	$ 4.117,2
Despesas financeiras	1.258,6	1.276,0	1.298,5	1.313,9	1.329,8
Efeito de impostos sobre despesas financeiras	(503,5)	(510,4)	(519,4)	(525,6)	(531,9)
Despesas financeiras depois dos impostos	755,2	765,6	779,1	788,4	797,9
Lucro operacional pós-taxa (LOPT)	2.785,2	3.331,4	3.869,2	4.386,8	4.915,0
Depreciação	2.174,3	2.451,8	2.758,6	3.079,4	3.431,3
Amortização	1.595,3	1.352,4	1.146,9	967,1	815,7
Impostos diferidos	2.437,8	2.051,1	1.820,1	1.682,5	1.614,5
Participação minoritária	0,0	0,0	0,0	0,0	0,0
Lucros dos afiliados	0,0	0,0	0,0	0,0	0,0
Outros itens não-caixa	0,0	0,0	0,0	0,0	0,0
Mudanças no capital de giro líquido (CGL)	(723,9)	(795,3)	(874,1)	(955,3)	(1.044,1)
Fluxo de caixa de operações	8.268,6	8.391,4	8.720,7	9.160,6	9.732,4
Investimentos	(4.364,6)	(4.795,5)	(5.270,6)	(5.760,0)	(6.295,7)
Outros	0,0	0,0	0,0	0,0	0,0
Fluxo de caixa não-alavancado disponível	3.904,0	3.595,9	3.450,1	3.400,6	3.436,7
Valor terminal (múltiplo do EBITDA)	0,0	0,0	0,0	0,0	54.841,3
Fluxos de caixa para fornecedores de capital	$ 3.904,0	$ 3.595,9	$ 3.450,1	$ 3.400,6	$58.278,0
Avaliação					
Valor da empresa	$50.083,3	$50.460,4	$51.235,2	$52.267,4	$53.492,3
Mais: excedente de caixa	8.818,2	11.696,6	14.199,6	16.421,9	18.586,3
Menos: débitos pendentes	22.330,7	22.717,9	23.118,8	23.394,0	23.675,9
Menos: participação minoritária	664,8	676,3	688,2	696,4	704,8
Menos: ações preferenciais	0,0	0,0	0,0	0,0	0,0
Valor do patrimônio líquido a valor de mercado	35.906,0	38.762,8	41.627,8	44.598,9	47.697,9
Valor por ação	$ 69,48	$ 75,01	$ 80,56	$ 86,31	$ 92,30
Valor por ação	*DEM122,29*	*DEM129,77*	*DEM136,95*	*DEM145,00*	*DEM153,22*
Cálculo do CCMP					
Dívida/patrimônio líquido a valor de mercado	62,2%	58,6%	55,5%	52,5%	49,6%
Beta realavancado	1,06	1,04	1,03	1,01	1,00
Custo do capital próprio (K_e)	11,9%	11,8%	11,7%	11,6%	11,6%
CCMP	8,7%	8,8%	8,8%	8,9%	8,9%

QUADRO 8 | Demonstrativos de resultados da Daimler-Benz A.G. (em milhões de dólares)

				Projeção				
	1995	1996	1997	1998	1999	2000	2001	2002
Receitas	$71.517	$68.606	$69.302	$76.122	$83.637	$91.922	$100.458	$109.801
Custo de produtos vendidos (sem depreciação)	52.487	50.204	51.074	56.100	61.639	67.744	74.035	80.921
Vendas gerais e administrativas	18.197	13.893	12.903	14.173	15.572	17.114	18.703	20.443
Lucro operacional antes dos juros, impostos e depreciação e amortização (EBITDA)	834	4.509	5.325	5.849	6.427	7.063	7.719	8.437
Depreciação	6.015	3.166	2.904	2.174	2.452	2.759	3.079	3.431
Amortização de equipamento em *leasing*	1.697	1.302	1.298	1.595	1.352	1.147	967	816
Outras despesas (receitas)	(1.210)	(905)	(905)	(1.522)	(1.673)	(1.838)	(2.009)	(2.196)
Lucro antes dos juros e impostos	(5.668)	945	2.028	3.602	4.295	4.996	5.682	6.386
Juros (receita)	(1.467)	(883)	(888)	(1.040)	(1.257)	(1.452)	(1.630)	(1.806)
Custo dos juros	822	558	521	1.259	1.276	1.298	1.314	1.330
Receitas antes dos impostos	(5.023)	1.270	2.395	3.383	4.276	5.150	5.997	6.862
Imposto de renda	(1.125)	(459)	(600)	1.353	1.711	2.060	2.399	2.745
Participação minoritária	81	(57)	106	0	0	0	0	0
Item extraordinário (receita)	0	0	(1.625)	0	0	0	0	0
Lucro líquido	(3.978)	1.786	4.514	2.030	2.566	3.090	3.598	4.117
Dividendos preferenciais	0	5	21	0	0	0	0	0
Receita líquida para ordinárias	($3.978)	$1.782	$4.493	$2.030	$2.566	$3.090	$3.598	$4.117
Ações disponíveis (média-básico)	513.000	513.900	515.700	516.748	516.748	516.748	516.748	516.748
Lucro por ação (básico)	vns	$3,47	$8,71	$3,93	$4,97	$5,98	$6,96	$7,97

vns: valor não significativo.

QUADRO 9 | Balanço patrimonial da Daimler-Benz (em milhões de dólares)

				Projeções				
	1995	**1996**	**1997**	**1998**	**1999**	**2000**	**2001**	**2002**
Disponibilidades	$ 8.456	$ 9.252	$11.464	$14.338	$16.844	$19.170	$ 21.341	$ 23.540
Contas a receber	7.348	7.009	6.707	7.367	8.095	8.897	9.723	10.627
Estoque	9.951	8.775	8.039	8.830	9.702	10.663	11.653	12.737
Outros ativos circulante	9.853	9.683	11.641	12.787	14.049	15.441	16.875	18.444
Ativo circulante total	35.607	34.719	37.851	43.323	48.690	54.171	59.592	65.348
Ativo imobilizado	44.433	42.085	38.758	43.783	49.338	55.479	61.899	68.941
Depreciação acumulada	32.922	30.326	27.218	29.856	32.826	36.163	39.673	43.583
Ativo imobilizado – líquido	11.511	11.758	11.540	13.927	16.512	19.315	22.226	25.358
Goodwill e outros intangíveis	7.174	8.963	9.411	7.976	6.762	5.735	4.836	4.078
Patrimônio líquido em receita de afiliadas	3.342	2.281	1.929	1.962	1.996	2.031	2.055	2.080
Imposto diferido e outros	13.267	14.834	15.860	16.131	16.410	16.700	16.899	17.102
Ativo total	$70.901	$72.555	$76.592	$83.318	$90.370	$97.952	$105.608	$113.967
Contas a pagar	$ 5.124	$ 5.824	$ 6.189	$ 6.798	$ 7.470	$ 8.210	$ 8.972	$ 9.806
Outros passivos circulantes (exceto dívidas de curto prazo)	11.599	11.071	11.302	12.414	13.639	14.991	16.383	17.906
Passivo circulante total	16.723	16.895	17.491	19.212	21.109	23.200	25.354	27.713
Dívida direta	15.476	18.613	21.956	22.331	22.718	23.119	23.394	23.676
Total de dívidas	15.476	18.613	21.956	22.331	22.718	23.119	23.394	23.676
Imposto diferido	2.403	1.454	1.119	3.576	5.689	7.609	9.383	11.110
Participação minoritária	919	604	654	665	676	688	696	705
Outro passivo de longo prazo	19.506	17.963	15.771	16.040	16.318	16.606	16.804	17.006
Passivo total	55.026	55.528	56.991	61.823	66.510	71.223	75.631	80.210
Ações ordinárias (par + APIC)	4.576	4.748	4.792	4.873	4.958	5.045	5.105	5.167
Lucros retidos	11.299	12.279	14.809	16.622	18.902	21.684	24.871	28.591
Passivo total e patrimônio líquido	$70.901	$72.555	$76.592	$83.318	$90.370	$97.952	$105.608	$113.967

QUADRO 10 | Análise de LPA e diluição, transação *pooling* (100% ações)

Premissas da transação	
Nome da empresa-alvo	Chrysler
Adquirente	Daimler-Benz
Tipo de transação (1 = *pooling*; 2 = compra)	1
% em caixa (entre % para todos os tipos de transação)	0,0%
Refinanciar a dívida (1 = sim; 2 = não)	2
Taxa de refinanciamento:	
Rendimento até a maturidade em Títulos de 10 anos do Tesouro	5,4%
Spread	0,7%
Taxa de refinanciamento	6,1%
Custo da dívida (gasto com juros/saldo da dívida)	6,5%
Taxa efetiva do imposto	38,4%
Ano-base para combinação	1997

Nota: O modelo de combinação exclui efeito de gastos com a transação (ou seja, legais, bancários, contábeis).

Ajustes da transação (em milhões de dólares, exceto valores por ação)

Lucro líquido *pro forma* (diluídos)	1997	1998E	1999E
Lucro líquido da Daimler-Benz	$4.492,7	$2.030,0	$2.565,9
Lucro líquido da Chrysler	2.804,0	3.037,0	3.291,1
Combinados, sem ajuste	$7.296,7	$5.066,9	$5.856,9
Ajustes ao lucro líquido: gastos (−) e créditos (+)			
Amortização do *goodwill*	$0,0	$0,0	$0,0
Novas receitas financeiras (gastos)	748,3	748,3	748,3
Ajustes de refinanciamento	0,0	0,0	0,0
Sinergias de combinação assumidas	0,0	0,0	1.400,0
Ajustes pré-impostos	748,3	748,3	2.148,3
Imposto de renda sobre ajustes	(287,7)	(287,7)	(825,9)
Ajustes pós-impostos	460,6	460,6	1.322,4
Ganho líquido ajustado	$7.757,3	$5.527,5	$7.179,3
LPA *pro forma*	$6,48	$4,62	$6,00

Avaliação atual	Chrysler	Daimler-Benz
Preço por ação	$40,75	$99,63
Preço da fusão	$99,63	
Ágio	144,5%	
Índice de troca	1,0000	
Ações existentes (em milhões)	648,4	516,7
Opções/SARs/conversões	31,7	7,51
Total de ações após o negócio	680,1	524,3

Lucro por ação (básico)	1997	1998E	1999E
Chrysler	$4,15	$5,02	$5,44
Daimler-Benz	$8,71	$3,93	$4,97
Fonte das projeções	Model		

Dados financeiros de 1997 (em milhões de dólares)	Chrysler	Daimler-Benz
Receitas	$61.147,0	$69.301,7
Lucro operacional antes dos juros, impostos, depreciação e amortização (EBITDA)	8.259,0	5.325,1
Lucro antes dos juros e impostos	5.563,0	2.028,5
Lucro líquido para acionistas ordinários	2.804,0	4.492,7
Amortização do *goodwill* existente	0,0	1.297,8
Caixa e equivalentes totais	7.848,0	11.463,7
Excesso de caixa	2.848,0	8.670,4
Goodwill	1.573,0	9.411,2
Ativos totais	60.418,0	76.591,6
Dívida total	15.485,0	21.956,4
Patrimônio líquido preferencial	0,0	0,0
Patrimônio líquido ordinário	$11.362,0	$19.600,6

Goodwill criado	
Custo do capital próprio adquirido	nd
Mais: passivos assumidos	nd
Menos: excesso de *cash*	nd
Consideração total	nd
Menos: valor ajustado dos ativos	nd
Goodwill criado na transação	nd
Período de amortização do *goodwill*	nd

Valor ajustado dos ativos	
Ativos totais	nd
Menos: *goodwill*	nd
Menos: excesso de caixa	nd
Mais: valorização assumida de ativos	nd
Valor ajustado dos ativos	nd

Resumo dos resultados – Pooling (100% ações)

Impacto nos lucros *pro forma*	1997	1998E	1999E
LPA da Daimler-Benz	$8,71	$3,93	$4,97
LPA combinado da nova empresa	$6,48	$4,62	$6,00
Acumulação/(diluição)	−25,6%	17,6%	20,8%
Sinergias adicionais pré-impostos necessários para que não haja diluição (em milhões de dólares)	$4.336,9	$0,0	$0,0

Análise da contribuição de 1997	Chrysler	Daimler-Benz
Receitas	46,9%	53,1%
EBITDA	60,8%	39,2%
Ações da nova empresa	680,1	516,7
% de propriedade	56,8%	43,2%

nd = não disponível.

CHRYSLER NYSE-C

RECENT PRICE	40	P/E RATIO	8.3 (Trailing: 10.0 / Median: 9.0)	RELATIVE P/E RATIO	0.45	DIV'D YLD	4.5%	VALUE LINE	102

TIMELINESS	4	Lowered 5/23/97
SAFETY	3	New 7/27/90
TECHNICAL	3	Raised 11/21/97

BETA 1.00 (1.00 = Market)

	1987	1988	1989	1990	1991	1992	1993	1994	1995	1996	1997	1998
High:	24.0	13.9	14.8	10.2	7.9	16.9	29.2	31.8	29.1	36.4	38.6	40.9
Low:	9.8	10.3	9.1	4.6	4.9	5.8	15.9	21.6	19.1	25.6	28.1	31.3

2001-03 PROJECTIONS

	Price	Gain	Ann'l Total Return
High	65	(+65%)	16%
Low	40	(Nil)	5%

Insider Decisions

	A	M	J	J	A	S	O	N	D
to Buy	1	0	0	0	0	0	0	0	0
Options	1	0	0	29	3	0	10	0	0
to Sell	1	0	0	30	3	0	11	2	0

Institutional Decisions

	1Q'97	2Q'97	3Q'97
to Buy	205	187	174
to Sell	190	201	201
Hld's(000)	367615	360791	352060

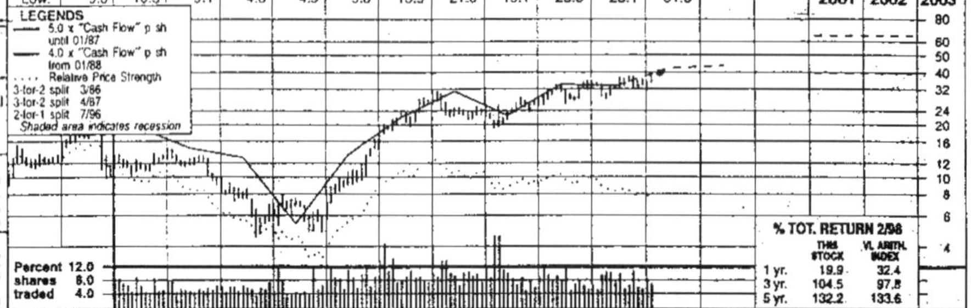

% TOT. RETURN 2/98

	THIS STOCK	VL ARITH. INDEX
1 yr.	19.9	32.4
3 yr.	104.5	97.8
5 yr.	132.2	133.6

1982	1983	1984	1985	1986	1987	[E]1988	1989	1990	1991	1992	1993	1994	1995	1996	1997	1998	1999	© VALUE LINE PUB., INC.	01-03
28.09	24.15	35.81	46.65	52.12	59.39	76.21	78.27	68.24	50.28	62.35	61.63	73.53	70.31	87.39	94.30	*108.35*	*111.65*	Revenues per sh	*133.35*
.28	1.08	3.20	4.17	3.79	3.96	4.94	3.71	3.27	1.37	3.41	5.62	7.85	5.71	8.58	8.43	*10.50*	*11.00*	"Cash Flow" per sh	*13.50*
d.28	.95	2.61	3.13	3.16	2.95	2.54	.68	.15	d1.37	.69	3.39	5.06	2.78	5.03	4.04	*5.00*	*5.50*	Earnings per sh [A]	*7.50*
--	--	.19	.22	.40	.50	.50	.60	.60	.30	.30	.33	.45	1.00	1.40	1.60	*1.80*	*2.00*	Div'ds Decl'd per sh [B]	*2.50*
.41	1.17	1.46	2.29	3.03	2.90	3.50	3.67	4.00	3.87	3.87	4.23	5.41	5.43	7.73	11.03	*5.50*	*8.00*	Cap'l Spending per sh	*8.00*
d.92	2.09	6.05	9.25	12.33	14.70	16.29	16.21	15.26	10.46	12.73	9.66	15.06	14.48	16.47	17.52	*18.65*	*21.65*	Book Value per sh [C]	*33.35*
357.64	548.15	546.62	455.61	433.39	442.43	465.47	446.20	448.72	584.18	591.80	707.40	710.20	756.63	702.58	648.40	*600.00*	*600.00*	Common Shs Outst'g [D]	*600.00*
--	5.8	2.4	2.6	4.0	5.8	4.8	17.9	49.1	--	15.3	6.6	5.0	8.7	6.1	8.4	*Bold figures are*	*Value Line*	Avg Ann'l P/E Ratio	*7.0*
--	.49	.22	.21	.27	.39	.40	1.35	3.65	--	.93	.39	.33	.58	.38	.49	*estimates*		Relative P/E Ratio	*.50*
--	--	3.1%	2.7%	3.2%	2.9%	4.1%	4.9%	8.1%	4.7%	2.8%	1.4%	1.8%	4.2%	4.5%	4.7%			Avg Ann'l Div'd Yield	*4.8%*

CAPITAL STRUCTURE as of 12/31/97 [E]
Total Debt $15.5 bill. **Due in 5 Yrs** $12.0 bill.
LT Debt $9.0 bill. **LT Interest** $725.0 mill.
(Total interest coverage: 6.0x) (44% of Cap'l)

Leases, Uncapitalized Annual rentals $470.0 mill.

Pension Liability None

Pfd Stock None

Common Stock 648,400,000 shs. (56% of Cap'l)
MARKET CAP: $25.9 billion (Large Cap)

1988	1989	1990	1991	1992	1993	1994	1995	1996	1997	1998	1999		01-03
35473	34922	30620	29370	36897	43600	52224	53195	61397	61147	*65000*	*67000*	Revenues ($mill)	*80000*
11.2%	10.5%	9.3%	--	--	--	--	--	15.0%	15.0%	*15.0%*	*15.0%*	Market Share	*15.0%*
5.0%	14.8%	19.1%	7.9%	10.6%	18.0%	19.6%	14.7%	17.6%	15.5%	*17.0%*	*18.0%*	Operating Margin	*19.0%*
1143.3	315.0	68.0	d665.0	477.9	2415.0	3713.0	2121.0	3720.0	2770.0	*3200*	*3300*	Net Profit ($mill)	*4500*
37.9%	42.9%	53.7%	--	46.5%	37.1%	36.3%	38.5%	38.9%	38.5%	*37.5%*	*38.0%*	Income Tax Rate	*38.0%*
3.2%	.9%	.2%	NMF	1.3%	5.5%	7.1%	4.0%	6.1%	4.5%	*4.9%*	*4.9%*	Net Profit Margin	*5.6%*
14266	11481	9208.0	7609.0	7535.0	1733.0	3079.0	9527.0	5284.0	4235.0	*5000*	*5000*	Working Cap'l ($mill)	*6500*
16636	17002	12750	14980	13434	6871.0	7650.0	9858.0	7184.0	9006.0	*10000*	*10000*	Long-Term Debt ($mill)	*10000*
7582.3	7233.0	6849.0	6109.0	7538.0	6836.0	10694	10959	11571	11362	*11200*	*13000*	Shr. Equity ($mill)	*20000*
8.1%	4.7%	4.8%	1.3%	5.5%	20.9%	22.3%	11.9%	21.3%	16.1%	*16.5%*	*16.0%*	Return on Total Cap'l	*16.5%*
15.1%	4.4%	1.0%	NMF	6.3%	35.3%	34.7%	19.4%	32.1%	24.4%	*28.5%*	*25.5%*	Return on Shr. Equity	*22.5%*
12.1%	.6%	NMF	NMF	3.4%	31.2%	31.0%	12.9%	23.8%	14.7%	*18.0%*	*16.0%*	Retained to Com Eq	*15.0%*
20%	85%	NMF	NMF	47%	12%	11%	33%	26%	40%	*35%*	*35%*	All Div'ds to Net Prof	*35%*

CURRENT POSITION ($MILL.)	1995	1996	12/31/97
Cash Assets	8125	7752	7848
Receivables	2003	2126	1646
Inventory (LIFO)	4448	5195	4738
Other	14608	14268	15711
Current Assets	29184	29341	29943
Accts Payable	8290	8981	9512
Debt Due	4335	6212	6479
Other	7032	8864	9717
Current Liab.	19657	24057	25708

ANNUAL RATES of change (per sh)	Past 10 Yrs.	Past 5 Yrs.	Est'd '95-'97 to '01-'03
Sales	5.5%	3.5%	*8.0%*
"Cash Flow"	7.0%	21.5%	*10.0%*
Earnings	4.0%	--	*12.0%*
Dividends	13.5%	13.5%	*11.0%*
Book Value	5.0%	2.0%	*13.0%*

Cal-endar	QUARTERLY REVENUES ($ mill.) Mar.31	Jun.30	Sep.30	Dec.31	Full Year
1995	13613	12516	12009	15057	53195
1996	14956	15839	14356	16246	61397
1997	16116	14388	13176	17500	61147
1998	*16000*	*16000*	*16000*	*17000*	*65000*
1999	*16000*	*17000*	*17000*	*17000*	*67000*

Cal-endar	EARNINGS PER SHARE [A] Mar.31	Jun.30	Sep.30	Dec.31	Full Year
1995	.80	.18	.46	1.34	2.78
1996	1.32	1.39	.93	1.39	5.03
1997	1.46	.70	.65	1.23	4.04
1998	*1.50*	*1.40*	*.70*	*1.40*	*5.00*
1999	*1.50*	*1.50*	*1.00*	*1.50*	*5.50*

Cal-endar	QUARTERLY DIVIDENDS PAID [B] Mar.31	Jun.30	Sep.30	Dec.31	Full Year
1994	.10	.10	.125	.125	.45
1995	.20	.20	.25	.25	.90
1996	.30	.30	.35	.35	1.30
1997	.40	.40	.40	.40	1.60
1998	.40				

BUSINESS: Chrysler Corporation is the third largest manufacturer of motor vehicles in the United States. Builds Chrysler, Plymouth, Dodge, and Jeep cars and light trucks. Also produces auto parts & accessories and defense-related products (primarily for the U.S. government). Imports and sells Mitsubishi cars. Acquired American Motors Corp. in 1987. Sold Gulfstream Aerospace Corp. in 1990. 1996 foreign sales (earnings): 16% (8%). Employs about 125,000. Officers & Directors own 1% of stock; Kirk Kerkorian, 13.7%; FMR Corp., 6.8%; Wellington Mgt. Co., 5.4% (as of 3/97). Chairman & C.E.O.: Robert J. Eaton. Pres.: Thomas T. Stallkamp. Inc.: DE. Address: 1000 Chrysler Drive, Auburn Hills, MI 48288. Telephone: 810-576-5741. Web Site: www.chryslercorp.com.

Although the coming year will likely be a tough one for auto makers, Chrysler's earnings should rebound, to $5.00 a share, in 1998. Marketing costs will probably increase to about 10% of revenues, versus 9% in 1997. Incentives levels, which we had expected to trend downward this year, are slated to remain around $1,100–$1,200 a unit, owing to protracted price competition. However, there are a number of positives here. Chrysler's margins should benefit from a richer product mix, including the new Dodge *Durango* and *LH* sedans, and about $1.5 billion in cost reductions stemming from higher manufacturing efficiencies, lower warranty expenses, and the Score Program, which aims to share cost savings with the company's suppliers. In addition, a lower tax rate and 7%–8% fewer shares outstanding ($2 billion of stock buybacks are planned for this year) should give Chrysler's 1998 share net a significant boost.

Over $10 billion is at management's disposal. The balance sheet boasts nearly $8 billion in cash, the pension fund is overfunded by $2 billion, and a separate trust holds $1 billion. The money has generally been intended to protect against an economic downturn. But management recently intimated that the funds would possibly be used to make an acquisition in the wake of the Asian financial crisis. Such a move would potentially improve Chrysler's long-term growth prospects, but doing so would come with sizable risks. Alternatively, the cash could be returned to shareholders through faster dividend increases and share repurchases.

High-yielding Chrysler stock is up by nearly 15% since our December report. Still, our momentum-based Timeliness system ranks these shares to lag the year-ahead market. Over the coming 3 to 5 years, though, this equity seems to offer worthwhile total-return prospects, based on our projections through 2001–2003. As the most profitable company of the Big Three domestic auto manufacturers, Chrysler is well positioned to capitalize on the expanding U.S. economy. Investors should keep in mind, however, that Chrysler's business is highly cyclical, which could make for some volatility.

Nick Primavera *March 13, 1998*

(A) Primary earnings through 1996, diluted thereafter. Excludes nonrecurring gain (losses): '97, 5¢; '96, (26¢); '95, (13¢); '93, ($6.40); '91, (27¢). Next earnings report due late May.

(B) Next dividend declared mid-May. Next ex date early June. Dividend payment dates: 15th of January, April, July, October.

(C) Includes intangibles. In '97: $1.6 billion, $2.47/sh.
(D) In millions, adjusted for stock splits.

Company's Financial Strength	B++
Stock's Price Stability	50
Price Growth Persistence	60

Fonte: Pesquisa de Investimentos da Value Line (usado com permissão).

QUADRO 12 | *Value Line* Relatório em Daimler-Benz A. G.

DAIMLER-BENZ (ADR) NYSE-DAI

RECENT PRICE	85	P/E RATIO	22.8 (Trailing: 23.7 Median: NMF)	RELATIVE P/E RATIO	1.23	DIV'D YLD	0.8%	VALUE LINE	103

TIMELINESS 4 Lowered 12/19/97
SAFETY 3 New 12/17/93
TECHNICAL 4 Raised 3/13/98
BETA .90 (1.00 = Market)

High:	54.2	46.7	50.9	48.8	55.3	51.8	68.8	87.1	84.9
Low:	36.4	33.8	31.8	32.3	43.3	43.1	50.8	63.1	66.3

Target Price Range 2001 | 2002 | 2003

LEGENDS
— 6.0 x "Cash Flow" p sh
.... Relative Price Strength
Shaded area indicates recession

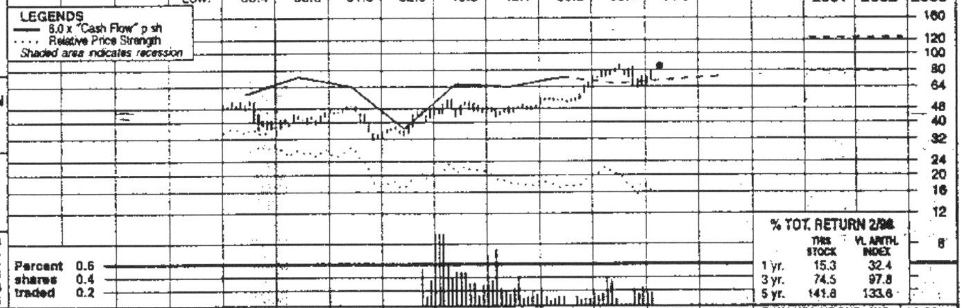

2001-03 PROJECTIONS

	Price	Gain	Ann'l Total Return
High	125	(+45%)	11%
Low	80	(-5%)	Nil

Insider Decisions

NOT REPORTED

U.S. Institutional Decisions

	1Q'97	2Q'97	3Q'97
to Buy	21	23	28
to Sell	16	13	13
Hld's(000)	6791	9655	9866

Percent shares traded 0.6 0.4 0.2

% TOT. RETURN 2/98

	THIS STOCK	VL ARITH. INDEX
1 yr.	15.3	32.4
3 yr.	74.5	97.8
5 yr.	141.8	133.6

On Oct. 3, 1993, Daimler-Benz AG became the first German company listed on the New York Stock Exchange, after it agreed to report its results under U.S. generally accepted accounting principles (GAAP). Deutsche Bank, the biggest shareholder, sold 15 mill. American Depositary Receipts at $46.75 in Daimler's first secondary offering on Jan. 27, 1994. Daimler issued rights permitting holders of common shares & ADRs to subscribe for stock equal to 10% of holdings, at a 20% discount to market price, DM 640/share ($38.35/ADR).

1988	1989	1990	1991	1992	1993	1994	1995	1996	1997	1998	1999	© VALUE LINE PUB., INC.	01-03
1.77	1.69	1.50	1.52	1.62	1.94	1.55	1.44	1.54	1.80	*1.80*	*1.80*	Trans. Rate(DM/$) [A]	*1.80*
96.61	103.79	122.74	134.41	131.03	108.13	130.89	139.99	133.99	*131.80*	*144.40*	*151.55*	Revenues per ADR	*181.75*
--	--	9.79	12.27	10.83	6.21	11.19	10.78	12.21	*11.25*	*11.80*	*12.35*	"Cash Flow" per ADR	*15.10*
--	--	1.27	3.44	1.31	d3.03	1.10	d2.30	3.47	*3.70*	*3.75*	*3.95*	Earnings per ADR [B]	*4.90*
.68	.71	.80	.86	.80	.41	.71	--	.71	*.70*	*.85*	*.85*	Gross Div'ds Decl'd ADR [C]	*1.20*
--	--	7.82	8.67	8.92	5.87	6.69	7.49	8.36	*7.55*	*7.55*	*7.70*	Cap'l Spending per ADR	*8.55*
--	--	--	37.83	36.70	29.08	37.02	30.90	33.26	*31.00*	*34.90*	*37.65*	Book Value per ADR [D]	*48.10*
429.80	435.50	464.38	465.06	464.27	465.93	512.99	513.69	515.40	*516.00*	*516.00*	*518.00*	Equiv ADRs Outst'g [E]	*520.00*
--	--	36.8	12.0	33.2	--	44.9	--	16.2	*20.5*	*Bold figures are*		Avg Ann'l P/E Ratio	*21.0*
--	--	2.73	.77	2.01	--	2.94	--	1.01	*1.18*	*Value Line*		Relative P/E Ratio	*1.50*
--	--	1.7%	2.1%	1.8%	1.0%	1.4%	--	1.3%	*.9%*	*estimates*		Avg Ann'l Div'd Yield	*1.2%*
41523	45202	57000	82507	60833	50380	67145	71909	69057	*68000*	*74500*	*78500*	Revenues ($mill)	*94500*
--	--	2.2%	2.6%	2.4%	NMF	6.0%	4.2%	6.6%	*8.0%*	*8.5%*	*8.5%*	Operating Margin	*9.0%*
--	--	3613.3	4109.9	4420.4	4302.1	5178.1	6716.7	4497.7	*3900*	*4150*	*4350*	Depreciation ($mill)	*5300*
--	--	930.7	1598.7	609.3	d1409	563.9	d1179	1793.6	*1900*	*1950*	*2050*	Net Profit ($mill)	*2550*
--	--	63.1%	31.8%	61.8%	--	70.1%	--	--	*22.0%*	*40.0%*	*40.0%*	Income Tax Rate	*40.0%*
--	--	1.6%	2.6%	1.0%	NMF	.8%	NMF	2.6%	*2.8%*	*2.6%*	*2.6%*	Net Profit Margin	*2.7%*
--	--	--	16211	17834	12352	15030	12903	15755	*17000*	*19000*	*21000*	Working Cap'l ($mill)	*28000*
--	--	--	4396.1	4285.2	3864.4	8787.1	5087.5	7718.1	*6700*	*6700*	*6700*	Long-Term Debt ($mill)	*7500*
--	--	--	17595	17040	13547	18990	15875	17140	*16000*	*18000*	*19500*	Shr. Equity ($mill)	*25000*
--	--	--	8.6%	4.4%	NMF	2.9%	NMF	8.1%	*9.0%*	*8.5%*	*8.5%*	Return on Total Cap'l	*8.5%*
--	--	--	9.1%	3.6%	NMF	3.0%	NMF	10.5%	*12.0%*	*11.0%*	*10.5%*	Return on Shr. Equity	*10.0%*
--	--	--	6.8%	1.3%	NMF	1.3%	NMF	10.4%	*9.5%*	*8.5%*	*8.5%*	Retained to Com Eq	*7.5%*
--	--	43%	25%	65%	NMF	56%	NMF	0%	*17%*	*19%*	*21%*	All Div'ds to Net Prof	*25%*

CAPITAL STRUCTURE as of 6/30/97
Total Debt $17896 mill. **Due in 5 Yrs** $14000 mill.
LT Debt *$6896* mill. **LT Interest** $650.0 mill.
(Total interest coverage: 6.5x)
(30% of Cap'l)
Leases, Uncapitalized $591.6 mill.
Pension Liability None in '96 vs. $8949 mill. in '95
Pfd Stock None
Common Stock 515,396,362 mill. shares
(70% of Cap'l)
MARKET CAP: $43.8 billion (Large Cap)

CURRENT POSITION ($MILL.)	1995	1996	6/30/97
Cash Assets	7340	9312	9473
Receivables	12733	19428	10593
Inventory (Avg Cst)	10947	8833	8474
Other	4685	5818	5493
Current Assets	35705	43391	34033
Accts Payable	5015	5400	11864
Debt Due	8398	9934	*11000*
Other	9389	12302	2139
Current Liab.	22802	27636	25003

ANNUAL RATES of change (per ADR)	Past 10 Yrs.	Past 5 Yrs.	Est'd '94-'96 to '01-'03
Sales	--	2.5%	*4.5%*
"Cash Flow"	--	.5%	*4.0%*
Earnings	--	-20.5%	*NMF*
Dividends	--	-9.5%	*NMF*
Book Value	--	-2.5%	*5.0%*

Calendar	SEMIANNUAL REVENUES ($ mill.) Jun.30	Dec.31	Full Year
1995	33359	38550	71909
1996	28864	40193	69057
1997	31051	*36949*	*68000*
1998	*34500*	*40000*	*74500*
1999	*36500*	*42000*	*78500*

Calendar	EARNINGS PER ADR [B] Jun.30	Dec.31	Full Year
1995	d2.13	d.17	d2.30
1996	.99	2.48	3.47
1997	1.07	*2.63*	*3.70*
1998	*1.10*	*2.65*	*3.75*
1999	*1.15*	*2.80*	*3.95*

Calendar	GROSS QUARTERLY DIV'DS PAID [C] Mar.31	Jun.30	Sep.30	Dec.31	Full Year
1994	--	.482	--	--	.48
1995	--	.788	--	--	.79
1996	--	--	--	--	--
1997	--	.647	--	--	.65
1998					

BUSINESS: Daimler-Benz AG is Germany's largest ind'l co. Major businesses: Mercedes-Benz, the world's leading maker of luxury cars ('96 unit sales: 645,000) and commercial vehicles (340,700 units); Daimler-Benz Aerospace, aircraft, space systems, defense prods., 38% stake in Airbus consortium; Daimler-Benz Interservices (Debis), info. technology, fin'l services. Other businesses: rail systems, microelectronics, diesel engines. Labor costs: 26% of '96 revs.; R&D, 5.2%. '96 deprec. rate: 10.6%. Has 290,000 empls., 450,000 shrhldrs. Major shrhldrs: Deutsche Bank, 23%; gov't of Kuwait, 13% ('96 annual report). Chmn.: Jurgen Schrempp. Inc.: Germany. Addr: 70546 Stuttgart, Germany. U.S. office: 375 Park Ave., New York, NY 10152. Tel.: 212-909-9727.

Daimler-Benz is likely to show only a slight increase in share earnings this year. Although we expect continued strength in the company's businesses (see below), fewer tax loss carryforwards are likely to result in a much higher tax rate in 1998. Share earnings should reach $3.75, just $0.05 higher than our $3.70 estimate for 1997.

Sales at Mercedes-Benz are likely to grow by about 10%. Demand for the new M-Class sport-utility vehicle is far outpacing supply. Production will increase 20% this year. To meet demand, Mercedes will also boost production of the new CLK and SLK roadsters and most of the models in the core C-, E-, and S-Class lines. Meanwhile, the company's venture into smaller cars has hit another snag. The introduction of the Smart car, a micro-compact that Daimler is producing in a joint venture with Switzerland's SMH Swiss Corp., will be delayed until October. The delay follows the stability problems in Mercedes' new subcompact car, the A-Class, which the company has agreed to rectify at a cost of over $100 million this year.

Commercial vehicle sales are likely to continue to improve as well. New products and aggressive pricing helped Mercedes increase its market share in Europe last year. In North America, the acquisition of Ford's heavy-truck business should boost sales and income in what is likely to be the world's strongest market for commercial vehicles.

The aerospace division is benefiting from rising demand for civil aircraft. New orders were up nearly 15% at the end of December, pointing to another year of double-digit sales growth. Plus, profitability has improved as the mark has slipped against the dollar.

This ADR is ranked to trail the year-ahead market. Out to 2001–2003, its appreciation potential falls short of the *Value Line* median.

Christopher M. Joseph *March 13, 1998*

Sales (and Operating Margins*) by Business Line

	1996	1997	1998	1999
Autos & Trucks	48678(3.6%)	46500(4.0%)	51000(5.0%)	54000(5.0%)
Aerospace	8429(d1.5%)	8000(1.0%)	9000(2.0%)	9600(2.0%)
Info & Finl Svcs	7012(2.7%)	8000(3.0%)	8700(3.0%)	9000(3.0%)
Other	4938(d7.7%)	5500(4.0%)	5800(4.0%)	6000(4.0%)
Company Total	69057(2.1%)	68000(3.5%)	74500(4.0%)	78500(4.0%)

*After depreciation

(A) At yearend. (B) Diluted earnings, based on U.S. acctg. Excl. nonrecurring gains/(losses): '91, (77¢); '92, 48¢; '93, 99¢; '94, 24¢; '95, ($5.37). Next egs. report early April.
(C) Before 10% German withholding tax. Next div'd mtg. early April. Goes ex-div'd May. Div'd pmt. date: May 23. Excl. proceeds from sale of rights: '89, $9.65; '94, $9.60.
(D) Incl. intangibles: In '96, $1267.0 mill., $2.46/ADR.
(E) In millions. Each ADR represents one common share.

Company's Financial Strength	B+
Stock's Price Stability	75
Price Growth Persistence	25
Earnings Predictability	NMF

Fonte: Pesquisa de Investimentos da Value Line (usado com permissão).

QUADRO 13 | Comparação entre fabricantes de veículos (valores em milhões de dólares, exceto quando indicado)

		Preço fev. 2008	Receitas em 1997	Lucros em 1997	LPA em 1997	LPA em 1998"	Fluxo de caixa/ ação em 1997	Relação preço/ lucro nos últimos quatro trimestres	Relação preço/lucro para os próximos quatro trimestres	Preço/ fluxo de caixa	Ações existentes	Dívida de longo prazo	Dívida/ capitalização total	Valor original de mercado	Beta**
Estados Unidos															
Ford Motor		37 9/16	$153.627	$6.920	$5,75	$5,38	$11,97	6,5	7,0	3,1	1.194	$80.245	64%	1,51	0,86
General Motors		68 15/16	166.445	6.276	8,70	7,97	22,82	7,9	8,6	3,0	721	41.972	46%	2,67	0,96
Chrysler		40 3/4	61.147	2.804	4,15	5,01	8,43	9,8	8,1	4,8	648	9.006	25%	2,33	0,85
Navistar		30 3/8	$ 6.321	$ 150	$1,65	$2,60	$ 3,33	18,4	11,7	9,1	72	$ 1.316	37%	2,83	1,03
Média: EUA							$11,64	10,67	8,86	5,03			43%	2,33	0,93
Japão															
Honda Motor		70 3/8	$45.111	$1.960	$4,02	$4,40	$6,39	17,5	16,0	11,0	487	$ 5.096	13%	4,55	0,80
Nissan Motor		8 7/8	49.358	382	0,30	0,55	3,34	29,6	16,1	2,7	1.257	12.554	53%	0,92	0,66
Toyota Motor		54 7/8	$87.807	$3.416	$1,79	$2,35	$3,81	30,7	23,4	14,4	1.902	$16.006	13%	2,70	0,63
Média: Japão							$4,51	25,92	18,49	9,36			26%	2,72	0,70
Europa															
Daimler-Benz		99 5/8	$68.951	$1.764	$3,38	$3,75	$11,50	29,5	26,6	8,7	517	$9.564	16%	2,69	0,86
Volvo		27 1/8	$23.118	$ 400	$0,88	$2,20	$ 2,99	30,8	12,3	9,1	442	$2.913	20%	1,59	0,71
BMW	marcos	1.475	60.137	1.246	50,63	59,50	412,99	29,1	24,8	3,6	25	10.516	22%	3,59	0,88
Peugeot Citröen	francos	867	186.785	(2.768)	(55,24)	48,20	336,97	vns	18,0	2,6	50	17.004	28%	0,82	0,88
Fiat	liras	6.292	89.658	2.417	459,90	379,60	2,141,76	13,7	16,6	2,9	5	10.938	25%	1,35	0,73
Audi	marcos	1.450	22.410	367	85,35	125,00	536,28	17,0	11,6	2,7	4	-	0%	2,93	0,68
Renault	francos	212	207.912	5.427	22,79	16,00	48,88	9,3	13,3	4,3	238	30.760	38%	1,16	0,78
Média: Europa							vns	21,57	17,59	4,84			21%	2,02	0,79
Média: Todas as empresas								19,22	15,29	5,86			29%	2,26	0,81

vns = valor não significativo.

Pesquisa de Investimentos da Value Line e da Bloomberg, podendo não ser idênticos a outros dados exibidos no caso.

* Estimativas de LPA doméstico foram retiradas da Nelson's; estimativas de LPA internacional são retiradas da Value Line e do IBES.

** O beta é calculado com base no S&P em todos os casos e com base em observações diárias entre março de 1996 e fevereiro de 1998.

QUADRO 14 | Preços recentes das ações da Corporação Chrysler e da Daimler-Benz A.G.

Chrysler		Daimler-Benz (ADR[1] em milhões de dólares)		Índice entre Chrysler e Daimler
Mês	**Preço da ação**	**Mês**	**Preço da ação**	
Maio 96	$ 33,31	Maio 96	$ 53,50	0,6227
Junho 96	$ 31,25	Junho 96	$ 53,00	0,5896
Julho 96	$ 28,38	Julho 96	$ 53,13	0,5341
Agosto 96	$ 29,25	Agosto 96	$ 54,25	0,5392
Setembro 96	$ 28,63	Setembro 96	$ 58,25	0,4914
Outubro 96	$ 33,63	Outubro 96	$ 64,50	0,5213
Novembro 96	$ 35,50	Novembro 96	$ 67,31	0,5274
Dezembro 96	$ 33,00	Dezembro 96	$ 71,00	0,4648
Janeiro 97	$ 34,88	Janeiro 97	$ 71,13	0,4903
Fevereiro 97	$ 34,00	Fevereiro 97	$ 76,00	0,4474
Março 97	$ 30,00	Março 97	$ 73,13	0,4103
Abril 97	$ 30,00	Abril 97	$ 78,00	0,3846
Maio 97	$ 31,88	Maio 97	$ 80,13	0,3978
Junho 97	$ 32,88	Junho 97	$ 82,13	0,4003
Julho 97	$ 37,19	Julho 97	$ 73,50	0,5060
Agosto 97	$ 35,13	Agosto 97	$ 80,75	0,4350
Setembro 97	$ 36,81	Setembro 97	$ 67,31	0,5469
Outubro 97	$ 35,25	Outubro 97	$ 69,44	0,5077
Novembro 97	$ 34,31	Novembro 97	$ 71,00	0,4833
Dezembro 97	$ 35,19	Dezembro 97	$ 68,75	0,5118
Janeiro 98	$ 34,81	Janeiro 98	$ 79,75	0,4365
Fevereiro 98	$ 38,75	Fevereiro 98	$ 99,63	0,3890
Alto:	$ 38,75	Alto:	$ 99,63	0,6227
Baixo:	$ 28,38	Baixo:	$ 53,00	0,3846
Média:	$ 33,36	Média:	$ 70,25	0,4835
Beta ajustado[2]:	0,85	Beta ajustado[2]:	0,97	
Volatilidade[3]:	25,83%	Volatilidade[3]:	29,39%	

[1] ADR = Recibo de Depósito Americano.

[2] O beta foi calculado com base no índice S&P 500 com dados semanais entre 3/5/96 e 1/3/98 e ajustados para a tendência de beta a convergir para 1, de acordo com a fórmula: Beta ajustado = (0,67) * Beta original + (0,33) * 1,00.

[3] A volatilidade foi calculada com base em dados diários dos 260 dias mais recentes em que o pregão esteve aberto.

Fonte dos dados: Bloomberg Financial Service.

QUADRO 15 | Estrutura de dívidas de longo prazo em 31 de dezembro de 1997 (em milhões de dólares)

Chrysler

	1997	1996	Previsão de pagamento das DLP	
Debêntures da Chrysler para 2027–2097	$ 1.588,0	$ 265,0	1998	$ 2,638.0
Notas da Chrysler para 1999–2000	689,0	1.467,0	1999	3,423.0
Notas sênior da Corp. Financeira Chrysler para 1999–2018	9.335,0	8.437,0	2000	2,363.0
Notas de hipoteca e *leasing* de capital da Corp. Financeira Chrysler	32,0	13,0	2001	431.0
			2002	470.0
Total	$11.644,0	10.182,0	Após	2,319.0
Menos parcela atual	2.638,0	2.998,0		$11,644.0
Total das dívidas de longo prazo (DLP)	$ 9.006,0	$7.184,0		

Daimler-Benz

	1997	1996	Previsão de pagamento das DLP	
Títulos e notas para 1999–2007	$ 5.619,0	$ 4.720,0	1998	$ 669,8
Empréstimos bancários de longo prazo para 1999–2019	3.769,3	3.261,3	1999	1.315,1
Dívidas com empresas afiliadas para 1999–2004	309,5	245,2	2000	1.750,8
Leasing de capital e garantias de valor residual	589,9	370,3	2001	1.553,6
			2002	1.426,3
Total	$ 10.287,7	$ 8.596,8	Após	3.572,1
Menos parcela atual	669,8	313,5		$10.287,7
Total das dívidas de longo prazo (DLP)	$ 9.617,9	$ 8.283,2		

Fonte: Relatórios anuais de 1997 da Chrysler e da Daimler-Benz.

QUADRO 16 | Aquisições recentes nos Estados Unidos (valores em bilhões de dólares, exceto quando indicado)

	2º trimestre de 1997		3º trimestre de 1997		4º trimestre de 1997		1º trimestre de 1998	
	# Negócios	Valor	# Negócios	Valor	# Negócios	Valor	# Negócios	Valor
Todas as atividades:								
Aquisições nos EUA	1.365	$167,60	1.581	$178,10	1.719	$172,60	1.420	$162,70
Aquisições fora dos EUA	141	19,10	174	18,00	205	25,10	138	18,50
Aquisições entre empresas norte-americanas e estrangeiras	287	22,10	279	17,80	256	23,40	256	25,10
Total	1.793	208,80	2.034	213,90	2.180	221,10	1.814	206,30
Número das que publicaram o preço	739		877		1.051		809	
Apenas alienação[1]	613	51,90	666	43,00	686	72,40	505	76,30
Número das que publicaram o preço	271		336		402		286	
Apenas fusões alavancadas (LBOs)[1]	23	2,10	25	0,60	22	1,80	16	0,50
Número das que publicaram o preço	9		10		9		8	

[1] Incluso na atividade total.

Média de movimentação do ágio sobre as ações em 12 meses

Um mês antes do anúncio		Uma semana antes do anúncio	
2T97	35,31%	**2Q97**	29,53%
3T97	47,97%	**3Q97**	39,61%
4T97	36,51%	**4Q97**	28,34%
1T98	37,11%	**1Q98**	31,61%

Modo de pagamento

	Combinado[1]	*Cash*	Ações
2T97	18%	54%	29%
3T97	17%	57%	26%
4T97	15%	59%	26%
1T98	17%	58%	24%

[1] "Combinado" inclui mistura de caixa e ações.

Fonte: Mergers & Acquisitions, julho/agosto de 1998.

Volume de vendas das empresas adquiridas (01/04/97 a 31/03/98)

Vendas[1]	Número de empresas
$1–$5	154
$5,1–$10	144
$10,1–$15	103
$15,1–$25	184
$25,1–$35	103
$35,1–$50	107
$50,1–$75	104
$75,1–$100	65
$100,1–$500	301
$500–	179

[1] Vendas em milhões de dólares.

QUADRO 17 | Fusões e aquisições recentes de empresas de grande porte em negócios de $ 10 bilhões ou mais (em milhões de dólares, exceto quando indicado)

Empresas não financeiras

Adquirente	Objeto	Data	Valor	Preço/ lucro	Ágio no preço da ação uma semana antes	Resultado
Tracinda Corp.	Chrysler	Abril 95	$21.618	5,40	37,50%	Desistência
Walt Disney	Capital Cities/ABC	Julho 95	$18.837	25,40	25,20%	Completo
SBC Communications	Pacific-Telesis	Abril 96	$16.490	15,50	36,20%	Completo
WorldCom	MFS Communications	Janeiro 97	$13.596	insignif.	60,00%	Completo
CSX Corp.	Conrail	Junnho 97	$10.436	58,40	60,30%	Desistência
Bell Atlantic	NYNEX Corp.	Agosto 97	$21.346	19,50	−0,40%	Completo
Boeing Corp.	McDonnell Douglas	Agosto97	$13.359	insignif.	22,70%	Completo
CUC International	HFS Incorporated	Dezembro 97	$11.343	40,30	3,00%	Completo
Lockheed Martin	Northrup Grumman	Fevereiro 98	$11.831	28,00	41,20%	Desistência
Starwood Lodging	ITT Corp.	Fevereiro 98	$13.748	24,70	98,30%	Completo

Empresas financeiras

Adquirente	Objeto	Data	Valor	Preço/ lucro	Ágio no preço da ação uma semana antes	Resultado
Chemical Banking Corp.	Chase Manhattan Corp.	Março 96	$10.446	10,70	7,50%	Completo
Wells Fargo	First Interstate Corp.	Abril 96	$10.930	13,10	36,30%	Completo
Dean Witter Discover	Morgan Stanley	Fevereiro 97	$10.573	10,70	12,80%	Completo
Nationsbank	Barnett	Janeiro 98	$14.822	25,00	43,90%	Completo

insignif. = valor insignificante.

Fonte: Securities Data Company, Bloomberg.

QUADRO 18 | Dados econômicos recentes para Alemanha e Estados Unidos

	Desemprego			Inflação (IPC[1])			Crescimento anual do PNB[2]			Produção industrial		
	EUA	Alemanha (Total)	Alemanha (Parte ocidental)	EUA	Alemanha (Total)	Alemanha (Parte ocidental)	EUA	Alemanha (Total)	Alemanha (Parte ocidental)	EUA	Alemanha (Total)	Alemanha (Parte ocidental)
1991	7,30%		5,70%	3,10%		4,20%	0,39%		3,30%	0,30%	−0,10%	
1992	7,40%		6,50%	2,90%	3,30%	3,40%	3,70%	0,90%	0,30%	4,40%	−5,00%	−5,50%
1993	6,50%	9,60%	8,10%	2,70%	4,20%	3,30%	2,40%	−0,20%	−0,90%	3,80%	−1,50%	−2,60%
1994	5,40%	9,30%	8,20%	2,70%	2,50%	2,50%	3,30%	3,40%	2,70%	6,80%	6,80%	5,90%
1995	5,60%	9,90%	8,60%	2,50%	1,80%	1,50%	2,10%	0,00%	−0,20%	2,30%	−4,90%	−5,10%
1996	5,30%	10,80%	9,50%	3,30%	1,40%	1,40%	3,90%	2,10%	1,90%	4,70%	3,10%	2,50%
1997	4,70%	11,80%	9,90%	1,70%	1,80%	1,70%	3,80%	2,30%	2,50%	5,70%	3,20%	3,70%
1998	4,50%	11,00%	9,30%	1,70%	1,20%	1,10%	3,60%	2,50%	2,60%	3,20%	1,60%	1,70%

[1]IPC = índice de preços ao consumidor.

[2]PIB = produto interno bruto.

Fonte: Bloomberg Financial Service.

QUADRO 19 | Condições atuais do mercado de capitais

Taxa básica de juros para empréstimos seniores

	Alemanha	EUA
1988		10,50%
1989		10,50%
1990		10,00%
1991		7,50%
1992		6,00%
1993		6,00%
1994		8,50%
1995		8,75%
1996		8,25%
1997	6,75%	8,50%
Janeiro 98	6,62%	8,50%
Fevereiro 98	6,55%	8,50%

Taxas recentes (27 de fevereiro de 1998)

	Alemanha	EUA
LIBOR	3,76%	5,78%
T-bill de 3 meses	3,43%	5,30%
T-bill de 6 meses	3,48%	5,31%
T-bill de 1 ano	3,66%	5,39%
T-note de 3 anos	4,15%	5,53%
T-note de 5 anos	4,49%	5,57%
T-bond de 10 anos	4,93%	5,61%
T-bond de 30 anos	5,49%	5,91%

Taxas e ganhos das apólices corporativas americanas[1]

	AAA	A	BBB	BB
Dezembro 97	6,17%	6,44%	6,62%	7,85%
Janeiro 98	5,90%	6,21%	6,49%	7,64%
Fevereiro 98	6,06%	6,37%	6,58%	7,76%

[1]Com base em ganhos de dez anos do Índice Bloomberg para industriais selecionados.

Índices do mercado de ações

	Alemanha	EUA
	(DAX)	(S&P 500)
1988	1.328	278
1989	1.790	353
1990	1.398	330
1991	1.578	417
1992	1.545	436
1993	2.267	467
1994	2.107	459
1995	2.254	616
1996	2.889	741
1997	4.250	970
Janeiro 98	4.440	980
Fevereiro 98	4.710	1.049

Fontes: Bloomberg, Boletim do Federal Reserve.

Avaliação das apólices pela S&P

Chrysler Corp.	A2/A
Daimler-Benz	A1/A+

Ganhos até a maturidade para os papéis escolhidos, em 27/02/1998

Chrysler		Daimler-Benz	
7,95%/00	6,12%	10%/99	6,02%
6,95%/02	6,19%	6,625%/00	6,00%
7,45%/27	6,84%	6%/02	6,10%
7,45%/97	7,02%	7,375%/06	6,36%

Fonte: Bloomberg.

CASO 42

Palamon Capital Partners/ TeamSystem S.P.A.

Queremos ganhar dinheiro investindo em mudanças.

–Louis Elson, sócio-diretor da Palamon Capital Partners

Em fevereiro de 2000, Louis Elson olhou para o horizonte londrino e refletiu sobre a indústria internacional de *private equity* e os processos de investimento que seriam necessários para se ter sucesso nesse campo cada vez mais competitivo. Elson, um sócio-diretor da companhia britânica de *private equity* Palamon Capital Partners, ponderava especificamente a respeito de um investimento na TeamSystem S.P.A., uma empresa italiana de software. A Palamon se interessava pela TeamSystem por causa da oportunidade de crescimento que representava em um mercado de mudanças rápidas. A Palamon tinha a chance de comprar 51% da TeamSystem por € 25,9 milhões. Ao preparar a recomendação de compra para seus colegas na Palamon, Elson planejava avaliar a estratégia da TeamSystem, estimar seu valor, identificar riscos importantes, analisar os termos de investimento propostos e considerar estratégias alternativas.

A indústria internacional de *private equity*

A indústria internacional de *private equity* estava segmentada em três setores. Fundos de capital de risco faziam investimentos de alto risco em empresas novas. Fundos privados generalistas forneciam financiamento de expansão ou transição, que permitia que empresas pequenas crescessem e abrissem seu capital. Fundos de fusões alavancadas financiavam as aquisições (muitas vezes, pela própria administração) de empresas preexistentes que tinham a capacidade de contrair dívidas e fazer melhorias radicais em suas operações.

Fundos de *private equity* conseguiam obter capital principalmente de investidores individuais, fundos de pensão e seguros de vida que tinham participação em taxas mais atraentes de risco/retorno do que as oferecidas pelo mercado de ações. Fundos existiam por todo o

---

Este caso foi preparado por Chad Rynbrandt com base em entrevistas, sob a direção de Robert F. Bruner, com a assistência de Sean D. Carr. Alguns detalhes foram simplificados para aumentar a clareza da exposição. Agradece-se a cooperação da Palamon Capital Partners assim como o apoio financeiro do Instituto Batten.

mundo, mas, como era esperado, a América do Norte tinha o maior número e o maior volume de capital investido até 1999. A Europa e a Ásia vinham em seguida na lista das maiores indústrias de *private equity*. O **Quadro 1** apresenta o número e os valores de fundos de *private equity* em cada região geográfica do globo.

A maioria dos mercados de *private equity* cresceu rapidamente nos anos 1990. Na Europa, o volume de capital cresceu de € 4,4 bilhões em 1994 para € 25,4 bilhões em 1999. Na mesma linha, o volume de capital investido pelos fundos mais que quadruplicou no mesmo período, de € 5,5 bilhões para € 25,1 bilhões. O **Quadro 2** mostra o volume de capital novo e o volume de investimento na década de 1990. Alguns *players-chave* do mercado intermediário europeu incluíam Duke Street Capital (fundo de € 650 milhões na Grã-Bretanha), Mercapital (fundo de € 600 milhões na Espanha) e Nordic Capital (fundo de € 760 milhões na Suécia). Grandes bancos de investimento como o Dresdner, o Deutsche Bank e o Banco de Roma tinham presença notável na área de *private equity*.

Louis Elson e a Palamon Capital Partners

Louis Elson começou a trabalhar com *private equity* em 1990, ao ingressar na E.M. Warbug, Pincus & Co. Pouco depois de entrar na empresa, ele começou a focar em transações européias e, em 1992, decidiu mudar-se para a Europa permanentemente. Elson se tornou sócio da Warbug & Pincus em 1995 e foi parte importante de uma equipe que criou um portfólio de investimentos de US$ 1,3 bilhões para a empresa, o qual continha mais de 40 investimentos em sete países diferentes da Europa. No fim de 1998, Elson e outro de seus sócios, Michael Hoffman, viram uma oportunidade única na indústria européia de *private equity*. Eles acreditavam que o cenário econômico europeu estava mudando, de modo que poderiam se beneficiar de empresas menores do mercado intermediário. Assim, Elson e Hoffman recrutaram mais dois sócios e começaram a alicerçar o que eventualmente se tornaria a Palamon Capital Partners.

Em agosto de 1999, Elson e Hoffman já haviam erguido um fundo de € 440 milhões. Eles conseguiram isso, apesar de obstáculos macroeconômicos como a crise russa, graças à sua experiência única com o mercado de *private equity* pan-europeu. Com o fundo fechado, eles aumentaram a equipe da Palamon para nove profissionais. Contrataram pessoas com experiência em *private equity*, bancos de investimentos, finanças corporativas e consultoria de gerenciamento. Seguindo a visão original de Elson e Hoffman, a equipe da Palamon usou sua vasta experiência para criar um portfólio de investimentos que daria aos investidores um perfil de risco sem par e retornos de longo prazo consideráveis. Essencialmente, a empresa era um fundo de *private equity* generalista, que atendia ao segmento de investidores com participação em risco menor que o dos fundos de *private equity*, porém maior que o dos fundos de fusões alavancadas. Da mesma forma, a Palamon visava obter retornos de 35% em um único investimento, e de 20 a 25% de retorno combinado em um portfólio, com um horizonte de investimento de aproximadamente seis anos. Louis Elson disse:

> Nossos investidores incluem grandes fundos de pensão do setor público norte-americano, fundos de pensão corporativos, grandes instituições financeiras e grandes fundos de seguros de vida. Eles esperam que fiquemos acima do índice S&P em 500 pontos, em uma média anual. Nossa melhor chance de conseguir mais recursos é alcançar esse objetivo, considerando o risco. Procuramos

entrar em bons negócios a preços atrativos e agregar-lhes valor por meio do envolvimento ativo com eles.

Como outros fundos generalistas, a estratégia de investimentos da Palamon era de fazer investimentos "ponte" em companhias que queriam passar de pequenos negócios privados para o mercado público de capitais. Diferente de muitos fundos de *private equity*, no entanto, a empresa não se restringiu a um só país europeu ou a uma só indústria. Ao contrário, a Palamon focou em companhias européias de pequeno a médio portes com as quais poderia adquirir controle acionário por valores entre € 10 milhões e € 50 milhões.

Para as empresas que se encaixavam no perfil da Palamon, a transição da propriedade privada para a pública requeria tanto financiamento quanto capacidade gerencial. Assim, a Palamon complementava seus investimentos financeiros com serviços de assessoria para aumentar a probabilidade de que as empresas em seu portfólio tivessem sucesso na busca pelos mercados públicos. Elson estava otimista quanto à estratégia de investimento da empresas. Enquanto refletia em seu escritório, a Palamon finalizava seu primeiro investimento, uma companhia espanhola de conteúdo para a Internet, a Lanetro, S.A., e tinha mais três investimentos (incluindo a TeamSystem) na fila.

O processo de investimento

O processo de investimento da Palamon começou com o desenvolvimento de uma tese de investimento que normalmente envolveria uma mudança significativa no mercado, que poderia ser resultado de diminuição de interferência governamental, liberalização do comércio, novas tecnologias, mudanças demográficas etc. Dentro do mercado escolhido, a empresa procurava oportunidades atraentes de investimento usando bancos de investimento, recursos da indústria e contatos pessoais. O processo de procura tomava tempo e grande esforço, com apenas 1% das oportunidades chegando à fase seguinte, o que gerava a necessidade de profunda pesquisa sobre o histórico, a performance e as vantagens competitivas de cada candidato a investimento. Como era esperado, apenas uma empresa passou por todos os filtros e deu à Palamon uma alternativa viável de investimento.

A Palamon demonstrou sua experiência nos negócios ao delinear os termos específicos do investimento. Acordos escritos com zelo poderiam aumentar as chances de um resultado favorável, tanto por criar os incentivos para que os gerentes de operações alcançassem seus objetivos quanto por dar aos investidores o retorno de capital no tempo certo, de modo consistente com a estratégia operacional desses objetivos. As negociações cobriam diversas questões, incluindo preço, liderança executiva e composição do conselho. Uma vez que o negócio estava completo, a empresa oferecia como "bônus" o apoio gerencial.

Para finalizar o processo, a Palamon procurava a melhor alternativa de saída, uma que os ajudasse a gerar o retorno do investimento do fundo. Alternativas de saídas clássicas incluíam a venda da empresa em uma oferta pública inicial em um mercado de ações, e a venda da empresa para um comprador estratégico. O **Quadro 3** traz mais detalhes sobre o processo da Palamon e os critérios de escolha da empresa.

TeamSystem S.P.A.

A busca da Palamon a partir do tema gerou a oportunidade de investir na TeamSystem S.P.A. No começo de 1999, antes mesmo de a verba de Palamon ser acertada, Elson concluiu que a folha de pagamento da indústria de serviços na Itália poderia oferecer uma boa oportunidade de investimento, em virtude da extrema fragmentação e das constantes mudanças das regulamentações na indústria. A história já mostrou que os governantes italianos ajustam suas políticas quatro vezes durante um ano. Para a Palamon, o espaço representou uma oportunidade madura de investir em uma empresa que capitalizaria graças à necessidade das empresas pequenas de responder a essa volatilidade legislativa. Com a ajuda de um luxuoso banco de investimentos e contatos na indústria, a Palamon aproximou dois líderes de mercado. Nenhuma empresa era apropriada para ele, mas ambas tinham a TeamSystem como a concorrente mais respeitada. A Palamon abordou a TeamSystem diretamente e conseguiu um bom acordo. Foi feita a diligência e, no fim do ano, uma proposta de investimento específica se formara. Era essa que agora estava sendo considerada por Elson.

A TeamSystem foi fundada em 1979 em Pesaro, na Itália. Desde sua fundação, a empresa cresceu e tornou-se uma das líderes italianas no fornecimento de software de administração de contabilidade, tributos e folhas de pagamento para empreendimentos de pequeno a médio portes (SMEs). Chefiada pelo co-fundador e diretor-executivo (CEO) Giovanni Ranocchi, a TeamSystem construiu uma base de clientes composta de 28 mil empresas, que representava 14% de participação no mercado italiano.

A TeamSystem ofereceu a seus clientes uma proposta forçada de valor. O software da empresa integrava as informações financeiras de um negócio e automatizava funções administrativas tediosas e complexas. O programa também possibilitava que os SMEs e seus conselheiros financeiros ficassem no topo de um ambiente de mudanças regulamentares constantes. Para tal, a TeamSystem investiu continuamente em desenvolvimento, a fim de manter o software atualizado. Os clientes tinham acesso às modernizações do produto em troca de uma taxa de manutenção anual que a empresa coletava (somada ao preço inicial de compra do programa). A empresa superou-se em serviços ao cliente e desenvolveu compradores leais. Aproximadamente 95% dos clientes renovou seus contratos de manutenção anual.

Em 1999, a TeamSystem gerou vendas de (lira) ITL 60,5 bilhões (€ 31,3 milhões) e lucros antes de juros e impostos (EBIT) de ITL 18,5 bilhões (€ 9,5 milhões). Esses resultados continuaram em um forte padrão de crescimento para a empresa. Desde 1996, as vendas cresceram em uma taxa anual de 15%, e as margens operacionais aumentaram. Conseqüentemente, o EBIT cresceu a uma taxa anual de 31,6% no mesmo período. O **Quadro 4** mostra detalhes adicionais sobre o histórico de vendas da empresa e sua lucratividade de 1996 a 1999. O **Quadro 5** apresenta o balanço patrimonial do mesmo período.

Quando Elson analisou os números, notou a falta de dívida no balanço patrimonial da TeamSystem. Na opinião dele, isso representa uma oportunidade de trazer a TeamSystem para uma estrutura de capital mais efetiva, que poderia baixar o custo de capital da empresa. Elson também observou o rótulo *pro forma* nas duas demonstrações financeiras. A empresa, em razão de sua propriedade privada e de sua estrutura multinacional, não teve informações financeiras consolidadas perante auditoria para os cinco anos anteriores.

Perfil da indústria

A indústria de softwares de administração de contabilidade, impostos e folhas de pagamento na qual a TeamSystem operava, estava altamente fragmentada. Mais de 30 fornecedores de softwares competiam pelo negócio de 200 mil SMEs, com o maior deles tendo 15%

de participação de mercado; a TeamSystem ficava em segundo lugar com seus 14% de participação. Todos os membros significantes da indústria eram empresas familiares que não tinham acesso a mercados internacionais de capital. O **Quadro 6** mostra o faturamento, em 1998, dos nove maiores concorrentes.

Analistas previram que duas coisas caracterizariam o futuro da indústria – consolidação e crescimento. A consolidação ocorreria porque poucas das empresas menores seriam capazes de acompanhar as exigências de pesquisa e desenvolvimento da indústria em transformação. Os analistas apontam para três aquisições, em 1998-1999, que representam o começo dessa tendência. Quanto ao desenvolvimento, especialistas previram um crescimento anual de 9% no período de 1999-2002, derivado inicialmente do crescimento da penetração de computadores pessoais (PCs) entre as SMEs, da maior sofisticação do usuário final e da informatização continuada das funções administrativas.

A transação

Após rever o histórico de desempenho da TeamSystem e o estado da indústria, Elson voltou sua atenção para as especificidades do investimento da TeamSystem. A proposta mais recente oferecia € 25,9 milhões por 51% das ações ordinárias, em uma estrutura múltipla que também incluía uma recapitalização para colocar as dívidas no balanço patrimonial:

- A Palamon investiria ITL 50,235 bilhões (€ 25,9 milhões) nas ações ordinárias (ou seja, no patrimônio líquido) da TeamSystem S.P.A. Essas ações seriam compradas por acionistas já existentes da TeamSystem. Giovanni Rannochi manteria 20% de participação societária, ao passo que os empregados que tinham participação entre 3% até 8% seriam diluídos para apenas 1% após cada conclusão.
- Mais da metade da quantia de ITL 28,5 bilhões da TeamSystem seria distribuída para os acionistas existentes por dois pagamentos de dividendos antes do investimento da Palamon: um dividendo de ITL 8,5 bilhões para acionistas existentes em abril de 2000 e um dividendo de ITL 6,5 bilhões a ser pago no momento do fechamento. Restaria um saldo de caixa de ITL 13,5 bilhões.
- Com a assistência da Palamon, a TeamSystem conseguiria um empréstimo de ITL 46 bilhões do Deutsche Bank, com sete anos de prazo, oferecendo uma carência no pagamento do principal de três anos e um custo inicial de 1% sobre as taxas básicas (ligadas ao governo italiano). Os acionistas receberiam os recursos obtidos com a dívida na época do fechamento em outro dividendo especial.
- Imóveis em excesso seriam vendidos pela TeamSystem, o que excluiria a dispersão dos investimentos em propriedades não relacionadas ao negócio. Um grupo de acionistas fez uma oferta de comprar ITL 2,1 bilhões em imóveis em valor escritural se a transação fosse fechada.

As fontes e os usos dos fundos da transação estão resumidos no **Quadro 7**. Uma demonstração de resultado, um balanço patrimonial da TeamSystem e a projeção da da transação, são mostrados nos **Quadros 8** e **9**. A Palamon, como sócia majoritária, teria controle efetivo completo da TeamSystem, embora os acionistas existentes tivessem direitos de proteção minoritários. Por exemplo, não seria permitido à Palamon demitir Ranocchi nos dois anos seguintes. Mas a empresa poderia entregar 100% das ações para um comprador, se essa fosse a saída apropriada. Além disso, mais de 40% do dinheiro a ser pago para acionistas afastados seria mantido em caução por um período mínimo de dois anos, sob o controle da Palamon.

Avaliação

Para avaliar o acordo corretamente, Elson teve de desenvolver uma visão sobre o valor da TeamSystem. Contudo, ele enfrentou alguns desafios em sua tarefa. Primeiro, a TeamSystem não tinha um plano estratégico ou previsões futuras de lucratividade. Elson só teve informações históricas de quatro anos. Se fosse para ele fazer uma avaliação correta, precisaria estimar os fluxos de caixa futuros que a TeamSystem geraria, considerando as tendências de mercado e o valor que a Palamon poderia acrescer. Seu melhor palpite era de que a empresa poderia aumentar o rendimento em 15% ao ano pelos próximos dez anos, um ritmo acima do esperado, de 9% da taxa de crescimento de mercado, seguida de uma taxa de crescimento constante de 6%.[1] Ele também achou que os profissionais da Palamon poderiam ajudar Ranocchi a aumentar levemente as margens operacionais. Por último, Elson acreditava que uma taxa de desconto de 14% capturaria apropriadamente o risco dos fluxos de caixa. Esse número refletia três empresas de software negociando no mercado de ações de Milão, cujo beta ficava em cerca de 1,44, e betas não alavancados ficavam em cerca de 1,00.

O segundo desafio enfrentado por Elson foi a falta de avaliações comparáveis no mercado italiano. Como a maioria dos concorrentes era de empresas familiares, não havia muita transparência no mercado. Os números mais próximos que ele poderia obter eram os de empresas de planejamento de recursos empresariais (ERP)[2] da Europa e dos Estados Unidos, e de outras empresas de software. Os perfis financeiros dessas empresas comparáveis são exibidos nos **Quadros 10** e **11**. Veja também taxas de câmbio e condições do mercado de capitais nos **Quadros 12** e **13**. Analisando os dados, Elson percebeu as expectativas de grande crescimento (maior do que 20%) para empresas de software e altos correspondetes múltiplos de valorização.

Riscos

Contudo, Elson estava preocupado não somente com a avaliação. Ele queria refletir cuidadosamente sobre os riscos associados com o acordo, especificamente:

- *A equipe administrativa da TeamSystem poderia não ser capaz de transformar-se em uma empresa dirigida profissionalmente.* O investimento na TeamSystem era uma aposta em uma pequena empresa privada que Elson esperava que se tornasse maior e soberana. O

[1] Essa foi uma quantificação grosseira de uma projeção da taxa de inflação em euro, em longo prazo, de 3%, e de crescimento econômico real, em longo prazo, na Europa, de 3%.

[2] Os sistemas de planejamento de recursos empresariais (ERP – Enterprise Resource Planning) eram pacotes comerciais de softwares que prometiam a integração consistente de toda a informação fluindo pela empresa: financeira, contábil, cadeia de fornecedores, clientes e recursos humanos.

CEO, Ranocchi, tinha triunfado na direção, nos últimos cinco anos, do crescimento, mas criara, em sua própria gestão, um grupo administrativo que dependia dele para quase todas as decisões. Por meio de conversas e entrevistas, Elson concluiu que Ranocchi poderia levar a empresa à frente, mas tinha receio da capacidade da equipe de apoio de se empenhar em um período de crescimento contínuo.

- *A TeamSystem estava passando por uma inspeção das autoridades fiscais italianas.* A inspeção apresentou-se como um risco financeiro e, conseqüentemente, poderia servir como uma distração significativa para a administração. Além disso, por ser indeterminada, a inspeção poderia atrasar a habilidade da empresa de lançar uma oferta pública de ações. Elson havia quantificado o risco, entretanto, pela sensibilidade e análise do cenário, ele acreditava que o impacto monetário esperado da inspeção fosse baixo.
- *A empresa poderia não ser capaz de acompanhar as mudanças tecnológicas.* Enquanto a empresa começava a se adaptar a mudanças tecnológicas – como novas linguagens de programação –, ainda havia alguns produtos em plataformas antigas que precisariam de uma reprogramação importante. Mais do que isso, a Internet representava uma ameaça imediata se os concorrentes se adaptassem mais rapidamente do que a própria TeamSystem.

Finalmente, Elson queria ter certeza de que poderia capturar o valor que a TeamSystem seria capaz de criar nos próximos anos. As opções de saída também eram, portanto, uma consideração importante.

Conclusão

Elson viu toda a informação que cobria sua mesa e ponderou sobre a recomendação que deveria fazer a seus parceiros. Quanto valia uma participação de 51%? O que poderia explicar os resultados da avaliação? Quais considerações inestimáveis ele deveria incluir no acordo? Como a Palamon poderia captar logicamente o valor do investimento? Os riscos eram graves o suficiente para comprometer o valor do investimento?

QUADRO 1 | Tamanho dos mercados de *private equity* por região, 1999

Região	Número de fundos	Valor total dos fundos (em milhões de dólares)
América do Norte	8.376	892.598
Europa	2.556	160.749
Ásia	1.360	60.582
Oriente Médio	130	6.469
Austrália/Oceania	155	5.741
América Central e do Sul	42	5.044
África	13	1.711

Fonte: Thomson Securities Data/Venture Xpert.

QUADRO 2 | Dados históricos sobre mercado europeu de *private equity*

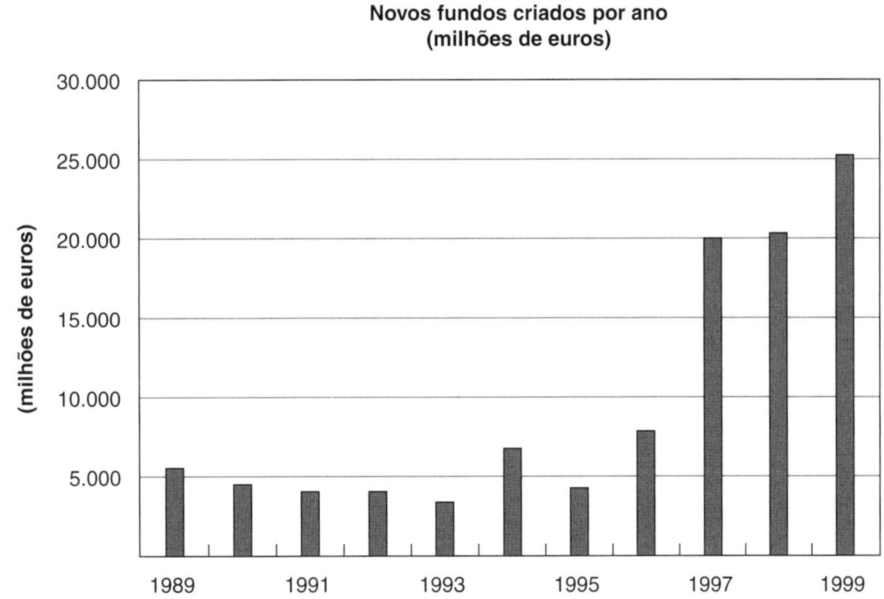

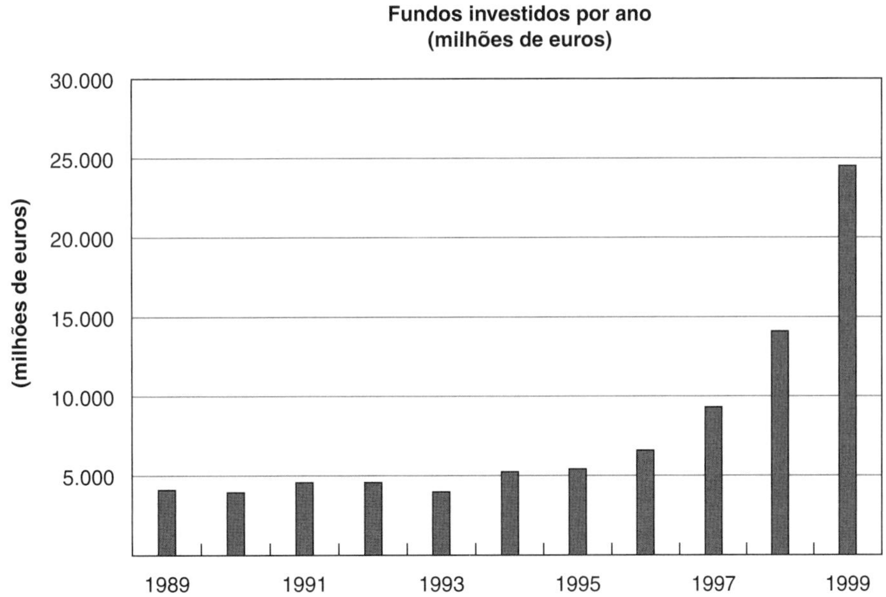

Fonte: European Private Enquity & Venture Capital Association.

QUADRO 3 | Critérios de seleção e processo de investimento

Processo de investimento

A Palamon utiliza um processo de investimento que foi comprovado na última década por ciclos econômicos e por meio de regiões geográficas. O processo tem o respaldo de um conjunto central de princípios de investimento que podem ser resumidos em estágios.

- Determinação e foco no investimento – Identificar setores que passam por mudanças significativas, desenvolver conhecimento da indústria e assumir um posicionamento contrário, quando apropriado.
- Cotações proativas – Perseguir proativamente oportunidades de investimento em setores identificados.
- Diligências rigorosas e apropriadas – Executar esforços compreensivos, porém focados em empresas apropriadas; concentrar-se inicialmente em "vacilões".
- Estruturação baseada em um conhecimento sólido das práticas regionais sem necessariamente lançar mão de práticas ineficazes; alinhar os objetivos aos do empreendedor; evitar alavancagem excessiva.
- Apoio ao valor adicionado – Fornece direcionamento estratégico às empresas do portfólio; realiza *network* com consultores internacionais e disponibiliza *expertise* às equipes de gestão; compromisso por períodos mais longos, suficientes para garantir a oportunidade de crescimento para a empresa.
- Comprovação da realização de estratégias — Prepara para eventos de liquidação; utiliza *expertise* interna para acessar o mercado público de capitais ou organizar negócios de vendas, criando opções de saída para todos os acionistas.

Critério para discriminação dos investimentos

Os parceiros da Palamon são especialmente rigorosos em seus critérios seletivos de investimentos, por meio de identificação das características que fomentarão alto crescimento combinado ao risco administrável. Os seguintes elementos-chave são desejados em cada investimento realizado:

- Administração superior, com habilidades e experiência ímpares.
- Liderança nos principais mercados, os quais tanto se encontram em franca expansão quanto em processo de articulação em razão de mudanças competitivas, tecnológicas ou regulatórias.
- Alto potencial de nivelamento operacional.
- Oportunidade de acessar mercados alternativos.
- Acesso a ativos desvalorizados.

Fonte: http://www.palamon.com/ (acessado em 19 de dezembro de 2005).

QUADRO 4 | Demonstração dos resultados históricos *pro forma* da TeamSystem S.P.A. (valores em ITL milhões)

	1996	1997	1998	1999
Vendas totais	39.665	42.922	50.694	60.499
Custo de materiais	(9.979)	(11.430)	(12.258)	(15.179)
Custo de serviço	(9.380)	(8.692)	(10.889)	(12.389)
Aluguéis e arrendamento	(328)	(394)	(1.493)	(1.553)
Custo operacional total	**(19.687)**	**(20.516)**	**(24.640)**	**(29.121)**
Salários	(4.875)	(5.382)	(6.282)	(7.151)
Contribuições sociais	(1.855)	(2.047)	(1.917)	(2.011)
Outros custos com pessoal	(456)	(481)	(572)	(753)
Custo total com pessoal	**(7.186)**	**(7.910)**	**(8.771)**	**(9.915)**
Outros custos operacionais	(2.793)	(3.052)	(3.133)	(1.339)
EBITDA	**9.999**	**11.444**	**14.150**	**20.124**
Depreciação & amortização	(1.052)	(1.427)	(1.355)	(1.636)
EBIT	**8.947**	**10.017**	**12.795**	**18.488**
Despesas financeiras	(185)	(144)	(154)	(210)
Lucros não-operacionais	1.800	1.305	1.132	1.283
Lucro antes dos impostos	**10.563**	**11.178**	**13.773**	**19.562**
Impostos	(5.870)	(6.699)	(6.437)	(9.525)
Lucros antes dos minoritários	4.693	4.479	7.336	10.036
Eliminação de investimento intercompanhias	(30)	(13)	(139)	(287)
Lucro líquido	**4.663**	**4.466**	**7.197**	**9.749**

Fonte: Memorando Palamon.

QUADRO 5 | Balanços patrimoniais históricos *pro forma* da Team System S.P.A. (valores em ITL milhões)

	1996	1997	1998	1999
ATIVOS				
Caixa	13.092	19.134	21.144	28.513
Títulos negociáveis				
Recebíveis	13.257	14.957	16.328	19.443
Estoque	1.333	1.087	1.195	1.235
Ativos circulantes totais	27.682	35.178	38.667	49.191
Ativos intangíveis	14	22	18	21
Imobilizado	4.962	2.080	2.489	3.681
Outros ativos tangíveis	729	668	1.140	2.055
Custos diferidos	327	1.947	1.738	1.865
Títulos e outros	1.434	1.173	1.229	1.226
Ativos totais	35.148	41.068	45.281	58.039
PASSIVOS				
Contas a pagar	7.661	8.932	8.969	9.669
Impostos e outras obrigações	6.796	9.827	8.660	9.956
Exercícios futuros e provisões	1.200	1.127	1.257	4.156
Passivos de longo prazo	2.688	2.094	2.235	3.055
Passivos totais	18.345	21.980	21.121	26.836
PATRIMÔNIO LÍQUIDO E PARTICIPAÇÃO MINORITÁRIA				
Capital	4.580	4.580	4.580	4.580
Reservas	6.636	9.442	11.662	15.884
Lucro operacional	4.584	4.405	7.132	9.660
(Menos dividendos especiais)				
Patrimônio líquido total	15.800	18.427	23.374	30.124
Participação minoritária	1.003	661	786	1.079
Patrimônio líquido e participação minoritária total	16.803	19.088	24.160	31.203
Patrimônio líquido e passivos totais	35.148	41.068	45.281	58.039

Fonte: Memorando Palamon.

QUADRO 6 | Receitas das maiores empresas italianas na indústria de software de folhas de pagamento, 1998

Empresa	Receita (ITL bilhões)
TeamSystem	50,7
Inaz Paghe	47,0
Osra	38,0
Sistemi	37,0
Zuchetti	36,0
Esa Software	35,0
Omega Data	34,4
Axioma	26,0
Dylog Italia	25,0

Fonte: Memorando Palamon.

QUADRO 7 | Fontes/Usos do caixa na reestruturação alavancada proposta (valores em ITL milhões)

Fontes:	
Dívida	46.000
Caixa excedente	15.000
	61.000
Usos:	
Dividendo especial – abril de 2000	8.500
Dividendo especial – fechamento	52.500
	61.000

Nota: Esta tabela refere-se estritamente à recapitalização nivelada da TeamSystem. Foram ignoradas (1) a compra feita pela Palamon por ITL 50.235 bilhões de ações de investidores da TeamSystem e (2) uma compra de imóveis da TeamSystem por ITL 2,1 bilhões feita por investidores. A Palamon não receberia qualquer dividendo especial.

QUADRO 8 | Demonstração dos resultados *pro forma* da TeamSystem S.P.A. (valores em ITL milhões)

	1996	1997	1998	1999	2000	2001	2002	2003	2004	2005	2006	2007	Premissas
					15%	15%	15%	6%	6%	6%	6%	6%	crescimento
Vendas totais	39.665	42.922	50.694	60.499	69.573	80.009	92.011	97.532	103.383	109.586	116.162	123.131	
Custo de materiais	(9.979)	(11.430)	(12.258)	(15.179)									
Custo de serviço	(9.380)	(8.692)	(10.889)	(12.389)									
Aluguéis e arrendamento	(328)	(394)	(1.493)	(1.553)									
Custo operacional total	(19.687)	(20.516)	(24.640)	(29.121)	(31.308)	(36.004)	(41.405)	(43.889)	(46.523)	(49.314)	(52.273)	(55.409)	45% das vendas
Salários	(4.875)	(5.382)	(6.282)	(7.151)									
Contribuições sociais	(1.855)	(2.047)	(1.917)	(2.011)									
Outros custos com pessoal	(456)	(481)	(572)	(753)									
Custo total com pessoal	(7.186)	(7.910)	(8.771)	(9.915)	(10.784)	(12.401)	(14.262)	(15.117)	(16.024)	(16.986)	(18.005)	(19.085)	15,5% das vendas
Outros custos operacionais	(2.793)	(3.052)	(3.133)	(1.339)	(2.783)	(3.200)	(3.680)	(3.901)	(4.135)	(4.383)	(4.646)	(4.925)	4% das vendas
EBITDA	9.999	11.444	14.150	20.124	24.699	28.403	32.664	34.624	36.701	38.903	41.237	43.712	
Depreciação e amortização	(1.052)	(1.427)	(1.355)	(1.636)	(835)	(900)	(975)	(1.010)	(1.046)	(1.085)	(1.126)	(1.170)	25% do imobilizado e intangíveis
EBIT	8.947	10.017	12.795	18.488	23.863	27.503	31.689	33.614	35.655	37.818	40.111	42.542	
Despesas financeiras	(185)	(144)	(154)	(210)	(3.160)	(3.160)	(3.160)	(2.765)	(1.975)	(1.185)	(395)	—	6,87% de juros
Lucros não-operacionais	1.800	1.305	1.132	1.283	561	1.157	1.855	2.091	2.408	2.813	3.310	4.507	5% de retorno em títulos negociáveis
Lucro antes dos impostos	10.563	11.178	13.773	19.562	21.265	25.500	30.383	32.939	36.088	39.446	43.026	47.049	
Impostos	(5.870)	(6.699)	(6.437)	(9.525)	(10.207)	(12.240)	(14.584)	(15.811)	(17.322)	(18.934)	(20.652)	(22.584)	48% de lucros antes dos impostos
Lucros antes dos minoritários	4.693	4.479	7.336	10.036									
Eliminação de investimento intercompanhias	(30)	(13)	(139)	(287)									
Lucro líquido	4.663	4.466	7.197	9.749	11.058	13.260	15.799	17.129	18.766	20.512	22.373	24.465	

Fonte: Análise do caso pelo autor.

QUADRO 9 | Balanço patrimonial *pro forma* da TeamSystem S.P.A. (valores em ITL milhões)

	1996	1997	1998	1999	2000	2001	2002	2003	2004	2005	2006	2007	Premissas
ATIVOS													
Caixa	13.092	19.134	21.144	28.513	13.500	15.202	17.482	18.531	19.643	20.821	22.071	23.395	19,0% das vendas
Títulos negociáveis					11.224	23.143	37.096	41.816	48.165	56.253	66.196	90.144	dados fornecidos
Recebíveis	13.257	14.957	16.328	19.443	20.872	24.003	27.603	29.259	31.015	32.876	34.848	36.939	30,0% das vendas
Estoques	1.333	1.087	1.195	1.235	1.391	1.600	1.840	1.951	2.068	2.192	2.323	2.463	2,0% das vendas
Ativos circulantes totais	27.682	35.178	38.667	49.191	46.988	63.948	84.021	91.557	100.891	112.142	125.438	152.941	
Ativos intangíveis	14	22	18	21	20	20	20	20	20	20	20	20	
Imobilizado	4.962	2.080	2.489	3.681	1.581	1.581	1.581	1.581	1.581	1.581	1.581	1.581	
Outros ativos tangíveis	729	668	1.140	2.055	1.739	2.000	2.300	2.438	2.585	2.740	2.904	3.078	2,5% das vendas
Custos diferidos	327	1.947	1.738	1.865	2.087	2.400	2.760	2.926	3.102	3.288	3.485	3.694	3,0% das vendas
Títulos e outros	1.434	1.173	1.229	1.226	1.391	1.600	1.840	1.951	2.068	2.192	2.323	2.463	2,0% das vendas
Ativos totais	35.148	41.068	45.281	58.039	53.807	71.549	92.523	100.473	110.245	121.962	135.751	163.776	
PASSIVOS													
Contas a pagar	7.661	8.932	8.969	9.669	11.132	12.802	14.722	15.605	16.541	17.534	18.586	19.701	16,0% das vendas
Impostos e outras obrigações	6.796	9.827	8.660	9.956	11.132	12.802	14.722	15.605	16.541	17.534	18.586	19.701	16,0% das vendas
Lucros diferidos e provisões	1.200	1.127	1.257	4.156	3.479	4.000	4.601	4.877	5.169	5.479	5.808	6.157	5,0% das vendas
Passivos de longo prazo	2.688	2.094	2.235	3.055	46.000	46.000	46.000	34.500	23.000	11.500	—	—	
Passivos totais	18.345	21.980	21.121	26.836	71.742	75.604	80.044	70.587	61.252	52.047	42.980	45.559	
PATRIMÔNIO LÍQUIDO E PARTICIPAÇÃO MINORITÁRIA													
Capital	4.580	4.580	4.580	4.580	4.580	4.580	4.580	4.580	4.580	4.580	4.580	4.580	
Reservas	6.636	9.442	11.662	15.884	24.544	(24.398)	(11.138)	4.661	21.789	40.555	61.067	83.440	
Lucro operacional	4.584	4.405	7.132	9.660	11.058	13.260	15.799	17.129	18.766	20.512	22.373	24.465	
(Menos dividendos especiais)					(61.000)								
Patrimônio líquido total	15.800	18.427	23.374	30.124	(19.818)	(6.558)	9.241	26.369	45.135	65.647	88.020	112.486	
Participação minoritária	1.003	661	786	1.079	1.883	2.504	3.238	3.517	3.859	4.269	4.751	5.732	3,5% do patrimônio líquido
Patrimônio líquido e participação minoritária total	16.803	19.088	24.160	31.203	(17.935)	(4.054)	12.479	29.886	48.994	69.915	92.771	118.218	
Patrimônio líquido e passivos totais	35.148	41.068	45.281	58.039	53.807	71.549	92.523	100.473	110.245	121.962	135.751	163.776	
REPAGAMENTO DE DÍVIDAS													
Saldo inicial					46.000								
Principal dívida					0%	0%	0%	25%	25%	25%	25%		
Pagamento					—	—	—	(11.500)	(11.500)	(11.500)	(11.500)		

Fonte: Análise do caso pelo autor.

QUADRO 10 | Medidas de avaliação para empresas de software de planejamento de recursos empresariais (ERP) publicamente vendidas

	Valor de mercado ajustado[1] como um múltiplo de:		Valor do patrimônio líquido a valor de mercado como um múltiplo de:						Taxa de crescimento de 1 ano		Margens de longo prazo	
	Receitas de longo prazo	Lucro operacional de longo prazo	LPA	LPA Est.[2] Ano 1999	LPA Est.[2] Ano 2000	LPA Est.[2] Ano 2001	Crescimento do LPA projetado em longo prazo[2]	Taxa de crescimento de longo prazo para 1999	Receitas	EBIT	EBIT	Líquido
Nível 1 – Grandes empresas ERP												
Baan	4,0 ×	insignif.	insignif.	insignif.	insignif.	insignif.	26%	insignif.	8,2%	insignif.	−38,0%	−40,2%
JD Edwards	1,6 ×	26,2 ×	37,9 ×	insignif. ×	95,0 ×	74,9 ×	27%	insignif.	44,2%	77,0%	6,2%	5,0%
Oracle	6,8 ×	32,0 ×	47,8 ×	42,1 ×	34,4 ×	27,8 ×	24%	143%	23,6%	32,7%	21,2%	14,6%
Peoplesoft	2,3 ×	23,6 ×	insignif.	insignif.	54,8 ×	44,3 ×	24%	231%	61,1%	41,7%	9,9%	2,1%
SAP	8,3 ×	42,1 ×	75,2 ×	61,9 ×	45,8 ×	36,6 ×	25%	182%	41,9%	17,4%	19,7%	11,1%
Mínimo	1,6 ×	23,6 ×	37,9 ×	42,1 ×	34,4 ×	27,8 ×	24%	143%	8,2%	17,4%	−38,0%	−40,2%
Médio	4,6 ×	31,0 ×	53,6 ×	52,0 ×	57,5 ×	45,9 ×	25%	185%	35,8%	42,2%	3,8%	−1,5%
Máximo	8,3 ×	42,1 ×	75,2 ×	61,9 ×	95,0 ×	74,9 ×	27%	231%	61,1%	77,0%	21,2%	14,6%
Nível 2 – Empresas médias de software de contabilidade												
Great Plains Software Inc.	4,8 ×	8,1 ×	56,1 ×	48,2 ×	37,8 ×	28,0 ×	35%	108%	57,5%	590,5%	58,9%	9,5%
Intuit Inc.	5,8 ×	42,8 ×	43,6 ×	62,4 ×	52,4 ×	43,2 ×	21%	247%	12,8%	40,1%	13,6%	16,3%
Epicor Software	1,5 ×	insignif.	nd	54,2 ×	18,1 ×	14,2 ×	28%	66%	nd	nd	−10,0%	−10,2%
Sage Group PLC	16,0 ×	58,5 ×	84,3 ×	71,1 ×	58,2 ×	43,0 ×	35%	165%	25,9%	26,6%	27,4%	17,7%
Symix	0,7 ×	8,2 ×	12,6 ×	13,5 ×	12,1 ×	9,4 ×	28%	43%	48,4%	68,0%	8,4%	5,1%
Mínimo	0,7 ×	8,1 ×	12,6 ×	13,5 ×	12,1 ×	9,4 ×	21%	43%	12,8%	26,6%	−10,0%	−10,2%
Médio	5,8 ×	29,4 ×	49,2 ×	49,9 ×	35,7 ×	27,6 ×	29%	126%	36,2%	181,3%	19,7%	7,7%
Máximo	16,0 ×	58,5 ×	84,3 ×	71,1 ×	58,2 ×	43,2 ×	35%	247%	57,5%	590,5%	58,9%	17,7%
Nível 3 – Outras												
Agresso	0,8 ×	40,2 ×	42,0 ×	15,6 ×	7,7 ×	3,5 ×	121%	6%	266,4%	3.209,1%	2,1%	1,8%
Intentia	1,6 ×	−69,2 ×	insignif.	62,1 ×	29,5 ×	nd	nd	nd	51,7%	115,6%	−2,4%	−5,5%
Navision	17,6 ×	79,6 ×	126,9 ×	41,6 ×	32,0 ×	nd	nd	nd	91,5%	137,9%	22,1%	14,0%
Brain International	3,1 ×	insignif.	insignif.	72,7 ×	31,8 ×	nd	nd	nd	23,1%	−66,0%	−0,2%	1,1%
Mínimo	0,8 ×	−69,2 ×	42,0 ×	15,6 ×	7,7 ×	3,5 ×	121%	6%	23,1%	−66,0%	−2,4%	−5,5%
Médio	5,8 ×	16,9 ×	84,5 ×	48,0 ×	25,3 ×	3,5 ×	121%	6%	108,2%	849,2%	5,4%	2,9%
Máximo	17,6 ×	79,6 ×	126,9 ×	72,7 ×	32,0 ×	3,5 ×	121%	6%	266,4%	3.209,1%	22,1%	14,0%

insignif. = número insignificante

nd = não disponível

[1]Baseado na capitalização ajustada do mercado, definida como valor de mercado + dívida de longo prazo – caixa e equivalentes.

[2]Baseada em estimativas no I/B/E/S (Institutional Brokers' Estimative System – ou Sistema de Estimativa dos Corretores Institucionais).

Fonte: *Datastream Advance* da Thomson Financial's.

QUADRO 11 | Dados financeiros de empresas de software de planejamento de recursos empresariais (ERP) selecionadas (valores em milhares de dólares, exceto dados "por ação")

	Valor patrimonial de mercado	Dívida de longo prazo	Caixa e equiv.	Valor de mercado ajustado[1]	Receitas	Lucro operacional	LPA	LPA Est.[2] Ano 2000	LPA Est.[2] Ano 2001	Valor contábil	Ativos totais
Nível 1 – Grandes empresas ERP											
Baan	2.637.618	200.546	121.697	2.716.467	674.664	(256.446)	$ (1,35)	$ 0,08	$ 0,10	112.821	696.510
JD Edwards	1.829.385	—	211.782	1.617.603	1.001.263	61.842	$ 0,45	$ 0,18	$ 0,23	583.996	950.473
Oracle	62.282.746	301.140	2.562.764	60.021.122	8.827.252	1.872.881	$ 0,87	$ 1,21	$ 1,50	3.695.267	7.259.654
Peoplesoft	3.611.452	—	498.155	3.113.297	1.333.095	131.978	$ 0,05	$ 0,26	$ 0,32	664.292	1.440.605
SAP	41.907.460	718.858	693.411	41.932.907	5.052.321	995.535	$ 5,33	$ 8,76	$ 10,96	2.096.138	4.083.069
Nível 2 – Empresas médias de software de contabilidade											
Great Plains Software	767.893	—	123.683	644.210	134.907	79.489	$ 0,86	$ 1,28	$ 1,72	133.193	180.252
Intuit Inc.	6.476.010	36.043	1.761.200	4.750.853	814.889	111.009	$ 2,15	$ 1,79	$ 2,17	1.673.405	2.469.865
Epicor Software	154.977	—	47.304	107.673	73.688	(7.333)	nd	$ 0,21	$ 0,27	122.196	199.735
Sage Group	5.997.648	136.046	78.171	6.055.523	377.477	103.595	$ 0,58	$ 0,83	$ 1,13	11.187	650.375
Symix	84.421	4.109	3.261	85.269	123.010	10.374	$ 0,91	$ 0,95	$ 1,22	36.749	73.346
Nível 3 – Outras											
Agresso	88.554	1.398	18.680	71.272	85.973	1.771	$ 0,04	$ 0,24	$ 0,53	40.804	89.789
Intentia	557.217	36.833	12.655	581.395	352.988	(8.400)	$ (0,72)	$ 0,74	nd	104.085	275.714
Ndvision	655.707	—	6.285	649.422	36.875	8.155	$ 0,20	$ 0,80	nd	9.540	25.127
Brain Interndtiondl	256.499	19.991	39.283	237.207	76.686	(164)	$ 0,13	$ 1,26	nd	65.365	107.844

nd = não disponível

[1]Baseado na capitalização ajustada do mercado, que é definida como valor de mercado + dívida de longo prazo – caixa & equivalentes.

[2]Baseada em estimativas no I/B/E/S (Institutional Brokers' Estimative System – ou Sistema de Estimativa dos Corretores Institucionais).

Fonte: *Datastream Advance* da Thomson Financial's.

QUADRO 12 | Taxas de câmbio ITL/EUR recentes

Em 1º de janeiro de 1999, a Comunidade Européia fixou a taxa de conversão ITL/EUR em 1.936,27. As seguintes taxas de câmbio são estimadas com base nas taxas de câmbio de euro *versus* dólar[1], e são autênticas para taxas de câmbio de mercados abertos.

Data	ITL/EUR
Setembro de 1999	1696,3
Outubro de 1999	1740,1
Novembro de 1999	1901,8
Dezembro de 1999	1912,6
Janeiro de 2000	2055,0

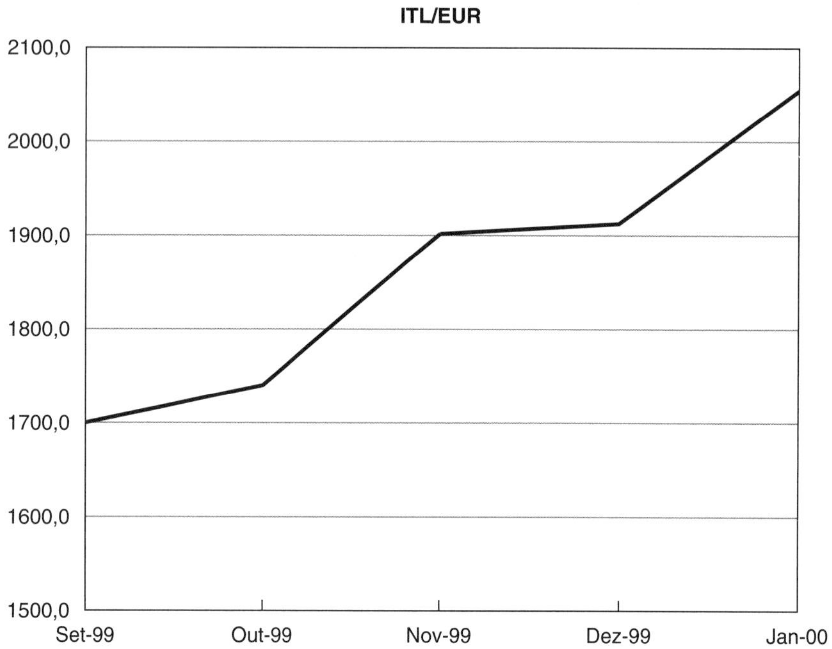

Fonte: Bloomberg LPC.

[1]Por exemplo, em setembro de 1999, a taxa de câmbio EUR/USD era de 1,0684, e a taxa de câmbio ITL/USD era de 1812,32. Dividindo a taxa ITL/USD pela taxa EUR/USD chega-se a uma taxa ITL/EUR implícita de 1696,3.

QUADRO 13 | Condições do mercado de capitais, fevereiro de 2000

Instrumento	Produto
EURIBOR[1]	
90 dias	3,41%
6 meses	3,78%
1 ano	4,11%
Títulos de dívida pública (euro-denominado)	
Itália, abril de 2004	6,00%
Itália, julho de 2007	5,87%
Itália, março de 2011	9,25%
Área euro,[2] **5 anos**	5,16%
Área euro, 7 anos	5,45%
Área euro, 10 anos	5,61%
Índice de mercado de ações	**Múltiplo preço/lucros**
Índice de Milão MIB30	37,87
Índice FTSE 1000 (Londres)	28,75
Índice DAX (Frankfurt)	57,47

Fonte: *ECB Monthly Bulletin*, Banco Central Europeu (março de 2000); Bloomberg LP.

[1]EURIBOR são taxas interfinanceiras oferecidas em euro.

[2]Produtos de instrumentos da dívida pública da área euro são produtos de instrumentos da dívida pública nacional harmonizados, que são mensurados pelas quantias a compensar de instrumentos da dívida pública em cada vencimento.

A aquisição da Pillsbury da Diageo PLC pela General Mills

Em 8 de dezembro de 2000, a administração da General Mills, Inc. recomendou que seus acionistas autorizassem a criação de mais ações ordinárias e aprovassem uma proposta para que a empresa adquirisse os negócios mundiais da Pillsbury da Diageo PLC. Essa transação exigia uma troca de ações da General Mills pela subsidiária Pillsbury, o que tornaria a Diageo a maior acionista na General Mills. Além disso, foi acordado que, antes da transação, a Pillsbury emprestaria cerca de US$ 5 bilhões e pagaria um dividendo especial para a Diageo. Finalmente, a General Mills obteria um comprometimento contingente da Diageo, que pagaria até US$ 642 milhões à General Mills no primeiro aniversário da transação, dependendo do valor das ações desta. O atestado mandatário trazia as opiniões dos conselheiros financeiros da Genereal Mills de que o preço da transação era justo. No entanto, os acionistas e os analistas de investimentos estavam intrigados por causa do pagamento de contingente. O que era isso? Por que ele estava garantido na transação? O acordo criaria valores para os acionistas da General Mills? Para conseguir respostas a essas perguntas, os acionistas deveriam aprovar a transação?

General Mills, Inc.

Com sede em Minneapolis, Minnesota, a General Mills era a maior fabricante e comerciante de alimentos para consumo, com faturamento de aproximadamente US$ 7,5 bilhões no ano fiscal de 2000. A capitalização de mercado da empresa era de cerca de US$ 11 bilhões. Ela era a maior produtora de iogurte e a segunda maior produtora de cereais matinais prontos nos Estados Unidos. Os segmentos da empresa incluíam os cereais Big G, as sobremesas Betty Crocker, produtos de panificação e jantar, lanches e iogurtes comercializados sob as marcas Yoplait e Colombo. Cada um desses negócios era maduro e oferecia crescimento orgânico relativamente baixo. A empresa procurava oportunidades de expansão no exterior por meio de negócios de empresas próprias e por intermédio de uma *joint venture* no ramo de cereais com a Nestlé e uma *joint venture* com a PepsiCo no ramo de lanches. Com um programa agressivo de recompras de ações nos anos 1990, a companhia aumentou seu índice dívida/patrimônio ao valor contábil, comparada com suas similares.

Este caso foi preparado por Robert F. Bruner por meio de informações públicas, com a assistência de Denni Hall na pesquisa. Foi escrito para ser base de discussão em sala de aula mais do que para ilustrar o manuseio efetivo ou não efetivo de uma situação administrativa.

Diageo PLC

A Diageo, com sede no Grã-Bretanha, formou-se em 1997 pela fusão da GrandMet com a Guiness, resultando em uma das empresas líderes mundiais em bens de consumo. Sua carteira de produtos consistia em proeminentes marcas de bebidas alcoólicas, como Smirnoff, Johnnie Walker, Guiness, J&B, Gordon's e Tanqueray, assim como a rede de *fast-food* Burger King e Pillsbury. A Pillsbury foi adquirida pela Grand Met, atuando como um comprador "white-knight", para evitar a aquisição da Pillsbury pela Sir James Goldsmith, uma dominadora conhecida.

A Pillsbury Company

A Pillsbury produzia e comercializava produtos de panificação e massa refrigerada sob o famoso personagem Dough Boy, vegetais enlatados e congelados sob a conhecida marca Green Giant, comidas mexicanas Old El Paso, sopas Progresso, pizzas congeladas Totino's e outros produtos alimentícios. Era sediada em Minneapolis, Minnesota, como uma empresa independente e ainda tinha operações administrativas importantes no local. As receitas da empresa para o ano fiscal de 2000 eram de aproximadamente US$ 6,1 bilhões.

Origem da transação

Procurando construir um momento de crescimento, a General Mills estudava áreas de desenvolvimento potencial e a criação de valores na primavera de 1998. Isso gerou algumas aquisições menores e uma receptividade geral para propostas de aquisição pela companhia. No começo de 2000, os assessores financeiros da empresa sugeriram que a Diageo poderia estar interessada em vender a Pillsbury, em um esforço de focar a Diageo nos negócios de bebidas, e que a Pillsbury complementaria os negócios existentes da General Mills.

Em março de 2000, o diretor-presidente da Diageo contatou o diretor-presidente da General Mills para explorar a possível venda da Pillsbury. A General Mills enviou seus termos de acordo propostos para a Diageo em junho de 2000 – o pagamento total proposto era de US$ 10 bilhões. A Diageo enviou uma cotação para venda de US$ 10,5 bilhões. Os dois lados não cederam, e parecia que as negociações iriam por terra. A General Mills não queria emitir mais do que um terço de suas ações para a Diageo depois da transação e acreditava que suas ações estavam subvalorizadas no mercado financeiro. A Diageo acreditava que seria necessário avaliar as ações da General Mills nos preços em negociações do momento.

Em um esforço para chegar a um consenso, as duas empresas concordaram em incluir nos termos do negócio um pagamento contingente no primeiro aniversário da transação, que dependeria do preço das ações da General Mills. James Lawrence, diretor-financeiro da General Mills, disse: "Nós acreditamos genuinamente que essa é uma maneira de eles poderem tirar proveito mútuo. Não há dúvidas em minha cabeça de que, sem esse instrumento, não seríamos capazes de chegar a esse acordo". David Van Benschoten, tesoureiro da General

Mills, acrescenta ou ainda que o pagamento contingente era mais um exemplo do "desenvolvimento do uso de 'opções' nos últimos 20 anos, como as finanças entenderam e trabalharam com a construção de opções primeiro".[1]

Em 16 de julho de 2000, as diretorias da General Mills e da Diageo aprovaram os termos finais. Em 17 de julho, as empresas publicaram notas na imprensa anunciando o acordo. Na semana seguinte ao anúncio, as ações da General Mills perderam 8% do valor. Mas, no final de agosto, os investidores começaram a apostar na alta do preço das ações da General Mills, talvez em resposta à publicação dos prospectos e relatórios da fusão e às notícias de que as perdas operacionais da Pillsbury tinham diminuído mais do que os analistas esperavam para o ano fiscal de 2000. Naquele outono, a General Mills era o tópico de várias recomendações de compra. O **Quadro 1** mostra a história comercial recente das ações na General Mills.

Motivos para a transação

Em seu relatório, a General Mills declarou que adquirir a Pillsbury geraria valores para os acionistas, porque daria oportunidades para acelerar as vendas e o crescimento das receitas. Essas oportunidades seriam exploradas por intermédio de inovação de produtos, expansão canalizada, expansão internacional e ganhos em produtividade. A carteira de produtos resultante seria mais balanceada. A empresa combinada ficaria em quinto lugar em tamanho entre os concorrentes, com base em vendas globais de alimentos.

Além do crescimento, o negócio criaria oportunidade de cortar custos. A administração esperava uma economia pré-tributária de US$ 25 milhões no ano fiscal de 2001, US$ 220 milhões em 2002 e US$ 400 milhões em 2003. Melhorias na rede de abastecimento (ou seja, consolidação de atividades e aplicação de práticas melhores em compras e logística); eficiência em vendas, comercialização e marketing; e, finalmente, as atividades administrativas gerariam essas economias.

Termos da transação

A transação propunha que uma aquisição subsidiária da General Mills se fundiria com a Pillsbury, e que essa sobreviveria como uma subsidiária completamente pertencente à General Mills. O acordo delineava várias caraterísticas:

- *Pagamento de ações.* A General Mills emitiria 141 milhões de ações odinárias para os acionistas da Diageo. Após a transação, a Diageo teria aproximadamente 33% das ações emitidas pela General Mills. Quando a diretoria aprovasse a fusão em julho, as ações da empresa seriam vendidas por um valor entre US$ 34,00 e US$ 37,00. Na primeira semana de dezembro, as ações da empresa eram comercializadas por cerca de US$ 40,00 – US$ 42,00.

[1]Steven Lipin, "First Roll out a Tool to Save Doughboy Deal", *Wall Street Journal*, 21 de julho de 2000, C1.

- *Assumir a dívida da Pillsbury*. A General Mills concordou em assumir os passivos da Pillsbury no fechamento, um montante esperado de US$ 5,142 bilhões em dívidas. A dívida da empresa consistiria em cerca de US$ 142 milhões em dívidas existentes e US$ 5 bilhões em novos empréstimos, que a Pillsbury distribuiria à Diageo antes do fechamento. Os termos da nova dívida dependiam do consentimento da General Mills, para a qual uma preocupação inicial era de que ela não deveria perder seu *rating* de grau de investimento.
- *Pagamento contingente da Diageo para a General Mills*. No fechamento, a Diageo estabeleceria um fundo caução de US$ 642 milhões. No primeiro aniversário do fechamento, seria requisitado que a Diageo pagasse desse fundo uma quantia para a General Mills, conforme o preço de ação da General Mills:
  - *US$ 642 milhões*, se a média diária do preço da ação por 20 dias fosse US$ 42,55 ou mais.
  - *US$ 0,45 milhões*, se a média diária do preço da ação fosse US$ 38,00 ou menos. Esse preço refletia o preço que a General Mills estava comercializando na época da negociação do acordo.
  - *Quantia variável*, se a média do preço de ação estivesse entre US$ 38,00 e US$ 42,55. A Diageo reteria a quantia pela qual US$ 42,55 excederia a preço médio diário por 20 dias, multiplicado pelo número de ações da General Mills pertencentes à Diageo.

Alguns profissionais de finanças chamaram a isso de provisão "garras retraídas", porque garantiria algum valor para a General Mills, se o preço da ação subisse. Enquanto outros profissionais se referiam como "direito de valor contingente" (CVR – contingent value right), uma espécie de coleira que resistiria além do fechamento do acordo. CVRs são recursos financeiros e corporativos incomuns que são usados para dar ao vendedor confiança no valor das ações do comprador.

Merril Lynch estimou que os custos de transação para esse acordo chegariam a US$ 55 milhões.

Conclusão

Ao avaliar a proposta, os analistas consideraram as condições do mercado de capitais da época (veja o **Quadro 2**). O **Quadro 3** apresenta um cálculo da volatilidade histórica do preço de ação da General Mills a partir das cotações semanais dos anos anteriores, terminando em 8 de dezembro de 2000 essa volatilidade era de 0,248. Usando o mesmo método para estimar a *volatilidade histórica* para o ano terminando em 17 de julho de 2000 (a data do anúncio do acordo), produziu uma estimativa de 0,249. Os analistas sabiam que seria possível estimar a *volatilidade implícita* a partir das opções comercializadas de ações da General Mills (os preços dessas opções são mostrados no **Quadro 4**). O **Quadro 5** apresenta as volatilidades e as características financeiras das empresas similares à General Mills. Pagamentos contingentes do tipo usado nessa transação eram raros; o **Quadro 6** delineia algumas transações proeminentes nas quais eles foram usados previamente, principalmente em combinações de empresas farmacêuticas.

Os analistas procuravam saber por que o pagamento contingente fora usado nesse acordo e por que seria atraente para os dois lados. Mais importante, eles se confundiram sobre as implicações do pagamento contingente para o custo do acordo para os acionistas da General

Mills. Finalmente, eles procuraram determinar se o acordo total estava com um preço justo da posição dos acionistas da General Mills. Os assessores financeiros da empresa apresentaram análises de avaliação da Pillsbury e da General Mills como um fundamento para uma ponderação dos termos do contrato (veja o **Quadro 7** para um resumo das análises de avaliação). Entretanto, alguns analistas de investimentos mantiveram-se incertos em relação ao acordo:

> O acordo é diluído... Estamos preocupados com as expectativas da empresa de que a aquisição será diluída para os lucros até o ano fiscal de 2004. (A General Mills) nota que o acordo será um acréscimo para o EBITDA (ganhos antes de juros, impostos, depreciação e amortização) no ano fiscal de 2002, sugerindo que a comunidade investidora mantenha o foco nessa métrica. Entretanto, preferimos monitorar o crescimento tradicional dos lucros para rastrear um progresso da empresa.[2]
>
> O salto mensurável nas dívidas nos preocupa. Após a fusão completa, (a General Mills) terá empréstimos que totalizarão mais de US$ 8,5 bilhões. Para ajudar a administrar a alta alavancagem, a empresa provavelmente suspenderá qualquer recompra de ações, usando os fundos de recebimento esperados (da venda de ativos)... para trabalhar a grande carga de dívidas.[3]

Finalmente, essas análises procuravam fazer uma recomendação sobre como os acionistas da General Mills deveriam votar sobre a fusão proposta: a favor ou contra?

[2] *Value Line Investment Survey*, 11 de agosto de 2000: 1477.

[3] *Value Line Investment Survey*, 10 de novembro de 2000: 1476.

QUADRO 1 | Preço semanal das ações da General Mills (GIS) comparado com o índice S&P (preços indexados para 1,00 em 3 de janeiro de 2000)

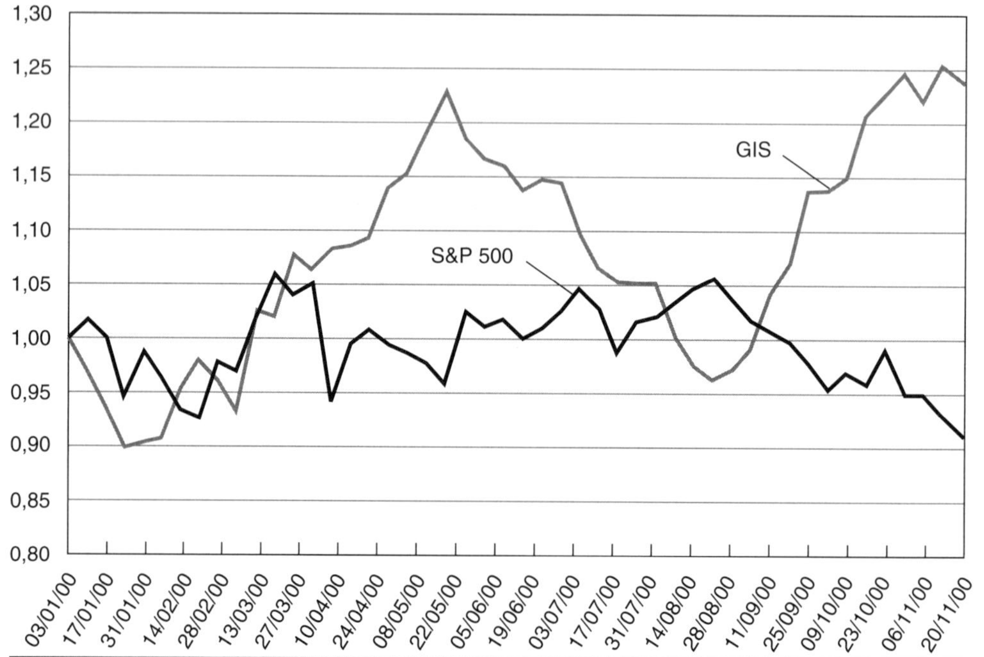

Fonte dos dados de preços: Bloomberg Financial Services.

QUADRO 2 | Condições do mercado de capitais em 8 de dezembro de 2000

	8 de dezembro de 2000
Índice do mercado de ações	
Média do Dow Jones industrial	10.373
Índice S&P 500	1.315
Índice composto NASDAQ OTC	2.645
Mudanças nos índices de mercado de ações nos últimos 12 meses	
Média do Dow Jones industrial	−5,6%
Índice S&P 500	−5,8%
Índice composto NASDAQ OTC	−21,1%
Rendimento dos títulos do Tesouro americano	
Nota (90 dias)	6,09%
Títulos	
1 ano	5,22%
2 anos	5,43%
5 anos	5,32%
10 anos	5,43%
20 anos	5,74%
30 anos	5,64%
Taxas referenciais corporativas	
Taxa básica de empréstimos	9,50%
LIBOR (Taxa utilizada pelo Banco Central de Londres)	6,45%

Fontes: *Wall Street Journal*, 8 de dezembro de 2000; *Value Line Investment Survey*.

QUADRO 3 | Estimativa da volatilidade do preço de ação da General Mills por 53 semanas – 29 de novembro de 1999 a 27 de novembro de 2000

Data	Preços de fechamento semanal	Preço relativo	Log do preço relativo	Erro balanceado do preço relativo
29-nov-99	$ 36,56			
06-dez-99	$ 33,55	0,918	-0,086	0,007731
13-dez-99	$ 32,47	0,968	-0,033	0,001212
20-dez-99	$ 32,65	1,006	0,006	0,000013
27-dez-99	$ 34,45	1,055	0,054	0,002695
03-jan-00	$ 32,67	0,948	-0,053	0,003028
10-jan-00	$ 31,76	0,972	-0,028	0,000914
17-jan-00	$ 30,61	0,964	-0,037	0,001518
24-jan-00	$ 29,39	0,960	-0,040	0,001802
31-jan-00	$ 29,51	1,004	0,004	0,000005
07-fev-00	$ 29,58	1,002	0,002	0,000000
14-fev-00	$ 31,15	1,053	0,052	0,002505
21-fev-00	$ 32,07	1,029	0,029	0,000721
28-fev-00	$ 31,46	0,981	-0,019	0,000444
06-mar-00	$ 30,49	0,969	-0,031	0,001111
13-mar-00	$ 33,52	1,100	0,095	0,008646
20-mar-00	$ 33,28	0,993	-0,007	0,000085
27-mar-00	$ 35,16	1,057	0,055	0,002816
03-abr-00	$ 34,63	0,985	-0,015	0,000293
10-abr-00	$ 35,43	1,023	0,023	0,000430
17-abr-00	$ 35,43	1,000	0,000	0,000004
24-abr-00	$ 35,61	1,005	0,005	0,000010
01-maio-00	$ 37,27	1,046	0,045	0,001882
08-maio-00	$ 37,63	1,010	0,010	0,000062
15-maio-00	$ 38,98	1,036	0,035	0,001101
22-maio-00	$ 40,14	1,030	0,029	0,000752
29-maio-00	$ 38,73	0,965	-0,036	0,001418
05-jun-00	$ 38,12	0,984	-0,016	0,000320
12-jun-00	$ 37,88	0,994	-0,006	0,000071
19-jun-00	$ 37,08	0,979	-0,021	0,000538
26-jun-00	$ 37,45	1,010	0,010	0,000062
03-jul-00	$ 37,41	0,999	-0,001	0,000009
10-jul-00	$ 35,81	0,957	-0,044	0,002092
17-jul-00	$ 34,82	0,972	-0,028	0,000893
24-jul-00	$ 34,33	0,986	-0,014	0,000263
31-jul-00	$ 34,27	0,998	-0,002	0,000014
07-ago-00	$ 34,33	1,002	0,002	0,000000
14-ago-00	$ 32,73	0,953	-0,048	0,002477
21-ago-00	$ 31,86	0,974	-0,027	0,000823
28-ago-00	$ 31,43	0,986	-0,014	0,000243
04-set-00	$ 31,74	1,010	0,010	0,000061
11-set-00	$ 32,36	1,019	0,019	0,000298
18-set-00	$ 33,96	1,050	0,048	0,002150
25-set-00	$ 35,01	1,031	0,030	0,000808
02-out-00	$ 37,20	1,063	0,061	0,003454
09-out-00	$ 37,07	0,997	-0,003	0,000028
16-out-00	$ 37,45	1,010	0,010	0,000065
23-out-00	$ 39,37	1,051	0,050	0,002320
30-out-00	$ 40,05	1,017	0,017	0,000232
06-nov-00	$ 40,74	1,017	0,017	0,000223
13-nov-00	$ 39,81	0,977	-0,023	0,000630
20-nov-00	$ 40,99	1,030	0,029	0,000742
27-nov-00	$ 40,49	0,988	-0,012	0,000200
Soma:		52,132	0,102	0,060218
Média:	35,0548	1,003	0,002	0,001158

Número de preços relativos:	52
Número de preços de ação:	53
Variação semanal ajustada:	0,001181
Variação anual:	0,061
Desvio-padrão anual (sigma):	**0,248**

Fonte: Bloomberg Financial Services.

Comentário: Nesta tabela, os preços de ação estão convertidos em preços relativos (que são simplesmente o quociente do preço de hoje com o de ontem). Portanto, os preços relativos são transformados em valores logaritmos (para normalizar a distribuição). Na coluna da direita, os desvios balanceados dos valores logaritmos são computados a partir do valor médio (0,002). A variação semanal é computada ao dividir a soma da coluna direita (0,060218) pelo número de relativos de preço (52) para então multiplicar por um fator corretivo (52/51) a fim de ajustar para uma amostragem direcionada. A variação anual é obtida ao multiplicar a variação semanal por 52. O desvio-padrão é a raiz quadrada da variação anual. Para uma discussão mais detalhada desse procedimento de estimativa, veja J. Cox e M. Rubinstein, *Options Markets* (Englewood Cliffs, N.J.: Prentice-Hall, 1985), p. 255-258.

QUADRO 4 | Preços de opções de compra e de venda das ações da General Mills

Opção	Compra	Venda
19 de julho de 2000		
Preço da ação = $35,00		
Expirando em 22 de julho de 2000, face = $35	$0,25	$0,375
Expirando em 21 de outubro de 2000, face = $40	$0,50	$5,375
14 de dezembro de 2000		
Preço da ação = $39,9375		
Expirando em 20 de janeiro de 2001, face = $45	$0,50	*None traded*

Nota: A produção da renda do Tesouro de 90 dias, em 14 de dezembro, era de 5,92%. No meio de julho, a produção da renda do Tesouro de 90 dias era de 6,14%.

Fonte: *Wall Street Journal*, 20 de julho de 2000 e 15 de dezembro de 2000.

QUADRO 5 | Dados financeiros de empresas comparáveis à General Mills

Empresa e negócios	P/L	Vendas de alimento no ano anterior ($ bilhões)[1]	Vendas no ano anterior ($ bilhões)[1]	Beta	Crescimento esperado de vendas[2]	Crescimento esperado de lucro[2]	Dividendo esperado Yield[2]	Índice de dívida de longo prazo/ patrimônio	Índice de dívida/ patrimônio de total	Sigma[3]
General Mills, Inc. Cereais, sobremesas, farinhas, misturas de bolo, jantares e acompanhamentos, lanches, bebidas e iogurte.	19,8	$10,9	$16,7	0,65	8,5%	11,5%	1,10%	6,719	12,048	0,248
ConAgra Foods, Inc. Alimentos empacotados (não-perecíveis e congelados), alimentos refrigerados, produtos agrícolas.	20,7	$17,1	$25,4	0,80	4,5%	12,5%	0,90%	1,287	2,391	0,398
PepsiCo, Inc. Lanches, bebidas e suco.	30,6	$ 7,9	$20,4	0,85	5,5%	11,0%	0,56%	0,383	0,399	0,287
Unilever Plc Alimentos, detergentes, produtos de cuidado pessoal e doméstico.	na	$ 7,2	$43,6	0,75	1,5%	8,5%	0,76%	0,160	0,326	0,425
Sara Lee Corporation Refeições empacotadas, produtos de panificação congelados, café e chá, cuidados de sapatos, cuidados pessoais, inseticidas, odorizadores de ambiente, produtos íntimos.	11,2	$ 6,9	$17,5	0,75	3,0%	8,5%	0,58%	2,951	5,266	0,388
H. J. Heinz Company *Ketchup*, condimentos e molhos, congelados, refeições de massas e feijão, produtos de frutos do mar e atum, alimento infantil.	22,9	$ 5,1	$ 9,4	0,70	4,5%	9,0%	1,57%	2,163	2,365	0,311
Campbell Soup Company Sopas e molhos, biscoitos e confeitaria, serviços alimentares.	19,7	$ 4,8	$ 6,3	0,80	3,0%	1,0%	0,90%	9,050	23,850	0,375
Kellogg Company Cereais, barras de cereais, tortas assadas, *waffles* congelados, *bagels* e outros produtos.	18,8	$ 4,4	$ 7,0	0,70	5,5%	7,0%	1,10%	0,699	2,164	0,365
Hershey Foods Corporation Confeitaria com ou sem chocolate, massa e itens de mercearia.	25,2	$ 4,0	$ 4,0	0,65	6,0%	9,0%	1,12%	0,600	0,790	0,361
Quaker Oats Company Cereais quentes e frios, misturas e xaropes para panqueca, lanches à base de grãos, derivados do milho, produtos de arroz e massa.	37,0	$ 2,4	$ 4,7	0,65	5,0%	11,5%	1,14%	1,539	1,730	0,337

nd = não disponível.

[1]Vendas para o ano fiscal finalizado em 17 de julho de 2000. O ano fiscal mais próximo da PepsiCo terminou em dezembro de 1999.

[2]Vendas, lucro e produção de dividendos esperados para cinco anos – de 2000 a 2005.

[3]O sigma (volatilidade) foi estimado para as 54 semanas anteriores, incluindo a de 17 de julho de 2000.

Fonte: *Value Line Investors Services* e análise de caso pelo autor.

QUADRO 6 | Termos de outros acordos de pagamento contingente em fusões e aquisições

Acordo	Eli Lilly e Company Buys compram 100% das ações da Hybritech, Inc.	Rhône-Poulenc adquire 68% das ações do Rorer Group, Inc.	Dow Chemicals adquire 67% das ações do Marion Laboratories	Roche Holding adquire 60% das ações da Genentech
Data de fechamento	Fevereiro de 1986	Julho de 1990	Julho de 1989	Fevereiro de 1990
Pagamento total estimado (US$)	$ 412,8 milhões	$ 1.600 milhão	$ 5.700 milhões	$ 1.295 milhão
Estrutura geral	Índice de troca em um estágio por ação da Hybritech: (1) $ 22,00 em dinheiro ou valor nominal das notas conversíveis em 10 anos pagando 6,75%. Preço convertido = $ 66,31 por ação. (2) 1,4 *warrants* para comprar ações ordinárias da Lilly a $ 75,98 cada. (3) Uma unidade de pagamento contingente (CPU) de até $ 22,00 em dividendos por 10 anos.	Transação em três estágios: (1) Oferta em dinheiro para 50,1% das ações da Rorer. A $ 36,50 por 43,2 milhões de ações, o desembolso inicial é de $ 1,577 milhões. (2) Rhône-Poulenc (RP) transfere seus negócios mundiais em farmácia humana para a Rorer. Rorer paga $ 20 milhões à RP e assume $ 265 milhões em dívidas da RP. Rorer emite milhões de novas ações ordinárias para a RPG. (3) RP emite 41,8 milhões direitos de valor contingente (CVRs).	Transação em dois estágios: (1) Dow adquire 38,9% da Marion por intermédio de uma oferta em dinheiro de $ 38 por ação. (2) Dow contribui com sua subsidiária farmacêutica, a Merril-Dow, e 92 milhões de CVRs em troca de novas ações da Marion.	Transação em dois estágios: (1) Roche compra uma participação de 20% na Genentech com a compra de ações recém-emitidas a $ 22 cada. (2) Todas as ações ordinárias que não são da Roche são trocadas por $ 18 em dinheiro e meia ação ordinária resgatável. Seguindo a transação, acionistas públicos terão 40% das ações com direito a voto; Roche terá 60%.
Termos contingentes	Dividendo anual da CPU igual a: [6% das vendas + 20% do lucro bruto – ($ 11 milhões x $(1{,}35^t)$)] dividido pelo número de ações da Hybritech. t = anos desde 1986. As vendas e o lucro bruto são da Hybritech.	O CVR designa os acionistas a receber da RP a quantia pela qual $ 98,26 por ação exceder, ou $ 52,00 de piso ou a média do valor de mercado do preço da ação da Rorer 60 dias antes da data de vencimento dos direitos de 31 de julho de 1993. Desembolso máximo: $ 46,26 por ação. A RP tem o direito de estender o vencimento dos CVRs por um ano adicional para 31 de julho de 1994. Nessa data, o teto eleva-se de $ 98,26 para $ 106,12. Desembolso máximo aumentado para $ 54,12.	Similar ao CVR da RP: uma margem de venda garante que os acionistas retornem dentro de uma variação predeterminada de preços de ação durante 1992.	Ações ordinárias resgatáveis designam a Roche a resgatar as ações nos preços predeterminados até junho de 1995. Depois disso, essas ações se convertem automaticamente em um número igual de ações ordinárias regulares. O preço do resgate começa em $ 38,00 no fechamento e sobe $ 1,25 por trimestre para um máximo de $ 60 por ação em abril/junho de 1995.

QUADRO 7 | Análises de avaliação pelos consultores financeiros da General Mills

	Avaliação com base em empresas comparáveis	Avaliação com base em transações comparáveis	Avaliação com base em análise de fluxo de caixa descontado
		Análise da Pillsbury	
Análise pela Evercore Partners:	EBITDA (últ. 12 meses): $ 8,6 – $ 12,11 bilhões EBIT (últ. 12 meses): $ 8,97 – $ 12,87 bilhões	EBITDA (últ. 12 meses): $ 10,59 bilhões EBIT (últ. 12 meses): $ 13,21 bilhões	Sem sinergias: $ 8,4 – $ 10,5 bilhões Com sinergias: $ 11,3 – $ 14,2 bilhões
Análise pela Merril Lynch:	$ 8,598 – $ 10.78 bilhões com base no EBITDA e EBIT (últ. 12 meses)	$ 9,553 – $ 12,44 bilhões com base no EBITDA e EBIT (últ. 12 meses)	Sem sinergias: $ 9,184 – $ 11,204 bilhões Com sinergias: $ 11,836 –$ 13,489 bilhões
		Análise da General Mills	
Preço da ação em 14 de julho de 2000:	$ 36,31/ação		
Análise pela Evercore Partners:	EBITDA (últ. 12 meses) $ 34,60/ação EBIT (últ. 12 meses) $ 37,17/ação Preço/lucro (últ. 12 meses): $ 41,17/ação	Transações comparáveis não são uma base de avaliação aplicável da General Mills porque a empresa não é o objeto dessa transação.	$ 34,69 – $ 42,15/ação
Análise pela Merril Lynch:	$ 31,75 – $ 42,25/ação		$ 38,50 – $ 46,75/ação

Nota: As análises da Evercore foram expressas em termos de múltiplos de avaliação, em vez de números em dólares. Para permitir uma comparação facilitada com os números da Merril Lynch e para simplificar a análise do estudante, os múltiplos da Evercore foram convertidos pelo escritor do caso em dólares, usando várias deduções simplificadoras.

Fonte: Relatório completo e prospecto definitivo da fusão da General Mills, arquivado na Comissão de Câmbio e Investimentos dos Estados Unidos (22 de agosto de 2000).

CASO 44

A proposta de aquisição da Digitech pela Printicomm: negociando preço e forma de pagamento

Em dezembro de 1998, Jay Risher sentou-se em seu escritório na Printicomm para estruturar o preço e a forma de pagamento para a aquisição da Digitech. Risher era vice-presidente e controlador da Printicomm, uma empresa de comunicação que oferecia serviços de impressão de "ponta a ponta" que combinava capacidades de produção com a habilidade de criar cópias finalizadas e distribuir o material impresso. Ele havia identificado a Digitech como uma candidata atraente à aquisição e negociado uma carta de intenções que garantiria a Printicomm os direitos exclusivos para negociar a compra da Digitech. O período de exclusividade acabaria em duas semanas.

A pesquisa da diligência revelou que o valor da Digitech dependia crucialmente da competência administrativa dos dois líderes da empresa. Risher fez um acordo com eles de permanecer na Printicomm por cinco anos para administrar as operações da Digitech. Com o benefício da liderança, ele concluiu que o valor da Digitech não seria maior do que US$ 30 milhões. Os líderes acreditavam, no entanto, que a empresa valia US$ 40 milhões. Com o fechamento da transação se aproximando, Risher precisava decidir qual estrutura de acordo seria apropriado usar, em razão da disparidade existente na avaliação da Digitech e à importância de reter funcionários-chave da empresa depois da aquisição.

Risher estava impressionado com o crescimento recente da Digitech e as perspectivas prováveis de crescimento futuro. As receitas tinham crescido de US$ 7 milhões, em 1995,

Este caso foi preparado com base em pesquisa de campo de Scott Stiegler, sob a supervisão de Robert F. Bruner. Todos os nomes e dados financeiros foram modificados. Foi escrito para ser utilizado em discussão em sala de aula, mais do que para ilustrar o manuseio efetivo ou não efetivo de uma situação administrativa.

para US$ 24 milhões, em 1998 (veja no **Quadro 1** os relatórios de lucro históricos). Esse rápido crescimento era atribuído à soma de diversas contas-chave de grandes corporações, que representavam quase 40% da receita total de 1997. A aquisição pela Printicomm fazia sentido estrategicamente por causa da complementaridade dos produtos e mercados das empresas e também porque oferecia perspectiva de crescimento potencial significante. Além disso, Risher pensou que sinergias de custo e receitas significantes poderiam ser realizadas depois da aquisição.

Frank Greene, fundador e dono da Digitech, estava com 60 anos de idade e queria vender a empresa para obter alguma liquidez com esse investimento antes de se aposentar. Ele estava bem orgulhoso pelo fato de o sucesso da Digitech ser totalmente uma conseqüência do trabalho pesado, do conhecimento e da especialização exercidos por ele e pelo seu diretor operacional, Jepson "Jep" Buckingham. Greene queria se aposentar nos próximos anos para passar mais tempo com os netos. Mas afastar-se da Digitech seria difícil para ele, que tinha um vínculo emocional muito forte com seu empreendimento e com o bem-estar de seus leais empregados. Ele escolhera vender o negócio nessa época, porque sentia que o mercado estava oferecendo avaliações atrativas para empresas como a Digitech. Greene disse a Risher que ele tinha visto, recentemente, várias outras empresas como a dele sendo vendidas por 10 a 12 vezes o valor de EBITDA. Apesar de Greene estar pronto para reconhecer um retorno no seu investimento na Digitech com uma venda, ele contou a Risher que estava disposto a continuar a tocar as operações diárias dessa empresa até sua aposentadoria.

As negociações para a aquisição começaram em agosto de 1998, quando a Printicomm fez uma tentativa, ao oferecer US$ 11 milhões pela Digitech.[1] Por causa do valor da empresa ser tão fortemente uma função do envolvimento contínuo dos donos, Risher não se sentiu confortável ao empregar de início uma projeção financeira de cinco anos. Em razão do envolvimento contínuo de Greene e Buckingham por um período de cinco anos e a convergência do conhecimento deles para a Printicomm, Risher estava preparado para pagar um valor máximo pelo empreendimento de aproximadamente US$ 30 milhões. Essa avaliação se baseava em uma análise de fluxo de caixa descontado (**Quadro 1**) e em uma revisão de empresas públicas comparáveis (**Quadro 2**) que foram preparadas por Risher em sua análise de avaliação (veja também o **Quadro 3** – Rendimentos dos títulos do Tesouro dos Estados Unidos). Greene estava firmemente convencido de que seu negócio valia pelo menos dez vezes o EBITDA, para um valor de empreendimento de US$ 40 milhões. A Digitech financiava-se sem dívidas.

A última negociação entre as duas partes terminou com a Printicomm propondo US$ 28 milhões e a Digitech mantendo-se firme no preço de US$ 40 milhões. Em razão da importância estratégica da aquisição, Risher não queria que o acordo se perdesse por causa da avaliação. Ainda assim ele não estava disposto a oferecer além de sua estimativa de US$ 30 milhões como o máximo a ser pago pelo valor de empreendimento da Digitech. Ele também sabia que outros concorrentes se movimentariam rapidamente para adquirir a empresa se a Printicomm falhasse em sua tentativa. Os direitos exclusivos de negociação para a aquisição da Digitech terminariam em duas semanas. Greene não parecia disposto a desistir de seu último preço.

[1]Esse valor foi baseado no valor de fluxos de caixa pelos cinco anos seguintes, excluindo um valor terminal. A Printicomm normalmente abria suas ofertas a partir desse tipo de avaliação para empresas como a Digitech, em que propriedade intelectual era um importante componente do valor.

Em um esforço para continuar negociando, Risher considerou a possibilidade de propor ganhos futuros pela transação. Para simplificar, Risher decidiu propor duas estruturas diferentes de ganhos futuros para Greene na reunião seguinte. A primeira estenderia os pagamentos para Greene e Buckingham pelos cinco anos seguintes, com base na obtenção de certas metas de lucro operacional da Digitech. Como o plano qüinqüenal deixou a Printicomm exposta por um longo período, Risher planejou incorporar altas metas de ganhos futuros nessa estrutura. A segunda ofereceria pagamentos contingentes apenas pelos próximos três anos. Risher acreditava que as metas dos ganhos futuros deveriam ser mais baixa com essa estrutura, pois havia menos incertezas sobre o futuro em um período mais curto. O fundamental seria estabelecer as metas de ganhos futuros em cada estrutura de modo que Risher e Green pudessem chegar juntos a uma avaliação aceitável da empresa com base na visão do futuro de cada um.

Printicomm

A Printicomm era sediada em Palo Alto, Califórnia, com instalações produtivas importantes na Geórgia, Massachusetts, Carolina do Norte, Colorado, Maryland, Nova York e Texas. A empresa era capaz de lidar com pedidos eletrônicos de cópias impressas por todos os Estados Unidos e de 70 grandes cidades estrangeiras. A Printicomm oferecia aos seus clientes soluções em informação e comunicação integrada e de "ponta a ponta", que envolvia uma série completa de serviços criativos, de produção e de distribuição.

A empresa era organizada a partir de duas unidades de negócios: *comunicações profissionais*, atendendo a clientes que publicavam informação, e *comunicações mercadológicas*, atendendo a clientes que criavam e transmitiam mensagens mercadológicas. Para esses dois mercados, a Printicomm oferecia serviços que iam desde criação, produção e distribuição de mensagens até suprimentos para nichos de mercado bem definidos. Os serviços da empresa incluíam marketing com identidade corporativa, propaganda, publicações customizadas, marketing direto, comunicação financeira, mídia interativa, marketing em ponto-de-venda, marketing promocional, embalagens especiais, duplicação de software, produção de catálogos, produção de jornais e revistas e impressão comercial.

Comunicações profissionais

Printicomm Journal Services

A Printicomm Journal Services era uma das maiores produtoras de jornais científicos, técnicos e médicos do mundo. Essa unidade de negócio oferecia serviços tradicionais de redação, impressão e distribuição, assim como um amplo complemento de serviços digitais, reimpressão, arquivamento e administração de conteúdo para associações comerciais e filantrópicas e empresas publicadoras de interesses especiais. A Printicomm JS oferecia uma série completa de soluções para publicadores de jornais, revistas e outros veículos periódicos. Para a empresa manter-se como líder da indústria em serviços jornalísticos, era importante para ela concentrar-se nos rápidos avanços tecnológicos dentro da indústria. Sua visão era de criar um "caminho totalmente digital", que possibilitasse fluxos de trabalho completamente digitais, e a criação de uma base de dados de conteúdo digital e flexível.

Comunicações mercadológicas

PrinticommCom

A PrinticommCom era uma importante empresa de marketing integrado que, além de suas capacidades criativas, oferecia impressão, produção e distribuição próprias. As capacidades táticas incluíam propaganda impressa e transmitida, marketing direto, desenvolvimento de catálogos, design auxiliar, desenvolvimento de publicações e novas mídias. A aproximação integrativa da PrinticommCom provou-se ser atrativa para clientes interessados em lidar com uma compra única que poderia ser contábil sob todos os aspectos de um programa de comunicação.

Printicomm Financial Communications

Entre as cinco maiores impressoras financeiras do país, a PrinticommFC (Financial Communications) especializou-se na criação, produção e distribuição de documentos (eletrônicos ou tradicionais) para agências reguladoras e para a comunidade investidora em mais de 70 cidades pelo mundo. Além dos setores de negócios públicos e privados, os mercados primários da PrinticommFC incluíam instituições bancárias comerciais e de investimento, empresas de fundo mútuo, empresas jurídicas e empresas de seguro.

Printicomm Graphic Solutions

A PrinticommGS (Graphic Solutions) estava no negócio de integrar soluções de impressão com uma ampla variedade de serviços e consultas de alta qualidade em comunicação gráfica. Apesar de sua iniciativa de parceria corporativa, a PrinticommGS oferecia análises que reduziam sistemas de procura modernos e exagerados e proviam soluções inovadoras para desafios em comunicações gráficas. Ela oferecia serviços arrojados de pré-impressões e impressões, arquivamento e administração de dados para conversão de conteúdos para aplicações eletrônicas, finalização e ligação e uma completa lista de serviços postais. A PrinticommGS também era o lar da Serviços de Catálogos Printicomm, que se especializou em oferecer soluções de ponta a ponta na indústria de catálogos.

Printicomm Point of Purchase

A PrinticommPOP (Point of Purchase) concentrava-se em estratégias mercadológicas e desenvolvimento criativo, primeiro para restaurantes de serviço rápido e nas indústrias de bebidas, varejo, esportes a motor, hotelaria e viagem. A PrinticommPOP lidava com design, produção e acomodação de impressões, serviços de produções *on-demand*, embalagem de kits, suprimento e administração de base de dados.

Printicomm Specialty Packaging and Promotional Printing

A Printicomm Specialty Packaging and Promotional Printing produzia CDs e disquetes que serviam como veículos distintos de propaganda, assim como materiais auxiliares que comunicavam mensagens de marketing. Seus serviços incluíam design, produção e distribuição estruturais de alta qualidade, embalagens internas e externas coloridas, postais dimensionais, material com identidade corporativa, literatura de produto, documentação de computadores e catálogos.

Printicomm Technology Solutions

Uma operação totalmente equipada para soluções em software, a PrinticommTS (Technology Solutions) trabalhava com duplicação de CDs e disquetes, impressão de rótulos, suprimento e distribuição, e administração logística e de inventário. A empresa unia seus serviços internos conciliados com relacionamentos estratégicos de terceirização para serviços auxiliares requisitados por clientes na indústria de alta tecnologia e por aqueles que queriam incorporar tecnologia às suas ofertas ao mercado.

Nos cinco anos anteriores, a Printicomm conseguiu 22 aquisições em um esforço para expandir e aumentar suas capacidades. Primeiro, as compras envolviam empresas de peso com serviços em marketing, comunicações e publicações que complementavam a forte competência em impressão, que era o coração da Printicomm. Três das aquisições abrangiam várias estruturas de ganhos futuros; a maioria delas foi triunfante economicamente. Por causa do forte elemento de "capital intelectual" que representavam, as empresas adquiridas nessas transações, as necessidades de reinvestimento e os valores dos ativos não eram elementos tipicamente materiais das avaliações. A Printicomm descobriu que as estruturas de ganhos futuros seriam veículos úteis para substituir o risco de fluxo de caixa futuro do comprador para o vendedor, em vez de procurar moderar o risco ao elevar o nível de dificuldade da transação.

Digitech

Frank Greene fundou a Digitech dez anos antes, depois de frustrar-se ao trabalhar como um engenheiro-chefe de software para uma grande empresa de tecnologia. Logo depois de começar sua empresa, ele recrutou um ex-colega, Jepson "Jep" Buckingham, do antigo empregador. Buckingham demonstrou um brilhantismo para programação criativa e incentivou o desenvolvimento de novos produtos importantes. Um ano depois de começarem, a Digitech teve um sucesso de mercado com o software Print-now. As vendas nesse período aumentaram as receitas para mais de US$ 15 milhões em 1992. Entretanto, por causa das constrições de mercado e ao fato de que um grande concorrente bem-financiado rapidamente ter entrado no mercado, o ciclo de vida do novo produto foi curto.

As vendas da Digitech oscilaram até o desenvolvimento de seu software Marketelegence, em 1995, que se tornou a marca registrada em soluções para publicitários e editores. O Marketelegence usava tecnologia interativa para lidar com mensagens de marketing desde a criação até o último posicionamento para os clientes. Todas as fotografias e os gráficos eram digitalizados e armazenados, e o reservatório de mensagem e dados era ligado a um programa de criação de páginas. Em 1997, as vendas desse programa explodiram com a adição de vários novos clientes de empresas grandes. Esses clientes representavam mais de 40% das vendas esperadas para 1999. A Digitech tinha um ótimo produto, mas falhava por sua falta de desenvolvimento e entendimento do mercado. Na visão de Risher, a administração estava focada no desenvolvimento de novos produtos, mas faltava profundidade administrativa para operar uma empresa que se desenvolvia rapidamente como a Digitech.

Destaques da indústria

A impressão comercial era uma das mais antigas e maiores atividades manufatureiras da nação norte-americana. A indústria estava altamente fragmentada, com aproximadamente 52 mil estabelecimentos impressores e 1 milhão de empregados que estavam dispersos geograficamente por todos os Estados Unidos. Em 1998, as 500 maiores impressoras representavam menos de 1% da total população do mercado, enquanto suas receitas chegavam a 34% do total de US$ 73 bilhões em vendas. A maioria dos impressores concorria em âmbito regional, estadual ou local em vez de nacionalmente.

A maioria dos produtos da indústria de impressão comercial dos Estados Unidos era focada nas diversas necessidades de clientes domésticos e de negócios. As fortunas econômicas da indústria seguiam as flutuações do PIB nacional e estavam muito ligadas ao nível de gastos com publicidade norte-americana. Mudanças demográficas tipicamente tinham um impacto rápido nos mercados de produtos impressos. A expansão da população em idade escolar fez aumentar a produção de quadrinhos, livros didáticos e juvenis e periódicos voltados para os jovens. O crescimento do número de casas promoveu o interesse de produtores de malas-diretas, panfletos em jornais e catálogos. A formação de novos negócios criou mercados de impressão para publicidade comercial, formulários, impressos financeiros e jurídicos. O aumento do número de idosos expandiu a demanda de jornais e livros.

A impressão comercial era uma indústria madura que estava passando por uma transição significante. As forças que afetavam a impressão comercial dos Estados Unidos incluíam mudanças na tecnologia, alteração da dinâmica estrutural da indústria, modificações na demanda por publicidade impressa e imposição de nova mídia eletrônica em mercados impressores tradicionais.

As operações de impressão comercial há muito se centravam em tecnologia analógica, um processo que dependia de filme fotográfico, placas de impressão sensíveis à luz, tintas com base de solventes e uma série de produtos químicos e reveladores. Essa tecnologia tradicional estava sendo substituída rapidamente por tecnologia digital. Conseqüentemente, milhares de empresas tipográficas ficaram obsoletas em comparação aos processos digitais computadorizados. Também foram fechadas muitas lojas de separação de cores e fabricação de placas, cujo uso por intermédio de filme não tinha mais valor uma vez que os processadores digitais produziam filmes com cores corrigidas, ou imagens e textos digitais eram aplicados diretamente às placas. A tecnologia digital também era usada nas próprias impressoras, que geravam produtos impressos de imagens e textos coloridos a baixos custos; possibilitando uma produção baixa, que não era aplicável por causa dos custos de antes da era digital.

As rápidas mudanças tecnológicas na indústria levaram à crescente consolidação, conforme os concorrentes buscavam economias de escala, enquanto tentavam reter o foco mercadológico, que era dependente da disponibilidade de impressão regional e local. Uma onda de atividades de fusão e aquisição, apoiada pela economia aquecida dos Estados Unidos e pelo crescente mercado de ações, estava se consolidando entre poucos concorrentes dominantes. Os estabilizadores mais bem-sucedidos da indústria demonstravam as mesmas qualidades. Primeiro, eles estavam dispersos geograficamente e tinham uma estratégia de negócio específica. Em segundo lugar, eles definiam-se como impressores de alto valor agregado, que ofereciam serviços adicionais em um especializado nicho de mercado ou como produtores especializados, com serviços de baixo custo, em um estreito nicho de mercado. A meta dessas empresas era tornar-se uma única loja que atendesse a todas as necessidades de comunicação de seus clientes.

Enquanto os valores de frete da impressão comercial se emparelhavam de perto com as flutuações do PIB, a indústria estava amplamente dependente dos gastos em publicidade impressa nos Estados Unidos. Desde 1980, a publicidade norte-americana, por meio de várias mídias impressas, manteve-se estável em aproximadamente 60% do total gasto em publicidade.

Apesar das tendências da publicidade impressa nos anos 1990 apresentarem um crescimento geral em valores nominais, os ganhos em gastos publicitários entre as mídias impressas variavam significantemente. O crescimento marginal era esperado nas rendas de publicidade de jornais e periódicos, enquanto um maior crescimento publicitário era esperado nos segmentos de mala-direta, catálogos e folhetos. O uso crescente de equipamentos de impressão digital era esperado para possibilitar que impressores dos Estados Unidos respondessem mais rapidamente a qualquer mudança nas demandas de impressão que pudesse surgir da flutuação em gastos publicitários.

Embora a demanda total por produtos impressos nos Estados Unidos continuasse a se expandir, a mídia eletrônica apresentava forte concorrência. Entre os exemplos incluíam-se os CD-ROMs, que reduziam a necessidade de manuais técnicos, enciclopédias e listas telefônicas; *web sites* na Internet, que forneciam acesso eletrônico a catálogos digitais, relatórios anuais e outras informações corporativas; e e-mail, que incluía o comércio eletrônico e diminuía a demanda de informativos, dados de negócios impressos e formulários. A Internet era usada regularmente no trabalho ou em casa por mais de 29 milhões de habitantes dos Estados Unidos com 18 anos ou mais. Esse setor representava 15% da população adulta do país. Estava virtualmente assegurado que essa área de acesso à Internet dobraria na próxima década, o que garantia mais avanços na demanda por produtos impressos selecionados.

Uma série de fatores favoráveis era esperada para apoiar o crescimento da produção de impressos nos Estados Unidos, nos cinco anos seguintes. A população do país estava projetada para chegar a 280,4 milhões em 2003, um aumento de 8,1 milhões. Níveis mais elevados de vida escolar e renda pessoal crescente eram esperados para acompanhar o crescimento populacional. Uma economia aquecida no país, somada ao crescimento na demanda agregada para publicidade impressa, era esperada para apoiar uma taxa de crescimento anual, ajustada pela inflação, de 2% do valor dos fretes da indústria nos cinco anos seguintes. Esperava-se que a concorrência da mídia eletrônica reduzisse os mercados para alguns produtos impressos nos Estados Unidos, mas a demanda agregada por impressão comercial estava projetada para ficar relativamente alinhada ao crescimento da economia do país. A expectativa era de que os custos para a principal matéria-prima da indústria, o papel, aumentassem nesses cinco anos, afetando negativamente as margens de lucro dos impressores.

Apoio para a aquisição da Digitech

A Printicomm estava em um ponto de mudança único na sua história, em que as perícias e as competências que levaram seus negócios originalmente ao sucesso eram menos capazes de sustentar o crescimento do lucro e as margens necessárias para um investimento de qualidade. Essa lenta erosão das margens no mercado de impressão e a dificuldade progressiva de manter ou desenvolver os rendimentos marcaram severamente o crescimento interno futuro. A inovação contínua em reproduções gráficas ameaçou tornar os equipamentos obsoletos e o crescimento da capacidade da indústria no futuro, forçando a dissolução ou a consolidação das empresas sobreviventes.

A estratégia da Printicomm nessa indústria de mudanças rápidas era crescer seus negócios por meio de aquisições estratégicas que forneceriam vantagens competitivas adicionais à empresa nos nichos selecionados da indústria de impressão comercial. Risher acreditava que a aquisição da Digitech teria um impacto positivo significante no desempenho das divisões PrinticommJS e PrinticommPOPG. O programa Marketelegence da Digitech melhoraria as capacidades dessas divisões ao oferecer aos clientes as mais recentes soluções do mercado eletrônico.

Alternativas

Em virtude da dificuldade em negociar, Risher refletiu sobre as alternativas estratégicas que possuía.

Desenvolver a capacidade internamente

Uma alternativa para a Printicomm era a de desenvolver a tecnologia da Digitech internamente. O tempo e os gastos para criar um software viável com as capacidades do Marketelegence provavelmente eram elevados, mas chegar a um preço de compra razoável pela Digitech poderia ser uma boa opção. De acordo com alguns cálculos primários de Risher, o custo seria de US$ 50 milhões para a Printicomm desenvolver a tecnologia. Mais que isso, levaria cerca de dois anos para a empresa ter um protótipo operante que pudesse concorrer no mercado.

Encontrar outra empresa para comprar

Risher sabia que não era tarde demais para tentar adquirir uma empresa alternativa. Havia algumas outras pequenas empresas de software que desenvolviam suas formas próprias de tecnologia digital para a indústria da impressão comercial, mas Risher acreditava que a tecnologia da Digitech era superior às tecnologias das concorrentes e tinha o valor de líder, se fosse necessário. Ele também sabia que Green possuía ótima habilidade administrativa e que seu nível de qualificação seria difícil de encontrar em outra empresa. Além disso, seria frustrante começar as negociações com uma empresa nova em virtude do tempo e da energia que foram gastos com a transação da Digitech.

Acordo de preço fixo

As negociações até esse ponto se concentraram em determinar um preço fixo para a aquisição da Digitech. Um acordo de preço fixo certamente seria o mais fácil de consumar, requerendo apenas uma simples concordância de compra e venda que destacasse todas as considerações sobre quantia e forma. Infelizmente, as duas partes permaneciam relativamente distantes em suas respectivas noções de uma avaliação justa dos negócios da Digitech. Risher também estava preocupado com a possibilidade de a Printicomm pagar um preço alto pela Digitech e, conseqüentemente, sua administração ter pouca motivação para ficar na empresa e continuar a crescer nos negócios. Ele achava que a retenção de Greene e Buckingham era importante para integrar as empresas e transferir o conhecimento do negócio entre as suas companhias.

Ganho futuro

Tendo em vista as suas preocupações a respeito da avaliação e retenção administrativa, Risher começou a considerar a idéia de usar um ganho futuro para avançar em sua transação potencial. Ele lembrou que um ganho futuro era um mecanismo de pagamento por aquisição em que uma porção do preço de compra da empresa adquirida (Digitech) seria paga pela empresa compradora (Printicomm), apenas se a Digitech atingisse certas metas de desempenho acordadas depois do fechamento. Risher sabia que havia elementos cruciais para se conseguir obter ganhos futuros triunfantes. Primeiro, o ganho futuro deveria se basear em metas de desempenho atingíveis que aumentasse o valor da Digitech nas mãos da Printicomm depois do fechamento. Depois, a administração da Digitech deveria receber uma compensação adequada por criar aquele valor. Finalmente, o ganho futuro deveria oferecer à administração da Digitech recursos e liberdade operacional necessários para atingir tais metas de desempenho.

Risher sabia que um ganho futuro fazia muito sentido em uma perspectiva econômica e, se desenvolvido apropriadamente, poderia ser visto como uma situação em que todos ganham. Ele também sabia que os fatores principais que poderiam ser negociados na geração de um ganho futuro eram o período e as metas do ganho futuro. Conseqüentemente, Risher decidiu desenvolver duas estruturas diferentes e apresentar a Greene na reunião seguinte. As duas propostas ofereceriam alternativas que eram, de qualquer lado do espectro, sobre períodos e metas.

A primeira estrutura de ganhos futuros estenderia pagamentos a Greene e Buckingham pelos próximos cinco anos, se a Digitech conquistasse certos objetivos de lucro operacional. Como esse plano qüinqüenal deixou a Printicomm exposta por um longo período, Risher queria incorporar altas metas de ganhos futuros nessa estrutura. Ele decidiu estabelecer as metas da seguinte forma: 1999 – US$ 2,5 milhões; 2000 – US$ 3 milhões; 2001 – US$ 3 milhões; 2002 – US$ 3,5 milhões; 2003 – US$ 3,5 milhões. Essas metas foram deliberadamente estabelecidas próximas aos valores projetados de lucro operacional da Printicomm pela Digitech para que a Printicomm pagasse quantias adicionais apenas para o desempenho acima do nível esperado. Ele também acreditava que o dinheiro pago no fechamento poderia ser determinado no valor relativamente baixo de US$ 20 milhões, por causa do valor futuro potencial oferecido à Digitech para o período de cinco anos de ganhos futuros.

A segunda estrutura de ganhos futuros ofereceria pagamentos contingentes apenas pelo período de três anos. Risher achava que as metas deveriam ser menores nessa estrutura, pois havia menos incertezas sobre o futuro nesse período menor. Ele decidiu estabelecer as metas da seguinte forma: 1999 – US$ 2 milhões; 2000 – US$ 2,5 milhões; 2001 – US$ 2,5 milhões. Esses objetivos relativamente baixos davam à Digitech uma boa oportunidade de obter quantias adicionais nos ganhos futuros, mas ainda não era esperado que custasse muito à Printicomm em um período menor. Como o tempo reduzido oferecia à Digitech menos oportunidade de obter valores dos ganhos futuros, Risher acreditava que a quantia no fechamento precisaria aproximar-se dos US$ 28 milhões da oferta de preço fixo que já estava em negociação.

Os impostos sobre os ganhos futuros estavam sendo considerados pelo conselho da Printicomm. Se a empresa deduzisse os pagamentos como despesas, o custo dos ganhos futuros seria materialmente menor. Mas era possível que o pagamento de ganhos futuros fosse visto como um dividendo (ou seja, pagos com os lucros depois do Fisco). De início, Risher decidiu assumir uma postura mais conservadora, acreditando que os pagamentos de ganhos futuros não constituíam uma despesa dedutível.

Cada ganho futuro seria avaliado diferentemente pela Printicomm e pela Digitech, com base em suas respectivas visões do futuro. Risher decidiu que ele usaria um modelo de avaliação a partir da simulação que utilizaria distribuições esperadas para os principais influenciadores de valor. Ele achava que os principais fatores do futuro valor da Digitech eram o crescimento em vendas e a margem de lucro.

Para antecipar como a Digitech poderia ver a proposta de ganhos futuros, Risher decidiu repetir a análise usando as distribuições que a empresa provavelmente utiliza para fatores-chave em sua análise. Risher revisou as projeções preparadas pela Digitech e concluiu que o crescimento mínimo esperado de vendas futuras pela empresa era de 10%. Ele também determinou que o crescimento máximo seria de 30%, com uma taxa de crescimento mais provável em cerca de 20%. Ele achava que a distribuição esperada para as margens de lucro era um pouco mais apertada, entre 15% e 25%, sendo que 20% era o mais provável.

Depois de desenvolver as duas opções de ganhos futuros e determinar as distribuições dos fatores principais das perspectivas dos dois lados, Risher pensou que já era o momento de simular os valores das propostas de ganho futuro para determinar o quanto cada proposta seria atrativa. Com base nessa análise dos dois ganhos futuros propostos, Risher gostaria de saber qual estrutura ele recomendaria a Greene e por quê.

QUADRO 1 | Histórico e demonstrativo de resultados projetados e fluxo de caixa

	Dados reais apresentados pela Digitech							Projeções pela Printicomm			
Anos	**1992**	**1993**	**1994**	**1995**	**1996**	**1997**	**1998**	**Est 1999**	**Est 2000**	**Est 2001**	**Est 2002**
Vendas	$ 15.350	$ 10.633	$ 11.313	$ 6.747	$ 7.400	$ 18.651	$ 23.450	$28.140	$32.361	$36.244	$39.506
Crescimento nominal de vendas		−31%	6%	−40%	10%	152%	26%	20%	15%	12%	9%
Custo das mercadorias vendidas	9.655	8.700	8.890	5.096	3.850	14.800	16.850	21.867	24.868	27.539	30.018
Vendas, gerais e administrativas	2.500	1.900	1.950	2.200	2.400	2.600	2.600	3.374	3.837	4.249	4.632
Depreciação e amortização	55	55	55	55	65	65	65	84	96	106	116
Despesas totais	12.210	10.655	10.895	7.351	6.315	17.465	19.515	25.326	28.801	31.895	34.766
Lucro operacional	$ 3.140	$ (22)	$ 418	$ (604)	$ 1.085	$ 1.186	$ 3.935	$ 2.814	$ 3.560	$ 4.349	$ 4.741
Índice operacional	80%	100%	96%	109%	85%	94%	83%	90%	89%	88%	88%
Lucro operacional após impostos								$ 1.688	$ 2.136	$ 2.610	$ 2.844
Mais depreciação e amortização								$ 84	$ 96	$ 106	$ 116
Menos dispêndios de capital	1% das vendas desse ano							$ (281)	$ (324)	$ (362)	$ (395)
Menos adicionais de capital de giro	2% das vendas desse ano							$ (563)	$ (647)	$ (725)	$ (790)
								$ 929	$ 1.261	$ 1.628	$ 1.775
								$ 929	$ 1.261	$ 1.628	$ 1.775

Avaliação de FCD: Visão da Printicomm	
Taxa de desconto	10%
Taxa de crescimento terminal	5%
VP do total de fluxos de caixa livres	$ 30.267

		Projeções pela Digitech			
		Est 1999	**Est 2000**	**Est 2001**	**Est 2002**
Vendas		$28.609	$34.331	$40.167	$45.389
Crescimento nominal de vendas		22%	20%	17%	13%
Custo das mercadorias vendidas		21.985	25.789	30.173	34.096
Vendas, gerais e administrativas		3.392	3.979	4.656	5.261
Depreciação		85	99	116	132
Despesas totais		25.462	29.868	34.945	39.488
Lucro operacional		$ 3.147	$ 4.463	$ 5.222	$ 5.901
Índice operacional		89%	87%	87%	87%
Lucro operacional após impostos		$ 1.888	$ 2.678	$ 3.133	$ 3.540
Mais depreciação e amortização		$ 85	$ 99	$ 116	$ 132
Menos dispêndios de capital	1% das vendas desse ano	$ (286)	$ (343)	$ (402)	$ (454)
Menos adicionais de capital de giro	2% das vendas desse ano	$ (572)	$ (687)	$ (803)	$ (908)
		$ 1.115	$ 1.747	$ 2.044	$ 2.310
		$ 1.115	$ 1.747	$ 2.044	$ 2.310

Avaliação de FCD: Visão da Digitech	
Taxa de desconto	10%
Taxa de crescimento terminal	5%
VP do total de fluxos de caixa livres	$ 40.285

QUADRO 2 | Comparáveis da indústria (em milhões de dólares, exceto dados "por ação")

Empresa	Ações existentes (milhões)	Preço da ação em 31 de dez. de 1996 ($)	Beta (alav.)	Beta (não alav.)	Valor patrimonial de mercado ($ milhões)	Débito líquido ($ milhões)	Valor da empresa ($ milhões)	Valor contábil ($ milhões)	Receita ($ milhões)	EBIT ($ milhões)	Lucro líquido ($ milhões)	LPA 1999E	EBITDA
Champion Industries	9,714	$ 10,25	0,54	0,49	$100	$17,86	$117	$ 90,62	$123,06	$ 7,87	$4,15	$1,14	$11,49
Cunningham Graphics Int.	5,305	$ 15,25	nd	nd	$ 81	$ 2,4	$ 83	$ 6,3	$ 53,15	$ 3,51	$4,01	$1,05	$ 4,20
Baldwin Technology A	14,920	$ 5,625	0,53	0,43	$ 84	$33,11	$117	$126,91	$231,41	$14,39	$9,02	$0,57	$18,37
Polyvision Corp.	14,093	$2,0625	0,25	0,23	$ 29	$ 3,36	$ 32	nd	$ 34,17	$ 1	$ 1	$0,09	$ 2
PrimeSource Corp.	6,529	$ 6,625	0,62	0,42	$ 43	$34,15	$ 77	$ 105,1	$453,05	$ 9	$ 4	$0,89	$ 12
Tufco Technologies	4,426	$ 5,00	0,10	0,07	$ 22	$ 17,7	$ 40	$ 65	$ 76,97	$ 2	$ 0	$0,13	$ 5
IPI Inc.	4,734	$3,4375	nd	nd	$ 16	$ 0,05	$ 16	$ 32,48	$ 8,53	$ 1,95	$2,03	$0,43	$ 2,37

	Valor da empresa como um múltiplo de:				Valor de mercado da empresa como um múltiplo de:	
	Receitas	EBIT	Lucro líquido	EBITDA	LPA 1999E	Valor contábil
Champion Industries	$1,0	$14,9	$ 28,3	$10,2	$ 9,0	$ 1,1
Cunningham Graphics Intl.	$1,6	$23,7	$ 20,8	$19,8	$14,5	$12,8
Baldwin Technology A	$0,5	$ 8,1	$ 13,0	$ 6,4	$ 9,8	$ 0,7
Polyvision Corp.	$0,9	$23,3	$ 32,1	$18,3	$22,9	nd
PrimeSource Corp.	$0,2	$ 8,3	$ 18,9	$ 6,6	$ 7,4	$ 0,4
Tufco Technologies	$0,5	$17,8	$120,7	$ 8,2	$38,5	$ 0,3
IPI Inc.	$1,9	$ 8,4	$ 8,0	$ 6,9	$ 8,0	$ 0,5
Mínimo	$0,2	$ 8,1	$ 8,0	$ 6,4	$ 7,4	$ 0,3
Máximo	$1,9	$23,7	$120,7	$19,8	$38,5	$12,8
Médio	**$0,9**	**$14,9**	**$ 20,8**	**$ 8,2**	**$ 9,8**	**$ 0,6**

nd = não disponível.

Fonte: Bloomberg Financial Services e análise do autor do caso.

QUADRO 3 | Rendimentos dos títulos do Tesouro dos Estados Unidos

Maturidade	Atual	Há 1 ano
1 ano	4,69%	5,55%
2 anos	5,00	5,69
3 anos	5,04	5,70
4 anos	5,08	5,73
5 anos	5,11	5,75
10 anos	5,22	5,74
30 anos	5,57	5,90

Fonte: *The Wall Street Journal.*

CASO 45

Estruturação da aquisição da YPF S.A. (A) pela Repsol

A Repsol procurará negociar com a YPF para encontrar a melhor maneira de integrar as duas empresas.

—Repsol S.A.[1]

Foi um choque para Alfonso Cortina, chefe-executivo da Repsol, ser tratado com frieza na sua primeira reunião com os líderes da YPF... A empresa argentina, sob a liderança de Roberto Monti, parecia determinada a resistir aos esforços do senhor Cortina para iniciar as atividades de integração entre as duas companhias.[2]

No início de abril de 1999, o presidente e *chief executive officer* (CEO) da Repsol, Alfonso Cortina, refletia sobre os motivos da resistência da YPF às suas propostas de aquisição. A Repsol era a companhia petrolífera dominante na Espanha e, em reservas, a 13ª maior empresa petrolífera do mundo. À procura de reservas petrolíferas e de vantagens em larga escala, Cortina adotou a estratégia de adquirir instalações petrolíferas por toda a América Latina. Começou por adquirir a Yacimientos Petroliferos Fiscales S.A. (YPF), quando o governo argentino anunciou a venda de seu bloco de ações da empresa. A YPF era a maior companhia petrolífera da Argentina e a 12ª do mundo em reservas. A direção da YPF recusou negociar uma aquisição amigável, sendo assim, para confirmar a posse sobre a empresa argentina, Alfonso Cortina precisou apelar diretamente para os acionistas com uma proposta de compra de ações. Esse tipo de proposta é um evento muito raro nas fusões *cross-border* e aquisições (M&A), especialmente entre economias desenvolvidas ou em desenvolvimento. Era muito importante para a direção da Repsol que os acionistas da YPF aceitassem a sua proposta, pois, assim, concorrentes em potencial se sentiriam desencorajados, e essa seria a maior proposta já feita por uma companhia petrolífera espanhola e a maior já vista no setor de energia.

1 "Apresentação para Security Analysts em 22 de janeiro de 1999", no site da Repsol, www.repsol.com, acessado em 27 de janeiro de 2000.

2 "Repsol: The Winner Must Oil the Wheels", *Financial Times*, em ft.com-Mergers and Acquisitions/Case studies, acessado em 27 de janeiro de 2000.

O primeiro passo no planejamento da proposta era liquidar a importância que a Repsol considerava pagar pelos 85% da YPF que ainda não lhe pertenciam. Cortina decidiu oferecer US$ 44,78[3] por ação da YPF. O próximo passo seria determinar a forma de pagamento e de financiamento da oferta; a Repsol poderia pagar com ações das quais tinha posse, com dinheiro ou ainda com um *mix* das duas coisas. Qualquer valor oferecido em dinheiro precisava ser financiado por meio da emissão de títulos de dívida ou de ações, desde que a reserva de caixa da empresa não superasse o pagamento total de US$ 13,438 bilhões. Cortina ponderou ainda sobre as vantagens e as desvantagens de cada uma das alternativas e sobre o quanto elas deveriam ser analisadas.

A história da transação

Em janeiro de 1998, o governo argentino anunciou a sua intenção de vender seus 20,56% de ações da YPF (remanescentes do período anterior à privatização da empresa, alguns anos antes). Entretanto, uma inesperada volatilidade do mercado acabou por causar um adiamento do leilão. Em setembro, o governo convidou 16 empresas a comprarem um bloco de 14,99%, com um preço mínimo de $ 38,00 por ação. Das 16 convidadas, apenas seis assinaram o acordo confidencial para ter acesso a informações privativas sobre a YPF e ter direito a comprar o bloco de ações disponibilizado em leilão pela empresa argentina. Dentre as seis estavam a Repsol, a ENI S.p.A. da Itália, a Consolidated Natural Gas of Pittsburgh, a Perez Companc S.A. da Argentina e a britânica BP Amoco PLC.

Em 20 de janeiro de 1999, a Repsol venceu o leilão com o preço mínimo de US$ 38,00 por ação, o que revelava a ausência de qualquer outro interessado. O lance detinha um ágio de 30% sobre o preço do mercado de poucos dias antes, que era de US$ 29,25. "Isso é um roubo",[4] comentou o analista Vinod Sehgal, observando que a Repsol estaria adquirindo as reservas de energia da YPF por um preço bastante vantajoso de US$ 3,65 por barril. Outro grupo de analistas[5] opinou dizendo que o lance estava de acordo com os múltiplos EBITDA predominantes. Um noticiário também anunciou:

> A Repsol provavelmente iniciará agora uma longa e árdua batalha jurídica com os representantes legais da YPF, em uma tentativa de convencê-los a promover a integração da empresa e de sua subsidiária de petróleo e gás na Argentina, a Astra... Faz sentido... O estatuto da YPF diz que qualquer comprador que pague um ágio de 15% das ações da empresa deverá pagar aos acionistas um valor similar em dinheiro. Essa regra cria uma dificuldade pois estimula uma exigência, por parte da YPF, de pagamento integral em dinheiro... A Repsol provavelmente solicitará uma votação em reunião extraordinária com os acionistas, requisitando uma negociação, nos termos da lei, via permuta de ações. Essa atitude encontrará resistência porque existe uma prudente percepção de que a Repsol tem administrado mal a Astra, a qual adquiriu poucos anos antes. "Não me surpreende que

---

[3]Neste caso, os valores foram cotados em dólares americanos, como é comum em transações internacionais de petróleo e *cross-border* M&A. Observe também que o peso argentino foi tomado em paridade com o dólar (por exemplo, um por um).

[4]Citação de Vinod Sehgal em "Repsol Wins Stake in YPF with $ 2 Billion Bid", *The Wall Street Journal*, 21 de janeiro de 1999.

[5]Irene Himona, Rachel Beaver e Andrew Whittock, "Repsol-YPF: A Quantum Leap", ABN AMRO, 6 de setembro de 1999.

a Repsol seja conhecida por sua habilidade para cortar despesas e adquirir empresas", disse (um administrador financeiro).[6]

O governo argentino manteria uma "golden share"[7] e apoiaria uma proposta da Repsol pelo balanço da YPF, por um período de três anos; isso incluiria dar suporte na modificação do estatuto da YPF para facilitar o processo de aquisição. Qualquer uma das três partes interessadas em lançar uma oferta por 100% da YPF teria de pagar um ágio de 25% sobre o preço pago pela Repsol por seu bloco de ações da YPF.

Os mercados de títulos aguardavam o anúncio da gerência da Repsol sobre os planos de implementação do controle sobre a YPF, sendo assim, Alfonso Cortina quis realizar um anúncio público antes do fim de abril – esse era o momento de escolher a forma de pagamento (em 'ação por ação' ou em dinheiro) e de financiamento (dívidas, ações ou combinação de ambos) para a transação. Cortina entendia que, para suprir as expectativas dos investidores e minimizar os custos da aquisição, ele precisaria conhecer as condições vigentes de dívida e ações nos mercados globais de capital, principalmente o crescente risco das economias emergentes e a volatilidade dos preços do petróleo.

O ponto de vista da indústria

Após um longo período de fragilidade dos preços do petróleo, 1999 apresentava-se como o ano de uma provável recuperação. Os preços haviam caído em 1998, em virtude da crise econômica da Ásia, da expansão das exportações de petróleo iraquianas e dos invernos quentes na Europa e na América do Norte. Entretanto, os preços apresentavam um inesperado crescimento nos últimos meses, o que animava as empresas que possuíam reservas. Estoques de petróleo na Ásia e nos Estados Unidos tinham sofrido grande redução em virtude da alta demanda, e isso – combinado com a submissão da OPEC ao acordo assinado em março para estimular a redução dos preços por meio de um corte diário de 7% no volume da produção – estava elevando os preços. A alta dos preços iniciou-se no fim de março, e os analistas previam a continuidade desse processo, que atingiria um preço bruto entre US$ 18 e US$ 20 por barril. O **Quadro 1** mostra as oscilações de preço do petróleo ao longo dos últimos nove anos.

O preço do petróleo para entrega imediata estava em cerca de US$ 25 por barril nas encomendas de janeiro de 2000. Os comerciantes pareciam ansiosos quanto ao que poderia acontecer em março do mesmo ano, quando o acordo da OPEC expiraria. Em reunião, os mandatários do cartel do petróleo demonstraram interesse em preços estáveis. Com a alta demanda, observadores especulavam sobre um possível aumento na produção, mas os profissionais do setor estavam sob o impacto da atitude da OPEC – o que, durante 1998, reduziu os preços aos níveis mais baixos em 30 anos, menos de US$ 10 por barril. Isso trouxe danos sérios à rentabilidade do setor petrolífero.

---

[6]Irene Himona, Rachel Beaver e Andrew Whittock.

[7]'Golden shares' eram procedimentos comuns na maioria das privatizações de empreendimentos estatais. Foram introduzidas primeiro pelo governo britânico durante o seu programa de privatização na década de 1980, sob liderança da então primeira-ministra Margaret Thatcher. No caso da YPF, o procedimento permitiria ao governo exercer poder de veto (1) da fusão da YPF com qualquer outra empresa, (2) da aquisição por qualquer outra empresa de mais de 50% do capital, (3) da venda significativa de bens envolvidos em atividades de exploração e produção ou (4) da dissolução da empresa. Era obscura a possível influência da "golden share" no gerenciamento da YPF.

O setor de gás natural também se mostrava promissor, especialmente na América Latina, onde a demanda aumentara no momento em que o setor estava nos estágios finais da regulamentação. A construção de vários gasodutos reduziria o desequilíbrio entre a demanda e a oferta e disponibilizaria gás natural para os países que tinham demanda perene. Especialistas previram uma taxa de crescimento do volume de gás natural comercializado na ordem de 25% para o Brasil, 12% para o Chile e 5% para a Argentina.

A onda recente de grandes fusões mudou repentinamente o panorama de competitividade na indústria petrolífera. O **Quadro 2** compara os acordos "jumbo" anunciados recentemente, dentre os quais o da incorporação da YPF à Repsol. Empresas secundárias na América e na Europa imaginaram-se pequenas demais para concorrer com as empresas "gigantes" por projetos de altíssimos custos, em mercados considerados de risco, porém muito importantes, como a China e a África. Também não estavam suficientemente preparadas para competir de modo eficaz contra empresas especializadas do ramo de tecnologia.

Um analista do setor comparou a desesperada onda de fusões com "uma busca enlouquecida das damas-mirins por um parceiro, qualquer parceiro, uma vez que os cavaleiros mais atraentes do baile já haviam sido escolhidos pelas garotas maiores". Ele sugeriu que as empresas que "sobraram" poderiam tentar sucesso sozinhas, desde que repensassem suas estratégias.

Repsol S.A.

A Repsol era uma companhia integrada internacional de petróleo e de gás. Em 1998, teve a maior receita dentre as empresas espanholas. Comparada às grandes concorrentes, era a "petrolífera sem qualquer petróleo",[8] com 1,1 bilhão de barris em reservas, em 13º lugar no ranking, logo atrás da YPF, que tinha 3,1 bilhões de barris.

A Repsol foi fundada em 1987, quando o governo espanhol concretizou a implantação de refinarias estatais de petróleo e gás natural. A Espanha vendeu 24% de sua petrolífera estatal a investidores públicos em 1987, 66% em 1996 e o restante das ações em abril de 1997. Suas ações foram fixadas na Bolsa de Valores de Madri e, na forma de ADRs,[9] no New York Stock Exchange.

A Repsol operava em 26 países. Desde 1996, a empresa havia adotado a estratégia de expandir a dimensão geográfica de suas operações, alcançando mercados com grande potencial de crescimento. A América Latina foi um pólo dessa estratégia, onde US$ 3 bilhões foram investidos desde 1995 e onde a Repsol via possibilidades de reforçar os pilares de sua estratégia, em especial no que diz respeito a fortalecer seu potencial de incorporar empresas e expandir seus negócios de gás natural, utilizados também no setor de geração de eletricidade. Antes de incorporar a YPF, a Repsol havia adquirido refinarias no Peru e 67% da Astra, a quinta maior companhia energética da Argentina. Da Astra derivaram os lucros que ajudaram a compor uma importante plataforma para a aquisição de outras refinarias na Argentina. Cortina pretendia

[8] *The Wall Street Journal*, 21 de janeiro de 1999.

[9] ADRs (American Depositary Receipts) eram recibos emitidos pelos bancos norte-americanos aos compradores americanos e funcionavam como convenientes substitutos da posse direta de ações em empresas estrangeiras. Esses recibos eram negociados em Bolsas de Valores e no mercado de balcão. Companhias estrangeiras emitiam ADRs como meio de entrar no mercado norte-americano de ações.

fundir a YPF à Astra;[10] se isso acontecesse, a Repsol seria obrigada a desfazer-se de algumas refinarias para atender às exigências das autoridades antitruste da Argentina.

O **Quadro 3** mostra os demonstrativos financeiros da Repsol de 1996, 1997 e 1998. O preço das ações da empresa aumentou em 27% (de US$ 13,62 no fim de setembro de 1998 para US$ 16,74 no fim de março de 1999), refletindo a alta de preços do petróleo no início de 1999 e a reação do mercado à incorporação da YPF. Historicamente, o índice preço/lucros (P/L) da Repsol tem sido semelhante ao dos seus concorrentes europeus, porém inferior ao da maioria dos concorrentes americanos. Com uma capitalização de mercado de US$ 15 bilhões, os analistas do mercado de capitais consideravam a Repsol neutra ou recomendavam que se mantivessem suas ações. Eles concordavam que, se a empresa concretizasse a incorporação total da YPF e, a partir disso, aumentasse o tamanho da companhia, seu *mix* de receitas seria mais balanceado e sua diversidade geográfica poderia alcançar lucros mais elevados e múltiplos de fluxo de caixa maiores que no passado.

YPF S.A.

A YPF era a maior companhia energética da Argentina, com uma capitalização de mercado de US$ 15 bilhões. Estava envolvida na exploração, no desenvolvimento e na produção de petróleo e gás natural, bem como em atividades de geração de eletricidade, refinamento, marketing, transporte e distribuição de combustíveis, além de uma série de produtos derivados do petróleo. O **Quadro 4** fornece demonstrativos financeiros recentes da YPF.

A YPF tornou-se uma peça-chave na indústria energética da Argentina, somando 51% do total estimado da produção de petróleo bruto, 58% do total das vendas internas e das exportações de gás natural da Argentina, 51% do total da capacidade de refinamento e 37% de todas as estações de serviço do país. A empresa mantinha uma estratégia agressiva de expansão, principalmente com empreendimentos nas áreas em que possuía concessões.

Como parte do programa governamental de privatização, a YPF completou um IPO em 1993. O resultado foi uma grande redução da participação do governo argentino no controle da YPF, e sua posse das ações da petrolífera passou de 100% para aproximadamente 20%. O **Quadro 5** mostra a atual estrutura de capital da YPF. Além disso, a YPF reestruturou sua organização interna, reduziu significativamente o número de funcionários – de mais de 51 mil em dezembro de 1990 para 7.500 em dezembro de 1993. Em dezembro de 1998, a YPF tinha aproximadamente 9.500 empregados. Graças à reestruturação, a empresa teve um desempenho melhor do que o dos seus pares dentre as companhias petrolíferas da América Latina e era usualmente considerada uma empresa eficiente.

Apesar do baixo custo de estrutura, da rigidez administrativa, da posição de comando nas incorporações das indústrias argentinas e do forte potencial de exportação de gás natural para o Brasil, o desempenho futuro da YPF poderia ser afetado por certos fatores de risco, tais como a instabilidade política e econômica da Argentina e de outros países onde a empresa realizava operações e a volatilidade dos preços do petróleo. A economia argentina experimentou fases de crescimento baixo e de crescimento negativo, alta inflação, desvalorização monetária e de imposição de instrumentos de controle de câmbio. Em 1991, o sistema monetário

[10]"CMS Keeps Eye on YPF-Repsol Merger", *Alexander's Gas & Oil Connections, Company News, Latin America,* 11 de junho de 1999, www.gasandoil.com (acessado em 27 de janeiro de 2000).

que a Argentina adotou[11] trouxe incertezas ainda maiores sobre o peso, uma vez que diferia dos planos monetários ortodoxos. "Em um sistema monetário ortodoxo não há Banco Central nem espaço para direcionamento de políticas monetárias. No sistema monetário argentino, em contraste, há Banco Central e espaço para direcionamento de políticas monetárias."[12] Além disso, a YPF operava com receitas denominadas em dólares e custos denominados em pesos, o que aumentava os riscos de qualquer mudança nas operações de câmbio na Argentina.

A forte ligação entre a Argentina e outros países emergentes amplificava as incertezas sobre a realização da transação. As economias emergentes pareciam estar-se recuperando do colapso oriundo do pedido de moratória da Rússia em agosto de 1998, que foi seguido pela desvalorização da moeda brasileira em 13 de janeiro de 1999 (cinco dias antes do leilão das ações da YPF na Argentina). Os investidores permaneceram relutantes quanto a investir em economias emergentes.

As atividades de produção, desenvolvimento e exploração de petróleo em terras estrangeiras estavam sujeitas a mudanças arriscadas de regulamentação e política, que incluíam controle cambial por outros países, expropriação de bens e risco de prejuízos decorrentes de conflitos civis e atividades de guerrilha. Tais riscos poderiam interromper as operações da YPF. O **Quadro 6** apresenta o panorama da soberania em todos os países em que a YPF atua bem como as condições dos respectivos mercados de capital.

As flutuações nos preços do petróleo afetariam o tempo e reduziriam a quantia de investimentos projetados relativos às atividades de exploração e desenvolvimento, o que, por sua vez, poderia surtir efeitos negativos na capacidade da YPF de restabelecer suas reservas. Essa capacidade de recompor reservas seria fator crucial para companhias no setor de *commodities*, pois seria capaz de revelar se a empresa teria forças para se manter nos negócios. Os *ratings* e o custo dos empréstimos dependeriam não somente do nível das reservas, mas também da sua média estimada de vida; por isso, a exposição da YPF aos riscos que envolvem os preços do petróleo poderia, em última instância, aumentar as preocupações dos investidores no que se referia às perspectivas do futuro da empresa.

Ambiente das fusões e aquisições[13]

As atividades de fusão e aquisição (M&A) explodiram mundialmente entre 1994 e 1998: o valor das transações européias anunciadas tinha crescido em uma média de 42%. Nos primeiros três meses de 1999, os acordos anunciados na Europa somaram US$ 449 bilhões, contra US$ 128 bilhões no ano anterior. Esse aumento se refletiu na elevação do número de acordos e do tamanho médio das transações. As atividades M&A na Europa eram dirigidas por influências globais, como desregulamentação, globalização, mercados patrimoniais flutuantes etc.; além de influências tipicamente européias, tais como a criação da União Monetária Européia, a pressão dos governos para a criação de "national champions" e a consolidação de mercados previamente fragmentados.

[11] Steve H. Hanke e Kurt Schuler, "A Dollarization Blueprint of Argentina", *Foreign Policy Briefing*, Cato Institute, 11 de março de 1999, 1. Nota: No modelo argentino de sistema monetário, o peso era negociado em paridade com o dólar e era conversível conforme a demanda.

[12] Hanke e Schuler, 8.

[13] Esta seção traz fatos apresentados na Mergers and Acquisitions Conference, Credit Suisse First Boston, 14 de maio de 1999.

Na América Latina, muitas dessas mesmas forças exercem influência nas atividades de M&A, embora adaptadas à realidade dos mercados emergentes. Geralmente, a liberalização de mercados por meio do comércio, da desregulamentação e da privatização força as empresas a utilizar seus recursos com maior eficiência. O surgimento de blocos regionais de comércio, como o Mercosul, e a globalização atraíram compradores estrangeiros para estabelecer plataformas regionais de negociação e novas aquisições em mercados-chave. Como os negócios e os mercados de capital amadureceram, a volatilidade do mercado de capital naqueles mercados reduziu gradualmente. O fortalecimento das bases de negociação e os valores relativamente baixos indicavam que as ações corporativas poderiam ser adquiridas por preços razoáveis. Tais fatores, combinados, poderiam compor argumentos sólidos para convencer empresas estrangeiras e domésticas a tentar realizar aquisições em mercados emergentes.

As atividades de M&A na América Latina acumularam um crescimento de 58% entre 1995 e 1998. O volume de acordos na América Latina em 1997 e 1998 foi maior do que o volume acumulado dos dez anos anteriores. Os compradores europeus aumentaram sua atividade em quatro vezes, entre 1996 e 1998. A atividade de aquisição não foi freada pela crise brasileira do início de 1999, 75% das transações recentes aconteceram no Brasil, na Argentina e no México; e 73% do volume das M&A envolveram indústrias intensivas de capital.

Motivos para a aquisição

A administração da Repsol percebeu muitas vantagens nessa transação:

- *Diversificação geográfica.* A YPF fortaleceria as bases de negócios da Repsol na Argentina e daria presença material à empresa em outros países latino-americanos.
- *Diversificação de negócios.* As atividades da Repsol estavam concentradas no segmento de pós-produção da indústria petrolífera: refinamento e comercialização. A YPF tinha uma presença substancial em exploração e produção de petróleo e de gás natural.
- *Aquisição de reservas.* A transação traria consigo as substanciais reservas da YPF a um preço relativamente baixo.
- *Competitividade preferencial.* Adquirir um competidor dominante na América Latina deteria o acesso de outras empresas a esse mercado. A YPF era uma marca forte na América Latina.
- *Massa crítica.* A transação elevaria a posição da Repsol na tabela de companhias petrolíferas integradas (veja a **Tabela 1**), permitiria a exploração de algumas economias de escala e, o mais importante, daria força financeira suficiente para a exploração de novas reservas além de criar condições favoráveis a um marketing mais agressivo.

O declínio precipitado dos preços do petróleo durante 1998 (o nível da West Texas Intermediate havia caído 34% durante o ano) encorajou muitas consolidações caras nos setores do petróleo e do gás natural. Redução de custos, economias de escala, concentração e consolidação de despesas de capital motivaram as fusões. O controle total da YPF pela Repsol, entretanto, significava um passo estratégico para obter vantagens em uma oportunidade única.

Para a Repsol, a aquisição da YPF representava uma oportunidade para alcançar grande parte das suas ambições. Isso criaria uma entidade com um melhor equilíbrio nos negócios, uma vez que a tendência de crescimento dos negócios da YPF contrabalancearia a tendência de queda da Repsol. O **Quadro 7** mostra o impacto da aquisição nas fontes de receita da Repsol. Para ambas as empresas, a entidade criada pela fusão representaria uma diversificação geográfica das operações, antes focadas apenas nos respectivos países-sede.

A aquisição resultou em quatro conquistas estratégicas[14] para a Repsol:

Tabela 1 Posição da Repsol dentre as Companhias Petrolíferas Integradas da Europa e dos Estados Unidos:

Ativo total	8º
Receitas operacionais	9º
Lucro operacional	7º
Lucro líquido	6º
Produção de gás e de petróleo	9º
Reservas de gás e petróleo	7º
Plataformas de serviço	8º

1. Crescimento: a YPF fortaleceria os negócios da Repsol; as reservas de gás e petróleo cresceriam quatro vezes; a produção de gás e petróleo aumentaria 4,3 vezes.
2. Expansão Internacional: a YPF triplicaria a presença da Repsol na América Latina, com 50% do ativo de capital total do novo grupo.
3. Diversificação por meio da geração de energia a gás: a YPF aumentaria a produção de gás em oito vezes.
4. Retenção da participação no mercado interno: a aquisição da YPF complementaria o domínio da Repsol no mercado espanhol.

Sinergias

A administração operacional da Repsol acreditava que a fusão resultaria em sinergias em três áreas:

- A redução de custos, já descontados os impostos de US$ 80 milhões em 1999, aumentaria de US$ 300 milhões para US$ 350 milhões até o final de 2000, o que foi obtido logo após a incorporação da YPF e da Astra. Essa redução significava 1,6% do custo-base combinado das duas empresas em 1998, comparável aos 7,1% da redução no acordo da BP-Almoco. Alguns analistas acreditavam que as estimativas eram conservadoras e que a redução de custos alcançaria US$ 500 milhões em 2002.
- Otimização dos investimentos. Combinando as duas entidades, a soma de seus investimentos no período de 1999-2002 poderia ser reduzida de US$ 15,6 bilhões para US$ 13,6 bilhões, o que conservaria caixa e reduziria despesas com juros.
- Maior equilíbrio entre operações de pós-produção e de produção. Um maior equilíbrio geraria aumento nas receitas provenientes da fusão e melhoraria a eficiência do capital do novo grupo. Os resultados anteriores aos impostos começariam em US$ 50 milhões em 1999 e 2000, e esperava-se que alcançassem US$ 200 milhões em 2003.

Os administradores da Repsol também esperavam alienar ativos periféricos em 2002, alcançando US$ 2,5 bilhões, já descontados os impostos.

[14]Himona, Beaver e Whittock.

Efeitos financeiros da fusão

Analistas acreditavam que a nova empresa, se comparada à "velha Repsol", teria menor volatilidade dos lucros em razão do maior equilíbrio das fontes de receita (pós-produção *versus* produção). Ao mesmo tempo, a fusão aumentaria a sensibilidade dos preços do petróleo como conseqüência da alta exposição das atividades de exploração e produção. Resumindo, a Repsol-YPF ganharia com a menor volatilidade dos lucros e perderia com a maior sensibilidade dos preços do petróleo.

A aquisição da YPF pela Repsol poderia aumentar o risco financeiro da empresa. O custo de capital poderia aumentar em virtude dos riscos políticos e econômicos que as operações em regiões emergentes poderiam trazer. Se o custo de capital fosse maior do que o observado em países desenvolvidos, isso significaria que o custo de capital da YPF era maior que o da Repsol. A combinação das duas empresas poderia resultar, portanto, em um custo de capital médio ponderado (WACC) mais alto do que o da Repsol possuía anteriormente à fusão, uma vez que 40% dos ativos estariam localizados na Argentina.

A estrutura de capital, bem como o custo de capital da Repsol, poderia ser afetada pela transação. Em primeiro lugar, a diversificação dos negócios aumentaria a percepção de *risco operacional* da nova empresa. Em segundo lugar, nenhuma escolha de forma de pagamento e transação financeira deveria afetar a percepção de *risco financeiro* da empresa. O custo de capital seria afetado pelas alternativas de alavancagem e pelas expectativas dos investidores a respeito dos riscos envolvidos. O **Quadro 8** descreve o cálculo da WACC para a YPF (12,55%), para a Repsol (8,14%) e para a nova empresa, a Repsol-YPF (10,6% – se a alternativa de financiamento da dívida total fosse escolhida – ou 11,07% com o financiamento com ações).

Forma de pagamento

A administração da Repsol tinha a intenção de fazer uma oferta de compra para obter os 85,01% das ações da YPF que não a pertenciam por um preço de US$ 44,78 por ação. Uma oferta de compra era simplesmente uma tentativa de adquirir ações de outra empresa, tratando diretamente com os acionistas da empresa-alvo. Cortina precisou fazer uma recomendação final sobre a forma de pagamento (por exemplo: em dinheiro, em ações da Repsol ou em uma combinação das duas coisas).

Um repórter escreveu:

> A Repsol tem planejado, para garantir o controle sobre sua "presa", fazer uma oferta em ações, e não em dinheiro. Mas, com a oposição da direção da YPF, parece inevitável uma acirrada luta para modificar o estatuto da empresa argentina.[15]

A Endesa, uma companhia energética da Espanha, adquiriu a companhia energética chilena Enersis e tinha tentado assumir seu controle por meio de mudanças no regimento, mas encontrou resistência. Um acordo em dinheiro parecia a solução mais fácil para a Repsol, pois poderia ser feito conforme o estatuto vigente da YPF. As dificuldades que a Endesa enfrentou no Chile não criaram precedentes vantajosos.

Em uma transação em dinheiro, os acionistas da YPF receberiam um preço fixo e não participariam dos lucros ou das perdas adicionais após a aquisição. Dependendo das suas

[15] "Repsol: The Winner Must Oil The Wheels", *Financial Times*, ft.com-Mergers and Acquisitions/Case studies (acessado em 27 de janeiro de 2000).

expectativas e das incertezas quanto ao mercado, essa opção parecia bastante atrativa. Essa alternativa sinalizaria uma séria intenção da administração da Repsol de reunir esforços coletivos e implementar uma estratégia de crescimento na América Latina.

Porém, em vista do tamanho similar da YPF e da Repsol, alguns analistas acreditavam que uma oferta em dinheiro estaria além das possibilidades da Repsol; além disso, preocupava Cortina o risco no balanço patrimonial em curto prazo provocado pelo aumento abrupto das dívidas. O financiamento poderia ser arranjado quase simultaneamente à oferta em dinheiro para minimizar o risco do balanço patrimonial e persuadir os acionistas da YPF a permitirem a efetivação da transação com a Repsol.

Em contrapartida, um acordo de "ação por ação" oferecia grandes vantagens. Não seria imediatamente tributada aos acionistas; dependendo do preço final e dos ganhos de capital obtidos, os acionistas da YPF poderiam preferir um acordo de troca de ações em virtude do adiamento dos tributos. Entretanto, um acordo como esse poderia não ser a melhor alternativa, uma vez que as ações da Repsol não tinham apresentado um bom desempenho no mercado europeu nos últimos tempos, com uma subperformance de 19% em relação ao índice do mercado europeu.

Financiando uma possível oferta em dinheiro

Para suportar uma oferta em dinheiro, a Repsol deveria obter um financiamento consorciado de US$ 13,4 bilhões em dinheiro. Porém, Alfonso Cortina precisava optar pela melhor maneira de financiar essa dívida de longo prazo. A equipe financeira analisara três alternativas para tal financiamento, baseando-se em algumas suposições.

Alternativa 1: Financiamento com dívidas

Cortina considerou financiar os US$ 13,4 bilhões por meio da emissão de títulos globais, mas os possíveis termos de uma oferta desse tipo não estavam estabelecidos completamente. Cortina pediu à sua equipe financeira que fizesse um levantamento sobre a possível estrutura de emissão global de títulos, incluindo moeda, estrutura de maturidade, taxa de cupom, taxas fixas e flutuantes, retornos requeridos, *covenants*, colocação etc. Existiam muitas variáveis para serem definidas em um curto período de tempo.

O sucesso da emissão de títulos dependeria da situação da moeda no mercado de capital de dívidas. Duas importantes crises recentes afetaram o mercado de dívidas: a crise gerada pela moratória russa em agosto de 1999, que ocasionou uma grande queda nos investimentos estrangeiros em economias emergentes, principalmente na Ásia e na América Latina; e a crise de janeiro de 1999, quando o Brasil enfrentou uma das mais dramáticas desvalorizações de moeda da sua história, uma vez mais, os investidores transferiram suas carteiras de títulos para instrumentos menos arriscados, como os títulos do Tesouro Norte-Americano.

Embora houvesse muitas incertezas no mercado de dívidas, a administração da Repsol sabia que o financiamento com dívidas era mais barato do que o financiamento por meio da emissão de novas ações. A empresa teve sucesso na emissão de títulos, e sua dívida líquida aumentou rapidamente. A direção da Repsol estava ávida por capturar os benefícios tributários advindos da utilização de dívidas. Além disso, a redução dos custos de capital da empresa era um fator agradável para os acionistas, especialmente em um cenário em que já estavam projetadas as despesas e as aquisições de capital da YPF.

Possivelmente aumentariam as chances do financiamento da dívida, uma vez que a Repsol já havia provado ser capaz de empreender uma oferta de títulos globais. No começo de fevereiro de 1999, a empresa emitiu títulos de 1,1 bilhão de euros com uma taxa de juros de 3,81%, ou seja, apenas 45 pontos acima da taxa referencial dos títulos qüinqüenais do governo alemão.

Essa era a maior oferta de título de renda fixa apresentada por uma empresa espanhola nos mercados financeiros internacionais e a segunda maior já feita em euros. O propósito da emissão era refinanciar o pagamento da Repsol pelas ações da YPF que pertenciam ao governo argentino.

Cortina continuava relutante em aceitar que uma oferta de dívidas era a melhor maneira de financiar a oferta amigável pelas ações da YPF. Um repentino aumento na alavancagem da Repsol muito provavelmente desencadearia uma queda no *rating* das dívidas e aumentaria o custo da dívida. O **Quadro 9** apresenta os *ratings* da S&P associados a diferentes índices financeiros. Cortina estava determinado a manter seu grau de investimento – de fato, ele sinalizava com um *rating* não menor que um *single-A* durante o ano 2000. Além do previsível efeito no *rating* das dívidas, um aumento de alavancagem minaria a capacidade da Repsol de lidar com imprevistos financeiros logo que esses aparecessem. O **Quadro 10** apresenta a determinação da probabilidade de inadimplência da empesa sob três perspectivas financeiras distintas.

A força da YPF em atividades de produção indicava que o nível e a tendência dos preços do petróleo seriam cruciais para determinar a rentabilidade dos negócios da nova empresa. A opção de dívida total era altamente sensível às variações de preço, uma vez que a sua capacidade de reembolso estava fortemente ligada às macrocondições do setor. Dentre inúmeras outras preocupações, Alfonso Cortina não estava seguro quanto às reações dos investidores a uma pomposa emissão de títulos de dívida. Também havia incertezas quanto ao preço final e à rentabilidade dos títulos em virtude das recentes crises financeiras globais originadas na Rússia e no Brasil. Estaria o mercado apto a financiar novos investimentos em mercados emergentes? Haveria liquidez suficiente para uma oferta de US$ 13,4 bilhões em títulos? Como o mercado reagiria a essa oferta? O que sinalizaria para a comunidade investidora uma emissão de títulos?

De acordo com as práticas da indústria e da própria Repsol, títulos de longo prazo eram a principal fonte de financiamento de dívidas. Na década de 1990, os investimentos das corporações por emissão de títulos sofreram mudanças no prazo de maturidade, que passou de 8 para 17 anos, e as taxas passaram de 6% para 8%. Todavia, Cortina estava consciente de que as condições de mercado poderiam mudar a qualquer momento. Para manter os níveis de investimento, a maturidade deveria ser menor, algo próximo de cinco anos, e as taxas deveriam incorporar uma margem de 300 pontos acima dos rendimentos do Tesouro americano, refletindo as incertezas relativas ao tamanho do acordo e ao tempo de emissão de dívidas nos mercados de capital.

Alternativa 2: Financiar uma transação em dinheiro por meio da emissão de ações ordinárias

A segunda opção consistia em um empréstimo-ponte, seguido por uma oferta global de ações, tão logo a aquisição fosse consumada.[16] Embora o mercado de capital de dívidas latino-americano mostrasse sinais de recuperação após a desvalorização da moeda brasileira – com o rendimento dos títulos caindo em larga escala e o mercado de ações recuperando força –, os analistas não haviam se convencido de que a crise financeira estava totalmente superada.

[16]Uma oferta global incluiria cotação nas Bolsas de Valores de Madri, Nova York, Londres, Frankfurt e Buenos Aires.

Embora as perspectivas do mercado de ações não fossem as melhores, Cortina queria examinar as implicações de uma transação em ações como alternativa para financiar o pagamento dos US$ 13,4 bilhões em dinheiro. Uma emissão de ações ordinárias oferecia vantagens consideráveis. Com um financiamento de ações, a empresa combinada manteria ou expandiria a capacidade de dívida e, conseqüentemente, possibilitaria a fruição de vantagens em oportunidades repentinas de aquisição, especialmente se fosse considerada a estratégia de crescimento agressivo da YPF na América Latina. Adotando essa opção, a Repsol poderia manter seus índices de cobertura e seu *rating*.

Não obstante, a diretoria da Repsol estava preocupada quanto ao impacto de uma transação como essa no custo de capital da empresa. Quais seriam os benefícios de um impacto imprevisível no custo de capital? Uma desalavancagem traria maior concentração de riscos para os negócios?

Os acionistas da Repsol também estavam preocupados não apenas com o impacto da diluição sobre os lucros, mas também com a reação do preço das ações após o anúncio do financiamento. A demanda de ações da Repsol e da YPF poderia ser seriamente afetada pela impressão dos investidores quanto ao futuro do empreendimento. Uma transação em ações estaria altamente condicionada aos preços das ações da Repsol; seriam as ações da companhia negociadas com um valor justo? A desvalorização, ou a valorização, é que forneceria informações-chave sobre as impressões dos investidores quanto à conveniência do novo empreendimento. O **Quadro 11** mostra um histórico de preços das ações da YPF e da Repsol.

Outro fator que preocupava a administração da empresa em relação à opção pela transação em ações era a definição do público-alvo de investidores para as novas ações da Repsol. No momento de decidir entre uma transação em dinheiro e uma transação em ações, estava claro que a troca de ações da YPF por papéis da Repsol – uma companhia espanhola – estimularia uma grande parte dos acionistas a vender as ações da Repsol desde que a maior parte das ações da YPF permanecesse em mercados emergentes, nos quais as ações da nova Repsol-YPF não estariam condicionadas ao perfil dos mercados emergentes. Não se sabia de que maneira o mercado receberia a nova companhia, que possuía 50% do seu patrimônio em países em desenvolvimento, e a percepção da nova empresa seria importante para determinar o potencial de demanda e de sucesso da nova oferta de ações.

Alternativa 3: Financiar uma oferta em caixa por meio de um *mix* de dívidas e ações

A terceira opção consistia em um conjunto de ações, instrumentos ligados a ações e dívidas. A equipe financeira planejou a seguinte estrutura:

1. Um empréstimo bancário global consorciado financiaria a oferta em dinheiro. O empréstimo poderia ser pago por meio de emissões de títulos de longo prazo.
2. Emissão de US$ 7,5 bilhões em ações, em um período de seis meses de transação.
3. Refinanciar o restante da dívida com US$ 6 bilhões em emissão pública de títulos de dívida de longo prazo. Isso ocorreria em um limite de 12 a 18 meses. Essa dívida levaria a uma taxa de cupom de 9% de *rating*-A, o que indicaria que a Repsol possuía as condições necessárias para isso.

Essa alternativa era complexa e precisaria ser executada em etapas. A não-dependência de financiamento por meio de ações reduziria a diluição dos lucros por ação dos atuais acionistas da Repsol. Entretanto, isso poderia resultar em uma elevada alavancagem.

Essa alternativa oferecia as vantagens e as desvantagens das alternativas não mistas já citadas, além de trazer preocupações quanto ao tempo da transação. Em virtude da complexidade da transação, era necessária uma programação de médio prazo das emissões de ações e de dívidas, o que manteria a administração concentrada no planejamento correto de cada etapa. Esse procedimento poderia provocar ansiedade no mercado, que preferiria uma concentração maior de ações na implementação da incorporação, e não nos aspectos financeiros do acordo. O **Quadro 12** apresenta uma análise da empresa combinada. O **Quadro 13** apresenta um balanço patrimonial da Repsol-YPF considerando as três alternativas. O **Quadro 14** apresenta uma análise do potencial de diluição dos lucros por ação, no caso de adoção da alternativa de dívida total. Já o **Quadro 15** mostra um comparativo financeiro de empresas do setor petrolífero.

Conclusão

Alfonso Cortina revisou as análises e os dados reunidos. Isso lhe possibilitou examinar as melhores condições dentre as alternativas e fazer sua recomendação. Ele queria dar especial atenção aos moldes de sua recomendação ao conselho de diretores da Repsol. Metas estratégicas influenciariam significativamente a decisão final do conselho de endossar a recomendação. Tudo isso deveria acontecer rapidamente como precaução contra qualquer ação dos concorrentes ou qualquer turbulência no mercado de petróleo e nos mercados de capital.

QUADRO 1 | Preços do petróleo, 1991-1999

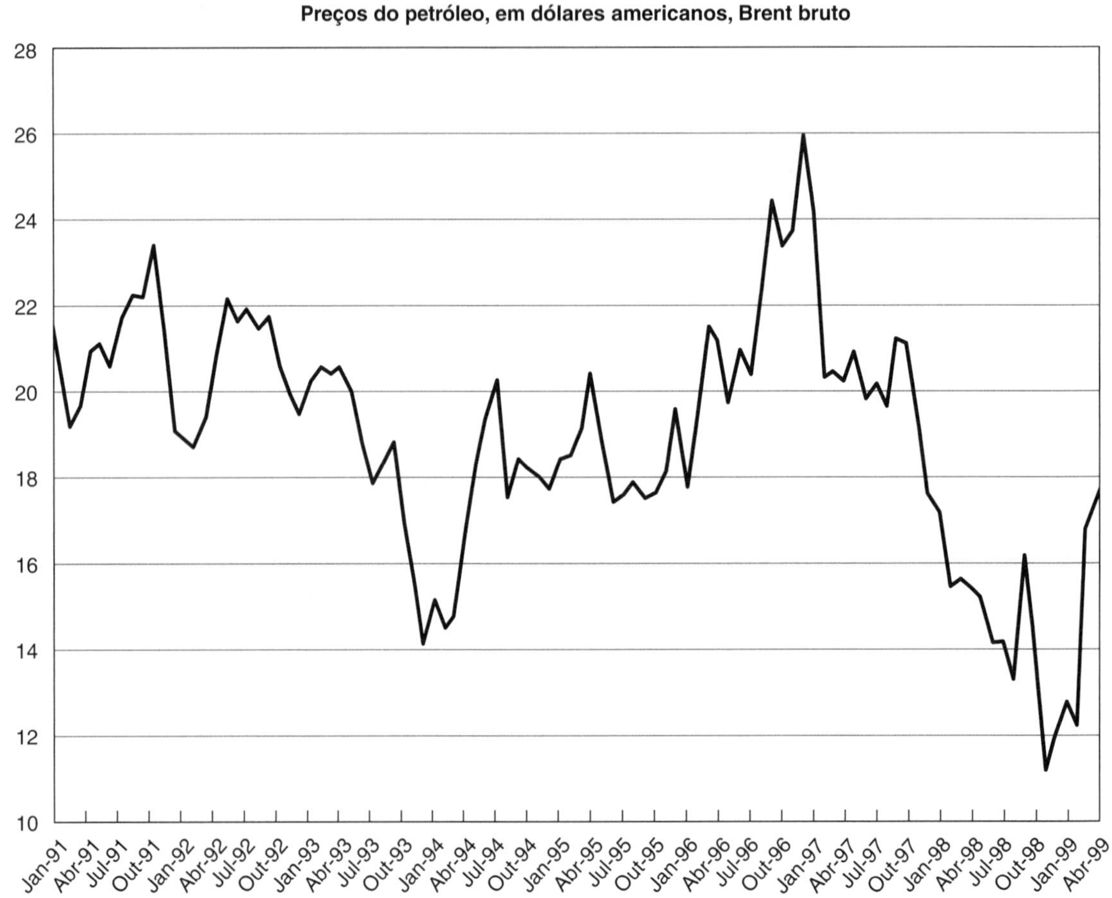

Fonte: Bloomberg Financial Services.

QUADRO 2 | Informações sobre transações M&A jumbo recentes

Comprador	**Exxon**	**British Petroleum**	**BP Amoco**	**Repsol**
Alvo	**Mobil**	**Amoco**	**Atlantic Richfield**	**YPF**
Data de anúncio	01/12/1998	11/11/1998	01/04/1999	asa
Valor de oferta de ações única ($ bn)	$78.945	$48.174	$27.233	$13.438
Valor de oferta de ações única e dívida assumida ($ bn)	$86.399	$55.040	$33.702	$17.437
Forma de pagamento	Ação	Ação	Ação	asa
Contabilidade	*Pooling*	*Pooling*	Compra	asa
Opção associada	A Exxon recebeu o direito de adquirir 14,9% da Mobil com um desconto no preço da oferta de 3,1%.	A Amoco concedeu à BP a opção de adquirir mais de 19,9% de suas ações com um desconto de 72% no preço de oferta.	Nenhuma	14,99% da participação preexistente no leilão do governo argentino.
Atitude	Amigável	Amigável	Amigável	Não solicitada
Avaliação dos múltiplos para o alvo				
Preço/contábil	4,19	3,07	3,53	2,19
Preço/lucro	27,89	23,18	insignif.	27,31
Valor das empresas/vendas	1,37	1,60	3,12	3,65
Valor das empresas/EBITDA	nd	9,33	133,20	9,41
Valor das empresas/lucro operacional	5,28	16,66	nd	nd
Ágio de oferta sobre o preço das ações nas quatro semanas anteriores	32%	22%	54%	42%

asa = a ser anunciado.

nd = não disponível.

Fonte: Securities Data Company, Merger and Acquisitions Transactions Database.

QUADRO 3 | Demonstrativos financeiros da Repsol (valores em milhões de dólares americanos, exceto quantias contabilizadas em ações)

Balanço patrimonial	**1997**	**1998**
Caixa	$ 1.088	$ 1.144
Contas a receber	2.907	3.185
Estoque	1.365	1.142
Total de ativos circulantes	5.360	5.472
Total de ativos não-circulantes	12.884	13.033
Total de ativos	**$18.244**	**$18.505**
Contas a pagar	$ 3.520	$ 3.674
Dívidas de curto prazo	1.716	2.574
Total de passivos circulantes	5.236	6.248
Total de passivos não-circulantes	4.382	3.617
Total de passivos	**9.617**	**9.866**
Participação dos minoritários	1.873	1.629
Patrimônio líquido	6.754	7.010
Passivo total e de patrimônio líquido	**$18.244**	**$18.505**

Demonstração de resultados	**1996**	**1997**	**1998**
Vendas líquidas	**$21.891**	**$21.920**	**$22.227**
Custo das vendas	(20.325)	(20.324)	(20.285)
Lucro operacional	1.566	1.596	1.942
Amortização de ágio	(7)	(26)	(28)
Outras receitas (despesas), líquido	(11)	39	(62)
Itens financeiros líquidos	(64)	(171)	(200)
Lucro líquido antes dos impostos	1.484	1.438	1.652
Imposto de renda	(436)	(416)	(465)
Participação dos minoritários	(109)	(161)	(162)
Lucro líquido anterior aos dividendos de ações preferenciais	939	861	1.025
Lucro líquido	**$939**	**$861**	**$1.025**
Ações em circulação (milhões)	900	900	900
Lucro por ação	**$1,04**	**$0,96**	**$1,14**

Nota: Ações em circulação e lucros por ação estão reafirmados para refletir um desdobramento de ações e a recapitalização da Repsol, ocorrida em abril de 1999.

QUADRO 4 | Demonstrativos financeiros da YPF (valores em milhões de dólares americanos, exceto quantias contabilizadas em ações)

Balanço patrimonial	1996	1997	1998	1999E	2000E	2001E
Caixa	$ 90	$ 142	$ 70	$ 88	$ 279	$ 409
Contas a receber	1193	1132	1177	1070	1193	1316
Estoque	282	324	308	329	362	400
Total de ativos circulantes	1.565	1.598	1.555	1.487	1.834	2.125
Total de ativos não-circulantes	10.519	11.163	11.591	11926	12369	12824
Total de ativos	**$12.084**	**$12.761**	**$13.146**	**$13.413**	**$14.203**	**$14.949**
Contas a pagar	$ 886	$ 882	$ 788	$ 839	$ 935	$ 1031
Dívidas (de longo e de curto prazo)	1.485	2.088	1.634	1652	1668	1684
Total de passivos circulantes	2.371	2.970	2.422	2.491	2.603	2.715
Total de passivos não-circulantes	3.189	2.698	3.364	3230	3425	3419
Total de passivos	**5.560**	**5.668**	**5.786**	**5.721**	**6.028**	**6.134**
Participação dos minoritários	150	153	151	160	171	185
Patrimônio líquido	6.374	6.940	7.209	7532	8004	8630
Passivo total e de patrimônio líquido	**$12.084**	**$12.761**	**$13.146**	**$13.413**	**$14.203**	**$14.949**

Demonstração de resultados	1996	1997	1998	1999E	2000E	2001E
Vendas líquidas	**$5.937**	**$6.144**	**$5.500**	**$5.649**	**$5.846**	**$6.128**
Custo das vendas	(3.616)	(3.730)	(3.594)	(3.594)	(3.594)	(3.594)
Lucro bruto	**2.321**	**2.414**	**1.906**	**2.055**	**2.252**	**2.534**
Despesas com vendas, gerais e administrativas	(782)	(782)	(760)	(760)	(760)	(760)
Lucro operacional (EBIT)	1.539	1.632	1.146	1.295	1.492	1.774
Lucro de investimentos de longo prazo	25	37	26	25	45	50
Outras receitas (despesas), líquidas	(93)	(50)	(44)	(15)	(18)	(35)
Itens financeiros líquidos	(246)	(239)	(264)	(316)	(280)	(285)
Lucro líquido antes dos impostos	1.225	1.380	864	989	1.239	1.504
Imposto de renda	(369)	(479)	(264)	(306)	(382)	(466)
Participação dos minoritários	(12)	(15)	(11)	(10)	(12)	(13)
Lucro líquido anterior aos dividendos de ações preferenciais	844	886	589	673	845	1.025
Requir. dividendos em ações preferenciais de empresas controladas	(27)	(9)	(9)	(2)	0	0
Lucro líquido	**$ 817**	**$ 877**	**$ 580**	**$ 671**	**$ 845**	**$1.025**
Ações em circulação (milhões)	353	353	353	353	353	353
Lucro por ação	$ 2,31	$ 2,48	$ 1,64	$ 1,90	$ 2,39	$ 2,90

Fluxo de caixa	1996	1997	1998	1999E	2000E	2001E
Fluxo de caixa advindo das atividades operacionais						
Lucro líquido	$ 817	$ 877	$ 580	$ 671	$ 846	$ 1.025
Ajustes						
Depreciação e amortização	1.065	1.093	1.061	1.131	1.230	1.323
Alterações nos ativos e passivos	810	75	(1)	247	67	76
Fluxo de caixa líquido advindo das atividades operacionais	**$ 2.692**	**$ 2.045**	**$ 1.640**	**$ 2.049**	**$ 2.143**	**$2.424**
Fluxo de caixa de atividades de investimento						
Aquisição de ativos fixos	(1.817)	(1.593)	(1.351)	(1.400)	(1.600)	(1.700)
Aquisições de investimentos de longo prazo e de ativos intangíveis	(76)	(151)	(122)	(129)	(137)	(145)
Recursos líquidos obtidos com a venda de investimentos	43	50	(67)	(71)	(75)	(80)
Outro	28	39	31	33	34	36
Fluxo de caixa líquido de atividades de investimento	**$(1.822)**	**$(1.655)**	**$(1.509)**	**$(1.567)**	**$(1.778)**	**$(1.889)**
Fluxo de caixa de atividades financeiras						
Recursos líquidos de empréstimos	$ 1.964	$52	$ 115	$ 0	$ 0	$ 0
Resgate de ações preferenciais	(281)	(63)	0	0	0	0
Pagamentos de empréstimos	(2.261)	0	0	(100)	200	0
Dividendos pagos	(293)	(319)	(326)	(349)	(373)	(399)
Fluxo de caixa líquido de atividades financeiras	**$ (871)**	**$ (330)**	**$ (211)**	**$ (449)**	**$ (173)**	**$ (399)**

QUADRO 5 | Estrutura de participação societária da YPF antes e depois da venda pelo governo argentino

Estrutura de participação societária em dezembro de 1998

As ações em circulação da YPF incluíam 353 milhões de ações ordinárias com o valor médio de 10 pesos argentinos e um voto por ação. Tais ações foram totalmente subscritas, integralizadas e autorizadas para negociação em bolsa. Não havia sido negociado tão expressivo número de ações desde a privatização da YPF em 1993. No final de dezembro de 1998, as ações da YPF foram divididas em quatro classes, detalhadas abaixo:

Acionista	Número de ações	Tipo de ação	Porcentagem do capital social
Governo[1]	72.602.289	Classe A	20,56%
Províncias	16.552.797	Classe B	4,68
Empregados	1.505.475	Classe C	4,26
Público[2]	263.339.439	Classe D	70,50

[1]O governo argentino detinha a "golden share" e poderia retê-la indefinidamente.

[2]50% das ações públicas foram retidas por investidores norte-americanos, principalmente os fundos mútuos de mercados emergentes.

Estrutura de participação societária da YPF em 1º de fevereiro de 1999

Em janeiro de 1999, o governo argentino vendeu para a Repsol 52.914.700 ações Classe A em bloco (14,99% das ações da YPF) a US$ 38 por ação, as quais foram convertidas em ações Classe D.

Acionista	Número de ações	Tipo de ação	Porcentagem do capital social
Governo[1]	19.687.589	Classe A	5,57%
Províncias	16.552.797	Classe B	4,68
Repsol	52.914.700	Classe D	14,99
Empregados	1.505.475	Classe C	4,26
Público	263.339.439	Classe D	70,50

[1]O governo argentino manteve a "golden share".

QUADRO 6 | Condições de mercado de capitais em 5 de abril de 1999

Obrigações do Tesouro	Rendimentos nos Estados Unidos	Rendimentos na Espanha
Papéis de 90 dias	4,38%	2,77%
Notas de 1 ano	4,66	2,84
Notas de 5 anos	5,05	3,47
Notas de 10 anos	5,18	4,24
Notas de 30 anos	5,62	5,14

Outros instrumentos	Rendimento
Taxa de descontos federais	4,75%
Commercial paper	
60 dias	5,03
90 dias	5,04
Certificados de depósito	
3 meses	4,87
1 ano	5,05
LIBOR	
3 meses	5,00
6 meses	5,05
12 meses	5,24
Taxa preferencial de juros bancários	
Argentina	8,73
Estados Unidos	7,75

Fonte: Bloomberg Financial Services.

Soberano	Data	Rating de longo prazo
Argentina	Abr-97	BB
Brasil	Jan-99	B+
Chile	Jul-95	A−
Colômbia	Maio-98	BBB−
Costa Rica	Jul-97	BB
El Salvador	Abr-99	BB+
Indonésia	Mar-99	CCC+
México	Out-98	BB
Peru	Dez-97	BB
Rússia	Jan-99	Default
África do Sul	Mar-98	BB+
Espanha	Mar-99	AA+
Estados Unidos	Jun-89	AAA
Venezuela	Ago-98	B+

Fonte: Standard&Poor's – Sovereign Ratings History, abril de 1999.

QUADRO 7 | Distribuição das receitas da Repsol antes e depois da transação

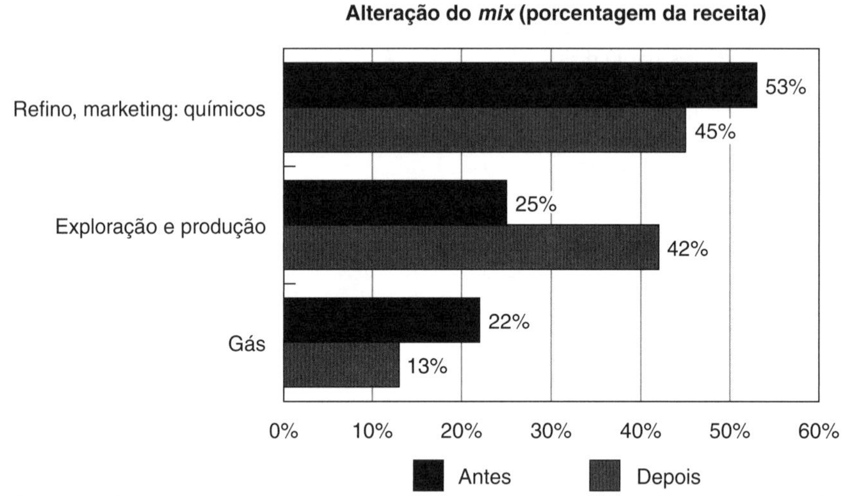

Fonte: "Quantum Leap", ABN AMRO Bank, 1º de setembro de 1999.

QUADRO 8 | Estimativa do WACC na aquisição da YPF (apropriado para fluxos de caixa com valores em dólares americanos)

	Repsol na Espanha (independente)	YPF na Argentina (independente)	Dívida combinada Repsol-YPF	*Mix* de financiamento da combinada Repsol-YPF	Financiamento por meio de ações da combinada Repsol-YPF
Custo da dívida antes dos impostos (%)	3,9%	6,0%	9,0%	8,2%	7,0%
Alíquota do IR (%)	34%	34%	34%	34%	34%
Custo da dívida após os impostos (%)	**2,6%**	**4,0%**	**5,9%**	**5,4%**	**4,6%**
Beta dos ativos	0,57	0,56	0,56	0,56	0,56
Beta no mercado local/beta realavancado	0,80	0,75	0,96	0,78	0,68
Taxa livre de riscos para um investimento em dólar americano	5,0%	5,0%	5,0%	5,0%	5,0%
Beta país *versus* mercado americano	1,15	2,00	1,59	1,59	1,59
Ajuste ao índice livre de riscos do risco-país	1,0%	3,0%	2,0%	2,0%	2,0%
Prêmio de risco no mercado de ações global	6,0%	6,0%	6,0%	6,0%	6,0%
Custo de capital próprio sem prêmio de risco-país	**9,80%**	**9,50%**	**10,77%**	**9,70%**	**9,08%**
Custo de capital próprio com prêmio de risco-país	**11,52%**	**17,00%**	**16,18%**	**14,47%**	**13,50%**
Valor contábil da dívida/valor contábil da dívida + patrimônio líquido a valor de mercado)	38%	34%	51,6%	36,9%	23,7%
Patrimônio líquido a valor de mercado/ (Valor contábil da dívida + patrimônio líquido a valor de mercado)	62%	66%	48,4%	63,1%	76,3%
WACC com prêmio de risco-país	**8,14%**	**12,55%**	**10,90%**	**11,13%**	**11,40%**
WACC sem prêmio de risco-país	**7,07%**	**7,61%**	**8,28%**	**8,12%**	**8,03%**
Valor de mercado do patrimônio líquido (em milhões de dólares)	\$15.066	\$15.807			
Peso da Repsol e da YPF em valor de mercado	49%	51%			

Recentemente, a Repsol emitiu títulos de cinco anos com rendimentos em euros de 3,81%.[1] A expectativa era de que seus títulos seriam cotados com rendimentos de 3,9% no período de 1999-2003, se a empresa permanecesse em uma base independente. Os títulos do governo espanhol haviam dado um resultado de 5,2%; o beta da Repsol era 0,8; e o prêmio de risco espanhol sobre os Estados Unidos era de 1%.

Weight –Average Cost of Capital (WACC) Calculation Methodology

As estimativas financeiras são dadas em dólares americanos. Portanto, o WACC apropriado é uma estimativa baseada em dólares, mas reflete os riscos associados de se realizar negociações na Argentina e na Espanha. Para estimar o WACC por intermédio de margens, deve-se levar em conta as diferenças nas políticas de risco (por meio de ágios de risco político (pi) somados ao índice americano livre de riscos) e os riscos do mercado de ações (por meio do uso de beta país, que é multiplicado pelo beta no mercado local). Acordadamente, o modelo geral de *cross border* de custo do capital próprio é uma versão expandida do modelo de precificação dos ativos de capital (CAPM):

$$K_e = Rf_{EUA} + \pi + [\beta_{País} \times \beta_{Empresa} \times (\text{Prêmio de Risco do Mercado de Ações})]$$

Fonte: Análise feita pelo autor do caso.

[1]Até o momento, instrumentos de rendimento cotados em dólares americanos e em euros eram similares.

QUADRO 9 | Índices financeiros medianos associados com *ratings* de dívidas de longo prazo (estimados para o período de 1996-1998)

	AAA	AA	A	BBB	BB	B
Cobertura de juros EBIT (x)	12,9	9,2	7,2	4,1	2,5	1,2
Cobertura de juros EBITDA (x)	18,7	14,0	10,0	6,3	3,9	2,3
Fluxo de fundos/dívida total (%)	89,7	67,0	49,5	32,2	20,1	10,5
Fluxo de caixa operacional livre/dívida total (%)	40,5	21,6	17,4	6,3	1,0	-4,0
Retorno do capital (%)	30,6	25,1	19,6	15,4	12,6	9,2
Lucro operacional/vendas (%)	30,9	25,2	17,9	15,8	14,4	11,2
Dívidas de longo prazo/capital (%)	21,4	29,3	33,3	40,8	55,3	68,6
Dívida total/capital (incluindo dívidas de curto prazo) (%)	31,8	37,0	39,2	46,4	58,5	71,4

Fonte: Standard & Poor's Corporation, *Corporate Ratings Criteria*, 1999, 112.

QUADRO 10 | Análise de risco de inadimplência para o ano 2000 associada às três alternativas de financiamento[1]

Para: Alfonso Cortina, *chief executive officer*

De: Carmelo Lopez, *chief financial officer*

Em um esforço para estimar o risco de inadimplência da Repsol-YPF diante das três alternativas de financiamento, a equipe financeira preparou uma estimativa da probabilidade de a empresa não estar apta a honrar compromissos. Especificamente, inadimplência foi definida como uma redução de EBIT para níveis menores do que as despesas com juros. A estimativa de probabilidade foi feita com base nas três alternativas de financiamento e numa série de possíveis esforços coletivos de redução de custos. Sabemos que existem outros benefícios advindos da incorporação e da reestruturação, mas decidimos ignorá-los em consideração ao conservadorismo. As probabilidades de inadimplência lançadas constam na seguinte tabela:

Análises de sensibilidade de sinergias:

	Cobertura de juros				Probabilidade de cobertura de juros < 1			
	Dívidas	***Mix***	**Ações**		**Dívidas**	***Mix***	**Ações**	
Redução de custos em milhões								
$ 50	1,2608	1,6656	2,9564	$ 50	24,05%	8,68%	1,21%	
$150	1,2968	1,7131	3,0409	$150	21,13%	7,24%	0,94%	
$250	1,3328	1,7607	3,1253	$250	18,43%	5,99%	0,72%	
$350	**1,3688**	**1,8083**	**3,2098**	**$350**	**15,95%**	**4,92%**	**0,55%**	**Caso-base**
$450	1,4048	1,8559	3,2943	$450	13,70%	4,01%	0,41%	
$550	1,4409	1,9035	3,3787	$550	11,68%	3,23%	0,31%	

Metodologia:

As simulações constituem essencialmente uma análise de sensibilidade dos índices de cobertura de EBIT com base em suposições de diferentes preços do petróleo. Começamos por definir quais atividades de negociação estão expostas à volatilidade do preço do petróleo. Duas fontes principais foram consideradas: lucro operacional de produção e pós-produção; para ambas, consideramos um triângulo de distribuição do preço do petróleo com base nas expectativas do mercado e na experiência histórica:

- Lucro operacional de produção: esse segmento foi calculado a partir da produção prevista da empresa em barris de petróleo, subtraindo os custos diretos dessa operação.
- Lucro operacional de pós-produção: esse segmento possui diferentes subprodutos que são expostos a alterações de preço do petróleo de diferentes formas. Por consideração à simplicidade, tomamos a sensibilidade da Repsol – considerando sua hegemonia – ao preço do petróleo (desde que seu lucro líquido fosse oriundo, principalmente, de atividades de pós-produção) e aplicamos os mesmos números para empreendimentos em negócios de pós-produção.
- Resumo da sensibilidade: adicionamos ou subtraímos, para chegar ao lucro operacional, todos os encargos não-sensíveis ao preço do petróleo e o aproximamos do grupo dos EBITs.

[1]Análise do autor do caso.

(*continua*)

QUADRO 10 | Análise de risco de inadimplência para o ano 2000 (*continuação*)

Análise de risco de inadimplência diante das três alternativas de financiamento

Resultados detalhados para o caso-base da sinergia para redução de custos de US$ 350 milhões

Executando uma simulação por meio de mil tentativas em um cenário de caso-base de US$ 350 milhões em sinergia para redução de custos, chegamos aos gráficos abaixo e aos seguintes resultados de índice de cobertura:

	Somente dívida	*Mix* de dívida e ações	Somente ações
Mínimo	0,550	0,727	1,291
Média	1,368	1,808	3,210
Máximo	2,307	3,049	5,412
Probabilidade de inadimplência	15,95%	4,92%	0,55%

Gráficos de probabilidade de distribuição de índice de cobertura do caso-base

Probabilidade de distribuição de índice de cobertura EBIT da Repsol, se a proposta de compra da YPF for financiada por um *mix* de dívida e ações.

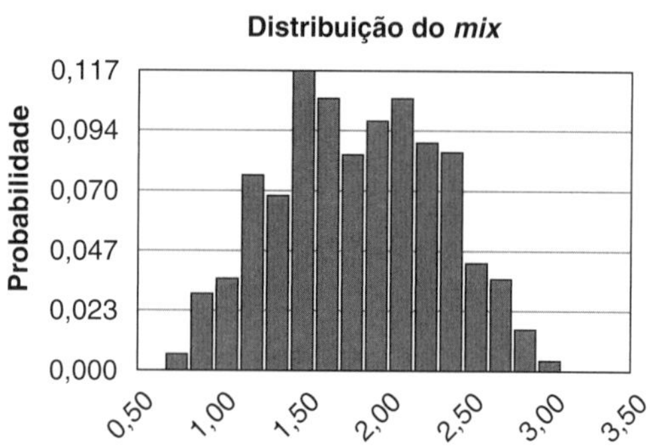

Probabilidade de distribuição de índice de cobertura EBIT da Repsol, se a proposta de compra da YPF for financiada inteiramente por emissão de dívidas.

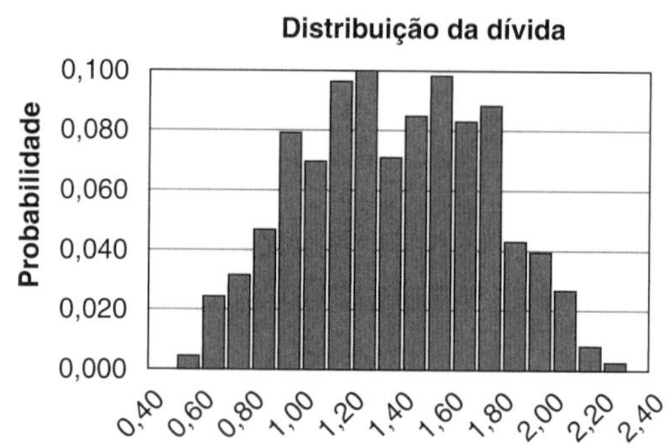

Probabilidade de distribuição de índice de cobertura EBIT da Repsol, se a proposta de compra da YPF for financiada inteiramente por emissão de ações.

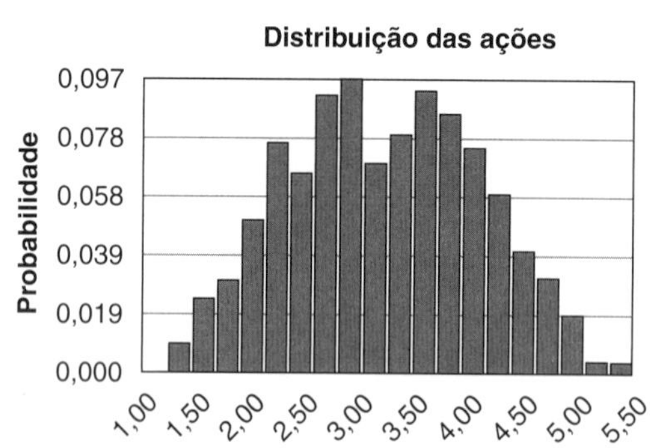

QUADRO 11 | Preços recentes das ações da Repsol e da YPF (valores em dólares americanos)

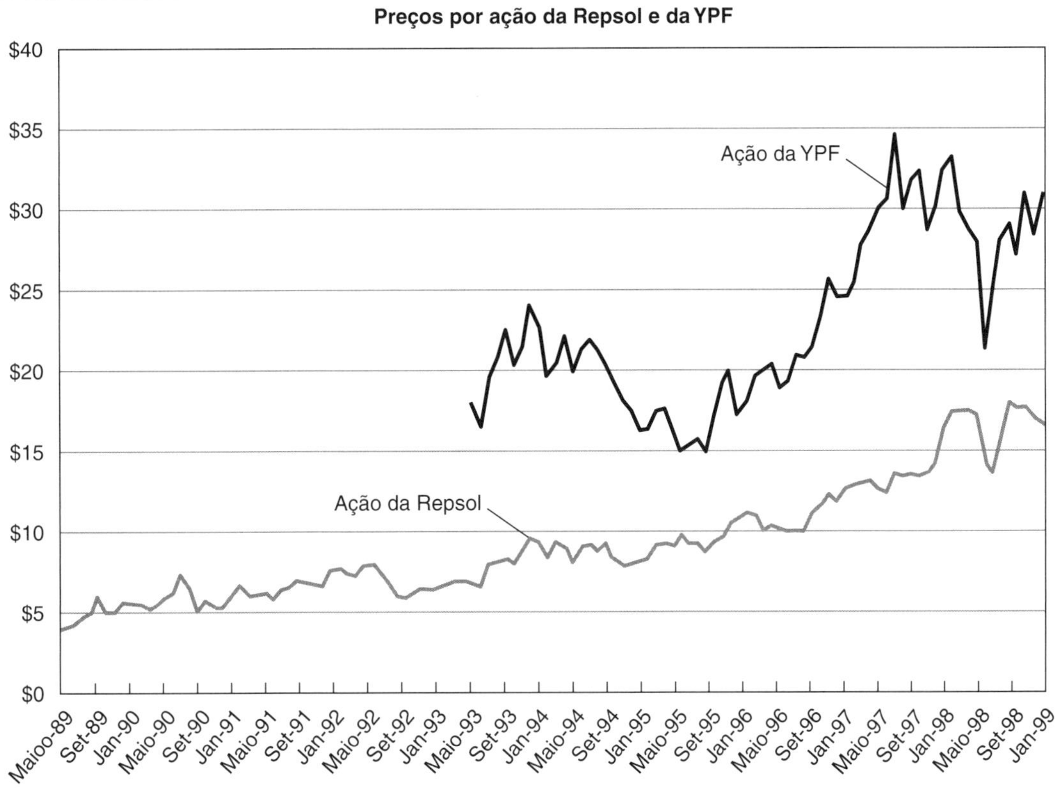

Fonte: Bloomberg Financial Services.

QUADRO 12 | Previsão de fluxo de caixa livre para a Repsol, para a YPF e para a empresa combinada Repsol-YPF (valores em milhões de dólares americanos, exceto os fornecidos em notas)

Premissas:	**YPF**	**Repsol**	**Combinada**		
Índice de crescimento de valor terminal (%)	4,0%	2,0%	3,0%		
WACC (%)	12,5%	8,1%	10,6%		
Alíquota (%)	34,0%	34,0%	34,0%		
Ágio			$6.229		
Retorno sobre os ativos			8%		
Fluxo de caixa livre da YPF	**1999E**	**2000E**	**2001E**	**2002E**	**2003E**
Lucros antes de juros e impostos (EBIT)	$1.295	$1.492	$1.774	$2.046	$ 2.291
Impostos	440	507	603	696	779
Lucros depois dos impostos	855	985	1.171	1.350	1.512
+ Depreciação	1.160	1.185	1.230	1.250	1.310
– Investimentos	(1.460)	(1.680)	(1.810)	(1.940)	(1.960)
– Aumento do capital de giro	(65)	(75)	(89)	(102)	(115)
Fluxo de caixa livre	**490**	**415**	**502**	**558**	**748**
Valor terminal					9.093
Fluxo de caixa livre total	**$ 490**	**$ 415**	**$ 502**	**$ 558**	**$ 9.840**
Fluxo de caixa livre da Repsol	**1999E**	**2000E**	**2001E**	**2002E**	**2003E**
Lucros antes de juros e impostos (EBIT)	$1.948	$2.285	$2.554	$2.754	$ 2.889
Impostos	662	777	868	936	982
Lucros após os impostos	1.286	1.508	1.686	1.818	1.907
+ Depreciação	1.121	1.205	1.269	1.310	1.337
– Investimentos de capital	(2.140)	(2.098)	(1.653)	(1.417)	(1.539)
– Aumento do capital de giro	(97)	(114)	(128)	(138)	(144)
Fluxo de caixa livre	**169**	**501**	**1.174**	**1.573**	**1.560**
Valor terminal					25.917
Fluxo de caixa livre total	**$ 169**	**$ 501**	**$1.174**	**$1.573**	**$27.478**
Efeitos do fluxo de caixa da sinergia Repsol-YPF	**1999E**	**2000E**	**2001E**	**2002E**	**2003E**
Vendas de ativos	$ —	$1,000	$1,000	$ 500	$ —
Ajuste de EBIT após vendas de ativos	—	(53)	(106)	(132)	(132)
Redução de custos após dedução de impostos	80	250	350	400	450
Aumento de receita após dedução de custos e impostos	7	14	14	21	28
Reduções em Capex menos escudos fiscais de depreciação perdidos	393	386	380	373	366
Benefício tributário do ágio	$ 106	$ 106	$ 106	$ 106	$ 106

Fonte: Análise do autor do caso.

QUADRO 13 | Balanço patrimonial da empresa combinada *pro forma* à aquisição diante das três alternativas de financiamento, pressupondo a contabilidade da compra (valores em milhões de dólares americanos, exceto as quantias dadas em ações)

Quantia a ser financiada		$ 13.438
Alternativas de financiamento		**Porcentagem**
Dívida	$ 6.000	45%
Ações	$ 7.438	55%
Preço presumido por ação		$20,41
Opção escolhida		*Mix* de financiamento

Alavancagem (Valor contábil)	**Dívida *pro forma* 100%**	**Patrimônio líquido *pro forma* 100%**	**Mix de financiamento *pro forma* 100%**
Dívida total	$22.838	$ 9.400	$15.400
Patrimônio líquido total	$ 7.073	$20.511	$14.511
Capital total	$29.911	$29.911	$29.911
Dívida/Patrimônio	323%	46%	106%
Dívida/Capital	76,4%	31,4%	51,5%
Ações/Capital	23,6%	68,6%	48,5%

Balanço patrimonial da Repsol-YPF	**Repsol**	**YPF**	**Ajustes**	**Dívida *pro forma* 100%**	**Patrimônio líquido *pro forma* 100%**	***Mix* de financiamento *pro forma* 100%**
Ativos						
Caixa	$ 148	$ 70		$ 218	$ 218	$ 218
Contas a receber	3.462	1.177		4.639	4.639	4.639
Estoque	2.337	308		2.645	2.645	2.645
Ativo circulante total	5.947	1.555		7.502	7.502	7.502
Ágio/Reavaliação dos ativos*			$6.229	6.229	6.229	6.229
Total de ativos não-circulantes	14.940	11.591		26.531	26.531	26.531
Total de ativos	**$20.887**	**$13.146**		**$40.262**	**$40.262**	**$40.262**
Passivos						
Contas a pagar	$ 1.146	$788		$ 1.934	$ 1.934	$ 1.934
Empréstimos	2.798	1.252		4.050	4.050	4.050
Outro	1.046	241		1.287	1.287	1.287
Impostos a pagar	1.801	141		1.942	1.942	1.942
Total de passivos correntes	**$ 6.791**	**$ 2.422**		**$ 9.213**	**$ 9.213**	**$ 9.213**
Notas de longo prazo e contas a pagar	$ 56	$ 53		$ 109	$ 109	$ 109
Empréstimos	2.663	2.578		5.241	5.241	5.241
Outro	2.533	733		3.266	3.266	3.266
Novas dívidas da aquisição			$6.000	13.438	—	6.000
Total de passivos não-circulantes	5.252	3.364		22.054	8.616	14.616
Total de passivos	**$12.043**	**$ 5.786**		**$31.267**	**$17.829**	**$23.829**
Participação de minoritários	$ 996	$ 151		$ 1.147	$ 1.147	$ 1.147
Ações preferenciais	775			775	775	775
Novas ações emitidas			$ 364	—	13.438	364
Ágio da conta de novas ações			$7.074		—	7.074
Patrimônio líquido	7.073	7.209		7.073	20.511	14.511
Total de passivos e patrimônio líquido	**$20.887**	**$13.146**		**$40.262**	**$40.262**	**$40.262**

Fonte: Análise do autor do caso.

QUADRO 14 | Análise de diluição/acréscimo de lucro por ação (valores em milhões de dólares americanos, exceto as quantias dadas por ação)

Lucro *pro forma* da Repsol-YPF		**1999E**	**2000E**	**2001E**	**2002E**	**2003E**
Lucro operacional da Repsol (EBIT)		$1.948	$2.285	$2.554	$ 2.754	$ 2.989
Lucro operacional da YPF (EBIT)		1.295	1.492	1.774	2.046	2.391
Lucro operacional antes do ágio e da amortização		3.243	3.777	4.328	4.800	5.380
Ágio e amortização existentes		(40)	(40)	(40)	(40)	(40)
Nova depreciação de ativos com valor aumentado		(69)	(69)	(69)	(69)	(69)
Novo ágio e amortização		(311)	(311)	(311)	(311)	(311)
Despesas líquidas financeiras existentes		(684)	(713)	(652)	(623)	(590)
Novas despesas financeiras	**9,00%**	(257)	(385)	(228)	(81)	56
Total de despesas com juros		(941)	(1.098)	(880)	(704)	(534)
Outros despesas (resultado)		(15)	(18)	(35)	(40)	(50)
Lucro associado		25	45	50	55	60
Lucro antes dos impostos		1.892	2.286	3.043	3.691	4.435
Impostos	**34%**	(643)	(777)	(1.034)	(1.255)	(1.508)
Minoritários		(178)	(193)	(212)	(233)	(256)
Lucro líquido divulgado		**1.071**	**1.315**	**1.796**	**2.203**	**2.671**
Redução de custos depois dos impostos		80	250	350	400	450
Aumento de receita		50	100	100	150	200
Lucro líquido com sinergias divulgado		**$1.201**	**$1.565**	**$2.146**	**$ 2.603**	**$ 3.121**
Número de ações originais (milhões)		900	900	900	900	900
Novas ações (milhões)		364	364	364	364	364
Total de ações (milhões)		1.264	1.264	1.264	1.264	1.264
Lucro original por ação da Repsol (LPA)		$ 1.23	$ 1.45	$ 1.71	$ 1.88	$ 2.1
Novo LPA Repsol-YPF excluindo sinergias		$ 0.85	$ 1.04	$ 1.42	$ 1.74	$ 2.11
Novo LPA Repsol-YPF incluindo sinergias		$ 0.95	$ 1.24	$ 1.70	$ 2.06	$ 2.47
Diluição (incluindo sinergias)		**−29,5%**	**−17,1%**	**−0,8%**	**8,7%**	**14,9%**
Reembolso de dívidas						
Lucro líquido com sinergias		$1.201	$1.565	$2.146	$ 2.603	$ 3.121
Depreciação		2.371	2.525	2.684	2.843	2.979
Ágio e amortização		351	351	351	351	351
Lucro com ações		(25)	(45)	(50)	(55)	(60)
Minoritários		178	193	212	233	256
Fluxo de caixa operacional		**$4.076**	**$4.590**	**$5.344**	**$ 5.975**	**$ 6.648**
Dividendos	**45%**	$ (540)	$ (704)	$ (966)	$(1.171)	$(1.405)
Dividendos preferenciais	**7,5%**	(90)	(117)	(161)	(195)	(234)
Investimentos (Capex)		(3.549)	(3.743)	(3.872)	(3.872)	(3.892)
Redução de Capex		400	400	400	400	400
Capex após a redução		(3.149)	(3.343)	(3.472)	(3.472)	(3.492)
Caixa de alienação		—	1.000	1.000	500	—
Fluxo de caixa de financiamentos		(3.779)	(3.165)	(3.599)	(4.339)	(5.131)
Caixa disponível para reembolso de dívidas		**$ 297**	**$1.425**	**$1.745**	**$ 1.637**	**$ 1.517**
Dívidas em aberto		$6.000	$5.703	$4.278	$ 2.533	$ 897
Reembolso de dívidas		$ 297	$1.425	$1.745	$ 1.637	$ 1.517
Saldo	$6.000	$5.703	$4.278	$2.533	$ 897	$ (621)

Fonte: Análise do autor do caso.

QUADRO 15 | Comparação financeira da Repsol (independente) com outras companhias petrolíferas integradas maiores

Índices de avaliação	Média do setor	Total	Shell	Chevron	ENI S.p.A.	Texaco	BP Amoco	Exxon Mobil	ELF	Repsol
Beta	0,80	0,85	0,81	0,57	0,94	0,32	nd	nd	0,84	1,00
Preço/Contábil	3,65	3,34	3,52	3,32	2,61	2,61	4,78	4,59	3,51	1,95
Preço/Fluxo de caixa	29,9	14,3	19,16	15,72	6,75	13,38	23,17	18,9	9,13	6,1
Preço/Lucros (1999)	nd	21,8	26,2	31,3	15,2	30,6	30,9	27,9	24,0	18,6
Capitalização de mercado (bilhão)	nd	30,48	67,09	62,44	48,98	29,52	166,3	270,1	34,96	16,27
Taxas de crescimento (%)										
Vendas – crescimento em 5 anos	8,49%	3,33%	−0,3%	−3,8%	0,8%	−1,4%	insignif.	insignif.	0,2%	nd
Lucros/Ação – crescimento em 5 anos	10%	9,13%	−40,0%	1,0%	42,9%	−14,2%	insignif.	insignif.	37,0%	nd
Investimentos – crescimento em 5 anos	20,68%	10,19%	9,0%	3,2%	0,3%	5,9%	insignif.	insignif.	−5,7%	nd
Força financeira										
Índice de liquidez corrente	1,11	1,37	0,88	0,75	1,02	1,15	0,95	0,77	1,11	0,87
Total de dívida/Patrimônio líquido	0,59	0,44	0,29	0,48	0,59	0,61	0,33	0,29	0,53	0,61
Cobertura de juros	10,05	insignif.	4,6	4,63	insignif.	2,98	6,92	17,39	4,32	nd
Índices de rentabilidade										
Lucros antes de juros, impostos e margem de depreciação	15,6%	11,1%	14,6%	16,3%	27,9%	9,3%	18,4%	11,0%	16,1%	7,4%
Margem operacional	4,3%	6,1%	6,0%	8,5%	13,1%	3,0%	10,7%	5,7%	4,5%	8,7%
Margem líquida	2,9%	3,8%	2,5%	3,2%	8,5%	2,0%	4,9%	4,1%	1,9%	4,6%
Efetividade da administração										
Retorno sobre os ativos líquidos – média de 5 anos	4,8	4,03	5,4	5,62	5,74	5,18	nd	nd	1,85	5,15
Retorno sobre patrimônio líquido – média de 5 anos	10,49	7,95	10,29	12,62	20,49	13,57	nd	nd	4,11	14,50

insignif. = valor insignificante.

nd = não disponível.

Fonte: "Market Guide", BT Alex Brown Forecasts, maio de 1999.

CASO 46

Aquisições hostis: guia para a tomada de decisões

O jogo de investimento profissional é intoleravelmente chato e exato para qualquer um que seja isento de qualquer instinto de jogador; em contrapartida, aquele que o tem deve pagar o preço justo por essa propensão.

-John Maynard Keynes[1]

1. Introdução: *takeovers* são jogos

Uma proposta hostil de compra (*takeover*) começa com uma oferta inesperada de um licitante para comprar a maioria das ações ou todas as ações de uma empresa-alvo. O licitante coloca a oferta por determinado período de tempo, com um preço e uma forma de pagamento, e pode até fixar condições para a oferta. A empresa-alvo é ordinariamente obrigada a fazer uma manobra evasiva. Pesquisas mostram que um licitante hostil consegue um acordo em 20% dos casos; em aproximadamente 30% dos casos a empresa-alvo é adquirida por outra, usualmente "amigável", e no restante dos casos a empresa-alvo permanece independente. A complexidade, a incerteza e o drama que envolvem esses eventos parecem desafiar a compreensão.

As famosas palavras de Keynes revelam a base para entender, analisar, projetar ou repelir ofertas hostis de compra: "*takeovers* são jogos". Na arena das fusões e aquisições (M&A), o investidor profissional que John Keynes cita é o árbitro. Aquele que puder entender tais eventos e arbitrá-los melhor por meio do estudo dos próprios eventos estará estudando um jogo:

- Visualizará a perspectiva dos vários jogadores no cenário da *takeover*, seus motivos e seus comportamentos;
- Conhecerá as regras mais importantes e as estratégias de defesa que pressionam os jogadores;
- Conseguirá prever as trajetórias que os resultados podem tomar.

[1]Citado em Adam Smith [George J. W. Goodman]. *The Money Game* (Nova York: Dell, 1969), 16.

Este caso foi preparado por Robert F. Bruner; para uma discussão mais detalhada sobre aquisições hostis (*takeovers*) veja Robert F. Bruner, *Applied Mergers and Acquisitions* (Hoboken, New Jersey: John Wiley & Sons, Inc., 2004), p. 804-875.

A análise significativa das ofertas hostis de compra implica a avaliação de probabilidades. As tentativas de *takeover* apostam em resultados incertos. As estratégias dos jogadores são dirigidas para converter as adversidades a seu favor. O trabalho de casa a ser realizado para avaliar tais adversidades e convertê-las em favor próprio constitui o que Keynes chama de "preço justo". Obviamente, entender o jogo não garante o sucesso – isso também demanda talento, como John McDonald disse sobre o pôquer:

> O conhecimento de probabilidades matemáticas não faz um bom jogador de pôquer, mas um total desprezo por elas faz um jogador ruim.[2]

2. Esteja informado sobre os jogadores, tanto sobre os que estão em campo quanto aqueles que estão fora dele

Alguém começa a apresentação de um jogo pelo levantamento das pessoas que estão reunidas ao redor da mesa.

> *Atacante* (ou, na linguagem popular, licitante). A pressão popular e os salões do governo olham para os licitantes com certa rigidez; por isso, são os licitantes que propõem endurecer o controle, fechar as instalações, demitir os trabalhadores e tomam medidas para enriquecer a si próprios. Uma visão mais generosa é a de que os licitantes são *empresários* que, por meio de pesquisas e iniciativas, descobrem oportunidades rentáveis. A oferta hostil de compra é a ação tomada para começar a colher tais rendimentos.
>
> *Defensor* ou *alvo* é a oportunidade rentável. Usualmente, os alvos mantêm um desempenho contrário aos padrões, e seus administradores geralmente fazem pouco ou nenhum esforço para melhorar esse desempenho. O licitante pode encontrar ativos inutilizados ou omitidos que poderiam ser vendidos ou negociados, que estão desperdiçando dinheiro e poderiam ser reestruturados ou mesmo fechados.

Seria ingênuo ver uma oferta hostil de compra como uma simples disputa entre o licitante e o alvo. O ambiente é muito mais complicado. Vista com lentes da economia, a disputa abrange os seguintes tipos de jogadores:

> *Free riders* versus *licitante. Free riders* são acionistas que podem não estar bem informados, mas suspeitam que o licitante saiba de algo que eles não sabem e estão dispostos a participar de alguns dos lucros direcionados ao licitante. Esses acionistas procuram circular livremente em busca de oportunidades rentáveis. O licitante gostaria de eliminar os *free riders* porque eles reduzem sua rentabilidade.
>
> *Grupos pertencentes ao alvo.* Um dos piores erros é ver o alvo como um bloco sólido de "tomadores de decisão". Na realidade, o alvo abriga divisões importantes que o licitante pode explorar:
>
> > *Administradores* versus *diretores.* Usualmente, a alta administração da empresa-alvo perde seu posto com o sucesso da oferta hostil de compra. Quando não o perde, os salários e os benefícios tendem a ser distribuídos livremente. Em resumo, os administradores da empresa-alvo têm motivos de sobra para se opor a uma oferta hostil. Os diretores da empresa, entretanto, são amparados por dispositivos legais de deveres de cuidados e de lealdade para maximizar o bem-estar dos acionistas.

[2] John McDonald, *Strategy in Poker, Business & War*, Nova York: W. W. Norton, 1989, p. 22.

Caso não faça isso, expõe os diretores à microgestão pelos tribunais de justiça e eventual responsabilidade pessoal por erros passados. Obviamente, os interesses dos gerentes e diretores podem divergir. A meta do conselho de administração da companhia está na sustentação da pressão e podemos inverter a estratégia de gestão do jogo por meios como a extinção das defesas antiaquisição e declarando um leilão da empresa.

Diretores insiders versus *outsiders*. O conselho em si pode ser constituído por subgrupos que abrigam interesses divergentes. Diretores *insiders* geralmente são também gerentes. Outros diretores que estão com os gerente-diretores podem ter ligações por casamento ou a experiência profissional que segura-os mais perto pela fidelidade aos gestores do que aos acionistas.

Grandes acionistas versus pequenos acionistas. Nem todos os acionistas-alvo são iguais; seu poder de voto é relativo, e isso pode influenciar as decisões do conselho de diretores.

Outros potenciais compradores que tenham interesse em comprar, mas ainda precisam apresentar proposta. Esses abrangem compradores amigáveis (também denominados *white knights*) e investidores amigáveis, especialmente controladores de títulos (também denominados *white squires*).[3]

Arbitrageurs: podem levar a vida apostando no movimento dos preços dos *takeovers.* Quando um *takeover* é anunciado, os "arbs" (como são popularmente chamados) absorvem praticamente todas as ações espalhadas no mercado de ações, e quase seguramente se tornam cruciais nas tomadas de decisão de quaisquer disputas – por isso eles merecem atenção especial.

3. O *arbitrageur* é o protagonista da consumação econômica

O perfil do *arbitrageur* é o de alguém racional, impaciente e sempre direcionado para a maximização dos valores. Apela para a lealdade, tradição ou para planos vagos, que raramente exercem alguma influência. Eles procuram lucros imediatos e são investidores de curto prazo movidos apenas por motivos econômicos. Investem em situações de *takeover* e de recapitalização e tentam limitar a sua exposição a situações em que acordos não podem ser consumados. Eles geralmente oferecem liquidez aos investidores que não querem esperar do lado de fora pelo fim da batalha pelo controle de uma corporação.

Considere o exemplo de uma empresa-alvo que recebe uma oferta por todas as ações a um preço de $ 60 por ação.[4] Se as ações estivessem sendo negociadas a $ 40 no momento em que a oferta foi anunciada, alguém poderia lucrar $ 20 comprando-as imediatamente e segurando-as até a concretização da transação. Infelizmente, é provável que as negociações sejam suspensas em virtude da enxurrada de investidores ordenando compras e vendas. Quando uma ordem é recuperada, a negociação é encerrada no momento em que compradores e vendedores acordam um mesmo preço; nesse momento, as ações podem ser negociadas a $ 57 ou $ 58. Investidores privados e institucionais estarão aptos a vender suas ações imediatamente aos *arbs* por $ 57, obtendo um lucro de $ 17. Os $ 3 de diferença, ou a margem de lucro bruto, podem ser vistos como uma compensação aos investidores por qualquer incerteza quanto à consu-

[3]Warren Buffet tem servido de *white squire* para inúmeras empresas, principalmente a Gillette. Ele tem comprado ações preferenciais conversíveis que, se convertidas, representariam uma minoria concreta das ações em circulação. As ações representadas nessa posição de *white squire* requerem investimentos adicionais por parte do licitante hostil e, conseqüentemente, têm um efeito diferente.

[4]Esse exemplo foi retirado de "Takeover! 1997 (A): The Target Company: Global Foods Corporation", um estudo de caso da Darden (UVA-F-1170), em uma co-autoria de Robert Bruner, John P. McNicholas e Edward Rimland.

mação do negócio e pelo tempo despendido para fechar o acordo. O preço das ações do licitante cai $ 3 a partir do anúncio, fecha a $ 50 e permanece assim até o fim do período de participação do *arbitrageur*.

A tarefa do *arb* é estimar a probabilidade de o acordo ser fechado e estruturar um investimento com base nas suas conclusões. Ele tentará criar uma posição confortável na qual o risco possa ser determinado pelo acordo – se não houver condições gerais de mercado. Uma típica posição de arbitragem seguinte a um anúncio de oferta hostil de compra poderia ocasionar uma alta nas ações da companhia-alvo e uma baixa nas ações do licitante – isso reflete o movimento típico dos preços das ações em anúncio de *takeover*, porém a estrutura também ampara o *arb* contra movimentos gerais no mercado de ações.

3. a. Retorno para a arbitragem

O exemplo seguinte calcula o retorno dado ao *arbitrageur* na transação descrita anteriormente:

(1) Posição tomada: 100 ações da empresa-alvo compradas a um preço de $57 cada; 100 ações da empresa licitante vendidas a descoberto por um preço de $50 cada.

(2) Data da posição tomada: 1º de junho de 1996

(3) Data da oferta de ações: 28 de junho de 1996

(4) Data de recebimento dos recursos obtidos: 10 de julho de 1996

(5) Total de tempo envolvido: 40 dias

(6) Capital empregado:

Ativos	
Longo 100 ações da empresa-alvo × $57/ação =	$5.700
Obrigações e capital	
Curto 100 ações do licitante × $50/ação =	$5.000
Empréstimo de 100 ações do licitante =	($5.000)
Empréstimos bancários (70% dos ativos) =	$3.990
Capital (30% dos ativos) =	1.710
Total	$5.700

(7) Cálculo do *spread* líquido:

$300	*Spread* bruta (Alvo: [$60 – $57] x 100 ações) + (comprador: [$50 – $50] × 100 ações)
(43)	Custo dos juros (10% para 40 dias sobre crédito de $3.990)
(20)	Dividendos inevitáveis em posição comprada
30	Dividendos recebidos em posição vendida
$267	*Spread* líquido ou retorno do investimento

(8) Retorno anual de capital

$$\text{Capital médio empregado} = \frac{40 \text{ dias}}{365 \text{ dias}} \times \$1.710 = \$187$$

$$\text{Retorno anual do capital empregado} = \frac{\$267}{\$187} = 142\%$$

Enquanto houver um aparente retorno elevado de capital, o *arb* pode sustentar uma perda considerável, se a proposta hostil de compra não for bem-sucedida. É importante observar também que o retorno sobre o investimento (ROI) é muito sensível a pequenas variações no período de espera e de retorno do dólar.

3. b. A escolha do *arbitrageur* entre fazer uma oferta hostil ou aguardar a recapitalização da empresa-alvo

Ao decidir onde oferecer suas ações na batalha pelo controle de uma corporação, o *arb* determinará qual dentre as ofertas dará maior retorno anual do capital investido. Dando continuidade ao nosso exemplo, um arb preferiria $60 em 10 de julho, ao pagamento de $ 61 recebidos em setembro. Com custos de capital variando de 30% a 40% ao ano, o tempo de fluxo de caixa recebido é crucial para a tomada de decisão. Ultimamente, a decisão dos *arbitrageurs* de oferecer suas ações a um atacante significará, na maior parte das vezes, que a companhia não terá muito tempo para completar sua recapitalização se essa for calculada para obter um baixo mix de valor.

Vamos supor que a empresa-alvo decida montar seu próprio plano de recapitalização readquirindo 35% de suas ações a um preço de $ 85 por ação. Além disso, imaginemos que a ação (por exemplo, uma ação ordinária que permanece após a recapitalização) será, posteriormente, estimada para negociação com um preço aproximado de $ 55 por ação.

$$\text{Mix de valor} = (35\% \times \$85) + (65\% \times \$55) = \$65{,}50$$

Observe que um *arb* preferiria um mix de valor de $ 65,50 se esse valor pudesse ser entregue oportunamente.

Normalmente, a arbitragem de risco joga com os dois lados de uma oferta hostil de compra, com uma posição comprada nas ações do alvo e vendida nas ações do licitante. Um dos líderes dos *arbitrageurs*, Guy Wyser-Pratte, escreveu:

> Um *arbitrageur* não é um investidor na acepção exata da palavra: por exemplo, ele normalmente não está comprando ou vendendo títulos com base nos valores do investimento, mas, viabilizando capital para acordos – fusões, ofertas hostis de compra, recapitalizações etc. – e não para interesses particulares. Conseqüentemente, ele deve tomar posição no acordo de modo a colocar-se em meio aos riscos do próprio acordo, e não em meio aos riscos do mercado.[5]

Como sugere Wyser-Pratte, o árbitro será muito sensível aos valores estabelecidos no acordo bem como em relação aos seus resultados. Para ilustrar os motivos, consideremos o **Quadro 1**, que expande os resultados do exemplo dado e fornece taxas anuais de retorno, associadas a diferentes períodos de participação e pagamentos.

---

[5]Guy Wyser-Pratte, *Risk Arbitrage I*, Nova York: New York University, Salomon Brothers Center for the Study of Financial Institutions, monografia 1982–3–4, p. 7.

TABELA 1 | Análise de sensibilidade da taxa anual de retorno com variações no período de participação e pagamento esperado pelo investimento

		Valor esperado por ação								
		$ 55	**$ 57**	**$ 59**	**$ 60**	**$ 61**	**$ 63**	**$ 65**	**$ 67**	**$ 69**
	20	−226%	−13%	201%	308%	414%	628%	841%	1.055%	1.268%
	25	−186%	−15%	156%	241%	327%	497%	668%	839%	1.010%
	30	−159%	−16%	126%	197%	268%	411%	553%	695%	838%
	35	−139%	−17%	105%	166%	227%	349%	471%	593%	715%
Dias no	40	−125%	−18%	89%	142%	195%	302%	409%	516%	622%
período de	45	−113%	−19%	76%	124%	171%	266%	361%	456%	551%
participação	50	−104%	−19%	66%	109%	152%	237%	322%	408%	493%
	55	−97%	−19%	58%	97%	136%	213%	291%	369%	446%
	60	−91%	−20%	51%	87%	123%	194%	265%	336%	407%
	65	−86%	−20%	46%	78%	111%	177%	243%	308%	374%
	70	−81%	−20%	41%	71%	102%	163%	224%	285%	346%
	75	−77%	−20%	36%	65%	93%	150%	207%	264%	321%
	80	−74%	−21%	33%	59%	86%	139%	193%	246%	300%

Nota: as células sombreadas indicam exemplos retirados do texto.

O quadro revela que, aparentemente, pequenas variações (por exemplo, $ 2,00) nos pagamentos esperados produzem consideráveis oscilações nos retornos – esses variam na proporção dos pagamentos. A tabela também mostra que os retornos variam na proporção inversa do período de participação – quanto maior o período, menor o retorno.[6] Obviamente, um *takeover* consumado em 20 dias resulta em retornos bem mais altos do que os consumados em 40 ou 80 dias.

No **Quadro 1** há a pressuposição de que o *arb* estará extremamente sensível a variações no tempo e quanto ao pagamento. Essa sensibilidade significa que licitantes e alvos que procuram o suporte de árbitros devem tecer táticas para explorar essa sensibilidade.

4. O *arbitrageur* lança uma proposta de recapitalização em termos de valores mistos

Uma responsabilidade comum aos alvos de *takeover* é iniciar uma alavancagem de recapitalização da empresa. Isso implica empréstimos substanciais, pagamento imediato de um expressivo dividendo a todos os acionistas e/ou uma expressiva recompra imediata de ações. Venda de ativos ou outras táticas de reestruturação também podem integrar o processo. O resultado é uma aquisição-alvo altamente alavancada, o que provavelmente é menos atrativo do que uma oferta hostil de compra. O *arbitrageur* lança a recapitalização por recompra de ações como um "blend" de valores.

[6] A relação inversa entre o período de participação e o retorno é válida para todos, mas grande parte da coluna da esquerda mostra o contrário. Isso se dá porque, em participações curtas, o múltiplo anual (365 dividido pelos dias de participação) tem um grande efeito negativo sobre os retornos. Em períodos de participação longos, o impacto anual é menor.

Suponha que a empresa-alvo decida montar seu próprio plano de recapitalização readquirindo 35% de suas ações a um preço de \$ 85 cada uma. Além disso, imagine que a ação remanescente[7] será, posteriormente, estimada para negociação com um preço aproximado de \$ 55 cada.

$$\text{Mix de valor} = (35\% \times \$85) + (65\% \times \$55) = \$65{,}50$$

Observe que um *arb* preferiria um mix de valor de \$ 65,50 obtido na recapitalização (em oposição à oferta atacante de \$ 60), se esse valor pudesse ser entregue oportunamente. Para dar continuidade ao exemplo, se um *arbitrageur* percebe que pode obter um valor de \$ 65,50 por ação, o retorno do investimento por 40 dias será de 48%,[8] e o retorno anual seria de 436%. Como o segundo exemplo ilustra, a alta alavancagem da posição do *arbitrageur* faz os retornos oscilaram dramaticamente com pequenas mudanças no *spread* bruto por ação.

Ao decidir onde oferecer suas ações na batalha pelo controle de uma corporação, o *arb* determinará qual dentre as ofertas (por exemplo, uma oferta hostil de compra ou a recapitalização) dará maior retorno anual de capital investido. Dando continuidade ao nosso exemplo, ele preferiria \$ 60 em 10 de julho do que o pagamento em dinheiro ou títulos de \$ 65,50 recebidos em 10 de outubro.[9] Com custos de capital variando de 30% a 40% ao ano, o tempo de fluxo de caixa recebido é crucial para a tomada de decisão. Ultimamente, a decisão dos *arbitrageurs* de oferecer suas ações a um *raider* tem significado, na maior parte das vezes, que a companhia não terá muito tempo para completar sua recapitalização, se essa for calculada para obter um baixo mix de valor.

5. Defesas do *takeover* alteram as probabilidades de resultado

A administração da empresa-alvo pode tomar uma série de providências para retardar ou mesmo paralisar totalmente o processo de efetivação de uma aquisição hostil. Tais providências são conhecidas como *antitakeover defenses*. Os tribunais têm mantido uma postura relutante diante da invalidação dessas manobras de defesa sem que sejam comprovados conflitos de interesse, negligência ou fraude por parte da administração da empresa-alvo.

Um *conselho* organiza a eleição de parte do corpo de diretores a cada ano; conseqüentemente, a obtenção do controle pelo comprador por meio do domínio sobre o conselho pode ser atrasada.

A emenda supermajoritária do estatuto especifica que uma grande parte das ações ordinárias em circulação deve autorizar uma incorporação entre a companhia e o comprador. Geralmente, compradores hesitam em fazer uma oferta por uma empresa que eles acreditam não estar apta a concretizar a fusão.

---

[7]"Ações remanescentes" são aquelas que permanecem após uma grande recapitalização. Por exemplo, se diante de uma oferta hostil de compra, uma companhia controladora decide vender duas de suas principais linhas de negócio e fazer um grande empréstimo para recomprar dois terços de suas ações, as ações restantes serão chamadas de"ações remanescentes".

[8]O *spread* bruto é \$ 65,50 – \$ 57 × 100 ações, ou \$ 850 na posição do alvo; e \$ 50 – \$ 50 x 100 ações, ou zero na posição do comprador. Deduzidos os juros de \$ 43,73, pegando-se os dividendos inevitáveis da venda de títulos a descoberto de \$ 20 e adicionando dividendos recebidos de \$ 30, tem-se um *spread* líquido de \$ 816,27. Dividindo esse *spread* líquido pelo capital comprometido de \$ 1.710, tem-se um retorno de capital de 48%, anualmente, tem-se 436%.

[9] Supondo uma taxa de descontos anual de 40%, o valor presente de \$ 65,50 recebido em quatro meses será de \$ 58,55.

A *emenda de preços justos do estatuto* exige que todos os acionistas vendedores recebam o mesmo valor de um comprador. Isso impede a implementação de uma oferta de compra *two-tier*, ou "freeze-out", na qual um bloco controlado de ações é comprado com ágio e o restante é comprado com desconto.

Para quedas dourados (golden parachutes) concedem generosos pagamentos aos administradores da empresa-alvo, caso eles sejam demitidos após a aquisição. O efeito disso é uma alta no preço de aquisição para o licitante.

Uma *recapitalização alavancada* da empresa-alvo implica altos empréstimos e pagamento imediato de grandes dividendos aos acionistas da empresa-alvo. Sendo assim, o comprador hostil deverá arcar com uma imensa dívida provinda da empresa-alvo. Além disso, muitas das dívidas previstas em uma recapitalização de alta alavancagem incluem *"poison puts"*, o que pode fazer uma dívida imediatamente pagável impor mudanças no controle da empresa-alvo.

O *direito do acionista* (ou "pílula de veneno", como é comumente chamado) é o direito inalienável de obter ações ordinárias a custo nominal. Todos os acionistas têm esse direito, exceto a "pessoa interessada", que adquire mais ações que o permitido pelo plano de direitos. Conseqüentemente, o plano posiciona-se contra um comprador não desejado e a favor dos outros acionistas, encarecendo a aquisição (por exemplo, tornando-a de 25% a 50% mais cara). Normalmente, o direito vale por dez anos, a menos que seja prorrogado pelo conselho de diretores. Direitos inalienáveis são distribuídos proporcionalmente a todos os detentores de ações ordinárias como um dividendo de ações. Os direitos são automaticamente transferidos em conjunto com as respectivas ações ordinárias, mas não podem ser colocados em exercício (e de fato são representados por instrumentos independentes) até a ocorrência de um evento desencadeante. Nesse momento, instrumentos independentes que representem os direitos são distribuídos aos acionistas; os direitos são separados das ações e podem ser negociados de forma independente.

- *Evento desencadeante, "pessoa interessada".* O evento desencadeante é definido como uma aquisição por qualquer pessoa (ou grupo de pessoas agindo em conjunto) de certa porcentagem (hoje, normalmente 10%) das ações ordinárias em circulação sem o consentimento prévio do conselho de diretores da companhia. Tal comprador é conhecido como "pessoa interessada" e não pode exercer direitos.
- *Cláusulas "flip in" e "flip over".* O plano de direitos pode conter tanto cláusulas "flip in" quanto "flip over". As "flip over" são aplicadas apenas quando uma "pessoa interessada", tendo adquirido controle de voto da companhia, tenta incorporar a empresa para si. Nesse momento, detentores dos direitos tornam-se autorizados a comprar ações ordinárias da empresa por valor nominal. As "flip in" autorizam os detentores a comprar ações ordinárias de uma empresa-alvo por valor nominal. Ambos os tipos de cláusula provocam diluição econômica significante na "pessoa interessada".
- *Resgate.* O conselho de diretores pode resgatar os direitos a qualquer momento anterior ao evento desencadeante, e até dez dias após o evento desencadeante, por um preço de $ 0,01 por direito. Os direitos tornam-se irresgatáveis após o prazo de dez dias.
- *Cláusula da oferta qualificada ou "dead hand".* O conselho também pode escolher dispensar uma oferta qualificada das operações do plano de direitos. Uma "oferta qualificada" é definida como proposta de compra em dinheiro, em ações ou como proposta de

fusão que tenha sido aprovada pelo conselho. Após a "mudança de controle", definida como reposição de 50% do conselho em uma contenda mandatária, os direitos poderão ser resgatados apenas por uma maioria de diretores remanescentes (no mínimo dois). Um diretor remanescente é definido como a pessoa que era membro da direção da empresa-alvo no momento em que o plano de direitos foi adotado, ou foi nomeada pela maioria dos diretores em ofício ou seus mandatários.

As pílulas de veneno são, de longe, a mais eficiente defesa no arsenal das corporações; nunca são deliberadamente desencadeadas e, a não ser em virtude de uma rescisão pelos diretores da empresa-alvo, são virtualmente uma garantia para interromper um *takeover.* Entretanto, a pílula de veneno não é indestrutível; certa vez, o tribunal exigiu que o conselho as dissolvesse. Algumas empresas-alvo apelaram com sucesso aos diretores e acionistas para anular suas defesas (usualmente, o apelo é acompanhado por altos ágios de aquisição).

6. Decisões da Justiça, leis e regulamentações afetam consideravelmente o jogo

Uma intervenção governamental em um *takeover* influencia consideravelmente o processo de aquisição. No âmbito federal, nos Estados Unidos, as leis de títulos têm sido orientadas para garantir certo "nivelamento no campo de jogo", a fim de incentivar a competição entre os licitantes. Leis antitruste têm sido criadas para proteger consumidores e incentivar a competição nos mercados de produtos. No âmbito estadual, as leis *antitakeover* têm sido orientadas para a prevenção de licitantes não desejados. Essas e outras leis e regulamentos tolhem o comportamento dos licitantes e dos alvos e afetam os aspectos bons de uma aquisição bem-sucedida. As imposições governamentais seguintes dão uma visão do impacto das exigências sobre os licitantes e os alvos.

A. A aquisição de acionistas excedente a 5% das ações da empresa-alvo deve ser declarada dentro de dez dias à *Security and Exchange Comission* (Regra 13-D). *Arbitrageurs*, grandes casas de negociação e instituições financeiras se apressam para transmitir cópias dos ditames da regra 13-D e da SEC imediatamente aos seus empregadores. Declarações de grandes mudanças na detenção de ações serão rapidamente incorporadas ao preço delas. O efeito dessa exigência é esclarecer as intenções do licitante para com o alvo e o restante do mercado, bem como em operações para adquirir controle por meio de compras no mercado aberto.

B. Uma oferta de compra deve ser mantida em aberto por 20 dias (Regra 14e-1(a)). Anteriormente à Lei Williams, atacantes podiam estabelecer um tempo relativamente curto para a expiração da oferta, obrigando os acionistas da empresa-alvo a decidirem apressadamente sobre o processo e evitando ações defensivas da administração da empresa-alvo. O efeito dessa regra é fornecer tempo suficiente para que o alvo arme sua estratégia de defesa ou apresente contraproposta aos *arbitrageurs.*

C. O licitante deve honrar todas as ações oferecidas em uma oferta proporcional, e não em uma base de quem chega primeiro é atendido antes (Regra 14d-8). Isso resgata um pouco da compulsão dos acionistas-alvo para decidir a entrar na linha o quanto antes – propostas por um controle de interesses (por exemplo, 51%) e não por 100% das ações podem ser direcionadas para induzir uma debandada de acionistas. De forma semelhante, essa regra neutraliza parcialmente o impacto da oferta de compra *two-tier.*

D. Os acionistas-alvo podem desistir das propostas por qualquer razão nos primeiros 15 dias de uma oferta de compra (Regra 14d-7(a)(1)). Isso dá grande flexibilidade para que os acionistas avaliem ofertas concorrentes tão logo elas apareçam.

E. O período da oferta de compra pode ser estendido em dez dias, se aparecer uma oferta concorrente (Regra 14d-7(a)(1)).

F. Os diretores devem exercer direitos de preservação e lealdade para com os acionistas (jurisprudência). Essa importante medida impede que os diretores dêem muito peso às considerações de outros acionistas na empresa. Os diretores devem, primeiro, fazer o que for melhor para os acionistas, e têm de fazê-lo de maneira cuidadosa e orientada.

G. Diretores e administradores devem revelar informação *material* sobre a companhia para o público (jurisprudência). Por exemplo, o recebimento de uma autêntica oferta de compra de uma empresa comunicado à administração sob certas circunstâncias deve ser anunciando aos acionistas. Porém, o que é "material" é a chave mestra do julgamento. Quando a administração recebe uma oferta, ela deve decidir, com ou sem a assistência de um banqueiro investidor, se a oferta é razoável. Se a oferta é julgada razoável, então, no mínimo, o conselho de diretores deve ser notificado; a essa altura, um conselho legal deve ser formado para determinar se a oferta deve ser revelada. A companhia nunca deve mentir para a imprensa, pois, se fizer isso, ela estará sujeita à acusação de fraude. Ela deve optar, como importante política da corporação, por não comentar rumores sobre o mercado.

H. Se for determinada a venda da companhia, os diretores devem vendê-la para o licitante que fizer a oferta mais alta (jurisprudência: "Revlon Decision").

I. Os tribunais não estão dispostos a intervir ou a criticar as decisões tomadas pela administração, a não ser que seja provada fraude ou considerável negligência. Essa é a "Lei de Julgamento de Negociações" adotada pelos tribunais federais dos Estados Unidos. Isso atribui o ônus da prova ao licitante, se este buscar nos tribunais a invalidação das defesas *antitakeover* da empresa-alvo.

J. Se um grupo de administradores conduzir um leilão pela companhia, esses administradores devem ter o cuidado de manter um "nivelamento do campo de jogo" durante o processo do leilão. Eles não devem conceder a nenhum licitante qualquer vantagem no processo de licitação.

7. Acionistas vendedores enfrentam um dilema de prisioneiro

A decisão de venda por aceitação de uma oferta de compra gera um conflito incomum de interesses entre os acionistas vendedores da empresa-alvo. De um lado, eles podem esperar demais e comprometer o que seria uma oferta alta, a administração pode revelar alguns valores justificando preço mais alto das ações e da oferta de compra. De outro lado, uma venda imediata se fecha em determinado valor. O único jeito de saber se há maior valor na empresa-alvo é com uma associação dos acionistas – atrasando o processo de oferta do licitante – e aguardar para ver se um maior valor (ou oferta) aparece. O problema é que ações unificadas em um grupo altamente diversificado de acionistas são difíceis, se não impossíveis, de conduzir.

QUADRO 2 |

		Prisioneiro B	
		Não confessa	**Confessa**
Prisioneiro A	**Não confessa**	I. A pega 5 anos B pega 5 anos	II. A pega 8 anos B pega 3 anos
	Confessa	III. A pega 3 anos B pega 8 anos	IV. A, B pegam 10 anos cada

Esse é o problema clássico do "dilema do prisioneiro".[10] Nesse caso hipotético, dois bandidos são levados pela polícia na crença de que são igualmente culpados por cometer um crime. Os bandidos são isolados em celas diferentes e interrogados separadamente. O promotor encoraja cada um dos presos para que confessem e comprometam um ao outro. Mas nenhum deles confessa. O promotor acredita ser capaz de convencer a corte a condená-los a cumprir cinco anos cada. Se ambos confessarem e comprometerem um ao outro, a corte condenará os suspeitos a cumprir uma pena de dez anos cada. Se um prisioneiro confessar e comprometer o outro, e o outro não confessar nem comprometer seu parceiro, o confesso pegará uma pena de três anos (sem contar o tempo do processo), e o não-confesso pegará oito anos. O "dilema do prisioneiro" é: confessar ou não? O **Quadro 2** apresenta os quatro resultados possíveis para a questão.

Obviamente, os quadrantes II e III são os melhores resultados, individualmente, para os dois prisioneiros, porque resultam em curtos períodos de prisão para cada um. Mas, se ambos os acusados cederem aos apelos do promotor, aumentarão suas penas para dez anos cada. A alternativa segura é a não-confissão de ambos, que resultaria em uma pena média (cinco anos), menor que dez e maior que três anos. Infelizmente, com os dois prisioneiros separados e impedidos de se comunicarem, a colaboração mútua necessária para acordar os termos do quadrante I é impossível.

O "dilema do prisioneiro" ilustra como o oportunismo e a ausência de trabalho conjunto conduz a resultados pouco desejáveis. O modelo tem sido usado para explicar a grande gama de fenômenos possíveis no mundo dos negócios e das finanças. O segredo é prever as probabilidades e as ações dos outros jogadores durante o jogo.

A decisão enfrentada pelos acionistas-alvo (especialmente os *arbitrageurs*) é similar. O **Quadro 3** recoloca o "dilema do prisioneiro" em uma situação de *takeover.* Nela, dois acionistas contemplam uma oferta de compra *two-tier* de $ 80 por ação (pagos em dinheiro) por 51% do total de ações; e $ 60 em títulos pelo restante das ações. Os acionistas-alvo observaram os pagamentos apresentados nas células do **Quadro 3,** associando-as com uma oferta imediata e com uma oferta em espera. Com uma oferta imediata, o investidor aceita a oferta do atacante. Se ambos esperam, a oferta "se perde" e o atacante deve aumentar sua proposta. Se apenas um espera, o acionista que espera se torna um investidor minoritário na empresa e eventualmente vende seu quinhão ao atacante por preços irrisórios.

[10] O dilema do prisioneiro foi discutido pela primeira vez em Anatol Rapoport e A. M. Chammah, *Prisioner's Dilemma*, Ann Arbor: University of Michigan Press, 1965.

QUADRO 3 |

		Investidor B	
		Espera	**Venda pela oferta**
Investidor A	**Espera**	I. A ganha $100/ação B ganha $100/ação	II. A ganha $60/ação B ganha $80/ação
	Venda pela oferta	III. A ganha $80/ação B ganha $60/ação	IV. A e B ganham $70/ação*

*O retorno de $ 70 no quadrante IV representa rateio dos pagamentos iniciais e finais, 50% vezes $ 80 mais 50% vezes $ 60.

Se os acionistas-alvo agem em conjunto e esperam, podem obter melhores informações e melhor preço por sua empresa (quadrante I). Se alguns vendem pela oferta enquanto outros esperam, os que vendem podem obter um negócio melhor do que os que esperam e acabam como acionistas minoritários em uma empresa dominada pelo comprador. Sem ação e comunicação conjuntas, se todos os acionistas aceitam a oferta, o comprador leva a empresa pelo preço que ofereceu (quadrante IV).

Até onde as aquisições se encaixam nesse modelo, o "dilema do prisioneiro" tem implicações importantes para os compradores e os acionistas-alvo:

- Os compradores se beneficiam e os acionistas-alvo perdem em razão da estrutura assimétrica dos pagamentos e à dificuldade dos acionistas para agir em conjunto.
- Para aumentar a vantagem do comprador (e chegar ao quadrante IV), o comprador deve estruturar a assimetria dos incentivos aos acionistas-alvo a fim de motivá-los a "desertar" e aceitar a proposta. Pode-se conseguir esse efeito oferecendo um preço alto e relativamente certo para os que venderem cedo, e outro preço, mais baixo e menos certo, para os que venderem mais tarde. Além disso, o comprador pode dar sinais de que o futuro reserva um "congelamento de acionistas minoritários". O objetivo clássico aqui é a oferta de "dois níveis": é oferecido caixa aos acionistas que participarem da oferta do comprador por 51% da empresa, seguido da oferta de ações ou papéis de alto ganho aos acionistas que atrasarem sua venda, ficando nos 49% finais da compra. Uma minoria que absolutamente não cede pode ver os ativos da empresa serem removidos e vendidos um a um ao comprador – essencialmente liquidando o alvo. Em 1997, a Hilton Hotels Corporation ofereceu $ 55 dólares por ação pela ITT Corporation: para os primeiros 50,1% das ações, a Hilton pagaria em *cash*; para o restante das ações, ela pagaria $ 55 dólares em ações. As ofertas foram estruturadas para serem equivalentes em valor, mas o pagamento em caixa era muito mais atraente para os *arbitrageurs*.
- Um problema-chave para os *arbitrageurs* e os acionistas de outras empresas-alvo é avaliar a probabilidade das ações de outros acionistas. Em nenhum outro ponto das aquisições a natureza similar a um jogo aparece mais do que nesse fato: assim como jogadores de

cartas devem avaliar as mãos e as probabilidades dos outros jogadores, os *arbitrageurs* nessa situação devem avaliar as prováveis ações de outros investidores.

- A colaboração entre acionistas pode valer a pena. Isso pode explicar o aparecimento de comitês unidos de grupos de acionistas-alvo e os apelos para que ajam em conjunto.
- Regimes de regulamentação de valores mobiliários que favorecem o tratamento igualitário de todos os acionistas e condições de "campo de jogo nivelado" desencorajam incentivos assimétricos que levem ao quadrante IV.
- O tempo é muito precioso aos acionistas-alvo e inimigo do comprador. Procurar por um comprador que venha em um cavalo branco, desenvolver um plano de recapitalização ou erguer um plano de defesa leva tempo. Quanto mais o comprador puder apressar o processo de decisão dos acionistas-alvo, menos eficaz serão as ações evasivas da diretoria da empresa-alvo.

8. Para definir um preço de oferta, pense como um investidor

Em razão da enorme variedade de leis e defesas contra tomadas de propriedade, o comprador se depara com a realidade de que seu principal instrumento de sucesso é o planejamento do negócio. Os possíveis elementos dos termos de aquisição incluem preço, forma de pagamento (fixo, semi-fixo, contingente, lateral), *timing*, compromissos e incentivos. A tarefa do comprador em uma tomada de propriedade hostil é criar termos para que a aquisição tenha sucesso, ao mesmo tempo em que preserva o maior valor possível para o comprador. Na discussão a seguir, o foco será o preço, embora, na verdade, a forma de pagamento e outras dimensões sejam considerações muito importantes também.

Tendo em vista que os *arbitrageurs* têm poder de decisão em uma oferta de tomada de propriedade hostil, é razoável pressupor que aquele comprador que ofecerecer o maior preço levará a companhia. Presume-se que o comprador tentará comprar ações acima do seu preço atual. A questão central é o tamanho que esse ágio deve ter. A gama de possibilidades para o ágio terá como limite superior as estimativas mais otimistas do comprador sobre o valor intrínseco do alvo (usando fluxo de caixa descontado, múltiplos e outros métodos de avaliação para chegar a esse valor máximo). À primeira vista, é normal acreditar que o limite mínimo do ágio seria determinado pelo preço atual das ações. Mas o comprador deve assumir que é possível que o alvo leve a cabo por si só uma reestruturação para dar aos acionistas valores acima do preço atual das ações – uma reestruturação alavancada, por exemplo. Como é sensato pressupor que a diretoria do alvo queira manter seus empregos e a reestruturação é a única alternativa disponível, se um príncipe em um cavalo branco não for introduzido no negócio, o valor dessa reestruturação passa a ser, efetivamente, a outra ponta do limite do ágio. O momento exato entre os dois limites em que o comprador vai decidir fazer sua oferta depende do quanto ele acredita que um competidor possa entrar no negócio.

O conselho para um comprador em uma situação desse tipo é o de que ele deve pensar como o acionista-alvo. A escolha para o acionista é simples: aceitar a oferta se:

$$\text{Valor da venda} \geq \text{Valor esperado com a não-venda}$$

Como o valor da oferta do comprador não pode ser estimado com precisão, o cerne da análise é estimar o valor de não-venda (VENV). O VENV é uma média simples do preço das ações em dois cenários possíveis: (1) nenhuma ação é vendida ao comprador, a tomada de posse falha e o preço da ação retorna ao preço anterior;[11] e (2) nenhuma ação é vendida ao comprador, mas as ações são vendidas por um preço mais alto a um concorrente que compra a empresa. Esses preços são multiplicados pela probabilidade da ocorrência e depois são somados:

$$\begin{aligned}\text{VENV} = {} & (\text{Preço de ação}_{\text{Sem proposta de concorrente}} \times \text{Probabilidade}_{\text{Sem proposta de concorrente}}) + \\ & (\text{Preço de ação}_{\text{Com proposta de concorrente}} \times \text{Probabilidade}_{\text{Com proposta de concorrente}})\end{aligned}$$

Assim, para ter sucesso na oferta, o comprador hostil precisa lançar um preço mais alto que o VENV. Naturalmente, isso requer que se estime as probabilidades e a oferta de um competidor. Se o responsável pela decisão não se sente confortável com essa escolha, a fórmula do VENV pode ser resolvida ao contrário para as probabilidades e ofertas da competição que trazem lucros um pouco melhores ou piores do que as possíveis ofertas do comprador. Em seguida, o comprador pode julgar a razoabilidade da gama de ofertas e probabilidades concorrentes como um último passo na preparação de sua oferta.

Para ilustrar como a equação de VENV pode ser usada para emoldurar a análise de um comprador, considere o seguinte exemplo. Um comprador hostil quer preparar uma oferta inicial para a Corporação ABC. O preço atual da sua ação é $ 45. Sob um plano de reestruturação agressivo (que inclua venda de ativos e recapitalização alavancada), a ABC valeria $ 65 por ação. O comprador hostil observa algumas sinergias com a ABC que, se aplicadas por completo ao valor da ABC, justificariam uma oferta máxima de $ 77 por ação. Claramente, o comprador hostil tentaria se apropriar da maior fatia possível no meio-termo. A que preço ele deve iniciar sua oferta hostil?

Como já foi citado, a estratégia do comprador será fortemente influenciada pela habilidade do alvo em se defender com um plano de reestruturação que crie valores. Assim, o comprador hostil pode considerar dois cenários:

- *Possibilidade A: o alvo não se reestrutura.* Nesse caso, se a oferta não atrai o número necessário de ações, pode-se presumir que o preço da ação do alvo caia de volta ao nível anterior, $ 45.
- *Possibilidade B: o alvo anuncia reestruturação.* Nesse caso, os acionistas dificilmente aceitariam vender suas ações por menos de $ 65, se tiverem confiança na capacidade da empresa de levar o plano a cabo. Em prol da simplicidade, vamos imaginar que a reestruturação tem boas chances de ser bem-sucedida.

O **Quadro 4** traz o VENV para várias combinações de ofertas de compra e probabilidades concorrentes no primeiro cenário. A área sombreada indica os valores de equilíbrio para cada probabilidade e oferta que o comprador hostil deve suplantar para motivar os árbitros a favorecer sua oferta. Por exemplo, uma oferta concorrente de $ 70 e uma probabilidade de 50% sugere que o comprador deve ofertar mais que $ 57,50 para motivar os árbitros a vender suas ações ao comprador. A tarefa do comprador deve ser a de avaliar se alguma outra

[11]Quando uma oferta de compra hostil é evitada, observa-se que o preço da ação do alvo tende a voltar ao patamar anterior ao evento. Se retorna ou não ao exato preço original depende da expectativa de outras ofertas de tomada de posse ou possíveis mudanças nas políticas gerenciais.

QUADRO 4 | VENV Se o "valor-padrão" é o preço de ação original do alvo (Possibilidade A)

		Valor da oferta concorrente									
		$45,00	**$50,00**	**$55,00**	**$60,00**	**$65,00**	**$70,00**	**$75,00**	**$80,00**	**$85,00**	**$90,00**
Probabilidade	10%	$45,00	$45,50	$46,00	$46,50	$47,00	$47,50	$48,00	$48,50	$49,00	$49,50
de	25%	$45,00	$46,25	$47,50	$48,75	$50,00	$51,25	$52,50	$53,75	$55,00	$56,25
oferta	50%	$45,00	$47,50	$50,00	$52,50	$55,00	$57,50	$60,00	$62,50	$66,00	$67,50
concorrente	75%	$45,00	$48,75	$52,50	$56,25	$60,00	$63,75	$67,50	$71,25	$75,00	$78,75
	90%	$45,00	$49,50	$54,00	$58,50	$63,00	$67,50	$72,00	$76,50	$81,00	$85,50

empresa poderia pagar $ 70 por ação, o que é o mesmo que se perguntar se a probabilidade de uma oferta a $ 70 é de fato de 50%.

O **Quadro 5** resume os resultados para o segundo cenário. Comparando as áreas sombreadas das duas tabelas, vê-se que a reestruturação do alvo diminui consideravelmente a margem de manobra do comprador.

Essa análise mostra a enorme vantagem que leva o primeiro jogador em uma competição de ofertas de tomada de posse hostil. Os *arbitrageurs* devem pesar a oferta concreta do primeiro comprador contra as ofertas incertas de potenciais concorrentes. A incerteza desconta o valor dos potenciais competidores; assim, uma probabilidade relativamente alta de uma grande oferta se faz necessária para impedir os *arbitrageurs* de aceitarem determinada oferta.

O profissional (comprador ou alvo) pode usar essa análise da seguinte forma:

1. Calcular o limite mínimo da oferta pelo preço original da ação ou o valor resultante de um eventual plano de reestruturação.
2. Ajustar um limite máximo, determinado pelo valor da empresa-alvo, que reflita todas as sinergias e conjecturas otimistas sobre as operações e a capacidade de usar alavancas financeiras de forma agressiva.
3. Estimar os VENVs para várias combinações de ofertas e probabilidades concorrentes – equivale às áreas sombreadas nos **Quadros 4** e **5**.
4. Após refletir sobre os compradores concorrentes, suas ofertas e a probabilidade de entrarem no páreo, colocar seu preço de oferta um pouco acima do VENV para aquela célula em sua tabela.

QUADRO 5 | VENV Se o "valor-padrão" baseia-se em uma reestruturação do alvo (Possibilidade B)

		Valor da oferta concorrente									
		$45,00	**$50,00**	**$55,00**	**$60,00**	**$65,00**	**$70,00**	**$75,00**	**$80,00**	**$85,00**	**$90,00**
Probabilidade	10%	$63,00	$63,50	$64,00	$64,50	$65,00	$65,50	$66,00	$66,50	$67,00	$67,50
de	25%	$60,00	$61,25	$62,50	$63,75	$65,00	$66,25	$67,50	$68,75	$70,00	$71,25
oferta	50%	$55,00	$57,50	$60,00	$62,50	$65,00	$67,50	$70,00	$72,50	$75,00	$77,50
concorrente	75%	$50,00	$53,75	$57,50	$61,25	$65,00	$68,75	$72,50	$76,25	$80,00	$83,75
	90%	$47,00	$51,50	$56,00	$60,50	$65,00	$69,50	$74,00	$78,50	$83,00	$87,50

Finalmente, o VENV traz informações gerais sobre duas estratégias clássicas e divergentes: (1) começar com um lance alto e (2) começar com um lance baixo. Cada uma tem suas vantagens e desvantagens:

- *Lance alto*. O lance inicial alto é conhecido no jargão de aquisições e fusões como "abraço de urso" – provavelmente em referência a uma expressão de afeição que sobrepuja qualquer resistência. A estratégia cria um obstáculo para os competidores e pressiona os diretores do alvo a aceitar a oferta. Sabendo disso, ao ver uma oferta alta, os *arbitrageurs* tendem a apoiá-la. Assim, a estratégia da oferta alta provavelmente vence a disputa. Sua maior desvantagem é a de oferecer aos acionistas da empresa-alvo um valor que poderia reter com uma oferta inicial menor. Normalmente, essa estratégia é adequada quando o comprador teme outros concorrentes ou é impaciente.
- *Lance baixo*. Esse tem a vantagem de poupar os ganhos da tomada de posse para o comprador. Mas pode atrair compradores concorrentes e quase certamente levará o alvo a anunciar uma reestruturação interna. Esse método provavelmente resultará em um páreo mais longo. O risco para o comprador é mais alto. Normalmente, essa estratégia é adequada quando o comprador é paciente e/ou confiante de que não haverá oferta concorrente.

9. Conclusão: o jogo tem implicações para planejamento e defesa de tomadas de propriedade

A discussão nesse tópico sugere que os profissionais precisam analisar e explorar incertezas no planejamento e na execução de ofertas hostis. As implicações específicas incluem:

- Clareza sobre o valor do alvo é um fundamento absolutamente essencial para o ataque e a defesa em uma tomada de posse. O valor deve ser estimado sob uma grande variedade de perspectivas: valor atual, valor se reestruturada ou recapitalizada, valor para o comprador hostil primário com sinergias e valor para potenciais compradores concorrentes com suas sinergias. No mínimo, essa avaliação antecipa a provável análise dos *arbitrageurs*, que serão figuras importantes na decisão do embate.
- O comprador hostil deve buscar ações que diminuam o tempo até o resultado, impeçam a colaboração entre os acionistas-alvo, saiam na frente de concorrentes potenciais, reduzam a incerteza dos investidores sobre o valor da oferta e pressionem o conselho do alvo a cooperar. A empresa-alvo deve fazer o oposto: atrasar, buscar planos de reestruturação e compradores em um cavalo branco, gerar incerteza sobre o comprador hostil e sua oferta e pressionar o conselho do alvo a não cooperar.
- O foco tanto do ataque quanto da defesa deve ser o investidor, em particular o *arbitrageur*; este não se deixa levar por apelos à lealdade, à tradição ou às estratégias vagas. Valores numéricos reais com prazos curtos serão decisivos. Vencer o jogo é, em grande parte, questão de maximizar valores.
- A influência governamental no jogo de tomada de propriedade é imensa. As cortes e as agências governamentais podem intervir no jogo, muitas vezes de forma imprevisível. Um outro *front* importante que tanto o ataque quanto a defesa devem gerenciar é a observação e a exploração das leis que se aplicam ao caso.

Leitura sugerida

AUERBACH, Alan J. *Mergers and Acquisitions*. Chicago: University of Chicago Press, 1988.

BRAMS, Steven J. *Rational Politics, Decisions, Games, and Strategy*. Boston: Academic Press, 1985.

BRUNER, Robert F. *Applied Mergers and Acquisitions*. Hoboken. New Jersey: John Wiley & Sons, Inc., 2004.

FLEISCHER, Arthur, Jr. & SUSSMAN, Alexander R. *Takeover Defense*, 5 ed. Nova York: Aspen Publishers, 1997.

GILSON, Ronald J. & BLACK, Bernard S. *The Law and Finance of Corporate Acquisitions*, 2 ed. Westbury, NY: The Foundation Press, 1995.

McDONALD, John. *Strategy in Poker, Business & War*. Nova York: W. W. Norton, 1989.

RAPOPORT, Anatol & CHAMMAH, A. M. *Prisoner's Dilemma*. Ann Arbor: University of Michigan Press, 1965.

SMITH, Adam (George J. W. Goodman). *The Money Game*. Nova York: Dell, 1969.

THALER, Richard H. *The Winner's Curse: Paradoxes and Anomalies of Economic-Life*. Princeton, NJ: Princeton University Press, 1992.

WYSER-PRATTE, Guy P. *Risk Arbitrage II*. Nova York: New York University, Salomon Brothers Center for the Study of Financial Institutions, monografia 1982–3–4.

CASO 47

A proposta de aquisição da Honeywell pela General Electric

Você tem um compromisso com a nossa diretoria para fazer dessa a aquisição de maior sucesso na história da indústria. E eu digo que nós vamos fazer isso, é isso que vai acontecer aqui... Olhe linha de produto por linha de produto, componente por componente , e não há qualquer indício em qualquer lugar, seja qual for o cálculo que se faça, que diga o contrário. De um ponto de vista emocional, pode-se falar alguma coisa sobre isso, mas, olhando os fatos, esse é o negócio mais limpo que você jamais viu.

—John F. Welch Jr., 23 de outubro de 2000[1]

No dia 1º de março de 2001, Jessica Gallinelli, diretora-executiva da Bancroft Capital Management, ouviu notícias surpreendentes e um pouco perturbadoras sobre a proposta da General Electric Company (GE) pela Honeywell International Inc. Apesar das recentes garantias feitas ao público sobre o negócio pelo presidente e CEO da GE, John F. "Jack" Welch Jr., a autoridade regulatória antitruste da Comissão Européia (CE) anunciou que começaria uma verificação da proposta de fusão. Gallinelli, cujo fundo tinha grande participação na Honeywell, refletiu sobre esse novo desenrolar da história e perguntou-se se a Bancroft deveria alterar seu investimento.

Imediatamente, Gallinelli instruiu seus associados para que providenciassem material sobre a fusão, averiguassem a probabilidade de a fusão ser aprovada pelos reguladores antitruste nos Estados Unidos e na Europa, e fizessem análises que a auxiliassem a avaliar o investimento da Bancroft na Honeywell. Ela precisava decidir rapidamente se manteria ou venderia os 10 milhões de ações da Honeywell que seu fundo possuía e sua pequena posição de 10 milhões de ações da GE. Como uma *arbitrageur* de risco, ela pensou que os preços responderiam rápido ao anúncio da Comissão Européia. Ela se lembrou da confiança de Jack Welch cinco meses antes, ao dizer que esse era "o negócio mais limpo que jamais viu", e se perguntou se esse ainda era o caso.

[1]Honeywell International Inc., U.S. Securities and Exchange Commission, arquivo nº 1-8974.

Este caso foi preparado com informações públicas por Solomon Eskinazi sob a supervisão de Robert F. Bruner e com a assistência de Sean D. Carr. Foi escrito para ser base de discussão em sala de aula, e não para ilustrar gerenciamento eficaz ou ineficaz de uma situação administrativa. As representações de Jessica Gallinelli e da Bancroft Capital Management são fictícias.

Pano de fundo da oferta da GE pela Honeywell

Na quinta-feira, 19 de outubro de 2000, Jack Welch, da GE, visitava a Bolsa de Nova York (NYSE) quando notou algo estranho no preço das ações da Honeywell. "Eu estava olhando a tela e as ações da Honeywell estavam em alta, uns 10 dólares", ele disse. "Eu não conseguia entender."[2] Um repórter explicou que, na época, a Honeywell e a United Technologies Corporation (UTC) acabavam de iniciar discussões sobre fusão. Pelo que diziam, a UTC pagaria 0,74 de sua ação por cada ação da Honeywell. Uma fusão assim criaria uma companhia que poderia se tornar um fornecedor dominante no mercado aeroespacial e um competidor de peso para a GE.

Welch estava preparado para essa notícia. Na manhã seguinte, ele ligou para o presidente e CEO da Honeywell, Michael Bonsignore, para apresentar a oferta da GE pela Honeywell, com troca ação-por-ação à razão de 1:1. Depois que os advogados da Honeywell levaram à UTC a notícia de que a GE fizera uma oferta superior, o CEO da UTC, George David, disse a Bonsignore que a UTC retiraria sua oferta se o conselho da Honeywell não aprovasse a proposta de fusão até as 14h30 daquele dia. A Honeywell não pôde cumprir esse prazo, e a UTC retirou a oferta, preferindo não entrar em uma guerra de lances com a GE. O **Quadro 1** traz uma linha do tempo dos eventos relacionados às ofertas concorrentes pela Honeywell. Os **Quadros 2** e **3** trazem um histórico das ações da Honeywell, da GE e da UTC durante o período.

No sábado, 21 de outubro, depois de ouvir que Jack Welch, que planejava se aposentar, dissera que ficaria à frente da GE durante o período de aquisição, o conselho da Honeywell aceitou a oferta da GE por um preço um pouco maior, de 1,055 ação da GE para cada ação da Honeywell mais dívida assumida. A GE anunciou formalmente o negócio no domingo, 22 de outubro de 2000. A companhia enviou os protocolos reguladores necessários ao Departamento de Justiça (DOJ) dos Estados Unidos no dia 15 de novembro de 2000, e notificou a CE sobre a fusão proposta para o dia 4 de fevereiro de 2001.

General Electric Company[3]

Em março de 2001, a General Electric era uma das maiores e mais diversificadas corporações do mundo. Gerava 130 bilhões de dólares em receita, em segmentos diversos: motores de aeronaves, plásticos, serviços financeiros e produção televisiva. Jack Welch servira como o icônico presidente e CEO por 20 anos, nos quais transformou a GE na companhia mais valiosa do mundo, quebrando recordes de receita e faturamento um após o outro. Welch comandou mais de 1.700 aquisições e levou a GE a variados novos mercados.

[2] MURRAY, Matt et al., "Extended Tour: On Eve of Retirement, Jack Welch Decides to Stick around a Bit – Blockbuster Move to Acquire Honeywell Puts Wrench in GE Succession Race – A Deal He Couldn't Pass Up", *The Wall Street Journal*, 23 de outubro de 2000, A1.

[3] http://www.ge.com/en/company/companyinfo/at_a_glance/hist_leader.htm (acessado em 19 de dezembro de 2005).

A empresa teve suas raízes em 1876, quando o famoso inventor Thomas Alva Edison abriu um laboratório em Menlo Park, New Jersey, onde desenvolveu uma vasta gama de produtos elétricos de sucesso. Em 1890, Edison havia organizado muitos de seus negócios na Edison General Electric Company, que se fundiu à Thomson-Houston Company, em 1892, para formar a General Electric Company. A GE foi listada no Índice Industrial Dow Jones em 1896 e é a única companhia a permanecer no índice até hoje.

Honeywell International Inc.

A Honeywell International Inc. era uma corporação de tecnologia e produção diversificadas, com 25 bilhões de dólares de receita em segmentos que incluíam produtos e serviços aeroespaciais, sistemas de geração de energia e química especializada. Foi formada com a fusão da AlliedSignal Inc. e a Honeywell Inc., em dezembro de 1999, e empregava aproximadamente 120 mil pessoas em 95 países.

A história da Honeywell começou em 1885, quando Albert Butz patenteou o alarme e regulador de fornalhas, inventou um termostato chamado "damper flapper" e formou a Butz Thermo-Electric Regulator Company. A companhia foi eventualmente adquirida pela Minneapolis Heat Regulator Company, que se fundiu à Honeywell Heating Specialty Company em 1927. Essa empresa se tornou a Honeywell Inc. em 1963. Entre numerosas inovações, a companhia inventou o piloto automático elétrico e o termostato redondo e tinha operações relacionadas a giroscópios, sistemas de segurança e computadores. Ela comprou a Sperry Aerospace em 1986 e se tornou líder em alguns mercados aeroespaciais em 2000.

Em dezembro de 1999, a Honeywell Inc. completou uma fusão de 16 bilhões de dólares com a AlliedSignal, em um negócio fortemente elogiado por analistas de Wall Street. Esperava-se que a fusão entre Honeywell e AlliedSignal ampliasse a força competitiva de cada companhia, e os CEOs previram que essas sinergias, combinadas à redução de custos, aumentariam os ganhos por ação em pelo menos 20% ao ano. Seis meses após a finalização do negócio, entretanto, o CEO da Honeywell, Michael Bonsignore, explicou aos investidores que o crescimento esperado não alcançaria as previsões, ficando apenas entre 12% e 14%. De fato, o conselho da Honeywell não achava que a companhia fosse alcançar melhoras significativas entre 18 e 24 meses, e especulava-se que um potencial negócio com uma empresa como a UTC ou a GE daria a Bonsignore a oportunidade de "sair de cena graciosamente".[4]

Considerações sobre a fusão

Ao ouvir a notícia da oferta da UTC pela Honeywell, Jack Welch percebeu que tal combinação ameaçaria a posição da GE em diversos mercados aeroespaciais. Quando fez sua própria oferta pela Honeywell, a GE manteria a Honeywell fora do alcance da UTC, impedindo assim que esta se tornasse líder no fornecimento de motores e componentes para aeronaves. Um renomado analista da indústria comentou à época que "a GE vai se tornar, essencialmente,

[4] Murray et al.

um gigante na área (aeroespacial) como nenhuma outra companhia já conseguiu e, tendo em vista sua provável lucratividade, é difícil imaginar como alguém montaria uma entidade concorrente de escala comparável".[5]

A GE queria também manter seu domínio sobre o mercado de motores de aviões comerciais. De 1990 a 1999, ela controlou 59% do mercado, com seus competidores mais próximos, a Pratt & Whitney (uma divisão da UTC) e a Rolls-Royce muito atrás, com 16% e 13%, respectivamente. A Honeywell adicionaria ao portfólio de negócios da GE mais uma linha de turbinas concentradas na classe de baixo-empuxo, além de uma grande variedade de subsistemas de aeronaves, como componentes de cabine, controles ambientais e sistemas de pouso, serviços de logística inventarial, mecânica e partes sobressalentes para o mercado de aeronaves comerciais. Empresas comparáveis e seus números são mostradas no **Quadro 4**, e transações comparáveis aparecem nos **Quadros 5** e **6**.

Welch estava bastante animado com as possíveis sinergias para as companhias unidas. "Os principais produtos da Honeywell – componentes de cabine, controles automatizados, materiais de alta performance e sua nova tecnologia de microturbinas – são um complemento perfeito para quatro dos maiores negócios da GE (motores de aeronaves, sistemas industriais, plásticos e sistemas de energia)", disse Welch. "Não só os negócios se encaixam perfeitamente, mas as pessoas e os processos também. O sistema de operações e a arquitetura social da GE, unidos à cultura das duas companhias, com base nas iniciativas de Six Sigma, serviços, globalização e *e-business*, também se encaixam perfeitamente."[6] Além disso, havia projetos para que sinergias de custo e receita de US$ 3 bilhões fossem criadas da fusão entre GE e Honeywell, advindas da demissão de funcionários e de processos mais eficientes.

Apesar dos potenciais benefícios da fusão, existia também riscos a serem considerados. Essa seria a maior aquisição de que a GE havia contemplado. Apesar de a empresa ter uma boa reputação quanto à sua experiência com fusões e aquisições, sua estratégia normalmente era comprar companhias pequenas, que poderiam ser integradas com facilidade, estrutural e culturalmente. Na Honeywell havia problemas financeiros e de integração cultural, em razão de sua recente fusão com a AlliedSignal. A Honeywell tinha ainda alguns negócios de crescimento lento e pouco retorno, o que poderia pesar contra os constantes retornos altos da GE. Welch precisava também considerar os obstáculos legais e políticos, principalmente leis antitruste, tanto nos Estados Unidos quanto na União Européia (UE), e potenciais políticas protecionistas na UE que se oporiam ao crescimento do poder de grandes empresas americanas.

Preocupações antitruste

Em março de 2001, os mecanismos reguladores americanos e europeus tinham visões divergentes sobre fusões corporativas. O DOJ avaliava se a fusão diminuiria substancialmente

[5] "GE Outmaneuvers UTC and Snares Honeywell: Large-Scale Mergers May Be Back in Vogue in the Aerospace Industry, and at this Stage, It's Anybody's Guess Where this next Round of Consolidation Might Lead", *Aviation Week*, 30 de outubro de 2000, p. 20.

[6] MADER, Robert P; "General Electric to Buy Honeywell", *Contractor*, novembro de 2000, p. 5.

a competição e, conseqüentemente, como os preços e a inovação dos produtos seriam afetados. A norma legal de avaliação de fusões na UE, de outro lado, media o grau de dominação da companhia em sua indústria e verificava a possibilidade de a nova entidade dominar as indústrias associadas.

As diferenças de procedimentos entre o DOJ e a CE também afetavam suas decisões. Nos Estados Unidos, mesmo após aprovação pelo DOJ ou pela U.S. Federal Trade Commission, outras partes poderiam abrir uma ação judicial para impedir a fusão. Esse não era o caso na Europa, onde a decisão da Comissão Européia de aprovar ou impedir uma fusão era final. Além disso, enquanto as autoridades americanas normalmente ignoravam as reclamações dos concorrentes sobre um potencial negócio e podiam até considerá-las uma razão para permitir uma negociação, as autoridades européias respeitavam a visão dos concorrentes e poderiam impedir um negócio com base em seus pedidos.

A maior parte da mídia, depois do anúncio da proposta de fusão entre GE e Honeywell, indicava que não haveria resistência entre os oficiais antitruste. Havia sobreposição mínima entre os produtos aeroespaciais da companhia, e todos os outros produtos eram fortemente complementares. Alguns observadores, no entanto, acreditavam que o negócio não passaria com facilidade pelos reguladores antitruste, especialmente na Europa. Os oficiais antitruste não costumavam permitir fusões entre as maiores companhias de uma indústria. Além disso, muitos especialistas previam preocupações antitruste tanto verticais (a capacidade de uma companhia de agregar seus produtos e vendê-los em conjunto) quanto horizontais (linhas de produção que se sobrepunham, como a de controles de motores a jato).

No dia 1º de março de 2001, a Comissão Européia anunciou sua surpreendente decisão de abrir uma investigação sobre a proposta de transação entre a GE e a Honeywell. Esse anúncio atingiu Welch de forma pessoal: no dia anterior, ele falara duas vezes com Mario Monti, o chefe do departamento antitruste da CE, argumentando que os produtos da GE e da Honeywell eram complementares e que "a tendência aos sistemas abertos permitiria que os consumidores combinassem produtos de fornecedores diferentes".[7] A decisão da Comissão Européia destruiu os planos da GE de completar o negócio até março ou abril e mostrou que a empresa poderia ter de fazer grandes concessões antes de obter aprovação.

Especificamente, a CE mostrou-se preocupada com o elevado poder de mercado da empresa combinada, assim como o maior poder que a GE teria sobre seus concorrentes e consumidores. A Comissão imaginava que a nova companhia pudesse dominar o mercado de componentes, de sistemas de bordo e de motores para aviação, que os grandes descontos tirariam os concorrentes do mercado e que a venda casada de produtos forçaria os consumidores de motores a comprar outros componentes por intermédio de negócios com o braço de *leasing* da GE, a GE Capital Aviation Services (GECAS). A CE admitiu que o aumento da competição baixaria os preços ao consumidor em curto prazo, mas temia que os rivais da GE enfrentassem margens cada vez piores e não conseguissem se manter em longo prazo, reduzindo, assim, a competição e o desenvolvimento dos produtos da indústria e permitindo que a GE aumentasse os preços.

A CE anunciou também planos para investigar o poder financeiro que a GE poderia ter por meio da GECAS, que comprava aeronaves para concedê-las em *leasing* ou vendê-las para empresas aéreas ou de transporte de carga. A companhia já era um dos maiores compradores

---

[7] TAVERNA, Michael A., "Europe May Oppose GE-Honeywell Merger", *Aviation Week*, 5 de março de 2001, p. 44.

de aeronaves do mundo, e muitos profissionais da indústria temiam que a adição dos produtos da Honeywell às linhas da GE dariam à GECAS poder demais sobre seus consumidores, o que poderia ser usado para vender ainda mais seus produtos combinados. Um porta-voz da GE disse que a GECAS comprava uma grande variedade de motores, além dos modelos da GE, que os compradores de aeronaves normalmente escolhiam a marca de motor que queriam em suas aeronaves e que a GE vinha sendo "muito cuidadosa ao longo dos anos", para evitar conflitos, e nunca havia tido problemas antitruste.[8]

Considerações de Gallinelli

Jessica Gallinelli perguntava-se como as notícias da Europa afetariam o valor de arbitragem de seu fundo, que continuava comprando por 10 milhões as ações da Honeywell[9] e vendendo por 10 milhões as ações da GE, com 70% do capital investido com recursos emprestados a juros de 15%.[10] Apenas um ponto de oposição seria fatal ao negócio. Ela avistava a probabilidade de tanto o DOJ quanto a CE aprovarem a fusão. Gallinelli planejava considerar os diferentes métodos e critérios dos reguladores ao avaliar fusões. Além disso, pretendia observar precedentes históricos que ajudassem a prever o resultado do caso. Ela percebeu que, desde que a CE começou a investigar fusões em 1990, a Comissão só bloqueara uma de mais de 400 propostas feitas por companhias americanas – especificamente a fusão entre WorldCom e Sprint. O negócio também fora bloqueado pelas autoridades americanas.

Gallinelli considerava também a existência de problemas políticos e pessoais. Mario Monti era conhecido por se opor a grandes fusões. Tanto Monti quanto o procurador-geral assistente dos Estados Unidos, Charles James, tinham interesse pessoal no resultado do caso, pois as carreiras de ambos dependiam de seus resultados como reguladores. Jack Welch era respeitado por todos, mas visto por muitos como extremamente arrogante, e sua atitude e a maneira como se aproximava do negócio poderia afetar o resultado. A CE poderia não querer que duas grandes companhias americanas ganhassem mais força em relação aos competidores europeus. Em contrapartida, a CE poderia não querer ser responsável por piorar as relações comerciais entre Estados Unidos e UE, que já estavam tensas.

Como a inesperada notícia de que a CE começaria a investigar o negócio afetaria o preço das ações da GE e da Honeywell? (Os **Quadros 7**, **8**, **9** e **10** trazem uma previsão da performance financeira da Honeywell e uma análise completa da avaliação. Informações do mercado de capitais aparecem nos **Quadros 11** e **12**.) A Bancroft Capital Management deveria vender suas posições na Honeywell ou mantê-las? Deveria alterar sua posição na GE?

---

[8]SHISHKIN, Philip. "GE Purchase of Honeywell Faces Scrutinity in Europe – Competitors Are Concerned that Combined Firm Will be too Powerful", *The Wall Street Journal*, 7 de fevereiro, 2001, A22.

[9]Opções para ações da Honeywell eram vendidas a preços que implicavam volatilidade entre 33,04% e 51,77%, com mediana de 41,20%.

[10]Gallinelli entrou nas duas posições simultaneamente em 20 de outubro de 2000.

QUADRO 1 | Linha do tempo de eventos-chave para GE e Honeywell

Data	Evento
19 de outubro de 2000	• A mídia relata a potencial fusão entre a United Technologies Company (UTC) e a Honeywell
20 de outubro de 2000	• O conselho da Honeywell se reúne para discutir a fusão com a UTC • Jack Welch (CEO da GE) entra em contato com Michael Bonsignore (CEO da Honeywell) para expor seu interesse em uma fusão à razão de 1:1 • Bonsignore diz à UTC que a Honeywell recebeu outra proposta • A UTC cancela as discussões com a Honeywell
21 de outubro de 2000	• Welch se encontra com Bonsignore e aumenta o índice de troca para 1.055 ações da GE para cada ação da Honeywell • O conselho da Honeywell aprova a fusão
22 de outubro de 2000	• O conselho da GE aprova a fusão e anuncia a aquisição da Honeywell
15 de novembro de 2000	• Protocolamento regulatório feito com o Departamento de Justiça (DOJ) dos EUA
4 de fevereiro de 2001	• A Comissão Européia (CE) é notificada da proposta de fusão
1º de março de 2001	• A CE inicia investigação da proposta de combinação GE–Honeywell

QUADRO 2 | Histórico de preço das ações da Honeywell, GE e UTC

Data	HON $US	GE $US	UTX $US	Índice S&P 500
1-set-00	35,55	52,71	58,03	1.520,77
5-set-00	35,83	52,09	57,33	1.507,08
6-set-00	36,85	53,16	59,72	1.492,25
7-set-00	34,48	53,16	59,43	1.502,51
8-set-00	31,55	53,96	57,91	1.494,50
11-set-00	32,95	53,79	58,85	1.489,26
12-set-00	33,35	53,22	58,85	1.481,99
13-set-00	33,80	53,22	58,90	1.484,91
14-set-00	33,85	53,16	59,90	1.480,87
15-set-00	32,90	51,14	59,84	1.465,81
18-set-00	32,22	51,81	60,25	1.444,51
19-set-00	32,45	51,36	58,61	1.459,90
20-set-00	31,55	51,03	59,43	1.451,34
21-set-00	32,00	50,69	58,26	1.449,05
22-set-00	32,73	51,64	61,30	1.448,72
25-set-00	32,05	52,32	62,47	1.439,03
26-set-00	32,39	52,26	62,82	1.427,21
27-set-00	31,44	53,56	64,40	1.426,57
28-set-00	32,84	53,16	66,92	1.458,29
29-set-00	32,11	52,21	64,93	1.436,51
2-out-00	32,45	52,84	63,88	1.436,23
3-out-00	33,52	53,34	66,10	1.426,46
4-out-00	34,14	53,18	66,04	1.434,32
5-out-00	33,02	53,96	68,09	1.436,28
6-out-00	32,90	53,68	67,39	1.408,99
9-out-00	33,29	52,84	65,57	1.402,03
10-out-00	32,84	52,44	67,21	1.387,02
11-out-00	32,50	51,15	66,92	1.364,59
12-out-00	31,55	49,22	63,64	1.329,78
13-out-00	31,21	51,48	65,22	1.374,17

Fonte: http://finance.yahoo.com (acessado em 26 de setembro de 2005).

Nota: O símbolo da ação da UTC é "UTX".

QUADRO 2 | Histórico de preço das ações da Honeywell, GE e UTC (*continuação*)

Data	HON $US	GE $US	UTX $US	Índice S&P 500
16-out-00	32,28	52,16	67,44	1.374,62
17-out-00	31,77	50,24	65,22	1.349,97
18-out-00	30,37	50,13	63,99	1.342,13
19-out-00	32,34	50,24	59,90	1.388,76
20-out-00	41,46	47,08	60,84	1.396,93
23-out-00	45,01	44,93	59,43	1.395,78
24-out-00	48,05	48,21	60,54	1.398,13
25-out-00	47,09	47,81	59,90	1.364,90
26-out-00	47,04	47,08	62,24	1.364,44
27-out-00	46,42	47,19	62,94	1.379,58
30-out-00	48,45	48,77	64,46	1.398,66
31-out-00	48,50	49,50	65,34	1.429,40
1-nov-00	48,22	49,17	64,23	1.421,22
2-nov-00	46,99	48,49	64,34	1.428,32
3-nov-00	46,54	48,15	62,82	1.426,69
6-nov-00	47,66	49,22	65,34	1.432,19
7-nov-00	48,90	49,62	63,70	1.431,87
8-nov-00	48,22	49,28	63,35	1.409,28
9-nov-00	48,39	49,28	63,58	1.400,14
10-nov-00	48,11	48,66	61,95	1.365,98
13-nov-00	45,63	46,46	61,83	1.351,26
14-nov-00	46,76	47,64	63,00	1.382,95
15-nov-00	46,54	47,42	62,98	1.389,81
16-nov-00	46,59	47,53	64,38	1.372,32
17-nov-00	46,14	46,86	65,15	1.367,72
20-nov-00	44,55	45,21	64,80	1.342,62
21-nov-00	45,12	45,84	65,73	1.347,35
22-nov-00	43,65	43,86	65,91	1.322,36
24-nov-00	43,99	44,60	67,55	1.341,77
27-nov-00	43,99	44,37	65,68	1.348,97
28-nov-00	44,44	44,99	64,21	1.336,09
29-nov-00	43,70	44,88	65,15	1.341,91
30-nov-00	44,10	44,76	66,50	1.314,95
1-dez-00	45,18	46,06	66,20	1.315,23

Fonte: http://finance.yahoo.com (acessado em 26 de setembro de 2005).

Nota: O símbolo da ação da UTC é "UTX".

QUADRO 2 | Histórico de preço das ações da Honeywell, GE e UTC (*continuação*)

Data	HON $US	GE $US	UTX $US	Índice S&P 500
4-dez-00	45,80	46,63	68,14	1.324,97
5-dez-00	47,89	48,89	71,25	1.376,54
6-dez-00	47,89	48,72	70,78	1.351,46
7-dez-00	47,61	48,32	70,72	1.343,55
8-dez-00	49,30	49,85	70,25	1.369,89
11-dez-00	49,93	49,95	67,85	1.380,20
12-dez-00	47,16	47,70	69,02	1.371,18
13-dez-00	47,16	47,87	67,26	1.359,99
14-dez-00	45,74	46,46	66,85	1.340,93
15-dez-00	43,31	44,99	66,85	1.312,15
18-dez-00	45,00	46,06	69,31	1.322,74
19-dez-00	44,22	45,28	70,19	1.305,60
20-Dec-00	41,61	42,85	68,85	1.264,74
21-dez-00	41,89	43,24	70,43	1.274,86
22-dez-00	43,20	44,15	71,37	1.305,97
26-dez-00	43,42	44,54	72,95	1.315,19
27-dez-00	43,02	43,67	74,89	1.328,92
28-dez-00	43,37	43,89	73,89	1.334,22
29-dez-00	42,80	43,44	73,83	1.320,28
2-jan-01	40,03	39,64	70,66	1.283,27
3-jan-01	43,54	43,32	70,55	1.347,56
4-jan-01	43,48	43,55	69,08	1.333,34
5-jan-01	42,46	42,87	66,79	1.298,35
8-jan-01	41,33	41,28	67,96	1.295,86
9-jan-01	40,43	40,44	66,32	1.300,80
10-jan-01	40,88	40,49	67,85	1.313,27
11-jan-01	42,86	42,19	69,37	1.326,82
12-jan-01	42,06	41,40	66,38	1.318,32
16-jan-01	43,31	42,93	66,61	1.326,65
17-jan-01	43,42	42,31	67,73	1.329,47
18-jan-01	44,22	43,16	68,61	1.347,97
19-jan-01	43,77	42,59	66,73	1.342,54

Fonte: http://finance.yahoo.com (acessado em 26 de setembro de 2005).

Nota: O símbolo da ação da UTC é "UTX".

QUADRO 2 | Histórico de preço das ações da Honeywell, GE e UTC (*continuação*)

Data	HON $US	GE $US	UTX $US	Índice S&P 500
22-jan-01	42,57	41,45	67,50	1.342,90
23-jan-01	43,31	42,31	68,32	1.360,40
24-jan-01	42,86	41,96	68,55	1.364,30
25-jan-01	42,80	41,63	70,96	1.357,51
26-jan-01	42,01	40,44	68,67	1.354,95
29-jan-01	41,43	40,21	69,12	1.364,17
30-jan-01	42,85	41,91	69,89	1.373,73
31-jan-01	42,74	41,66	70,41	1.366,01
1-fev-01	43,19	41,89	69,63	1.373,47
2-fev-01	43,15	41,93	69,45	1.349,47
5-fev-01	44,71	43,36	69,68	1.354,31
6-fev-01	44,55	43,13	69,83	1.352,26
7-fev-01	43,92	42,54	69,73	1.340,89
8-fev-01	44,13	42,71	70,44	1.332,53
9-fev-01	42,70	41,37	70,32	1.314,76
12-fev-01	44,38	43,05	70,43	1.330,17
13-fev-01	44,05	42,73	72,68	1.318,80
14-fev-01	43,12	41,92	72,52	1.315,92
15-fev-01	44,05	43,48	74,40	1.326,61
16-fev-01	43,78	42,59	73,70	1.301,53
20-fev-01	44,68	43,21	74,17	1.278,94
21-fev-01	44,20	42,86	74,52	1.255,27
22-fev-01	43,77	42,68	73,88	1.252,82
23-fev-01	42,69	41,84	72,75	1.245,86
26-fev-01	44,21	43,48	73,88	1.267,65
27-fev-01	43,73	43,49	75,01	1.257,94
28-fev-01	42,44	42,13	73,38	1.239,94
1-mar-01	41.82	41.60	73.47	1.241.23

Fonte: http://finance.yahoo.com (acessado em 26 de setembro de 2005).

Nota: O símbolo da ação da UTC é "UTX".

QUADRO 3 | Histórico do desempenho das ações da Honeywell e GE, e do Índice S&P 500

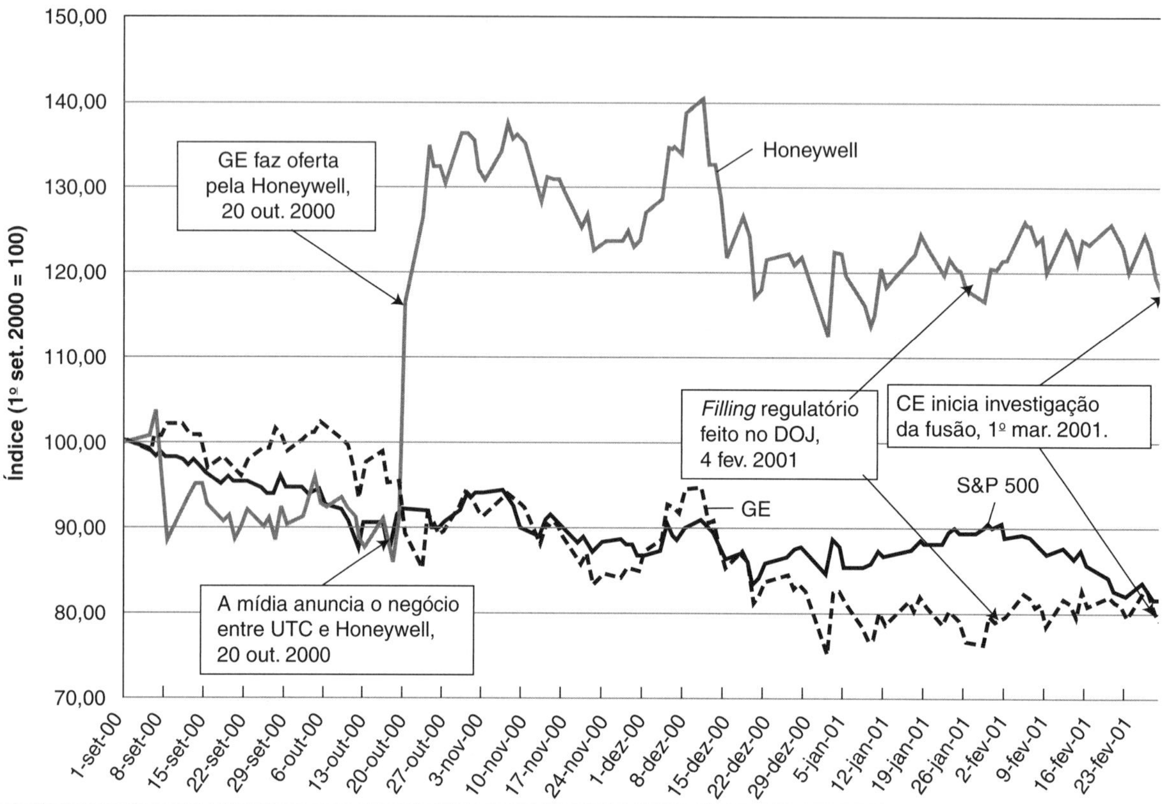

Fonte: http://finance.yahoo.com (acessado em 26 de setembro de 2005).

QUADRO 4 | Dados financeiros para empresas comparáveis (em milhões de dólares, exceto valores por ação)

Companhia	Capitalização de mercado	Preço médio em seis meses	Beta	Valor contábil por ação	Ativos totais	Caixa	Dívida líquida	Passivos totais
Emerson Electric Co.	$ 28.691	$ 62,76	0,659	$ 14,98	$ 15.164	$ 281	$ 4.319	$ 8.762
Textron Inc.	$ 7.599	$ 43,89	0,893	$ 28,28	$ 16.370	$ 289	$ 6.974	$ 12.376
Tyco International Ltd.	$ 95.528	$ 54,98	0,953	$ 10,11	$ 40.404	$ 1.265	$ 9.734	$ 23.371
United Technologies	$ 36.671	$ 66,58	1,304	$ 16,29	$ 25.364	$ 748	$ 4.063	$ 17.270
General Electric Co.	$ 460.759	$ 46,74	1,242	$ 5,08	$ 437.006	$ 13.223	$ 188.089	$ 386.514
Honeywell Int'l. Inc.	$ 37.615	$ 41,36	0,988	$ 12,02	$ 25.175	$ 1.196	$ 4.427	$ 15.468

Companhia	Ações em circulação	Vendas	EBIT	EBITDA	Lucro líquido	Valor de mercado do patrimônio líquido	Valor da empresa	Valor contábil
Emerson Electric Co.	427,48	$ 15.545	$ 2.541	$ 3.219	$ 1.422	$ 26.828	$ 31.148	$ 6.403
Textron Inc.	140,93	$ 13.090	$ 1.580	$ 2.074	$ 218	$ 6.186	$ 13.160	$ 3.994
Tyco International Ltd.	1684,51	$ 28.932	$ 5.750	$ 7.189	$ 4.520	$ 92.614	$ 102.348	$ 17.033
United Technologies	470,31	$ 26.583	$ 3.140	$ 3.748	$ 1.808	$ 31.313	$ 35.376	$ 8.094
General Electric Co.	9932,01	$ 128.051	$ 29.606	$ 37.342	$ 12.735	$ 464.222	$ 652.311	$ 50.492
Honeywell Int'l. Inc.	807,29	$ 25.023	$ 3.629	$ 4.624	$ 1.659	$ 33.390	$ 37.817	$ 9.707

		Valor da empresa como múltiplo de:				Valor de mercado do patrimônio líquido como múltiplo de:	
Companhia	**EPS**	**Vendas**	**EBIT**	**EBITDA**	**Lucro líquido**	**EPS Book**	**Valor**
Emerson Electric Co.	$ 3,33	2,00	10,56	8,33	21,90	18,86	4,19
Textron Inc.	$ 1,55	1,01	3,91	2,98	60,36	28,37	1,55
Tyco International Ltd.	$ 2,68	3,54	16,11	12,88	22,64	20,49	5,44
United Technologies	$ 3,84	1,33	9,97	8,35	19,57	17,32	3,87
General Electric Co.	$ 1,28	5,09	15,68	12,43	51,22	36,45	9,19
Honeywell Int'l. Inc.	$ 2,06	1,51	9,20	7,22	22,79	20,13	3,44
	Média	**1,76**	**10,27**	**8,34**	**22,72**	**20,31**	**4,03**

Fonte: Standard & Poor's *Research Insigh.*

QUADRO 5 | Dados financeiros para transações comparáveis: Indústria aeroespacial

Nome da empresa-alvo Nome do adquirente	McDonnell Douglas Boeing	Sundstrand United Technologies	Gulfstream Aerospace General Dynamics	
Data do anúncio	17/12/1996	22/2/1999	17/5/1999	**Mediana**
Valor da transação (em milhões)	$ 15.282	$ 4.355	$ 5.687	$ 5.687
Valor do patrimônio líquido a valor de mercado (em milhões)	$ 13.359	$ 4.408	$ 5.420	$ 5.420
Dívida de longo prazo, patrimônio líquido a valor de mercado	0,81	0,54	1,24	0,81
Dívida total/patrimônio líquido a valor de mercado	0,89	0,85	1,59	0,89
Preço-alvo/patrimônio líquido a valor de mercado	nd	17,50	22,00	19,75
Preço-alvo/valor contábil	4,60	7,00	24,10	7,00
Valor da empresa/receita líquida	1,12	2,16	2,23	2,16
Valor da empresa/fluxo de caixa	10,09	9,58	12,69	10,09
Valor da empresa/EBIT	12,19	11,64	13,92	12,19
Valor patrimônio líquido a valor de mercado/Lucro líquido	nd	17,19	22,22	19,71
Preço de oferta/valor contábil	4,62	6,99	24,09	6,99
Preço de oferta/LPA	nd	17,54	21,98	19,76
Preço da ação/valor contábil (4 semanas antes)	3,85	4,54	16,72	4,54
Ágio sobre preço da ação:				
1 dia antes (%)	0,62	20,69	28,44	20,69
1 semana antes (%)	22,71	31,93	34,48	31,93
1 mês antes (%)	20,08	54,08	44,14	44,14
Forma de pagamento oferecida	ações	caixa, ações e collar	ações	

nd: não disponível.

Fonte: Thomson SDC Platinum.

QUADRO 6 | Dados financeiros para transações comparáveis: negócios *jumbo*[a]

Nome da empresa-alvo Nome do adquirente	GTE Bell Atlantic	Amoco BP	US WEST Quest	Texaco Chevron	
Data do anúncio	28/07/1998	30/06/1998	14/06/1999	16/10/2000	**Mediana**
Valor da transação (em milhões)	$ 71.324	$ 55.040	$ 56.306	$ 43.318	$ 55.673
Valor patrimônio líquido a valor de mercado (em milhões)	$ 53.415	$ 48.174	$ 56.307	$ 42.872	$ 50.794
Dívida de longo prazo/patrimônio líquido a valor de mercado	1,91	0,35	9,39	0,50	1,21
Dívida total/patrimônio líquido a valor de mercado	2,41	0,45	10,91	0,56	1,49
Preço-alvo/patrimônio líquido a valor de mercado	23,20	23,20	28,00	15,30	23,20
Preço-alvo/contábil	6,80	3,10	45,10	2,80	4,95
Valor da empresa/receita líquida	2,92	1,60	4,49	0,94	2,26
Valor da empresa/fluxo de caixa	8,16	9,33	10,63	8,35	8,84
Valor da empresa/EBIT	14,61	16,66	18,60	12,37	15,64
Valor patrimonial/lucro líquido	23,52	22,84	31,47	15,55	23,18
Preço de oferta/valor contábil	6,76	3,07	45,14	2,79	4,92
Preço de oferta/LPA	23,17	23,18	28,01	15,34	23,18
Preço da ação/valor contábil (4 semanas antes)	7,12	nd	30,14	2,38	7,12
Ágio sobre preço da ação:					
1 dia antes (%)	−2,72	nd	32,48	17,68	17,68
1 semana antes (%)	−2,72	nd	50,11	22,55	22,55
1 mês antes (%)	−4,94	nd	49,77	17,51	17,51
Forma de pagamento oferecida	ações	ações	ações, liab.	ações, liab.	

[a]Negócios *jumbo* são as transações com valor de US$ 40 bilhões ou mais.

nd = não disponível

Fonte: Thomson SDC Platinum.

QUADRO 7 | Premissas do modelo *pro forma* para a Honeywell International

	Real				Previsão				
	1997	1998	1999	2000	2001E	2002E	2003E	2004E	2005E
Taxa de crescimento anual da receita[1]		4,7%	0,8%	5,4%	5,5%	5,5%	5,5%	5,5%	5,5%
Custos e despesas									
Custo dos produtos vendidos[2]	77,5%	75,1%	77,9%	76,3%	75,0%	75,0%	75,0%	75,0%	75,0%
Administrativos, gerais e vendas[2]	13,1%	12,8%	13,5%	12,5%	12,0%	12,0%	12,0%	12,0%	12,0%
Depreciação anual como % da avaliação de prática pública[2]			0,1%	1,2%	1,8%	1,8%	1,8%	1,8%	1,8%
Taxa de juros em empréstimos[3]					7,6%	7,6%	7,6%	7,6%	7,6%
Impostos[1]	32,2%	31,3%	31,5%	30,8%	31,0%	31,0%	31,0%	31,0%	31,0%
Itens de balanço									
Disponibilidades[2]		4,3%	8,4%	4,8%	4,8%	4,8%	4,8%	4,8%	4,8%
Contas e notas a receber		16,6%	16,4%	18,5%	18,5%	18,5%	18,5%	18,5%	18,5%
Estoques[2]		14,7%	14,5%	14,9%	14,7%	14,7%	14,7%	14,7%	14,7%
Outros ativos circulantes[2]		4,2%	4,6%	4,4%	4,4%	4,4%	4,4%	4,4%	4,4%
Imobilizado (bruto)[2]		53,7%	53,5%	49,8%	49,0%	49,0%	49,0%	49,0%	49,0%
Contas a pagar[2]		8,6%	9,0%	9,4%	9,0%	9,0%	9,0%	9,0%	9,0%
Empréstimos de curto prazo[2]		0,6%	1,3%	0,4%	0,8%	0,8%	0,8%	0,8%	0,8%
Notas de curto prazo[2]		7,5%	8,5%	4,8%	6,9%	6,9%	6,9%	6,9%	6,9%
Maturidades correntes da dívida de longo prazo[2]		1,2%	1,2%	1,5%	1,3%	1,3%	1,3%	1,3%	1,3%
Passivos provisionados[2]		14,6%	14,9%	12,7%	14,0%	14,0%	14,0%	14,0%	14,0%
Ações ordinárias (em milhões)	804,4	799,6	790,3	801,4	801,4	801,4	801,4	801,4	801,4
Dividendos como porcentagem dos lucros[2]	26,4%	25,3%	34,2%	36,1%	30,5%	31,5%	33,1%	32,8%	32,0%

[1]Valor retirado da *Value Line Investment Survey*.

[2]Estimativa de porcentagem de vendas.

[3]Rendimento em papéis corporativos nível A de dez anos.

Nota: Essas conjecturas de base são retiradas de previsões de analistas e hipóteses do autor do caso e refletem a posição da Honeywell em 1º de março de 2001.

QUADRO 8 | Demonstrativos financeiros *pro forma* da Honeywell International (em milhões de dólares, exceto valores por ação)

	Atual				Previsão				
DEMONSTRAÇÃO DE RESULTADOS	**1997**	**1998**	**1999**	**2000**	**2001E**	**2002E**	**2003E**	**2004E**	**2005E**
Receita líquida	**$22.499**	**$23.555**	**$23.735**	**$25.023**	**$26.399**	**$27.851**	**$29.383**	**$30.999**	**$32.704**
Custos, despesas e outros									
Custo dos produtos vendidos	17.444	17.689	18.495	19.090	19.799	20.888	22.037	23.249	24.528
Administrativos, gerais e vendas	2.940	3.008	3.216	3.134	3.168	3.342	3.526	3.720	3.924
(Lucro) com a venda de negócios não estratégicos	(303)		(106)	(112)					
Patrimônio líquido – lucro em companhias afiliadas	(191)	(162)	(76)	89					
Outras despesas (receitas)	(87)	(27)	(307)	(57)					
EBIT	**2.696**	**3.047**	**2.513**	**2.879**	**3.432**	**3.621**	**3.820**	**4.030**	**4.252**
Juros e outras despesas financeiras	277	275	265	481	671	621	567	507	439
Lucro antes de impostos	**2.419**	**2.772**	**2.248**	**2.398**	**2.761**	**3.000**	**3.253**	**3.523**	**3.813**
Impostos	778	869	707	739	856	930	1.008	1.092	1.182
Lucro líquido	**$ 1.641**	**$1.903**	**$1.541**	**$ 1.659**	**$ 1.905**	**$ 2.070**	**$ 2.244**	**$ 2.431**	**$ 2.631**
EBITDA	2.696	3.047	2.529	3.036	3.656	3.854	4.065	4.289	4.525
Dividendos	434	481	527	599	581	652	742	797	841
Lucro retido	1.207	1.422	1.014	1.060	1.324	1.417	1.502	1.633	1.789
LPA (básico)	$ 2,04	$ 2,38	$ 1,95	$ 2,07	$ 2,38	$ 2,58	$ 2,80	$ 3,03	$ 3,28

continua

QUADRO 8 | Demonstrativos financeiros *pro forma* da Honeywell International (em milhões de dólares, exceto valores por ação) (*continuação*)

	Atual				Previsão				
BALANÇO PATRIMONIAL	**1997**	**1998**	**1999**	**2000**	**2001E**	**2002E**	**2003E**	**2004E**	**2005E**
Ativo circulante									
Disponibilidades		$ 1.018	$ 1.991	$ 1.196	$ 1.267	$ 1.337	$ 1.410	$ 1.488	$ 1.570
Contas a receber		3.899	3.896	4.623	4.877	5.146	5.429	5.727	6.042
Estoques		3.456	3.436	3.734	3.878	4.091	4.316	4.554	4.804
Outros ativos circulantes		981	1.099	1.108	1.164	1.228	1.295	1.366	1.441
Ativo circulante total		**9.354**	**10.422**	**10.661**	**11.186**	**11.801**	**12.450**	**13.135**	**13.858**
Investimentos e recebíveis de longo prazo		1.792	782	748	748	748	748	748	748
Imobilizado (bruto)		12.657	12.703	12.460	12.936	13.647	14.398	15.190	16.025
Depreciação acumulada		7.057	7.073	7.230	7.454	7.687	7.933	8.192	8.465
Imobilizado (líquido)		5.600	5.630	5.230	5.481	5.960	6.465	6.998	7.560
Ágio e outros ativos intangíveis (líquido)		4.365	4.660	5.898	5.898	5.898	5.898	5.898	5.898
Outros ativos		1.627	2.033	2.638	2.638	2.638	2.638	2.638	2.638
Ativos totais		**$22.738**	**$23.527**	**$25.175**	**$25.952**	**$27.045**	**$28.199**	**$29.417**	**$30.701**
Passivo circulante									
Contas a pagar		$ 2.018	$ 2.129	$ 2.364	$ 2.375	$ 2.505	$ 2.643	$ 2.788	$ 2.942
Empréstimos de curto prazo		133	302	110	200	211	223	235	248
Notas de curto prazo		1.773	2.023	1.192	1.832	1.932	2.039	2.151	2.269
Maturidade corrente da dívida de longo prazo		284	284	380	345	364	384	405	427
Passivos provisionados		3.437	3.534	3.168	3.708	3.912	4.127	4.354	4.594
Passivo circulante total		**7.645**	**8.272**	**7.214**	**8.460**	**8.925**	**9.416**	**9.934**	**10.480**
Outros passivos (*plug*)		7.010	6.656	8.254	6.427	5.638	4.799	3.866	2.814
Patrimônio líquido a valor de mercado		8.083	8.599	9.707	11.031	12.448	13.950	15.583	17.373
Participação de minoritários		37	46	34	34	34	34	34	34
Passivo total e patrimônio líquido		**$22.738**	**$23.527**	**$25.175**	**$25.952**	**$27.045**	**$28.199**	**$29.417**	**$30.701**

Fonte: Análise do autor do caso.

QUADRO 9 | Avaliação do fluxo de caixa descontado (FCD) da Honeywell International e resumo da avaliação (em milhões de dólares, exceto valores por ação)

	1997	1998	1999	2000	2001E	2002E	2003E	2004E	2005E
Período	**−4**	**−3**	**−2**	**−1**	**1**	**2**	**3**	**4**	**5**
EBIT	**$2.696**	**$3.047**	**$2.513**	**$2.879**	**$3.432**	**$3.621**	**$3.820**	**$4.030**	**$4.252**
− Impostos	778	869	707	739	856	930	1.008	1.092	1.182
Lucro operacional líquido depois de impostos	**1.918**	**2.178**	**1.806**	**2.140**	**2.576**	**2.691**	**2.812**	**2.938**	**3.070**
+ Depreciação			16	157	224	233	246	259	273
Subtotal	**1.918**	**2.178**	**1.822**	**2.297**	**2.800**	**2.924**	**3.057**	**3.197**	**3.343**
− Alteração no capital de giro			441	605	(15)	411	434	458	483
− CAPEX			30	(243)	476	711	751	792	835
Fluxo de caixa livre das operações	**$1.918**	**$2.178**	**$1.351**	**$1.935**	**$2.340**	**$1.801**	**$1.873**	**$1.947**	**$2.025**
Valor terminal									$59.639
Fluxo de caixa livre total					**$2.340**	**$1.801**	**$1.873**	**$1.947**	**$61.664**

Fluxo de caixa descontado da Honeywell	**$ 43.379**
Menos dívidas	**(6.427)**
Valor patrimônio líquido a valor de mercado	**36.953**
Por ação	**$ 46,11**

Custo de capital médio ponderado (WACC)	**10,69%**
W_e	75,05%
W_d	24,95%
K_e	12,49%
K_d	7,62%
Imposto de renda	31,00%
Taxa livre de risco (Tesouro Americano, 30 anos)	5,29%
Prêmio de risco	6,00%
Beta (estimado da *Value Line Investment Survey*)	1,20

Valor presente (VP) do valor terminal	**$35.899**
Modelo de crescimento constante:	
$(CF_n(1 + g)/(K - g))/(1 + K)^5$	
Taxa de crescimento perpétuo	5,27%
Inflação	2,70%
Real	2,50%
Estimativa do valor terminal resultante	
NOPAT (1 + g)/(K − g)	$59.639

Análise de sensibilidade	
Crescimento revisto	DCF/ação
Caso-base	$46,11
2,0%	$45,53
4,0%	$45,86
6,0%	$46,19
8,0%	$46,52
10,0%	$46,85

continua

QUADRO 9 | Avaliação do fluxo de caixa descontado (FCD) da Honeywell International e resumo da avaliação (em milhões de dólares, exceto valores por ação) (*continuação*)

Resumo da avaliação		Múltiplos		Valor da empresa		Valor patrimônio líquido da empresa	
Honeywell International		**Mínimo**	**Máximo**	**Mínimo**	**Máximo**	**Mínimo**	**Máximo**
Avaliação do fluxo de caixa livre (FCL)				**$ 35.177**	**$ 54.696**	**$ 28.750**	**$ 48.270**
	Por ação					$ 35,87	$ 60,23
Empresas comparáveis:							
Valor da empresa como um múltiplo de:	**Receita de 2000**	**1,01**	**2,00**	**25.156**	**50.139**	**18.729**	**43.713**
	Por ação					23,37	54,54
	EBIT de 2000	**9,20**	**16,11**	**26.489**	**55.280**	**20.062**	**48.853**
	Por ação					25,03	60,96
	EBITDA de 2000	**7,22**	**12,88**	**21.923**	**39.112**	**15.496**	**32.685**
	Por ação					19,33	40,78
	Lucro líquido de 2000	**19,57**	**22,79**	**32.461**	**37.817**	**26.034**	**31.390**
	Por ação					32,48	39,17
Valor patrimônio líquido a valor de mercado como um múltiplo de:	**LPA de 2000**	**17,32**	**20,49**			**28.732**	**33.994**
	Por ação					35,85	42,42
	Valor contábil de 2000	**3,44**	**5,44**			**33.390**	**52.780**
	Por ação					41,66	65,86
Transações comparáveis:							
(Aeroespacial e Jumbo)							
Valor da empresa como um múltiplo de:	**Receita de 2000**	**0,94**	**2,92**	**23.522**	**73.067**	**17.095**	**66.640**
	Por ação					21,33	83,15
	EBIT de 2000	**11,64**	**18,60**	**33.512**	**53.549**	**27.085**	**47.123**
	Por ação					33,79	58,80
Valor patrimônio líquido a valor de mercado como um múltiplo de	**Lucro líquido de 2000**	**15,55**	**31,47**			**25.797**	**52.209**
	Por ação					32,19	65,14
Preço de oferta como um múltiplo de:	**Valor contábil de 2000**	**2,79**	**6,99**			**27.083**	**67.852**
	Por ação					33,79	84,66
	LPA de 2000	**15,34**	**28,01**			**25.442**	**46.472**
	Por ação					31,75	57,98
Ágio sobre preço da ação:	**Um dia antes**	**(2,72)**	**32,48**			**32.324**	**44.021**
	Por ação					40,33	54,93
	Uma semana antes	**(2,72)**	**50,11**			**25.245**	**38.955**
	Por ação					31,50	48,61
	Um mês antes	**(4,94)**	**54,08**			**24.037**	**38.960**
	Por ação					29,99	48,61
Preços de negociação recente						**30,37**	**49,93**
Média do valor patrimônio líquido a valor de mercado						**$ 25.797**	**$ 46.472**
	Por ação					$ 32	$ 56

Fonte: Análise do autor do caso.

QUADRO 10 | Triangulação da avaliação da Honeywell (valores por ação em dólares)

Método de avaliação	Valor alto	Valor baixo	Diferença
FCD	$ 60,23	$ 35,87	$ 24,36
Empresas similares	$ 50,62	$ 29,62	$ 21,00
Preços recentes do mercado	$ 49,93	$ 30,37	$ 19,56
Transações similares	$ 62,74	$ 31,83	$ 30,90

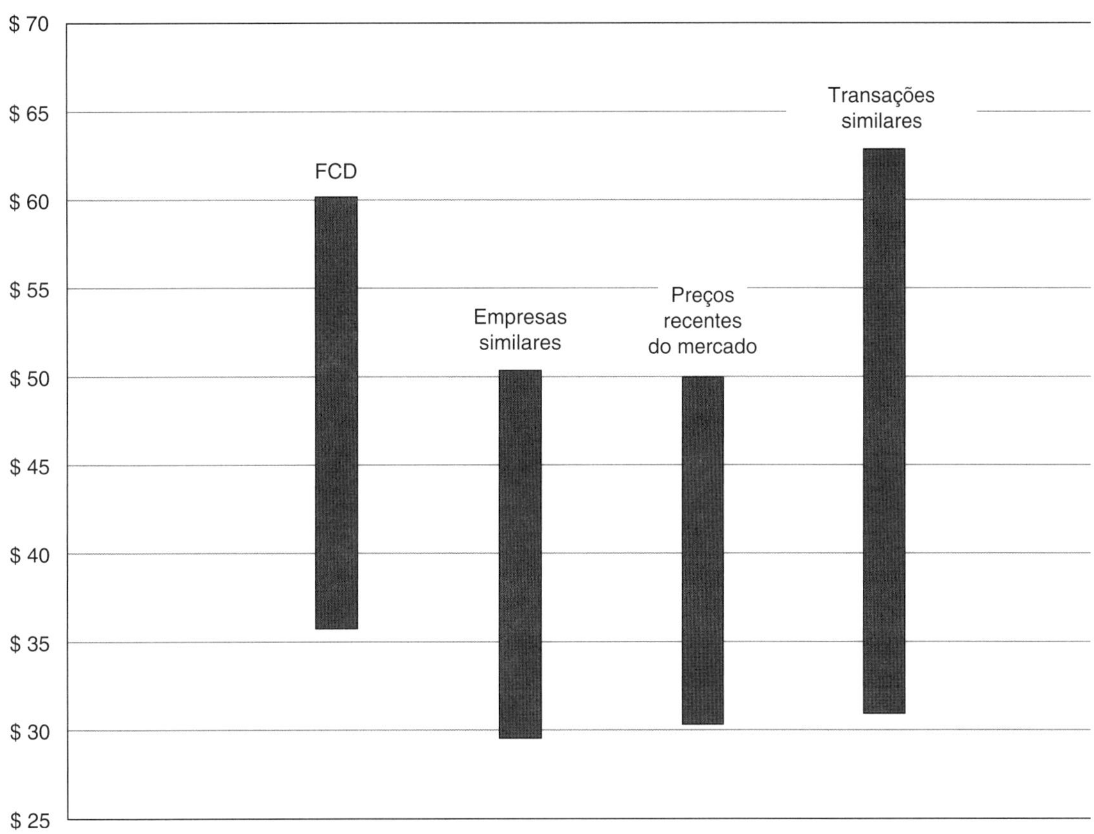

Fonte: Análise do autor do caso.

QUADRO 11 | Ganhos em títulos do governo norte-americano

	em 1º de março de 2001
3 meses	4,843%
6 meses	4,679%
2 anos	4,402%
3 anos	4,607%
5 anos	4,646%
10 anos	4,872%
30 anos	5,292%

Fonte: Bloomberg LP.

QUADRO 12 | Ganhos em títulos corporativos norte-americanos

	em 1º de março de 2001			
	AAA	**A**	**BBB+**	**BB**
3 meses	5,370%	5,731%	5,936%	7,550%
6 meses	5,145%	5,516%	5,682%	7,502%
1 ano	4,998%	5,379%	5,555%	7,473%
2 anos	5,037%	5,506%	5,712%	7,579%
3 anos	5,233%	5,682%	6,034%	7,773%
4 anos	5,321%	5,790%	6,121%	7,880%
5 anos	5,497%	5,917%	6,297%	8,034%
7 anos	5,692%	6,112%	6,589%	8,266%
8 anos	5,799%	6,229%	6,735%	8,421%
9 anos	5,887%	6,326%	6,745%	8,479%
10 anos	5,868%	6,326%	6,735%	8,517%
15 anos	6,170%	6,735%	7,172%	8,932%
20 anos	6,307%	6,988%	7,347%	9,086%

Fonte: Bloomberg LP.

As guerras Hilton – ITT

O professor William Z. Ripley, da Universidade de Harvard, maior autoridade em corporações nos anos 1920, advertiu o presidente Calvin Coolidge de que "ilusionismo, embustes, puxa-saquismo, enganação e desonestidade" ameaçavam todo o sistema econômico. Plus ça change, plus c'est la même chose.*[1]

–Rand V. Araskog, CEO da ITT

Surpreendido com o anúncio da proposta de reestruturação da ITT Corporation (ITT), em 17 de julho de 1997, Matthew J. Hart, CFO da Hilton Hotels Corporation (Hilton), repassou a análise de avaliação da ITT (consultar **Apêndice**) e refletiu sobre o próximo passo na batalha de oferta hostil de sua empresa pela ITT. A Hilton começara o ataque no dia 27 de janeiro de 1997. A comunidade financeira respondera de modo favorável, mas a administração da ITT resistia com firmeza, vendendo ativos e até mesmo se negando a realizar a reunião anual. Como a ITT tinha uma "pílula de veneno" contra tomadas de propriedade, seria necessário trocar seu conselho e este então anulasse a defesa com a pílula antes de que a Hilton pudesse consumar a compra da ITT. Mas a empresa atrasou sua reunião anual, na qual o novo conselho seria eleito. Nos seis meses seguintes à oferta da Hilton, a ITT desenvolveu sua proposta de "trivisão", na qual depositavam sua esperança de combater a Hilton.

A proposta livre de impostos de "trivisão" da ITT Corporation seria dividir a empresa em três empresas independentes:

1. ITT Destinations, Inc., com os negócios relacionados a hotelaria e jogos, que ficaria com as marcas Caesars e Sheraton;
2. ITT Information Services, Inc., que publicaria listas telefônicas internacionais;
3. ITT Educational Services, Inc., que seria dona e operaria uma cadeia de escolas técnicas.

[1]ARASKOG, Rand V. *The ITT Wars*. Nova York: Henry Holt and Company, 1989, p. 228.

*Plus ça change, plus c'est la même chose: por mais que mude é sempre a mesma coisa.

Pela proposta, os acionistas da ITT receberiam uma ação da ITT Destinations, uma da ITT Information Services e 0,25 de ação da ITT Educational Services. A companhia anunciou também uma auto-oferta por 30 milhões de ações (25% das ações existentes) a $ 70 por ação e uma oferta por $ 2 bilhões de dívida pública excedente. Essa proposta deveria ser votada na próxima reunião anual dos acionistas da ITT.[2] Qualquer tentativa de adquirir a ITT Destinations após a reestruturação colocaria em perigo a condição de ficar livre de impostos da "trivisão", e o comprador se veria com uma dívida de impostos de 1,4 bilhões de dólares. Além disso, a ITT Destinations só trocava um terço de seus diretores por ano, o que desacelerava o ritmo de qualquer tentativa de tomada de propriedade daquela unidade. A trivisão parecia ser uma tentativa de aumentar o preço da ação da empresa, por meio da criação de empresas de foco específico em três indústrias distintas por intermédio de uma separação com pouca ou nenhuma pendência de impostos, e depois dar um retorno aos acionistas com a auto-oferta.[3]

A Hilton Hotel Corporation

A Hilton Hotel Corporation era a sétima maior companhia hoteleira, com vendas aproximadas, em 1996, de $ 3,9 bilhões e ativos próximos a $ 7,6 bilhões. A companhia construía, possuía, gerenciava e tinha franquias de hotéis-cassinos, *resorts*, hotéis e *resorts* alugados por temporadas. A empresa operava 241 hotéis, hotéis-cassinos e navios-cassinos da marca Hilton em 40 estados norte-americanos e 11 hotéis-cassinos da marca Conrad International em dez países ao redor do mundo.[4]

A ITT Corporation

A ITT era inicialmente uma subsidiária completa de uma corporação do estado norte-americano de Delaware chamada ITT Corporation (Velha ITT). No dia 19 de dezembro de 1995, a Velha ITT (renomeada ITT Industries) distribuiu a seus acionistas todas as ações ordinárias existentes da ITT e da ITT Hartford Group, Inc. Em 1998, a ITT Corporation não estava mais afiliada à ITT Industries ou nem ITT Hartford Group, Inc.

Em 1996, a ITT Corporation era uma das maiores empresas do mundo nas áreas de hotéis e jogos. Tinha vendas aproximadas de $ 6,6 bilhões e ativos próximos a $ 9,3 bilhões. Seus ativos principais incluíam a ITT Sheraton, uma das maiores companhias hoteleiras do mundo, com aproximadamente 410 hotéis e *resorts* em 60 países, e a Caesars World, marca líder na indústria de jogos, com grandes cassinos em Atlantic City, Las Vegas e Lake Tahoe. Outros ativos incluíam a ITT Educational Services, ITT World Directories e interesse de propriedade no Madison Square Garden (em parceria com a Cablevision) e na estação de televisão de Nova York WBIS+ (em parceria com Dow Jones).[5]

---

[2]LOWRY, Tom. "ITT Splits Three Ways to Fend Off Hilton", *USA Today*, 17 de julho de 1997, B3.

[3]Apresentação aos Investidores da ITT Corporation, 16 de julho de 1997.

[4]Relatório Anual da Hilton Hotel Corporation e Formulário 10-K, 1996.

[5]Relatório Anual da ITT Corporation e Formulário 10-K, 1996.

A oferta hostil da Hilton e a resposta inicial da ITT

No dia 27 de janeiro de 1997, a Hilton ofereceu $ 55 por ação em caixa por 50,1% das ações da ITT, e $ 55 por ação, em ações, pelo restante. A aquisição seria contabilizada como uma transação de aquisição. (Consultar **Quadro 1** resumo completo da oferta.) Se funcionasse, a transação seria a maior tomada de propriedade na história da indústria hoteleira e de jogos. Muitos analistas acreditavam que a aquisição da ITT faria da Hilton a maior companhia de hotéis e cassinos do mundo. Com a maior presença internacional do ITT Sheraton, a Hilton estaria em uma posição muito mais forte para competir na indústria hoteleira mundial. Além disso, a marca "Caesars" da ITT solidificaria a presença da Hilton em Atlantic City e em Las Vegas. W. Bruce Turner, analista de hotelaria e jogos da Salomon Brothers, disse: "A combinação da Hilton e da ITT representa uma oportunidade única de se criar uma franquia global inigualável, duas vezes maior do que qualquer companhia hoteleira rival e quatro vezes maior do que qualquer outra empresa de jogos".[6]

Wall Street estava muito entusiasmada com essa oferta; as ações da Hilton subiram 10% após o anúncio, um movimento incomum para ações de uma empresa adquirente (o **Quadro 2** mostra o preço das ações de ambas as empresas durante o período da oferta). Turner observou: "É uma indicação do entusiasmo do mercado pela proposta e pelo valor que a Hilton poderia trazer".[7]

Tanto a ITT Corporation quanto a Hilton Corporation vinham em uma corrida pela dominação da indústria de hotéis e jogos. Elas competiam quase pelos mesmos consumidores em seus principais segmentos – hotelaria e jogos. Ambas vinham adquirindo hotéis em mercados de luxo e médios. Nos anos 1990, era mais barato adquirir do que construir. No negócio de jogos, a ITT adquiriu a Caesars World, Inc., em 1995; a Hilton superou a oferta da ITT pela aquisição da Bally Entertainment Corporation em 1996. Essa não foi a única vez em que a ITT e a Hilton cruzaram seus caminhos diretamente. A ITT tentou comprar o negócio hoteleiro da Hilton em 1960; em 1994, tentou comprar o negócio de hotéis e jogos. Nas duas ocasiões, a oferta da ITT foi recusada.

A oferta hostil não foi nenhuma surpresa, porque a direção da ITT se recusou a negociar uma aquisição amigável pela Hilton. Mesmo depois da oferta, a direção da ITT se recusava a se reunir com a direção da Hilton. Apesar de não haver negociações, houve troca de farpas. Rand Araskog, presidente da ITT, disse:

> Nunca nos preocupamos em falar com a Hilton, e nosso conselho recusou a oferta porque somos uma empresa muito melhor, com um futuro mais promissor, em razão da melhor qualidade e da melhor localização de nossos hotéis e cassinos. Nossa marca Sheraton está na classe *Four Seasons*, e nenhuma operação de jogos tem a mesma imagem que nosso Caesars.[8]

[6]LAING, Jonathan. "Nasty Bout", *Barron's*, 29 de setembro de 1997, p. 34.

[7]Laing.

[8]Laing, p. 33.

Stephen Bollenbach, CEO da Hilton, disse:

> Tudo o que Araskog mostrou desde que fizemos nossa primeira oferta em janeiro é que ele faria qualquer coisa só para nos rebater e preservar seu próprio emprego. Isso inclui se desfazer de ativos principais, sacrificar 65% dos funcionários da sede, atropelar os interesses dos acionistas e transformar sua empresa em um crédito podre. Ele passou toda a sua carreira agindo como um beneficiário, e não como mantenedor dos ativos da ITT, vivendo como um sultão de Brunei no processo. E, o que é mais patético, ele tem agido como um bebê chorão, escondendo-se atrás do conselho e de assessores e se recusando a falar conosco.[9]

A oferta da Hilton de $ 55 por ação representava um ágio de 29% sobre o preço da ação da ITT, de $ 43, e foi feita no momento certo para coincidir com a reunião geral da empresa, na qual todos os diretores disputariam reeleição. Na reunião anual, Bollenbach planejava pedir aos acionistas da ITT que elegessem até 25 candidatos da Hilton para o conselho da empresa; estes deveriam facilitar a fusão da proposta. A Hilton planejava também pedir aos acionistas da ITT que impedissem quaisquer mudanças ao regimento interno que a empresa adotasse antes da reunião anual e que pudessem interferir na oferta, na fusão ou na eleição dos candidatos da Hilton – principalmente, deter a ativação da pílula de veneno usada para impedir a tomada de propriedade.

No dia 12 de fevereiro de 1997, o conselho da ITT rejeitou a oferta da Hilton, afirmando: "Os interesses dos acionistas da ITT, assim como de seus funcionários, fornecedores, credores e consumidores, serão mais bem-servidos com a continuação da independência da ITT". A direção da empresa citou as seguintes razões para apoiar a decisão:[10]

1. A oferta da Hilton não refletia o valor real da ITT. A resposta desta foi: "Na opinião de nossos assessores financeiros, Goldman Sachs e Lazard Freres, a proposta da Hilton é inadequada".
2. A fusão levaria a canibalização e conflitos entre propriedades gerenciadas por Sheraton e Hilton.
3. A proposta da Hilton de licenciar as marcas Sheraton e Four Points para franquia poderia levar ao término de muitos contratos.
4. A oferta poderia causar diversos problemas com leis antitruste e de jogos.

Em uma tentativa de se defender, a direção da ITT adiou a reunião geral por seis meses e abriu litígio pedindo reparação pelo abuso de informação confidencial da empresa adquirida pela Hilton após a aquisição da Bally Entertainment.

A Hilton reagiu imediatamente à rejeição da ITT. A empresa abriu uma injunção para forçar a ITT a realizar sua reunião anual em maio. Além disso, comunicou o seguinte ao mercado de capitais:

- Uma sinergia anual potencial de fluxo de caixa de mais de 100 milhões de dólares nessa transação, mostrando a habilidade de Bollenbach de extrair uma sinergia anual de 60 milhões de dólares em fluxo de caixa da aquisição da Bally como exemplo de sua capacidade de realizar essas sinergias;

---

[9]Laing, p. 33.

[10]*Press release* da ITT Corporation, 17 de julho de 1997.

- Uma estratégia para criar valores para os acionistas da ITT, monetarizando e vendendo ativos não essenciais da empresa;
- Um histórico de baixa criação de valores para os acionistas pelos diretores atuais da ITT, que tinham mais interesse em seus próprios ganhos que no desempenho da empresa.[11]

Após a oferta hostil de 6,5 bilhões de dólares da Hilton, a ITT começou a vender seus ativos agressivamente – o objetivo era erguer o preço de suas ações e impedir que a Hilton vencesse a batalha. Essencialmente, a direção da ITT buscava levar a cabo os planos que a direção da Hilton propuseram para depois da fusão.

- Fevereiro: Redução dos funcionários da sede, de 200 para 75.
- Fevereiro–Março: Venda dos investimentos na Alcatel Alsthom por 830 milhões de dólares.
- Abril: Venda do interesse no Madison Square Garden por 650 milhões de dólares.
- Maio: Venda do interesse na WBIS+ por 128,75 milhões de dólares.
  Venda de cinco hotéis Sheraton por 200 milhões de dólares.

Essas ações da ITT resultaram em um aumento no preço da ação para $ 63,50. Além disso, a direção se recusava a realizar a reunião anual na qual a proposta da Hilton poderia ser ouvida e votada. No dia 4 de abril de 1997, a Corte Distrital Americana do Distrito de Nevada negou a moção da Hilton para uma injunção preliminar, que forçaria a ITT a realizar sua reunião anual em maio.

Rechaçando a trivisão

Em 17 de julho de 1997, Matthew Hart sabia que a Hilton disputaria essa batalha em dois *fronts*: nas cortes e nos mercados de capitais. As expectativas dos analistas e *arbitrageurs*, assim como o temor pelo aparecimento de um príncipe em um cavalo branco e pela recompra de ações pela ITT a $ 70 por ação, convenceram Hart de que a Hilton teria de aumentar sua oferta pela ITT. Ele não estava certo, no entanto, sobre o valor da nova oferta, sobre que ação legal deveria utilizar e sobre o que dizer aos investidores e à comunidade financeira.

Como base para a reflexão de seus próximos passos, seria necessário utilizar a visão dos investidores e *arbitrageurs* que tinham ações da ITT. Primeiro, precisava-se avaliar a oferta por ações do alvo à luz do valor intrínseco estimado do alvo. (O **Apêndice** apresenta uma estimativa de valor consistente com as expectativas dos analistas antes que a oferta fosse feita.) Hart precisaria atualizar sua análise para refletir os eventos recentes e os *press releases* da ITT. Segundo, seria necessário modelar a decisão do investidor e voltar à oferta da Hilton, que refletia a avaliação de Hart sobre uma oferta ainda mais alta pela ITT por terceiros – essa era a análise a partir do Valor Esperado de Não-Venda (VENV). Em resumo, o valor intrínseco e o VENV dariam referências contra as quais Hart poderia avaliar a oferta anterior da Hilton pela ITT e a gama de ofertas possíveis no futuro. Hart queria ter certeza de que seu próximo lance levaria a diretoria da ITT a aceitar a oferta da Hilton.

---

[11]Ao longo dos 16 anos de presidência de Araskog, a ITT conseguiu um ganho anual por volta de apenas 10%. O S&P, no mesmo período, teve ganho de quase 16% ao ano. Apesar do desempenho ruim da ITT, Araskog recebeu compensações de 11,4 milhões de dólares em 1990, um período em que o retorno da ITT aos acionistas estava entre os 30% mais baixos entre as 406 maiores empresas norte-americanas. Em 1995, ele negociou um aumento para 13,5 milhões no ano.

QUADRO 1 | Comparação dos termos da oferta real e da oferta proposta

	Oferta real em 28 de janeiro de 1997	**Termos de oferta sugeridos originalmente no Apêndice**
Oferta	55 dólares em caixa e ações	65 a 70 dólares em *cash* e ações
Termos	55 dólares por ação em caixa por 50,1% das ações existentes da ITT e ações da Hilton no valor de 55 dólares em troca pelos 49,9% de ações da ITT restantes	65 a 70 dólares em caixa por 50,1% das ações existentes da ITT e ações da Hilton com valor entre 65 e 70 dólares em troca pelos 49,9% de ações da ITT restantes
Dívida assumida	4 bilhões de dólares	4 bilhões de dólares
Valor total	10,5 bilhões de dólares	11,7 a 12,3 bilhões de dólares
Validade da oferta	28 de fevereiro de 1997	Um mês a partir da oferta
Aprovações	Acionistas da Hilton e da ITT	Acionistas da Hilton e da ITT
	Reguladores de jogos	Reguladores de jogos
	Reguladores antitruste	Reguladores antitruste
	Associação Nacional de Basquete (NBA)	Associação Nacional de Basquete (NBA)
	Liga Nacional de Hóquei (NHL)	Liga Nacional de Hóquei (NHL)
	Comissão Federal de Comunicações (FCC)	Comissão Federal de Comunicações (FCC)
Collar	Não especificado	Especificado, com base no preço esperado das ações da Hilton, imediatamente após o anúncio da oferta

Fonte: Análise do autor do caso.

QUADRO 2 | Preço da ação da ITT Corporation contra o S&P 500, de 1º de janeiro de 1996 a 17 de julho de 1997

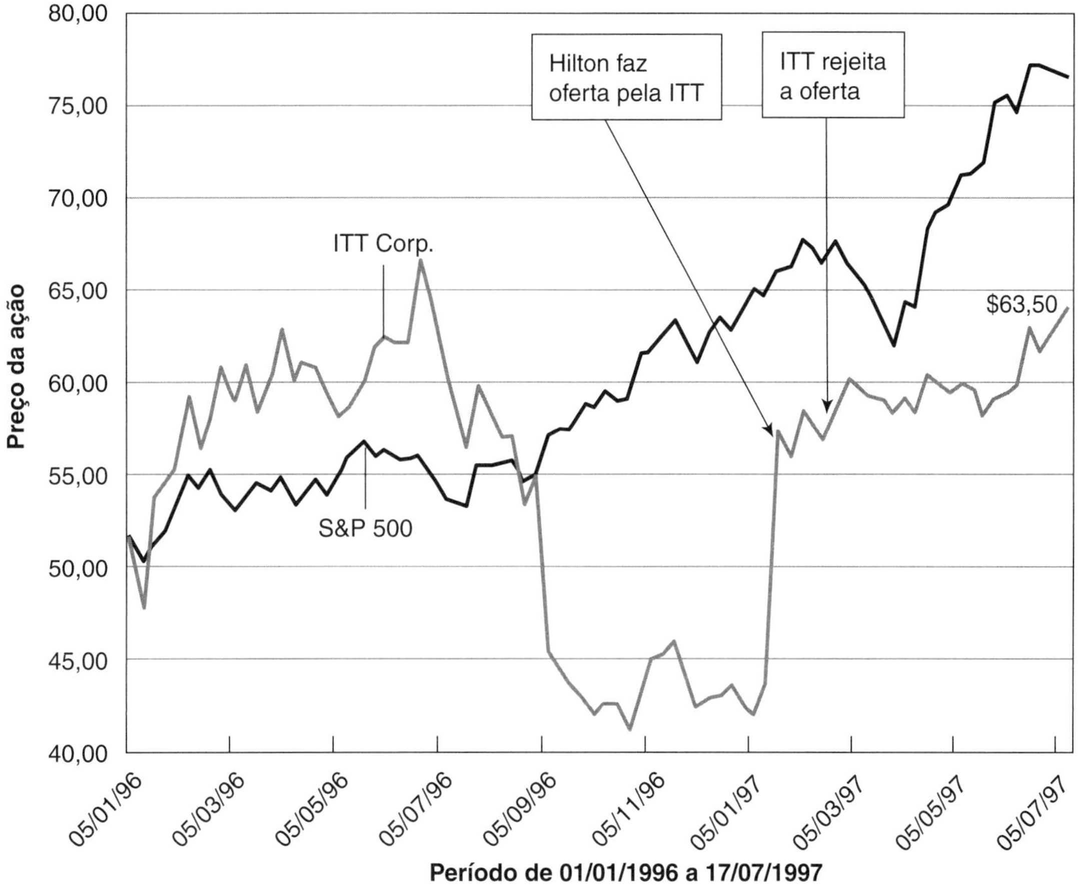

continua

QUADRO 2 | Preço da ação da Hilton Hotel Corporation contra o S&P 500, de 1º de janeiro de 1996 a 17 de julho de 1997 (*continuação*)

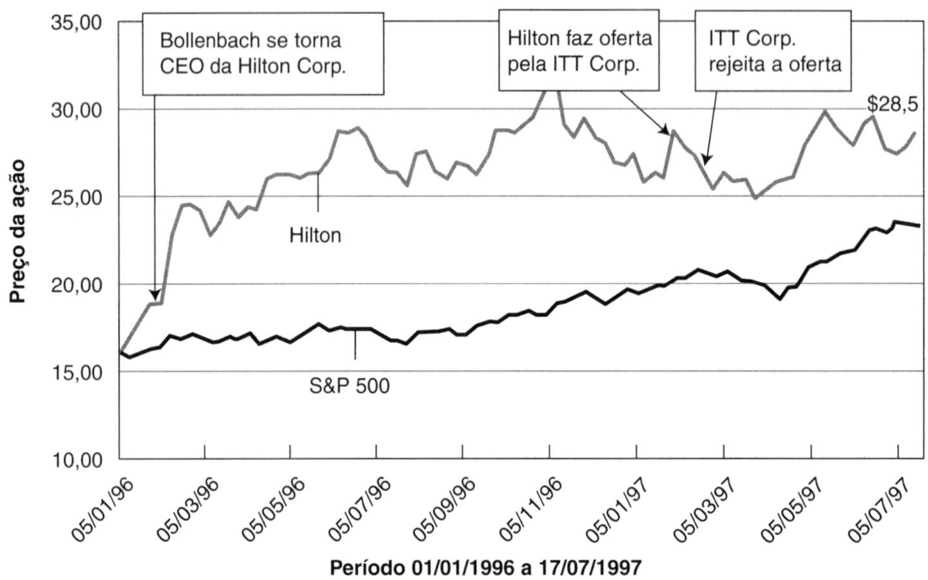

APÊNDICE

Para: Matthew J. Hart,
Chief Financial Officer Hilton Hotels Corporation

De: Jane Smith, Diretor Corporate Planning

Assunto: Oferta pela ITT Corporation

Data: 31 de dezembro de 1996

Esse memorando resume nossa avaliação da ITT e a estratégia proposta para adquirir a empresa. As Seções e Quadros são:

1. Motivos estratégicos para a transação
2. A oferta
3. Preço e momento da oferta
4. Termos sugeridos da oferta proposta
5. Implementação da estratégia de oferta
6. Comparação entre a ITT Corporation e a Hilton Hotel Corporation
7. Indústria e cenário competitivo
8. Avaliação da aquisição proposta da ITT Corporation

Metodologia da avaliação

Quadro A1 – Resumo da avaliação da ITT Corporation
Quadro A2 – Avaliação do negócio de hotelaria da ITT
Quadro A3 – Avaliação dos negócios de jogos da ITT
Quadro A4 – Avaliação do negócio de serviços de informação da ITT – ITT Education
Quadro A5 – Avaliação do negócio de serviços de informação da ITT – ITT Directories
Quadro A6 – Avaliação do negócio de entretenimento da ITT
Quadro A7 – Avaliação dos investimentos da ITT
Quadro A8 – Avaliação das despesas corporativas não-alocadas
Quadro A9 – Avaliação das sinergias da fusão

Dados financeiros adicionais

Quadro A10 – Transações comparáveis
Quadro A11 – Companhias comparáveis

Esse apêndice é um memorando fictício preparado com base em informações públicas. As visões e análises aqui contidas são consistentes com observações de analistas externos à ITT e à Hilton. Esse apêndice tem como objetivo representar a variedade de preocupações envolvidas em uma oferta hostil e estimular a análise do estudante, em vez de simplesmente ilustrar a tomada certa ou errada de decisões gerenciais.

1. Motivos estratégicos para a transação

A aquisição é consistente com a estratégia corporativa da Hilton de expansão global de seu negócio hoteleiro e de liderança no mercado de jogos. Com a aquisição dos hotéis Sheraton, The Luxury Collection, Ciga e Four Points, a Hilton ampliará fortemente sua presença internacional no negócio hoteleiro. O aumento na capacidade para 230.973 quartos faz da Hilton a sexta maior corporação hoteleira do mundo. Além disso, os acordos de franquia propostos com a HFS garantirão a expansão nacional e internacional das marcas Sheraton e Hilton. A aquisição do negócio de jogos Caesars trará benefícios consideráveis às operações atuais da Hilton envolvendo jogos. O tamanho alcançado permitirá à empresa emergir como uma das gigantes da indústria de jogos, com marcas como Caesars, Bally, Sheraton e Hilton Casinos em seu portfólio de ativos de jogos. Adicionalmente, o tamanho e a presença internacional conquistados com essa fusão permitirão a realização de sinergias nas seguintes áreas.

1. A expansão internacional por meio da presença global do Sheraton trará o benefício de diversificação global.
2. A consolidação dos serviços de reserva, alojamento, marketing e padarias resultará em uma economia anual antes de impostos de mais de 100/115 milhões de dólares. Além disso, a empresa terá maior poder de barganha em negociações com fornecedores de alimentos e bebidas, seguradoras, companhias de telefonia e telecomunicação e vendedores de hardware e software de computadores.
3. A redução do dispêndio de capital resultará em maior fluxo de caixa. Isso permitirá à Hilton pagar dividendos maiores a seus acionistas.

2. A oferta

Propõe-se que a Hilton Hotel Corporation faça uma oferta não solicitada por toda e qualquer ação ordinária da ITT Corporation. Como se sabe, procuramos a diretoria da ITT e tentamos negociar uma fusão amigável. Apesar da má vontade da diretoria em negociar, continuamos a acreditar que essas combinações oferecem benefícios econômicos substanciais que poderiam aumentar o retorno aos acionistas tanto da Hilton quanto da ITT. Assim, propõe-se continuar com a oferta hostil e recomenda-se a seguinte estratégia:

- Integração dos hotéis e cassinos da ITT ao sistema Hilton.
- Eliminação de gastos duplicados gerais, em vendas e administrativos, em parte por meio da redução da direção sênior da ITT.
- Passagem por franquia do nome Sheraton à HFS Inc.
- Venda e/ou monetização (por meio de desmembramento ou oferta parcial) de ativos menos importantes.

Para ter sucesso, essa oferta precisa ser feita em um momento oportuno e com um ágio significativo em relação ao preço de mercado das ações da ITT. Será também necessário aceitar qualquer manifestação da SEC, as Seções 13 e 14 do Williams Act de 1968, sanções de Uso de Informações Privilegiadas, o Racketeer Influenced and Corrupt Organizations Act de 1970, as Leis Comerciais do Estado de Nevada, o Securities & Exchange Act de 1934, os regulamentos internos da ITT e a regulamentação antitruste.

3. Preço e momento da oferta

À luz das dinâmicas atuais da indústria de hotelaria e jogos, acreditamos haver pouca probabilidade de surgimento de um concorrente com os recursos financeiros e a capacidade gerencial necessários para manter a ITT. Entretanto, com base em transações similares, acreditamos que um ágio em torno de 50% sobre o preço atual da ação, de 43 a 46,50 dólares, seja apropriado, levando a um lance de 65 a 70 dólares por ação. Uma oferta nesse patamar é maior do que o valor total da ITT; será vista com bons olhos pelos acionistas da empresa e desencorajará outros possíveis compradores que poderiam entrar em uma guerra de lances. Além disso, com um preço alto, a probabilidade de uma oferta de sucesso é maior. A alta probabilidade atrairá o apoio dos *arbitrageurs* de risco que, logo após a oferta, devem dar o empurrão final na votação pelo controle. Se ganharmos o apoio dos *arbitrageurs*, nossa oferta terá boas chances de sucesso.

O fim de janeiro é o momento ideal para anunciar essa oferta à ITT porque:

1. As ações da ITT devem continuar subvalorizadas.
2. Todo o conselho diretor da ITT passará por eleição. Essa é uma oportunidade de ouro para trocar toda a diretoria na próxima reunião anual.
3. Uma fusão entre ITT e Hilton pode resultar no cancelamento do projeto do Tampa Hotel da ITT. A ambigüidade em torno da fusão terá impacto negativo na projeção de ganhos e no preço da ação da ITT.

4. Sugestão de termos para a oferta proposta

Oferta:	65 a 70 dólares por ação em caixa e ações
Termos:	65 a 70 dólares em caixa e ações por 50,1% das ações excedentes da ITT e ações da Hilton com valor entre 65 e 70 dólares em troca pelos 49,9% de ações da ITT restantes
Dívida assumida:	4 bilhões de dólares
Valor total:	11,7 a 12,3 bilhões de dólares
Natureza:	Oferta hostil
Vencimento da oferta:	Um mês após a data da oferta e antes de junho de 1997
Consumação sujeita à aprovação de:	Acionistas da Hilton e da ITT Reguladores de jogos Reguladores antitruste Associação Nacional de basquete (NBA) Liga Nacional de Hóquei (NHL) Comissão Federal de Comunicações (FCC)
Limite:	Especificado, com base no preço esperado da ação da Hilton, imediatamente após o anúncio da oferta

5. Implementação da estratégia da oferta

a. **Compra de 4,9% das ações da ITT antes do anúncio.** Com 5%, a Hilton precisaria entrar com um Form 13-D na Comissão de Valores Mobiliários (SEC) dos Estados Unidos, o que tornaria público seu interesse. Comprando um pouco menos que 5%, a empresa ganharia um razoável número de votos e um bloco de ações com o qual poderia ter algum lucro, caso a oferta seja sobrepujada por outra empresa.

b. **Começar a oferta com um anúncio público do preço e com apelo direto aos grandes acionistas institucionais da ITT.** Os principais pontos de persuasão são a oferta atraente (a 65-70 dólares por ação) e o histórico abismal da direção atual da ITT. A oferta precisa ser pública por 20 dias úteis antes de que a Hilton possa comprar ações.

c. **Reestruturação do conselho diretor da ITT e rescisão da pílula de veneno contra tomada de posse.** Na reunião de acionistas, a direção da Hilton deve pedir aos acionistas da ITT:

   - Que elejam até 25 dos candidatos da Hilton ao conselho da ITT. Esses candidatos deverão facilitar a fusão proposta.
   - Para sancionar a fusão e impedir qualquer emenda ao regulamento da ITT que a direção possa tentar fazer antes da reunião anual, que possa interferir com a oferta, a fusão ou a eleição dos candidatos da Hilton.

É essencial que a pílula de veneno da ITT seja rescindida – sem isso, a aquisição da ITT se tornaria proibitivamente cara. O regimento da ITT dá a seu conselho o direito de anular a pílula. Portanto, reestruturar o conselho da ITT é essencial.

O conselho reestruturado deve dar atenção ainda a outras considerações:

- Se possível, limitar os pagamentos de "paraquedas dourados" – indenizações à diretoria da ITT pela mudança na propriedade da empresa.
- Se possível, limitar o exercício de opções de compra de ações, em razão da mudança na propriedade e na diretoria da ITT.
- Gerenciar o pagamento de títulos de dívida como resultado da mudança na posse e na diretoria da ITT.
- Limitar a negociação de contratos que não são do interesse da companhia fundida.
- Pôr fim ao litígio defensivo.

d. **Licenciar a marca Sheraton para a HFS Inc.** Após a aquisição da ITT, a Hilton deve considerar licenciar a marca Hilton para a Hospitality Franchising Services Inc. (HFS), que possui franquia dos hotéis Ramada, Days Inn e Howard Johnson. A HFS licenciaria os sistemas de franquia e gerenciamento da Sheraton. O acordo com a HFS deve assegurar que a HFS pague uma taxa pela marca Sheraton e que compartilhe os ganhos da franquia e as taxas de gerenciamento com a Hilton. Esse acordo dará à Hilton um fluxo de caixa seguro da HFS e promoverá uma competição salutar entre as marcas Hilton e Sheraton.

e. **Venda ou monetização dos ativos não-principais.** A ITT Corporation abrange quatro negócios: jogos, hospedagem, entretenimento (Madison Square Garden) e sistemas de informação (ITT Education e ITT Directories). Também possui participação de 5% na Alcatel Alsthom, uma companhia química. Como a Hilton tem interesse nos ativos de jogos e hospedagem da ITT, será financeiramente prudente ao monetizar os ativos dos sistemas de informação e vender os não-principais, os negócios de entretenimento e os investimentos na Alcatel Alsthom. As verbas realizadas da venda e monetização dos ativos não-principais devem ser usadas como entrada da dívida incorrida durante a aquisição.

f. **Financiamento da aquisição.** A aquisição deve ser financiada com uma combinação de fontes internas e externas. Recomendamos que a Hilton use o caixa disponível, o capital de giro e as linhas de crédito existentes e também emita dívida pública. Deve ser possível financiar a aquisição desse modo e manter o *rating* da dívida da Hilton Hotel Corporation em "Baa1".

6. Comparação entre a ITT Corporation e a Hilton Hotel Corporation

a. Estratégia corporativa[1]

ITT Corporation	Hilton Hotel Corporation
Proporcionar valor de curtíssimo prazo aos acionistas ao mesmo tempo em que mantém e constrói uma plataforma de crescimento de longo prazo superior e rentável.	1. Acessar os mercados de capitais favoráveis e usar balanço patrimonial forte. 2. Aproveitar as condições econômicas atuais para adquirir hotéis com serviços completos. 3. Ser um vencedor na consolidação da indústria de jogos. 4. Investir em nossa marca por meio de franquias domésticas e expandir a presença internacional.

b. Base de investidores[2]

ITT Corporation	Hilton Hotel Corporation	Participação acionária
Administração	4%	27%
Bancos	12%	11%
Seguradoras	13%	3%
Administração de ativos	40%	30%
Fundos mútuos	22%	23%
Outros	9%	6%

[1]Relatórios anuais da Hilton Hotel Corporation e da ITT Corporation e formulários 10-K, 1996.

[2]O'Neil Database, dezembro de 1996.

c. Propriedade por tipo de posse[3]

	ITT Corporation		Hilton Hotel Corporation	
	Propriedades	Quartos	Propriedades	Quartos
Hotéis próprios ou em propriedade parcial	68	22.856	31	23.092
Hotéis administrados	135	50.415	28	16.776
Hotéis franqueados	108	51.691	177	45.050
Cassinos próprios, com propriedade parcial, administrados ou franqueados	11	3.179	13	17.914
Cassinos fluviais	1	0	5	0
TOTAL	**423**	**128.141**	**254**	**102.832**

d. Desempenho financeiro[4]

	ITT Corporation		Hilton Hotel Corporation	
	1996	1995	1996	1995
Receitas	$ 6.597	$ 6.252	$ 3.940	$ 3.555
Lucro operacional	$ 728	$ 568	$ 329	$ 355
Lucro líquido	$ 249	$ 147	$ 82*	$ 173
Ativo total	$ 9.275	$ 8.692	$ 7.577	$ 3.443
Dívida de longo prazo	$ 3.894	$ 3.575	$ 2.606	$ 1.070
Patrimônio líquido	$ 3.074	$ 2.936	$ 3.211	$ 1.254
Ações em circulação	117	117	194	194
Lucro por ação (LPA)	$ 2,11	$ 1,26	$ 0,42	$ 0,89

Obs.: Todas as informações financeiras, exceto as relativas às ações, são em milhões. As informações financeiras relativas às ITT foram ajustadas para a reestruturação de 1995.

* Inclui prejuízo extraordinário de $ 74 milhões.

e. Eventos corporativos recentes[5]

ITT Corporation	Hilton Hotel Corporation
Em janeiro de 1995, a ITT concluiu sua oferta pública das ações em circulação da Caesars World Inc., uma empresa de jogos, por aproximadamente $ 1,76 bilhões.	Em fevereiro de 1996, Steven F. Bollenbach foi nomeado presidente e CEO da Hilton Hotel Corporation.
Em março de 1995, a MSG, uma parceria entre controladas da ITT e da Cablevision Systems Corporation, adquiriu o negócio da Madison Square Garden Corporation por aproximadamente $ 1 bilhão.	Em junho de 1996, a Hilton adquiriu a Bally Entertainment Corporation e tornou-se a maior empresa de cassinos do mundo.
Em julho de 1996, a ITT, em parceria com a Dow Jones and Co., adquiriu a transmissora de TV WNYC-TV (renomeada como WBIS+) da cidade de Nova York, por $ 207 milhões.	Em agosto de 1996, a Hilton formou uma aliança estratégica com o Ladbrook Group PLC (atuais proprietários da marca Hilton fora dos Estados Unidos) para reunir a marca Hilton no âmbito mundial.

[3]Relatórios anuais da Hilton Hotel Corporation e ITT Corporation e formulários 10-K, 1996.

[4]Relatórios anuais da Hilton Hotel Corporation e ITT Corporation e formulários 10-K, 1996.

[5]Relatórios anuais da Hilton Hotel Corporation e ITT Corporation e formulários 10-K, 1996.

f. Análise do preço das ações

ITT Corporation	Hilton Hotel Corporation
Com base na Figura A1, conclui-se que em 1996 as ações da ITT ficaram abaixo do S&P Index em cerca de 32%. O retorno total ao acionista no período foi de –16%. Esse fraco desempenho deve-se principalmente às expectativas do acionista de pouco retorno do segmento de jogos.	Com base na Figura A1, conclui-se que em 1996 as ações da Hilton excederam o S&P Index em cerca de 50%. O retorno total ao acionista no período foi de 68%. O resultado deve-se principalmente à estratégia agressiva de crescimento e expectativa de mercado de prosperidade econômica contínua do segmento como um todo.

FIGURA A1 | Desempenho da Hilton Hotel Corporation, ITT Corporation e S&P 500 Index de 1º/01/1996 a 21/12/1996.

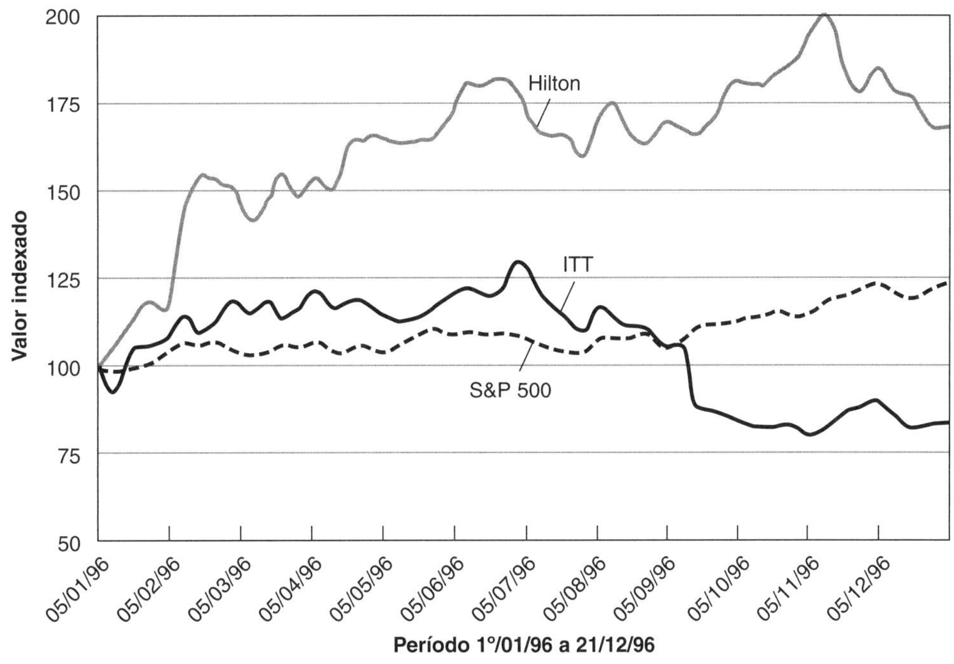

7. Indústria e cenário competitivo

a. Operações de hospedagem[6]

Esperamos as Taxas Médias Diárias (ADR, em inglês) aumentar acima da taxa de inflação geral da economia norte-americana. A demanda de quartos de hotel será impulsionada pelo crescimento econômico moderado; contudo, há indicações de que o crescimento robusto experimentado pela indústria nos anos de 1995 e 1996 logo se acalmarão. A taxa de desemprego nos Estados Unidos a 5,5% levará a um aumento no salário mínimo federal, e isso afetará os custos de mão-de-obra e as margens negativamente. Além disso, espera-se que o investimento de $ 5,2 bilhões na construção de um hotel em 1996 crie capacidade e competição que reduzirão a taxa de crescimento da ADR.

[6] S&P 500 Industry Report, outubro de 1996.

Internacionalmente, as economias emergentes da América Latina, do Leste Europeu, do Sudeste Asiático e da China estimularão o crescimento internacional desse setor da indústria. Ao passo que os investimentos estrangeiros diretos em várias regiões crescem, haverá demanda para hotéis de luxo, médios e baratos. Novos empreendimentos estratégicos ou aquisições por incorporação e expansão de cadeias de hotéis satisfarão à demanda.

Muitos analistas acreditam que, em razão da ausência de capacidade de hotéis com serviços completos nos segmentos de luxo e padrão médio, seja mais atraente (mais barato) para as empresas adquirir propriedades existentes. Essa oportunidade de mercado resultou em uma onda de emissão de ações e de fusões e aquisições. Recentemente, a Double Tree Corporation comprou a Red Lion Hotels por $ 1,2 bilhão, e a Marriott International comprou o Renaissance Hotel Group por $ 1 bilhão. Por ora, as companhias hoteleiras e os fundos de investimentos imobiliários estão focados na aquisição dos concorrentes. No futuro, eles vão olhar para mais longe de casa, para a aquisição de negócios relacionados a imóveis, incluindo estações de esqui e operações de cassino.

b. Operações de jogos[7]

As receitas continuam a aumentar no setor de jogos, mas as condições para o crescimento sustentável de longo prazo de dois dígitos nos Estados Unidos enfraqueceu. Nenhum outro estado aprova cassinos não-indígenas desde 1993. Embora o desenvolvimento de novas instalações luxuosas e distintas em Las Vegas e Atlantic City deva alavancar o número de jogadores, para muitos americanos, uma visita a um cassino requer uma longa viagem de avião, carro ou ônibus. Cassinos fluviais explodiram em popularidade na última década conforme outros estados aprovaram a prática, como Illinois, Indiana, Iowa, Louisiana, Mississipi e Missouri. Trata-se de uma área de diferenciação que será muito rentável em longo prazo.

Embora as perspectivas de expansão geográfica para a indústria do jogo pareçam fracas e os analistas acreditem que esteja fadada à capacidade excessiva, as empresas de jogos tomaram perspectivas de longo prazo e começaram a atrair famílias, criando *resorts*. O preço dos alimentos, os valores de diárias e o lucro com entretenimento subiram vertiginosamente, e importantes canais de receitas começaram a fluir quando as empresas de jogos reinventaram-se como "negócios que vendem emoções". Assim, se as operações de cassino não fazem dinheiro, os negócios de jogos estão isolados com diárias de quartos mais altas, custos mais baixos de alimentos e receitas de entretenimentos que não sejam jogos.

c. Avaliação da ITT Global Directories[8]

Um dos mais importantes fatores que afetam os negócios de Listas Globais da ITT é a mudança no ambiente competitivo no número de estados da União Européia nos quais publica listas telefônicas. Historicamente, o serviço de telefonia nacional dos países europeus concedia contratos exclusivos para o fornecimento de listas. A ITT World Directo-

[7]S&P 500 Industry Report, outubro de 1996.

[8]Relatórios da ITT Corporation e Formulários 10-K, 1996.

ries perdeu seu contrato de exclusividade com a operadora de telefonia na Bélgica (Belgacom) e nos Países Baixos (PTT Telekom) em 1994 e 1993, respectivamente. Na Bélgica, a ITT World Directories agora compete ativamente com a BDS, uma *joint venture* entre a operadora de telefonia local, Belgacom, e a subsidiária GTE Corporation. Nos Países Baixos, a ITT World Directories agora compete ativamente com listas publicadas pela *joint venture* entre a operadora de telefonia local, PTT Telekom, e a Telemedia GrouPg. Embora atualmente não haja concorrência significativa para os serviços de listas telefônicas nos demais principais países nos quais a ITT World Directories opera, não há garantia de que tais condições continuarão.

d. Avaliação da ITT Educational[9]

O mercado de educação superior nos Estados Unidos é altamente fragmentado e competitivo, e nenhuma das instituições lidera o mercado significativamente. OS ITT Technical Institutes brigam por alunos com as instituições superiores que oferecem cursos de quatro e dois anos, que abrangem faculdade públicas sem fins lucrativos e privadas, além de instituições fechadas, bem como com alternativas de educação superior, como o serviço militar ou emprego imediato. Acredita-se que a concorrência entre os institutos educacionais baseia-se na qualidade do programa educacional, na percepção de reputação da instituição, no custo do programa e na empregabilidade dos graduados. Algumas faculdades públicas e privadas podem oferecer programas semelhantes aos dos ITT Technical Institutes a preços mais baixos, em parte por causa dos subsídios do governo, das doações de fundações, das contribuições dedutíveis do imposto de renda ou de outros recursos financeiros não disponíveis às instituições fechadas. Outras instituições fechadas oferecem programas que competem com os dos ITT Technical Institutes. Alguns dos concorrentes da ITT Educational tanto no setor público quanto no privado têm mais recursos financeiros e de outra natureza que ela própria.

8. Avaliação da proposta de aquisição da ITT Corporation

Pelo fato de a ITT consistir em quatro unidades estratégicas de negócios (SBUs), o método do valor de liquidação forçada (*break-up valuation*) foi usado para avaliar a corporação. Derivamos a projeção de cada SBU triangulando-se[10] os resultados de diversas técnicas de avaliação:

1. Empresas comparáveis
2. Transações comparáveis
3. Fluxo de caixa descontado

[9] Relatório da ITT Corporation, 1996.

[10] "Triangular" é o termo usado pelos avaliadores para sugerir o processo de determinação do valor intrínseco provável de um ativo a partir das estimativas de diversos valores. Esse processo implica julgamentos acerca da eficiência das diferentes estimativas de valores (por exemplo, fluxo de caixa descontado, múltiplos) bem como a prática de avaliação no setor.

As companhias similares e as avaliações de transações semelhantes envolveram o uso dos múltiplos do valor da empresa (receita, EBIT, EBITDA, EBITDA ajustado e lucro líquido) e múltiplos do valor das ações (P/L e valor contábil/valor de mercado). Para garantir a exatidão da avaliação, esses múltiplos foram derivados das demonstrações financeiras dos *players* puros (que atuam em somente uma linha de negócios) de cada segmento de negócios.

A avaliação do fluxo de caixa descontado usa o modelo de precificação do capital ativo para determinar a taxa de desconto. Todas as taxas de desconto foram calculadas com base nos betas dos *players* puros e estruturas de capital-alvo. Para fins de avaliação, os valores terminais basearam-se no modelo de crescimento contínuo. Como teste de racionalidade, outros métodos de calcular os valores terminais também foram usados.

QUADRO A1 | Resumo da avaliação da ITT Corporation (em milhões de dólares americanos, exceto valores por ação)

Unidades de negócios	Avaliação		
	Pessimista	**Melhor aposta**	**Otimista**
1. Hospedagem	$ 4.200	$ 6.000	$ 7.000
2. Jogos	2.300	2.800	3.300
3. Serviços de informações			
Educação	330	425	498
Listas telefônicas	880	1.050	1.280
4. Entretenimento			
MSG	500	500	500
WBIS+	104	104	104
5. Investimentos	877	877	877
6. Despesas corporativas	(999)	(999)	(999)
Valor da empresa	**$ 8.193**	**$ 10.757**	**$ 12.559**
Menos valor da dívida	(4.000)	(4.000)	(4.000)
Valor do patrimônio líquido a valor de mercado sem sinergia	**$ 4.193**	**$ 6.757**	**$ 8.559**
Ações em circulação	116.37	116.37	116.37
Valor do patrimônio líquido a valor de mercado por ação sem sinergia	**$ 36.04**	**$ 58.07**	**$73.55**
Valor da sinergia	900	1.149	1.300
Valor do patrimônio líquido a valor de mercado com sinergia	**$ 5.093**	**$ 7.906**	**$ 9.859**
Ações em circulação (milhões)	116,37	116,37	116,37
Valor do patrimônio líquido a valor de mercado por ação com sinergia	**$ 43,77**	**$ 67,94**	**$ 84,73**

QUADRO A2 | Avaliação do negócio de hospedagem da ITT Corporation (em milhões de dólares americanos, exceto onde indicado)

	1997	1998	1999	2000	2001
EBIT	**$ 465**	**$ 577**	**$ 645**	**$ 707**	**$ 763**
(Menos) impostos	(186)	(231)	(258)	(283)	(305)
(Mais) depreciação	173	189	209	229	249
Subtotal	**452**	**535**	**595**	**653**	**707**
Mudança nos ativos e passivos não-circulantes	(21)	7	12	11	10
Mudança no capital de giro	390	16	30	28	26
Investimento líquido	(465)	(431)	(534)	(532)	(530)
Fluxo de caixa livre	**$ 355**	**$ 127**	**$ 102**	**$ 159**	**$ 213**
Valor terminal					**$ 5.882**

Fluxo de caixa descontado do negócio de hospedagem da ITT **$ 4.009**

Custo de capital médio ponderado (WACC)	10,90%	**Valor presente do valor terminal**	
		(Modelo de Crescimento Constante)	$ 3.507
W_e	84,46%	$(CF_n (1 + g) / (K - g)) / (1+K)^5$	
W_d	15,54%		
K_e	12,07%	Taxa de crescimento	7,01%
K_d	7,55%	Inflação	2,70%
R_f	6,44%	Real	4,20%
R_p	5,40%		
Beta	1,04	**Outras projeções de valor terminal**	
		NOPAT/K	$ 3.853
		NOPAT $(1 - i)/(K - g)$	$10.815

Resumo da avaliação – hospedagem	**Múltiplos**		**Valor**	
	Mínimo	**Máximo**	**Mínimo**	**Máximo**
Avaliação do fluxo de caixa livre			$ 3.100	$ 4.500
Valor da empresa como múltiplo de 1996:				
1 Receita	1,03	12,45	4.566	55.191
2 EBIT	16,71	31,49	6.199	11.683
3 Lucro líquido	34,35	58,87	6.321	10.833
4 EBITDA	13,39	25,71	6.641	12.752
5 EBITDA ajustado	23,14	30,80	3.271	4.354
6 Ativo líquido	2,19	3,67	—	—
Valor do Patrimônio Líquido a valor de mercado como múltiplo do:				
1 LPA (real) de 1996	29,24	32,00	5.380	5.888
2 LPA (projeção) de 1997	21,43	27,21	5.161	6.553
3 LPA (projeção) de 1998	16,57	22,35	5.102	6.882
Valor da empresa triangulado			**$ 4.200**	**$7.000**

Fonte: Análise do autor do caso.

QUADRO A3 | Avaliação do negócio de jogos da ITT Corporation (em milhões de dólares americanos, exceto onde indicado)

	1997	1998	1999	2000	2001
EBIT	**$ 233**	**$ 254**	**$ 271**	**$ 306**	**$ 327**
(Menos) impostos	(93)	(101)	(108)	(122)	(131)
(Mais) depreciação & amortização	120	131	135	139	143
Subtotal	**260**	**283**	**298**	**323**	**339**
Mudança nos ativos e passivos não-circulantes	26	5	7	5	8
Mudança no capital de giro	31	(4)	(3)	(6)	(3)
Investimento líquido	(914)	(297)	(108)	(108)	(109)
Fluxo de caixa livre	**$ (598)**	**$ (11)**	**$ 195**	**$ 213**	**$ 235**
Valor terminal					**$3.929**
Fluxo de caixa descontado do negócio de jogos da ITT	**$ 2,361**				

Custo de capital médio ponderado (WACC)	9,11%	**Valor presente do valor terminal**	
		(Modelo de Crescimento Constante)	$ 2.540
W_e	77,54%	$(CF_n(1+g)/(K-g))/(1+K)^5$	
W_d	22,46%		
K_e	10,44%	Taxa de crescimento	2,96%
K_d	7,55%	Inflação	2,70%
R_f	6,44%	Real	0,25%
R_p	5,40%		
Beta	0,74	**Outras projeções de valor terminal**	
		NOPAT/K	$ 1.286
		NOPAT $(1-i)/(K-g)$	$ 1.904

Resumo da avaliação – jogos	**Múltiplos**		**Valor**	
	Mínimo	**Máximo**	**Mínimo**	**Máximo**
Avaliação do fluxo de caixa livre			$ 2.300	$ 3.000
Valor da empresa como múltiplo de 1996:				
1 Receita	1,72	3,64	2.210	4.677
2 EBIT	8,97	16,30	1.893	3.439
3 Lucro líquido	21,73	35,21	797	1.292
4 EBITDA	6,72	12,47	1.902	3.529
5 EBITDA ajustado	9,78	13,26	1.762	2.389
6 Ativo líquido	1,34	2,40	—	—
Valor do Patrimônio Líquido a valor de mercado como múltiplo do:				
1 LPA (real) de 1996	16,51	23,58	606	865
2 LPA (projeção) de 1997	13,31	22,73	365	624
3 LPA (projeção) de 1998	11,60	19,23	852	1.413
Valor da empresa triangulado			**$ 2.300**	**$ 3.300**

Fonte: Análise do autor do caso.

QUADRO A4 | Avaliação do negócio educacional da ITT Corporation (em milhões de dólares americanos, exceto onde indicado)

	1997	1998	1999	2000	2001
EBIT	**$ 24**	**$ 27**	**$ 31**	**$ 35**	**$ 40**
(Mais) depreciação	7	8	9	10	11
(Menos) impostos	(9)	(11)	(12)	(14)	(16)
Subtotal	**21**	**24**	**27**	**30**	**34**
Mudança nos ativos e passivos não-circulantes	0	0	0	0	0
Mudança no capital de giro	6	8	9	10	11
Investimento líquido	(8)	(8)	(9)	(10)	(10)
Fluxo de caixa livre	**$ 19**	**$ 24**	**$ 27**	**$ 31**	**$ 35**
Valor terminal					**$637**
Fluxo de caixa descontado do negócio educacional da ITT	**$485**				

Custo de capital médio ponderado (WACC)	**9,77%**
W_e	100,00%
W_d	0,00%
K_e	9,77%
K_d	0,00%
R_f	6,50%
R_p	5,40%
Beta	0,61

Valor presente do valor terminal	
(Modelo de Crescimento Constante)	$ 400
$(CF_n (1 + g) / (K - g)) / (1+K)^5$	
Taxa de crescimento	3,98%
Inflação	2,70%
Real	1,25%
Outras projeções de valor terminal	
NOPAT/K	$ 244
NOPAT $(1 - i)/(K - g)$	$ 412
NOPAT $[1/K + i(R - K)/K(K - g)]$	$ 465

Resumo da avaliação – educacional	**Múltiplos**	**Valor**	
		Mínimo	**Máximo**
Avaliação do fluxo de caixa livre		$400	$550
Capitalização do mercado em 31/12/1996			642
Valor da empresa como múltiplo de 1996:			
1 Receita	2,92		678
2 EBIT	25,08		441
3 Lucro líquido	38,47		456
4 EBITDA	20,25		468
5 Ativo líquido	4,13		536
Valor do Patrimônio Líquido a valor de mercado como múltiplo do:			
1 LPA (real) de 1996	36,21		429
2 LPA (projeção) de 1997	30,00		424
3 LPA (projeção) de 1998	23,33		376
4 Valor patrimonial de 1996	16,91		1.162
Valor da empresa triangulado		**$400**	**$600**

Fonte: Análise do autor do caso.

QUADRO A5 | Avaliação do negócio de listas telefônicas da ITT Corporation (em milhões de dólares americanos, exceto onde indicado)

	1997	1998	1999	2000	2001
EBIT	**$ 218**	**$ 215**	**$ 209**	**$ 203**	**$ 203**
Líquido de depreciação + investimentos	1	57	1	1	0
Impostos	(87)	(86)	(84)	(81)	(81)
Mudança no capital de giro	1	57	1	1	0
Fluxo de caixa livre	**$ 133**	**$ 243**	**$ 127**	**$ 124**	**$ 122**
Valor terminal					**$1.268**
Fluxo de caixa descontado do negócio de diretórios da ITT	**$1.378**				

Custo de capital médio ponderado (WACC)	**9,76%**
W_e	78,03%
W_d	21,97%
K_e	11,03%
K_d	8,69%
R_f	6,50%
R_p	5,40%
Beta	0,84

Valor presente do valor terminal	
(Modelo de Crescimento Constante)	**$ 796**
$(CF_n (1 + g) / (K - g)) / (1+K)^5$	
Taxa de crescimento	0,00%
Inflação	0,00%
Real	0,00%
Outras projeções de valor terminal	
Valor contábil	$ 317
NOPAT / K	$1.251

Resumo da avaliação – listas telefônicas	**Múltiplos**		**Valor**	
	Mínimo	**Máximo**	**Mínimo**	**Máximo**
Avaliação do fluxo de caixa livre			$ 1.000	$ 1.400
Valor da empresa como múltiplo de 1996:				
1 Receita	0,76	2,24	491	1.449
2 EBIT	11,73	16,29	2.503	3.477
3 Lucro líquido	13,92	21,68	1.755	2.733
5 Ativo líquido	1,04	1,89	421	766
Valor do Patrimônio Líquido a valor de mercado como múltiplo do:				
1 LPA (real) de 1996	12,80	13,00	1.613	1.639
2 LPA (projeção) de 1997	11,82	12,66	1.544	1.653
3 LPA (projeção) de 1998	10,82	10,33	1.399	1.336
Valor da empresa triangulado			**$1.100**	**$1.600**

Fonte: Análise do autor do caso.

QUADRO A6 | Avaliação do negócio de entretenimento da ITT Corporation (em milhões de dólares americanos)

MSG Sport Properties	
Valor contábil	$500,00
WBIS+ TV Station	
Valor contábil	$103,50

Como as duas aquisições foram realizadas em 1995 e 1996, assumem-se seus valores contábeis para estimar razoavelmente seus valores de mercado justo.

Fontes: Relatórios financeiros e Formulários 10-k.

QUADRO A7 | Avaliação dos investimentos da ITT Corporation (em milhões de dólares americanos)

Valor de mercado justo de 7,5 milhões de ações da Alcatel Alsthom	$599
Participação de 20% – 50% nas companhias adquiridas	$261
Outros investimentos	$ 17
Valor dos investimentos totais	**$877**

Fontes: Relatórios financeiros e Formulários 10-k.

QUADRO A8 | Avaliação das despesas gerais corporativas não-alocadas (em milhões de dólares americanos)

	1997	1998	1999	2000	2001
Impacto das despesas corporativas antes dos impostos	$100	$104	$108	$112	$ 117
Impacto das despesas corporativas depois dos impostos	$ 60	$ 62	$ 65	$ 67	$ 70
Valor terminal das despesas corporativas					$1.216
Valor presente das despesas corporativas	**$999**				

Premissas:	
Custo de capital médio ponderado (WACC)	10,00%
Taxa de crescimento	4,00%
Alíquota	40%

Fonte: Análise do autor do caso.

QUADRO A9 | Avaliação das despesas gerais corporativas não-alocadas (em milhões de dólares americanos)

	1997	1998	1999	2000	2001
Impacto das sinergias antes dos impostos	$ 115	$ 120	$ 124	$ 129	$ 135
Impacto das sinergias depois dos impostos	$ 69	$ 72	$ 75	$ 78	$ 81
Valor terminal das sinergias					$1.398
Valor presente das sinergias	**$1.149**				

	Mínimo	Máximo
Intervalo de valor das sinergias	**$900**	**$1.300**

Premissas:	
Custo de capital médio ponderado (WACC)	10,00%
Taxa de crescimento	4,00%
Alíquota do IR	40%

Fonte: Análise do autor do caso.

QUADRO A10 | Transações comparáveis

Transações selecionadas de jogos e hospedagem (em milhões de dólares americanos, exceto valores por ação)								
					Valor da empresa como múltiplo de:			
Data anunciada	**Adquirente & Alvo**	**Preço de compra/ ação**	**Preço de compra das ações Total**	**Valor total da transação anunciado**	**EBITDA U12M**	**EBITDA AFC**	**EBITDA AFC + 1**	**Lucro líquido U12M**
Comparativos de Hospedagem								
Jan-97	Extended Stay America/ Studio Plus Hotel	$22,86	$ 287,00	$ 253,60	26,4	22,6	11,1	55,2
Dez-96	Marriot International/ Renaissance Hotel Group	$32,70	$1.000,00	$1.061,90	16,4	16,5	13,9	30,0
Ago-96	Double Tree Corporation/ Red Lion Hotels	$30,49	$ 977,60	$1.154,40	15,8	10,0	9,3	30,3
				Mínimo	15,8	10,0	9,3	30,0
				Máximo	26,4	22,6	13,9	55,2
				Média	19,5	16,4	11,4	38,5
Comparativos de jogos								
Ago-96	Sun International Hotels/ Griffin Gaming & Entertainment	$22,00	$ 198,10	$ 271,80	5,6	6,5	6,5	20
Maio-96	Hilton Hotels/ Bally Entertainment	$26,59	$2.050,30	$3.097,00	11,1	10	9,1	58,8
Abr-96	Boyd Gaming Corporation/ Par A Dice Gaming Corp	$18,25	$ 174,60	$ 186,00	5,3	nd	nd	nd
Mar-96	Hollywood Park/ Boomtown	$6,33	$ 56,80	$ 147,80	6,3	nd	nd	nd
Mar-95	Circus Circus/ Gold Strike Resorts	nd	$ 443,50	$ 590,40	8,3	nd	nd	nd
Dez-94	ITT Corporation/ Caesars World	$67,50	$1.754,00	$1.824,50	9,6	7,7	7	23,8
				Mínimo	5,3	6,5	6,5	20,0
				Máximo	11,1	10,0	9,1	58,8
				Média	7,7	8,1	7,5	34,2

U12M = últimos 12 meses.
AFC = ano fiscal calendário.
nd = não disponível.

QUADRO A11 | Companhias comparáveis

Comparativos de jogos, hospedagem, educação e publicação (em milhões de dólares americanos, exceto valores por ação)										
	Valor da empresa como múltiplo de:						Valor de mercado das ações como múltiplo de:			
	Receitas	EBIT	Lucro líquido	EBITDA	EBITDA ajustado	Ativo líquido	LPA 1996	LPA estimado 1997	LPA estimado 1998	Valor contábil
Hospedagem										
Marriot International 1996	0,91	14,64	30,09	11,73	24,35	1,92	24,67	22,10	18,73	5,58
HFS Inc. 1996	13,00	32,87	61,46	26,84	32,15	2,45	46,32	22,46	17,37	3,83
Promus Hotel Corp. 1996	7,49	18,94	27,34	14,94	17,77	2,82	23,70	20,15	16,55	6,15
DoubleTree Hotels 1996	7,73	60,82	90,17	46,34	79,82	1,37	44,55	28,48	22,17	2,23
Jogos										
Circus Circus 1996	3,50	17,24	46,27	12,46	17,42	1,76	34,72	20,22	17,63	3,30
Mirage Resorts 1996	3,19	14,31	21,04	10,95	15,08	2,10	20,40	19,66	16,63	3,00
MGM Grand 1996	3,09	13,31	22,35	10,00	13,49	2,03	17,10	15,85	14,53	2,08
Harrah Entertainment 1996	1,82	9,53	29,26	7,14	10,39	1,56	20,92	17,28	13,25	2,73
Publicação										
McGraw-Hill 1996	1,67	12,16	10,39	9,65	nd	1,41	9,30	8,54	7,82	3,35
Donnelley 1996	1,03	15,99	29,55	17,47	nd	1,41	21,03	20,48	16,71	2,91
Dun & Bradstreet 1996	2,39	14,40	38,60	10,02	nd	2,39	30,45	13,57	12,50	−9,39
Educação										
National Education Corp. 1996	2,21	18,99	29,13	15,33	nd	3,13	26,29	21,79	16,94	12,28
Entretenimento										
Florida Panthers 1995-96	19,75	nd	nd	nd	nd	14,20	nd	nd	nd	1,61
Boston Celtics 1995-96	2,62	10,67	10,74	10,47	nd	1,22	8,64	372,92	nd	7,25
Mídia – Estações de TV										
King World Productions 1995-96	2,05	7,08	9,05	7,05	nd	2,66	9,27	9,65	9,83	1,84
Paxon Communications Corporation 1995-96	4,32	nd	nd	22,84	nd	1,29	nd	nd	nd	0,53

nd = não disponível.

Fonte: Bloomberg, Value Line e análise do autor do caso.

Este material foi impresso na Gráfica Santa Marta - João Pessoa / Paraíba